Beihefte zu den Veröffentlichungen
für Naturschutz und Landschaftspflege
in Baden-Württemberg
ISSN 0342-6858

87

Wässerwiesen

Geschichte, Technik und Ökologie der bewässerten Wiesen, Bäche und Gräben in Kraichgau, Hardt und Bruhrain

Ein Gemeinschaftsprojekt
des Landesnaturschutzverbandes Baden-Württemberg,
des Landratsamtes Karlsruhe,
des interkommunalen „Arbeitskreises Pfinz-Lußhardt-Auen“,
des Amtes für Wasserwirtschaft und Bodenschutz Karlsruhe und
der Bezirksstelle für Naturschutz und Landschaftspflege Karlsruhe

Herausgeber: Dieter Hassler, Michael Hassler & Karl-Heinz Glaser

Erschienen in der Reihe
„Beihefte zu den Veröffentlichungen für Naturschutz und Landschaftspflege“
der Landesanstalt für Umweltschutz Baden-Württemberg
Abt. 2 – Grundsatz, Ökologie

Karlsruhe 1995

Beih. Veröff. Naturschutz Landschaftspflege Bad-Württ.	87	1–432	Karlsruhe 1995

Zu beziehen bei: Verlag Regionalkultur,
Stettfelder Straße 11, 76698 Ubstadt-Weiher, Tel (07251) 69723, Fax 69450
oder beim Buchhandel

Mit Unterstützung der Stiftung Naturschutzfonds

Die Deutsche Bibliothek – CIP-Einheitsaufnahme
[Veröffentlichungen für Naturschutz und Landschaftspflege in Baden-Württemberg / Beihefte]
Beihefte zu den Veröffentlichungen für Naturschutz und Landschaftspflege in Baden-Württemberg / hrsg. von der Landesanstalt für Umweltschutz Baden-Württemberg, Abteilung 2, Grundsatz, Ökologie. – Ubstadt-Weiher : Verl. Regionalkultur.
Früher Schriftenreihe. – Teilw. verl. von der Landesanst. für Umweltschutz Baden-Württemberg, Karlsruhe oder von der Landesanst. für Umweltschutz Baden-Württemberg, Karlsruhe und dem Naturschutzbund Deutschland, Landesverb. Baden-Württemberg, Kornwestheim. Teilw. verl. von der Landesanst. für Umweltschutz Baden-Württemberg und der Bezirksstelle für Naturschutz und Landschaftspflege Karlsruhe, Karlsruhe
Reihe Beihefte zu: Veröffentlichungen für Naturschutz und Landschaftspflege in Baden-Württemberg.
ISSN 0342-6858
NE: HST. 87. Wässerwiesen. – 1995
Wässerwiesen : Geschichte, Technik und Ökologie der bewässerten Wiesen, Bäche und Gräben in Kraichgau, Hardt und Bruhrain ; ein Gemeinschaftsprojekt des Landesnaturschutzverbandes Baden-Württemberg ... / Hrsg.: Dieter Hassler ... – Ubstadt-Weiher : Verl. Regionalkultur, 1995
(Beihefte zu den Veröffentlichungen für Naturschutz und Landschaftspflege in Baden-Württemberg ; 87).
ISBN 3-929366-20-7
NE: Hassler, Dieter [Hrsg.]; Landesnaturschutzverband Baden-Württemberg

Herstellung: **verlag regionalkultur**
Stettfelder Straße 11; 76698 Ubstadt-Weiher
Druck: KS Druck, Bruchsal
Repro: Reprotechnik Enderle, Weingarten
Reprostudio Siewert, Bruchsal
Bindung: Großbuchbinderei Spinner, Ottersweier

Ubstadt-Weiher 1995

Vorwort

Nur etwa 40 Jahre ist es her, daß allerorten in Baden-Württemberg Wiesen bewässert wurden. Die jahrhundertealte Tradition fand infolge großer Veränderungen in der landwirtschaftlichen Produktion, insbesondere durch den verstärkten Einsatz von organischem und mineralischem Dünger, sowie als Folge umfangreicher Trockenlegungsmaßnahmen ihr Ende, und das Wissen darüber drohte mit den letzten Zeitzeugen zu verschwinden.

In einer Zeit, als weder Stalldüngung noch gar Kunstdünger zur Verfügung standen, waren es diese bewässerten Wiesen, die auch in der Oberrheinebene die Ernährungslage der Bevölkerung erstmals entscheidend verbesserten. Das mit Lößsedimenten und Abwässern angereicherte Wasser brachte die dringend benötigten Nährstoffe mit. Ausgeklügelte Systeme verteilten das immer knappe Wasser und sorgten dafür, daß auch der letzte nutzbare Tropfen Verwendung fand, bevor er in den Rhein gelangte. So war die Wiesenwässerung auch mit einem sehr differenzierten Bachmanagement verknüpft.

Im Landkreis Karlsruhe brachten die großen Bachbaumaßnahmen der Pfinz-Saalbach-Korrektion in den 30er und 40er Jahren dieses Jahrhunderts dieses Wiesenwässersystem aus dem Gleichgewicht. Nun floß das Wasser zu schnell ab, Grundwasserabsenkungen und tiefgreifende ökologische Veränderungen waren die Folge. Der Storch verschwand und mit ihm zahlreiche spezialisierte Vogel-, Amphibien- und Insektenarten. Auf den trockenen Rücken der Hardt leiden die Wälder seither an hochgradigem Wassermangel, Gräben fielen trocken und Feuchtgebiete verschwanden mit ihren spezialisierten Bewohnern.

Die Naturschutzpolitik der letzten Jahre ist geprägt von einer großräumigen Sichtweise. Ihr Ziel ist, wegzukommen vom Inseldenken und der „Reservatspolitik" kleiner, isoliert liegender Naturschutzgebiete. Ein neuer Schwerpunkt der Naturschutzpolitik ist daher, auch außerhalb von Schutzgebieten zusammen mit den Land- und Forstwirten sowie den Gemeinden naturschutzangepaßte Lösungen zu finden und in die Tat umzusetzen.

Das „Bach- und Grabenkonzept" im Landkreis Karlsruhe ist hierfür ein Modellfall. Die Aktivitäten hierzu begannen zunächst im Kleinen und auf lokaler Ebene. Gemeinden kämpften für Wiedervernässung von Gräben. Der „Arbeitskreis Pfinz-Lußhardt-Auen", ein interkommunaler Zusammenschluß, konnte mit Unterstützung des Umweltministeriums mehrere hundert Hektar Wiesen wieder anlegen. Die Wasserwirtschafts- und die Naturschutzverwaltung hoben ein erstes Modellprojekt zur Wiesenwässerung im Albtal aus der Taufe, und Naturschützer versuchten, mit Artenschutzprogrammen für die Erhaltung der letzten Wiesenvögel zu kämpfen.

Dies führte zu einer Bündelung von Interessen und Initiativen. Es gelang, innerhalb kürzester Zeit eine Gemeinschaftsaktion der Fachbehörden, der Gemeinden, von Wissenschaftlern und Naturschutzverbänden ins Leben zu rufen, wie es sie in dieser Form in der Region noch nicht gegeben hatte. Ein erstes Ergebnis dieser Zusammenarbeit ist das vorliegende Buch, das mit Unterstützung der Stiftung Naturschutzfonds beim Umweltministerium herausgegeben werden konnte.

1995 konnte mit Mitteln des Umweltministeriums eine Untersuchung begonnen werden, die die Suche nach technischen Lösungen für die weitere Zukunft der Wässerwiesen zum Inhalt hat. Mit konkreten Maßnahmen zur Umsetzung ist bereits 1996 zu rechnen. Ziel ist es, die Lebensräume und Arten zu erhalten und deren Überlebenschancen dadurch zu verbessern, daß Wasser wieder in die Fläche gebracht wird.

Bäche und Wiesen bieten das Potential für ein Biotopverbundsystem bisher nicht erreichter Dimensionen. Großflächigkeit, Einbettung in die Kulturlandschaft, Berücksichtigung der Traditionen, Abkehr von Reservatsgedanken und nicht zuletzt Akzeptanz durch die beteiligten Kommunen, Landwirte und Bürger sind mustergültige Bedingungen für den Erfolg des Projekts. Der Landkreis und die anderen Beteiligten setzen mit diesem Projekt die vom Umweltministerium zum Europäischen Naturschutzjahr 1995 formulierten Ziele einer modernen und nachhaltigen Naturschutzpolitik bereits in die Praxis um.

Ich begrüße diese Initiative sehr und hoffe, das dieses Buch dazu beiträgt, der Verbreitung der Wiesenwässerung einen neuen Anschub zu geben.

Harald B. Schäfer
Umweltminister des Landes Baden-Württemberg

Inhalt

1 Die Kulturlandschaften des Kraichgaus und der Oberrheinebene: Eine naturräumlich-agrargeographische Darstellung

Kurt Metzger

Die Kulturlandschaften des Kraichgaus und die der Rheinaue, der Hardtflächen sowie der Randsenke in der nördlichen Oberrheinebene sind durch nachhaltiges Wirken des Menschen geprägt. Bis vor wenigen Jahrzehnten konnten sie noch vielfältige ökologische Funktionen erfüllen. Heutzutage dienen die durch uns Menschen genutzten Flächen überwiegend der Produktion von Nahrungsmitteln und Holz, als Siedlungs-, Industrie-, Gewerbe-, Deponie- und Verkehrsflächen. Ihre Bedeutung als Erholungsraum, Regenerationsraum für Trinkwasser und Atemluft sowie Lebensraum für ein breites Spektrum an Tier- und Pflanzenarten ist dabei weitgehend in den Hintergrund getreten. Neben der Veränderung der Produktionsintensität auf den land- und forstwirtschaftlichen Nutzflächen ist der Artenverlust, der Verlust an Saum- und Kleinbiotopen in Gestalt von Hecken, Feldgehölzen, Grasrainen, Tümpeln oder naturnahen Bachläufen für die Monotonisierung der heimischen Agrar- und Forstlandschaften hauptverantwortlich. Seit kurzem versucht man dem Trend wieder gegenzusteuern. Dazu werden immer mehr Naturschutzgebiete ausgewiesen, Biotope geschaffen, Wälder der natürlichen Sukzession überlassen und begradigte Fließgewässer renaturiert.

Die durch Menschenhand angelegten Auen-, Bruch- und Wässerwiesen in den Niederungen des Rheins und seiner Nebenflüsse ebenso wie die Talauen im Hügelland des Kraichgaus sind in einen Rahmen von wechselnden Kulturlandschaften eingebettet, die sie begleiten. Es gilt hier nicht, die Auenlandschaften mit ihrer Vegetation im engeren Sinne zu betrachten. Das Hauptaugenmerk sei auf den Rahmen, ihre Umgebung gerichtet, wie ihn der Blick vom Michaelsberg (274 m) über Untergrombach oder vom Aussichtsturm auf dem Steinsberg (333 m) bei Weiler auf das von hier weit überschaubare Umland zu zeigen vermag.

Deutlich unterscheidbar liegen mehrere von der natürlichen Ausstattung her bestimmte Räume vor uns. Nahezu übergangslos sind sie aneinandergefügt, was die Erfassung ihrer Eigenart ungemein erleichtert. Verschärft werden die Grenzen zwischen diesen naturbestimmten Räumen durch die Art der Bodennutzung. Landwirt und Förster wählen ihrem Wirtschaftsziel entsprechend aus, richten ihre Arbeit nach Boden- und Klimaverhältnissen, nach Sonnen- und Schattenlagen. Dadurch haben sie Nutzungsformen geschaffen, welche die physisch-geographischen Tatsachen betonen. Selbst Siedlungen und Verkehrswege haben sich ursprünglich den naturgegebenen Voraussetzungen angepaßt.

Auf dem Michaelsberg stehen wir auf einer mit Löß und Lößlehm bedeckten Fläche, die aus Oberem Muschelkalk aufgebaut ist. Sie dehnt sich nach Norden und Süden bis zum Austritt von Saalbach und Pfinz hin aus. Bedingt durch seine morphologische Widerstandsfähigkeit sowie seine technische Verwendbarkeit findet man zahlreiche natürliche und künstliche Aufschlüsse am Steilhang zur Rheinebene und am Eingang der Seitentäler in den Kraichgau. Unserem Blick verbinden sich die Flächenstücke über die eingeschnittenen Talmündungen von Pfinz, Walzbach, Saalbach, Kraich, Katzbach bis zur Langenbrükkener Senke hinweg. Man könnte meinen, hier eine wohlerhaltene Landterrasse des südwestdeutschen Schichtstufenlandes zu überschauen. Die Hügelflächen sind jedoch an von Ost nach West streichenden Bruchlinien mehrfach verstellt und auf den gleichen Linien von Bächen zerfurcht worden. Dabei wird die Verebnungsfläche des Oberen Muschelkalks zwischen Bruchsal und Ubstadt von Schichten des Unteren Keupers und nördlich des Kraichbachaustritts in das Rheintal sogar noch von Sedimenten, die in der Jurazeit vor 150 bis 190 Millionen Jahren gebildet wurden, überdeckt.

Von der weiß leuchtenden Michaelskapelle aus endet der Blick gegen Norden an den Konturen des kristallinen Odenwaldes und an dessen südlichem Ausläufer, dem Königstuhl. Seine waldbedeckten Höhen, die von den Schichten des Oberen Buntsandsteins gebildet werden, streichen im Osten über die lößbedeckten Hügelflächen hinweg. Die Hochflächen des Königstuhls und des Gaisbergs dachen sich nach Süden ab und tauchen in den hügelreichen Kraichgau ein. Im Süden begrenzt der bewaldete Nordschwarzwald den Blick des Betrachters. Die Perspektive täuscht uns beim Blick nach Osten, indem sie uns bewaldete Rücken zeigt und das weitläufige Offenland zwischen den tiefgestaffelten Hügelketten des Kraichgaus verbirgt.

Als Landmarke erhebt sich darin die weithin sichtbare Ruine Steinsberg bei Weiler. Als Basaltstielhärtling, dem Rest eines vor 55,2 Millionen Jahren tätigen paläozänen Vulkans (HORN et al. 1972), überragt der Steinsberg seine Unterlage aus Schilfsandstein und das wellige Offenland des Kraichgaus. Vom Bergfried erreicht der Blick bei klarer Sicht die zartblauen, horizontalen Linien der Keuperstufen von Stromberg und Heuchelberg; oft genug reicht die Sicht auch bis zum nördlichen Schwarzwald, wo die Buntsandsteinbänke wieder aus der von Muschelkalk- und Keupersedimenten erfüllten Kraichgaumulde aufsteigen.

Die **Oberrheinebene** und der **Kraichgau** sind die beiden großen naturräumlichen Einheiten, welche dem durch Erosionsformen geprägten Baustil der südwestdeutschen Schichtstufenlandschaft nicht entsprechen. Erstere ist ein Grabenbruch, letzterer ist eine flache, bevorzugt West–Ost streichende tektonische Mulde mit stärkerem Einfallen im Norden und einer flacheren Flexur im Süden. Die Kraichgaumulde ist in einzelne Schollen zerlegt, die von Ost nach West bis zum Rheingrabenrand staffelartig um 400 m abgesunken sind. Die jüngsten Schichtglieder, die aus Sedimenten der Jurazeit entstanden, erscheinen daher im tiefsten Punkt der Mulde, der **Langenbrückener Senke**. Die Kraichgaumulde ist ein sehr altes Senkungsgebiet. Schon lange, bevor sich der Rheingraben auftat, setzte sich die Kraichgaumulde ebenso wie das übrige Gebiet Süddeutschlands und bildete den Grund eines mehr oder weniger tiefen Randmeeres. Seit dem Jungpaläozoikum, also schon vor rund 280 Millionen Jahren, war sie Senkungsgebiet und ist bis heute langsamer angestiegen als Odenwald und Schwarzwald. Aus diesem Grund blieben in ihr die Sedimentgesteine des Erdmittelalters bis zum Braunen Jura (Dogger) von der Abtragung verschont. Im Tertiärzeitalter, welches vor 60 Millionen Jahren anfing, begann das Einbrechen des Rheingrabens. Die zu dieser Zeit bereits vorhandene Kraichgausenke wurde in den geologischen Prozeß des einbrechenden Rheingrabens miteinbezogen und in Schollen zerlegt (WURSTER 1963).

Aus dem Kraichgau münden die Bachläufe und ihre begleitenden Auen durch den mehr oder weniger steilen Westrand des Hügellandes in die Oberrheinebene. Diese selbst erscheint bei klarem Wetter vom Michaelsberg aus als eine große, fremdartige Tiefenzone, die einer breiten Furche gleich das Herz Mitteleuropas durchschneidet. „Rheintal" sagt man landläufig zu der 300 km langen und durchschnittlich 36 km breiten, vom Rhein durchflossenen Kies- und Sandlandschaft. In Wirklichkeit ist es kein Tal, denn nicht der Rhein und seine Nebenflüsse haben durch Erosion das Tal eingetieft. Die Niederung ist älter als die Gewässer, die sie heute durchströmen. Keine äußeren Wirkungen, wie die von Wasser und Wind, sondern „tellurische", aus dem Erdinnern kommende Kräfte begannen schon im Mitteleozän vor rund 45 Millionen Jahren, die Formen der oberrheinischen Landschaft zu schaffen. Ein langer Keil der Erdkruste ist eingebrochen, hat sich an konvergierenden (aneinander vorbeigleitenden) Brüchen treppenartig in die Tiefe gesenkt. Im Verlaufe von Jahrmillionen hat sich der sinkende Boden, einem Rückhaltebecken gleich, mit mächtigen tertiären und quartären Sedimenten (Ablagerungen) aufgefüllt. Erst im Pleistozän (Eiszeitalter, seit ca. 2 Millionen Jahren) floß der Rhein in das Senkungsfeld hinein, brachte von den Alpengletschern her enorme Schmelzwassermassen, deren Geröllfracht schließlich den einheitlichen Kiesspiegel der Ebene schuf (ILLIES 1965).

Doch mit diesem „jüngsten" Akt oberrheinischer Erdgeschichte kam die Senkung keineswegs zum Stillstand. Von Zeit zu Zeit werden die Bewohner der Rheinebene und ihrer Randgebiete durch schwache Erdbeben daran erinnert, daß der Boden unter ihren Füßen noch lange nicht zur Ruhe gekommen ist. Das letzte schwere Erdbeben, das Todesopfer in Baden-Baden forderte, ereignete sich 1934[1]. Geodätische Beobachtungen zeigen, daß sich Teile des Rheingrabens mit einer Geschwindigkeit von 1 Millimeter pro Jahr weiter absenken und ausdehnen. Dadurch trennt der Grabenbruch heute in 40 Kilometer Breite zwei in vieler Hinsicht ähnliche Buntsandsteinlandschaften, das linksrheinische Pfälzer Bergland und den rechtsrheinischen Odenwald ebenso wie den nördlichen Schwarzwald und die Elsässer Vogesen.

Aus den vom Rhein und seinen Nebenflüssen abgelagerten Sedimenten hat der Wind während der Kaltzeiten des Pleistozän (Eiszeitalter) unablässig Feinmaterial ausgeblasen und als Staub im benachbarten Kraichgau abgelagert. Die meterhohe Staubdecke wurde zu Löß[2]. In der Rheinebene selbst blies der Wind die schwereren Sande, die mit den Schottern abgelagert wurden, zu Dünen zusammen. Diese äolischen Sedimente (vom

1 Allein in der Zeit zwischen 1880 und 1940 sind mehrere mittelschwere Erdbeben belegt (Literaturverzeichnis siehe MAYER 1989).

2 Siehe auch METZGER in WOLF & HASSLER (Hrsg., 1993): „Hohlwege".

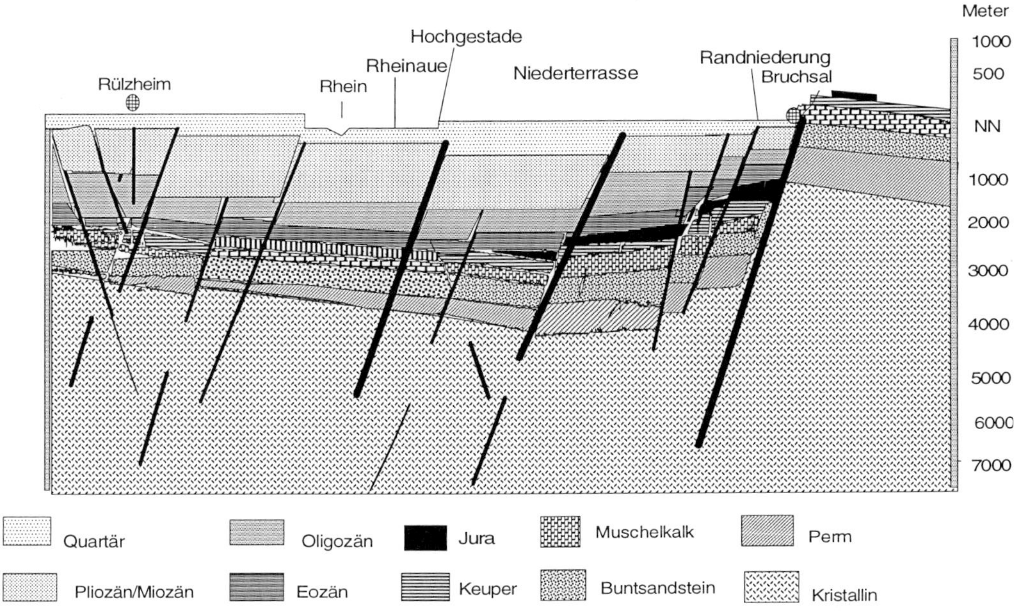

Abb. 1.1 Geologischer Schnitt durch das Untersuchungsgebiet in der Oberrheinebene von West nach Ost in der Höhe von Bruchsal (nach WIRTH 1950, vereinfacht).

Wind transportierte Ablagerungen) sind es, die über Jahrhunderte die Nutzungsgeschichte mitprägten, denn ohne Kraichgaulöß wäre die Geschichte der Wiesenwässerung unserer Region, die dieses Buch erzählen will, nie entstanden. Der kostbare Löß wird aus dem Kraichgau durch das Wasser langsam, aber stetig wieder in die Oberrheinebene zurückgebracht und erhöht dort die potentielle Fruchtbarkeit der Überschwemmungsgebiete.

Die Rheinauen selbst und die östlichen Randgebiete der Oberrheinebene mit ihren jungen, topogenen Niedermooren gehören wie die Wiesenauen in den Niederungen zu den Feuchtgebieten der Oberrheinebene. Die Auen der aus dem Kraichgau austretenden Bachläufe schieben ihre Schwemmkegel in die Ebene hinaus und unterbrechen damit die Moorgebiete der feuchten Randniederung.

Unvermittelt fallen die Kraichgauhöhen in die von Sanden und Schottern erfüllte Ebene ab; aber gerade an diesen Westhängen und besonders an deren Fußstufen sind die natürlichen Bedingungen für den Ackerbau, die Besiedlung und den Verkehr besonders günstig, und damit sind gerade hier die besten Voraussetzungen zur Entstehung einer blühenden Kulturlandschaft gegeben.

Allesamt sind die Naturräume der Region, wie sonst in kaum einer anderen, durch ständige und vielfältige Nutzung geprägt und verändert. Die Tatsache, daß dramatische Umformungen der ursprünglichen Naturlandschaft in den letzten beiden Jahrtausenden nicht nur einmal, sondern gleich mehrfach erfolgten und sich dadurch das Gefüge der Landschaft jedesmal vollständig veränderte, ist wenig bekannt oder bewußt. Insbesondere trifft dies für die Feuchtgebiete, Gräben und Bäche zu – davon handelt unter anderem dieses Buch.

Die Landschaftsräume entlang der Bäche

Die naturräumlichen und – wie sich erweisen wird – in gleicher Weise auch die landwirtschaftsgeographischen Einheiten der Talwiesenbereiche im Untersuchungsgebiet sind:

1. ein kleiner Anteil am südlichen Sandstein-Odenwald (Leimbachgebiet) und nördlichen Sandstein-Schwarzwald (der Bereich, in dem die Pfinz bei Pfinzweiler entspringt);
2. der Kraichgau mit Angelbachgäu im Norden und Pfinzgau im Süden sowie der westliche Kraich-

gau mit Saalbach, Kraichbach und Katzbach;
3. die Schwemmkegel der östlichen Randrinne;
4. die Oberrheinebene mit den Hardtflächen sowie den Niederungen des Leimbaches, des Katzbaches, des Kraichbaches, des Saalbaches, des Walzbaches und der Pfinz;
5. die Niederung der Rheinaue.

Bei den Bachläufen und ihren Auen kann man einen Oberlauf mit einem Gefälle von 1 bis 2 %, den Mittellauf mit Gefällen bis 0,5 % und einen gefällearmen Unterlauf mit 0,05 % unterscheiden. Die Oberläufe umfassen die Quellgebiete mit den verschiedenen Quellbächen, die meist dem selben Quellhorizont entspringen.

Die nördlichen und südlichen Sandsteinlandschaften

Im Sandstein-Odenwald und im Sandstein-Schwarzwald herrschen besonders klare Beziehungen zwischen Gestein, Boden und Bodennutzung. Offenland breitet sich über dem unteren und oberen Buntsandstein aus, Wald beherrscht in der Regel den mittleren. Auf dem Buntsandstein sind Braunerden, die meist schon in Podsole (siehe Kap. 6) übergehen, weit verbreitet. Sie bestehen aus anlehmigem Sand oder stark sandigem Lehm und sind darüber hinaus noch recht steinig. Böden und Klima sind für den Ackerbau nicht günstig, daher überwiegt in diesen Gebieten das Dauergrünland. In Marxzell nimmt das Grünland über 70 % der landwirtschaftlichen Nutzfläche ein. Günstiger werden die Voraussetzungen für die Landwirtschaft dort, wo eine Lößeinwehung wirksam geblieben ist, wie auf der Südabdachung gegen den Kraichgau hin. Dort verringert sich die Dauergrünlandfläche deutlich. In Gaiberg, an der Südabdachung des Königstuhls, sind nur noch rund 30 % von Wiesen belegt.

Der Wassermangel der Hochflächen ließ eine Besiedlung nur der Täler im mittleren und der flachen Mulden im oberen Buntsandstein zu. Die Talsiedlungen im Bereich des mittleren Buntsandsteins sind gewöhnlich locker gereihte Siedlungen mit Hufenfluren in oft noch gut erhaltener Form, dies besonders im Großen Odenwald. Wo sich Dörfer in die Mulden einschmiegen, sind sie enger gebaut, wie etwa die hochgelegenen jungen Siedlungen des Kleinen Odenwaldes mit „Miniaturgewannfluren".

In den Sandsteingebieten nimmt das Grünland in vielen Gemarkungen fast die Hälfte der landwirtschaftlichen Nutzflächen ein[3]. Es sind einerseits fuechte Talwiesen, andererseits trockene Mähwiesen oberhalb der Hangäcker oder auf den wenig besonnten Talseiten. Die Koppelweide gewinnt gerade im Verbreitungsbereich der Waldhufen- und Blockeinödfluren dank der geschlossenen Lage der Grundstücke eines Betriebes immer mehr an Bedeutung. Im Bereich der Gewannflur südlich des Neckars stößt sie dagegen wegen der Streulage der besonders schmalen Wiesenparzellen in den Talgründen noch auf Schwierigkeiten. Der Kleine Odenwald und das Königstuhlgebiet haben noch eine zusätzliche Besonderheit gegenüber dem übrigen Sandstein-Odenwald. In Gaiberg treffen wir auf eine Feldflur mit bestimmenden Intensivkulturen, nämlich mit Beerensträuchern, vorwiegend Himbeeren.

Die Landwirtschaft im Kraichgau

Im **Kraichgau** treffen wir auf den Typ der Agrarlandschaft, den auch die Schwemmflächen der Hügelränder aufweisen. Auch hier liegen alte Haufendörfer mit ehedem kleinparzellierten Fluren, die durch die Flurbereinigungen ihr Aussehen in jüngster Vergangenheit geändert haben. Eine moderne gewinnorientierte Bewirtschaftung des Bodens mit den Äckern in Streulage als Folge der Realteilung, mit Kleinbesitz und -betrieb war unter den wirtschaftspolitischen Gegebenheiten der letzten Jahrzehnte nicht mehr möglich. Die Folge war ein starker Rückgang der Zahl landwirtschaftlicher Betriebe im Bearbeitungsgebiet. Besonders dramatisch war der Schwund der Beschäftigung und Erwerbstätigkeit in der Landwirtschaft. Waren 1978 noch 21,3 % der arbeitenden Bevölkerung unseres Raumes in der Landwirtschaft tätig, so waren es 1991 nur noch 1,4 %.

Im Kraichgau finden sich außerordentlich vorteilhafte natürliche Voraussetzungen für den Anbau der Feldpflanzen. Neben den durchschnittlichen Jahresniederschlägen von 650 mm und einer Jahresmitteltemperatur von 9,6 °C findet man kalkreiche Lößlehmböden und solche, die aus den liegenden Gesteinen der Keuper und Jurazeit hervorgegangen sind. Die Farbe des Löß, das helle Ocker, ist die Farbe des herbstlichen Kraichgaus, wenn die Felder kahl daliegen, denn Löß verhüllt den Gesteinsuntergrund noch weitflächig. Nur an

3 Im Gegensatz dazu liegen die Verhältnisse im Kraichgauer Hügelland und der Rheinebene. Hier hat im extremsten Fall die Gemeinde Eggenstein-Leopoldshafen einen Grünlandanteil von 1,6 % an der landwirtschaftlichen Nutzfläche.

steilen Tal- und Bergflanken, an Prallhängen der Bäche, treten die Bänke des Hauptmuschelkalkes in Erscheinung und wurden zum Teil in Steinbrüchen genutzt; beispielsweise im Kraichtal bei Gochsheim am Südwesthang der Kraich „Ob der alten Kirche". Dort ist die Grenze zwischen Muschelkalk und Keuper aufgeschlossen.

Ein anderes Beispiel liegt am Südhang des Gewanns Leiersteig im Saalbachtal bei Bruchsal. Dort ist wie im ehemaligen Steinbruch am Westhang des Adlersberges in Neibsheim dickbankiger Muschelkalk zu sehen. An den Hängen des Katzbachtales bei Eichelberg und am Kreuzberg bei Tiefenbach tritt der aufallend rote Tonmergelstein an die Oberfläche und bildet die Böden der Weinberge und des Kraichbachtales. Weiter talabwärts sind die Böden aus dem meist grüngrauen, glimmrigen Feinsandstein, dem Schilfsandstein, gebildet worden. Durch die fortschreitende Erosion der Lößdecke schauen immer weitere Bunte-Mergel- über Schilfsandstein- und Gipskeuperschichten hervor.

METZ (1961) bezeichnet den Kraichgau als ein Land flacher Hügel und breiter Wiesentäler, welliger, von niedrigen Bergen überragter Hochflächen, das die Senke zwischen den höheren Berglandschaften des Odenwaldes und des Schwarzwalds ausfüllt.

Die großen Gemarkungen der alten Haufendörfer sind, wo nicht die moderne Flurbereinigung eingegriffen hat, in äußerst unregelmäßiger Weise in Gewannfluren gegliedert, denn ältere Bereinigungen, wie sie besonders am Nordrand durchgeführt wurden (Reichartshausen, Bammental u. a.), haben zwar Feldwege gebracht, aber das altüberkommene System der gemeinschaftsgebundenen Anbauweise kaum geändert und die Landwirtschaft trotzdem einer Reform zugänglich gemacht. Noch immer besitzen einige Gemarkungen ihre drei Fluren (Zelgen), auf denen eine sechsjährige Fruchtfolge (zwei Dreifelderwirtschaftsglieder hintereinander) auf den ursprünglichen Winter-, Sommer- und Brachfluren betrieben wird. So kommt es auch, daß Getreide oft über die Hälfte des Ackerlandes einnimmt, welches selbst wiederum fast stets mehr als 80 % der landwirtschaftlichen Nutzfläche ausmacht. Weizen, Zuckerrüben und Gerste herrschen im inneren Kraichgau um Elsenz und Schwarzbach, während auf den entkalkten Böden der Rückenlandschaften dazwischen Roggen und Hafer höhere Anteile haben. Wiesenbach, Mönchzell und Zuzenhausen haben zwischen 5 und 10 % der landwirtschaftlichen Nutzfläche mit Handelsgewächsen bebaut, meist mit Tabak, der auf der Flur von Waldwimmersbach seine Grenze gegen den Odenwald hin erreicht. Auch die Tabakverarbeitung war in einigen Kraichgaudörfern zu Hause, wie in Dielheim, Mühlhausen und in Rotenberg.

In Rotenberg sind wir schon in einer kleinen Sonderlandschaft, die zwischen Rheinebene und Kraichgau eingeschaltet ist. Es ist der Nordflügel der Langenbrückener Senke, wo die Keupergesteine an den Grabenrand herantreten, wie weiter südlich auch Lias- und Doggersedimente. In diesem Schollenland tritt in der Bodennutzung wieder Rebland auf, stärker noch als an der Bergstraße. In Rauenberg wird auf 66,7 Hektar Wein angebaut, das heißt, 13,6 % der landwirtschaftlichen Nutzfläche sind von der Monokultur Reben belegt. Auch im zentralen Kraichgau war der Weinbau einst viel weiter verbreitet als heute, wo er auf die Südhänge der Keuperstufen mit ihren bunten Mergeln beschränkt ist. Aufgelassene Weinbergterrassen im Löß und auf Muschelkalk weisen auf die ehemaligen Rebstandorte hin.

Der westliche Kraichgaurand und die Randsenke (Bruhrain)

Vom Michaelsberg aus geht der Blick nach Norden entlang der Vorschollen bis zu dem schroffen westlichen Bruchrand des Odenwaldes an der Bergstraße. Er öffnet uns die Aussicht in die weiten offenen Räume der Oberrheinebene, auf die Schwemmkegel in der östlichen Randrinne und auf die im Nordwesten, Westen und Südwesten von ihr zurückgedrängten Wälder der Hardt- und Sandflächen. Wir befinden uns inmitten des Altsiedellandes, in welchem sich die ersten Siedlungen, die die Berghänge begleiten, ausbreiteten.

Wenden wir uns zunächst der *Bergstraße und der östlichen Randrinne* zu, dem Ziel vieler naturverbundener Großstädter, besonders bei der Suche nach einem geeigneten Baugrundstück. Zwischen der Bergstraße nördlich von Heidelberg und derjenigen südlich der Stadt bis zur Rauenberger Bucht mit Wiesloch bestehen wenig Unterschiede. Wo die Odenwaldbäche heraustreten, dort drängen sich die Häuser und alten Gehöfte in den Kernen der Dörfer, in Leimen und Nußloch ebenso wie in Schriesheim oder Dossenheim. Von Dorf zu Dorf führt die alte Hangstraße oberhalb der ehemals versumpften Randniederung entlang, sie gab der Landschaft den Namen.

Zwischen Durlach und Wiesloch finden wir in der östlichen Randrinne des Oberrheingrabens heute noch Reste von Mooren. Entgegen der bisherigen Interpretation ihrer Bildung in einer durch Flußerosion entstandenen „Kinzig-Murg-Rinne" nimmt man heute an, daß sie ihre Entstehung Setzungsvorgängen am Rheingrabenrand in der

Nacheiszeit verdanken (METZGER 1992). Die Randrinne wurde zu keiner Zeit von Kinzig, Murg oder sonst einem südlich der Pfinz aus dem Schwarzwald kommenden Bach durchflossen. Sie entstand durch tektonische Setzungsbewegungen, die heute noch anhalten. Auf diese Entstehungsgeschichte weist auch die Geomorphologie der östlichen Randrinne hin, die keine typische Flußauenstruktur zeigt. Darüber hinaus findet man in den Randrinnen auch keine Kieszusammensetzung, die auf charakteristisches Schwarzwaldmaterial hinweisen würde, welches von den Flüssen mitgebracht worden wäre (Näheres dazu in Kap. 6).

Die Gemarkungen der Bergstraßengemeinden haben meist an drei rheingrabenparallelen Landschafts- und Landnutzungseinheiten Anteil. Nach Osten greifen sie weit in das Berg- und Hügelland ein. Nach Westen erstrecken sich viele Gemarkungen in die Randniederung und die westlich anschließenden letzteiszeitlichen Schotter- und Sandterrassen, die von den aus dem Kraichgau kommenden Bächen durchflossen werden. Diese Gemarkungen zeichnen sich durch besonders hohe Ackerlandanteile (85 %) und unterdurchschnittliche Dauergrünlandanteile (9 %) aus. Die Nutzung des Ackerlandes wird zu fast zwei Drittel vom Getreideanbau (Winterweizen, Körnermais und Gerste) bestimmt. Die Anbaufläche für Sonnenblumen wurde in den letzten Jahren sehr stark ausgedehnt, während die Rapsflächen seit 1987 wieder reduziert wurden.

Die eigentliche Randzone zur Rheinebene wird von den nach Westen, aber auch oft nach Südwesten und Süden gewandten Hängen gebildet. Da sie in der Regel eine recht beachtliche Lößbedeckung tragen, eignen sie sich vortrefflich zur Anlage von wärme- und strahlungsbedürftigen Reb- und Obstkulturen. Auf dem Gebiet des Amtes für Landwirtschaft, Landschafts- und Bodenkultur Bruchsal befinden sich ca. 200 ha Kernobstanlagen und 35 ha Erdbeeren, darüber hinaus werden auf 880 ha Reben zwischen Wiesloch und Bruchsal angepflanzt (LEL 16/94).

MONHEIM (1960) beschrieb die schon seit früher Zeit eigentümliche Gestaltung der Ackerfluren der Bergstraßengemeinden, welche auf die dort geübte Zweifelderwirtschaft mit Brache zurückgeführt werden kann. Dies bedeutete ein Zurücktreten des Sommergetreides gegenüber den Gebieten mit Dreifelderwirtschaft in der Hardt und im Kraichgau. Später bevorzugte man am Kraichgaurand im Gegensatz zu den Nachbarorten der Rheinniederung den Mais an Stelle des Tabaks.

Trotz der Nähe des Industriegebietes im Rhein-Neckarraum und um Karlsruhe ist es im Gebiet der Randzone, wie überhaupt im Kraichgau, nur vereinzelt zu den Verfallserscheinungen der geregelten Bodennutzung gekommen, wie sie sich in der sogenannten „Sozialbrache" äußern.

All die kleinen und größeren Bäche, die aus dem Kraichgau in die Oberrheinebene hinaustreten, haben ihre Schwemmkegel in die Ebene vorgebaut. Ihre Schwemmkegel sind mehr oder weniger, der Größe ihres Einzugsgebietes und ihrer Wassermengen entsprechend, ausgedehnt. Sie reichen daher ein Stück weit in die feuchte Randniederung hinein, überqueren sie und drängen teilweise die Sandflächen der Hardtzone zurück, die von den Bächen schließlich in der Mündungsaue durchbrochen wird. Die Westgrenze dieser naturräumlichen Einheiten bildet das Hochgestade. An ihm verlassen die Bäche die pleistozäne Niederterrasse. Ab hier durchfließen sie bis zur Einmündung in den Rhein das „Tiefgestade", die holozäne Rheinaue. Bis zu mehreren Metern tief haben die Bäche die Niederterrassenschotter mit den aufliegenden Flugsanden und Dünen ausgeräumt und schließlich eine meterdicke Lehmdecke aus Schwemmlöß und abgetragenem Bodenmaterial in ihren Auen abgelagert, aus der die unterschiedlichsten Auenböden hervorgingen.

Die Hardtflächen der Oberrheinebene

Die wenig eingetieften, gewundenen und verlandeten Bachläufe und Hochwasserrinnen haben die Bodennutzung und Besiedlung im Rheintal bestimmt. Das gilt für die dort verbreiteten schweren und feuchten Auenböden ebenso wie für die den Niederterrassenschottern aufgelagerten Flug- und Dünensande zwischen Schwetzingen und Karlsruhe mit ihren trockenen, leichten Böden. Im allgemeinen findet man auf den Schwemmflächen nährstoffreiche, lehmige Böden, die der Landwirtschaft seit jeher die besten Möglichkeiten bieten, während die trockenen Flugsandböden geringe Erträge liefern.

Die heutige Agrarlandschaft in der Rheinebene ist dennoch nicht das bloße Spiegelbild der Bodenverhältnisse. Neben diesen naturgegebenen Voraussetzungen ist sie vor allem abhängig von der Lage und der Art der Siedlungen. Die ältesten Orte liegen am Austritt der Kraichgaubäche in die Oberrheinebene und entlang des Hochgestades ebenfalls im Mündungsbereich dieser Bäche in die Rheinaue. Später wurden Siedlungen auf der Niederterrasse nur an den Bachläufen mit ihren Auenbereichen gegründet. Es sind meist recht eintönige Dorfbilder, die charakterisiert sind durch den Halbhof auf schmaler Parzelle und im Tabak-

Abb. 1.2
Profil aus der Kiesgrube westlich von Kronau.

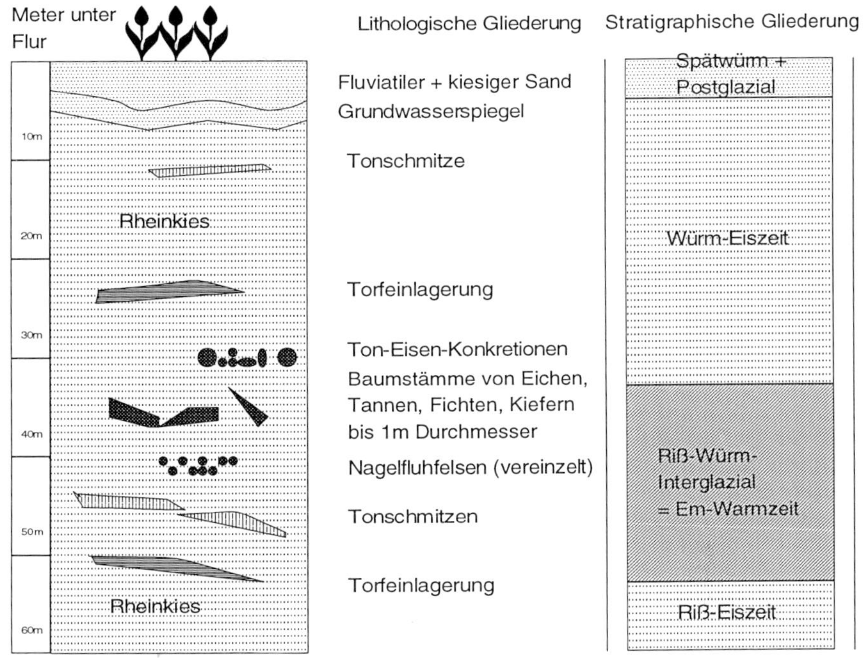

anbaugebiet durch die Tabaktrockenspeicher. Derzeit ist die moderne Umgestaltung durch Wohnsiedlungen besonders an den Dorfrändern erheblich. Die Siedlungsflächen ufern aus und machen sich überall in der Landschaft auf Kosten der Wiesen und Ackerflächen breit. In der Nachbarschaft von Mannheim, Heidelberg und Karlsruhe kommt es zur Verstädterung und zur Vorortsbildung, so daß die ehemaligen charakteristischen Landschaftsräume vollständig verschwinden[4].

Der Obstbau tritt in der Rheinebene nicht auffällig in Erscheinung. Im Anbaubild heben sich hin und wieder die dorfnahen, noch nicht durch Neubaugebiete verunstalteten Teile durch ihre Feldgärten und Obstfeldgärten deutlich aus dem allgemein baumlosen Ackerland heraus. Auf den kleinparzellierten, kleinbäuerlichen Fluren der Haufendörfer tritt das Getreide hinter Hackfrüchten, Futterpflanzen und Handelsgewächsen (Tabak) zurück. Hopfen hat an Anbaufläche stark eingebüßt und ist heute auf einige Flächen bei Sandhausen beschränkt. Auf den mittel- und großbäuerlichen Großblöcken besonders im Kraichgau steht dagegen Getreide an erster Stelle. Die größten Flächen des Schwemmlandes werden von der aus Weizen, Gerste, Rüben und Luzerne bestehenden Feldpflanzengemeinschaft eingenommen. Sie entspricht den Bodenverhältnissen auf Lößlehm am besten. Sobald man auf Sandböden gelangt, also auf die pleistozäne Niederterrasse der Hardt, trifft man auf die ebenfalls bodenangepaßte Feldpflanzengemeinschaft mit der Reihenfolge Roggen/Kartoffel/Luzerne. In Bereichen mit mehr oder weniger mächtigen Flug- und Schwemmsanddecken hat der Spargelanbau größere wirtschaftliche Bedeutung.

Der **Schwetzinger Sand** ist eine mit Flugsand überdeckte Kies- und Sandfläche der Niederterrasse. Außerhalb des Ackerlandes erheben sich bei größerer Mächtigkeit der Flugsande Kiefernwälder, bei höherem Grundwasserstand wie im Süden sind Eichenforste verbreitet. Nach Süden schließen sich die bewaldeten Niederterrassenplatten der Hockenheimer Hardt und der Lußhardt an, die durch die Kraichniederung mit ihren sandig, tonigen Schwemmlößablagerungen voneinander getrennt werden[5]. Wahrscheinlich ist die Kiefer in der Hockenheimer Hardt sogar von Na-

4 So sind im Zeitraum von zehn Jahren im Dienstbezirk des Amtes für Landwirtschaft, Landschafts- und Bodenkultur Karlsruhe rund 300 ha (= 3 Millionen Quadratmeter) Ackerland verloren gegangen (LEL 20/94).

tur aus verbreitet. Berühmt sind die Standorte mit steppenhafter Dünenvegetation, wie jener im Naturschutzgebiet von Sandhausen. Im Bereich der **Hockenheimer Hardt** (Hockenheim, Reilingen, Walldorf u. a.) und der **Lußhardt** (Kirrlach, Wiesental, Neudorf, Hambrücken, Kronau, Weiher u. a.) mit ihren fluviatilen Hochwasserabsätzen und Rinnenfüllungen aus schluffigem Sand und Schluff, oder der **Karlsruher Hardt** (Graben, Blankenloch, Spöck, Neuthard, Friedrichstal u. a.) mit ihrer jungen, primär kalkhaltigen Flugsanddecke findet man für den Spargelanbau günstige Bedingungen, so daß er größere zusammenhängende Flächen einnimmt.

Aus einem Profil, welches M. LÖSCHER (in METZGER 1985b) in der Kiesgrube der Firma Philipp westlich von Kronau gewonnen hat, kann man den Aufbau der vom Rhein abgelagerten Kiese bis 52 m unter den Grundwasserspiegel ersehen. Es kann angenommen werden, daß der Schotterkörper der Niederterrasse im gesamten Untersuchungsgebiet bis zu der untersuchten Tiefe in ähnlicher Weise aufgebaut ist, denn in weiteren Kiesgruben im Hardtbereich findet man analoge Verhältnisse. Allerdings reichen die Abbautiefen anderer Kiesgruben in der Regel nur zwischen 20 bis 30 m.

Die Trockenböden der Hardtplatten und die Feuchtböden der Auen von Pfinz, Saalbach und Kraichbach mit ihren Wiesenniederungen bilden schroffe Gegensätze, die nur wenig durch Rodungsflächen mit Ackerland abgeschwächt werden. Die Fluren tragen hier Spargel und Tabak als Handelsgewächse. Klein- und Feierabendbauern betreiben den Anbau, und ihre Erzeugnisse gelangen über Sammelstellen zur Großmarkthalle Bruchsal. Mit einem Anteil der Intensivkulturen an der landwirtschaftlichen Nutzfläche von bis zu 25 % sind die Gemarkungen charakteristisch für das rechtsrheinische Hochgestade zwischen Karlsruhe und Schwetzingen.

Das Tiefgestade: Die Niederung der Rheinaue

Die Rheinniederung, der holozäne Talboden des Rheins, ist eingelassen zwischen die rechts- und linksrheinischen eiszeitlichen Schotterterrassen. Die letzte zu besprechende naturräumliche Einheit unseres Untersuchungsgebiets wird im Osten durch markante, bis zu 8 m hohe Erosionssteilränder, die halbkreisförmige Buchten bilden, das **Hochgestade**, begrenzt. Der mäandrierende Rhein hat in den vergangenen 10.000 Jahren die Buchten ausgebildet. Wie die pleistozäne Niederterrasse wurde auch die gesamte Oberfläche des Tiefgestades vom Rhein selber geschaffen. Heute verläuft in wenigen Kilometern Entfernung vom Hochgestade, von Süden nach Norden mit einem Gefälle von 4 Promille, das Bett des korrigierten Rheins. Nach Ablagerung der Niederterrassenschotter durchzog er in langausgezogenen Schlingen, die fortwährend ihre Lage änderten, das ganze Gebiet bis zum Hochgestade hin und räumte sich seine Aue frei. Die Mäander des Rheins, die sich im Laufe der Zeit jeweils mit ihren Schlingen berührten, schließlich durchbrachen und so den Rheinlauf verkürzten, schufen die Altwässer sowie die tief eingekerbten Bögen im Hochgestade. Daher wird dieser Teil der Landschaft neben abgeschnittenen Mäandern von unzähligen flachen, breiten und schmalen Mulden und Rinnen (im Volksmund „Schluten" genannt) geprägt, die bis heute teilweise durch junge Sedimente wiederverfüllt oder durch topogene Moore eingenommen wurden.

Verbunden mit der Eintiefung der Rheinaue ist die Absenkung der Erosionsbasis der von Osten zum Rhein fließenden Bäche und deren tieferes Einschneiden in die Niederterrasse, so daß sie an ihrer Einmündung in die Rheinniederung das Niveau des Tiefgestades erreichen. Ein Paradebeispiel dafür ist die ist die „Königshohl" bei Philippsburg, durch die ein alter Lauf des Saalbachs ehedem in die Rheinaue einmündete. Die plötzliche Verringerung des Gefälles beim Übertritt der Bäche in das Tiefgestade führte zur Aufschüttung von flachen, kleinen Schuttfächern, die sich heute noch im Übergangsbereich der „Alten Bach", der Pfinz, des Saalbachs und des Wagbachs beobachten lassen.

Zwischen Karlsruhe und Mannheim bilden die **Ortschaften am Hochgestade** eine Siedlungsreihe, die mit gutem Grund die Rheinniederung meidet. Mehrere Siedlungen im Tiefgestade selber sind einst durch Hochwasser abgeschnitten und dann verlassen worden, so daß nur noch Flur- und Hofnamen von ihrem einstigen Bestehen Zeugnis ablegen können wie zum Beispiel der Insultheimer Hof („Eynselheim"), Knaudenheim oder Alt-Dettenheim. Zwischen den alten Flußschlingen und Mulden liegen aber auch noch zahlreiche größere Flächenstücke, die sich über alte Rheinläufe oder Wiesenmulden deutlich erheben. Es handelt sich dabei einerseits um schon früh verlandete, hochliegende Anschwemmungen oder in der Niederung stehengebliebene kleine Reste des Hochgestades. Auf ihnen konnten sich wenige

---

5 Geologische Übersichtskarte 1 : 200.000, Blatt CC 7110 Mannheim.

Dörfer inmitten der Niederung halten, z.B. Rheinhausen, Philippsburg, Rheinsheim und Rußheim. Die nährstoffreichen Auenlehm- und Schlickböden sowie die aus Niedermooren hervorgegangenen Böden begünstigen auf dem Ackerland den Anbau von Weizen, Zuckerrüben und Gerste. Man sollte der verlandeten Altrheinbögen und des hohen Grundwasserstandes wegen annehmen, daß der Dauergrünlandanteil in der Rheinniederung hoch sei. Bis in die 40er Jahre unseres Jahrhunderts war dies auch so. Erst die Pfinz-Saalbach-Korrektion schuf die Voraussetzungen für einen großflächigen Grünlandumbruch. In Dettenheim betrug der Grünlandanteil früher rund 70 %, heute liegt er bei lediglich 5,9 %, in Philippsburg sogar nur bei 2,4 % der landwirtschaftlichen Nutzfläche.

Die Bedeutung der Bäche und Auen

Im Gegensatz zur Rheinebene bildet die vorherrschende und kennzeichnende Siedlungsform des Kraichgauer Altsiedellandes das geschlossene Dorf inmitten einer ansehnlichen Ackerflur und einer stattlichen Markung. Die Felder liegen gewöhnlich auf den Hügeln und an den Hängen, die noch zum großen Teil mit fruchtbaren Böden aus Löß oder Lößlehm bedeckt sind. In den Tälern finden man fast überall Wiesen mit einzelnen Bäumen oder Baumgruppen, sogenannte „Parklandschaften", besonders schön erhalten am Kraichbach zwischen Flehingen und Unteröwisheim. Solche naturnahen Bäche stellen sehr heterogene Biotope dar mit einem breiten Spektrum an Mikrolebensräumen für Fauna und Flora.

Art und Intensität der Beeinflussung von Kraichgaubächen durch den Menschen sind von Bachlauf zu Bachlauf recht unterschiedlich. So findet man neben weitgehend naturbelassenen, natürlich mäandrierenden Bachabschnitten stärker beeinflußte Bäche, deren Umland durch Trokkenlegung in Frischwiesen und Ackerland umgewandelt wurde. Daneben finden sich aber auch begradigte Gerinne oder Kanäle, die nur noch wenig an einen Bachlauf erinnern. Ihre Funktion besteht nicht in der Bereitstellung von Lebensraum für bachbewohnende Tier- und Pflanzenarten, sondern nur im Abtransport überschüssigen Wassers. Wechselwirkungen dieser Fließgewässer mit dem Umland sind auf ein Minimum beschränkt.

Gerade die Fließgewässer und ihre unterschiedlichen Niederungen können in einer dicht besiedelten Landschaft wie der unsrigen vielfältige Funktionen erfüllen, die uns letztlich wieder zugute kommen. Nachfolgend sollen einige davon angesprochen werden:

- Die Bäche und ihre Auen dienen der Erhaltung vieler Tier- und Pflanzenarten.
- Die stark durchwurzelten Böden im Uferbereich filtrieren das bis zum Grundwasserspiegel durchsickernde Niederschlagswasser. Durch Nährsalzentzug wirkt die Ufervegetation wie ein Puffer zwischen gedüngtem Umland und Gewässer.
- Die Grünlandstreifen entlang der Bäche schützen das Gewässer vor Bodenabtragsmaterial aus den Feldern des Kraichgauhügellandes, indem sie Schluff- und Tonteilchen zurückhalten.
- Die Bäche mit ihrem natürlichen Uferbewuchs sind charakteristische Elemente des Kraichgaus und der Rheinebene. Sie fördern durch ihre gliedernde Wirkung den Erlebniswert unserer Landschaft.
- Die natürlichen Bachläufe mit Gehölzsäumen sind in ihrer Unterhaltung und Pflege kostengünstiger als ausgebaute.
- Und nicht zuletzt sind die Auen Retentionsräume für das Oberflächenwasser. Sie wirken wie natürliche Wasserspeicher, indem sie das aufgenommene Wasser nach Starkregen gleichmäßig wieder abgeben. Bei extremen Hochwässern stellen sie kurzfristig Überflutungsgebiete dar. Regenrückhaltebecken werden dadurch weitgehend überflüssig. Im Zuge knapper werdender Trinkwasservorräte ist die Erhaltung und Erweiterung der Auen in den Rheinniederungen auch aus diesem Grunde notwendig.

Schluß

Kraichgau und Rheinebene sind nicht nur Land der Bauern, wenn dies auch in den ersten beiden Kapiteln dieses Buchs im Vordergrund steht. Der Gegensatz beherrscht das Landschaftsbild, das Nebeneinander von Industrie-, Gewerbe-, Handels- und Agrarsiedlungen, umrahmt von Forsten, Ackerflächen und Wiesen, zerschnitten von stark befahrenen Verkehrswegen und einer raumprägenden Topographie. Noch haben die Entwicklungen der letzten Jahre diese Unterschiede in der Landschaft nicht zu verwischen vermocht und zu einer monotonen „Technolandschaft" geführt. Noch erlaubt die Vielfalt der Böden bei besonderer Klimagunst die verschiedensten Spezialkulturen, wie Spargel und Hopfen auf Sand, Reben und Obst an den Lößhängen, Gemü-

Abb. 1.3 Die Teufelslochwiesen zwischen Heglach und Alter Bach nördlich von Friedrichstal tragen zwar einen furchterregenden Namen, stellen aber heute, inmitten von ansonsten ausgeräumter Landschaft, eine besondere Idylle und ein natürliches Biotopverbundsystem dar.

se und Obst, auch Blumen in der Bergstraßenzone, Getreide und Hackfrucht auf den großen Schlägen des Kraichgaus. Noch bilden Bäche mit ihren Talauen, wenn sie nicht durch Siedlungen und Industrie verbaut sind oder durch das Umbrechen von Wiesen zu Ackerland gemacht wurden, mit ihren Tier- und Pflanzengesellschaften einen naturnahen, prägenden Teil der immer ärmer werdenden Kulturlandschaft.

Es muß uns ein Anliegen sein, den überkommenen Lebensraum zu schonen und möglichst naturnah zu erhalten. Die – zumindest teilweise – Wiederherstellung der einst großräumigen Bachauen kann dazu einen wichtigen Teil beitragen.

2 Bäuerliche Gesellschaft im Wandel

KARL-HEINZ GLASER

Im 18. Jahrhundert stritt die Gemeinde Münzesheim in einem langen Prozeß mit ihrem Baron darüber, ob jeder Bauer drei oder sechs Tage Frondienst pro Jahr auf den herrschaftlichen Äckern und Wiesen leisten müsse. Im 9. Jahrhundert hatte es auch eine Dreitagesfron gegeben – sie bezeichnete aber die *wöchentliche* Arbeitsleistung der unfreien Bauern auf dem Land des Grundherren.

Schon dieses kleine Beispiel zeigt, daß sich auch in der bäuerlichen, vielfach als statisch beschriebenen Gesellschaft über die Jahrhunderte enorme Veränderungen ereignet haben müssen. Das betrifft nicht nur die Dienste und Abgaben oder ganz allgemein das Verhältnis der Dorfgemeinde zu ihrer Herrschaft, sondern auch die landwirtschaftliche Produktion selbst, die technische Ausstattung der bäuerlichen Betriebe, die angebauten Produkte und die Art der Bodennutzung. Darüber soll im folgenden ebenso berichtet werden wie über die großen Agrarreformen des 18. Jahrhunderts, die unter dem Einfluß der physiokratischen Theorie gerade in badischen Dörfern modellhaft, aber keineswegs konfliktfrei umgesetzt wurden.

Seit die Historiker die Alltagsgeschichte entdeckt haben, stehen auch genügend Untersuchungen über das „Leben im Mittelalter" zur Verfügung, die bei aller wissenschaftlichen Genauigkeit durchaus interessant, manchmal sogar spannend geschrieben sind[1]. Regionale Beispiele aus unserem Gebiet, aus Kraichgau, Bruhrain und der Hardt, sollen die „großen Linien" der Agrargeschichte über einen Zeitraum von rund 1000 Jahren mit Leben füllen[2]. Natürlich werden dabei die Wiesen in ihrer Bedeutung für die Landwirtschaft besonders aufmerksam verfolgt.

In den Weistümern (meist 14./15. Jahrhundert) wird das Dorfrecht teilweise durch Befragung der alten Bürger *gesucht*, in den späteren Dorfordnungen (16. Jahrhundert) unter deutlicherem Einfluß der Herrschaft *gesetzt* (vgl. KOLLNIG 1979).

Das frühe Mittelalter

Siedlungsformen und Bewirtschaftung

Zur Mitte des 1. Jahrtausends lebten im deutschen Südwesten durchschnittlich nur etwa 4–6 Menschen auf einem Quadratkilometer und bauten auf einer Fläche von vielleicht drei Hektar Getreide an (ABEL 1978). Die Menschen siedelten in Einzelhöfen oder in kleinen Hofgruppen, meist in der Nähe eines Baches oder einer Quelle. Im Prinzip dürfte sich das Landschaftsbild in unserem Raum kaum von dem unterschieden haben, das Abel für den Norden Deutschlands schildert. Die Kleinsiedlungen wurden nicht etwa wie die heutigen Dörfer von einem ausgedehnten Feld- und Grasgürtel umgeben, sondern von einem schmalen Ring, *„in dem das geringe, in Streifen und Blöcke gegliederte Getreideland, die Streu- und Winterfutterfläche und der Hofwald versammelt waren, der zur Nah- und Nachtweide diente. Um diesen schmalen Innengürtel, der mit Bäumen schon reichlich durchsetzt war, legte sich ein breiter, der als Sommer- und Außenweide, Jagd- und Holzrevier genutzt wurde und allmählich in den noch unberührten Kernwald überging*". Dieser regelrechte Urwald, in dem ein dichtes Unterholz wucherte, wird in zeitgenössischen Quellen als sumpfig und schaurig beschrieben.

Die noch recht urwüchsige *Feldgraswirtschaft* sah so aus, daß ein Stück Land für die Einsaat vorbereitet und einige Jahre als Kornfeld genutzt wurde, um dann wieder für mehrere Jahre zur Regeneration als Brachland liegen zu bleiben. Als Arbeitsgeräte standen einfache Hakenpflüge und Eggen aus Holz zur Verfügung. In den Gärten wurden Bohnen, Erbsen und Linsen angebaut. Für den Nahrungshaushalt von großer Bedeutung war das Vieh, schließlich herrschte in der ausgedehnten Wald- und Buschlandschaft kein Mangel an

---

1 Hier nur wenige einführende Hinweise: RÖSENER 1985, GOETZ 1986, ENNEN 1987, KÜHNEL 1986. Nicht ganz so eingängig, aber reich aus den südwestdeutschen Quellen schöpfend BADER 1973, 1974, 1981. Als Beispiel für dörfliches Leben und Wirtschaften in der frühen Neuzeit jetzt GAßNER 1994. Zu Dorf und Herrschaft allgemein WUNDER 1986. Über bäuerliche Unruhen in der frühen Neuzeit SCHULZE 1980, 1983. Zum mittelalterlichen Weltbild GURJEWITSCH 1982.

2 Vieles kann hier aus Platzgründen nur angedeutet oder zusammenfassend beschrieben werden. Dadurch ergibt sich oft eine idealtypische Darstellung von Entwicklungen, die in der historischen Realität natürlich wesentlich differenzierter und komplexer abgelaufen sind.

Weideflächen. Die hohe Wertschätzung für das Vieh kommt auch in den zahlreichen Strafbestimmungen bei Diebstählen von Schweinen, Rindern oder Schafen zum Ausdruck. Natürlich mußten die Getreidefelder, Wiesen und Gärten durch Zäune vor den Viehherden geschützt werden.

Fronhöfe und Hufenbauern

Im Vergleich dazu hat das sogenannte Fronhofsystem ab dem 9. Jahrhundert eine deutliche Intensivierung des Landbaus gebracht. Unter Anleitung der weltlichen und geistlichen Grundherren wurden die kleinen Siedlungen ausgebaut, neue angelegt und Waldflächen für den Ackerbau gerodet[3]. Nicht zufällig fallen viele Ersterwähnungen unserer heutigen Dörfer in diese Zeit. Eine stattliche Größe hatte schon im Jahre 770 Menzingen mit 30 Hofstätten, in denen rund 200 Menschen lebten (GOETZ 1986). Die Ackerflächen wurden für die stetig wachsende Bevölkerung nicht nur durch Rodungen und Trokkenlegungen von Sümpfen vermehrt, sondern auch intensiver genutzt. Vom Ende des 8. Jahrhunderts stammen die ersten Nachrichten über den Anbau von Sommer- und Wintergetreide im Wechsel mit der Brache – also frühe Ansätze der Dreifelderwirtschaft, die den Ackerbau über viele Jahrhunderte bestimmen sollte.

Für unseren Raum gibt eine bedeutende Studie zu den frühen geistlichen Grundherrschaften Auskunft über die Organisation der Arbeit im Fronhofverband (RÖSENER 1991). So zählte das Kloster Weißenburg zu seinen umfangreichen links- und rechtsrheinischen Gütern im 9. und 10. Jahrhundert auch beträchtlichen Grundbesitz in Bruchsal, Öwisheim (dem heutigen Ober- und Unteröwisheim), Zaisenhausen und Derdingen. Den Mittelpunkt der jeweiligen Siedlung bildete der Fron- oder Herrenhof, dem ein klösterlicher Verwalter, der sogenannte Meier, vorstand. Das umfangreiche Land eines Fronhofes haben zum einen direkt abhängige Knechte und Mägde bewirtschaftet, zum anderen Bauern, die in unterschiedlicher Form mit dem Hof verbundenen waren und beträchtliche Fronarbeit sowie Abgaben leisten mußten. Mit durchschnittlich 120 ha Ackerland, damals nicht als Flächenmaß, sondern in Tagwerken angegeben, verfügten die Herrenhöfe über einen stattlichen Umfang und waren in dem fruchtbaren Kraichgau wohl noch mehr als in anderen Gegenden auf den Getreideanbau konzentriert. Hinzu kamen Wiesen und Weinberge, die jeweils in Erträgen von durchschnittlich 72 Fuder Heu bzw. 15 Fuder Wein verzeichnet wurden.

Im Vergleich dazu war das von den Bauern für den Eigenbedarf der Familie bewirtschaftete Land relativ klein. Das durchschnittliche Bauerngut, die sogenannte Hufe, umfaßte etwa 10 ha. Wie Rösener anhand der klösterlichen Urbare ermittelte, gehörten zu einem Fronhof durchschnittlich 27 Hufenbauern. Ihre Leistungen waren *„ganz auf den Arbeits- und Güterbedarf der Grundherren ausgerichtet und dienten der Versorgung der herrschaftlichen Haushalte“*. Allerdings erforderten die hohen Frondienste von seiten der klösterlichen Beamten auch *„ein kompliziertes System der Überwachung aller Arbeitsvorgänge und eine Fülle von Zwangsmaßnahmen“* (RÖSENER 1991).

So leisteten die Bauern im Frühjahr und Herbst schwere Pflugfron auf den herrschaftlichen Äkkern, teilweise mit eigenen Pflügen und Zuggespannen. Auf dem großen Fronhof in Grötzingen mußte beispielsweise jeder Hufenbauer jährlich 12 Tagwerk (oder 4 ha) Herrenland pflügen, natürlich zusätzlich zur eigenen Feldarbeit. Hinzu kamen vielfältige weitere Frondienste, die im Herrenhof anfielen, etwa Zaunbauten, Heu- und Getreideernte, Viehfütterung oder Brotbacken und Bierbrauen. Die Belastung reichte von der besonders schweren, wöchentlichen *Dreitagesfron* der hörigen Bauern bis zur *Zweiwochenfron*, die von den relativ freien Bauern ein- bis viermal jährlich gefordert wurde. Die Frauen verarbeiteten unter anderem Flachs und Wolle in Fron.

Zu diesen heute kaum noch vorstellbaren Belastungen kamen umfangreiche Transport- und Botendienste hinzu. Schließlich war der Weißenburger Besitz weit verstreut, und die Überschüsse der Fronhöfe mußten ebenso wie die Abgaben der Hufenbauern eingesammelt werden. Ettlingen hat sich in dieser Zeit zu einem Verkehrsknotenpunkt und lokalen Markt entwickelt (STENZEL 1955b). Insgesamt waren die Marktbeziehungen aber noch gering, die Eigenproduktion und -versorgung stand für das Kloster deutlich im Vordergrund.

Allerdings zeigte sich schon bald, daß die großen Fronhöfe auch Probleme mit sich brachten. Vor allem die von den Bauern zu leistende harte Fronarbeit war ohne Überwachung und Zwang nicht durchsetzbar. Aufgrund späterer Erfahrun-

3 Zur Entwicklung und Verdichtung der Grundherrschaft im Zusammenhang mit den Rodungen vgl. LÜTGE 1967. Hier wird auch beschrieben, wie sich die ursprünglich recht unterschiedliche Rechtsstellung der Bauern unter dem Einfluß der Grundherrschaft vereinheitlicht hat.

Abb. 2.1
Entwicklung der Bevölkerung und der Anzahl der Städte vom 5. bis zum 18. Jahrhundert (nach HENNING 1985).

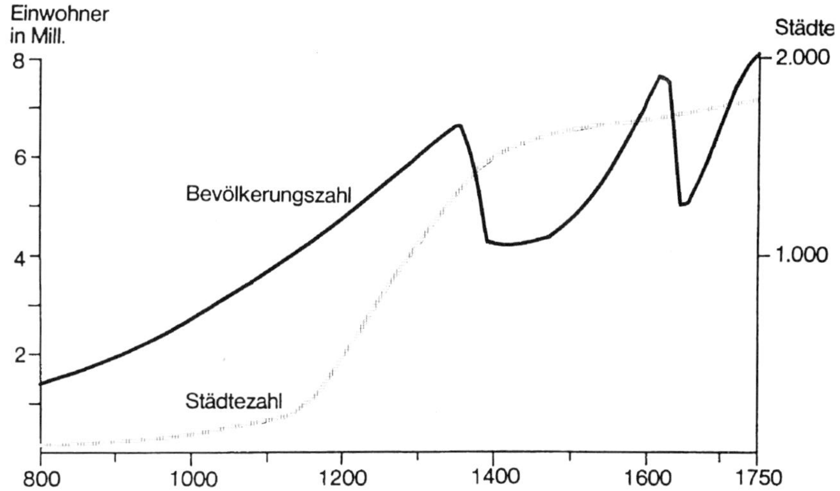

gen liegt zudem die Vermutung nahe, daß die Produktivität der Fronarbeit auch im frühen Mittelalter nicht besonders hoch war. Wie das Beispiel Bruchsal zeigt, reagierte das Kloster Weißenburg flexibel auf diese mangelnde Effizienz, denn der große Fronhof wurde schon im 10. Jahrhundert *„radikal verringert und ist um mehr als drei Viertel seines ursprünglichen Umfangs zurückgegangen... Parallel zur Schrumpfung des Fronhofes ist die Zahl der angegliederten Bauernhufen von 20 auf 30 angestiegen...Die Dreitagefron ist weggefallen, und auch die Pflugarbeiten der Hörigen werden nicht mehr erwähnt"* (RÖSENER 1991).

Damit ist eine Entwicklung angedeutet, die im 12. und 13. Jahrhundert aus verschiedenen Gründen zur weitgehenden Auflösung der Fronhofverbände und einer Wandlung der Grundherrschaft im Südwesten führte. Vom 9. bis 11. Jahrhundert erlebte diese Organisationsform allerdings eine Blütezeit und übte *„starke Impulse auf die Landbearbeitung, die Düngung des Bodens, die landwirtschaftlichen Arbeitsvorgänge, die Verbesserung der Viehzucht und die Ausbreitung von Sonderkulturen aus"* (RÖSENER 1991). Für Bruchsal läßt sich nach der gleichen Quelle zudem eine Verdoppelung der Wiesenflächen im 10. Jahrhundert nachweisen, obwohl der Gesamtumfang des Fronhofes stark abnahm.

Das blühende Hochmittelalter

Bevölkerungszunahme und Landesausbau

Ein Blick auf die Bevölkerungsentwicklung zeigt, daß sich die Einwohnerzahl in Westdeutschland zwischen 1100 und 1350 auf nahezu sieben Millionen Menschen verdoppelt hat. Im gleichen Zeitraum stieg die Zahl der Städte von vielleicht 200 auf rund 1.500 an. Es ist klar, daß diese rasante Entwicklung nur durch eine entsprechende Zunahme der Agrarproduktion und -produktivität möglich war – schließlich mußte auch die wachsende Schicht der Handwerker, Kaufleute und Amtmänner in den Städten mit Lebensmitteln aus dem dörflichen Umland versorgt werden.

„Das Hochmittelalter wurde so zur Epoche der großen Rodungen, in der sich das Bild der europäischen Kulturlandschaften vollständig veränderte und ein Aussehen gewann, das sich in vielen Gegenden in seiner Grundstruktur bis zum 19. Jahrhundert erhielt" (RÖSENER 1991). In bisher unbewohnten Gebieten sind planmäßig neue Siedlungen entstanden[4], während in den schon bestehenden Dorfgemarkungen die Ackerflächen stark ausgeweitet und verdichtet wurden. Beim Anbau stand das Getreide eindeutig im Mittel-

4 Zu den Rodungstechniken und -geräten vgl. ABEL 1978.

punkt und das Brot wurde zum wichtigsten Nahrungsmittel. Als Beleg dafür kann die rasche Verbreitung der Wassermühlen im Südwesten ab dem 11. Jahrhundert ebenso dienen wie die Herausbildung des Bäckerberufes[5].

Neue Techniken der Bodenbearbeitung, bessere Pflüge und komfortablere Anspannungen für die Pferde und Ochsen erlaubten parallel zur Flächenausdehnung eine weitere Steigerung der Erträge. Große Fortschritte brachte der eiserne Beetpflug, mit dem der Boden nicht nur, wie beim einfachen Hakenpflug, aufgerissen, sondern auch gewendet werden konnte[6]. Für die Getreideernte benutzte man über das ganze Mittelalter die Sichel. Die teure Sense blieb meist der Heuernte vorbehalten. Erwähnt werden sollte auch die rasche Verbreitung des zweigeteilten Dreschflegels, der den einfachen Schlagstock ersetzte.

Die Dreifelderwirtschaft breitet sich aus

Die Bedeutung der Dreifelderwirtschaft kann sowohl im Hinblick auf die Intensivierung des Ackerbaus, als auch für die Organisation des dörflichen Lebens kaum überschätzt werden. Aufgrund der dürftigen Quellenlage ist allerdings unklar, wann diese Bewirtschaftungsform in unserer Region tatsächlich eingeführt wurde. Auch wenn die ersten Nachrichten in Deutschland aus dem 8. Jahrhundert stammen, liegt doch die Vermutung nahe, daß es sich bei der Durchsetzung dieses komplexen Systems um *„einen langwierigen und verschlungenen Prozeß“* (ABEL 1978) gehandelt hat. Am Ende des Hochmittelalters, also im 14. Jahrhundert, kann aber über die weite Verbreitung der Dreifelderwirtschaft im Südwesten kein Zweifel mehr bestehen. Gewisse Grenzen setzte mancherorts allerdings die Bodenqualität. So konnte die Dreifelderwirtschaft in der Rheinniederung nicht überall eingeführt oder beibehalten werden, wie die Beispiele Wiesental, Hochstetten, Linkenheim, Rheinhausen oder Eggenstein zeigen (MUSALL 1969). Die sandigen Böden ließen auf Dauer keine zwei Getreideernten in Folge zu.

Während in den neuen Siedlungen des hochmittelalterlichen Landesausbaus die Feldflur nach den Bedürfnissen der Dreifelderwirtschaft relativ problemlos in drei gleich große Gewanne eingeteilt und die Grundstücke an die Bauern verteilt werden konnten, gestaltete sich der Umbau in den alten Dörfern schwieriger. Abel spricht in diesem Zusammenhang von der ersten Flurbereinigung in der Geschichte und vermutet, daß noch lange Zeit verschiedene Bodennutzungsformen nebeneinander Bestand hatten. Ohne Eingriffe der Grundherren war dieser Umbau sicher nicht möglich.

Durch die Dreifelderwirtschaft ergaben sich mehrere Vorteile, die insgesamt zu einer deutlichen Produktivitätssteigerung in der Landwirtschaft führten:

- Zwei Drittel der Ackerbauflächen wurden jedes Jahr eingebaut, nur ein Drittel blieb als Brache zur Regeneration der Böden liegen. Bei früheren Systemen war dieses Verhältnis deutlich ungünstiger.
- Der harmonische Bewirtschaftungszyklus erlaubte eine bessere Verteilung der Arbeiten im Jahresablauf. So erfolgten die schweren Pflugarbeiten im Brachfeld jeweils vor und nach der Erntezeit im Sommer- und Winterfeld.
- Während noch im frühen Mittelalter die ausgelaugten Äcker mehrere Jahre brach liegen geblieben sind und anschließend mühsam wieder kultiviert werden mußten, ergab sich jetzt eine kontinuierlichere Bodenbearbeitung mit nur einjähriger Brache.

Durch die kompakte Lage der Getreidefelder waren nicht mehr so viele Zäune zum Schutz vor dem weidenden Vieh erforderlich.
Auf der anderen Seite erforderte die Dreifelderwirtschaft auch eine strenge Flurordnung:

- Die Ackerstücke der Bauern lagen in den drei Gewannen im Gemenge und waren in der Regel nicht über Feldwege zugänglich. Es mußten deshalb Vereinbarungen zur Überfahrt der angrenzenden Äcker getroffen werden.
- Für den einzelnen Bauern hatte dies zur Folge, daß er aus der kollektiven Bewirtschaftung der Gewanne mit seinen Grundstücken gar nicht ausscheren konnte und sich dem Flurzwang unterwerfen mußte.
- Die Termine für die Einsaat und Ernte wurden ebenso wie die Viehweide für alle einheitlich festgelegt.

---

5 Im frühen Mittelalter wurde das Getreide meist noch in Form von Suppen, Breien oder Fladen verzehrt. Vgl. ausführlich KRZYMOWSKI 1951.

6 Vgl. HIELSCHER 1969, 1990 und JÄNICHEN 1970. Auf die interessanten Untersuchungen Jänichens über den Zusammenhang zwischen den unterschiedlichen Pflugtechniken und Ackerbauformen von den sogenannten Hochäckern über den Beetbau zu dem heute bekannten Ebenbau kann hier nur verwiesen werden.

Die Dreifelderwirtschaft

In der Dorfgemarkung werden drei etwa gleich große Gewanne, Zelgen oder Fluren eingerichtet. Während ein Gewann, also ein Drittel der Ackerbaufläche, als Brachfeld liegen bleibt, wird im zweiten Feld Wintergetreide und im dritten Sommergetreide angebaut. Die Äcker der Bauern verteilen sich relativ gleichmäßig auf diese drei Gewanne.

Ausgehend vom Brachfeld sieht der Zyklus etwa so aus: Die Brache dient dem Vieh als Frühjahrs- und Sommerweide und wird im Herbst zur Vorbereitung für die Einsaat des Wintergetreides (Roggen, Dinkel, Weizen) gepflügt. Nach der Ernte im nächsten Jahr kann das Vieh dieses Gewann als Stoppelweide nutzen. Die Getreidehalme werden deshalb bei der Ernte auch nicht allzu kurz abgeschnitten.

Das Feld bleibt nun über Winter liegen und wird im nächsten Frühjahr, also im 3. Jahr, gepflügt und mit Sommergetreide (Hafer, Gerste) eingesät. Nach der Ernte der Sommerfrucht und erneuter Stoppelweide wird dieses Gewann nicht mehr bebaut und ist im darauffolgenden Jahr wieder Brachfeld – der Zyklus ist abgeschlossen.

Den gleichen Wechsel durchlaufen auch die beiden anderen Gewanne, beginnend mit Winterfrucht bzw. Sommerfrucht. Die Gärten und Wiesen sind der Dreifelderwirtschaft naturgemäß nicht unterworfen.

Bodennutzung der Dreifelderwirtschaft im Jahreslauf

Monat	Jan.	Feb.	März	April	Mai	Juni	Juli	Aug.	Sep.	Okt.	Nov.	Dez.
Brachfeld	Brachweide					Pflug	Brachfeld		Pflug	Wintergetreide		
Winterfeld	Wintergetreide							Stoppelweide				
Sommerfeld	Stoppelweide			Pflug	Sommergetreide			Stoppelweide				

Dieser insgesamt hohe Regelungsbedarf spiegelte sich auch in unzähligen Bestimmungen der Dorfordnungen wider. Wie die nächsten Abschnitte zeigen werden, haben sich wichtige Aufgaben zunehmend von der Grundherrschaft auf die Dorfgemeinde verlagert.

Die Auflösung der Fronhöfe

Durch die rasante Entwicklung des Hochmittelalters ist das am Beispiel Bruchsal beschriebene Fronhofsystem mit großer Eigenwirtschaft der Grundherren und erheblichen Arbeitsverpflichtungen der abhängigen Bauern stark unter Druck geraten. Unter den vielen Faktoren, die dabei eine Rolle spielten, soll hier nur die Städtebildung herausgegriffen werden. Die Städtegründungen im 12. und 13. Jahrhundert – in unserem Raum Bretten, Bruchsal, Gochsheim und Heidelsheim – führten zwangsläufig zu einer verstärkten Arbeitsteilung und der Ausbreitung von Handel und Geldwirtschaft. Durch den Verkauf von landwirtschaftlichen Produkten hat der Geldverkehr auch auf dem Land allmählich zugenommen.

Für die Grundherren war es naheliegend, den wachsenden eigenen Geldbedarf für städtische Produkte zumindest teilweise durch entsprechende Abgaben der Bauern zu decken. Der Grundherr reduzierte auch aus diesem Grund seine Eigenwirtschaft und verpachtete das Land entweder geschlossen oder teilte es unter die abgabepflichtigen Bauern auf. Er verzichtete zu einem erheblichen Teil auf die Frondienste der Bauern und verlangte dafür verstärkt Abgaben für das zur Bewirtschaftung überlassene Land. Abgaben, die sicher noch überwiegend in Naturalien, teilweise aber auch in Geld entrichtet wurden. Dieser Prozeß wird auch als *„Verdinglichung der Grundherrschaft"* bezeichnet (SABLONIER 1984).

Durch diese Umstrukturierung konnten auch die mit der Fronarbeit zusammenhängenden

Überwachungs- und Produktivitätsprobleme entschärft werden. Die Bauernfamilien verfügten über mehr Zeit und eine größere Autonomie bei der Bewirtschaftung des eigenen Landes, was der agrarwirtschaftlichen Produktivität und damit letztlich auch den Grundherren zugute kam. *„Der Übergang zu freieren Landnutzungsformen"* war für die Grundherren aber auch deshalb *„ein Akt zwingender Notwendigkeit"*, weil sich durch die wachsende Mobilität auch die Landflucht, also die Abwanderung unzufriedener Bauern in die Städte, zu einer konkreten Bedrohung entwickelte.

Insgesamt konstatiert Rösener für das Hochmittelalter *„eine erhebliche Steigerung der bäuerlichen Leistungskraft"* und vergleicht den Grundherrschaftswandel in seiner historischen Bedeutung mit den Agrarreformen des 18. und 19. Jahrhunderts. Historiker wie Peter Blickle, die gewiß nicht im Verdacht stehen, Herrschaftsverhältnisse verharmlosen zu wollen, sehen in diesem Prozeß der zunehmenden Autonomie der Bauern über die eigene Arbeitskraft sogar einen *„Epochenwandel in der Geschichte der Arbeitsverfassung..., einen Aufbruch aus der Unfreiheit in die Freiheit, aus der Fremdbestimmung in die Selbstbestimmung"* (BLICKLE 1989). Ein weiterer Aspekt kommt hinzu: Auch wenn der Grundherr rechtlich Eigentümer des Grund und Bodens bleibt, verfügen die Bauern dennoch faktisch über das bewirtschaftete Land und können es in der Regel auch an die eigenen Nachkommen vererben. *„Damit erweiterte sich der Handlungsspielraum der Bauern und ihre Handlungsperspektive"*. Die Planungen und das Streben nach Wert- und Eigentumsbildung reichten über das eigene Leben hinaus in die Zukunft (WUNDER 1991).

Neue Aufgaben für die Dorfgemeinschaft

Die Dörfer werden im 12. und 13. Jahrhundert nicht nur größer und in ihrer Anlage kompakter, sie gewinnen durch neue Verwaltungsfunktionen auch ganz wesentlich an Bedeutung. *„Mit der Aufgabe bzw. Reduzierung der grundherrlichen Eigenwirtschaft und der Ablösung der bäuerlichen Frondienste verliert der Fronhof seine frühere Mittelpunktsfunktion im ländlichen Raum und tritt zugunsten des sich verfestigenden Dorfes und der dörflichen Wirtschaftsorganisation zurück"*. Es kommt also zu einem *„Rückzug der Grundherren aus der direkten Beteiligung an der Agrarproduktion* und zu *einer beträchtlichen Zunahme der lokalen Ordnungs- und Verwaltungsaufgaben"* des Dorfes[7].

Eindeutig im Mittelpunkt steht dabei die Organisation des landwirtschaftlichen Produktionsablaufes, der mit Verbreitung der Dreifelderwirtschaft viel komplizierter geworden ist. *„Die Dorfgenossenschaft oder der Dorfvorsteher bestimmen, wann gesät und geerntet, wann das Saatfeld eingezäunt oder der Zaun wiederum entfernt wird, um so nach der Ernte als gemeinsame Stoppelweide für das Dorfvieh zu dienen"* (RÖSENER 1985). Von der Dorfversammlung über das Gericht und den Bürgermeister bis hin zum Viehhirten entwickelte sich ein Geflecht von genossenschaftlichen Gremien und Ämtern, das zur Regelung des dörflichen Zusammenlebens immer unentbehrlicher wurde. Bei all dem behielt der Ortsherr seinen bestimmenden Einfluß, aber es kann kein Zweifel bestehen, daß auch das Selbstbewußtsein der bäuerlichen Gemeinde mit den neuen Aufgaben zugenommen hat.

Die spätmittelalterliche Krise: „Schwarzer Tod" und verlassene Siedlungen

Die hochmittelalterliche Blütezeit, durch Bevölkerungszunahme, Städtegründungen, wachsende Mobilität, Arbeitsteilung, Ausbau der Dörfer und Verbreitung der Dreifelderwirtschaft charakterisiert, fand um die Mitte des 14. Jahrhunderts ein jähes Ende. Diese krisenhafte Entwicklung ist jedoch im Gegensatz etwa zum Dreißigjährigen Krieg *„in unser Geschichtsbewußtsein noch nicht eingedrungen...Die zu Tausenden verschwundenen Siedlungen wurden vergessen"* (ABEL 1978). Abel schätzt, daß ein Viertel aller Siedlungen in Deutschland entweder für immer oder zumindest vorübergehend aufgegeben wurde. Man spricht deshalb auch von der Wüstungsperiode. Aber selbst die weiterbestehenden Dörfer befanden sich *„in tiefem Verfall"*. – Was war geschehen?

Zunächst einmal ist die Häufung verheerender Seuchen im 14. Jahrhundert augenfällig, von denen der „Schwarze Tod" der Jahre 1348/51 traurige Berühmtheit erlangt hat. Die hohe Sterblichkeit dezimierte die Dörfer stark, und wer am Leben blieb, wanderte in weniger betroffene Ge-

7 RÖSENER 1991. Der Rückzug der Grundherren aus der unmittelbaren agrarwirtschaftlichen Verwaltung darf aber nicht als Herrschaftsverlust interpretiert werden. Vielmehr gelang es den Grundherren häufig, ihre vom Grundbesitz ausgehenden Rechte zur umfassenden Orts- und Gerichtsherrschaft auszubauen.

Ursprung und Bedeutung von „Wiese“

Das Wort *Wiese* (GRIMM 1984) begegnet uns im deutschen Sprachbereich erstmals im 8. Jahrhundert. Die Nennungen häufen sich im Hochmittelalter, was sicherlich mit der Ausbreitung des Wiesenbaus zusammenhängt.

Auch wenn eindeutige Belege fehlen, liegt bedeutungsgeschichtlich doch eine Verbindung mit *feucht* und *sumpfig* nahe. *Wiese* weist auch enge Berührungen mit *Aue, Anger, Brühl* und *Bruch* auf, denen allen eine niedrige und damit auch feuchte Lage gemeinsam ist.

Ganz allgemein ist Wiese der Ausdruck für *das zu mähende, kultivierte Land*. Dadurch unterscheiden sich die Wiesenflächen auch von dem weniger kultivierten Weideland. Zumindest während der Hauptvegetationszeit zwischen Frühjahr und Herbst waren die Wiesen schon immer aus den Viehweiden herausgenommen und geschützt. Sie erfordern ein hohes Maß an Pflege, müssen angesät, gedüngt und bewässert werden, wie schon aus vielen mittelalterlichen Quellen hervorgeht. Die Redensart *Wasser auf seine Wiese leiten*, also den eigenen Vorteil suchen, ist für das 17. Jahrhundert bezeugt.

Wiesen gehören in literarischen Beschreibungen ebenso selbstverständlich wie Bäume, Hügel und Bäche zu einer *schönen Landschaft* und symbolisieren das *Blühen und Grünen.* Sie sind in der Dichtung von Goethe bis Böll mit positiven Gefühlswerten wie *Erholung, Freude und Lebensgenuß* verbunden. Entspannung boten die Wiesen auch einem ganz Großen der Weltgeschichte, wie die folgende Quelle zeigt: *„es war ein zeit doctor Martin Luther unlustig und ungeschickt, drum man ihn auf einem wagen spaziren führete durch gehölze und uber wiesen“.*

biete ab. Neben diesen, aus der Verzweiflung entstandenen Pestwanderungen gab es im Spätmittelalter aber auch eine allgemeine Wanderungsbewegung in Richtung Stadt oder in günstigere Siedlungsgebiete.

Zu den Seuchen kamen kriegerische Verwüstungen wie beispielsweise der südwestdeutsche Städtekrieg (1377–1389). Die Folge war, daß viele Dorfgemarkungen nur noch unzureichend oder gar nicht mehr bebaut wurden. Aufgrund der hohen Bevölkerungsverluste kam es zu einem starken Rückgang der Getreideproduktion und zu einem Preisverfall. Die öden Feldfluren wurden verstärkt wieder als Viehweide genutzt, und darin liegt auch eine Erklärung für den überdurchschnittlich hohen Fleischverbrauch der Bevölkerung im späten Mittelalter.

Bei all den katastrophenartigen Einbrüchen durch Seuchen und Kriege sollte nicht außer acht gelassen werden, daß die hochmittelalterliche Agrarwirtschaft schon in ihrer Blüte *„auf der Spitze“* (ABEL 1978) balancierte. Die Ressourcen an Ackerland und technischen Fortschritten waren weitgehend erschöpft, während die Bevölkerung weiter kontinuierlich angestiegen ist und vor allem mit Getreide versorgt werden mußte. Mißernten und Hungersnöte konnten dieses labile System leicht aus dem Gleichgewicht bringen und die Ausbreitung von Seuchen begünstigen[8]. Monokausale Erklärungsversuche der Wüstungsperiode sind also fragwürdig. Auf eine umfassende Studie zu den Wüstungen in unserem Raum kann nur verwiesen werden (STENZEL 1975).

Dorfgemeinde und Herrschaft

Um die Mitte des 16. Jahrhunderts, also nach etwa 200 Jahren, hatte die Bevölkerungszahl wieder den Stand vor dem *„großen Sterben“* des Spätmittelalters erreicht. Erneut kam es durch Rodungen und Landesausbau zu einer erheblichen Ausdehnung der Ackerbauflächen, wobei aber weniger die verlassenen Wüstungen wieder aufgebaut als vielmehr die vorhandenen Dörfer vergrößert wurden. Im Vergleich zum späten Mittelalter hat sich *„das Siedlungs- und Wirtschaftsgefüge von Grund auf umgewandelt. Das zu abgegangenen Weilern gehörige Land wurde entweder ganz von weiterbestehenden Dörfern übernommen oder – in der Mehrzahl der Fälle – von den Nachbarn aufgeteilt“* (JÄNICHEN 1970).

8 Daß unter Umständen auch steigende Abgabenforderungen der Herrschaft die Krisenentwicklung verstärkten, kann hier nur angedeutet werden. Vgl. zu diesem theoretischen Ansatz KRIEDTE 1981.

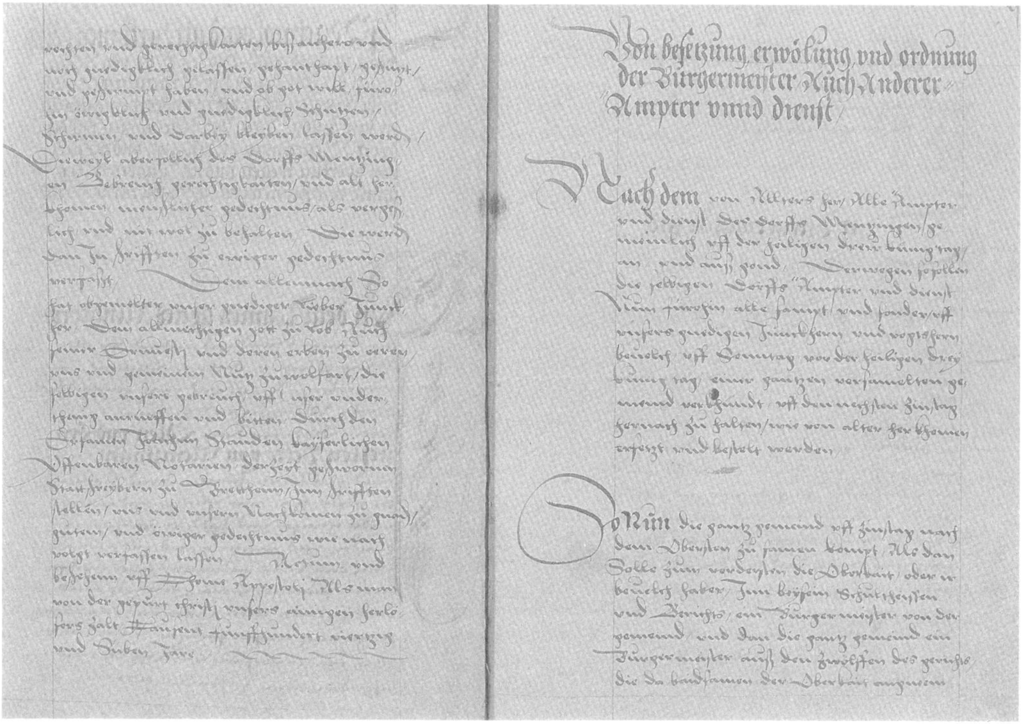

Von besetzung, erwölung vnd ordnung der Burgermeister Auch Anderer Ampter vnnd dienst

Abb. 2.2 Auszug aus der Menzinger Dorfordnung von 1546.

Die dörfliche Ordnung

Die Aufgaben und Befugnisse der Dorfgemeinden (BADER 1974) haben sich weiter verfestigt und wurden auch institutionell über die Dorfordnungen abgesichert, wie das Beispiel Menzingen gleich zeigen wird. Bei Auseinandersetzungen mit der Herrschaft trat die Gemeinde ebenfalls geschlossen auf und die Bitt- und Beschwerdeschriften wurden regelmäßig im Namen von *„Bürgermeister, Gericht und der ganzen Gemeinde"* verfaßt. Damit haben die bäuerlichen Konflikte einen nicht zu unterschätzenden ideellen, institutionellen und auch finanziellen Rückhalt gewonnen. Auch nach der Niederlage im Bauernkrieg 1525[9] traten den Orts- und Landesherren selbstbewußte Gemeinden entgegen, die zudem die neuen rechtlichen Instrumente für ihre Forderungen zu nutzen verstanden – und Konflikte wegen Frondiensten, Abgaben oder Waldnutzungsrechten gab es gerade in der frühen Neuzeit genug (SCHULZE 1980, 1983).

Peter von Mentzingen erließ 1546 eine Dorfordnung, die das Leben in dem Kraichgauer Ritterort umfassend regelte und als beispielhaft gelten kann (DRÖS 1993). Neben den im protestantischen Geist verfaßten Vorschriften über Feiertage, Kirchgang und dörfliches Leben werden auch die Gemeindeämter beschrieben und in dem angehängten Dorfbuch weiter präzisiert. Die Grundlage bildet die Gemeindeversammlung, die aus allen männlichen Erwachsenen besteht und dreimal jährlich zu sogenannten Vogtsgerichtstagen zusammentritt. Aus den Reihen des Gerichts, das 12 Personen umfaßt (und deshalb oft auch „Zwölfer" genannt wird), wählt die Versammlung einmal jährlich einen Bürgermeister. Der Ortsherr muß die Wahl billigen und bestimmt einen zweiten Bürgermeister aus der Gemeindeversammlung.

9 Die Literatur zum Bauernkrieg ist überwältigend; vgl. zum allgemeinen Zusammenhang z.B. FRANZ 1979, BLICKLE 1975 und BUSZELLO 1985; lokal neben den Ortschroniken ASSION 1975, HARTFELDER 1884 und RÖCKER 1979.

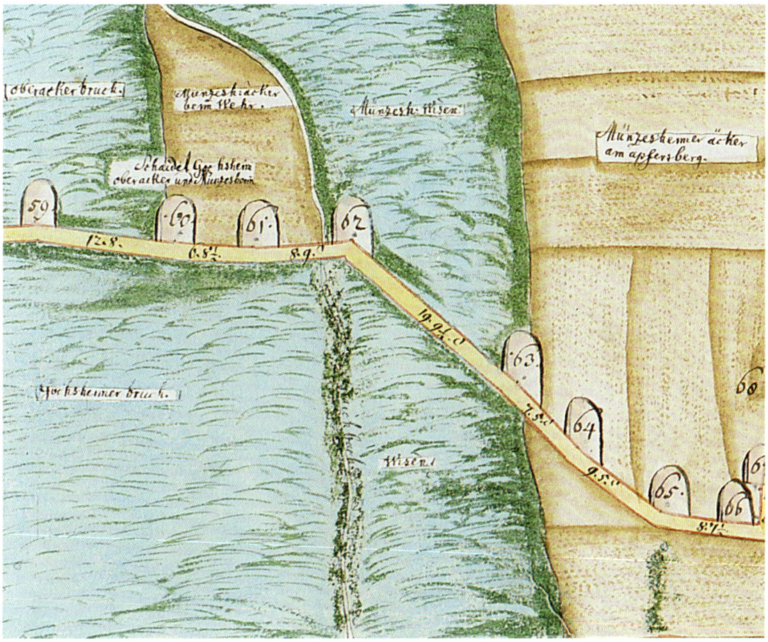

Abb. 2.3
Ausschnitt aus der bebilderten Grenzbeschreibung der Markung Gochsheim von 1729 (Museum der Stadt Kraichtal, Schloß Gochsheim). In der Regel sind derartige Grenzbeschreibungen nicht bebildert, sondern enthalten bestenfalls handgezeichnete Pläne, die die Lage der jeweiligen Grenzsteine verzeichnen. Dazu gehört ein Textteil, der die Grenzbeschaffenheit in der Reihenfolge der Begehung schildert.

Die beiden Bürgermeister verpflichten sich in ihrem Eid, *„getreulich mit des Dorffs guth umzugehen, und besonder des Dorffs Wäld, Wießen und Äckher, in guter Sorg und achtung zu haben"*. Sie sind außerdem für die Gemeindekasse und den Einzug der herrschaftlichen Abgaben verantwortlich, wobei ihnen mehrere Helfer zur Seite stehen. Die Kuh- und Schweinehirten überwachen die Viehweide, die „Bedesammler" treiben die jährlichen Steuern von insgesamt 11 Pfund Heller Geld und 42 Malter Korn und Hafer ein, die Schützen sorgen für Ordnung in Wald und Flur und die Büttel und Dorfknechte versehen diverse weitere Dienste. Es gibt außerdem eine Art Bauaufsicht und Feuerordnung sowie einen Fleischbeschauer.

Die Dorfordnung enthält einen regelrechten Bußgeldkatalog für Vergehen aller Art, die von Tätlichkeiten bis hin zu Waldfreveln (unerlaubtes Holzschlagen, Viehweide im Wald usw.) reicht. Über die Strafen für diese kleineren Delikte entscheidet in der Regel das Dorfgericht, während sich der Ortsherr die Ahndung schwererer Vergehen bis hin zu den sogenannten Blutgerichtssachen selbst vorbehält. Er besitzt als Reichsritter die hohe Gerichtsbarkeit. Polizeiliche Gewalt übt im Namen des Junkers der Schultheiß aus, der nicht mit dem Bürgermeister zu verwechseln ist.

Die bäuerliche Belastung: Zehnt, Fronarbeit und Fastnachtshühner

Neben der bereits erwähnten Bede als Steuer für den Gerichtsherrn mußten die Bauern eine Vielzahl von Abgaben leisten, die sich aus unterschiedlichen Rechten und Ansprüchen ableiteten und häufig auch noch an verschiedene Herren gingen. Auch wenn viele Abgaben als eher gering einzustufen sind – in der Summe ergaben sich doch nicht unbedeutende Einnahmen für die Ortsherren und erhebliche Gesamtbelastungen für die Bauern. In Menzingen und vielen anderen Ritterorten standen dem Junker als alleinigem Grund-, Gerichts- und Leibherrn praktisch alle Abgaben zu.

Von den bewirtschafteten Äckern, Wiesen, Weinbergen und Gärten sowie den Häusern und Scheunen erhob der Grundherr einen jährlichen Zins von den Bauern. Das geschah sowohl in Form von Geld (*Hellerzins)*, als auch durch Naturalien der unterschiedlichsten Art. Im Menzinger Zinsbuch von 1776 summierten sich diese Grundzinsen auf 41 Gulden, 256 Hühner, 27 Hähne, 5 Kapaunen, 41 Gänse, 5 Pfund Wachs und 3 Pfund Öl (STADTARCHIV KRAICHTAL, Me. B 232).

Der *Zehnt* als wohl bekannteste Abgabe umfaßte den 10. Teil der Feldfrüchte und war ursprünglich zur Versorgung des Pfarrers, zur Kirchenunterhaltung und für die Ortsarmen bestimmt. Den *großen Zehnt* ließ der Berechtigte (meist der Landes- oder Ortsherr) direkt auf dem Feld als 10. Garbe der Getreideernte von den Zehntknechten einsammeln. Der *kleine Zehnt* als Abgabe von den übrigen Feld- und Gartenfrüchten stand häufig direkt dem Pfarrer zu, der dafür jedoch das Faselvieh der Gemeinde unterhalten mußte. In Kirrlach fielen beispielsweise am Ende des 16. Jahrhunderts *„Heidekorn, Hirse, Erbsen, Linsen, Wicken, Obst, Flachs, Hanf, Rüben und Kraut“* unter den kleinen Zehnt (GUTTMANN 1994). Im 18. Jahrhundert kamen *„Kartoffeln, Tabak“* und teilweise *„Klee“* hinzu. Der *Blutzehnt* lastete schließlich auf dem Schlachtvieh. Vor allem der große Zehnt war sehr lukrativ[10], verlor aber durch Verkauf oder Verpfändung allmählich seinen ursprünglichen kirchlichen Bezug.

Der Streit um die *Frondienste* durchzieht das gesamte Mittelalter und die frühe Neuzeit. Wie wir gesehen haben, waren diese unentgeltlichen Dienste der Bauern für ihren Ortsherrn ab dem 15. Jahrhundert in aller Regel auf wenige Tage pro Jahr beschränkt, wenngleich es örtlich deutliche Unterschiede gab. Als Verköstigung stand den Frönern Brot und Wein zu. Meist fielen die Fronpflichten jedoch in die Erntezeit, wenn die Arbeitskraft auch auf den eigenen Äckern und Wiesen dringend benötigt wurde, oder es standen besondere Bauvorhaben der Herrschaft an, die wiederum zu höheren Fronforderungen führten. Die Fronordnungen haben meist zwischen *Handfrönern* und *Spannfrönern* unterschieden. Wer Zugtiere, also Pferde oder Ochsen besaß, mußte Pflug- und Transportarbeiten leisten, die anderen Bauern arbeiteten mit den Händen[11]. Eine Entschärfung der Konflikte konnte vielerorts durch die zumindest teilweise Umwandlung der Fronpflichten in *Frongeld* erreicht werden.

Die *Leibeigenschaft* ist ein schillernder Begriff, der hier nur im Hinblick auf die Abgaben angesprochen werden kann. Der Leibeigene war von einem Herrn persönlich abhängig und damit in seiner Freizügigkeit (Wegzug, Heirat) eingeschränkt. Die Anerkennung dieser Leibeigenschaft geschah häufig durch eher symbolische Abgaben wie das *Fastnachtshuhn,* das an Fastnacht abzuliefern war. Empfindlicher traf die Familie wohl das *Bestkleid* und vor allem das *Bestvieh.* Beim Tod eines Leibeigenen stand dem Leibherrn das beste Kleid (der Frau) und das beste Stück Vieh aus dem Stall des verstorbenen Mannes zu.

Aufgrund der Vielzahl verschiedener Abgaben und regionaler Unterschiede ist es sehr schwer, die Gesamtbelastung der bäuerlichen Betriebe zu beziffern. Die Auswertung von Urbaren aus dem Hegau ergab, daß die Abgabenlast im 18. Jahrhundert bei rund einem Drittel der Ernte lag (SCHRENK 1987). Zu ähnlichen Ergebnissen mit Belastungen zwischen 25 und 35 % kommt eine Untersuchung über württembergische Dörfer (MAISCH 1992). Für Baden wurde die *Feudalquote* ebenfalls im 18. Jahrhundert auf 20 bis 30 % geschätzt (ZIMMERMANN 1983). Zieht man noch das Saatgut mit etwa einem Fünftel ab, verblieb den Bauern nur rund die Hälfte ihrer Erträge, wovon neben der Ernährung von Familie und Gesinde auch noch die betrieblichen Investitionen finanziert werden mußten. Eine nähere Untersuchung über die herrschaftliche und bäuerliche Wirtschaft liegt für Schatthausen vor (GAßNER 1994).

Arme und reiche Bauern

Es war schon mehrfach von *der Dorfgemeinde* und *den Bauern* die Rede, so daß der Eindruck entstehen könnte, es handele sich beim Dorf um ein mehr oder weniger undifferenziertes Gebilde. Die Realität sah freilich schon immer anders aus. Es gab Tagelöhner, die für andere Bauern arbeiten mußten, um sich und ihre Familien ernähren zu können, dann die breite Schicht der Klein- und Mittelbauern und schließlich wenige reiche Bauern mit größerem Landbesitz. Die ärmeren Bauern verfügten über keinen eigenen Pflug und wenig Vieh und tauchten in den Fronordnungen als Handfröner auf. Auch die Handwerker vom Schmied über den Wagner und Küfer bis hin zum Schuhmacher gehörten nicht immer zu den wohlhabenden Bürgern.

Für Schatthausen hat Gaßner ermittelt, daß sich um das Jahr 1800 etwa 60 % der Bauern mit weniger als 10 Morgen Land begnügen mußte, ein weiteres Drittel bewirtschaftete zwischen 15 und 30 Morgen und drei große Höfe verfügten über 40 bis 50 Morgen Ackerland. Die kritische Situation

10 Um dem Zehntbetrug (durch vorzeitige Ernte oder unterschiedliche Größe der Getreidegarben) vorzubeugen, wurden regelrechte Ordnungen erlassen, wie etwa für Münzesheim 1755 (STADTARCHIV KRAICHTAL, Mü. U 9).

11 Um der Spannfron zu entgehen, haben mehrere Menzinger Bauern im 18. Jahrhundert ihre Ochsen abgeschafft und stattdessen Kühe gehalten, weil die Fronordnung lediglich Pferde und Ochsen als spannpflichtig nannte! (GLA 229/66878)

vieler Kleinbauern war auch eine Folge der Realerbteilung, die über viele Jahrhunderte zu einer Zersplitterung des bäuerlichen Besitzes führte[12].

Die Vermutung liegt nahe, daß die angesehenen Gemeindeämter, also die Bürgermeister und Gerichtsleute, auch von den wohlhabenden Bauern besetzt wurden. *„Verband sich starker wirtschaftlicher Rückhalt mit einem politisch-administrativen Mandat, so verlieh dies dem Inhaber besonders hohe Autorität“.* Diese bäuerliche Elite konnte der Dorfgemeinschaft ihren *„Stempel aufdrücken“*, zumal viele wichtige Ämter über Generationen regelrecht vererbt wurden (GAßNER 1994).

Wiesenbau und Viehhaltung

Der dörfliche Alltag war natürlich nicht nur durch Konflikte mit der Herrschaft geprägt[13], vielmehr stand die Frage der Ernährung und der landwirtschaftlichen Arbeit im Vordergrund. Ein Grundproblem der Dreifelderwirtschaft mit ihrer deutlichen Ausrichtung auf den Getreideanbau war die Viehhaltung. Einerseits benötigten die Bauern Zugtiere und Schlachtvieh, andererseits waren die Wiesen und Weideflächen meist knapp, so daß der Tierbestand nicht vergrößert werden konnte. An diesem Dilemma setzten auch die Agrarreformer des 18. Jahrhunderts an.

Wiesen und Weiden

Durch den Innenausbau der Gemarkungen, also das Bestreben, immer mehr Land für den Getreideanbau zu kultivieren, wurden die Viehweiden im Laufe des Mittelalters knapp. *„Sie wanderten gleichsam vor den Äckern her in Busch, Wald und Wildnis hinein, wobei sich aber doch im Regelfall sowohl Flächen- wie Ertragsausfälle in der Futterwirtschaft ergaben“.* Die Umwandlung von Weiden in ertragreichere Wiesen versprach einen gewissen Ausgleich. Aber der hohe Arbeitsaufwand durch Einsaat, Zaunbau als Schutz vor dem Vieh sowie Be- und Entwässerungsanlagen hatte doch zur Folge, daß *„der Anteil der Wiesen in den Dorfgemarkungen das ganze Mittelalter hindurch gering“* blieb (ABEL 1978). Der Trockenlegung von Sümpfen, um sie anschließend als Wiesen nutzen zu können, waren schon durch den Arbeitsaufwand Grenzen gesetzt. So beklagten sich die Bauern von Menzingen 1524, daß ihnen bei dieser harten Fronarbeit mehrere Pferde eingesunken sind (STAATSARCHIV MARBURG, 113 Katzenelnbogen Pak. 11).

Daß die Wiesenflächen im allgemeinen gering waren, läßt sich vor allem für den Kraichgau belegen, wo sie beispielsweise im Gebiet der heutigen Stadt Kraichtal oft nur 10 % der Nutzfläche ausmachten[14]. In Münzesheim besaß die Herrschaft im Jahre 1537 220 Morgen Ackerland, 23 Morgen Wiesen und 12 Morgen Weinberge (GLA 66/5631). Der Große Hof in Gochsheim bewirtschaftete um die gleiche Zeit 344 Morgen Ackerland und nur 25 Morgen Wiesen (GLA 229/32217). In Oberöwisheim machten die herrschaftlichen Wiesen 1687 mit 63 Morgen genau 10 % der Ackerflächen aus. Weinreben gab es dagegen auf stattlichen 146 Morgen (GLA 125/3094). Besonders kraß ist das Beispiel Bahnbrücken, wo es 1718 nur sieben Morgen Wiesen gab und die Gemeinde auswärts Viehfutter kaufen mußte (STADTARCHIV KRAICHTAL, Ba. B 61).

Dagegen verfügten die Gemeinden in der Rheinniederung über deutlich höhere Wiesenanteile, mußten aber ständig mit dem Problem der Versumpfung leben. Im 17. und 18. Jahrhundert waren in Rheinsheim 18 %, in Liedolsheim 28 % und in Eggenstein 17 % der Nutzflächen Wiesen (MUSALL 1969).

Das Mähen, Trocknen und Heimfahren des Heus auf den herrschaftlichen Wiesen gehörte zu den „klassischen" Fronarbeiten der Bauern. Der Dorfbüttel mußte etwa in Unteröwisheim 1750 darauf achten, *„daß zu allen frohndiensten und sonderlich zum heu und öhmd* (also dem 2. Schnitt im Spätsommer) *fröhner gnug nach Notdurft zugegen seyen, damit sollichs zu rechter Zeit gedörrt und eingeführt werde“*. Dafür erhielten die fronpflichtigen Bauern wie allgemein üblich eine Verköstigung, in diesem Fall Wein, Brot und Käse (STADTARCHIV KRAICHTAL, Uö. A 209).

---

12 Nähere Aufschlüsse über die soziale Differenzierung im Dorf ergibt die Auswertung von Steuerlisten, Lagerbüchern und bäuerlichen Inventaren wie bei SCHMITT 1986 und MAISCH 1992.

13 Mit WUNDER (1991) ist vielmehr zu fragen, was die bäuerliche Gesellschaft trotz vieler Konflikte mit der Herrschaft und im Dorf selbst zusammenhielt und welche Regulierungsmechanismen gefunden wurden.

14 Ganz ähnliche Größenverhältnisse wurden für das Nagoldtal ermittelt (MAISCH 1992) und auch für die Hohenloher Ebene wurde festgestellt: *„Die Wiesen traten gegenüber dem Ackerbau sehr stark zurück“* (SAENGER 1957).

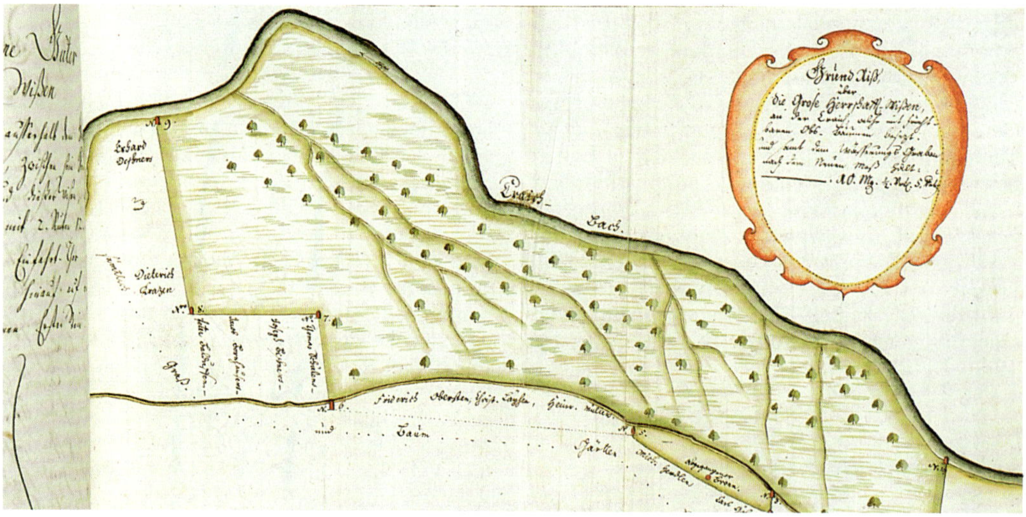

Abb. 2.4 „Grundriß über die große herrschaftl. Wießen an der Kraich [bei Unteröwisheim], welche mit fruchtbaren Obstbäumen besetzt und samt dem Wässerungsgraben nach dem neuen Maß hat: 10 Morgen ½ Ruthe 5 Schuh“ (1750).

Der Viehtrieb

Zu dem vielerorts geringen Umfang der Wiesen kommt hinzu, daß sie nicht nur im Herbst, sondern oft schon im Frühjahr als Viehweide dienten und die Erträge deshalb entsprechend gering waren. Die *„Frühjahrsweide brachte den ganzen Pflanzenwuchs so zurück, daß man sich mit einem nur einmaligen Schnitt begnügen mußte, der im Monat Juli stattfand“* (KRZYMOWSKI 1951). Erst der Verzicht auf die Frühjahrsweide ermöglichte einen zweiten Schnitt im Spätsommer. Daß sich die Beweidung der Wiesen nachteilig auf die Erträge auswirkte, dürfte auch den damaligen Bauern nicht verborgen geblieben sein. Wenn die Pferde, Rinder und Schafe dennoch oft schon im Frühjahr auf die Wiesen getrieben wurden, läßt das auf tiefgreifende Probleme der mittelalterlichen Viehhaltung schließen.

Aus heutiger Sicht auffallend ist zunächst das weitgehende Fehlen der Stallfütterung bis ins 18. Jahrhundert hinein. Das Vieh des gesamten Dorfes und häufig auch der Herrschaft wurde vom Frühjahr bis zum Herbst gemeinsam auf die Weideflächen getrieben und dabei von den eigens bestellten Viehhirten zusammengehalten. Neben den Wiesen standen als Weide die in ihrer Größe sehr unterschiedlichen Gemeindeallmenden, das Brachfeld und die Stoppeln der abgeernteten Getreidefelder zur Verfügung. Daß die Flächen insgesamt knapp und deshalb auch die Stoppelweiden von großer Bedeutung waren, zeigt schon ein Blick auf die Dorfordnungen des 16. Jahrhunderts. In Münzesheim beispielsweise durfte *„der Schweinehirt 2 Tage vor dem Kuhhirten, dieser aber 2–3 Tage vor dem Schäfer in die Stupfeln treiben“* (STOCKER 1879).

Die Herrschaft sicherte sich für ihr Vieh umfangreiche Weiderechte. In Menzingen besteht der Ritter 1616 beispielsweise darauf, sein Vieh *vor* den Bauern auf die gemeinsame Weide und seine Schafherde schon im Frühjahr auf die Wiesen treiben zu dürfen (GLA 72/v. Mentzingen 20). Überhaupt gab es wegen der großen herrschaftlichen Schafherden unzählige Klagen der Gemeinden, wie zum Beispiel in Weiher (HASELIER 1962). Sehr eindringlich ist die Beschwerde der Gemeinde Menzingen von 1524[15]: Junker Philipp von Mentzingen *„überschlägt unsere gemarkung und die weide also gar mit seinen schafen, daß ein armer mann nit wohl eine kuh möge ußbringen“*. Die Schafherde zieht durch die Weinberge, *„uff die Samen“* und im Frühjahr über die Wiesen. Gleichzeitig muß die Gemeinde für die große

15 Die umfangreiche Beschwerdeschrift vom Vorabend des Bauernkrieges wurde bereits bei FRANZ 1968 publiziert. Die Schreibweise ist leicht angepaßt.

Herde *„alle Jahre 50 oder 60 morgen wiesen zweymal heuen"* – und zwar in Fronarbeit auf den herrschaftlichen Wiesen.

Nicht unerhebliche Schäden müssen auch die frei herumlaufenden Gänse angerichtet haben. Wie in Menzingen wurden deshalb vielerorts Gänsehirten eingesetzt, um größeren Verwüstungen zu verhindern. Die große Zahl der Gänse läßt sich in Weiher schon daraus schließen, daß jährlich allein 98 dieser Federtiere an das Oberamt Kislau abgeliefert werden mußten. 1449 beschränkte das bischöfliche Amt die Gänsehaltung – auf 30 Stück pro Haus (HASELIER 1962).

Der Wald bot nicht nur Bau- und Brennholz, sondern über viele Jahrhunderte auch reichhaltige Nahrung für das weidende Vieh. Vor allem die Schweine wurden in den Wäldern regelrecht gemästet, hier fanden sie Eicheln, Bucheckern, Hagebutten, Schlehen und Nüsse. Die Größe und der Wert des Waldes wurden mancherorts sogar nach der Schweinemast bemessen. So hatte beispielsweise der Liedolsheimer Wald Ende des 15. Jahrhunderts eine Kapazität von 500 Schweinen und der Rußheimer von 250 Schweinen (MUSALL 1969). Für diese sogenannte Eckerichmast zahlte ein Metzger im Dettenheimer Forst noch zu Beginn des 18. Jahrhunderts 300 Gulden jährlich (BRENNER, Hrsg., 1987), meist nutzten aber die Gemeinden diese Weide genossenschaftlich. Im Schwetzinger Hardtwald hatten sieben Dörfer das uralte Recht, im Sommer ihre Pferde, Ochsen und Kühe weiden zu lassen, wobei die Weidebezirke streng nach den Einwohnerzahlen aufgeteilt wurden. Als Gegenleistung forderte die kurpfälzische Herrschaft Frondienste im Wald (SCHMEHRER, Hrsg., 1986).

Allerdings gingen die Waldflächen im Zuge des Landesausbaus vielerorts zurück und die Herrschaften versuchten, gegen den Widerstand der Gemeinden die schädliche Waldweide zu beschränken. Die Menzinger Dorfordnung (GLA 229/66872) verbietet 1546 die Viehweide im Wald grundsätzlich, aber *„besonders in dem jungen heu"*. Der bereits vor dem Bauernkrieg 1525 aufgekommene Streit um die Waldnutzung ging jedoch weiter, weil die Gemeinde nach eigener Aussage *„eine schmale weide und viehgang"* hat und deshalb auf den Viehtrieb im Hochwald nicht verzichten kann (STAATSARCHIV MARBURG, 113 Katzenelnbogen Pak. 11). Auch in der großen Lußhardt gab es Einschränkungen. Hier durften nach bischöflicher Weisung zu Beginn des 18. Jahrhunderts zwischen Georgi (23. April) und Michaelis (29. September) zwar die Pferde und Rinder, nicht jedoch die für die Bäume besonders schädlichen Fohlen, Schweine, Schafe und Ziegen weiden (GUTTMANN 1994).

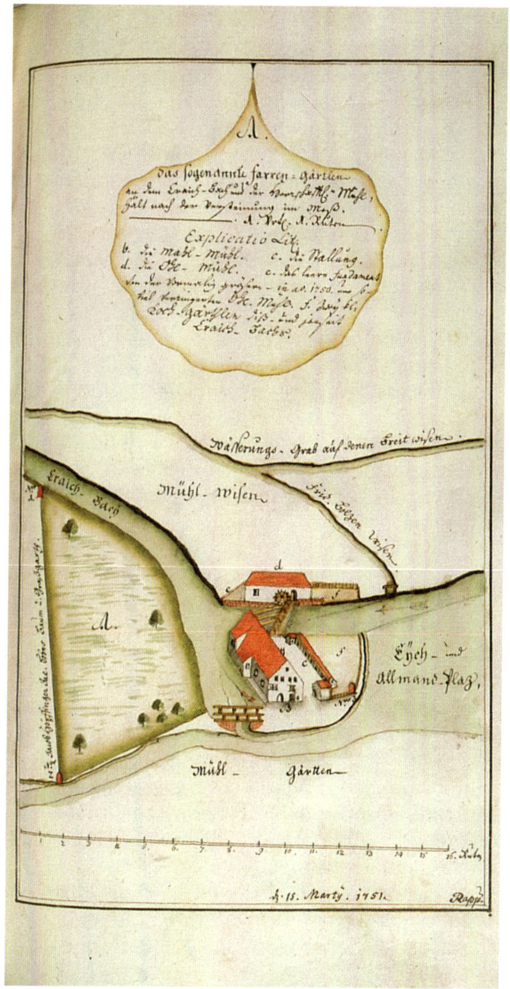

Abb. 2.5 Die Situation um die Oberöwisheimer Mühle mit Kraichbach, Mühlwiesen, Mühlgärten und dem Wässerungsgraben zu den Breitwiesen (1751).

Futterknappheit und Beschränkungen

Besonders kritisch war die Situation naturgemäß in den Wintermonaten, dem Nadelöhr der Viehwirtschaft. Das chronisch knappe Futter bestand meist aus *„Stroh, Spreu, begrenzten Mengen von Wiesenheu* (und) *gegebenenfalls Baumlaub. Oft wurden die Tiere während des Winters förmlich durchgehungert"*. Es gibt sogar Schilderungen, wonach die Kühe im Frühjahr vor lauter

Schwäche regelrecht *„auf die Weide geschleppt werden mußten"*. (KRZYMOWSKI 1951). Den Bauern blieb deshalb gar nichts anderes übrig, als viele Tiere schon im Spätjahr zu schlachten.

Wegen der knappen Weiden und des fehlenden Anbaus von Futterpflanzen mußte der Viehbestand der Bauern zwangsläufig beschränkt werden, wobei der Bedarf an Zugtieren für den Akkerbau eine untere Grenze bildete. So durfte in den speyerischen Orten Kirrlach und Waghäusel 1573 jeder Bauer, der einen Pflug hatte, vier Kühe halten. Wer sich einen Pflug mit anderen teilen mußte, konnte noch drei Kühe und wer schließlich keinen Pflug hatte, noch zwei Kühe auf die gemeinsame Weide treiben. Die Pferdehaltung richtete sich nach der Größe des zu bearbeitenden Ackerlandes und schwankte zwischen einem Pferd bei weniger als fünf Morgen und vier Pferden bei „Großbauern" mit über 20 Morgen Land. (GUTTMANN 1994).

In Menzingen stellte die Dorfordnung einen Zusammenhang her zwischen der Haltung von Rindern und dem Besitz von Wiesen: *„Wer keine eigenen Wiesen hat, der soll nicht mehr als ein Stück Rindvieh halten. Wer eigene Wiesen hat, der darf zwei Stück halten, aber nicht mehr"*. Wer mindestens 15 Morgen Ackerland besitzt, sollte auch ein Pferd halten. Auch wenn die Gemeinde 1616 insgesamt 160 Stück Vieh und damit doppelt so viel wie noch 1550 hielt, ist diese Zahl bei über 100 Bauernstellen doch als gering anzusehen. Der Viehbestand der Herrschaft lag mit rund 60 Stück dagegen relativ hoch (GLA 72/v. Mentzingen 20). Im benachbarten Landshausen wird 1730 der Viehbestand von 37 Bürgern mit nicht mehr als 9 Pferden, 11 Ochsen und 33 Kühen angegeben (GLA 94/537).

Im Bruhrain und in der Hardt waren die teils sandigen, teils feuchten Böden für den Getreideanbau nicht so gut geeignet wie der Kraichgauer Lößlehm. Deshalb konnte sich hier auch die Dreifelderwirtschaft nicht überall durchsetzen, und die Gemeinden nutzen ihre Gemarkung nach dem extensiveren Zweifeldersystem, bei dem die Hälfte des Ackerlandes bebaut und die andere Hälfte brach lag. Dagegen war die Viehhaltung teilweise sehr hoch. In Kirrlach gab es im 18. Jahrhundert 340 Rinder und 400 Schafe, in Wiesental war die Schafherde besonders groß. Diese Gemeinden klagten auch immer wieder über schlechte Wiesen, die keinen zweiten Schnitt erbringen. Als Viehweide dienten hauptsächlich die ausgedehnten Wälder (GUTTMANN 1994).

Begehrter Dünger

Durch den meist geringen Viehbestand und die fehlende Stallfütterung herrschte chronische Düngerknappheit. Unter diesen Umständen überrascht es nicht, daß der Pferch, also die Düngung durch die auf dem Feld „zusammengepferchten" Schafe, besonders begehrt war. So mußte der Schäfer von Zuzenhausen 1551 streng darauf achten, daß die 500 Schafe des Junkers Hans von Venningen auch nur auf dessen Äckern gepfercht werden (GLOCK 1896). In Gochsheim wurden noch 1753 im Sommer 600 Schafe gehalten. Der Pferch war so wichtig, daß der Schäfer von den gepferchten Äckern die 4. Garbe der Ernte erhielt. Auch hier kam der begehrte Schafdung ausschließlich auf die herrschaftlichen Äcker[16]. In Wiesental befand sich die Schäferei im Gemeindebesitz und umfaßte stattliche 1000 Tiere. Der Pferch war auf den mageren Böden besonders wichtig und brachte dem Schäfer die 3. Garbe von den gedüngten Äckern (GUTTMANN 1994). Andernorts wurde der Pferch versteigert und brachte erhebliche Summen ein (BICKEL 1993). Die über 1000 Tiere starke Schafherde in Reilingen hatte eine „Pferchleistung" von 33 Morgen Ackerland (SCHMEHRER , Hrsg., 1986).

Der Pächter des Großen Hofes in Gochsheim durfte 1702 *„kein Stroh, so auf diesen Hofgüthern wächset, verschenken oder verkaufen,...sondern soviel möglich dung machen und die Güther damit verbessern"*. Das Stroh wurde zum Einstreuen in die Schafställe gebracht. Auf die 25 Morgen Wiesen, die ja ebenso wie die Weinberge besonders viel Dünger benötigen, durften nicht mehr als 12 Wagenladungen Dung jährlich gebracht werden (GLA 229/32306). Das Mistfahren auf die herrschaftlichen Äcker war in Gochsheim 1524 Teil der Fronforderungen des Grafen von Eberstein (GLA 229/32267). Genau im gleichen Jahr beschwert sich auch die Gemeinde Menzingen, daß die Bauern *„oft 8 oder 10 mal im Jahr"* Mist auf die Äcker des Junkers fahren müssen. Über die tatsächliche Menge sagt das natürlich noch nichts aus.

16 GLA 229/32424. Auch die folgenden Angaben zu Gochsheim stützen sich auf den Nachlaß von Rudolf HERZER (STADTARCHIV KRAICHTAL).

Die Agrarreformen des 18. Jahrhunderts

Noch in den ersten Jahrzehnten des 18. Jahrhunderts waren die Folgen des Dreißigjährigen Krieges (1618–48), die Bevölkerungsverluste und die Verödung vieler Feldfluren, nicht vollständig überwunden, zumal sich weitere verheerende Kriege wie der Pfälzische Erbfolgekrieg (1688–97) anschlossen. Gerade unser Raum gehörte zu den ständigen Durchzugsgebieten plündernder Truppen (FEIGENBUTZ 1873, GUTTMANN 1994). Mit der wieder deutlich ansteigenden Bevölkerung wurde um die Mitte des 18. Jahrhunderts die Frage nach Produktivitätssteigerungen in der Landwirtschaft drängend.

Badische Physiokraten

Die aus Frankreich kommende „physiokratische Theorie“ basiert auf den liberalen Grundsätzen von Freiheit, Eigentum, Handel und Konkurrenz. Aufgrund der These, daß die Landwirtschaft alleinige Quelle der gesellschaftlichen Nettoproduktion ist, rückten die Agrarreformen zwangsläufig in den Vordergrund. Genossenschaftliche Anbaumethoden wie die Dreifelderwirtschaft waren mit dieser Theorie ebenso wenig vereinbar wie die starren feudalen Bindungen der Menschen durch Grundherrschaft, Abgabensysteme, Frondienste oder gar Leibeigenschaft. Das primäre Ziel, die Produktivität in allen Bereichen der Landwirtschaft zu steigern, brachte eine *„entwicklungsökonomische Dynamisierung“* (ZIMMERMANN 1983), die vor allem im 19. Jahrhundert zu tiefgreifenden sozialen und gesellschaftlichen Veränderungen führte.

In Baden verband Markgraf Carl Friedrich die physiokratischen Vorstellungen mit einem *aufgeklärten Absolutismus* und leitete in der zweiten Hälfte des 18. Jahrhunderts entsprechende Reformen von oben ein. Von großer symbolischer Bedeutung war dabei die Aufhebung der Leibeigenschaft in Baden 1783. Neben theoretischen Abhandlungen und Denkschriften gab es eine Flut von reformpraktischen Schriften und Handbüchern, die sich konkret (und häufig polemisch) mit dem Zustand der Landwirtschaft beschäftigten und den Futteranbau, die Stallfütterung und die Abschaffung der Viehweide propagierten.

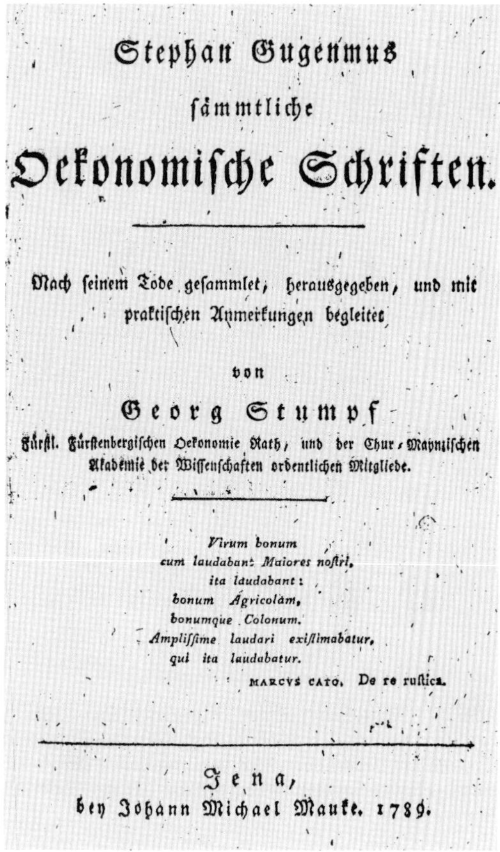
Stephan Gugenmus
sämmtliche
Oekonomische Schriften.

Nach seinem Tode gesammlet, herausgegeben, und mit
praktischen Anmerkungen begleitet

von

Georg Stumpf

Fürstl. Fürstenbergischen Oekonomie Rath, und der Chur-Maynzischen
Akademie der Wissenschaften ordentlichen Mitgliede.

*Virum bonum
cum laudabant Maiores nostri,
ita laudabant:
bonum Agricolam,
bonumque Colonum.
Amplissime laudari existimabatur,
qui ita laudabatur.*
MARCUS CATO. De re rustica.

Jena,
bey Johann Michael Mauke. 1789.

Abb. 2.6 Titelblatt der Schriften Gugenmus’ von 1789.

Der faulen Gewohnheit zur Ausflucht – Polemik gegen die Viehweide

Es fiel den Autoren des 18. Jahrhunderts nicht schwer, gegen die Verschwendung eines Drittels des Ackerlandes durch die Brache, die klägliche Viehweide auf den Stoppeläckern und das „Durchhungern“ der Tiere über die Wintermonate wegen Futtermangels zu polemisieren. Lassen wir exemplarisch den aus Bretten stammenden Stephan Gugenmus (1739–1778) zu Wort kommen. GUGENMUS (1789)[17] setzte seine Vorstellungen zum Kleebau in Handschuhsheim mustergültig um und wurde von Zeitgenossen *„der erste und vorzüglichste Churpfälzische Kleebauer“* ge-

17 Für die Überlassung dieser Schrift danke ich Dr. Peter BAHN, Bretten.

Abb. 2.7 Ausschnitt aus der *„Figurirten GraenzBeschreibung"* der Gemarkung Gochsheim von 1729 (Museum der Stadt Kraichtal, Schloß Gochsheim). Das Ungewöhnliche an dem Gochsheimer Buch sind die schmückenden Skizzen mit bäuerlichen Motiven, mit denen der Zeichner das Buch offenbar auflockern wollte. Wir haben damit einen seltenen lokalen Beleg für die Art der bäuerlichen Kleidung und der Ackerbaugeräte zu Beginn des 18. Jahrhunderts.

nannt. Auf die *„Tyranney des Alterthums und der Vor urtheile"* führt Gugenmus die gesamte genossenschaftlich organisierte Dreifelderwirtschaft zurück, die den Bauern nicht erlaubt, das anzupflanzen, was sie wollen. Durch das Brachfeld geht zudem ein Drittel des Landes *„für das allgemeine Einkommen verlohren"* und die Viehwirtschaft liegt darnieder. *„Nichts kann uns einen elendern Begriff von unserer Landwirthschaft beybringen, als wenn wir etliche ausgehungerte Schafe und Kühe auf unsern Brachfeldern herum spazieren sehen... Allein zu geschweigen, daß der beste Nutzen des Rindviehs an Milch und Dung verlohren gehet, wenn es auf das dürre Brachfeld getrieben wird ... wo sich das Vieh nur hungrig läuft"*.

Könnten nicht *„zehnmal mehr Schafe und anderes Vieh von den Brachfeldern ernährt werden, wenn solche mit reichen Futterkräutern angebaut wären"*? Vor allem durch den Kleebau könnte der Landmann die bisherige Brache „zu einem Düngermagazin machen, wovon er mit dem erlangten Futter in kurzer Zeit *alle übrigen Felder verbessern kann"*. Es ist aber nach Gugenmus leider so, *„daß der Landmann gegenwärtig nicht den 20ten Theil des Ertrags von seinen Gütern zieht, den eine vollkommene Kultur ihm verschaffen könnte"*. Es fehle aber auch an den nötigen Kenntnissen, weshalb Gugenmus für bessere Landschulen eintritt. Die neuen Grundsätze hätten in Handschuhsheim bereits zu einer blühenden Landwirtschaft und allgemeinem Wohlstand geführt.

Gugenmus versprach sich vom Kleebau offenbar noch mehr als von einer Verbesserung der Wiesenkultur. Er schilderte auch, daß durch den verstärkten Anbau von Klee die früher sehr hohen Preise für Wiesen zurückgegangen seien.

Eine große publizistische Wirkung erlangten in ganz Deutschland die Schriften des Hohenloher Pfarrers J.F. Mayer, der schon früh im 18. Jahrhundert den Kleeanbau propagierte und ebenfalls praktisch erprobte. Mayer schätzte die Nutzenverhältnisse von Weide zu Wiese auf 1:4 und von Wiese zu Kleeacker nochmals auf 1:6 (SAENGER 1957).

Abb. 2.8 Ein weiterer Ausschnitt aus derselben Grenzbeschreibung wie Abb. 2.7.

Probleme der Umsetzung

Die Agrarreformen berührten grundlegende Interessen der genossenschaftlich organisierten dörflichen Wirtschaft ebenso wie die bäuerliche Mentalität und mußten deshalb auf Widerstand stoßen:

- Die bisherige Allmend- und Brachweide konnte nicht nur kostenlos genutzt werden, sondern bedeutete gemeinsam mit der genossenschaftlichen Bewirtschaftung auch für die kleinen Betriebe eine Absicherung ihrer Existenz.
- Der Futteranbau und eine Aufstockung des Viehbestandes mußten erst einmal finanziert werden. Auch das war für viele Kleinbauern kaum möglich.
- Futterbau, Stallfütterung und die vermehrte Ausbringung des Düngers bedeuteten auch zusätzliche Arbeit für die Bauernfamilien.
- Gegen den Anbau von Klee, Rüben oder Kartoffeln wehrten sich auch die Bezieher des Getreidezehnten, weil durch die Reduzierung der Getreideflächen ihr Ertrag ebenfalls zurückging. Es mußten deshalb besondere Zehntregelungen für die neuen Pflanzen gefunden werden.
- Durch die Aufhebung der Allmendweiden waren die Schäfereien in ihrer Existenz bedroht.

Vor diesem Hintergrund ist es ebenso einfach wie fragwürdig, gegen den *„naturverbundenen, rückwärtsgewandten, in seinen Entscheidungen blindlings an Traditionen orientierten Landmann"* zu polemisieren, wie es in vielen Reformschriften geschehen ist. Die bäuerliche Mentalität war dagegen geprägt durch eine *„Rationalität der Vorsicht"* und das Streben nach *„Risikominimierung"* unter den Bedingungen einer stets unsicheren Ertragslage (SCHLÖGL 1988). Und die Aufhebung der seit Jahrhunderten betriebenen kollektiven Bodenbewirtschaftung und Viehweide stellte für die Mehrzahl der Klein- und Mittelbauern ganz gewiß einen erheblichen Unsicherheitsfaktor dar.

Auch die badischen Reformer sind deshalb vielerorts auf Widerstände gestoßen, und die Durchsetzung der *Agrarrevolution* ist oft erst nach vielen Jahrzehnten gelungen. Schließlich mußten die Bauern von dem Kreislauf „Futterbau – Stallfütterung – mehr Dünger – höhere Erträge" erst einmal überzeugt werden.

Widerstände gegen die Auflösung der Viehweide

Der Abschaffung der Frühjahrs- und Herbstweide des Viehs galt das besondere Augenmerk der Reformverwaltung. Angestrebt wurde auch, die bisherigen genossenschaftlich genutzten Gemeindeallmenden in Wiesen oder Ackerland umzuwandeln und an die Bauern zu verteilen. Das Weiden auf den Wiesen sollte möglichst ganz abgeschafft werden, um die Erträge zu erhöhen und die Wässerungseinrichtungen zu schonen. Hier zeigt sich auch, daß nicht einseitig auf den Anbau von Klee im bisherigen Brachfeld, sondern auch auf die Verbesserung der Wiesenkultur und damit eine Erhöhung des Heuertrags Wert gelegt wurde. Vielerorts gab es aber auf Druck der ärmeren Bauern Ausnahmegenehmigungen selbst für die Frühjahrsweide.

Ihr bedrohtes altes Weiderecht verteidigten viele Gemeinden in Petitionen an den Landesvater, womit deutlich wird, *„welche elementaren Lebensinteressen durch die Abschaffung der Weide gefährdet waren"*. Diese Befürchtungen waren durchaus nicht unbegründet, denn hinter den Reformen stand das Bestreben, die kleinen und unproduktiven bäuerlichen Betriebe aufzulösen. *„Diese [ärmere] Classe würde am Besten tun, wenn sie ihr Zugvieh abschaffen und bei den [größeren] Bauern Verdienst suchen wollten"*, wie es in einer Denkschrift von 1777 heißt (ZIMMERMANN 1983). Der Bildung größerer und leistungsfähigerer Höfe stand aber die starke Besitzzersplitterung auf dem Lande entgegen.

Die Kultivierung sumpfiger Niederungsflächen war ebenfalls ein wichtiges Reformanliegen, das beispielsweise um 1775 in Linkenheim von Georg Adam Lang *„mit patriotischem Eifer"* betrieben wurde (STENZEL 1969). Mit direkter Unterstützung des Markgrafen baute er quer zum Altrhein einen Damm, wodurch 500 Morgen Land trockengelegt und an die Bauern verteilt werden konnten. Widerstände gab es aber auch hier: Das Dammland diente zuvor als Allmendweide, und vor allem die zahlreichen Pferdebauern wehrten sich gegen die Umnutzung.

Der 1780 kostenlos ausgegebene Kleesamen für die neuen Äcker fand kaum Abnehmer und 1781 spricht der Bürgermeister gar von einer Rebellion. Es hatte sich nämlich im Frühjahr *„eine Bande von 25 bis 30 Mann, Knecht und Buben, versamlet, um die Pferde... auf die Neuwiesen zu treiben und zu beweiden"*. Die jungen Wiesen und Kleeäcker waren damit für dieses Jahr zerstört.

Selbst 1802 war in den Amtsberichten noch von *„Widersetzlichkeit"* gegen die Melioration weiterer Dammstücke die Rede, was sicherlich auch mit den damit verbundenen Gemeinschaftsarbeiten zusammenhängt. Die Trockenlegung hatte zudem zur Folge, daß die neuangelegten Wiesen auf dem Dammfeld zu wenig Wasser erhielten und die Heuerträge von 30 Zentner auf 12 Zentner pro Morgen deutlich zurückgingen. Im Jahre 1810 mußten deshalb in dem ehemaligen Feuchtgebiet Bewässerungsgräben angelegt werden.

Noch 1811 wehrte sich auch Eggenstein ganz vehement gegen die Abschaffung der Allmendweiden, die der zuständige Karlsruher Oberamtmann Fischer rigoros anstrebte (BERGDOLT 1926). Die Eggensteiner Eingabe war erfolgreich, und das „Wiesental" diente offenbar noch lange als Pferdeweide. In Liedolsheim kam es 1830 zu ganz ähnlichen Auseinandersetzungen, weil der Oberamtmann eine Fohlenweide in Wiesen umwandeln wollte.

In Rußheim gab es keinen Mangel an Weideflächen. Offenbar mit Unterstützung der Gemeinde wurde deshalb schon 1767 beschlossen, die 100 Morgen große Gänseweide durch Trübwässerung in Ackerland zu verwandeln. Die übrige Viehweide des Ortes bestand aber bis zur Mitte des 19. Jahrhunderts (BERGDOLT 1926). Systematisch für den Acker- und Wiesenbau kultiviert wurde auch das Grabener Bruch durch Ent- und Trübwässerung 1780 (MUSALL 1969, siehe auch folgende Kapitel).

Trotz staatlicher Förderung dauerte es aufgrund starker Widerstände in der Rheinniederung also viele Jahrzehnte, bis die Viehweide abgeschafft und die Stallfütterung durchgesetzt werden konnte. Auf dem Neckarschwemmkegel, also in Ladenburg, Kirchheim, Dossenheim und in Schriesheim, war man dagegen schon um 1770 dazu übergegangen, die Tiere in den Ställen zu halten (MONHEIM 1961).

Ein weiteres Hindernis für die Reformen waren schließlich die großen Schafherden, die historisch über umfangreiche Weiderechte auf der Allmende und dem Brachfeld verfügten. Die Eigentümer – häufig die Ortsherren – mußten in der Brachbesömmerung und dem Kleeanbau eine ernste Gefährdung ihrer Schafzucht erkennen. So blieben selbst die Kleefelder des großen Stephan Gugenmus in Handschuhsheim nicht von den Protesten verschont. Die Schäfer trieben ihre Herden demonstrativ zur Weide auf dessen Kleeäcker. Der Lauf der Zeit war aber hier wie andernorts nicht aufzuhalten. Neben drastischen Strafen für diese Art der Beweidung haben die Landesherren aber auch finanzielle Entschädigungen für die Schäfereibesitzer angeboten. Insgesamt gingen die Schafherden als Folge der Agrarreformen drastisch zurück.

Die Besömmerung der Brache

Während die Abschaffung der Weide auf erbitterten Widerstand gestoßen war, wurde die sogenannte *Besömmerung der Brache* teilweise schon gegen Ende des 17. Jahrhunderts, also lange vor der *Kleerevolution*, praktiziert. In Teilen des Brachfeldes pflanzten die Bauern Erbsen, Bohnen, Mais, Wicken oder Rüben an und lockerten damit den Flurzwang. Der Anbau von Hanf und Flachs auf abgetrennten Feldern nahm etwa in Liedolsheim und Rußheim schon vor 1700 größeren Umfang an. Der Maisanbau kann geradezu als Indikator für Notzeiten angesehen werden, da hierzu kein Vieh erforderlich war. Der Mais bedeckte zu Beginn des 18. Jahrhunderts weite Flächen der Rheinniederung. Ähnliche Gründe förderten auch die Verbreitung der Kartoffel, die zudem als Erdfrucht vor den durchziehenden Truppen besser geschützt war. Den Tabak brachten die Söldner-

Zwischen Ritterschaft, Kurpfalz, Speyer und Baden: Herrschaftsverhältnisse im Kraichgau, Bruhrain und in der Hardt

Die Herrschaftsverhältnisse im deutschen Südwesten waren in der frühen Neuzeit allgemein unübersichtlich und werden gerne mit einem Flickenteppich verglichen (eine sehr gute Gesamtdarstellung gibt BADER 1978). Von Ort zu Ort wechselte vor allem im Kraichgau häufig die Landeshoheit. Welchem Herrn die Bauern unserer Dörfer im 16. Jahrhundert dienten, soll anhand einer Wanderung entlang der Pfinz, des Saalbaches und des Kraichbaches beschrieben werden.

Schließlich war es auch bei Konflikten um die Wiesenwässerung nicht unwichtig, ob der Nachbarort zum gleichen Landesherrn gehörte oder nicht. Beschwerden, etwa über das „abgegrabene" Bachwasser, regelte im ersten Fall relativ einfach das gemeinsame Amt. Befand sich das Nachbardorf jedoch im „Ausland", konnte die Einforderung der eigenen Wasserrechte schon sehr viel komplizierter werden.

Relativ einfach waren die Verhältnisse entlang der **Pfinz**. Kleinsteinbach, Söllingen und Berghausen gehörten ebenso zur Markgrafschaft Baden wie Blankenloch, Staffort, Spöck, Graben und Rußheim. Lediglich kurz vor der Mündung in den Rhein streift die Pfinz die Gemarkung der speyerischen Orte Huttenheim und Rheinsheim.

Der **Saalbach** fließt durch die kurpfälzische Stadt Bretten und anschließend durch Diedelsheim, das im 16. Jahrhundert noch zu Speyer gehörte. Komplizierte Verhältnisse treffen wir in Gondelsheim an. In der Ortsherrschaft wechselten sich mehrere Rittergeschlechter ab, bevor das Dorf im 18. Jahrhundert zu Baden kam. Helmsheim gehörte ebenso zur Kurpfalz wie die ehemalige Reichsstadt Heidelsheim. Ab Bruchsal fließt der Saalbach durch speyerisches Gebiet über Huttenheim bis nach Philippsburg, das damals Udenheim hieß.

Der **Kraichbach** entspringt bei Sternenfels, einem alten Ritterort, der später zu Württemberg kam. In Kürnbach teilten sich Hessen und Württemberg die Herrschaft. Die Ortsherrschaft von Flehingen gehörte dem gleichnamigen Rittergeschlecht ebenso wie das benachbarte Sickingen den berühmten Herren von Sickingen. Das Städtchen Gochsheim wurde von den Grafen von Eberstein regiert, während in Münzesheim die Hofwarte von Kirchheim als Kraichgauer Ritter die Ortsherrschaft innehatten, Lehensherr war allerdings der Markgraf von Baden. Oberöwisheim gehörte zu einem Teil zu Speyer, den Rest der Gemarkung und der Untertanen teilten sich mehrere Ritterfamilien. Diese höchst unübersichtlichen Verhältnisse vereinfachten sich in Unteröwisheim, das zum Kloster Maulbronn und damit zu Württemberg gehörte. Allerdings erhob hier auch die Kurpfalz Ansprüche! Im Bruhrain ab Ubstadt sind wir wieder auf dem Gebiet des Hochstifts Speyer. Der Kraichbach findet nun über Stettfeld, Langenbrücken, Mingolsheim (auf dessen Gemarkung sich auch die Burg Kislau als Sitz der speyerischen Vögte im Bruhrain befand), Kronau und St. Leon in das kurpfälzische Hockenheim und mündet bei Ketsch, das wieder zu Speyer gehörte, in den Rhein.

heere des Dreißigjährigen Krieges in unseren Raum, auch sein Anbau breitet sich im 18. Jahrhundert aus (MUSALL 1969).

Bereits im Jahre 1755 ist in den Agrarstatistiken des Oberamtes Karlsruhe kein Brachfeld mehr verzeichnet. Am Beispiel von Friedrichstal kann die neue Bewirtschaftung, die sogenannte *verbesserte Dreifelderwirtschaft,* veranschaulicht werden (HORNUNG 1974). Hier bestand 1778 noch die Einteilung der Nutzfläche in drei Zelgen, nur wechselten sich jetzt mit Getreide, Welschkorn, Klee, Kartoffeln, Rüben, Flachs und Tabak viel mehr Pflanzen in der Fruchtfolge ab, und ein Brachfeld gab es nicht mehr. Häufig wurden in einem Gewann auch verschiedene Pflanzen gleichzeitig angebaut. Eine Art *Sechsfelderwirtschaft* entwickelte sich auf dem Neckarschwemmkegel mit der Fruchtfolge Tabak – Wintergetreide – Sommergetreide – Klee – Wintergetreide – Kartoffeln/Rüben. Erst im 19. Jahrhundert kam es zur völligen Auflösung des Flurzwanges und zur heute bekannten individuellen Bewirtschaftung der Grundstücke.

Wurde Klee zu Lasten des Getreides im bisherigen Sommer- oder Winterfeld angebaut, mußten für die Zehntberechtigten Ersatzabgaben, sog. *Surrogatzehnten* festgesetzt werden. Als Anreiz zum Umbruch von Allmendweiden in Kleeäcker sicherte die Kurpfalz eine dreijährige Zehntfreiheit zu. Ähnlich wie Markgraf Carl Friedrich in Baden förderte hier Kurfürst Carl Theodor die Reformen. Zur Durchsetzung der neuen Futterpflanze waren praktische Demonstrationen ebenso wichtig wie staatliche Förderungen in Form von Saatgutzuschüssen und nicht zuletzt aufgeschlossene Bürgermeister und Meinungsführer in den Gemeinden selbst. In den badischen Orten Durlach, Berghausen und Söllingen erhöhte sich der Anteil des Klees zwischen 1765 und 1780 von 0,7 % auf 7 % (ZIMMERMANN 1983). Im Oberamt Bretten war im Jahr 1785 sogar ein Fünftel der Ackerflächen mit Klee bepflanzt (BICKEL 1985). Allgemein scheint um das Jahr 1780 der Durchbruch beim Kleeanbau gelungen zu sein. In der gesamten Markgrafschaft Baden standen 1778 etwa 5.000 Morgen unter Klee, vier Jahre später waren es schon über 8.800 Morgen (BICKEL 1993).

Wie erwähnt, legten die Reformer auch auf eine verbesserte Wiesenkultur durch das Verbot der Viehweide und durch Wässerungsanlagen großen Wert. Es entwickelte sich eine umfangreiche Wiesenbauliteratur, und im 19. Jahrhundert wurden in Baden mit den Bach- und Wässerungsordnungen auch die rechtlich-administrativen Grundlagen für eine geregelte Wiesenwässerung geschaffen. In der Rheinniederung konnten nach der Rheinkorrektion die Wiesenflächen im 19. Jahrhundert deutlich ausgedehnt werden (MUSALL 1969). Doch darüber wird in diesem Buch noch ausführlich die Rede sein.

Abb. 2.9
Winterweide auf den Jurawiesen bei Langenbrükken im Jahr 1985.

Abb. 2.10 Die Wiesen im Gewann „Lauerbrunnen" bei Gochsheim im letzten Abendlicht vor Eintreffen eines Gewitters. Auch im Winter sind die Wiesenauen noch grün und machen bei weitem keinen so leblosen Eindruck wie viele andere Lebensräume.

Gewandelte Agrarlandschaft

Die Agrarlandschaft der reinen Dreifelderwirtschaft war im Sommer durch große Getreidezelgen, Wiesen in den Talauen und das weidende Vieh auf der Brache und den Allmendflächen geprägt. Eine Ergänzung der Brotnahrung stellten neben dem Fleisch vor allem die innerhalb des Ortsetters angebauten Gartenfrüchte wie Kraut, Erbsen, Bohnen und Gewürzkräuter dar. Die Wälder waren durch die großen Rodungen des Mittelalters und der frühen Neuzeit schon stark zurückgedrängt.

Im 19. Jahrhundert hatte sich dieses Bild als Folge der Agrarreformen erneut deutlich gewandelt. Wir folgen mit MONHEIM einer romantischen Reisebeschreibung aus dem Jahre 1816 über den Raum Mannheim/Heidelberg: *„Diese Gegend ist eine der schönsten und der bestkultiviertesten, die das Auge sehen mag ... Alle Wege und Straßen sind mit Nuß-, Äpfel- und Birnbäumen besetzt; Luzerne, Runkeln, Kartoffeln, Tabak, Mais, Hanf, wechseln unaufhörlich mit dem Getreide ab, und geben der Gegend das abwechselnde Ansehen eines Gartens".*

Weniger romantisch mutet eine weitere einschneidende Folge des Wandels an. Wie schon im Mittelalter und der frühen Neuzeit wurden erhebliche Waldflächen gerodet und in Ackerland umgewandelt.

3 Tausend Jahre Mühe und kein Ende: Die Geschichte des Bachbaus in Kraichgau, Hardt und Bruhrain

Dieter Hassler

Die Bäche der Region entspringen sämtlich dem Hügelland (in der Regel dem Kraichgau) und münden nach einigen Dutzend Kilometern in den Rhein, nachdem sie die Hardtplatte überquert haben (siehe auch Beschreibung und Karten in Kap. 8). Aus dieser Standardsituation ergeben sich ganz ähnlich strukturierte Abschnitte an den einzelnen Bächen. Im Hügelland selbst haben sich diese tief in den Auelehm der Bachtäler eingeschnitten und sind von einem Galeriegehölz begleitet.

Nach dem Verlassen des Kraichgaus wandelt sich das Bild vollständig. Im Bereich der Randsenke liegen die Bäche ganz auffallend hoch, der Wasserspiegel liegt selbst in Normalwasserzeiten bis zu 1 Meter über den umliegenden Feldern oder Wiesen, die Bäche sind zwischen ausgeprägten Lößdämmen eingezwängt. Erst nach dem Durchtritt durch die etwas höher liegende Hardtplatte nehmen die Bäche wieder das „normale" Aussehen eines leicht ins Gelände eingetieften Bachlaufes an. Bei flüchtiger Betrachtung sehen diese eingedämmten Bäche „modern" aus und könnten als Produkt der Neuzeit (etwa als Hochwasserschutzmaßnahme) entstanden sein. Doch ihre Entstehungsgeschichte war viel komplizierter.

Stellen wir uns die ursprüngliche Situation vor! Siedlungen waren zunächst nur auf den Hügeln zu finden, die (unter anderem malariaverseuchten) Tieflagen wurden gemieden. Die Bäche flossen nach dem Austritt aus dem Hügelland in ein riesiges, völlig unwegsames Sumpf- und Morastgebiet ein, das sich entlang des Hügellandes von Ettlingen bis Wiesloch erstreckte. Im Frühjahr muß diese gesamte Randsenke ein einziges Seengebiet gewesen sein. Nur die von den Bächen erzeugten, noch heute erkennbaren Schwemmfächer aus Löß, Lehm, Sand und gröberem Material[1] unterbrachen ein wenig die morastige Senke. Das fehlende Gefälle zum Rhein hin veranlaßte das Wasser, zunächst die tiefliegende Randsenke breitflächig zu füllen, ehe es an wenigen, bandartigen Senken durch die etwa einen Meter höher liegende Hardtplatte durchtreten konnte. Erst, wenn die Randsenke „randvoll" war, floß also das Wasser ab.

Mit der Besiedlung der Tieflagen und vor allem der strategisch wichtigen Verkehrsknotenpunkte am Rand des Kraichgaus war es notwendig, die Randsenke zu entwässern. Die Menschen der damaligen Zeit hatten nun keine andere Wahl, als zu versuchen, den Wasserabzug zu beschleunigen. Dazu begann man, vorhandene Bäche und Gräben auszuheben und gleichzeitig auf der Passage durch die Randsenke auch einzudämmen. Teilweise wurden auch neue Gräben zu diesem Zweck angelegt[2].

Am Beispiel Bruchsal können wir die Ausgangssituation und die im Laufe von Jahrhunderten vorgenommenen Änderungen relativ gut anschaulich machen. Zunächst lagen rund um das heutige Bruchsal Siedlungen nur auf den Anhöhen (zum Beispiel auf dem Michaelsberg und im Gewann Aue östlich von Bruchsal). Erst zwischen 600 und 900 n. Chr. wurde die moränenartige Insel zwischen den Sümpfen des Saalbachs, die später Standort des Königshofes war (der heutige Bereich zwischen Rathausparkplatz und Kaiserstraße) strategisch interessant[3]. Wir nehmen von dieser früheren Anlage aufgrund einzelner grabungstechnischer Befunde an, daß sie an einem befestigten Weg wie eine Insel im sumpfigen Saalbachschwemmland lag. Dieser Weg durch den Morast war als Knüppeldamm angelegt[4], wie man dies in vielen Mooren kennt. Da dieser Zustand bis etwa 1000 n. Chr. bestanden hat, können wir annehmen, daß die großflächige Trockenlegung der Randsenke und die Bachbaumaßnahmen erst nach diesem Zeitpunkt begonnen haben.

---

1 Besonders deutlich erkennbar südwestlich von Untergrombach in den „Bruchwiesen", wo der Rand des alten Schwemmfächers mit einer Vegetationsgrenze in den Wiesen (Seggen-Feuchtwiesen gegen normale Fettwiesen) korrespondiert (u. a. Schach 1988).

2 In welchem Ausmaß die feuchten Senken in der Region ein Verkehrshindernis darstellten, wird auch im Buch „Hohlwege" (Wolf & Hassler, Hrsg., 1993) geschildert.

3 Siehe auch Roegele (1955): „Bruochselle inter paludes".

4 Dendrochronologische Bestimmungen aus Hölzern dieses Knüppeldamms ergaben Jahre zwischen 660 und 935 (pers. Mitteilung Artur Hassler).

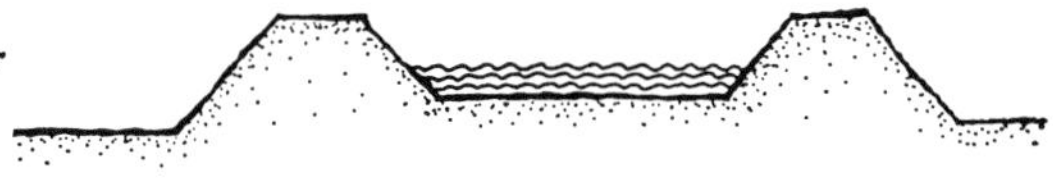

Abb. 3.1 Typisches Profil eines Bachs im Kraichgau, der sich tief in den Auelehm des Tals eingeschnitten hat.

Abb. 3.2 Profil eines hochliegenden Bachs im Bereich der Passage durch die Randsenke.

Abb. 3.3 Situationsplan des Stadtkerns von Bruchsal im Mittelalter (aus A. HASSLER 1968). Der historische Kern um die Stadtkirche gruppiert sich auf einer etwas höherliegenden, endmoränenartigen Fläche im Sumpfland des Saalbach-Schwemmfächers.

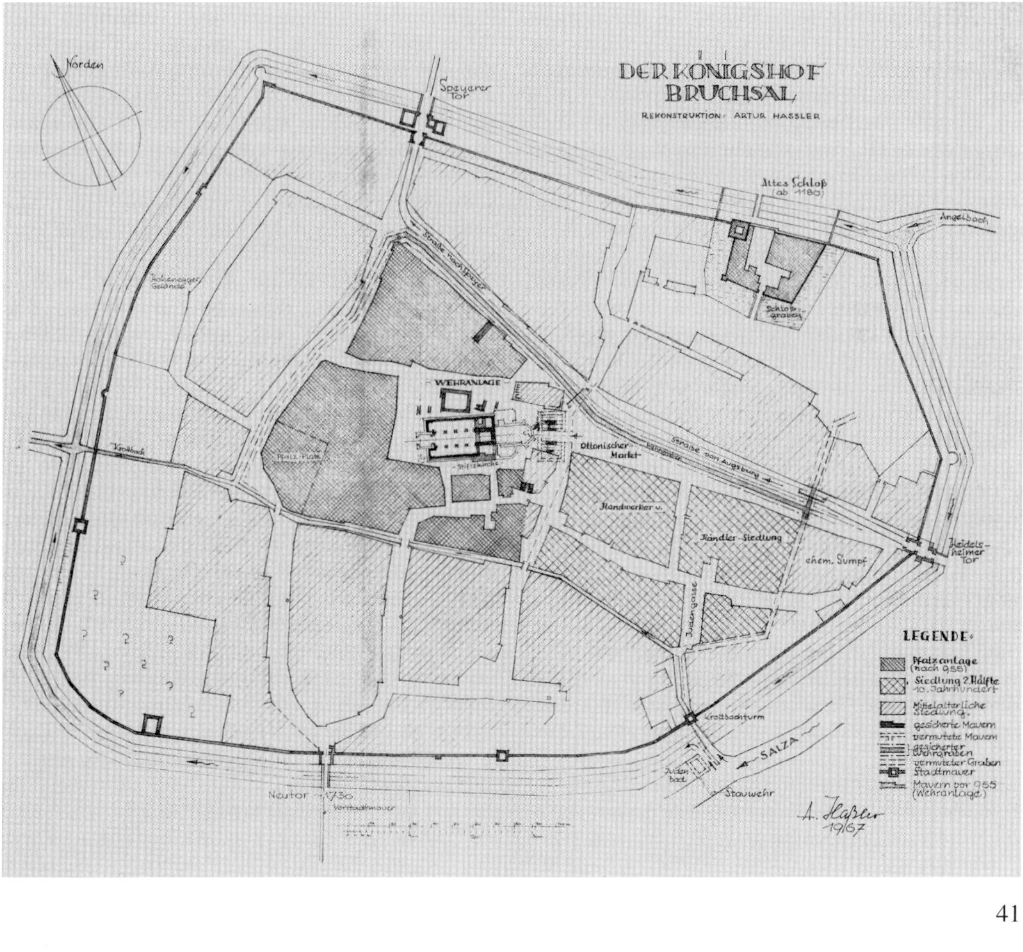

Bachbau und Hochwasserschutz von Mittelalter bis Barock

Wir haben meist die Vorstellung, daß erst unser Jahrhundert für wesentliche Umgestaltungen der Landschaft und Eingriffe in den Naturhaushalt verantwortlich zu machen sei und daß unsere Vorfahren Großprojekte technisch gar nicht bewältigen konnten. Die Geschichte der Gewässer unserer Region spricht eine ganz andere Sprache[5]. Lange bevor Major Tulla die berühmte Rheinregulierung in Angriff nehmen konnte, war Wasserbau ein fester Bestandteil des Lebens in der nordbadischen Rheinebene. Diese Maßnahmen vollzogen sich in mehreren Abschnitten, die zeitlich aber teilweise überlappend waren.

Erste Phase: Bachteilungen und die Entstehung der „Hochbäche“

Im Hochmittelalter haben die ersten größeren Bachbaumaßnahmen stattgefunden, über die in späteren Akten (RABAN 1430, siehe unten) rückschauend berichtet wird. Es ist immer wieder die Rede von Bachteilungen und Wasserableitungen aus Hochwasserschutzgründen[6]. Originalquellen aus der Zeit vor 1400 gibt es aber nicht. Im Zuge dieser ersten Hochwasserschutzmaßnahmen entstanden dann die ersten eingedämmten Bäche. Dies war sicherlich eine direkte Folge der ständigen Bachreinigung. Der Zwang zum permanenten Putzen aller Bäche entstand durch die außerordentlich hohe Sedimentfracht, die die Bäche aus dem Lößgebiet Kraichgau mitbringen. Mit dem Austritt aus dem Kraichgau wird aber das Gefälle und die dadurch bedingte Strömung geringer, so daß sich diese Sedimente weitgehend ablagern. Um den Abfluß des Wassers aufrechtzuerhalten, mußten sie ständig entfernt werden und wurden parallel zum Bachlauf an dessen Ufern abgelagert (siehe auch Abb. 5.25). Dadurch wurde die Flanke des Bachbetts ständig erhöht. Durch diese Eindämmung verstärkte sich der Prozeß, da nun die Bachsedimente im Bachbett selbst abgelagert wurden. Verstärktes Ausputzen war die zwangsläufige Folge, und das heutige Bild der eingedämmten, hochliegenden Bäche entstand.

Während im Kraichgau infolge der Tieflage der Bäche eine Wasserausleitung nur mit ganz erheblichem Aufwand zu bewältigen war, boten die hochliegenden Bäche der Hardt nun perfekte Möglichkeiten zur Wasserausleitung (etwa zur Wiesenwässerung). Ob dieser Zustand von vorneherein geplant (weil die Wiesenwässerung das ursprüngliche Ziel war) oder nur Nebeneffekt war, scheint auf den ersten Blick nicht sicher. Noch FUCHS (1927) in der Ortschronik von Kronau hing der ersteren Theorie an und meint, daß unbekannt wäre, wann der Kraichbach hochgelegt worden sei – wobei er offensichtlich von einer wasserbautechnischen „Großaktion“ innerhalb eines kurzen Zeitraums ausgeht.

Bei näherer Betrachtung kommen wir aber zu dem bereits oben genannten Ergebnis, daß das Hochlegen der Bäche ein langsamer und stetiger, weitgehend ungeplanter Prozeß war. Primäre Absicht war das Ausputzen des Baches zur Verbesserung des Wasserabzugs. Da man den Aushub ohnehin nicht abtransportieren konnte oder wollte, schichtete man ihn zu Dämmen zu beiden Seiten der Bäche auf. Es war den Menschen des Mittelalters durchaus bewußt, daß sie mit der Schaffung dieser Dämme in einen Teufelskreis der ständigen Unterhaltungslast gerieten. Belege dafür sind in zahlreichen Akten vorhanden (z. B. GLA 148/354). War erst einmal ein Damm vorhanden, lagerte sich das Sediment der Bäche immer wieder auf der Bachsohle ab und eine ständige Erhöhung (oder ständiges Ausputzen) waren die Folge. Die Erbauer dieser Bachdämme nahmen also durchaus die Erfahrungen heutiger Wasserbauer vorweg, daß Eingriffe in natürliche Wasserläufe immer wieder neue Maßnahmen nach sich ziehen.

Nachdem die Bäche aber hochgelegt waren, gab es kein Zurück. Denn bei dieser hohen Lage der Bäche waren Überschwemmungen verheerend, wie einige historisch verbürgte Beispiele belegen.

Die Belege beginnen mit einer Urkunde aus dem Jahr 1396 (im „Kopialbuch“, GLA 67/289), in der Raban von Speyer (Bischof von 1396 bis 1439) den Bruchsalern das Recht einräumt, im Saalbachtal Wiesen anzulegen und gegen einen geringen Bodenzins zu bewirtschaften. Mangels eigener Mittel lobte Raban für diejenigen, die den Bach ausheben und eindämmen wollten, eine Art Lehen aus. Im Jahre 1430 wird diese Wasserbaumaßnahme erneut in einer Urkunde des Bischofs erwähnt, die im berühmten „Gelben Buch der Stadt Bruchsal“, einer Urkundensammlung, enthalten ist und beispielsweise von MONE (1852a)

5 Vergleiche auch die Karten des historischen und heutigen Zustands im Kartenteil (Kap. 8).

6 MONE (1852a), auch BICKEL (1941) beziehen sich hier wohl auf dieselbe Quelle, den Erlaß von Bischof Raban (1430).

zitiert wird (siehe Kasten S. 45). In dieser Urkunde sind zunächst zwei Umstände von Bedeutung: Sie beschreibt erstens, daß seit langer Zeit her ein Bach von Bruchsal *„gen Udenheim [Philippsburg]"* floß, was die damalige Existenz des Saalbachs in seinem heutigen Verlauf belegt und zweitens, daß man *„zu zeiten"* diesen Bach geteilt hat.

Vorausgegangen war also schon zu früherer, unbekannter Zeit die oben angesprochene **Hochwasserschutzmaßnahme**. Man hatte das Wasser des Saalbachs aufgeteilt, damit das Hochwasser besser abgeführt werden konnte (insbesondere wurden dabei Salinen- und Saugraben benutzt).

Willy BICKEL vertritt in seinem Artikel „Der Saalbach und seine Zuflüsse" (1955) die Meinung, 1430 sei der Saalbach geteilt worden und der Saugraben künstlich angelegt worden. Der Wagbach bildete nach seiner Auffassung bis 1430 den *„rechten Arm des Saalbachs"*. Diese Theorie ist sicherlich bezüglich des Zeitpunktes nicht ganz richtig, denn die besagte Urkunde schildert ja die Bachteilung bereits als lange zurückliegend. Zur Frage des Wagbachs aber können wir Bickel durchaus folgen. Betrachtet man das „Tal" des Wagbachs, so könnte einiges für diese Theorie sprechen, denn der Wagbach besitzt eine ausge-

Abb. 3.4
Der Weingarter Bach zwischen Büchenau und Staffort im Frühjahr 1995: ein typischer, hochliegender Wässerbach zwischen Lehmdämmen, die durch die Grabenräumung entstanden sind. Der Wasserspiegel verläuft ca. 50 cm oberhalb des Niveaus der umliegenden Wiesen: genug für eine effektive Wässerung. Die Bachdämme waren auch früher mit Obstbäumen bepflanzt.

Die Bachbauphasen im Überblick

0. Ausgangssituation (bis etwa 1000 n. Chr.)
- Siedlungen nur auf den Hügeln bzw. auf trockeneren „Sandinseln“
- Schwemmfächer am Austritt der Gräben in die Rheinebene
- Moor- und Sumpfzone in der Randsenke
- Bandförmige Durchstiche („Überläufe“) durch die Hardtplatten
- Moore und Riede im Tiefgestade

1. Erste Regulierung der Gräben zur Verhinderung von Überschwemmungen
(bis etwa 1400 n. Chr.)
- Sümpfe und Riede werden langsam trockener und nutzbarer
- Moore weiterhin existent
- Weiterhin jährliche Überschwemmungen der Randsenke
- Siedlungen auf den Schwemmfächern (Bruchsal, Untergrombach etc.)

2. Regelmäßiges Bachputzen → Dämme entstehen
- Feuchtzone wird besser nutzbar
- Feuchtzone wird stellenweise gezielt aufgeschlämmt (trübgewässert)

3. Einführung der geregelten Wiesenwässerung
- Moore gehen durch Melioration zurück
- Riede / Sauerwiesen werden trübgewässert und umgebrochen
- Trockenere Wiesen auf dem Hardtrücken werden gewässert
- Saalbach, Kraich und Pfinz werden als Schiffahrtskanäle ausgebaut

4. Pfinz-Saalbach-Korrektion im 20. Jahrhundert
- Wasser wird direkt durch tiefliegende Durchstiche abgeleitet
- Randsenke fällt weitgehend trocken
- Wiesenwässerung wird eingestellt
- Grundwasser sinkt ab

Abb. 3.5 Die zeitliche Abfolge der Veränderungen, die durch Um- und Ausbau der Fließgewässer in der Region stattgefunden haben.

prägte, im Gelände gut abgesetzte kleine Aue, wogegen der Saalbach zwischen Karlsdorf und Neudorfer Mühle weit weniger ins Gelände eingepaßt verläuft. Andererseits zeigt die Existenz der sogenannten „Königshohl“ bei Philippsburg, bei der es sich um ein verhältnismäßig stark eingeschnittenes, ehemaliges Bett des Saalbaches handelt, daß es auch auf der Saalbachstrecke einen permanenten Wasserlauf gegeben haben muß, was ja auch durch die Urkunde von 1430 direkt bestätigt wird.

Man unternahm dann unter Bischof Raban den Versuch, das Gebiet um den Saalbach[7] zwischen dem heutigen Karlsdorf und der heutigen Neudorfer Mühle zu entwässern, weil der Wald unter ständigen Überflutungen litt und teilweise abgetorben war. Dies erscheint aus heutiger Sicht zunächst überraschend, da in der Rheinebene einige weitgehend überflutungstolerante Waldgesellschaften vorkommen (z. B. Erlenbruch oder Erlen-Eschen-Wald etc.). Es liegt daher nahe, daß sich die Wasserführung der Lußhardtbäche dra-

7 Auch heute noch häufig „Saalbachtal“ genannt, obwohl es sich allenfalls um eine leichte Geländesenke handelt.

Entscheydunge zwischen den von Bruchssel und Utenheim von der wiesen wegen im Lußhart (23. Apr. 1430)

Wir Raban von gots gnaden bischoff zu Spire, bekennen und tun kunt offenbar mit diesem brieff, als von langen gezijten her ein bach von Bruchssel herabe gen Utenheim zu flusset, dieselbe bach man zu zijten ettwan gescheiden und einsteils durch den walt, genant der Lußhart, gein der hindern bach zu genant, gewiesen hat, und beide beche mit yeren flüssen sere und vast verwunstet [verwüstet] warent und zu beden sijten irs stadels [Gestade, Ufer] ußgebrochen und dadurch die welde, der Camerforste [Kammerforst], Mollesauwe [Molzau] zu der eynen sijten, und zu der andern sijten der Lußhart genant, vast und wyte von uberflussigem gewesser verdorben, und das gebeume [Baumwuchs] dainne verdorret warent, und wo das nit furkomen were, ye lenger zu noch großer verwustunge und verderplichkeit komen mochte sin: als wir nue das vernommen und auch selbs gesehen hant, sint wir mit ettlichen unsern reten und den unsern [Unterthanen] zu rate worden, das man die bach graben [vertiefen] und ueffen [„ufern", eindämmen durch den Aushub] und in yeren rechten stadel wysen und soliche gebeume, so verdoerret und verdorben were, abehauwen und ußrueten, und wiesen an den enden [Orten, Plätzen], da solicher schade gescheen were, machen sole, als auch das bescheen und derselbe bescheit [ausgeschiedener Bezirk] zu wiesen ußgeluhen worden ist under ettliche von Utenheim und auch andere, die das geruetet, ettwas vast arbeit und kosten daruff gelegt und zue wiesen gemacht, und nach solichem rueten ettwemanig jare innegehabt und genossen und nit verzinset habent. Wan nu solicher bescheit der vorgerurten wiesen in unserer lieben getruwen, der von Bruchseel schuetze, beheyunge [Hegung, Einfriedigung] und in ire marcke gehorig ist, hant wir angesehen soliche flißige bete und getruwe genemme dinste derselben der unsern von Bruchssel, so sie uns und unßern vorfaren lange zijt getan habent, und sient mit unsern reten und frunden daruber gesessen, und haben auch angesehen solichen missewahs, so dan daselbs zu Bruchssel ettwemanig jare gescheen ist, und auch ir große anliegend gebrechen [Mangel] und notdorfft, und haben geordent, gesetzt und gemacht, orden, setzen und machen in crafft diß brieffs, das ein yglicher moerge wiese, yne [jene] habe inne, wer er sy, alle jare zu sant Martins tag geben solle der statt zue Bruechssel funff schilling pfenning zu zinße, und sol derselbe zinß angeen von sant Martins tag nebstkompter uber ein jare; und welcher das nit tun wolle, der sol die wiesen laßen ligen, und mogen die von Bruchssel die hin lyhen oder verwenden nach nutzuenge der statt; da wieder sol sich nyeman setzen, noch sich des wiedern ane alle gewerbe. doch also, daz die bach versorgt und bestalt werden solle durch die von Bruchssel und auch durch die, die do wiesen daran stoßend habent, daz sie in yerem rechten staden und flueß, alß ferre ir marcke langet und reicht, blybe, und sonder [besonders] als dann ein unsern und unsers stiffts amptmann am Bruchrein zu eyner yglichen zijt nutze und bequemlich duenckt, daz bescheidet und heißet. Dez zu warem urkuende so haben wir unser ingesigel tun hencken an diesen brieff, der geben ist zu Kyeßlauwe [Kislau] uff sant Jorgen tag dez heyligen ritters und mertelers [23. April] dez jars nach Cristi geburte, als man zalte virtzehenhundert und drißig jare.

(zitiert nach MONE 1852a)

matisch verändert hatte. Ursachen könnten verstärkte Drainagemaßnahmen der Oberlieger (z. B. in der Randsenke), Vernachlässigung der Bachpflege und damit Verschlammung der Bäche und Zunahme der Überflutungen, vielleicht aber auch höhere Niederschläge am Beginn der „Kleinen Eiszeit" des Mittelalters gewesen sein. Alle drei Ursachen mögen eine Rolle gespielt haben. Folgt man der Theorie Bickels, daß der Wagbach der ursprüngliche Saalbach war, und daß man dann als Entlastungsgraben zunächst den heutigen Saalbach zumindest vertieft oder ausgebaut hat, so ergibt das durchaus Sinn. Denn dies würde ja auch bedeuten, daß die Umgebung des „neuen Saalbachs" eben nicht unbedingt aus an Überflutungen angepaßtem Wald bestand. Wenn nun mehr Wasser herangeführt wurde und/oder das Ausputzen dieses neuen Abzugsgrabens unterblieb, war natürlich mit erheblichen Waldschäden zu rechnen.

Diese Urkunde bringt uns auch eine mögliche Erklärung, wie einige Gräben der Hardtplatten

Abb. 3.6 Der hochliegende Unterfeldgraben in den Ubstadter „Silzenwiesen" liegt heute trocken und ist von einer dichten Hecke aus Obstbäumen und Sträuchern gesäumt. Die Wiesen im Vordergrund wurden 1994 beim erstmaligen Einstau des Rückhaltebeckens zum Hochwasserschutz überflutet. So könnte der Zuleitungsgraben einer Wiesenwässerung früher ausgesehen haben.

(u. a. Duttlacher Graben, Saalbach, Saugraben, früher auch Bastwiesengraben und Neureutgraben) zu ihren bachbegleitenden, schmalen Wiesenstreifen kamen. Man könnte aber auch annehmen, daß die Umgebung der Bäche auf den sandig-trockenen Hardtplatten der einzige Bereich war, in dem sich Wiesenbau in der Anfangszeit technisch bewältigen ließ (die Randsenke war zu diesem Zeitpunkt noch viel zu feucht).

Das Saalbachsystem ist im Laufe der späteren Jahrhunderte zwar immer wieder umgebaut worden, größere Veränderungen hat es aber bis zur Pfinz-Saalbach-Korrektion nicht mehr erfahren (siehe auch Kap. 8.4).

Zweite Phase: zusätzliche Entwässerung der tiefliegenden Senken

Nachdem die Bachbauer des Mittelalters es geschafft hatten, den Lauf vorhandener Bäche im Bereich der Randsenke zu putzen und einzudämmen, folgte die nächste Stufe der Trockenlegung: die Anlage von Drainagegräben. Diese hatten den Zweck, die Senke selbst zu entwässern und damit bewirtschaftbar zu machen. Angesichts der geringen Höhenunterschiede war dies nicht einfach, denn man mußte das Wasser an einer geeigneten (tieferliegenden) Stelle wieder in einen Bach zurückführen, da Hebewerke technisch nicht realisierbar waren. Am meisten beeindruckt uns daher die Leistung dieser Bachbauer des Mittelalters, die Höhenunterschiede von nur 1–2 Metern auf Strecken von mehreren Kilometern vermessungstechnisch bewältigen konnten.

Neben den bachbegleitenden Abzugsgräben (die unter anderem die Wässer der Wiesenbewässerung wieder abführen mußten) gab es zusätzliche Entwässerungsgräben, die die Aufgabe hatten, besonders tiefliegende Areale zu entwässern.

Für diese Phase gibt es zahlreiche Beispiele aus der Region, die gut belegt sind. Als Beispiel soll der Bereich zwischen Durlach, Rintheim und der Gottesaue dienen. Dieser war ursprünglich extrem sumpfig und nicht landwirtschaftlich nutzbar. Heute noch künden einige Namen wie „Elfmorgenbruch" oder „Füllbruch" von diesem Zustand. Regelmäßig wiederholten sich größere Überschwemmungen. Man kann dies heute noch ahnen, wenn man von der Autobahn aus die Entwässe-

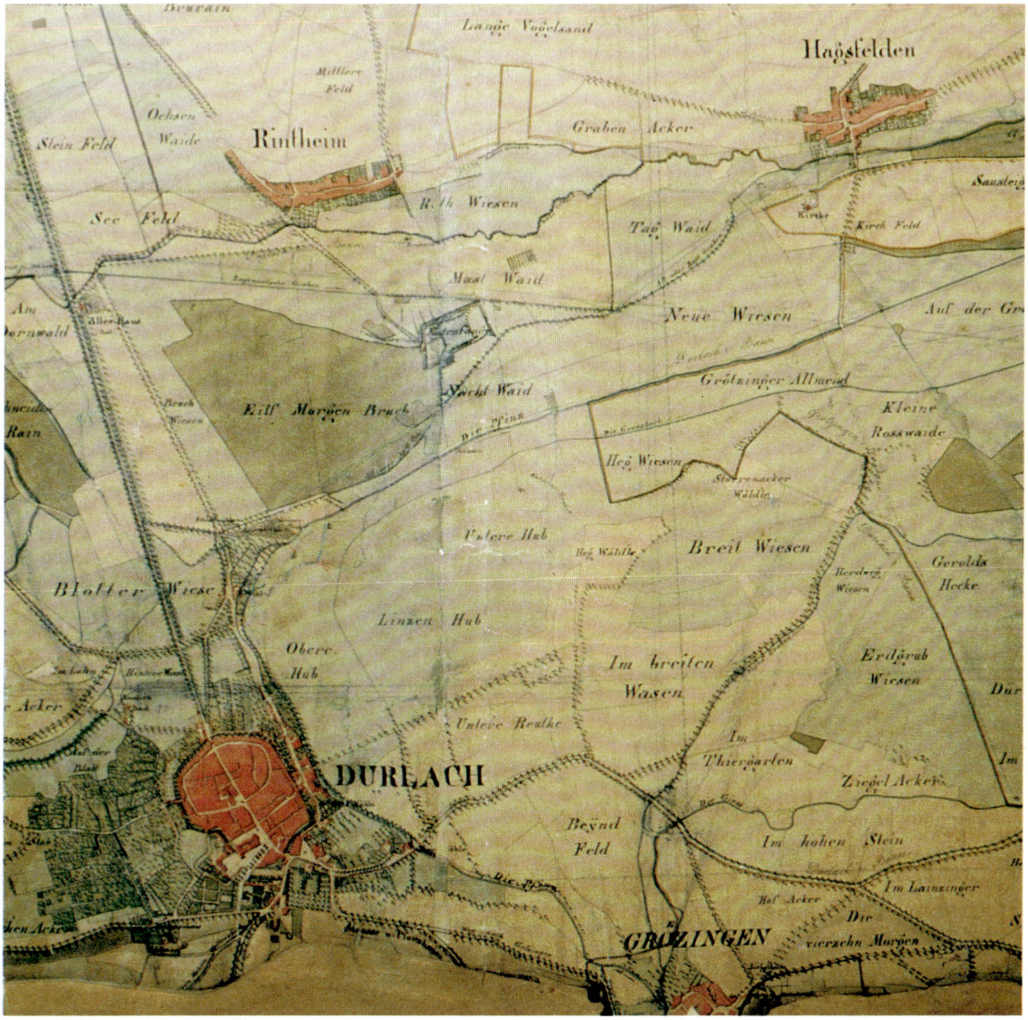

Abb. 3.7 Karte des Pfinzgebietes zwischen Durlach und Hagsfeld (GLA, Abt. G, Wasserbau Pfinz Nr. 5, Ausschnitt). Man erkennt das gesamte Wässerwiesengebiet auf dem Schwemmfächer der Pfinz zwischen Grötzingen und Hagsfeld.

rungsgräben und Röhrichtstreifen und die im Frühjahr auch heute noch gelegentlich überschwemmten Wälder sieht. Das gesamte Areal muß aber früher ein einziger Morast gewesen sein. So entstand sehr früh der Wunsch nach zusätzlichen Entwässerungsmaßnahmen. Ähnlich wie an anderen Bachsystemen versuchte man, die Bäche auszubauen und so größere Hochwassermengen schadlos abzuführen (siehe auch Kap. 8.4).

Unsere Kenntnisse über die rechtlichen Regelungen und ihre Grundlagen im Bereich der Pfinz beginnen mit dem Jahr 1482 (GLA 136/1607 enthält die Originalschriften, siehe auch Kap. 8.2): Der Durlacher Schultheiß regelt in einer Art Erlaß, daß künftig aus jedem Ort ein Bachaufseher für die Unterhaltung und Bachaufsicht zuständig sein soll. Von diesem Zeitpunkt an gibt es eine Fülle von Dokumenten, die die Bemühungen um die Unterhaltung der Pfinz und die Erhaltung ihrer Funktionsfähigkeit dokumentieren (GLA 136/1605-35). Im Gegensatz zum Saalbach ist allerdings an der Pfinz zunächst keine Rede von einer Nutzung des Baches zur Wiesenwässerung.

Im Jahre 1521 folgt die erste „zwischenstaatliche“ Regelung, auffallenderweise praktisch zeitgleich mit den ersten Regelungen am Saalbach. In beiden Fällen ist Conrad von Sickingen als amtierender Landfauth am Bruhrain beteiligt. Damals wurde ein Vergleich geschlossen, der in seinem Wortlaut erhalten ist (GLA 148/354, auch 136/ 1607). Auch hier gaben alltägliche Streitigkeiten den Anlaß, sich ortsübergreifend zwischen Oberliegern und Unterliegern über die Nutzungsrechte des Wassers und die damit verbundenen Pflichten zu verständigen. Vor allem die **gemeinsame Unterhaltslast am Gewässer** ist Gegenstand der Regelung. Ebenso wird festgelegt, daß das Wasser an der Ausleitung der kleinen Pfinz zwischen speyerischem und markgräflichem Territorium geteilt wird. Derselbe Punkt ist auch noch später Gegenstand von Streitigkeiten (siehe auch „Der Bau der Thüngen´schen Schließe"). Nach Abschluß der Verträge von 1521 und 1557 konnte man sich diesen Aufgaben widmen.

Eine erste derartige Maßnahme im Einzugsbereich der Pfinz bestand darin, daß man einen kleinen Graben, die „Entenlach", die ursprünglich nur zur Befüllung des sogenannten „Ententeichs"

Vertrag zwischen dem Stift Speyer und der Marggrafschaft Baden die Pfinz betreffend de anno 1521

Wir diese hiernach geschrieben mit Namen ***Conrat von Sickingen Landfauth am Bruhrain*** *und* ***Jacob Liechtenstein Amptmann zu Graben*** *thun kundt und zu wissen, allerweniglich mit diesem Brief, so als sich verschiener zyth irrungen zwischen den anstößern an die Pfinzbach beider Fürstenthumb des Stiftes Speyer und der Marggrafschaft Baden erhalten, daraus zu zythen zwytracht auch Schade ind Nachtheil an Allmend und Eigenthumb erwachsen, dergleych sich füran begeben mögen, welches angesehen beider Fürsten derzeith Amptmänner, nemlich Christoff von Weingarten Landfauth am Bruhrain und Hanß von Zweyfell Amtmann zu Graben für gut bedacht, auch also zwischen inen entschlosen, daß beider der Marggräfischen und Speyrischen Seythen jeder zween Mann, die gemelter Pfinzbach Art und Gelegenheit erkenthen, erwelt, gezogen und verordert werden sollten, die zu beschäftigen und also beider Seythen Anstößern zu Nuz wyter Nachtheil zu vergüthen, ein Ordnung, wie es fürhin mit solchem Wasserfluß gehalten, begrießen, und was also durch sie für überkommen, solt durch sie und ire Nachkommen verschafft, gehandhabt darbey glyben auch verbrieft und versiegelt werd.*

Darauf dan von der speyrischen Seyten darzu verordert die Ehrsamen Paulus Gelbach, des Raths zu Bruchsal, Hein Grinhanß Schultheiß zu Neithardt und von der Marggrafschaft die fürnemen Erhart Aschenbacher Schultheiß zu Graben und Veltin Aberlin Schultheiß zu Liedolsheim, die haben nach besichtigen Augenschein auf bewegen aller Notthurft ermündlich gesprochen und überkommen:

Zum Ersten*, daß die Pfinzbach vom Lochbaum 10 [?] xer für ufhin gegen Speckh zu bis zu Postenlach uf 20 und zween Schu wyth gegraben und fürther also von beiden Theilen den Marggräfischen und Speyrischen gehalten und gehandhabt soll werden.*

Zum Anderen *soll uff jeden Stadell der Bach ein Lynpfadt dreyer Schuh breit über mit holz där oder wachsend unterfiedert gehalten auch gar nichts uf keiner Syten angefengt werd, doch ob und jegliche Syten die alt gemachten hege solches erdulten mögend soll mit Verschonung des selbigen dennoch zu Suberung des Bach stadels als obstent, durch Schif oder andere Mittel gehandelt werden.*

Zum Dritten *ist des Lochbaum halben da die Pfinzbach halber auf die Marggrafschaft und halber auf die Speyrisch Seythen wurdt abgeredt, daß die Grundschwell, die im Grund der Pfinzbach überzwerchs leit darauf der Lochbaum in Mitten der Pfinz stehet, gleich in der Waagen und kein ende den anderen niederer oder höher liegen soll.*

Zum Vierten *sollen zum wenigsten zwo Person, uf beiden Sythen nemlich in der Marggrafschaft und im Stift, jeder eine verordert werd, die solch Pfinzbach zu dem jare zwiendt besichtiget, damit die angeregtermaßen und wie hievor abgeredt, gehalten und gehandhabet, und ob es die Notthurft erheischen würde, gefegt und gesäubert werden möcht, und wiewohl aber nun angeregt fürnemen, derzeit vollendet, noch demselbigen bis unser nachkommen oder ... gelegt.*

So ist es doch abermals durch uns obstent Conraten von Sickingen und Jacoben Liechtenstein gleychermaßen mit Verwilligen beyder Fürsten unser gnädigen Herrn verwilligt, angenommen und befestet, das somit zur Urkunth dieser brief zween gleich lautende bede mit unsern eigen Zusigeln anfangend von Ampts wegen, doch uns und unsern Erben wyter ... Schad, ... besiegelt, jeder Parthey das ein die andere obgeschriebene ...und geben uf Sambstag nach ..hl.. Tag anno Domini 1521

Extractus actorum, den in anno 1659 eingenommenen Augenschein auf der Pfinz, in specie deren Ausräumung und Erweiterung betreffend

Als in anno 1659 bey der Statt Durlach eine Nothdurft zu seyn befunden worden, daß ein Augenschein auf der Pfinz eingenommen würde, so hat der dasige damalige Untervogt Maler in dem bischöflich speyrischen Dorf zu Neutert [Neuthardt] eine Zusammenkunft veranlaßt, und mit Zuziehung unterschiedlicher der Sache verständiger Personen aus dem Amt. Auch wurde in Gegenwart derer, aus dem bischöflichen speyrischen Amt Bruchsal und dem Amt Graben dazu Verordneter den Augenschein eingenommen, bey welchem befunden worden, daß der Gießgraben von unten der Stafforter Wehr an, bis herauf zum Grözinger Hünerloch durch dießes ganze Amt erweitert, und ausgegraben, der blankenlocher Graben aber von dem Gieß durch die blankenlocher Au bis an das Füllbruch weiter und tiefer gegraben werden müßte, dann das Wasser oben eines halben Mannes niederer und tiefer stünde, als darunden im Fußlauf der grabner seyn, welches die Blanckenlocher, weil es derselben Gemarkung, zu verrichten hätten.

Bey der Pfinz sind hin und wieder solchen Fehler funden worden, derentwegen dieselben an vielen Orten wieder gemacht, auch tiefer gegraben werden müßte, und zwar mehren theils auf grabener Gemarkung, von dem Lochbaum bis an die Grabener Mühl, hintenahn unterschiedliche Pfosten auch wachsende Weyden und Erlenstöck sich darin befänden, daß sie an etlichen Orten über 12 oder 16 Schuh nicht breit seyn. So seyn auch der alte abgegangene Lochbaum[8] *unter Neutert, welcher das Pfinz Wasser dergestalten theilet, daß zwen Theil Marggräflicher, der dritt Theil aber bischöfflicher Seiten, durch die kleine Pfinz ablaufet, nothwendig aus dem Fundament auszugraben, und aufs neu aufzurichten. Bey dieser Augenschein Einnehmung sind auch die bischöffliche, welche laut obenangeführten Vertrags de anno 1557 an deren Wasserbau und Unkosten einen drittel auf sich zu nehmen schuldig, des willigen Erbietens gewesen, daß, wenn Marggräflicher Seits, den Lochbaum wieder aufzubauen, würde begehret werden, sie ihrerseits alles Befördersambe dabey thun wollten, damit alles wiederum in alten Stand gebracht werden möchte, wie sie dann auch die große Pfinzbach von gedachtem Lochbaum an bis auf Spöck gleichfalls zu räumen und zu säubern sich erböthen, doch daß man hingegen Marggräflicher Seits den Weg auf der Pfinz; den die bischöffliche den Eng- oder Leinpfad nennen; auch wieder machen und also halten sollte, damit man wie vor alters gewesen, beyder seiten an der Pfinzbach füglich auf und abgehen könnte.*

Auf diesen Augenschein erfolgte aber keine Handanlegung, sondern das Werck bliebe erliegen bis ad annum 1661. Da auf den 20ten Juny auf der Pfinzbach bey dem Lochbaum zwischen Graben und Neudhart[9] *eine abermalige Zusammenkunft, bey welcher auf bischöflicher Seite der Keller und Oberamtsverweser zu Bruchsal, auch der Schultheiß von Philippsburg und der von Rheinhausen sich eingefunden hatten, gehalten worden.*

Alldieweilen um die Sachen bey diesem abermaligen Augenschein sich also befunden, daß die sogenannte kleine Pfinzbach, welche ganz abgegangen, die bischöfflich speyerischen Unterthanen aber auf deren Grund und Boden, zu Abtragung des einen dritten Theil Wassers, von dem Lochbaum an, bis in den Rhein auszugraben, zu leiten und zu richten haben; vor allen Dingen de novo ausgeworfen und gefertigt, so denn auch wiederum ein ganz neuer Lochbaum gemacht und eingesezt werden müßte.

So haben die bischöfflich speyrische die Sache vorerst ad referendum genommen, daneben aber die Vertröstung gegeben, daß ihre gnädigste Herrschaft sich nicht zu wieder seyn laßßen würde, damit nicht allein die Pfinzbach wiederum in ihren alten Stand …

8 Lochbäume sind Grenzmarkierungen. In vielen Fällen handelte es sich um Bäume, die mit einem eingebrannten Zeichen versehen waren. In diesem Fall stand der Lochbaum in Form eines eichenen Pfahls als Grenzmarkierung mitten in der Pfinz auf der Schwelle der Wasserteilung. In diesem Text geht es unter anderem um dessen Wiederherstellung.

9 Dieser Ort ist die Abzweigung der kleinen Pfinz am Waldrand östlich von Graben. Später stand dort die Thüngen'sche Schließe.

... gebracht, sondern auch der angebührende dritte theil Kosten an dem Lochbaum bezahlt, und dadurch alles wiederum in sein alt Wesen gerichtet werde.

Bey erst gedachter Zusammenkunft ist annoch wegen des neu zu machenden Lochbaums dahin abgeredet worden, daß durch einen Zimmermeister von Bruchsal und den von Graben ein Augenschein eingenommen und sowohl wegen des dazu benöthigten Holzes, als des fordernden Verdienstes halben ein Überschlag gemacht, und auf Ratification mit ihnen, durch dem Amtmann von Graben tractirt werden solle, wie dann auch geschehen, und die Zimmerleute in 38 Stämm Holz benöthigt zu seyn angegeben, auch ihres Lohns halber sich näher nicht dann auf 70 fl [Gulden] behandeln lassen wollen.

Nun sind zwar hierauf Marggräflicher Seits an die bischöfflich speyrische Beamte, ihren gethanen Versprechen gemäß, den Lochbaum einlegen zu helfen, und die kleine Pfinz, alter Gewonheit nach, durch ihren Amtsangehörigen zu säubern, vielfältige Ermahnungen geschehen, worauf aber erst unterm October 1661 von dem Keller und Oberamtsverweser zu Bruchsal eine Antwort dahin erfolgte, daß, weilen die kleine Pfinz gegen Philippsburg und den Rhein dergestalten beschaffen seye, daß von dem Lochbaum an bis an den Rhein fast keine Staden [befestigte Ufer] mehr vorhanden und alles verwachsen seyen, ein gemeine Landfrohn von dem Bruhrain erfordert würde, solches vor dem Winter ins Werck zu sezen nicht möglich seyn.

Ob nun wollen hierauf serenissimus Marchio an den Herrn Bischoff zu Speyer selbsten geschrieben und um Beschleunigung der Sachen angestanden, als auch von dem Herrn Bischofen unterm 4ten Nov 1661 in Antwort erhalten hatten, daß die erforderlichen Befehle dahin ertheilt worden seyen, daß zu der vorhandenen Arbeit, bey denen speyerischen Unterthanen, womöglich eine unverlängte Anstalt gemacht werden solte.

So erfolgte doch bald hernach, nehmlich unterm 26. Nov 1661 ein weiteres bischöfflich speyrisches Schreiben ad Serenissimum, vermittelst dessen ein von dem speyrischen Amtskeller zu Bruchsal über die Sache erstatteter Bericht communizieret, und auf die darin angemerckte Difficultaten sich bezogen würde, warum bey damaliger Winterszeit die vorhabende Arbeit wegen Säuberung der Pfinzbach und Einlegung eines neuen Lochbaums ins werck zu richten nicht möglich sondern bis zu beginnendem Frühling anstehen zu lassen seyn.

Die in dem communicierten speyrischen Bericht angeführt Ursachen der Unmöglichkeit gingen dahin, daß der Lauf, oder Staden des speyrischen Theil Wassers, oder kleinen Pfinz über das Neuendörfer Feld, durch die herrschaftliche Wiesenbrücher, neben Philippsburg hin in den Rhein gehet, allen Orten verwachsen und verbaut, auch das Wehr gleich anfangs des schwedischen Kriegs und nachgehends wiederum bey französischer Belagerung Philippsburgs zerrissen und ruiniert worden seye, und also von solcher Zeit kein Wasser hinüber gegangen, der Staden auch sonderlich bey dem Kriegswesen nicht gehandhabt werden könne.

Zu denen so hätten die Marggräflichen die Zeit her die ganze Bach auf sich gehabt, und sich dessen ermahnen, als erst von kürzerem beschwert und beklagte Über dießes und obzwar zu begehrter Säuberung der kleinen Pfinz das Amt Bruchsal wohl etwas würde thun können; so seye doch dem Amt Philippsburg, wegen geringerer Mannschaft hierzu ihren schuldigen Frohn zu leisten nicht möglich, sondern müßten nothwendig die Ämter am Bruhrain dazu gezogen werden, dahero freylich zu erachten, ob man mit einem solchen Wasserbau zu winterszeit fortkommen und umgehen könnte. In dem Frühling aber so die völlige Feldarbeit anginge, könnte solches mit Ernst angegriffen und vorstellig gemachet, unmittelst aber das Holz auf den Platz gebracht, und alle benöthigte Anstalt dazu gemacht werden.

In dem Februario 1662 ist Marggräflicher Seits wegen Reparation des Lochbaums und Ausgrabung der kleinen Pfinz, der Keller und Oberamtsverweser zu Bruchsal, um Beförderung dießes Wercks schriftlich und mündlich angemahnet und besprochen worden, welcher auch Vertröstung gegeben, daß er nächsten Tagen mit dem Amtmann zu Graben das einlegenden Lochbaums halber communiciren, auch wegen Ausgrabung des kleinen Pfinzbachs das ihm angelegen seyn lassen wolte.

Es erfolgte auch hierauf die zugesagte communication, das zu dem Bauwesen benöthigte Holz ist in dem bischöflich speyrischen Kammer Forst gefället, und in dem Monat May ersagten 1662sten Jahrs an dem Wasserbau des Lochbaums würcklich der ...

... Anfang gemachet, und im Monat Jul. vollendet worden. Das erforderlich gewesene Holz bestünde in 6 Stämm Eichen so geschnitten worden, 20 Stämm Eichen, so schwellen mäßig und 14 Stämm geringere, welche nach damaligem Anschlag an Geld betragen 16 fl [Gulden] 24 xr [Kreuzer], woran Marggräflicher Seithen vermög obengezogenem Vergleich zwey drittel zu beschaffen gewesen, auch würcklich bezahlt worden sind.

Ob aber auch damalen die Ausräumung der kleinen Pfinzbach speyrischer Seits bewerckstelligt worden seyn, ist aus wieder revertirenden und zu extrahieren gewesenen fasciculo actorum nicht zu ersehen gewesen.

Am Ende erst gedachten fasciculi actorum, finden sich annoch drey Abschriften von Verfügungen, so anno 1686 von Fürstl. Amt Durlach erlassen worden, auf welchen eines Theils erhellet, daß illo tempore ein Vergleich zwischen dießseitigem herrschaftlichen Bedienten mit Zuziehung verschiedener Persohnen aus beiden Ämtern Graben und Staffort, und denen churpfälzischen auch bischöflich speyrischen Bedienten und übrigen dazu deputirten, wegen Räumung der Teiche und der Pfinzbach, auch Sezung der Marcksteine errichtet worden seyn solle, und andern Theils, daß zu fleißiger Fortsezung der damalen in der Pfinzbach ohn weit Graben angefangenen Arbeit, aus denen Ämtern Pforzheim, Stein und Langensteinbach, zur Beyhilfe der vorhin daselbst seyenden Grabner und Stafforter Unterthanen 150 Mann beschrieben und auf 14 Täge, in viermaliger Ablösung, commandirt werden solle, wie dann auch der Untervogt zu Pforzheim 100 Mann, der Amtsverweser zu Stein 34 und der Amtsverwalter zu Langensteinbach 16 Mann zu stellen befehligt worden.

Und hiermit schließen sich die acten, deren xtrahirung der gefl. Registratur auf Serenissimi gnädigsten Befehl aufgetragen worden;

Karlsruh den 16ten Nov. 1776

Hochfürstl. gräfl. Registratur

Abb. 3.8 Ausschnitt aus einer alten Grenzbeschreibung von Weingarten mit Darstellung von Teilen der Weingarter und Stafforter Gemarkung. Deutlich erkennbar sind im Grenzverlauf einige markante Bäume („Lochbäume"), die gekennzeichnet und fortlaufend numeriert waren und als Grenzmarkierung dienten.

bei Rintheim gedient hatte, zur sogenannten **Alten Bach** ausbaute (z.B. erwähnt in GLA 229/33373). Der Ententeich (im alten Schrifttum „Entencoy") ist auf noch erhaltenen Karten (GLA, Abt. G, Wasserbau Pfinz, Nr. 3–5) abgebildet. Er diente in erster Linie dem Entenfang, hauptsächlich für die Küche des Markgrafen. Seine wechselvolle Geschichte ist bei ROMMEL (1955) nachzulesen.

Dann folgte die Anlage größerer Entwässerungsgräben im Bereich zwischen Gottesaue und Hagsfeld, die die genannten Bruchflächen trokkenlegen sollten (GLA 136/1609). In den Jahren 1570–1610 wurde der **Landgraben** zwischen Gottesaue und Knielingen angelegt. Er diente als Durchstich durch die Hardtplatte der schnelleren Abführung des Wassers zum Rhein.

Nach dem Dreißigjährigen Krieg waren die bestehenden Anlagen wieder völlig heruntergekommen. Auf Anregung der Stadt Durlach wurde eine Bestandsaufnahme der Situation an der Pfinz im Rahmen eines sogenannten „Augenscheins" vorgenommen, die zahlreiche Unzulänglichkeiten aufzeigte (GLA 136/1635 bzw. 148/360). Das Protokoll ist erhalten und soll hier auszugsweise wiedergegeben werden, da es auch einen Eindruck von den bürokratischen Hemmnissen und der Hinhaltetaktik der Beteiligten vermittelt, die fast an unsere heutige Zeit erinnern (siehe Kasten S. 49 ff.).

Wir sehen also, daß bereits damals zunächst jeder Beteiligte „die Zuständigkeit überprüfte", um dann über formale Einwände und das Vorschieben technischer Schwierigkeiten seine Untätigkeit zu verschleiern. Immerhin kommt das Protokoll zu dem Ergebnis, daß die Arbeit *„würcklich"* (zumindest teilweise) ausgeführt worden ist, was einen geradezu ungläubigen Unterton des Referenten ahnen läßt. Wir sehen aber auch, daß bereits in dieser Zeit der zweiten Hälfte des 17. Jahrhunderts Großprojekte wie die Anlage überörtlicher Entwässerungsgräben zwischen Durlach und Blankenloch durchaus üblich waren und in Landesfron ausgeführt wurden. An derartigen Maßnahmen mußten auch die entfernteren Ämter wie Pforzheim und Langensteinbach mit ordentlichen Kontingenten teilnehmen.

Anders als am Saalbach, wo sich aufgrund der verwaltungstechnischen Mängel und Mißstände erst unter Schönborn wieder eine Bachbautätigkeit in nennenswertem Umfang nachweisen läßt, waren in den badischen Landesteilen an der Pfinz ab 1659 durchgehend diesbezügliche Aktivitäten vorhanden. Zahlreiche Akten zeugen von dieser Tätigkeit. So folgte 1679 die Anlage weiterer **Abzugsgräben bei Rintheim** (GLA 136/1612). Nur wenig später wagte man sich an ein weiteres Großprojekt, die **Schiffbarmachung der Pfinz,** mit der man sich ab dem Jahre 1668 befaßte (GLA 136/1610). Hauptsächlich war darunter die Verbreiterung und die Anlage von Leinpfaden auf beiden Seiten zum Treideln von Kähnen zu verstehen. Im Bereich von Grötzingen wurde aber ein regelrechter Kanal mit Schleusenbetrieb eingerichtet. Hier war das Hauptanliegen der Transport von Sandsteinen aus den Steinbrüchen, die beim Bau der Stadt Karlsruhe Verwendung fanden (Details siehe ASCHE 1991). Schließlich wurde aus Gründen des Hochwasserschutzes eine Querverbindung von der Alten Bach zum Galgengraben hergestellt, um das Wasser schneller zum Tiefgestade abzuführen. Seither heißt der Galgengraben nördlich von Friedrichstal ebenfalls „Alte Bach" (näheres hierzu siehe auch Kap. 8.3, „Graben"). Der Hirschkanal, der durch den Hardtwald bis zum Galgengraben führt, war übrigens primär keine Hochwasserschutzmaßnahme, sondern wurde zur Tränkung des Wildes im markgräflichen Hardtwald angelegt.

Weitere Entwässerungskanäle wurden im 18. Jahrhundert angelegt. Nun stand man vor allem vor dem Problem, auch noch die tiefsten Geländesenken zu entwässern. Eine derartige Maßnahme ist die Anlage des 1764 eingeweihten **Neuen Kanals** (= Neugraben) zwischen Untergrombach und Weingarten, von dem später noch zu berichten sein wird (siehe Kap. 8).

Die Instandhaltung des Bachsystems der Pfinz und ihre Funktion als Schiffahrtskanal machten ständige Unterhaltungsarbeiten notwendig. Zahlreiche Notizen weisen auf immer wiederkehrende Streitigkeiten bezüglich der Bachreinigung hin (GLA 136/1616 und 1623). Dennoch bleibt festzuhalten, daß diese Arbeiten an der Pfinz mehr oder weniger regelmäßig stattgefunden haben.

In der Folgezeit wurde das Entwässerungssystem ständig erweitert. So entstanden beispielsweise der „Regemort´sche Graben" bei Rintheim 1739, der „Neue Weidgraben" bei Durlach 1748.

Die Entwässerung war so erfolgreich, daß bereits 1804 von einem *„geänderten Landschaftsbild"* gesprochen wurde (ROMMEL 1955). Auf die Trockenlegungen führte man zum Beispiel den Rückgang der Fangergebnisse am Entenfang zurück. Während dort früher fünf- bis sechstausend Wildenten jährlich gefangen worden waren, seien es jetzt nur noch einige hundert. Bereits damals erkannte man, daß die Ursache im Verlust geeigneter Lebensräume zu suchen war, da von den ursprünglichen Sümpfen nur noch das Weingartener Moor intakt geblieben war.

Doch der Bachbau ging weiter. Nach dem Ende der napoleonischen Kriege widmete sich die Verwaltung bald auch wieder der Verbesserung der Gewässer. In den Jahren 1819–23 begann man mit der Korrektion des Duttlacher Grabens bei Bruchsal (GLA 133/554), 1822–26 wurde der Weingarter Bach und die ihn begleitenden Gräben neu ausgehoben und nivelliert, was wieder einmal zu Diskussionen über die Kostenverteilung zwischen den beteiligten Gemeinden führte (GLA 133/555). 1837/38 wurde der Lochwiesengraben bei Weiher neu profiliert und in den Kriegbach abgeleitet, um einen besseren Wasserabzug zu ermöglichen (GLA 133/561). Auch der Kraichbach sollte geputzt und ausgehoben werden, um die ständigen Überschwemmungsprobleme beherrschen zu können (GLA 133/888), doch kam dies wohl nie zur Ausführung, denn noch 1850 klagt man über unverändert schlechte Zustände.

Dritte Stufe: Vernetzung der Bäche

Neben den bereits diskutierten Motiven des Bachbaus finden wir auch Belege für den Wunsch, zwischen Wasserüberschuß- und Wassermangelgebieten zu vermitteln, um sowohl die Versorgungs- als auch die Entsorgungssicherheit zu erhöhen (wir würden heute von Redundanz sprechen). So begann man parallel zu den Entwässerungsmaßnahmen, die Bäche miteinander zu verbinden.

Die erste Querverbindung, die **Kleine Pfinz**, ist vollständig künstlich angelegt worden. Hierüber berichtet eine Urkunde aus dem Jahre 1453 (GLA in Konvolut 38/66):

Wir Rheinhard von Gottes Gnaden Bischof von Speyer

bekennen und thun kundt, als wir mit Rat unserer Räthe und Ambtleute einen Graben, die kleine Pfinz, durch die Grevenhart nah bei Graben dem Schloß haben machen lassen bis in das Bruch und fürbaß an den Berg für, bis herab in die Bach, die von Bruchsal nach Udenheim fließt, um des willen, daß unser Theil wassers der Pfinz, wann man des bedörfen wird, herab uff unser Mühlen zu Udenheim auch ginge, und wann solches geschehe, daß dann gute Wiesen in dem Bruch würden.

Die Wasserteilung lag am westlichen Waldrand des Kammerforstes gegen Graben an der Pfinz. Zum Zeichen der Grenze war inmitten der Pfinz ein sogenannter Lochbaum (ein meist aus Eichenholz gefertigter Pfahl) angebracht. Der Lochbaum stand an der Stelle, wo die Kleine Pfinz aus der alten Pfinz ausgeleitet wurde, inmitten des Bachbettes auf dem Fundament des Wasserteilers. Ein Vertrag aus dem Jahre 1521 ist erhalten, in dem die Wasserteilung zunächst im Verhältnis 1:1 geregelt wird (enthalten in GLA 148/354 als Abschrift aus dem 18. Jahrhundert., siehe Kasten S. 48).

Ähnlich wie am Saalbach wurde der erste Vergleichsvertrag wenig später durch einen offiziellen Staatsvertrag ersetzt, der inhaltlich im Prinzip

Abb. 3.9
Handzeichnung der „Thüngen'schen Schließe“ bei Graben aus KEMM (1920).

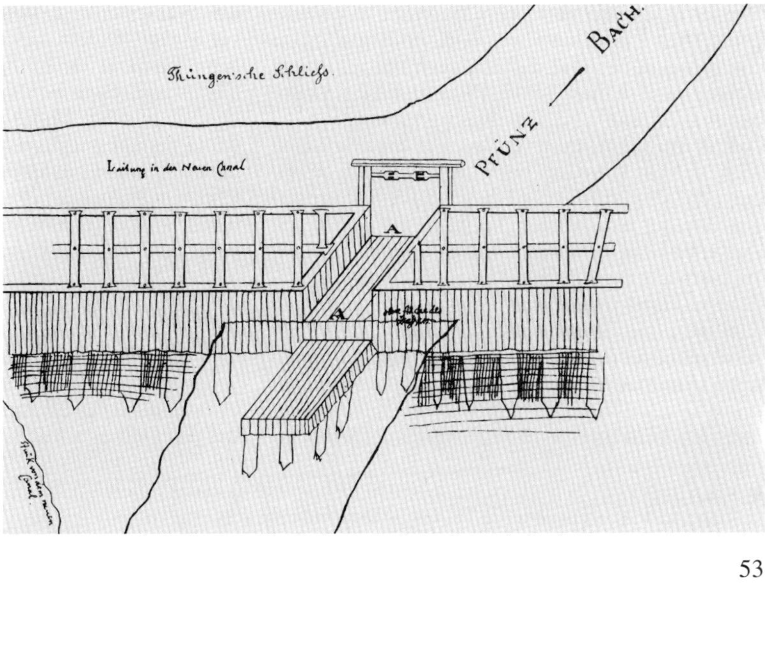

Abb. 3.10 Die Niewiesen nördlich von Staffort entlang des Weingarter Bachs (rechts im Bild): der malerische Rest einer typischen Wässerwiesenaue. Der Heckenstreifen links wächst auf den Resten des nördlichen Erbgrabens, der allerdings schon im 18. Jahrhundert durch den Bau des Neuen Kanals vom Wasser abgeschnitten wurde. Er diente seither nur noch als Ableitungsgraben.

wenig Neues enthält, aber nun eine Wasserteilung im Verhältnis zwei Teile (für die markgräflich badischen) zu einem Teil (für die speyrischen Gebiete) vorsieht. Durch ein Bauwerk wurde das Wasser in diesem Verhältnis zwischen der heutigen „Alten Pfinz" und der „Kleinen Pfinz", welche zum Saalbach (und damit nach Philippsburg) zieht, geteilt. Mitten in der Pfinz stand ein Lochbaum als Grenz- und Teilungsmarkierung.

Die Vertragsänderung ging auf Streitigkeiten zurück. Man hatte auf badischer Seite argumentiert, daß die halbe Wassermenge für Speyer angesichts der territorialen Verhältnisse zuviel sei. Zunächst war versucht worden, einen Teil des Wassers von der Kleinen Pfinz mit einem zusätzlichen Graben (Einbäumleingraben) wieder in Richtung alte Pfinz zurückzuleiten. Dies war wohl nicht sehr praktikabel und erforderte erhebliche Unterhaltungsarbeiten, so daß man sich auf die Wasserteilung am Hauptwehr einigte, wie sie dann im Vertrag von 1557 festgeschrieben wurde[10]. Dieser Vertrag ist außer der geänderten Wasserteilungsrate inhaltlich praktisch identisch mit dem vorigen.

Der 1662 erneuerte Lochbaum bei Graben und die Wasserteilung inmitten der Pfinz bestanden bis in das 18. Jahrhundert hinein. Die Wasserteilung bestand definitiv bis zur Errichtung der „Thüngen'schen Schließe" (= Schleuse), die nun wenige hundert Meter weiter westlich in die alte Pfinz gebaut wurde, um über einen neu ausgehobenen Graben zusätzliches Wasser in die kleine Pfinz zu leiten, damit Philippsburg die Möglichkeit hatte, zusätzliche Wassermengen zur Verbesserung der Verteidigungsanlagen einzuleiten.

Die Schließe wurde 1701 unter General von Thüngen, dem Kommandanten der Reichsfeste Philippsburg, erbaut. Der zugehörige Graben wurde 1806 durch Grenzsteine als Landesgrenze zwischen Speyer und Baden ausgemarkt. Beides war ein ständiger Anlaß zum Streit mit den Grabenern, die das Gebiet als ihren Besitz betrachteten.

10 GLA 148/354. Nach KEMM hat diese Dreiteilung erst nach dem Dreißigjährigen Krieg stattgefunden, der Vertrag von 1557 sieht aber die Teilung schon eindeutig vor.

Abb. 3.11
Stauwehr in der Alten Bach nördlich von Friedrichstal. Der gemauerte Bogen rechts ist der Ausgang des unterirdischen, nur wenige Meter langen Überleitungskanals für das Wasser aus der Heglach. Deren Bachbett erkennt man am rechten, hinteren Bildrand.

Auch die Grabener Müller hatten Anlaß zur Klage, weil die Schleuse zu hoch angelegt war, so daß oft das gesamte Wasser Richtung Philippsburg abfloß und in der alten Pfinz nicht genügend Wasser zum Antrieb der Mühle verblieb. Mehrfach wurde deshalb das Wehr widerrechtlich von den Grabenern geöffnet (KEMM 1920). Im Jahre 1746 beispielsweise herrschte große Trockenheit, und die Mühlen konnten aus Wassermangel ihren Betrieb nicht aufrechterhalten, weil alles Wasser nach Philippsburg floß. So öffneten eines Nachts „Unbekannte" (Grabener) die Schließe. Die nachfolgende Untersuchung verlief zwar im Sande, zog aber immerhin einen Kompromiß zugunsten der Grabener nach sich: Künftig sollte nur noch drei Tage in der Woche das Wasser nach Philippsburg abgeleitet werden, die restlichen vier Tage aber für Graben zur Verfügung stehen.

Mitte des 19. Jahrhunderts wird die Thüngen'sche Schließe, die inzwischen (nach Aufgabe der Festung) funktionslos geworden war, abgebrochen. Auch über den Verbleib des „Lochbaums" und der darunterliegenden Grundschwelle in der Pfinz, die für Jahrhunderte Gegenstand zahlreicher Verträge waren, wissen wir Genaueres: KEMM (1920) berichtet, er selbst habe mit seinem Vater die Reste der aus Eichenstämmen bestehenden Grundschwelle beseitigt, da diese sich nach einem Hochwasser losgerissen hatten und dieses Hindernis durch Verwirbelung des Wassers zu Schäden am Ufer geführt hätte. Die mehrere Jahrhunderte in der Pfinz gelagerten Hölzer aber seien unter Protest der Zimmerleute, die das jahrhundertealte Eichenholz nur schwer verarbeiten konnten, in der Kemm´schen Scheune eingebaut worden.

Weitere Wasserteilungen und Überleitungen

Nach dem Dreißigjährigen Krieg hatte man ständig am System der Pfinz weitergebaut. Es folgten als wesentliche Maßnahmen der Durchstich von der Alten Bach zum Galgengraben (besprochen in Kap. 8.3, „Graben") und die Anlage des Hirschkanals, der ebenfalls in den Galgengraben entwässerte. Auch bei Durlach und Grötzingen finden wir Zeichen früher Durchstiche und Überleitungen: Die „Gieß", nicht zu verwechseln mit dem Gießbach, bildete quasi eine Abkürzung für das Wasser der Pfinz zwischen Grötzingen und Blankenloch. Am Saalbach hatte man schon vor 1700 bei Bruchsal eine Ausleitung zum Giesgraben (heute Duttlacher Graben) geschaffen, aus der die Krottbachwiesen und Stegwiesen bewässert werden konnten.

Am **Kraichbach** fand ebenfalls eine Bachteilung schon zu sehr früher Zeit statt, und der Kriegbach diente nun als Entlastungskanal mit einem Durchstich durch die Hardtplatte. Der Kriegbach (früher „Kriech") diente lange Zeit als Floßkanal, um Brennholz aus dem Hardtwald nach Speyer zu bringen (GLA 133/880 enthält eine Beschreibung der Gräben rund um Bruchsal von 1698, hier wird diese Flößerei ausdrücklich erwähnt).

MONE (1852) erwähnt die Bachteilung am Kraichbach zusammen mit Saalbach und Weschnitz, ohne jedoch Quellen anzugeben. Nach unserer Kenntnis gibt es keine Originalquelle, die Anlaß und Zeitpunkt der Maßnahme darstellen würde. Insgesamt waren die Bachbauaktivitäten im Einzugsbereich des Kraichbachs aber zumindest in früherer Zeit wesentlich geringer als an Saalbach und Pfinz.

Fast flächendeckend entstand so schon im ausgehenden Mittelalter ein regelrechtes Verbundnetz mit hochliegenden Bächen, Querverbindungen zwischen diesen und tiefliegenden Abzugsgräben. Dieses System wurde auch noch im 19. Jahrhundert ständig umgebaut und verbessert, wie es die jeweiligen verfügbaren Ressourcen zuließen. Fertig war es jedenfalls nie, und die Umbaumaßnahmen reichen lückenlos vom Mittelalter bis in die jetzige Zeit mit der Pfinz-Saalbach-Korrektion der 1930er Jahre.

Das Ergebnis ist heute ein fast unentwirrbares System von verfallenen und noch funktionstüchtigen, älteren und neueren Gräben (siehe auch historische Karten in Kap. 8), bei denen die Funktion der einzelnen Gräben nicht immer klar zuzuordnen ist. Insbesondere im Bereich des Oberbruchs (Graben), des Ubstadter Bruchs, des Wehrgrabenbruchs bei Untergrombach oder des Weingartener Moors sind alle Funktionen (Entwässerung von Mooren, Trübwässerung von Streuwiesen, Bewässerung von Fettwiesen und reiner Hochwasserschutz) vertreten. Auf der Passage über den Hardtrücken dagegen ist das Bild weniger komplex. Hier finden wir nur die Bäche selbst und ihre begleitenden Abzugsgräben.

So entstanden schließlich hochkomplexe Wässersysteme, die sich in einem Punkt stark ähneln. Immer gibt es den hochliegenden, eingedämmten Bach und immer, oft zu beiden Seiten, die tiefliegenden Abzugsgräben. Noch sichtbare Beispiele dafür sind:

	<u>Saalbach</u> (hoch)	
Saugraben (tief)		Neureutgraben und Wagbach (tief);
	<u>Heglach</u> (hoch)	
Seegraben und Alte Bach (tief)		Ruschgraben und Wehrgraben (tief);
	<u>Weingarter Bach / Grombach</u> (hoch)	
Erbgraben (tief)		Heckgraben (tief)

Die Gräben und Bäche im täglichen Leben des Mittelalters

Wasser, Gräben und Bäche spielten im Leben einer mittelalterlichen Stadt bzw. eines Dorfes eine herausragende Rolle. Wenn von einem Nutzer das berechtigte Anliegen der Unterlieger schlicht übersehen und diesen „das Wasser abgegraben" wurde[11], ergaben sich mannigfache Probleme. Für uns klingt das heute wie ein Lausbubenstreich; tatsächlich war der Wasserdiebstahl ein schweres Vergehen.

Eine besonders wichtige Funktion der Bäche war die **Bereitstellung von Wasserkraft für die zahlreichen Mühlen**. Die Mühlendichte war so hoch, wie es eben technisch möglich war. Allein in Heidelsheim gab es bis zu fünf Mühlen, in Bruchsal weitere sechs. Da die Wasserkraft nicht vermehrbar war und andere Energiequellen fehlten, gab es immer eine fatale Abhängigkeit von den Bächen. Die Müller konnten oft nur mit Mühe das erforderliche Mehl liefern, und ständige Reibereien zwischen diesen Müllern und den anderen Gewässernutzern waren die zwangsläufige Folge. Im Heidelsheimer Heimatbuch von HÄRDLE (1960) wird berichtet, daß die Stadt im Jahre 1799 erheblichen Drangsalen ausgesetzt war, weil die Müller das von den Besatzungstruppen benötigte Mehl infolge fehlender Wasserkraft nicht liefern konnten. Auch die Philippsburger Heimatgeschichte (NOPP 1881) ist wie viele andere voll von Zeugnissen über Streitigkeiten und die Probleme der Müller, den Betrieb der Mühlen aufrecht zu erhalten.

Daneben mußten die Bäche auch **„Frischwasser" für Waschzwecke** liefern. Auch heute noch kennen wir die alten Waschplätze an den Bächen, die für uns im Elsaß und in Baden an vielen Orten ein pittoreskes Bild abgeben. Kaum jemand stellt sich dabei aber die reale Alltagssituation vor. Dieses Bachwasser war ja alles andere als Frischwasser, und dementsprechend dürfte die Arbeit nicht angenehm gewesen sein. Grund war die Funktion der Bäche als **Kloake für die gesamten Abwässer** einer Stadt. Da es keinerlei Kanalisation gab, konnten Unrat und Fäkalien nur mit dem Bachwasser aus der Stadt abgeleitet werden. Man muß sich den Betrieb einer mittelalterlichen Stadt hierzu einmal vorstellen: Da waren die „einfachen" häuslichen Abwässer, die in Form außenliegender Abtritte entweder auf die Straße oder in den Burggraben mündeten, da waren Fäkalien der zahlreichen Tiere einer Stadt, da waren Abwässer der

11 Dies hat immerhin zur Entstehung einer heute noch gebräuchlichen Redewendung geführt!

Abb. 3.12 Gedenkstein, der anläßlich der Neueinrichtung der Wiesenwässerung im Durlacher Gewann Elfmorgenbruch im Jahre 1818 errichtet wurde. Der Stein befindet sich etwa 100 m nördlich der Autobahn A 5.

Gerbereien, die wegen ihres penetranten Gestankes gefürchtet waren, da waren schließlich die Metzgereien, die alle Schlachtabfälle, Blut und Gedärm in den nächsten Bach hineinwarfen. Diese unappetitliche Mischung konnte nur mit Hilfe des Wassers aus der Stadt hinausbefördert werden. Unterblieb diese Reinigung, waren Seuchen die fast zwangsläufige Folge. Die Not der vom Wasser abgeschnittenen Unterlieger wird deutlich in einer Beschwerde der Garnison Philippsburg aus dem Jahre 1755[12]. Der Frühsommer war heiß, und die Bruchsaler hatten – wie so oft – das Wasser aufgehalten, um ihre Wiesen zu wässern. Der Kommandant von Philippsburg beklagt sich nun, daß nicht nur im Falle einer Feuersbrunst seine Stadt ohne das notwendige Löschwasser sei, sondern vor allem, daß ein unerträglicher Gestank über der Stadt liege und dadurch zahlreiche Krankheiten verursacht würden[13].

Schließlich soll noch eine weitere Funktion Erwähnung finden: Die Bäche dienten als **Transportweg für Handelsgüter**. Es ist relativ wenig bekannt, daß auch in unserer Region, wenngleich sicherlich bei weitem nicht in dem Umfang wie etwa im Schwarzwald, Flößerei mit Brennholz betrieben wurde. Auf Pfinz und Saalbach wurde ebenso wie auf dem Kriegbach und Kraichbach Brennholz geflößt. Die erste definitive derartige Erwähnung, von der wir wissen, besteht in einer Beschreibung der Bäche aus dem Jahre 1698 (in GLA 133/880), in der das Brennholzflößen auf dem Kriegbach nach Speyer genannt wird. Die Tatsache, daß gerade an der Pfinz schon in den ersten Urkunden ab 1482 (siehe oben) Wert auf die Herstellung eines Leinpfades gelegt wurde, zeigt auch die herausragende Funktion des Baches als Transportweg. Pfinz und Saalbach wurden vor allem im Barock ausgebaut, um dann auch Steinlasten transportieren zu können. Auch am Kraichbach wurde geflößt und getreidelt (ORTSCHRONIKEN ST. LEON-ROT und REILINGEN).

Bachbau im 20. Jahrhundert

Meliorationsarbeiten des Reichsarbeitsdienstes

Viele Bachbaumaßnahmen, die man schon im 19. Jahrhundert für nötig erachtet hatte, konnten aus Mangel an Arbeitskräften und Geld damals nicht verwirklicht werden. Mit dem Beginn der Notstandsarbeiten im Rahmen des Reichsarbeitsdienstes in den dreißiger Jahren war nun die Möglichkeit gegeben, auch diese Großmaßnahmen anzugehen. Damals wurden Arbeitslose in großer Zahl zu geringen Löhnen mit sehr umfangreichen Trockenlegungsmaßnahmen beschäftigt. Auch im Bereich zwischen Forst und Ubstadt wurde das dortige Moor trockengelegt (eine detailliertere Beschreibung findet sich in der Ortschronik Forst), ähnliche Arbeiten gab es fast auf allen Gemarkungen der Randsenke zwischen Durlach und Wiesloch.

Auch der Lauf der Pfinz wurde begradigt und ausgebaut (Heimatbuch Karlsdorf-Neuthard) und selbst im Tiefgestade bei Graben und Liedolsheim wurden neue Abzugsgräben angelegt

Später wurden auch in großem Umfang Kriegsgefangene zu diesen Arbeiten eingesetzt (z. B. GLA 237/45358, wo die in Abb. 3.13 abgebildete Übersichtskarte enthalten ist).

12 Siehe auch Kap. 8.4, „Saalbach".

13 Damals glaubte man noch an die Verursachung der Krankheiten durch schlechte Lüfte, die Rolle des bakterienverseuchten Wassers war noch unbekannt (siehe auch Kap. 8, „Bruchsal").

Großmaßnahmen des Reichsarbeitsdienstes zur Entwässerung im Gebiet der Kraich

Die Problematik der ständigen Versumpfung des Gebietes um Kraich und Landgraben führte nach langer Vorarbeit in den dreißiger Jahren dieses Jahrhunderts zu einer Großaktion. Allein im Bereich der Kehr- und Landgrabengenossenschaft im Bereich zwischen Wiesloch und Hokkenheim wurden mehrere tausend Arbeiter beschäftigt. Bei dieser Maßnahme wurden mehrere Bäche komplett verlegt und unzählige Abzugsgräben neu ausgehoben (GLA 362/ 10087). Die Beteiligten weisen darauf hin, daß die Melioration im Bereich der **Kehr- und Landgrabengenossenschaft**, zu der nun auch Hockenheim gehörte, die größte derartige Maßnahme in ganz Baden darstellte.

Es ist aber nicht so, daß diese Maßnahme eine reine Arbeitsbeschaffungsmaßnahme der NSDAP war. Die Vorplanungen bestanden schon seit 1882 (GLA 362/383), und auch nach dem Ersten Weltkrieg wurde weiter geplant, lediglich die technischen und finanziellen Mittel zur Durchführung einer derart großen Maßnahme waren damals nicht gegeben. Diese Möglichkeit eröffnete sich mit dem Reichsarbeitsdienst, der die Genossenschaft in die Lage versetzte, mit weitaus geringeren Mitteln die Planungen umzusetzen. Der Vergleich der Kosten (GLA 362/10087) zeigt dies deutlich. Statt der bei konventioneller Vergabe erwarteten 866.000 Reichsmark kostete die Maßnahme nur 321.000 Reichsmark.

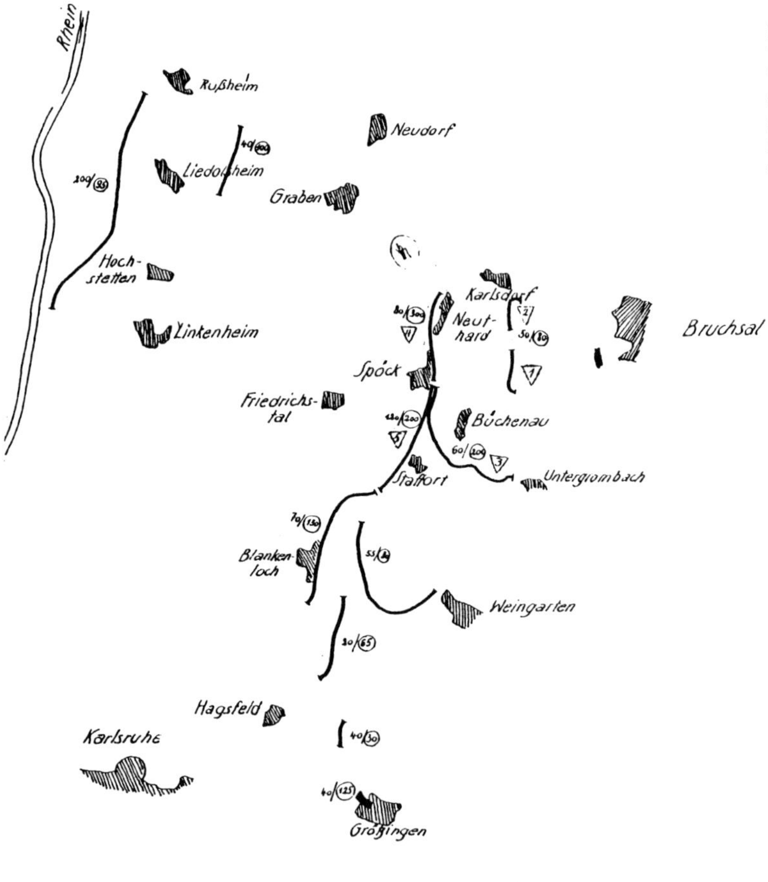

Abb. 3.13
Die vom Reichsarbeitsdienst zwischen Grötzingen und Rußheim durchgeführten Einzelmaßnahmen (aus GLA 237/ 45358).

Die Pfinz-Saalbach-Korrektion

Neben den Einzelmaßnahmen des Reichsarbeitsdienstes zur Melioration und Trockenlegung der Moore wurden in den dreißiger und vierziger Jahren unseres Jahrhunderts im Bereich Saalbach/Pfinz ebenso wie an Acher und Rench in Mittelbaden riesige Umbaumaßnahmen vorgenommen, um einen besseren Hochwasserschutz zu erreichen. Die Geschichte und Beschreibung dieser Großmaßnahme würde den Rahmen dieses Buches sprengen, wir können aber an Hand von zwei Übersichtskarten das Ausmaß der menschlichen Eingriffe deutlich machen.

Heute sind als Folge dieser umfangreichen wasserbaulichen Maßnahmen mehrere Effekte zu beobachten. Einerseits wurde das Hauptziel erreicht, die Hochwassersicherheit ist sehr viel besser geworden, die früher üblichen Überschwemmungen bleiben heute weitgehend aus. Erkauft wurde dieser Effekt aber sehr teuer. Die Grundwasserstände sind allerorts gefallen, Gräben führen oft kein Wasser mehr im früheren Umfang und

Abb. 3.14 Der Kriegbach im Wald östlich von Kirrlach. Er wurde im Zuge der „Pfinz-Saalbach-Korrektion" ausgebaut und ist von hohen Dämmen umgeben. Trotzdem hat der Bach heute eher mit Wassermangel zu kämpfen.

Abb. 3.15 Der Kraichbach bei Hockenheim. Solche gewaltigen Ausbaumaßnahmen veränderten das Aussehen der Region. Das Wasser fließt jetzt ungebremst (und weitgehend nutzlos) zum Rhein.

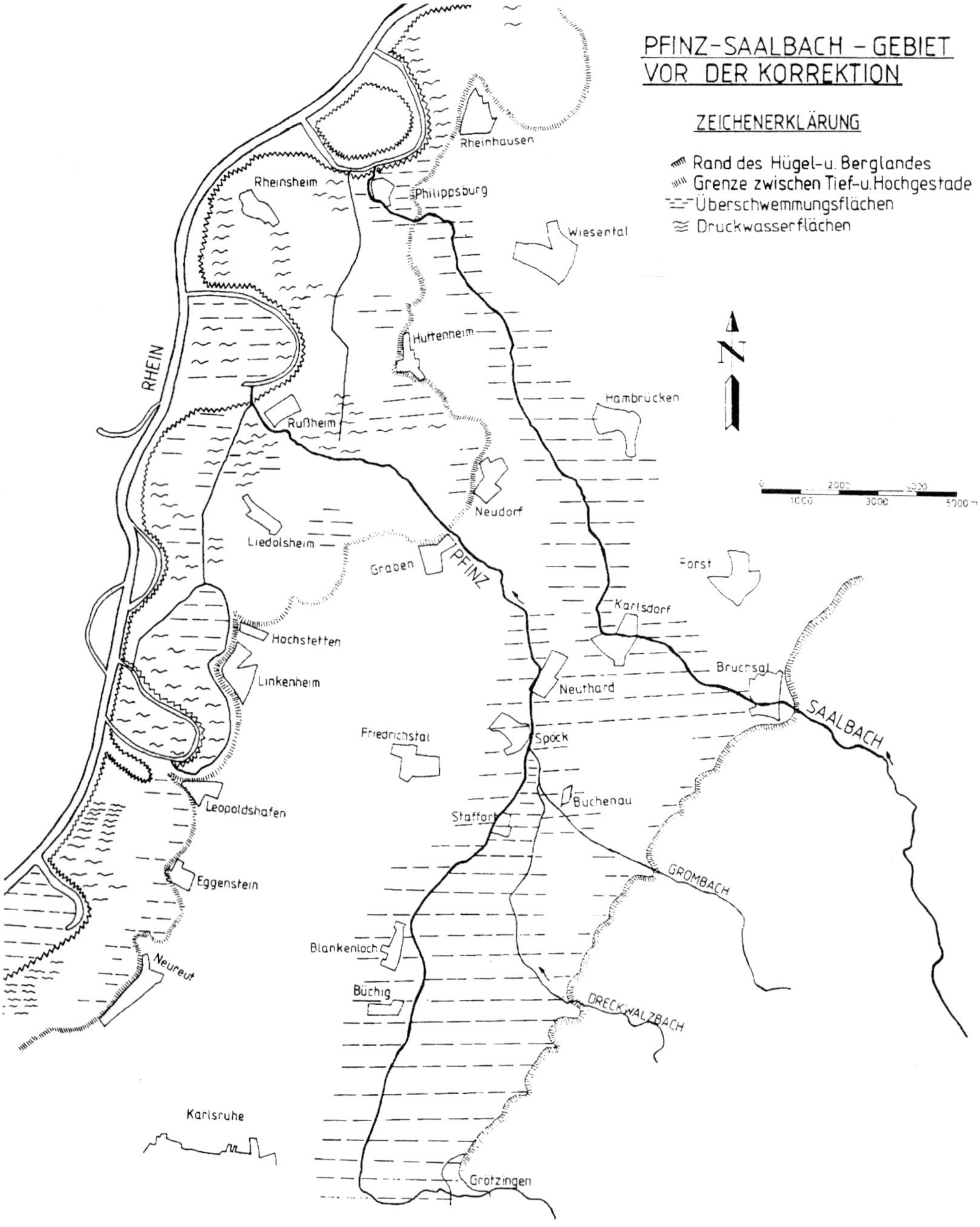

Wälder und Wiesen leiden zunehmend unter Wassermangel. Daher müssen wir heute schon wieder über Maßnahmen nachdenken, diese teilweise unerwünschten Effekte wieder abzumildern (siehe auch Kap. 9). So machen wir auch heute wieder die Erfahrungen der Wasserbauer des Mittelalters: Ein Eingriff in Bach- und Flußsysteme zieht immer wieder neue Maßnahmen nach sich.

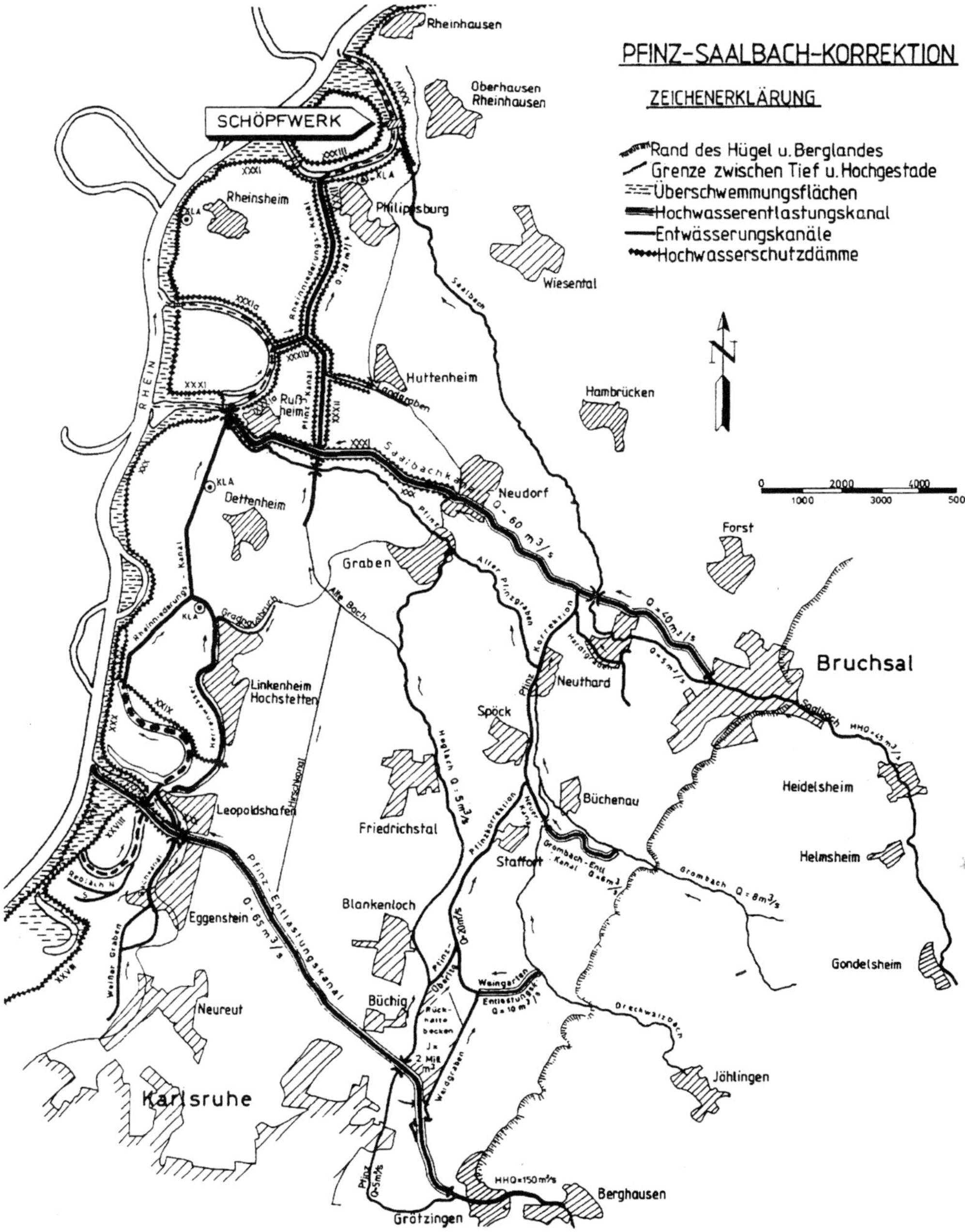

Abb. 3.16 und 3.17 Pfinz-Saalbach-Gebiet vor und nach der Korrektion (Quelle: Amt für Wasserwirtschaft Karlsruhe).

4 Versuch und Irrtum: Die Entwicklung der Wiesenwässerung in Kraichgau und Bruhrain

Dieter Hassler

Die Anfänge

Bewässerung von Feldern zur Verbesserung des Ertrags ist seit dem Altertum – zum Beispiel aus Mesopotamien oder Ägypten – bekannt. Gezielte Bewässerung von Wiesen wurde (wie so vieles) erstmals von den Römern belegtermaßen betrieben[1], und manche Autoren glauben, daß die Römer die Wiesenwässerung auch in Mitteleuropa eingeführt hätten. Mangels handfester Beweise oder Urkunden halten wir dies zunächst für eine Fama. Dennoch ist gesichert, daß sich in Mitteleuropa über viele Jahrhunderte eine Wässertradition entwickelt hat, die sich allerdings hauptsächlich auf bachnahe Wiesenareale beschränkte und keinen größeren Leitungsbau erforderte.

Erste definitive Belege für eine aktive Wiesenbewässerung finden sich im zwölften Jahrhundert für verschiedene Gegenden Deutschlands: Schon für das Jahr 1113 ist die Wiesenwässerung für den Südschwarzwald belegt, 1213 für Villingen und 1220 für Freiburg im Breisgau (Gothein 1887, Schüle & Schwineköper 1988, Konold 1991). Auch in unserem Raum boten die breiten Bachtäler mit relativ langsam fließenden Bächen vielerorts Möglichkeiten, das Wasser auszuleiten und zur Bewässerung von Wiesen und Feldern zu benutzen. Derartig frühe schriftliche Zeugnisse, wie oben genannt, besitzen wir für Kraichgau und Hardt aber nicht. Zwar werden Wiesen (prata) bisweilen erwähnt, etwa bei Verkaufsniederschriften oder Güterverzeichnissen, aus diesen Belegen ergibt sich aber nicht, daß diese Wiesen aktiv bewässert wurden.

Der erste Beleg für die Existenz gezielter Wiesen*wässerung* in unserer Region ist in einer Urkunde von 1453 (siehe Kap. 3) enthalten, erstaunlicherweise damals schon mit dem Hinweis auf Meliorisationsbestrebungen. Nur wenig später, im Jahre 1461, gab es einen ersten belegten Vergleichsvertrag (GLA 38/361) zwischen Hans von Königsbach und Acharius von Venningen nach Streitigkeiten über die Wiesenwässerung aus dem Kämpfelbach (bei Königsbach im Einzugsbereich der oberen Pfinz). Am Grombach und an der mittleren Pfinz folgen erste Belege um 1482 (GLA 136/1607) bzw. 1492 (siehe auch Kap. 8.2, „Pfinz“).

Zunächst geschah die Wässerung wohl ziemlich ungeordnet. Durch das chaotische, von Willkür und Privatinitiativen geprägte System entstand bereits in den Anfangszeiten erheblicher Regelungsbedarf, damit die zahlreichen Streitigkeiten begrenzt werden konnten. So wurde viel niedergeschrieben, und wir können heute noch auf zahlreiche Dokumente aus mehreren Jahrhunderten zurückgreifen. Die erhaltenen frühen Zeugnisse sind allerdings meist auf einzelne rechtliche Auseinandersetzungen beschränkt, so daß wir nichts über den tatsächlichen Stellenwert der Wässerung in diesen Zeiten wissen. Auch über das fachspezifische Wissen und die Motivation der ersten Wiesenwässerer gibt es relativ wenig gesicherte Erkenntnisse.

Manchmal herrscht der Eindruck vor, daß jeder danach trachtete, möglichst viel von dem ersehnten Naß zu bekommen und auf seine eigenen Wiesen zu leiten. Dies geschah zumindest teilweise ohne kritisches Hinterfragen nach dem Motto „Viel hilft viel“. In zahlreichen Zeugnissen ist bis in die Neuzeit belegt, daß Wässerung übertrieben wurde und zur Versumpfung von Wiesen beigetragen hat. So berichtet etwa der Güteraufseher Seeber, daß vor allem in den Schwarzwaldtälern zahlreiche Wiesen durch exzessives Wässern heruntergewirtschaftet worden seien („Landwirthschaftliches Wochenblatt“ Nr. 15/1833). Andererseits belegt Konold (1991) in seiner Untersuchung der Wässersysteme um Isny, daß dort schon in der spätmittelalterlichen Zeit sehr kunstvolle Anlagen errichtet und betrieben wurden, die ein hohes Fachwissen erforderten.

Die Kunst des Wiesenwässerns hat sich jedenfalls im Laufe der Jahrhunderte zu einer höchst ausgefeilten und wissenschaftlich untermauerten Technik fortentwickelt, deren Blütezeit im 19. Jahrhundert mit den Wiesenbauschulen erreicht wurde.

---

1 Aus einem landwirtschaftlichen Lehrbuch des Columella aus dem ersten nachchristlichen Jahrhundert.

Abb. 4.1 Eine typische Feuchtwiese der Kraichgau-Talauen, hier bei Oberderdingen. Auch solche Bereiche wurden früher, wo möglich, bewässert.

Ziele der Wiesenwässerung

Die Ziele der Wässerung waren vielfältig. Da mischte sich der Wunsch nach reiner Verbesserung der **Wasserversorgung** (Anfeuchtung des Bodens im Sommer nach der Heuernte) mit anderen Effekten wie der Verbesserung der Nährstoffversorgung, so daß wir im Einzelfall nicht mehr beurteilen können, was die ursprünglichen Absichten der Wässerer gewesen waren. In der bereits zitierten Urkunde von 1453 (GLA 38/361), die sich auf die Anlage der Kleinen Pfinz von Graben nach Philippsburg bezieht, wird nach unserer Kenntnis erstmals in unserem Raum der Zweck der **(Nährstoff-)Verbesserung** der Tiefgestadewiesen erwähnt. Einer der dort angegebenen Gründe für die Anlage des Verbindungsgrabens war wörtlich, *„daß dort bessere Wiesen würden“*.

Wahrscheinlich wurden über „Versuch und Irrtum“ Technik und Verständnis immer weiterentwickelt. Die Menschen lernten, daß das Wasser durchaus unterschiedliche Eigenschaften hatte. Es konnte nährstoffarm oder nährstoffreich sein, es konnte zur Versumpfung des Geländes beitragen oder lebensspendendes Naß für den Pflanzenwuchs liefern, und es konnte den Boden erwärmen und so die Vegetationsperiode verlängern. Der letztere Effekt ist gerade in unserem Gebiet vermutlich von Bedeutung gewesen, da die Kraichgaubäche zu einem beträchtlichen Teil aus Karstquellen stammen, die in Sommer und Winter eine praktisch konstante Temperatur aufweisen. Für zahlreiche Quellen in der Region ist belegt, daß sie fast durchgehend eine Temperatur von 9 °C aufweisen und daher auch im Winter abschnittsweise offen bleiben. Besonders berühmt ist der „Schwallenbrunnen“ bei Heidelsheim, welcher früher eine Schüttung von 100–400 Litern pro Sekunde bei konstanter Temperatur aufwies. Wir wissen aber nicht definitiv, daß der **Erwärmungseffekt** hier auch planmäßig genutzt wurde. Während Negativbeispiele (das schädliche Wässern mit Schmelzwasser in den Schwarzwaldtälern) immer wieder Erwähnung finden, fehlen schriftliche Hinweise auf die vegetationsverlängernde Wirkung aus unserem Gebiet. Dieser Effekt wird aber immer wieder auch von den Schülern der Siegener Wiesenbaukunst diskutiert, kann also nicht unbekannt gewesen sein.

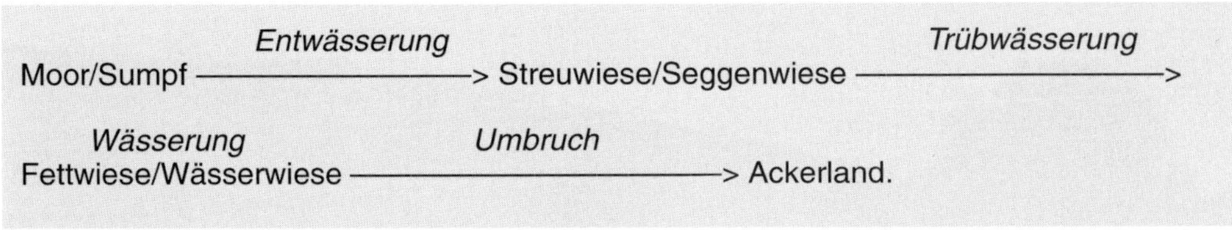

Abb. 4.2 Prozesse der Melioration durch Wiesenwässerung.

Schließlich ergab sich mit der Wiesenwässerung noch ein wichtiger Nebeneffekt: Sie war eine sehr elegante **Schädlingsbekämpfungsmethode**. Sowohl Mäuse als auch Insektenlarven wie etwa die Larven der Wiesenschnake wurden zuverlässig abgetötet. Die Maulwürfe wurden natürlich ebenfalls vernichtet, was man damals in Unkenntnis ihrer nützlichen Rolle als Insektenfresser als erwünscht angesehen hat.

Sumpf-Entwässerung und Wiesen-Bewässerung

Im Gebiet des Kraichgaus ist die Wiesenwässerung vermutlich älter als in der Rheinebene, da dort die technischen Voraussetzungen zur Wasserausleitung vor allem im Bereich von Mühlen ohnehin gegeben waren. In der Rheinebene – und hier vor allem in den ohnehin nassen Bereichen der Randsenke – war der Entstehungsprozeß sehr viel komplexer (siehe auch vorangegangenes Kapitel). Hier, in den Moor- und Sumpfzonen der Rheinebene, finden wir mehrere verschiedene Prozesse in räumlich und zeitlich dichter Abfolge:

- Zunächst war das wichtigste Ziel die **Entwässerung** der Sümpfe und Moore;
- erst dann folgte die **Wässerung** der bachbegleitenden Wiesen.
- Anschließend entwickelte man die Meliorisationstechniken der **Trübwässerung** von Mooren und Streuwiesen zur Verbesserung und Kalkung der Böden,
- und schließlich stand am Ende die Gewinnung von Ackerland durch **Umbruch** der Wiesen (siehe Abb. 4.2).

Im Detail werden diese Vorgänge in Kap. 8 besprochen. In den großen Sumpfzonen fanden sie in „bunter Mischung“ statt, oft gleichzeitig und wohl auch nicht immer gezielt.

Das wohl einzige Gebiet, in dem heute noch die alten Bereiche fragmentarisch erhalten sind, sind die Bruchwiesen bei Untergrombach (siehe Abb. 9.15). Hier gehen die Fettwiesen auf dem Schwemmfächer des Grombachs (mit dem alten, hochliegenden Weiergraben als Bewässerungsgraben) über in tiefliegende Streu- und Seggenwiesen. Das angrenzende alte Flachmoor des Wehrgrabenbruchs (südlich) ist inzwischen allerdings mit Hybridpappeln aufgeforstet worden.

Die Fläche der (unerwünschten) Sümpfe und Moore, also des „Unlands“, ging im Laufe der Jahrhunderte ständig zurück. Im Rhein-Tiefgestade zwischen Neureut und Rußheim fanden ebenso wie in der Randsenke bei Forst und in der Kraichbach-/Kehrgrabenregion letzte große Meliorisierungsmaßnahmen während der 1930er Jahre durch den Reichsarbeitsdienst statt und wurden damals als großer Erfolg gefeiert[2]. Parallel dazu gab es ähnliche Großmaßnahmen im Bereich der Randsenke bei Forst und Ubstadt und im Gebiet der Kraich. Heute sind dadurch nur noch kümmerliche Reste von weniger als 5 % der ehemaligen Sumpffläche erhalten. Wo sie nicht durch Intensivierung, Trockenlegung, Auffüllung oder Überbauung verloren gingen, waren Aufforstung, Auskiesung (z. B. im Neudorfer Moor oder Waghäusler Bruch) oder sogar die Auffüllung als Mülldeponie (im Ubstadter Bruch) ihr Schicksal. Die Streuwiesen verschwanden aus ähnlichen Gründen, hauptsächlich im 20. Jahrhundert, im Rhein-Tiefgestade später als in der Randsenke. Reste sind noch bei Ubstadt, Stettfeld oder Rußheim zu sehen.

Die Fläche der Wässer- und Fettwiesen nahm zunächst auf Kosten der Sumpfgebiete zu. Trübwässerungen führten zur Umwandlung von Streu- in Fettwiesen (siehe Kap. 8). Erst nach dem Zweiten Weltkrieg wurden die Wiesen fast schlagartig unattraktiv und verschwanden vor allem in den 1960er und 1970er Jahren in großem Stil. Flurbereinigungen und Aussiedlerhöfe trugen ihr Teil dazu bei, im Tiefgestade wurde der Wiesenbau durch Maisfelder ersetzt.

---

2 Siehe z. B. THOMAS (1990), auch „Grenzland, Spaten zur Hand“ (Arbeitsgauleitung Baden-Pfalz 1937).

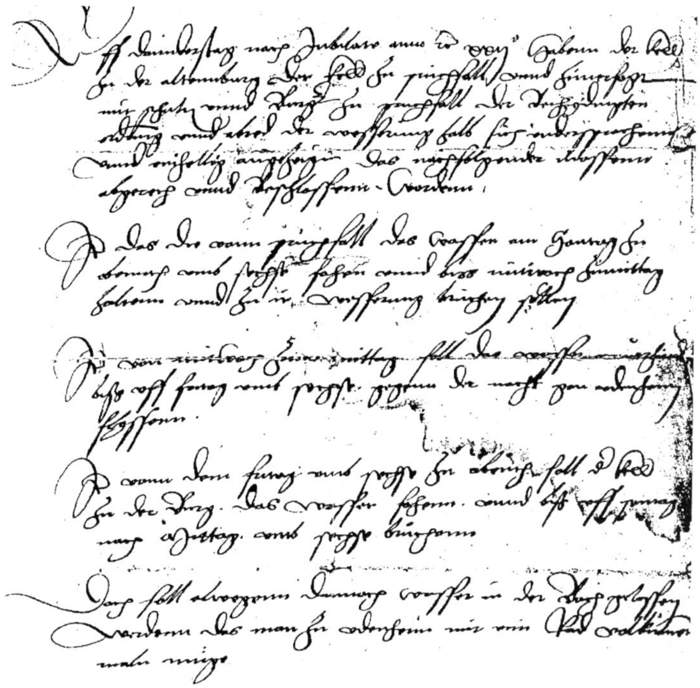

Abb. 4.3
Älteste erhaltene Handschrift der Saalbach-Wässerordnung (in GLA 78/859).

Die Bewässerung wird geregelt: erste Wässerordnungen

Der Beginn einer durch **schriftlich niedergelegte (überörtliche) Normen** geregelten Wiesenwässerung liegt in unserem Raum am Anfang des 16. Jahrhunderts, als fast zeitgleich für den Saalbach und die Pfinz Wässer- und Bachordnungen ausgehandelt wurden.

Im ersten noch erhaltenen Vergleichs-Vertrag von 1518 wurde für den Einzugsbereich des Saalbachs zwischen „*Gauß Brudern, derzeit Zollschreiber zu Udenheim, Caspar Schu[?], Ambtschreiber und Conrad von Sickingen, derzeit Fauth am Bruhrain*" festgelegt, daß jeweils von Sonntag bis Mittwoch Bruchsal wässern konnte, dann bis Freitag das Wasser „unufgehalten" für die Unterlieger zur Verfügung stehen müsse und von Freitag bis Sonntag der Keller zu Altenbürg (heute Karlsdorf) das Wässerrecht haben solle (GLA 78/859 bzw. 78/775, auch als Abschrift im „Gelben Buch" der Stadt Bruchsal; siehe Abb. 4.3).

1521 folgt der nächste, im wesentlichen gleichlautende Vertrag:

Uff Donnerstag nach jubilate [25.April] anno 1521 haben der Keller zu Altenbürg, der Hühnerfauth zu Udenheim, Keller zu Brussel, Schultes und Bürgermeister daselbst, sich der Wässerung halben verglichen und entschlossen, wie nachfolget:

Erstlich *daß die von Brussel das Wasser am Sonntag zu Abend umb 6 uhr haben und bis Mittwoch zu Mittag halten, und zu der Wässerung brauchen sollen.*

Secundo*. Von Mittwoch zu Mittag solle das Wasser unverhindert biß uff Freytag uff 6 Uhr gegen der Nacht gegen Udenheim fließen.*

Tertio*. Von dem Freytag umb 6 zu Abend soll der Keller zu der Altenburg das Wasser haben, und biß auff Sonntag Nachmittag um 6 Uhr brauchen. Doch soll allwegen dannoch Wasser in dem Bach gelassen werden, daß man zu Udenheim mit einem Rad vollkommentlich mahlen möge.*

3 „Fauth" entspricht dem Begriff Vogt. Diese Fauthen waren für die Überwachung der Gewässer (Bachfauthen) bzw. die Steuereinziehung (Hühnerfauthen) zuständig. Der Landfauth war der oberste Beamte. In Wiesental hat sich dieses Wort in der Bezeichnung einer Brücke über den Wagbach („Fauthenbrückle") bis heute gehalten.

Ordnung, wie es fürther mit Wesserung der Wiesen und Bach zu Udenheim gehalten werden soll.

Wir Georg bekennen und thun kunth offenbar mit disem Briefe;

Nachdem unser Underthanen zu Brusal, so Wießen uff der Bach, die durch Brussal fließt, liegen haben, zu Wesserung derselben irer Wießen die Bach mehrmals ires Gefallens ufgehalten, und dadurch unsren Keller zur Altenburg an nottürftiger Wesserung verhindert,

dergleychen sich unser Underthanen und Müller alhir zu Udenheim oft beklagt, daß ihnen durch Nemung solchen Wassers großer Abbruch, Schaden und Nachtheile zugestanden;

derhalben Wir verursacht, damit jedem so vil möglich, ein billig genügen geschehen möge, den Dingen ein Maß zu geben und Ordnung fürzunemen, wie es fürbar damit gehalten werden soll, setzen und ordnen darumb somit in Craft diß Briefs, wie das auch getrydingt gewesen, daß die von Brussal das Wasser anderst nit nemen, oder haben, dan am Sonntag zu Nacht umb sechs Uhren, und daselb länger nit halten, und zu irer Wesserung brauchen sollen, dan bis auf den Mitwoch nechst danach zu Mittag;

item von dem Mittwoch zu Mittag an bis uff den Freytag um sechs gegen abent soll die Bach menglichs unufgehalten gen Udenheim geen, danach von dem Freytag umb sechs Uhren an soll unser Keller zur Altenburg Macht haben, die Bach ufzuhalten, das Wasser haben und brauchen bitz uf den Sonntag nachmittag umb sechs uhren,

und also zwischen inen umbgen und keiner das lenger uffhalten, bey gern fünf pfundt pfenning unablößlich zu bezahlen, davon dem Hünerfaut, oder dem Ihrnen, so den überfarer anzeigen würt, ein Pfund pfenning werden und gedeyhen,

doch, so soll dannocht so die von Brusl, oder der Keller zur Altenburg das Wasser uffhalten würden, allwege bey bemalter Straf so viel Wasser in der Bach gelassen werden, daß der Müller zu Udenheim mit einem Rad vollkommentlich malen möge,

alles ungeverlich und fürbehaltlich unß und unsren Nachkommen diß Ordnung nach Gelegenheit der Zeit zu endern, meren, mindern, oder gar unsers Gefallens oder zum Teile abzuthun.

Das zu waren Urkunth haben wir disen Briefe mit unsrem anhangenden Zusigel den von Brusal thun geben, und dergleich in unsrer Cantzley registriern lassen, der geben ist uf Dinstag nach Agnetis,

im fünfzehn hundertsten und XXVI Jarr.

Diese Vergleichsverträge muten zunächst fast privatrechtlich an, waren aber, wie die beteiligten Personen zeigen, durchaus hochoffizielle Staatsverträge. Sie wurden nach nur acht Jahren vom Landesherrn, Bischof Georg, in Form eines Dekrets (GLA 78/775) bekräftigt, das wiederum praktisch dieselben Inhalte hatte. Präzise war nun geregelt, wer zu welchem Tag und welcher Stunde das Wasserrecht ausüben durfte (siehe Kasten oben).

Praktisch zeitgleich mit den ersten Regelungen am Saalbach wurde auch für die Pfinz ein Vergleich geschlossen, der in seinem Wortlaut erhalten ist (GLA 148/360, siehe auch Kap. 3). Wiederum war Conrad von Sickingen an dem Vertragsabschluß beteiligt. Wieder gaben alltägliche Streitigkeiten den Anlaß, sich zwischen den Anrainern bzw. dem Fürstbistum Speyer und dem Markgraf zu Baden über die Nutzungsrechte des Wassers und die damit verbundenen Pflichten zu verständigen. Dieser erste Vertrag regelt aber weniger die Wiesenwässerung, sondern vor allem die gemeinsame Unterhaltslast am Gewässer. Auch hier folgt nur wenig später ein praktisch gleichlautender Staatsvertrag zwischen dem Bistum Speyer und dem Markgrafen zu Baden.

Im Zentrum dieser (die Pfinz betreffenden) Verträge stand zweifellos die Sicherstellung der Verfügbarkeit des Wassers und der Instandhaltung der Bäche, aber auch die Aufteilung des Wassers zwischen den Vertragsparteien. Beides war aber auch mit der Wiesenwässerung untrennbar verbunden. Man kann also die Wässerung nie isoliert, sondern nur im Kontext des allgemeinen Wasserbedarfs und natürlich auch des Hochwasserschutzes betrachten.

Die Wässerung selbst war vor dem 19. Jahrhundert an der Pfinz im Gegensatz zum Saalbach noch nicht allgemein festgeschrieben, man kann vielmehr annehmen, daß die einzelnen Orte ihre Wässerung selbst geregelt haben. Diese Ansicht wird gestützt durch die Aussage der Bürgermeister von Friedrichstal und Blankenloch anläßlich eines Streits um Wasserrechte. Sie bestätigten, daß beide Gemeinden *„ihres Beliebens die Bach ufgehalten hätten“* (GLA 229/33373). Auch dort gab es aber spätestens nach dem Bau der Friedrichstaler Mühle erhebliche Konflikte.

Der Saalbach nimmt dagegen wegen der Interessenlage mehrerer bedeutender Städte eine Sonderstellung ein. Schließlich waren die Städte Heidelsheim, Bruchsal und Philippsburg elementar auf das Wasser dieses Baches angewiesen, so daß schon aus diesem Grund hochrangige Interessen (wie etwa der Verteidigung) betroffen waren. Der im Gegensatz zur Pfinz chronische Wassermangel am Saalbach war ja auch schon 1453 der Grund, daß man eine Überleitung zwischen beiden Bächen (die Kleine Pfinz) ausgehoben hat, um Udenheim (Philippsburg) besser mit Wasser zu versorgen (siehe Kap. 3). Auch war die Nutzung der Wasserkraft im Saalbachtal infolge der relativ hohen Bevölkerungszahl wesentlich intensiver. Zahlreiche Mühlen, davon allein bis zu fünf in Heidelsheim und sechs in Bruchsal, die Neudorfer (Schönborner) Mühle und drei Mühlen in Philippsburg konkurrierten um die Wassernutzung an einem einzigen Bach. Gerade die Philippsburger Mühlen waren aber immer wieder benachteiligt. Sah die erste Wässerordnung noch ausdrücklich vor, daß zwei Tage pro Woche das Wasser nur Philippsburg zur Verfügung stehe und zudem immer soviel Wasser im Bach bleiben müsse, daß Philippsburg „mit einem Rad mahlen“ könne, so hat sich die Wassernutzung der Oberlieger Ende des 19. Jahrhunderts so stark zeitlich ausgedehnt, daß Philippsburg 80 Tage lang ohne Wasser war, wie Hieronymus NOPP (1881) beklagt.

An den anderen Bächen der Region (zum Beispiel am Kraichbach) finden wir erst Jahrhunderte später als am Saalbach schriftliche Ordnungen über die Durchführung der Wiesenwässerung. Der unmittelbare Wasserbedarf zu Wässerungszwecken war im Kraichgau mit seinen Auelehmböden in den Bachtälern sicherlich sehr viel geringer als im Bruhrain mit seinen schnell austrocknenden Sandböden. Die Wässergebiete waren vergleichsweise klein. Außerdem entfiel im Kraichgau das Interesse am Bachwasser zur Bodenverbesserung (siehe auch Kap. 6). Einzig am oberen Saalbach und an der oberen Pfinz (siehe oben) finden wir bereits im 15. Jahrhundert Wässeraktivitäten (siehe auch Kap. 8.4, „Saalbach“). Am unteren Kraichbach zwischen Ubstadt und Hockenheim war aber das Gelände ohnehin bis ins ausgehende 19. Jahrhundert so feucht, daß mit wenigen Ausnahmen wie Kislau und Mingolsheim nur punktuell und aufgrund privater Initiative bewässert wurde.

Die Wässerzeiten

In den verschiedenen Ortschaften finden wir höchst unterschiedliche Wässerzeiten. Wurde beispielsweise in Gochsheim nur jeweils drei Tage gewässert, so haben andere Gemeinden 40 Tage (und mehr) das Wasser auf die Wiesen geleitet. Grundsätzlich lassen sich zwei Komplexe trennen:

Im Kraichgau

Der Kraichgau verfügt in den Tallagen über gut wasserhaltende Auelehmböden. Daher war eine zusätzliche Wässerung meist nicht nötig. So hat sich etwa in Gochsheim ein System eingebürgert, bei dem nur einmal jährlich, unmittelbar nach der Heuernte (in der Woche von Peter & Paul) für drei Tage von Freitag bis Montag gewässert wurde. An

Abb. 4.4 Ausschnitt aus einer Verfügung des Bezirksamtes Bretten zur Wässerung von 1915.

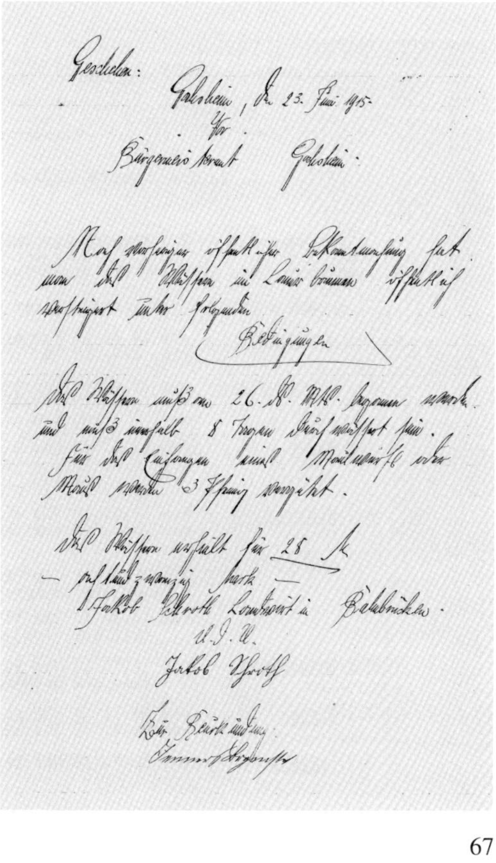
Geschehen:
Gochsheim, den 23. Juni 1915
Vor
Bürgermeisteramt Gochsheim:

Bedingungen

der oberen Pfinz (Beispiel Nöttingen in der Remchinger Ortschronik, BICKEL 1993) wurde ebenfalls nur an wenigen Wochenenden von Samstag bis Montag früh gewässert.

Die Wässerzeit, in der der Kraichbach leergelaufen war, wurde gleichzeitig genutzt, um die Brücken und Uferbefestigungen zu kontrollieren. So legte das Bezirksamt jährlich fest, daß zu einem festen Termin gewässert und gleichzeitig die Bachschau durchgeführt werden solle. Interessanterweise hat sich die Bachschau bis in die heutige Zeit erhalten. Noch immer werden von den Fachbehörden (Landratsamt und Wasserwirtschaftsamt) in Zusammenarbeit mit den Gemeinden derartige Bachschauen durchgeführt, nur der Bezug zur Wiesenwässerung ist verlorengegangen.

Im Saalbachtal wurde schon deutlich häufiger gewässert, wie durch zahlreiche Urkunden belegt ist (siehe Kap. 8.4, „Saalbachtal"). Dort finden wir ein Mischsystem mit einer Wässerung an drei Tagen jeder Woche im Zeitraum von April bis August. Auch hier handelte es sich demnach um eine reine Sommerwässerung.

In Hardt und Bruhrain

Die Bewohner des trockenen und sandigen Bruhrains kämpften schon immer mit dem Problem eines Wasserüberschusses im Frühjahr und des Wassermangels in der heißen Jahreszeit. Einerseits gab es verheerende Überschwemmungen, wenig später hatte man dann kein Wasser für die verdorrenden Wiesen und Felder. Auch Nährstoffmangel war ein Dauerproblem, so daß die damals üblichen Allmendweiden nur wenig Vieh ernähren konnten. So hatte man früh erkannt, daß die Bäche der Region, die fast ausnahmslos aus dem löß- und kalkreichen Kraichgau kommen, für die Verbesserung der Böden und die Behebung des sommerlichen Wassermangels genutzt werden konnten. Drei Ziele standen im Vordergrund:

- In Zeiten des Wassermangels wurde den vertrocknenden Pflanzen Wasser zugeführt (Sommerwässerung).
- Dieses Wasser enthielt (fäkale) Düngestoffe, die in einer Zeit fehlender Stalldüngung und chronischer Düngerknappheit von überragen-

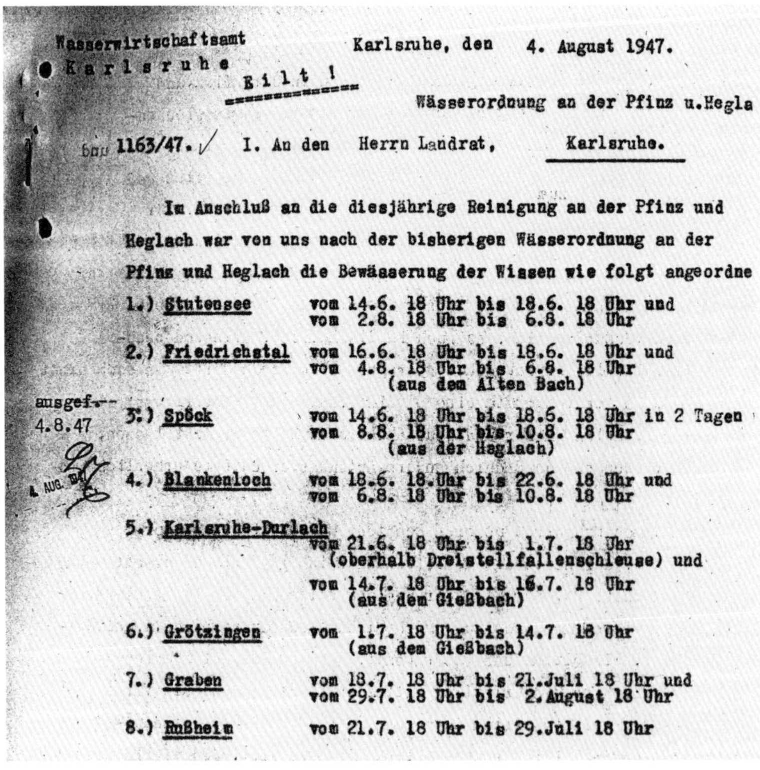

Wasserwirtschaftsamt
Karlsruhe

Karlsruhe, den 4. August 1947.

Eilt!

Wässerordnung an der Pfinz u.Hegla

bau 1163/47. I. An den Herrn Landrat, Karlsruhe.

Im Anschluß an die diesjährige Reinigung an der Pfinz und Heglach war von uns nach der bisherigen Wässerordnung an der Pfinz und Heglach die Bewässerung der Wiesen wie folgt angeordne

1.) Stutensee vom 14.6. 18 Uhr bis 18.6. 18 Uhr und
vom 2.8. 18 Uhr bis 6.8. 18 Uhr

2.) Friedrichstal vom 16.6. 18 Uhr bis 18.6. 18 Uhr und
vom 4.8. 18 Uhr bis 6.8. 18 Uhr
(aus dem Alten Bach)

ausgef.-- 4.8.47

3.) Spöck vom 14.6. 18 Uhr bis 18.6. 18 Uhr in 2 Tagen
vom 8.8. 18 Uhr bis 10.8. 18 Uhr
(aus der Heglach)

4. AUG. 1947

4.) Blankenloch vom 18.6. 18 Uhr bis 22.6. 18 Uhr und
vom 6.8. 18 Uhr bis 10.8. 18 Uhr

5.) Karlsruhe-Durlach
vom 21.6. 18 Uhr bis 1.7. 18 Uhr
(oberhalb Dreistellfallenschleuse) und
vom 14.7. 18 Uhr bis 16.7. 18 Uhr
(aus dem Gießbach)

6.) Grötzingen vom 1.7. 18 Uhr bis 14.7. 18 Uhr
(aus dem Gießbach)

7.) Graben vom 18.7. 18 Uhr bis 21.Juli 18 Uhr und
vom 29.7. 18 Uhr bis 2.August 18 Uhr

8.) Rußheim vom 21.7. 18 Uhr bis 29.Juli 18 Uhr

Abb. 4.5
Verfügung des Wasserwirtschaftsamtes Karlsruhe über die Wässerzeiten an Pfinz und Heglach von 1947.

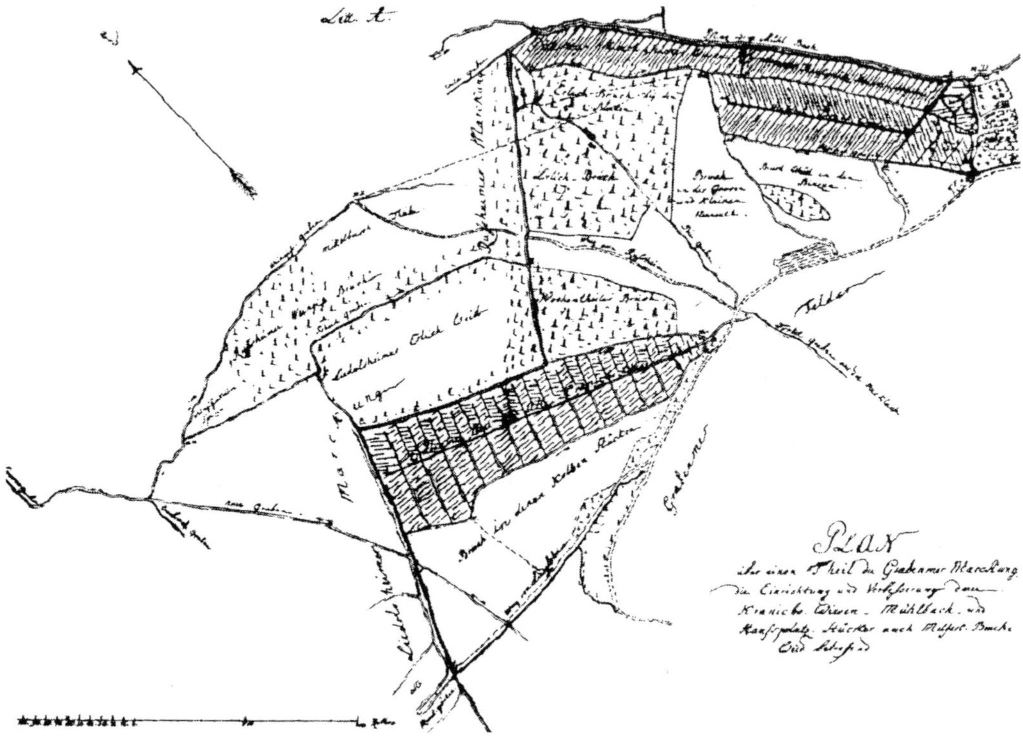

Abb. 4.6 Das Wässersystem der Kranichswiesen bei Graben (aus Kemm 1920).

der Bedeutung für den Ertrag auf den kargen Sandböden waren.

- In Hochwasserzeiten konnte das mit Schwebstoffen und Mineralien angereicherte Wasser zur Verbesserung der Bodeneigenschaften benutzt werden (Technik der Winter- bzw. Trübwässerung).

Naturgemäß war es also gerade für die Bruhrainbewohner[4] ein viel bedeutenderes Anliegen als für die Kraichgauer, möglichst viel von dem kostbaren Naß zu bekommen. Jedes Dorf kämpfte um möglichst lange Wässerzeiten, und das illegale „Schwarz"wässern hatte zu allen Zeiten eine große Bedeutung. Unterschiedliche Lösungsansätze wurden verfolgt, um wenigstens einigermaßen Gerechtigkeit herzustellen:

In den ältesten Bachordnungen (siehe oben) wird **tageweise** das Wasser zugewiesen. Am Beispiel des Saalbachs ergibt sich jeweils ein Anteil von 2–3 Tagen pro Woche für jeden Nutzer. Jede Woche wiederholt sich das Nutzungsrecht. Daraus ergibt sich der Vorteil, daß in jeder Woche auch die Müller arbeiten und die Unterlieger regelmäßig mit Frischwasserzufuhr rechnen konnten. Andererseits ging dadurch viel Zeit verloren, da allein das Füllen der Gräben einige Zeit in Anspruch nahm, so daß netto wenig Zeit für die eigentliche Wässerung verblieb.

In den späteren Ordnungen wird eine **durchgehende Frühjahrswässerung** und **Herbstwässerung** mit einer Dauer von jeweils 40 Tagen ohne jede Unterbrechung durchgeführt. Dadurch werden den Unterliegern schwere Probleme zugemutet.

Die **Winterwässerung** zu Wasserüberschußzeiten, die sowohl die Nährstoffversorgung verbessern als auch die Vegetationsperiode verlängern konnte, wurde nur an wenigen Orten (vor allem in Graben) konsequent durchgeführt. Da zu diesen Zeiten in der Regel kein Verteilungsproblem entstand und der Zeitpunkt des Wasserüberschusses ohnehin nicht vorhersagbar war, fehlten aber strenge zeitliche Festlegungen.

Die Wässerzeiten wurden natürlich auch stark beeinflußt von Konflikten mit Müllern und Nachbargemeinden, so daß wir an vielen Orten ständig wechselnde Regime antreffen.

4 Diese werden in verschiedenen Orten neckend als „Sandhasen" bezeichnet.

Abb. 4.7 Aus dem „Allgemeinen Haus-Vater“ des Ph. Florinus aus dem Jahr 1722. Dargestellt sind neben der Anlage von Gräben auch Kopfweiden und Wasserschöpfräder.

Die Zeit des Barock: Fortschritte in Technik und Organisation

Bis zum Anfang des 18. Jahrhunderts finden wir widersprüchliche Eindrücke zur Wässertechnik. Oft wurde die Wässerung in unserer Region noch nicht nach rationalen Gesichtspunkten betrieben. Man ging wohl meist davon aus, daß eine größere Menge Wasser günstiger sei als eine kleine. In zahlreichen belegten Beispielen wird sogar von Dauerwässerungen berichtet, die zur Versumpfung des Geländes führten. Kenntnisse über die Rolle der Nährstoffe und den Schaden übertriebener Wässerung existierten noch nicht überall. Immer wieder wird von einer sturen Ausnützung der Wasserrechte ohne Rücksicht auf den am eigenen Eigentum angerichteten Schaden berichtet.

Andererseits belegt die oben zitierte Urkunde von 1453, daß man sich durchaus über den Wert der Nährstoffzufuhr zur Wiesenverbesserung im klaren war. Mangels ausreichender historischer Belege bleibt es unsicher, wie regelmäßig man das richtige Maß im Alltag berücksichtigte.

Da es noch keine Stalldüngung gab, war der fäkale Nährstoffvorrat der abwasserbelasteten Bäche für den Ertrag der Wiesen von entscheidender Bedeutung. Neben der Wässerung zum Zweck der Düngung mit Fäkalien gab es eine zweite Form des Nährstoffeintrags: die **Trübwässerung**. Dieser Begriff umschreibt die Wässerung zu Hochwasserzeiten, wenn die Bäche durch mitgeführte Lößteilchen und andere Schwebstoffe kalk- und mineralienhaltiges Wasser lieferten, welches zur Pufferung saurer Böden, aber auch zum Aufschwemmen und Erhöhen des Geländes verwendet werden konnte.

Konkrete Anwendungsbeispiele dieser Trübwässerung sind aus **Graben** überliefert[5], wo verschiedene Gewanne, darunter die Kranichswiesen und die Binsenwiesen (früherer Distrikt „Melfert“ im Tiefgestade südlich der Pfinz) gezielt melioriert wurden. In diesen Gewannen wuchsen damals vorwiegend Binsen- und Sauergraswiesen,

5 Zu den Einzelaspekten siehe Kap. 8.3, „Grabener Bucht“. Wichtige Quellen sind die Grabener Ortschronik von Kemm 1920 und Akten des Generallandesarchivs (GLA 229/33358; 229/33369 und 229/33375).

deren Gras vom Vieh nicht gefressen wurde. Der Boden war zumindest oberflächlich versauert[6]. Nach Einrichtung der Trübwässerung war innerhalb von vier Jahren durch Sedimentation von Erdreich und Löß die Sohle der Grabensysteme in den Kranichswiesen so stark erhöht, daß man neue Gräben anlegen mußte. Auch die eingedämmten Wiesenareale wurden schnell aufgeschwemmt. Schon nach wenigen Wochen war im abgegrenzten Areal eine Bodenschicht von 15–20 cm Dicke abgelagert, und das nächste Feld konnte in Angriff genommen werden. So wurden Hunderte von Morgen im Laufe weniger Jahrzehnte meliorisiert.

Wiederum zeigt sich, wie groß die Umgestaltung der Landschaft durch diese Maßnahmen war, nachdem quadratkilometergroße Flächen durch Aufschwemmen von Lößlehm ihr Gesicht und ihre Bodenstruktur nachhaltig veränderten. Kilometerlange Grabensysteme mit detailliertesten Untergliederungen versorgten auch den letzten Winkel gleichmäßig mit Wasser. Diese filigrane Technik ist sehr gut auf einer Karte zu erkennen, die in KEMM (1920) abgebildet ist. Leider gibt Kemm keine Quelle für diese Karte an, in den Originalakten des Generallandesarchivs war die Karte aber nicht aufzufinden, so daß wir uns hier mit der Wiedergabe aus Kemm bescheiden müssen, bei der nicht alle Details gut erkennbar sind (siehe Abb. 4.6).

Ein weiteres großes Wässergebiet, in dem die Technik der Trübwässerung angewandt wurde, war der Hockenheimer Rheinbogen (siehe Kap. 8.6, „Hockenheim").

Ein weiterer Effekt der Trübwässerung war, daß man mit dem kalkhaltigen Wasser auch dort, wo weniger stark aufgeschwemmt wurde, über Jahre den pH-Wert der oberflächlichen Bodenschichten soweit erhöht hatte, daß Süßgräser wachsen konnten und schließlich sogar der Boden zu Ackerland umgebrochen werden konnte (siehe auch Kap. 6).

1779 war das Programm in Graben soweit abgeschlossen, daß die Wiesen in Ackerland umgewandelt werden konnten. Die Ernährungslage der bisher von Hungersnöten geplagten Grabener Bevölkerung besserte sich damit schlagartig. Ganz modern mutet an, daß das gewonnene Neuland in Parzellen gleicher Größe verlost wurde, ein Umstand, der den großen Gerechtigkeitssinn des Markgrafen veranschaulicht. So wurden erste Anfänge einer wissenschaftlich untermauerten Wässerungstechnik sichtbar, die sich den lokalen Erfordernissen anpaßte.

Die „Wiesenrenovation" unter Hutten: Erste Flurbereinigungen und Einführung von Umlagesystemen

Während in Baden (an der Pfinz) bereits im 17. Jahrhundert wieder aktiver Bachbau betrieben wurde, dauerte die kriegsbedingte Lähmung der Verwaltungsaktivitäten im Bistum Speyer wesentlich länger. Erst im 18. Jahrhundert kam es hier zu einer neuen Blütezeit von Wirtschaft und Kultur. Alltagsprobleme gewannen wieder an Wichtigkeit. Gleichzeitig wurden im Fürstbistum Speyer von den Fürstbischöfen Schönborn und Hutten funktionierende Verwaltungen aufgebaut, die sich auch der darniederliegenden Wässerwirtschaft widmeten. Für Hutten kam eine zusätzliche Motivation hinzu: Er hatte in Bruchsal eine Saline errichten lassen, die auf Wasserkraft zur Beförderung der Salinenwässer angewiesen war.

Die Klagen der Salinenpächter über das chaotische Wässerwesen in Bruchsal (BEIERLE 1955) waren denn auch wohl Anlaß, die gesamten Wässerrechte neu zu ordnen. Als eher pedantischer und gründlicher Landesherr veranlaßte Hutten, daß eine Kommission gebildet wurde, die das gesamte Wässersystem am Saalbach überarbeiten sollte (GLA 78/775). Dieser Kommission gehörten neben einigen Verwaltungsbeamten als technische Mitarbeiter Baumeister Stahl, Brunnenmeister Schwartz und Feldmesser Printz an. Zunächst wurde eine Vermessung durchgeführt. Dabei stellte der Feldmesser Printz fest, daß das bisherige System sehr ungerecht sei, da die Wiesen von sehr unterschiedlicher Güte seien und einige Stücke mit den vorhandenen Einrichtungen aufgrund ihrer Höhenlage gar nicht zu wässern waren. Dieses wollte man nun korrigieren und plante ein gerechteres Abrechnungsverfahren. Hutten hatte dabei sowohl die Verbesserung der eigenen Einnahmen als auch tatsächlich die Gleichbehandlung der Bürger im Sinn.

Feldmesser Printz teilte nun die Wiesen in Güteklassen (1–3) ein. Nach der jeweiligen Güteklasse und der Fläche wurde der Wässerzins berechnet. Für erstklassige Wiesen waren 24 Kreuzer Wässerzins, für zweitklassige 20 Kreuzer und für drittklassige 15 Kreuzer pro Morgen zu entrichten. So kam ein jährlicher Wässerzins von circa 202 Gulden für etwa 550 Morgen Wiesen zusammen (GLA 78/775).

Stahl und Schwartz planten gleichzeitig ein verbessertes Graben- und Schleusensystem. Dies wurde dem Landesherrn schmackhaft gemacht,

6 Siehe auch Kap. 6, „Bodenkunde" und Kap. 7, „Ökologie"

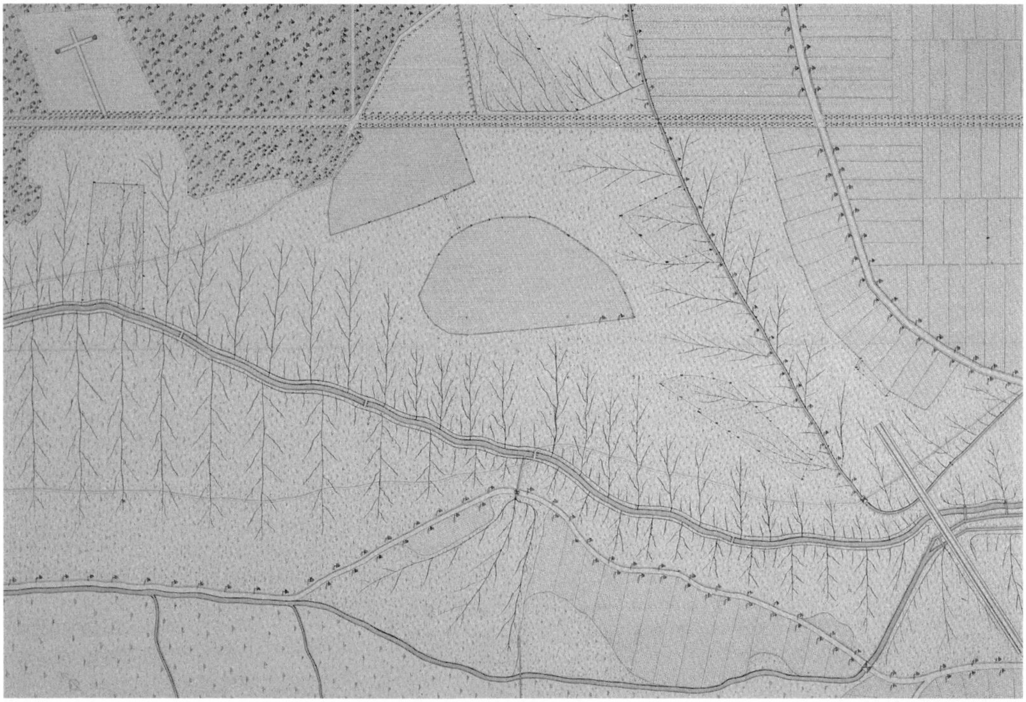

Abb. 4.8 und 4.9 Karte des Wiesenwässersystems zwischen Bruchsal und Altenbürg (GLA, Abt. H, Karlsdorf Nr. 3 und Abt. G, Altenbürg Nr. 3). Die dargestellte „Chaussee" entspricht der Verlängerung der Schloßachse und ungefähr dem heutigen Verlauf der B 35. Das ovale Ackerstück ist der noch heute im Karlsdorfer Gemeindebesitz befindliche „Bürgeracker". Die stark verästelten Wassergräben sind offensichtlich idealisiert dargestellt.

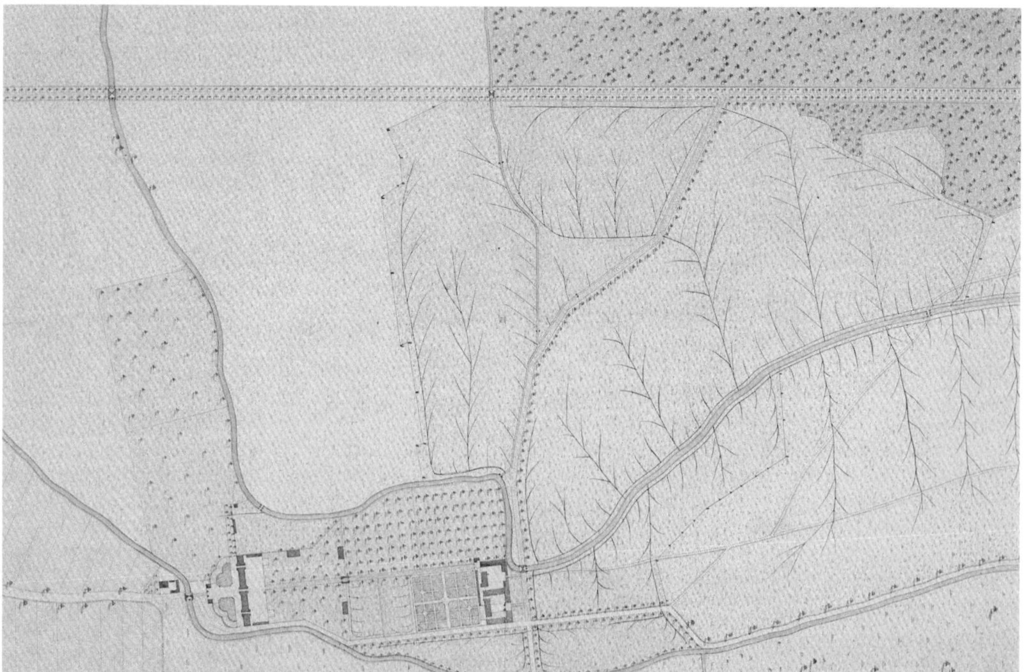

indem man ihm vorrechnete, daß man über die um 100 Morgen vergrößerte bewässerbare Fläche und einen verbesserten Wässerzins die Kosten in kurzer Zeit wieder hereinbekäme. Stahl fertigte inzwischen Pläne der notwendigen neuen großen Wässerschleuse nebst einem Kostenvoranschlag. Zusätzlich wurden kleine steinerne Schließen geplant, die das System der unkontrollierten Wasserausleitungen und Dammdurchbrüche ersetzen sollten. Stahl hatte erkannt, daß das Hauptproblem in der Gewohnheit der Anlieger bestand, nach Belieben einfach den Damm zu durchstechen und das Wasser abzuleiten. Aus diesem ungeordneten Bewässerungssystem sollte nun ein **staatlich betriebenes System** mit definierten Wasserauslässen und Gräben werden, überwacht von hauptamtlichen Wässeraufsehern. Die Kosten für das neue System sollten von der Verwaltung vorgestreckt und durch den später erhobenen Wässerzins refinanziert werden. Daraufhin wurde ein Verzeichnis der betroffenen Grundstücksbesitzer erstellt, um künftig präzise abrechnen zu können. Jahrelang führte diese neue Vermessung der Wiesen zu erheblichen Differenzen mit den Wiesenbesitzern (siehe Kap. 8.4, „Bruchsal"), wurde aber letztendlich mit Erfolg umgesetzt.

1756 bzw. 1771 werden sehr detaillierte Wässerordnungen und Anweisungen an die Wässerknechte erlassen, die praktisch jede Einzelheit regeln. Besonderer Wert wird (angesichts schlechter Erfahrungen der Vergangenheit) auf eine sabotagesichere Ausführung von Schleusen und Wehren gelegt. Gewässert wird nun teilweise nachts, um tagsüber den Betrieb der Saline nicht zu stören (GLA 133/545).

Grenzüberschreitende Abrechnungen: Ein verwaltungstechnischer Alptraum

Bei der jährlichen Abrechnung des Wässerzinses vergaß man auch nicht, die auswärtigen Wiesenbesitzer zur Kasse zu bitten. Ein Verzeichnis von 1777 weist 55 Grabener, einen Liedolsheimer und zwei Huttenheimer als Wieseneigentümer im Saalbachtal aus, von denen insgesamt 25 Gulden

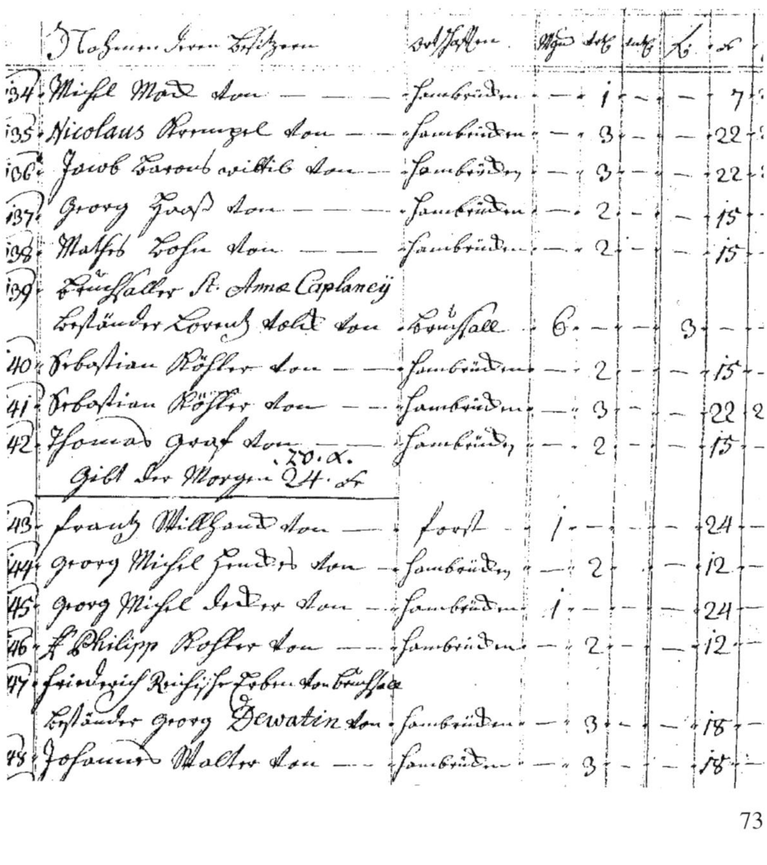

Abb. 4.10
Ausschnitt aus einer Wässerzinsliste aus dem Jahr 1768 (GLA 78/865) für die Saalbachaue. Im Ausschnitt sind vor allem Hambrükker Zinspflichtige aufgeführt. Aus der Liste geht hervor, daß je nach Qualität der Wiesen ein gestaffelter Wässerzins berechnet wurde.

Wässerzins erhoben werden sollen (GLA 148/329). Dies warf Probleme auf, weil die markgräflich badischen Grabener offensichtlich die neuen Regelungen des Fürstbischofs nicht akzeptieren wollten. So verwiesen vor allem die Grabener auf alte Rechte.

Wer denn nun wirklich „im Recht“ war, erfahren wir leider nicht. Hutten scheint aber sein neues System auch hier mit Erfolg durchgesetzt zu haben, denn in den Folgejahren werden regelmäßig Wässerzinsen auf beiden Seiten des Saalbachs abgerechnet. Im Jahre 1768 zahlten insgesamt 602 Wiesenbesitzer Wässerzins, davon 304 *„auf der Hambrücker und Wiesenthaler Seythen“*, also auf speyrischem Territorium, und 298 auf dem Südufer. Insgesamt ergab sich für die Wässerung von 449 Morgen ein Betrag von 292 Gulden und 19 Kreuzern (GLA 78/776). Pikanterweise zahlte der größte Grundbesitzer nichts: Die 50 Morgen des Fürstbischofs erscheinen zwar in der Tabelle, entrichtet wird jedoch nichts.

Die grundsätzliche Neuerung des Hutten'schen Systems war zweifellos die Wässerung in einem staatlichen Rechtsrahmen und mit amtlicher Organisation. Die Kosten wurden nach Güteklassen berechnet und von Amts wegen eingezogen. Auch die Aufsicht wurde nun zweifellos neutraler und gerechter ausgeübt, als dies etwa im alten System möglich war.

Von dem Wasser, wie sich solches
zur Land-Wirthschaft verhält,
oder
Abhandlung von Wässerung der
Wiesen.

Das 1. Capitel.
Welches statt einer Einleitung dienet.

Nuzbarkeit der Fütterungen.

Alle Theile der Land-Wirthschaft sind auf das genaueste miteinander verbunden, ein Theil unterstüzet den andern:

Zu dem Unterhalt der Menschen braucht man Felder und Getraide: Das Vieh ist nothwendig zu dem Anbau der Länder, und die Wiesen verschaffen dem Vieh die Fütterung. Derohalben dienet man der Gesellschaft mit gro-
A ßen

Abb. 4.11 Kapiteleinleitung aus dem ersten umfassenden Wiesenbau-Lehrbuch von BERTRAND (Bern 1765).

Wissenschaftliche Erkenntnisse werden genutzt: Wiesenwässerung als Anliegen der Landeskultur

Schon Mitte des 18. Jahrhunderts treten erste Autoren auf, die auf die Rolle der chemischen Eigenschaften des Wassers hinweisen und wissenschaftliche Erkenntnisse anzuwenden versuchen. Erste Lehrbücher von BERNARD (1764) und Pfarrer BERTRAND (1765) aus Bern widmen sich ausschließlich dem Wiesenbau.

Bertrand beleuchtet alle Belange des Wiesenbaus. Das beginnt mit einer Anleitung zum Finden verborgener Quellen und führt weiter über die Eigenschaften verschiedener Wässer. Manches wirkt heute eher belustigend und völlig unwissenschaftlich, so zum Beispiel Bertrands Bemerkung, man könne gute Wasser daran erkennen, daß Hülsenfrüchte darin schneller garen würden. Doch sind weite Teile des Buches schon hochpräzise Wissenschaft, gepaart mit Beobachtungsgabe. So kennt er bereits hochgenaue Aräometer[7], ist in der Lage, spezifische Gewichte auf 1/1000 genau zu bestimmen und weiß so destilliertes Wasser von Regenwasser abzugrenzen. Große Teile seines Buches aber sind dem eigentlichen Wiesenbau mit all seinen technischen Herausforderungen gewidmet. Er unterscheidet bereits etliche Wässertechniken, die erst viel später allgemeine Anwendung finden. Dazu gehört die wichtige Erkenntnis, daß jede **Be**wässerung auch zwingend die Anlage von funktionsfähigen **Ent**wässerungsanlagen voraussetzt.

Bertrand weist auch schon auf die Vor- und Nachteile der Bewässerung zu verschiedenen Jahreszeiten und bei unterschiedlichen klimatischen Voraussetzungen hin.

7 Aräometer sind Meßinstrumente zur Bestimmung des spezifischen Gewichtes einer Flüssigkeit, wie sie gelegentlich heute noch (etwa zur Bestimmung von Mostgewichten) verwendet werden.

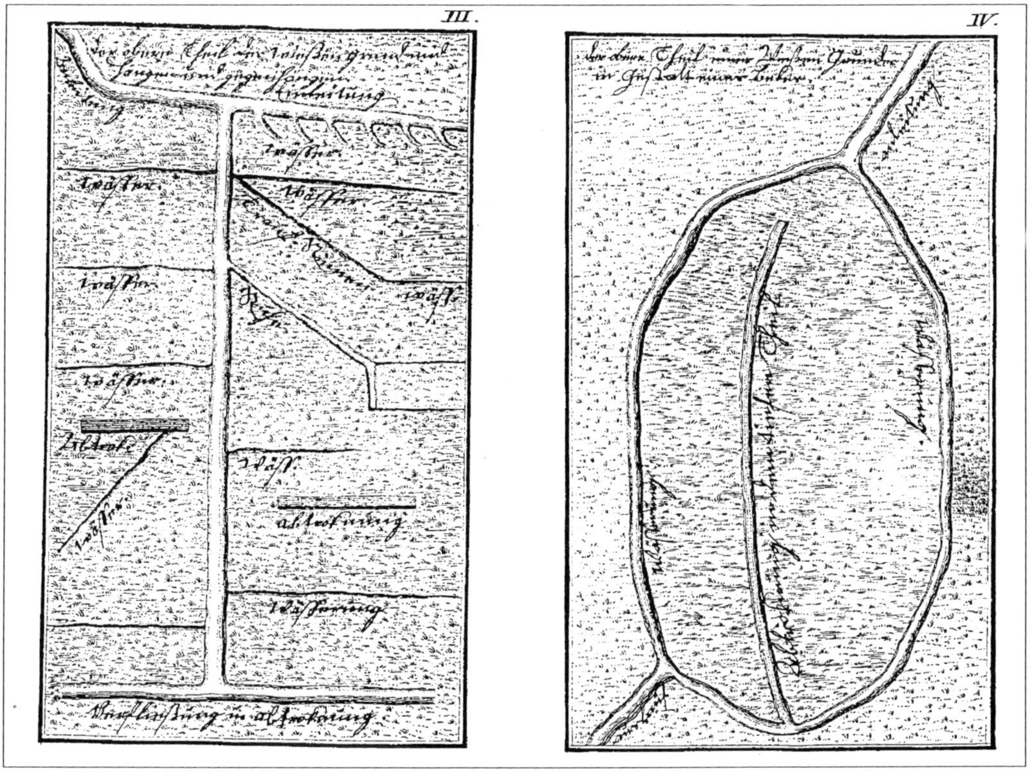

Abb. 4.12 und 4.13 Beispiele für technische Möglichkeiten bei der Anlage von Wässergräben aus BERTRAND (1765).

Die hohe Kunst des Wiesenbaus wird entwickelt: Die Einrichtung der Wiesenbauschulen

Bis etwa 1750 war mit einer exzessiven Weidewirtschaft das zur Verfügung stehende Land (und auch der Wald) regelrecht übernutzt worden. Diese Übernutzung und die fehlende Rückführung der Nährstoffe zehrten das Land aus, und regelmäßige Mißernten und Hungersnöte waren die Folge. In den Zeiten intensiver Landwirtschaft können wir uns heute gar nicht mehr vorstellen, daß die Fläche der Gemarkungen angesichts der damaligen Bevölkerungszahl nicht ausreichte, um eine regelmäßige Ernährung sicherzustellen. Doch es gab diese Probleme ständig. In KEMMs Ortschronik (1920) wird berichtet, daß in Graben ständig Hunger herrschte, obwohl zum Beispiel im Jahre 1754 nur etwa 500 Einwohner ernährt werden mußten.

Erst die Neulandgewinnung (durch Trübwässerung, siehe oben) und neue Ackerbautechniken änderten dies. Eine zentrale Rolle spielte die Einführung der **Stallfütterung** und der **Stalldüngung**. Diese führten zu einer regelrechten Revolution in der Bewirtschaftung des Landes. Nun führte man eine Kreislaufwirtschaft ein. Man erkannte, daß der Stallmist die Nährstoffe enthielt, die den Ertrag der Wiesen und Äcker erheblich steigern konnten. Der Ackerbau der damaligen Zeit war aber auch mit Stalldüngung nicht dem heutigen vergleichbar. Die Wiesen lieferten (über den Umweg der Verfütterung des Heus) erheblich mehr Biomasse und letztendlich Nahrungsmittel. Alle Autoren des frühen 19. Jahrhunderts sind sich in der Einschätzung einig, daß der Wiesenbau bei gleicher Fläche mehr als der Ackerbau zur Ernährung der Bevölkerung beitragen könne.

Nach der Französischen Revolution und den dadurch ausgelösten Kriegswirren kam es neben manch unangenehmem Aspekt zu einem (oft unterschätzten) positiven „Mitbringsel" der Franzosen: Es fand ein ganz erheblicher Technologietransfer sowohl auf dem Gebiet wissenschaftlicher Erkenntnisse als auch in Bezug auf effiziente Verwaltungsorganisation statt. Schrittmacher war die Einführung des **Badischen Landrechts**, einer

Abb. 4.14 und 4.15 Beispiele für die detaillierten Pflanzenabbildungen aus HÄFENERS Lehrbuch über den Wiesenbau. Dort werden für zahlreiche Pflanzenarten die jeweiligen Vor- und Nachteile und ihre ökologischen Ansprüche beschrieben.

Übertragung des „Code civil", im Jahre 1810. Vor allem die damit verbundene gesellschaftliche Reform führte zur Freisetzung neuer Kräfte. Allenthalben wurden wissenschaftliche Gesellschaften gegründet, so auch (siehe unten) Organisationen, die sich der Umsetzung der Wissenschaft in der Landwirtschaft widmeten.

So kam es zu einer Blüte der Wissenschaft und der Fortschrittsgläubigkeit. Man erkannte die Rolle der Nährstoffe und begann, systematisch mit Mitteln der Chemie und Physik die Wässer zu erforschen, um dann mittels genauerer Kenntnisse der Wasserchemie auch die Wässertechnik und den Ackerbau zu verbessern. Auch die Entwicklung von düngenden Chemikalien fällt in diese Periode.

Parallel zu den wissenschaftlichen Erkenntnissen wuchsen auch die Erkenntnisse, daß nur über neue staatliche Regelungen das hindernde Privatrecht und die damit verbundenen unsozialen Bewirtschaftungsformen angesichts knapper Ressourcen zu überwinden seien.

Ab etwa 1810 kommt es zu einer Blütezeit des kunstfertigen Wiesenbaus. Zahlreiche Autoren verfassen monographische Arbeiten über alle denkbaren Aspekte. Aus dem Siegenerland, wo die Technik des Wiesenbaus am weitesten fortgeschritten ist, werden Wiesenbaumeister nach Baden geholt, um dort Technologietransfer zu leisten. Parallel dazu werden badische Techniker und Landwirte mit Stipendien zur Ausbildung ins Siegenerland geschickt[8].

Ähnlich verläuft die Entwicklung in Württemberg. In Hohenheim, am Standort der heutigen landwirtschaftlichen Universität, wird eine Wiesenbauschule gegründet. Der Höhepunkt der dortigen Tätigkeit wird unter HÄFENER erreicht, der 1848 ein über fünfhundert Seiten starkes Werk über den Wiesenbau publiziert. Dieses enthält einfach alles, was man über den Wiesenbau sagen kann. Fast hundert Seiten widmet er allein der Botanik mit detaillierten Beschreibungen aller möglicher Wiesenpflanzen – seien es gute Futterpflanzen oder potentiell dem Vieh gefährliche Giftpflanzen.

Ähnlich ausführlich nimmt er Stellung zu Fragen des Grabenbaus, der geeigneten Werkzeuge[9] und anderen Fragen bis hin zu abrechnungstechnischen und verwaltungsrechtlichen Details.

8 Zum Beispiel K. F. SCHENK, „Landwirthschaftliches Wochenblatt" Nr. 8/1845 und LAUTER, „Landwirthschaftliches Wochenblatt" Nr. 1 und 2/1846. Siehe auch Kap. 8.6, „Hockenheim".

9 Siehe auch Kap. 5, „Technik".

Abb. 4.16
Ein Titelblatt des „Landwirthschaftlichen Wochenblatts“ mit dem Hauptartikel über den Siegener Wiesenbau, mit dem dieser in Baden bekanntgemacht wurde.

N°. 8.

Karlsruhe,
21. Februar 1845.

Großherz. Badisches

Landwirthschaftliches Wochenblatt.

Inhalt: 1) Wie ist der Siegener Wiesenbau entstanden, unter welchen Umständen hat er sich entwickelt, und welchen Einfluß hat er seit zwanzig Jahren, besonders aber in den letzten zehn Jahren, auf die deutsche Landwirthschaft gehabt? 2) Beitrag zur Bienenzucht.

1. Wie ist der Siegener Wiesenbau entstanden unter welchen Umständen hat er sich entwickelt; und welchen Einfluß hat er seit zwanzig Jahren, besonders aber in den letzten zehn Jahren, auf die deutsche Landwirthschaft gehabt?*)

Die Noth, als die Mutter vieler Erfindun- finden sich schon Spuren von Bewässerungsanlagen) darauf bedacht sein, den Ertrag der Wiesen in Menge und Güte des Futters möglichst zu steigern. Sie fanden das Mittel hierzu vielleicht zufällig in dem Wasser, was, in den Gebirgen quellend, die zahlreichen Thäler mit bedeutendem Gefälle durchzieht, und durch Regengüsse angeschwellt, aus den Hochwäldern den aus vermoderter Laubschicht entstehenden Humus,

Die landwirtschaftlichen Vereine, das badische Wiesenkulturgesetz und die Wiesenbaumeister Arnold und Schmidt

Eva-Maria Schüle & Kathrin Schwineköper

Unter dem Einfluß eines geänderten Selbstverständnisses der Gesellschaft kam es in Baden auch zur Gründung landwirtschaftlicher Vereine, die sich der Verbesserung der Landeskultur unter Ausnützung wissenschaftlicher Erkenntnisse verschrieben. Ein erster derartiger Ansatz geht auf das Jahr 1810 zurück, als man erstmals die Gründung der „Agriculturgesellschaft Karlsruhe“ betrieb, deren Gründungsstatuten noch vorhanden sind (in: „Festschrift für die Mitglieder der XXI. Versammlung deutscher Land- und Forstwirthe“ 1860, S. 91). Sie konstituierte sich mit dem Ziel, neue Erkenntnisse im Bereich der Landwirtschaft zu sammeln, zu prüfen und durch ihre eigene Zeitschrift zu verbreiten. Aus ihr ging 1812 der „landwirtschaftliche Zentralverein“[10] hervor, der mit seinem **„Landwirthschaftlichen Wochenblatt“ für das Großherzogtum Baden** für Jahrzehnte die Meinungsführerschaft in Baden übernahm.

Neben anderen Themen war es auch und vor allem die Wiesenwässerung, die den Verein und sein Wochenblatt beschäftigten. Einen großen Teil dieser Artikel nehmen die Reisebeschreibungen des Wiesenbauinspektors Schmidt (1848) und des Wiesenbautechnikers Lauter (1843–46) ein.

Schmidt stammte aus dem Siegenerland und war 1841 von der Zentralstelle des landwirtschaftlichen Vereins als Wiesenbaumeister berufen worden. An seinem neuen Wirkungsort war er entschiedener Vorkämpfer für die hohe Wiesenbaukunst, wie er sie aus seiner Heimat kannte (näheres hierzu im Kap. 8.6, „Hockenheim“). Ziel war die Ertragssteigerung der Wiesen. Hierzu gibt es erstaunliche Zahlenangaben. Haill schreibt 1837: *„welcher* [Besitzer] *durch Einrichtung einer zweckmäßigen Wässerung auf seinen Wiesen gegen die übrigen angrenzenden Wiesenbesitzer wohl das dreifache an Wiesenertrag gewinnt“*. Andere Autoren kommen zu ähnlichen Angaben (Häfener 1847, von Babo 1841). Auch das „Landwirthschaftliche Wochenblatt“ schreibt 1842: *„von dem ungemein großen Nutzen, den solche haben, kann man sich heuer bei der so anhaltenden trockenen Witterung am besten wieder überzeugen, indem der Ertrag an Heu von nicht bewässerten Wiesen nur ein Drittel von dem jener Wiesen betrug, die bewässert werden konnten“*.

10 „Statuten des Landwirtschaftlichen Vereins für das Großherzogtum Baden“, G. Braun, Karlsruhe 1812, Fortschreibungen 1838 und 1862.

Auszug aus dem Reisebericht des Wiesenbauinspektors Schmidt über Saal- und Kraichbachtal (GLA 237/29890)

„Jedes dieser beiden Thäler enthält meist große, schöne, zusammenhängende Wiesenflächen mit einem vorzüglichen Grasbestande, welcher ... hauptsächlich dem nach & nach aufgeschwemmten guten Lehmboden & der stattfindenden Düngung zuzuschreiben seyn dürfte, indem der große Nutzen der Trübwässerung hier nirgends bekannt ist. Nur ausnahmsweise sieht man hier & da kleinere Strecken sumpfiger oder sauerer Wiesen, theils von mangelndem Abzug, theils von stockendem Bodenwasser herrührend, was sich aber beseitigen ließe. ... In den meisten Gemarkungen finden sich Bewässerungs-Einrichtungen nach Adam's System, d.h. nach uralter Art mit allen Mängeln der Vorzeit, als zu starker Fall der Gräben, viel zu kleines Profil ohne Böschungen & ohne Dämme, vollständiger Mangel an kleineren Seiten- & besonders an Abzugsgräben. Es läßt sich zwar, mit Ausnahme der kleineren Seitenthäler, keine kunstgerechte Überrieselung anwenden, weil dann die meisten Wiesen wegen ihrer geringen Neigung einen kostspieligen, vieles Wasser konsumierenden Umbau erfordern würden, auch die vorhandenen vielen Mühlwerke die alleinige Berechtigung des gewöhnlichen Wasserzuflußes haben. Nur im Sommer nach der Heuernte steht den Wiesenbesitzern auf einige Tage das Bewässerungsrecht zu. Diese wenige Sommerwässerung allein wird dann benutzt, durch alljährliche Düngung sucht man den Ertrag zu steigern, aber an die vortreffliche Trübwässerung denkt niemand, die doch allein ohne jede andere Düngung den höchsten Ertrag hervorzubringen im Stande wäre. Felder & Weinberge liegen alle an den Thalhängen, jeder starke Regen entführt ihnen die besten Erd- & Dungtheile, wascht Straßen, Höfe & Dungstätten aus /: letztere befinden sich vielorts noch in schlechtem Stande :/ alles eilt auf dem nächsten Wege den Bächen zu, ein wahres Aggregat der vorzüglichsten Dungstoffe geht nach Holland, um dort den Rhein zuzuschlämmen, anstatt die Wiesen derjenigen zu düngen, von deren übrigen Besitzungen die Fluthen jene Düngertheile raubten.

Zur Benutzung dieser Trübwässerung, der einzigen den Wiesen nöthigen Düngung, bedarf es indessen keiner komplizierten kostspieligen, sondern nur einer ganz einfachen Vorrichtung zur Ueberstauung, welche aus den eben angegebenen Gründen /: geringe Neigung & unbeständiger Wasserzufluß :/ die passendste & wohlfeilste Bewässerungsart wäre ... Zur Fluthzeit oder überhaupt bei jedem Ueberwasser, vorzüglich im Spätjahr, läßt man also das Trübwasser in die Zuleitungsgräben strömen, schließt die Ablaßschleußen & läßt das Wasser, so lange es trübe bleibt, fortwährend einlaufen, selbst 8 – 14 Tage & länger; nach Anfüllung der Staufläche wird der Zufluß nicht unterbrochen, sondern das übrige Wasser fällt über die Ablaßschleuße & fließt den tiefer gelegenen Wiesen oder der Bach wieder zu, nachdem sich bei dem ruhigen Stande während der Ueberstauung seine meisten Schlammtheile niederschlugen, weshalb es auch fast ganz klar abläuft ...

Man wird nun die ganze Fläche nach Verhältniß von Wässerungsdauer & von Schlammhaltigkeit des Wassers mit einer mehr oder minder starken Schlammdecke überzogen finden, die durch den Winterfrost die weiter nöthige Veredlung & Auflockerung erleidet ... Nach dieser Schlammdüngung durchs Trübwasser gedeihen alle Gras- & Wiesenkleearten besser & haben einen dichteren Stand, als bei einer gewöhnlichen Düngung mit Stallmist, & dieser bleibt nun ganz den Aeckern ... Es läßt sich zwar nicht bezweifeln, daß einzelne intelligentere Landwirthe längst zu dieser Einsicht gelangt sind, sie vermögen aber allein nichts auszurichten, so lange nicht ein Wiesenkulturgesetz ihnen zur Seite steht.

Uebrigens sollten die Gemeindevorstände diesen wichtigen Kulturzweig ihren Mitbürgern mehr zu empfehlen bemüht seyn & aus allen Kräften dahin zu wirken suchen, daß das so lange Versäumte nun endlich nachgeholt & möglichst bald Hand ans Werk gelegt werde; sie würden dadurch zur wesentlichen Beförderung des Wohlstandes ihrer Gemeinde beitragen, sich allgemeinen Dank erwerben & ihrem Berufe Ehre machen. Der Vorwand, daß die Zeiten zu schlecht, die Gemeinden mit Schulden belastet & daher solche Anlagen der Kosten wegen jetzt unthunlich seien, erscheint durchaus unbegründet, indem diese Einrichtungen nur geringe baare Auslagen fordern, da jeder Eigenthümer die ihn betreffenden Arbeiten selbst verrichten kann, wenn sie gehörig angeordnet & zu einer Zeit ausgeführt werden, wo es die Feldgeschäfte gestatten, nämlich im Spät- & zeitig im Früh-

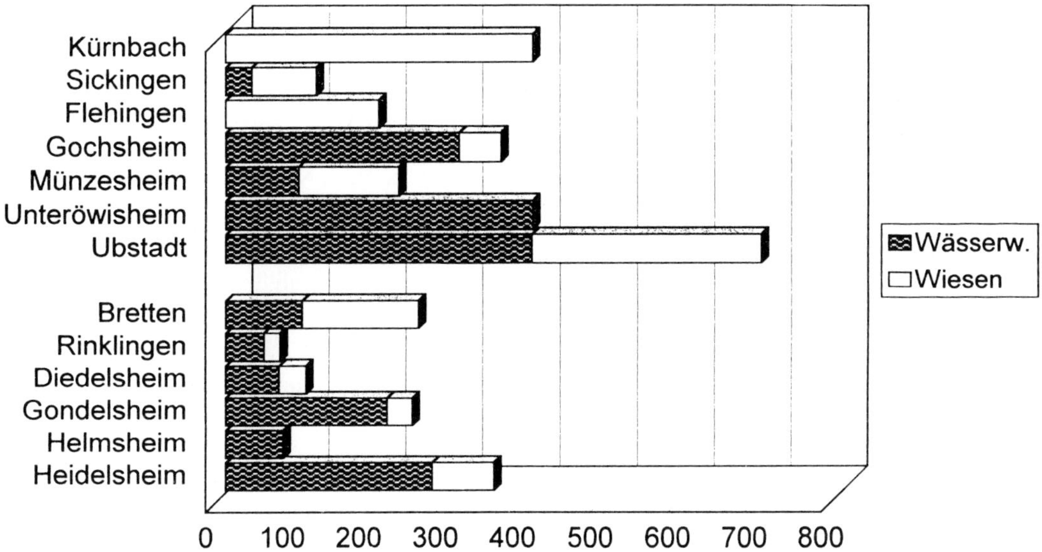

Abb. 4.17 Anteile der bewässerten Wiesen im Kraichbach- und Saalbachtal im Jahre 1850 nach Wiesenbauinspektor SCHMIDT, gemessen in Morgen.

Schmidt bereist die gesamte Region und verfaßt detaillierte Berichte über die Verbesserungsmöglichkeiten der Wässerung an praktisch allen Bächen der Region (GLA 237/29890). Aus seinem Reisebericht vom 29.10.1850 verfügen wir über vergleichende Darstellungen der bewässerten und unbewässerten Wiesen und des Ackerlands der einzelnen Gemeinden (siehe Kasten S. 78 und Abb. 4.17).

Gesetz über die Be- und Entwässerungsanlagen (Wiesenkulturgesetz) von 1851

In den „Landwirthschaftlichen Wochenblättern" wurde seit 1837 die dringende Forderung nach einem zeitgemäßen Wiesenkulturgesetz erhoben. Starkes Bevölkerungswachstum zwang zur Intensivierung der Landwirtschaft; durch geregelte Bewässerungsanlagen konnten hohe Ertragssteigerungen auf Grünland erzielt werden, was unter damaligen Verhältnissen große Auswirkungen auf die gesamte landwirtschaftliche Produktion hatte: *„denn ohne Futter keine Viehzucht, ohne Vieh kein Dung, ohne Dung schlechte Ernten, wenig Milch und keine Schweinezucht!"* (MÜLLER 1837).

Durch ein Wiesenkulturgesetz sollte eine Reihe rechtlicher Barrieren aus dem Wege geräumt werden. ZELLER (1838) führt im „Landwirthschaftlichen Wochenblatt" als Hindernisse für die Ausbreitung eines rationellen Wiesenbaus in Baden an:

„1) *Der Unterschied der Amts- und Dorfgemarkungen;*
2) *die Einsprachen der Fischereiberechtigten;*
3) *die von Müllern und anderen Wasserwerks-Eigenthümern;*
4) *die Einsprachen solcher, auf deren Grundstükke Wehre angelegt und Hauptbe- und Entwässerungsgräben behufs eines regelrechten Baues und in Gemäßheit eines gegebenen Wiesenplanes geführt werden wollen;*
5) *des Vorenthalten des Wassers durch einzelne Wieseneigenthümer;*
6) *das Unwesen unnöthiger Fahrten und ungeregelter Viehhuten auf den Wiesen;*
7) *Mangel an Gemeinsinn zu Errichtung und Erhaltung der nöthigen Wässerungs-Anstalten auf gemeinschaftliche Kosten;*
8) *Mangel einer ordentlichen Feldpolizei, insbesondere einer gehörig instruirten Wiesenbau-Commission, nach allem diesem aber*
9) *der Mangel eines zeitgemäßen Wiesen-Cultur-Gesetzes."*

1848 erscheint ein Entwurf von Schmidt für eine gesetzliche Regelung im „Landwirtschaftlichen Wochenblatt" vom 7. Juli. Schon 1851 wurde schließlich ein solches Gesetz in Kraft gesetzt. als „Gesetz über Bewässerungs- und Entwässerungsanlagen im Großherzogtum Baden" (VOGELMANN 1851). In ihm erfuhr die korporative Durchführung von Be- und Entwässerungsanlagen, selbst gegen den Willen einzelner Grundbesitzer, erstmals eine zusammenfassende Regelung (BÖHRER 1931). Erstmals wird also auf gesetzlichem Wege in Privateigentum und Privatrechte eingegriffen, und so werden die Interessen der Allgemeinheit in den Vordergrund gerückt. Bei Zustimmung einer qualifizierten Mehrheit von zwei Dritteln der Grundstücksbesitzer war es nun möglich, gegen den Willen der verbleibenden Minderheit gemeinsame Anlagen herzustellen und zu betreiben.

§1 des Gesetzes bestimmte: *„Kann die Einrichtung einer Bewässerungs- oder Entwässerungsanlage nur durch ihre Ausdehnung über eine in dem Eigenthum mehrerer Personen befindliche Grundfläche auf zweckmäßige Weise bewirkt werden, so findet gegen diejenigen Eigenthümer, welche dem Unternehmen beizutreten sich weigern, ein Zwang zur Theilnahme statt, wenn:*
1) die Eigenthümer von zwei Drittheilen der zu verbessernden Grundfläche sich für das Unternehmen erklärt haben, und
2) durch dasselbe ein überwiegender Nutzen erreicht wird."

Mit dieser Bestimmung war auch eine rechtliche Grundlage dafür geschaffen worden, daß Wasser nicht mehr nur den unmittelbar angrenzenden, sondern auch weiter zurückliegenden Grundstükken zugeführt werden konnte.

In §3 wird festgelegt, daß für alle Rechtsbeeinträchtigungen **Entschädigungen** zu leisten sind. Es folgen weitere Paragraphen über die Vorbereitungsarbeiten zur Errichtung einer Anlage, über das Verfahren des Beitrittszwangs, die Genossenschaftsbildung, die Einsprachen Dritter, die Ausführung des Kulturunternehmens und die Kosten.

Die Entwicklung des badischen Wasserrechts ab 1800

EVA-MARIA SCHÜLE & KATHRIN SCHWINEKÖPER

Das badische Landrecht (1810)

Vor dem Beginn des 19. Jahrhunderts finden sich im Bereich des späteren Großherzogtums Baden keine Wasserrechtsregelungen von breiter Geltung. Vielmehr waren die Regelungen des allgemeinen deutschen Privatrechts wirksam, partikularrechtlich allerdings infolge der Inanspruchnahme von Wasser- oder Mühlenregalien durch die Landesherren in unterschiedlicher Ausgestaltung (SCHENKEL 1902).

Im Zuge der „Napoleonischen Flurbereinigung" wurde im Jahr 1806 das Großherzogtum Baden gegründet und 1810 das **Badische Landrecht** eingeführt, eine amtliche Übersetzung des französischen „code civil". Das Badische Landrecht ordnete die Eigentums- und Benutzungsfrage der Gewässer weiterhin auf privatrechtlicher Grundlage.

Es traten also zunächst keine wesentlichen Änderungen gegenüber den früheren gemeinrechtlichen Regelungen ein, da aufgrund der am Rhein besonders großen Einflüsse des römischen Rechts bereits große Übereinstimmungen zwischen französischem und gemeinem Recht bestanden (SEILER 1976). Die Gewässer waren in drei Kategorien eingeteilt:

1) Quellen, Teiche, künstliche Leitungen (Kanäle) und das sich auf einem Grundstück aufsammelnde Regenwasser standen dem Grundstückseigentümer zu Eigentum und völlig freier Benutzung zu.
2) Nicht schiff- oder flößbare, natürliche Wasserläufe gehörten niemandem, die anliegenden Grundstückseigentümer hatten das Benutzungsrecht.
3) Die **schiff- und flößbaren Gewässer** wurden zu **Staatseigentum**. An ihnen bestand das Recht des **Gemeingebrauchs**, dessen Ausübung im öffentlichen Interesse meist von der Behörde geregelt war.

Streitigkeiten über die Benutzung des Wassers waren grundsätzlich vor dem bürgerlichen Richter zu entscheiden, der bei seinem Urteilsspruch sowohl volkswirtschaftliche Interessen als auch „wohlerworbene Rechte" zu berücksichtigen hatte. Die privaten Rechte an Gewässern wurden aber immer noch mit größter Schonung behandelt.

Das Flußbauedikt (1816)

Durch das Flußbauedikt aus dem Jahr 1816 übernahm der badische Staat für eine Anzahl besonders schutz- und korrektionsbedürftiger Flüsse die Besorgung des Fluß- und Dammbaus und löste damit an diesen Gewässern die Flußbaufrohnden ab. Zur Finanzierung wurde allen Anliegergemeinden eine Flußbausteuer auferlegt (SCHENKEL 1902).

Die badische Mühlenordnung (1822)

Die badische Mühlenordnung von 1822 bestimmte vor allem, daß Triebwerksbesitzer in Bezug auf Art und Umfang der Wassernutzung an die derselben zugrundeliegenden Rechtstitel gebunden seien und auf andere Wassernutzer (wie z.B. Wiesenwässerer) Rücksicht zu nehmen hätten. Neuerrichtung und Umbau von Triebwerken wurden von einer polizeilichen Genehmigung abhängig gemacht. Diese Genehmigungspflicht ist natürlich nichts neues, da gerade die Mühlen seit alters her von besonderem Interesse der Landesherren betroffen waren und nur mit Genehmigung errichtet oder verändert werden durften. Insoweit handelt es sich nur um eine Übernahme alten Rechts.

Nun folgte das **Gesetz über die Be- und Entwässerungsanlagen** (Wiesenkulturgesetz) von 1851, über das oben schon gesprochen wurde.

Das Gesetz zur Benützung und Instandhaltung der Gewässer (1876)

Das Wassergesetz von 1876 stellt die erste umfassende, wenn auch nicht vollständige Kodifikation des Wasserrechts in Baden dar (SCHENKEL 1877). Die privatrechtliche Grundlage wurde im wesentlichen beibehalten; bezüglich der Eigentums- und Benutzungsrechte ging das Gesetz weiterhin von der Dreiteilung der Gewässer aus (siehe oben).

Die Rechtsstellung der **Wässergenossenschaften** wurde verbessert. Sie erhielten nun die Eigenschaft als juristische Personen und wurden verpflichtet, Satzungen zu erlassen und Organe (Wiesenkommission, Vorstand, Rechner usw.) zu bestellen. Den Genossenschaften wurde weiterhin die Pflicht zur Instandhaltung ihrer Anlagen auferlegt, sie wurden aber auch mit technischer und finanzieller Hilfe von der badischen Regierung unterstützt (SCHENKEL 1902). Nach Schenkel hat eine nach dem Gesetz von 1876 eingerichtete Wässergenossenschaft stets öffentlich-rechtlichen Charakter. Sie wird im Gegensatz zu den mittelalterlichen Genossenschaften auch „Korporation", später „Körperschaft des öffentlichen Rechts" genannt. Rechtspersönlichkeit erhält sie durch die von der Staatsbehörde (dem Bezirksamt) erteilte Genehmigung. Sie unterliegt der Verwaltungsaufsicht.

Dagegen hatten die mittelalterlichen Wiesenwässerungsgenossenschaften, wie sie in Baden in großer Zahl entstanden waren, rein privatrechtlichen Charakter. Diese alten Genossenschaften waren gekennzeichnet durch die gemeinsame privatrechtliche Herrschaft über das Wasser und die der Wässerung dienenden Anlagen (Wehre, Kanäle, Stellfallen, Uferbefestigungen usw.) im Sinne des Allmendrechts.

Das Badische Wassergesetz (1899)

Das Wassergesetz von 1876 wurde schon nach wenigen Jahren abgelöst. Die Fortschreibung war im wesentlichen auf den Umstand zurückzuführen, daß in das Bürgerliche Gesetzbuch keine wasserrechtlichen Tatbestände und Bestimmungen aufgenommen worden waren und daher die sehr komplexe Materie des Wasserrechts in das Gebiet der Landesgesetzgebungen verwiesen worden war. Diese Gelegenheit wurde genutzt, um auch einige in verschiedenen anderen Gesetzen verstreute Bestimmungen zusammenfassend zu ordnen. So entstand erstmals eine erschöpfende und in sich geschlossene Kodifikation des gesamten badischen Wasserrechts (SCHENKEL 1902). Dieses Gesetz enthielt wie auch sein Vorgänger von 1876 sowohl privatrechtliche als auch öffentlich-rechtliche Regelungen, wobei nun aber die privatrechtlichen deutlich in den Hintergrund gedrängt wurden. Bezüglich des Genossenschaftswesens brachte das neue Gesetz keine wesentlichen Änderungen außer der Einführung eines **Wasserrechtsbuches**, in das auch **Wässerrechte** einzutragen waren.

Die gleichzeitig entstehenden Wassergesetze der anderen Länder weichen in einigen Teilen erheblich ab, so war beispielsweise das Württembergische Wassergesetz rein öffentlich-rechtlich ausgerichtet. Das Badische Wassergesetz erfuhr weitere kleinere Änderungen und Ergänzungen in den Jahren 1906, 1913, 1924 und 1936 (SEILER 1976).

Die Einführung von Genossenschaften ab 1900

Das Badische Wassergesetz von 1899 war Anlaß für die Bildung zahlreicher Wässergenossenschaften in der Region. Ein regelrechter Boom von Gründungen folgte in den Jahren bis 1910. So wurde beispielsweise 1904 in Bruchsal eine Genossenschaft auf der Basis des neuen Gesetzes gegründet (siehe Kap. 8.4, „Saalbach"), die bis nach dem Zweiten Weltkrieg Bestand hatte. Die Genossenschaften waren nun Träger von Aufsicht und Instandhaltung der Wässeranlagen. In regelmäßigen Versammlungen wurden die Angelegenheiten der Genossenschaften unter den Mitglie-

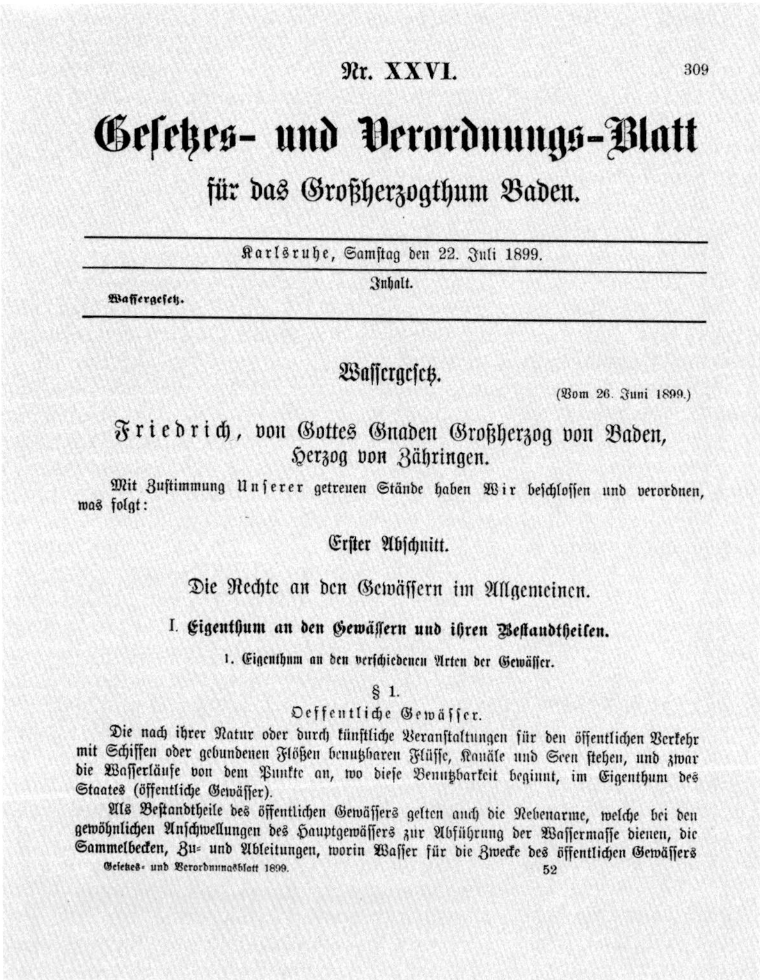

Nr. XXVI. 309

Gesetzes- und Verordnungs-Blatt

für das Großherzogthum Baden.

Karlsruhe, Samstag den 22. Juli 1899.

Inhalt.

Wassergesetz.

Wassergesetz.

(Vom 26. Juni 1899.)

Friedrich, von Gottes Gnaden Großherzog von Baden, Herzog von Zähringen.

Mit Zustimmung Unserer getreuen Stände haben Wir beschlossen und verordnen, was folgt:

Erster Abschnitt.

Die Rechte an den Gewässern im Allgemeinen.

I. Eigenthum an den Gewässern und ihren Bestandtheilen.

1. Eigenthum an den verschiedenen Arten der Gewässer.

§ 1.

Oeffentliche Gewässer.

Die nach ihrer Natur oder durch künstliche Veranstaltungen für den öffentlichen Verkehr mit Schiffen oder gebundenen Flößen benutzbaren Flüsse, Kanäle und Seen stehen, und zwar die Wasserläufe von dem Punkte an, wo diese Benutzbarkeit beginnt, im Eigenthum des Staates (öffentliche Gewässer).

Als Bestandtheile des öffentlichen Gewässers gelten auch die Nebenarme, welche bei den gewöhnlichen Anschwellungen des Hauptgewässers zur Abführung der Wassermasse dienen, die Sammelbecken, Zu- und Ableitungen, worin Wasser für die Zwecke des öffentlichen Gewässers

Gesetzes- und Verordnungsblatt 1899. 52

Abb. 4.18
Titelblatt des badischen Wassergesetzes von 1899.

dern besprochen, und jährlich mußte eine Kostenabrechnung vorgelegt werden.

Das Wasserverbandsgesetz (1937)

In der Zeit des Nationalsozialismus wurde die Forderung nach einem einheitlichen Wasserrecht für ganz Deutschland immer wieder erhoben, doch keiner der Entwürfe wurde Gesetz (GÖTZ et al. 1982).

Für den Bereich der Wassergenossenschaften aber konnte ein für das ganze Reich geltendes Gesetz durchgesetzt werden, um die Wasser- und Bodenverhältnisse *„als eine Grundlage der Selbstversorgung des deutschen Volkes“* zu verbessern. Alle Genossenschaften wurden durch das „Wasserverbandsgesetz“ in Wasser- und Bodenverbände umgewandelt, die nach dem „Führerprinzip“ organisiert waren (BOCHALLI 1972).

Noch heute gelten Teile dieses Gesetzes und die Aufgaben der Wasserverbände: Erhaltung der Gewässer in ordnungsgemäßem Zustand, Be- und Entwässerung, Hochwasserschutz und Verbesserung der Bodenkultur.

Schließlich folgten 1960 das ***Wasserhaushaltsgesetz*** und das ***Wassergesetz*** für Baden-Württemberg, die heute noch geltenden Rechtsgrundlagen. Nun gelten generell öffentlich-rechtliche Maßstäbe, das frühere Privatrecht wurde vollständig abgelöst.

5 Die Technik des Wiesenbaus

HAJO RHEINSTÄDTER

Die Anfänge

Wir wissen nicht, welcher Wiesenbesitzer als erster auf die Idee kam, daß man eine Wiese auch bewässern kann. Es könnte sich aber etwa so abgespielt haben:

Die Wasserkraft als Antrieb für Mühlen aller Art war schon im Altertum entdeckt und wurde allerorten genutzt. Also brauchte man entweder Strömung oder aber Stauhaltungen, um die notwendigen Potentialgefälle zum Antrieb eines Wasserrades zu erzeugen. Wo aber Wasser gestaut wird, kommt es, vor allem bei unvollkommener Technik, immer einmal zu Überschwemmungen des umliegenden Geländes. Ob nun unsere Vorfahren durch Beobachtung oder reine abstrahierende Geisteskraft die Idee hatten, daß die Wiesen an solchen gelegentlich überfluteten Stellen besser wuchsen, wissen wir nicht – vermutlich war es eine Kombination von beidem. So verbreitete sich schnell die Erkenntnis, daß man ohnehin vorhandene Stauhaltungen und Mühlkanäle mit geringem Aufwand auch zu gezieltem Wassereinstau und damit zur Verbesserung der Wiesenerträge benutzen konnte. Die Technik der Stauwässerung war geboren.

Stauwässerungen

Stauwässerung ist eigentlich die primitivste Wiesenbewässerungsart. Man läßt einfach durch Aufstau einen Bach über die Ufer treten, und das Ziel ist erreicht. Ganz so primitiv ist es natürlich dann doch nicht, denn auch in solchen Fällen müssen zwei weitere Bedingungen der Bewässerung eingehalten werden: die gleichmäßige Verteilung des Wassers und der ordentliche Abzug desselben durch dafür geeignete Gräben. Fehlt der Abzug, so kommt es schnell zu Versumpfungen, bisweilen auch zu einer Versalzung, weil bei der Verdunstung des Wassers Salze zurückbleiben. Also hat man die Stauwässerung im Laufe der Zeit verbessert und für verschiedene Anwendungszwecke geeignete Varianten entwickelt.

Eine verbesserte Form der Stauwässerung besteht darin, daß man in regelmäßigen Abständen an einem Bewässerungsgraben einzeln verschließbare Querschotten einbaut, um so einzelne Parzellen getrennt und nach Maß bewässern zu können. Diese Form wurde in vielen Wässersystemen der Region regelmäßig angewandt. Dutzende bis Hunderte einzelner kleiner Schließen säumten den Bach, und wenn dieser aufgestaut (man sprach von „aufgeschwellt“) war, konnten diese Schließen geöffnet werden. Der Wasserabzug erfolgte meist über einen parallel zum wasserliefernden Hauptbach ziehenden Abzugsgraben.

Anwendungsbeispiele in der Region gibt es sehr viele, denn praktisch alle Wässereinrichtungen der Region mit wenigen Ausnahmen sind mehr oder weniger modifizierte Stauwässerungen.

Stauwässerung zum Zwecke der Trübwässerung

Eine weitere Variante der Stauwässerung hatte den Zweck, die vom Wasser mitgebrachten Trübstoffe, also Erde, Löß, Fäkalien und alle anderen derartigen Mitbringsel, absetzen zu lassen, um deren düngende Wirkung auszunützen. Diese Technik nannte man Trübwässerung (oder Winterwässerung). Hierzu dämmte man jeweils ein oder mehrere, relativ ebene Flächen durch kleine Dämme ein und ließ so das eingeleitete Wasser zur Ruhe kommen, damit sich die Trübung absetzen konnte.

Am Auslauf stellte man ein Scherbrett von etwa 30 cm Breite in eine Lücke des Dammes und ließ das klare Wasser darüber abfließen. Praktisch war also bei dieser Technik das gesamte Gelände etwa 30 cm überstaut. Die Trübstoffe setzten sich mehr oder weniger gleichmäßig ab, so daß letztendlich die gesamte Fläche mit einer lehmartigen, nährstoffreichen Schicht überzogen wurde. Der Effekt dieser Methode war außerordentlich hoch. Von Graben wissen wir, daß man in vier bis sechs Jahren Schichtdicken von 30–40 cm erreichen konnte. War die angestrebte Auflandung in einem Teilfeld nach vier Tagen bis 4 Wochen erreicht, so wurde das nächste Feld eingedämmt und entsprechend behandelt.

Lokale Anwendungsbeispiele dieser Trübwässertechnik gab es vor allem in der Grabener Bucht und im Hockenheimer Rheinbogen (siehe auch Kap. 8.3 und 8.6).

Abb. 5.1
Skizze einer idealisierten Einrichtung zum Trübwässern mit der Technik der Stauwässerung.

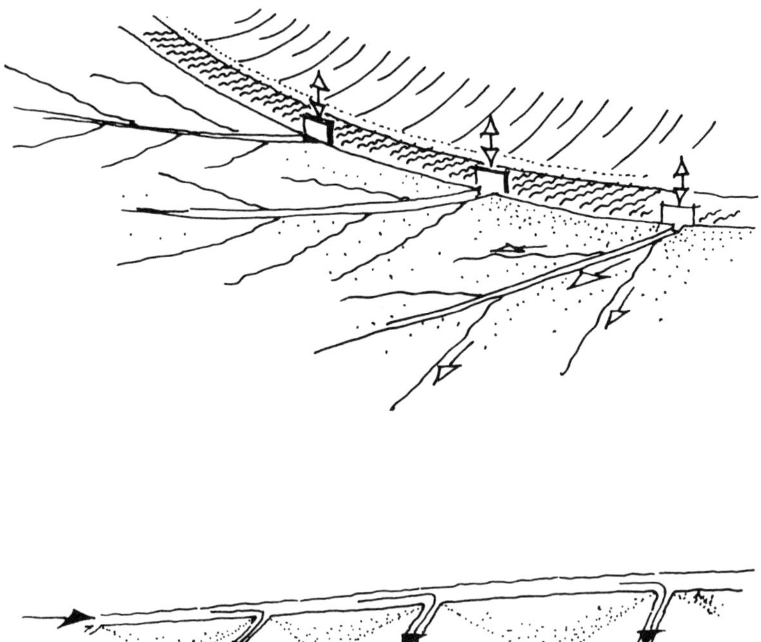

Abb. 5.2
Schematische Darstellung des sogenannten „Hangbaus", bei dem natürliche Gefälle ausgenutzt wurden, um das Wasser optimal auf die Wiesen zu verteilen. Die Zuleitungsgräben konnten mit Stellbrettern abschnittsweise aufgestaut werden.

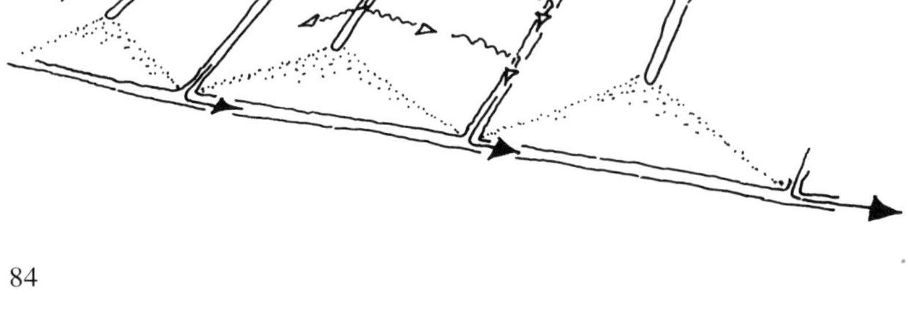

Abb. 5.3
.Skizze der Technik des „Rückenbaus" mit dachförmiger Struktur der Wässerrücken, von denen sich das Wasser zu beiden Seiten verteilte.

Das Aufschwemmen

Eine Variante der Trübwässerung war das sogenannte „Aufschwemmen". Diese Technik wurde entwickelt, um quasi mittels Wasserkraft Planierungen und Auffüllungen von Geländesenken zu erreichen. Voraussetzung war ein ausreichendes Gefälle, damit das Wasser genügend Strömung erreichte. Man grub vom zuführenden Bach aus einen Seitenkanal zu der aufzuschwemmenden Fläche, der dann durch Aufstau des Baches geflutet wurde. Wenn man nun auf der Talseite des Seitenkanals ständig die Erde auflockerte, so wurde dieses und eventuell zusätzlich hineingeworfenes Erdreich vom Wasser mitgerissen und in die tieferliegenden, aufzufüllenden Bereiche geschwemmt. Natürlich bedurfte es hierzu einer gezielten Regulierung und Böschungssicherung, etwa mittels Faschinen.

Man schätzte das Schwemmen als echte Arbeitserleichterung. Immerhin richtete nach HÄFENER ein Mann durch Schwemmen an einem Tag mehr aus als 10–15 Mann mittels Schubkarren.

Hangbau

In Gegenden mit stärkerem Geländeprofil (vorwiegend in den Mittelgebirgen und im Hügelland) war es möglich, einen Wässergraben am Hang entlangzuführen, aus dem man durch den gegebenen Höhenunterschied die angrenzenden Flächen wässern konnte. Stand ein größeres Hangprofil zur Verfügung, konnte man den Vorgang in mehreren aufeinanderfolgenden Terrassen wiederholen.

Ein wesentliches Problem dieser Technik ist die Schaffung einer gleichmäßigen Überrieselung der Hangflächen mit dem Wasser. Daher erfordert der Hangbau wie auch andere komplexe Bewässerungsformen sehr gute Nivellements und regelmäßige Unterhaltungsarbeiten.

Die Technik war zum Beispiel in den Schwarzwaldtälern weit verbreitet. In unserer Region gibt es nur wenige Beispiele, so etwa in der Ketschau bei Hockenheim.

Rückenbau

Die wirklich hohe Schule des Wiesenbaus offenbart sich in der sehr ausgefeilten Technik des Rückenbaus. Hier wurden entweder natürliche Geländerücken (die eher selten sind) zur Bewässerung genutzt, oder aber man stellte mit erheblichem Aufwand künstliche Rücken her.

Dadurch erzeugte man praktisch künstliche Hänge, die aussahen wie überdimensionierte Spargelbeete oder langgestreckte Dächer. Auf dem „First" des Wässerrückens wurde das Wasser in einen blind endenden Graben eingeleitet und floß über die gesamte „Dachfläche" in den tieferliegenden Abzugsgraben ab. Man kann sich auch hier leicht vorstellen, wie exakt die Rücken nivelliert werden mußten, damit man eine wirklich gleichmäßige Überrieselung erreichen konnte. Bei derartigen Konstruktionen störte tatsächlich schon ein Maulwurfshaufen, weshalb die alten Wässerer auch größten Wert auf deren regelmäßige Beseitigung legten.

Ein weiterer Nachteil waren die mit den erheblichen Erdbewegungen verbundenen Kosten. Daher empfahl auch der Wiesenbaumeister HÄFENER (1848) in seinem Buch über den Wiesenbau die Anlage von Wässerrücken nur dort, wo ein natürlicher Hangbau nicht möglich sei oder wo *„die Grundstücke an Versumpfung leiden"*. Häfener bemerkt dazu in einer Fußnote: *„Auf den Gütern des königlichen Hauptgestütes zu Marbach... habe ich... die radikalsten Sümpfe durch Anlegung von Rückenbeeten und Ableitung der vorhandenen Quellen in das schönste Wiesenland umgeschaffen."*

Aus dem Wässergebiet bei Hockenheim, das als einziges in der Region einen großflächigen Rückenbau kannte, wissen wir Genaueres über die Kosten solcher Anlagen. Für einen Morgen mußten 80 Gulden aufgewandt werden. Dadurch kamen für die damalige Zeit horrende Summen zustande, und wir wundern uns heute, daß man dennoch die Meinung vertrat, daß diese Kosten über den Mehrertrag an Heu in wenigen Jahren wieder zu erwirtschaften waren. Immerhin zeigen die vorgelegten Bilanzen und Abrechnungen (ZAHN 1914, „Domänenärarische Wässerwiesen" 1906), daß der erwünschte Mehrertrag tatsächlich zu verzeichnen war.

Die Kunstwiesenbauer der damaligen Zeit unterschieden zahlreiche Varianten des Rückenbaus (schmale, breite, steile Rücken) je nach dem Verhältnis von Länge und Breite beziehungsweise dem seitlichen Gefälle. Diese Varianten unterschieden sich durchaus in der notwendigen Wassermenge und in den Herstellungskosten. Beetbreiten von weniger als 2 Ruthen (etwa 7 Meter) zählten zu den schmalen Rücken, Breiten von mehr als 4 Ruthen, also etwa 15 Metern, zu den breiten Rücken. Die Überhöhung des Grates war beim hohen Rückenbau etwa 1:10, beim flachen Rücken weniger als 1:20 (Verhältnis von Höhe zu Breite). Die günstigste Länge der Beete wurde zwischen 6 und 20 Ruthen, also ca. 20–75 m, angegeben. Sogar die Himmelsrichtung war nicht einerlei. Die Nord-Süd-Richtung wurde wegen der gleichmäßigeren Besonnung bevorzugt, um auf beiden Seiten des Rückens gleichmäßige Erträge zu erzielen.

Hier zeigt sich denn die auch beim Kunstwiesenbau deutliche Diskrepanz zwischen Theorie und Praxis. Nirgends wurden die theoretischen Erkenntnisse der Wiesenbaumeister tatsächlich streng umgesetzt, man mußte sich vielmehr den örtlichen Gegebenheiten anpassen.

Die erhaltenen Pläne der Hockenheimer und Insultheimer Kunstwiesen etwa zeigen (ZAHN 1914), daß zwischen allen Rückenformen und Ausrichtungen gewechselt wurde, wie es das Gelände vorgab. Man scheute größere und damit kostspielige Erdbewegungen, so daß in keinem Fall die Reinkultur der Theorie tatsächlich erreicht wurde.

Auch das Nivellement der Rücken ließ in der Praxis oft sehr zu wünschen übrig. Akten des 19. Jahrhunderts klagen denn auch bisweilen über schöne Theorie und schlampige Bauausführung.

Wehre und Stauhaltungen

Kleinere Schleusen

Schließen und Schleusen gibt es in unendlicher Vielfalt. Fast kein Modell gleicht völlig dem anderen. Man verwandte praktisch alles vom einfachen Stellbrett bis zu technischen Konstruktion aus behauenen Sandsteinen, was geeignet war, einen mehr oder weniger regulierbaren Wasserstau zu erzeugen. Die Konstruktionsmerkmale waren natürlich abhängig von der zu bewältigenden Wassermenge und von der erforderlichen Standsicherheit zu Hochwasserzeiten. Auch der Antriebsmechanismus der Stellbretter wurde unterschiedlich ausgeführt. Viele Schleusen verwenden auch heute noch Zahnstangen (Abb. 5.12), in der Regel zwei Zahnstangen pro Schleuse, selten auch eine einzelne (Abb. 5.15). Kegelradantriebe sind komplizierter herzustellen, haben aber den Vorteil, daß man den Antrieb überdachen und dadurch vor Regen schützen kann (Abb. 5.10). Es gibt auch primitive Ketten zum Einhängen in unterschiedlicher Höhe.

Abb. 5.4 Technische Konstruktion des Wehrs am Kraichbach bei Hockenheim (GLA 362/811).

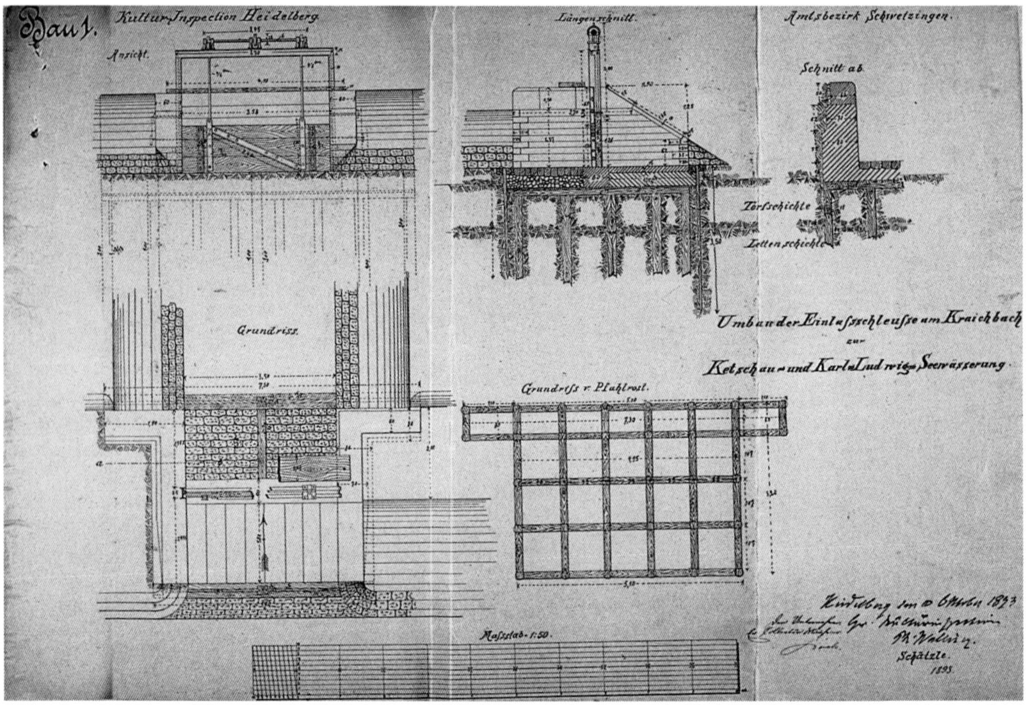

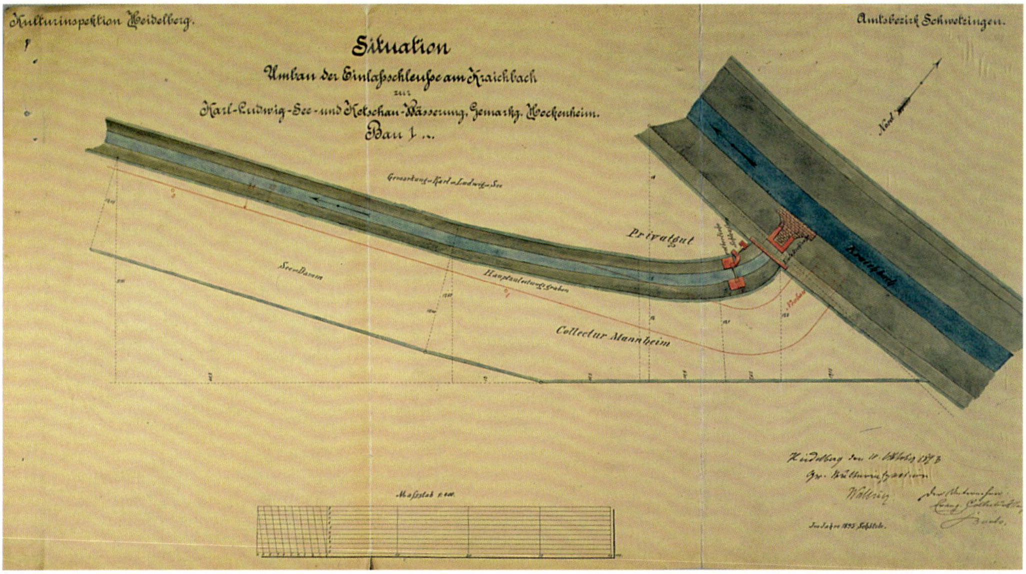

Abb. 5.5 Lageplan des Wässerwehrs am Kraichbach, mit welchem die Ausleitung des Wassers für die Bewässerung im Hockenheimer Rheinbogen bewerkstelligt wurde (GLA 362/811).

Abb. 5.6 Nivellement des Hauptgrabens am Kraichbach bei Hockenheim (GLA 362/811).

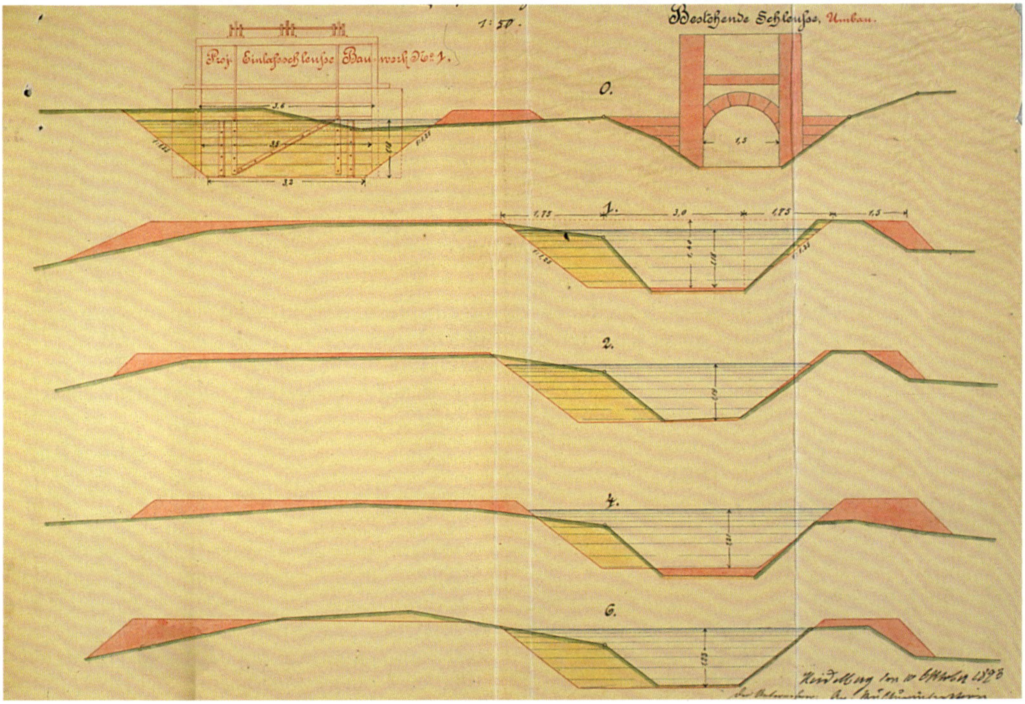

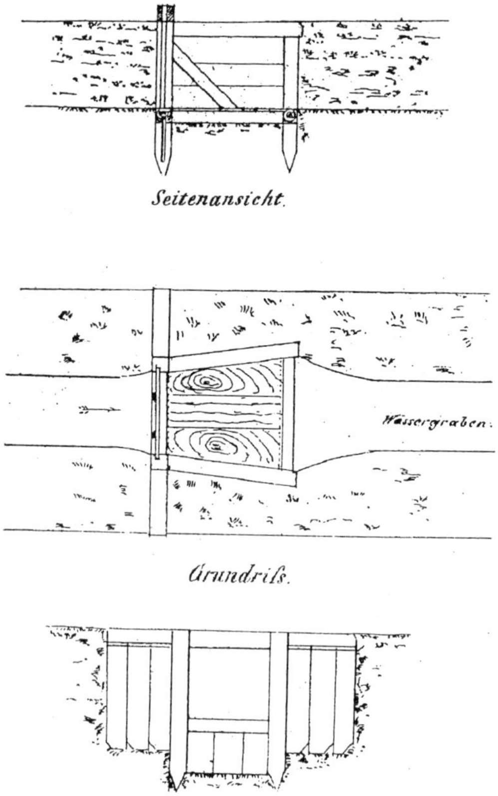

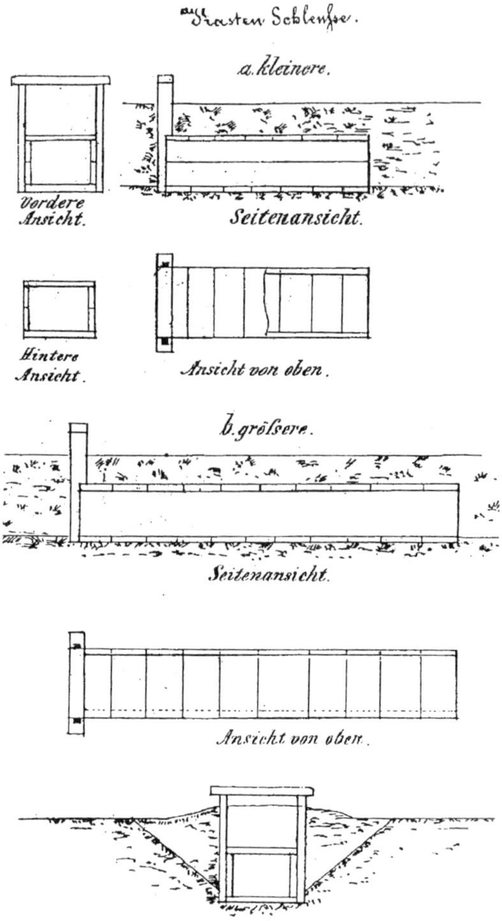

Abb. 5.7 und 5.8 Verschiedene Schleusenkonstruktionen (aus ABEL 1851). Die Kastenschleuse (rechts) wurde dann verwandt, wenn ein Weg den Wässerzuleitungsgraben überqueren mußte.

In der Region gibt es noch heute zahlreiche Beispiele für kleinere Wässerschleusen. Leider sind fast alle so stark verfallen, daß es sie in wenigen Jahren nicht mehr geben wird, wenn sich das Bewußtsein für diese technischen Kleindenkmale nicht ändern wird. Besonders schöne Beispiele finden sich noch im Grabener Oberbruch, beim Schloß Stutensee, bei Leimen/St.Ilgen, bei Weingarten, bei Staffort und bei Reilingen.

Kastenschleusen

Solche Konstruktionen wurden eingesetzt, um das Wasser unter Fahrwegen hindurchzuführen. Sie entsprechen praktisch der Kombination einer Schleuse mit einem „Dohl“.

Ein relativ gut erhaltenes lokales Beispiel gibt es noch auf den Grabener Oberbruchwiesen am Neugraben.

Größere Wässerwehre

Auch die großen Wässerwehre zeigen den ganzen technischen Einfallsreichtum der damaligen Zeit. Kaum ein Wehr glich dem anderen, oft waren mehrere „Kammern“ erforderlich, da man sonst den Staudruck der Gewässer nicht hätte aufhalten können. Ein Beispiel aus Hockenheim

Abb. 5.9 Ruine einer kleinen Schleuse beim Schloß Stutensee. Das Sperrbrett ist verlorengegangen, dadurch wird die Antriebskonstruktion sichtbar.

zeigt uns die ganze technische Schönheit der damaligen Konstruktionen. Die Pläne der Hauptschleuse am Kraichbach an der Ausleitung zu den großen Wässergebieten des Hockenheimer Rheinbogens sind erhalten und sollen hier wiedergegeben werden (siehe Abb. 5.4–5.6).

Abb. 5.10
Diese Schleuse am Weingarter Bach nordöstlich von Staffort (siehe Kap. 10) ist charakteristisch für die „Kegelrad-Schleusen". Durch diese Technik war es möglich, die rostanfällige Mechanik vor direktem Witterungseinfluß zu schützen.

Abb. 5.11 Die sehr schöne Sandsteinschleuse am Übergang vom Salzbrunnen- zum Unterfeldgraben bei Ubstadt. Sie markiert den ehemaligen Eintritt des Wassers in das weitläufige Wässerwiesengebiet der Silzenwiesen. Im Hintergrund die Ubstadter Kirche.

Abb. 5.12 Eine große, heute fast verfallene Schleuse mit vier Gewinden im Bachbett der Alten Bach nördlich von Friedrichstal.

Abb. 5.13 Stauwehr an der Heglach auf Gemarkung Stutensee, 200 m nördlich der Kreisstraße 3579.

Abb. 5.14 Schildförmiges Wehr im Gebiet des Hockenheimer Rheinbogens nordwestlich von Altlußheim.

Abb. 5.15 Die „kleinste mögliche Einheit“, eine Mini-Schleuse am Anfang eines alten Wässergrabens westlich von Weingarten.

Abb. 5.16 Große Vier-Gewinde-Schleuse am Kraichbach unterhalb von Hockenheim.

1) des Siegen'schen Wiesenbeils. Wo nur einzelne Rasenstreifen, wie solche bei Anfertigung der verschiedenen Wiesengräbchen vorkommen, oder sonstige Rasenflecke von geringem Umfange abzuheben sind, leistet dieses Werkzeug ganz vorzügliche Dienste. Eben so zur Fertigung und Reinigung der Be- und Entwässerungsrinnen. Zur Ausrottung der auf den Wiesen befindlichen Hecken und Sträucher, Ebenung der Maulwurfshügel, überhaupt immer da, wo man in dem Fall ist, von einem Beil oder einer Haue Gebrauch machen zu müssen. Es sollte deshalb auch kein Wiesenwärter in seinem Dienstbezirk ohne dieses Werkzeug angetroffen werden.

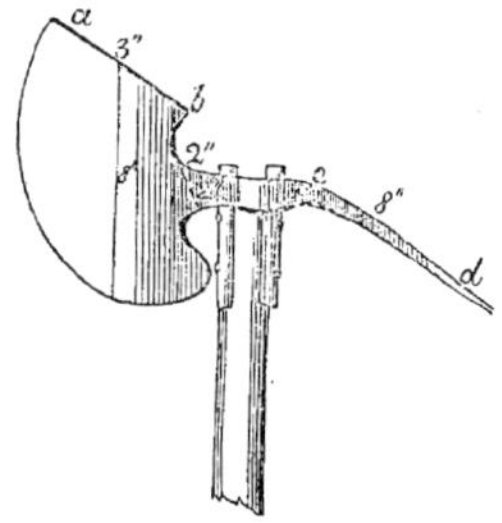

Abb. 5.17 Siegener Wiesenbeil.

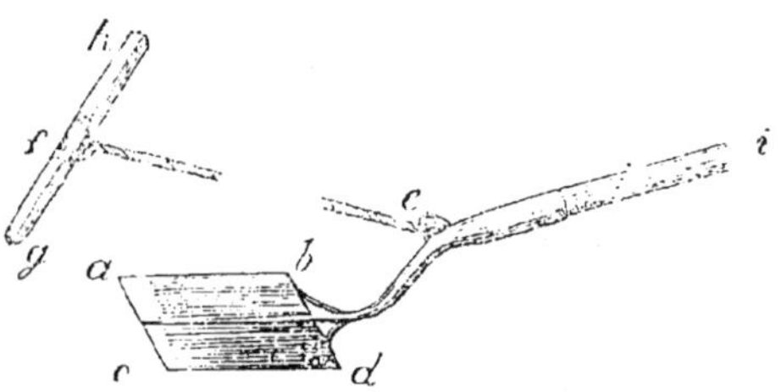

Abb. 5.18 Rasenschaufel.

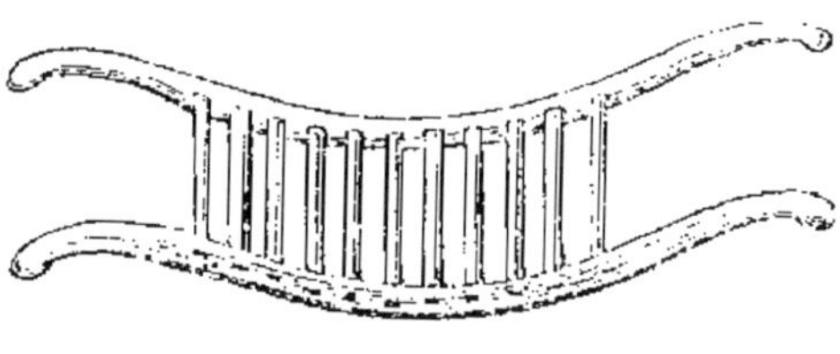

Abb. 5.19 Rasentragbahre.

Typische Werkzeuge

Die Wiesenbautechniker waren in ihre Aufgabe bisweilen geradezu vernarrt. Dies äußerte sich unter anderem in ihrem Bemühen, für alle möglichen typischerweise anfallenden Arbeiten Spezialgeräte zu erfinden oder zu verbessern. Gerechterweise darf hier natürlich der Hinweis nicht fehlen, daß bei der damals üblichen Handarbeit auch kleine Arbeitserleichterungen durch geeignete Werkzeuge wichtig waren.

Einige dieser typischen Wiesenbauwerkzeuge seien hier vorgestellt.

Das Siegener Wiesenbeil

Dieses Werkzeug wird durch eine Kombination einer längsstehenden Schneide (zum Zerteilen von Grassoden) und einer gegenüberliegenden abgewinkelten Hacke (zum Abheben dieser Grassoden) charakterisiert. Mit diesem Wiesenbeil hat man vor allem die ständigen kleineren Reparaturen an den kleineren und größeren Wässergräben durchgeführt. Wie auch die Beschreibung aus HÄFENERs Buch zeigt, war es „das" Universalwerkzeug.

Die Rasenschaufel

Das Abheben von Grassoden war im Wiesenbau eine ständig wiederkehrende Arbeit. Es wurde großer Wert darauf gelegt, daß die Soden unbeschädigt blieben, damit man dieselben zur Verstärkung von Dämmen wiederverwenden konnte und die Einwurzelung schnell vonstatten ging. Wenn man so will, hat man damit die heute übliche Rollrasentechnik, wie sie beispielsweise in Fußballstadien üblich ist, vorweggenommen. Um eine gleichmäßige Schicht abnehmen zu können, wurden spezielle Rasenschaufeln entwickelt, wie die hier abgebildete (wiederum aus HÄFENER).

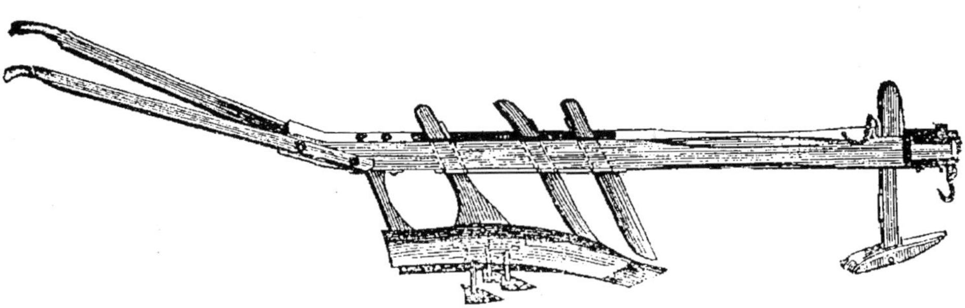

Abb. 5.20 Grabenpflug (alle Abbildungen dieser und der nächsten Seite aus HÄFENER 1847).

Ein bis zwei Arbeiter zogen am Handgriff, ein weiterer dirigierte den Schaufelstiel, um eine gleichmäßige Tiefe zu halten. So wurde der Grassoden streifenweise vom Untergrund abgelöst. Ähnliche Vorrichtungen wurden auch zum Gebrauch mit Pferden hergestellt. Neben dem Rasenabheben konnte man diese Schaufel auch zur Grabenreinigung benutzen.

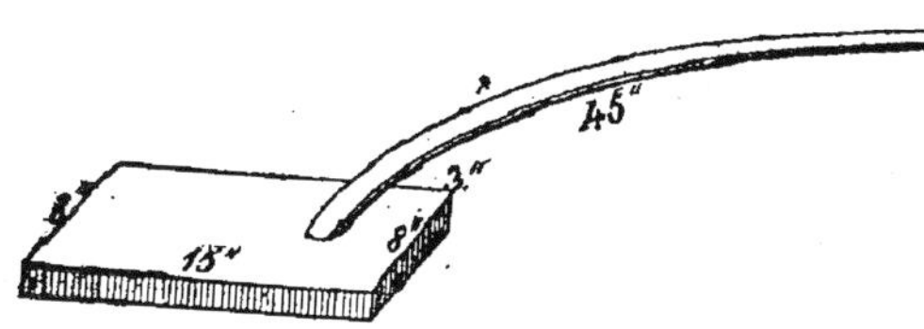

Abb. 5.21 Rasenklatsche.

Die Rasentragbahre

Ähnlich wie zum Transport verletzter Menschen hat man eine Tragbahre auch zum Transport von Rasenstücken und Erde eingesetzt. HÄFENER gibt uns auch dazu ein Bildbeispiel, das keiner weiteren Erklärung bedarf.

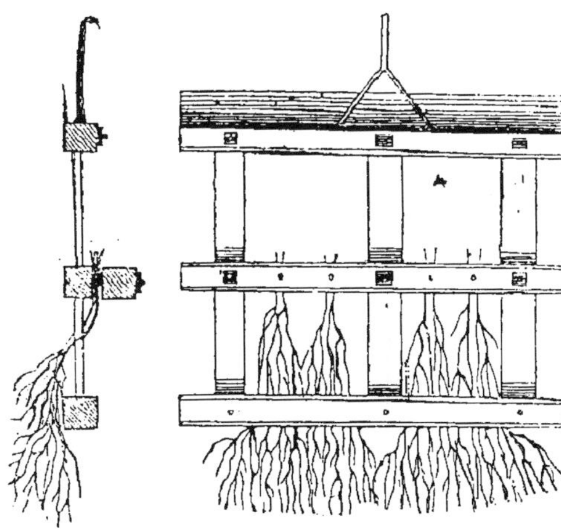

Abb. 5.22 Wiesenhobel.

Der Grabenpflug

Dieser Spezialpflug diente der Lockerung der Grabensohle. Seine querliegende Schar hob die Erde der Grabensohle von der Unterlage ab und zerschnitt die Wurzeln. So wurde der leichtere Abtransport des Räumgutes ermöglicht. Er existierte in mehreren regionalen Varianten. Häfener beschreibt diesen Pflug als eines der nützlichsten und effektivsten Werkzeuge beim Wiesenbau: *„indem mit Hülfe desselben vier Menschen mit 2–4 Pferden soviel ausführen können, als fünfzig Menschen mit Spaten und Hacken zu leisten im Stande sind“.*

Der Grabenpflug hat eine breite Schar, ein doppelt gewölbtes Streichbrett von Holz und drei Seche, wovon zwei die äußeren Seiten des zu ziehenden Grabens abschneiden und das mittlere, etwas zurückstehende, die abgehobenen Rasenstreifen in zwei Teile spaltet. Die Begleitmannschaft konnte diese ausgeschnittenen Rasenteile seitlich herausheben. Die seitlichen Seche waren verstellbar, so daß man die Breite des herzustellenden Grabens wählen konnte.

Die Grabenschippe und die oberschwäbische Schaufel

Nicht nur Spezialgeräte kamen zum Einsatz. Auch allgemein bekannte wurden verwendet. Die Grabenschippe hat sich als Spaten bis in unsere Zeit erhalten, auch die spitz zulaufende oberschwäbische Schaufel, die man als Grab-, Wurf- und Planierwerkzeug einsetzen konnte, gehört auch heute noch in ähnlicher Form zur Standardausrüstung jedes Bautrupps.

Das Original war aber mit einem völlig ebenen Blatt ausgestattet, weshalb dieses zur Verbesserung der Biegesteifigkeit einen Mittelgrat aufwies. Die Abkröpfung des Schaftes ermöglichte

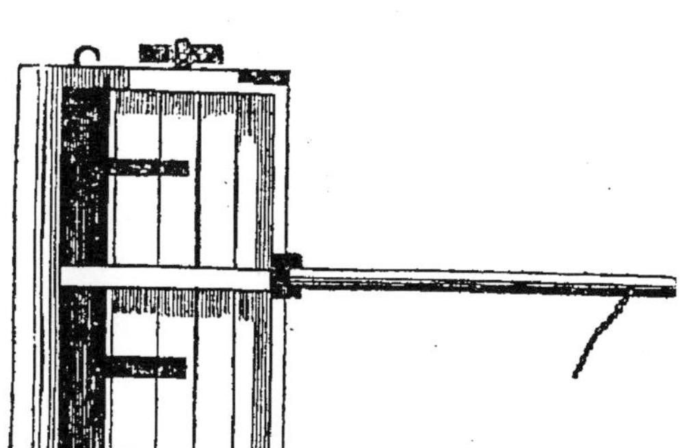

Abb. 5.23 Muldenbrett.

die unterschiedlichen Arbeitsvorgänge wie Abstechen von Grassoden, Werfen von Aushubmaterial und Anklatschen der Planieflächen.

Die Rasenklatsche

Sie diente zum Festschlagen der Rasenstücke, etwa auf neuangelegten oder reparierten Dämmen. Durch das Festschlagen sollte ein Wegschwemmen der Rasenstücke verhindert und die Bewurzelung begünstigt werden. Die Rasenklatsche war relativ schwer und aus derbem Holz gefertigt.

Das Muldenbrett (Schürfbrett)

Zum Planieren, das heißt zum Abheben höherer und zum Auffüllen tiefergelegener Stellen wurde als nützliches Gerät das aus Belgien stammende Muldenbrett benutzt. Dieses muldenförmige Schürfbrett (die Technik wird heute im Tiefbau vom sogenannten „Grader" nachgeahmt) besaß an seiner Vorderseite eine eiserne Schneide. In die seitlichen Halterungen wurden die Ketten der Zugtiere eingehängt.

Mit geringerer oder stärkerer Neigung des Führungsstiels konnte die Schürftiefe in der zuvor durch Aufpflügen gelockerten Erde variiert werden. Bei stärker heruntergedrücktem Stiel konnte man den Aushub zur vorgesehenen Auffüllstelle transportieren, wo dann durch Hochreißen des Stiels und Überschlag des Brettes entladen wurde.

Die Butte

Ähnlich wie bei der Traubenernte wurde die Butte zum Lastentransport von Schüttgut auf dem Rücken eingesetzt, vor allem dort, wo ein Transport mittels Gespann oder Schubkarre wegen des Geländes nicht möglich war. Zur leichteren Aufnahme stand die Butte auf einem Untersatz.

Der Wiesenhobel

Einfach und raffiniert zugleich ist der Wiesenhobel konstruiert, der zur Pflege der Wiese und zum Einebnen der Maulwurfshügel diente. Er wurde von einem Pferd gezogen. Die Frontseite ist mit einer Schneide bewehrt, die hinterhergezogenen Dornenreißer verteilten die aufgeworfene Erde gleichmäßig und kratzten gleichzeitig den Boden auf.

Neben den eher spezialisierten Gerätschaften vervollständigten Handbeil und Hammer, Handramme, Schubkarren, Egge und Karst die Standardausrüstung.

Abb. 5.24 Schleuse bei der Appenmühle am Kraichbach südlich von Oberöwisheim. Der Mühlkanal zweigt nach rechts ab.

Die menschliche Arbeitskraft als Maß aller Dinge

Vor der Erfindung transportabler Verbrennungsmotoren war die Ausführung aller erforderlicher Arbeiten im Wiesenbau reine Handarbeit, bestenfalls unterstützt durch Zugtiere. Daher war es – auch unter Gesichtspunkten der Wirtschaftlichkeit – erforderlich, für jeden Schweregrad einer Arbeit oder für unterschiedliche Transportentfernungen geeignete Geräte zu wählen. Bei Häfener lesen wir hierzu:

„Das Aufbringen der Erde zum Zwecke der Dammbildung kann auf verschiedene Weise stattfinden, und zwar
1. durch das Aufwerfen mit der Schaufel
Ist die Entfernung, auf welche die Erde herbeizuschaffen, nicht größer als 10–20 Fuß (3–6 m), so ist dies allerdings die billigste Beschaffungsweise. Man bedient sich dazu hohler Schaufeln von starkem Eisenblech, mit einem etwas gebogenen hölzernen Stiele. Es können mit demselben jedesmal 144–288 Kubikzoll Erde bei gewöhnlichen Arbeiten 4 Fuß hoch oder 10 Fuß weit geworfen

werden, bei starker nicht lange dauernder Anstrengung kann das Doppelte geleistet werden. Ein Mann ist im Stande, auf diese Weise in einem Tage 500–600 Kubikfuß Erde 10 Fuß weit zu werfen, wogegen mit Anwendung der Schiebkarren nur 400 Kubikfuß auf den Mann gerechnet werden können.
2. Ist die Erde auf größere Entfernung, welche ohne besondere Umstände jedoch nicht über 30 Ruthen auszudehnen wäre, herbeizuschaffen, so kann dies mittels sogenannter Butten oder Kufen, wie solche von den Weinbergsarbeitern oder Küfern häufig gebraucht werden..., geschehen. Frauenzimmer, welche die Erde in großen von Weiden geflochtenen Körben tragen, können bei dergleichen Arbeiten ebenfalls mit Nutzen verwendet werden, doch tragen sie kaum etwas mehr als den dritten Teil der Buttenträger. Da in beiden Fällen jedoch die Erde sehr locker aufgebracht wird, so muß man hier um so mehr darauf Bedacht nehmen, die Erde stampfen zu lassen. Fester würden an und für sich schon die Dammarbeiten, wenn
3. die Erde mit sogenannten Schiebkarren angefahren wird, jedoch hat man hierbei darauf zu sehen, daß die Erde während der Zufuhr beständig planiert und die Arbeiter angewiesen werden, immer über die lockere Erde hinzufahren. Am festesten wird
4. der Dammkörper, wenn die erforderliche Erde mit der Wipp- oder Pferdekarre in der Art aufgebracht wird, daß jeder Karren voll gleich geebnet und mit der folgenden Ladung darüber hinweggefahren wird.

An einer anderen Stelle wird der Rat gegeben: *„Da das Festschlagen der Rasen mit der Klatsche eine viel Kraft beanspruchende Arbeit ist, so wähle man hierzu die kräftigsten Männer und lasse diese in angemessenen Zeiträumen mit einander abwechseln, es können dann in einem Tage mit einer Klatsche 50 Ruthen regelmäßig festgeschlagen werden."*

Wir sehen also ein fein ausgeklügeltes System, das sich darum bemühte, die verfügbaren Ressourcen an wertvoller Arbeitskraft möglichst ökonomisch einzusetzen. Schon wegen der Knapp-

Abb. 5.25 Auch heute noch wird der aus den Bächen ausgetragene Schlamm zu beiden Seiten des Baches abgelagert. Die Dynamik der Bachreinigung zeigt sich dabei nach wie vor. Der am Ufer abgelagerte Schlamm bildet einen Damm, aus dem die abgerissenen Rhizome des Schilfs wieder auskeimen und ein neues Röhricht entstehen lassen. Im Bild das Ufer der Heglach bei Stutensee (1994).

heit dieser Ressourcen war also ein Übermaß an Bach- oder Wiesenbau kaum zu erwarten. Erst die Erfindung leistungsfähiger Maschinen hat hundert Jahre später den Technikern die Möglichkeit gegeben, mehr als das unbedingt Notwendige zu tun – nicht immer zum Vorteil der Natur.

Kosten der Bewässerungs-Anlagen

Aus einem barocken Kostenvoranschlag zur Einrichtung einer neuen Bewässerungsanlage bei Schloß Kislau kennen wir typische damalige Kosten von Wässerwehren und Gräben (GLA 78/775):

Was zu der neuen Einrichtung deren herrschaftl. Wiesen, so um das Kißlauer Schloß herum liegen, an neuen steinerne Schließen und neuzumachenden Wässerungsgräben (erforderlich sind), was die selbige kosten und betragen:

1) Muß eine gantz neue steinerne Schließen wie der Riß Nr 1 zeiget, in das
Mingolsheimer Bächel gesetzt werden, wie auch auf dem Wiesenplan Nr 2
zu sehen, damit man das Wasser zu schwellen, und auf die Wiesen treiben kann.
wird mit Zubehör und Arbeitslohn kosten, ohne die frohnfuhren die den
Läthen, Sand, Kallig und rauhe Mauerstein herbey führen ***65 fl***
2) Muß neben daran eine kleine Wässerungsschließen eingesetzt werden,
wo das Wasser dadurch auf die Wiesen gelassen wird, wie Nr 3 zu sehen,
wann das Wasser groß und trüb laufet, diese Schließe zu stellen, damit
die herrschaftl. Wiesen nicht überschwemmet werde.
wird kosten sambt allem Zubehör und Arbeitslohn ***20 fl***
3) Zu denen beyden Schloßwiesen wie der Plan Nr 4 und 5 zeiget,
seind acht neue steinerne Dohl einzulegen, um das Wasser häuftiger
auf die Wiesen deren Anhöhen zu bringen.
das Stück sambt Arbeitslohn und einzusetzen ***11 fl*** *zus.* ***88 fl***
4) Ferner seynd auf denen beyden Schloßwiesen, an
Hauptwässerungsgräben zu machen 181 ruthen.
die ruthen p. 6 Xr ***18 fl***
die Gräben, so in die Wiesen ziehen 235 ruthen p. 5 xr ***19 fl 35 xr***
die kleine Wässerungsgräben, so auf denen Wiesen das Wasser zu vertheilen
382 ruthen, die ruthen zu machen p. 4 xr ***25 fl 28 xr***
Der übrige Grund aber muß in frohnd hinweg geführt werden
5) Seynd auf der herrschaftl. Wiesen an dem Mingolsheimer Bächel, wo
die neu Schließen eingesetzt werd, ein Hauptwässerungsgraben zu machen
75 ruthen p. 6 xr ***7 fl 30 xr***
an Graben, so in die Wiesen der Läng nach ziehen
140 ruthen, die ruth 5 xr ***11 fl 40 xr***
die kleine Wässerungsgräben so auf denen Wießen das Wasser vertheilen
235 ruthen p. 4 xr ***15 fl 40 xr***

Ertragt also die ganze Summe ***270 fl 59 xr***

Specification deren Matterialien, so benöthigt zu der neuen Schließen an der herrschaftl. Wießen an dem Mingolsheimer Bächel, genannt die Aadwiesen

1 1/2 ruthen Fundament zu graben, die ruthen p. 30 xr	*45 xr*
ahn rauhen Mauerstein 8 Clafther, die Clafther p. 2 fl	*16 fl*
8 ohm Kallig [gemeint ist Kalk] die ohm p 30 xr	*4 fl*
ahn rauhen Mauer 1 ½ ruthen, die ruth p 5 fl	*7 fl 30xr*
gehauene Stein zu der Schließen 49 ¾ Schu, den Cubic Schu p 30 xr	*24 fl 52 1/2xr*
Summa	*53 fl 7 ½ xr*

[fl = Gulden, xr = Kreuzer]

6 Geologie und Bodenkunde

Kurt Metzger

Der nördliche Oberrheingraben und seine östliche Randsenke

Der Oberrheingraben ist eine der augenfälligsten tektonischen Oberflächenformen Mitteleuropas. Er stellt das Kernstück einer Kette von Grabenbrüchen dar, die vom Rhonegraben über den Oberrheingraben, die Wetterau, den Bereich Ilsede– Segeberg bis zum Oslo–Mjösen–Graben den ganzen Kontinent durchziehen. Der an manchen Stellen über vier Kilometer tief eingebrochene Oberrheingraben wurde mit tonigen und sandigen Meeresablagerungen sowie Geröll- und Sandmassen, die der Rhein und seine Nebenflüsse ablagerten, bis zur heutigen Landoberfläche wieder aufgefüllt. Diese tertiären und eiszeitlichen Ablagerungen verhüllen das in die Tiefe abgesunkene und in kleine Stücke zerbrochene Schollenland.

Das Absinken der Schollenstücke vollzog sich in mehreren Zeiträumen und in einzelnen Bereichen recht unterschiedlich. Es ist bis auf den heutigen Tag noch nicht abgeschlossen. Die Einbrüche begannen schon im Obereozän vor ca. 40 Millionen Jahren besonders im südlichen Teil[1], während die Absenkung des nördlichen Oberrheingrabens erst 15 Millionen Jahre später mit dem Miozän einsetzte. Im Oberpliozän, vor rund 3 Millionen Jahren, führte ein erneuter Einbruch in unserem Bereich zu einer weiteren Eintiefung des Grabens. Gleichzeitig wurden aber die Randgebirge und der Kraichgau angehoben, so daß es zu unterschiedlichen Bewegungen in Randschollenbereichen gekommen ist. Ein Schnitt aus der Geologischen Karte[2] zeigt die tektonische Asymmetrie sowie die unterschiedlich mächtigen tertiären und pleistozänen Ablagerungen vom West- zum Ostrand der Oberrheinebene (siehe Abb. 6.1).

Während im Gebiet der vorderpfälzischen Ebene keine Randsenke den Gebirgsrand begleitet und nur geringmächtige eiszeitliche Sedimente abgelagert wurden, die sich nur im Altpleistozän mit den Rheinsedimenten verzahnten, zeichnet sich das rechtsrheinische Gebiet bis zum östlichen Grabenrand als Senkungs- und Aufschüttungsgebiet während des gesamten Pleistozäns aus. Im Verlauf der letzten Vereisung, der Würmeiszeit, überfluteten der Rhein und seine Nebenflüsse schließlich die ganze Breite der östlichen Rheinebene und der Rheinniederung.

Die Rheinebene strukturiert sich

In der letzten Kaltzeit wurde das vom Wasser mitgeführte Schotter-, Sand-, Schluff- und Tonmaterial über die gesamte Fläche der Rheinebene verteilt und abgelagert. Dabei entstand eine von vielen flachen Rinnen unregelmäßig unterbrochene, aber eben gelagerte Schotterflur, die **Niederterrasse**. Das unterschiedliche Absinken einzelner Randschollen wurde durch eine verstärkte Ablagerung in den so entstandenen Mulden ausgeglichen, so daß die Sedimentoberfläche wieder weitgehend im Niveau lag. Erst zum Ende der letzten Vereisung, vor ca. 15.000 Jahren, begann mit dem Rückzug der Gletscher ein Wiedereinschneiden des Rheins und seiner Nebenflüsse in ihre eigenen Aufschüttungen. Zunächst wurden die flachen Rinnen als Abflußsysteme vom hochstehenden Wasser benutzt, bis sich durch die Eintiefung eines Vorfluters ein Hauptstrom gebildet hatte. Der Rhein schuf sich seine Aue, das **Tiefgestade**, und damit eine Erosionsbasis für seine Nebenflüsse. Gleichzeitig zur Flußerosion im Zentrum des Rheingrabens senkte sich die Niederterrasse parallel zur östlichen Rheintalhauptverwerfung weiter. Dadurch bildete sich eine flache, vom Wasser der Nebenflüsse überflutete, tektonische Niederung, die **Randsenke**. Wir könnten sie genausogut als „Randniederung" oder als tektonische „Randrinne" bezeichnen. Sie wird bisher meistens als **„Kinzig-Murg-Rinne"** bezeichnet. Dadurch wird aber der Eindruck erweckt, ihre Bildung sei durch einen Randfluß erfolgt.

Diese Niederung am Ostrand der Oberrheinischen Tiefebene war schon dem badischen Geodäten und Strombaumeister Johann Gottfried Tul-

---

1 In dieser Zeit wurden aber auch die bis zu 12 m mächtigen „Ubstadter Kalke" abgelagert. Es sind Süßwasserkalke, die in einem See zusammen mit Lymnäenmergel sedimentiert wurden. Am Wegeeinschnitt westlich des Friedhofes findet man sie angeschnitten.

2 Geologische Übersichtskarte der Bundesrepublik Deutschland, Blatt CC 7110 Mannheim, 1 : 200.000.

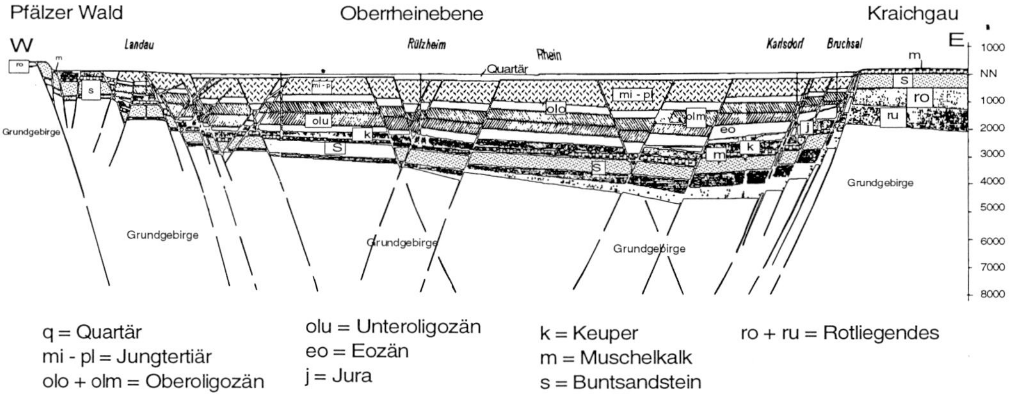

Abb. 6.1 Querschnitt durch den Oberrheingraben (Landau – Bruchsal). Aus dem Schnitt erkennt man die asymmetrische Anlage des Grabenbruchs. Die jungen Setzungsbewegungen haben zu einer vermehrten Ablagerung pliozäner und quartärer Sedimente im östlichen Grabenbereich geführt.

la vor nahezu zweihundert Jahren aufgefallen. Da sie 1–3 m tiefer liegt als die trockenen Hardtplatten (siehe z. B. Kap. 8, Karte 1), trat sie durch jährliche Überflutungen hervor. An das einstige Überflutungsland mit bis zur Geländeoberfläche anstehendem Grundwasser erinnern Orts- und Flurnamen wie Au, Bruch, Wassermatte, Loch, Lache, See, Meer, Moor, Torfgrube, Erlach, Erlenwiesen, Rohracker oder Muggensturm und Namenserweiterungen wie Faul-, -graben, -wald, -wiesen, -hausen oder -sal. Zeugen des ehemaligen hohen Grundwasserspiegels in der Randsenke sind die durch ihn geprägten relikten Gleyböden. Sie sind oftmals der begrenzende Faktor geblieben, der nur die Nutzung als Grünland oder Wald wirtschaftlich macht. Das überschüssige Wasser dieser breiten Sumpfzone lief in mehreren Bachdurchbrüchen zum Rhein-Tiefgestade hin ab. Ab dem 18. Jahrhundert wurden diese Bäche ausgebaut, im 20. Jahrhundert noch zusätzliche Kanäle geschaffen (siehe Kap. 3 und 8).

Das Rätsel der „Kinzig-Murg-Rinne": Flußtal oder geologische Senkungszone?

TULLA (1822), dem das heutige Konzept einer geologischen Senkungszone natürlich noch nicht bekannt sein konnte, spekulierte, daß die Randniederung ehemals von einem „Ostrhein" durchflossen war, der südlich des Kaiserstuhls abzweigte, alle östlichen Zuflüsse aufnahm und sich erst kurz vor Mainz wieder mit dem „Großen Rhein" vereinigte. THÜRACH (1912) dagegen gab hundert Jahre später keine Gründe an, warum er seinen „Kinzig-Murg-Fluß" erst mit der Schutter, also bei Lahr, beginnen und schon bei Hockenheim münden läßt.

MANGOLD (1892) ging ebenfalls dem „Randrinnenphänomen" nach, untersuchte dazu verlassene Flußschlingen am Fuß der Bergstraße und verglich dabei die Krümmungsradien. Sie stimmen in der Größenordnung mit denen des heutigen Neckars überein. Übrigens sind auch die Sedimente des „Bergstraßen-Neckars", der den Rhein erst bei Trebur erreichte, typische Neckarschotter. Dagegen findet man in der Randniederung unserer Region zwischen Wiesloch und Grötzingen keine spezifischen Gerölle der Nebenflüsse, sondern nur umgelagerte Rheinsedimente. Der Neckar war demnach im Gegensatz zu Kinzig, Murg, Alb oder Pfinz ein echter Randfluß, der die Niederung durchfloß und fluviatil überprägte. Daher entspricht die Bezeichnung des früheren Neckarbettes entlang der Bergstraße als „Altneckar-Aue" den tatsächlichen paläogeographischen Gegebenheiten. Der Neckar wurde nicht nur von den Rhein-Uferwällen und Dünen an einer kürzeren Mündung gehindert, sondern die junge, ständige Senkung der Randsenke im Ge-

Abb. 6.2 Übersicht der Randsenke im Bereich zwischen Ettlingen und Weingarten (nach DEECKE, aus THÜRACH 1912). Man erkennt sehr schön die breite Senke im Bereich nördlich von Durlach und die breiten, von keinem natürlichen Wasserlauf durchzogenen Hardtplatten nördlich von Karlsruhe.

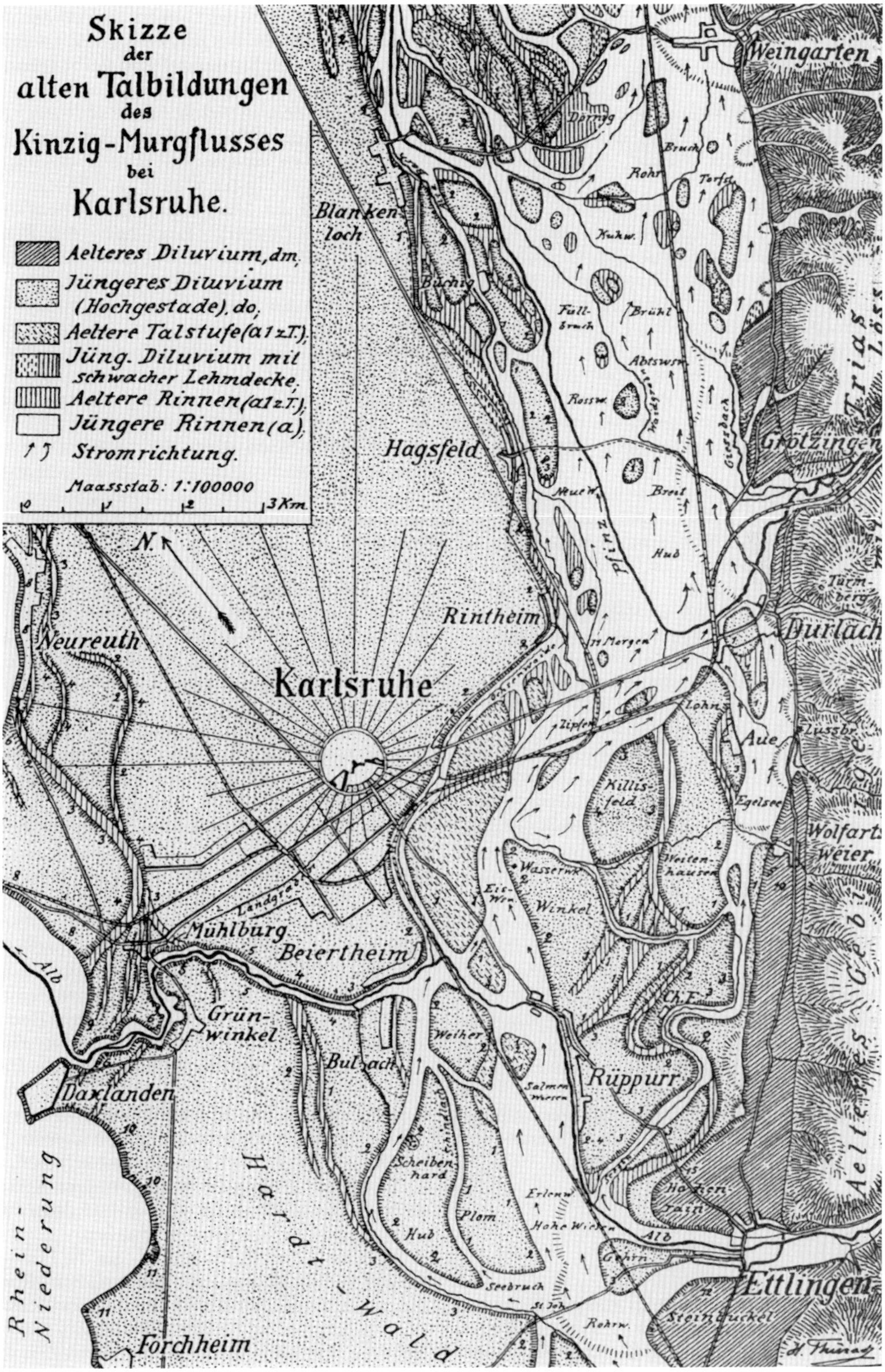
Skizze der alten Talbildungen des Kinzig-Murgflusses bei Karlsruhe.
Aelteres Diluvium, dm.
Jüngeres Diluvium (Hochgestade). do.
Aeltere Talstufe (a1 z.T.)
Jüng. Diluvium mit schwacher Lehmdecke.
Aeltere Rinnen (a1 z.T.)
Jüngere Rinnen (a)
Stromrichtung.
Maassstab: 1:100000
0
1
2
3 Km
N.
Weingarten
Blankenloch
Büchig
Hagsfeld
Rintheim
Durlach
Grötzingen
Turmberg
Trias
Löss
Karlsruhe
Neureuth
Mühlburg
Beiertheim
Grünwinkel
Daxlanden
Forchheim
Alb
Rhein-Niederung
Hardt-Wald
Bulach
Scheibenhard
Hub
Plom
Weiher
Rüppurr
Killisfeld
Weitenhausen
Winkel
Wasserw.
Aue
Egelsee
Wolfartsweier
Lohn
Zipfen
Ettlingen
Steinbuckel
Seebruch
Rohrw.
Hohe Wiesen
Erlenw.
Salmenwiesen
Hochenrain
Aelteres Gebirge
Pfinz
Brühl
Abtswsn.
Füllbruch
Rossw.
Neuw.
Breit
Rohr
Bruch
Torfst.
Kuhw.

biet an der Bergstraße bot ihm außerdem ein geeignetes, tiefliegendes Flußbett und verzögerte ein Abschwenken zum Rhein.

FEZER (1974) sieht das gleichmäßige Abschwenken aller Flüsse zum Rhein hin nicht als Folge einer lokalen Wirkung der Tektonik, sondern meint, daß dieser Wechsel klimatisch-hydrologisch bestimmt sei.

Thürach hatte auch vermutet, daß zwischen Lichtenau und Stollhofen (westl. v. Bühl) Rheinwasser in die Randniederung übergelaufen sei, was sich mit Hilfe der Mäanderradien in der Schiftunger Niederung bestätigen ließe. Auch bei Wittenweier (westlich von Lahr) und bei Iffezheim sind Überläufe (z. B. der „Alte Rhein" südwestlich von Rastatt) nachzuweisen. Hier enthalten die Sedimente der Randniederung, ähnlich wie nördlich davon bis zum Neckarschwemmkegel, vorwiegend umgelagerte Rheinschotter (HASEMANN 1934). Nördlich von Lahr gibt es neben den engen Schleifen der heutigen Schutter noch einige größere, ältere Mäander, die auf eine doppelt so große Wassermenge deuten. Die Schutter war also nicht der südlichste Zufluß in der Randniederung.

PRINZ (1969) verglich im Rahmen des „Unternehmens Erdmantel" die Nivellements der letzten Jahrzehnte. Dabei stellte sich heraus, daß im Rheingraben die östliche Randsenke am stärksten sinkt, z. B. bei Lorsch um 0,8 mm/Jahr. MÄLZER (1972) fand bei Kehl eine querlaufende Mulde, dagegen zwischen Karlsruhe-Hagsfeld und Büchenau eine Kuppel, die sich maximal 0,6 mm/Jahr hebt. Solche tektonischen Bewegungen erreichen allein in historischen Zeiträumen, z. B. seit der Zeit der römischen Besiedlung bis heute, Differenzbeträge von möglicherweise mehreren Metern! Man muß daher in Betracht ziehen, daß die Pfinz durch die Hebung angestaut und so die Verbreiterung und Versumpfung ihrer Aue verursacht wurde. Ebenso ist denkbar, daß Pfinz und Alb nach Westen abgedrängt wurden. Pfinz und Saalbach folgen nicht zufällig Grabenbrüchen des tieferen Untergrundes. Saalbach und Kraichbach werden durch eine Schwelle voneinander getrennt. Der Kraichbach umfloß die „Weiherer Hochscholle" und schob seinen Schwemmfächer nach Westen und Süden in die Randniederung vor, ehe er in ein Bett gezwungen wurde.

Die Geschichte der Randsenke aus heutiger Sicht

Die hier angesprochenen morphologischen Gegebenheiten sind allesamt Relikte der letzten Eiszeit, in der sich der Rhein und seine Nebenflüsse über die Breite des Grabens ausdehnten und sein Relief bildeten. Bis zur heutigen Zeit wurden die vorgegebenen Strukturen vom verbleibenden Gewässernetz weiter genutzt.

Als letzte Zeit, in welcher die Randniederung durchgehend durchflossen wurde, kann man die Würmeiszeit annehmen, weil damals die Flüsse mit Schotter überlastet waren, sich häufig verzweigten und die Mündungen der Nebenflüsse stromab verschleppten. Überläufe vom Rhein zum Randfluß und umgekehrt bestanden vermutlich häufig, waren aber nicht von Dauer.

Sobald im Rheingebiet die Gletscher soweit zurückgeschmolzen waren, daß sich die Zungenbecken mit Wasser füllten, fingen diese Randseen alle Gerölle ab, so daß der Rhein sich einschneiden konnte. Die Rheinnebenflüsse brachten schon vorher keine Schotter mehr.

Die verzweigten Arme der Gewässer in der Randsenke hatten sich in der Folge auf den abgesenkten Rheinspiegel einstellen können. Erst jetzt konnten auch sie sich in die Niederterrasse einschneiden. Da der Hauptstrom die Erosionsbasis bildete, folgten die Nebenflüsse in zeitlichem Abstand. Die Niederung war mehr oder weniger von Wasser überflutet. Ihr Ufer zum Rhein hin blieb flach, so daß die Fließgewässer in der Senke nach Westen abgedrängt wurden, wenn ein aus der Gebirgs- oder Hügelzone kommender Bach seinen Schwemmkegel erhöhte. Daß die Nebenflüsse in der Randsenke zuerst in die Nord- und schließlich in die Nordwest-Richtung schwenkten, wird durch die Annahme, daß ihnen der Rhein in seiner Tiefenerosion vorauseilte, verständlich. Fand das Wasser in der Randsenke während eines Hochwassers einen neuen Überlauf, so blieb dieser wegen des größeren Gefälles zum Rhein hin bestehen, die Randsenke verödete. Gut zu verfolgen ist das Schwenken bei Rastatt: zunächst aus der Randniederung in die Rinne östlich von Durmersheim (MADER 1929), dann in die des heutigen Federbachs. Schließlich mündete die Murg unter einem Winkel von 45° in den Rhein (ihr heutiges Bett ist künstlich begradigt). Die Mäander dieser verschiedenen Stadien werden immer enger, was die ständig geringere Wasserführung beweist. Zwischen dem Federbach- und dem Murg-Stadium müssen die Gewässer in der Randsenke bedeutende Zubringer, vielleicht die Kinzig, verloren haben.

Je weiter westlich die bogenförmigen Rinnen ziehen, um so tiefer sind sie. Sie sind dann auch vielfach durch Querrinnen verbunden.

Der Schwemmfächer der Alb hat die Fließgewässer südlich davon nach Westen, zum Rhein hin, abgedrängt. Seit der Abfluß dann bei Rastatt durchgebrochen ist, benützt nur noch die Alb den früheren Durchbruch. Ihre kleinen Schleifen sind in große Mäander eingeordnet, die bereits während der Würmvereisung angelegt wurden. Der kleine Walpertsbach-Fächer, auf welchem Malsch bei Karlsruhe liegt, hat den Federbach veranlaßt, in der Niederung entgegen dem alten Gefälle, nämlich nach Südwesten, zu fließen, bis er bei Rastatt die ehemalige Durchbruchsstrecke nach Norden erreicht (THÜRACH).

Ähnliches ist auch bei den Kraichgaunebenflüssen zu beobachten. Es fällt auf, daß mehrere Durchbruchsstrecken, vom heutigen Leimbach bis zur Murg, ungefähr gleich weite Mäander haben. Dies kann man so deuten, daß das Wasser der Randsenke sich immer wieder neue Wege zum Rhein gesucht hat, z. B. Leimen – Brühl (heute Leimbach), Bad Schönborn – Hockenheim (Kraichbach), Karlsruhe – Rüppurr – Mühlburg (Alb) und schließlich Rastatt – Durmersheim (heute Federbach). Diese Durchbruchsstrecken sind ein weiterer Hinweis auf die Unterteilung der Randsenke in Teilbereiche, die jeweils einem oder mehreren Bachsystemen zuzuordnen sind, die wiederum untereinander durch seichte Überläufe nach Norden verbunden waren.

Nach den jüngsten Durchbrüchen benutzten die Zuflüsse die Randsenke nur noch stückweise. Weil sie den Schwemmfächer des nächsten Zuflusses nicht beseitigen konnten, entwässern sie durch die vorgegebene Durchbruchs-Niederung in der Niederterrasse. Diese Rinnen haben enge Mäander.

Bildung von Flachmooren

Randniederungen zwischen zwei Schwemmfächern konnten im Lauf der Zeit vermooren, da große Fließwassermengen nicht mehr auftraten. In die Flachmoore der Randniederungen und kleineren bzw. wieder verlassenen Durchbrüche wurde auch der Blütenstaub umliegender Wälder eingeweht, die sich seit der letzten Kaltzeit entwickelt haben. Die Entwicklung (Sukzession) dieser Wälder ist heute aus Pollenanalysen gut bekannt und läßt im Gegenzug Rückschlüsse auf die Entwicklung der Moore zu. STARK (1926), OBERDORFER (1934) und ROTHSCHILD (1935) haben die Pollen in mehreren Profilen ausgezählt und damit nachgewiesen, daß die Vermoorung in der Kiefern- bis Eichen-Mischwald-Zeit, also etwa 9000–4000 v. Chr., eingesetzt hat. Die Niederungen sind also in der Nacheiszeit nur noch kurze Zeit (wenn überhaupt) von strömendem Wasser eingenommen worden.

Im Gegensatz zu den Flachmooren der Randniederung zeigen jene in den früheren Altrheinschlingen zwischen Hochstetten und Graben-Neudorf im Tiefgestade des Oberrheingrabens zwischen den Torflagen mehrfach fluviatile Ablagerungen des Rheins oder seiner Zuflüsse Pfinz und Heglach. An manchen Stellen sind die Torf- oder Moorböden hier unter einer bis zu 1 m mächtigen Auenlehmdecke begraben. Vergleichbare fluviatile Sedimente in den Niedermooren der Randsenke fehlen. Daher darf angenommen werden, daß die Randsenke in unserer Region in der Zeit der Moorbildung von keinem Randstrom durchflossen wurde, und das gilt *mindestens für die letzten viertausend Jahre*. Die Depression, in der sich Hang- und Stauwasser ansammeln, entstand durch tektonische Setzungsvorgänge im Bereich tertiärer, pelitischer[3] Sedimente.

Die Eintiefung der Randsenke durch tektonische Prozesse

Es ist schon lange bekannt, daß in meist schwach verfestigten Sedimenten von Flußdelten synsedimentäre[4] Dehnungs- und Setzungsformen auftreten. Charakteristisch für diese sind die im Profil erscheinenden, schaufelförmig abteufenden Schichtflächen (listrische[5] Ablösungsflächen). Derartige Strukturen treten immer dann auf, wenn unter flachgründigen, listrischen Flächen wenig konsolidierte, rasch versenkte und unter Porenwasserdruck stehende Tonsteinkomplexe liegen.

Die Kerne der Probebohrungen für die Schnellbahnstrecke Mannheim–Stuttgart sowie jene, die bei der Baugrunduntersuchung der Kreismülldeponie Bruchsal gewonnen wurden (BLINDE 1987), zeigen, daß die stratigraphische[6] Situation in den tertiären Silt[7]- und Tonsedimenten am Grabenrand zwischen Bruchsal und Ubstadt geradezu exemplarisch angelegt ist. Die Tektodynamik synsedimentärer Setzungen beschreibt BRUCE (1973). Zu dieser Gruppe von Setzungsstrukturen gehören viele der meist runden oder ovalen Mul-

3 Von gr. pelios = tonig, der Tonfraktion zugehörig.

4 Von gr. syn = zusammen und lat. sedimentum = Bodensatz; Bezeichnung für während der Sedimentation ablaufende Vorgänge, z.B. Senkung eines Gebietes.

5 Von gr. listron = Schaufel: schaufelartig gebogene tektonische Bewegungsfläche.

6 Von lat. stratum = Decke, Polster und gr. grápho = schreiben; nach dem Aufbau und der zeitlichen Abfolge geordnet.

7 Silt = feinstes, von Gletschern abgeschliffenes Material, das z. B. Alpenbächen ihre helle Farbe verleiht.

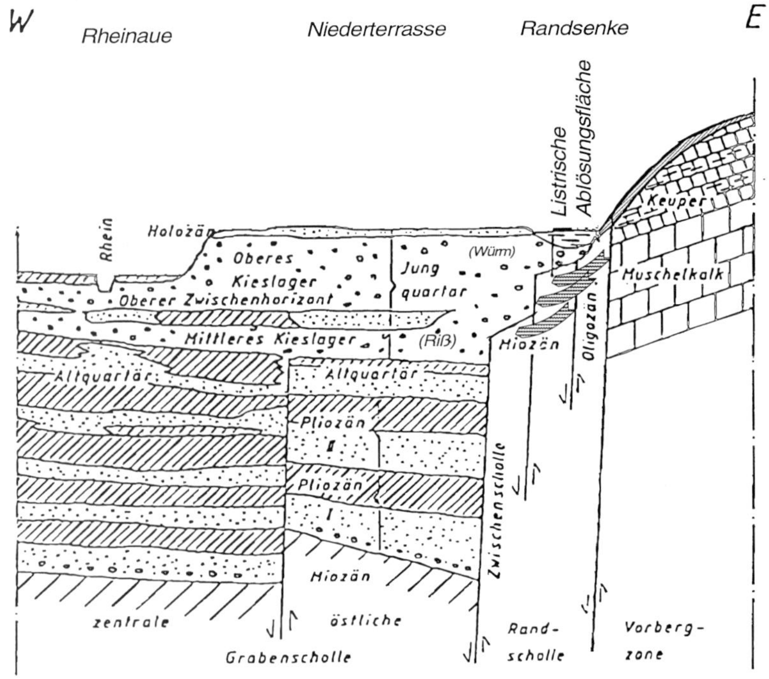

Abb. 6.3
Schnitt durch den östlichen Rheingraben mit Darstellung der listrischen Ablösungsflächen im Bereich der Randsenke.

den am östlichen Oberrheingrabenrand, die oftmals einer fluviatil angelegten „Kinzig-Murg-Rinne" zugeschrieben werden. Dadurch entstand der Eindruck, ein Flußsystem habe die Randsenke in deren Gesamtheit durchflossen und alle Oberflächenformen geschaffen. Aber überall dort, wo sich echte Moore oder „Bruchgebiete" gebildet haben, wie sie auf den feuchten Auenböden der Schwemmlehmablagerungen entstehen, muß eine tektonische Ursache für die Randsenkenbildung angenommen werden. Im Bereich des „Fauthenbruchs" und des Ubstadter Moores sind die geologischen Voraussetzungen zur Ausbildung listrischer Ablöseflächen anhand von umfangreichem Bohrprofilmaterial[8] von mir untersucht worden. Einerseits sind die plastischen Silt- und Tonablagerungen des tertiären Meeres sowie quartäre Lehme und Fließerden an einer stabilen Schichtenfolge, den Kalken des Muschelkalkes, angelagert (Abb. 6.3). Andererseits ist die rheinwärtsgerichtete Flanke offen, und zentrale Setzungsbewegungen im Untergrund der Oberrheinebene bringen das wenig konsolidierte Material in Bewegung. Dies führt zum Absinken der listrischen Sedimentkeile, die in den tertiären Ablagerungen angelegt sind, zum Zentrum des Grabenbruches hin. Diese Tektodynamik führt zur Bildung von Setzungsstrukturen rheinwärts vor der Hauptverwerfungslinie. Solche Fließstrukturen ließen sich auch beim Bau der die Mülldeponie umgebenden Schlitzwand beobachten. Darüber hinaus bereitete das Abgleiten des hangseitigen Mergels bei Bauvorhaben entlang der Rheintalhauptverwerfung stets Schwierigkeiten.

Während des jüngsten Pleistozäns bestand nachweislich im Ostteil des Oberrheingrabens ein eigenes Abflußsystem, eine „Randlagune", welche bei Hochwasser weite Bereiche überflutete und durch die Niederterrasse vom Rhein getrennt wurde. In ihr sammelten sich die Wässer der Schwarzwald-, Kraichgau- und Odenwaldtäler. Dieser Randsee entwässerte über die im Pleistozän vom mäandrierenden Rhein angelegten Altarme, durch die er zu verschiedenen Zeiten zum Rhein hin durchbrach. Die Zuflüsse aus den höher liegenden Gebirgs- und Hügelzonen im Osten schoben ihre Schwemmfächer in die flache Randsenke vor und teilten diese dadurch langsam in

8 Neben den von Blinde (1987) im Bereich der Kreismülldeponie Bruchsal gewonnenen Bohrprofilen wurden weitere 90 Profile aus Roth (1982) zum Nachweis schaufelförmiger Ablösungsflächen herangezogen. Aus den daraus angefertigten Schnitten geht die tektonische Anlage der Hohlformen eindeutig hervor.

einzelne Abschnitte. Die heute noch sichtbarste Barriere bildet der große Neckarschwemmfächer. Die kleineren Fächer der Kinzig, Murg, Alb oder Kraichbach treten morphologisch[9] ebenfalls in Erscheinung. Die Randlagune verschwand postglazial[10] Abschnitt für Abschnitt zu verschiedenen Zeiten aus der Randsenke. Zurückbleibende Restseen verlandeten durch Vermoorung.

Durch das Fehlen eindeutiger geomorphologischer Merkmale, wie der Ausbildung von Flußmäandern in einem potentiellen „Kinzig-Murg-Bett"[11], der Ausbildung eines dem Wasserfluß angemessenen Hochgestades, der gleichmäßigen Sedimentation von flußspezifischen Geröllen, muß angenommen werden, daß die östliche Randsenke des Oberrheingrabens nicht auf die Erosion durch das fließende Wasser zurückgeführt werden kann – schon gar nicht auf die erodierende und sedimentierende Tätigkeit der beiden Rheinnebenflüsse Kinzig und Murg. Von ihnen nämlich fehlt nördlich von Grötzingen jegliches Zeugnis einer landschaftsprägenden Tätigkeit. Hier sind keine Sandsteinsedimente aus dem Schwarzwald mehr zu finden, die von einem Fluß dieser Größenordnung mit Sicherheit über eine wesentlich weitere Strecke nach Norden verschleppt worden wären. Daher ist die Bezeichnung „Kinzig-Murg--Rinne" für die östliche Randsenke zumindest ab Durlach nicht mehr aufrechtzuerhalten (METZGER 1992).

Diese beiden Nebenflüsse des Rheins sind im Quartär mit großer Sicherheit nicht in dem beschriebenen Gebiet geflossen. Für die Anlage der Randsenke ist viel wahrscheinlicher, daß synsedimentäre Setzungen bei der Bildung von Hohlformen am Grabenrand beteiligt waren und weiterhin sind. Einen Beweis dafür liefern die nahezu ungestörten jungen Niedermoore sowie das oben angesprochene Fehlen fluviatiler Kiesablagerungen mit Material etwa aus dem Schwarzwald im Bereich der untersuchten Niedermoore zwischen Karlsruhe und Heidelberg.

Die „Everglades des Rheingrabens"

Für eine noch andauernde Setzungsbewegung im Randsenkenbereich sprechen die stratigraphischen Verhältnisse in unmittelbar benachbarten Schwemmfächer des Walzbachs, des Saalbachs und des Kraichbaches (bei letzterem in den Ubstadter Gewannen „Silzenwiesen", „Viehtrieb" und im Stettfelder Bruch). Dort werden junge Auenlehmsedimente von noch jüngeren Lößlehmdekken überlagert. Die Bildung des hangenden Sedimentes und die darauf abgelaufene Bodengenese kann zeitlich mit der Moorbildung korreliert werden. Neuere Radiokarbondatierungen[12], die zur Ermittlung des Alters der Niedermoore im Randsenkenbereich durchgeführt wurden, ergaben ein maximales Alter von 12.000 Jahren für Torfbildungen südlich des Neckarschwemmfächers. Es kann daher mit Sicherheit angenommen werden, daß die große Sumpf- und Moorzone der Randniederung ab Grötzingen zumindest nach der Eiszeit keinem größeren Fluß als Bett diente. Sie war vielmehr ein **flaches, sich ständig senkendes Sammelbecken** der aus dem Kraichgau kommenden Flüsse (und Sedimente) und entwässerte über unterschiedliche und wechselnde Überläufe in die Rheinniederung. In historischer Zeit griff schließlich der Mensch in das natürliche Gefüge ein und lenkte das Wasser durch Kanäle und Grabensysteme. Aus der natürlichen „Randlagune" entstand im Laufe der Zeit eine anthropogene Auenlandschaft.

Die Böden in den Talniederungen des Kraichgaus und der nördlichen Oberrheinebene

In der zweiten Hälfte des vergangenen Jahrhunderts erkannten die russischen Bodenforscher (vor allem W. W. DOKUTSCHAJEW), daß auf weiten Flächen Rußlands mit dem einheitlichen Ausgangsmaterial "Löß", wie er auch große Flächen des Kraichgauer Hügellandes bedeckt, recht verschiedene Böden, wie grauer Waldboden, Tschernosem (= Schwarzerde), Kastanosem (= Braunerde) u. a. auftreten. Zunächst sah man das Klima allein als bodengestaltenden Faktor an, später dann auch das Wasser (Wasseransammlungen), die Oberflächengestalt (Hangneigung und Exposition), die Vegetation sowie Tier und Mensch. Die *bodenbildenden Faktoren* und die *Bodenentwick-*

9 Von gr. morphé = Gestalt, morphologisch: die Oberflächengestalt betreffend.

10 postglazial: nach der letzten Eiszeit, also vor rund 12 000 Jahren.

11 Eine ausgeprägte Mäanderbildung, die auf erhebliche Mengen fließenden Wassers hinweist, findet sich dagegen in den Durchbrüchen des Wassers durch die Niederterrasse, z. B. durch die Hardtplatten. Dort wurden diese Mäander von dem aus dem Randsee abfließenden Wasser gebildet.

12 Mündl. Mitteilung von Dr. M. LÖSCHER. Die Torfproben wurden durch ihn gewonnen und im Geotopenlabor der Universität Heidelberg datiert.

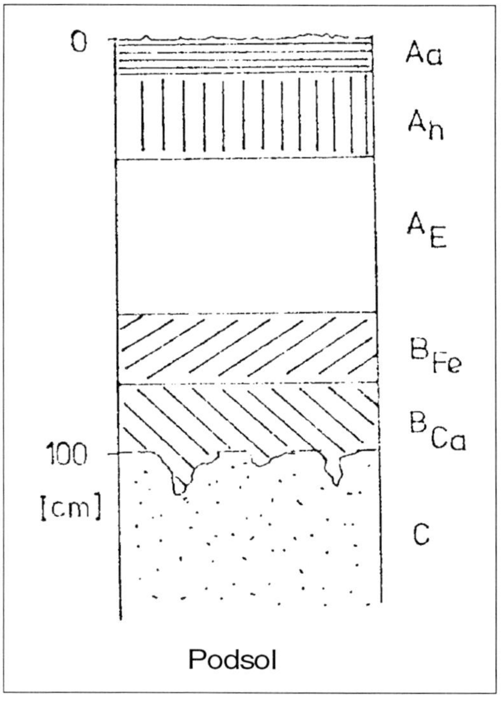

Abb. 6.4 Aufbau eines Podsolbodens aus den Hardtplatten südlich von Graben-Neudorf (nach HANKE 1973).

lung (= bodentypologische Entwicklung) waren damit aufgedeckt. Es lag nun nahe, die Böden zunächst nach den bodenbildenden Faktoren einzuteilen (u. a. Vegetationsböden, Naßböden, Reliefböden). Mit der Zeit wurde offenbar, daß die Böden selten das Produkt einer kurzen Entwicklungszeit sind, sondern daß oft ihre Anfangsentwicklung mehr oder weniger weit zurückreicht und sie mehrere Stadien der Entwicklung durchlaufen haben. Ein Beispiel für den etappenähnlichen Ablauf der Entwicklung eines Sandbodens auf der Hardtplatte südlich von Graben-Neudorf unter ehemaligem Fichtenwald zeigt Abb. 6.4. Dieser **Podsol** entstand im gemäßigt warmen und humiden Klima der Rheinebene, und zwar auf ton- und kalziumarmem Rheinsediment. Der Podsolisierungsprozeß begann bei stark saurer Bodenreaktion, nachdem die ohnehin geringen Mengen an Alkalien und Erdalkalien weitgehend ausgewaschen waren. Andere Bodenbestandteile wanderten mit Humus und Salzen der Phosphorsäure in einen tieferen Horizont, den B-Horizont, und wurden dort wieder ausgefällt. Mit der Zeit verhärtete der Horizont, und es bildete sich der „Ortstein“. Der Eisenverlust im oberen Profilbereich führte zu einer Aufhellung (Bleichung), es bildete sich der charakteristische Bleichhorizont (A_E) der Bleicherden aus. Dieser Podsol aus Sand ist ein absoluter Waldstandort (Kiefer, untergeordnet Birke, Stieleiche), er wird heute allerdings wegen seiner sandigen Struktur zum Spargelanbau genutzt. Dies ist nur durch intensive mineralische Düngung möglich und mit erheblichen Gefahren für das anstehende Grundwasser verbunden.

Ebenso wie die terrestrischen (älteren) Böden der Hardtplatten durch ihre Profile Zeugnis von früheren Umweltfaktoren geben, liefern die rezenten (jungen) Böden der Auen durch noch erhaltene Merkmale wichtige Hinweise auf die frühere Beeinflussung durch den hohen Grundwasserstand und das periodisch auftretende Stauwasser. In ihren Profilen sind sozusagen die historischen Grund- und Stauwasserverhältnisse gespeichert.

Bodensystematik, Bodenhorizonte und Bodenprofile im Untersuchungsgebiet

Die Lehre von der Entwicklung des Bodens zeigt, daß bei dominierendem Einfluß von Wasser bestimmte charakteristische *Bodentypen* entstehen, z. B. Auenrohböden („Rambla“[13]), junge Auenböden („Paternia“[14]) oder rendzinaähnliche Auenböden („Borowina“[15]). Mit **Auenböden** bezeichnet man die Böden der Fluß- und Bachauen, die bei Hochwasser oder von Druckwasser überstaut werden. Diese Bodenbildungen sind meist jung und hängen mit der Überflutung der Talsohle in Verbindung mit der Anlandung von Bodensubstrat zusammen. Die Zusammensetzung des angelandeten Materials ist in unserer Region vom Einzugsgebiet des Rheins und seiner Nebenflüsse abhängig. Vom Rhein wurden kalkhaltiges Geröll und lehmig-sandiges Material (letzteres ist unverwittertes Gesteinszerreibsel) abgelagert. Die aus dem Odenwald und Schwarzwald oder Kraichgau kommenden Bäche tragen Lößlehm, Löß und erodiertes Bodenmaterial terrestrischer Böden heran, welches dann als Ausgangsmaterial für die Auenbodenbildung dient. Schneiden die Bäche tiefer in ihre Sohlen ein oder werden sie begradigt und

13 Spanisch „grober Sand“.

14 Spanisch, von „Rio Paterna“ abgeleitet.

15 Von einem polnischen Volksnamen abgeleitet.

eingedeicht, so daß die Auen nicht mehr überflutet werden, dann entwickeln sich aus den Auenböden **grundwasserfreie Bodentypen**, die aber noch reliktische Merkmale der ehemaligen Auenböden aufweisen. Die Bodentypen einer Aue werden im übrigen, wie alle übrigen terrestrischen Böden auch, nie durch einen Faktor allein gebildet. Meistens wirken gleichzeitig mehrere Faktoren gestaltend auf das Ausgangsmaterial ein. Drängen alle bodenbildenden Faktoren die Bodenentwicklung in eine Richtung, so ist der entstehende Bodentyp im Erscheinungsbild und in seinen Eigenschaften eindeutig. Das ist z. B. der Fall, wenn in einem feuchten Klima aus einem basenarmen Sand unter einer rohhumusbildenden Vegetation ein Podsol entsteht (siehe auch Abb. 6.4). Diese Entwicklung ist auf den sandig-kiesigen Hardtflächen stellenweise zu beobachten. Die Faktoren Zeit, Klima, Gestein und Vegetation streben dabei in die gleiche Richtung, nämlich zum Zustand der Bodenverarmung hin.

Bei der Entstehung eines Bodens steuern jedoch die Bildungsfaktoren oft in verschiedene Richtungen. In diesem Falle entsteht kein reiner Bodentyp, sondern ein Boden, dem Merkmale und Eigenschaften zweier (oder mehrerer) Bodentypen eigen sind. Ein Beispiel dafür findet man im Boden des Gemeindewaldes Graben (Distr. V, Rainbruch; Abb. 6.5). Hier sind in den oberen, trockenen Bodenhorizonten des Waldbodens zur **Para-Braunerde** („Lessivé") führende Faktoren wirksam. In den tieferen Horizonten ist der Boden dagegen maßgeblich vom Grundwasser beeinflußt, was normalerweise zur Bildung eines **Gleybodens** führt. In Verbindung beider Faktoren entstand eine Übergangsform, ein **Halbgley**.

In Auenbereichen findet man logischerweise eine große Zahl von Überschneidungen bodentypologischer Entwicklungstendenzen. Dies hängt letztlich mit der unterschiedlichen Substratzufuhr, dem wechselnden Wassergehalt und Wasserstand ab. Daher können sich nicht nur zwei, sondern darüber hinaus drei oder mehr Bodenbildungstendenzen, die zwar einzeln reine Bodentypen entstehen lassen, überlagern und zu recht verschiedenen und komplizierten bodentypologischen Übergangsformen führen. Die Überlagerung der Bodenbildungsprozesse kann gleichzeitig, aber auch nacheinander stattfinden. Umgekehrt kann man aus dem Bodenprofil, dem Produkt der Bodenbildung, auf die Entstehungsbedingungen (Substratzufuhr, Klima, Vegetation, Wasseransammlungen) rückschließen.

In der Rheinebene mit dem geringen Abstand des Grundwassers von der Oberfläche, den hohen Grundwasserschwankungen und der guten Wasserdurchlässigkeit des Bodens resultiert eine ausgesprochene **Kleinräumigkeit** der Standortfaktoren und der Böden; damit aber auch der Eignung der Böden für Wiesen-, Acker- oder Waldnutzung.

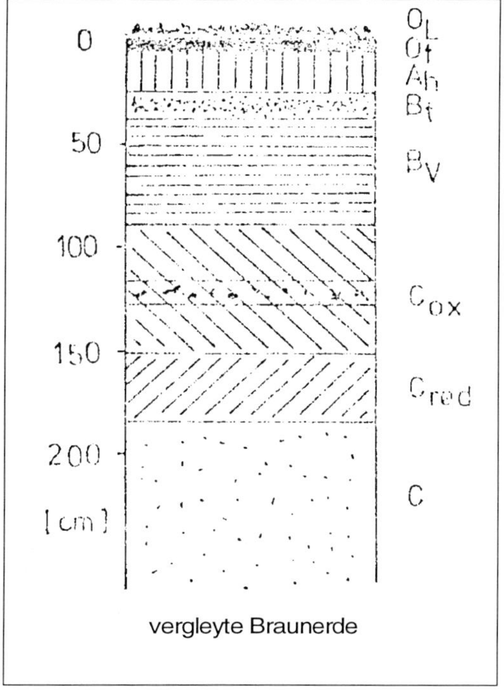

Abb. 6.5 Aufbau einer vergleyten Braunerde aus dem „Rainbruch" bei Graben.

Hier liegt ein besonders wichtiger Aspekt der systematischen Bodenkunde. Sie kann zur Klärung früherer Umweltverhältnisse in den Auenbereichen der Rheinniederungen und der Kraichgautäler beitragen. Eine einmal in einem Bodenkörper abgelaufene Entwicklung geht nie mehr verloren. Sie wird bei Änderung eines oder mehrerer bodengenetischer Faktoren mehr oder weniger überprägt, aber niemals ausgelöscht. Die reliktischen Bodenbildungen, die durch das zeitliche Nacheinander einwirkender Faktoren (z. B. Wasserüberschuß und Wassermangel) entstanden sind, gewinnen damit an Bedeutung. In Böden der Schwemmfächer in der östlichen Randsenke, den Ablagerungen der Niederterrasse oder in jenen der Bruchlandschaft der eigentlichen Rheinniederung lassen sich z. B. die nacheinander abgelaufenen Bodenbildungen seit der Nacheiszeit klar erkennen.

alt	neu	Erklärung der Symbole
A	A	Allgemein ein an der Oberfläche gebildeter, meist humoser Mineralbodenhorizont
	A_a	Anmoorhorizont (a von anmoorig)
A_1	A_h	An der Oberfläche gebildeter, humoser Mineralbodenhorizont (h von Humus)
	A_b	Verbraunter, ehemals schwarzer oder dunkelgrauer Humushorizont (b von braun)
A_2	A_e	Verarmter, gebleichter, hellgrauer (holzaschefarbener) Horizont des Podsols und podsoliger Böden (e von eluvial)
A_3	A_l	Hellerer, an Ton verarmter Horizont, charakteristisch für die Parabraunerde (l von lessiviert = ausgewaschen)
A_p	A_p	Durch Pflugarbeit gelockerter, gewendeter und durchmischter Horizont (p von Pflug)
B	B	Allgemein durch Bodenbildungsvorgänge zwischen A- und C-Horizont entstandener Bodenhorizont nicht wasserbeeinflußter Böden
C	C	Allgemein das Gestein, das unter dem Solum (= Bodenkörper) liegt
G	G	Durch das Grundwasser beeinflußter Horizont (G von Gley)
G_o	G_o	Oxidationshorizont eines Grundwasserbodens (o von Oxidation)
G_r	G_r	Reduktionshorizont eines Grundwasserbodens (r von Reduktion)
G_{or}	G_{or}	Übergangshorizont zwischen G_o- und G_r-Horizont
g	S	Allgemein durch Stauwasser (Staunässe) beeinflußter Horizont pseudovergleyter Böden (S von Stauwasser), teils wird heute noch g gebraucht
G_1	S_w	Stauwasserleitender S-Horizont mit vorherrschend grauen Farben (w von Wasserleiter)
G_2	S_d	Stauwassersohle, meistens grau und rostfarben marmoriert (d von dicht)
M	M	Allgemein am Hangfuß akkumuliertes und in Tälern (frisch) sedimentiertes Material erodierter Böden (M von lat. migrare = wandern)
	E	Plaggenauflage (E von Esch)
T	H	Torfhorizont oder -schicht (H_n = Niedermoortorf, $H_ü$ = Übergangsmoortorf, H_h = Hochmoortorf), Subhorizonte werden mit Zahlenindizes (H_1, H_2, usw.) bezeichnet (H von Humus)

Die Bildung der Bodenhorizonte und ihre Bezeichnung

Durch den Bodenbildungsprozeß entstehen im Bodenkörper voneinander unterscheidbare, horizontale Schichten („Straten", daher: Stratifizierung), die sogenannten Bodenhorizonte. Sie werden der einfachen und schnellen Charakterisierung wegen mit Symbolen bezeichnet. Die Symbole wurden ohne nähere Begründung dem Alphabet entnommen und die Horizonte von oben nach unten mit A, B, C und D bezeichnet. Später suchte man Buchstaben, die vom Objekt ableitbar waren, z. B. „G" von Gley. Bis vor etwa 25 Jahren wurden bei der Unterteilung der Haupthorizonte in Subhorizonte diese mit Zahlenindizes, z. B. A_1, A_2, A_3, bezeichnet. Um auch in der Symbolik der Subhorizonte einen Bezug zum Objekt auszudrücken, wurden Buchstabenindizes eingeführt, z. B. A_h, A_p, A_e[16].

---

16 Arbeitsgemeinschaft Bodenkunde: Kartieranleitung. – 2. Auflage, Hannover 1971

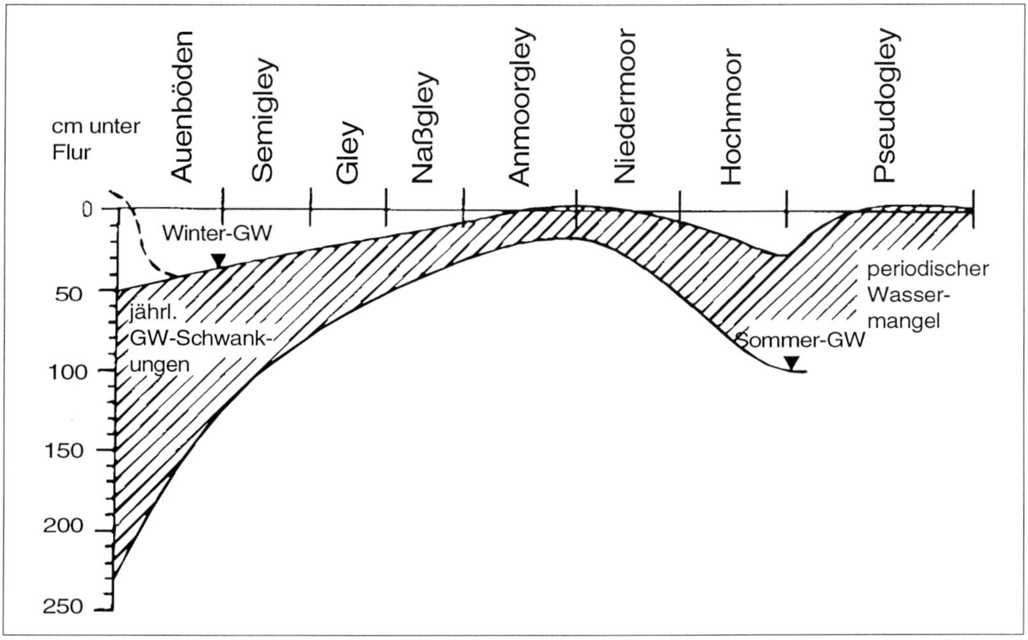

Abb. 6.6 Ausbildung semiterrestrischer Bodentypen in Abhängigkeit von der jährlichen Grundwasserschwankung.

Der Übergang von einem Horizont in den anderen wird durch Zusammenfügen der betreffenden Horizontsymbole mit Trennstrich ausgedrückt, z. B. B/C = Übergang von B zu C.

Dokumentieren sich die Merkmale zweier Horizonte in einem (Mischhorizont), so schreibt man die beiden Horizonte einfach nebeneinander, und zwar an den Schluß das Symbol, das die deutlichsten Merkmale anzeigt; das Symbol, welches das Untergeordnete angibt, wird gleichsam adjektivisch vorausgestellt, z. B. GB = ein Grundwasserhorizont mit zusätzlichen, schwachen Merkmalen eines B-Horizontes. Die wichtigsten Horizonte, und zwar die alten und neuen Symbole nebeneinander, die zur Beschreibung von Auen- und Wiesenböden der Region benutzt werden, sind im Kasten links zusammengefaßt. In den weiter unten wiedergegebenen Profilbeschreibungen werden die Symbole ohne weitere Kommentare benutzt.

Bodentypen der Niederungen

Der **Pseudogley** (früher gleyartiger Boden oder Staunässegley genannt) findet sich sporadisch in meist kleinen Flächen im Bereich der feuchten Niederungen. Dieser Boden mit einem rostgelb, rostbraun und fahlgrau gefleckten und gestreiften A_h-S_w-S_d-Profil, das unter der Einwirkung von gestautem Niederschlagswasser (Staunässe) entsteht, findet man besonders in den Auen der Kraichgaubäche, in Rinnenfüllungen der Hardtplatten und in der Rheinniederung. Das Wasser wird bei der Versickerung durch einen dichten Untergrund (Stauwassersohle, S_d) aufgehalten. Es staut in den oberen Boden (Stauwasserleiter, S_w) hinein und vernäßt diesen zeitweilig. Dagegen trocknet der Boden im Sommer mehr oder weniger aus und ist dann sehr hart. Naßphase, Feuchtphase und Trockenphase sind je nach Oberflächengestalt, Niederschlagsmenge, Verdunstung und Tiefe der Stauwassersohle verschieden lang. Je länger die Feuchtphase (günstiges Luft-Wasser-Verhältnis), desto günstiger sind die Bedingungen für die Pflanze. Meistens ist dieser Bodentyp sauer bis stark sauer, er kann aber auch einen mehr oder weniger großen Basengehalt besitzen. Der Pseudogley entwickelt sich aus sehr verschiedenem Ausgangsmaterial. Die Staunässebildung wird vielfach verursacht durch dichte Horizonte einer älteren Bodenbildung, durch hohen Schluff- oder (und) Tongehalt sowie Basenarmut und Lagerungsdichte. Übergänge vom Pseudogley zu anderen Bodentypen, z. B. zur Braunerde, zur Parabraunerde, zum Podsol, zum Plastosol und zum Pelosol, liegen des öfteren vor.

Kann sich die gestaute Nässe in Hanglage hangabwärts bewegen (Pseudogleye mit Hangnässe), so ist das für den Wasserhaushalt des Bodens und für die Pflanze vorteilhaft.

Die Melioration der Pseudogleye ist ein altes und oft schwieriges Problem. Wenn der durchlässige Profilbereich etwa 60–80 cm mächtig ist und das Wasser gut leitet, dann kann durch Drainage das überschüssige Wasser abgeführt und Luft in den Boden gebracht werden. Liegt aber der dichte S_d -Horizont hoch, so ist eine Lokkerung bis zu 80 cm Tiefe und eine zusätzliche weitere Drainage erforderlich. Der typische Pseudogley muß für die ackerbauliche Nutzung gedränt werden. Erst dann ist bei guter Ackerkultur der Anbau von Hafer, Roggen, Weizen oder von Zuckerrüben möglich. Die Erträge sind aber infolge des wechselnden Wasser- und Lufthaushaltes des Bodens unkalkulierbar. Für Grünland sind diese Böden ohne besondere Maßnahmen dagegen geeignet und unproblematisch. Auf ihnen gedeiht auch die Stieleiche, die Hainbuche und Fichte sowie Bäume ähnlicher Ansprüche, die Flachwurzler sind jedoch wurfgefährdet.

Der **Stagnogley** ist ein fast das ganze Jahr über staunasser Boden ebener und schwach muldiger Lagen mit dichtem Untergrund und A_h-S_{w1}-S_{w2}-S_{d1}-S_{d2}-Profil. Er kommt hin und wieder in ebenen Lagen der Rheinniederung und der Randsenke bei dichtem, meist fossilem Untergrund vor. Oft ist er durch eine stark anmoorige Auflage gekennzeichnet. Unter einer solchen Humusauflage zeigt er vielfach eine weißliche Farbe. Diese besondere Ausbildung des Stagnogleyes wurde bisher „Molkenboden" oder „Misseboden" genannt. Stark saure Reaktion und Reduktionsprozesse sind die beherrschenden chemischen Eigenschaften des Stagnogleyes. Nur selten kommen basische Formen vor. Die organische Auflage, die Stärke der Vernässung, der Basengehalt und die Art des Unterbodens bzw. -grundes variieren diesen Bodentyp. Er bildet den typischen Standort der Pfeifengraswiesen, Streuwiesen und Allmendwiesen.

Die **Kolluvien** werden durch das entweder durch Wasser an den Talrandbereichen im Kraichgau oder durch Wind zusammengetragene Bodenmaterial auf den Flugsandanwehungen der Hardtplatten gebildet. Es sind typische Böden der Agrarlandschaft des Untersuchungsgebietes, die durch Wasser- und Winderosion gebildet wurden. In der hügeligen Landschaft des Kraichgaus findet man das „Fluviatile Kolluvium" in Tälern, Mulden und am Hangfuß. Das seltenere „Äolische Kolluvium" besteht aus zusammengewehtem Krumenmaterial im Rheintal besonders im Bereich der Hardtwälder.

Semiterrestrische Böden

Die semiterrestrischen (zwischen Wasser und Land angesiedelten) Böden in den Niederungen entstanden durch einen hohen Grundwasserstand. Zum Teil erfuhren sie außerdem temporäre Überflutungen. Unsere **Auenböden** sind Bildungen in den Tälern und Niederungen mit stark schwankendem und im Sommer tiefem Grundwasserstand. Sie wurden überflutet, wenn kein Deichschutz vorhanden war. Im Gegensatz zu ihnen weisen die **Gleye** dagegen weniger schwankendes und höheres Grundwasser auf (siehe Abb. 6.6).

Der **Auenrohboden,** die „Rambla", stellt das Anfangsstadium der Bodenbildung aus jungen Aufschüttungen in den Auen aus vorwiegend unverwittertem Material dar. Es ist ein Boden ohne nennenswerte Humusbildung mit A_i-C-Profil. In unserem Gebiet ist er auf die unmittelbaren Überschwemmungsflächen des Rheins beschränkt.

Der weiter verbreitete **Junge Auenboden,** die „Paternia", begleitet die Kraichgaubäche in ihren Auen im Rheintal. Es handelt sich um junge Bodenbildungen auf jungholozänen Anlandungen in den Auen aus überwiegend unverwittertem Material. Ein humoser Oberboden ist schon ausgebildet, so daß ein A_h-C-Profil vorliegt. Das Material kann in der Körnung mehr oder weniger fein, je nach Herkunft auch grau oder braun, kalkhaltig oder kalkfrei sein, so daß mehrere Formen dieses Bodentyps auftreten.

Der **Rendzinaähnliche Auenboden**, die „Borowina", ist ein nährstoffreicher Auenboden mit grauschwärzlichem, rendzinaähnlichem A_h-Horizont, guter Humusform und A_h-C-Profil. Er entwickelt sich meist aus durchlässigen, kalkreichen Flußsedimenten des Rheins und jenem der lößlehmführenden Bäche aus dem Kraichgau. Er ähnelt dem **Schwarzerdeähnlichen Auenboden**, der „Tschernitza". Dieser Auenboden ist mit schwarzbraunem, meist mächtigem, der Schwarzerde ähnlichem A-Horizont, guter Humusform und einem A_h-C-G- oder A_h-G-Profil ausgestattet. Er entwickelt sich vorwiegend aus lehmigen, kalkhaltigen Flußsedimenten, meist in einem etwas trockeneren Randbereich. Beide Bodentypen sind ausgesprochen gute Ackerstandorte. Sie sind sporadisch in die Hochwasserabsätze der Hardtplatten eingestreut und bilden daher keine größere zusammenhängende landwirtschaftliche Nutzfläche.

Im Untersuchungsgebiet am weitesten verbreitet ist der **Braune Auenboden.** Es handelt sich um einen gut verwitterten, durch Eisenoxidhydrat gleichmäßig in verschiedenen Nuancen okkergelb bis rotbraun gefärbten Boden aller Auen. Dieser braune Auenboden kann durch die Boden-

Abb. 6.7
Sedimentwechsel im Kraichbachschwemmfächer. Unten älteres, dunkles Bodensediment, oben heller Lößlehm.

bildung an Ort und Stelle verbraunt sein, er kann jedoch auch aus braunem, angelandetem Bodenmaterial entstanden sein. Unterschiede im Material, im Kalkgehalt, in der Ausbildung des A-Horizontes und in den Wasserverhältnissen bedingen mehrere Formen. Der stark tonige Auenboden hat einen besonderen Wasserhaushalt (Pelosol-Auenboden).

Wie wir sehen, werden die Eigenschaften der Auenböden durch das sie aufbauende, meist sehr wechselnde Material und den besonderen Wasserhaushalt, der durch zeitweilige Überflutung oder Überstauung gekennzeichnet ist, geprägt.

Im allgemeinen sind die Auenböden fruchtbar, allerdings schränken die Wasserverhältnisse ihre Nutzung ein. So können die Auenböden in der Regel wegen der Hochwassergefahr nicht beakkert werden. Sie sind natürliches, meist gutes Grünland und als Fettweiden besonders geeignet. Höher gelegene, ehemalige Auenböden in den Hardtplatten im Bereich der Pfinz, des Saalbaches und besonders der Kraichbachniederung, die nicht mehr überflutet oder überstaut werden, werden heute selbstverständlich beackert und liefern gute Ackerböden, die anspruchsvolle Früchte tragen.

Abb. 6.8
Braune Vega über Pseudogley im Stettfelder Bruch.

In Bereichen mit hochstehendem Grundwasser, wie beispielsweise im Bruch zwischen Ubstadt und Stettfeld, trifft man einen **Halbgley** als Bodentyp an. Im Halbgley bleibt eine obere Bodenschicht frei von Grundwassereinfluß (Kapillarraum tiefer als 0,4 m unter Flur). Daher kann in der oberen Schicht eine Bodenbildung wie in den terrestrischen Böden des betreffenden Raumes ablaufen. Im tieferen Profilteil befinden sich dagegen Horizonte des Gleyes, so daß meistens ein A_h-BG-G-Profil vorhanden ist. So entstehen Übergangsbildungen vom Gley zur Braunerde, zum Podsol und zum Pseudogley. Diese Übergangsbildungen findet man in vielen Bodenprofilen als Relikte in den heutigen Böden. Sie sind beredte Zeugnisse von dem ehedem hohen Grundwasserstand in der Rheinebene.

Echte **Gleye** als rezente Böden der Oberrheinebene gehören ebenso der Vergangenheit an. Beim typischen Gley liegt der Kapillarraum längere Zeit des Jahres höher als 0,4 m unter Flur, so daß das ganze Profil vom Grundwasser geformt wird und ein charakteristisches A_h-G-Profil entsteht. Durch die Grundwasserabsenkung seit der Rheinbegradigung sind Gleyböden Relikte im Bodenmosaik der Auen geworden. Vormals sorgten der mehr oder weniger große Sauerstoffgehalt des Grundwassers, die Bodenart, die verschiedene Eisenanreicherung, die Bleichung und der Kalkgehalt für Variationen des Bodentyps „Gley“. Heute bildet sich in sehr schweren Bodenarten der Keupersedimente des Kraichgaus noch die Übergangsform des Pelosol-Gleys. Dort entsteht in Hanglagen, in den Tälern des Kraichbaches und des Katzbaches ein Gley mit Hangwasser.

Von Natur aus ist der typische Gley ein absoluter Grünlandstandort. Selbst die Melioration, die Kalkung und die regelmäßige Düngung mit allen Pflanzennährstoffen machten ihn nur zum Grenzertragsboden.

Der Vollständigkeit halber sei noch der **Naßgley** genannt. Er bildete sich in der Rheinniederung, wenn das Grundwasser im Laufe des Jahres meist noch höher als im Gley stand. Der Naßgley mit seinem A_hG-G-Profil stellt einen sehr nassen, meist auch sauerstoffarmen Boden mit starkem Reduktionsmilieu dar. Hoher Wasserstand hemmte bisweilen den Abbau der organischen Substanz stark, so daß es zur Bildung des **Anmoorgleyes** (auch **Anmoor** genannt) und des **Moorgleyes** (etwa 20–40 cm Torfauflage über Gley) kam. Relikte dieser Bodenbildungen findet man des öfteren zwischen Rhein und seinem Hochgestade.

Subhydrische Böden

Als subhydrische Böden[17] bezeichnet man solche, die unter dem Wasser gebildet wurden und von diesem allseitig durchdrungen und beeinflußt werden. Erwähnt seien zum einen die **Dunkle Mudde**, die „Gyttja“. Es handelt sich hierbei um ein sauerstoffreiches und stark belebtes Sediment, welches man in jedem Niedermoorprofil als liegenden Horizont findet.

Zum anderen muß der übelriechende Faulschlamm, das **Sapropel**, genannt werden. Das ist eine sauerstoffarme und kaum belebte Ablagerung. Sapropel findet sich beispielsweis auf weiten Strecken des Duttlacher Grabens als Auskleidung der Bachsohle.

Moorböden (Torfböden)

Der Begriff „Moor“ ist wie jener der „Marsch“ zunächst ein Landschaftsname, wurde aber auch als Bodenbegriff übernommen. Die Moore entstehen teils subhydrisch (unter Wasser) auf einer Dunklen Mudde und teils semiterrestrisch (zwischen Wasser und Land) auf einem Naßgley. Die Pflanzen des Moores bauen das Bodenmaterial selbst auf, wodurch sich die Moorböden von allen anderen Böden unterscheiden. Sie werden deshalb als besondere Bodengruppe aufgeführt.

Als **Niedermoore** oder auch **Flachmoore** spricht man Bodenbildungen mit mehr als 30% organischer Substanz und einem über 30 cm mächtigen Humushorizont an. Solche Bildungen findet man noch gut erhalten am Hochgestadeabbruch in die eigentliche Rheinaue (z. B. in der Grabener Bucht, im Gradnausbruch oder im Waghäusler Moor) oder in der östlichen Randsenke südlich von Weingarten. Sie bildeten sich in stehenden Gewässern der östlichen Randniederung und in den vom Fluß abgeschnittenen Altrheinschlingen unter Luftabschluß aus abgestorbenen Pflanzen, vorwiegend Rohrkolben, Schilf und Großseggen. Reine **Verlandungsniedermoore**, also solche, die sich allein aus pflanzlichem Substrat aufbauten, findet man allerdings nur in der jungen Rheinaue.

Die Bohrprofile aus den Mooren der Randsenke zeigen, daß dort **Versumpfungsniedermoore** vorherrschen. Ihr Bodenkörper ist aus einem Substratgemisch von Hochwassersedimenten, Solifluktionsmaterial und organischer Substanz in wechselnder Zusammensetzung aufgebaut worden. Ausschlaggebend für die Bildung beider Niedermoortypen ist in jedem Fall das Relief mit kleinen Senken und Rinnen, also die lokale Topographie des Naturraumes. Daher bezeichnet man diese Moore auch als „topogene Moore“. Das die Rinnen und Mulden füllende Druck- und Oberflächenwasser aus dem Muschelkalk des Kraichgaus oder dem Sedimentkörper der Niederterrasse ist überwiegend nährstoffreich. Daher beherrschten vorwiegend Schilf, Seggen und Rohrkolben, so wie auch heute noch, die Flachwasserbereiche. Weniger verbreitet waren Binsen, Wollgras und Moose in der Moorvegetation, wie man heute noch aus den gebildeten Torfen ersehen kann.

Je nach Basen- und Nährstoffgehalt des Wassers sind Reaktion sowie Kalk und Stickstoffgehalt des Niedermoortorfes verschieden. Meistens sind die Niedermoore im Oberrheingraben kalk- und stickstoffreich. Sie liefern daher nach durchgeführter Melioration Böden mit hoher potentieller Fruchtbarkeit.

Die Entstehung der Niedermoore in der Oberrheinebene stehen in ursächlichem Zusammenhang mit zum Teil durch Flußerosion und zum

17 Auf den Meinungsstreit, ob es überhaupt subhydrische Böden gibt, oder ob das vielmehr Sedimente sind, kann hier nicht eingegangen werden. Man kann sie selbstverständlich auch als Sedimente ansehen.

anderen durch tektonische Setzungen entstandenen Hohlformen oder Senken. In der eigentlichen Rheinaue, in der der Rhein bis heute noch mäandrieren würde, hätte man ihn nicht durch Begradigung und Eindämmung in ein Bett gezwungen, sind es die abgeschnittenen Flußschlingen, die sich mit Grund- und Hochwasser anfüllten und so die Ausgangssituation für die Moorentstehung schufen. Ganz anders stellt sich die Situation im Bereich der sogenannten „Kinzig-Murg-Rinne", der mit Mooren durchsetzten östlichen Niederung der Oberrheinebene vor dem Kraichgau, dar. Nach der Eiszeit, in der der Rhein zwischen den Pfälzer Vorbergen und dem Kraichgau durch ständige Verlegung seines Flußlaufes die Niederterrassenkiese und Sande ab- und umlagerte, hat er nie mehr den Bereich seiner heutigen Aue verlassen. Hier ist die Senke durch tektonische Senkungsprozesse entstanden (siehe oben, „Der nördliche Oberrheingraben...").

Im Gegensatz zu den Flachmooren sind ausgeprägte **Hochmoore** („ombrogene Moore"[18]) im Oberrheingraben nicht entstanden. Sie bilden sich nur bei sehr hohem Niederschlag (über 1.000 mm/Jahr) und hoher Luftfeuchte, also in humiden Gebieten, in denen die Niederschläge der Verdunstung überwiegen, oder wenn nach der Niedermoorbildung nährstoffarmes Wasser den Grundwasserspiegel ansteigen läßt. Nur unter solchen Bedingungen wachsen anspruchslose Torfmoose (Sphagnen) über das ursprüngliche Grundwasserniveau hinaus und ziehen den Grundwasserspiegel wegen ihrer sehr hohen Wasserspeicherungskapazität mit sich hoch. Sie bilden nach ihrem Absterben den oligotrophen (nährstoffarmen), sauren Hochmoor-Torf. Im gemäßigt-humiden, teils etwas kühleren oder luftfeuchten Klima bildeten sich über dem Grundwasserspiegel, aufwachsend über dem Übergangsmoor oder auf anderen armen und feuchten Unterlagen, die Hochmoore, die sich aus anspruchslosen Pflanzen (Torfmoosen, Wollgras u. a.) aufbauen und durch Basen- und Nährstoffarmut, saure Reaktion und biologische Trägheit ausgezeichnet sind. Dies ist beispielsweise im Voralpengebiet und der Hollertau der Fall, nicht aber im warmen Oberrheingraben. Hochmoore sind daher für das Untersuchungsgebiet keineswegs charakteristisch. Ihr Vorkommen ist höchst sporadisch und auf Quellaustrittsbereiche am Hochgestade beschränkt. Der untere Teil besteht meist aus dem gut zersetzten Schwarztorf, der dem liegenden Niedermoor zuzurechnen ist, während die obere dünne Schicht aus dem weniger zersetzten Weißtorf aufgebaut wird. Zwischen Schwarz- und Weißtorf liegt meistens der sog. Grenzhorizont, der eine Unterbrechung der Torfbildung anzeigt; dabei fand eine Torfzersetzung statt. Die Moore der Rheinebene wurden frühzeitig geschlämmt und entwässert oder durch Torfstiche abgebaut. Durch die anthropogene Beeinflussung beginnt oberflächlich die Zersetzung des Torfes, und eine andere Pflanzengesellschaft stellt sich ein. Da die Mächtigkeit der aufliegenden Hochmoore nur gering war, hat die junge Überprägung reliktisches Material stark verändert, so daß eine exakte Charakterisierung sehr schwer möglich ist.

Dagegen lassen sich die **Übergangsmoore** leicht ausmachen und abgrenzen. Sie stellen eine Übergangsbildung besonders in der Rheinaue zwischen Niedermoor und Anmoor dar. Sie zeichnen sich durch natürliche Erlen- und Birkenbestände aus.

Schutzwürdigkeit und Schutzbedürftigkeit unserer Auenböden

Die Bodendecke unserer Niederungen ist durch eine außerordentlich große Vielfalt gekennzeichnet. Allein in diesem Beitrag werden 17 verschiedene Bodentypen angesprochen und erklärt.

Diese Vielfalt an belebten Naturkörpern ist als Entwicklung der Natur und Ergebnis der Schöpfung ebenso schützenswert wie die verschiedenen Pflanzen und Tierarten sowie die verschiedenen Gesteins- und Landschaftsformen unserer Erde. Reiz und Informationswert von Böden sind im Gegensatz zu Orchideen, Schmetterlingen oder Fossilien allerdings der Allgemeinheit wenig offenkundig, und Kenntnisse der Bodenkunde sind weit weniger verbreitet als die der Biologie und Geologie. Daher erscheinen Böden als Naturkörper selbst engagierten Naturfreunden kaum als schützenswert, wie ein Blick in amtliche Listen von Naturschutz-Objekten rasch erkennen läßt.

Ziel sollte aber sein, charakteristische Bodenformen um ihrer selbst und möglicher Erkundung durch spätere Generationen willen zu schützen. Wirksamer Schutz erfordert dabei allerdings, daß keiner der bodenbildenden Faktoren, z. B. Vegetation oder Grundwasserspiegel, durch menschliche Eingriffe nachhaltig verändert wird. Daher ist wirksamer Schutz natürlich entstandener Böden nur in Naturschutzgebieten möglich.

18 Von gr. ombros = Regen.

7 Ökologie der Wiesen und Bäche in Kraichgau und Bruhrain

7.1 Die Wiese als Lebensraum

DANIEL BAUMGÄRTNER & PETER GARBE

Wiesen sind anthropogen entstandene Ökosysteme, die sich in Mitteleuropa erst seit ungefähr 1000 Jahren ausbreiteten. Im Unterschied zu natürlichen Graslandschaften – wie der tropischen Savanne und den Steppen gemäßigter und polarer Zonen – stehen Wiesen in Mitteleuropa auf potentiellen Waldstandorten. Durch die jahrhundertelange, gleichförmige Nutzung wurde ermöglicht, daß Pflanzen aus anderen Biotopen einwanderten, sich auf das Überleben unter den Bedingungen in

Abb. 7.1
Eine kräuterreiche Magerwiese (hier eine Salbei-Glatthaferwiese) kann über 40 Pflanzenarten auf kleinem Raum beherbergen. Der Anteil an Gräsern geht dann stark zurück. Sehr schön erkennt man in dieser Aufnahme den Stockwerksaufbau einer Wiese. Die gelbblühenden Klappertopf-Arten (Gattung *Rhinanthus*) sind Halbschmarotzer, die mit Saugwurzeln den Gräsern Nährstoffe entziehen. In manchen Wiesen kann durch ihren Einfluß der Grasanteil und der Ertrag drastisch zurückgehen, was aber der ökologischen Diversität zugute kommt. Bei den Wiesenbauern sind die Klappertöpfe verständlicherweise unbeliebt.

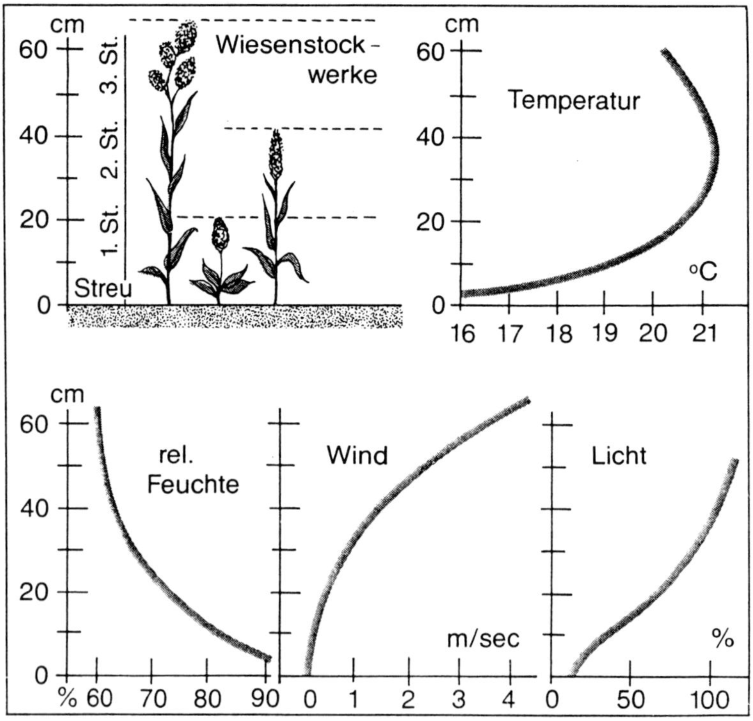

Abb. 7.2
Stockwerksaufbau und kleinklimatische Schichtung in einer Wiese (aus NACHTIGALL 1986).

Wiesen einstellten und teilweise so perfekt anpassen konnten, daß man heute bei einigen von „klassischen Wiesenarten“ spricht. Durch menschliche Nutzung genauso geprägt wie durch verschiedene Standortsfaktoren, bilden Wiesen und Weiden zusammen das „Wirtschaftsgrünland“.

Charakteristisch für Wiesen ist das gemeinsame Vorkommen vieler Pflanzenarten in einer dauerhaften, geschlossenen Grasnarbe: ein wesentlicher Unterschied zu Äckern, wo ja im Regelfall Monokulturen angebaut werden und eine einzige Pflanzenart spezifisch gefördert wird. Daher gibt es viele unterschiedliche Wiesentypen, deren Artenzusammensetzung, Struktur, Futterertrag oder einfach Erscheinungsbild stark variieren. Verantwortlich dafür sind Faktoren wie geographische Lage, Nährstoffversorgung, Bodenbeschaffenheit, Wasserhaushalt, Klima und besonders Art und Intensität der Nutzung (siehe auch Kap. 7.2).

Lebensgemeinschaften im „Graswald“

Der recht einprägsame Ausdruck „Graswald“ stammt von NACHTIGALL (1986), der den Stockwerksaufbau in einer Wiese wie folgt schildert:

„Wie der Wald hat auch der Graswald über dem Boden sein 'Unterholz', bestehend aus einer mehr oder minder ausgeprägten Moos- und Streuschicht. Darüber folgen dann die drei Stockwerke der höherragenden Pflanzen. Das unterste Stockwerk nehmen die Rosettenblätter und niederliegenden Teile ein, speziell von Löwenzahn, Wegerich- und Kleearten. Ins mittlere Stockwerk der relativ niederwüchsigen Gräser, etwa des Wiesen-Rispengrases und des Rot-Schwingels, schicken die Pflanzen des Unterstockwerks ihre Blüten, so der Scharfe Hahnenfuß und der Wiesen-Pippau. Schließlich ist das lockere und stark durchsonnte obere Stockwerk der hochstehenden Gräser gut abgrenzbar, gebildet etwa von Wiesen-Lieschgras, Glatthafer, Knäuelgras und von den verschiedenen Arten der Quecken und Zwenken. Hier hinein schicken auch die höherwüchsigen Kräuter ihre Blüten. ... Wie beträchtlich die Unterschiede im Kleinklima sein können, zeigen beispielsweise Temperaturmessungen direkt in Löwenzahnblüten sowie gleich darunter, in der freien Luft. Um die Mittagszeit brachten sie an einem heißen Apriltag 32° C und 23° C. In den (teils aktiv durch Stoffwechselvorgänge) wärmeren Blüten sind die Kleininsekten lebhafter, und der

Nektar fließt reichlicher. Aber auch rein passiv stellen sich in den Stockwerken des Graswaldes beachtlich große Unterschiede ein im Bezug auf relative Feuchte, Lichtintensität, Temperatur und Windgeschwindigkeit. Von unten nach oben wird der Graswald zunehmend trockener, heller, wärmer (bis auf die obersten, lockeren Regionen) und stärker durchlüftet. Die bodennahen Regionen sind meist feucht, schattig, mäßig warm und windstill. Sie bleiben damit relativ einheitlich. Dagegen verschieben sich die Verhältnisse in den bodenferneren Regionen mit größerem Bodenabstand immer rascher in die oben genannten Richtungen."

Eine Nische für jeden

Mit den Lebensbedingungen in einer Wiese kommen viele Tierarten zurecht; jede besetzt ihre eigene Nische. Dem Stockwerksaufbau der Pflanzen entsprechend, besiedeln und nutzen bestimmte Tiergruppen oft spezifisch Teilbereiche des Lebensraums. Bakterien und Strahlenpilze spielen als Zersetzer der Streu eine wichtige Rolle in den **oberen Bodenschichten**. Regenwürmer, zwischen siebzig und tausend Exemplare pro Quadratmeter (!), sind Erdfresser und daher ihr ganzes Leben lang mit Durchbohren, Durchmischen und Umlagern des Bodens beschäftigt. Ihre unterirdischen Gänge lockern den Boden auf, dienen als „Luftschächte“ für die Sauerstoffversorgung und bieten leicht erschließbaren Raum für Pflanzenwurzeln. Die mineralreichen Ausscheidungen der Regenwürmer (Ton-Humus-Komplexe) sind als Bodenverbesserer bekannt. Engerlinge und Drahtwürmer, die Larven der Schnellkäfer sowie andere grabende Tierarten wie beispielsweise die Maulwurfsgrille (*Gryllotalpa gryllotalpa*) sind zumindest zeitweise weitere Bewohner des Erdreichs.

Auf der Oberfläche des Wiesenbodens leben im **unteren Stockwerk** räuberische Gruppen wie Laufkäfer und Wolfsspinnen, aber auch einige Nacktschnecken, die mit ihrer Raspelzunge vermodernde Pflanzenteile abschaben.

Günstige Lebensbedingungen in der Wiese finden vor allem jene Tiere, denen frischwachsende Pflanzen – vor allem Gräser – als Nahrung dienen, so Stengelminierer und Pflanzensaftsauger. Die wichtigsten Pflanzenfresser sind Insekten. Heuschrecken, Blattkäfer, Rüsselkäfer, Schmetterlingsraupen, Blattläuse, Zikaden, Wanzen und Pflanzenwespen können erhebliche Mengen an Biomasse konsumieren, was auf den ersten Blick aber gar nicht auffällt. Feldheuschrecken und Schmetterlingsraupen fressen teilweise pro Tag mehr als ihr eigenes Körpergewicht. Im Unterschied zu den tropischen Savannen ist die natürliche Beweidung des Grünlandes durch Säugetiere in unseren gemäßigten Breiten unerheblich.

Gräser besitzen nur wenig giftige sekundäre Inhaltsstoffe, mit denen sich manche Kräuter – wie etwa die Herbstzeitlose mit dem Alkaloid Colchicin – gegen Fraß schützen. Diese Aufgabe kommt dem hohen Silikatgehalt ihrer Zellwände zu. Die Verdickung der Zellwände durch Silikat, eine typische Eigenschaft von Sonnenpflanzen, hat ursprünglich keine defensive, sondern eine Stützfunktion. Trotz des hohen Silikatgehalts bieten auch Gräser eine Nahrungsgrundlage für zahlreiche Wiesentiere.

Blütenbesucher finden während des Wiesen-Hochstands einen reich gedeckten Tisch. Langrüsselige Tagfalter saugen Nektar an Röhrenblü-

In der Wiese herrscht ein harter Konkurrenzkampf

Die Wiesenpflanzen nutzen ihren Lebensraum alle in recht ähnlicher Form – entsprechend scharf ist der Konkurrenzkampf zwischen den Arten. Konkurrenzschwächere Arten werden in die ökologischen Randbereiche von Wiesen verdrängt, auf besonders trockene oder feuchte und auf nährstoffarme Standorte. Der „Hohenheimer Grundwasserversuch“ (ELLENBERG 1953) liefert hier ein Beispiel anhand dreier wichtiger Wiesengräser. In Monokulturen angepflanzt haben sowohl Glatthafer (*Arrhenatherum elatius*), Wiesenfuchsschwanz (*Alopecurus pratensis*) und Aufrechte Trespe (*Bromus erectus*) ihr physiologisches Optimum bei einem Grundwasserstand von etwa 30–35 cm unter Flur. In der freien Natur hingegen kommt *Bromus erectus* auf mäßig trokkenen bis trockenen Kalkmagerrasen vor, *Alopecurus pratensis* in feuchten bis nassen, gut gedüngten Wiesen, und *Arrhenatherum elatius* nimmt eine Zwischenstellung in frischen Fettwiesen ein. Der Glatthafer scheint unter physiologisch optimalen Bedingungen die konkurrenzstärkste Art zu sein, während bei den beiden anderen Arten physiologisches und ökologisches Optimum weit auseinanderliegen. Die Aufrechte Trespe, „Zeigerart“ für Halbtrockenrasen, ist also kein trockenheitsliebendes, sondern ein trockenheitsertragendes Gras, ähnlich wie der Wiesenfuchsschwanz nicht eigentlich feuchtigkeitsliebend, sondern am besten feuchtigkeitsertragend ist.

Abb. 7.3 Ausschließlich in Wiesen kommt die Wiesen-Glockenblume (*Campanula patula*) vor, die hier einen „natürlichen Wiesenstrauß" mit der Wiesenmargerite zusammen bildet. Die Wiesen-Glockenblume verschwindet in nährstoffreichen Wiesen sehr schnell und ist deswegen selten geworden.

Abb. 7.4 Der Wiesensalbei (*Salvia pratensis*) ist eine der auffälligsten und schönsten Arten der Magerwiesen. Salbei-Arten werden durch große Hummeln und Bienen-Arten bestäubt und besitzen spezialisierte Blütenkonstruktionen, mit denen sie den Pollen auf dem Rükken der nektarsammelnden Bienen verteilen.

ten, Schwebfliegen besuchen Blüten mit einem breiten Landeplatz, Hummeln und andere Wildbienen sammeln Pollen. Durch die Mahd wird das Angebot auf einmal eingeschränkt; die auf Nektar und Pollen angewiesenen Gruppen gehen stark zurück. Mit ihrem Verschwinden wird die Situation auch für Insektenfresser wie Libellen und manche Wiesenvögel kritisch.

Die Brut- und Nestlingszeiten der wiesenbrütenden Vögel sind eng mit dem Mahdrhythmus vernetzt. Auf häufig gemähtem Intensiv-Grünland besteht keine Möglichkeit für Braunkehlchen, Wiesenpieper und Wiesenweihe, sich erfolgreich fortzupflanzen. Weil der Schnitt die meisten Pflanzen vor Abschluß ihres Lebenszyklus trifft, werden Tiere besonders beeinträchtigt, die reife Blütenköpfe oder Samen benötigen. Auch für Überwinterer, die auf oberirdische Pflanzenteile angewiesen sind, kommt die Wiese nicht in Frage. Große Verluste durch die Mahd erleiden Blattläuse, deren ungeflügelte Stadien nicht in der Lage sind, durch Abwanderung auf Pflanzenstümpfe ihre Entwicklung fortzusetzen. Viele kleine, flugfähige Insekten werden weit verweht, weil der Wind voll angreifen kann: Auch die tierische Wiesenbesiedlung ist in weiten Bereichen von der Mahd abhängig.

Blüh-Aspekt und Arteninventar

Im Frühling gelangen in einer „normalen" Glatthaferwiese des Tieflands zuerst die niedrigwüchsigen Gänseblümchen (*Bellis perennis*) zur Blüte, bevor der Löwenzahn (*Taraxacum officinale*) einen gelben und das Wiesenschaumkraut (*Cardamine pratensis*) einen ins Hellviolette tendierenden Blüh-Aspekt bringen. Es folgen eine gelbe Welle des Scharfen Hahnenfußes (*Ranunculus acris*), eine rote Welle aus Sauer-Ampfer (*Rumex acetosa*), Roter Lichtnelke (*Melandrium rubrum*) und Acker-Witwenblume (*Knautia arvensis*), bis der Hochstand der Wiese vor dem ersten Schnitt erreicht ist. Der namensgebende Glatthafer (*Arrhenatherum elatius*) und andere Obergräser wie Knäuelgras (*Dactylis glomerata*)

Abb. 7.5
Frühlingsstimmung in den Talwiesen unterhalb von Gochsheim. Das Wiesenschaumkraut (*Cardamine pratensis*) sorgt für eine erste Rosafärbung, während die Kopfweiden gerade beginnen, Blätter auszutreiben.

oder – auf feuchteren Standorten – Wiesenfuchsschwanz (*Alopecurus pratensis*) überragen die meisten Kräuter und geben reichlich wertvolles Futter. Der Wiesen-Bocksbart (*Tragopogon pratensis*) – übrigens eßbar –, der seine gelben Blüten nachmittags schließt, Wiesenkerbel, Margerite (*Chrysanthemum leucanthemum*) und Hohes Labkraut (*Galium mollugo*) verstärken den weißgelben Frühjahrs-Aspekt.

Nach der Mahd kommen in der lichtreichen Phase Kräuter aus der unteren und mittleren Schicht zum Zuge. Storchschnabel-Arten (*Geranium*) und Unter- und Mittelgräser wie *Poa pratensis* erholen sich von der dichten Beschattung, bis sie erneut von Obergräsern und hohen Kräutern übergipfelt werden. Der Rotklee (*Trifolium pratense*), eine seit dem Mittelalter angebaute, gute Futterpflanze, einige andere Leguminosen sowie der Löwenzahn blühen in jeder Tiefstands-Periode.

Vor dem zweiten Schnitt können neben den Doldengewächsen auch Wiesen-Pippau (*Crepis biennis*), Großer Wiesenknopf (*Sanguisorba officinalis*) und Pastinak (*Pastinaca sativa*) sowie Wiesenglockenblume (*Campanula patula*) und Zaunwicke (*Vicia sepium*) mit ihren blauen und violetten Blüten zur Geltung kommen. Nachdem auch

Allelopathie: Chemische Kriegführung in der Wiese

MICHAEL HASSLER

In einer Wiese herrscht nicht etwa das idyllische Zusammenleben von Tieren und Pflanzen, wie uns eine oberflächliche Betrachtung vorgaukeln kann. Es herrscht ganz im Gegenteil ein erbitterter Wettbewerb. Die Pflanzen setzen sich mit allen Mitteln gegen eventuelle Freßfeinde zur Wehr oder locken Bestäuber durch Farbe und Geruch an. Pflanzen können sich auch gegenseitig durch die Absonderung chemischer Substanzen am Wachsen hindern. Dieses Phänomen wird „Allelopathie" genannt und ist vielen Gartenbesitzern anhand der Tatsache bekannt, daß Walnußbäume die Vegetation darunter (so auch Gemüse und Gartenpflanzen) schädigen oder sogar zum Absterben bringen können. Auch Veilchen gelten als schädlich für die Gehölze, unter denen sie wachsen.

Relativ neu ist dagegen die Erkenntnis, daß auch die Pflanzen einer Wiese sich untereinander beeinflussen können. Die Experimente dazu werden von HARBORNE (1995) anschaulich zusammengefaßt. So kann man Wiesenpflanzen in Reinkultur wachsen lassen, den Boden darunter auswaschen und andere Arten mit diesem Wasser gießen. Die Resultate sind eindeutig: Honiggras (*Holcus lanatus*), Ferkelkraut (*Hypochoeris radicata*) und Weißklee (*Trifolium repens*) produzieren Substanzen, die andere Wiesengräser und -kräuter unterdrücken. Kein Zufall ist also, daß diese drei Arten zu den „erfolgreichsten" und durchsetzungsfähigsten Wiesenpflanzen zählen.

dieser Aspekt im Hochsommer unter den Messern verschwindet, gelangen die hochwüchsigen Arten nur in warmem Klima ein drittes Mal zur Blüte.

Besondere Eigenschaften der Wiesenpflanzen

Um nach der Mahd wieder austreiben zu können oder rechtzeitig vorher Nachkommen zu bilden, müssen typische Wiesenpflanzen Eigenschaften besitzen, die sie von Arten aus anderen Lebensräumen unterscheiden.

Ihr Entwicklungszyklus muß in den Bewirtschaftungsrhythmus eingepaßt sein; zumindest gelegentlich müssen sie Samen bilden. Die meisten Arten blühen zunächst vor dem ersten Schnitt und später erneut zwischen dem ersten und zweiten Schnitt und bringen innerhalb weniger Wochen einige Früchte zur Reife. Die Herbstzeitlose (*Colchicum autumnale*) hat einen anderen, ungewöhnlichen Weg eingeschlagen: Im Frühjahr, vor dem ersten Schnitt, bildet sie ihre Blätter, betreibt Photosynthese und speichert die aufgenommene Energie in einer unterirdischen Knolle. Erst im Spätsommer/Herbst blüht sie und fruchtet im darauffolgenden Frühjahr, wenn neue Blätter austreiben.

Eine einfache Möglichkeit, der Sense zu entgehen, ist niedriger Wuchs und bodennahe Beblätterung. So gewinnen bei häufiger Mahd Weißklee (*Trifolium repens*) und Englisches Raygras (*Lolium perenne*), die normalerweise von Ober- und Mittelgräsern und hochwüchsigen Kräutern unterdrückt werden, die Oberhand. Auch Rosettenpflanzen wie Wegerich (*Plantago*) und Löwenzahn werden durch Mahd wenig oder kaum geschädigt. Ein besonderer Überlebenskünstler ist das Ferkelkraut (*Hypochoeris radicata*), dessen breite Rosetten sich nur wenige Millimeter über den Boden erheben und auf diese Weise sogar den Messern eines Rasenmähers entgehen können.

In allen Wiesen fällt die Dominanz der Gräser auf. Ein Viertel der typischen Wiesenpflanzen sind Süßgräser, ihr Anteil an der Biomasse liegt sogar deutlich über fünfzig Prozent. Warum sind Gräser im Lebensraum Wiese so „erfolgreich"? Eine Antwort ist, daß Gräser sehr regenerationsfähig sind. An ihrer Blattbasis haben sie zeitlebens ein wachstumsfähiges Gewebe, das ständig Blätter nachschieben kann. Die meisten Kräuter können dies nicht, da ihnen dieses Gewebe verloren geht. Überdies machen viele Gräser den Verlust des Sprosses durch Ersatzsprosse wett. Sie bilden Seiten- oder Adventivwurzeln aus, wodurch sich der Rasen verdichtet.

Pflanzen in Wiesen müssen lichtliebend sein. Auch niedrigwüchsige, lange Zeit beschattete Arten werden durch die Mahd zeitweilig voller Sonnenbestrahlung ausgesetzt. Sie tragen vor allem im Frühjahr und während der Tiefstände nach den Schnitten, wenn ihnen mehr Licht zur Verfügung steht, wesentlich zur Ertragsbildung bei.

Die Mahd als prägender Vorgang

Einschneidendstes Ereignis für pflanzliche wie tierische Besiedler der Wiese ist die Mahd. Plötzlich ändern sich die Lebensbedingungen dramatisch: Wo vorher ein dichter „Graswald" Schutz und Nahrung bot, nur wenige Sonnenstrahlen den Erdboden erreichten und der Wind nur gedämpft blasen konnte, bleiben nach dem Sensenschnitt (sei es auch ein maschineller) nur Stoppeln und

Abb. 7.6
Typischer Rhythmus der Wiesenentwicklung (aus NACHTIGALL 1986).

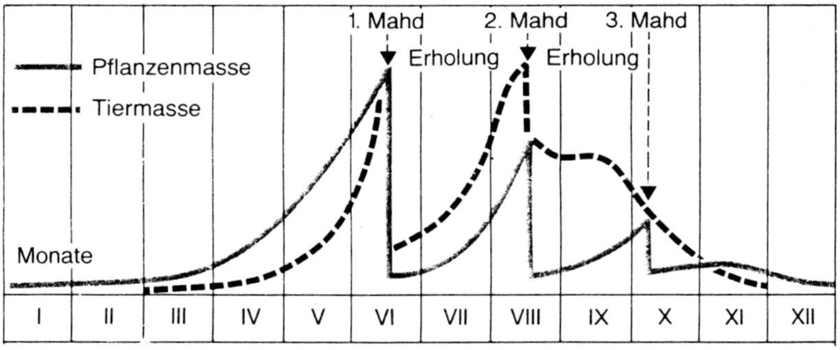

Rosetten zurück. Das Mikroklima hat sich völlig verändert: Tag- und Nachttemperaturen schwanken auch am Grund in weiten Amplituden, die Luftfeuchtigkeit in den unteren Bereichen ist stark zurückgegangen und ebenfalls großen tageszeitlichen Schwankungen unterworfen. Der filigrane Stockwerksaufbau mit Moos- und Streuschicht zuunterst, den Unter-, Mittel- und Obergräsern ist dahin – für alle Wiesenbewohner zunächst eine ökologische „Katastrophe".

Trotzdem: Gerade die Mahd sorgt für den Fortbestand der Wiese. Ohne sie würden sich zunächst hochwüchsige Stauden wie Wiesenkerbel (*Anthriscus sylvestris*), Wiesen-Platterbse (*Lathyrus pratensis*), Bärenklau (*Heracleum sphondylium*) und Mädesüß (*Filipendula ulmaria*) oder kletternde Pflanzen wie die Vogel-Wicke (*Vicia cracca*) durchsetzen. Die Sukzession würde zu einer Versaumung, schließlich mit den ersten Holzgewächsen über eine Verbuschung zu einem lichten Wald führen.

Der Wasserhaushalt[1]

Der Wasserhaushalt einer Wiese ist ein wesentlicher Standortsfaktor. Der Wiesentyp hängt unter anderem vom Niederschlag ab, von eventuellen Überschwemmungen und Bewässerungen, vom Flurabstand des Grundwassers und von der Menge des pflanzenverfügbaren Wassers in den mittelgroßen Bodenkapillaren. In engen Grenzen können sich Bewässerung und Düngung in ihrer positiven Wirkung auf die Biomasseproduktion des Grünlandes sogar ersetzen. Als es noch keinen industriell hergestellten Mineraldünger gab, galt die Wiesenwässerung daher als „Düngung des kleinen Mannes". Im Wasser mitgeführte Trüb- und Schwebstoffe sollen den Nährstoffentzug durch Mahd wieder ausgleichen. Da die Wiesen früher nur wenig und oft wohl gar nicht im heutigen Sinne gedüngt werden konnten – vor der allgemeinen Einführung der Handelsdünger wurde der Stallmist vor allem zur Düngung der Äcker gebraucht[2] – waren die Bäche Hauptquelle der Nährstoffversorgung und boten so Ersatz für den Stoffentzug durch die Mahd. Über Jahrhunderte war allein diese Nährstoffquelle verfügbar und machte eine geregelte Bewirtschaftung erst möglich. Weitere Vorteile können, je nachdem, eine Erwärmung und Entsäuerung des Bodens und die Bekämpfung pflanzenfressender Schädlinge sein.

In der Rheinebene spielt über die Wässerung hinaus der Wasserhaushalt des Standorts selber eine entscheidende Rolle, wie Oberdorfer (siehe unten) bereits erkannte. Das Grundwasser steht in der Regel hoch an. Kleinste Schwankungen in der Höhe des Standorts und in der Wasserdurchlässigkeit des Untergrunds machen enorme Unterschiede in der Vegetation aus – analoge Effekte finden wir bei den Wäldern.

Die Entstehung der Wiesen

Die Wiesennutzung ist eine sehr junge Erfindung des Menschen und in Mitteleuropa erst seit ungefähr 1000 Jahren etabliert. Sie ist aus der extensiven Waldweide hervorgegangen, die in Regionen, in denen im Winter Stallfütterung nötig

1 Über die Details zum Einfluß der Wässerung auf die Vegetation siehe in Kap. 7.3.

2 Die für uns heute selbstverständliche Erkenntnis, daß Stallmist als Dünger gebraucht werden kann, hat sich überraschend spät, nämlich zu Beginn des 19. Jahrhunderts, mit dem Beginn moderner Wissenschaft, durchgesetzt. Im Mittelalter und der frühen Neuzeit fand überhaupt keine systematische Düngung (mit Ausnahme der Trübwässerung der Wiesen!) statt.

Abb. 7.7
Mäßig nährstoffreiche, intakte Feuchtwiesenflächen in der Kraichbachaue bei Unteröwisheim. Der Scharfe Hahnenfuß (*Ranunculus acris*) dominiert hier und überzieht die Wiesen im Mai mit einem gelben Schleier. Die großen Weiden im Hintergrund zeigen die Reste des ehemaligen Wässergrabens an, der von der Appenmühle bei Oberöwisheim aus gespeist wurde.

ist, durch die Gewinnung von Laubheu ergänzt wurde. Eschen (*Fraxinus excelsior*) und Hainbuchen (*Carpinus betulus*) waren beim Vieh beliebt, und ihre Äste und Stockausschläge wurden häufig in den „Lauben" vor dem Haus zum Trocknen aufgehängt. Auf diese Nutzungsform weisen heute noch ihre wissenschaftlichen Namen hin, die von lat. carpere = rupfen (*Carpinus*) und frangere = brechen (*Fraxinus*) stammen.

Erst später, nachdem auch geeignete Schneidewerkzeuge vorhanden waren, wurde mit der dauerhaften Nutzung von Mähwiesen begonnen. Daher sind auch die Pflanzengemeinschaften der Wiesen junge Gesellschaften. Woher stammen aber die typischen Wiesenpflanzen, die diese Gesellschaften heute bilden, wenn in Mitteleuropa natürlicherweise auf fast allen Standorten Wald die dazugehörige Vegetation ist?

ELLENBERG (1986) nimmt an, daß baumfreie Lawinenrinnen der submontanen und montanen Stufen die Evolutionszentren der Wiesenpflanzen waren. Etliche Arten stammen aus anderen lichten Standorten wie Auwäldern, Röhrichten und Großseggenrieden, Flachmoorwiesen, Felsschutthalden, Felsheiden, Lichtungen und Säumen.

Naturschutzziele in der Wiesenbewirtschaftung

Wiesen sind nicht nur wertvoller Lebensraum für Tiere und Pflanzen, sondern auch kulturhistorisches Zeugnis. Durch intensive Düngung und Bewirtschaftung, Nutzungsaufgabe oder Umbruch in Ackerland sind eine Reihe von Wiesentypen selten geworden und drohen, in der nächsten Zeit ganz aus der Landschaft zu verschwinden.

Wiesen mit regionalen Eigentümlichkeiten, auf besonderen Standorten oder mit einer ungewöhnlichen Bewirtschaftungsweise fallen der gut gedüngten Einheitsfettwiese zum Opfer – und mit ihnen speziell eingenischte Tier- und Pflanzenarten wie etwa das Braunkehlchen, Charaktervogel extensiv genutzter Wiesenflächen, oder nährstoffmeidende Orchideenarten. Streuwiesen werden fast gar nicht mehr betrieben, die früher weit verbreiteten Wässerwiesen sind heute nur noch reliktartig vorhanden. Zu einer extensiven Bewirtschaftung gehört neben höchstens mäßigen Düngergaben ein nur ein- bis zweimaliger Schnitt, bei dem aus Rücksicht auf die Tierwelt stets nur Teilbereiche des vorhandenen Grünlands erfaßt werden sollten.

Für ein vielfältiges Landschaftsbild, dem man seinen Erholungswert nicht abstreiten kann, und eine vielfältige Fauna und Flora, ist eine extensive Wiesennutzung wünschenswert. Wiesenkorridore entlang von Bächen oder flächenhafte Trittsteine sind wichtige Stationen für Ausbreitungs- und Wanderbewegungen und essentiell für den Austausch zwischen benachbarten Populationen. Nicht zuletzt sind – extensiv genutzte – Wiesen Rückzugsräume für selten gewordene Tier- und Pflanzenarten unserer Heimat.

7.2 Der Einfluß von Bewirtschaftung und ökologischen Faktoren

DANIEL BAUMGÄRTNER & MICHAEL HASSLER

Die Fauna und Flora der Wiesen ist von zahlreichen Faktoren abhängig (früher teilweise anderen als heute), die sich darüber hinaus ständig ändern können:

Der Einfluß der Mahdintervalle und -häufigkeit

Je nach Standort und Nutzungsart werden Wiesen unterschiedlich oft gemäht. Die Wiesenmahd ist ein vergleichsweise drastischer, punktueller Eingriff, der das gesamte Ökosystem der Wiese auf einen Schlag verändert. Wo vorher ein breitgefächertes Nahrungsangebot für pflanzenbesuchende Insekten besteht, fällt dieses innerhalb kürzester Zeit völlig weg. Überraschenderweise konnten sich dennoch viele Tiere und Pflanzen an diese massiven Eingriffe adaptieren bzw. sind sogar darauf angewiesen. Pflanzen bilden einen großen Wurzelstock als Speicherorgan aus und blühen ein zweites Mal, Insekten ziehen sich entweder in die Grasnarbe oder auf angrenzende Wegraine zurück und besiedeln die Wiese nach der Mahd neu.

Erst bei einer intensiv genutzten, mehrmalig geschnittenen Wiese gehen die Artenzahlen deutlich zurück, weil die verbleibenden Intervalle nicht mehr zur Entwicklung einer neuen Generation ausreichen. Vor allem wiesenbrütende Vögel reagieren höchst empfindlich auf verfrühte Mahdtermine.

Häufigkeit und Zeitpunkt der Schnitte haben großen Einfluß auf die Artenzusammensetzung und die nacheinander folgenden Blühaspekte. Die extensivste Art der Bewirtschaftung sind einschürige Wiesen.

Pfeifengraswiesen, die auf nährstoffarmen Untergründen meist in nassen oder wechselfeuchten Niederungen liegen, werden einmal – spät im Jahr – zwischen Ende August und Oktober gemäht. Dann sind die Pflanzenstengel strohig und geben eine gute Stalleinstreu. Weil auch die meisten Nährstoffe wieder in unterirdischen oder bodennahen Speicherorganen gebunden sind, kommt eine solche Streuwiese lange Zeit ohne Düngung aus. Heutzutage wird nur noch wenig Einstreu gebraucht, weshalb sich Streuwiesen aus landwirtschaftlicher Sicht kaum noch lohnen: Vielerorts wurde die Nutzung aufgegeben oder verändert.

Die Beweidung

Eine eigene, selektive Auswirkung auf Grünlandpflanzen hat die **Beweidung**. Gegenüber der Mahd treten dabei charakteristische Unterschiede auf:

- Die Trittbelastung durch das Vieh führt zu einer Bodenverdichtung, was auf entsprechenden Böden einen Wasserstau begünstigt. Wer im Winter durch norddeutsche Weidegebiete gekommen ist, wird sich daran erinnern, daß zu dieser Zeit ein Großteil des Weidelandes unter Wasser steht.
- Der verdichtete Boden ist weniger gut mit Sauerstoff versorgt und weniger einfach zu durchwurzeln.

Abb. 7.8 Das hochwüchsige Gemeine Knäuelgras *(Dactylis glomerata)* gehört zu den Arten, die von intensiver Nährstoffzufuhr profitieren.

- Der Verbiß durch das Vieh ist je nach Weideart selektiv, wodurch stachlige, giftige oder flach am Boden anliegende Pflanzen einen Wettbewerbsvorteil haben, da sie vom Vieh verschmäht werden.
- Die Grasnarbe wird stellenweise aufgerissen, was eine Ansiedlung von Pionierarten ermöglicht.
- Dennoch ist die Zahl der Pflanzenarten auf einer Weide in der Regel geringer als auf einer Wiese, auch weil der Nutzungstermin normalerweise früher liegt.
- Das Mikroklima der Weide ist gleichbleibend, die Grasnarbe mehrere Monate im Jahr kurzrasig. Eine plötzliche „Katastrophe" wie die Mahd tritt nicht auf. Beweidete Wiesen werden nicht wie bei der Mahd auf einmal stark beeinträchtigt, sondern ständig mehr oder weniger intensiv genutzt.
- Die Art des weidenden Viehs ist von großem Einfluß. Die Eingriffe bei der Beweidung verlaufen generell fließender als bei einer Mahd, wobei aber die Nutzungsintensität von einer einmaligen Beweidung durch ziehende Schafherden bis hin zum ständig überweideten Intensivpferch reicht.
  Hohe Besatzdichten von Rindern oder Pferden führen zu einer starken Übernutzung, während die Schafweide generell als relativ schonender Eingriff gilt.

Die extensive Schafweide ist daher vom ökologischen Standpunkt eine erstrebenswerte Nutzungsform. Leider sind heutzutage die Weiden intensiv genutzt, eingezäunt und weisen einen hohen Viehbesatz auf, was die Biozönose stark stört und zur Verarmung führt.

Extensiv beweidetes Grünland ist grundsätzlich artenreicher als Mähwiesen. Vor allem Insekten profitieren stark von dieser schonenden Nutzung.

Der Feuchtigkeitsgrad

Das Spektrum dieses Parameters im Landkreis Karlsruhe ist außerordentlich breit und reicht von dauernassen Flachmooren im Tiefgestade und in der Randsenke über Streuwiesen und Wässerwiesen bis hin zu trockenen Extremstandorten. In der Mitte dieser Bandbreite stehen die „normalen" Glatthaferwiesen. Halbtrockenrasen und Sanddünenfluren bilden die Extremfälle der Trockenbiotope. Die Rheinebene mit ihren außerordentlich fein differenzierten Grundwasserständen, Sand- und Lehmtypen kann extreme Biotope in direkter Nachbarschaft ausbilden: Bei Graben-Neudorf liegen anmoorige Feuchtwiesen im „Oberbruch" oder „Neudorfer Moor" nur wenige Meter von Sandrasen an den Hängen des Hochgestades entfernt.

Auch die Wälder zeigen eine ähnlich große Differenzierung: Hier machen wenige Zentimeter Geländehöhe oft eine ganze Feuchtigkeitsstufe aus und erzeugen völlig verschiedene Waldgesellschaften.

Art, Zeitpunkt und Intensität der Wiesenwässerung

Neben dem reinen Befeuchtungseffekt brachte (im Gegensatz zu anderen Regionen) bei uns die hohe Kalk- und Lößfracht der Bäche einen merklichen Düngungseffekt für die kargen Sandböden der Ebene. Die Intensität reichte bis zum vollständigen Aufschwemmen der Wiesen mit einer Lehmschicht. Der Kalkeintrag veränderte zudem den pH-Wert der Wiesenböden. Über den Einfluß der Wiesenwässerung auf die Vegetation wird weiter unten noch detailliert berichtet.

Nährstoffgehalt und Intensität der Düngung

Die meisten Wiesen werden als Futterwiesen angelegt und ein-, zwei- oder mehrmals im Jahr gemäht. Als Ausgleich für den Stoffaustrag müssen sie gedüngt werden, sonst gedeihen Obergräser und Hochkräuter schlechter. Mittelgräser wie Goldhafer (*Trisetum flavescens*) oder Wolliges Honiggras (*Holcus lanatus*) und genügsame Untergräser wie Wiesenrispengras (*Poa pratensis*) oder Rotschwingel (*Festuca rubra*) breiten sich aus und herrschen zusammen mit Spitzwegerich (*Plantago lanceolata*) und anderen niederen Kräutern fast allein in derart „vernachlässigten" Wiesenflächen.

Phosphat ist auf Grünland meistens Mangelfaktor, da die Ionen im Boden schwer beweglich sind. Stickstoff liegt häufig organisch gebunden und nicht in pflanzenverfügbarer Form vor. Erst nach der Mineralisierung durch Mikroorganismen in Nitrat oder Ammoniak kann er von den Pflanzen aufgenommen werden. Nur die Leguminosen haben bei Stickstoffmangel keine Probleme, weil sie an ihren Wurzeln symbiontische Knöllchenbakterien (*Rhizobium*) beherbergen, die – eine „Meisterleistung" – Stickstoff aus der Luft binden und zugänglich machen können. Ein dritter limitierender Stoff ist Kalium, weshalb eine kombinierte Düngung mit den drei Mineralien (NPK-Düngung) die besten Ergebnisse bringt.

Bei kräftiger Düngung und häufigem (vier- bis

fünfmaligem) Schneiden kann die Produktivität von Grünland erheblich gesteigert werden. Allerdings werden konkurrenzschwache Arten verdrängt, und die Artenzahl der an der Wiesengesellschaft beteiligten Pflanzen geht zurück. Höhere Nährstoffgehalte begünstigen die konkurrenzstarken Pflanzenarten, vor allem die Obergräser, die dann einen dichten Filz ausbilden und die schwachwüchsigen Grasarten, vor allem aber die Kräuter, unterdrücken. Viele Spezialisten, die ansonsten in der Lage sind, in mageren Biotopen zu überleben, verschwinden. Es zeichnet sich eine Vereinheitlichung der Wirtschaftswiesen über eine standörtliche Nivellierung ab. Regionale und lokale Ausprägungen verschwinden, dafür werden artenarme Einheitsbestände gefördert, die zwar ertragreich, aber als Futter weniger vielseitig sind. Intensiv mit Gülle oder Mineraldünger gedüngte Wiesen sind besonders artenarm.

Wenn einseitig mit Gülle gedüngt wird, erhält die Wiese ein weißblühendes Aussehen, bei dem hohe Doldengewächse wie Wiesenkerbel oder Bärenklau zur Dominanz gelangen und mit ihren großen Blättern die Gräser unterdrücken. Neben den **Heuwiesen**, die eventuell im Frühjahr zum besseren Austrieb kurz beweidet werden oder im Herbst, wenn ein nochmaliger Schnitt die Mühe nicht lohnen würde, gibt es **Grünfutterwiesen**, die häufig gemäht werden. Ihr Schnittgut wird frisch verfüttert.

Auch wenn versucht wird, durch eine geeignete Saatgutmischung und Pflegemaßnahmen den Charakter einer Wiese zu bestimmen, setzen sich mit der Zeit konkurrenzstarke, ausdauernde Arten durch, die an die bestehenden Umweltbedingungen am besten angepaßt sind.

Die nach einer Nutzungsaufgabe einsetzende Sukzession[3]

Eine Nutzungsaufgabe führt zunächst zu einer Verschiebung des Artenspektrums. Die breitblättrigen, großwüchsigen Arten nehmen überhand (z. B. Großseggen in Feuchtwiesen oder Hochstauden in normalen Wiesen), bis schließlich Sträucher und Bäume aufkommen und lückiges Gebüsch oder feuchte Hochstaudenfluren am Ende in einen Wald übergehen.

Die natürlichen Standortfaktoren

Daß bei aller künstlichen Veränderung durch Düngung und Bewässerung die Boden- und Feuchtigkeitsverhältnisse des Standorts eine entscheidende Rolle spielen, bestätigt OBERDORFER (1952): *„Wird das Grünland auch als Ganzes gesehen wesentlich durch mechanische und chemische Wirtschaftsfaktoren verursacht, so wird die Leistung und Leistungsamplitude im Einzelnen doch durch die naturgegebenen Grundlagen, also den Standort, bestimmt. Gute oder geringe Wiesenpflege führen wohl oft zu einem sehr verschiedenen Aussehen (Physiognomie) der Wiese, die floristische Gesamtanalyse läßt aber doch in den meisten Fällen erkennen, daß sich solche wirtschaftlich bedingten Verschiebungen einem durch den Standort geprägten Typus unterordnen. Wenn in der Literatur oft auf die ausgleichende Wirkung der Wirtschaftsmaßnahmen hinsichtlich der Wiesenkultur abgehoben wird, so darf dabei doch nicht übersehen werden, welch entscheidender Einfluß überall innerhalb einheitlich bewirtschafteter Wiesenflächen eine geringe Verschiebung in der Höhenlage zum Grundwasser oder in der Struktur der Bodenart auf Aussehen, Zusammensetzung und Ertrag der Wiese hat. Gewiß kann eine intensive, jahrelang geübte chemische Einwirkung auch den Standort im Sinne einer höheren Rangordnung umwerten, immer wird aber den Wirtschaftsmöglichkeiten letzten Endes durch die gesamte Standortssituation eine Grenze gesetzt; diese Situation kann zwar in den vom Boden her wirkenden Faktoren, z. B. durch Entwässerung, stark abgewandelt werden, sie bleibt aber damit immer noch entscheidend abhängig von anderen Ursachen (Bodenart, Klima), auf die wir wenig Einfluß haben.“*

3 Details siehe in Kap. 7.6, Abschnitt „Kontaktgesellschaften“.

7.3 Der Einfluß der Wässerung

MICHAEL HASSLER

Über die typischen Pflanzengesellschaften einer Wässerwiese können wir aus Mangel an derartigen Wiesen in der Region heute nur noch die Literatur zu Rate ziehen. Darüber hinaus sind die regionalen Besonderheiten zu berücksichtigen (siehe unten).

Eine sehr schöne Zusammenfassung der Besonderheiten einer Wässerwiese liefert KLAPP (1971), der selber wieder teilweise auf ältere Werke zurückgreift: *„Am auffälligsten sind die Wirkungsunterschiede bei starker Bodenumformung im Kunstwiesenbau, besonders auf den Rieselrükken. Hier ergeben sich größte Unterschiede der Vegetation auf kleinstem Raum; der Rücken mit dem Zuleitgraben ist stark begünstigt: frisches, sauerstoff- und nährstoffreiches Wasser tritt über die Grabenkante, Sinkstoffe fallen aus; die Nachbarschaft des Zuleiters trägt daher eine anspruchsvolle, hochwertige Vegetation. An den Flanken der Rücken und vor allem am Ableiter ist das alles ins Gegenteil verkehrt, hier ist die Vegetation viel weniger wertvoll.*

Der Unterschied wird um so krasser, je ärmer Wasser und Boden, je geringer das Gefälle. Im Extrem findet sich am Zuleiter ein nur spannenbreiter, hochwüchsiger Bestand, am Ableiter aber der Bewuchs basenarmer Sumpf- oder Moorwiesen ('Schopfwiesen' nach Lampert). Nährstoffentnahme aus dem rieselnden Wasser, seine Anreicherung mit Kohlendioxid und die völlige Wassersättigung der tiefgelegenen Ableiterränder dürften als Ursachen wirken. Auf Überstau- und Staurieselflächen führen die nie vermeidbaren, wenn auch nur flachen Mulden zur Entwicklung von 'Flutrasen' oder anderen Naßwiesenbeständen. ... Wie überall in der Natur gibt es auch hier Ausnahmen. Krause und Reichelt betonen die Vorteile der Bodendurchrieselung mit großen Mengen sauerstoffreichen Wassers und die günstigen kleinklimatischen Wirkungen der Winterwässerung im Schwarzwald auf Vegetation, Ertrag und Futterwert." Klapp geht hier allerdings vom (im Mittelgebirge typischen) Fall der Verfügbarkeit großer Mengen nährstoffarmen, sauerstoffreichen Wassers aus.

Die Steigerung der Erträge durch die Wässerung

Über die durch die Wässerung erzielten Ertragssteigerungen und ihre Auswirkungen auf die Artenzusammensetzung der Grasnarbe liegen von STEBLER & SCHRÖTER (1887) Untersuchungen aus der Schweiz vor. Sie verglichen dabei nicht bewässerte und bewässerte Bestände sonst gleichen Bedingungen ausgesetzter Wiesen. Danach erbrachten die bewässerten Wiesen den

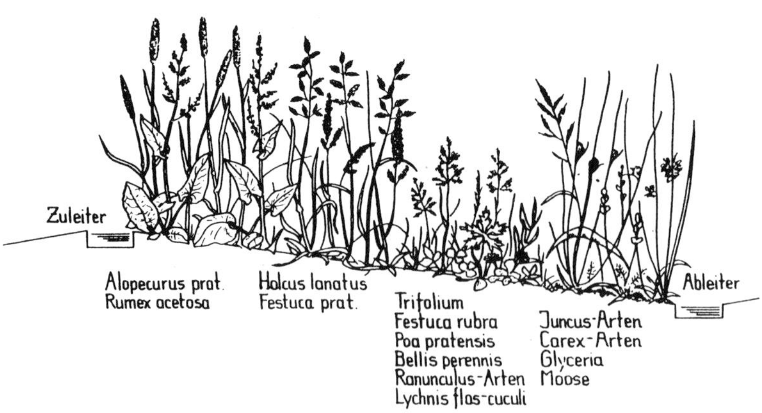

Abb. 7.9
Hälfte eines Rieselwiesen-Rückens mit durchschnittlicher Vegetation (aus KLAPP 1971, Original BOHLE). Am Zuleiter wachsen Nährstoff- **und** Feuchtigkeitszeiger, in der mittleren Zone Arten der mäßig feuchten Glatthaferwiese, in der häufig überstauten Zone am Ableiter Magerkeits- und Nässezeiger.

zwei- bis dreifachen Ertrag, und sie zeichneten sich durch einen höheren Anteil an Gräsern und einen geringeren Anteil an Leguminosen aus. Auch MUCKENHIRN(1906) berichtet anhand von Untersuchungen in Hessen von einer Ertragssteigerung bei Bewässerung um das Zweifache. Ähnliche Zahlen nennen alle Autoren des 19. Jahrhunderts (HÄFENER, ZELLER, VON BABO etc). Andererseits liegen aus dem Schwarzwald und anderen Regionen mit nährstoffarmen, von Natur aus eher saueren Bächen zahlreiche Zeugnisse vor, daß Wässerung nur wenig zur Ertragssteigerung beitrug (siehe oben).

KLAPP (1971) gibt uns einige Begründungen, warum die Steigerung der Erträge so unterschiedlich ausfällt. Im wesentlichen handelt es sich dabei um folgende Probleme:

- Das ungünstige Nährstoffverhältnis und die fehlende Balance zwischen Phosphor, Kalium und Stickstoff.
- Die schlechte Ausnutzung der im Wasser vorhandenen Nährstoffe, da die meisten wieder mit dem Wasser abfließen.
- Schließlich in vielen Regionen der fehlende Kalk im Wasser, so daß manchmal durch die Wässerung mit kalkarmem Wasser sogar eine Auslaugung des noch vorhandenen Kalks und eine Versauerung der Böden stattfand (dieses Problem existierte in unserer Region bekanntlich nicht).

Klapp empfiehlt daher (siehe oben) eine intensive Zusatzdüngung.

Die regionalen Besonderheiten der Wässerung und die Unterschiede zum Mittelgebirge

Gleichzeitig erhalten wir aber eine Begründung, warum die Steigerungsmöglichkeiten und die Rentabilität der Wiesenwässerung in Kraichgau und Rheinebene besonders hoch war. Bei näherer Betrachtung wird deutlich, daß die Wiesenwässerung sich hier erheblich von der „typischen“, in der Literatur schon oft referierten Wässertradition in den Mittelgebirgen unterscheidet.

Der entscheidende Faktor ist die hohe Löß-, Lehm- und damit auch Kalkfracht der Kraichgaubäche, die über die Wässerung in die Wiesen eingetragen werden konnte. Dazu kam noch (wie auch in anderen Gebieten) die relativ hohe organische Verschmutzung der (kleinen!) Bäche durch Fäkalien der Städte und Dörfer in der ziemlich dicht besiedelten Region. Auch diese trug zum Nährstoff- und Düngerpotential bei, was spätestens im 19. Jahrhundert erkannt wurde.

Damit treffen alle drei Faktoren, die von Klapp als besonders negativ erkannt werden, bei uns nicht zu:

- das Nährstoffverhältnis war ausgeglichener,
- im Wasser war eine hohe Kalkfracht enthalten, eine zusätzliche Kalkdüngung konnte daher entfallen und
- die hohe Versickerungsrate auf den Sandböden der Rheinebene garantierte einen effektiven Transfer der Düngestoffe und Mineralien in den Boden[4] und damit eine gute Ausnutzung.

Dazu kamen noch regionaltypische Effekte:

- Die zusätzliche Bewässerung der trockenen, vorher kaum zu bewirtschaftenden **Sandböden** der Rheinebene. Auch KLAPP (1971) kennt solche Fälle: *„Große Erfolge müssen sich bei nur einigermaßen richtiger Handhabung dort einstellen, wo z. B. auf armen, trockenen Sandböden ohne Wasserzufuhr überhaupt kein Wiesenwuchs möglich ist, so im Gebiet der Senne oder des Aller-Weser-Gebietes.“*
- Die intensive **Kalkung** der anmoorigen und sumpfigen Wiesen und damit ebenfalls Ertragssteigerung; nicht zuletzt durch die Umwandlungsmöglichkeit von Streuwiesen in Futterwiesen.
- Schließlich die Möglichkeit, nach längerer Trübwässerung und Aufschwemmung die Feuchtwiesen **meliorisieren** und später in Akkerland verwandeln zu können.

Alle angesprochenen Aspekte spielen in den Mittelgebirgen[5] eine geringere Rolle, weil dort oft nur relativ klare und nährstoffarme Wässer aus den Bergbächen zur Verfügung standen und der Umbruch in Ackerland weniger zur Diskussion stand. Von dort wird häufig berichtet, daß der Ertrag der bewässerten Wiesen nur um 6–7 % steige. Zudem wurde die Wässerung in den Mittelgebirgen häufig übertrieben, was zur Versumpfung der Wiesen beitrug (KLAPP 1965/1971, siehe oben, MICHEL 1988, LARSEN 1987 u. v. a.). Durch die Großherzoglich Badische Domänendirektion (z. B. 1902) wurden regelmäßig Ertrags-

4 Natürlich kaum vergleichbar mit der „modernen“ Düngung durch Gülle oder Mineraldünger!

5 Ähnlich auch im Albtal zwischen Herrenalb und Karlsruhe, dessen Wässertradition gut belegt ist und teilweise wieder reaktiviert worden ist (LARSEN 1987, MICHEL 1988). Die Albtal-Wässerung ähnelt in allen Details der Wässertradition der Mittelgebirge und unterscheidet sich grundlegend von unserem Raum. Obwohl überwiegend im Landkreis Karlsruhe gelegen, wurde das Albtal daher in diesem Buch bewußt ausgeklammert.

steigerungen durch Wiesenwässerung katalogisiert, die im Mittelgebirge meist 10 % nicht überschritten, in der Rheinebene dagegen häufig über 50 % lagen.

Im Mittelgebirge war dagegen die Möglichkeit wichtig, mit dem wärmeren Bachwasser im Frühling die Schneelagen auf den Wiesen und den gefrorenen Boden selbst **aufzutauen** und dadurch einen früheren Vegetationsbeginn zu induzieren. Dies spielte in den generell schneearmen und wintermilden Lagen von Kraichgau und Rheinebene wohl kaum eine Rolle.

Einige Aspekte sind beiden Wässerungstypen gemeinsam:

- Zunächst zweifellos die Möglichkeit der **Schädlingsbekämpfung**, in vielen Akten gut belegt. Ob es sich um Maulwürfe, Wühlmäuse, Drahtwürmer oder Engerlinge handelte: Die Wässerung über mehrere Tage machte der großen Masse der Schädlinge zuverlässig (und vergleichsweise „umweltfreundlich") den Garaus. Ob allerdings aus heutiger ökologischer Sicht die gleichzeitige Reduktion der Nützlinge und die Störung der Biozönose und des ökologischen Gleichgewichts nicht die positiven Aspekte wieder weitgehend zunichte machte, sei dahingestellt.
- Durch die **Anfeuchtung** des Bodens im niederschlagsarmen Sommer erreichte man eine Wuchsförderung nach dem ersten Wiesenschnitt: vor allem im Kraichgau eines der Hauptziele der Wiesenwässerung.
- Möglicherweise ein zusätzlicher **Sauerstoffeintrag** durch das vergleichsweise klare, sauerstoffreiche Wasser der Bäche. Dieser Effekt wurde z. B. von KLAPP (1971) postuliert. Ob er wirklich eine Rolle spielte, erscheint sehr fraglich, wenn man unter modernen limnochemischen Aspekten die Stoffbilanzen erstellt. In Kraichgau und Rheinebene ist unter dem Einfluß des vergleichsweise sauerstoffarmen, nährstoffhaltigen Wassers eher eine Sauerstoffzehrung und nachfolgende Sauerstoffarmut wahrscheinlich.

Regeln zur korrekten Wiesenwässerung

Das „Know-how" für eine erfolgreiche Wiesenwässerung ist seit Beginn des 19. Jahrhunderts in zahlreichen Werken und Abhandlungen niedergelegt worden, aber heute, 30 Jahre nach der Aufgabe der Wässerung, praktisch vergessen. Die umfangreichen Anleitungen sind nur noch in wenigen Bibliotheken vorhanden.

Um die förderlichen Effekte der Wiesenwässerung zur Geltung zu bringen und nicht etwa nutzlos zu wässern oder Schaden anzurichten, ist es wichtig, gezielt und vorsichtig zu wässern. Vor allem bei längerer sommerlicher Bewässerung kann es zu Problemen mit der Sauerstoffversorgung im Boden kommen. Zwischen Herbst und Frühjahr ist eine Wiesenwässerung reine Wasserverschwendung, im Spätfrühjahr kann sie die Erwärmung des Bodens hinauszögern und einen verlangsamten Austrieb bewirken.

Gerade im 19. Jahrhundert findet sich in der Literatur eine regelrechte Welle guter Ratschläge, die vielfach übereinstimmten, sich indes auch nicht selten widersprachen. Sei es, daß eine Wässerung im Herbst besonders nahegelegt wurde, auch verbunden mit dem Ratschlag zeitweiliger Trockenlegung, sei es, daß gewisse Vorsicht anempfohlen wurde vor zu zeitigem Wässern vor der frostsicheren Zeit und vor den kalten Winden aus nördlicher Himmelsrichtung, sei es weiter, daß angeraten wurde, im Sommer nur wenig zu wässern, da durch die Höhe des Grases sich ohnehin Feuchtigkeit erhalte und zusätzliches Wasser eher schädlich wäre (vgl. ABEL 1865, ANONYM 1857, BERTRAND 1765, FAUL 1843, HÄFENER 1847, SCHEURL 1804), sei es schließlich, daß bestimmte Tageszeiten als besonders vorteilhaft zur Wiesenwässerung benannt wurden (VON BABO 1836).

Wiederum bietet uns KLAPP (1971) eine der besten erhältlichen Zusammenfassungen:

„Nun sind die hier behandelten Bewässerungsverfahren immerhin in vielen Fällen noch in Gebrauch. Dann sollten wenigstens grobe Fehler vermieden werden; als Grundregeln sind anzusehen:

1. *Maßhalten in der Wassermenge und in der Wässerdauer!*
2. *Das Wasser soll rieseln, nicht stagnieren; also für guten Abzug, namentlich bei bindigen Böden, sorgen!*
3. *Auf kurzfristiges Wässern ausreichende Pausen folgen lassen!*
4. *Während der Wachstumszeit oder gar bei warmem Wetter nie lange überstauen!*
5. *Nie rieseln, wenn das Wasser kälter ist als Boden und Luft, nie bei starkem Frost Eisdeckenbildung zulassen!*
6. *Mit Grabenanstau und -einstau nicht bis zu stärkerem Absinken des Grundwassers warten!*
7. *Instandhalten der Anlagen nicht vernachlässigen!*
8. *Reichlich düngen mit starker Betonung von Phosphor!"*

KLAPP geht natürlich noch von einer kommerziellen Bedeutung der Wiesenwässerung aus, außerdem charakterisiert er die Verhältnisse im Mittelgebirge, wo eine Winterwässerung bei Frost durchaus möglich oder üblich war. Er empfiehlt denn auch (aus modern-landwirtschaftlichen Gesichtspunkten verständlich), auf eine Beregnung statt der Bewässerung umzusteigen, wo möglich: *„Massive Wiesenbewässerung ist angesichts der heutigen Düngungsmöglichkeiten kaum noch zu rechtfertigen. Bewirtschaftungshemmnisse und Instandhaltungskosten werden auch in trockenen Lagen durch den Wässererfolg nicht aufgewogen. Hier ist der Platz der künstlichen Beregnung auf der Grundlage reichlicher Düngung.“* Heute ist die Wiederaufnahme der Wiesenwässerung in unserer Region dagegen kein Thema von Erträgen, sondern von Einflüssen auf Naturschutz, Artenschutz, Grundwasserhaltung und Hochwasserschutz (siehe Kap. 9).

Die Veränderungen nach der Aufgabe der Wässerung

Eine quantitative Erfassung der Wiesenveränderungen nach dem Einstellen der Wässerung ist in unserer Region aus Mangel an Daten nicht möglich. Wir können nur einzelne Flächen vergleichen. Leider überlagern andere Effekte wie die zunehmende Mineral- oder Gülledüngung oder die allgemeine Grundwassersenkung und Austrocknung der Rheinebene die Effekte durch den Ausfall der Wiesenwässerung. Trotzdem können wir folgende Veränderungen bilanzieren:

- Der Wegfall der Wässerung führte in der Rheinebene zu einer schnellen, im Kraichgau zu einer langsameren Austrocknung der Wiesen.
- Die ausbleibende Nährstoffzufuhr führte rasch zur Ausmagerung, wobei zu berücksichtigen gilt, daß Wässerwiesen sowieso nicht unbedingt zu den nährstoffreichen Biotopen zählten.
- Die Feuchtigkeitszeiger nahmen schnell ab und konnten sich nur noch an staufeuchten oder lehmigen Stellen für eine Weile halten[6].
- Die Trockenheitszeiger nahmen deutlich zu. Falls nicht gedüngt wurde, blieben die Wiesen weiterhin einigermaßen artenreich, nur das Artenspektrum verschob sich.
- Zusätzliche Gülle- oder Mineraldüngung, intensivere Nutzung oder die Einrichtung von Intensivweiden führte dagegen sehr schnell zu einer drastischen Artenverarmung.
- Sämtliche Effekte traten im Kraichgau langsamer auf, da dessen Wiesengesellschaften nicht so stark durch die Wässerung verändert waren und die Schwemmlöß-Böden der Kraichgau-Auen besser wasserhaltend sind als die Sandböden der Rheinebene.

SCHACH (1988) verglich die noch vorhandenen, von OBERDORFER (1936) bereits kartierten Wiesen mit dem heutigen Zustand. Dabei zeigte er, daß die Austrocknung und Drainage der Randsenke und die fallenden Grundwasserstände eine erhebliche Verschiebung in der Wiesenflora brachten:

„Der heutigen Wiesenflora im Bereich der Randsenke und der Saalbachaue fehlen bei einem Vergleich mit dem Zustand von 1936 vor allem die Arten feuchter bis nasser Standorte. Ein Großteil von ihnen hatte ihr Vorkommen in den Steifseggen- und Binsenwiesen, die heute im Vergleichsraum nicht mehr vorhanden sind. Auf feuchten bis nassen Standort angewiesen, finden sich manche dieser Arten in Gräben und im Uferbereich der Bäche, Kanäle und Baggerseen. Auch auf feuchten Ackerbrachen, die heute stellenweise die ehemaligen Standorte der Steifseggen- und Binsenwiesen einnehmen, wurden sie beobachtet. Dabei handelt es sich z. B. um: Froschlöffel (Alisma plantago-aquatica), Sumpfdotterblume (Caltha palustris), Zweizeilige Segge (Carex disticha), Hohe Segge (Carex elata), Kleinblütiges Weidenröschen (Epilobium parviflorum), Sumpf-Labkraut (Galium palustre), Großer Wasserschwaden (Glyceria maxima), Gelbe Schwertlilie (Iris pseudacorus), Gliederbinse (Juncus articulatus), Gilbweiderich (Lysimachia vulgaris), Blutweiderich (Lythrum salicaria), Wasserminze (Mentha aquatica), Helmkraut (Scutellaria galericulata) und Sumpfziest (Stachys palustris). Eine ganze Reihe von Arten der Steifseggen- und Binsenwiese wurde in diesen Biotopen jedoch nicht vorgefunden. Ihr nicht nur in diesem Gebiet beobachtbarer Rückgang drückt sich in ihrem Gefährdungsgrad der 'Roten Liste' aus.

Vom Arteninventar der von Oberdorfer beschriebenen Fettwiesen fehlen heute ebenfalls etliche Arten. Zum größten Teil sind es ausgesprochene Feuchtezeiger. Die von ihnen gekennzeichnete feuchte Ausbildung der 'Fettwiese' wie auch die daran anschließenden Binsen- und Steifseggenwiese, also eigentliche Feuchtwiesen des Calthion, kommen im Bereich der Saalbachaue und der Randsenke bei Bruchsal – also auf Ober-

---

6 Südlich von Hambrücken hielten sich einige typische Feuchtwiesenarten wie Teufelsabbiß (*Succisa pratensis*), Kantenlauch (*Allium angulosum*) oder Sumpf-Schafgarbe (*Achillea ptarmica*) an sehr sandigen, nur teilweise verlehmten Stellen immerhin über 20 Jahre nach dem Ausfall der Wässerung.

Abb. 7.10 Die Reste des Bastwiesengrabens nördlich von Hambrücken. Der ehemalige Graben ist nur noch als Vertiefung in einem Wiesenstreifen zu erkennen. Er wurde auf weiten Strecken mit Bauschutt und anderem Müll verfüllt: eine Parallele zu den Hohlwegen des Kraichgaus.

dorfers altem Kartierungegebiet – heute nicht mehr vor. Auffällig ist das heutige Fehlen von Kriechendem Fingerkraut (Potentilla reptans), Herbst-Löwenzahn (Leontodon autumnalis) und Zinnensalat (Leontodon saxatilis). Das frühere Auftreten dieser Pionierpflanzen in den Wiesen kann vielleicht in Zusammenhang mit der Wiesenbewässerung gebracht werden. Die Überstauung mit Wasser könnte das Entstehen lückiger Stellen in der Grasnarbe verursacht haben, die dann von diesen Arten eingenommen werden konnten.

Wie die Ergebnisse der Flächen- und Artenbilanz zeigen, wurde durch die Entwässerungsmaßnahmen der 'Pfinz-Saalbach-Korrektion' die Standortsamplitude in Bezug auf die Wasserversorgung deutlich eingeengt. Mit der Grundwasserabsenkung verringerte sich auch der Flächenanteil der verschiedenen bodenfeuchteabhängigen Ausbildungen der Fettwiese deutlich.

Eine Aussage über die Verschiebung der Gesellschaften läßt sich anhand der Ausführungen Oberdorfers in den Erläuterungen zur Karte treffen: 'Die wirklich wertvollen Kunstwiesen stehen ausschließlich auf dem jungen Aulehm der Saalbach und Pfinz. Sie stellen das Arrhenatheretum typicum dar, wenngleich sie meist mehr oder weniger noch zur Subassoziation nach Aira caespitosa hinneigen. ... die feuchte Variante der typischen Fettwiese (wird) durch die Blüte von Heracleum, Senecio jacobaea[7], Brunella vulgaris und Sanguisorba officinalis beherrscht'.

Danach war seinerzeit also eine mehr feuchte Ausbildung der Glatthaferwiese mit dem Wasser-Greiskraut (Senecio aquatica), von ihm als 'feuchte Variante des Arrhenatheretum typicum' bezeichnet, in den Auen der Pfinz und des Saalbaches vorherrschend, während heute die wechselfrische Ausbildung, die bei nicht zu starker Düngung durch das Auftreten von Trockenzeigern wie Knolliger Hahnenfuß (Ranunculus bulbosus) und Wiesen-Salbei (Salvia pratensis) geprägt wird, hier dominiert.“

7 *„Nach mündlicher Mitteilung von Prof. Dr. Oberdorfer handelte es sich hier um das Wassergreiskraut, Senecio aquatica“* (SCHACH 1988).

Auswirkung der Gülle- oder Mineraldüngung anstelle der Wässerung

Neben den Veränderungen der Standortsbedingungen durch wasserbauliche Eingriffe hat auch die Nutzungsintensivierung in Form höherer Stickstoffdüngung, wie sie im Zuge der Modernisierung der Landwirtschaft seit den 50er Jahren aufkam, zu erheblichen Veränderungen in der Artenzusammensetzung der Wiesen geführt.

Ein Großteil der heute noch vorhandenen Wiesen wird reichlich gedüngt. Dabei entstehen zwar sehr ertragreiche, jedoch mehr oder weniger artenarme Bestände, da der Konkurrenzdruck der durch Düngung stark geförderten Arten, besonders der wertvollen Futtergräser, die konkurrenzschwächeren Arten zurückdrängt oder sogar ganz zum Verschwinden bringt. Dies betrifft in hohem Maße die Kräuter, die bis auf wenige Ausnahmen in den stark gedüngten Wiesen zurücktreten bzw. ganz verdrängt werden.

Wie von SCHACH (1988) gezeigt werden konnte, verlieren von 50 Arten der Salbei-Glatthaferwiese nicht weniger als 37 in der artenarmen Glatthaferwiese deutlich an Stetigkeit, wobei 11 von ihnen hier vollständig ausfallen. Dagegen zeigen 9 Arten keine Änderung ihrer Stetigkeitsklasse, und 4 Arten treten in der stark gedüngten Ausbildung der Glatthaferwiese sogar häufiger auf.

Die hohe Stickstoffgabe bewirkt zudem eine Angleichung der Ausbildungen trockener wie feuchter Standorte, also eine Verringerung der Gesellschaftsdifferenzierung. Dies liegt darin begründet, daß die hohe Stickstoffzufuhr die sowohl an trockenen als auch an feuchten Standorten gehemmte Nährstoffnachlieferung kompensiert und damit den Einfluß des Bodenwasserhaushalts auf die Artenzusammensetzung verringert.

Abb. 7.11 Eine „Blänke“ innerhalb von Feuchtwiesen bei Unteröwisheim. Diese offenen Flächen entstanden früher hauptsächlich durch Einschwemmung von lehmigem Material, aber auch durch Viehtritt. Sie werden von Pionierarten wie dem Kriechenden Hahnenfuß schnell besiedelt. Einige Arten können auch aus dem tieferliegenden Wurzelwerk wieder austreiben (wie etwa der im unteren Bildteil sichtbare Beinwell).

Wäre eine Wiederaufnahme der Wiesenwässerung ökologisch sinnvoll?

Eine eventuelle Aufnahme der Wiesenwässerung in ausgesuchten Gebieten der Region muß durchaus kritisch diskutiert werden. Vor allem wird häufig argumentiert, daß durch die Wässerung zusätzliche Nährstoffe in die jetzt ausgemagerten und deswegen wieder relativ artenreichen Wiesen eingetragen würden. Damit, so die These, würde keine ökologische Verbesserung, sondern eher das Gegenteil erreicht.

Dem ist entgegenzuhalten, daß mäßige Wiesenwässerung mit geringem Nährstoffeintrag früher nicht dem Artenreichtum abträglich war, da viele Trockenzeiger durchaus Feuchtigkeit vertragen (siehe Kap. 7.6). Erst Gülle- oder Mineraldüngung sowie Intensivnutzung würde zur deutlichen Artenabnahme führen. Der Nährstoffgehalt der Bäche ist mittlerweile durch den Bau der Kläranlagen wieder stark abgesunken und trägt kaum zur zusätzlichen Düngung bei.

Weitgehend unklar sind dagegen Effekte, die durch den Restgehalt des Wassers an organischen Verbindungen („Zehrstoffe“) bewirkt werden könnten. Durch Abbauprozesse im Wasser könnte der Sauerstoffgehalt sowohl im Wasser als auch im Boden deutlich gesenkt werden.

Die Wiederaufnahme der Wiesenwässerung ist trotzdem mit einiger Sicherheit **ökologisch unproblematisch und unschädlich**, falls sie nicht im Übermaß durchgeführt wird (z. B. durch ständige Überflutung mancher Bereiche). Sie führt zur Förderung von Wechselfeuchtezeigern und beeinträchtigt die Magerkeitszeiger kaum. Einige Arten, wie manche Wiesenvögel, sind sogar von speziellen Wässerungsregimes abhängig (siehe Kap. 7.7, „Vögel“).

7.4 Die einzelnen Wiesengebiete der Region

MICHAEL HASSLER

Die Wiesen im Landkreis Karlsruhe waren zum weitaus überwiegenden Teil im Mittelalter und der frühen Neuzeit Wässerwiesen. Ausnahmen von dieser Regel gibt es hauptsächlich am trockenen Ende des Spektrums (z. B. bei Halbtrockenrasen und im Streuobst des Kraichgaus) und im feuchten Bereich bei Moorwiesen oder Flachmooren in Rhein-Tiefgestade und dem Bereich der Randsenke. Wo immer aber die Wässerung möglich war, wurde sie auch durchgeführt.

Wiesen kamen im wesentlichen in den Auen der Bäche und Flüsse vor, die auch ELLENBERG (1986) als den ursprünglichen Standort von Futterwiesen ansieht. Diese konnten ohne Düngung nur an solchen Stellen vorkommen, wo durch Zufuhr nährstoffreicher Sedimente (z. B. durch Bewässerung oder auch im Rahmen natürlicher Überflutung) Ersatz für den Stoffentzug durch die Mahd geboten wurde.

Die Kraichgauauen

Die Geschichte der Wiesen in den Kraichgautälern ist deutlich „einheitlicher" als die der Rheinebene. Sie entwickelten sich in den feuchten Talauen, die aus Schwemmlöß entstanden waren. Nur in ganz wenigen Bereichen der Auen versumpften diese stark, besonders an den sehr breiten Talabschnitten wie zwischen Gochsheim und Münzesheim oder an den zahlreichen Stellen mit austretenden Quellen oder Hangdruckwasser. Die Feuchtigkeit und die unregelmäßigen, kaum vorhersagbaren Überschwemmungen machten die Auen dennoch zu einem erheblichen Verkehrshindernis (siehe Kap. 3). Der wenig wasserdurchlässige Schwemmlöß garantierte zu allen Jahreszeiten eine gewisse Grundfeuchtigkeit und lieferte eine weitaus höhere, regelmäßige Nährstoffgrundlage als die mageren Sandböden oder Moore der Rheinebene.

Daher fehlen im Kraichgau die Wiesengesellschaften auf der feucht-mageren Seite des Spektrums, insbesondere Pfeifengraswiesen und Flachmoorwiesen, weitgehend. Analog dazu gibt es in den Auen keine Halbtrockenrasen (oder gar Sandrasen). Dementsprechend verengt sich das Spektrum der Wiesengesellschaften auf die Glatthaferwiesen und die eigentlichen Naßwiesen (Calthion).

Entsprechend der guten Nährstoffzufuhr war die Trübwässerung zum Zwecke der Düngung im Kraichgau nicht erforderlich, auch wenn die „Wässerungs-Päpste" der 1840er Jahre wie der Wiesenbaumeister Schmidt dies nicht unbedingt einsehen wollten. Gewässert wurde nur nach dem ersten Wiesenschnitt für wenige Tage, um in den trockenen Sommermonaten einen zusätzlichen Feuchtigkeitsschub und damit eine Wuchshilfe für die Wiesen zu liefern[8].

Obwohl die Extrem-Wiesengesellschaften und damit die großen Pflanzenraritäten im Kraichgau fehlen, gibt es in seinen Auen bemerkenswert artenreiche und heute noch gut erhaltene Wiesen. Auch hier gilt der übliche Grundsatz: je magerer, desto artenreicher! Besonders schöne Flächen finden sich noch in den Breitwiesen bei Unteröwisheim, die von staufeuchten Kohldistel-Glatthaferwiesen und eigentlichen Naßwiesen bedeckt sind. Zu den Talrändern hin sehen wir alle Übergänge zu trockeneren Glatthaferwiesen. Auf wenig genutzten Stellen bilden sich dann Großseggenbestände aus Schlank- und Sumpfsegge aus. Früher waren die Wiesen der Kraichgauauen (etwa die Breitwiesen bei Unteröwisheim) Standort von Tausenden von Orchideen, die heute alle verschwunden sind.

Die Wiesen der Kraichgauauen sind noch zu einem größeren Prozentsatz erhalten als in der Rheinebene, wenngleich zahlreiche Seitentäler heute keine Wiesen mehr tragen, sondern vollständig in Ackerland umgewandelt wurden. Die meisten Wiesen verschwanden nach dem Zweiten Weltkrieg, sie wurden vor allem in Maisäcker umgewandelt. Jedoch das Kraichbachtal besitzt zwischen Gochsheim und Unteröwisheim noch ein fast vollständiges Wiesenband, mittlerweile durch mehrere Naturschutzgebiete auch unter gesetzlichen Schutz gestellt. Die Wiesen des Saalbachtals sind im Bereich zwischen Bretten und Bruchsal dagegen praktisch zerstört; weniger als 5 % der ehemaligen Fläche sind noch vorhanden.

---

8 Das hielt allerdings viele Wiesenbesitzer im Kraichgau nicht davon ab, ebenfalls nach dem Grundsatz „Viel hilft viel" zu wässern, wie die historischen Kapitel dieses Buchs ausführlich schildern. Daß sie damit ihren Wiesen nichts Gutes taten, scheint sie nicht weiter gestört zu haben und war ihnen vermutlich gar nicht bewußt.

Die Wiesen in der Jurasenke

Die tiefliegende Jurasenke am westlichen Kraichgaurand weist nur wenige, niedrige Hügel auf. An ihren Hängen und an den geologischen Störungszonen treten zahlreiche Schicht- und Sickerquellen aus. Nicht nur in den feuchten Talauen, sondern auch an den flachen Hängen konnten daher großflächig Wiesen bewirtschaftet werden, die in einem breiten Gürtel im Osten um die Orte Langenbrücken und Mingolsheim herumreichten. Wiesenwässerung wurde allerdings hier unseres Wissens nicht betrieben. Ein Teil davon blieb als extensiv genutzte Magerwiesen bis heute erhalten. Insbesondere die feuchten Senken sind teilweise mit außerordentlich artenreichen Wiesen bestanden (feuchte Glatthaferwiesen und Naßwiesen), die große Verwandtschaft mit den sonst hier besprochenen Pflanzengesellschaften zeigen. Zahlreiche seltene Pflanzenarten fanden ein letztes Refugium.

Erst die laufende Flurbereinigung stellt eine akute Bedrohung für die Wiesengebiete dar. Noch vor zwei Jahren wurde im Rahmen der Flurbereinigung eines der artenreichsten Feuchtwiesengebiete, das Naturdenkmal „Breitwiese“, teilweise mit Abraum verfüllt. An vielen Stellen in der Jurasenke planen die Landwirte nach der Neuzuteilung großflächigen Umbruch der Wiesen zu Acker. Es ist daher beabsichtigt, die Wiesen als Naturschutzgebiete auszuweisen.

Die Randsenke

Die Morphologie und Geschichte der Randsenke (früher „Kinzig-Murg-Rinne“ genannt) ist in den Kapiteln 6 und 8 ausführlich beschrieben. Auch hier finden wir alle Übergänge vom Flachmoor über Naßwiesen bis zu „normalen“ Wiesen. Die Entstehungsgeschichte der Feuchtwiesen war aber grundsätzlich anders als im Rhein-Tiefgestade. Die Flachmoore waren nicht etwa durch verlandete Flußschlingen und Überschwemmung entstanden, sondern sind Produkte des steten Senkungsprozesses am Grabenbruch (siehe Kap. 6), der im gleichen Ausmaß, wie er sich senkte, ständig wieder durch Schutt und Abraum der hinein- und durchströmenden Bäche verfüllt wurde. An den am geringsten verfüllten, tiefliegenden Stellen zwischen den Schwemmkegeln der Bäche entwickelten sich schließlich Flachmoore. Die drei bedeutendsten Moore im Landkreis waren das Weingartener Moor, die Büchenauer Hardt/Schönbornwiesen und das Ubstadter Bruch. Weniger ausgeprägt, aber flächenmäßig nicht geringer waren Stettfelder Bruch und Wehrgrabenbruch/Bruchwiesen zwischen Untergrombach und Weingarten. Die Flachmoore der Randsenke waren durch relativ hohe Kalkanteile geprägt. Nur das Weingartener Moor ist (bis heute) stark versauert.

Im Gegensatz zum Tiefgestade, wo der ständig seinen Lauf wechselnde Rheinstrom und die regelmäßigen Überschwemmungen das Aufkommen eines „stabilen“ Waldes verhinderten und nur die spezialisierten Auwälder (Silberweiden-Aue und Hartholz-Aue) wachsen ließen, wird die Randsenke vor allem zwischen Bruchsal und Karlsruhe von großen Flächen feuchtigkeitsliebender Laubwälder (Erlenbruch, Erlen-Eschen-Aue, Eichen-Hainbuchen-Wald) eingenommen.

Die Wiesen der Randsenke waren durch Be- und Entwässerung geprägt. Ungenutzte, offene Bruchflächen, wie sie im Rhein-Tiefgestade bis in unser Jahrhundert gang und gäbe waren, fanden sich hier kaum. Selbst die ausgeprägtesten Sumpfwiesen wie die Schönbornwiesen südlich von Bruchsal oder das Ubstadter Bruch wurden noch weitgehend als Allmendwiesen genutzt.

Auch in der Randsenke und der (ähnlichen) Saalbachaue verschwanden die Wiesen bis heute zum größten Teil. Die Umwandlung in Äcker, später auch die Ausweisung von großen Gewerbegebieten (bei Hagsfeld und Bruchsal) waren dafür verantwortlich. Ein besonders unrühmliches Beispiel ist die „Umnutzung“ des Ubstadter Bruchs für die Kreismülldeponie.

SCHACH (1988) bilanziert die Wiesenflächen im Vergleich zu OBERDORFERS Zahlen von 1936 und kommt auf einen Rückgang der Wiesen um 82 %, nämlich von 1396 Hektar auf 251 Hektar. Die Binsen- und Seggenwiesen, also die eigentlichen Feuchtwiesen, sind vollständig verschwunden.

Die Hardtplatten

Die sandigen Hardtplatten waren zunächst kein geeigneter Boden für ertragreichen Wiesenbau, Bewässerung war nicht möglich. Die Rodungsflächen wurden daher fast immer ackerbaulich genutzt. Wiesen konnten nur in den schmalen Bereichen zu beiden Seiten der Bäche entstehen. Wie in einer Urkunde des 15. Jahrhunderts erwähnt (siehe S. 45), wurden am Saalbach und vermutlich auch Wagbach die Wiesen gezielt als bachbegleitende Streifen angelegt, nachdem es zu Problemen mit dem Wald durch zu große Überschwemmungen kam.

Die durch den Hardtwald ziehenden Bäche, speziell Wagbach und Duttlacher Graben, werden daher von schmalen Wiesenstreifen begleitet. Ei-

Abb. 7.12
Gräser gelten gemeinhin als „unansehnlich". Daß die Blütenstände der Gräser durchaus einen besonderen Reiz besitzen können, demonstriert dieses Bild eindrücklich. Im Bild das Wiesen-Rispengras (*Poa pratensis*).

nige weitere Wiesenstreifen sind noch erhalten, die Gräben existieren aber nicht mehr (z. B. die Stangenwiesen oder Gernwiesen bei Hambrükken). Andere Wiesenstreifen lagen zu Zeiten ihrer Entstehung im Wald, wurden aber durch Rodung „freigelegt" und sind, soweit erhalten, von Acker umgeben.

Die Wiesenstreifen an den Hardtgräben blieben erstaunlich vollständig erhalten. Vor allem rund um Hambrücken, Wiesental und Kirrlach sind an Wagbach, Duttlacher Graben und Gießgraben die alten Wiesenauen als natürliches Biotopverbundsystem anzusehen. Die größte Bedrohung stammt heute weniger vom Wiesenumbruch als von der Nutzung als Pferdekoppel, der übermäßigen Freizeitnutzung, dem Bau von Gartenhüttchen und der „Aufforstung" mit Nadelholz. Vor allem in Hambrücken breitet sich die Unsitte aus, Brennholzvorräte in großen Stapeln auf den Wiesen „zwischenzulagern".

Einen Sonderfall stellt die breite **Saalbachaue** zwischen Karlsdorf und Neudorfer Mühle dar. Obwohl sie tiefer liegt als die nördlich und südlich anschließenden sandigen Hardtplatten, war sie bei weitem nicht so versumpft wie die Randsenke; Sümpfe kamen nur sehr kleinräumig vor und wur-

Abb. 7.13 Die „Breitwiesen“ bei Mingolsheim: ein typisches Beispiel für die artenreichen Jurawiesen. Im Bild ein mäßig feuchter, magerer Wiesenbereich mit viel Kuckucks-Lichtnelke (*Lychnis flos-cuculi*). Im Hintergrund erkennen wir dagegen nährstoffreichere, vom gelbblühenden Scharfen Hahnenfuß dominierte Flächen.

den erst durch mangelhafte Gräben-Unterhaltung während der Wiesenwässerperiode gefördert. Die Saalbachaue entstand während großer Rodungsperioden im Mittelalter. Die Böden sind hier durchweg sandig und der Wiesenbau ohne Wässerung oder Mineraldüngung wenig ertragreich[9]. Die Wiesen der Saalbachaue wurden nach dem Wegfall der Wiesenwässerung fast vollständig zu Äckern umgebrochen, die verbliebenden Wiesen (vor allem die „Stangenwiesen“ südlich von Hambrücken) entwickelten sich zu artenreichen, sandigen Wiesen. Von dieser Keimzelle ging die Wiedereinrichtung der Wiesen in der Saalbachaue aus, die mittlerweile wieder zu gut der Hälfte von neuen Wiesen bedeckt ist (siehe Kap. 9).

Das Rhein-Tiefgestade

Die Feuchtbiotope des Rhein-Tiefgestades sind alle nach einem gemeinsamen Mechanismus entstanden. Der Rhein mäandrierte in breiten Schlingen durch den mit Sand, Kies und Schotter gefüllten Rheingraben. Sein maximales Ausgreifen in neuerer geschichtlicher Zeit führte zur Entstehung einer bis zu 8 m hohen Erosionskante, des „Hochgestades“[10]. Ganz im Gegensatz zum Rheingraben selbst ist also das Tiefgestade ein echtes „Erosionstal“. Die häufige Veränderung des Rheinlaufes ließ Altarme zurück, die schließlich verlandeten und dabei mit einem Gemisch aus Schwebstoffen, Sand und Schlick gefüllt wurden.

9 Wie schlecht die Wasserhaltung der Sandböden hier war bzw. auf welch extremen Böden noch Wiesenbau durch Wässerung betrieben wurde, zeigt das Beispiel Neudorfs (siehe Kap. 8.4). Hier wurde zum Mißfallen Philippsburgs praktisch ständig gewässert, ohne daß Probleme mit Versumpfung aufgetreten wären – das Wasser versickerte sofort im Boden.

10 Etwas verwirrend ist die Nomenklatur. Während „Tiefgestade“ einen flächigen Bereich entlang des Rheins bezeichnet, ist das „Hochgestade“ nur die Geländekante selbst. Die hochliegenden, sandigen Bereiche der Hardt werden dagegen wieder als „Niederterrasse“ oder „Hardtplatten“ bezeichnet (siehe auch Kap. 1 und 6).

Dieser sogenannte „Auenlehm" oder „Kalk-Roh-Aueboden" ist grundsätzlich mehr oder weniger kalkhaltig (ca. 20 % nach THOMAS 1990). Regelmäßige Überschwemmungen deponierten weiteren Schlick auf den entstehenden Flächen. Überflutungen, Stau- und Druckwasser hielten sie ständig feucht.

Schließlich bildeten sich auf den Flächen, die relativ lange nicht mehr von einem Rheinarm durchzogen worden waren und dadurch über Jahrhunderte „ungestört" blieben, zunächst Lehmböden (meist Gleye) und darauf schließlich oberflächlich versauerte Flachmoore aus. Es ist daher kein Zufall, daß die am besten ausgeprägten Flachmoore an Stellen lagen, die weit vom Rhein entfernt am Rand des Hochgestades lagen: der Gradnausbruch bei Hochstetten, die Grabener Bucht und das Waghäusler Bruch. Gelegentlich lagen anmoorige oder moorige Flächen auch dichter am Rhein, z. B. auf den Neureuter Wiesen. Die Flachmoore waren schließlich soweit versauert, daß auch Pflanzenarten, die in „echten", sauren Hochmooren vorkommen, hier zu finden waren, z. B. der Sonnentau im Waghäusler Bruch oder Torfmoose im Gradnausbruch. Diese galten aber immer als botanische Raritäten in der Region und waren Grund für Exkursionen der lokalen Pflanzenforscher.

Daß dieser Prozeß der Moorbildung und Verlehmung sich in geschichtlicher Zeit mehrfach wiederholt hat, zeigen die Bohrprofile im Rhein-Tiefgestade (siehe Kap. 6). Hier lassen sich zwischen den Sand- und Kieslagen immer wieder tonige oder anmoorige Schichten erkennen, die aus längst vergangenen und heute in den Untergrund abgesunkenen Vorläufer-Mooren stammen. Die Dicke der moorigen Schichten über den ersten Sand- und Kieslagen ist in der Regel gering und beträgt nur wenige Meter. Nur an wenigen Stellen (z. B. im Waghäusler Bruch und vor allem im Neudorfer Moor) war die Dicke ausreichend, um einen lohnenden Torfabbau zu ermöglichen[11]. Ein anderer Grund für die Lage der Torfstiche war, daß hier der Mangel an geeignetem, sedimentführendem Wasser keine Trübwässerung zuließ und durch den Torfabbau wohl versucht wurde, wenigstens etwas Nutzen aus den Gebieten zu ziehen.

Die restlichen tiefliegenden Flächen des Rhein-Tiefgestades waren nicht so stark vermoort, aber nichtsdestotrotz ungemein sumpfig. Sie waren von Auwäldern und Streuwiesen bedeckt. Diese konnten, wenn überhaupt, nur als Allmend genutzt werden und lieferten einen sehr niedrigen Ertrag. Große Bereiche lagen gänzlich brach, sofern sie nicht sogar als strategisches Hindernis genutzt wurden[12].

THOMAS (1990) gibt uns eine Zusammenfassung der früheren Verhältnisse im Rhein-Tiefgestade: *„Die Verteilung von Wald, Grünland und Acker in der Rheinniederung blieb von 1600 bis zu der Rheinkorrektion von Tulla im 19. Jh. erstaunlich konstant (vgl. die Karten bei MUSALL 1969). Eine Ausweitung der Ackerflächen verbot der Rhein: Selbst wo schon im frühen Mittelalter vorhandene Dämme die angrenzende Rheinniederung weitgehend hochwasserfrei hielten, konnten nur einige besonders hochgelegene Bereiche für den Ackerbau genutzt werden, da bei Hochwasser das Druckwasser nicht abgeführt werden konnte und somit allmählich die Senken füllte. Wald ließ man nur auf landwirtschaftlich nicht nutzbaren Standorten stocken. Zusammenhängende Wälder waren daher lediglich im Überflutungsbereich des Rheines vorhanden. Doch auch diese wurden von den Hirten außerhalb der Hochwasserzeiten als Waldweide genutzt (MUSALL 1969). Kleinere Waldgebiete fanden sich auch in der nassen, anmoorigen Randsenke, wo die Gewannamen öfters auf Erlenbrüche hinweisen: 'Erlich' (z. B. N Oberhausen, W Neudorf, W Graben) oder 'Ehrlich' (W Eggenstein). Stets benachbart zu den genannten Gebieten finden sich ehemals als Grünland genutzte Gewanne mit Namen wie 'Im Bruch' oder 'Füllbruch' (= Fohlenbruch), die Flachmoorvegetation besaßen. Diese Wiesen- und Weideflächen waren im Raum Karlsruhe überwiegend Allmend. Der Amtsbezirk Karlsruhe hatte um die Jahrhundertwende mit 21 % den höchsten Allmendanteil in Baden; bei Rußheim-Liedolsheim lag der Anteil sogar bei 50 % jeweils bezogen auf die gesamte landwirtschaftliche Nutzfläche (BERGDOLT 1926). Diese Besitzform war sinnvoll, solange die Herden des Dorfes begleitet von den Hirten die Niederung 'befuhren'. Gegen Ende des 18. Jh., im Zeitalter des Merkantilismus, wurde den Gemeinden vielfach von der Regierung befohlen, zur Stallhaltung überzugehen und das dann nicht mehr benötigte Allmend-*

---

11 Das Torfaufkommen im Neudorfer Moor reichte immerhin aus, um über viele Jahrzehnte die Versorgung der umliegenden Dörfer zu gewährleisten; sogar eine kleine Bahn konnte gebaut werden. Nach einem warmen Winter 1820/21 wird berichtet, daß über eine Million (!) Torfbriketts für Graben ungenutzt liegen blieben.

12 Von zahlreichen Feldzügen und Belagerungen von Philippsburg wird berichtet, daß sowohl im Tiefgestade als auch in der Randsenke ganze Landstriche bewußt unter Wasser gesetzt wurden, um ein Durchqueren durch die Armeen unmöglich zu machen. Bei Philippsburg gilt eine solche Fläche in militärischen Karten über Jahrhunderte als „großer Morast".

land in Privatbesitz zu überführen. Hiermit sollte der Anreiz zur Urbarmachung der bislang extensiv beweideten Gebiete erhöht werden (vgl. BERGDOLT *1926). Durch die neueingeführte Stallfütterung fiel Dung an, der für die Äcker auf den armen Sandböden der Hardtplatten dringend benötigt wurde (umso mehr, als mit der Modernisierung des Forstwesens im 19. Jh. das Streurechen in den Wäldern unerwünscht wurde). Die Wiesen wurden daher trotz der Einführung der Stallhaltung nicht gedüngt."*

Das über Jahrhunderte ähnlich bleibende Mosaik der Auwälder, Streuwiesen und Moore des Rhein-Tiefgestades wurde schließlich durch drei Ereignisse einschneidend verändert:

- Zunächst die Einführung der **Trübwässerung** (siehe Kap. 4), durch die die ertragsarmen, sauren Streuwiesen gekalkt und aufgeschlämmt, später sogar meliorisiert werden konnten. Trübwässerung fand in der Region insbesondere im Grabener Bruch und rund um den Insultheimer Hof bei Hockenheim statt. Das geringere Ausmaß im Waghäusler Bruch und im Neudorfer Moor ist mit einiger Sicherheit auf das Fehlen von geeignetem, sedimentführendem Wasser zurückzuführen. Der gleiche Grund ist wohl dafür verantwortlich, daß im Bereich zwischen Neureut und Hochstetten, wo keinerlei Bäche aus dem Hochgestade austraten, Trübwässerung so gut wie unbekannt war und nicht überliefert wurde.
- Die **Rheinbegradigung** durch Tulla zu Beginn des 19. Jahrhunderts öffnete die Möglichkeit für eine Urbarmachung des Tiefgestades. Dabei standen zunächst weniger die Meliorisierung und der Umbruch der Wiesen im Vordergrund als vielmehr überhaupt deren Urbarmachung und die Erschließung der bisher völlig nutzlosen Rheinauen selbst. Erschließungsprojekte wurden intensiv vorangetrieben (MUSALL 1966, z. B. bei Linkenheim: STENZEL et al. 1969). Wir finden daher auch im 19. und zu Beginn des 20. Jahrhunderts noch eine Wiesennutzung im großen Stil als Streuwiesen oder Mähwiesen, abhängig vom Standort.
- Die Meliorisierungsmaßnahmen der 30er Jahre im Zuge von Pfinz-Saalbach-Korrektur und der Bau des **Rheinniederungskanals** schufen die Voraussetzungen für eine großflächige Trockenlegung der Rheinaue und ackerbauliche Nutzung des Tiefgestades. Die großtechnische Verfügbarkeit von Mineraldünger nach dem Zweiten Weltkrieg war eine weitere Bedingung dafür. Konsequenz war, daß im Vergleich zu ca. 1930 bis heute über 90 % der Wiesen verlorengingen (DILGER & SPÄTH 1984, THOMAS 1990 u. v. a.). Was nicht zu Ackerland umgebrochen wurde, fiel anderen Dingen zum Opfer, z. B. der Aufforstung mit Hybridpappeln. Die Auskiesung traf vor allem Flächen, die anderweitig nicht nutzbar waren, insbesondere die Moore: das Neudorfer Moor, das trotz mannigfaltiger Proteste von Naturschützern noch in den 70er und 80er Jahren dem Bagger geopfert wurde, die Rohrköpfleswiesen bei Linkenheim oder das fast vollständig unter Wasser verschwundene Waghäusler Bruch.
- Eine letzte Welle der Wiesenumwandlung fand dann in den letzten Jahrzehnten mit der Einrichtung von Pferde- und Viehkoppeln in den verbliebenen Streuwiesen statt, z. B. im Mähbruch bei Oberhausen.

Abb. 7.14 Der seltene Rüsselkäfer *Bagous diglyptus* lebt am Knöllchen-Steinbrech in extensiv genutzten Wiesen. Er soll als Beispiel für Hunderte spezialisierter Käferarten dienen.

7.5 Die wissenschaftliche Erforschung der Wiesen in der Region

MICHAEL HASSLER

Die Wiesen in Hardt und Kraichgau, insbesondere aber die botanisch besonders reichhaltigen Feuchtwiesen und Flachmoore im Rhein-Tiefgestade, sind schon seit über 150 Jahren Ziel der Botaniker und Pflanzenliebhaber. Die Tradition reicht viel weiter zurück als die eigentliche Wissenschaft der Vegetationskunde.

So waren auch die Publikationen des 19. Jahrhunderts rein vom „Sammel-Gesichtspunkt“ geprägt. Im nördlichen Landkreis Karlsruhe finden wir den Beginn der botanischen Tradition am Beginn des 19. Jahrhunderts mit berühmten Namen wie J. Chr. GMELIN oder dem Orchideenkundler J. DÖLL. Eine systematische Erforschung der Flora des Kreisgebiets ist dann erstmals dem Karlsruher A. KNEUCKER und seinem botanischen Zirkel in der Zeit von 1880–1920 zu verdanken. Sie veranstalteten regelmäßige Exkursionen zu den berühmtesten Fundorten der Region, damals besonders zum Waghäusler Bruch, dem Weingartener Moor, den Sandhäuser Dünen und dem Michaelsberg bei Bruchsal. Die Wahl der Exkursionsziele war noch (mangels Auto) eingeschränkt auf die mit der Bahn oder zu Fuß leicht erreichbaren Orte. Die Flachmoore mit ihren botanischen Raritäten und Relikten waren natürlich damals besonders „gefragt“ und gut dokumentiert.

Ein weiterer Meilenstein wird durch die Arbeit von OBERDORFER (1936) markiert, in der dieser das Gebiet zwischen Bruchsal und Neudorf in einer detaillierten Vegetationskarte analysierte – die unseres Wissens zweite derartige Karte überhaupt. Sein Schwerpunkt lag auf den Wäldern und den Wiesen, während anthropogene Biotope wie Äcker und Streuobst weniger bearbeitet wurden. Oberdorfer beschrieb damals einige Pflanzengesellschaften aus dem Bruchsaler Raum neu, unter anderem die Wiesengesellschaft der Trespen-Glatthaferwiese („Arrhenatheretum brometosum“). Er blieb ab dieser als Referendar in Bruchsal verbrachten Zeit der Vegetationskunde treu. Zahlreiche Artikel über Biotope aus Kraichgau und Rheinebene, unter anderem eine Arbeit über die Wiesen der Rheinebene von 1952, zeugen von der Beschäftigung mit der Region.

Während die ersten Vegetationskundler noch Schwierigkeiten mit der Einordnung der stark durch menschliche Nutzung beeinflußten Wiesen in „geordnete Kategorien“ hatten (man sprach damals von „Kunstwiesen“), führte nach dem 2. Weltkrieg ein neuer Schub der Wiesen-Erforschung durch TÜXEN, fortgeführt durch ELLENBERG und in unserem Raum durch GÖRS, zu einem allgemein anerkannten System der Wiesen. Für die Schweiz lag mit STEBLER & SCHRÖTER (1892) übrigens ein viel früherer Versuch der Einteilung vor, dessen Hauptkategorien schon große Ähnlichkeit mit den heute benutzten Typen hatten.

In den 1960er und 70er Jahren führte PHILIPPI die Tradition der Wiesen-Vegetationskunde im Landkreis fort. Er erstellte auch die beiden Vegetationskarten Schwetzingen und Karlsruhe-Hardt, also der Regionen nördlich und südlich der älteren Oberdorfer-Karte.

Mit dem Aufkommen der „modernen“ Naturschutzbewegung ab etwa 1970, aber auch mit dem großflächigen Verschwinden der Wiesen in der gleichen Zeit, begann die vorläufig letzte Epoche der Wiesen-Erforschung. Jetzt lag der Schwerpunkt nicht nur in der Beschreibung und Einteilung, sondern in der Kartierung der letzten Restbestände und in der Diskussion von Möglichkeiten zu ihrer Erhaltung. Großer Wert wurde auch auf den Vergleich zwischen „früher und heute“ gelegt, da mittlerweile seit Oberdorfer über 50 Jahre vergangen waren und die Veränderung der Wiesen in der Rheinebene erstmals dokumentarisch anhand von präzisem Vergleichsmaterial belegt werden konnte. Weitaus weniger Material liegt dagegen über die Auenwiesen des Kraichgaus vor. Unter vielen Arbeiten und Gutachten sind besonders SCHATTE (1980) über die Weingartener Wiesen, SCHACH (1988) über die Region von Bruchsal und die Dissertation von THOMAS (1990) erwähnenswert. Dieser beschäftigte sich besonders mit den Streu- und Feuchtwiesen des Rhein-Tiefgestades.

7.6 *Flora und Vegetationskunde*

MICHAEL HASSLER

Glatthaferwiesen: Die „Klassiker"[13]

„Normale" Wiesen kennt jeder. Doch beim Versuch der Definition einer „normalen Wiese" stoßen wir schnell auf zahlreiche Differenzierungen, subtile und offensichtliche Unterschiede. Da gibt es bestandsbildende Arten (etwa Gräser) und bestandscharakterisierende Arten wie den Wiesensalbei. Erschwerend kommt hinzu, daß sich der Aspekt unter Umständen von Woche zu Woche verändert. Mahd oder Beweidung, klimatische und bodenbezogene Faktoren schaffen weitere Überprägungen. Generationen von Botanikern haben deshalb versucht, Wiesen zu klassifizieren und nachvollziehbar zu beschreiben.

Was also zum Beispiel eine „normale Glatthaferwiese" ist, kann in unserer Region gar nicht so einfach definiert werden. Meistens behilft man sich bei der Definition mit dem Fehlen von Charakterarten anderer Gesellschaften[14]. Denn die „normale" Glatthaferwiese, zu der ein Großteil der Wiesen des Gebiets zählen, steht quasi im „Mittelpunkt" des Spektrums der möglichen Eigenschaften einer Wiese. Extreme Eigenschaften fehlen ihr:

- sie ist weder besonders mager noch extrem nährstoffreich, wird aber regelmäßig gedüngt (durch Stallmist, Gülle, früher auch Wässerung);
- sie ist nicht ausgesprochen trocken, aber auch nicht ständig feucht (die Feuchtwiesen gehören zu anderen Wiesengesellschaften). Wohl aber verträgt die Glatthaferwiese eine mehr oder weniger regelmäßige Wässerung;
- sie wächst auf weder zu sandigen noch zu feucht-tonigen Böden.

Die „normale" Glatthaferwiese der Region ist meistens relativ intensiv genutzt, zwei- oder mehrfach gemäht und wird durch Mineraldünger oder Gülle gedüngt. Die nährstoffliebenden, „anspruchsvollen" Pflanzenarten gelten daher als typisch: der Glatthafer selbst, der Löwenzahn (*Taraxacum officinale agg.*) oder die Wiesen-Schafgarbe (*Achillea millefolium*) (THOMAS & SEMMELMANN 1988).

Abb. 7.15 Eine artenreiche Glatthaferwiese mit viel Wiesen-Margerite. Das Vorkommen der rosablühenden Kuckucks-Lichtnelke (*Lychnis flos-cuculi*) weist auf Nährstoffarmut und frische bis feuchte Bedingungen hin.

Die Glatthaferwiesen der Rheinebene sind im Vergleich zu denen anderer Landesteile recht trocken. SCHACH (1988) beschreibt: *„In der Oberrheinebene kommen selbst auf mittleren Standorten oder auf tiefgründigen Lehm- und Lößlehmböden mit großer wasserhaltender Kraft der Wiesensalbei und andere Trockenzeiger vor, während in den östlichen Landesteilen Baden-Württembergs auf entsprechenden Standorten eine reine Ausbildung der Glatthaferwiese („typische Glatthaferwiese") steht. Nur bei hoher*

13 Wie schon beim Buch „Hohlwege" wird auch in diesem Kapitel über die Flora versucht, auf allzu schwer verdauliche Fachbegriffe zu verzichten, auch wenn die letzte Exaktheit dadurch gelegentlich „auf der Strecke" bleibt. Die Fachwissenschaftler mögen es verzeihen!

14 Kompliziert werden die Verhältnisse noch dadurch, daß der Fachbegriff „Arrhenatheretum typicum", mit dem die mittlere Glatthaferwiese bezeichnet wird, bei strenger Auslegung für praktisch keine unserer Glatthaferwiesen zutrifft (THOMAS 1990). In unserer Übersicht wird daher von der „normalen" Glatthaferwiese gesprochen, um Konfusion mit dem vorher belegten Begriff „typisch" zu vermeiden.

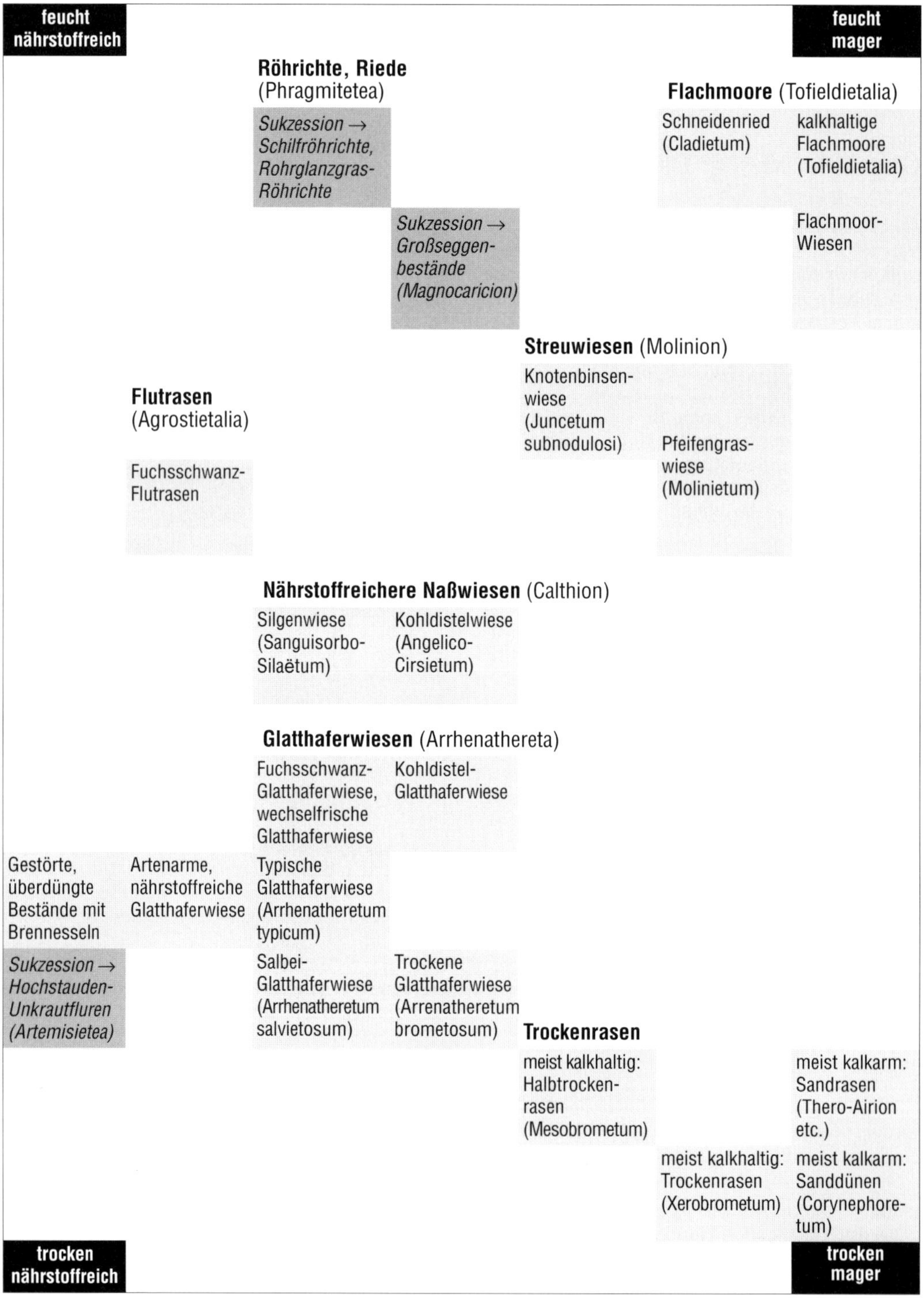

Abb. 7.16 Stark vereinfachte Anordnung der Grünlandtypen der nordbadischen Rheinebene nach Feuchtegrad und Nährstoffgehalt (in Anlehnung an THOMAS 1990).

Nährstoffversorgung aufgrund starker Düngung treten die Trockenzeiger zurück oder fehlen ganz. ELLENBERG (1986) erklärt dieses weite Ausgreifen der Trockenzeiger in der Oberrheinebene mit der höheren Sommerwärmemenge, die eine starke Austrocknung des Oberbodens bewirkt und damit den wärmeliebenden und nässescheuenden Arten ein näheres Heranrücken an den mittleren Grundwasserspiegel erlaubt.“

Neben dem Wärme- und Wasserhaushalt wird die Ausbildung der Glatthaferwiese auch entscheidend vom Nährstoffangebot beeinflußt. Bei geringer Düngung gedeihen die Hochgräser und Hochkräuter schlechter. Die genügsameren, niederwüchsigen Gräser und niederen Kräuter können sich dadurch stärker ausbreiten. Bei starker Düngung entstehen dagegen artenarme Pflanzengesellschaften, die durch eine geringe Artenzahl von Kräutern und durch die Dominanz der Obergräser geprägt werden. Zudem wird durch starke Düngung der Einfluß des Bodenwasserhaushaltes auf die Artenzusammensetzung kompensiert. Die standortsbedingte Differenzierung wird dadurch im Extremfall vermischt.

Von der großen Sammelkategorie „Glatthaferwiese“, der Charakterwiese unserer Region, gibt es Übergänge zu allen anderen Vegetationsgesellschaften des Grünlands: zu den Feucht- und Streuwiesen, zu den Trockenrasen und Sandfluren, zu den durch Düngung stark degradierten Wiesen, zu den Weiden sowie durch Nutzungsaufgabe zu den Gebüschen und schließlich zum Wald. Diese Übergänge sind aber stets fließend. Heute geschehen die Änderungen der Umweltbedingungen – insbesondere die Aufgabe der Nutzung, aber auch stärkere Beweidung oder Düngung – meistens so schnell, daß die Pflanzengesellschaften keine Zeit mehr haben, sich zu stabilisieren und ihre „optimale Zusammensetzung“ auszubilden. Oft sind die Wiesen auch so gestört, daß eine pflanzensoziologische Klassifikation nicht mehr sinnvoll ist. Alle Bearbeiter von Wiesengesellschaften in unserem Raum haben daher betont, daß es kaum möglich ist, eine „schubladenartige“ Klassifikation einzuführen und für jede Wiese eine Einzuordnung zu finden.

Pflanzen der Glatthaferwiesen

Beim Gang über eine magere Wiese in voller Blüte erkennt jeder, daß es sich um ein besonders artenreiches Biotop handeln muß. OBERDORFER (1952) betonte, daß es sich dabei um eine typische Eigenschaft der mitteleuropäischen Wiesen handelt: *„So sind unsere mittel- und süddeutschen Wiesen zweifellos bunter als die weiter im Norden oder Süden gelegenen“*. Zahlreiche Kräuter tauchen die Wiese in alle Farben – weiß kommt von Margerite, Wiesenkerbel und Wiesenlabkraut, gelb von Hahnenfuß, kleinen Kleearten, Wiesen-Platterbse oder Klappertopf, violett von Skabiose, Wiesen-Storchschnabel oder Knautie, rot von den Flockenblumen und blau vom Salbei. Insgesamt sind es sicherlich über 300 Gefäßpflanzenarten, die in der Region in Wiesen oder im Grünland vorkommen. Von diesen 300 Arten kommen in typischen Wiesen zwischen 15 und 50 Arten pro Fläche oder Vegetationseinheit vor. Daher ist es uns auch nicht annähernd möglich, alle diese Arten in Einzelbesprechungen vorzustellen – stattdessen möchten wir einige typische und seltene Arten vorstellen.

An **Gräsern** treffen wir in Glatthaferwiesen zahlreiche Arten. Viele davon sind gute Futtergräser und werden durch Aussaat noch zusätzlich gefördert. Einige Arten kommen von Natur her sogar überhaupt nicht vor und werden erst durch die Aussaat mit in die Wiesen eingebracht[15]. Andere Arten gelten als „hartes“, minderwertiges Gras, werden vom Vieh ungern gefressen und deshalb von den Wiesenbewirtschaftern nach Kräften unterdrückt.

Der namensgebende **Glatthafer** (*Arrhenatherum elatius*), eine hochwüchsige Grasart mit lokkerer Rispe, ist außerordentlich häufig und kann in manchen Wiesen über 80 Prozent des gesamten Grasanteils stellen. Er besitzt eine weite ökologische Amplitude und fehlt eigentlich erst in reinen Pfeifengras- oder Moorwiesen oder in Trockenrasen und Sanddünen vollständig.

Gräser gelten für Nicht-Spezialisten als „kaum zu unterscheiden“. Manche Arten fallen aber trotzdem sofort ins Auge, unter anderem das **Wiesen-**

15 Die unnatürliche Zusammensetzung von kommerziell erhältlichem Grassamen macht bei der Ansaat von neu angelegten Wiesen generell große Probleme. Es ist nämlich vom Gesetz her für die Grassamenzüchter verboten, Wildformen zu vermehren oder zu vertreiben (!). Sie müssen grundsätzlich Zuchtformen liefern. Damit sollte ursprünglich eine größere Sortenreinheit gewährleistet und der Ertrag der Wiesen gesteigert werden. Die Anlage von naturnahen, artenreichen Wiesen wird dadurch aber stark erschwert, denn die auf Ertrag optimierten, wuchsfreudigen Zuchtformen unterdrücken die Kräuter und Wildarten stark. Diese veraltete Bestimmung muß daher unter modernen Gesichtspunkten dringend einer Revision unterzogen werden.

Abb. 7.17
Die beiden gelbblühenden Korbblütler-Arten Wiesen-Pippau (*Crepis biennis*) und Grüner Pippau (*Crepis capillaris*) können in manchen Wiesen sehr häufig werden. Im Bild vor allem der Wiesen-Pippau.

Lieschgras (*Phleum pratense*) mit seinen langen, walzenartigen Fruchtständen, allenfalls mit dem Fuchsschwanz zu verwechseln. Das **Wiesen-Knäuelgras** (*Dactylis glomerata*) mit büscheligen oder das **Italienische Raygras** (*Lolium multiflorum*) mit „zickzackförmigen" Fruchtständen werden häufig eingesät. Die schmalblättrigen Schwingel-Arten (Gattung *Festuca*) bilden dichte Horste oder Filze. In Wiesen treffen wir den feuchtigkeitsliebenden **Wiesen-Schwingel** (*Festuca pratensis*) und den eher in trockenen Biotopen vorkommenden **Rotschwingel** (*Festuca rubra*). Beide sind resistent gegen häufigen Schnitt und bilden deshalb den Grundstock für zahlreiche Grassorten in Rasen und Parks. Leicht mit dem Glatthafer zu verwechseln ist der im Tiefland viel seltenere **Goldhafer** (*Trisetum flavescens*). Auch der kalkliebende **Flaumige Wiesenhafer** (*Avenochloa pubescens*) und das **Gemeine Ruchgras** (*Anthoxanthum odoratum*) gelten als gute Futtergräser (Aichele & Schwegler 1991). Den zierlichen Rispengräsern (Gattung *Poa*) bleibt in Wiesen nur die Rolle der niedrig wachsenden und in Lücken stehenden „Untergräser" – in Glatthaferwiesen kommen vor allem **Wiesen-Rispengras** (*Poa pratensis*) und **Gemeines Rispengras** (*Poa trivialis*) vor.

Unter den „minderwertigen", schlechtes Futter liefernden Arten treffen wir in Glatthaferwiesen z. B. das **Wollige Honiggras** (*Holcus lanatus*) oder den **Rauhen Wiesenhafer** (*Avenochloa pratensis*). Das **Weide-Kammgras** (*Cynosurus cristatus*) nimmt an staufeuchten und nährstoffreichen Stellen zu, es gilt als zähes, wenig ertragreiches Gras.

Viele Kleearten sind ebenfalls nicht in diesem Umfang heimisch gewesen, sondern werden immer wieder durch Wiesen-Saatmischungen verbreitet. Besonders der **Rotklee** (*Trifolium pratense*) und der Schweden- oder **Hybridklee** (*Trifolium hybridum*) mit seinen rosaroten Blüten kommen fast nur „künstlich ausgesät" vor, während der **Weißklee** (*Trifolium repens*) nicht nur in Wiesen, sondern überall da wächst, wo die Landschaft ein bißchen offen und sonnig und ein Plätzchen „übrig" ist. Diese drei Arten werden von den Vegetationskundlern meist nicht berücksichtigt, da sie oft als „künstliche Einbringsel" in die Wiesen gelten, nichtsdestotrotz aber typisch sind. „Gelbe Klees" gibt es gleich einige: häufig ist vor allem der zierliche **Kleine Klee** (*Trifolium dubium*) und der in der Blüte ganz ähnlich aussehende **Schneckenklee** (*Medicago lupulina*), den man an seinen schneckchenähnlichen Früchten aber gut bestimmen kann.

Überaus häufig können in Glatthaferwiesen vor allem diejenigen Kräuter werden, die von guter Nährstoffzufuhr profitieren: das weißblühende **Wiesen-Labkraut** (*Galium album*), der **Wiesen-Storchschnabel** (*Geranium pratense*) oder die allbekannte **Wiesen-Schafgarbe** (*Achillea millefolium*). Der im Gegensatz zu anderen Doldenblütlern bereits im Mai und Juni blühende **Wiesenkerbel** (*Anthriscus sylvestris*) wird von einer späten oder einmaligen Wiesenmahd, von stärkerer Düngung oder von schattigen Verhältnissen begünstigt. Die anderen großwüchsigen, sommerblühenden Doldenblütler wie **Pastinak** (*Pastinaca sativa*), **Bärenklau** (*Heracleum sphondy-*

Abb. 7.18
Ein nährstoffreicher, aber selten gemähter Bereich einer Glatthaferwiese bei Mingolsheim, in dem der Wiesenkerbel dominant geworden ist. Wenn dagegen die Mahdhäufigkeit zunimmt, geht der Wiesenkerbel wieder zurück.

lium) oder **Wilde Möhre** (*Daucus carota*) vertragen eine frühe Mahd nicht und stehen daher vor allem an Wegrändern, Bachufern oder Heckensäumen, wo der Mähbalken nicht hinkommt.

Andere Arten sind sehr niedrigwüchsig und „entgehen" dadurch dem Mähbalken auch bei häufiger Wiesenmahd: **Gänseblümchen** (*Bellis perennis*), **Gemeiner Löwenzahn** (*Taraxacum officinale*) oder **Ferkelkraut** (*Hypochoeris radicata*). Es ist daher kein Zufall, daß diese Arten auch in den ständig geschnittenen Rasen und Parks noch überleben können und geradezu als „typisch" für diese gelten.

Der allbekannte „Löwenzahn" besteht in Wirklichkeit aus unzähligen Kleinarten, die nur von wenigen Spezialisten auseinandergehalten werden können (von Laien werden daneben auch noch die Arten der Gattung *Leontodon* darunter-

Abb. 7.19
Salbeireiche Wiesen fallen schon von weitem durch ihre attraktive, dunkelblaue Farbe auf.

gezählt). Von etwas feuchteren Bedingungen werden dagegen der **Scharfe Hahnenfuß** (*Ranunculus acris*) oder das **Weide-Kammgras** (*Cynosurus cristatus*) begünstigt, die auch in „echten" Feuchtwiesen noch vorkommen.

Es wären noch viele andere Wiesenkräuter zu erwähnen! Nicht vergessen dürfen wir vor allem den hochwüchsigen, leuchtend gelben **Wiesen-Pippau** (*Crepis biennis*) und seinen „kleinen Bruder", den **Grünen Pippau** (*Crepis capillaris*), der außerordentlich anpassungsfähig ist und von wenigen Zentimetern bis über einen Meter hoch werden kann. Gelb blüht auch die allgegenwärtige und häufige **Wiesen-Platterbse** (*Lathyrus pratensis*), neben den Klee-Arten der häufigste Schmetterlingsblütler in den Wiesen.

Artenreichtum durch Nährstoffmangel: Trespen- und Salbei-Glatthaferwiesen

Im Sandgebiet der Rheinebene trocknen bei Ausfall der Wiesenwässerung und damit Wegfall der Nährstoff- und Feuchtigkeitszufuhr viele Standorte sehr schnell aus und werden magerer. Dann breiten sich Trockenheitszeiger wie die **Aufrechte Trespe** (*Bromus erectus*)[16] aus, die normalerweise in Halbtrockenrasen zu finden sind. Gleichzeitig läßt die Wuchs- und Konkurrenzkraft der Gräser deutlich nach, Kräuter können in den Lücken aufkommen. Eine trockene Glatthaferwiese ist daher wesentlich „bunter" und artenreicher als eine „normale", gut mit Nährstoffen versorgte Glatthaferwiese. Oft zeigen die Bestände ein ausgesprochen niederwüchsiges, lichtes Bild. Hier finden wir Trockenheitszeiger wie **Wiesensalbei** (*Salvia pratensis*), **Kleine Pimpinelle** (*Pimpinella saxifraga*), **Wirbeldost** (*Clinopodium vulgare*), **Großes Schillergras** (*Koeleria pyramidata*), **Rauhes Veilchen** (*Viola hirta*), **Feldklee** (*Trifolium campestre*), **Taubenskabiose** (*Scabiosa columbaria*) oder **Dornige Hauhechel** (*Ononis spinosa*). Lediglich die eigentlichen Halbtrockenrasen-Arten wie z. B. der Hufeisenklee (*Hippocrepis comosa*) fehlen der Trespen-Glatthaferwiese noch (THOMAS & SEMMELMANN 1988, SCHACH 1988).

Der Botaniker bezeichnet solche mageren Wiesen auch als **Trespen-Glatthaferwiese**. Dieser Typ war erstmals von OBERDORFER 1936 in der Saalbachaue bei Bruchsal beschrieben worden. Er kommt verbreitet in den Kraichgauhügeln bei Bruchsal vor, z. B. unter älteren Streuobstbeständen (vor allem, weil dort wenig gedüngt wird). An den südexponierten Hängen gibt es dann Übergänge in die eigentlichen Halbtrockenrasen. Der geringen Nährstoffversorgung entsprechend sind die Trespen-Glatthaferwiesen meist sehr artenreich (bei den Flächen im Bruchsaler Raum nach SCHACH 1988 im Schnitt 40 Arten). Sie enthalten gebietsweise floristische Besonderheiten, die den intensiver genutzten Wiesen fehlen, wie die **Wiesen-Schlüsselblume** (*Primula veris*) oder etwa die **Karthäusernelke** (*Dianthus carthusianorum*). Einmal mehr führt also **Nährstoffmangel zu Artenreichtum**.

Die Trespen-Glatthaferwiese war in intensiv oder regelmäßig bewässerten Wiesen vermutlich kaum vertreten, stellte sich aber nach Aufgabe der Wässerung verbreitet in den Sandgebieten der Rheinebene ein. So hat sich ein Großteil der noch erhaltenen Wiesen südlich von Hambrücken (Gewann „Stangenwiesen") zu Trespen-Glatthaferwiesen entwickelt; ein Teil dieser Flächen enthält sogar schon Zeigerarten für den Übergang zu Sandtrockenrasen.

In der Rheinebene gibt es Trespen-Glatthaferwiesen auch auf **wechselfrischen Standorten**. Bei diesem Typ kommen Feuchte- und Wechselfeuchtezeiger wie Wiesen-Fuchsschwanz (*Alopecurus pratensis*), Pfennigkraut (*Lysimachia nummularia*) und die Pfeifengraswiesen-Kennarten Großer Wiesenknopf (*Sanguisorba officinalis*), Herbstzeitlose (*Colchicum autumnale*), Kuckucks-Lichtnelke (*Lychnis flos-cuculi*) und Wiesensilge (*Silaum silaus*) hinzu. Im Bereich des Tiefgestades gibt es in der generell heute sehr seltenen Gesellschaft auch Raritäten wie Knollen-Kratzdistel (*Cirsium tuberosum*) oder Filzsegge (*Carex tomentosa*) (THOMAS & SEMMELMANN 1988). Meist sind die Bestände der wechselfrischen Trespen-Glatthaferwiese nur kleinflächig ausgebildet und wachsen in unmittelbarer Nachbarschaft von hochgrasreichen Beständen, denen die Kennarten der Trespen-Glatthaferwiese fehlen. Oft sind sie von diesen durch die Parzellengrenze getrennt, bilden sich also in Abhängigkeit von der Bewirtschaftung aus. Die wechselfeuchten Standortsbedingungen können durch verschiedene Ursachen erzeugt werden: hochanstehendes Grundwasser, tonhaltige Lehm- und Sandlehmböden in den Auen, ausreichend Frühjahrsniederschläge und sommerliche Austrocknung.

---

16 Die Aufrechte Trespe hat ihr Optimum von Natur aus eigentlich auf feuchteren Flächen. Erst die Konkurrenz der durch Düngung stärker geförderten Hochgräser wie Glatthafer u. a. verdrängt die Aufrechte Trespe in die Randbereiche ihres Wuchspotentials, also sowohl an Trockenstandorte als auch auf manche Naßböden (vgl. Kap. 7.1).

Bei etwas höherer Nährstoffzufuhr (im Vergleich zur Trespen-Glatthaferwiese) bildet sich die **Salbei-Glatthaferwiese** aus[17]. Als Charakterarten für diesen Typ gelten wiederum Wiesensalbei (*Salvia pratensis*) oder Kleine Pimpinelle (*Pimpinella saxifraga*). Daneben können regelmäßig nährstofftolerante Trockenheitszeiger wie Wiesenknautie (*Knautia arvensis*), Mittlerer Wegerich (*Plantago media*), Wilde Möhre (*Daucus carota*), Knolliger Hahnenfuß (*Ranunculus bulbosus*) oder Schmalblättrige Wicke (*Vicia angustifolia*) auftreten. Eine typische Art dieser Wiesen ist auch die hochwüchsige Wiesen-Margerite (*Chrysanthemum leucanthemum*) (THOMAS & SEMMELMANN 1988, SCHACH 1988). Viele konkurrenzschwache Arten oder Magerkeitszeiger werden dagegen durch die mit der geringen Düngung begünstigten Obergräser unterdrückt und treten in den Hintergrund. Die mittlere Artenzahl dieses Wiesentyps ist etwas geringer als bei der Trespen-Glatthaferwiese, aber immer noch verhältnismäßig hoch (SCHACH 1988).

Auf seltener oder weniger intensiv gewässerten Flächen dürfte früher die Salbei-Glatthaferwiese regelmäßig aufgetreten sein, nach der Aufgabe der Wässerung wurde sie begünstigt und kommt jetzt an vielen Stellen mit noch erhaltenen Wiesen vor.

Sowohl Trespen- als auch Salbei-Glatthaferwiesen sind stark düngerempfindlich und leiden unter Nutzungsintensivierung, wie von THOMAS (1990) eindringlich geschildert wird: „*Gerade bei der wechselfeuchten Ausbildung reichen geringe Düngegaben, um hochwüchsige Glatthafer-dominierte Wiesen zu erhalten. Cirsium tuberosum [Knollen-Kratzdistel] kam im Untersuchungsgebiet früher weit verbreitet vor, heute sind die Populationen in den noch verbliebenen Wiesen meist hochgradig gefährdet. Die Art war beispielsweise im Hockenheimer Rheinbogen und westlich von Liedolsheim früher keineswegs selten. Heute gibt es in beiden Gebieten nur noch Einzelpflanzen, die im derzeit früh gemähten Arrhenatheretum brometosum [Trespen-Glatthaferwiese] nicht zur Fruchtreife gelangen können. Die schönsten Bestände [der trockenen Glatthaferwiesen] werden von Pferdehaltern bewirtschaftet und z.T. seit 10 Jahren allenfalls gelegentlich mit etwas Pferdemist gedüngt. Da Bromus erectus [Aufrechte Trespe] später austreibt als Arrhenatherum elatius [Glatthafer], werden die Wiesen traditionell erst im Juni/Juli gemäht. In trockenen Sommern entfällt häufig der zweite Schnitt.*“

Pflanzen der Trespen-Glatthaferwiesen

Typische Gräser der trockenen Glatthaferwiesen und Halbtrockenrasen sind in der Regel schlanke, hochwüchsige Arten mit kleinen Fruchtständen: vor allem die bereits erwähnte Aufrechte Trespe (*Bromus erectus*), das **Große Schillergras** (*Koeleria pyramidata*) oder die **Weiche Trespe** (*Bromus mollis*), die in allen trockenen Wiesen, Weiden und Brachländern verbreitet und häufig vorkommt, auch auf den Sandböden der Rheinebene.

Die Artenzahl der trockenen Glatthaferwiesen geht aber vor allem auf das Konto der Kräuter. Häufig, typisch und kaum zu übersehen ist der leuchtend blaue **Wiesensalbei** (*Salvia pratensis*). Die Buntheit der mageren Wiesen wird gesteigert durch die rot blühenden, auffälligen Arten **Acker-Witwenblume** (*Knautia arvensis*), die seltenere **Taubenskabiose** (*Scabiosa columbaria*), die **Wiesen-Flockenblume** (*Centaurea jacea*) und den **Wirbeldost** (*Calamintha clinopodium*). Alle vier Arten kommen vor allem nach der ersten Wiesenmahd auf und prägen den „Sommeraspekt“ vieler Wiesen. Die Häufigkeit des feuchtigkeitsliebenden Scharfen Hahnenfußes geht in trockenen Wiesen stark zurück, dafür finden wir zunehmend den **Knolligen Hahnenfuß** (*Ranunculus bulbosus*), der an seinen zurückgeschlagenen Kelchzipfeln zu erkennen ist. Er benutzt seine dicke Wurzel als Speicherorgan und hat sich daher an trockene Biotope adaptiert. Gerade die Verteilung dieser beiden oberflächlich ähnlichen Arten ist ein guter Zeiger für die kleinklimatischen Bedingungen in einer Wiese.

Die Artenzahl der Schmetterlingsblütler (Familie Fabaceae, früher als „Leguminosen“ bezeichnet) nimmt in trockenen Wiesen ebenfalls stark zu. Einige Arten gelten als giftig für das Vieh und werden deshalb von den Wiesennutzern nicht besonders gerne gesehen; dafür ist ihre Bedeutung als Futterpflanzen für Käfer, Schmetterlinge und andere Insekten geradezu sprichwörtlich. Wir finden den leuchtend gelb blühenden **Gemeinen Hornklee** (*Lotus corniculatus*) oder den **Feldklee** (*Trifolium campestre*) mit hellgelben Blütenköpfen, die nach der Blüte braun anlaufen. In selten gemähten Bereichen (Böschungen, Wegraine, Säume) des Kraichgaus kommen die großen „Büsche“ der **Kronwicke** (*Coronilla varia*) mit rosaweißen Blüten auf.

Die Klappertöpfe (Gattung *Rhinanthus*) sind Halbschmarotzer, ihre Wurzeln „zapfen“ Graswurzeln an und entziehen diesen Wasser und Nähr-

---

17 Trotz allem ist aber die Salbei-Glatthaferwiese immer noch eine magere Wiese (siehe auch weiter unten)!

Abb. 7.20
Wohl kaum erwartet man eine Steinbrech-Art in Wiesen, dennoch sind sehr magere Wiesen der Hauptbiotop des Knöllchen-Steinbrechs *(Saxifraga granulata)*. Er blüht leuchtend weiß und kommt in Kolonien vor. Bei Stutensee-Spöck lebt eine sehr seltene Rüsselkäfer-Art (*Bagous diglyptus*), die als gefährdet gilt, am Knöllchen-Steinbrech (RHEINHEIMER 1994).

stoffe. Klappertöpfe treten immer in Gruppen auf. Sie galten früher als äußerst unerwünschtes „Unkraut". In der Region gibt es nur zwei Arten: den häufigen **Zottigen Klappertopf** (*Rhinanthus alectorolophus*) und den viel selteneren **Kleinen Klappertopf** (*Rhinanthus minor*). Das gelbblühende **Bitterkraut** (*Picris hieracioides*) wird so genannt, da es vom Vieh nicht gefressen wird. Es ist an seinen rauhbehaarten, rot angelaufenen Stengeln von den ähnlichen Korbblütlern, z. B. den Habichtskräutern, leicht zu unterscheiden. Es verträgt frühe Mahd relativ schlecht und kommt daher vor allem in selten bzw. spät gemähten Wiesen vor: auf Hochwasserdämmen, an Straßenrainen oder im Streuobst. Außerdem kann sich das Bitterkraut auf mageren, extensiven Weiden durch seinen Ungenießbarkeit einen Vorteil verschaffen (ähnlich z. B. der **Wilde Majoran**, *Ori-*

Abb. 7.21
Die Bocksbart-Arten (Gattung *Tragopogon*) aus der Familie der Korbblütler tragen einzelne, aber große und leuchtend gelbe Blüten. Sie stehen meist einzeln und kommen vor allem in der Rheinebene vor. Im Bild der Wiesen-Bocksbart *(Tragopogon pratensis)*.

ganum vulgare) und stark ausbreiten. Leicht zu erkennen ist auch die **Wilde Möhre** (*Daucus carota*), ein Doldenblütler, an ihrem schwarzen „Punkt" in der Mitte des Blütenschirms.

Zahlreiche weitere Pflanzenarten sind typisch für trockene, magere Wiesen, unter ihnen die **Gemeine Braunelle** (*Prunella vulgaris*), die spätblühende und deswegen eher an Rainen und Gebüschsäumen vorkommende **Rapunzel-Glokkenblume** (*Campanula rapunculus*), oder das **Raukenblättrige Greiskraut** (*Senecio erucifolius*), das im Gegensatz zum sehr ähnlichen Jakobs-Greiskraut nur in magerem Grasland oder Halbtrockenrasen wächst. Der früher als Arzneipflanze genutzte **Kleine Odermennig** (*Agrimonia eupatoria*) blüht spät und ist typisch für relativ früh gemähte Böschungen und Straßenraine. Im Unterwuchs gibt es nicht nur „normalen" Löwenzahn (Gattung *Taraxacum*), sondern auch die Arten der Gattung *Leontodon*, vor allem den **Herbst-Löwenzahn** (*Leontodon autumnalis*) und den **Rauhen Löwenzahn** (*Leontodon hispidus*).

In wechselfrischen, mageren Wiesen finden wir die **Wiesen-Schlüsselblume** (*Primula veris*), die in den letzten Jahren sehr stark zurückgegangen ist. Im Gegensatz zur allbekannten Wald-Schlüsselblume sind ihre Blüten tiefgelb. Auch die **Wiesen-Glockenblume** (*Campanula patula*) muß mittlerweile zu den Besonderheiten gezählt werden. Sie ist leicht an den wenigblütigen, lokkeren Rispen zu erkennen; ihre Blütenfarbe ist ein helles Violett. Sie blüht viel früher als die anderen Glockenblumen-Arten und „entgeht" dadurch dem Wiesenschnitt. Die Wiesen-Glockenblume kommt bei uns ausschließlich in mageren Wiesen vor. Ein guter Platz, um sie noch zu sehen, sind die Wiesen der Jurasenke bei Bad Schönborn.

Spät gemähte Wiesen: Das Reich der Doldenblütler

Falls Glatthaferwiesen selten oder spät gemäht werden, kommen die sommerblühenden Doldenblütler stärker zur Geltung. Dies ist natürlich besonders bei den einschürigen Wiesen unter den Streuobstbeständen des Kraichgaus der Fall, kann aber auch bei extensivierten Wiesen der Rheinebene auftreten. Die Salbei-Glatthaferwiese zeigt dann, vor allem bei guter Nährstoffversorgung, einen hohen Anteil des **Wiesenkerbels** (*Anthriscus sylvestris*), der den Frühsommer-Aspekt der Wiese mit seinen weißen Dolden prägt. Diese stickstoffliebende Art wird durch Klärschlamm- und Gülledüngung noch zusätzlich gefördert (THOMAS 1990). Auch **Pastinak** (*Pastinaca sativa*) oder **Bärenklau** (*Heracleum sphondylium*) werden in extensiv genutzten Wiesen häufiger. Im Extremfall kann sich beim Brachfallen einer Wiese eine Hochstaudenflur aus Doldenblütlern einstellen, zusätzlich gefördert bei feuchten Bedingungen. In mageren und trockenen Trespen-Glatthaferwiesen finden wir dagegen Doldenblütler, die Nährstoffmangel anzeigen, z. B. die beiden **Pimpinellen** (*Pimpinella major* und *saxifraga*) oder im Extremfall sogar **Haarstrang**-Arten (*Peucedanum*).

Feuchte Glatthaferwiesen

Von den Glatthaferwiesen ausgehend finden sich auch alle möglichen Übergänge zu den eigentlichen, später besprochenen Feuchtwiesen. Dabei spielen Standortsfaktoren wie etwa die darunterliegenden Böden eine große Rolle, aber auch die Art und Intensität von Düngung und Wässerung. Die Rheinebene kennt darüber hinaus zahlreiche Stellen mit jährlich wechselndem Stau- oder Druckwasseraufkommen. Auf den wenigen noch von früher vorhandenen Wiesenflächen hat sich überall die Senkung des Grundwasserspiegels und das Ausbleiben der Wässerung bemerkbar gemacht. Kein Zufall ist, daß die feuchteren Glatthaferwiesen heute noch von allen Feuchtwiesen am ehesten zu finden sind, da sie weniger von ständiger Wasserzufuhr abhängig sind.

Wie problematisch die Abgrenzung der verschiedenen „feuchten Typen" ist, zeigt die Verbreitung der Kohldistel (*Cirsium oleraceum*). Diese unverwechselbare, hellgelb blühende Distelart gilt eigentlich als Charakterart einer „echten" Feuchtwiesen-Gesellschaft (der „Kohldistelwiese" im eigentlichen Sinne)[18], kommt in der Rheinebene und in den Auen des Kraichgaus aber viel häufiger in einer feuchten Ausbildung der Glatthaferwiese, der sogenannten **Kohldistel-Glatthaferwiese,** vor. Dieser Wiesentyp hat seinen Standort auf mäßig feuchten, meist humosen Lehmböden und wurde früher durch die Wiesenwässerung wohl gefördert. An tiefer gelegenen und damit feuchteren Stellen geht er in ausgeprägtere Feuchtwiesen (Calthion) über.

In der Kohldistel-Glatthaferwiese finden wir außer der Kohldistel selbst noch die Sumpfsegge (*Carex acutiformis*), das normalerweise eher in

18 Leider hat die etwas unglückliche Begriffsabgrenzung „Kohldistel-Glatthaferwiese" und „Kohldistelwiese" nicht gerade zu einer besseren Unterscheidung beigetragen!

Abb. 7.22
Der Wiesen-Storchschnabel (*Geranium pratense*) mit seiner auffälligen, lilablauen Farbe verträgt auch intensive Düngung. Er kommt daher noch häufig vor.

Röhrichten auftauchende, aber Mahd durchaus vertragende Hohe Mädesüß (*Filipendula ulmaria*) oder den Blutweiderich (*Lythrum salicaria*). Auch andere Feuchtezeiger wie die Bachnelkenwurz (*Geum rivale*) treten hier bereits auf. An mageren Stellen finden sich manchmal regional seltene Pflanzenarten wie Knöllchen-Steinbrech (*Saxifraga granulata*) oder schon die feuchtigkeitsliebende, gefährdete Prachtnelke (*Dianthus superbus*).

Der Glatthafer selbst geht durch zeitweilige Vernässung in diesen Wiesentypen deutlich zurück, der **Wiesen-Schwingel** (*Festuca pratensis*) kann zur Dominanz kommen. Er wird durch Meliorationsmaßnahmen und intensive Nutzung gefördert. Gülledüngung dagegen fördert den **Wiesen-Fuchsschwanz** (*Alopecurus pratensis*) (THOMAS 1990). Großflächig findet sich die Kohldistel-Glatthaferwiese noch im Rhein-Tiefgestade. Kleinere Vorkommen existieren dagegen auf den Talböden der Kraichgautäler, in der Randsenke („Kinzig-Murg-Rinne") sowie in tiefgelegenen Rinnen südlich von Hambrücken.

Bei starker Düngung entsteht aus diesem Wiesentyp eine artenarme, vom normalerweise in derartigen Gesellschaften selten auftretenden Wiesenfuchsschwanz beherrschte Ausbildung, in der die Feuchtwiesen-Arten zurücktreten. Die Aufgabe der Nutzung dagegen führt meist zum Überhandnehmen der hochwüchsigen Sumpfsegge (*Carex acutiformis*) und damit zur Verdrängung vieler lichtbedürftiger Arten (siehe auch unten). Das Endstadium der Entwicklung sind schließlich reine Großseggen-Bestände.

Ganz ähnlich wie die Kohldistel-Glatthaferwiese, aber deutlich nährstoffhaltiger, ist die **Fuchsschwanz-Glatthaferwiese,** benannt nach der Grasart Wiesen-Fuchsschwanz (*Alopecurus pratensis*) und weiter charakterisiert durch den Kriechenden Hahnenfuß (*Ranunculus repens*), die Rasenschmiele (*Deschampsia cespitosa*), den Beinwell (*Symphytum officinale*) oder den Krausen Ampfer (*Rumex crispus*).

Dieser Wiesentyp stockt normalerweise auf frischem bis wechselfeuchtem Lehmboden und ist damit an tiefer gelegene und gleichzeitig grundwassernähere Standorte gebunden. Mit dem Anstieg des Bodenniveaus geht er, mäßige Düngung vorausgesetzt, in die Salbei-Glatthaferwiese über.

In größerer Ausdehnung findet sich dieser Wiesentyp z. B. noch im nördlichen Teil der Saalbachaue südlich von Hambrücken, wo der Grundwasserspiegel offensichtlich nicht so stark abgesenkt wurde wie im unmittelbaren Einflußbereich der Entwässerungskanäle der Pfinz-Saalbach-Korrektion.

Intensivwiesen: Düngung und Nutzung führen zur Artenarmut

Starke Düngung durch Jauche oder Mineraldünger und gleichzeitig schlechte Drainage auf Lehmböden führen zu einer extremen Verarmung der Wiesen, die dann als **artenarme Glatthaferwiesen,** manchmal auch als **Intensivwiesen** bezeichnet werden. Wenige konkurrenzstarke Arten, z. B. die Obergräser Glatthafer, Wiesen-

Fuchsschwanz und Knäuelgras, überwuchern fast alle anderen Kräuter und bilden eine dicht schließende und hochwüchsige Grasflur, in der die weniger konkurrenzstarken Arten, wozu die meisten Wiesenkräuter zählen, stark zurücktreten. Die Artenzahl nimmt auf 15–20 Arten ab (stellenweise sogar unter 10 Arten) und liegt damit weit unter jener charakteristisch ausgebildeter Glatthaferwiesen (SCHACH 1988). Mit dem Überhandnehmen konkurrenzstarker Gräser fehlt auch das bunte Aussehen der mäßig stark gedüngten, kräuterreichen Wiesen, das Bild der Wiesen wird monoton. Es finden sich oft nur noch die besonders konkurrenzkräftigen Arten Glatthafer (*Arrhenatherum elatius*), Knäuelgras (*Dactylis glomerata*), Wiesen-Schafgarbe (*Achillea millefolium*) und Wiesen-Labkraut (*Galium mollugo*) (THOMAS 1990).

SCHACH (1988) beschreibt diese Intensivwiesen, die z. B. westlich von Bruchsal großflächig zu sehen sind: *„Der als Feuchtigkeitszeiger geltende Wiesen-Fuchsschwanz wird bei starker Düngung häufiger und dominiert an feuchteren, grundwassernahen Standorten. Die Ursache für diese starke Ausbreitung des Wiesen-Fuchsschwanzes liegt im hohen Stickstoffangebot. So charakterisiert* KLAPP *(1983) den Wiesenfuchsschwanz als 'ausgesprochenen Stickstofffresser', der durch starke Düngung, namentlich mit Stickstoff, stark gefördert wird und dabei durch seinen frühen erdrückenden Wuchs leicht zur Vorherrschaft gelangen kann. Von den wenigen Kräutern, die in den stark gedüngten, artenarmen Wiesen noch häufiger vorkommen, sind besonders der Wiesenstorchschnabel (Geranium pratense), der Gemeine Löwenzahn (Taraxacum officinale agg.) und der Bärenklau (Heracleum sphondylium) zu erwähnen. In sehr stark gedüngten Wiesen werden stellenweise ausgesprochene Stickstoff- und Störzeiger wie Acker-Kratzdistel (Cirsium arvense) und Brennessel (Urtica dioica) angetroffen. Nicht selten findet man die stark hochwüchsigen Bestände durch starke Regen zu Boden gedrückt. Dies führt dazu, daß die von der liegenden Grasschicht überdeckten Pflanzenteile zu faulen beginnen. In den Saalbachwiesen westlich von Bruchsal treten in einem stark überdüngten Bestand flächenhaft Brennesselherden auf, in denen kaum noch Reste der Grasnarbe aufkommen."*

Ein ganz ähnliches Schicksal wie die Intensiv-Nutzwiesen zeigen auch die Flächen, auf denen ehemalige Mähwiesen eingezäunt und zu Milchvieh- oder **Pferdekoppeln** umgewandelt wurden (z. B. bei Wiesental, Neudorf oder Oberhausen). Die starke Düngung und die Überweidung führen zur Verarmung. Nur wenige konkurrenzstarke, stickstoffliebende Gräser können sich halten, bis schließlich die Brennessel aufkommt. Im Extremfall sind überhaupt keine Kräuter mehr vorhanden, die Grasnarbe reißt auf und läßt den nackten Boden hervortreten. Es braucht kaum betont zu werden, daß solche Flächen ökologisch nur noch von sehr geringem Wert sind.

Feuchtwiesen: Refugium für Spezialisten

„Fährt man im Spätsommer und Herbst durch das südliche Oberschwaben und das Allgäu, stechen einem zwischen dem Einerlei der intensiv genutzten dunkelgrasgrünen Futterwiesen braune bis goldbraun leuchtende Töne in den Senken und an manchen Hangfußlagen ins Auge. Es sind Streuwiesen oder 'Streuben', wie die Allgäuer sagen, die um diese Zeit kurz vor der Mahd stehen. Doch nicht nur im Herbst, schon im späten Frühjahr und ganz besonders im Hochsommer fällt die blumenbunte Fülle der Streuwiesen auf, wenn die benachbarten Futterwiesen schon gemäht sind." (KAPFER & KONOLD 1994)

Abb. 7.23 Die hochwüchsige Kohldistel (*Cirsium oleraceum*) ist die einzige hellblütige Distelart der Region. Sie kommt nach dem ersten Wiesenschnitt oft ein zweites Mal zur Blüte.

Abb. 7.24 Eine der letzten als Streuwiese genutzten Flächen im Landkreis: ein Seggenried bei Langenbrücken. Das Photo stammt von 1986.

Laien und unter diesen auch viele Naturschützer benutzen den vagen Sammelbegriff „Feuchtwiesen“ für alle Wiesen bis hin zu Flachmooren, die mehr oder weniger regelmäßig Feuchtigkeit aufweisen. Darunter fallen botanisch und vegetationskundlich allerdings zahlreiche verschiedene Einheiten.

Verwirrend wirken auch Begriffe, die keine strengen vegetationskundlichen Kategorien bezeichnen, sondern eher von der Nutzung geprägt wurden, etwa:

- **„Streuwiese“** ist ein alter Ausdruck für Wiesen, die so mager waren und deren Gras so wenig Nährwert besaß, daß es nicht als Futter taugte. Oft waren dies auch von Sauergräsern dominierte Bestände, deren Heu von Kühen nicht angenommen wurde. Es wurde statt dessen als Einstreu in Ställen verwendet. Vorteilhaft war dabei die harte und zähe Struktur der Großseggen, die in solchen Wiesen häufig vorkommen. Sie wurden nie gedüngt, da man für derartige Flächen keinen Dünger übrig hatte (KAPFER & KONOLD 1994). Oft waren diese Streuwiesen Ziel von Meliorationsmaßnahmen (siehe auch Kap. 8.3, „Graben“).
- **„Sauerwiese“** ist ein ebenfalls vager Sammelbegriff für alle Wiesen, in denen vor allem „Sauergräser“ (Seggen) vorkamen, womit vor allem Streuwiesen und Flachmoore gemeint waren. Der Ausdruck „Sauergräser“ im Gegensatz zu den gut als Futter verwendbaren Süßgräsern betont ihren schlechten Nährwert[19].
- **„Seggenwiesen“** bzw. **„Binsenwiesen“** sind nicht näher definierte Begriffe für alle seggen- und binsenreichen Bestände. Der Botaniker spricht bei Seggen-Reinbeständen schließlich von „Großseggenried“ und „Kleinseggenried“, diese gehören in die weitere Verwandtschaft der Röhrichte.
- **Flachmoore** und **Hochmoore** sind in der Regel durch ihren morphologischen Aufbau defi-

19 Außerdem ergibt es sich eher zufällig, daß die meisten Sauerwiesen einen relativ niedrigen pH-Wert aufweisen und oberflächlich versauert, die Moore sogar stark sauer sind. Das war aber nicht der Grund für die Entstehung des Namens.

niert. Außerdem sind sie nicht wie die Wiesen von der Mahd abhängig.

Als botanisch/vegetationskundlich definierte Einheiten der Feuchtwiesen in unserer Region bleiben drei große Komplexe übrig, die im folgenden besprochen werden: die heute nicht mehr vorhandenen **Flachmoorwiesen**, die nährstoffarmen **Pfeifengraswiesen** und die nährstoffreicheren, meist zweischürigen **Naßwiesen**.

Alle „echten“ Feuchtwiesen galten früher als nicht ackerfähig. Davon kann in der Rheinebene durch großflächige Trockenlegung, Drainage und Mineraldüngung nicht mehr die Rede sein.

Längst verschwunden: Die Flachmoorwiesen

Auf den teilweise urbar gemachten Flachmoor-Standorten der Randsenke zwischen Ubstadt und Durlach fanden sich früher die sogenannten **Flachmoorwiesen** auf tiefgründigen Moorböden. Sie wurden allenfalls einmal pro Jahr im Spätsommer zur Streugewinnung gemäht und stellten die (kaum nutzbare) Extremform der Feuchtwiesen dar. Sie gingen in etwas höherliegenden Bereichen in Pfeifengraswiesen über.

Zahllose Pflanzen-Raritäten fanden sich hier, die meistens längst verschwunden sind, z. B. das **Sumpf-Knabenkraut** (*Orchis palustris*) oder das **Torf-Glanzkraut** (*Liparis loeselii*). Andere Arten sind vielleicht in den Mooren Oberschwabens oder des Schwarzwalds häufig, waren aber in der Region schon immer sehr selten und nur in diesen Sonderbiotopen anzutreffen. Zu ihnen zählen **Fieberklee** (*Menyanthes trifoliata*), **Sumpf-Läusekraut** (*Pedicularis palustris*) oder der **Sonnentau** (*Drosera*) im Waghäusler Bruch.

Die letzten Flachmoorwiesen der Region verschwanden spätestens in den 30er Jahren unseres Jahrhunderts durch großflächige Trockenlegungen. Bereits OBERDORFER konnte einige früher hier beschriebene Pflanzenarten bei seiner Kartierung im Jahre 1934 nicht mehr finden. Im Rhein-Tiefgestade waren ausgesprochene Flachmoorwiesen ebenfalls kaum ausgeprägt, hier herrschten Pfeifengraswiesen vor.

Abb. 7.25 Eine der wenigen noch vorhandenen Pfeifengraswiesen im Rhein-Tiefgestade. Zu erkennen sind große Bestände der seltenen, weißblühenden Kümmelblättrigen Silge (*Selinum carvifolia*), daneben der Große Wiesenknopf und der Blutweiderich. Im Hintergrund weist das aufkommende Schilf darauf hin, daß die Wiese nicht mehr gemäht wird und droht, sich in ein Schilfröhricht zu verwandeln.

Orchideen und Enziane: Die Pfeifengraswiesen (Molinion)[20]

Als „Pfeifengraswiese“ werden vegetationskundlich die einschürig genutzten, mageren und nährstoffarmen Feuchtwiesen bezeichnet. Hier kann sich als Süßgras im wesentlichen nur noch das namensgebende, hochwüchsige **Pfeifengras** oder **Besenried** (*Molinia caerulea*) halten, ein schlechtes Futtergras, das aber als Streu ausge-

20 Die Pfeifengraswiesen und sonstigen Feuchtwiesen des Rhein-Tiefgestades gehören in ihrer großen Menge nicht zu den Wässerwiesen, standen aber häufig mit diesen in räumlicher Verbindung oder wurden durch Trübwässerung umgewandelt. Aus Platzgründen ist es uns leider nicht möglich, die faszinierende Vielfalt der Feuchtwiesen des Tiefgestades in ihrer ganzen Bedeutung abzuhandeln – dazu wäre ein eigenes Buch notwendig. Der Leser sei vor allem auf die hervorragende Broschüre von KAPFER (1995) verwiesen, der insbesondere die Moor- und Streuwiesen Oberschwabens vorstellt. Daneben bietet THOMAS (1990) eine Übersicht über unsere Region, besonders über das Rhein-Tiefgestade.

Abb. 7.26 Ein Übergangsstadium zwischen Naßwiesen und Pfeifengraswiesen in den „Kranichswiesen" westlich von Graben. Der Wiesenaspekt im Mai ist durch die Blüte des leuchtend gelben Scharfen Hahnenfußes (*Ranunculus acris*) geprägt. Die Blütenstände des hochwüchsigen Pfeifengrases haben sich noch nicht vollständig geöffnet und fallen in diesem Zustand durch ihre dunkle Farbe besonders auf. Im Hintergrund sind reine Pfeifengraswiesen zu sehen.

sprochen gut geeignet war. Es meidet nährstoff- und stickstoffreiche Bedingungen und blüht sehr spät, teilweise erst im August.

Die anderen Süßgräser treten völlig in den Hintergrund. Statt dessen finden wir viele Kleinseggen („Sauergras") und Binsen. Nährstoffarmut und die beginnende Versauerung des Oberbodens führen zu einem Rückgang der normalerweise konkurrenzstärkeren Obergräser. Es bleibt daher genügend Raum für Kräuter und speziell adaptierte Arten mit ausgedehntem Wurzelsystem oder Speicherorganen.

Diese Wiesen sind zwar pionierfähig, wenn es um das Besiedeln von Extremstandorten geht, aber andererseits äußerst düngeempfindlich. Sobald Nährstoffe eingetragen werden, nehmen die hoch- und schnellwüchsigen Arten wieder überhand, die Kräuter gehen zurück, und die Pfeifengraswiese wandelt sich in eine „normale" Naßwiese um. Pfeifengraswiesen sind so ertragsarm, daß sie früher nur als Streuwiese oder als Allmendweide benutzt werden konnten, vor allem für Pferde. Auch botanisch werden Pfeifengraswiesen von spezialisierten Arten geprägt.

Pfeifengraswiesen gehören zu den artenreichsten Wiesenbiotopen überhaupt! Viele berühmte Raritäten wie die **Sibirische Schwertlilie** (*Iris sibirica*), die Knabenkräuter der Gattung *Dactylorhiza* oder der **Lungenenzian** (*Gentiana pneumonanthe*) kommen hier vor. Die Anzahl der Raritäten ist so groß, daß wir im nächsten Abschnitt nur einige wenige Arten genauer vorstellen können. Außer den Spezialisten gibt es in Pfeifengraswiesen noch zahlreiche weiter verbreitete Feuchtigkeitszeiger, die auch in Naßwiesen oder in nassen Glatthaferwiesen vorkommen. Selbst diese Arten werden heute immer mehr zu Raritäten. Beispiele sind **Kuckucks-Lichtnelke** (*Lychnis flos-cuculi*), **Sumpf-Baldrian** (*Valeriana dioica*) oder die **Sumpf-Vergißmeinnichtarten** (*Myosotis palustris* und *laxiflora*).

Pfeifengraswiesen kamen in unserer Region vornehmlich im Rhein-Tiefgestade vor, wo sie einen flächenmäßig großen Anteil der Wiesen einnahmen. Eine Bilanz über das letzte Jahrhundert und ihr Schicksal zieht THOMAS (1990). Er belegt, daß sie bis auf wenige kümmerliche Reste verschwunden sind, wozu alle möglichen Fakto-

Leben in zwei Welten

Die große „Verwandtschaft" der Pfeifengraswiesen mit den Halbtrockenrasen, deren „feuchtes Äquivalent" sie darstellen, zeigt sich auch in der Flora. Beide Pflanzengesellschaften bieten großen Raum für Spezialisten, sind außerordentlich artenreich, und beide sind abhängig von begrenzter, nicht zu intensiver menschlicher Nutzung. Außerdem sind beide sehr düngeempfindlich. Der Aufbau ist ähnlich: Während bei den Pfeifengraswiesen das ausgedehnte Wurzelsystem der Spezialisten für die optimale Ausnutzung der wenigen Nährstoffe adaptiert ist, dient es bei den Halbtrockenrasen-Pflanzen zur Sammlung der Feuchtigkeit. Viele Pflanzen bilden spezielle Speicherorgane aus (Rhizome, Sproßknollen etc., KAPFER & KONOLD 1994).

Einige Pflanzenarten, die in der Region eigentlich als Charakterarten von Trockenrasen und warmen Magerwiesen gelten, können auch in Pfeifengraswiesen vorkommen, sind aber in diesen Biotopen mittlerweile viel seltener. Die konkurrenzschwachen Pflanzen selektieren dabei weniger nach dem Feuchtigkeitsgrad als nach der geringen Nährstoffzufuhr. Im Extremfall gibt es Arten, die an den „beiden Enden des Spektrums", nämlich in Flachmooren / Streuwiesen und in Trockenrasen oder Trockenwäldern, aber nirgendwo dazwischen vorkommen. Beispiele unserer Region sind:

- Die **Knollen-Kratzdistel** (*Cirsium tuberosum*), die ihr Haupt-Verbreitungsgebiet in den Pfeifengraswiesen des Rhein-Tiefgestades hatte, aber von dort aus auch auf die Halbtrockenrasen der Rheindämme übergreifen kann.
- Der **Heilziest** (*Betonica officinalis*), ein rosarot blühender, ziemlich hochwüchsiger Lippenblütler, vor allem im Kraichgau noch an mageren Waldsäumen und in Halbtrockenrasen hier und da zu finden, in der Rheinebene in Feuchtwiesen dagegen nur noch sehr selten.
- Die beiden Orchideenarten **Grünliche** und **Weiße Waldhyazinthe** (*Platanthera chlorantha* und *bifolia*). Die Grünliche Waldhyazinthe kam früher auch im Seggensumpf der „Braunwiesen" bei Bruchsal vor, wenige Meter „nebenan" im Halbtrockenrasen.
- Entfernt ähnlich wie ein Hornklee sieht die seltene **Spargelerbse** oder Spargelschote (*Tetragonolobus maritimus*) aus, sie besitzt aber weniger, hellgelbe und große Blüten. Das ist in der Region eine typische Stromtalpflanze der Pfeifengraswiesen und Kalkflachmoore des Rhein-Tiefgestades, die in der Schwäbischen Alb aber in Kalktrockenrasen durchaus verbreitet ist.
- Schließlich als Extrembeispiel die **Färberscharte** (*Serratula tinctoria*), eine rotblühende, stachellose Verwandte der Disteln. Sie kommt sogar in drei völlig verschiedenen Biotopen vor: in Pfeifengraswiesen, in Halbtrockenrasen und in warmen Eichenwäldern (z. B. in der Ungeheuerklamm bei Untergrombach).

ren beigetragen haben (siehe auch Kap. 8): Umbruch, Düngung, Aufforstung, Trockenlegung und nicht zuletzt der Kiesabbau. Die wenigen verbliebenen Reste gelten als mehr oder weniger „nutzlos", werden daher nicht mehr gepflegt und sind deswegen heute hauptsächlich von Sukzession bedroht. Viele von ihnen haben sich in Röhrichte oder Weidengebüsche umgewandelt. Nur an ganz wenigen Stellen können durch Naturschutzmaßnahmen derzeit noch intakte Pfeifengraswiesen erhalten werden, so z. B. noch bei Rußheim.

In der Randsenke kamen Pfeifengraswiesen im Gegensatz zum Tiefgestade auch früher nur wesentlich kleinflächiger vor, wurden wohl frühzeitiger umgewandelt und sind deswegen viel schlechter durch historische Zeugnisse belegt. Es liegt nahe, daß vor allem die früher als Gemeindeallmend genutzten Flächen im Randbereich der Moore größere Pfeifengraswiesen umfaßten. Belegt ist dies insbesondere von den Schönbornwiesen südlich von Bruchsal. Bereits OBERDORFER (1936) zögerte aber, diese Flächen als eigentliche Pfeifengraswiesen anzusprechen. Hier kamen zwar eine große Anzahl von Flachmoorarten vor, typische Arten der Pfeifengraswiesen waren aber schon zu seiner Zeit verschwunden. Ein Photo aus den 1950er Jahren, das die Sibirische Schwertlilie (*Iris sibirica*) vor dem Hintergrund des Michaelsbergs zeigte und dem Verfasser früher vorgelegt worden war, weist darauf hin, daß im Wehrgrabenbruch und den Bruchwiesen südwestlich von Untergrombach früher auch Pfeifengraswiesen vorgekommen sein müssen.

In den Kraichgauauen schließlich sind nie Pfeifengraswiesen bekannt geworden. Der natürliche Nährstoffreichtum der Schwemmlöß-Auen,

Abb. 7.27 Der Färberginster (*Genista tinctoria*), eine niedrigwüchsige, leuchtend gelbe Art, die oberirdisch kaum verholzt und jedes Jahr wieder neue Triebe bildet. In der Rheinebene kam er nur in Pfeifengraswiesen vor, im Kraichgau ist er in Halbtrockenrasen noch lokal vorhanden.

Abb. 7.28 „Wappenpflanze" der Pfeifengraswiesen: die Sibirische Schwertlilie (*Iris sibirica*). Sie wird seit Jahrhunderten in Gärten kultiviert und verträgt auch ausgeprägte Trockenheit. Ihre heutige Seltenheit dürfte auf die Konkurrenzschwäche und ihre Empfindlichkeit gegenüber früher Mahd zurückzuführen sein.

aber auch nutzungsgeschichtliche Gründe werden die Ursache dafür sein.

Pflanzen der Pfeifengraswiesen[21]

Die große, blaublühende und spektakuläre **Sibirische Schwertlilie** (*Iris sibirica*) gehörte bis in die Mitte des 20. Jahrhunderts zu einer durchaus häufigen Erscheinung in den Pfeifengraswiesen des Rhein-Tiefgestades und Oberschwabens. Hier konnte sie ganze Wiesen blau färben. Sie gilt geradezu als „Wappen-Pflanze" der Pfeifengraswiesen. Die Art ist aber sehr konkurrenzschwach und empfindlich gegen Düngung und frühe Mahd, kann sich andererseits auch in ungemähten Röhrichten nicht mehr lange halten. Der große Rückgang der Art setzte daher schon früh ein: In der Randsenke verschwand sie in den 50er Jahren, im Rhein-Tiefgestade gibt es noch weniger als 20 Fundorte mit jeweils nur einigen Exemplaren (Abb. 7.28).

Nicht nur in den Alpen wachsen Enziane! In der Region gibt es gleich mehrere blaublühende Arten, die aber alle stark bedroht oder schon ausgestorben sind. Während Fransen-, Kreuz- und Deutscher Enzian auf die Kalktrockenrasen des Kraichgaus beschränkt sind bzw. waren, kommt in den Pfeifengraswiesen des Rhein-Tiefgestades der große **Lungenenzian** (*Gentiana pneumonanthe*) mit tiefdunkelblauen Blütenrispen noch in wenigen Exemplaren vor. Er gilt hier als akut vom Aussterben bedroht.

Ähnlich bedroht ist das **Niedrige Veilchen** (*Viola pumila*) in Pfeifengraswiesen, von dem es noch ganze vier bekannte Vorkommen zwischen Karlsruhe und Mannheim im Rhein-Tiefgestade gibt. Wohl wenige andere Arten sind so dramatisch zurückgegangen wie die Veilchen der Feuchtwiesen! Das **Moor-Veilchen** (*Viola persicifolia*) ist

21 Bei der Einteilung der Abschnitte mit Pflanzenbeispielen der feuchten Wiesen handelt es sich nicht um eine strikte Trennung. Die meisten Arten kommen in mehreren Wiesentypen vor.

Feuchtwiesen-Überbleibsel oder durch Schafe eingeschleppt? Das Rätsel der Reliktarten in den Stangenwiesen

Südlich von Hambrücken ist noch ein schmaler Rest der einstigen Wiesenaue erhalten, der über all die Jahre als Wiese genutzt wurde. Heute sind dies sehr sandige, magere Wiesen, die in Teilen bereits von Sandrasenarten durchsetzt werden. Kaum jemand würde daher auf den Gedanken kommen, hier Charakterarten von Feuchtwiesen zu finden. Und dennoch hatten sich über mehr als 20 Jahre ohne Bewässerung noch einige Exemplare des **Teufelsabbisses** (*Succisa pratensis*) oder der **Sumpf-Schafgarbe** (*Achillea ptarmica*) halten können, bevor sie in den trockenen 90er Jahren endgültig verschwanden. Vom **Kantenlauch** (*Allium angulosum*) sind noch einige wenige Exemplare übrig, die vor allem entlang der alten Vertiefungen der Wässergräben wachsen. Das Verschwinden des Kantenlauchs ist leider ebenfalls absehbar.

Ein größeres Rätsel war das Vorkommen von einigen Pflanzen des **Färberginsters** (*Genista tinctoria*) und des **Heilziests** (*Betonica officinalis*) an einem Waldsaum entlang der Stangenwiesen. Diese Pflanzen fehlen normalerweise in der sandigen Lußhardt oder in der Randsenke und gelten als Charakterarten von Halbtrockenrasen oder Magersäumen im Kraichgau. Die lokalen Naturschützer spekulierten daher über lange Jahre, ob diese beiden Arten vielleicht vom Michaelsberg aus mit Schafen eingeschleppt worden sein konnten, zumal die Stangenwiesen und der Michaelsberg zu den letzten Wiesenflächen der Region gehörten.

Erst die Recherchen zum vorliegenden Buch klärten das Rätsel. Durch die Stangenwiesen lief einst der „Mittlere Neureutgraben", so daß hier früher ein besonders häufig und lange überschwemmter Bereich lag, in dem sich Pfeifengraswiesen und feuchte Magerwiesen ausbilden konnten. Alle fünf angesprochenen Pflanzenarten kommen in Pfeifengraswiesen vor – bei Färberginster und Heilziest war dieser Fakt in der Region aber nicht mehr bekannt gewesen.

Daher mußte die „Schaf-Theorie" zugunsten einer viel schlüssigeren, beweiskräftigeren Erklärung, nämlich des früheren Vorkommens von Pfeifengraswiesen, geopfert werden. Gleichzeitig können die fünf Arten als Indikatoren des langsamen Übergangs von der Pfeifengraswiese über eine magere Glatthaferwiese hin zu einer sandigen Trespen-Glatthaferwiese dienen. Dieser Übergang vollzog sich nach Ausfall der Wässerung innerhalb der letzten 20 Jahre. Die letzten fünf floristischen Überbleibsel nahmen ein verschiedenes Schicksal: Während Teufelsabbiß, Kantenlauch und Sumpf-Schafgarbe von der Feuchtigkeit abhängig sind und langsam aussterben, konnten Heilziest und Färberginster den „Biotopwechsel" mitmachen, von dem der Heilziest sogar profitierte und sich jetzt deutlich ausbreitet.

in Baden-Württemberg bereits in den 1980er Jahren ausgestorben. Ein Grund für die Bedrohung mag die Konkurrenzschwäche der niedrigwüchsigen Arten sein, die auf regelmäßige Mahd und absolut fehlende Düngung angewiesen sind.

Die **Kümmelblättrige Silge** (*Selinum carvifolia*, Abb. 7.25) ist ebenfalls eine Charakterart der Pfeifengraswiesen. Der große, weißblühende Doldenblütler bevorzugt spät gemähte Wiesen. Er ist auf das Rhein-Tiefgestade beschränkt, wenige Außenposten in der Randsenke erloschen bereits in den 1950er Jahren.

Der **Kantenlauch** (*Allium angulosum*, Abb. 7.29) konnte früher mit seiner zartrosa Farbe das ganze Erscheinungsbild mancher Wiesen prägen. Davon kann heute keine Rede mehr sein: Der Kantenlauch ist im Rhein-Tiefgestade sehr selten geworden, in der Randsenke kommt er nur noch bei Hambrücken und Ubstadt in weniger als 20 Exemplaren vor.

Das **Fleischfarbene Knabenkraut** (*Dactylorhiza incarnata*) hat ebenfalls große Bestandsrückgänge hinnehmen müssen. Diese empfindliche Orchidee der mageren Feuchtwiesen war früher in den Bachauen des Kraichgaus, in der Randsenke und im Rhein-Tiefgestade nicht selten. In allen drei Naturräumen gibt es noch einige wenige Exemplare – das „größte" Vorkommen an einem Sekundärstandort, der Tongrube Gochsheim. Ansonsten ist die Art im Kraichgau seit 1989 ausgestorben, in der Randsenke kommen noch weniger als 30 Exemplare vor.

Abb. 7.29
Der Kantenlauch (*Allium angulosum*) kann durch seine Knolle, die als Speicherorgan dient, die nährstoffarmen Bedingungen in Pfeifengraswiesen überleben. Die Aufnahme zeigt den wohl schönsten verbliebenen Bestand im Rhein-Tiefgestade.

Die Knotenbinsenwiesen

Magere Feuchtwiesen mit Beständen der seltenen, tiefgrünen Knotenbinse (*Juncus subnodulosus*) werden häufig auch in Flachmoor-Gesellschaften eingereiht, zeigen aber Beziehungen zu den Pfeifengraswiesen. Diese Wiesen werden als eigene Pflanzengesellschaft **Knotenbinsenwiese** bezeichnet. Der Wiesentyp ist eine an kalk- bzw. basenreiche und mehr oder weniger nährstoffreiche Naßstandorte gebundene Gesellschaft vornehmlich der Tieflagen West- und Südwesteuropas (OBERDORFER 1983). Ihr Standort zeichnet sich meist durch eine gewisse Wasserzügigkeit aus, d. h. er wird quellig durchsickert. Zahlreiche seltene Arten wie die Davall-Segge (*Carex davalliana*) oder die Sumpf-Stendelwurz (*Epipactis palustris*) machen die Verwandtschaft zu den Flachmooren deutlich.

Heute sind derartige Flächen nur noch äußerst kleinteilig zu finden, z. B. auf wenigen Quadratmetern in den Silzenwiesen bei Ubstadt. „Typische" Knotenbinsenwiesen sind in der Region wohl nicht mehr vorhanden. Die namensgebende Knotenbinse selbst tritt in der Rheinniederung auch in Grabenröhrichten auf und kann gelegentlich artenarme Dominanzbestände aufbauen, die dann eher zu den Seggenrieden einzuordnen sind.

Das Reich der gewässerten Wiesen: Die Naßwiesen (Calthion)

Die meist zweischürig genutzten, nährstoffreicheren **Naßwiesen** („feuchte Futterwiesen" nach TÜXEN 1937) sind weitaus weniger düngerempfindlich als die Pfeifengraswiesen und erbringen größere Erträge. Sie werden in der Regel als Mähwiesen genutzt. Naßwiesen sind daher im Gegensatz zu Pfeifengraswiesen noch häufiger erhalten geblieben, einige Pfeifengraswiesen haben sich durch Düngung in Naßwiesen umgewandelt.

Außerdem entstanden Naßwiesen überall da, wo durch intensive Wiesenwässerung ein hoher Feuchtigkeits- und mäßiger Düngereintrag in die Wiesen stattfand. Im 19. Jahrhundert stellten Naßwiesen daher vor allem in den Kraichgau-Auen und in der Randsenke einen großen Teil der Wiesen. Erst der Ausfall der Wiesenwässerung und die zunehmende Austrocknung der Rheinebene durch die Grundwassersenkung wandelte die Naßwiesen schließlich in „normale" Glatthaferwiesen um, sofern die Flächen überhaupt noch als Wiesen erhalten sind. In den nährstoffreicheren Schwemmlöß-Auen des Kraichgaus sind die Naßwiesen noch heute relativ häufig.

Große Probleme macht (auch den Spezialisten!) die Unterscheidung der Naßwiesen von anderen feuchten Wiesengesellschaften, die durch fließende Übergänge verbunden sind, obwohl häufig das intensive Grün der fetten Futterwiesen schon optisch zumindest gut vom bräunlichen Ton der mageren Pfeifengraswiesen unterschieden werden kann. Zur Feinunterscheidung können bisweilen nur sorgfältige vegetationskundliche Aufnahmen mit Beobachtung von sogenannten „Charakterarten" beitragen[22].

In der Region können wir zwei Haupttypen von Naßwiesen finden:

- Die **Kohldistelwiesen** wachsen auf Standorten mit recht ausgeglichenem Wasserhaushalt. Sie zeichnen sich durch das weitgehende Fehlen der Kennarten der Glatthaferwiesen sowie durch das Auftreten einiger typischer Arten der Streu- und Pfeifengraswiesen aus. THOMAS (1990) läßt als Charakterarten nur Waldsimse (*Scirpus sylvaticus*), Sumpf-Hornklee (*Lotus uliginosus*), Sumpf-Vergißmeinnicht (*Myosotis palustris*), Knotenbinse (*Juncus subnodulosus*) und das Moor-Labkraut (*Galium uliginosum*) gelten. Unter den Gräsern dominieren in nur schwach oder nicht mehr gedüngten Beständen die als minderwertiges Futter geltenden Rasenschmiele („Schneidgras", *Deschampsia cespitosa*) und Honiggras (*Holcus lanatus*). An nährstoffreichen Stellen gewinnt der Wiesen-Fuchsschwanz an Dominanz.
- Die **Silgenwiese** besiedelt dagegen vor allem Standorte, die durch einen zeitweise hoch anstehenden Grundwasserspiegel gekennzeichnet sind, womit eine mehr oder weniger starke Schwankung im Wasserangebot während der Vegetationsperiode einhergehen kann. Daher können Silgenwiesen auch durch Wiesenwässerung gefördert werden. Zu den kennzeichnenden Arten gehören die namensgebende Wiesensilge (*Silaum silaus*) und die Trauben-Trespe (*Bromus racemosus*), aber auch Wechselfeuchtezeiger wie der Große Wiesenknopf (*Sanguisorba officinalis*), der mit hoher Stetigkeit und zum Teil hohen Deckungsanteilen vertreten ist, und die Herbstzeitlose (*Colchicum autumnale*).
  An reichlich gedüngten Stellen prägen die Gräser den Aspekt der Silgenwiesen. Die Obergräser Wiesenschwingel (*Festuca pratensis*) und Wiesen-Fuchsschwanz (*Alopecurus pratensis*) erreichen unter diesen Bedingungen hohe Deckungsanteile und bilden damit dicht schließende Bestände, die sehr artenarm sind.

Pflanzen der Naßwiesen

Die horstbildende, große **Rasen-Schmiele** oder **„Schneidgras"** (*Deschampsia cespitosa*) kann sich auf kalkarmen, feuchten Böden und vor allem auf beweideten Flächen stark ausbreiten, da sie wegen ihrer harten, scharfen Halme vom Vieh verschmäht wird. Sie gilt deswegen als Weideunkraut. In den Bruchwiesen bei Untergrombach ist die Rasenschmiele häufig, sie markiert dort die Übergangszone zwischen den mäßig feuchten Fettwiesen auf dem Schwemmkegel des Grombachs und den ehemaligen, heute von Großseggen dominierten Feuchtwiesen. Auch das **Hunds-Straußgras** (*Agrostis canina*), eine kleine Art mit lockerer Blütenrispe, wird von Wiesenbauern nicht gerne gesehen. Die Art gilt in Streuwiesen als Unkraut, da sie die „besseren" Streupflanzen durch ihren Wurzelfilz unterdrückt (AICHELE & SCHWEGLER 1991). Sie kommt in Feucht- und Sumpfwiesen aller Art vor. Viel nährstoffempfindlicher und deswegen heute selten ist die **Trauben-Trespe** (*Bromus racemosus*), die als Charakterart der mageren Feuchtwiesen gilt.

Zahlreiche **Seggen** kommen in Feuchtwiesen vor. Über die hochwüchsigen „Großseggen" wird an anderen Stellen des Kapitels noch ausführlich berichtet. Mittelgroße und kleinere Arten sind typisch für Feuchtwiesen und können hier den Großteil der Grasschicht einnehmen. In der Region finden wir vor allem die **Zweizeilige Segge** (*Carex disticha*), die auch Reinbestände aufbauen kann, die **Fuchs-Segge** (*Carex vulpina*) mit charakteristischem, dreikantigem Stengel und die sehr seltene **Entferntährige Segge** (*Carex distans*), die ihren Nahmen von den weit voneinander entfernten männlichen und weiblichen Ähren bezieht.

Die **Binsen** (Gattung *Juncus*) bilden grundsätzlich Horste. Einige davon sind recht empfindlich gegen regelmäßige Mahd und in Wiesen selten zu finden (die Ausnahme **Knotenbinse** ist oben besprochen). Häufig sehen wir Binsen dagegen überall da, wo die Mahd seltener wird oder ganz ausbleibt sowie auf feuchten, offenen Böden als Pionierpflanzen. Zahlreiche Arten kommen in Kraichgau und Hardt vor, die teilweise schwer voneinander zu unterscheiden sind.

Der leuchtend lilarote **Sumpf-Storchschnabel** (*Geranium palustre*) zeigt eine ganz ungewöhnliche Verbreitung, die er in der Region mit keiner anderen Pflanzenart teilt. Er kommt im zentralen Kraichgau in lehmig-feuchten Bachauen und am

22 Die namensgebende Sumpfdotterblume (*Caltha palustris*) kommt im Gebiet praktisch überhaupt nicht in Calthion-Naßwiesen vor, stattdessen nur an Bachrändern, in Gräben und in Feuchtwäldern.

Rand von Weidengebüschen vor, insbesondere in der Kraichbachaue. In der Rheinebene finden wir den Sumpf-Storchschnabel dagegen nur auf den Schwemmkegeln der Bäche, die aus dem Kraichgau austreten: z. B. in den Silzenwiesen bei Ubstadt. Ebenfalls nur in mageren bis mäßig gedüngten Feuchtwiesen wächst der **Große Wiesenknopf** oder **Blutströpfchen** (*Sanguisorba officinalis*), eine in der Kräutermedizin geschätzte Wildpflanze, die in Gärten aber nicht zu finden ist (im Gegensatz zu seinem Verwandten, dem Kleinen Wiesenknopf, der in Gewürzgärten als „Bibernelle" oder „Pimpinelle" geschätzt wird). Er ist in vielen Dörfer der Region im Kräuterwisch („Wärzwisch") zu Mariä Himmelfahrt im August enthalten – im übrigen die einzige Feuchtwiesenpflanze, von der dies bekannt ist, wenn man von dem an Grabenrändern vorkommenden Wasserdost (*Eupatorium cannabinum*) absieht. Der Große Wiesenknopf kann wegen seiner späten Blütezeit eine frühe Mahd der Feuchtwiesen überleben und ist dann oft schon von weitem zu sehen, da die dunklen „Knöpfe" der Blüten über das Gras hinausragen. Die Art ist seit alters her als Heilpflanze geschätzt und enthält mehrere recht wirksame Substanzen. Besondere Bedeutung hat sie als Futterpflanze für zwei Schmetterlingsarten (siehe unten).

Das leuchtend gelbe, niedrige **Wasser-Greiskraut** (*Senecio aquaticus*) gilt in anderen Landesteilen als Charakterpflanze eines speziellen Feuchtwiesen-Typus, es kann dort ganze Wiesen gelb färben. In Kraichgau und Bruhrain ist das Wasser-Greiskraut heute dagegen erstaunlich selten. Vermutlich ist die Art stark zurückgegangen, noch OBERDORFER (1934) bezeichnet sie als „regelmäßig" vorkommend. Das im Hochsommer auffällig orangegelb blühende **Große Flohkraut** (*Pulicaria dysenterica*), eine Art der Feuchtwiesen, Grabenränder und Seggenröhrichte, ist unverwechselbar. Die Art ist weitläufig verwandt mit der Wiesenmargerite, hat aber gelbe Blütenblätter wie die Alant-Arten (*Inula*). Die drei unauffälligen, weißlich blühenden Arten **Sumpf-Labkraut** (*Galium palustre*), **Verlängertes Labkraut** (*Galium elongatum*) und **Moor-Labkraut** (*Galium uliginosum*) sind nahe miteinander verwandt und schwer zu unterscheiden. Die Arten sind typisch für etwas offene Stellen mit schlammigen Böden. Sie wachsen daher in Lücken von Feuchtwiesen, Bruchwäldern, an flachen Ufern und an Gräben, können aber auch in Seggenrieden noch zwischen den größeren Arten ein Auskommen finden. Am weitesten verbreitet ist in der Region das Sumpf-Labkraut, während das Moor-Labkraut nur noch sehr selten in kleinen Kolonien im Rhein-Tiefgestade und in der Randsenke vorkommt.

Es bleibt eine Gruppe von Arten zu besprechen, die auch in Feuchtwiesen der Kraichgau-Auen und der Jurasenke häufig sind oder waren. Sie kommen meist zusammen vor und können dann im Mai das Bild dieser Wiesen prägen. Bei Mingolsheim sind noch wenige Beispiele dieser „Jura-Wiesen" übrig geblieben (Abb. 7.13). Zu diesen Pflanzen zählen neben **Bachnelkenwurz** (*Geum rivale*) die rosablühende **Kuckucks-Lichtnelke** (*Lychnis flos-cuculi*) mit tief zerschlitzten Kelchblättern das **Lockerblütige Vergißmeinnicht** (*Myosotis laxiflora*) und das **Sumpf-Vergißmeinnicht** (*Myosotis palustris*) sowie der kleine, weißlich blühende **Sumpf-Baldrian** (*Valeriana dioica*). Die „Krönung" dieser Wiesen ist aber das **Breitblättrige Knabenkraut** (*Dactylorhiza majalis*), eine leuchtend tiefrosa blühende Orchideenart mit gefleckten Blättern.

Pflanzen der mäßig feuchten Wiesen

Das **Wiesen-Schaumkraut** (*Cardamine pratensis*) gehört zu den allerersten Pflanzen, die im späten März und frühen April den feuchteren Wiesen eine zartlila Färbung geben, zusammen mit den ersten Löwenzähnen. Es kommt nicht nur auf Wiesen, sondern vor allem auch in feuchteren Wäldern und an Waldwegen vor. Wichtig ist die Pflanze als Futter für den ersten Frühlingsboten unserer Schmetterlinge: den Aurorafalter.

Die drei häufigen und einander ähnlichen Arten **Stumpfblättriger Ampfer** (*Rumex obtusifolius*), **Wiesen-Sauerampfer** (*Rumex acetosa*) und **Krauser Ampfer** (*Rumex crispus*) werden vom Laien oft nur als „Sauerampfer" bezeichnet (dazu kommen in der Region noch einige andere, seltenere Arten). Der Name leitet sich vom sauren Geschmack ab, der unter anderem durch die giftige Oxalsäure und ihre Salze verursacht wird. Das Weidevieh verschmäht daher die Ampferarten, so daß sie sich auf beweideten Flächen ausgesprochen vermehren können. Der Stumpfblättrige Ampfer gilt sogar als ausgesprochenes Weideunkraut. Die Arten sind besonders wichtig als Futterpflanze für den seltenen Großen Feuerfalter (siehe Kap. 7.7, „Schmetterlinge" und Abb. 8.19).

Auch die beige blühende **Wiesensilge** (*Silaum silaus*) ist eine wichtige Schmetterlings-Futterpflanze, in diesem Fall für den Schwalbenschwanz. Dieser mittelgroße Doldenblütler kommt ausschließlich in frischen Wiesen vor. Der **Gemeine Beinwell** (*Symphytum officinale*), ein Borretschgewächs, verträgt dagegen auch nährstoffreiche Bedingungen. Wiesensäume, Ufer, Grabenränder oder Feuchtwiesen sind die Stellen, an denen man ihn häufig sehen kann.

Die Kontaktgesellschaften der Wiesen im feuchten Bereich

Flutrasen und andere gestörte Bestände

Lange Überstauung mit Wasser läßt einen Teil des Pflanzenwuchses absterben und schafft sogenannte **Flutrasen**. Sie sind eine charakteristische Erscheinung am Rheinstrom selbst, vor allem in Druckwassermulden, waren früher aber auch in den Wässerwiesen regelmäßig zu finden, meist in den Bereichen rund um die Schleusen oder an tiefliegenden Stellen in Gräben. Wie THOMAS (1990) feststellt, sind die *„kennzeichnenden Arten der Flutrasen auch in anderen Grünlandgesellschaften zu finden. Vielfach überformt eine kürzere Überschwemmung nur andere vorhandene Gesellschaften, indem ... empfindliche Wiesenpflanzen zurückgedrängt werden.*“ Erst eine längerdauernde Überstauung durch Wasser zerstört die Grasnarbe vollständig und läßt Platz für völlig andere Spezialisten-Arten der Schlammbiotope.

Typisch für Flutrasen sind „Kriechpioniere“ wie das **Kriechende Fingerkraut** (*Potentilla reptans*), das **Weiße Straußgras** (*Agrostis stolonifera*) oder die **Quecke** (*Agropyron repens*). Alle diese Arten sind auch an anderen gestörten Stellen mit offenen Böden (Wegränder, Fußpfade etc.) zu finden. Wohl kaum ein Erdweg oder Ackersaum in Kraichgau oder Rheinebene, an dem der **Kriechende Hahnenfuß** (*Ranunculus repens*) nicht vorkommt! Diese Pionierpflanze vermehrt sich mittels Ausläufern und verankert sich so auf den offenen Böden. Der Acker- und Gartenbau hat der Art neue Ausbreitungsmöglichkeiten geschaffen, so daß sie zu unseren häufigsten Blütenpflanzen überhaupt zählt.

Daneben kommen an solchen Stellen bereits Arten der Schlammböden (z. B. die Nadelbinsen der Gattung *Eleocharis*) vor. Auch das Einjährige Rispengras (*Poa annua*), unser mittlerweile wohl häufigstes und am weitesten verbreitetes Gras überhaupt, hatte hier seine ursprünglichen Vorkommen, bevor es seinen „Siegeszug“ rund um die Welt antrat.

Meeresökologie im Binnenland: Die Ubstadter Salzquelle

Pflanzen und Tiere der Küsten sind an das allgegenwärtige Salz angepaßt und verschaffen sich so einen ökologischen Vorteil. Im Binnenland sind Salzstellen dagegen sehr selten und von Natur aus nur in der direkten Umgebung von salzhaltigen Mineralquellen zu finden, während seit der menschlichen Bergbautätigkeit die Abraumhalden von Salzbergwerken einen neuartigen Biotoptyp schufen.

Die Salzquelle beim Ubstadter „Salzbad“ schüttete offensichtlich seit Menschengedenken eine stark salzhaltige Sole aus, die nicht vollständig zu Badezwecken oder zum Sieden gebraucht wurde. Die Sole schuf ein Feuchtbiotop, in dem die Arten unserer heimischen Flora und Fauna unterdrückt wurden und sich salztolerante („halophile“) Pflanzen einstellen konnten. Eine solche Situation war in Baden-Württemberg einzigartig und nur in Ubstadt zu finden. Nicht weniger als vier küstentypische Arten kamen hier vor, drei davon wurden in Baden-Württemberg ausschließlich hier gefunden: die Echte Sellerie (*Apium graveolens*), die Salzbinse (*Juncus gerardii*) und die Salzgerste (*Hordeum secalinum*). Die vierte Art, der Salzschwaden (*Puccinellia distans*), galt noch vor wenigen Jahrzehnten als Rarität, hat sich aber mittlerweile an die Ränder von häufig salzgestreuten Straßen angepaßt und hier überall ausgebreitet.

Das Salzbad von Ubstadt war daher nicht nur das Ziel von Kurgästen, sondern auch von Botanikern. Während Oberdorfer in den 1930er Jahren das Biotop noch intakt erlebte, nahm dessen Qualität danach stark ab. Spätestens die Überbauung und Fassung der Quelle in den 1970er Jahren machte damit endgültig ein Ende. Die Unterschutzstellung des resultierenden Parks mit gemähtem Rasen als „flächenhaftes Naturdenkmal“ in den 80er Jahren nimmt sich fast wie Hohn aus.

Während Salzbinse und Salzgerste seit langem verschollen sind, wurde die Echte Sellerie 1981 plötzlich in einem nicht mehr als 1 x 1 Meter großen, schlammigen Bereich in einer Quellfassung nahe des gefaßten Grabens nochmals gefunden. 1984 wurde sie hier vom Verfasser nochmals gesehen – vermutlich das letzte Auftreten in Baden-Württemberg.

Seither ist auch das letzte natürliche Vorkommen der Echten Sellerie im Land und ein naturhistorisches Denkmal ersten Ranges verschwunden.

Abb. 7.30 Die Engelwurz (*Angelica sylvestris*) ist eine typische Art von Grabenrändern, Feuchtwäldern und feuchten Hochstaudenfluren. Die großwüchsige Art verträgt keine frühe Mahd und ist in häufig geschnittenen Wiesen daher nicht anzutreffen.

Eine besondere Ausbildung der Flutrasen im Rhein-Tiefgestade sind die äußerst artenarmen **Fuchsschwanzwiesen**, die vom Wiesen-Fuchsschwanz (*Alopecurus pratensis*) dominiert werden und durch Düngung stark gefördert werden. Der schnellwachsende Wiesen-Fuchsschwanz verdrängt hier alle anderen Pflanzen und bildet praktisch reine Bestände aus. An lange überfluteten Standorten können sich auch Quecken-Bestände aufbauen. Andere typische Arten, die an gestörten (etwa schlammüberdeckten) Stellen aufkommen können, sind nach THOMAS (1990) der Kriech-Hahnenfuß (*Ranunculus repens*), die Gemeine Sumpfsimse (*Eleocharis palustris*) oder der Wasserknöterich (*Polygonum amphibium*) in seiner Landform.

Hochstaudenfluren

Die Extensivierung von mäßig feuchten oder normal trockenen Wiesen führt zum Aufkommen der großwüchsigen, sommerblühenden Doldenblütler-Arten. Beim vollständigen Auflassen entwickelt sich häufig eine sogenannte **Hochstaudenflur**. Solche Pflanzengesellschaften kommen normalerweise an Bachufern vor, wo entweder die Überschwemmung der Bäche natürlicherweise Uferstreifen freihält oder aber der Mensch durch gelegentliche Pflege der Bachufer und Zurückschneiden der Gehölze die Hochstaudenfluren begünstigt.

Hochstaudenfluren als Sukzessionsstadien von Wiesen sind in der Regel kurzlebig und werden schon bald von Sträuchern, Gebüsch und später vom Wald abgelöst. Sie bilden sich bevorzugt auf etwas feuchten Stellen in den Bachauen. Typische Arten sind **Bärenklau** (*Heracleum sphondylium*), **Engelwurz** (*Angelica sylvestris*), **Pastinak** (*Pastinaca sativa*) und viele andere Doldenblütler. Auch mehr oder weniger große Raritäten wie **Schierling** (*Conium maculatum*), **Breitblättriger Merk** (*Sium latifolium*) oder **Hunds-Petersilie** (*Aethusa cynapium*) können hier auftauchen. Neben all den Doldenblütlern sind nur wenige andere Pflanzenarten für Hochstaudenfluren typisch: in der Region vor allem das **Große Mädesüß** (*Filipendula ulmaria*) und der **Wasserdost** (*Eupatorium cannabinum*). Auch **Blutweiderich** (*Lythrum salicaria*), **Roßminze** (*Mentha longifolia*) und **Gilbweiderich** (*Lysimachia vulgaris*) können in feuchten Hochstaudenfluren vorkommen. Fast alle dieser Arten sind in wechselndem Umfang auch in Wiesen vertreten.

Röhrichte

Bei der Nutzungsaufgabe von Feucht- und Streuwiesen entstehen zunächst als relativ langlebige Übergangsgesellschaften sogenannte **Röhrichte**. Wir können dabei die großwüchsigen Röhrichte aus Schilf und Rohrglanzgras von den mittel- und niedrigwüchsigen Großseggen- und Kleinseggenrieden unterscheiden[23].

Vor allem die Seggenriede sind mit den Feuchtwiesen durch mannigfaltige Übergänge verbunden. THOMAS & SEMMELMANN (1988) unterscheiden eine **Feuchtwiese mit dominierenden Seggen**, in der einige Wiesen-Reliktarten und Gräser auf eine gelegentliche Mahd hinweisen, von den eigentlichen Großseggenrieden.

23 Die Ausdrucke „Seggenried“ und „Seggenröhricht“ werden meist gleichbedeutend für Seggen-Dominanzbestände gebraucht.

Die Vegetation der Röhrichte und Seggenriede ist sehr vielgestaltig. Allen gemeinsam ist aber, daß meistens eine dominante Art auftritt, die sich vegetativ fortpflanzt und im Extremfall sogar Reinbestände aufbauen kann. Durch den dichten Filz, der dann auftritt, werden sowohl Kräuter als auch Gräser im Unterwuchs unterdrückt als auch das Aufkommen von Sträuchern und Bäumen für eine gewisse Zeit verhindert. Die dichte Bodenschicht aus schlecht verrottenden, toten Pflanzenresten trägt weiter dazu bei.

Die Röhrichte und Großseggenriede werden meistens überhaupt nicht gemäht, sind aber gegen ein gelegentliches Abmähen in der Regel durchaus tolerant. Wenn man aus ihnen wieder Feuchtwiesen entwickeln will, müssen sie mindestens einmal jährlich gemäht werden. Die Rückbildung von Feuchtwiesen ist schwierig, da die dominanten Arten aus dem vorhandenen Wurzelwerk schnell wieder ausschlagen und Konkurrenten wenig Raum lassen.

Die häufigste Röhrichtart in unserem Raum ist das eigentliche **Schilfröhricht** aus *Phragmites australis*, dem Gemeinen Schilfrohr oder einfach nur „Schilf". Schilfröhrichte haben sich z. B. im Stettfelder Bruch flächendeckend aus ehemaligen Feuchtwiesen gebildet. Sie sind außerdem ziemlich düngungs- und überschwemmungsresistent und können auch auf stark nährstoffhaltigen Standorten und sedimentüberdeckten Flächen wachsen.

Noch nährstofftoleranter ist das Röhricht aus **Rohrglanzgras** (*Phalaris arundinacea*). Diese hochwüchsige Grasart ist vom Schilf nur bei näherem Hinsehen zu unterscheiden und wird vom Laien häufig mit diesem verwechselt. Beide Röhrichte vertragen längere Überflutung und können an Bachsäumen auch dauernd unter Wasser wurzeln. Die Gesamt-Artenzahl der Röhrichte ist meist relativ gering, dafür werden faunistische Spezialistenarten wie z. B. die Rohrammer oder der Teichrohrsänger und zahlreiche Insektenarten gefördert.

Als ein Beispiel von seltenen Arten der Röhrichte und Gräben mag der **Breitblättrige Merk** (*Sium latifolium*) dienen. Wie viele andere Doldenblütler-Arten bevorzugt er nasse Biotope, wobei er sich wegen seiner Größe auch in Seggenrieden oder Röhrichten halten kann. Er kommt nur noch im Rhein-Tiefgestade vor. Einige wenige „Außenposten" waren in der Randsenke zu finden; dort verschwand die Art Anfang der 90er Jahre durch das zunehmende Trockenfallen der Biotope. Auch die charakteristische **Gelbe Wiesenraute** (*Thalictrum flavum*), ein Hahnenfußgewächs, ist selten geworden. Sie ist spezialisiert auf brachgefallene Feuchtwiesen, lockere Röhrichte oder Seggenriede. In der Randsenke sollen im Stettfelder Bruch noch einige Exemplare zu sehen sein. Das **Sumpf-Greiskraut** (*Senecio paludosus*) ist ähnlich wie **Sumpf-Kratzdistel** (*Cirsium palustre*) und **Wolfstrapp** (*Lycopus europaeus*) in der Lage, sich in brachgefallenen Feuchtwiesen oder Großseggenbeständen zwischen dem hochwüchsigen Schilf- oder Seggen durchzusetzen. Die Arten sind allesamt nicht häufig, besonders das Sumpf-Greiskraut gilt in der Randsenke als Besonderheit des Wehrgrabenbruchs bei Untergrombach.

Das **Hohe Mädesüß** (*Filipendula ulmaria*) ist in diesem Kapitel schon mehrfach erwähnt worden. Die hochwüchsige Art kommt überall da auf, wo die Bedingungen feucht genug sind und die Mahd nicht zu früh für die sommerblühende Art einsetzt. Neben Feuchtwiesen oder Grabenrändern sind Röhrichte und Seggenriede aber ihr eigentliches Hauptbiotop. Sie liebt nährstoffreiche Bedingungen und ist daher auch heute noch häufig und verbreitet zu sehen.

Seggenriede

Die **Seggenriede** werden meistens nach der dominanten Seggenart benannt. Wir finden im Raum mehrere Typen, von denen die Bestände aus der relativ trockenheitstoleranten **Sumpfsegge** (*Carex acutiformis*) die am weitesten verbreiteten Typen sind. Sie entwickeln sich häufig aus nicht mehr genutzten Kohldistel-Glatthaferwiesen, zum Beispiel südwestlich von Untergrombach in den Bruchwiesen. Auch in der Rheinniederung oder in den Kraichgau-Auen gibt es solche Bestände. Diesen Beständen fehlen die typischen Glatthaferwiesen- oder Streuwiesen-Arten, was auf ein entsprechendes Alter schließen läßt. Dafür scheint weniger die Bestandsdichte (die Gesamtdeckung beträgt nicht über 85 %) als vielmehr die dicke, bis zu 20 cm starke Streuschicht aus den abgestorbenen und sich nur langsam zersetzenden Blättern der Sumpfsegge verantwortlich zu sein. Sie wirkt so stark verdämmend, daß selbst schattenertragende Arten wie z. B. das Gemeine Rispengras (*Poa trivialis*) nicht mehr vorkommen. Dagegen treten einige Stickstoffzeiger und Störzeiger auf wie Acker-Kratzdistel (*Cirsium arvense*), Kletten-Labkraut (*Galium aparine*) und Brennessel (*Urtica dioica*). Das Eindringen dieser Arten wird nach MEISEL & HÜBSCHMANN (1973) durch die Streuschicht gefördert. Die Sumpfseggen-Bestände können als sehr stabile Dauerstadien angesehen werden, denn Keimpflanzen von Gehölzen werden kaum beobachtet. Das Schilf (*Phragmites australis*) kann aber bei

Abb. 7.31 In sehr feuchten oder ständig überschwemmten Flächen am Rande von Feuchtwiesen bilden sich häufig Seggen-Reinbestände aus. Die hier abgebildete Fläche liegt in den Breitwiesen bei Unteröwisheim. Ein nicht sichtbarer Schotterweg links des Bildes behindert den Wasserabfluß und staut Wasser auf. Die verschiedenen Vegetationseinheiten zeichnen sich bereits durch ihre Farbe ab: frischgrün im Vordergrund ein Bestand mit dominierendem Mädesüß (*Filipendula ulmaria*), dunkelgrün in der Mitte ein Bestand mit Kleinseggen (*Carex disticha* und *panicea*), bräunlich im rechten Hintergrund die „normale" Feuchtwiese.

unmittelbarer Nachbarschaft, z. B. von Grabenrändern aus, durch vegetative Ausbreitung eindringen. In dichten, reinen Beständen der Schlanksegge oder Sumpfsegge können nur wenige, hochwüchsige Kräuter überleben. Typisch sind z. B. Brennessel, Blutweiderich (*Lythrum salicaria*) oder Mädesüß (*Filipendula ulmaria*).

Bestände der **Schlanksegge** (*Carex gracilis*, früher *Carex acuta*) sind den Sumpfseggen-Beständen nicht nur optisch sehr ähnlich. Die Schlanksegge bevorzugt aber weitaus feuchtere Standorte als die Sumpfsegge und kommt in Glatthaferwiesen nicht mehr vor. Die **Hohe Segge** (*Carex elata*) schließlich kommt nur an regelmäßig überfluteten Standorten wie Erlenbruchwäldern oder Flachmooren in Beständen vor; sie bildet typische, große Horste mit großen Lücken dazwischen.

Unter den kleineren Seggen hat vor allem die **Zweizeilige Segge** (*Carex disticha*) die Eigenart, dichte und stellenweise fast reine Bestände zu bilden. *Carex disticha*-Bestände kommen auch im Kraichgau auf aufgelassenen Feuchtwiesen vor, z. B. in den Braunwiesen bei Heidelsheim. Die anderen Kleinseggen dagegen sind weitaus weniger dominant und kommen in der Region vor allem in Feuchtwiesen vor. Auch die mittelgroße, horstbildende **Rispensegge** (*Carex paniculata*) ist in der Region äußerst selten geworden und findet sich nur noch in wenigen Exemplaren in den „Braunwiesen" bei Heidelsheim in der Saalbachaue.

Flachmoore

Über die Entstehungsgeschichte der **Kalkflachmoore** der Rheinebene ist schon ausführlich berichtet worden. Die Flachmoore der Region sind nicht so homogen wie z. B. diejenigen im oberschwäbischen oder Allgäuer Tiefland, sondern viel stärker durch lokale Bedingungen geprägt. Vor allem ihre stark differenzierte Nutzungsgeschichte trug zu ihrer Verschiedenheit bei.

Wenn Pfeifengraswiesen und Flachmoorwiesen die Entsprechung von Halbtrockenrasen im feuchten Bereich sind, so sind die eigentlichen Flachmoore das Äquivalent von Trockenrasen oder Sanddünen, denn sie bleiben in der Regel auch ohne menschliche Nutzung erhalten und sind das Refugium extrem spezialisierterer Arten. Die eigentlichen Flachmoore wurden allenfalls als Torfstiche genutzt. Manche moorigen Wiesen, speziell diejenigen in der Randsenke, wurden als einschürige, im Spätsommer geschnittene Allmendwiesen genutzt, z. B. die Schönbornwiesen bei Bruchsal (siehe auch oben im Abschnitt „Feuchtwiesen").

Die Übersicht über die Moore und verwandten Biotope in der Rheinebene wäre nicht komplett, würde hier nicht ein mit den Röhrichten verwandtes Sonderbiotop erwähnt werden: das sogenannte **Schneidenried** mit der höchst seltenen, großwüchsigen Art *Cladium mariscus*, der **Schneide**. Die Art gilt heute als hochgradig gefährdet und kommt in der Rheinebene nur noch an ganz wenigen Stellen vor, unter anderem im Neudorfer Moor. Die Schneidenriede gelten als alte Reliktbiotope des Rheinstromtals, die heute nicht mehr neu geschaffen werden können.

Weidengebüsche und Feuchtwälder

Nach einer gewissen Übergangszeit führt die Weiterentwicklung (Sukzession) von aufgelassenen Wiesen oder Röhrichten in der Region immer zu Feuchtwäldern.

Ein Zwischenzustand ist das niedrige **Grauweidengebüsch**, welches nicht nur die Grauwei-

Abb. 7.32 Diese Aufnahme aus den Braunwiesen zwischen Bruchsal und Heidelsheim demonstriert exemplarisch mehrere Sukzessionsstadien einer Feuchtwiese. Nach der Nutzungsaufgabe stellen sich Großseggen ein, dann Schilf- und Rohrkolben-Röhrichte, und schließlich überwuchern Weiden in kurzer Zeit das Gelände.

de, sondern daneben zahlreiche andere Weidenarten enthalten kann. Grauweidengebüsche kommen in der Region vor allem in aufgelassenen Feuchtwiesen oder Röhrichten (z. B. Stettfelder Bruch, Neustücker bei Philippsburg), aber auch im Randbereich von Mooren (Weingartener Moor) und Baggerseen vor.

Schließlich stellen sich als Endstadium der Sukzession Feuchtwälder ein:

- im Rhein-Tiefgestade an sehr feuchten, teilweise mehrere Monate überfluteten Stellen direkt am Strom die sogenannte **Silberweiden-Aue**;
- ebenfalls im Tiefgestade auf kiesigen, selten überfluteten Stellen der **Hartholz-Auwald** oder der **Eichen-Ulmen-Wald**;
- in der Randsenke und in feuchten Rinnen der Hardtplatten an sehr feuchten Stellen der **Erlenbruch**, an feuchten Stellen der **Erlen-Eschen-Wald** und an mäßig feuchten Standorten schließlich der **feuchte Eichen-Hainbuchen-Wald**.

In den Bachauen des Kraichgaus finden wir den Erlenbruch nur vergleichsweise selten, dagegen häufig die Erlen-Eschen-Wälder, teilweise aber in anderen Ausprägungen als in der Rheinebene.

Die Kontaktgesellschaften der Wiesen im trockenen Bereich

Halbtrockenrasen

Sogenannte „Trockenrasen" sehen den Wiesen oberflächlich ähnlich und sind im Aufbau mit ihnen verwandt. Sie sind jedoch im Gegensatz zu den Wiesen vom regelmäßigen Schnitt kaum oder überhaupt nicht abhängig. Die extreme Form der Gesellschaft, der Volltrockenrasen (Xerobrometum), bleibt von Natur aus waldfrei. Er kommt in der Region praktisch nicht vor, wogegen die **Halbtrockenrasen** (Mesobrometum) an warmen, südexponierten und flachgründigen Standorten vertreten sind. Diese sind von gelegentlicher Mahd, Beweidung oder anderem Zurückdrängen des Strauch-Aufwuchses abhängig, sonst würden sie sich im Laufe der Zeit wieder in einen wärmeliebenden Laubwald verwandeln. Alle Trockenrasentypen zeichnen sich durch einen hohen Anteil spezialisierter Kräuter aus, die durch ein umfangreiches Wurzelwerk die wenige verfügbare Feuchtigkeit sammeln und nutzen können. Nur mehrjährige Stauden können ein solches Wurzelwerk entwickeln; kurzlebige Arten haben hier nur geringe Konkurrenzkraft und sind auf die Lücken zwischen den mehrjährigen Kräutern angewiesen. Der Grasanteil geht daher in Trockenrasen deutlich zurück. Trockenrasen sind äußerst düngerempfindlich, da die Düngung sofort wieder die wuchsstarken Arten bevorzugen würde. Sie bringen ähnlich wie Streu- oder Flachmoorwiesen (wenn überhaupt) nur einen sehr geringen Ertrag. Sie wurden deswegen in der Region früher im wesentlichen als Schafweiden genutzt.

Es ist auf den ersten Blick überraschend, daß in den feuchten Auen und Niederungen, von denen dieses Buch im wesentlichen handelt, auch Halbtrockenrasen vorkommen sollen. Ihr Hauptvorkommen in der Region ist auch tatsächlich auf die südexponierten Kraichgauhänge beschränkt, wo sie typischerweise mit trockenen, artenreichen Trespen-Glatthaferwiesen in Kontakt stehen. Doch besiedeln heute Halbtrockenrasen auch die **Rhein-Hochwasserdämme**, wo die sonnenexponierten Südseiten gute Standorte für diese Gesellschaft bieten. Hier sind alle Voraussetzungen für die Entwicklung eines Halbtrockenrasens gegeben: keine Düngung, einschürige (späte) Mahd bzw. Schafbeweidung, Sonnenexposition, große Trockenheit und gute Drainage. Daher haben sich (über Jahrzehnte) Magerwiesen und echte Halbtrockenrasen auf diesen menschengemachten Sekundärstandorten entwickeln können.

Die Halbtrockenrasen der Rheindämme sind durch vielfältige Übergänge mit den normalen Mähwiesen am Dammfuß und jenen auf der schattigeren Damm-Nordseite verbunden. Schließen am Dammfuß Feuchtwiesen an, gibt es auch hier eine intensive Artenkommunikation. Daher ist es durchaus nicht selten, daß einerseits trockenheitsresistente, nährstoffmangeltolerante Arten aus Feuchtwiesen (z. B. Pfeifengraswiesen) in die Halbtrockenrasen der Rheindämme einwandern. Beispiele sind **Sumpf-Haarstrang** (*Peucedanum palustre*) oder **Wiesen-Alant** (*Inula britannica*). Umgekehrt wandern Arten, die in Halbtrockenrasen der Region ihren Schwerpunkt haben, auch gelegentlich in Feuchtwiesen ein, z. B. der **Weidenblatt-Alant** (*Inula salicina*). Es gibt sogar Arten, die in der Region ausschließlich noch auf den Trockenrasen der Rheindämme vorkommen. Das markanteste Beispiel ist der hochwüchsige **Echte Haarstrang** (*Peucedanum officinale*), in dessen Stengel eine spezialisierte, hochgradig gefährdete Schmetterlingsart (die Markeule *Gortyna borelii lunata*) lebt. Auch das **Echte Mädesüß** (*Filipendula vulgaris*) fehlt im Kraichgau und ist nur noch auf den Rheindämmen zwischen Philippsburg und Mannheim zu finden.

Sandfluren und Sandbrachen

Ähnlich wie bei den Trockenrasen gibt es auch bei den Sandbiotopen der Oberrheinebene zwei verschieden ausgeprägte Komplexe: zunächst die **Sandrasen**, ein Sammelbegriff für eine große Vielfalt von Biotoptypen. Meistens entstehen diese, wenn sandige Äcker oder Offenflächen (Kiesgruben, Sandgruben, Böschungen etc.) sich selbst überlassen bleiben. Viele Sandrasen scheinen Wiesen auf den ersten Blick ähnlich und unterscheiden sich zunächst hauptsächlich darin, daß sie nicht gemäht werden. Die Artenzusammensetzung ist aber doch außerordentlich verschieden. Sandrasen haben ihre eigene Dynamik. Während junge Stadien durch ihre hohen Anteile von offenen Böden auch kurzlebige Pflanzen, die auch für Sandäcker typisch sind, Lebensraum bieten, ist der ältere Sandrasen eher grasreich.

Die Sandrasen der Oberrheinebene treten in zwei vegetationskundlich stark unterschiedlichen Ausprägungen auf: Auf etwas kalkhaltigeren Standorten (z. B. auf frisch entstandenen Böschungen, aber auch auf Dünen) dominiert eine Feldbeifuß-Vegetation analog den Hohlwegwänden des Kraichgaus; auf stark entkalkten, sauren Standorten finden wir die typischen Silbergrasfluren.

Die Sandrasen der Rheinebene würden, wenn sie nicht offengehalten werden, im Laufe der Zeit ähnlich wie die Halbtrockenrasen mit Sträuchern und Bäumen zuwachsen (heute in der Regel mit Kiefern oder Ginster). Dagegen bleibt der Extrembiotop der **Sanddünen** von Natur aus offen, da sich hier keine Bäume halten können. Die berühmtesten Beispiele liegen in der Schwetzinger und Mannheimer Gegend.

Wiesen können in unserer Gegend in zwei Bereichen mit Sandrasen in Kontakt treten: zunächst am Rhein-Hochgestade (der Hardtplatte), das früher an vielen Stellen mit Sandrasen bedeckt war, während am Fuß des Hochgestades Wiesen vorkamen. Gut ausgeprägte Beispiele dieser Kombination sind heute nicht mehr erhalten. Bei Graben, Neudorf oder Philippsburg kommen noch Sandrasen auf der Hochgestadeböschung in unmittelbarer Nähe zu „klassischen“ Wiesen vor (ein schönes Beispiel ist noch in einer Sandgrube bei der „Königshohl“ nördlich von Philippsburg erhalten).

Weitaus interessanter scheint aber die Situation auf den Hardtplatten, nämlich in sandigen Bereichen, an denen früher Wiesenbau durch Bewässerung auf eigentlich zu trockenen Böden ermöglicht wurde, wo von Natur aus eine ertragreiche Wiese kaum eine Chance gehabt hätte. Hier ging nach dem Ausfall der Wässerung der Ertrag sehr stark zurück, die Sandzeiger wanderten langsam wieder in die sehr lückig werdende Wiese ein. Solche Wiesen wurden dann in der Regel in (mineralgedüngte) Äcker umgewandelt. Überraschenderweise ist trotzdem ein gutes Beispiel erhalten: in den „Stangenwiesen“ südlich von Hambrücken, wo sich Halbtrockenrasenarten und Sandrasenarten langsam in eine Wiese ausbreiten; als Beispiele können **Heidenelke** (*Dianthus deltoides*) oder **Kleines Habichtskraut** (*Hieracium pilosella*) erwähnt werden.

Moose der Wiesen

Moose sind in Wiesen allgemein verbreitet und häufig; es handelt sich dabei aber um relativ wenige, meist weit verbreitete Arten. Sie nehmen die Lücken zwischen den Gräsern und Kräutern am Boden ein. Moose können sich vor allem dann ausbreiten, wenn Wiesen gestört sind und Lücken entstehen, z. B. durch Staufeuchtigkeit. Förderlich ist auch eine relativ dichte Streuauflage, die die Feuchtigkeit gut hält. In trockenen Wiesen kommen dagegen deutlich weniger Moose vor, erst in Kalkmagerrasen oder Sandfluren finden wir wieder zahlreiche spezialisierte Arten.

Die meisten Wiesenmoose der Region kommen aus der Gruppe der „pleurokarpen“, also seitenfrüchtigen Laubmoose und gehören zu den größeren, meist verzweigten Arten. Sie bilden häufig dichte Filze, was die Wasserspeicherfähigkeit steigert. Einige Wiesenmoose sind konkurrenzschwach und reagieren sehr empfindlich auf Düngung oder gesteigerte Nährstoffzufuhr, während andere Arten dadurch eher begünstigt werden. Auch die pH-Verhältnisse im Boden sind für Moose ganz entscheidend; die meisten Arten kommen entweder im basischen oder im sauren Milieu, aber nicht in beiden zugleich vor.

Zu den typischen Moosen von nährstoffarmen Feuchtwiesen oder Flachmooren gehören in der Region z. B. das **Sumpf-Spaltzahnmoos** (*Fissidens adianthoides*), das z. B. in Knotenbinsenwiesen, aber auch in Feuchtwäldern oder an feuchten, wasserüberspülten Bachmauern vorkommt. Es ähnelt einem kleinen, flachgedrückten Bäumchen. Andere gegen Düngung empfindliche Arten sind die **Birnmoos-Art** *Bryum pseudotriquetrum* oder das **Bäumchenmoos** (*Climacium dendroides*), das geradezu als Charakterart der Feuchtwiesen gilt. Das **Krallen-Sichelmoos** (*Drepanocladus aduncus*) ist sehr feuchtigkeitsbedürftig und kommt nur im Kraichgau in Bachauen vor. Ebenfalls kalkliebend ist das seltenere **Haar-Spitzblattmoos** (*Cirriphyllum piliferum*)

Abb. 7.33 Weite Teile des ehemaligen Neudorfer Moors wurden noch in den 1980er Jahren der Ausdehnung eines Baggersees geopfert, obwohl der ökologische Wert des Moores seit Oberdorfers Kartierungen in den 1930er Jahren gut bekannt war.

auf kalkigen Lehmböden, in Wiesen und Ruderalen.

Tolerant gegenüber Nährstoffen und deswegen heute viel häufiger ist dagegen das **Spieß-Sternmoos** (*Plagiomnium cuspidatum*) oder das **Spießmoos** (*Calliergonella cuspidata*), das auch an flachen Ufern von Seen vorkommt. Viele nährstofftolerante Arten kommen auch in Rasen, Parks und Gärten vor, z. B. das überall verbreitete **Sparrige Kranzmoos** (*Rhytidiadelphus squarrosus*). Das schlecht unterscheidbare Paar **Kleines Schnabelmoos** (*Eurhynchium swartzii*) und **Klaffendes Schnabelmoos** (*Eurhynchium hians*) kommt eher in trockenen, kalkhaltigen Wiesen vor.

Ganz „extreme“ Standorte (jedenfalls für den Kraichgau) bevorzugen schließlich die **Starknervmoose** der Gattung *Cratoneuron*. Sie lieben äußerst kalkhaltige, dauerüberrieselte Stellen: Kalksinterquellen, Kalkflachmoore, Bach- und Flußufer. Die Art *Cratoneuron filicinum* ist in Bachauen und Naßwiesen zerstreut zu finden, während *Cratoneuron commutatum* im Kraichgau äußerst selten und lokal und nur auf Kalksinterquellen vorkommt.

Es bleibt abschließend zu fragen, warum in diesem Buch ständig von „Flachmooren“ die Rede ist, aber die für Moore als typisch geltenden Torfmoose der Gattung *Sphagnum* nicht erwähnt werden? Der Grund ist einfach: Diese sind so wenig tolerant gegenüber Kalk, daß sie in unserer Region fast nirgends vorkommen. Lediglich im Gradnausbruch bei Hochstetten, im Erlich bei Graben und im Waghäusler Bruch gibt es auf oberflächlich stark versauerten Standorten einige wenige *Sphagnum*-Vorkommen, die heute an manchen Stellen wieder verschwunden sind.

7.7 *Die Tierwelt*

Säugetiere

DIETER & MICHAEL HASSLER

Keine Wiese ohne **Maulwurf**! Überall können die typischen „Maulwurfshaufen" beobachtet werden, die der blinde, ungesellige Einzelgänger beim Ausschachten seiner Gänge erzeugt. Ein deutlich größerer Haufen zeigt den Standort der Brutkammer an. Im Gegensatz zu Wühlmäusen, die die Gänge nur einmal anlegen, um nach eßbaren Pflanzenteilen zu suchen, lebt der Maulwurf (*Talpa europaea*) von Insekten und Würmern, die in die (stets kontrollierten) Gangsysteme fallen. Er ist ein ausgesprochen nützliches Tier: Neben den Drahtwürmern, Wiesenschnaken-Larven oder anderen Pflanzenschädlingen, die er in großer Zahl vertilgt, frißt er natürlich auch die nützlichen Regenwürmer, ohne deren Bestand damit jemals zu gefährden. Er richtet deshalb auch in Gärten keinen großen Schaden an. Nur bei Massenvorkommen in Wiesen wird der Maulwurf unerwünscht, da er die Grasnarbe zerstört und einen Teil der Wiese „verschüttet". Gleichzeitig schafft er aber auf diese Weise „Mikro-Rohbodenflächen", die für zahlreiche Pflanzenarten überlebensnotwendig sind, da sie in einer dichten Grasnarbe ansonsten nicht konkurrenzfähig wären. Der Maulwurf erhält also die Pflanzenvielfalt in einer Wiese.

Auch die verschiedenen Mausarten sind überaus typisch für die Wiesen. Dabei handelt es sich um mehrere Arten, vor allem **Erdmaus** (*Microtus agrestis*), **Feldmaus** (*Microtus arvalis*) und **Schermaus** („Wühlmaus", *Arvicola terrestris*). Die Schermaus ist ursprünglich ein Bewohner von Feuchtflächen und Ufern, sie kann unter Wasser Nahrung aufnehmen und ist daher gut an das Leben in Feuchtwiesen und Wässerwiesen angepaßt. Alle Mäuse galten generell als Schädlinge und waren früher eine ernsthafte Bedrohung für den Ertrag der Wiesen. Heute ist ihr Einfluß deutlich zurückgegangen.

Selten und nicht schädlich ist dagegen die **Zwergmaus** (*Micromys minutus*), die in Wiesen und Feldrainen mit hohem Grasbestand lebt, wo die charakteristischen Nester zwischen den Stengeln aufgehängt werden. Anhand dieser Nester oder ihrer Reste läßt sich die kleine Maus recht einfach nachweisen. Gern kommt sie auch an Bach- und Teichufern mit Schilf- und Seggenbeständen vor. Die Zwergmaus geht in der Region mit dem Verschwinden der Wiesen und Brachländer stark zurück.

Schließlich sei erwähnt, daß viele andere Säugetiere die Wiesen als Nahrungs- und Jagdbiotop benutzen: Igel, Fuchs, Hermelin, Iltis, Wiesel oder Marder sind regelmäßig zu sehen, wobei der seltene Iltis die Feuchtwiesen und Feuchtwälder bevorzugt. Die eingebürgerte Bisamratte ist spezialisiert auf Bach- und Flußufer und wird wegen der Zerstörung oder Durchlöcherung von Dämmen gefürchtet.

Der Maulwurfsfänger von Hockenheim

Früher hielt man die Maulwürfe für außerordentlich schädlich. Da sie gerade in Wiesen oft in großer Zahl auftreten und ihre Hügel weithin sichtbar sind, wurden sie ständig verfolgt. ZAHN (1914) berichtet aus Hockenheim: *„Die Hockenheimer Konkurrenzschaft hatte sogar einen eigenen Maulwurfsfänger angestellt. Michael Wurst aus Heimathen in Württemberg übernahm das Hinwegfangen aller Maulwürfe auf den Wiesen und Äckern. Er mußte sogar eine Garantie übernehmen, daß bis nach der Heuernte 1845 alle Maulwürfe des Gebietes gefangen sein würden. Von da an bis nach der Heuernte 1846 sollten alle sich neu zeigenden Maulwürfe ebenfalls weggefangen werden. Nach der Heuernte werden die Distrikte begangen, um sich davon zu überzeugen, daß Wurst seine Verpflichtung erfüllt hat. Der Lohn der Mühe betrug 300 Gulden, wobei diese Summe in drei Raten ausgezahlt wird. Die ersten 100 Gulden erhält er, wenn er bis zum ersten Juni des Jahres viertausend (!) Stück Maulwurfsvorderpfoten an die Feldschützen abgeliefert hat. Den Rest von 8000 Vorderpfoten muß er sich bis zum Jahresende von den Feldschützen bestätigen lassen, wofür er die restliche Summe ausgezahlt erhält.*

Dieser Vertrag erscheint uns heute völlig unerfüllbar, und so findet sich auch die Nachricht, daß Wurst sich auf die einträglichere, wenngleich illegale Hasenjagd verlegt habe und sein Amt als Maulwurfsjäger nunmehr von einem Herrn Aßmus von Rohrbach ausgeübt werde. Ob diesem mehr Glück beschieden war, ist nicht überliefert."

„Hast du noch genügend Mäuse?“ Vom Ursprung einer Redensart

Das geflügelte Wort „Mäuse“ als Synonym für Geld ist heute in unserem Sprachgebrauch fest verankert. Vergessen ist allerdings weithin, wie es zu dieser Redensart gekommen sein könnte.

Bereits in alten Akten aus dem 19. Jahrhundert sind Hinweise dafür zu finden, welche Bedeutung den Mäusen als „Ersatzwährung“ unserer Vorfahren im Alltag zukam. Das großherzogliche Bezirksamt Bretten beispielsweise hat Jahr für Jahr öffentlich bekanntgemacht, daß in der Woche nach Peter und Paul die Heuernte abgeschlossen sein mußte, weil dann die Wiesenwässerung begann. Freitag abends wurde mit dem Einstau begonnen und die Gräben und Wiesen mit dem begehrten Naß beschickt. Montags mußte diese Wässerung schon wieder beendet sein, da vor allem die Müller sehr auf die Einhaltung dieser Frist achteten.

In jedem dieser jährlichen Dekrete findet man den Hinweis, daß die Wiesenbesitzer je nach ihrem Besitz an den Wässerkosten beteiligt werden sollten, was der Ratschreiber zu überwachen hatte. In minutiös geführten Listen wurde dann jedes Jahr der Wässerzins abgerechnet. Besitzer, Flurstücksnummer und Größe waren verzeichnet und schließlich der zu entrichtende Wässerzins. Eine Klausel in der Bekanntmachung aber war besonders interessant für den ärmeren Teil der Bevölkerung: Jeder konnte statt des Geldes auch zum „Umrechnungskurs“ von je drei Pfennigen jede Maus oder jeden Maulwurf in Zahlung geben. So vermied man geschickt, die ärmeren Bürger dadurch zu diskriminieren, daß sie ihren Mangel an Bargeld hätten offenbaren müssen. Mäuse taten´s eben auch. So entstand das geflügelte Wort: *Hast Du genügend Mäuse dabei?*

Mäuse aber gab es in den Tagen der Wässerung genug. Aus allen Löchern kamen sie hervor, wenn das Wasser kam, um ihren Pelz zu retten. Die Menschen aber freuten sich über diese Mäuse genauso wie die Störche und Reiher, die ein Festmahl feiern konnten.

Noch nach dem Zweiten Weltkrieg war es üblich, daß die Gemeinden den Fang von Mäusen entlohnten. Richard Herrmann aus Münzesheim erinnert sich, daß er 1947 auf der gemeindeeigenen Deponie, dem „Schuttloch“, vor den Augen eines Gemeindearbeiters seine Beute vorzählte. Immerhin 15 Mark und zwei Pfennig waren der Erlös des stolzen Mäusefängers.

Vögel

KLAUS KUßMAUL

Die Vogelwelt von Wässerwiesen der Region darzustellen, ist heute schwierig, da seit 1960 keine regelmäßigen Wiesenwässerungen im nördlichen Landkreis Karlsruhe mehr stattfanden. Dieser Zeitraum ist andererseits gerade der, in dem ornithologische Beobachtungen deutlich zunahmen und Daten über Brutvögel bezogen auf Biotoptypen und Örtlichkeiten systematischer gesammelt wurden – auch als Ausfluß der immer stärker hervortretenden Schutzproblematik.

Die Suche in der älteren badischen ornithologischen Literatur zum Thema Wässerwiesen brachte wenig Verwertbares. Wenn überhaupt „Wiesen“-Daten vorhanden sind, so wird der Wiesen-Typus nicht klassifiziert. Es findet sich nur einmal bei FISCHER (1900) ein Hinweis auf bewässerte Wiesen. Die Beschreibung der Avifauna von Wässerwiesen orientiert sich deshalb an Beobachtungen von Vögeln in größeren zusammenhängenden (Fett-)Wiesenflächen, die ehemals als Wässerwiesen bewirtschaftet wurden, und den Feststellungen dort bei lokalen Vernässungen. Außerdem gibt es im südlichen Oberrheingebiet das Naturschutzgebiet „Elzwiesen“ zwischen Oberhausen und Rust, in dem die großflächige Bewässerung bis heute aufrechterhalten blieb und dessen vogelkundliches Artenspektrum sich auf den nördlichen Landkreis Karlsruhe grundsätzlich übertragen läßt.

Das Charakteristikum von Wässerwiesen besteht aus dem zwei- bis dreimaligen jahreszeitlichen Wechsel von naß bis trocken auf der gleichen Wiesenfläche. Das bedeutet, daß diese Wiesen von solchen Vogelarten genutzt werden können, die als Brutvögel auf nasse bis feuchte Bedingungen angewiesen sind und ihr Brutgeschäft mit Jungenaufzucht zwischen den entsprechenden Wässerungsintervallen zeitlich abwickeln können. Dazu kommen die Vogelarten – und das ist die weit überwiegende Zahl –, denen Wässerwiesen, ob naß oder abtrocknend, temporär als Nahrungsbiotop dienen.

Der Große Brachvogel

Der **Große Brachvogel** zählt zu den Schnepfenvögeln und ist deren größter Vertreter. Sein Bestand ist in der Bundesrepublik als „gefährdet" einzustufen und in der Roten Liste der Vögel Baden-Württembergs fällt er unter die Kategorie „stark gefährdet" (HÖLZINGER et al. 1981). Sein Verbreitungsschwerpunkt in unserem Bundesland liegt in der Oberrheinebene südlich von Rastatt; im nördlichen Baden hatte sich ein Restbestand von wenigen Paaren im Hockenheimer Rheinbogen bis Ausgang der 80er Jahre gehalten (U. MAHLER, mündl.). Ein Paar wurde noch jährlich bis 1993 (G. RENIUS, mündl.) in den Oberbruchwiesen westlich von Graben-Neudorf – ehemaligen Wässerwiesen – beobachtet. Es war übrig geblieben von einem einstmals größeren Bestand, der sich bis Mitte der 60er Jahre von Huttenheim/Rußheim bis Liedolsheim/Hochstetten (Brut 1966, R. HERZOG, mündl.) erstreckte. Auch das Vorkommen bei Oberhausen/Rheinhausen ist bereits in dieser Zeit erloschen. Das lag nicht nur an der Einstellung der Wiesenwässerung um diese Zeit, sondern insbesondere an der nachlassenden Nutzung der Streuwiesen in der Rheinaue, die entweder entwässert und einer anderen Nutzung (Ackerbau, Kiesabbau) zugeführt wurden oder verbuschten. Eine Entwicklung, die sich in gleicher Weise in anderen Teilen des Landes einstellte und so auch am Bodensee auf baden-württembergischem Boden zum Verschwinden des Brachvogels als Brutvogel führte (JACOBY et al. 1970).

An dieser Art läßt sich sehr gut demonstrieren, welche Wechselwirkungen zwischen Wiesenbewirtschaftung und Bruterfolg bestehen. Der Brachvogel kehrt gegen Anfang März aus dem Winterquartier zurück, und schon ab Mitte März kann es zur Ablage des ersten Eis kommen. Schwerpunkt der Eiablage ist aber der Monatswechsel März/April.

Der Brachvogel, dessen Brutrevier deutlich über 10 Hektar betragen muß, legt als Bodenbrüter sein Nest in spärlicher und niedriger Vegetation an. Der Untergrund kann trocken, aber auch feucht sein. Die Bebrütung des Geleges dauert 27–29 Tage. Die Jungen sind Nestflüchter und verlassen das Nest innerhalb von 1–2 Tagen. Bis zu ihrem Flüggewerden vergehen rd. 5 Wochen (GLUTZ VON BLOTZHEIM et al. 1977). Der Bruterfolg in Wässerwiesen hängt also davon ab, ob zwischen Nistplatzwahl und einem Alter der Jungen von mindestens 2 Wochen kein bewirtschaftender Eingriff in die Wiesen erfolgt. Das bedeutet, daß zwischen Wässerungsende und Heuernte eine störungsfreie Zeit von mind. 60 Tagen liegen muß (Brutdauer von 30 Tagen und 14 Tage Heranwachsen der Jungvögel bei 14 Tagen Karenzzeit).

So zeitkritisch die Eingriffe für die Brutzeit einerseits sind, so wichtig ist aber andererseits die Wässerung selbst für den Aufzuchterfolg. Untersuchungen von KIPP (1977) ergaben nämlich, daß die frischgeschlüpften Jungvögel mit ihrem Dunenkleid dann bessere Chancen für ein Flüggewerden haben, wenn die Vegetation (etwa Anfang Mai) nicht zu hoch und zu dicht ist, wie dies aber bei gedüngten Fettwiesen der Fall ist. Die Wässerung im zeitigen Frühjahr bremst zunächst durch Abkühlung des Bodens das Wachstum der Gräser. Wird nicht zusätzlich chemisch gedüngt, ist die Dichte des Aufwuchses geringer. Die Jungen können leichter durch das Gras hindurchlaufen, vernässen nicht so schnell und sterben deshalb nicht so leicht an Unterkühlung in den ersten Lebenstagen. Außerdem wird den Jungen bei niedrigerer Vegetation die Nahrungssuche und -aufnahme vom Boden erleichtert. Optimale Bedingungen bieten dabei große Pfützen in der Wiese, die von den Jungen, die ja nicht gefüttert werden, sehr gut zur Nahrungssuche genutzt werden können (KIPP 1982). Setzt nun die Mahd ein, großflächig maschinell wie heute üblich, so droht für die Jungen der Verlust jeglicher Deckung und damit die Preisgabe an ihre natürlichen Feinde (Greifvögel, Krähen, Fuchs usw.). Deshalb ist beim Mähen wichtig, Randstreifen zur Deckung stehen zu lassen.

Nach diesen brutbiologischen Ausführungen einige Hinweise für das Erkennen des Großen Brachvogels. Er ist größer als ein Kiebitz, hochbeiniger und erscheint auf Distanz einfarbig hell- bis mittelbraun. Charakteristisch ist sein langer gebogener Schnabel, mit dem er seine überwiegend tierische Nahrung in der Vegetation oder vom Boden aufnimmt. Sind die Böden weich und durchlässig – wie dies bei anmoorigen Böden im Tiefgestade grundsätzlich der Fall ist – und feucht – was durch Bewässerung unterstützt werden kann –, so vermag der Brachvogel mit seinem Schnabel auch in den Boden einzudringen und damit sondierend Würmer und Larven von Kohlschnaken usw. aufzuspüren. Obwohl oder vielleicht weil der Große Brachvogel von auffälliger Gestalt ist, bewegt er sich im Brutgebiet unauffällig. Er ist sehr scheu und wachsam. Steht er unbeweglich in einer Wiese mit älterem Gras oder in einem Acker, paßt ihn sein unscheinbares Gefieder gut an die Umgebung an. Dies gilt umso mehr für einen auf dem Nest sitzenden Altvogel. Ein Erlebnis ist es aber für den Naturfreund, wenn er bei Sonnenaufgang Zeuge der Balz wird. Das melodische Trillern und Flöten der Vögel, vor allem wenn im Flug über das Revier vorgetragen,

Abb. 7.34
Der Große Brachvogel.

gibt der Morgenstimmung einen zusätzlichen besonderen Reiz.

Aus dieser gerafften Darstellung wird deutlich, wie komplex die Anforderungen an einen artgemäßen Lebensraum sein können, in den der Mensch vor der Industrialisierung der Landwirtschaft durch die längere zeitliche Verteilung der Bewirtschaftungsvorgänge auf die Fläche und den weitgehenden Verzicht auf chemische Produkte schonender eingegriffen hatte. Wenn es also nicht gelingt, entsprechend große Wiesenflächen über Bewässerungsmaßnahmen für den Brachvogel zu optimieren, wird er sich in Nordbaden nicht dauerhaft als Brutvogel einstellen.

Der Kiebitz

Wie der Große Brachvogel gehört auch der **Kiebitz** zu den Schnepfenvögeln. Er ist zwar kleiner als jener, etwa taubengroß, aber deutlich auffallender. Ein Kiebitz im Brutrevier hat immer Gelegenheit, auf sich aufmerksam zu machen. Etwa ab Mitte März kehren Kiebitze im allgemeinen aus ihren südlichen Überwinterungsquartieren zurück und beginnen alsbald mit der Reviербesetzung, denn schon ab Ende März kann man die Gelege finden.

Ein Teil seiner Balz besteht aus einem Imponierflug, der in geringer Höhe rasant und mit vielen plötzlichen Richtungsänderungen, die zum sog. „Wuchteln" – einem Fluggeräusch – führen, vorgetragen wird. Die Flüge fallen aber auch dadurch auf, daß der Vogel durch Schwenks um die Längsachse den Kontrast zwischen dunkler Oberseite und heller Unterseite betont. Während der gesamten Brutzeit ist der Kiebitz sehr ruffreudig, besonders dann, wenn Störungen im Revier auftreten.

Der Kiebitz ist zwar ein typischer Wiesenvogel, aber noch gilt er nicht als gefährdete Art. Es gelang ihm, Ackerflächen als Brutreviere zu erschließen. Da er zur Nestanlage offene, wenig strukturierte Flächen mit fehlender oder kurzer Vegetation braucht (GLUTZ VON BLOTZHEIM et al. 1975), kann er die verschiedensten Kulturflächen nutzen. So sind in der Rheinebene Bruten in Mais- und Getreideäckern nicht selten. Hingegen findet man die Art in gedüngten Wirtschaftswiesen nicht als Brutvogel.

Es kommt für den Kiebitz also wesentlich darauf an, daß zu Beginn der Brutzeit vegetationsfreie oder nur lückig mit niedrigem Bewuchs ausgestattete Flächen angeboten werden. Zwar finden Bruten auch auf abtrocknenden bis trokkenen Ackerböden statt, aber es werden doch feuchtere Böden bevorzugt. In deren oberer Bodenschicht wird ein deutlich reichhaltigeres Nahrungsspektrum angeboten, auf das der Kiebitz angewiesen ist. Trockene Ackerböden lassen sich vom Kiebitz nahrungstechnisch schlecht erschließen, weshalb die Jungenaufzucht dort unter ungünstigen Bedingungen stattfindet. Die Austrocknung der Ackerböden führt zur Nahrungsverknappung und das Angebot an oberflächenbewohnenden Beutetieren ist dort aufgrund der Biotop-Monotonie und der chemischen Behandlung deutlich geringer. Ein ganz entscheidender Nachteil für die Ackerbruten besteht jedoch in der mehrfachen intensiven landwirtschaftlichen Bearbeitung, mechanisch wie chemisch. Die Verluste an Gelegen und an Jungen sind deshalb in solchen Flächen groß (GLUTZ VON BLOTZHEIM et al. 1975). So wurden im nördlichen Westfalen schon Anfang der 80er Jahre große Bestandseinbußen auf Flächen intensiver landwirtschaftlicher Nutzung festgestellt (Biologische Station „Rieselfelder Münster“ 1981). Denn obwohl der Kiebitz bei Verlust des Erstgeleges ein Nachgelege fertigt, sind dann die Biotopbedingungen durch die fortschreitende Vegetation und die zunehmende Austrocknung des Bodens nicht besser. Bei Vögeln mit hoher Lebenserwartung (deutlich über 10 Jahre) werden Bestandseinbußen durch mangelnden Nachwuchs erst nach einer entsprechenden Phasenverschiebung deutlich (KIPP 1977).

Auch wenn der Kiebitz hinsichtlich der Anforderungen an seinen Brutbiotop offensichtlich plastisch ist, hängt sein Bruterfolg doch von guten Bedingungen während der gesamten Zeit des Brütens und der Jungenaufzucht ab. Solche optimalen Bedingungen müssen sein: kurzrasige, lükkige Vegetation bei hoher Bodenfeuchtigkeit (z. B. lockere, anmoorige Böden) mit einem zeitlich gebremsten Aufwuchs, damit sich die Jungen, wie beim Großen Brachvogel, in der Vegetation bewegen können. Die hohe Bodenfeuchtigkeit zu Beginn der Brutzeit verzögert ein Austrocknen des Bodens, was ein besseres Nahrungsangebot für die Jungvögel mit sich bringt. In Wässerwiesen kann man also bei extensiver Bewirtschaftung für eine Optimierung in dieser Richtung leicht sorgen.

Der Kiebitz verläßt das Brutgebiet nach der Jungenaufzucht. Das kann schon Mitte bis Ende Mai sein zu einem „Zwischenzug“, über dessen Bedeutung noch keine Sicherheit besteht. Es könnte sich um eine Reaktion auf das sich verschlechternde Nahrungsangebot im Brutgebiet, aber auch um einen Zug zu Mauserplätzen handeln (GLUTZ VON BLOTZHEIM et al. 1975).

Die Uferschnepfe

Ein weiterer Vertreter der Schnepfenvögel, die als Brutbiotop feuchte Wiesen nutzen können, ist die **Uferschnepfe**. Auch sie hat Anfang der 1960er Jahre in der Oberrheinebene nördlich Karlsruhe gebrütet, ist aber seither in Baden-Württemberg als Brutvogel nicht mehr nachgewiesen worden.

Die Uferschnepfe stellt ähnliche Ansprüche an ein Wiesenbiotop wie der Große Brachvogel und der Kiebitz. Es muß sich um großflächige Niederungswiesen mit stocherfähigen Böden (z. B. anmoorige) mit einem kurzrasigen Frühjahrsaspekt bei hohem Grundwasserstand handeln. Für die Anlage des Nestes müssen lückige, trockenere Stellen vorhanden sein.

Abb. 7.35
Die Uferschnepfe.

Die Uferschnepfe ist eine kaum zu übersehende Vogelart im offenen, deckungsarmen Gelände und steht in der Größe zwischen dem Großen Brachvogel und dem Kiebitz. Sie besitzt einen langen geraden Schnabel, mit dem sie im weichen Boden oder Gewässergrund nach Nahrung stochert (GLUTZ VON BLOTZHEIM et al. 1977). Während der Brutzeit ist sie sehr ruffreudig, was Teil des Paarungsverhaltens ist, aber insbesondere auch das Warnen vor Störungen oder Gefahren im Revier anbelangt. Ihr Flugbild ähnelt dem eines verkleinerten Storches mit dem langen Hals und Schnabel einerseits und den langen Beinen andererseits. Ein typisches Erkennungszeichen wird im Flug sichtbar: die weiße Schwanzoberseite mit der breiten schwarzen Endbinde.

Auch bei der Uferschnepfe verlassen die Jungen nach dem Schlüpfen das Nest und können von den Altvögeln schnell an besser geeignete Aufzuchtplätze geführt werden. Es besteht hier das gleiche Problem mit dem verdichteten Aufwuchs wie beim Großen Brachvogel. Offene Flächen von wenigen Ar Größe mit seichten Wasserflächen, in denen sich unter der Sonneneinwirkung ein reiches Leben an Nahrungstieren entwickelt, begünstigen den Aufzuchterfolg wie beim Brachvogel wesentlich. Es muß natürlich Deckung bietende Vegetation in der Nähe sein, damit sich die Jungen bei Gefahr dort in Sicherheit bringen können.

Auch wenn die Uferschnepfe wohl schon immer ein seltener Brutvogel in der badischen Oberrheinebene war – in der älteren Literatur finden sich keine einschlägigen Angaben oder Hinweise –, so sind Wässerwiesen grundsätzlich geeignet, diesen attraktiven Vogel zur Ansiedlung zu veranlassen und damit zur Bereicherung unserer Avifauna beizutragen. Denn die Entwässerung von Wiesen-Feuchtgebieten mit den Grundwasserabsenkungen sowie die Intensivierung der Grünlandbewirtschaftung haben auch diese Art als Brutvogel zum Verschwinden gebracht (HÖLZINGER 1987).

Das Rebhuhn und die Wachtel

Während bei den beschriebenen Schnepfenvögeln die Bodenfeuchte als Bedingung für das Brutbiotop nahe liegt, ist es sicher überraschend, daß auch **Rebhuhn** und **Wachtel** als Hühnervögel sich in Wässerwiesen ansiedeln. Zwar bevorzugen beide Arten wärmere Böden und meiden deshalb nasse und kalte. Aber ihr Brutbeginn liegt deutlich später als der der Schnepfenvögel und fällt damit in die zunehmende Abtrocknung der Bodenoberfläche und in die Zeit der deutlichen Vegetationszunahme. Beide Hühnerarten sind zwar durchaus in der Lage, Ackerflächen als Brutplatz zu nutzen, vor allem, wenn diese Flächen kleinparzelliert sind. Die heutige maschinenorientierte Landwirtschaft auf großen und dadurch monotonen Flächen als Folge von Flurbereinigungen bietet diese Bedingungen nur noch am Rande. Hinzu kommt die intensive chemische Behandlung der Ackerflächen. Extensiv bewirtschaftete Wiesen bieten deshalb eine gute Alternative.

Für das Rebhuhn wichtig sind Sichtkulissen während der Paarbildung, weil die Männchen sehr territorial sind und Rivalen aggressiv verfolgen, sobald sie innerhalb des Reviers entdeckt werden. Deshalb können Heckenstreifen, Grabenränder, Altgrasstreifen, Ackerraine den Blick auf den Nachbarn und Rivalen hemmen und eine bessere Ausnutzung der Gesamtfläche durch Verringerung der Reviergröße der einzelnen Paare ermöglichen. Diese Sichtblenden bieten gleichzeitig ausreichend Deckung zur Anlage des Bodennestes. Getreideäcker eignen sich dafür im April/Mai mangels ausreichender Deckung nur schlecht. Hier fehlt es dann an den für einen Neststandort notwendigen Altgrasflächen. Hinzu kommt, daß sich die Jungen nach dem Schlüpfen in den ersten Lebenswochen fast ausschließlich, dann abnehmend tierisch ernähren (GLUTZ VON BLOTZHEIM et al. 1973). Erwachsene Hühner ernähren sich fast ausschließlich vegetarisch. Dieses Nahrungsangebot können Wiesen ohne chemische Düngung ab Mitte Mai besser gewährleisten als Ackerflächen. Da die Wässerung von Wiesen nie zu einer gleichmäßigen Durchfeuchtung führen kann, findet das Rebhuhn dort immer ausreichend trockenere Zonen für das Nest. Gerade die an Ackerflächen angrenzenden Wiesenränder bieten ideale Deckungs- und Nahrungsmöglichkeiten. Nach dem Mähen der Wiesen können die Rebhuhnfamilien sodann in die Fruchtäcker ausweichen.

Wer offenen Auges durch unsere Feldflur geht, ist sicher schon den Rebhühnern begegnet. Sie sind ganzjährig bei uns, im Gegensatz zur Wachtel, die wegzieht. Man bekommt die Rebhühner aber im Herbst auf den abgeernteten Feldern am leichtesten zu Gesicht, zumal sich dann die Ketten (Familienverbände) zu Völkern (in guten Gebieten mit deutlich mehr als 20 Exemplaren) zusammenschließen.

Ganz anders verhält es sich da mit der Wachtel. Sie ist nur etwa starengroß, unauffällig erdbraun gefärbt und verläßt die Deckung kaum. Sie verrät ihr Vorkommen allerdings stimmlich, denn der Revierruf des Männchens „pick-wer-wick" ist unverwechselbar und noch auf 300 m Entfernung zu hören.

Die Wachtel schwankt in ihrem jährlichen Brutbestand erheblich. Sie ist ein sogenannter „Invasionsvogel", der in manchen Jahren sehr häufig zu hören ist, in anderen Jahren dagegen gar nicht. Sie braucht als Biotop eine ständige Deckung nach oben, also eine hohe Krautschicht, und bevorzugt warme und dabei frische bis etwas feuchte Böden, die sich in der Oberrheinebene finden lassen. Sie legt ihr Nest auch in geeigneten Wiesen und an Grabenrändern an, die meist mehr Deckung bieten. Die Brutzeit ist ähnlich der des Rebhuhns, kann sich aber bis in den August hinein erstrecken.

Auch das Nahrungsspektrum ähnelt dem des Rebhuhns, mit Insekten für die Küken und überwiegend Sämereien für die adulten Vögel, wobei aber ein tierischer Anteil bleibt, zu dem u.a. auch Rasenameisen mit ihren Puppen gehören (GLUTZ VON BLOTZHEIM et al. 1973). Ein vielseitiges Angebot an Sämereien, wie es die Wachtel nutzt, und auch eine reichhaltige Fauna an kleinen Insekten können extensive Wässerwiesen gewährleisten und der Wachtel damit gute Lebensbedingungen bieten. Denn wie beim Rebhuhn ist die heutige Landnutzungsform für die Hühnervögel negativ. Extensive Wiesenbewirtschaftung bedeutet demgegenüber keine Chemie, nur wenig Boden- und „Frucht"bearbeitung und damit wenig menschliche Eingriffe in das Brutgebiet während der sensiblen Zeit. So spielen Wiesen für die Erhaltung beider Arten eine wesentliche Rolle (HÖLZINGER 1987). Denn auch sie sind in der Roten Liste enthalten, das Rebhuhn als „gefährdet", die Wachtel als „stark gefährdet" (HÖLZINGER et al. 1981).

Der Wachtelkönig

Ebenfalls zur Ordnung der Hühnervögel, aber zur Familie der Rallen (Sumpfhühner), gehört der **Wachtelkönig**. Obwohl er in der nördlichen Oberrheinebene als Brutvogel nur lokal und sehr selten vorkommt, muß er beim Thema Wässerwiesen angesprochen werden, wie es auch bei der Uferschnepfe geschehen ist. Seine Seltenheit hat damit zu tun, daß seine Biotopansprüche sehr spezifisch und damit eng sind. Fehlen geeignete Biotope, und das sind vorzugsweise wechselfeuchte, hochgrasige, möglichst extensiv bewirtschaftete Wiesen, z. B. Überschwemmungsauen, ferner ungedüngte feuchte Mähwiesen (GLUTZ VON BLOTZHEIM et al. 1973), so kann auch nicht mit einer Ansiedlung gerechnet werden. Andererseits zeigt die Aufzählung seiner Lebensraumansprüche, daß Wässerwiesen bei einem gezielten Biotopmanagement als Brutgebiet durchaus geeignet sind.

Der Wachtelkönig ist Zugvogel und kehrt erst um die April/Mai-Wende in das Brutgebiet zurück. Er lebt versteckt in der Vegetation und macht wie die Wachtel durch seine Stimme auf sich aufmerksam. In der Paarungszeit läßt das Männchen stundenlang bei Tag oder Nacht seinen charakteristischen zweisilbigen Ruf hören, der klingt, als ob man mit den Zacken eines Kammes über die Kante einer Streichholzschachtel fährt. Vor allem nachts ist er nicht zu überhören. Wenn das Brutrevier Anfang bis Mitte Mai ausgesucht wird, ist die Vegetation mittlerweile so hoch, daß sie für die benötigte Deckung sorgt. Mit dem weiteren wesentlichen Faktor ist es schon schwieriger, nämlich mit der Feuchtigkeit. Der Wachtelkönig will zwar kein stehendes Wasser, aber auch keinen abgetrockneten Wiesenboden. Diesen Zustand im Mai herbeizuführen, ist auf Flächen ohne hohen Grundwasserstand nicht einfach. Da der Wachtelkönig aber keine großen Reviere beansprucht, besteht die Möglichkeit, durch Ausnutzen von Bodenunebenheiten unterschiedliche und damit auch feuchtere Zonen zu schaffen, um dieser vom Aussterben bedrohten Vogelart (HÖLZINGER et al. 1981) neue Brutareale zu erschließen (HÖLZINGER 1987).

Das Braunkehlchen

Offene Wiesenflächen bieten im Frühjahr naturgemäß wenig Deckung und damit Schutz für die Gelege von Bodenbrütern. Nun sind die Schnepfenvögel sehr wohl imstande, sich gegen gefiederte Eierräuber wie die Krähenvögel zu wehren. Ein Hermelin, das ebenfalls auf Eier erpicht ist, läßt sich jedoch kaum vertreiben. Schwächere Vogelarten wie Rebhuhn und Wachtel brauchen für eine erfolgreiche Brut eine höhere Vegetation. Dies gilt auch für die auf Wiesen spezialisierten bodenbrütenden Singvögel.

Ein Charaktervogel von feuchten Wiesen ist das **Braunkehlchen**. Es kehrt erst Anfang Mai aus seinem Winterquartier zurück und stellt ganz spezifische Ansprüche an die Biotopstruktur eines Brutplatzes. Dabei muß es sich um eine vielfältige Wiesenvegetation handeln, die einerseits durch vorjährige Vegetationsreste mit dichteren Pflanzengruppen für den Neststandort, anderseits durch höhere Stauden, Stengel, Pfähle usw. geprägt ist. Diese höhere lückige Vegetation, die sich am Rande von Gräben oder schwer zugänglichen Kanten und Ecken ausbilden kann, wird als Warte genutzt, um das Revier überblicken zu können. Von dort aus übt das Braunkehlchen die Insektenjagd in niedrige Kraut- und Grasschichten hinein oder auch im Flug aus (GLUTZ VON

BLOTZHEIM & BAUER 1988). Die genannte vielfältige Vegetation bietet außerdem ein wesentlich höheres Angebot an verschiedenen Insekten als monotone, intensiv gedüngte Wiesen. Da Wiesenbewirtschaftung, wenn überhaupt, in den letzten 30 Jahren nur noch in intensiver Form erfolgt, ist das Braunkehlchen aus der nordbadischen Rheinebene weitgehend als Brutvogel verschwunden. Daß dies nicht nur ein lokales Problem ist, zeigt die Klassifizierung dieser Art als „stark gefährdet" in Baden-Württemberg (HÖLZINGER et al. 1981). Trotz dieser Einstufung und der damit verbundenen Hoffnungen auf Verbesserung der Lebensbedingungen, hat sich die Bestandssituation für das Braunkehlchen nicht wesentlich geändert. Gerade in den großen Ebenen sind die landwirtschaftlichen Strukturänderungen, die zu Grundwasserabsenkungen und zu Grünlandumbruch geführt haben, sehr intensiv betrieben worden. Selbst für eine Kleinvogelart, die keine großflächigen Revieransprüche wie z. B. ein Großer Brachvogel stellt, sind kaum Randbereiche übrig geblieben, in denen sich der Brutbestand hätte halten oder gar erholen können. So bleibt denn die Hoffnung, daß von der zunehmenden und staatlich geförderten Extensivierung von landwirtschaftlichen Flächen auch das Braunkehlchen profitieren kann, wobei hier als zusätzliches Moment die Bodenfeuchtigkeit eine Rolle spielt, die für den Typus der frischen bis feuchten Wiese sorgt. Diese könnte über Bewässerungsmaßnahmen wieder verstärkt werden. Diese Maßnahmen müssen aber um einen punktuellen Mähverzicht an den Randzonen geeigneter Wiesenflächen ergänzt werden.

Um also nach dem Braunkehlchen Ausschau zu halten, muß man ab Anfang Mai solche Wiesenflächen aufsuchen, in denen die niedrige Vegetation von höheren, oft linienförmigen Strukturen begleitet wird. Sind an (ehemaligen) Bewässerungsgräben Schilfhalme lückig stehen geblieben oder haben Stengel von vorjährigen Stauden den Winter überdauert, so besteht schon die Chance, diese Vogelart zu entdecken. Da deren Heimzug aber bis Ende Mai andauern kann, ist eine Maibeobachtung meist auf Durchzügler zurückzuführen. Das Braunkehlchen, das zu den Schmätzern zählt, ist kein lauter auffallender Sänger, obwohl der Gesang durch Übernahme von Gesangselementen anderer Arten („Spotten") abwechslungsreich sein kann. Da es sich auch nahe am Boden aufhält – die Warten sind im Wiesengelände kaum über 2 Meter hoch –, wird es leicht übersehen. Kommt man allerdings in ein Brutrevier, ist der kurze trockene Warnruf ein deutlicher Hinweis auf die Art. Hat man das Braunkehlchen erst einmal entdeckt und nimmt man sich für seine Beobachtung Zeit, so kann man sich an seinen Aktivitäten – ob Balz, Gesang, Jagd oder Jungenaufzucht – erfreuen, die im offenen Gelände aus nicht störender Entfernung gut verfolgt werden können.

Die Schafstelze

Eine weitere Vogelart, deren Vorkommen ursprünglich vorwiegend auf nasse oder wechselnasse Wiesen, Seggen- und Bültenfluren beschränkt war, ist die **Schafstelze**. Die gelbe Verwandte der Bachstelze hat ihren Brutbiotop jedoch in die Kulturlandschaft mit extensiv bewirtschafteten Streu- und Mähwiesen, in Weiden, aber auch in Hackfrucht- und andere Äcker ausdehnen können (GLUTZ VON BLOTZHEIM & BAUER 1985). Wenn die Schafstelze Anfang April wieder die heimischen Brutreviere besetzt, ist die Rasendekke zwar noch kurz, aber durch die Intensivwirtschaft (Düngung) zu dicht und zu trocken. Deshalb könnte sich eine Bewässerung hier günstig auswirken, wenn die Bodenfeuchte danach anhält und Lücken in der Vegetationsdecke verbleiben.

Wichtig ist auch für diese Art ein gewisser Deckungsgrad der Vegetation zur Anlage des Nestes, erhöhte Sitzwarten als Singplätze und zur Beobachtung des Reviers sowie in der Nähe befindliche kurzrasige Flächen zur Nahrungssuche. Letztere sind insbesondere nach dem Mähen der Wiesen gegeben, in die Schafstelzen dann auch aus ihren auf nahe gelegenen Äckern befindlichen Nistplätzen zufliegen. Es gilt hier wie beim Braunkehlchen, daß eine artenreiche Pflanzengesellschaft ein höheres Beuteangebot für den Insektenjäger bedeutet. Auch bei dieser Art ist also ein Wechsel von offenen und von deckungsbietenden Flächen für gute Aufzuchtbedingungen ausschlaggebend. Da im Ackergelände von einer hohen Verlustrate der Nester durch die Bewirtschaftung ausgegangen werden muß, böte eine extensive Wiesenbewirtschaftung mit spätem Mähtermin eine ungestörtere Alternative. Die Schafstelze ist in der Roten Liste als „gefährdet" eingestuft (HÖLZINGER et al. 1981).

Der Wiesenpieper

Mit den Stelzen verwandt sind die Pieper, deren bekanntester Vertreter in unserer Heimat der Baumpieper ist. Dieser ist zwar in erster Linie ein Waldvogel, der auf Kahlschlägen zu finden ist. Aber es gibt auch Beobachtungen aus Wiesen, vor allem, wenn sie an Wälder angrenzen. Der Baumpieper braucht jedoch trockeneren Boden. Dafür ist der **Wiesenpieper** auf offenes, von Gräben und Böschungen durchzogenes Gelände mit relativ hohem Grundwasserspiegel oder Feuchtstellen spezialisiert. Auch er sucht eine gut strukturierte Krautschicht zur Deckung. Dazu müssen wie beim Braunkehlchen erhöhte Sitzmöglichkeiten zur Beobachtung des Reviers kommen (GLUTZ VON BLOTZHEIM & BAUER 1985). Alle diese Bedingungen sind in der Rheinebene mit ihren monotonen Kulturflächen und dem abgesenkten Grundwasserspiegel kaum noch gegeben. Deshalb gibt es auch nur von unregelmäßigen Einzelbruten aus dem nördlichen Teil zu berichten. Die Art wird aber hier behandelt, weil sich durch Wiesenbewässerung in der Aue für den Wiesenpieper geeignete Brutmöglichkeiten wieder einstellen können.

Der Wiesenpieper ist übrigens regelmäßig während der Zugzeiten im Frühjahr und Herbst zu beobachten. Beobachten ist vielleicht das falsche Wort, denn wenn die Vögel auf Äckern oder Wiesen der Nahrungssuche nachgehen, sind sie am Boden aufgrund ihrer unscheinbaren Färbung nur schwer zu entdecken. Werden sie jedoch aufgeschreckt, steigt der Trupp mit ständigen „ist-ist"-Rufen in die Höhe und ist dann leicht anzusprechen.

Auch der Wiesenpieper macht einen auffälligen Balzflug mit einem steilen Anstieg unter Rufreihen und einem anschließenden steilen Abwärtsgleiten. Er ähnelt dabei jenem des Baumpiepers und kann so zu Fehlbestimmungen der Art verleiten, wenn man die Gesänge nicht zu unterscheiden weiß.

Die Feldlerche

Die **Feldlerche** ist sicher kein Feuchtwiesenvogel, und doch gehört sie zu den Brutvögeln von Wässerwiesen. Denn sie kann die Wiesen auch noch ab Mitte Mai als Brutplatz für die zweite Jahresbrut nutzen, zu einer Zeit also, wenn die Wiesen abgetrocknet sind. Entscheidend ist auch hier eine gut strukturierte Grasflur auf trockenem bis wechselfeuchtem Boden. Bei zu starker Vernässung kann die Feldlerche nur die trockeneren Randbereiche zur Nestanlage nutzen (GLUTZ VON BLOTZHEIM & BAUER 1985).

Die Feldlerche findet sich nicht in der Roten Liste. Als Kulturfolger – Brutvogel in Ackerflächen – schien sie auch nicht gefährdet. Neuere Beobachtungen sprechen jedoch von einem alarmierenden Bestandsrückgang in bestimmten Regionen (z. B. Bodensee, S. SCHUSTER mündl.). Verglichen damit sind die Bestände in der Rheinebene noch gut. Man darf aber nicht übersehen, daß die Verluste an Ackergelände durch Überbauung, Verkehrsflächen und Auskiesung auch zu einer erheblichen Minderung an Brutbiotopen geführt haben. Es ist nicht einfach so, daß die Brutvögel daraufhin näher zusammenrücken. Die Reviergröße ist artspezifisch festgelegt und wird so vom Biotoptypus limitiert. Eine Extensivierung der Wiesenbewirtschaftung wirkt sich offensichtlich positiv auf die Bestände der Feldlerche aus, wie sich aus Erfahrungen in der Saalbachaue (F. DEBATIN, mündl.) ergibt. Denn starke Düngung und intensive Nutzung von Mähwiesen kann die Feldlerche aus diesem an sich gut geeigneten Brutbiotop völlig vertreiben (GLUTZ VON BLOTZHEIM & BAUER 1985).

Es wäre sehr zu bedauern, wenn wir eines Tages auch noch auf das gewohnte Jubilieren der Feldlerche bei ihrem Singflug über unserer offenen Landschaft verzichten müßten.

Die Grauammer

Ein ähnlich breites Spektrum an Brutbiotopen wie die Feldlerche vermag die **Grauammer** zu

Abb. 7.36 Der Weißstorch: „Wappenvogel" der Feuchtwiesen.

nutzen. Wir finden sie in Streu- und Futterwiesen, Weiden und im Ackerland, also von feuchten Wiesen bis zu trockenen Getreidefluren (HÖLZINGER 1987).

Während die Feldlerche baum- und strauchlose Flächen bevorzugt, ist für ein Vorkommen der Grauammer mit ausschlaggebend, daß ein gewisses Angebot an vertikalen Elementen besteht, von denen aus sie ihr Revier überblicken und ihre kurze, blecherne, scheppernde Gesangsstrophe vortragen kann. Solche Elemente können sein: vereinzelt stehende (Obst-)Bäume, Büsche, Leitungsmasten und -drähte. Wenn es an solch höheren Elementen mangelt, kann sie auch wie das Braunkehlchen mit Zaunpfosten, höheren Stauden oder auch mit Stellfallen von Bewässerungssystemen auskommen. So weisen beispielsweise die Wässerwiesen der Elz im Landkreis Offenburg einen guten Grauammerbestand auf (J. RUPP, mündl.).

Als Folge von Flurbereinigungen sind solche Einzelbäume, Gebüsche und Hecken in der Vergangenheit als Störfaktoren für eine maschinengerechte Landwirtschaft angesehen und entfernt worden. Dies hat die Besiedelungsmöglichkeiten für die Grauammer erheblich gemindert. Andererseits hat sich bei dieser Art die Intensivierung der Grünlandbewirtschaftung u. a. auch durch frühe Mahd ebenfalls negativ ausgewirkt. Sie mußte deshalb in Baden-Württemberg als „gefährdet" eingestuft werden (HÖLZINGER et al. 1981).

Das Beispiel Elzwiesen mit Bewässerung und spätem Mähtermin zeigt, daß die Art einen soliden Brutbestand örtlich halten kann, wenn die Biotopbedingungen stimmen. Obwohl sie zum Brüten auf Ackerflächen ausweichen kann, ist sie dort doch wie alle anderen Bodenbrüter dem erhöhten Bewirtschaftungsdruck ausgesetzt, mechanisch und chemisch. Gerade letzterer verringert das Nahrungsspektrum, das bei dieser Art von tierisch, insbesondere zur Aufzucht der Jungen, bis vegetarisch (Sämereien) reicht. Diese Faktoren lassen sich über extensive Bewirtschaftungsformen günstig beeinflussen.

Die Grauammer macht im Gegensatz zur Goldammer auch optisch „nicht viel her". Sie ist einfarbig hellbraun gefärbt, hat also nicht das leuchtende Gelb ihrer Verwandten, der wir ebenfalls auf Wiesen begegnen können, wenn sie am Waldrand liegen oder stärker mit Hecken durchzogen sind. Sie ist etwas größer als jene und wirkt in ihren Bewegungen plumper. Ihren Gesang kann man eigentlich nicht als solchen bezeichnen.

Und doch gehört diese Vogelart zur offenen Landschaft, in der die Kleinen und Schwachen sich keine Auffälligkeiten leisten können, wollen sie auf Dauer überleben.

Der Weißstorch

Damit wären die Vogelarten behandelt, die speziell für Wässerwiesen als Brutvögel in Frage kommen. Es gibt selbstverständlich weitere Arten, die sich in solche Wiesen einnischen können, z. B. an der Grenze zu anderen Biotopstrukturen wie Wald, reichhaltigen Heckenzügen, Streuobstflächen oder Naßwiesen. Wässerwiesen haben natürlich auch eine wichtige Funktion als Nahrungsrevier für Vogelarten, die, weil keine Bodenbrüter, dort nicht brüten können. Der auffallendste Vertreter hierfür ist der **Weißstorch**.

Der Weißstorch ist heute das bildhafteste und damit bekannteste Beispiel dafür, daß bestimmte Tierarten ohne Wiesengebiete bei uns nicht überleben können. Dies hängt damit zusammen, daß er mehr menschliche Anteilnahme erfuhr als alle anderen Vogelarten, weil er eine große auffällige Erscheinung, also nicht zu übersehen, und dem Menschen als Brutvogel bis in die Ansiedlungen gefolgt ist. Die Besiedlung von Ortschaften hat auch damit zu tun, daß dem Storch, der kein Waldbrüter ist, geeignete, relativ freistehende große Bäume, die seinen Horst tragen können, in der Kulturfläche meist fehlen. Es gab in diesem Jahrhundert noch Baumbruten außerhalb von Ortschaften beispielsweise in Wössingen, Zeutern, Stettfeld, Weiher, Ubstadt, Hambrücken, Schloß Stutensee. Jedem älteren Bürger mit einer Beziehung zur freien Landschaft ist das Bild des Storches in einer Wiese geläufig. Wenn ein Braunkehlchen oder eine Grauammer als Brutvogel verschwinden, registrieren das nur die Spezialisten. Das Ausbleiben des Storches dagegen findet eine ganz andere Anteilnahme. Nur so läßt sich auch ein baden-württembergisches Storchenprogramm erklären, über das letztlich das Thema Wiesenschutz transformiert wird.

Wie real die Abhängigkeit des Storches von der feuchten Wiese ist, läßt sich an der Entwicklung des Bestandes ableiten, wie ihn MÜLLER (1986) aufgezeichnet hat. Sortiert man diese Daten nach den Einzugsgebieten der aus dem Kraichgau kommenden Fließgewässer, so zeigt sich folgendes: Der Weißstorch verschwand als Brutvogel aus den Gebieten von

	Pfinz	Saalbach	Kraichbach	Leimbach
Kraichgau	1957	1961	1951	1930
Niederterrasse	1965	1968	1961	1966
Rheinaue	1962	1962	1961	1963

Diese Daten zeigen erwartungsgemäß, daß der Kraichgau mit seinen engen Tälern im Zuge der landwirtschaftlichen Intensivierung bis auf letzte Reste schon vor dem Zweiten Weltkrieg verlassen war (danach nur noch sieben besetzte Horste), und die Trockenlegung sowie das Umbrechen der Wiesen Ausgang der 50er Jahre auf der Niederterrasse auch dort zur völligen Vertreibung als Brutvogel geführt hat. Dazu kam die Ausweitung der Siedlungsgebiete, die häufig zu Lasten von Dauergrünland gingen. Erstaunlich ist allerdings, daß die Rheinaue noch vor der Niederterrasse aufgegeben werden mußte, obwohl sie einen höheren Grundwasserstand aufwies und damit eigentlich dem Storch bessere Lebensbedingungen hätte bieten müssen. Hier waren aber die Flächen großräumiger und für eine Umstrukturierung leichter zugänglich bzw. effektiver als in den oft relativ schmalen Wiesentälern der Niederterrasse, die von Wäldern eingerahmt sind. Die Tatsache, daß der Storch sich am längsten in der Saalbachniederung halten konnte, findet ihre Erklärung darin, daß diese neben dem Hockenheimer Rheinbogen und den Oberbruchwiesen auch heute noch das ökologisch wertvollste zusammenhängende Wiesengebiet darstellt, dessen Kernzonen durch private Initiative nicht nur erhalten, sondern erweitert werden konnten (F. DEBATIN in Hambrücken, siehe auch Kap. 9), und das sich heute als ein Schulbeispiel für ökologisch verträgliche Wiesenbewirtschaftung präsentiert. Daß eine regelmäßige Wiesenbewässerung gerade dort zu einer Optimierung des Lebensraumes führen könnte – nicht nur für die geplante Wiederansiedlung –, liegt also im Hinblick auf das historische Vorkommen des Weißstorches auf der Hand.

Der Weißstorch kann in unserer Heimat nur dann wieder erfolgreich angesiedelt werden, wenn er ausreichend große, ergiebige Nahrungsbiotope vorfindet. Er lebt von animalischer Kost und erbeutet vom Regenwurm über Insekten, Amphibien, Reptilien bis zu kleinen Vögeln und Säugetieren alles, was er verschlingen kann. Bei solchen Ernährungsansprüchen müssen die Jagdgebiete groß sein und während der ganzen Brutperiode mit einem entsprechenden Beuteangebot aufwarten können. Es ist einleuchtend, daß landwirtschaftliche Intensivkulturen mit ihrer Pestizidbehandlung dies nicht gewährleisten können; im Gegensatz zu südosteuropäischen Storchenvorkommen in Getreideanbaugebieten, in denen die chemische Keule eben noch nicht in dem Ausmaß geschwungen wird wie bei uns. Der Weißstorch ist also nicht auf Feuchtbiotope fixiert. In afrikanischen Überwinterungsgebieten sieht man ihn vorwiegend in den Savannen auf Reptilien- und Insektenjagd. Bei uns kann sich eben nur bei extensiver landwirtschaftlicher Nutzung, worauf sich Wiesen leicht umstellen lassen, ein mengenmäßig ausreichendes Beutespektrum entwickeln. Nach heutigen Erkenntnissen beansprucht ein Storchenpaar eine geeignete Nahrungsfläche von 50–100 Hektar. Bei dieser vom Aussterben bedrohten Vogelart (HÖLZINGER et al. 1981) würde also die Reaktivierung von Wässerwiesensystemen die Chance einer dauerhaften Wiederbesiedelung ohne Zufütterung durch den Menschen deutlich erhöhen. An erster Stelle muß dazu die Flächenerhaltung und -erweiterung unter ökologischer Aufwertung stehen, so das Artenschutz-/Artenhilfsprogramm für diese Art (HÖLZINGER 1987).

Sonstige Vogelarten

Mit dem Weißstorch sollen die Einzelbeschreibungen von Brutvögeln abgeschlossen werden, obwohl es noch eine ganze Reihe von Arten gibt, für die große zusammenhängende Wiesenflächen einen wesentlichen Beitrag zu ihrer Ernährung liefern. Zu denken ist dabei insbesondere an die Tag- und Nachtgreifvögel wie **Mäusebussard**, **Roter Milan**, **Turmfalke**, **Schleiereule** und **Steinkauz**, für die Wiesen gute Jagdgebiete darstellen können. Im Ackergelände haben es Mäuse, die zur bevorzugten Beute dieser Arten gehören, schwer, sich anzusiedeln, während Wiesenbewirtschaftung keinen mechanischen Eingriff in den Boden mit sich bringt. Lediglich eine Bewässerung vertreibt die Mäuse vorübergehend aus der Fläche, die sie nach Abtrocknung vom Rand her wieder besiedeln. So wirken sich Wiesen auch für diese Vogelarten positiv auf die Siedlungsdichte und den Aufzuchterfolg aus. Zu erwähnen sind bei den Greifvögeln auch die Spezialisten wie der **Baumfalke**, der über Wiesen nach Fluginsekten (z. B. Junikäfer, Libellen) und Vögeln (z. B. Schwalben) jagt oder der **Wespenbussard**, der in Wiesen die Nester von Wespen und Hummeln ausgräbt, um an die Waben heranzukommen.

Wenn bisher von Wässerwiesen die Rede war, so betraf dies große zusammenhängende Wiesenflächen weitgehend frei von Bäumen und Sträuchern. Solche ehemaligen Wiesengebiete sind örtlich stark geschrumpft und infolge veränderter Nutzung auch mehr mit Aufwuchs durchsetzt. Besonders entlang alter Bewässerungsgräben haben sich Hecken entwickelt. Damit hat das Artenspektrum an Brutvögeln um solche Arten zugenommen, die in Hecken brüten oder sich an Hekken „anlehnen“. Zu nennen sind hier **Neuntöter**, **Zaungrasmücke**, **Dorngrasmücke**, **Goldammer**, **Hänfling**, **Turteltaube** und **Elster**. Aus verkrauteten Gräben hört man den abwechslungsreichen Gesang des **Sumpfrohrsängers**.

Von angrenzenden Streuobstbeständen oder Gehölzen aus fliegen **Wacholderdrosseln** sowie **Stieglitze** und **Feldsperlinge** zur Nahrungssuche auf die Wiesen. Die ersteren suchen Würmer und Insekten nach der Mahd, die anderen nehmen die Samen der Wiesenpflanzen bzw. Stauden. **Grün-** und **Grauspecht** beuten dagegen nach dem Mähen die freigelegten Nester der Rasenameisen aus.

Stoßen die Wiesen an Waldränder, kommen von dort weitere Arten hinzu, die temporär die Wiesen in ihr Nahrungsrevier einbeziehen. Dazu zählen auch **Waldkauz** und **Waldohreule**. **Stare**, **Hohltauben** und **Rabenkrähen** sind regelmäßige Gäste auf Futtersuche. Das Zusammentreffen zweier verschiedener naturnaher Biotoptypen führt durch den sog. Grenzlinieneffekt zu einer kennzeichnenden Erhöhung des Arten- und Individuenreichtums. So hat F. DEBATIN (briefl.) 34 Vogelarten während der Brutzeit in der Saalbachniederung beobachten können. Dies macht deutlich, wie wertvoll in unserer intensiv genutzten Kulturlandschaft naturnahe Flächen sind und daß alle Möglichkeiten ausgeschöpft werden sollten, diese Flächen nicht nur zu erhalten, sondern sie zu mehren und/oder sie ökologisch aufzuwerten.

Bedeutung für ziehende Arten

Bewässerte Wiesen haben nicht nur als potentielles Brutgebiet für spezialisierte Vogelarten eine große Bedeutung, sondern auch für übersommernde, durchziehende und überwinternde Arten. Für diese stellen sie ergiebige Nahrungsbiotope dar, wobei jahreszeitlich bedingte Veränderungen in der floristischen und faunistischen Zusammensetzung genau so wesentlich sind wie die Wechsel in der Biotopstruktur.

Für die Wechsel in der Biotopstruktur sorgen zwei verschiedene menschliche Eingriffe in den Lebensraum: das Mähen und das Bewässern. Das Mähen geschieht ein- bis zweimal jährlich, das Bewässern bis zu dreimal. Damit ergibt sich ein Biotopspektrum von der überschwemmten Wiese, also einer kleineren bis größeren Wasserfläche, bis zur kurzrasigen, frisch gemähten oder zur hoch stehenden Wiese, alles dieses zu verschiedenen Jahreszeiten. Auf dieses jahreszeitlich sich verändernde Biotopangebot reagieren ziehende Vogelarten, die an Wasser oder Feuchtigkeit stark gebunden sind. Das sind insbesondere die rund 15 Arten der **„Limicolen“** (zur Familie der Schnepfen gehörende Arten) und der Kiebitz aus der Familie der Regenpfeifer, die das Binnenland regelmäßig zweimal jährlich auf dem Heimzug nach Norden und dem Wegzug nach Süden überqueren müssen. Sie fallen dabei auf gefluteten oder noch nassen Flächen zur Nahrungsaufnahme ein. Sind die Wasserflächen ausgedehnter, gesellen sich **Gründelenten** und **Lachmöven** dazu, wobei letztere in diesem Zusammenhang als Strichvögel zu betrachten sind. Für alle diese Arten sind sog. Trittsteine auf ihren Zugwegen notwendig, wo sie auf den großen Zugstrecken rasten und neue Kräfte für die energieaufwendige Reise sammeln können. Dazu bedarf es eines speziellen Nahrungsangebots, das von diesen Arten nur über das Medium Wasser erschlossen werden kann. Für den Heimzug liegt dabei die Frühjahrswässerung im Februar/März für die meisten Arten zu früh, eine Junibewässerung könnte dagegen gut genutzt werden, bei welcher jedoch Kollisionen mit den Ansprüchen der Brutvögel auftreten. Unproblematisch ist die Wässerung dagegen Ausgang des Sommers nach Ende der Brutzeit. Sie kommt den Wegziehern ab Juli bis September/Oktober sehr zustatten.

So finden sich in der alten badischen ornithologischen Literatur einige Daten, die das Vorkommen von Vogelarten an Örtlichkeiten belegen, wo sie heute nicht mehr zu beobachten sind und die direkt von bewässerten Wiesen sprechen oder darauf schließen lassen (FISCHER 1900):

Heimzug:

03.04.1898	viele Bekassinen auf nassen Wiesen bei Neureut (Karlsruhe),
18.02.1899	kleinere Gesellschaft (von Kiebitzen) auf den Wiesen bei Gottesau (KA),
02.02.1898	eine Knäkente auf den Gottesauer Wiesen,
18.03.1898	1 Spießente geschossen bei Weingarten.

Wegzug:

1898	viele Bekassinen an den bewässerten Wiesen bei den Rheinorten,
14.08.1898	1 Waldwasserläufer bei Durlach,
13.08.1899	1 Zwergstrandläufer bei Blankenloch,
16.09.1899	1 Alpenstrandläufer bei Weingarten.

Daß solche Beobachtungen auch heute noch möglich sind, wenn die entsprechenden Bedingungen gegeben sind, zeigen zwei Beispiele aus jüngster Zeit, in denen Wiesenteile für eine gewisse Zeit überflutet waren. Das sind zum einen die Silzenwiesen bei Ubstadt, ein flächenhaftes Naturdenkmal, die heute der Wasserrückhaltung dienen. Dort wurden von Ende März bis April 1994 folgende Arten während des Heimzugs festgestellt (G. RENIUS, mündl.):

Krickente, Knäkente, Kiebitz, Großer Brachvogel, Uferschnepfe, Rotschenkel, Grünschenkel, Bruchwasserläufer, Lachmöve.

In der Saalbachniederung bei Hambrücken auf dem Heimzug bzw. Wegzug seit 1992 (F. DEBATIN, briefl.):

Krickente, Knäkente, Reiherente, Kiebitz, Bekassine, Uferschnepfe, Dunkler Wasserläufer, Rotschenkel, Grünschenkel, Waldwasserläufer, Bruchwasserläufer, Flußuferläufer, Zwergstrandläufer, Kampfläufer. Selbst so seltene Arten wie Kranich und Schwarzstorch kamen bereits mehrfach rastend zur Beobachtung und als Seltenheit ein Odinshühnchen.

Man sieht an diesen Beispielen, welchen Artenreichtum überflutete Wiesen zur Zugzeit hervorrufen und welche Wirkungen auch heute noch über eine Reaktivierung der Wiesenbewässerung erzielbar sind.

Übersommernde Arten und Wintergäste

Große, floristisch artenreiche Wiesenflächen werden auch von Nichtbrütern als Nahrungsbiotop genutzt. Dabei handelt es sich um Vögel, die noch nicht geschlechtsreif sind oder die kein Brutrevier besetzen konnten bzw. bei denen es zu keiner Paarbildung gekommen ist. Diese Vögel übersommern in geeigneten Lebensräumen bis zur Zugzeit oder, sofern sie nicht zu den ziehenden Arten gehören, streifen bis zur nächsten Brutzeit umher. Zwei auffällige Beispiele hierfür sind sommerliche Trupps von **Rabenkrähen**, die bis zu 30 Exemplare umfassen können und in den Feldfluren nach Nahrung suchen. Sie sind bei der Feldbestellung ebenso anwesend wie bei der Ernte. Und zu letzterer zählt auch die Wiesenmahd, die für viele Vogelarten ein vielseitig nutzbares Futterangebot bedeutet. Häufig sind zu dieser Zeit dann auch schon die Starenfamilien mit ihren flüggen Jungen auf den gleichen Flächen anzutreffen. Auch das Wässern der Wiesen ruft die Krähen auf den Plan. Dann erbeuten sie wie die Graureiher die vor dem Wasser fliehenden Mäuse und Maulwürfe.

Als anderes auffälliges Beispiel ist der **Weißstorch** zu nennen, von dem sich „Junggesellentrupps" den Sommer über im gesamten Brutareal verteilen. Diese Junggesellentrupps bestehen überwiegend aus noch nicht geschlechtsreifen Individuen – beim Storch im allgemeinen bis zum dritten Lebensjahr. Solche Trupps füllen sich gegen Ende der Brutzeit auf mit den Brutvögeln und ihren Jungen, so daß sich dann das Schauspiel von lokalen Storchenansammlungen von weit über 10 Exemplaren bieten kann. So berichtet schon DOUGLASS (1894) von 29 Störchen in gefluteten Wiesen bei Gottesau (Karlsruhe) in seinen Beiträgen zur Avifauna Badens aus den Jahren 1885–1989. Auch 1994 hielten sich in den Silzenwiesen bei Ubstadt bis zu 21 Exemplare in der Zeit von Ende Mai bis Ende August auf (W. FELD, mündl.).

Für alle Zugvögel ist besonders wichtig, daß sie vor Antritt des Zuges ihr Gewicht durch Anreicherung von Depotfett erhöhen können, um genügend Energiereserven für die Zugstrapazen zu bilden. Dazu bedarf es schon ergiebiger Nahrungsflächen, die gerade Wiesen bei entsprechender Qualität mit der Vielseitigkeit von Säugern, Amphibien, Insekten usw. darstellen können.

Die Wiesen haben auch noch im Winter als Nahrungsbiotop eine wichtige Funktion. Zwar gibt es dann kein amphibisches und kein Insektenangebot, doch dafür können sie wichtige „Reservate" für Kleinsäuger sein. Rein optisch ist dies in dieser Jahreszeit mit ihrer niedrigen Vegetation leicht an den oftmals zahlreichen Maulwurfshaufen zu erkennen. Geht man in solche Flächen hinein und betrachtet man sich die Grasnarbe genauer, wird man des „Straßennetzes" gewahr, das die Löcher der Feldmäuse untereinander verbindet. Dieses ist entsprechend den Gradationszyklen des Feldmausbestandes natürlich nicht jedes Jahr von gleicher Dichte. Da jedoch auf intensiv bewirtschafteten Ackerflächen durch das tiefe Pflügen für Feldmäuse keine dauerhaften Lebensräume mehr gegeben sind, kommt den Wiesen neben Feld- und Waldsäumen, eine besondere Bedeutung als Mäusebiotop zu. Denn auf die Feldmaus sind – wie bereits angeführt – unsere Tag- und Nachtgreifvögel als Nahrungsgrundlage angewiesen. Dies gilt für die nichtziehenden einheimischen Arten wie **Mäusebussard**, **Turmfalke**, **Waldkauz**, **Steinkauz**, **Waldohreule** oder **Schleiereule**, die ohne Mäuse den Winter nicht überstehen können. Sie erhalten Zuzug von nordischen Brutvögeln des **Mäusebussards** und der **Kornweihe**, die im milden Klima der Oberrheinebene überwintern können, solange keine hohe dichte Schneedecke über mehrere Tage hinweg ihre Beute unsichtbar und damit nicht greifbar macht.

In normalen Wintern sehen wir also regelmäßig die Mäusebussarde als Ansitzjäger im Wiesengelände auf Masten und Pfählen oder etwas erhöhten Maulwurfshaufen nach ihrer Beute spähen. Turmfalken stehen im Fluge rüttelnd über den Wiesen und die Kornweihen gleiten in niederem Schaukelflug über die Vegetation, um eine unvorsichtige Beute überraschen zu können. Dazu zählen auch Kleinvögel, die sich im offenen Gelände aufhalten. Man kann bei diesen drei Arten sehr schön die unterschiedlichen Jagdmethoden beobachten, wobei die Oberbruchwiesen westlich von Graben dazu gute Gelegenheit bieten.

Es gibt aber noch einen anderen Mäusejäger, der gerade im Winter auf Wiesen aktiv ist: den **Graureiher**. Wenn sich seine bevorzugten Beuteobjekte im Winter in tiefen Wasserschichten aufhalten oder die seichten Gewässerränder bereits zugefroren sind, dann weicht der Graureiher auf Wiesen aus und lauert dort bewegungslos auf das Erscheinen eines Erdbewohners.

Für den Vogelkundler von besonderer Freude ist das seltene Auftreten von zwei nordischen Greifvögeln, dem **Rauhfußbussard** und dem **Merlin**. Während der Rauhfußbussard von einem hellen Mäusebussard nur schwer zu unterscheiden ist, handelt es sich beim Merlin um die kleinste europäische Falkenart. Er ist mehr auf Kleinvögel als Beute spezialisiert, die er im Flug ergreifen kann. Aufgrund seiner geringen Größe wird er, wenn er auf einer Mastspitze Ausschau hält, leicht übersehen. Beim Rauhfußbussard besteht diese Gefahr ebenfalls, weil man ihn leicht für einen Mäusebussard halten kann. Er jagt aber häufiger im Rüttelflug als der die Ansitzjagd bevorzugende Mäusebussard.

Wenn man Wiesen als Nahrungsbiotop für Vögel im Winter beschreibt, so muß man der Vollständigkeit halber auch die Kleinvögel erwähnen, die dort zeitweise Nahrung finden. Das sind vor allem überwinternde **Stare** und **Goldammern**. In den höheren Stauden am Rande der Gräben suchen **Stieglitze** und **Hänflinge** nach Sämereien. Noch im November/Dezember und sicher wieder ab Februar können wir je nach Witterung kleinen Trupps von Feldlerchen und Wiesenpiepern begegnen. Auch Ringeltauben überwintern zunehmend und sind dann gelegentlich auch auf Wiesen zu finden. Kommt es im Winter zu Überflutungen, stellen sich auch Lachmöven ein.

Wiesen erreichen zwar im Winter nicht die Artenzahlen von Wäldern oder größeren Gewässern mit ausgeprägten Schilfgürteln, die im allgemeinen noch bessere Überwinterungsbedingungen für Vögel bieten, was Nahrungs- und Dekkungsangebot anbelangt, aber sie sind ebenfalls wichtige Nahrungsreservate für solche Arten, die offene Flächen brauchen oder diese zu nutzen wissen.

Insekten

MICHAEL HASSLER

Schmetterlinge

Schmetterlinge gehören „unentbehrlich" zum Bild der blühenden Sommerwiese. Auf den zwei- oder mehrschürig gemähten Wiesen selbst leben allerdings nicht besonders viele Arten. Die Zeit zwischen den Wiesenschnitten ist zu kurz, um

Abb. 7.37
Der Hauhechel-Bläuling (*Polyommatus icarus*) ist der häufigste Bläuling unserer Wiesen. Er lebt an Schmetterlingsblütlern vieler Arten. Während die Oberseite des Männchens einfarbig blau ist, zeigt das hier abgebildete Weibchen häufig attraktive Farbkombinationen zwischen blau und braun.

Abb. 7.38
Der Rotklee-Bläuling *(Cyaniris semiargus)* gehört in mageren Wiesen noch zum typischen Artinventar. Er lebt an Rotklee *(Trifolium pratense)* und Mittlerem Klee *(Trifolium medium)*. Der verbreitete Anbau von Rotklee hatte dieser Art zunächst einen Vorteil gebracht. Ein mehrfacher Wiesenschnitt von gedüngten Wiesen, wie sie fast ausschließlich noch vorkommen, beeinträchtigt diesen Bläuling aber sehr stark. Daher ist der Rotklee-Bläuling in unserer Region wieder stark zurückgegangen.

eine Entwicklung vom Ei bis zum Falter zu gestatten – dafür benötigt eine „typische" Schmetterlingsart mehrere Wochen.

Viele Schmetterlinge pflanzen sich außerhalb der Wiesen in extensiv genutzten Biotopen fort: an Wald- oder Heckensäumen, Grabenrändern, Wegrändern, in Staudenfluren oder Brachäckern. Die Wiese selbst wird dann zur Nahrungsaufnahme und zur Balz besucht.

Deutlich besser sieht das Bild bei den einschürig gemähten Wiesen aus. Vor allem bei den spät gemähten Wiesen reicht die Zeit für die Schmetterlinge aus, um sich bis zur Puppe zu entwickeln. Diese wird dann häufig am Boden versteckt und entgeht der Mahd. Besonders die kräuterreichen (feuchten) Pfeifengraswiesen und (trockenwarmen) Halbtrockenrasen sind berühmt für ihren Insektenreichtum.

Die extensive Schafbeweidung wirkt sich günstig auf den Bestand von Schmetterlingen aus. Dadurch werden nicht alle Wiesenteile gleichzeitig abgefressen; es bleiben immer noch genügend Exemplare übrig, um den Fortbestand der Arten garantieren zu können. Eine intensive Mahd oder gar die Einrichtung einer Dauerviehweide macht dagegen den Schmetterlingen schnell den Garaus.

Im wesentlichen können wir folgende Gruppen der Wiesenschmetterlinge unterscheiden:

a. Die Grasfresser

Die Verwertung von Gras als Futter ist – nicht viel anders als bei den Säugetieren – eine Fähigkeit, die auch bei den Insekten speziell erworben werden muß. Gräser sind nährstoffarm und enthalten viele schlecht verdauliche Inhaltsstoffe. Trotzdem hat sich die Fähigkeit zum „Grasfressen" bei den Schmetterlingen mehrfach, wohl unabhängig voneinander, herausgebildet:

- Zunächst bei den Tagfaltern der Unterfamilie Satyrinae (**Augenfalter**)[24], darunter z. B. Braunauge, Mohrenfalter, Schachbrett, Samtfalter oder Wiesenvögelchen, die in der Regel hell- oder dunkelbraun sind. Zahlreiche Arten der Gebirge oder aber wärmeliebende Vertreter der Mittelmeerfauna sind unter ihnen. Einige wenige Arten haben sich erfolgreich auf Wiesen und Grasland aller Art spezialisiert und sind sehr häufig geworden: unter ihnen vor allem das Kleine Wiesenvögelchen (*Coenonympha pamphilus*), der Schornsteinfeger (*Aphantopus hyperanthus*), das Große Ochsenauge (*Maniola*

24 Ausführliche Darstellungen zu fast allen hier besprochenen Arten siehe auch in den vorbildlichen Werken über die Schmetterlinge Baden-Württembergs (Ebert, Hrsg., 1991 ff.).

jurtina) oder das wärmeliebende Kleine Ochsenauge (*Pyronia tithonus*). Das unverkennbare, schwarz-weiß gemusterte Schachbrett (*Melanargia galathea*) breitete sich in den letzten Jahrzehnten über ganz Mitteleuropa aus. Nicht vergessen werden darf aber, daß die meisten Augenfalter in Baden-Württemberg sehr selten geworden oder sogar ganz verschwunden sind!

- Bei den Nachtfaltern ist es die sehr große Gruppe der **Erdeulen** (Noctuinae), die vor allem in warmen, grasbestandenem Brachland oder in Wiesen vorkommen. Darunter sind viele wärmeliebende Steppenarten, aber auch zahlreiche Kulturfolger.
- Ganz isoliert steht schließlich in ihrer Fähigkeit zur Grasverwertung die **Grasglucke** oder **Trinkerin** (*Philudoria potatoria*), eine große Spinner-Art mit sehr dekorativer und unverkennbarer Raupe. Die Art hat ihren Namen von der leicht zu beobachtenden Eigenart der Raupe, Tautropfen an Grashalmen zur Deckung ihres Feuchtigkeitsbedarfs aufzunehmen, den sie mit den trockenen Gräsern ansonsten nicht stillen kann. Die Grasglucke ist in Halbtrokkenrasen häufig, kommt aber auch in extensiv genutzten Wiesen oder an Wegrändern vor.

b. Die Bärenspinner: Verbreitung zu Fuß

Viele Wiesenschmetterlinge leben nicht an Gräsern, sondern an sogenannten „niederen Pflanzen". Damit haben die früheren Schmetterlingsforscher die Tatsache umschrieben, daß die Raupen alle möglichen Kräuter der Wiesen fressen können[25], vor allem Wegerich-Arten oder Korbblütler wie Löwenzahn, Wegwarte, Bitterkraut. Typisch sind darunter vor allem die **Bärenspinner** (Familie Arctiidae), eine Gruppe von großen Faltern mit leuchtenden Warnfarben und stark behaarten Raupen. Unter ihnen sind in Wiesen bei uns der Braune Bär (*Arctia caja*) und in Magerwiesen der Rotrandbär (*Diacrisia sannio*) häufig. Ganz ähnlich verhalten sich einige Arten aus der Familie der Glucken (Lasiocampidae) wie der Kleespinner (*Lasiocampa trifolii*).

Die Bärenspinner besitzen wie viele andere Spinner große, schlecht fliegende und sehr kurzlebige Weibchen. Diese können daher für die Verbreitung der Art wenig beitragen. Statt dessen sind die Raupen sehr agil und pflegen vor der Winterruhe oder vor der Verpuppung jeweils einige Tage ziellos umherzurennen. Dieses Verhalten ist genetisch fixiert und kann auch während der Zucht beobachtet werden. Hierdurch breiten sich die Raupen über einen großen Bereich aus. Da die Raupen (im Gegensatz zu den fertigen Faltern) aber die geeigneten Futterpflanzen nicht aus größerer Distanz identifizieren oder gezielt aufsuchen können, ist die Fähigkeit, viele Pflanzen fressen zu können, eine Voraussetzung für eine solche Vermehrungsstrategie! Außerdem bieten die großflächigen, relativ hindernisfreien Wiesen einen geeigneten Lebensraum für die „Verbreitung durch Krabbeln".

c. Spezialisten

Kaum ein Werk über Schmetterlinge, früher aber auch kaum eine Wiese ohne den **Schwalbenschwanz** (*Papilio machaon*)! Unsere wohl schönste Schmetterlingsart lebt an Doldenblütlern vieler Arten. Dabei werden regional jeweils verschiedene Futterpflanzen bevorzugt. So leben im Rhein-Tiefgestade in feuchteren Wiesen die Raupen vor allem am Roßfenchel (*Silaum silaus*), während in Magerwiesen Pastinak (*Pastinaca sativa*), Wilde Möhre (*Daucus carota*) oder in Trokkenrasen Hirschwurz-Arten (*Peucedanum*) befressen werden. Der Hauptgrund für die Seltenheit des Schwalbenschwanzes liegt woanders: er braucht für sein Balzspiel offene, exponierte Plätze, z. B. Hügelkuppen oder kleine Sanddünen. Durch die Bepflanzung und Verbuschung von Hügelkuppen sind die Möglichkeiten stark eingeschränkt worden. Außerdem entwickeln sich die Raupen der ersten Generation im Frühsommer in Wiesen und werden durch die erste Wiesenmahd enorm dezimiert. Dies konnte 1986, nach der Katastrophe von Tschernobyl, nachgewiesen werden. Damals resultierte durch Ausfall der ersten Wiesenmahd eine Vervielfachung der Bestände, die sich auch noch 1987 auswirkte. 1992 war die Art aus einem anderen Grund in der gesamten Region relativ häufig: Die erste Generation konnte sich durch den warmen Frühsommer sehr schnell entwickeln und schlüpfte bereits vor der ersten Wiesenmahd.

Der **Weißklee-Gelbling** oder **Goldene Acht** (*Colias hyale*) ist in Wiesen häufig, besonders auf beweideten Flächen, auf denen sich der Wilde Majoran (*Origanum vulgare*) ausbreitet. Dieser wird vom Falter gerne als Nektarpflanze besucht, während die Raupen an Schmetterlingsblütlern leben.

Eine typische Wiesenart ist auch der **Aurorafalter** (*Anthocaris cardamines*), unverkennbar durch seine orangefarbigen Flügelspitzen. Er lebt am Wiesen-Schaumkraut (*Cardamine pratensis*), aber auch an vielen anderen Kreuzblütlern. Der im Frühling als eine der ersten Schmet-

25 Der Fachmann spricht von „polyphagen", also viele Pflanzenarten fressenden Arten.

terlingsarten schlüpfende Aurorafalter entgeht der drohenden Wiesenmahd, indem er seinen Entwicklungszyklus vorher beendet.

Die **Bläulinge** (Familie Lycaenidae, Unterfamilie Polyommatinae) gelten als die typische Tagfaltergruppe der Wiesen. Ihre Raupen leben fast immer an verschiedenen Schmetterlingsblütlern (Fabaceae). In unserer Region kommt vielleicht ein halbes Dutzend schwer unterscheidbare Arten vor. Die meisten Arten sind mittlerweile lokal und selten geworden, nur der Hauhechel-Bläuling (*Polyommatus icarus*) gehört immer noch zu jeder klassischen, blütenreichen Wiese.

Die rot-schwarz gemusterten **Widderchen** (Familie Zygaenidae) leben ebenfalls an Schmetterlingsblütlern. Sie sind auf eine späte Wiesenmahd angewiesen, da die Kokons der Arten an die Stengel der Futterpflanzen angeheftet werden und daher bei einer zu frühen Wiesenmahd mit dem Futter abgemäht werden. Daher finden sich Widderchen fast nur noch in Halbtrockenrasen, eine Art selten auch in Feuchtwiesen.

Erwähnt werden sollten noch einige weitere, meist kleine Arten aus der Verwandtschaft der sogenannten „Nachtfalter", die trotzdem bei Tage fliegen und vor allem in den Rheinebene häufig zu beobachten sind: Rotrandspanner (*Timandra griseata*), Löwenzahnspanner (*Camptogramma bilineata*), Gitterspanner (*Semiothisa clathrata*), Linienspanner (*Siona lineata*) oder Heidespanner (*Ematurga atomaria*).

d. Die Feuchtwiesenarten

Einschürig gemähte Feuchtwiesen sind das Refugium zahlreicher, heute seltener Arten. In den restlichen Wiesenflächen des Rhein-Tiefgestades oder den kleinen Bachauenwiesen im Kraichgau haben sich noch einige von ihnen halten können, andere sind dagegen vermutlich schon verschwunden wie der früher noch häufige **Braunfleckige Perlmuttfalter** (*Clossiana selene*), der **Braune Feuerfalter** (*Heodes tityrus*) oder der **Baldrian-Scheckenfalter** (*Melitaea diamina*).

Die schönste Schmetterlingsart unserer Feuchtwiesen ist der **Große Feuerfalter** (*Lycaena dispar*, Abb. siehe vorderes Umschlagbild). Die strahlend orangegolden glänzende Art frißt als Raupe an Ampfer (*Rumex*). Die allgemeine Austrocknung der Oberrheinebene und ihrer Feuchtwiesen schadete ihr sehr. Nachdem die Art lange als fast verschollen gegolten hatte, tauchte sie in den 80er Jahren wieder an neuen Fundorten auf. Ein Grund für die neue Ausbreitungswelle liegt möglicherweise darin, daß der Große Feuerfalter eine neue Futterpflanze nutzen kann, den häufigen und weit verbreiteten Krausen Ampfer (*Rumex crispus*).

Die Ameisenbläulinge: Schutz durch „Untermiete"

Den ungewöhnlichsten Lebenszyklus aller unserer heimischen Schmetterlinge zeigen die Ameisenbläulinge der Gattung *Maculinea*, von denen zwei seltene Arten auf den Feuchtwiesen der Region vorkommen: der Helle Wiesenknopf-Ameisenbläuling *(Maculinea teleius)* und der Dunkle Wiesenknopf-Ameisenbläuling *(Maculinea nausithous)*. Die Larven beider Arten leben in der Jugend ausschließlich vom Großen Wiesenknopf *(Sanguisorba officinalis)*. Sie sondern wie viele andere Bläulingsraupen auch ein zukkerhaltiges Sekret ab, das bei Ameisen heiß begehrt ist. Wenn die Raupen nun halb erwachsen sind, klettern sie von der Pflanze herunter und sondern einen Honigtropfen ab. Die Ameisen von besonderen, in Feuchtwiesen vorkommenden Arten tragen die Raupen dann in ihre Bauten ein, wo diese als Parasiten leben. Die Ameisen lassen die Raupen aber in Ruhe, da ihr Honigsekret so geschätzt wird. Die Raupe verpuppt sich schließlich im Bau, der Falter schlüpft und verläßt diesen, um außerhalb seine Flügel zu entfalten. Die Ameisenbläulinge benötigen also nicht nur die richtige Futterpflanze, sondern auch noch die passende Ameisenart, um sich fortpflanzen zu können. Ihr Vorteil ist der Schutz im Ameisenbau vor Fraßfeinden.

Beide Arten sind sehr selten geworden: während *Maculinea teleius* fast nur noch bei Graben fliegt, ist *Maculinea nausithous* noch etwas häufiger und kann auch an Grabenrändern, am Rand von Schilfröhrichten oder in

Heuschrecken und Grillen

Wohl keine Insektengruppe ist typischer für Wiesen als die allgegenwärtigen Heuschrecken und Grillen: Ihr Gesang gehört einfach „dazu". Die meisten Heuschreckenarten Baden-Württembergs sind mehr oder weniger mit Grasland vergesellschaftet. Dabei sind die verschiedenen Lebensräume fein säuberlich zwischen den verschiedenen Arten und ihren Ansprüchen „aufgeteilt".

Abb. 7.39
Die Wiesengrashüpfer (Gattung *Chorthippus*) sind zum großen Teil verantwortlich für den typischen Heuschreckengesang in Wiesen. In der Region kommen mehrere Arten vor.

Die Graslandbiotope sind vor allem den am Boden oder in niedriger Vegetation lebenden „Kurzfühlerschrecken" (den eigentlichen „Grashüpfern") vorbehalten, während die langfühlerigen, meistens größeren Laubheuschrecken auf Gebüsch oder Bäumen leben.

Heuschrecken sind agile, bewegliche Tiere und können bei einer langsamen Mahd der Wiesen vor der Sense oder dem Schlepper fliehen. Daher werden sie von der Wiesenmahd weniger beeinträchtigt als viele andere Arten. Erst intensive Nutzung läßt die Artenzahlen deutlich zurückgehen. Auch die Wässerung machte den Heuschreckenarten wohl vergleichsweise wenig aus und verdrängte die Tiere nur für wenige Tage aus ihren Biotopen.

Kein Zufall ist es, daß die artenreichsten Biotope (wie so oft) Feuchtwiesen bzw. Halbtrokkenrasen und Sandsteppen sind. Manche Arten wie die **Kleine Goldschrecke** (*Chrysochraon brachyptera*) kommen in beiden Biotoptypen vor. Viele Heuschreckenarten bevorzugen lückige Biotope mit offenen Bodenstellen, wie sie vor allem von kiesigen oder sandigen Stellen in der Oberrheinebene geboten werden. Auch die Farbe der Heuschrecken ist ihren Biotopen angepaßt: die auf Boden lebenden Steppen- oder Sandarten sind bräunlich oder grau gefärbt, währen die Feuchtwiesenarten und die im Gebüsch lebenden Laubheuschrecken hellgrün oder sattgrün sind.

Auf der feuchten Seite des Spektrums finden wir in Pfeifengraswiesen, Naßwiesen oder Seggenröhrichten seltene Arten wie **Sumpfschrecke** (*Mecostethus grossus*), **Lauchschrecke** (*Parapleurus alliaceus*), **Säbel-Dornschrecke** (*Tetrix subulata*) oder den **Sumpf-Grashüpfer** (*Chorthippus montanus*). Die **Große Goldschrecke** (*Chrysochraon dispar*) zieht feuchte Staudenfluren und Röhrichte vor.

Die große Gattung der **Wiesengrashüpfer** (*Chorthippus*) stellt zusammen mit der **Keulenschrecke** (*Gomphocerus rufus*) die typischen „Heuhüpfer" oder „Grashüpfer" der Wiesen. Das sind bräunliche oder grünliche, recht wenig auffällige, aber meist um so sangesfreudigere Arten, die in Wiesen oft in Massen vorkommen und an warmen Sommertagen die Luft mit ihrem Gezirpe erfüllen. In Baden-Württemberg kommen rund zehn ziemlich schwer unterscheidbare Arten vor, von denen in der Region zwei sehr häufige und vier recht seltene Arten leben. Ihr Vorkommen ist an bestimmte Biotoptypen gebunden. Meistens kommen mehrere Arten zusammen vor. Typische Kombinationen sind *Chorthippus montanus* (siehe vorderes Umschlagbild), *parallelus* und *dorsatus* in Feuchtwiesen, *Chorthippus parallelus* und *biguttulus* in mäßig trockenen Wiesen oder im Streuobst, *Chorthippus parallelus, biguttulus* und *dorsatus* in Halbtrockenrasen sowie *Chorthippus mollis, brunneus* und *biguttulus* in Sandfluren.

Die **Langflügelige Schwertschrecke** (*Conocephalus fuscus*) stellt relativ geringe Biotopansprüche, benötigt aber langgrasige Wiesen (Vertikalstruktur!) und findet sich daher sowohl auf Feuchtwiesen, im Schilf, auf hochgrasigen Sandfluren als auch auf Halbtrockenrasen, meist zusammen mit *Chorthippus*-Arten.

Abb. 7.40
Keine Schönheit und selten zu sehen, aber dafür umso besser zu hören: die Feldgrille (*Gryllus campestris*).

Aber auch Laubheuschrecken kommen in und an Wiesen vor. Die **Gemeine Sichelschrecke** (*Phaneroptera falcata*) galt früher als selten und gefährdet, kommt aber in Wirklichkeit weit verbreitet und stellenweise nicht selten vor. Ihre Feuchtigkeitstoleranz ist recht hoch: Sie findet sich von mäßig feuchten Fettwiesen bis in Halbtrockenrasen und fehlt nur den sehr feuchten Sumpfwiesen. Das **Große Grüne Heupferd** (*Tettigonia viridissima*) dagegen sieht man nur an Gebüschrändern, in Hochstaudenfluren oder an nicht gemähten Schilf- und Staudensäumen von Fettwiesen; gelegentlich sitzen die Tiere sogar auf Maispflanzen am Rand von Maisfeldern. Die mittelgroßen **Beißschrecken** (*Metrioptera bicolor* und *M. roeseli*) sind in der Region in Wiesen und auf Halbtrockenrasen oder in Feuchtwiesen der Rheinebene zu finden. *Metrioptera roeseli* ist braun gefärbt und von weitem mit einem „normalen" Grashüpfer zu verwechseln. Näheres Hinsehen enthüllt aber die langen Fühler und den aufwärts gekrümmten Legebohrer.

Den Abschluß soll aber die **Feldgrille** (*Gryllus campestris*) machen! So berühmt die Art für ihren Gesang ist, so häßlich wird das Erscheinungsbild der Art oft empfunden, wenn sie denn einmal am Tage aus ihren langen, unterirdischen Gängen auftaucht, die häufig als Mauslöcher verkannt werden. Die Feldgrille galt früher als schädlich. Heute ist sie selten geworden und eigentlich nur noch in mageren Streuobstwiesen oder in Halbtrockenrasen noch regelmäßig zu finden; die Bestände haben in der letzten Zeit stark abgenommen.

Abb. 7.41 Der Blutweiderich (*Lythrum salicaria*), ist nicht nur eine der auffälligsten und schönsten Stauden in Feuchtwiesen, Röhrichten und an Grabenrändern, sondern bietet spezialisierten Bienenarten Nektar. Einige sehr seltene Rüsselkäferarten leben nur vom Blutweiderich (RHEINHEIMER 1994).

Bienen und Wespen

Wenn man über eine blühende Wiese im Frühsommer geht und die Abertausende von Bienen, Wespen und Fliegen betrachtet, die sich auf den Blüten tummeln, kann man wohl kaum glauben, daß Wiesen als Nistplatz eher eine geringe Bedeutung für Bienen und Wespen haben. Diese sind jedoch von anderen Strukturen zur Anlage ihres Nests abhängig: offene Böden, Sand, Löß oder Lehm, Totholz, Mauern oder hohle Stengel. Wichtig ist vor allem, daß der Nistplatz über fast ein ganzes Jahr unberührt bleibt, bis im folgenden Jahr die Nachkommen schlüpfen können. In Wiesen können sich daher nur diejenigen Arten fortpflanzen, die im Boden leben. Aber auch diese bevorzugen eher Randbereiche, Wegraine oder Gebüschsäume. Man kann daher bei Bienen und Wespen kaum von „wiesentypischen" Arten sprechen.

Charakteristisch ist auch, daß Feuchtbiotope wie Feuchtwiesen oder Röhrichte nur einer äußerst geringen Zahl von Spezialisten unter Bienen und Wespen Lebensraum bieten. Der Hauptgrund ist der Mangel an geeigneten, trockenen und stabilen Nistmöglichkeiten. Der Boden in Feuchtbiotopen ist als Nistplatz völlig ungeeignet. Auch eine Wiesenwässerung ist für bodennistende Bienen und Wespen durchaus ungünstig. Einige Arten, vor allem Grabwespen, nisten dagegen in Schilfstengeln, die sehr stabil sind. Sie können aber nur in ungemähten Röhrichten überleben, wo die Schilfstengel bis ins nächste Jahr stehen bleiben.

Die Zahl und Menge der nistenden Arten nimmt dagegen stark zu, sobald die Nutzungsfrequenz der Wiese sinkt, die Trockenheit zunimmt, der Boden nicht mehr so sehr durch Befahrung verdichtet wird und die Wiese lückige Stellen aufweist, z. B. in Magerwiesen. Sehr artenreich können auch **Hochwasserdämme** sein, deren Dammkrone nicht nur die von Bienen und Wespen geschätzte Südexposition aufweist, sondern die praktisch nie befahren und dadurch gestört werden. Die seltene Mahd trägt ein weiteres dazu bei.

Weitaus wichtiger ist dagegen die Wiese als **Nahrungsbiotop und Jagdrevier** für zahlreiche Bienen und Wespen. Die Wiesen bieten den pollensammelnden Arten genügend Blüten. Hier sieht man Erdbienen der Gattung *Andrena*, Urbienen (*Hylaeus*) oder Furchenbienen (*Lasioglossum* und *Halictus*). Ausschließlich an Glockenblumen sammeln die Gattungen *Heriades* und *Chelostoma*. Viele Kleininsekten und Fliegen sammeln sich auf und in den Blüten und sind hier für die Jäger leichte Beute. Manche Grabwespen erbeuten auch Blattläuse an den Pflanzen als Larvenfutter.

Die Mahd der Wiesen bildet für die blütenbesuchenden Arten, wie für alle anderen Insekten auch, ein einschneidendes Ereignis. Bienen und Wespen benötigen in der Regel eine längere Zeit zum Verproviantieren ihrer Bauten. Daher ist es für sie besonders wichtig, daß nach der Mahd an Grabenrändern, Gebüschsäumen oder Wegrändern noch genügend blühende Pflanzen stehenbleiben, damit die Zeit bis zum Aufkommen neuer

Die Weideriche: Nahrung für spezialisierte Bienen

An Grabenrändern, an Entwässerungsgräben von Wiesen und in feuchten Staudenfluren ist der Gilbweiderich *(Lysimachia vulgaris)* mit seinen leuchtend gelben Blütenrispen noch eine recht verbreitete Erscheinung. Er kommt meistens zusammen mit dem violettroten Blutweiderich *(Lythrum salicaria)* vor.

Wenig bekannt und erst durch Westrich in seinem großangelegten Werk über die Bienen Baden-Württembergs weitgehend aufgeklärt ist die Tatsache, daß viele Bienen nicht an allen möglichen Blütenpflanzen Nahrung sammeln, sondern die meisten Arten auf wenige Pflanzen spezialisiert sind. Gilb- und Blutweiderich sind zwei typische Beispiele dafür. Der Gilbweiderich produziert im wesentlichen keinen Blütenpollen, sondern ein Öl, das von der **Schwarzen Schenkelbiene** (*Melitta nigricans*) aufgenommen und zu Proviant für die Larven weiterverarbeitet wird. Bei Bruchsal wurde das Vorkommen der Schenkelbiene zunächst indirekt nachgewiesen, da die Schmarotzerbiene *Epeoloides coecutiens*, die ausschließlich bei *Melitta nigricans* lebt, bereits früher gefunden werden konnte. Diese galt früher als „seltenste aller mitteleuropäischen Bienenarten". Das lag aber daran, daß Feuchtbiotope nicht gerade typische Bienen-Biotope sind und von den Kartierern deswegen selten aufgesucht werden. Gezielte Nachsuche ergab, daß sowohl *Melitta nigricans* als auch ihr Schmarotzer *Epeoloides* im Tiefgestade und der Randsenke noch regelmäßig vorkommen (WESTRICH 1989).

Auch am Blutweiderich leben zwei darauf spezialisierte Bienen: die verbreitete *Melitta nigricans* und die äußerst seltene, in der Region ausgestorbene Langhornbiene *Tetralonia salicariae*.

Blüten überbrückt werden kann. Besonders wichtig werden im Hoch- und Spätsommer die Doldenblütler wie Bärenklau, Pastinak oder Engelwurz, auf denen sich ganze Trauben von Blütenbesuchern sammeln können. Dann trifft man auch Grab- und Faltenwespen auf den Blüten an: Auffällig sind besonders die recht großen, gelbschwarzen Arten der Gattungen *Cerceris* (Knotenwespen), *Gorytes, Paravespula* (Gemeine Wespen), *Polistes* (Feldwespen) oder *Dolichovespula* (Gebüschwespen).

Schwebfliegen

Über 7.000 Fliegen- und Mückenarten leben in Deutschland. Aus dieser unübersehbaren Vielzahl sind nur wenige ausführlich bearbeitet worden, vor allem die dekorativen und vergleichsweise großen Schwebfliegen. Ihre Larven leben meistens von zerfallenden Pflanzenstoffen; manche Arten leben aber auch an Pflanzen selber. Groß ist die Fülle der Schwebfliegenarten, die im ganzen Jahr auf den „normalen" Wiesen gefunden werden kann. Über 200 Arten sind in der Region bekannt, die meisten kommen auf Wiesen vor. Alle Schwebfliegen sind ungiftig, ihre Fleckung soll an Bienen oder Wespen erinnern und dadurch einen gewissen Schutz gewähren.

Ganz im Gegensatz zu den Bienen und Wespen, die in feuchten oder schlammigen Böden nicht nisten können und deshalb in Feuchtbiotopen recht selten sind, entwickeln sich zahlreiche Schwebfliegenarten im Wasser. Sie sind meistens auch tolerant gegenüber schlammigem, sauerstoffarmem Wasser (die häufigen Arten *Lathyrophthalmus aeneus* und *Eristalinus sepulchralis* werden sogar als „Faulschlamm-Schwebfliegen" bezeichnet). Ihre schnelle Entwicklung läßt auch zu, daß sie in temporären Gräben oder Tümpeln überleben können. Die Häufigkeit der Schwebfliegen nimmt daher in Feuchtbiotopen stark zu; sie ersetzen hier meistens die Bienen als Haupt-Bestäuber der Pflanzen.

Im Sommer und Herbst können Schwebfliegen an den Doldenblütlern der Grabensäume und Hochstaudenfluren in Massen beobachtet werden; auch die Blüten des Flohkrauts (*Pulicaria dysenterica*) werden gerne besucht. Unter vielen spezialisierten Arten sollen hier als besonders charakteristisch für Feuchtwiesen erwähnt werden: *Didea alneti, Pyrophœna rosarum, Eoseristalis intricata, Anasimyia interpuncta, Anasimyia transfuga, Metasyrphus latifasciatus,* die Keulenschwebfliege *Syritta pipiens* oder *Tropidia scita*. Besonders auffällig sind die großen, schwarzgelb gefleckten Arten der Gattung *Helophilus*.

Schnecken

Daniel Baumgärtner

Die Lebensverhältnisse in einer Wiese scheinen für Schnecken ausgezeichnet zu sein: Am Boden ist es luftfeucht und warm, und es gibt genügend Nahrung in Form frischer und vermodernder Pflanzenteile. Trotzdem – wer sich einmal in einer Wiese nach Schnecken umsieht, wird erst mit der Nase dicht über dem Boden fündig. Auffällige, große Gehäuseschnecken wie die Bänderschnecken (*Cepaea* spec.) oder die Weinbergschnecke (*Helix pomatia*) fehlen oder wandern höchstens randlich aus anderen Biotopen ein. Statt dessen leben viele kleine Arten unter der verfilzten Streu, außerdem auch Nacktschnecken.

Die **Gemeine Glattschnecke** (*Cochlicopa lubrica*) gehört zu den häufigsten Arten, die auch in Wiesen vorkommen. Ihr hell rötlichbraunes, langgestrecktes Gehäuse wird 5 bis 7 mm lang und ist auf der Oberfläche wachsartig glatt. Sie ernährt sich von lebenden und abgestorbenen Pflanzenteilen und niederen Pilzen. Nach Frömming (1954) frißt sie im Fütterungsversuch *„besonders Capsella bursa-pastoris [Hirtentäschel] ...Trifolium repens [Weißklee] und Urticaceen [Brennesselgewächse] gern ..., ferner die Blütenblätter der verschiedensten Wiesenkräuter*".

Nur 2 bis 2,5 mm Durchmesser erreicht das weißliche Gehäuse der **Glatten Grasschnecke** (*Vallonia pulchella*), die vorzugsweise an offenen Standorten unter Gras und Moospflanzen lebt. Sie ist in fast jedem Rasen- oder Wiesenstück zu finden; am besten heben sich die hellen Gehäuse auf der dunklen Erde von Maulwurfshügeln ab. Dort kann man auch die nadelförmigen, leeren Häuschen der **Blindschnecke** (*Cecilioides acicula*) entdecken, die normalerweise unterirdisch lebt und sich von Schimmelpilzen ernährt.

In Gärten sehr unbeliebt sind die ausgestreckt drei bis sechs Zentimeter langen, cremefarbenen bis braungrauen Nacktschnecken der Gattung *Deroceras*. Die **Genetzte Ackerschnecke** (*Deroceras reticulatum*) verzehrt fast alles, was auf ihrem Weg liegt. Vorwiegend reißt sie kleine Stückchen aus frischen Pflanzen und verschlingt diese. In feuchteren Bereichen tritt auch der sehr ähnliche **Wasserschnegel** (*Deroceras laeve*) auf, der ein vergleichbar breites Nahrungsspektrum besitzt. An Grabenrändern und in hochstaudenreichen Feuchtwiesen kommen noch weitere, feuchtigkeitsliebende Arten hinzu, neben zahlreichen kleinen auch solche mit größeren Gehäusen. Typisch sind hier die gut zwei Zentimeter messende

Gemeine Bernsteinschnecke (*Succinea putris*) und die **Gefleckte Schnirkelschnecke** (*Arianta arbustorum*), die an der höherwüchsigen Vegetation umherkriechen.

Die mageren und trockenen Ausbildungen der Wiesengesellschaften werden besonders im Hügelland durch thermophile (wärmeliebende) Arten besiedelt, die auch von Wegrainen, Weinbergen, Halbtrockenrasen und anderen Kulturflächen bekannt sind. Auf kalkhaltigem Untergrund kommt die turmförmige **Zebraschnecke** (*Zebrina detrita*) vor, die sich bei hohen Temperaturen an Pflanzenstengeln anheftet und dort in einer Trockenruhe ausharrt. Nachts oder bei feuchter Witterung kann sie diesen Ort verlassen und wieder aktiv werden. Auch die winzige **Gerippte Grasschnecke** (*Vallonia costata*) kommt eher in trockenen als in ganz feuchten Gebieten vor, ist aber im Vergleich zur Zebraschnecke an eine größere Spanne von Umweltfaktoren angepaßt.

Von „typischen Wiesenschnecken" sollte man daher nicht sprechen; der Verbreitungsschwerpunkt der Arten liegt meistens in anderen Lebensräumen. Obstbäume und andere Sonderstandorte in Wiesen wie etwa Areale mit fortgeschrittener Sukzession oder Randstrukturen können die Vielfalt der Schneckenfauna bedeutend vergrößern. Besonders trockene und besonders feuchte Wiesen, die meistens extensiv genutzt werden, weisen gegenüber einer durchschnittlichen, intensiv genutzten Glatthaferwiese ebenfalls ein erweitertes oder verschobenes Artenspektrum auf.

Daß in einer „normalen" Wiese kaum Arten mit großem Gehäuse leben, kann verschiedene Gründe haben. Das große Haus kann beim Kriechen im dichten „Graswald" hinderlich sein. Wo kleine Arten, die zudem normalerweise einen geringen Aktionsradius haben, und Nacktschnecken gut passieren können, erfordert es für eine Weinbergschnecke enormen Aufwand, das Haus durch dichtstehende Halme zu ziehen.

Auch die Mahd ist ein bestimmender Faktor: Größere Gehäuseschnecken sind auf einer gemähten Wiese ziemlich exponiert und können leicht von Vögeln und anderen Feinden erbeutet werden. Fraglich ist auch, wie sie die plötzliche Änderung der kleinklimatischen Verhältnisse überstehen könnten.

Eine intensive Beweidung mit großer Trittbelastung durch das Vieh erhöht die Wahrscheinlichkeit, daß ein großes Gehäuse zertreten wird und die Schnecke stirbt. Kleine Arten sind zwischen Moos und unter Gras besser geschützt, Nacktschnecken, die wahrscheinlich einen großen Anteil an der Biomasse und dem Stoffumsatz ausmachen, können sich auch in den Boden eingraben.

Spinnen

Michael Hassler

Wiesen, Grünland, Riede und Röhrichte bieten Spinnen ausgesprochen geeignete Lebensräume. Die zahlreichen Halme gewähren ihnen Möglichkeiten zur Befestigung ihrer verschieden großen Netze. Die jagenden, nicht netzbauenden Spinnen können am Boden zwischen den Grashalmen umherlaufen oder aber große Blüten besteigen und dort auf Beute lauern. Von den rund 700 Spinnenarten in Baden-Württemberg kommt daher ein beachtlicher Teil in Wiesen vor. Diese sind vor allem im Herbst mit unzähligen kleinen Spinnennetzen bedeckt, in denen sich der Tau fängt – der Altweibersommer hat seinen Namen daher bekommen.

Spinnen sind generell Räuber und abhängig von einer hohen Dichte und möglichst hohen Diversität ihrer Beute. Eine hohe Pflanzen- und damit Kleintiervielfalt in mageren Wiesen ist daher für eine große Spinnenzahl Vorbedingung. Auch bei den Spinnen ist es negativ, wenn die Wiese zu oft gemäht wird. Durch die Mahd wird die Spinnenpopulation selber, aber auch die Dichte der Beutetiere drastisch reduziert.

Eines der Hauptprobleme der Adaption an das Wiesenbiotop ist für Spinnen die Stabilisierung der Netze in dem instabilen „Graswald" mit flexiblen, stark schwankenden Grashalmen. Dafür gibt es mehrere Strategien:

- Zahlreiche Arten spinnen nur wenig kunstvolle, bei Beschädigung schnell wieder errichtete Netze.
- Andere Arten weben ein sehr dichtes, dreidimensional verankertes Netz und stabilisieren so eine ganze Gruppe von Grashalmen. Die **Kugelspinnen** der Familie Theridiidae ziehen Grashalme herunter und verankern sie mehrfach mit dem (stabilen) Boden.
- Eine weitere Möglichkeit ist die Bindung an größere Pflanzen: Die **Kräuselspinnen** (Familie Dictynidae) „wohnen" vorwiegend an großen Doldenblütlern. Sie legen ihre Netze an der Unterseite von großen Blättern an und benutzen die insektenreichen Dolden als Jagdbiotop.

Auch am Boden selber leben in Wiesen zahlreiche Arten, darunter viele gut laufende Räuber. Sie werden durch die Wiesenmahd weniger beeinträchtigt als die netzbauenden Arten.

Die größeren Spinnenarten mit großen Netzen sind dagegen auf Lebensräume mit hochwüchsiger, längerfristig stabiler Vegetation angewiesen:

Die einzige „echte Giftspinne“ Deutschlands

Häufig werden die Kreuzspinnen fälschlicherweise als „giftig“ bezeichnet. Ob daran die relative Größe der Arten, die Namensverwandtschaft mit der Kreuzotter oder aber schlichter Aberglaube schuld ist, dürfte schwer festzustellen sein. Die geringe Sympathie, die Spinnen (völlig zu Unrecht) genießen, spielt sicherlich auch eine Rolle.

Dabei wissen die wenigsten, daß es tatsächlich eine Spinnenart bei uns gibt, deren Biß in der Lage ist, zumindest leichte Gifterscheinungen ähnlich eines Wespenstichs hervorzurufen – von einer ernsthaften Bedrohung für Leib und Leben kann aber keinesfalls die Rede sein.

Es handelt sich um den **Ammen-Dornfinger** *(Cheiracanthium punctorium*, siehe Abb. 7.42), der in Wiesenbiotopen und Grünland der Oberrheinebene gar nicht selten vorkommt (WOLF 1989). Die rotbraune, etwa 10 mm große Spinne besitzt mächtige, schwarze Klauen („Cheliceren“) von mehreren Millimetern Länge, mit denen sie die menschliche Haut problemlos durchdringen kann. Damit sie dies tut, muß die Spinne allerdings selbst bedroht werden, zum Beispiel beim Pflücken eines Wiesenblumenstraußes und Quetschen mit der Hand. Viele Betroffene werden dabei gar nicht gewußt haben, daß sie von einer Spinne gebissen worden sind, und an einen Wespen- oder Bienenstich geglaubt haben.

In der Rheinebene kommen noch einige weitere Dornfingerspinnen-Arten vor, die aber kleiner sind als der Ammen-Dornfinger und deshalb als „nicht menschengefährlich“ gelten.

Abb. 7.42 Eine Dornfingerspinne der Gattung *Cheiracanthium* an ihrem Kokon.

Abb. 7.43 Die Wespenspinne *(Argyrope bruennichi)* stattet ihr Netz mit einem zickzackförmigen „Stabiliment“ aus, das aus klebrigen Fäden besteht und zum Anlocken von fliegender Beute dient. Es wird auch als „Landebahn“ für Insekten bezeichnet.

Ein spektakulärer Einwanderer

Nicht alle Tiere gehen heutzutage zurück und sind vom Aussterben bedroht. In einigen Fällen weiten Arten plötzlich ohne ersichtlichen Grund ihren Lebensraum aus. Damit dies gut dokumentiert werden kann, muß es sich aber um eine leicht kenntliche oder auffällige Art handeln, die nicht nur von Spezialisten angesprochen werden kann. Ein solcher Glücksfall trat bei der **Wespenspinne** (*Argyrope bruennichi*, siehe Abb. 7.43) ein, die seit mehreren Jahrzehnten den Bereich ihres Vorkommens ständig erweitert. Dies ist sicherlich unsere spektakulärste Spinne: gelb-weiß-schwarz gestreift, mit rund 15 mm Körperlänge. Die Wespenspinne wird wegen ihres Aussehens und ihrer Größe nicht nur von Insektensammlern leicht erkannt, sondern häufig von Laien als „potentiell giftig" bewertet (was sie nicht ist) und den Fachleuten gemeldet. Die Netze mit Ringen bis zu 80 cm Durchmesser sind schon von weitem zu sehen. In ihnen sind zwei gegenüberliegende Sektoren mit einem dichten, feinen Gewebe aus Seidenbändern („Stabilimente") gefüllt, das zum Einwickeln der Beute benutzt wird.

Die Wespenspinne bevorzugt feuchtere Lebensräume und trat bei ihrem Einwanderungszug von Südwesten her zunächst in Röhrichten, Feuchtwäldern und an Grabenrändern in Erscheinung. Nachdem diese Biotope alle besetzt waren, weitete sie in einer „zweiten Welle" ihr ökologisches Spektrum aus. Seit ungefähr Ende der 80er Jahre ist es in der Region daher durchaus üblich, Wespenspinnen auch im Garten zu finden.

Man sollte die Art unbedingt gewähren lassen: Sie ist ungiftig und hilft dem Gartenbesitzer bei der umweltfreundlichen Beseitigung so manchen „unerwünschten" Kleininsekts.

in der Nähe von Wiesen sind das Sträucher, Grabenränder, Schilf und Röhrichte. Diese Arten finden sich mit wenigen Ausnahmen nicht in den Wiesen.

Besonders in feuchten Biotopen mit Schilf oder Gras leben die artenreichen, mit den Dornfingerspinnen verwandten **Sackspinnen** (*Clubiona*), die einen Grashalm „zusammenfalten" und darin ihren Kokon anlegen. Die meisten dieser grauen oder braunen Arten sind mit ca. 5 mm Körperlänge (für Spinnen) recht groß. Sackspinnen sind Jäger, die keine Fangnetze bauen, aber dichte Wohngespinste aus Seide anlegen. Eine ähnliche Lebensweise zeigen auch **Wolfsspinnen** (Familie Lycosidae), große Arten, die fast immer auf Feuchtigkeit angewiesen sind und regelmäßig in Wassernähe oder an Ufern gesehen werden können – einige Arten sind sogar typische Moor- und Sumpfarten.

Eine sehr häufige, auffällige Art ist die **Veränderliche Krabbenspinne** (*Misumena vatia*), die in Blüten aller Art auf Beute lauert. Jeder Naturliebhaber hat die weißen, gelben oder blaßgrünlichen Weibchen der Art mit typischer Krabbenform bereits in Blüten beobachtet. Die Art kann allerdings nicht etwa ihre Farbe verändern, sondern die Weibchen suchen sich eine zu ihrer Färbung passende Blüte aus! Die Männchen sind dunkel und sehr viel kleiner als die Weibchen. Sonniges Grasland bevorzugt auch die **Ameisenspringspinne** (*Myrmarachne formicaria*), die wie andere verwandte Arten einer Ameise täuschend ähnlich sieht und auf diese Weise Räuber abschreckt.

Wiesen sind aber vor allem eines der bevorzugten Biotope der zahllosen Arten der **Zwergspinnen und Baldachinspinnen** (Familien Linyphiidae und Micryphantidae). Diese nur 1 bis 3 mm großen Arten treten hier in ungeheurer Vielfalt auf; sie stellen die Mehrzahl der deutschen Spinnenarten. Sie weben kein Radnetz, sondern ein horizontales, baldachinartiges Netz (daher der Familienname), das mit zahlreichen Stabilisier- und Stolperfäden an die umgebende Vegetation angeheftet wird. Viele der winzigen, empfindlichen Arten bevorzugen mäßig feuchte Vegetation: Waldböden, Moose oder Wiesen. Einige Zwergspinnen (z. B. die Gattung *Erigone*) breiten sich als „Luftschiffer" aus, indem sie einen langen Faden spinnen, der dann vom Wind aufgenommen wird und die Spinne fortträgt (Jones 1984). Diese Verbreitung ist für die sehr kleinen Spinnen viel effektiver als das „Laufen zu Fuß", bedingt aber, daß die Art recht anspruchslos in ihren biologischen Ansprüchen ist und viele Biotope, in denen sie landet, akzeptieren kann.

7.8 *Bäche und Gräben als Lebensraum*

WERNER KONOLD

Natürliche und naturnahe Bäche, aber auch die meisten der kleineren Ent- und Bewässerungsgräben sind offene und in der Regel auch dynamische Systeme. Sie kommunizieren mit dem Umland über den Kontakt zum Grundwasser – anreichernd bzw. entwässernd, je nach Wasserstand und Grundwasserspiegel – und über das Oberflächenwasser nach Starkniederschlägen und Hochwasserereignissen. Es finden, zeitlich differenziert, Stoffein- und -austräge statt. Die fließende Welle verleiht dem System die Dynamik, die besonders ausgeprägt ist in der Kontaktzone zur Sohle und zum Ufer, wo durch das Aufeinandertreffen zweier Aggregatzustände von Materie Reibungswiderstände auftreten, die sowohl flüssige als auch feste Phase beeinflussen. Die speziellen physikalischen Standortverhältnisse am und im Fließgewässer erfordern von allen Organismen ein hohes Maß an Angepaßtsein oder Anpassungsvermögen.

Im größeren landschaftlichen Rahmen betrachtet sind funktionierende Gewässersysteme vernetzte Feuchtlebensräume, optisch unmittelbar wahrnehmbare Verbundstrukturen, in denen oder entlang derer aktiv und passiv Wanderungsbewegungen oder Transporte stattfinden (KOPECKY 1971, DAHL & WIEGLEB 1984). Natürliche Fließwassersysteme sind – bedingt durch die Fließrichtung – als Transportmedien zielgerichtet, Grabensysteme in Niederungen hingegen oft wirklich vernetzt und in beide Richtungen „benutzbar", wenn die Fließgeschwindigkeit gegen Null geht oder aber das Wasser stagniert. Daß Bäche und Gräben Ausbreitungslinien sind, läßt sich in den letzten Jahren sehr schön nachvollziehen an optisch auffallenden Neophyten wie etwa dem Indischen Springkraut (*Impatiens glandulifera*) oder dem Japanischen Staudenknöterich (*Reynoutria japonica*), die sich in einigen Gegenden rasant entlang von Gewässern ausdehnen (HARTMANN et al. 1994).

Die Wasserpflanzen

Gefällereiche und stark beschattete Bäche, solche, die häufiger einem hydraulischen Streß durch künstlich induzierte Hochwasserabflüsse

Abb. 7.44 Die Wasserpflanzengemeinschaften in grundwassergespeisten Bächen des Elsässer Rieds (nach CARBIENER & ORTSCHEID 1987, verändert und vereinfacht).

Arten	Stetigkeit				
Potamogeton coloratus (Gefärbtes Laichkraut)	V				
Juncus subnodulosus f. subm. (Knotenbinse)	V				
Chara hispida	III				
Berula erecta f. subm. (Aufrechter Merk)	V	V	V	V	V
Mentha aquatica f. subm. (Wasserminze)	IV	V	I		
Agrostis stolonifera f. subm. (Ausläufertreibendes Straußgras)	III	IV	II		
Phalaris arundinacea f. subm. (Rohrglanzgras)	I	V	II	I	I
Callitriche obtusangula (Nußfrüchtiger Wasserstern)		II	V	V	V
Scirpus lacustris f. subm. (Flechtbinse)		I	II	I	
Potamogeton friesii (Stachelspitziges Laichkraut)			III	II	II
Zannichellia palustris f. repens (Teichfaden)				V	II
Potamogeton crispus (Krauses Laichkraut)				IV	III
Fontinalis antipyretica (Brunnenmoos)		I	I	III	III
Potamogeton pectinatus (Kamm-Laichkraut)				II	V
Ranunculus fluitans (Flutender Hahnenfuß)					IV
Oenanthe fluviatilis (Wasserfenchel)					IV
Myriophyllum spicatum (Ähriges Tausenblatt)					III
Ceratophyllum demersum (Hornkraut)					II
Potamogeton pusillus (Zwerg-Laichkraut)					I

Kaltstenothermie → Eurythermie

Phosphat- und Ammonium-Belastung

Ursachen:
- schleichende Eutrophierung des GW-Körpers (z. B. durch Wiesenumbruch)
- Eindringen von Rheinwasser durch Aufstau („Uferfiltrat")
- dörfliche Abwässer
- Kläranlagenausläufe
- Forellenzucht-Abwässer
- Deponiesickerwässer

Abb. 7.45
Die Wasserfeder (*Hottonia palustris*), eine sehr selten gewordene Zierde der Gräben und Flachwasserzonen der Randsenke. Sie benötigt flaches, stehendes oder sehr langsam fließendes Wasser mit tiefgründigem Schlammboden. Die weißen oder rosafarbenen Blüten ragen bis zu 30 cm aus dem Wasser heraus.

(etwa durch Kanalüberläufe oder Spülungen von Speichern) ausgesetzt sind, ein ungünstiges Siedlungssubstrat aufweisen oder stark mit Schadstoffen belastet sind, beherbergen meist überhaupt keine höheren Wasserpflanzen. Strömungsreiche Gebirgs- und Bergbäche besitzen häufig nur eine (allerdings reichhaltige) Moosflora, die untergetaucht oder im Spritzwasserbereich wächst. Sind die standörtlichen Bedingungen dagegen günstiger, kann sich eine teilweise artenreiche Flora aus höheren Pflanzen entwickeln. Diese sind dann oft die wichtigsten Primärproduzenten in den Gewässern, also Basis der aquatischen Nahrungsketten. In strömungsarmen Bächen und Gräben oder in strömungsarmen Buchten können sich große Populationen von Phytoplankton (z. B. Algen und Einzeller) entwickeln, die für den Lebens- und Stoffhaushalt eines Gewässers ebenfalls von großer Bedeutung sind. Wichtig sind in der Nahrungskette auch die Aufwuchsalgen auf den grünen Pflanzen und anderen Substraten wie Holz und Steinen. Wasserpflanzen sind also auch Wuchsorte und Lebensstätte. Eine gewisse Bedeutung besitzen sie in dieser Hinsicht auch für Destruenten, also etwa Bakterien, die zu einem erheblichen Teil für die Selbstreinigungsleistung eines Gewässers verantwortlich sind.

Daneben sind die Wasserpflanzen für Tiere natürlich Nahrung, die saugend, fressend oder minierend eingenommen wird, und auch Lebensraum. Sie bieten Flächen für die Befestigung von Eiern und Puppen, Deckung für Jäger und Schutz für Gejagte. Schon in kleinen Wasserpflanzen-Schwaden kann man eine sehr hohe Individuendichte etwa von Bachflohkrebsen finden.

Sind Wasserpflanzen einjährig, so wird am Ende jeder Vegetationszeit viel Biomasse unter Sauerstoffverbrauch abgebaut. Die mehrjährigen und ausdauernden Wasserpflanzen hingegen besitzen vielfach Speicherorgane, in denen „Energie“ eingelagert wird. Stirbt hier die oberirdische Biomasse ab, so werden sehr viel weniger Nährstoffe freigesetzt.

Wasserpflanzen beeinflussen neben den chemischen auch die physikalischen Eigenschaften eines Fließgewässers. Sie verändern die Strömung und die Strömungsrichtung. Sie fungieren als Sedimentfang, sind verantwortlich für Temperaturgradienten, unterschiedliche Lichtverhältnisse und die Streuung des Lichts (Dahl & Wiegleb 1984). Massenentwicklungen – oft induziert durch Nährstoffbelastungen – können zu einer Verminderung der Selbstreinigungsleistung und zu Sauerstoffstreß für andere Lebensgemeinschaften führen. Sauerstoffübersättigung, die tagsüber in stark bewachsenen Gewässern auftritt, kann bei Fischen die Gasblasenkrankheit zur Folge haben (Reimann 1986). Nachts können dagegen in denselben Gewässern erhebliche Sauerstoffdefizite auftreten, weil die Pflanzen zur Aufrechterhaltung des Stoffwechsels Sauerstoff verbrauchen.

Mit gewissen Einschränkungen eignen sich Wasserpflanzen als Bioindikatoren, das heißt, sie können uns Aussagen über den Zustand eines Gewässers, vor allem aber – wenn man einen räumlichen oder noch besser einen zeitlichen Ver-

Abb. 7.46
Die Rohrkolben-Arten (Gattung *Typha*) bilden einen speziellen, nährstofftoleranten Röhricht-Typ, der vor allem an Grabenrändern häufig zu sehen ist. In den Silzenwiesen bei Ubstadt sind alle Wiesengräben von Rohrkolben gesäumt. Der in der Region mehrfach vorkommende Name „Ruschgraben" oder „Ruchgraben" leitet sich von einem alten Ausdruck für Rohrkolben ab.

gleich anstellt – über Zustandsveränderungen vermitteln (z. B. KOHLER et al. 1987). Untersuchungen im Elsässer Ried haben ergeben, daß sich die Wasserpflanzengemeinschaften in den ehemals durchweg nicht oder wenig belasteten Grundwasserbächen durch zunehmenden Eintrag von Nährstoffen erheblich verändert haben. Viele der empfindlichen Arten wurden ersetzt durch nährstofftolerante Allerweltsarten (CARBIENER & ORT-SCHEID 1987).

Bereits erwähnt wurde das Angepaßtsein bzw. das Anpassungsvermögen von Pflanzen, deren Lebensmilieu das Wasser ist. Unter „Angepaßtsein" ist ein morphologischer Zustand zu verstehen, der nur wenig veränderbar ist, unter „Anpassungsvermögen" ein Prozeß, der als Reaktion auf sich verändernde Standortbedingungen abläuft. Dieser Prozeß kann sich an ein und derselben Pflanze abspielen. Der Anpassungsdruck wird beispielsweise hervorgerufen durch Schwankungen des Wasserspiegels (HEJNY 1960), durch Strömung, durch Wellenschlag oder durch veränderte Sedimentbeschaffenheit, also durch physikalische Faktoren (SEGAL 1970). Auf kurzfristige Veränderungen reagieren die Pflanzen mehr oder weniger flexibel, mit größerer oder geringerer morphologischer Plastizität. Daraus ergibt sich in einem Gewässer die Vielfalt an Lebens-, Überlebens- und Anpassungsstrategien sowie an Wuchsformen.

In Still- und Totwasserbereichen können **Pleustophyten** existieren: frei schwimmend, mit minimalem Wurzelwerk, leicht verdriftbar, unter guten Bedingungen kurzfristig große Populationen bildend, die aber schnell wieder zusammenbrechen können. Die Wasserlinsen oder „Entengrütze" (*Lemna*) sind hierfür typische Beispiele.

In der Gewässersohle verankert sind die **Rhizophyten**, mit Rhizom und Wurzelwerk oder nur mit feinen Haarwurzeln ausgestattete Arten, mehr oder weniger aufrecht wachsend oder – in Anpassung an die Strömung – in Schwaden flutend. Einige Arten verfügen nur über fein gefiederte Blätter, z. B. die Tausendblatt-Arten (*Myriophyllum*) oder der Flutende Hahnenfuß (*Ranunculus fluitans*), andere über einen ausgeprägten Blattdimorphismus, also über feine untergetauchte Blätter und über Schwimmblätter mit größerer Oberfläche, die an der Grenzschicht Wasser/Luft eine optimale Ausnutzung des Sonnenlichts erlauben. Dazu gehören beispielsweise die meisten Wasserhahnenfüße (Gattung *Ranunculus*, Untergattung *Batrachium*) und die Wasserstern-Arten (*Callitriche*). Die Plastizität der einzelnen Sippen, also deren Anpassungsvermögen, ist unterschiedlich ausgeprägt. Hohe Plastizität bedeutet etwa, daß kurzfristig sekundäre Wurzelsysteme (sogenannte „Adventivwurzeln") oder Landformen gebildet werden (SCULTHORPE 1985), oder daß sich niederliegende Sprosse bewurzeln.

Einige Uferpflanzen, sogenannte **Helophyten**, die in ihrer „normalen", aufrechten Wuchsform mit Stengel, Blüten- und Fruchtbildung in Gewässern mit rascher Strömung keine Chance hätten, können sich in die fließende Welle vorwagen, indem sie elastische und oft meterlange, flutende

Bandblätter bilden und auf ihre generative Phase verzichten. Zu diesen gehören die Schwanenblume (*Butomus umbellatus*), der Einfache Igelkolben (*Sparganium emersum*) und die Flechtbinse (*Schoenoplectus lacustris*).

Ein ganz anderer Typ von Wasserpflanze ist die Gelbe Teichrose (*Nuphar lutea*), die über eine gute Verankerungsmöglichkeit und ein dickes Rhizom verfügt, die sie unbeweglich, träge zu machen scheint. Abgerissene Rhizomstücke können sich jedoch wiederbewurzeln. Die Teichrose besitzt weiche, bewegliche Unterwasserblätter ohne Palisadenparenchym und derbe, mit einem dicken, unverzweigten Stengel versehene Schwimmblätter, auf deren Bildung sie jedoch verzichtet, wenn die Strömung zu stark oder die Beschattung (auch Selbstbeschattung!) zu groß ist. Die Gelbe Teichrose kann bei Trockenfallen des Wuchsortes Landformen bilden. Andererseits ist es ihr auch möglich, bei Überflutung die Schwimmblätter zu Wasserblättern umzugestalten. Das genetisch immanente Anpassungsvermögen hört jedoch auf, wenn sie geschnitten wird (GLÜCK 1924, HEJNY 1960, VAN DER VOO & WESTHOFF 1961).

Anzuführen sind noch die Überdauerungsstrategien in den für das Wachstum ungünstigen Zeiten (Konkurrenzdruck, Winter, Trockenfallen). Einige Sippen behelfen sich mit einer Vegetationsruhe, z. B. die Wasserfeder (*Hottonia palustris*) im Sommer, andere überdauern als Samen oder Sporen, wieder andere bilden Turionen (Winterknospen), andere ziehen die Speicherstoffe in ihre Rhizome zurück.

Die wenigen Andeutungen mögen zeigen, daß das Vorkommen und die Verbreitung, die Verteilung und die Schichtung der Wasserpflanzen in Bächen und Gräben von vielen inneren und äußeren Faktoren abhängig ist und daß im Fließgewässer eine komplizierte Organisation vorhanden ist, und zwar im Längsverlauf durch eine Landschaft, also im Raum, und in der Zeit.

Die Uferpflanzen

Die Ufer von intakten Bächen und Gräben sind keine Linien, sondern schmale Lebensräume, sogenannte „Ökotone", mit weichen und harten Gradienten, also Übergängen vom Wasser zum Land, die immer oder zeitweilig von der fließenden Welle beeinflußt und geprägt sind. Auch hier benötigen die Pflanzen Anpassungsmechanismen, die es ihnen erlauben, mit den Lebensbedingungen im Spannungsfeld Wasser/Land zurechtzukommen.

Viele Uferpflanzen besitzen ein Aerenchym, also ein Durchlüftungsgewebe, mit dessen Hilfe der zur Wurzelatmung notwendige Sauerstoff in die unterirdischen Organe transportiert wird. Wurzeln und Sprosse besitzen eine gewisse Zugfestigkeit oder Zähigkeit, um der mechanischen Belastung durch die fließende Welle gewachsen zu sein. Sehr viele Uferpflanzen bilden Rhizome, Ausläufer, einen dichten Wurzelfilz oder Kriechtriebe. Die Fortpflanzung erfolgt also auf vegetativem Wege. Es wird dadurch ein weit verzweigtes unter- und oberirdisches Geflecht von Organen gebildet, das mechanische Belastungen, Auflandungen und Abträge ganz ausgezeichnet kompensieren kann. Zum Teil können sich vom Wasser niedergedrückte Sprosse bewurzeln und neue aufrechte Triebe bilden.

Uferpflanzen und andere feuchteliebende Arten, die wir auch von den Feuchtwiesen her kennen, strahlen bei naturnah verlaufenden Bächen und bei Gräben, die nie völlig austrocknen und nur wenige Dezimeter tief sind, im ebenen Gelände oftmals ein ganzes Stück in das Umland aus. Anders bei ausgebauten Bächen: Begradigung und Tieferlegung entwässern das Umland bzw. machen eine gezielte Entwässerung möglich. Die Grünlandbewirtschaftung geht hier bis ins Gewässerprofil hinein. Die wenigen feuchtepräferenten Arten können nur noch auf einem ganz schmalen Streifen im und am Gewässer existieren. Der komplexe „Lebensraum Bach" ist auf eine hart abgegrenzte Struktur reduziert worden, Frische- bis Trockenheitszeiger wie der Rauhe Löwenzahn machen sich auf der Böschung breit (KONOLD & OBERMANN 1983).

Wenn die Nährstoffeinflüsse vom Gewässer selber und von den umliegenden Flächen nicht zu stark sind, kann sich auf den Schultern von Gräben manchmal eine äußerst interessante Flora ausbilden, die man im Grünland heute kaum noch irgendwo findet. Hierzu gehören zum Beispiel der Kleine Baldrian (*Valeriana dioica*), das Sumpfherzblatt (*Parnassia palustris*), das Sumpfveilchen (*Viola palustris*), das Pfeifengras (*Molinia caerulea*) oder die Davallsegge (*Carex davalliana*) und viele andere mehr. Gerade diese Art von Gräben zeigen im Querschnitt nicht selten eine sehr feine Abfolge von Mikrostandorten mit einer entsprechenden differenzierten Vegetation (vgl. auch SEIFFERT et al. 1994).

Gewässerbegleitende Gehölze

Sehr wichtige Elemente des komplexen „Systems Fließgewässer" sind die Ufergehölze, die eine weitere räumliche Dimension einbringen. Gräben sind in aller Regel allenfalls auf kurzen Strecken von Gehölzen gesäumt.

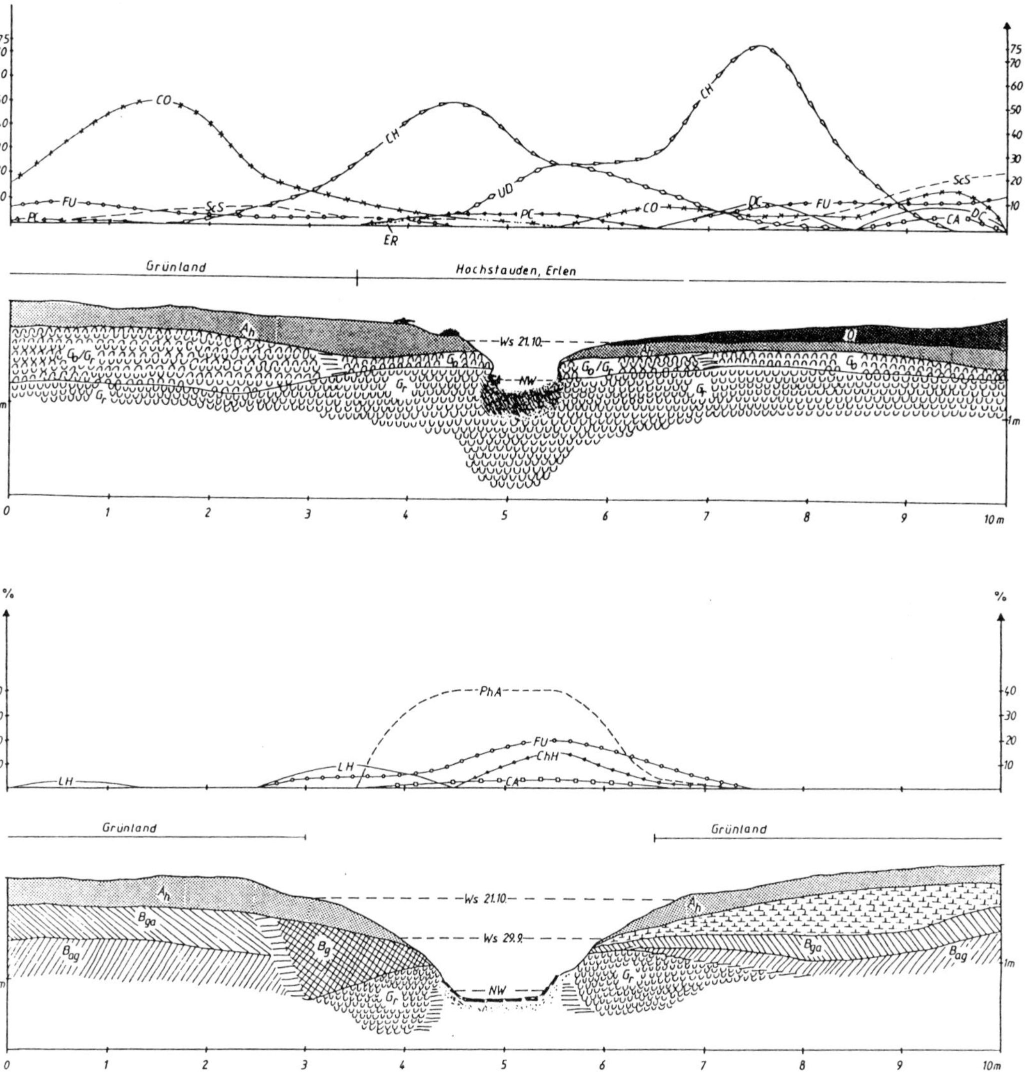

Abb. 7.47 Die Verteilung verschiedener Pflanzenarten im Querprofil eines naturnahen (oben) und eines ausgebauten (unten) Baches.

Gehölze am Gewässer besitzen eine ganz wichtige strukturelle und trophische Funktion für verschiedene Tiergruppen (SCHWABE 1989, BÖTTGER 1990, MOOG 1990):

- Sie dienen als Rastplatz bei Wanderungsflügen;
- sie sind Refugium, Warteplatz, Schlafplatz und Ansitz;
- sie sind Rendezvous-Platz für Hochzeitsflüge oder Hochzeitstänze;
- sie bieten Strukturen für die Eiablage, für das Befestigen für von Netzen usw.;
- sie bieten Früchte, Samen, Knospen, Pollen und Nektar, junge Triebe, Pflanzensäfte als Nahrung;
- Fallaub, Totholz und Wurzelgeflechte sind Lebensraum und Nahrung.

Auch bei den Gehölzen gibt es ein großes Spektrum an Wuchsformen, Überlebensstrategien und Ausbreitungsmechanismen: Man findet aufrechte Einzelstammformen (die Stieleiche oder die nicht auf den Stock gesetzte Schwarzerle), vom Grund an mehr oder weniger verzweig-

Abb. 7.48
Ein für Feuchtbiotope der Rheinebene typischer Graben. An seiner Flanke hat sich eine Hochstaudenflur mit Mädesüß, Roßminze, Brennesseln und Schilf ausgebildet. Der Graben selber ist dicht mit einem Grabenröhricht aus Brunnenkresse, Wasserknöterich, Bach-Berle u. v. a. angefüllt.

te Formen (Hasel, Gemeiner Schneeball oder die aus dem Stock austreibende Erle), klimmende (Waldrebe) und niederliegende (Kratzbeere) Formen, Arten, die Wurzelbrut (Roter Hartriegel, Schlehe), Ausläufer (Liguster) oder Absenker (manche Strauchweiden, Brombeere) bilden, oder Arten, die eine sehr hohe generative Aktivität besitzen (Esche, Bergahorn).

Entlang der Bäche in der Agrarlandschaft findet man heute meist allenfalls noch Galeriewälder, und die Waldbäche sind oft von nicht standortgerechten Baumbeständen umgeben. Die meisten Säume in der freien Landschaft sind oder waren recht stark vom Menschen beeinflußt. Wir sprechen sie trotzdem oft als „naturnahe" Elemente an. Je nach Landschaft und Bedürfnissen wurde diese oder jene Baumart gefördert, unterdrückt, gepflanzt, auf den Stock gesetzt oder geschneitelt, so daß sich meist einseitige Dominanzen entwickelten: hier Baumweiden oder Kopfweiden, dort mehrstämmige Schwarzerlen, dort Eschen.

Ein dichter Stand von Gehölzen direkt am Ufer ist nahezu ausschließlich auf menschliche Ein-

Abb. 7.49 Der Weingarter Bach zwischen Büchenau und Staffort während der Zeit der Wiederbewässerung im Frühjahr 1995, gesäumt von Schilfröhricht und Obstbäumen auf den Uferdämmen. Solche Bäche sind natürliche Biotopverbundsysteme.

griffe zurückzuführen. An natürlichen Gewässern gibt es nämlich keine geschlossenen Gehölzsäume, sondern es stehen nur in unregelmäßigen Abständen hier und da Bäume direkt am Ufer; die anderen sind zurückgesetzt und locker im Raum verteilt (SOLTAU 1993). Dichte Gehölzsäume sind also im wesentlichen auf Nutzungsinteressen und auf das menschliche Bedürfnis zurückzuführen, die Ufer und damit auch die angrenzenden Nutzflächen vor der erodierenden Tätigkeit des Wassers zu schützen.

Die Beschattung des Uferstreifens und das Vorhandensein eines relativ ausgeglichenen Kleinklimas ermöglichen vielen Waldgräsern und -kräutern eine dauerhafte Existenz im Saum, etwa dem Wald-Flattergras (*Milium effusum*), der Wald-Fiederzwenke (*Brachypodium sylvaticum*), der Goldnessel (*Lamiastrum galeobdolon*), dem Frauenfarn (*Athyrium filix-femina*) und vielen anderen. Ganz besonders hervorzuheben sind einige Frühjahrsgeophyten, nicht nur wegen ihrer Schönheit und ihres interessanten Lebenszyklus, sondern auch deshalb, weil sie sehr stark zurück-

Abb. 7.50 Kopfweiden, die häufig an Bächen oder Gräben wachsen, sind oftmals nicht nur eindrucksvolle Baumgestalten, sondern bieten auch Lebensraum für verschiedene Tier- und Pflanzenarten.

gegangen sind. Hierzu zählen z. B. der Hohle Lerchensporn (*Corydalis cava*), der Wald-Gelbstern (*Gagea lutea*), der Blaustern (*Scilla bifolia*), der Märzenbecher (*Leucojum vernum*) und der Bärlauch (*Allium ursinum*). Für diese und andere Pflanzen erfüllen die Gehölzsäume eine echte Refugialfunktion.

Eigens zu nennen als imposante Bachbegleiter und „Gestalten aus einer anderen Welt" sind die Kopfweiden (siehe Abb. 7.50), deren Holz man in Südwestdeutschland überwiegend als Brennholz und für verschiedene handwerkliche Zwecke verwendet hat. Auf den Kopfweiden siedelten sich, überwiegend durch Wind, Hochwasser und Vögel herangetragen, sehr unterschiedliche „Epiphyten" an, von der einjährigen Art wie dem Klettenlabkraut (*Galium aparine*) bis zum ausgewachsenen Strauch wie etwa der Stachelbeere (*Ribes uva-crispa*). Den meisten Arten ist gemeinsam, daß sie hohe Ansprüche an das Nährstoffangebot haben und dieses offensichtlich auf den Kopfbäumen auch finden.

Der Graben als Lebensraum

Gräben wurden zur Be- und Entwässerung angelegt (oft hatten sie beide Funktionen zu erfüllen) und sind daher rein künstliche Gebilde in unseren Kulturlandschaften. In Niederungen sind sie oft als Netze oder kommunizierende Systeme, in Hanglagen als talwärts abgedämmte Kanäle angelegt. In dieser Beziehung, also ihrer Lage in der Landschaft nach, besitzen sie etwas „Widernatürliches". Reine Bewässerungsgräben erkennt man oft daran, daß sie irgendwo aus einem natürlichen Bach ausgeleitet werden und irgendwann blind enden. Reine Entwässerungsgräben hingegen beginnen irgendwo, wo Entwässerungsbedarf besteht, und werden letztlich in einen Vorfluter eingeleitet.

Trotz dieser äußerlichen Unterschiede haben Gräben doch – wie oben bereits angedeutet – manches gemeinsam mit den natürlichen Bächen. Sie sind genauso wie diese aquatische Lebensräume, soweit sie permanent Wasser führen, und weisen oft eine ähnliche Flora und Fauna auf, wenn die Unterhaltung einigermaßen schonend vonstatten geht. Gräben beherbergen dann, vergleichbar mit einem gefällearmen Niederungsbach (allerdings sind diese natürlicherweise eher mäandrierend und nicht gestreckt), z. B. eine ganze Reihe von Seggen auf, etwa Schnabel-, Blasen- oder Sumpfsegge, Helophyten wie den Froschlöffel, die Bachbunge, den Wasserschwaden, den Teichschachtelhalm oder den Aufrechten Igelkolben. Nährstoffreiche Gräben werden oft von einjährigen Zweizahn-Fluren dominiert, die man an natürlichen Gewässern nicht findet (SEIFFERT et al. 1994).

Die Flora der **Grabenränder** ist sehr unterschiedlich ausgebildet. Sie reicht von nitrophytischen Stauden und Gräsern (Brennessel, Knäuelgras) bis hin zu buntblütigen Stauden (Blutweiderich, Gilbweiderich, Sumpfstorchschnabel, Engelwurz u. v. a.) und ausgesprochen oligotraphenten (Nährstoffarmut tolerierenden) Arten, die bereits erwähnt wurden.

Auch die Grabenfauna kann Besonderheiten oder Seltenheiten aufweisen, wenn die Gräben permanent Wasser führen, das Wasser nicht zu nährstoffreich und nicht mit Schadstoffen (zum Beispiel aus Abwässern) belastet und wenn die angrenzende Nutzung nicht zu intensiv ist: keine Abdrift von Dünger, kein Reifendruck auf der Grabenschulter, kein zu hoher Bewuchs. Sind entsprechende Voraussetzungen gegeben, so suchen zum Beispiel Grasfrosch und Erdkröte die Gräben zum Laichen auf, Grünfrosch, Teichmolch und Gelbbauchunke nutzen sie als Dauerlebensraum. Einige Kleinfischarten, die in den angelfischereilich genutzten und regelmäßig besetzten Bächen keine Chance mehr haben, können in den Gräben ein Refugium finden. Hierzu gehören beispielsweise Dreistachliger Stichling, Elritze, Moderlieschen, Karausche und Schlammpeitzger. Zahlreiche Libellenarten nutzen Gräben viel stärker als die Bäche als Lebensraum für ihre Larven und Imagines. Hierzu gehören Frühe Adonislibelle (*Pyrrhosoma nymphula*), Helm-Azurjungfer (*Coenagrion mercuriale*), Südlicher Blaupfeil (*Ortethrum brunneum*) und Gebänderte Heidelibelle (*Sympetrum pedemontanum*) (BUCHWALD et al. 1989, SCHWAB 1994) – Gräben besitzen also durchaus eigene Lebensraumqualitäten!

Gräben als künstliche Gebilde haben noch weitere Eigenschaften, die sie von den meisten Bächen unterscheiden. Einige sind in ihrer ehemaligen Funktion begründet. **Bewässerungsgräben** führten in aller Regel nur zu bestimmten Wässerungszeiten Wasser, das heißt, sie waren periodische Gewässer. In der übrigen Zeit des Jahres gab es allenfalls noch ein paar stagnierende Pfützen auf der Sohle.

Da das Wässerwasser primär der Düngung diente, versuchte man, möglichst nährstoff- und schwebstoffreiches Wasser in die Gräben zu leiten. Besonders begehrt waren dörfliche und städtische Abwässer und das trübe Wasser, das sich bei Starkniederschlägen in die Bäche ergoß und von dort ausgeleitet wurde (KROLL & KONOLD 1994, KONOLD 1994): Man hatte früher deutlich andere Wertvorstellungen von einem „guten" Wasser!

Entwässerungsgräben führten oder führen dagegen in den meisten Fällen über einen längeren Zeitraum des Jahres Wasser, wenn nicht sogar das ganze Jahr über, da sie fast ausschließlich in Gegenden mit hoch anstehendem Grundwasserspiegel liegen (bzw. lagen). Der aquatische und der amphibische Lebensraum werden ganz entscheidend geprägt von der Herkunft des abzuführenden Wassers. Dies kann Niederschlags-, Grund-, Quell- oder Moorwasser sein. Entsprechend unterschiedlich sind z. B. Sauerstoffversorgung, pH-Wert und Nährstoffgehalte.

Die Unterhaltung von Gräben

Allen Gräben ist gemeinsam, daß sie Wasser sammeln, aber auch verteilen, daß sie – etwa nach Regenfällen – die Retentionsleistung einer Landschaft erhöhen und daß sie auf Grund der meist geringen Fließgeschwindigkeit zur Sedimentakkumulation und ergo zur Verlandung neigen. Dies ist auch der Grund dafür, daß alle Gräben, will man ihre wasserwirtschaftliche Funktionsfähigkeit, aber auch ihren Wert als Lebensraum bewahren, unterhalten, das heißt ausgeräumt werden müssen. Dies ist immer mit einer Entnahme von Boden oder Sediment und von Pflanzen und Tieren verbunden.

Die Unterhaltung ist insbesondere von Bedeutung bei permanent oder häufig wasserführenden Gräben, weil sich dort spezialisierte aquatische und amphibische Lebensgemeinschaften ausbilden können. Generell gilt, daß eine Räumung um so öfter nötig ist, je intensiver sie durchgeführt wird, da Böschungen und Seitenwände nachrutschen, sich anschließend in dem freigelegten Schlamm einige konkurrenzstarke Allerweltsarten breit machen und sehr rasch die Abflußleistung verringern (Bauer 1995).

Jede Unterhaltung bringt wenigstens kurzfristig Nachteile für die Lebensgemeinschaften in den Gräben: Sie löst eine sogenannte Katastrophendrift aus, weil die Organismen in der Grabensohle von der Strömung fortgetragen werden. Durch das Ausheben von Material werden die Habitatstrukturen mehr oder weniger stark nivelliert; es werden Kleinlebensräume zerstört. Da Sediment und der zu hohen Teilen aus organischer Substanz bestehende Schlamm aufgewirbelt und mobilisiert wird, werden zum einen Nährstoffe freigesetzt (was die Produktivität des Gewässers erhöht) und zum anderen die fäulnisfähigen Stoffe (tote Biomasse) unter Sauerstoffverbrauch abgebaut, was zu erheblichen Sauerstoffdefiziten für die tierischen Organismen führen kann.

Man kann durch die Wahl der Unterhaltungsart die geschilderten Nachteile minimieren. Am schädlichsten für die Tiere dieses Lebensraums ist die Ausräumung mit **Grabenfräsen**. Sie werden entweder gleich zerstückelt und getötet oder bleiben verletzt auf dem ausgeworfenen Schlamm liegen und sind dort leichte Beute von Räubern. Andere werden vom Schlamm begraben und gehen elend zugrunde. Pflanzen werden ebenfalls völlig beseitigt und zerhackt. Meist wird die gesamte tierische und pflanzliche Biomasse vernichtet (Bauer 1995). Der manchmal zu hörende Einwand, es seien nach dem Einsatz der Grabenfräse kaum tote Amphibien gefunden worden, ist kein Argument für die Fräse, sondern nur der Hinweis darauf, wie stark die Grabengebiete schon an Amphibien verarmt sind. Fräsen sind allenfalls akzeptabel in Gräben, die vor der Unterhaltungszeit im Winter schon lange Zeit trokken lagen.

Beim Einsatz von **Baggern** ist die Überlebensrate für viele Organismen sehr viel höher, da langsamer, nicht mit rotierenden Teilen und insgesamt weniger „sauber" gearbeitet wird. Mobile Arten wie die Amphibien und die Kleinfische können dem Arbeitsgerät entkommen. Der **Mähkorb** hat sich günstig bei Teichräumungen erwiesen. Auch hier ist die Überlebensrate vergleichsweise hoch (Bauer 1995).

Entscheidend bei der Unterhaltung ist vor allem, daß sie zeitlich und räumlich differenziert vorgenommen werden, damit das „Graben-Verbundnetz" bei der Wiederbesiedlung in Funktion treten kann.

Natur und Kultur

Natürliche Fließgewässersysteme und künstliche Grabennetze prägen viele unserer Landschaften. Die einen – die natürlichen Fließgewässer – haben ihre heutige Gestalt und ihren Verlauf in einem Jahrtausende dauernden Reifeprozeß erhalten, sind jedoch vielfach (oft schon in frühgeschichtlicher Zeit) verändert und menschlichen Bedürfnissen angepaßt worden. Sie haben also kulturelle Züge erhalten. Viele wurden leider so stark manipuliert, daß man ihr wirkliches Gesicht nicht mehr identifizieren kann. Die anderen – die Gräben – sind sehr viel jünger und seit dem Spätmittelalter (zur Bewässerung) sowie überwiegend erst seit dem letzten Jahrhundert (zur Entwässerung) geschaffen worden. Sie bedürfen der Pflege und Unterhaltung durch den Menschen. Und doch nahmen sie Eigenschaften an, die denen natürlicher Gewässer oft nicht fern sind. Oft genug besitzen sie sogar bessere Lebensraumqualitäten

Abb. 7.51
Der Pfinzkanal bei Neuthard. Geringe Wasserführung in diesem überdimensionierten Kanal aus den Zeiten der Pfinz-Saalbach-Korrektion führt im Sommer meistens zu stehendem Wasser, Algenblüte, Sauerstoffmangel und zu Fischsterben. Obwohl das Gewässer „intakt" aussieht, ist seine Ökologie deutlich verarmt und auf wenige, angepaßte Arten reduziert.

als die zahllosen ausgebauten Bäche. Die Gräben haben also Züge natürlicher Systeme angenommen.

Wir müssen sicherlich die Bäche einerseits und die Gräben andererseits zunächst – von der Entstehung her bestimmt – mit unterschiedlichen Maßstäben messen, einerseits nach den Maßstäben der Natürlichkeit und der ökologischen Funktionsfähigkeit, bzw. andererseits nach den Maßstäben der wasserwirtschaftlichen Funktionalität und der Kulturgeschichte. Bäche und Gräben sind gleichermaßen Elemente unserer Kulturlandschaften, sie bilden eine Einheit mit natürlichen und kultürlichen Zügen, und es gibt viele vernünftige Gründe, sie als Einheit zu erhalten und zu pflegen.

7.9 *Limnologie und Ökologie der Bäche und Gräben in Kraichgau, Hardt und Bruhrain*

Daniel Baumgärtner

Natürliche Tieflandbäche gibt es in Mitteleuropa so gut wie keine mehr. Auch in der Rheinebene sind alle Wasserläufe stark von menschlicher Nutzung geprägt oder sogar anthropogen entstanden. Be- und Entwässerungsgräben, Hochwasserentlastungskanäle und Schiffahrtsstraßen sind künstliche Bauten, denen, wie sich auch in ihrer Bezeichnung widerspiegelt, eine bestimmte Aufgabe zugedacht ist. Auch Fließgewässer natürlichen Ursprungs wurden in der Zivilisation mit verschiedenen Funktionen belegt, früher zum Teil mit anderen als heute. Zur Nahrungsgewinnung, als Wasch- oder Badegewässer eignen sich unsere Tieflandbäche kaum noch. Heute werden sie hauptsächlich als Sammelbehälter und Transportsystem für im Regelfall geklärte Abwässer benutzt.

Im Gegensatz zu den Mittelgebirgsbächen waren Bäche im Tiefland bisher wenig limnologisch erforscht. Das lag vor allem daran, daß es hier an naturbelassenen Modellbächen fehlt, an denen man beispielhafte Untersuchungen durchführen könnte. Durch die Abwasserproblematik und die verstärkte gesellschaftliche Bedeutung von Natur- und Umweltschutz sind jedoch auch Stoffhaushalt und Organismenwelt von Tieflandbächen in den Blickpunkt des öffentlichen Interesses gerückt. Zahlreiche speziell angepaßte Pflanzen- und Tierarten besiedeln den Lebensraum Fließgewässer. Für ihr Vorkommen sind Faktoren wie Wasserregime, Morphologie des Bachlaufs, Sohlenstruktur, das Vorhandensein entsprechender Kleinstlebensräume und die Versorgung mit Nährstoffen und Sauerstoff entscheidend.

Das Erscheinungsbild unserer Fließgewässer ist, sofern sie nicht rein anthropogen entstanden sind, meist wasserbaulich verändert worden. Die ursprüngliche Dynamik eines mäandrierenden Gewässerlaufs mit Prall- und Gleithängen, an denen Material erodiert oder abgelagert wird, mit überfluteten Auen und einer strukturierten Gewässersohle ist zugunsten eines geregelten Hochwasserabflusses mit größerer Sicherheit vor Überschwemmungen sowie zugunsten neu urbar gemachter Landschaftsteile minimiert worden.

Die Bachläufe wurden begradigt und das Bachbett trapez- oder doppeltrapezförmig ausgebaut, eventuell auch befestigt; Überschwemmungszonen wurden beseitigt. Begradigungen führten zu einer erhöhten Fließgeschwindigkeit und diese wiederum zu einer verstärkten Erosion, zu einer weiteren Eintiefung des Gewässers und schließlich zu sinkenden Grundwasserständen. Im Zuge des Tulla'schen Rheinausbaus hat sich der Rhein bei Breisach so weit eingetieft, daß der Grundwasserstand um zehn Meter gesunken ist und die Auwaldvegetation einer ausgesprochen trockenheitsliebenden Steppenvegetation Platz gemacht hat. Zur Regulierung des Grundwassers mußten deshalb stauende Bauwerke wie Kulturwehre und Staustufen errichtet werden, wie es sie im kleineren Maßstab auch an den Bächen gibt.

Für die Besiedlung eines Gewässers hat neben der erwähnten Substratqualität vor allem die Sohlenstruktur weitreichende Bedeutung. Im Mittelgebirgsbach sorgen Steine für ein Strömungsmosaik aus schneller und langsamer fließenden Stellen, bieten Raum für Aufwuchsalgen und Schutz für substratbewohnende Tiere. Im Tieflandbach fehlen dagegen größere Steine; Strukturelemente sind beispielweise Totholz, Erlenwurzeln, kleine Kies- und Sandbänke und Pflanzenpolster, in denen die Fließgeschwindigkeit stark herabgesetzt ist. In ausgebauten Gewässern mangelt es an solchen abwechslungsreichen Strukturen, die besiedelt werden können: Einförmige Kanäle bieten wenig „Lebensraum".

Zwar werden Tieflandbäche unter anderem durch ein geringes Gefälle charakterisiert, doch sind die Wasserläufe in der Rheinebene häufig durch Wehre und Schließen aufgestaut und besitzen abschnittsweise schon Züge stehender Gewässer – mitsamt ihrer Fauna und Flora. Entsprechend ist die Gewässersohle an vielen Stellen verschlammt oder sogar mit Faulschlamm bedeckt wie im **Saalbachkanal** auf der ganzen Strecke zwischen Bruchsal und Rußheim, in der Pfinzkorrektion zwischen Weingarten und Neuthard, im Alten Bach, im Rheinniederungskanal südlich von Leopoldshafen bis Philippsburg, im Kraichbach bis Mingolsheim und einigen anderen Gewässern und Gewässerabschnitten (Amt für Wasserwirtschaft und Bodenschutz Karlsruhe 1994). Unter sauerstofffreien Verhältnissen wird dort im Sediment Schwefelwasserstoff gebildet, der nicht nur nach faulen Eiern riecht, sondern auch giftig ist. Gerade in kleineren Fließgewässern ist aber die Stromsohle der Ort, an dem normalerweise die meisten Organismen leben. Sind die Lebensverhältnisse dort sauerstoffarm, können nur sehr wenige Tiere überdauern wie die als Fischfutter bekannten **Schlammröhrenwürmer** (Tubificidae). Ihre rote Färbung stammt vom Hämoglobin, das Sauerstoff im Körper bindet und transportiert. Das Hämoglobin der Schlammröhrenwürmer hat ein sehr hohes Sauerstoffbindungsvermögen, weshalb sie auch noch bei niedrigen Sauerstoffkonzentrationen atmen und Stoffwechsel betreiben können. Bleibt der Sauerstoff ganz aus, können sie ihren Metabolismus eine Zeit lang umstellen und mit Hilfe der Glycolyse Energie gewinnen.

Wenig Platz gibt es zwar auch im langsam durchströmten Lückensystem unter der Bachsohle. Dennoch ist dieser fließgewässertypische Lebensraum (das **hyporheische Interstitial**) voller Organismen: Bakterien und Wimperntierchen, bestimmte Wassermilben, spindelförmige Insektenlarven, die Jugendstadien von Großmuscheln und einige andere bevölkern die „Unterwelt". Obwohl nicht unbedingt lichtscheue Gestalten, existieren sie dort im Dunkeln, in einem ausgeglichenen, relativ konstanten Milieu, das sie vor Temperaturschwankungen, rascher Strömung und nicht zuletzt vor Räubern schützt.

Das Lückensystem im Bachgrund stellt auch für die benthischen (bodenbewohnenden) Organismen ein Refugium im Katastrophenfall dar, in das sich Vertreter nicht zu großer Arten bei Hochwasser, Grundeisbildung oder Austrocknung zurückziehen können.

Fällt ein Graben oder ein Bach regelmäßig trocken, wirkt sich dies auf seine Flora und Fauna aus: Sumpfpflanzen und Tiere mit raschen Entwicklungszeiten, angepaßte Arten und Pioniere herrschen vor. Eine außergewöhnliche Trockenheit in einem Fließgewässer dagegen bedeutet für viele Arten das lokale Verschwinden. Bei erneuter Wasserführung hängt es nun davon ab, wie gut der Wasserlauf neu besiedelt werden kann, etwa durch Drift vom Oberlauf oder durch andere, mehr oder weniger aktive Einwanderungsmechanismen. Die **Alte Pfinz**, ein naturnaher Bachabschnitt zwischen Neuthard und Graben, trocknete in den Sommern 1991–1993 jeweils auf einer weiten Strecke aus. Für die Bachfauna hatte dies verheerende Folgen: Die Fische gingen an Sauerstoffmangel ein, soweit sie nicht rechtzeitig gefangen und umgesetzt worden waren, Vertreter anderer Artengruppen wie etwa Süßwasserschnecken und -muscheln, Eintags- und Köcherfliegenlarven vertrockneten – ein besonders großer Verlust, weil die Alte Pfinz Rückzugsgebiet für viele bedrohte Arten war, die in anderen Bächen schon lange nicht mehr existieren konnten. Inwieweit eine Wiederbesiedlung gegen die Strömung aus den Rheinauen erfolgt, muß abgewartet werden. Vom Oberlauf bzw. Zufluß ist wenig zu erwarten, es handelt sich nämlich um die stark verschmutzte Pfinzkorrektion. Auf die Frage, wie es zur Austrocknung kommen konnte, gibt es mehrere Antworten: Zum einen waren die Sommer sehr trocken, was in den Tieflandbächen eine geringe Wasserführung hervorruft, deren Abfluß im wesentlichen über Niederschläge dominiert wird, da die Quellen im Hügelland oder in der Ebene liegen. Zum zweiten führten niedrige Grundwasserstände dazu, daß Bachwasser versickerte, während in früheren Jahren bei höheren Grundwasserständen eine Speisung durch unterirdisch zufließendes Grundwasser erfolgte.

Niedrige Grundwasserstände haben ebenfalls viele Ursachen – die nicht nur in der Trockenheit, sondern auch in menschlicher Wirtschaftsweise zu suchen sind. Die Verdunstung über Baggerseen spielt zusammen mit lokalen Absenkungen durch Brunnen und Beregnungsanlagen ebenso eine Rolle wie der hohe Wasserverbrauch der Kommunen sowie Flächenversiegelung und Bachbegradigungen, die einen schnelleren Abfluß mit sich bringen. Im vorliegenden Fall wurde trotz geringster Wasserführung noch Wasser zur Beregnung von Tabakfeldern entnommen – verständlich, wenn man bedenkt, daß der Bachlauf in den 30er Jahren extra zum Bewässern landwirtschaftlicher Flächen verlegt wurde. Dies ist aber unter den herrschenden Verhältnissen im Sinne des Artenschutzes nicht tragbar und zudem illegal, denn nach § 28 Wassergesetz ist bei Niedrigwasser eine Entnahme für landwirtschaftliche Zwecke und in größerem Stil nicht erlaubt, damit eine ausreichende Wasserführung gewährleistet bleibt. Als zusätzliches Problem trat die geringe Schüttung der oberhalb liegenden Pfinzkorrektion auf, deren gesamtes Wasser als Vorflut für eine Kläranlage gebraucht wurde und infolgedessen kein Wasser mehr für die Alte Pfinz abgezweigt werden konnte.

Die chemisch-physikalischen Faktoren

Ein zentrales Charakteristikum der Bäche in der Rheinebene ist die Belastung mit Abwässern. KÖGEL schreibt 1984 in seiner Arbeit über die Wasserschnecken des Oberrheingrabens: *„Die Bäche der Rheinebene dienen überwiegend als Vorfluter für die anliegenden Gemeinden. Sie sind begradigt und durchziehen meist als gerade, steilufrige Kanäle die Ebene. Durch die hohe Abwasserbelastung sind sie meist stark eutrophiert, und am Boden bildet sich nicht selten Faulschlamm."* Zu den direkten Einleitungen aus Kläranlagen kommen noch nicht zu unterschätzende, diffuse Einträge aus dem Einzugsgebiet der Gräben und Bäche, die hauptsächlich aus landwirtschaftlich

Einige wichtige Parameter zur chemisch-physikalischen Beurteilung der Gewässergüte

- Die **Temperatur**: Die Wassertemperatur in den Tieflandbächen unterliegt leichten Tag-Nacht-Schwankungen. In stehenden Bereichen werden die tageszeitlichen Amplituden größer. In der Pfinz bei Rußheim wurden an einigen Tagen im Herbst Werte zwischen 12 °C nachts und 14 °C tagsüber gemessen (BAUMGÄRTNER & STEPHAN 1994). Mitte März war das Wasser im Kriegbach und Duttlacher Graben zwischen 7 °C und 8 °C kühl (HEIDENREICH & THORN 1994), was in etwa der Jahresdurchschnittstemperatur entspricht. Mitte August betrug die Wassertemperatur dort rund 18 °C (THORN 1988). Generell zählen die Bäche im Gebiet zu den sommerwarmen Gewässern mit sommerlichen Temperaturen von gelegentlich deutlich über 20 °C. Regulierende Faktoren sind beispielsweise Wassertiefe, Wassermenge, Beschattung bzw. direkte Sonneneinstrahlung und Einleitungen mit einer bestimmten Temperatur. Für die Entwicklungsdauer von Wasserorganismen bedeutsam ist auch die **Wärmesumme** eines Gewässers.

- Die **Leitfähigkeit** ist ein unspezifisches Maß für die Summe gelöster Ionen im Wasser. Sie wird sowohl vom geologischen Untergrund als auch von Einleitungen und Einschwemmungen aus dem Umland beeinflußt. In nährstoffarmen Silikatbächen, die z. B. den Buntsandstein-Odenwald oder den nördlichen Schwarzwald durchfließen, kann sie nur um 20 µS/cm betragen, in den Carbonatbächen aus dem Hügelland nimmt sie wesentlich höhere Werte an. Am 19.3.94 betrugt die Leitfähigkeit im Duttlacher Graben stattliche 1292 µS/cm (HEIDENREICH & THORN 1994). Der Anteil von Einschwemmungen läßt sich am Beispiel der Pfinz betrachten: Dort nahm vom 1. auf den 2. Oktober 1993 die Leitfähigkeit mit Regenfällen von 480 µS/cm auf Werte um 700 µS/cm zu (BAUMGÄRTNER & STEPHAN 1994).

- Der **pH-Wert** schwankt tageszeitlich mit der Photosyntheseleistung der Pflanzen, ist aber in den Carbonatbächen der nördlichen Oberrheinebene gut abgepuffert und bewegt sich im neutralen bis leicht basischen Bereich (pH 7–9). Problematisch wird ein hoher pH-Wert bei der Einleitung ungeklärter Abwässer, etwa aus den Überläufen von Regenwasserrückhaltebecken oder nach Starkregenereignissen, wenn eine lange Trockenperiode vorausgegangen ist. Dann wird nämlich Ammonium in meßbaren Konzentrationen eingeschwemmt und aufgrund des hohen pH-Werts zu einem Teil in das Zellgift Ammoniak umgewandelt, welches für einen Teil der sogenannten Fischsterben verantwortlich ist (außer den Fischen sterben natürlich auch andere Tiere im Wasser).

- Der **Sauerstoffgehalt** ist ein zentraler Wert, und seine niedrigsten Konzentration sind limitierend für das Vorkommen anspruchsvoller Arten. Die Sauerstoffkonzentration ist temperaturabhängig und sollte in sauberen Gewässern selten unter 8 mg/l (etwa 80 % Sättigung) liegen. Tagsüber können durch pflanzliche Produktion hohe Überschußwerte auftreten. Wichtig ist es, den Tagesgang oder den biologischen und chemischen Sauerstoffbedarf in mehreren Tagen zu messen.

- **Phosphor** ist häufiger als Stickstoff Minimumfaktor für Algen und höhere Pflanzen. Bei Einleitungen sorgt eine Erhöhung der Phosphatkonzentration also schneller für eine Produktionssteigerung, weswegen in den letzten Jahren bei Kläranlagen auf eine Phosphatfällung geachtet wird. Trotzdem ist ein niedriger Phosphatwert kein Indikator für die gut funktionierende Selbstreinigung, da Phosphat normalerweise im Sediment gebunden wird.

- **Stickstoff** kann in verschiedenen Ionen (als Nitrat, Ammonium und als Übergangsform Nitrit) enthalten sein. Nitratwerte über 10 mg/l sind bei uns anthropogen bedingt und bereiten nicht nur den Organismen in Bächen und Gräben Probleme, sondern auch in unserem als Trinkwasser genutzten Grundwasser.

- Partikuläre organische Substanzen besitzen eine hohe Absorptionsfähigkeit für **Schwermetalle** und Kohlenwasserstoffverbindungen, die daher häufig im Sediment gebunden werden. Wollte man beispielsweise den Saalbachkanal oder die Pfinzkorrektion entschlammen, könnte es sein, daß der Aushub als Sondermüll deponiert werden müßte.

Näheres zum Stoffhaushalt von Gewässern kann man z.B. bei SCHWOERBEL (1993) nachlesen, Genaueres zu Meßmethoden bei SCHWOERBEL (1994).

Abb. 7.52 Typisch für Grabenränder und feuchte Hochstaudenfluren: der Sumpf-Ziest (*Stachys palustris*).

ausgebrachten Dünge- und Spritzmitteln bestehen und den Gewässerchemismus zusätzlich beeinträchtigen.

Zur weiteren Klärung von Abwässern wird auf die natürliche **Selbstreinigung** der Gewässer gesetzt. Die Lebensgemeinschaft in einem Fließgewässer ist in der Lage, organische Belastungen unter Sauerstoffverbrauch abzubauen, in mineralische Nährstoffe und Biomasse umzuwandeln. Die Selbstreinigung beruht überwiegend auf mikrobieller Tätigkeit und ist abhängig von der Art der Abwässer – hochmolekulare Substanzen werden langsamer abgebaut als niedermolekulare – und von der Lebensraumqualität des jeweiligen Gewässers. Wo Faulschlamm den Bachgrund bedeckt, keine Strukturen vorhanden sind und Besiedlungsmöglichkeiten fehlen, ist auch die Fähigkeit zur Selbstreinigung eingeschränkt.

Außer der Belastung mit organischen Zehrstoffen führt auch die **Eutrophierung** eines Gewässers, also die Zufuhr von Nährstoffen, über ein erhöhtes Algen- und Pflanzenwachstum zu einer Sauerstoffzehrung: erstens nachts, bei der Dunkelreaktion der Photosynthese, und zweitens beim Abbau des abgestorbenen Pflanzenmaterials. Kommt es im Wasser zu Sauerstoffdefiziten, können nur noch bestimmte, an geringere Sauerstoffkonzentrationen angepaßte Arten überleben. In aufgestauten Gewässerabschnitten wird die kritische Situation noch verstärkt, weil der Sauerstoffnachschub aus der fließenden Welle ausbleibt.

Zur Ermittlung der **Gewässergüte** werden zwei sich ergänzende Verfahren angewendet. Einerseits die chemische Untersuchung von Wasserproben, die Auskunft über die **momentane Konzentration** von Nährstoffen, den Sauerstoffgehalt und -verbrauch gibt. Andererseits die biologische Untersuchung, die über einen längeren Zeitraum integrierend die Gewässergüte, die Sauerstoffversorgung, Lebensraumqualität und Selbstreinigungsfähigkeit beurteilt. Auch Parameter wie die Gewässermorphologie oder Fließgeschwindigkeit müssen erfaßt werden.

Pflanzen und Tiere als Indikator der Gewässergüte

In den letzten Jahren unternahm man Versuche, Wasserpflanzen als Zeigerarten für eine bestimmte Nährstoffkonzentration bzw. einen Eutrophierungsgrad einzusetzen. In stehenden Gewässern ist dies einfacher als in Fließgewässern, wo sich die Verhältnisse oft und rasch ändern und die Nährstoffe über weite Strecken transportiert werden.

Zur biologischen Bestimmung der **Gewässergüte** von Fließgewässern werden seit Beginn des 20. Jahrhunders verschiedene ökologische Methoden angewandt. Die gebräuchlichste Methode ist die Ermittlung des **Saprobien-Index**, die seit 1990 in der DIN 38410, Teil 2, festgelegt ist. Dabei ordnet man den einzelnen Tierarten einen Zeigerwert zu, der verrechnet wird und schließlich die Zuordnung des Gewässers zu einer Güteklasse ermöglicht (Näheres zur Methode siehe z. B. SCHWOERBEL 1994, dort gibt es auch weitere Literaturangaben). Dazu müssen Einzelheiten über die Ökologie der Arten erforscht und gesichert sein, die bundesweit anwendbar und vergleichbar sind.

Typische Vegetationseinheiten

Die Pflanzen in und an einem Graben oder Bach sind ein weiteres wichtiges Glied in dem Ökosystem Fließgewässer bzw. seiner Übergänge zum Land. Ufergehölze können die Wasseroberfläche beschatten und dadurch das Wachstum eines ansonsten beherrschenden Röhrichts unterdrücken. An nährstoffbelasteten Bächen ist es üblich geworden, das südliche Ufer zu bepflanzen und das Licht als limitierenden Faktor gegen die Verkrautung einzusetzen. Das Nährstoffproblem wird dadurch zwar nicht gelöst, aber weiter nach stromabwärts verlagert. Tierarten, die eine zumindest in Teilbereichen offene Wasserfläche benötigen, wie etwa die **Gebänderte Prachtlibelle** (*Calopteryx splendens*), können hier vorkommen. Die Wurzeln der **Schwarzerle** (*Alnus glutinosa*) tragen zusätzlich zur Ufer- und Sohlenbefestigung bei und steigern, wenn sie ins Wasser ragen, als Habitatstruktur und Unterstand – etwa für Fische bei Hochwasser – die Biotopfunktion des Baches.

Die meisten Bäche in der Rheinebene weisen höchstens stellenweise einen schmalen Saum an Ufergehölzen auf oder ziehen gänzlich frei davon durch die Acker- und Wiesenflur. Oft reicht die landwirtschaftliche Nutzfläche oder ein asphaltierter Weg bis dicht an die Wasserlinie heran, so daß die Ufervegetation nur fragmentarisch ausgebildet ist. Um einen geregelten (Hoch-)wasserabfluß zu gewährleisten, wird die Vegetation in den Bächen in der Regel einmal im Jahr maschinell entfernt. Je nachdem, wie diese Unterhaltungsmaßnahmen durchgeführt werden – mit einer Fräse, dem Mähboot oder Mähkorb – wird die Lebensgemeinschaft im Bach unterschiedlich in Mitleidenschaft gezogen. Weil der Wasserlauf für Maschinen zugänglich sein muß, kann im Bedarfsfall außerdem nur eine Uferseite bepflanzt werden.

Die natürliche Vegetation der Gräben und Bäche besteht aus einem ähnlichen Arteninventar. Je nach Standort und unterschiedlicher Lebensweise, einmal untergetaucht, einmal über die Wasseroberfläche hinausragend, werden die gleichen Arten verschiedenen Pflanzengemeinschaften zugeordnet (BUCHWALD 1994). Die Unterwasserbestände von Brunnenkresse (*Nasturtium officinale*), Berle (*Sium erectum*), Wasserminze (*Mentha aquatica*) und anderen Arten werden beispielsweise mit dem Wasserhahnenfuß (*Ranunculus trichophyllos*) und anderen zu einer Wasserpflanzengesellschaft aus dem Verband des Flutenden Hahnenfußes (Ranunculion fluitantis) gestellt, während die emersen (aus dem Wasser teilweise herausragenden), krautigen Formen in die niederwüchsigen Röhrichte (Klasse Phragmitetea) eingegliedert werden.

Dem kleinräumigen Vegetationsmosaik in Gräben stehen in nährstoffreichen Bachläufen oft einheitliche Bestände, dominiert von Schilf (*Phragmites australis*) oder Rohrglanzgras (*Phalaris arundinacea*) gegenüber. Das Teichröhricht (Scirpo-Phragmitetum) begleitet aufgestaute Gewässerabschitte auf schlammigem Untergrund. Auf besonders nährstoffreichem Schlamm wird es vom Wasserschwadenröhricht (Glycerietum maximae) abgelöst. Die offenen Wasserflächen dieser stehenden oder fast stehenden Gewässerabschnitte werden zeitweise von unbeständigen Wasserlinsengesellschaften (Lemnetea) bedeckt. Die Uferbegleitvegetation besteht hauptsächlich aus nährstofftoleranten und nährstoffliebenden Hochstaudenfluren mit typischen Arten wie Mädesüß (*Filipendula ulmaria*) und Echtem Baldri-

Abb. 7.53
Die Große Teichmuschel (*Anodonta cygnea*), nach dem Trockenfallen eines Baches aus dem Schlamm herausragend.

an (*Valeriana officinalis*). Auch die beherrschenden Bestände der Pestwurz (*Petasites hybridus*) entlang des Wasserspiegels bis ungefähr zwei Meter darüber zählen zu den nitrophytischen Saumgesellschaften und sind an vielen Stellen, etwa entlang des Saalbachkanals westlich von Karlsdorf oder an der Pfinz zwischen Graben und Rußheim, verbreitet.

Die Tierwelt

Die tierische Besiedlung eines Baches oder Grabens konzentriert sich auf den Gewässergrund. Dort leben neben unzähligen Einzellern etwa drei Viertel der ungefähr 1.000 mehrzelligen Tierarten eines Baches (ZWICK 1993) und bilden die **Benthalfauna**.

Der freie Wasserkörper beherbergt dagegen lediglich einen Großteil der Fische und das **Plankton**, das in so kleinen *Fließ*gewässern keinen großen Stellenwert besitzt. Das Plankton ist nicht etwa fließgewässerspezifisch, sondern es werden Arten aus ruhigen Abschnitten oder Buchten stehender Gewässer (einzellige Algen, Rädertierchen, Wasserflöhe, Ruderfußkrebse u. v. a.) eingeschwemmt oder mit Wasservögeln oder als Dauerstadien eingeschleppt. In der Unterwasservegetation wird das Plankton schließlich zurückgehalten und von Filtrierern als Nahrung aufgenommen. Ob die planktischen Organismen fähig sind, sich auf ihrer Reise im Fließgewässer zu vermehren, hängt von ihrer Verweilzeit im Bach und der Generationsdauer ab.

Größere Flüsse sowie Bäche im Mittelgebirge werden entsprechend ihrer Artenkombinationen an Fischen oder anderen Organismen in verschiedene Zonen eingeteilt. Im modernen „river continuum concept“ wird mehr der Übergang zwischen den einzelnen Zonen betont und anhand unterschiedlicher Ernährungstypen beschrieben. Auf die kleineren Tieflandbäche sind diese Modelle nicht ohne weiteres anwendbar, erstens weil durch aufgestaute Bereiche kein „Fließgewässerkontinuum“ vorhanden ist, zweitens weil andere Faktoren als nur das Gefälle eine Rolle spielen: Lokaler Grundwasserzutritt oder kleinräumige Substratunterschiede, abschnittsweise Beschattung und morphologischer Abwechslungsreichtum sind für die Besiedlung im Unterlauf entscheidender.

Muscheln und Wasserschnecken

Als aktive Strudler leben die **Großmuscheln** (Unionidae) im Gewässergrund. Sie tragen zur Selbstreinigungsleistung eines Baches oder Flusses bei, indem sie organische Partikel aus dem Wasser filtern und als Krümel dem Sediment hinzufügen. Pro Stunde gelangen rund 40 Liter Wasser durch die Kiemen einer Großmuschel.

Die meisten der sieben einheimischen Arten sind von der Gewässerverschmutzung betroffen und stark gefährdet. Das Vorkommen der bundesweit vom Aussterben bedrohten **Kleinen Flußmuschel** (*Unio crassus*) in einigen Abschnitten der Pfinz ist als große Rarität zu bewerten. Früher war die Art weit verbreitet und wurde sogar als Schweine- oder Hühnerfutter aus den Bächen geschaufelt und gekocht. Alte Schalen kann man noch auf Feldern entlang der Pfinz und des Saalbachs sowie im Oberrödelbach bei Bad Schönborn entdecken. Ein weiterer Fundort für Schalen und -bruchstücke war erstaunlicherweise der Kammerforstrand am Sieben-Erlen-See zwischen Neuthard und Graben. Genau dort verlief bis in die 30er Jahre der Alte Pfinzgraben, dessen damalige Muschelfauna gut rekonstruiert werden kann. Auch eine Schale der kirschkernkleinen **Großen Erbsenmuschel** (*Pisidium amnicum*), ebenfalls eine Art der „Roten Liste“, war nach sechs Jahrzehnten noch unter Buchenlaub auszumachen.

Die Kleine Flußmuschel hat sich in der Pfinz in den letzten Jahren nicht fortpflanzen können, was nicht nur an der abschnittsweisen Austrocknung, sondern auch an zu hohen Nitratwerten liegt! Es ist zu befürchten, daß die Restbestände überaltern und in Kürze ausgestorben sein werden.

Eine schnellwüchsige und weniger anspruchsvolle Unterart der **Malermuschel** (*Unio pictorum*) scheint sich dagegen momentan auszubreiten und die angestammten Bachformen dieser Art zu ersetzen. Selbst im kritisch belasteten Saalbachkanal, in dem sonst nur noch die **Gemeine Teichmuschel** (*Anodonta anatina*) lebt, konnte 1995 ein solches Exemplar an einer günstigen Stelle bei Neudorf beobachtet werden.

Der Lebenszyklus der Großmuscheln ist eng mit dem Vorkommen von Fischen verknüpft: Die Larven leben eine Zeit lang parasitisch an den Kiemen oder Flossen von Wirtsfischen, ohne ihren Wirt allerdings ernsthaft zu schädigen. In diesem Stadium werden die sonst recht seßhaften Tiere innerhalb eines Gewässersystems verbreitet. Nach der Umwandlung zur Jungmuschel fallen sie von ihrem Wirtsfisch ab und leben ein bis mehrere Jahre im Lückensystem unter dem Bachgrund. In den belasteten Fließgewässern kommt die Entwicklung spätestens hier zum Erliegen, weil das Lückensystem als Folge von Faulschlammbildung oder der Sedimentation kleiner organischer Partikel zugesetzt und sauerstoffarm ist.

Mehrere Kleinmuschelarten und Süßwasserschnecken komplettieren die Liste der Weichtiere in den Tieflandbächen. Diese Artengruppen ernähren sich zumeist als **Weidegänger** von Aufwuchsalgen und -tierchen. Die **Erbsenmuscheln** (Gattung *Pisidium*) und **Kugelmuscheln** (Gattung *Sphaerium*) betreiben Brutpflege und entlassen nur eine zweistellige Nachkommenzahl, die aber dann bereits fertig entwickelt sind, während die Großmuscheln Hunderttausende von Larven produzieren.

Der Artenreichtum an Wasserschnecken ist in nährstoffreichen, ruhig fließenden Tieflandbächen besonders groß. Außer Arten, die auch in stehenden Gewässern vorkommen können, gibt es hier jedoch nur wenige typische Fließgewässerschnecken. In der nördlichen Oberrheinebene sind die häufigsten Wasserschnecken wohl die **Langfühlerige Schnauzenschnecke** *(Bithynia tentaculata)*, eine Kiemenschnecke, und die **Gemeine Schlammschnecke** (*Radix ovata*), eine lungenatmende Art. Die nahe verwandte **Ohr-Schlammschnecke** (*Radix auricularia*) lebt in pflanzenreichen Bereichen in nur gering belastetem Wasser und ist entsprechend selten.

Libellen aus Wiesengräben

Libellen stechen nicht – auch wenn sie furchterregende Namen wie „Teufelsnadel“ oder „dragonfly“ (engl. für „Drachenfliege“) erhalten haben. Mit ihrer Legeröhre schaffen es die Weibchen zwar, Pflanzenstengel und -blätter zur Eiablage anzubohren, mit einem Abwehrstachel hat das aber nichts zu tun. Alle Arten sind gewandte Flieger und besitzen einen für Insekten ausgeprägten Gesichtssinn: riesige Komplexaugen aus Tausenden von Einzelaugen, mit denen sie vorbeifliegende Beutetiere wahrnehmen können. Auch die Libellenlarven, die in Gewässern leben, ernähren sich räuberisch.

In kleinen Wiesenbächen und -gräben kann sich eine besondere Libellenfauna etablieren: Neben ubiquitären Arten wie der **Gemeinen Pechlibelle** (*Ischnura elegans*), die zum Inventar jedes Gartenteiches gehört, oder der rot gefärbten **Frühen Adonislibelle** (*Pyrrhosoma nymphula*) kommen und kamen in unserer Region „Spezialisten“ vor, für die Bewässerungsgräben und andere kleine, schwach fließende Gewässer einen wesentlichen Teil ihres Habitatspektrums darstellen.

Die **Helm-Azurjungfer** (*Coenagrion mercuriale*) ist eine südwesteuropäisch verbreitete Art, die innerhalb Deutschlands ihren Schwerpunkt in Baden-Württemberg hat. Sie gilt als Leitart vegetationsreicher, quellnaher oder grundwasserbeeinflußter Tieflandbäche und -gräben, die besonders in der Oberrheinebene den größten Teil ihrer Fortpflanzungsgewässer ausmachen. Ihr Vorkommen ist an geeignete Larvenhabitate gebunden: Die Gewässer müssen zumindest eine leichte Strömung aufweisen, dürfen nicht oder nur wenig beschattet sein, aber normalerweise nicht austrocknen. Verblüffend ist das selektive Vorkommen der Helm-Azurjungfer mit bestimmten (Wasser-)Pflanzengesellschaften. Es wird angenommen, daß diese als Strukturzeiger für ein geeignetes Larvenbiotop mit ganzjähriger Unterwasservegetation und winterlicher Eisfreiheit – wie es in grundwasserbeeinflußten Gewässern der Fall ist – von den Libellen erkannt werden (BUCHWALD 1994). Dominierende Pflanzenarten dieser Gesellschaften sind über die Oberfläche ragende „Krautpflanzen“ wie Merk (*Sium erectum*), Brunnenkresse (*Nasturtium officinale*), Wasserminze (*Mentha aquatica*), Bachbunge (*Veronica beccabunga*) und einige andere. Für manche Gewässer ist vor allem das Rohrglanzgras (*Phalaris arundinacea*) charakteristisch. Die Larven halten sich überwiegend in Beständen von Unterwasserpflanzen auf und brauchen ein bis zwei Jahre bis zum Schlüpfen. Die Flugzeit beginnt bei uns Anfang/Mitte Mai, gegen Ende Juni haben die meisten Tiere ihre Paarung hinter sich, sind einem Räuber zum Opfer gefallen oder sterben.

Zur Jagd und bei schlechter Witterung halten sich die ausgewachsenen Helm-Azurjungfern meist nicht weiter als zehn Meter vom Gewässer entfernt in Randbereichen und angrenzenden Wiesenflächen auf. Extensiv genutzte Wiesen mit einer späten Mahd sind daher aus Sicht des Artenschutzes ideale Grabenbegleiter.

Während die Art früher noch häufiger in sommerwarmen Bächen anzutreffen war, ist sie mittlerweile in Deutschland vom Aussterben bedroht. In der nördlichen Oberrheinebene ist nur noch bei Graben eine stabile Population der Helm-Azurjungfer bekannt, häufiger ist sie im Mittel- und Südbadischen sowie im Alpenvorland.

Eine der Helm-Azurjungfer sowohl äußerlich als auch von den Biotopansprüchen ähnliche Art ist die **Vogel-Azurjungfer** (*Coenagrion ornatum*), deren Vorkommen von FÖRSTER (1902) aus „Wiesenmooren des Kraichgauer Hügellands“ beschrieben wurde, wo sie zusammen mit der vorigen Art auftrat. In der Rheinebene besiedelte sie schmale Wiesenbäche, ebenfalls oft zusammen mit *Coenagrion mercuriale*. In den 60er Jahren wurde sie noch zerstreut von Libellenkundlern beobachtet, inzwischen ist die Art aus Baden-Württemberg verschwunden. Erst vor wenigen Jahren ist die letzte nordbadische Population im Rhein-Tiefgestade zusammengebrochen.

Abb. 7.54
Ein Pärchen der seltenen Helm-Azurjungfer (*Coenagrion mercuriale*).

Noch relativ häufig ist in der Rheinebene die **Gebänderte Prachtlibelle** (*Calopteryx splendens*) anzutreffen. Sie fällt in ihren Lebensräumen durch die beim Männchen blauschwarz gebänderten und beim Weibchen rauchbraun gefärbten Flügel, den metallisch blau oder grün schimmernden Körper und ihren schmetterlingsähnlichen „Gauklerflug" auf. Wiesengräben sind nur ein Teil ihres Habitatspektrums, sie lebt auch in und an nährstoffreichen Altwässern, Bächen und kleinen Flüssen. Wichtig sind eine unbeschattete Wasseroberfläche oder zumindest „Sonnenflecken" und (Röhricht-)Vegetation, deren Halme und Blätter die revierbildenden Männchen als

Abb. 7.55
Ein Blaupfeil-Paarungsrad (Gattung *Ortethrum*).

Abb. 7.56 Die Alte Pfinz zwischen Neuthard und Graben. Dieses noch einigermaßen unverbaute Stück Bachlauf war lange Zeit die Heimat höchst seltener Tierarten, unter anderem von drei Flußmuschelarten. Mehrfache Trockenheit durch falsches Wasserregime und unnötige Wasserentnahme machten den Muscheln anfangs der 1990er Jahre den Garaus.

Sitzwarte benutzen, von denen sie nach Weibchen und Rivalen ausspähen. Zur Eiablage in den Stengeln von Wasserpflanzen können die Weibchen viele Minuten unter Wasser bleiben, dabei werden sie von dem jeweiligen Männchen bewacht, das eventuelle Konkurrenten energisch vertreibt. Die komplexen Verhaltensmuster der Prachtlibellen, was Balz, Paarung, Eiablage oder Revierverteidigung angeht, lassen sich mit etwas Geduld sehr schön im Gelände beobachten. Zur Einstimmung oder zum Nachlesen seien an dieser Stelle die Untersuchungen von HEYMER (1973) und BENDA et al. (1993) empfohlen.

Ihre Schwesterart, die **Blauflügel-Prachtlibelle** (*Calopteryx virgo*) war noch bei Kriegsende die häufigste Libellenart in Deutschland. In der nördlichen Oberrheinebene fehlt sie heute fast ganz, im Kraichgauer Hügelland gibt es im Gegensatz zu früher nur vereinzelte Nachweise.

Was den Nutzungsgrad des im Wasser gelösten Sauerstoffes angeht, schneiden die Larven der Blauflügel-Prachtlibelle schlechter ab als die der Gebänderten Prachtlibelle: Das kann mit ein Grund sein, warum sie eher in sauerstoffreichen, stromaufwärts gelegenen Gewässerabschnitten mit sommerlichen Wassertemperaturen unter 20 °C überleben, während die Larven der Gebänderten Prachtlibelle in wärmeren Gewässern mit Sommerwassertemperaturen zwischen 20 und 24 °C vorkommen, in denen weniger Sauerstoff löslich ist.

Ein weiterer, seltener Bewohner der Wiesengräben und Quellaustritte ist der **Kleine Blaupfeil** (*Orthetrum coerulescens*), der im Unterschied zu den bisher vorgestellten Arten zu den Großlibellen gehört. „Pfeil"schnell, wie sein Name sagt, flitzt er an Gewässern auf und ab. Die Weibchen legen wie die aller Segellibellen (Familie Libellulidae) ihre Eier im Flug, geben sie einzeln dicht über der Wasseroberfläche ab, wo sie sich selbst überlassen auf den Grund sinken.

Zu den Falkenlibellen (Familie Corduliidae) gehört die **Gefleckte Smaragdlibelle** (*Somatochlora flavomaculata*). Ihr Verbreitungsschwerpunkt liegt im Voralpenland; im Oberrheintal nimmt sie von Süden nach Norden hin ab. Sie besiedelt seggenreiche Flachmoore und – seltener – langsam fließende Bäche mit dichter Ufervegetation, bevorzugt in Waldnähe.

Mehrere Arten von **Heidelibellen** (Gattung *Sympetrum*) fliegen im ausgehenden Sommer über die Wässerwiesen, manchmal zusammen mit der **Herbst-Mosaikjungfer** (*Aeshna mixta*), die eine der letzten Libellen im Jahr ist: Ausnahmsweise kann man einzelne Tiere sogar noch im November fliegen sehen.

Alle Libellenarten reagieren im Larvenstadium empfindlich auf Grundräumungen und Entkrautungsmaßnahmen – an Land geworfen müssen sie ersticken oder vertrocknen. Substratverhältnisse, Wasserqualität und Vegetation sind weitere bestimmende Faktoren für das Vorkommen und Überleben der Larven. Eine intakte Umgebung der Gewässer ist wichtig für Jagd und Balz der ausgewachsenen „Teufelsnadeln".

Andere Insekten und die Niederen Tiere

In einem Fließgewässer findet man im Oberlauf besonders viele **passive Filtrierer**, aber auch im Tieflandbach gibt es noch Arten, die ihre Nahrung aus der Strömung herausfiltern. **Köcherfliegenlarven** der Gattung *Hydropsyche* bauen ein leicht trichterförmiges Netz von wenigen Quadratzentimetern Fläche in einen Rahmen aus Pflanzenteilen. Wie ein Fußballtor steht es in der Strömung und wird von Zeit zu Zeit von der Larve abgeweidet.

Auch die Larven der **Kriebelmücken** (Simuliidae) filtern Algen und organische Schwebeteilchen aus dem Wasser. Dazu benutzen sie korbähnliche Fangorgane, die auf der Oberlippe entspringen. Die Hüllen ihrer Puppen werden als „strömungsgeschütztes Sekundärbiotop" oft erneut besiedelt, z. B. von Wassermilben (Hydracarina). Die **Sedimentfresser** unter den Benthosorganismen sind besonders wichtig für die Umlagerungen von Sediment und dem Abbau der abgelagerten organischen Teilchen. Außer den bereits erwähnten Schlammröhrenwürmern gehören **Zuckmückenlarven** (Chironomidae) diesem Ernährungstyp an, wie auch die Larven mancher **Eintagsfliegen** (Ephemeroptera). Man kann sie an den drei Schwanzanhängen und den Tracheenkiemen am Hinterleib leicht erkennen. Die meisten der bei uns gefundenen Eintagsfliegen gehören zu den Gattungen *Baëtis* und *Caënis* oder zu der häufigen Art *Ephemera danica*. Die erwachsenen Eintagsfliegen schwärmen oft in Massen auf ihrem Hochzeitsflug. Sie nehmen keine Nahrung mehr zu sich; ihr Darm ist mit Luft gefüllt, was beim Fliegen hilfreich ist.

Bachflohkrebse (*Gammarus* spec.) sind als **Zerkleinerer** zuständig für den Abbau großer Partikel zu kleinen. Sie nehmen eine Schlüsselstellung im Stoffhaushalt ein, weil sie z. B. eingetragenes Laub als Nahrung für andere Arten zugänglich machen, allerdings nur, wenn es vorher mikrobiell aufbereitet wurde. In den Tieflandbächen der Rheinebene leben die beiden Arten *Gammarus pulex* und *Gammarus roeseli*, während im Hügelland auch noch der an seinen Rückendornen leicht zu erkennende *Gammarus fossarum* vorkommt.

Wenn es keine Mechanismen gäbe, um die ständige Drift stromabwärts in einem Fließgewässer zu kompensieren, wären die Oberläufe bald nur noch sehr dünn besiedelt. Die meisten der bodenbewohnenden Arten bewegen sich negativ rheotaktisch, das heißt immer gegen eine vorhandene Strömung. Die Weibchen der **Steinfliegen und Eintagsfliegen** machen daher vor der Eiablage einen sogenannten „Kompensationsflug" stromaufwärts. Fische können in unverbauten Wasserläufen frei umher schwimmen – mit ihnen die Larven der Großmuscheln.

Viele andere Tiergruppen ernähren sich zumindest teilweise **räuberisch**. Dabei nutzen sie vor allem die organismische Drift aus, die nachts stark ansteigt. Wenn die Weidegänger, die sich tagsüber als Schutz vor Räubern häufig verborgen halten, hervorkommen, wird ein Teil von ihnen mit der Strömung verdriftet und somit zur leichten Beute.

Die Larven und die erwachsenen Tiere einiger Schwimm- und Wasserkäfer machen Jagd auf andere Benthosorganismen ebenso wie die Libellenlarven mit ihren bizarren Fangmasken. Auch die harmlos aussehenden **Strudelwürmer** (Planarien) wie *Dendrocoeleum lacteum* und *Dugesia gonocephala* fressen kleine, lebende und tote Tiere und -teile.

Der **Schneckenegel** (*Glossiphonia complanata*) ernährt sich in erster Linie von Weichtieren. In den Schalen verendeter Schnecken oder Großmuscheln kann man ihn finden, ebenso wie die Kokons des **Hundeegels** *Erpobdella octoculata*. Im Unterschied zu diesem betreibt der Schneckenegel aber Brutpflege: Das weibliche Tier trägt die seine Jungen etwa zwei bis drei Monate am Bauch mit sich herum.

Aus wirtschaftlichen Gründen wurde um die Jahrhundertwende der **Amerikanische Flußkrebs** (*Orconectes limosus*) bei uns eingeführt, nachdem die Bestände des einheimischen Flußkrebses (*Astacus astacus*) durch eine Pilzinfektion, die sogenannte Krebspest, ausgelöscht wurden. Der Amerikanische Flußkrebs ist gegen diesen Krankheitserreger immun, außerdem erträgt

Abb. 7.57 Nicht nur Insekten und Niedere Tiere, sondern auch Amphibien und Reptilien profitieren erheblich von Feuchtwiesen, vor allem, wenn dauerfeuchte Senken oder kleine Tümpel vorhanden sind (ganz zu schweigen vom Amphibienreichtum in Wiesengräben). Die längere Überflutung von Wiesen bei Hochwasserereignissen gibt Amphibien die Möglichkeit zur Fortpflanzung: hier ein Kreuzkrötenpaar beim Ablaichen in den überschwemmten Rüppurrer Wiesen.

er auch eine stärkere Abwasserbelastung seines Lebensraums als der heute immer noch sehr seltene *Astacus astacus.*

Naturschutzziele

Naturnahe Gewässer finden sich in der Rheinebene fast nur noch in den Resten der Rheinaue. Die Fauna und Flora der Zubringerbäche ist über weite Strecken verarmt und nicht mehr fließgewässertypisch. Gründe hierfür sind die Belastung mit Abwässern und Einschwemmungen sowie wasserbauliche Eingriffe in die Morphologie der Fließgewässer.

Die anthropogen entstandenen Be- und Entwässerungsgräben sind teilweise in einem besseren Zustand: dann, wenn Grundwasser zutritt und die umliegenden Flächen extensiv genutzt werden.

Für die natürliche Biozönose (Lebensgemeinschaft) in den Fließgewässern kommt es in erster Linie auf eine Verbesserung der Wasserqualität an. Erst dann greifen Renaturierungsmaßnahmen wie Schaffung eines gewundenen Gewässerlaufs mit Überschwemmungszonen, kleinräumigen Strukturen und einer naturnahen Ufervegetation. Wird die Dynamik eines Baches wiederhergestellt, verbessert sich allerdings auch seine Selbstreinigungsfähigkeit.

Eine Fließgewässerrenaturierung sollte immer auch die Wechselbeziehungen mit dem Umland und vor allem das Einzugsgebiet mitberücksichtigen. Was nützt ein schön mäandrierender Bachlauf, wenn in den Maisfeldern rechts und links wie vorher gespritzt und gedüngt wird?

7.10 Die Wiese im dörflichen Leben

Karl Serden

Im Aufbau und Fortschritt der Gegenwart ist es unvermeidlich, daß alte Gepflogenheiten verloren gehen. Die Konturen verschieben sich, gegenüber früher entstehen neue Zielsetzungen. Vertraute Anblicke erhalten neuzeitliche Umrahmung; Idyllisches wird aufgelöst. Trotzdem hat sich der ursprüngliche Reiz des weit überschaubaren Wiesentales erhalten, er wurde durch die Besiedelung nur wenig beeinträchtigt. Beeinträchtigt vielleicht insofern, als verstärkt ein träumerisches Erinnern das Gemüt bewegt. Aus der Gedankenfülle kristallisiert sich eine malerische Komponente, plötzlich fühlt man sich um Jahrzehnte zurückversetzt. Ein Wunschdenken zieht auf, man spürt den Zauber einer unverfälschten Natur, die noch 1964 zur romantischen Betrachtung anregte (siehe Kasten).

Zur Heuernte ging es im Ubstadter „Wiesental“ geschäftig zu. Bunt und sommerlich angezogen, mit Strohhüten auf dem Kopf, verrichteten Bauer und Bäuerin die Erntearbeiten. In aller Frühe ging es „hinunter ins Tal“. Heute ist nicht mehr viel von dieser Romantik übriggeblieben. Das Mähen des Grases geschieht heute maschinell. Ein schwacher, knirschender Laut begleitet den Messerbalken, der am Traktor angebracht ist, wenn die scharf geschliffenen Messer das satte Gras kurz über der Erde abtrennen. Verschwunden ist der Anblick der von einem Pferd gezogenen Mähmaschine. Auch der Anblick des Schnitters gehört einer vergangenen Epoche an, obwohl die Sense auch heute noch zum unentbehrlichen Hofgerät des Bauern zählt. Der Landmann hält sie ständig bereit, um die Wiesen auszumähen, oder um drüben an den Rainen und Hängen, wo der Maschine natürliche Grenzen gesetzt sind, mit ihr den Schnitt zu machen.

Schönes Erntewetter hebt die Laune des Bauern. In der Sonne dörrt das geschnittene Gras rasch. Bevor der Bauer das Heu nach Hause in die Scheune fuhr, wurde es auf der Wiese zuerst nochmals gewendet, damit es gleichmäßig trocknen konnte. Brannte die Sonne heiß vom Himmel, gab es natürlich durstige Kehlen. Die Pulle mit dem Haustrunk, die man mitführte, war oft gegen Mittag schon leer. Eine schwere Arbeit bedeutete das

Ein warmer Sommertag offenbart dem Betrachter bei einem Gang durch das Wiesental eine Fülle zauberhafter und erlebnisfroher Eindrücke. Das grüne Kleid der Wiesenpflanzen nuanciert die Farbe der Hoffnung in vielerlei Schattierungen: ein wohltuender Anblick für das Auge. In leichter Bewegung befindet sich das Meer der Stauden und Halme, denn fast immer streicht ein sanfter Windhauch über die unzähligen Blüten und Blättchen, über die Spitzen der haarwuchsdichten Grasnarbe. Die blumenübersäte Fläche gleicht in ihrer Weite dem Miniaturbild einer nordamerikanischen Prärie. Die Illusion wäre vollkommen, wenn in der Ferne Kakteen das Bild beleben würden.

Im Bereich der Bodenregion, zwischen dem vielfältigen Grün, findet sich eine Welt kleiner und kleinster Lebewesen. Ameisen und Käfer führen hier ein beschauliches Dasein. Heuschrecken hüpfen hin und her, und auch Grillen zirpen rechts und links des Weges.

In schneidigem Flug tummeln sich Insekten über dem wogenden Ozean der Grashalme, zwischen denen unauffällig und gut versteckt auch Spinnen auf Beute lauern. Die mit hauchfeinen Fäden kunstvoll gesponnenen Fangnetze sind für Schnaken und Fliegen, aber auch für so manchen Falter eine tödliche Verstrickung. Die Flora und Fauna zeigt sich in ihrer ganzen Ursprünglichkeit.

Bienen kreuzen über den Dolden und Blütenkelchen in eifriger Suche nach Nektar. Der über dem Tal liegende honigsüße Duft belebt und erfrischt den in das Schöpfungswunder Natur vertieften Wanderer. Behäbig brummt die Hummel ebenfalls auf Entdeckungsflug nach süßer Kost. Eine Ringelnatter gleitet über den Boden und stört den gleichmäßigen Rhythmus des feingliedrigen Graswaldes. Auf einem kleinen, vom Maulwurf aufgestoßenen Erdhügel sonnt sich eine Eidechse. Sie beobachtet dabei gleichmütig eine Blindschleiche, die sich unweit von ihr durch das Gras schlängelt. Ein Hase holpert aufgeschreckt den Weg entlang und vertreibt eine in der Sonne spielende Mausfamilie in das Erdinnere.

Abb. 7.58 Heuernte in der „guten alten Zeit“: Kuhbespannter Heuwagen in der Obere-Tor-Straße (früher Oberdorfstraße) in Oberöwisheim.

Aufladen und Einbringen. Mancher Schweißtropfen wurde hierbei vergossen. Es erfordert beachtliche Kraft, mit der langstieligen Heugabel das in Büschel gedrückte verdorrte Gras in die Höhe und auf den Wagen zu schwingen, wo es von geschickten Händen fachgerecht verstaut wurde, so daß von dem hoch beladenen Fuhrwerk selbst auf den holprigsten Wegen nicht das geringste herunterfiel. Hinter dem Bauernfahrzeug gingen die Frauen mit großen Rechen einher, um die von der Gabel nicht erfaßten Reste beim Aufladen des Heues zu sammeln. Über die Zeit der Heuernte gibt es für den Landmann an den sonnigen Tagen auch in unseren Tagen kein Verweilen, denn das Heu darf nur trocken in die Scheune gebracht werden. Feuchtigkeit fördert den Fäulnisprozeß; neben einer Qualitätsminderung wäre auch eine verstärkte Gefahr der Selbstentzündung gegeben.

Nach der Heuernte liegt das Wiesental vorübergehend wie „ausgeplündert“ da. Doch dieser Anblick täuscht. Nur wenige Tage und Wochen wird es dauern, und neues junges Grün belebt wieder die Wiesenfläche. Die Vogelwelt erfreut auch nach der Heuernte den Naturliebhaber. Die Lerche erhebt sich trillernd in die Lüfte, und die Grasmücke hält bereits Ausschau nach neuer Nistgelegenheit. Auf den Bäumen und in den Sträuchern, die entlang eines Bewässerungsgrabens stehen, turnt ein Finkenpaar, am Boden geben sich Goldammern ein Stelldichein, und im kurzen Singflug gleitet ein Wiesenpieper vorüber. Der Bussard zieht nach wie vor seine Bahn am wolkenlosen Himmel, um beim Erspähen einer vorwitzigen Maus sofort herunterstoßen zu können. Auch Gevatter Storch schreitet majestätisch über die abgemähte Rasendecke, da er weiß, daß viele fette Frösche hier zu finden sind. Bis 1946 befand sich im Wiesental, an der südwestlichen Ecke, zuerst auf einer Pappel, später auf einem zu diesem Zwecke erstellten Mast, das Nest einer Storchenfamilie. Leider wurde durch Besatzungssoldaten in jener Zeit, und zwar von einem vorbeifahrenden Zuge aus, die brütende Storchenmutter herabgeschossen. Von dieser Stunde an hatten die Storchenpaare keine Muße mehr, hier zu nisten. Alles Bemühen blieb vergeblich.

Aber noch hat sich für das Wiesental die Verzauberung nicht verflüchtigt. Neigt der Tag sich seinem Ende zu, verfließt alles zur Ouvertüre einer süßen Melancholie. Farben und Konturen verschwimmen. Letztmals grüßt die Silhouette der schieferbedeckten barocken Kirche vom nahen Dorfe herüber. Ein Zeigefinger zur Ewigkeit, verleiht sie dem Ort einen majestätischen Akzent.

Abb. 7.59 Zu den am besten erhaltenen ehemaligen Wässerwiesensystemen gehört das Grabener Oberbruch. Am Neugraben finden wir noch heute guterhaltene Schleusen, darunter eine der seltenen Kastenschleusen.

8 Die Wiesen und Bäche der Region in Einzelbeschreibungen

Einführung

Schon in den vorausgegangenen Kapiteln dieses Buches wird sichtbar, wie umfassend und flächendeckend in unserer Region Wiesen gewässert wurden. Kaum ein Ort, der nicht „seine" Wässerung betrieb. Dies war für uns überraschend, denn bei der Konzeption dieses Buches waren wir eher skeptisch gewesen, ob sich denn überhaupt genügend Material für eine umfassende Beschreibung der alten Wässerwiesen finden lassen würde. Dann wurden wir von der Fülle des Materials regelrecht überrollt. So ließ sich das ursprüngliche Konzept, alle Wässergebiete detailliert zu beschreiben, aus Platzgründen nicht mehr aufrechterhalten.

Wir haben deshalb Schwerpunkte gebildet, die wegen ihrer lokalen Besonderheiten oder besonderer historischer Entwicklungen als besonders beispielhaft gelten können. Diese Schwerpunkte werden vergleichsweise detailliert beschrieben, wogegen wir die anderen Orte eher kursorisch schildern wollen. Dieses Kapitel bildet also auch eine Art Reise durch die Zeit der letzten fünfhundert Jahre. Hier findet der Leser all die lokalen Anwendungsbeispiele für die in den Kapiteln 3 und 4 besprochenen Entwicklungen. Aus Gründen der Übersichtlichkeit haben wir aber die Gliederung nach räumlichen und nicht nach zeitlichen Gesichtspunkten vorgenommen.

Ein erster Schwerpunkt unserer „Zeitreise" ist die **Wiesenwässerung am unteren Saalbach vom Mittelalter bis zum 18. Jahrhundert**. Hier lassen sich besonders gut die Anfänge der Wässerung dokumentieren. Es existieren sehr alte schriftliche Belege über Wässerordnungen. Umfangreiche Akten zeigen ein detailgetreues Bild der Situation etwa in der Zeit des Barock. Diese Ära brachte wesentliche Neuerungen, denn unter Fürstbischof Hutten wurde im Fürstbistum Speyer die „erste Flurbereinigung" durchgeführt. Ein halbstaatliches System mit amtlichen Aufsehern ersetzte das bisherige privatrechtliche System, was zahlreiche Probleme mit sich brachte.

Während Hutten noch mit Organisationsfragen kämpfte, versuchte der fortschrittliche und wissenschaftlich gebildete Markgraf Carl Friedrich von Baden-Durlach bereits, die Sümpfe und Moore Grabens zu meliorisieren und so die Ernährungslage seiner Untertanen zu verbessern. Ziel war die Abkehr von der Weidewirtschaft und die Einführung des modernen Systems der Stallfütterung im Sinne einer Kreislaufwirtschaft. Eine wahre Revolution im wissenschaftlichen Sinn, nämlich die **Neulandgewinnung durch Trübwässerung der Moore**, führte denn auch beinahe zu echten Revolutionen. Dieser zweite Schwerpunkt wird im Abschnitt „Graben" geschildert.

Ab der napoleonischen Ära folgten weitere große Umbrüche. Nun war die Wissenschaft nicht mehr aufzuhalten. Die **Siegener Wiesenbaukultur** galt als die Lösung aller Probleme. Allerorten blühten landwirtschaftliche Vereine auf, die sich der Umsetzung neuer Erkenntnisse in der praktischen Landwirtschaft verschrieben. Es blieb nicht bei der Theorie. Im Hockenheimer Rheinbogen wurden in einem gigantischen Projekt nach den Erkenntnissen der Wiesenbaumeister mehrere Quadratkilometer regelrecht umgebaut und in „Kunstwiesen" verwandelt. Wie das geschah, berichten wir im Kapitel über den Hockenheimer Rheinbogen.

Auch die erheblichen **sozialen Probleme**, die mit den Großbaumaßnahmen verbunden waren, die Armut der Taglöhner und der Kampf um den gerechten Lohn für geleistete Arbeit sollen nicht vergessen werden. Sie werden besonders anschaulich beim Projekt der Wagbachkorrektion 1817–23.

Schließlich war auch die Neuzeit nicht frei von Problemen. Wenn auch fortschrittliche Gesetze die Einrichtung von Wiesenbaugenossenschaften begünstigt und gefördert hatten, es blieben die Probleme des Alltags, der oft nicht dem Idealbild der Theorie entsprach. **Der Kampf ums Wasser in der Saalbachaue** nach dem Zweiten Weltkrieg ist ein gutes Beispiel hierfür.

8.1 Die Bäche des südwestlichen Kraichgaus

MICHAEL HASSLER

Aus dem westlichen Kraichgau treten insgesamt sechs größere (Pfinz, Walzbach, Saalbach, Kraichbach, Katzbach und Angelbach/Leimbach) und einige kleinere Bäche (z. B. Grombach, Mühlbach und Hengstbach) in die Rheinebene aus. Ihr Einzugsgebiet ist vergleichsweise begrenzt und der Kraichgau niederschlagsarm. Die Schüttung der Bäche ist daher in Normalwasserzeiten gering (z. B. SAYER 1893), so daß der Wasserbedarf durch die Siedlungen, Mühlen und Wässerungen früher die Bäche für lange Wochen austrocknen lassen konnte.

Die Pfinz entspringt in den Vorbergen des Schwarzwalds, Saalbach und Kraichbach nehmen ihren Anfang in den westlichen Ausläufern des Strombergs. Nur Katzbach und Angelbach kommen „aus dem Kraichgau selbst", nämlich aus dem Hügelkomplex des Eichelbergs im westlich-zentralen Kraichgau.

Das Gefälle der Bäche ist grundsätzlich gering. Das Profil des Kraichgaus wurde nicht durch die heutigen Bäche erzeugt, sondern wurde im wesentlichen bereits lange vor den Eiszeiten und vor der Absenkung des Kraichgaus festgelegt. Während der letzten Eiszeiten wurde der Kraichgau mit der heute noch vorhandenen Lößdecke überdeckt (siehe z. B. METZGER in WOLF & HASSLER, Hrsg., 1993). Der von hier abgetragene Löß füllte die Täler weit auf: Die unter den heutigen Bachläufen liegende Auelehmschicht ist häufig über 20 m dick.

In diesen Bachauen befinden sich am Talgrund bis zu 1 km breite, flache und mehr oder weniger feuchte Auelehm-Ebenen. Diese werden nicht nur von den größeren Bächen selbst, sondern von zahlreichen kleinen Zuläufen aus den Hügeln und von Quellen am Hügelrand mit Wasser versorgt. Die mangelhafte Wasserdurchlässigkeit des Auelehms selbst ist aber der Hauptfaktor für die Feuchtigkeit der Auen. An den feuchtesten Stellen bildeten sich unwegsame, vermoorte Sümpfe aus, die am Kraichbach sogar Torfschichten aufwiesen[1].

Die Bachauen stellten daher bis weit ins 19. Jahrhundert ein erhebliches Verkehrshindernis dar und konnten nur an wenigen Furten zuverlässig überquert werden. Die Straßen verliefen normalerweise nicht in den Auen, sondern über die ersten Ausläufer der Hügel. Eine sinnvolle akkerbauliche Nutzung der feuchten und regelmäßig überschwemmten Auen war nicht möglich. Daher war der Wiesenbau eine zwangsläufige und sinnvolle Konsequenz, zumal Wiesen für die Balance der landwirtschaftlichen Nutzung in den Dörfern sowieso notwendig waren.

Die Bachläufe mäandrieren mit geringem Gefälle durch die Auen und haben sich in die Auelehm-Schicht mit steilen Ufern bis zu 3 m tief eingeschnitten. Die Oberkanten der Ufer sind in der Regel mit Erlen, Eschen, Weiden und Pappeln bestanden, die die Ufer stabilisieren. Die Bäche waren in regelmäßigen Abständen durch Schleusen unterbrochen, von denen aus entweder Wiesenwässerung betrieben wurde oder Mühlkanäle ausgeleitet wurden. In jedem größeren Dorf befand sich früher eine Mühle, dazu kamen noch außenliegende Mühlen wie die Weißbrodsmühle bei Bruchsal oder die Appenmühle bei Oberöwisheim.

Da die Wiesenwässerung im Kraichgau nicht (wie in der Rheinebene) mit einem komplizierten Grabensystem über längere Zeit durchgeführt wurde, nicht gezielt trübgewässert wurde und die Bachauen in der Regel schmal waren, finden wir kaum Seitenbäche außer den Mühlkanälen. Nur in der relativ breiten Kraichbachaue waren mehrere Seitenkanäle zur Wässerung notwendig, insbesondere zwischen Gochsheim und Münzesheim. Am Saalbach waren reine Wässerungskanäle z. B. von Gondelsheim bekannt.

Eine merkliche Differenzierung der Bachläufe im westlichen Kraichgau wird durch das **unterliegende Gestein** verursacht. So ist das Hügelprofil im härteren Muschelkalk zwischen Durlach und Bruchsal deutlicher ausgeprägt, die Talhänge steiler und die Bachauen schmaler als im relativ weichen Keuper bzw. Jura. Die „**Muschelkalk-Bäche**" Walzbach, Grombach und Saalbach (zwischen Heidelsheim und Bruchsal), aber auch der teilweise im Sandstein verlaufende Oberlauf der Pfinz haben daher durchweg schmälere Täler und weniger ausgeprägte Bachauen als die „Keuper-Bäche" Kraichbach, Katzbach und Saalbach (oberhalb von Heidelsheim), die Talflanken sind

1 Im „Kraicherbruch" bei Münzesheim finden sich einige alte Torfstiche. Der Abbau scheint aber kaum lohnend gewesen zu sein.

erheblich steiler. Kurz vor dem Eintritt in die Rheinebene gibt es bei den Muschelkalk-Bächen sogar richtige „V-Täler". Die Erosion und das höhere Gefälle der Bäche verhinderte an diesen Stellen die Ablagerung von Auelehm in den Talauen weitgehend[2]. Die **Bäche im Keupergebiet**, z. B. Saal-, Kraich-, Katz- oder Angelbach, haben dagegen wesentlich breitere Talauen, die von jeher stark versumpft waren. Insbesondere die Kraichbachaue zog sich in einem geschlossenen Band von Zaisenhausen bis Ubstadt, unterbrochen nur bei Gochsheim an einem Durchtritt durch einen Muschelkalk-Bereich.

Die **Jurasenke** am vorderen Kraichgaurand bei Östringen und Langenbrücken schließlich wird von einem komplizierten System kleiner und kleinster Gräben und Bäche entwässert, die sehr häufig aus artesischen Quellen an den geologischen Bruchzonen gespeist werden. Der größte von ihnen ist noch der „Kleine Bach" oder Mühlbach über Östringen und Mingolsheim, am nördlichen Rand der Jurasenke schließlich der Hengstbach. In der Jurasenke finden sich Wiesen und Feuchtwiesen nicht nur in den Talauen, sondern auch in einem breiten Gürtel an den hier sehr flachen Hügelhängen um Langenbrücken und Mingolsheim. Hier kommen noch große, außerordentlich artenreiche und magere Feuchtwiesen mit Orchideenbeständen vor.

Einige Beispiele für die Bäche des westlichen Kraichgaus mögen ihre jeweiligen Besonderheiten verdeutlichen:

Der **obere Saalbach** besitzt keine eigene Quelle, sondern wird in Bretten aus zwei fast gleich großen Zuflüssen gebildet, nämlich der Salzach mit Ursprung bei Maulbronn in den Röhrichten des Aalkistensees und der Weissach aus dem Weissacher Tal bei Freudenstein und dem Bernhardsweiher. Beide Zuflüsse entspringen in den Vorbergen des Strombergs und werden dort aus ergiebigen Quellen an geologischen Bruchzonen gespeist. An der Salzach fanden sich Wiesenauen fast auf dem gesamten Verlauf. Die Wiesenaue des Weissacher Tals zwischen Knittlingen und Freudenstein steht mittlerweile unter Naturschutz.

Ab Bretten bis Bruchsal durchströmt der Saalbach eine relativ breite Talaue, die sich lediglich im Muschelkalkgebiet zwischen Heidelsheim und Bruchsal kurzzeitig verengt. Hier ist auch das Gefälle höher, weshalb sich nicht weniger als vier Mühlen ansiedelten, von denen die „Ölmühle" noch erhalten ist. Ein weiterer Grund war der direkt oberhalb der Mühlen austretende ergiebige Zufluß der Karstquelle des „Schwallenbrunnens" (siehe Abb. 8.24) mit bis zu 300 Sekundenlitern Schüttung sommers wie winters. Diese Wasserführung garantierte den Mühlen einen regelmäßigen Betrieb und ließ den Saalbach darüber hinaus nicht zufrieren. Auch im Bachbett des Saalbachs selbst sollen sich in diesem Abschnitt heute noch Quellen befinden. Der Schwallenbrunnen liegt allerdings durch überhöhte Wasserförderung im Aquifer der „Bauschlotter Platte" seit einigen Jahren weitgehend trocken.

Die Zuflüsse des Saalbachs auf der Strecke von Bruchsal nach Bretten sind klein und kaum der Rede wert. Die größeren von ihnen kommen aus dem Norden, z. B. das Neibsheimer Bächle, der Bruchgraben bei Heidelsheim oder der Rohrbach bei Bruchsal. Alle Zuflüsse besitzen nur eine unregelmäßige Wasserführung.

Wiesenwässerung wurde auf der gesamten Strecke von Bretten bis Bruchsal betrieben (Näheres siehe unten).

Der Saalbach wurde später vor allem in den Siedlungsgebieten auf große Strecken kanalisiert. An manchen Stellen, z. B. bei der Ölmühle in Bruchsal oder zwischen Helmsheim und Heidelsheim, ist der alte Bachlauf aber noch weitgehend erhalten und zeigt die typischen Mäander. Eine Besonderheit ist das flächenhafte Naturdenkmal der „Runden Gumpe" bei Heidelsheim. Hier begann früher die Ausleitung des Mühlkanals (siehe Abb. 8.26). Das Wehr wurde später zerstört oder verfiel, und der in scharfem Bogen abknickende Saalbach spülte einen großen Kolk aus.

Der Saalbach besitzt heute nur eine sehr schlechte Wasserqualität, vor allem unterhalb der Einleitstelle der Kläranlage bei Heidelsheim. Wie bei allen Kraichgaubächen reicht seine Größe trotz guter Leistung der Kläranlagen nach technischen Standards einfach nicht aus, um die hohen anfallenden Abwassermengen zu verkraften.

Der **Kraichbach** entspringt am Rande des Strombergs bei Sternenfels. Seine Zuflüsse kommen vor allem von Norden her aus den Gemarkungen von Sulzfeld, Kürnbach und Zaisenhau-

2 Im härteren Muschelkalk zwischen Durlach und Bruchsal finden sich als Besonderheit noch die sogenannten „Klingen" oder „Klammen" (eine genauere Schilderung siehe WOLF & HASSLER 1993, „Hohlwege"). Das sind schluchtartige, kühlfeuchte und waldbestandene Einschnitte, durchströmt von kleinen Gräben mit sehr unregelmäßiger Wasserführung und geringem Einzugsbereich. Nur die „Ungeheuerklamm" als größte Klamm bringt einen kleinen Bach mit fast permanenter Wasserführung hervor. Wiesenauen finden sich in den Klammen nicht.

Abb. 8.1 Die Breitwiesen mit dem Schloß Unteröwisheim im Hintergrund: eine klassische Wiesenaue des Kraichgaus. Besonders im Mai überziehen Scharfer Hahnenfuß und Kuckucks-Lichtnelke die Wiesen mit leuchtenden Farben.

sen (z. B. Kohlbach, Humsterbach oder Claffenbrunnenbächle). Das Kohlbachtal bei Kürnbach ist ein bekanntes Feuchtgebiet mit schönen Wiesenbeständen. Zaisenhausen war darüber hinaus früher als Heilbad berühmt für seine Schwefelquellen.

Von dort zieht der obere Kraichbach zunächst nach Westen, vereinigt sich mit mehreren Zuflüssen und gewinnt ab Flehingen einen nennenswerten Wasserfluß. Er wird von zahlreichen Karst- und Schichtquellen verstärkt, die aus den Seitentälchen Wasser zuführen. Spektakulärste Quelle ist sicher der Sprudelkalkfelsen bei der Kläranlage Flehingen, nahe der Gemarkungsgrenze zu Gochsheim, an dem früher bis zu 100 Sekundenliter aus einem porösen Sinterkalkblock austraten. Heute fördert diese Quelle oft nur noch ein schwaches Rinnsal.

Unterhalb von Flehingen verengt sich die Kraichbachaue sehr stark und schneidet bei Gochsheim in einem schmalen, stark gebogenen Tal durch ein örtliches Muschelkalk-Vorkommen. Der exponierte Bergsporn bzw. Umlaufberg war willkommener Standort für Burg und später auch Stadt Gochsheim.

Gleich unterhalb von Gochsheim beginnt wieder Keupergebiet. Die Bachaue verbreitert sich wieder und nimmt den größeren Zufluß des von Landshausen her kommenden Eschbachs und schließlich den kleinen Weiherbach auf (vgl. z. B. Abb. 8.42). Eschbach und Weiherbach werden auch heute streckenweise noch von artenreichen Wiesenauen begleitet. Das Wasser beider Bäche ist aber durch intensive landwirtschaftliche Nutzung im Oberlauf stark beeinträchtigt.

Die Kraichbachaue zwischen Gochsheim und Münzesheim wurde früher intensiv bewässert. Durch ihre Ausdehnung war es nötig, ein System von Seitengräben zum Kraichbach anzulegen. Die Aue ist stark sumpfig und moorig.

Im „Kraicherbruch" entwickelte sich ein Feuchtwald, sogar das Torfstechen wurde versucht. Kraicherbruch, Kraichbachaue und Weiherbachaue sind zusammen mit den umgebenden Hängen 1993 als Naturschutzgebiet ausgewiesen worden. Hier liegt auch das größte noch vorhandene alte

Wässerwiesengebiet im Kraichgau. Kurz vor Münzesheim spaltet sich erneut ein heute trokkengefallener Mühlgraben vom Kraichbach ab. Die Wiesenaue ist hier bis auf Reste vernichtet.

Zwischen Münzesheim und Unteröwisheim liegt eine breite, großenteils noch vorhandene und als Naturschutzgebiet ausgewiesene Aue. Ab Münzesheim lief hier der „Mannengraben", vermutlich ein alter Ableitgraben der Wiesenwässerung, parallel zum Kraichbach auf dessen Nordseite. Feucht- und Sumpfwiesen sowie Schilfröhrichte zeigen seinen alten Lauf an. Bei Oberöwisheim münden das Neuenbürger Bächlein und die Kleine Kraich, die vom Pfannwaldsee her kommt, in den Kraichbach ein. Auch dort sind Reste der Wiesenauen als Naturschutzgebiet ausgewiesen.

Besonders artenreiche und magere Feuchtwiesen liegen im Bereich der „Breitwiesen" zwischen Ober- und Unteröwisheim, wo sich die Bachaue noch fast intakt darbietet (Abb. 8.1). Hier ist der Kraichbach selbst bis zu 3 m tief in den Löß eingeschnitten. Feuchtigkeit und Wasserhaltefähigkeit der Auenlehme reichen aber aus, um noch genügend Wasser in den Wiesen zu halten. Der alte Wässergraben ist fast verlandet und nur noch an einem kleinen Einschnitt in der Wiese zu erahnen.

Die großen Wiesenauen zwischen Unteröwisheim und Ubstadt mußten dagegen bis auf wenige Reste dem Maisanbau weichen. Hier mäandriert der Kraichbach mit geringem Gefälle, bevor er schließlich bei Ubstadt in die Rheinebene austritt.

Die heutige Wasserqualität des Kraichbachs ist – wie die des Saalbachs – ausgesprochen schlecht. Durch die geringere Größe leidet er noch stärker unter den Schmutzwasserfrachten der in ihn entwässernden Kläranlagen, außerdem gibt es ständige Probleme mit direkt in den Bach einleitenden Industrieunternehmen. Fischsterben im Sommer sind daher auch heute noch eine traurige, aber regelmäßige Erscheinung.

Als Besonderheiten des Kraichbachs sind zusammenzufassen: relativ breite Wiesenauen, die teilweise noch gut erhalten sind, und verhältnismäßig viele Seitengräben zur Wässerung. Der Kraichbach hat im Vergleich zum Saalbach bedeutendere Nebenbäche, die oft eigene Feuchtauen, -wiesen und -wälder in ihren Tälern haben. Wiesenwässerung wurde hier ebenfalls betrieben und besaß in den Tälern von Eschbach und Weiherbach eine lange Tradition.

In vieler Hinsicht ist der **Katzbach** eine „Kleinausgabe" des Kraichbachs. Wie bei diesem verläuft der Bachlauf im wesentlichen durch Keupergebiet. Das Hügelprofil ist sanft. Der Katzbach besitzt zwei größere Quellarme, von Elsenz und von Eichelberg her kommend. Die Bachauen sind schmäler als am Kraichbach. Vor allem zwischen Elsenz und Tiefenbach waren früher trotzdem größere Wiesen zu finden. Auch die Aue unterhalb von Eichelberg war mit Wiesen bedeckt. Bis heute kommen dort noch kleine Feuchtbiotope an quelligen Stellen vor.

Die langgestreckte Wiesenaue zwischen Odenheim und Zeutern war früher ziemlich unwegsam, wie die teilweise in die Hügel verlegten früheren Verkehrswege beweisen.

Von den Zuflüssen des Katzbachs ist vor allem der Quellarm am Silzbrunnen bemerkenswert, wo es eine (im Kraichgau seltene) schöne Ausbildung einer Kalksinterquelle mit Sinterterrassen gibt.

Der **Grombach** ist ungewöhnlich. Er besitzt nur ein kleines Einzugsgebiet, aber ein vergleichsweise steiles und tief eingeschnittenes Tal, weshalb kaum Wiesenauen vorhanden sind. Lediglich oberhalb von Obergrombach in Richtung Jöhlingen gibt es bis heute noch Talwiesen, ansonsten konzentrierten sie sich um die Quellaustritte selbst (z. B. auf der „Fritzenwiese"). Der Bach hat eine recht konstante Wasserführung, da er von zahlreichen Quellen des Muschelkalks gespeist wird.

Bemerkenswert ist vor allem die kleine Aue direkt oberhalb von Untergrombach, früher als „Brüchle" bekannt. Hier tritt die ergiebige Karstquelle des „Röhrlesbrunnens" ans Tageslicht. Sie ist teilweise gefaßt. Ein Teil des Wassers speist aber noch einen als Naturdenkmal geschützten Quellarm. Gleich anschließend liegt eine kleine Wiesenaue auf einer Auelehm-Fläche, die heute noch mit artenreichen Feuchtwiesen bestanden ist und für viele Pflanzen ein letztes Refugium darstellt. Hier wurde früher wahrscheinlich keine Wässerung betrieben, sondern das Wasser der vielen Quellen in der Umgebung reichte aus, die Bachaue feucht zu halten.

8.2 *Die Pfinz und ihre Zuflüsse*

Ein „Sumpf ohne Ende“: Die Randsenke zwischen Durlach und Bruchsal [Karte 1]

MICHAEL HASSLER

Die größte Sumpf- und Bruchzone in der Randsenke innerhalb des Landkreises Karlsruhe lag zwischen Ettlingen/Durlach bzw. Gottesaue im Süden und Karlsdorf/Altenbürg im Norden. Wie Karte 1 zeigt, wird sie von drei Bächen aus dem Kraichgau (Pfinz, Walzbach und Grombach) gespeist[3]. Im Westen behindern die sandigen „Hochflächen“ der Hardtplatten den Abfluß; das Wasser suchte sich daher einen Weg nach Norden.

Die Pfinzaue ist Teil der Randsenke („Kinzig-Murg-Rinne“), deren geologische Geschichte noch nicht endgültig geklärt ist (siehe Kap. 6). Sicher ist zumindest, daß in der neueren Zeit die Pfinzaue stark verlandete und spätestens nach dem Durchbruch der Alb durch die Hardtplatten südlich von Karlsruhe nur noch Pfinz, Walzbach und Grombach als nach Norden gerichtete, die Pfinzaue speisende Zuflüsse übrig blieben. Wir müssen uns den Zustand vor der menschlichen Besiedlung also als breite Sumpf- und Flachmooraue vorstellen, ohne größere Bäche, dafür aber mit zahllosen kleinen Wasserarmen.

Die Abführung des Wassers der Pfinzaue geschah zunächst über zwei große Durchbrüche durch die Hardtplatten: die Heglach bei Friedrichstal und die Pfinz bei Neuthard[4]. Später wurde die Entwässerung durch den Bau des Hirschkanals [45][5] von Hagsfeld nach Westen verbessert, der schließlich zum Pfinzkanal ausgebaut wurde.

Im Gegensatz zu den weiter nördlich liegenden Auen von Saalbach und Kraichbach besitzt die Pfinzaue noch einen hohen Anteil an Bruch- und Feuchtwäldern. In ihr liegt auch das größte noch erhaltene Moor des Landkreises: das **Weingartener Moor**. Die Feuchtwälder konzentrieren sich in den Komplexen des Elfmorgenbruchs bei Rintheim, des Weingarter Bruchs, des Niederwalds westlich von Weingarten, des Eichig und des Wehrgrabenbruchs bei Untergrombach und schließlich der Büchenauer Hardt.

Der Aufbau der Pfinzaue ist aus regelmäßig wiederkehrenden Elementen zusammengesetzt. Alle drei Hauptbäche bilden beim Austritt aus dem Kraichgauer Hügelland sogenannte **Schwemmkegel**, hochliegende Zonen, in denen mitgeführtes Geröll und Lößlehm deponiert werden. Ob es in historischer Zeit überhaupt genau definierte Bachläufe gegeben hat, ist unsicher. Vorstellbar wäre, daß die Bäche regelmäßig ihre Läufe wechselten, wie man es heute z. B. noch aus China (vom „Gelben Fluß“) kennt, allerdings dort in ungleich größerem Maßstab.

Die aus dem Kraichgau austretenden Bäche mußten daher wohl schon sehr früh begradigt und ausgebaut werden[6]. Dabei entstanden bei den meisten Bächen (nicht nur in der Pfinzaue, sondern auch weiter nördlich) zwei Hauptarme[7]: neben der Pfinz die Gieß [43] und zum Weingarter Bach der Ruschgraben [33]. Nur der Grombach mit geringerer Wasserführung besaß keinen zweiten Hauptlauf.

Auf den Schwemmkegeln am Rand der Rheinebene wurde das Wasser darüber hinaus in zahlreiche, **strahlenförmig verlaufende Seitengräben** aufgeteilt. Große Bewässerungssysteme beginnen hier. Besonders schön ist dies in Weingarten zu sehen, wo etwa 8–10 größere und kleinere Gräben das Wasser nach allen Himmelsrichtungen abführten. Die Pfinz dagegen entwässert nur nach Norden, spaltet sich aber ebenfalls in fünf größere und etliche kleinere Seitenarme. Der kleinere Grombach gab nur den Weihergraben [20] nach Süden und den Immertengraben [17] nach Norden ab.

Pfinz [5], Weingarter Bach [22] und Grombach [18] mit ihren Unterläufen Heglach [3] und Lachengraben [31] waren allesamt **hochliegende**, mit Dämmen gesäumte „Wässerbäche“, von denen aus die Wiesenwässerung durchgeführt werden konnte. Das dabei anfallende Wasser konnte in der feuchten Niederung nicht vollständig ver-

---

3 Dazu kommen noch die beiden kleineren Gräben aus der Werrabronner Klamm [41] und der Ungeheuerklamm [27] mit unbedeutender, aber immerhin permanenter Wasserführung.

4 Die Büchenauer Hardt entwässerte separat in den Saalbach und gehört eigentlich zu dessen Bachsystem. Sie wird daher in diesem Kapitel nur am Rande besprochen.

5 Die Ziffern in eckigen Klammern beziehen sich auf die Nummern der Bäche in den Karten dieses Kapitels.

6 Über die Entstehung und Dynamik der Bäche wurde in Kap. 3 und 4 Näheres berichtet. Hier soll lediglich ein grober Überblick über die Systeme geliefert werden.

7 Ob absichtlich, ist nicht ganz klar (Näheres siehe Kap. 3). Vermutlich war dies nur ein zufälliger Nebeneffekt.

sickern und mußte abgeführt werden. Auf fast dem gesamten Verlauf der Hauptbäche führen daher tieferliegende **Ableitgräben** parallel. Ihr prominentester Vertreter ist die Alte Bach [4], ausgebaut im 17. Jahrhundert zur Trockenlegung der Sümpfe zwischen Schloß Gottesaue und Hagsfeld (siehe Kap. 3). Sie verlief parallel zur Pfinz / Heglach, im unteren Teil bei Friedrichstal nur wenige Meter von dieser getrennt. Ein Ausbau der Alten Bach scheint zunächst wegen des großen Aufwands widersinnig, war aber notwendig, weil die Pfinz so hoch lag, daß sie das Wasser aus den tieferliegenden Sümpfen nicht aufnehmen konnte. Gleichzeitig war die neue Funktion der Alten Bach als Ableitgraben für die Wiesenwässerung besonders nützlich. Erst am Durchbruchspunkt der Pfinz durch die Hardtplatten, wo diese beginnt, zum Tiefgestade hin abzufallen, konnte die Alte Bach schließlich zurück in die Heglach eingeleitet werden.

Dies war aber nicht der einzige wasserbauliche Kunstgriff, der im Pfinz-Heglach-System nötig war. Auch bei Spöck und Büchenau lagen Weingarter Bach [22] und Grombach [18] so hoch, daß sie die darumliegenden Bruchwälder und Sümpfe nicht entwässern konnten. Direkt parallel

Karte 1 (S. 220): Die Pfinzaue im Zustand um 1840.
Karte 2 (S. 221): Die Pfinzaue im heutigen Zustand.

1 Hirschkanal
2 Galgengraben (Alte Bach)
3 Heglach
4 Alte Bach
5 Pfinz
6 Alte Pfinz
7 Pfinz-Saalbach-Korrektur
8 Pfinz
9 Pfinz-Überleitung
10 Heckgraben
11 Salinengraben
12 Eiergraben / Hartgraben
13 Breithauptsgraben
14 Eiergraben
15 Schönbornwiesengraben
16 Schirweigelsbach
17 Immertengraben
18 Grombach
19 Grombach-Entlastungskanal
20 Weihergraben
21 Retzbruch-/Wehrgraben
22 Weingarter Bach
23 Wehrgraben
24 Erbgraben
25 Galgengraben
26 ?
27 Grenzgraben
28 Wiesengraben
29 Breitwiesengraben
30 Neuer Kanal (Neuer Graben)
31 Lachengraben
32 Ruschgraben
33 Ruschgraben
34 Weingarter Entlastungskanal (Weingarter Graben)
35 Parallelkanal
36 Gießbach (Die Gieß)
37 Ruchgraben
38 Ruchgraben
39 Weidgraben
40 ?
41 Werrenhäuslesgraben
42 Gänsgraben
43 Gießbach (Die Gieß)
44 ?
45 Hirschkanal / Pfinzkanal
46 Gießgraben
47 Seegraben
48 Ruschgraben
49 Dreckwalzbach (Walzbach)
50 Kieselschorengraben
51 Augraben
52 Reutgraben
53 Lochgraben
54 Feldlachgraben
55 ?
56 ?
57 ?
58 ?
59 ?
60 Benngraben (Waidgraben)
61 Rußgraben

Rote Linien	Hauptbäche und -gräben
Grüne Linien	Seitenbäche und -gräben
Blaue Linien	1) Rhein und Altrhein
	2) Im 20. Jahrhundert neu angelegte Bäche („Pfinz-Saalbach-Korrektion")
Durchgezogene Linien	Bäche und Gräben mit permanenter Wasserführung
Gestrichelte Linien	Weitgehend oder vollständig trockengefallene Bäche und Gräben
Gelbe Flächen	1) Gebiete mit Wiesen oder Wiesenwässerungen
	2) Feuchtwiesen
	3) Flachmoore
Hellblaue Flächen	Feuchte Wälder, Weidenbruch

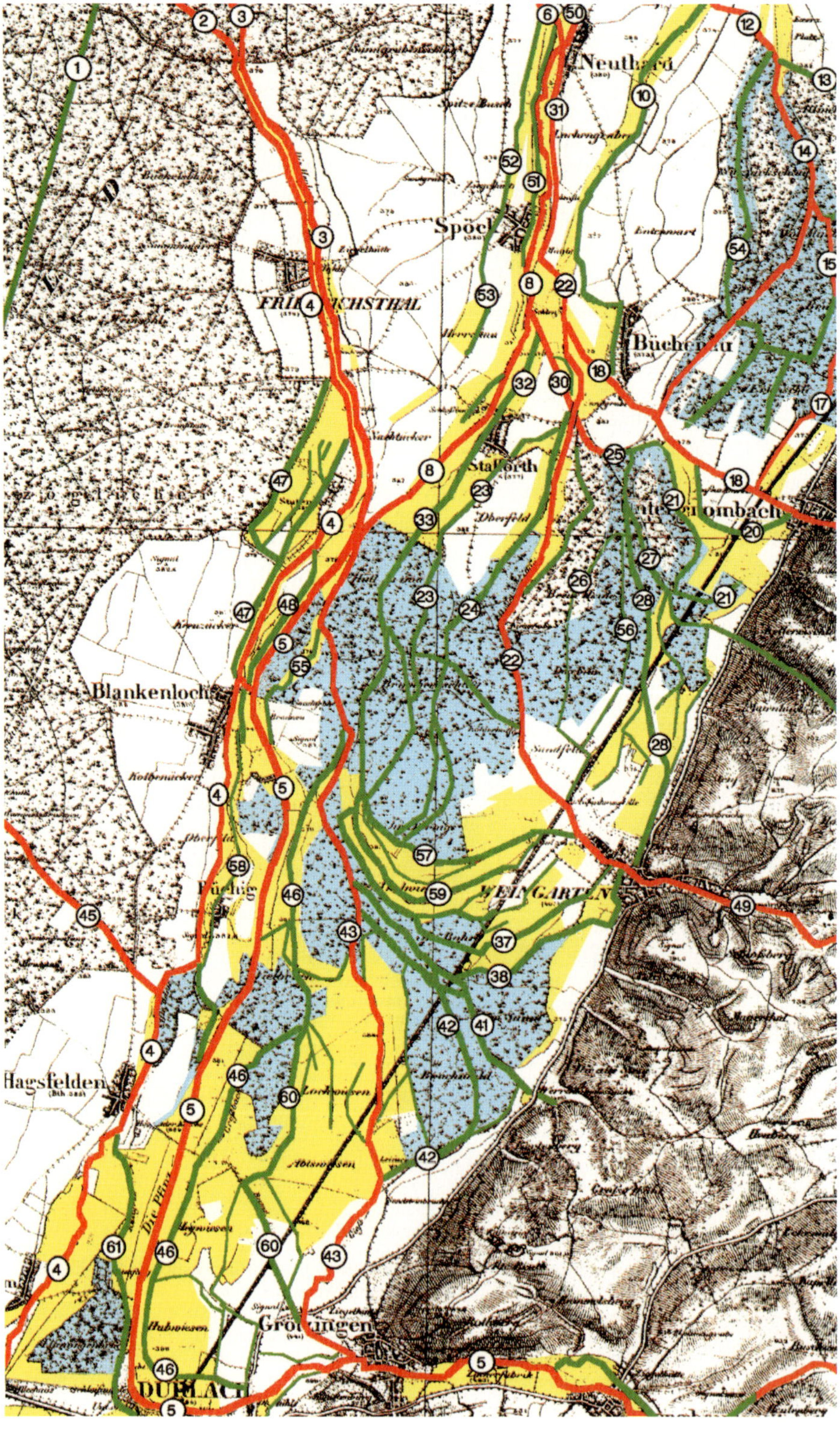
Neuthard
Spöck
Stafforth
Blankenloch
Hagsfelden
WEINGARTEN

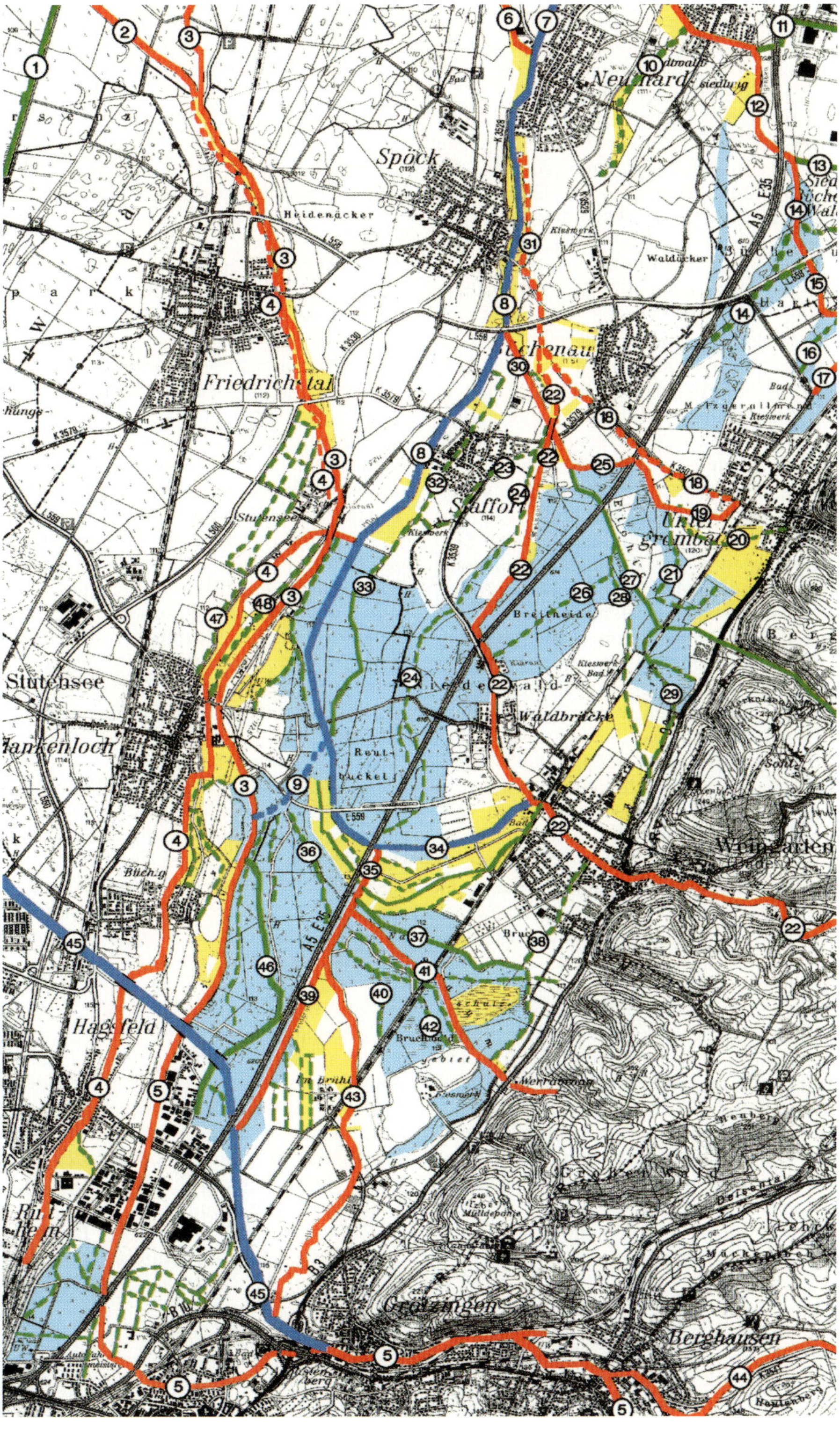
Neuthard
Spöck
Heidenäcker
Friedrichstal
Stutensee
Staffort
Untergrombach
Breitheide
Waldbrücke
Weingarten
Blankenloch
Büchig
Hagsfeld
Grötzingen
Berghausen
Waldäcker
Kiesmerk

zu ihnen wurde daher die Pfinz [8] ausgebaut, die den tiefliegenden Ruschgraben [33] und all die vielen aus dem Sumpfwald von Süden her kommenden Entwässerungsgräben aufnahm. Die Wässer aus dem Wehrgrabenbruch zwischen Weingarter Bach und Grombach waren dagegen zwischen den beiden hochliegenden Bächen „gefangen". Eine Entwässerung dieses Bereichs war daher erst möglich, als im 18. Jahrhundert der Neue Kanal [30] unter dem Weingarter Bach durchgeführt wurde – der „Aquäduct" ist noch heute vorhanden (Karte und Exkursionsvorschlag siehe Kap. 10).

Die Lage der **Flachmoore** ist ebenfalls kein Zufall. Sie befanden sich genau in der Mitte zwischen den Schwemmkegeln der Bäche. Das Gelände lag hier am tiefsten. Fließwasser, ein Hindernis für die Bildung von Flachmooren, trat kaum auf. Außerdem konnte hier die Versauerung und Vermoorung der oberflächlichen Bodenschichten ungehindert fortschreiten, da praktisch kein Schwemm-Material abgelagert und so auch kein Kalk eingetragen wurde. Konsequenterweise liegt daher das größte Moor, das Weingarter Moor, an der Stelle des größten Abstands zwischen zwei Schwemmkegeln. Südlich von Bruchsal lag in den Schönbornwiesen ebenfalls ein artenreiches Flachmoor, zwischen Weingarten und Untergrombach die Sumpfwälder von Wehrgrabenbruch und Streitacker.

Die **Siedlungen im Westen der Pfinzaue** entwickelten sich auf hochliegenden, überflutungssicheren Sandflächen der Hardtplatten, stets genau am Rande der Aue[8]. Besonders schön ist dies zu sehen bei Rintheim, Hagsfeld, Blankenloch, Spöck, Neuthard und Büchenau (Karte 1). Damit wiederholen sich die Verhältnisse am Rhein-Tiefgestade in kleinerem Maßstab. Ausnahmen bilden lediglich das kleine Büchig auf einer Sandinsel, einer „Hurste", und Staffort, ebenfalls auf einer höherliegenden Fläche zwischen den Bächen. Friedrichstal als Hugenotten-Ansiedlung im 17. Jahrhundert und späte Gründung erhielt eine ungünstige, wiesenarme Lage.

Von der Lage am Rand der „Hochflächen" konnten die Gemeinden gleich mehrfach profitieren:

- Bäche waren (mangels Quellen in der Rheinebene, aber auch mangels Kläranlagen) für das dörfliche Leben unentbehrlich;
- die höhere Lage garantierte andererseits Überschwemmungssicherheit;
- Äcker auf der einen und Wiesen auf der anderen Seite führten zur notwendigen Diversität in der Landwirtschaft.

Wir können diese „Siedlungspolitik" analog in der Kraichbachaue (siehe folgende Kapitel) beobachten. Die Sonderstellung der Rheinebene zwischen Rastatt und Hockenheim mit der speziellen Ausbildung der Randsenke wird damit erneut bestätigt.

Die **Wiesenbereiche**[9] bildeten mehrere große Komplexe. Ihr umfangreichster befand sich zwischen Durlach und Blankenloch, gespeist von Pfinz [5], Berndgraben [46] und Gieß [43], entwässert von Alter Bach [4], Gießbach [46], Gänsgraben [42] und Ruschgraben [61]. Diese weitläufige Marschlandschaft war früher ein riesiger Sumpfbereich. Nicht von ungefähr reichen die ersten belegten Entwässerungsmaßnahmen in diesem Bereich bis ins 15. Jahrhundert zurück. Von hier aus verschmälert sich der Wiesenstreifen an Pfinz und Heglach. Die sandigen, hochliegenden Bereiche treten näher an die Bäche heran. Bei Friedrichstal schließlich ist der Wiesenstreifen an den Bächen nur noch wenige Meter breit. Ein Sonderfall ist der „**Stutensee**", ein tiefliegender Bereich, im 17. Jahrhundert als großer Teich ausgebaut und von der hochliegenden Heglach aus mit Wasser versorgt; später nur noch ein großer Wässerwiesenkomplex und Standort des Barockschlosses gleichen Namens.

Im Westen des Weingartener Schwemmkegels liegt die Kiesinsel des hochliegenden „Sandfelds" und teilt zwei große Wiesensysteme auf: im Süden die „Thalwiesen" um den Ruchgraben [37] bis weit nach Westen durch den Wald, im Norden die „Breitwiesen" mit dem gleichnamigen Graben [28]. Lediglich der Weingarter Bach [22] als Unterlauf der Dreckwalz lag hoch genug, um das Sandfeld queren zu können.

Auch in Untergrombach finden wir (genau wie in Weingarten) im Westen des Dorfes höhere Sandbereiche. Im Süden sind die „Bruchwiesen" bemerkenswert, weil sie noch vorhanden sind. Sie wurden durch den Weihergraben [20] bewässert. Im Norden dagegen entwickelte sich nur am Immertengraben direkt nördlich des Dorfes ein größerer Wiesenbereich; die Büchenauer Hardt blieb bis heute ein Sumpfwald.

Rund um Spöck, Staffort, Büchenau und Neuthard fanden wir schließlich ein kleinteili-

---

8 Speziell zwischen Rintheim und Friedrichstal könnte man fast von einem „Hochgestade" reden, wenn dieser Begriff nicht weiter westlich am Rhein schon besetzt wäre.

9 Die Geschichte der Wiesenwässerung selbst wird in den folgenden Kapiteln behandelt.

ges, kompliziertes Mosaik aus Wiesenstreifen, hoch- und tiefliegenden Gräben und Sand-„Inseln". Nördlich von Spöck lagen nicht weniger als vier Gräben parallel: Reutgraben [52], Augraben [51], Pfinz [8] und Lachengraben [31]. Der Heckgraben [10] war eine Querverbindung zum Eiergraben nach Karlsdorf, begleitet von einem schmalen Wiesenstreifen zwischen sandigen Äkkern.

Wiesenwässerung an der Pfinz

DIETER HASSLER, THOMAS ADAM & REINER DICK

Fast am gesamten Lauf der Pfinz wurde seit Jahrhunderten und bis in die Mitte des zwanzigsten Jahrhunderts Wiesenwässerung betrieben. Erste Zeugnisse stammen aus dem Jahre 1462 (in Kämpfelbach, siehe Kap. 4). Auch für Remchingen, Grötzingen und Durlach gibt es seit mehreren Jahrhunderten verbürgte Wiesenwässertraditionen (ASCHE 1991, BICKEL 1993), deren Details wir hier aus Platzgründen aussparen wollen, da die grundsätzlichen Entwicklungen und Konflikte ähnlich wie an anderen Orten waren.

Die an der Pfinz liegenden Gemeinden wässerten über Jahrhunderte nach eigenen, in der Regel nur mündlich überlieferten Ordnungen. Während in der Region des Pfinzoberlaufs schon sehr frühe Zeugnisse der Wiesenbewässerung existieren, war das Gebiet von Durlach bis Friedrichstal eher sumpfig und kämpfte lange Zeit mit überschüssigem Wasser. Fehlende Abzugsgräben verursachten weitere Probleme, so daß an eine regelrechte Bewässerung lange nicht zu denken war. Erst nach dem Umbau der Alten Bach und der Anlage von Entwässerungssystemen konnte man wirklich aktiv bewässern. Dies dürfte ab etwa dem Jahr 1700 gewesen sein. Die Gemeinden wässerten nach eigenem Gutdünken, eine ortsübergreifende Wässerordnung existierte nicht.

In Durlach und Grötzingen waren es relativ ausgedehnte Wiesenflächen, die bewässert werden konnten, allerdings ergaben sich (vor allem in Grötzingen) auf den eher kiesigen Böden Probleme, das Wasser überhaupt über die Zuleitungssysteme auf die Wiesen heranzuführen (ASCHE 1991). Büchig und Blankenloch konnten aus der Pfinz wässern, nachdem die nun tiefgelegte und

Abb. 8.2 Zu den rechtlichen Regelungen und ihren Grundlagen im Bereich der Pfinz ist eine Art Erlaß zur Bachpflege aus dem Jahr 1482 (GLA 136/1607) erhalten: Der Durlacher Schultheiß regelt, daß künftig aus jedem Ort ein Bachaufseher für die Unterhaltung und Bachaufsicht zuständig sein soll.

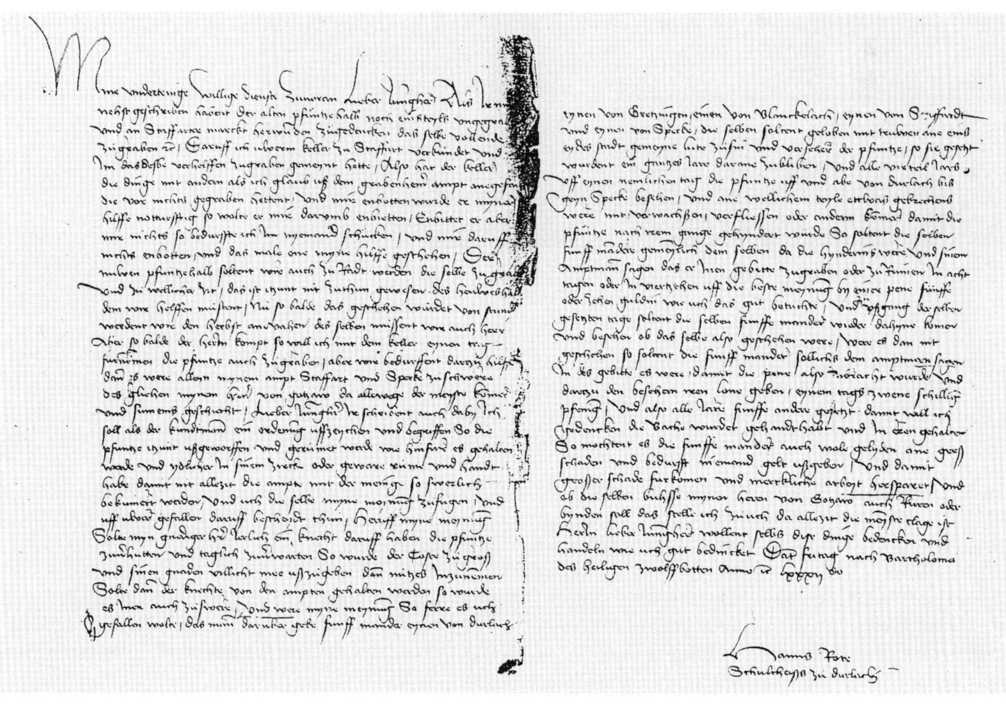

Abb. 8.3
Der Aquädukt des Weingarter Bachs zwischen Staffort und Büchenau (siehe auch Kap. 10). Das Bauwerk wurde in den 1930er Jahren während der Pfinz-Saalbach-Korrektion erneuert.

ausgebaute Alte Bach das Wasser effektiv abführte. Im Laufe der Zeit entstanden dann – wie auch um Schloß Stutensee ausgedehnte Wässersysteme, und auch der Streit ums Wasser ließ nicht lange auf sich warten.

In Grötzingen kam es am Ende des 18. Jahrhunderts zu heftigen innerörtlichen Auseinandersetzungen, nachdem Markgraf Carl Friedrich wie schon in Graben befohlen hatte, die hauptsächlich als Pferde- und Allmendweide genutzten Sumpfwiesen im Gemeindebesitz südlich des Weingartener Moors durch Trübwässerung und Melioration in Nutzwiesen umzuwandeln. Vermutlich dienten die positiven Erfahrungen mit der Grabener Trübwässerung als Vorbild für Grötzingen. Diese an sich revolutionäre Konzeption fand durchaus nicht den Beifall aller Bürger, vor allem nicht der Pferdebesitzer – auch das ist ein Parallelfall zu Graben (siehe folgende Kapitel). ASCHE (1991) referiert die daraus folgenden Streitigkeiten ausführlich.

Stellvertretend für viele Auseinandersetzungen soll hier aber über den Prozeß am Badischen Hofgericht berichtet werden, der 1872–74 zu einer Neuordnung der gesamten Wasserrechte an der Pfinz führte.

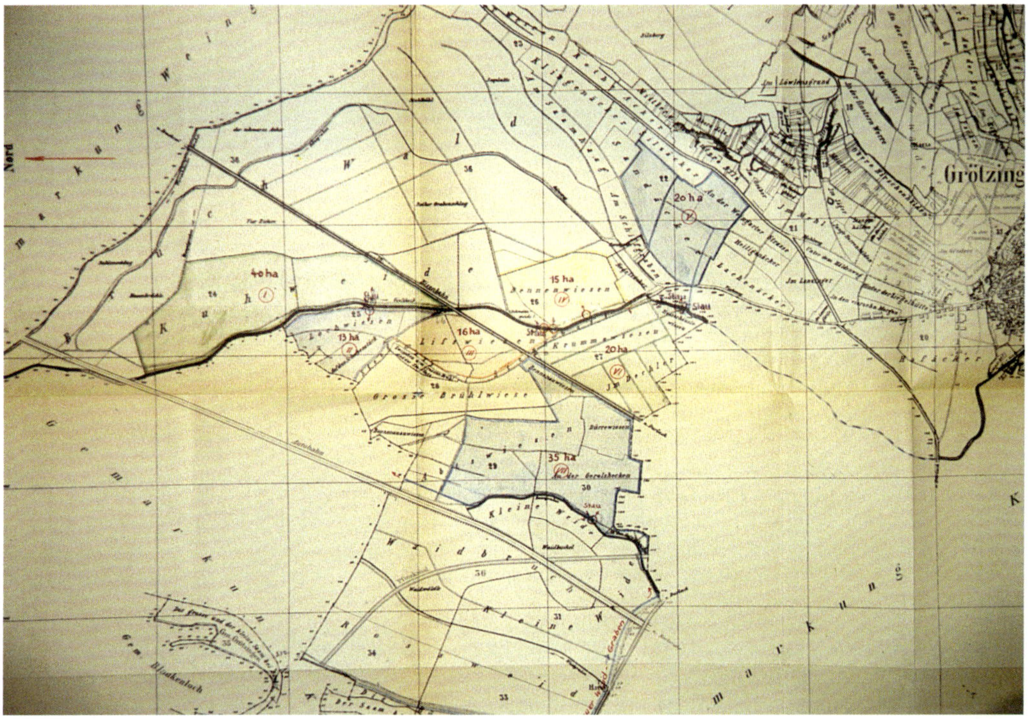

Abb. 8.4 In einer Kartendarstellung von 1950, die auf Veranlassung des Wasserwirtschaftsamtes von der Gemeinde Grötzingen geliefert wurde (Akte „Pfinz" des Amtes für Wasserwirtschaft und Bodenschutz Karlsruhe), sind die Wässergebiete der Gemeinde dargestellt.

Abb. 8.5
Idyll an der Heglach beim Schloß Stutensee. Ein dichter Schilfgürtel säumt den langsam fließenden Bach, der an der Friedrichstaler Mühle aufgestaut ist. Der Wasserspiegel liegt deshalb heute noch deutlich höher als die umliegenden Wiesenflächen. Eine Reaktivierung der Wässerung wäre deshalb problemlos möglich.

Der Hofgerichtsprozeß von 1872

Wie auch anderenorts waren es vor allem die Mühlen, die über Benachteiligungen durch die zahlreichen Wasserentnahmen klagten. Undurchsichtige Wasserrechte und die teilweise rücksichtslose Nutzung tatsächlicher oder vermeintlicher Rechte zum Nachteil der Unterlieger führten schließlich zu einem Prozeß vor dem badischen Hofgericht in den Jahren 1872–74. Hier trafen sich die Kontrahenten: die Müller von Blankenloch, Friedrichstal und Rußheim, die Großherzogliche Gutsverwaltung sowie die Vertreter der Gemeinden Blankenloch, Friedrichstal, Graben und Rußheim. Kernpunkt waren zwei Themenkreise. Die Anrainergemeinden klagten darüber, daß die großherzogliche Domänenverwaltung unter Berufung auf ihre eigene Souveränität ohne jede Rücksicht Wasser aus der Pfinz entnehme und auf ihre Wiesen leite. Die Müller wiederum klagten über Wasserentzug sowohl durch die Domänenverwaltung als auch durch die Wiesenwässerung der Anrainer.

Nach langen und zähen Verhandlungen einigte man sich auf einen Vergleich. Die **Domäne Stutensee** erhielt nun 30 Tage zur Frühjahrswässerung, beginnend mit dem Ende der Frostperiode. Nach der ersten Heuernte gab es 10 weitere Wässertage. Für die Spätjahrswässerung, beginnend unmittelbar nach der Öhmdernte, durfte Stutensee nochmals 21 Tage lang wässern. Insgesamt konnte die Domäne also 61 Tage lang wässern. In jedem Fall mußte soviel Wasser im Bach verbleiben, daß die Blankenlocher Mühle bzw. die Friedrichstaler Mühle mit je einem Rad mahlen konnten. Benutzte man mehr Wasser, so war den Mühlen Entschädigung zu zahlen. Ein vereidigter Wiesenwärter hatte für den regelrechten Ablauf der Wässerung zu sorgen.

Stetiger Wandel der Wässerzeiten

Für die Gemeinden wurde nach 1873 eine neue Wässerordnung festgesetzt. Im Laufe der Jahrzehnte war diese aber ständigen Veränderungen unterworfen, da sie sich als nicht praktikabel erwies. Die ursprünglich sehr üppigen Wässerzeiten für die Domäne Stutensee wurden immer mehr eingeschränkt und an die den anderen Anliegergemeinden zur Verfügung stehenden Zeiten angepaßt.

Eine Verfügung des Kulturbauamtes Karlsruhe von 1935 verzeichnete folgende Wässerzeiten:

Grötzingen	***13 Tage***
15. – 28. Juli	aus dem Giesbach
(jeweils abends 6 Uhr)	
Durlach	***10 Tage***
13. – 15. Juli	aus dem Giesbach
5. – 15. Juli	aus der Pfinz
Blankenloch	***9 Tage***
1. – 5. Juli	
14. – 18. August	aus der Pfinz
zusätzlich ein Tag	
zwischen 13. und 28. Juli	aus dem Giesbach
Stutensee	***8 Tage***
17. – 21. Juni und	
31. Juli – 4. August	aus der Pfinz
Friedrichstal	***8 Tage***
17. – 21. Juni und	
3. – 7. Juli	aus der Alten Bach
Spöck	***4 Tage***
25. – 27. Juni und	
12. – 14. August	aus der Pfinz
Graben	***8 Tage***
27. Juni – 1. Juli und	
8. – 12. August	aus der Pfinz
Rußheim	***8 Tage***
21. – 25. Juni und	
4. – 8. August	aus der Pfinz

Die Wiesenwässerung an der Pfinz nach dem Zweiten Weltkrieg

Genauere Kenntnisse über die Verhältnisse in jüngster Zeit verdanken wir einer Umfrage, die das Wasserwirtschaftsamt Karlsruhe im Jahre 1950 veranlaßt hat[10]. Anlaß war das trockene Jahr 1947, in dem vor allem die Gemeinde Blankenloch durch Wasserraub unangenehm aufgefallen war. Diese hatte, wie ein Schreiben des Wasserwirtschaftsamtes vom 4.8.1947 belegt, entgegen ausdrücklicher Anordnung des Amtes *„in fast verschwenderischer Weise über volle 14 Tage sämtliches Wasser der Pfinz und Heglach entzogen und zum Bewässern der Wiesen und Fischteiche, für Füllen von Gräben zwecks Begießen von*

10 Akte „Pfinz-Heglach" mit mehreren Plänen, im Bestand des Amtes für Wasserwirtschaft Karlsruhe.

Gärten und zur Füllung des Ortsbächleins verwendet".

Das Landratsamt versuchte daraufhin, die Verhältnisse an der Pfinz neu zu ordnen und insbesondere den hier wie anderenorts regelmäßigen Klagen der Müller über Wasserentzug die Grundlage zu entziehen. Daher erkundigte man sich bei den Gemeindeverwaltungen über die geltende Wässerpraxis, die Größe der bewässerten Flächen und die bestehenden Rechte. Außerdem will man wissen, ob es im Gebiet der jeweiligen Gemeinde Schwarzwässerei gebe. Die einzelnen Pfinzanliegergemeinden beantworteten die Anfrage wie folgt:

Nöttingen schreibt, nur südlich des Dorfes könne aus dem Mühlgraben gewässert werden. Die Anrainer hätten alte, im Lagerbuch eingetragene Wässerrechte. Diese werden zitiert: *„Die Inhaber derjenigen Wiesen, welche zu beiden Seiten des Mühlgrabens liegen, sind verpflichtet, denselben zu allen Zeiten zu säubern und zu putzen, dagegen dürfen diese zu gebührenden Zeiten mit dem Wasser aus dem Mühlkanal ihre Wiesen wässern, im Frühjahr und nach der Heuernte wöchentlich zusammen, doch nicht ohne einander oder besonders, ohne Übermaß und Schaden für die Mühle".* Wegen des niedrigen Wasserstandes der Pfinz sei ein Wässern praktisch nicht mehr möglich, damit entfiele auch jegliches Schwarzwässern.

Weiler meldet, die gesamte bewässerte Fläche betrage 6 ha. Die Bewässerungsanlagen seien noch in Ordnung, Unterlagen über alte Rechte gebe es nicht.

Ellmendingen teilt mit, man bewässere insgesamt 56 ha Wiesen. Zwei von ehemals vier Wässerwehren seien noch funktionstüchtig und in regelmäßigem Gebrauch. Die Wässerrechte seien sehr alt, aber nur mündlich überliefert worden. Gewässert würde nach altem Brauch *„zwischen Johanni und Jakobi".*

Söllingen gibt an, man habe ein grundbuchmäßig seit 1907 eingetragenes Recht, 14 Tage lang aus der Hammerwerkschleuse die Wiesen zu wässern. Die bewässerte Wiesenfläche betrage 29 ha.

Grötzingen bewässert noch eine Fläche von 159 ha. Die Wässerwehre, für die die Gemeinde zuständig sei, würden – so berichtet Grötzingen – regelmäßig instandgesetzt. Man wässere entsprechend den Regeln des jährlich festgesetzten Wässerkalenders, sei aber insgesamt unzufrieden, weil die zur Verfügung stehenden Wässerzeiten zu gering seien. Zusätzlich erschwerend wirke der teils sandig-kiesige Untergrund, so daß das Wasser oft schon in den Zuleitungsgräben versikkere.

Durlach meldet eine Gesamtfläche von 244 ha Wässerwiesen. Eine Teilfläche von 141 ha umfasse das Gebiet der „**Hub- und Breitwiesengenossenschaft**", die aus fünf Wässerschleusen das Pfinzwasser einleiten könne. Eine weitere Teilfläche von 93 ha, die aus zwei weiteren Schleusen bewässert werden könne, sei im Besitz der Stadt. Der Zustand der gesamten Wässerungseinrichtungen sei kriegsbedingt sehr schlecht, umfangreiche Reparaturen seien erforderlich. Gewässert werde 12 Tage lang, dies sei ausreichend und habe sich bewährt.

Über **Büchig** liegen keine Angaben vor, wir wissen aber, daß auch dort regelmäßig gewässert wurde.

Die Gemeinde **Blankenloch** schreibt, die örtlichen Bewässerungsanlagen seien gepflegt und stets in Ordnung, weil man seitens der Gemeinde großen Wert auf intakte Wässersysteme lege. Die bisher erlaubten acht Wässertage (vier vor, vier nach der Heuernte) seien viel zu wenig, um das insgesamt 230 ha große Wiesengebiet adäquat zu bewässern. Die Bewässerungsanlage sei kurz vor dem Zweiten Weltkrieg als Teil der Arbeiten zur Pfinz-Saalbach-Korrektion vom Wasserwirtschaftsamt erbaut worden, offensichtlich sei aber die notwendige Wassermenge nicht oder falsch berechnet worden, so daß die Wiesenwässerung immer unzureichend sei. Zum Thema Schwarzwässern teilt die Gemeinde mit: *„Schwarzwässern aus der Pfinz ist nur oberhalb der Mühle möglich. Der Mühlenbesitzer erhält davon sehr schnell Nachricht, so daß eine Schwarzwässerung abgestellt und die Schuldigen bestraft werden können".* Neben dem Wasserrecht der Mühle gebe es das ganzjährige Recht der Gemeinde, aus der Pfinz den Dorfbach mit Wasser zu versorgen. Dieser Dorfbach war offensichtlich ein alter Feuergraben, der im Falle einer Feuersbrunst Wasser in Ortsnähe bereitstellen sollte. Ähnliche Feuergräben kennen wir von mehreren Orten.

Die Domäne **Stutensee** klagt, durch die baulichen Veränderungen im Rahmen der Pfinz-Saalbach-Korrektion sei es nicht mehr möglich, auch nur die geringsten Wassermengen auf die Wiesen zu leiten, weshalb man dringend um eine erneute Überprüfung der Baulichkeiten nachsucht.

Friedrichstal teilt mit, daß man die Wassergräben und Wehre ständig in Ordnung halte und regelmäßig im Rahmen der Pfinzordnung sein Wasserrecht ausübe. Die Wässerzeiten seien aber zu kurz bemessen. Dies gelte auch für die Domäne Stutensee, wo viele Friedrichstaler Bauern Wiesen bewirtschaften würden. Schwarzwässern sei nur in einem kleinen Teilgebiet möglich.

Spöck, Graben und **Rußheim** machen keine Angaben.

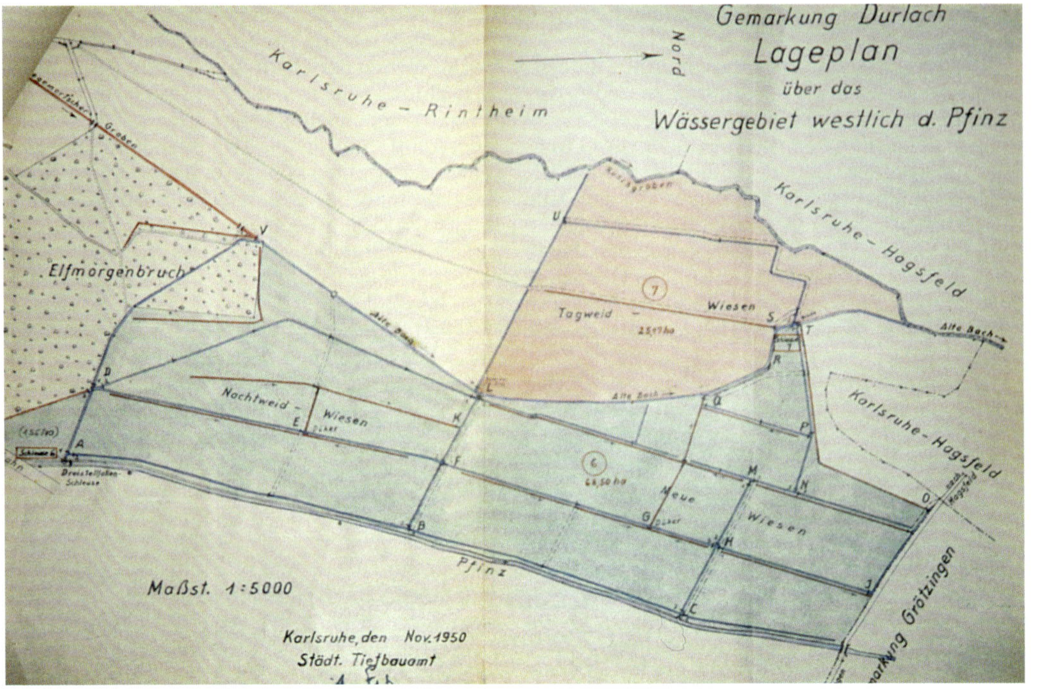

Abb. 8.6 Die Wässergebiete der Gemarkung Durlach im Jahr 1949 (selbe Akte wie Abb. 8.4).

Abb. 8.7 Ein Ausschnitt aus der Wässerregion der Gemarkung Blankenloch im Jahr 1949 (selbe Akte wie Abb. 8.4).

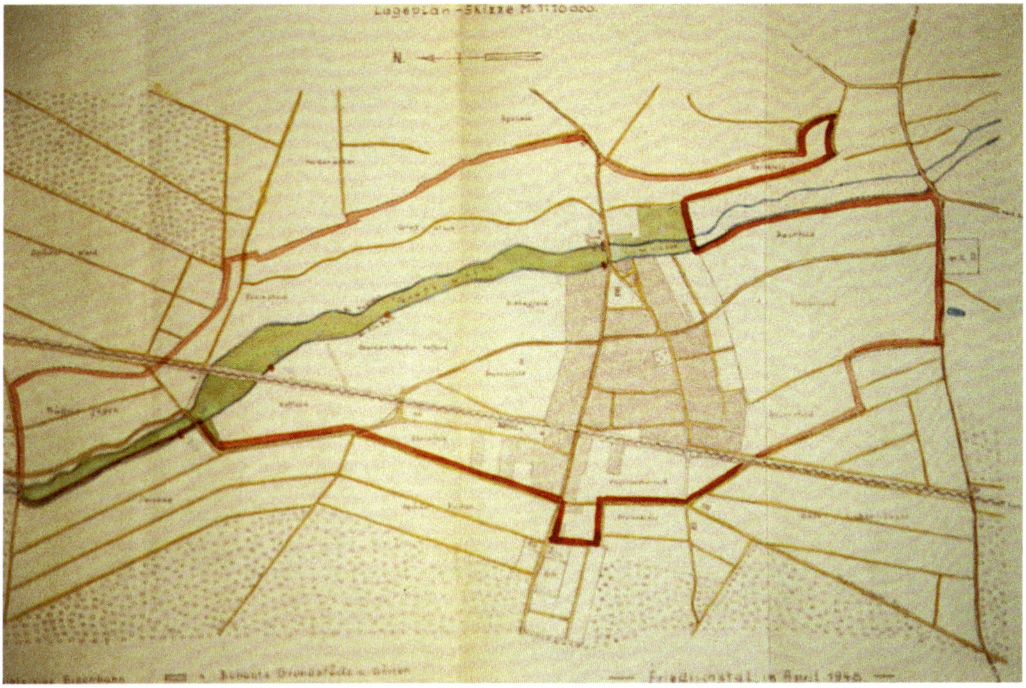

Abb. 8.8 Zustand der Wässergebiete der Gemarkung Friedrichstal und der Heglachaue im Jahr 1949 (selbe Akte wie Abb. 8.4).

Abb. 8.9 Plan des früheren Wässerwiesensystems beim Schloß Stutensee (Akten der Gemeinde Stutensee).

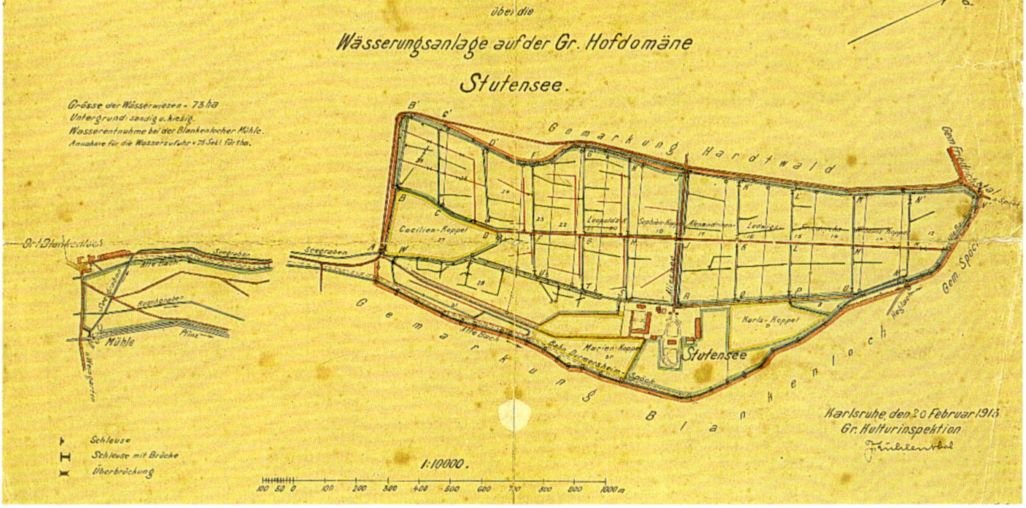

Vorschlag zur Neuregelung der Wässerzeiten an der unteren Pfinz von 1951					
Gemeinde	Wiesenfläche	Anteil	Wässerzeit	Zeit-Anteil	Sollzustand
Durlach	142 ha	14,2 %	10 Tage	20 %	7,1 Tage
Blankenloch	230 ha	23,0 %	8 Tage	16 %	11,5 Tage
Stutensee	76 ha	7,6 %	8 Tage	16 %	3,8 Tage
Friedrichstal	20 ha	2,0 %	4 Tage	8 %	1 Tag
Spöck	10 ha	1,0 %	4 Tage	8 %	0,5 Tage
Graben	238 ha	23,7 %	8 Tage	16 %	11,9 Tage
Rußheim	286 ha	28,5 %	8 Tage	16 %	14,2 Tage

Wieder eine neue Wässerordnung

Nun wird ein erneuter Versuch gemacht, die gesamten Wässerrechte neu zu ordnen. Für die obere Pfinz wird der Vorschlag gemacht, die Wässerzeit von insgesamt 60 Tagen (30 Tage im Frühjahr und 30 Tage im Sommer) wie folgt zu verteilen:

Grötzingen soll seine 159 ha Wiesen (Anteil von 59 %) an zweimal 16 Tagen wässern dürfen, Berghausen erhält je 2 Tage, Söllingen je 3 Tage, Nöttingen je 2 Tage, Ellmendingen je 5 Tage und Weiler je 2 Tage. Auch im unteren Abschnitt der Pfinz wurden neue Wässerzeiten geplant (siehe Kasten).

Das Vorhaben, ohne Ausweitung der Gesamtwässerzeit (gegen die die Müller protestieren würden) eine gerechte Verteilung der Zeiten nach der vorhandenen Wiesenfläche zu schaffen, erweist sich als nicht ganz einfach, da die Länge der Zuleitungsgräben sehr unterschiedlich ist und dadurch viel Wasser versickert. Damit Stutensee mit den verkürzten Wässerzeiten in der Lage ist, seine Wiesen zu wässern, soll ein neues Wässerwehr eingerichtet werden. Die Gemeinden, die davon wegen der nunmehr verlängerten Wässerzeit profitieren würden, sollen sich an den Kosten beteiligen. Sie lehnen aber einhellig ab und geben an, bei der herrschenden Finanznot dazu nicht in der Lage zu sein.

	vom	bis
1.) Domäne Stutensee		
a) über den Seegraben	10.6.59	14.6.59
b) aus der Stauhaltung "Spöcker Wehr"	21.6.59	22.6.59
2.) Gemeinde Blankenloch	14.6.59	19.6.59
3.) Gemeinde Spöck	19.6.59	21.6.59
4.) Gemeinde Friedrichstal	22.6.59	24.6.59
5.) Gemeinde Graben	24.6.59	27.6.59
6.) Gemeinde Rußheim	27.6.59	4.7.59
7.) Durlach		
a) über den Kutschergraben	4.7.59	14.7.59
b) über den Giesbach	14.7.59	16.7.59
8.) Gemeinde Grötzingen	16.7.59	29.7.59

Abb. 8.10
Wässerkalender des Wasserwirtschaftsamtes aus dem Jahre 1959.

Erst nach langen Verhandlungen, in die sich auch das Landratsamt einschaltet, kommt eine Neuregelung zum Tragen, die dann bis zum Ende der Wiesenwässerung in den sechziger Jahren mehr oder weniger unverändert Bestand hatte. Alljährlich wurde per Verfügung des Wasserwirtschaftsamtes der Wässerkalender festgelegt. Ein Beispiel aus dem Jahre 1959 zeigt die letzte gültige Regelung (siehe Abb. 8.10).

Wiesenwässerung aus Walzbach, Weingarter Bach und Grombach

THOMAS ADAM

Die Wiesenwässerung aus dem Walzbach oberhalb von Weingarten

Analog zur langen Vorgeschichte der Wiesenwässerung in vielen anderen Orten heißt es im Jahre 1820 auch in Weingarten, daß der Walzbach zur Wässerung *„seit undenklichen Jahren dient"* (GLA 229/111827). Einen wenig schmeichelhaften Namen trägt dieser Bach: Seine amtliche Benennung lautet *Dreckwalz*, ja in einer Gemarkungsbeschreibung des Jahres 1738 wird das Fließgewässer gar bezeichnet als der *„Walz den Dreck Bach"* (KELCH 1985). Berechtigt ist der unrühmliche Name wohl allemal, denn bei starkem Regen und Tauwetter führt der Bach erhebliche Mengen von Schlamm und eingeschwemmtem Löß mit sich und wälzt sich in Farbschattierungen von gelb bis dunkelbraun durch Weingarten.

Der Walzbach entspringt auf Wössinger Gemarkung und wird 1861 in seinem weiteren Oberlauf wie folgt beschrieben: *„Die Dreckwalze, welche von Jöhlingen herkommend, die Gemarkungen Weingarten, Stafforth p. p. durchfließt*[11]*, ist ein ganz unbedeutender Bach, dessen Wasser auf der Gemarkung Jöhlingen zum grossen Theil durch Wässerung der Wiesen absorbirt wird und sich in der Gemarkung Weingarten durch andere Zuflüße wieder verstärkt. Hier dient es zum Betrieb der ziemlich zahlreichen Mühlen und zur Wässerung der Wiesen"* (GLA 357/12672).

Im **Jöhlingen** des vorigen Jahrhunderts kann von einer geordneten oder koordinierten Wiesenwässerung aus dem Walzbach keine Rede sein. Noch 1866 prägten auf der Gemarkung nachlässig, meist eigenmächtig angelegte Stichgräben vom Walzbach in die Wiesen das Bild. Eine Rechtfertigung für diese negativen Entwicklungen war vorhanden, hatte man sich doch in Jöhlingen aus alten Akten kundig gemacht, daß schon im 17. Jahrhundert (vor dem Bau der örtlichen Wiesenmühle) jeder Wiesenbesitzer das Wässern willkürlich ausgeführt habe.

Erst mit dem Bau der neuen Mühle soll es zu Absprachen und Regelungen zwischen Müller, Gemeinde und Wiesenbesitzern gekommen sein, die aber wenig Verbindlichkeit besaßen. Versuche, dieser ausufernden „Selbsthilfe" bei der Wiesenwässerung Abhilfe zu schaffen, versandeten, was einen großherzoglichen Oberamtmann zum Stoßseufzer veranlaßte, es sei insgesamt *„wenig Sinn und Einsicht"* vorhanden für die Bedeutung einer geregelten Wiesenwässerung (GLA 357/11672).

Zwei Jahrzehnte später, im Jahre 1888, stellte sich die Wässerung aus dem Walzbach für die Jöhlinger in der folgenden Weise dar: *„Im oberen Thal (gegen Wössingen) ist die Wässerung nicht geregelt. In der Strecke unmittelbar oberhalb der oberen Mühle ... wird auf einer größeren Erstrekkung das Wasser ganz willkürlich dem Bach entnommen dadurch, daß Jeder nach Belieben einen Schlitz in den Damm gräbt und durch Einschlagen von Pfählen und Einstellen von Brettern das Wasser auf die Wiesen bringt. Dadurch wird der Wasserlauf gehemmt, den unterhalb liegenden Interessenten wird unrechtmäßiger Weise Wasser entzogen und das Profil des Bachs wird mehr und mehr einer Verwilderung entgegengeführt. Weiter oben wird dann das Wasser im Allgemeinen abtheilungsweise durch größere Schleusen und Seitengräben dem Bache entnommen. Dadurch, daß aber die Schleusen mangelhaft unterhalten, die Gräben nicht gehörig geöffnet werden und auch nicht richtig angelegt sind, kann das Wasser nicht gut auf alle Wiesen gebracht werden. Es nehmen daher auch hier einzelne Wiesenbesitzer das Wasser mit Hülfe durchstechen des Dammes direkt heraus"* (GLA 357/33824). Die ungenehmigten, wilden Einschnitte in die Dämme und in das Bett des Walzbaches führten dazu, daß die Wiesen bei bestimmten Wasserständen nicht nur – wie gewünscht – gewässert, sondern vielfach regelrecht überschwemmt und unter Wasser gesetzt wurden (GLA 357/5827). Diese Umstände veranlaßten den Jöhlinger Müller 1862 zur Klage, man entziehe ihm durch privates Wässern den Antrieb für das Mühlrad, ein Vorwurf, dessen Berechtigung selbst die Gemeindeverwaltung Jöhlingen teil-

---

11 Damals wurde auch der „Weingarter Bach" unterhalb von Weingarten als Walzbach bezeichnet.

Abb. 8.11 Ein Ausschnitt aus der großen Pfinzkarte mit Wiesengebieten und Bächen, hier die Umgebung von Weingarten. Man erkennt sehr schön den Schwemmkegel des Walzbachs und die Verteilung des Wassers unterhalb von Weingarten (GLA, Abt. G, Wasserbau, Pfinz Nr. 3).

weise einräumen mußte. Daher betraute sie noch im selben Jahr einen Bürger und Tagelöhner aus dem Ort mit der Aufgabe, *„daß derselbe im Monat Mai und Juli alle Dienstag und Samstag die im obern Wiesenthal bestehenden 4 Wehren von Morgens 6 Uhr bis Abends 5 Uhr zustellen das Wasser dadurch zuspannen und die Wiesen gleichmäßig abwechselnd zu bewässern hat“*. Doch obwohl die Gemeinde Jöhlingen mit der Anstellung des Wässermeisters zugleich ihre klare Festlegung verknüpft hatte, *„daß niemand mehr das Recht hat, seine Wiesen selbst zu bewässern“* (GLA 357/11672), scheint kein grundlegender Wandel des ungeordneten Treibens eingetreten zu sein. Auf den Gemarkungen von Wössingen und Jöhlingen, so heißt es noch Ende der 1860er Jahre, kümmere sich kaum ein Mensch um eine geregelte Wiesenwässerung (GEMEINDEARCHIV WEINGARTEN, A 548).

Etwas günstiger stellte sich die Situation unterhalb Jöhlingens dar: *„Im unteren Thal (gegen Weingarten) wird die Wässerung von einem von der Gemeinde hergestellten Wehr (Krautgartenwehr genannt) bewirkt und zwar dadurch, daß alljährlich ein Wässerknecht aufgestellt wird, welcher das Wasser von den beiderseitigen Seitengräben in die einzelnen Wiesen hineinleitet. Gewässert wird nach altem Herkommen mit dem Besitzer der sog. Wiesenmühle in den Monaten Mai und Juli“* (GLA 357/33824).

An der Gemarkungsgrenze zwischen Jöhlingen und Weingarten liegen die sogenannten „Pfalzwiesen“, welche anfangs der 1840er Jahre *„mittels eines Viehes“*, wie es in den Akten ausdrücklich heißt, gewässert wurden (GEMEINDEARCHIV WEINGARTEN, A 548).

Sodann zieht sich der Walzbach durch **Weingarten**. Bei starken Regenfällen hatte dieses – wie eine Bemerkung des Jahres 1853 belegt – zuweilen unter seinem Bach zu leiden: *„In diesem Falle tritt sie in der Mitte des Ortes Weingarten über ihre Ufer, dringt links durch die Mizigergasse, das Kernengäßchen und die Bruchgasse in den Ruschgraben, und rechts durch die Gasse gegen die Apotheke und die Breitwiesengasse in den Breitwiesengraben“* (GLA 357/9020). Schon im Jahre 1820 hatte die Gemeinde Weingarten ihren Walzbach und die Probleme, die er der Ortschaft bereiten konnte, mit den Worten charakterisiert: *„Dieser Bach führet regelmäßig wenig und seichtes Wasser, schwellt aber zu Zeiten durch starke Regengüsse und Waldbäche aus dem naheliegen-*

den Gebirge so sehr an, daß er dem Ort [und] dem besten Ackerfeld[12] *großen Nachtheil bringen würde, wenn er nicht durch die Abzugsgräben links durch Breitwiesen genannt, rechts über das große Abfallwähr in den Ruschgraben abfließen, und dadurch den nöthigen Abzug finden könnte"* (GLA 229/111827).

Innerhalb Weingartens, auf Höhe der Tullabrücke, führte der Walzbach nach Untersuchungen des ausgehenden 19. Jahrhunderts im Jahresmittel eine Wassermenge von rund 0,3 m^3/sec. Dies war nur etwa ein Viertel der Schüttung des Saalbachs und konnte in heißen Sommern auf ein Drittel dieser Menge zurückgehen. In extremen Trockenzeiten und kalten Wintern konnte es sogar geschehen, daß der Walzbach in der Weingartener Ortsmitte weitgehend versiegte (SAYER 1893). Auch griff man innerhalb Weingartens auf den Walzbach nicht nur als Lieferant von Antriebsenergie für die Mühlen und als Entsorgung für häuslichen Unrat zurück, sondern nutzte das Wasser auch zur Wässerung von Hausgärten. Der hauptsächliche Mißbrauch, so schreibt ein vorgesetztes Amt im Jahre 1819, bestehe darin, *„daß beinahe jeder Hausbesitzer, aus der Bach entweder durch eine eingelegte Dohle, oder aber größtentheils durch Damm-Einschnitte das Waßer in seinen Garten, oder in seine bey dem Hauß liegende Wiese beliebig leitete"* (GLA 357/9053).

Auf das häufige Argument, die jeweils oberhalb an den Bach angrenzende Gemeinde betreibe übermäßiges Wässern und verschulde das Austrocknen des Fließgewässers, wurde bei Bedarf auch in Weingarten zurückgegriffen. Da das Wasser, welches die eigentliche Walzbachquelle unterhalb Wössingen schütte, schon von der Jöhlinger Einwohnerschaft zu übertriebenem Wässern genutzt werde und nur mehr spärliche Reste davon überhaupt die Weingartener Gemarkung erreichten, verwende man in Zeiten geringer Niederschläge ohnehin nur dasjenige Wasser, welches dem Bach aus Quellen auf der eigenen Gemarkung zufließe – und auf dieses Wasser, so liest es sich explizit wie auch vielfach zwischen den Zeilen, habe man gleichsam einen Rechtsanspruch, dieses Wasser *gehöre* Weingarten und den Weingartenern (GLA 357/9024). Dieser nasse „Besitz" aber sollte sich für einige Bewohner des Dorfes auch als verhängnisvoll herausstellen. Wenn der Walzbach Hochwasser führte, waren Leib und Gut der Weingartener nicht selten bedroht. So ertrank am 24. Mai 1744 ein Schreiner mit seinem Sohn in der Wasserflut des Walzbachs. Am Haus Bachstraße 5 ist in mehr als anderthalb Meter Höhe über der Straße eine Hochwassermarke eingemauert, die an das *„Groswasser"* vom 22. Mai 1746 erinnert. Dieser folgenschweren, mehrere Tage anhaltenden Überschwemmung fielen gleichfalls (mindestens) zwei Menschen zum Opfer, die vom Hochwasser mitgerissen wurden und ertranken. An einem Torbogen in der Jöhlinger Straße soll damals ein Ochse hängengeblieben sein, den die Wassermassen in Jöhlingen mitgerissen hatten – ganz abgesehen davon, daß Brükken und Stege brachen und selbst drei Häuser zum Einsturz kamen. Zahlreich sind auch die Klagen der Weingartener über die Vielzahl der Frondienste, die sie aus Anlaß der Beseitigung von Hochwasserschäden im Unterdorf zu leisten hatten (NIKOLAUS 1936).

Die Wiesenwässerung aus dem Weingarter Bach zwischen Weingarten und Neuthard

Wenn der Walzbach heute als „Weingarter Bach"[13] das westliche Ortsende von Weingarten verläßt, so verläuft er möglicherweise in einem Bett, das nicht sein ursprüngliches ist, sondern im Gegenteil aus verhältnismäßig neuerer Zeit datiert. Der Weingartener Pfarrer und Chronist Albert Nikolaus mutmaßt, das heutige Bachbett des Weingarter Bachs sei erst nach etwa 1700 gegraben worden. Denn in alten Akten trägt der heutige Wiesentalgraben schlicht die Bezeichnung „die Bach", was immerhin darauf hindeutet, daß es sich bei ihm um den ursprünglichen Lauf des Weingarter Baches handelt. Außerdem ist die Lage auf der „Hochfläche" der Sandinsel westlich von Weingarten ein Hinweis auf die künstliche Entstehung. Klar ist jedoch, daß das Wasser des Walzbachs ab Weingarten mehrfach geteilt wurde.

Immer wieder wurden (und werden) die Bäche der Hardt von menschlicher Hand umgestaltet. Gerade die Ausräumung und Verbreiterung des Weingarter Baches schlug sich denn auch von jeher in zahlreichen Akten und Verhandlungsprotokollen nieder. So heißt es im Jahre 1658, es sei höchst notwendig, den Weingarter Bach wieder in seiner Tiefe und Breite auszuräumen (GLA 229/111928), und just dieselbe Problematik stand noch anno 1897 im Vordergrund, als in einem amtlichen Schreiben kritisch bemerkt wird, die Dreckwalz befinde sich insgesamt *„in ganz unge-*

12 Damit war das „Sandfeld" westlich von Weingarten gemeint, eine hochliegende Fläche, die dem Bach quasi „im Wege stand". Hier lagen die einzigen besseren Ackerflächen der Gemeinde in der Rheinniederung.

13 In den älteren Akten wird der Bachlauf zwischen Weingarten und Staffort noch als Walzbach bezeichnet. Aus Gründen der Einheitlichkeit haben wir uns entschieden, den heutigen Namen „Weingarter Bach" zu verwenden.

ordnetem Zustande" (GLA 357/28687). Dem Weingartener Ökonomierat Johann Joseph Kiefer warfen die Ortsvorgesetzten im Jahre 1786 vor, dieser habe bei seinen Bemühungen um eine Neuordnung der Be- und Entwässerungsgräben das alte und bewährte System schlicht verschlimmbessert. Neue Gräben habe Kiefer dort anlegen lassen, wo dies von Nachteil sei, derweil wichtige alte Gräben auf seine Weisung hin zugeschüttet worden waren. Diese verfüllten Gräben mußte Kiefer bereits im folgenden Jahr wiederherstellen lassen (KELCH 1987).

Absichtserklärungen und harte Realität

Oft genug auch finden sich in den Akten eher Hinweise auf das *Vorhaben* von Verbesserungen als auf deren wirkliche *Umsetzung*. Am 29. Mai 1807 berichtet die Gemeinde Weingarten von ihrer Absicht, das noch sehr ausbaubedürftige System der Wiesenwässerung neu einzurichten, „*wodurch vor die Gemeind ein unbeschreiblicher Nutzen heraus käme, weil der Tung der den gantzen winter über gemacht werd alles auf die wiesen gefahren werd, wann dieser auf die äcker käme, könnte ein Drittel frucht mehr wachsen*" (GLA 357/9022). Von schnellen Fortschritten auf diesem Gebiet aber konnte in Weingarten wohl kaum die Rede sein, obwohl man wenig später (1811) plötzlich behauptete, das örtliche Wässerungssystem sei „*dermalen in solchem Stand, daß man sich bis auf bessere Zeiten einstweilen begnügen kann*" (GLA 357/9021). Im Jahre 1829 heißt es dagegen in einem Schreiben der Gemeinde: „*Bisher fühlte man noch einen großen Mangel an der beßern Einrichtung zur Wiesenwässerung*". Nunmehr aber sei man festen Willens, dieses Wässerungssystem zu ergänzen und zu verbessern, wobei man sich darum bemühe, die entstehenden hohen Kosten nicht auf die betroffenen Wieseneigentümer umzulegen, sondern die Finanzierung auf anderem Wege zu bewerkstelligen (GLA 357/9028).

Auch andere Beispiele belegen, wie sehr Lippenbekenntnisse und Realität divergierten. Schon im Jahre 1815 bestand zu Weingarten ein Verbot des eigenmächtigen Wiesenwässerns sowie des Durchstechens der Bachufer (GLA 357/28687). Dennoch wird im Februar 1852 dem Weingartener Gemeinderat anläßlich einer Ortsbereisung dringend anempfohlen, darauf hinzuwirken, „*daß die Ortseinwohner auf Verminderung des Rebbaues zum Vortheil des Ackerbaues ..., Wiederherstellung und Verbesserung der Wiesenwässerung ..., auf Vermehrung des Erträgnisses von Grund und Boden und damit des so gesunkenen Wohlstandes, mehr und mehr bedacht seien*". Und schließlich wird den Ortsvorgesetzten nahegelegt, „*namentlich die Wiesenbesitzer zu gemeinsamen Wiesenwässerungseinrichtungen zu veranlassen*" (GLA 357/9020). Von organisatorischen Fortschritten und einer echten Systematisierung kann kaum gesprochen werden, und schließlich ergab noch eine Bachschau des Jahres 1922, daß der Weingarter Bach zwischen Spöck und Neuthard auf einer kaum zwei Kilometer langen Strecke annähernd sein ganzes Wasser verliere, wofür maßgeblich die noch immer wilde und ungeregelte Wässerung verantwortlich sei (GLA 344/4216).

Gräben mit zahlreichen Namen

Das Weingartener Be- und Entwässerungssystem war relativ komplex (siehe auch oben in der Einleitung zum Kap. 8, „Pfinz"), zumal die beteiligten Gräben in ihrem Lauf teilweise mehrfach die Namen wechseln. Eine geradezu klassische Beschreibung des Weingarter Bachs und seiner Seitengräben vom September 1853 (siehe auch Karte 1) mag davon einen Eindruck vermitteln: „*In den Ruschgraben läuft all das Wasser, was vom Werrenhäuschen bis zum Orte Weingarten aus dem Effenstiel und Mauerthal kommt. So lange der Ruschgraben auf der Gemarkung Weingarten fließt, behält er diesen Namen, so wie er aber die Gemarkung Stafforth betritt – in dem Hüttenauwalde – heißt er Wehrgraben bis zu seinem Eintritt in den neuen Graben unterhalb Stafforth. Das Wasser, das zwischen dem Orte Weingarten und der Weingarter-Untergrombacher Gemarkungsgrenze aus dem Tiefenthal und Ungeheuer [Klamm] sich ergießt, läuft in den Breitwiesengraben und Galgengraben, welch ersterer in dem Bronlochwalde, zunächst der Weingarter, Grombacher, und Stafforther Waldgrenze, mit dem Galgengraben [der die Gemarkungsgrenze zu Untergrombach markiert] sich vereint, der dann, wo er in den Stafforther Wald – im Grund – eintritt, den Namen Grundgraben, und wo er den Wald verläßt – an der Zollbrücke – den Namen neuer Graben annimmt. Dieser neue Graben zieht dann durch die Gemarkung von Büchenau und Stafforth durch Felder und Wiesen hin, wo er zunächst der Pfinz, den Wehrgraben, der, wie erwähnt, eine Fortsetzung des Ruschgrabens ist, aufnimmt, wo dann das Wasser dieser beiden vereinten Gräben zwischen Stafforth und Spöck in die Pfinz eintritt*" (GLA 357/9020). Dort, am Zusammenfluß des Weingarter Bachs (heute Lachengraben) und der Pfinz bei Neuthard, befand sich Mitte des 19. Jahrhunderts eine Schleuse (GEMEINDEARCHIV WEINGARTEN, A 548).

Um ein Optimum von Nutzen und Zweckmäßigkeit bei der Wiesenkultur zu erreichen, kam es auf die Harmonie von funktionierender Entwässerung und intakter Bewässerung an (ABEL 1865). In Weingarten wurden die vorhandenen Gräben weitgehend sowohl zur Be- als auch zur Entwässerung eingesetzt. *„Das Entwässerungswasser zieht sich durch 3 Gräben durch den Breitwiesen, Kreuz[lacher] und Ruschgraben"*, heißt es im Jahre 1856 (GLA 357/12671), und bereits im Jahre 1822 hatte es über besagte Gräben geheißen: *„Dieser Ruschgraben sowie der Kreuzlachgraben hatten den Zweck, alle Springfluthen des Weingarter Bachs ... aufzunehmen und unterhalb Stafforth in die Pfinzbach abzuführen"* (GLA 357/9053).

Zugleich dienten diese Gräben auch zur Wiesenwässerung. Im März 1889 berichtet die Gemeinde Weingarten: *„Die Wiesen der hiesigen Grundbesitzer liegen mit ganz geringer Ausnahme nicht an der Dreckwalz, so daß diese direkt aus der Bach mittelst Dohlenanlagen bewässert werden könnten; sondern sie liegen mitunter eine halbe Stunde von dieser entfernt. Um nun diese Wiesen bewässern zu können, bestehen 3 große Gräben, die von der Bach aus angelegt sind und in welchen das Wasser auf beträchtliche Entfernungen durch Ackergelände und den Ort geleitet und dann erst den Wiesen zugeführt wird. An der Bach bestehen bei diesen Ableitungsgräben große Wehre ... die zur Ableitung des Wassers dienen"* (GLA 357/28687). Die genannten drei großen Gräben waren eben wiederum Ruschgraben, Kreuzlachgraben und Breitwiesengraben, der sich bis heute in einigem Abstand parallel zur Bundesstraße 3 in Richtung Untergrombach hinzieht[14].

Zu einem komplexen Wässerungssystem gehören freilich nicht nur die Haupt-, sondern überdies viele kleinere Gräben. Manche von diesen Gräben, so der Wiesentalgraben und der Galgengraben, bereiteten den Weingartener Ortsoberen einigen Verdruß. Bis zum Jahre 1807 hatte die Gemeinde das vorgesetzte Oberamt schon mehrmals darauf hingewiesen, man selbst reinige ständig den *„bei jedem geringen Gewässer mit Unrath"* – gemeint sind Lehm und Löß – angefüllten Galgengraben, während sich die Untergrombacher allenfalls durch Untätigkeit auszeichneten. So bat Weingarten das Oberamt, man möge sich doch selbst an Ort und Stelle begeben und davon überzeugen, *„wie boshafte Nachbarn wir an denen Untergrombachern haben"* (GLA 348/649). Doch nicht nur die Untätigen jenseits der Gemarkungsgrenze bereiteten den Weingartener Ortsvorgesetzten einigen Kummer – auch um den Arbeitseifer der eigenen Dorfgemeinschaft war es nicht immer zum besten bestellt. Im Sommer 1786 waren zehn Weingartener zu Geldstrafen verurteilt worden, die sich um das Ausputzen des Wiesentalgrabens gedrückt hatten (KELCH 1987).

Ein vorhandenes Wässerungssystem freilich garantierte längst keine systematische Wässerung, und überhaupt drängt sich der Eindruck auf, als sei die Ordnungsliebe bei der Wiesenwässerung gewissen Zeitströmungen unterworfen gewesen. Einmal sprechen die Akten von einer zuverlässigen Ausführung der Überstauung von Weingartens großen Wiesenflächen, ein andermal lassen die zeitgenössischen Dokumente keinen anderen Schluß zu, als daß das Wässerungssystem jeglicher Systematik entbehrte. So erfahren wir aus dem Weingarten des Jahres 1713, ein gewisser Daniel Utri sei als herrschaftlicher *„Wüsenwäserer"* angestellt worden – immerhin ein Indiz, daß auf eine ordnungsgemäße Wässerung hingearbeitet wurde. Im Jahre 1809 hingegen wird berichtet, daß das Wiesental mit den darinliegenden Thalwiesen – im Südwesten der Weingartener Gemarkung gelegen, heute durch Autobahn und Ruschgraben in ein oberes und ein unteres Wiesental geteilt – auf *„die unregelmäßigste Art dadurch bewässert wird, daß die Wieseneigentümer jeder vor seine Wies das Bachufer durchsticht, wodurch öfters ... großer Schaden auf den Feldern und Wiesen entsteht"* (GLA 357/28687).

Immerhin hatten die ebenen Wiesen um Weingarten den erheblichen Vorzug, daß das aufgestaute Wasser sich von selbst gleichmäßig über sie verteilte, die Ebene durchströmte und (nicht minder wichtig) ebenso gleichmäßig wiederum abzog, wenn die Wässerung beendet war und die Wehre wiederum geöffnet wurden. Diese Trübwässerung der großen Wiesenflächen, die für einige Zeit vollständig unter Wasser gesetzt wurden, bewirkte den vollständigen Niederschlag des nährstoff- und kalkreichen Schlammes, erforderte aber auch erhebliche Wassermengen (MEYN 1880, RAU 1822, siehe auch Kap. 8.3, „Graben"). Diese Mengen waren so immens, daß oftmals das gesamte Wasser des Weingarter Bachs dafür aufgewendet werden mußte. *„Zur Wässerungszeit"*, so berichtet der Karlsruher Professor Cosmas SAYER (1893) über den Unterlauf des Weingarter Bachs, *„liegt das Bachbett oft ganz trocken"*.

14 Eine genauere Beschreibung des Weingartener Wiesensystems findet sich im ersten Abschnitt des Kapitels über die Pfinz.

Abb. 8.12
Die „Thalwiesen“, vom westlichen Ortsende von Weingarten aus gesehen. Die weitläufige Wiesenaue gibt auch heute noch einen Eindruck von der Pfinzaue in früheren Zeiten. Die alten Wässerwiesensysteme konnten durchaus von einer gewissen Einförmigkeit sein, unterbrochen nur durch die Bäche und Gräben.

Schuld ist immer der andere!

Dieses Trockenfallen freilich stellte die ohnehin wenig ausgeprägte Freundschaft zwischen Weingarten und den unterhalb am Weingarter Bach gelegenen Gemeinden Staffort, Büchenau und Neuthard auf manch harte Probe. Jahrhundertelange Streitigkeiten füllen Aktenbände, wobei stets dasselbe, in diesem Buch häufig zitierte Grundmuster erkennbar ist: Alle Gemeinden beschwerten sich jeweils über den oberhalb gelegenen Ort und schoben diesem alle Schuld am Wassermangel zu (GLA 357/5713 und 5834). Ein klassisches Beispiel hierfür datiert aus dem Jahre 1843, als die Gemeinde Büchenau sich über Staffort beschwerte, dieses mache durch übertrieben lange Wässerung der eigenen Gemarkung jede Überstauung in Büchenau unmöglich. Man verlange, so die Büchenauer, daß Staffort das Wasser teile und nicht allein das ganze Jahr wässere. Staffort konterte, im Sommer pflege man zu Weingarten so extrem zu wässern, *„so daß auch nicht ein Tropfen auf Stafforther Gemarkung im Weingarter Büchlein zu finden ist“*. Überhaupt beschwerte sich gerade Staffort permanent, die Nutzung der Wassergräben zwischen Durlach und Untergrombach verlaufe stets zu seinen Ungunsten, sei es durch Wässerung bei Trockenheit, sei es durch Flutung bei starken Regenfällen. Entweder man leide unter Wassermangel oder unter Hochwasser.

Weingarten erwiderte darauf schließlich: *„Die hiesige Bach entspringt auf der Gemarkung Wössingen ohngefähr zur Hälfte [der Wassermenge]; das Wasser wird im Sommer öfters von der Gemeinde Jöhlingen zur Wießenwässerung benützt, so daß wir nur solches Wasser hier haben, welches auf hießiger Gemarkung entspringt“*. Dieses, so die Gemeinde Weingarten, benötige man freilich zu einem Gutteil selbst (GLA 357/5839). Dabei ist, in der Rückschau gesehen, eine gewisse Berechtigung der Weingartener Ansprüche nicht zu leugnen: Immerhin fand sich auf der großen Gemarkung des Marktfleckens annähernd die dreifache Fläche an Wiesen als auf den Fluren der drei anderen Gemeinden *zusammengenommen* (GLA 357/12672). Weingarten verfügte über nicht weniger als 1.000 Morgen Wiesen, von denen 650 Morgen bewässert wurden (GLA 237/29890).

Auch im September 1861 beschwerte sich die Gemeinde Neuthard, wegen übermäßigen Wässerns aus dem Bach in den oberhalb gelegenen Orten stehe zur Sommerzeit die Mühle still und könnten die Felder nicht bewässert werden. Weingarten, dem die Schuld daran zunächst angelastet wurde, schob den schwarzen Peter abermals Jöhlingen zu: Dieses nämlich benutze alles Wasser aus dem Walzbach zur dortigen Wiesenwässerung (GLA 357/12672).

Wassermangel war also um so mehr zu befürchten, je weiter die einzelne Gemeinde von der Quelle des Walzbaches entfernt war und je mehr Dörfer und Wiesen zwischen ihr selbst und dieser Quelle lagen. Wo aber Mangel an der Tagesordnung ist, dort wird Einfallsreichtum zur notwendigen Tugend und bricht sich Erfindungsgeist Bahn. So beschritten die Gemeinden Staffort, Büchenau und Neuthard denn auch einen zwar unorthodoxen, aber letztlich wirksamen Weg, *„um sich das ungebührliche Wäßern ihrer Wiesen bei kleinem und wenigen Wasser zu erleichtern"*. Diese „Erfindung gegen einen niedrigen Wasserpegel" bestand darin, daß diese Gemeinden *„die Ufer der Bach ... zusammen wachsen laßen und das Bachbette verschmälern"*. Mit anderen Worten: Durch eine Verkleinerung des eigentlichen Bachbettes hoben sie den geringen Wasserstand etwas an und ermöglichten somit eine Wässerung ihrer Wiesen (GLA 357/5827) – ein anderswo in unserer Region nicht belegtes Vorgehen (zumindest nicht absichtlich).

Der Walzbach – ein „Grenzfall"

Waren schon Streitigkeiten um das Wasser zwischen einzelnen Gemeinden konfliktgeladen genug, so konnte die Situation weiter verschärft werden, wenn Bäche an Landesgrenzen verliefen. Der Walzbach war bis 1803 einer dieser „Grenzgänger": Er entspringt in Wössingen (seit 1770 badisch, zuvor aber von verschiedenen Herrschaften verwaltet), durchzieht das einst domkapitularisch-speyerische Jöhlingen, das kurpfälzische Weingarten, streift ab hier als „Weingarter Bach" das früher badische Staffort und wendet sich wieder den ehedem speyerischen Orten Büchenau und Neuthard zu. Zwischen Staffort und Büchenau markierte der Walzbach obendrein selbst die Grenze, war also „Grenzbach". Ein Streit, der hier entbrannte, war nicht mehr nur ein Konflikt zwischen Orten, sondern mußte nicht selten auf Länderebene ausgetragen werden.

Im Jahre 1778 legte das badische Staffort beim Zollhaus Büchenau zwei neue Bewässerungsgräben an, die aufgrund ihrer Größe imstande waren, sämtliches Wasser zu fassen und in die umliegenden Wiesen zu leiten; versehen waren diese beiden neuen Gräben mit solchermaßen breiten Schließen, daß, *„wann selbige gezogen würden, sie wegen ihrem tiefen Satz die ganze bach verschlingeten und hinwegnehmeten"*. Büchenau protestierte gegen die Errichtung dieser Schließen, weil die unterhalb Stafforts am Weingarter Bach gelegenen Gemeinden schon bislang oft genug *„wenig oder gar kein Wasser bekommen"* und nun womöglich weitere Nachteile zu fürchten hatten. Das speyerische Vizedomamt Bruchsal wies die Gemeinde Büchenau am 22. Juni 1778 an, im ausländischen Staffort auf die unverzügliche Beseitigung dieser neuen Bauwerke zu drängen – mit dem Bemerken, *„daß im widrigen Fall die Gemeinde Büchenau nicht würde entstehen können, zu Abwendung des ihr hierdurch zugehenden Nachtheils und Schadens das neue Werk selbst hinweg zu schaffen"*. Die zuständigen badischen Behörden antworteten im Juli, man verstehe die ganze Aufregung nicht: Schließlich habe Staffort auf eigener Gemarkung zwei Schließen errichtet, und Wasser werde dem Bach allenfalls zweimal jährlich zu einer Zeit entnommen, da dieser entsprechend hoch stehe und kein Schaden durch Wassermangel zu befürchten sei. Offensichtlich blieb dieser Streit weitgehend folgenlos, denn hier endet die zeitgenössische Akte. Eine Konsequenz aber ist doch festzuhalten: Aus dem Verlauf der Diskussion um die Grenzlage des Baches resultierte nämlich die denkwürdige Haltung, das Wasser *gehöre* zwischen Staffort und Büchenau zur einen Hälfte der Markgrafschaft Baden und zur anderen Hälfte dem Fürstbistum Speyer (GLA 229/99454).

Wer hat ein Recht aufs Wasser?

Gewerbe und Landwirtschaft waren bekanntlich Konkurrenten um die Nutzung, gleichsam um den „Besitz" des Wassers aus einem Bach. Wie die Bauern zur Erzeugung ausreichender Futtermengen für die Viehzucht, so waren die Gewerbetreibenden abhängig vom Wasser für den Betrieb ihrer Mühlen und anderer Gewerke.

Zahlreich waren in Weingarten die Rechtshändel der Gemeinde mit dem jeweiligen Besitzer der Lohmühle, die ihren Namen erhielt, weil dort Eichenrinde zu Gerberlohe gemahlen wurde (KELCH 1985). Diese 1681 erbaute Mühle lag im spitzen Winkel zwischen der heutigen Spitalstraße und dem Walzbach, etwa dort, wo gegenwärtig die neue Bahnhofsapotheke steht. Obgleich diese Mühle die verschiedensten Nutzungsmöglichkeiten unter ihrem Dach vereinte – Ende des 18. Jahrhunderts verfügte die Lohmühle neben dem eigentlichen Mahlgang über eine Krappdörre und Krappmühle ebenso wie über eine Ölmühle, Hanfreibe, Gerstenrolle, Gipsmühle und Gipsbrennerei –, war ihre wirtschaftliche Lage doch alles andere als leicht. Jede andere Weingartener Mühle lag höher am Walzbach als die Lohmühle und konnte ihr daher das Wasser entziehen; auch leitete die Gemeinde das Bachwasser vor der Lohmühle zur Wiesenwässerung ab. Die daraus erwachsenden Händel machten eine wasserrechtliche Schlichtung erforderlich und führten am 28. April 1795 zu einer gütlichen Übereinkunft der Gemeinde Weingarten mit dem Ökonomierat und Lohmühlenbesitzer Johann Joseph Kiefer vor dem kurpfälzischen Oberappellationsgericht zu Mannheim. Kiefer gestand der Gemeinde die Einrichtung eines Wehrs unweit seiner Mühle im Walzbach und weiter das uneingeschränkte Wässerungsrecht in den fünf Sommermonaten April bis einschließlich August zu, *„dergestallt, daß dieselbe zu jeder Stunde, und so viel es von der Gemeind nötig erachtet wird, Wäßern könne und dörfe"*. Wolle die Gemeinde allerdings *außerhalb* dieser Zeit wässern, so sei ihr dies nur unter der Bedingung gestattet, daß genügend Wasser zum Betrieb der Mühle verbleibe (GLA 357/9023, 9026 und 12672; NIKOLAUS 1936).

In der Folgezeit deuteten die Weingartener diese Einigung so, als sei sie nicht allein eine Abmachung innerhalb des Ortes zwischen Müller und Gemeinde, sondern als seien damit auch alle Forderungen der unterhalb Weingartens am Weingarter Bach gelegenen Dörfer hinfällig (GLA 357/28687) – auch dies ein häufiges Phänomen, welches als Überschätzung der Rechtswirksamkeit rein innerörtlicher Absprachen umschrieben werden könnte.

Zwanzig Jahre später sollte diese Abmachung zwischen Weingarten und dem Betreiber der Lohmühle auf eine Zerreißprobe gestellt werden. In der ersten Monatshälfte des Septembers 1815 teilten die Ortsvorgesetzten von Weingarten dem Fabrikanten und nunmehrigen Lohmühlenbesitzer Baptist Hager mit, sie seien gesonnen, das Wiesental unter Wasser zu setzen. Grund dieser Überstauung zu ungewöhnlicher Zeit seien die vielen Feldmäuse, von denen man hoffte, *„selbige durch Wäßerung auszurotten"* – eine geradezu lehrbuchmäßige Argumentation der Weingartener, wurde doch auch in Abhandlungen zur Wiesenwässerung die Ausrottung von Mäusen, Ratten, Engerlingen und Maulwürfen durch vollständige Überstauung nahegelegt (BERG 1824, LAUTER 1851). Hager aber beschwerte sich heftig, nannte den Eingriff eine immense (und obendrein vertragswidrige) Beschneidung seiner Rechte und eine unzumutbare Erschwernis bei der Ausübung seines Gewerbes. Die Weingartener Ortsvorgesetzten konterten, man habe dem Müller den ganzen Sommer hindurch ausreichend Wasser belassen; das gesamte Wiesental werde von Feldmäusen und anderem Ungeziefer ruiniert, doch schlage man Hager als Kompromiß vor, ihm während des ganzen Tages das Wasser zu belassen und einzig von abends 21 Uhr bis morgens 5 Uhr zu wässern. Als Hager diese Offerte allerdings mit dem Einwand zurückwies, in dieser Zeit der Hochkonjunktur werde in seinem Werk Tag und Nacht gearbeitet, bezog das vorgesetzte Amt Stellung und anerkannte die Argumente der Gemeinde Weingarten, wies aber den Fabrikanten Hager *„mit seiner Beschwerde ab und zur Ruhe"* (GLA 357/9026).

Dies war nicht das letzte Mal, daß die Gemeinde Weingarten Klagen gegen den jeweiligen Betreiber der Lohmühle wegen der Beeinträchtigung ihres Wässerungsrechts vorzubringen hatte. Im Juni und September des Jahres 1818 beschwerten sich die Weingartener, der nunmehrige Lohmüller – der Durlacher Kaufmann Dannbacher – staue das Wasser des Weingarter Baches über Gebühr auf und fordere damit bei Regenfällen Überschwemmungen geradezu heraus, die auch die Gemarkungen von Staffort und Untergrombach beeinträchtigten. Mit zwischenzeitlichen Kulminationen und Höhepunkten setzten sich derlei Beschwerden bis 1826 fort (GLA 357/9053). Letztlich wurde Dannbacher 1822 auch vom Amt Durlach angehalten, den Status quo ante und die Wiesenwässerung der Gemeinde zu respektieren. Es ist dasselbe Jahr, da die neue badische Mühlenordnung zu der ebenso kunstvollen wie inhaltsleeren Regelung fand, es dürfe zum einen das Wässern aus Bächen, mittels derer Mühlen betrieben würden, nicht zum Nachteil dieser Mühlen gehen, andererseits aber dürften aus dem Betrieb der Mühlen auch keine Nachteile für die landwirtschaftliche Wiesenwässerung entstehen. Auffallende Streitigkeiten seien polizeilich zu schlichten (VOGELMANN 1851).

Noch genau achtzig Jahre und zahlreiche Absprachen und Wässerungsordnungen später mußte der Weingartener Fabrikant Richard Wolfinger als Kaufmann in der Porzellanfabrik gegen die Besitzer der Pfalzwiesen Beschwerde führen, da seinem Werk durch deren übermäßiges Wässern die Antriebskraft entzogen werde. Zwar galt zu jener Zeit ein Wässerungskalender und durfte die Überstauung der Flächen offiziell nur unter Aufsicht erfolgen, doch war das unerlaubte Wässern wohl nach wie vor eher die Regel denn die Ausnahme (GEMEINDEARCHIV WEINGARTEN, A 548).

Guter Wille ohne Folgen

Die Versprechungen und Ansätze zur Verbesserung der Wiesenwässerung waren entlang des Weingarter Bachs ebenso Legion wie die Bemühungen, auch das Entwässerungssystem auszubauen. Von der Planung zur Umsetzung aber war es meist ein weiter, oft gar nicht erst beschrittener Weg.

Hochtrabende Entwürfe und Konzeptionen einer verbesserten Wiesenent- und -bewässerung wurden zu Papier gebracht, enthielten zuweilen detaillierteste Bestimmungen zur Erweiterung, Nivellierung und Korrektion von Wässerungssystemen, regelten die Begrenzung ungenehmigter Einschnitte in das Bachbett und die Bestrafung von Zuwiderhandelnden, legten fest, daß bei einem gewöhnlichen Wasserstand von 30 Zentimetern kein Tropfen Naß aus dem Bach entnommen und erst ab einem halben Meter Wasserhöhe wirklich gewässert werden dürfe (GLA 357/28687). Das Papier allerdings war geduldig, konnte doch von Realisierung und Umsetzung derartiger Bestimmungen kaum die Rede sein.

Der Weingartener Landwirtschaft entstanden am 24. April des Jahres 1811 durch schwere Gewitter und Regengüsse solch verheerende Schäden, *„daß man fast nicht weiß wie man nur damit fertig werden soll“*. Diese Schäden hätten sich, so räsonierte man in Weingarten, vermeiden lassen, wenn zwei seit längerem geplante und genehmigte Abzugsgräben nur wirklich angelegt worden wären – diese aber hatten einesteils wegen der hohen Kosten, anderenteils *„wegen den vielen bittern Einwürfen derer sie betreffenden eigenthümlichen Gutsbesizer“* bislang nicht gebaut werden können. Jetzt aber wolle man die Anlage dieser Gräben durch Ackergelände hindurch umgehend in Angriff nehmen, so verkündete man – doch bildeten sich wiederum rasch Widerstände im Ort, die den Bau solcher Abzugsgräben als Unheil für die Felder erachteten.

Abermals wurde dieser Widerstände halber die Sache unverwirklicht auf die lange Bank geschoben; statt dessen brachte man wenigstens die bereits vorhandenen, teils aber vernachlässigten und zugewachsenen alten Weingartener Gräben wiederum auf die vorgeschriebene Tiefe und Breite (GLA 357/9027). Die rechtliche Brechung solcher Widerstände, die vielfach notwendige Einrichtungen zur Wiesenwässerung scheitern ließen, sollte knapp vier Jahrzehnte später bei der Ausarbeitung des großherzoglich badischen Gesetzes über die Bewässerungs- und Entwässerungsanlagen im Lande eine entscheidende Rolle spielen. In den Paragraphen dieser Rechtsregelung hieß es eindeutig, die Widerstände einzelner seien dem überwiegenden Interesse der Gemeinschaft unterzuordnen.

Nicht nur zwischen eigenen Absichtserklärungen und deren Umsetzung aber lagen Welten, auch von außen herangetragenen Forderungen und Auflagen wurde – wenn überhaupt – allenfalls gemächlich nachgekommen. Offenbar auf taube Ohren stieß die Direktive eines vorgesetzten Amtes, welches den Ortsvorgesetzten von Weingarten im Juli 1819 die Weisung erteilte, binnen einer Woche einen Wässermeister zu stellen und diesen zur Dienstverpflichtung in Durlach vorstellig zu machen (GLA 229/111827). Bereits zu einem früheren Zeitpunkt hatte die Gemeinde die Anstellung eines hauptamtlichen Wässermeisters hartnäckig abgelehnt (GLA 357/9021).

Noch bis zum Sommer des Jahres 1889 oblag die Aufsicht über die Wiesenwässerung dem Weingartener Gemeinderat, und dieser bemerkte denn auch trocken, man halte eine Änderung der bestehenden Rechtslage nicht für nötig und glaube im übrigen kaum, daß Nachbargemeinden einen Grund finden könnten, sich diesbezüglich über Weingarten zu beschweren. Andererseits und fast im selben Atemzug gestanden die Ortsoberen in jenem Sommer 1889 indes explizit ein, es stehe um die Wiesenwässerung auf der Gemarkung nicht eben zum besten, weshalb man sich nun doch zur Beschäftigung von Wässerungspersonal entschlossen habe: *„Zu dieser schwierigen Bewässerung haben wir im Sommer für unsere Gemeinde selbst 2 Wässerer angestellt, weil eine allgemeine Wässerung durch die Wiesenbesitzer hier längst nicht mehr besteht“* (GLA 357/28687).

Dem jeweiligen Wässermeister und seinem Gehilfen (die wohl von Anfang an und später mit Sicherheit Gemeindebedienstete waren) sollte die Durchführung der Wiesenwässerung in Weingarten von 1889 bis zum weitestgehenden Schwund ihrer Bedeutung nach Mitte des 20. Jahrhunderts obliegen (GEMEINDEARCHIV WEINGARTEN, A 548).

Hinsichtlich ihrer langen Weigerung, einen hauptamtlichen Wässermeister anzustellen, befand sich die Gemeinde Weingarten indes in guter Gesellschaft. Auch Staffort war im Jahre 1856, als sich Neuthard und besonders die dortigen Müller über das wilde Wiesenwässern zu Staffort mokiert hatten, vom Landamt Karlsruhe aufgefordert worden, *„einen besonderen Wässerungsmeister aufzustellen, der die Wässerung zu besorgen, das zur Bewässerung der Wiesen nöthige Wasser einzuleiten u[nd] zu bestimmen hat, wann mit dem Wässern aufgehört werden muß“*. Dieser Aufforderung war seinerzeit Staffort *nicht* nachgekommen (GLA 357/5830).

„Niemand richtet sich darnach“

Die vielzähligen Konflikte, die aus der Nutzung des Wassers an Walzbach und Weingarter Bach zur Wiesenwässerung resultierten, forderten die rechtliche Regelung sowie die Suche nach Kompromissen und Lösungen geradezu heraus. Den Versuch eines solchen Kompromisses stellte der Wässerungskalender des Jahres 1862 für den Weingarter Bach dar, der sehr detailliert die monatlichen Wässerungstage für die Gemeinden Weingarten, Staffort, Büchenau und Neuthard über das gesamte Jahr hinweg reglementierte, ohne dabei allerdings die Gemeinden Jöhlingen

Abb. 8.13
Ein alter Wässerkanal in der Nähe des Schlosses Stutensee. Dieser wurde im Januar 1995 während eines Hochwassers zeitweilig „reaktiviert". Die Wiesenidylle ist leider durch aktuelle Straßenbauplanungen bedroht.

und Wössingen mit einzubeziehen. Weingarten wurde – eingedenk der großen Wiesenfläche – die deutliche Überzahl der Wässerungstage zugeschrieben. Vielfach besaß die Gemeinde das Recht, von den dreißig Tagen eines Monats zwanzig Tage und länger zu wässern, während sich die wenige übrige Zeit auf die anderen Gemeinden verteilte. Auch wurde festgelegt, daß alle illegalen Einschnitte ins Ufer zu entfernen seien und zur Einkehr geordneter Verhältnisse das Wässern nicht mehr durch die Bauern in Eigenregie, *„sondern durch aufzustellende und zu verpflichtende Wässerer zu geschehen habe"*.

Diese Absprache hielt jedoch – es konnte kaum anders kommen – nicht lange vor. Bereits 1868 beschwerte sich der Gemeinderat von Neuthard darüber, Staffort halte die Ordnung nicht ein, betreibe die Wässerung weiterhin exzessiv und erziele im Schnitt den vier- bis fünffachen Ertrag auf seinen Wiesen. Die Gemarkungen von Büchenau und Neuthard lägen währenddessen trokken. Staffort hielt das altbekannte Argument entgegen, *„diese Ordnung werde zunächst von der Gemeinde Weingarten nicht eingehalten"* (GLA 357/12672 und 28687). Der Stafforter Bürgermeister Glaser stellte über die wirkliche Bedeutung der Wässerungsordnung recht resignativ fest: *„Die Zeit-Eintheilung zur Wässerung wurde ... zu Papier gebracht, aber es hat sich seither Niemand darnach gerichtet"*. Und gegen die Weingartener führte er zu Felde: *„So z.B. haben sie das Wasser während der Zeit von der Heu- bis zur Oehmd-Ernte nur 8 Tag lang zu uns herüber laufen lassen"*. Weingarten wiederum konterte, es habe sich in den ersten Jahren sehr genau an den 1862 aufgestellten Wässerungskalender gehalten – ganz im Gegensatz zu den Nachbargemeinden, die mit der Verschwendung von Wasser aus dem Walzbach fortgefahren hätten. Und so habe man in Weingarten schlicht die Konsequenz gezogen und sei gleichfalls von der Einhaltung des vereinbarten Reglements abgerückt. *„Der Haupt-Uebelstand liegt also darin"*, so lautete das treffende Resümee zu diesen neuerlichen Mißlichkeiten, *„daß die Wässerungszeiten überhaupt nicht eingehalten werden und weiter oben, d. h. innerhalb der Gemarkungen von Wössingen und Jöhlingen kümmert man sich noch viel weniger um die Wässerungs-Ordnung, zumal sie auch bei der Verhandlung vom 21. Oktober 1862 nicht betheiligt waren"* (GEMEINDEARCHIV WEINGARTEN, A 548). Was die gegenseitigen Schuldzuweisungen anbelangt, dies ist offensichtlich, bestanden vor und nach der Reglementierung keine sonderlichen Unterschiede.

Welchen Vorteil aber brachte eine solche Ordnung in Wahrheit? Hätte sie lediglich eine Systematik in der Wässerung nach sich gezogen, so hätte sie ihren Sinn vielleicht erfüllt. Zugleich jedoch preßte sie unausweichlich das Wasser und die Wässerung in ein bisweilen enges Korsett. Kam es nicht auf bestimmte Rahmenbedingungen an, wann eine Wässerung sinnvoll und wann sie schädlich war, und war es nicht vom Stand des Graswuchses ebenso abhängig wie von der Witterung überhaupt, wann eine Wässerung durchgeführt werden konnte, sollte oder gar mußte – und wann gerade nicht? Man mußte flexibel sein (können) bei der Wässerung; diese Flexibilität war nur jenseits von einengenden Dekreten möglich, die aber ihrerseits wiederum fraglos notwendig waren, um Eigensinn und Egoismen der Ortschaften entlang eines Bachlaufes zu begrenzen und eine wenigstens halbwegs gerechte Aufteilung des Wassers zu gewährleisten. Tatsache war, daß die Effizienz einer Wässerung abhing von verschiedensten Rahmenbedingungen, darunter die Witterung als eine der wichtigsten.

„Ein vortreffliches fettes Trübwasser"

Spätestens zu Beginn des 19. Jahrhunderts begannen die Weingartener, auf die Trübwässerung zurückzugreifen und die hohen Anteile von Löß und Dung im Walzbachwasser zu nutzen. Im Jahre 1807 etwa kamen sie auf den Gedanken, das Weingartener Moor könne durch Einleitung von Trübwasser *„Nach und nach gantz ausgefüllt und erhöhet werden"* (GLA 357/9022), und noch in den 1930er Jahren bemerkt Ortschronist NIKOLAUS: *„Ob erwünscht oder im Sinne der Naturfreunde unerwünscht, es wird der Ruschgraben dazu beitragen, daß unser Torflager [das Moor] durch die Ablagerung des schlammigen Hochwassers im Laufe der Zeit ausgefüllt und wieder Kulturboden wird"*.

Im Februar des Jahres 1811 wandte sich der Weingartener Altschultheiß Franz Baumann mit folgender Schilderung an das vorgesetzte großherzogliche Oberamt: *„Wir haben seit Einem Jahr mehrere trübe Wasser dahier gehabt, in verflossener Woche zwey starke Trübewasser. Es ist nicht einmahl ein Tropfen davon ins Wiesenthal gekommen, um so mehr alle gräben wellche Nutzen hätten schaffen können mit Dämme zugeschlagen, daß sich der Schleim in den Gräben selbst versetzen mußte, und durch Frohnden mit vieler miehe [Mühe] wieder herraus gehoben werden muß"*. Vieles liege hinsichtlich der Trübwässerung noch im Argen: *„Man siehet in unserem Wiesenthal überhaubt alle wiesen gerechnet viele Taussend Dunghauffen wovon 10 Theil gespahrt werden können"* – vorausgesetzt, man verbessere das System der Trübwässerung und verwende den Dung dann auf den Äckern anstatt auf den Wiesen. Schon im darauffolgenden Monat gestand die Gemeinde Weingarten ein, man sei bislang zur Trübwässerung nicht eingerichtet, tue aber alles, um die Mängel zu beheben (GLA 357/9021). Einmal mehr aber scheint der Wunsch Vater des Gedankens gewesen zu sein: An der Behebung besagter Mängel und der Erweiterung des Trübwässerungssystems durch einzelne Gräben arbeitete man in Weingarten noch zur Mitte des 19. Jahrhunderts (GEMEINDEARCHIV WEINGARTEN, A 548). Damit war man gegenüber den Grabenern und Grötzingern, wo die Trübwässerung bereits im 18. Jahrhundert große Erfolge zeitigte, mehrere Jahrzehnte im Rückstand. Einmal mehr zeigt sich, daß Zeitpunkt und Erfolg der Einführung neuer Technologien in der Wiesenwässerung von Region zu Region außerordentlich schwankte.

Die Mangelhaftigkeit der Weingartener Trübwässerung blieb denn auch dem Wiesenbau-Inspektor Schmidt nicht verborgen, der 1850 bemerkte: *„Die hiesige Bach führt zur Regenzeit ein so vortreffliches fettes Trübwasser, daß dessen Verwendung auf die Wiesen jede anderweitige Düngung reichlich ersetzen würde"*. Allerdings bedürften die Anlagen zur Trübwässerung noch einiger Vervollständigung: *„Etwa 9/10 der großen Wiesenfläche wären zur Ueberstauung & 1/10 zunächst an den Leitgräben gelegen, zur Hangwässerung geeignet. Die sumpfigen Allmendwiesen weiter unten am Walde sollten mehr trockengelegt & besonders auf sie das Trübwasser gerichtet werden"* (GLA 237/29890).

Drei Jahre nach der Schmidt'schen Inspektionsreise, anno 1853, verlegten die Weingartener einen Kanal in Teile ihrer Waldungen, der Trübwässer aus dem Weingarter Bach dorthin führen sollte, *„um die Sandlöcher zuzuschlämmen"* (GLA 357/12671). Nach der Wässerungsordnung des Jahres 1862 aber mußte diese Waldwässerung wiederum eingestellt werden (GLA 357/9020 und 12672).

Des Guten zuviel

Daß auch Trübwässerungen keineswegs unumstritten waren und zu Kontroversen zwischen Gemeinden führen konnten, belegt ein Vorfall des Jahres 1856. Bei schweren Regenfällen im April und Mai dieses Jahres öffneten die Weingartener ihre Wehre in den Wässerungsgräben und führten in den Wiesen und Wäldern eine Trübwässerung durch. Allerdings wurden – angeblich durch das viele Wasser, welches sich dadurch in die ohnehin angeschwollene Pfinz ergoß – große Teile der Stafforter Gemarkung überflutet. Ein Schaden, so rechnete diese Gemeinde vor, von 4.500 Gulden sei entstanden, und Weingarten solle diesen ersetzen. Außerdem müsse dem Ort die Trübwässerung künftig verboten werden. Weingarten allerdings wies diese Schadensforderung zurück und entgegnete lapidar, *„seit erdenklichen Zeiten"* werde die Stafforter Gemarkung bei Regenfällen und während der Tauperioden des Frühjahrs so

Abb. 8.14 Ein Ausschnitt aus der großen Pfinzkarte, hier die Umgebung von Untergrombach und Büchenau. Wiesen sind in hellgrün, Wälder in Mittelgrün angelegt (GLA, Abt. G, Wasserbau, Pfinz Nr. 3).

oder so überflutet, ganz gleich, ob Weingarten nun eine Trübwässerung durchführe oder nicht. Und im übrigen, so erklärte man die Angelegenheit aus Weingartener Sicht für erledigt, befinde sich die Stafforter Gemarkung auch dort Land unter, wo kein Wasser aus dem Walzbach hingelangen könne (GLA 357/12671). Die Weingartener Argumentation, Staffort werde so oder so überschwemmt (!), wird durch historische Akten gestützt, welche die wenigstens zweihundertjährige „Tradition" der Überschwemmungen von Staffort bestätigen: So heißt es schon im Jahre 1658, daß sich bei starken Regenfällen das Wasser *„ermangelnden genugsamben ablauffs und außgangs halben, sich nothwendig gar ins Dorff schwellen, und so lang stehen bleiben muß, biß es sich nach und nach allgemach wiederumb verliehret"* (GLA 229/111927 und 111928).

(Fast) das Ende der Wiesenwässerung in Weingarten

Noch bis weit in unser Jahrhundert hinein, ja bis während der letzten Jahrzehnte, wurde eine Wiesenwässerung gerade in Weingarten durchgeführt. Die schwindende Bedeutung der Landwirtschaft im allgemeinen und – wo diese noch betrieben wird – der Einsatz von Kunstdünger ebenso wie die Verwendung von Kraftfutter für die Ernährung des Viehs aber führten zum Verlust der Relevanz bewässerter Wiesen. Waren 1939 in Weingarten noch 369 ha Wiesen und Viehweiden gezählt worden, so halbierte sich ihre Zahl bis gegen Ende der sechziger Jahre. Wohl stieg sie seither wiederum an, doch führte gerade in Weingarten eine enorme bauliche Tätigkeit zu erheblichem, nicht mehr rückgängig zu machendem Landschaftsverbrauch.

Der Weingartener Landwirt Ewald Gablenz erinnert sich an zahlreiche Details der Weingartener Wiesenwässerung seit den 1930er Jahren: Die Hauptwässerung wurde durchgeführt nach dem ersten Schnitt des Grases, also etwa Mitte bis Ende Juni eines jeden Jahres; an diese schloß sich meist eine Wässerung nach der zweiten Mahd an, die – je nach Witterung und Jahreszeit – zuweilen sogar einen dritten Schnitt des Grases erlaubte. Dieses relativ spät eingebrachte Mahdgut wurde „Schabgras" genannt. Aus eigener Erfahrung weiß Ewald Gablenz um die großen Unterschiede in den Erträgen von bewässerten gegenüber unbewässerten Wiesen. Schon rein optisch war der oft himmelweite Unterschied des Grasbestandes zwischen beiden Wirtschaftsformen erkennbar, und diese Unterschiede schlugen sich denn auch in den deutlich höheren Kauf- und Pachtpreisen von bewässerten Wiesen nieder. Für die Weingartener Wiesenwässerung – die selbst nach dem letzten Weltkrieg noch zu diversen Streitigkeiten mit Jöhlinger Schwarzwässerern führte – waren zwei Gemeindearbeiter verantwortlich, die im Rahmen ihrer Dienstzeit je nach Bedarf dieses Geschäft versahen. Für die Sauberhaltung der Gräben allerdings waren die Bauern, die mit ihren Grundstücken an die Wasserläufe angrenzten, selbst verantwortlich – und kamen einzelne ihrer Pflicht zur Grabenreinigung nicht nach, so wurden sie bei der Überstauung der Wiesen nicht berücksichtigt. Noch nach Kriegsende wurde durch die Schaffung betonierter Stellfallen weiter an der Verbesserung der Weingartener Wiesenwässerung gearbeitet, und selbst bis vor rund zehn bis fünfzehn Jahren wässerten Weingartener Bauern Flächen in den Breitwiesen.

Auch gegenwärtig wäre eine solche Wässerung verschiedener Wiesenflächen der Weingartener Gemarkung mit dem vorhandenen Grabensystem und den gegebenen technischen Einrichtungen möglich.

Ein wenig Umsicht ist allerdings bei derlei Unternehmungen angeraten: Als noch vor wenigen Jahren ein Weingartener Landwirt seine Flächen in den Breitwiesen und im Gewann „Heuburg“ bewässerte, füllte sich unversehens der Keller eines unweit gelegenen Gewerbetreibenden. Derlei Kalamitäten indes ließen sich leicht vermeiden, und so wäre die „Reaktivierung“ der noch immer immensen Wiesenflächen auf Weingartener Gemarkung ein wesentlicher Beitrag zum Schutz der Natur – und sie wäre, was noch wichtiger ist, bei der weitgehend konstanten Schüttung des Walzbaches wirklich durchführbar. Eine über viele Jahrhunderte hinweg geübte Tradition würde unter einem neuen Aspekt aufrechterhalten oder wiederbelebt.

Die Wiesenwässerung aus dem Grombach

Der Grombach, heute als Fließgewässer weitgehend funktionslos und nur noch unregelmäßig schüttend, trägt einen Namen, der sich wahrscheinlich von „Grünbach“, also von einer Grünfärbung des Gewässers wie auch des begleitenden Ufers, ableitet. Im Jahre 1731 wird das Fließgewässer als *„das Grombacher grundel bächlein“* bezeichnet, und in ähnlicher Weise wird vierzig Jahre später, im Jahre 1771, vom *„Dorf- oder Mühlbächel“* berichtet. Dieses führe *„dann und wann etwas Grundel und Kressen mit sich“* (GLA 78/35). Damit sind Gründling und Kreßling, zwei Süßwasserfischarten, gemeint.

Der Bach, der sich in seinem weiteren Lauf bei Neuthard mit der Pfinz vereinigte, rechnete schon immer zu den bescheideneren Fließgewässern unserer Region. Bei der Untergrombacher Oberen Mühle wies der Bach ausgangs des 19. Jahrhunderts eine Schüttung von gerade 50 Litern pro Sekunde auf, doch konnte er bei Hochwasser auf 3–4 m³ pro Sekunde anschwellen (SAYER 1893) – mit anderen Worten: auf das 10- bis 13fache dessen, was sein wesentlich breiterer Nachbar, der Walzbach, in gewöhnlichen Zeiten schüttete. So brachte der Grombach den Untergrombachern – die gemeinsam mit den Obergrombachern zur *„Butz- und Säuberung“* des Gewässers verpflichtet waren (GLA 229/34881) – nicht immer nur Segen, sondern oft auch Gefahr, und entsprechend ist in den historischen Akten häufig von *„dem öfters daselbst einreißenden wilden Gewäßer“* die Rede (GLA 66/8995). Für das Frühjahr des Jahres 1784 wird ein solches Hochwasser vermerkt, welches im Dorf großen Schaden an den Gebäuden anrichtete, obwohl die Häuser mittels aufgeschichtetem Dung vor Wassereinbruch geschützt wurden. Niemand konnte verhindern, daß das Wasser eine Brücke mit sich riß und auch der Flur großen Schaden zufügte. Zahlreich waren auch die Versuche und baulichen Maßnahmen, mittels denen solchen Hochwassereinbrüchen entgegengewirkt werden sollte und die, in früheren Jahrhunderten begonnen, über die Regulierung des Grombachs im Ortsetter Ende der 1920er Jahre bis zu seiner Verdolung in den 60er Jahren reichten.

Über dieses kleine Gewässer, aus dem die Wässerung in Ober- und Untergrombach sowie teilweise in Büchenau besorgt wurde, entstand in vielen hunderten von Jahren verhältnismäßig wenig Aktenmaterial. Dafür ist das vorhandene von relativ hohem Alter. Aus dem anscheinend extrem trockenen Frühjahr des Jahres 1496 ist nämlich belegt, daß die Untergrombacher den Wasserlauf an der Gemarkungsgrenze zu Büchenau sperrten, um den größten Teil des Wassers auf ihre in Wiesen umgewandelten früheren Äcker in den Sand-Gewannen zu leiten. Auf die Beschwerde der Büchenauer und Bruchsaler hin (und nach einem vergeblichen Schlichtungsversuch der Amtleute) befaßte sich das hohe bischöfliche Hof- oder Kanzleigericht in Udenheim, dem heutigen Philippsburg, am 17. Mai 1496 mit diesem Fall. Über den weiteren Verlauf dieser Verhandlung, die unter Teilnahme von Vertretern der betroffenen Gemeinden – darunter vier Untergrombachern –

stattfand, berichtet ausführlich der Ortshistoriker Wolfgang OSSFELD (1972): *„Die Argumentation der beiden Parteien entbehrte mitunter nicht einer gewissen Ironie bzw. Sarkasmus, ohne allerdings den ernsten Anlaß vergessen zu lassen. Sie führt auch die von der heutigen ganz verschiedene Rechtsauffassung der damaligen Zeit vor Augen. Der Bruchsaler Bürgermeister erklärte unter anderem, daß die Untergrombacher, wenn sie schon das Wasser in trockenen Monaten zurückhielten, dies gefälligst auch bei Hochwasser tun sollten. Der Sprecher der Untergrombacher erwiderte darauf, daß der Bach auf ihrer Gemarkung seinen Ursprung habe und sie deshalb nach Landrecht mit seinem Wasser tun könnten, was sie wollten. Bei Hochwasser seien sie freilich außerstande, das Wasser aufzuhalten, und müßten deshalb 'dem bach (seinen) natürlichen lauff lassen'. Darauf entgegnete der Bürgermeister, daß der Grombach in Obergrombach entspringe, die Untergrombacher also keinerlei Eigentumsrechte besäßen. Der Untergrombacher Anwalt antwortete in besserer Ortskenntnis, daß wohl in Obergrombach ein kleines Bächlein seinen Anfang nehme, dessen Wasser aber die Obergrombacher fast ganz selbst benötigten. Nur wenig käme davon nach Untergrombach, wo der eigentliche Ursprung (Brunnenbachquelle) sei. Die Gemeinde sei gerne bereit, jederzeit soviel Wasser durchzulassen, wie von Obergrombach herkäme. Noch manche weitere Argumente und Bissigkeiten wurden daraufhin ausgetauscht. Das Gericht schloß sich am Ende ganz dem Standpunkt der Untergrombacher Gemeinde an, die gegnerische Partei mußte darüberhinaus die Gerichtskosten und die persönlichen Auslagen der vier Untergrombacher bezahlen."*

Die schriftliche Überlieferung zur Wässerung aus dem Grombach beschränkt sich überwiegend auf diese Episode. Die Begründung für diese nur spärlichen Nachrichten liegt wohl darin, daß das wenige Wasser von Grombach und Brunnenbach weitgehend auf Untergrombacher Gemarkung verbraucht wurde, zugleich aber die Gemeinde Büchenau auch kaum vom Grombach abhängig war. Vielmehr bediente sich diese zur Wiesenwässerung häufiger des damals ergiebiger schüttenden Weingarter Bachs.

Ein weiterer entscheidender Grund dafür, daß zwischen dem 16. und 19. Jahrhundert keine wesentlichen Aufzeichnungen vorliegen, könnte schließlich darin zu suchen sein, daß das Fürstbistum Speyer als einzig zuständige Herrschaft zu einem bemerkenswert frühen Zeitpunkt und auf höchster Ebene den aufkommenden Streit um Wasserrechte und Wässerungszeiten an diesem Bach durch das oben zitierte, eindeutige Gerichtsurteil entschieden hatte. Und mag auch im Jahre 1746 davon die Rede sein, es gebe zwischen Untergrombach und Büchenau *„viele streithändel"* des Wassers wegen, so rühren diese Konflikte nicht vom Hader um Wässerungsrechte her, sondern umgekehrt aus Disputen um den Schutz der Gemarkungen vor Hochwasser und Überschwemmung. Im Jahre zuvor hatten die Untergrombacher in einem wahren Sermon von Klagen die Hände ob ihrer Armut gerungen und lamentiert, es werde von dem *„von denen Bergen herunter rauschendem theils durch regen, theils zusammen geschmoltzenen schnee sich versamblendem, theils auch aus denen darzwischen fliesenden Berg-Quellen hervordringendem wasser die arme gemeind Untergrombach alljährlich heimgesucht, und dardurch derselben mehreste Feldgüther, alß äckher, wießen, und gemeine waldtungen also überschwemmt"*. Die Ortsoberen fügten hinzu, daß *„sothane höchst schädtliche, ja der gemeind den völligen untergang androhende inundation [Überschwemmung] in solang stehen zu bleiben pfleget, bis endlich die heiße sonn solches nach und nach austrucknet, und allgemach verzehret"*. (Ein Grund hierfür war, daß ein Abzugskanal fehlte, der die tiefliegenden Teile der Randsenke hätte entwässern können.)

In dieser Zeit der Überschwemmungen aber lägen die über 300 Morgen großen Güter dergestalt öde, so wird weiter berichtet, daß weder die Äcker eingesät, die Waldungen, die den armen Bürgern zur Holzversorgung dienten, befahren, noch die überschwemmten Wiesen unterhalten werden könnten. Kurz: alles verderbe und verkomme.

An den Büchenauern hatten die derart gebeutelten Untergrombacher auch keine große Hilfe, denn als sie in jenem Jahre 1746 die Anlegung eines neuen Entwässerungsgrabens ins Auge faßten, der die schlimmsten Hochwässer ableiten sollte, wurde ihnen von einem Büchenauer – der wohl aussprach, was alle im Nachbarort dachten – ins Gesicht gesagt: *„Wann ihr untergrombacher einen graben haben wollet, könnet ihr solchen selbsten machen, Wir werden Euch nicht helffen fröhnen"*. Der heftige Streit zwischen den beiden Gemeinden scheint bemerkenswerte Höhepunkte erreicht zu haben. Die Untergrombacher äußerten sogar den Verdacht, den Büchenauern sei ernsthaft zuzutrauen, daß sie bei schweren Regenfällen eine als Hochwasserschutz installierte Schleuse im Westen der Untergrombacher Gemarkung nächtens heimlich öffneten und die eigene Gemarkung (!) unter Wasser setzten, nur *„umb die untergrombacher in schaden, unkosten, und schwere Verantworthung zu stecken"*. Wollten sich die Untergrombacher derartiger Boshaftigkeiten erwehren, müßten sie sich des Nachts so lange zur Wache an die Schleuse stellen, bis sich das jeweilige Hochwasser verlaufen hatte (GLA 229/34855 und 34881). Es entbehrt nicht einer gewissen Ironie, daß dieser neuerliche heftige Streit zwischen Untergrombach und Büchenau exakt auf den 250. Jahrestag des Udenheimer Schiedsspruches datiert. Fast gewinnt man den Eindruck, als habe sich die Verärgerung der Büchenauer des für sie wenig günstigen Gerichtsurteils von 1496 wegen über zweieinhalb Jahrhunderte hinweg latent gehalten und zu diesem erneuten Ausbruch geführt.

Auch die späteren Belege einer Wiesenwässerung aus dem Grombach sind eher spärlich und entstanden nicht im Zusammenhang mit Streitigkeiten. Im Jahre 1850 bemerkt der Wiesenbau-Inspektor Schmidt als Resümee seiner Dienstreise durch die Amtsbezirke Bruchsal und Bretten, Untergrombach besitze 875 Morgen Äcker und 322 Morgen Wiesen – mithin ein ausgesprochen hohes Verhältnis von 3:1 – und führte über die Wiesenwässeranlagen der Gemeinde aus: *„Die vorhandenen Einrichtungen würden bei gehöriger Vervollständigung beinahe genügen, um eine Ueberstauung der ebenen Wiesen mit dem Trübwasser zur Regenzeit zu bewirken; bis jetzt wurde nur die Sommerwässerung angewandt. Unterhalb des Ackerfeldes gegen die Weingartner Grenze hin könnte noch ein Leitgraben gezogen werden, um auch die dort befindliche größere Wiesenfläche mit Wasser zu versehen. Der Erfolg einer ordentlichen Trübwässerung würde so günstig ausfallen, daß die aufgewandte Arbeit & geringen Baarauslagen in 2–3 Jahren wieder gewonnen wären & das Düngen unterbleiben könnte"*. Von den Untergrombacher Wiesen wurden in jenem Jahr 1850 nicht weniger als 290 Morgen – gleich 90 % – bewässert, während sich nur auf 32 Morgen keine Einrichtungen zur Wiesenwässerung fanden (GLA 237/29890).

Eine Sommerwässerung jeweils nach dem ersten und wieder nach dem zweiten Schnitt des Grases blieb denn auch bis zum Ende der Wiesenwässerung in Untergrombach die übliche Praxis. Dazu gehörten aber auch bis noch vor wenigen Jahrzehnten die kleineren und größeren Zwistigkeiten zwischen den Grundstückseigentümern in den Bruchwiesen, wenn es um das Quantum an Wasser ging, welches den einzelnen zustand und mittels kleiner Stichgräben vom Weihergraben her in das Wiesengelände eingeleitet wurde. Immerhin war, wie sich noch heute der ortsansässige Landwirt Helmut Zöller erinnert, für die Unterhaltung der Untergrombacher Kinder während der Wässerung gesorgt: Wenn nämlich das Wehr an der Abzweigung des Weihergrabens vom Grombach geschlossen wurde und das Wasser sich zurückzustauen begann, entstand eine bei der Dorfjugend höchst beliebte Vorform heutiger Freibäder.

Bis in die 50er Jahre unseres Jahrhunderts wurden die Untergrombacher Bruchwiesen aus dem vom Hauptlauf des Grombach abzweigenden **Weihergraben** gewässert. An der heutigen Abzweigung der Weiher- von der Bachstraße wurde zu diesem Zweck ein Wehr geschlossen, das den Hauptteil des Wassers in Richtung Bruchwiesen leitete, jedoch auch dem Grombach noch einigen Überlauf beließ. Der mutmaßlich um 1200 angelegte Graben (OSSFELD 1972) durchzog die Bruchwiesen sowie das Feuchtgebiet „Eisweiher" mit seinem geschlossenen Schilfbestand und markierte zugleich die Grenze zwischen beiden. Der Graben ist (obwohl noch auf dem neuesten Plan der Bruchsaler Gemarkung als wasserführend eingetragen!) seit Jahrzehnten mit Bauschutt verfüllt. Das Wasser, mit welchem die Bruchwiesen überstaut wurden, lief nach erfolgter Wässerung ab und wurde jenseits der Eisenbahn nochmals zur Wässerung der Wiesen im Gewann Gehrn verwandt.

Im Eisweiher wurde in früheren Zeiten das Schilf jeweils während des Winters gemäht und teilweise zum Einstreuen in die Stallungen verwendet, derweil die Fläche selbst geflutet wurde. Die Jugend des Dorfes konnte sich sodann auf der alsbald überfrierenden Eisfläche vergnügen. Der Eisweiher und die einfallsreiche Verwendung seines Schilfbewuchses sind Belege dafür, daß in früheren Zeiten beileibe nicht jeder Vorschlag aus dem Lehrbuch in die Praxis umgesetzt wurde. Denn glaubt man einem Autor des vorigen Jahrhunderts, so war die bewußte Eindämmung und selbst Vernichtung des Schilfes durch intensive Wässerung möglich. Man mähe, so der Verfasser, das Schilf über Sommer mehrmals und wässere jeweils anschließend; die Feuchtigkeit bewirke alsbald Fäulnis der Wurzeln und lasse die Schilfpflanzen absterben (BERG 1824).

Die Veränderungen durch die Pfinz-Saalbach-Korrektion und die Pfinzaue heute [Karte 2]

MICHAEL HASSLER

Die Pfinz-Saalbach-Korrektion „löste" die Wasserprobleme im wesentlichen durch zwei Eingriffe, die das Bild der Pfinzaue vollständig veränderten:

Abb. 8.15 Die Alte Pfinz im ausgebauten Abschnitt zwischen Neuthard und Graben. Steile Ufer und regelmäßige Putzmaßnahmen verarmen die Ökologie in solchen Bachabschnitten deutlich. Die Gelbe Teichrose (*Nuphar lutea*) kommt mit derartigen Verhältnissen gut zurecht.

- Das Wasser der Pfinz selbst wird heute weitgehend durch den Pfinzkanal nach Nordwesten zum Rhein abgeführt. Die Heglach selbst blieb nur noch als kleiner Bach übrig.
- Das Wasser der Pfinzaue wird im wesentlichen nicht mehr durch die Heglach, sondern durch die ausgebaute Pfinz [8 und 9] und schließlich die „Pfinz-Saalbach-Korrektur“ [7] nach Norden zum Saalbachkanal abgeführt. [15]

An kleineren Maßnahmen sind vor allem wichtig:

- Der Weingarter Bach [22] ist nun weitgehend außer Funktion und liegt meist trocken, das Wasser läuft über den Weingarter Entlastungskanal [34] zur Pfinz. Erst der Bau eines Überlaufbauwerks in den letzten Jahren verhalf dem Weingarter Bach wieder zu etwas Wasser.
- Die Alte Bach [4] ist ab Stutensee entfallen, das Bachbett liegt trocken. Das Wasser wird bei Stutensee unter der Heglach durch in die Pfinz nach Neuthard überführt.
- Der Grombach wird über den Grombach-Entlastungskanal [19] zum tiefliegenden Neuen Kanal [30] geführt. Der untere Grombach und der Lachengraben [31] liegen trocken.
- Das Wasser des Weingartener Moors und der umliegenden Wälder wird östlich der Autobahn durch den neuen Weidgraben [39] und den Parallelkanal [35] gesammelt und in den Weingarter Entlastungskanal [34] überführt.
- Zahllose kleine Gräben erhalten kein Wasser mehr und sind außer Funktion geraten. Viele Gräben sind im Oberlauf von der Wasserzufuhr „abgehängt“, z. B. der Immertengraben [17], der Heckgraben [10] oder der Erbgraben [24].
- Die Alte Pfinz [6] wurde nordwestlich von Neuthard nach dem Zweiten Weltkrieg auf einer kleinen Strecke verlegt und der alte Lauf des Kalbgrabens mitbenutzt. Der alte Bachlauf ist im Wald noch an Resten von Muschelschalen zu erkennen (BAUMGÄRTNER mdl., siehe auch Kap. 7).

Nur wenige Bäche und Gräben mit ständiger Wasserführung sind übrig geblieben. Von über 50 Gewässern im 19. Jahrhundert sind es derzeit noch ganze 11: Pfinzkanal, Pfinz, Heglach, Alte Bach bis Stutensee, Weidgraben, Gieß, Werrenhäuslesgraben, Walzbach, Weingarter Entlastungskanal, Grombach-Entlastungskanal und Neuer Kanal sowie (als Kläranlagen-Vorfluter) Immertengraben und der Unterlauf des Eiergrabens.

Insbesondere durch den Wegfall des Pfinzwassers trat zunächst der gewünschte Effekt ein: Die Pfinzaue konnte weitgehend trockengelegt werden, Feuchtwiesen wurden umgebrochen und zu Äckern umgewandelt. Im Bereich zwischen Durlach und Hagsfeld wurden große Industriegebiete in die ehemaligen Auen gelegt. Die Wiesen sind nur noch in kleinen Fragmenten (Karte 2: gelbe Flächen) vorhanden. Die Feuchtwälder dagegen sind noch weitgehend erhalten, aber viel trockener als früher. Der Wegfall der Pfinzaue als riesige **Versickerungsfläche** und Neubildungsstelle für das Grundwasser führt dagegen in den letzten Jahren zu zunehmenden Problemen mit dem ständig fallenden Grundwasser der Rheinebene.

15 Die neu ausgebauten Bachläufe der „Pfinz-Saalbach-Korrektion“ sind in den Karten in dunkelblauer Farbe dargestellt.

8.3 Die Grabener Bucht

„Marschland, soweit das Auge reicht“ [Karte 3]

MICHAEL HASSLER

„Bei Graben stehen wir endlich am Hochufer des Rheins, rund 6 m über der Niederung. Das Bild, das sich uns bietet, reich an Pappeln und saftig dunkelgrünen Wiesen, von vielen glitzernden Wasserläufen durchzogen, ist das eines typischen Marschlandes. ... Es handelt sich um eine alte, verlassene und verlandete Rheinschlinge. ... Hier ist das Dorado sumpfiger Wiesen und nasser Auenwälder“ (OBERDORFER 1936).

Westlich von Graben und Neudorf tritt die Pfinz in das Rhein-Tiefgestade ein. Dieses wurde durch die Erosionstätigkeit des Rheinstroms selbst gebildet, der ständig seine ausufernden Schlingen verlegte, die später wieder verlandeten und sich mit Sümpfen und Mooren füllten. Am Rand ihrer maximalen Ausdehnung entstand eine Erosionskante von bis zu 6 m Höhe, das sogenannte „Hochgestade“[16].

Die Verlegung der Rheinschlingen war keineswegs nur ein erdgeschichtlicher Prozeß in geologischen Zeiträumen, sondern fand bis ins 19. Jahrhundert mit ungeheurer Dynamik statt. So verlegte der Rhein bis zur Tulla'schen Korrektur zwischen Karlsruhe und Mannheim allein im 18. Jahrhundert mehrfach sein Bett vollständig. Dies zwang zur Verlegung und sogar zur vollständigen Aufgabe von Dörfern wie Knaudenheim, Schröck oder Alt-Dettenheim. Die wohl beste Übersicht darüber gibt uns MUSALL (1969).

Die drei großen Bruchgebiete der Region östlich des Rheins (die Grabener Bucht, der Hokkenheimer Rheinbogen um den Insultheimer Hof und das Waghäusler Bruch) waren die breitesten Flächen im Tiefgestade östlich des Rheinstroms und durch Verlegung der Rheinschlingen in neuerer Zeit nur noch wenig betroffen. Hier bildeten sich riesige Komplexe von Feuchtwiesen und Flachmooren aus. Ihr größter war die Grabener Bucht[17] mit einer Ausdehnung von nicht weniger als 4 x 4 km.

Abb. 8.16 Ein Abfluß der Rainbruchquellen im gleichnamigen Bruchgebiet südwestlich von Graben. Hier treten aus Grundwasserhorizonten am Hochgestaderand ergiebig schüttende Quellen aus.

Wie Karte 3 zeigt, war diese Wiesenlandschaft von einem sehr komplizierten und dichten System von Bächen, Be- und Entwässerungsgräben durchzogen. Diese hatten die Aufgabe, Wasser durchzuleiten, die Moore zu entwässern und die Wiesen zu bewässern. Darüber hinaus besaß die Grabener Bucht nach dem Hockenheimer Rheinbogen das technisch ausgeklügeltste Wiesenwässersystem der Region (siehe unten).

Vom großen Bogen des Hochgestades strömten insgesamt vier Bäche als Wasserzuleiter in den Feuchtgebietskomplex ein. Ihr wichtigster war

16 Mit dem Wort „Hochgestade“ ist eigentlich nur die Böschung selbst gemeint, also eine lineare Struktur. Gelegentlich wird aber auch die gesamte höherliegende Sandlandschaft der Hardtplatten (= Niederterrasse) als Hochgestade bezeichnet.

17 Aus Gründen der Kürze reden wir hier nur von der „Grabener Bucht“ oder vom „Grabener Bruch“, wenn der ganze Komplex von Oberbruchwiesen, Liedolsheimer Bruch, Rußheimer Wiesen, Erlich, Grabener Bruch und Neudorfer Moor gemeint ist. Damit ist keine lokale Bevorzugung des Orts Graben gemeint. Wie leicht man die Gefühle einzelner Orte verletzen kann, zeigt die Diskussion um die Namensgebung des geplanten Naturschutzgebiets „Neudorfer Moor“, das hauptsächlich auf heutiger Dettenheimer Gemarkung liegt.

die **Pfinz**, die sich kurz vor Graben wieder mit der Heglach vereinigte. Ab der Mühle in Graben spaltete sie sich in mehrere Haupt- und zahlreiche Nebenarme auf, vom Norden her die Kleine Bach [13], die Pfinz [1] selbst, der Katzengraben (oder Quatbach) [14] und schließlich der Melfertgraben [15], dem wir im Kapitel über die historische Wässerung (siehe S. 256) noch mehrfach wieder begegnen werden.

Die **Kleine Pfinz** zwischen Graben und Neudorf ist kein natürlicher Bachlauf und war im 15. Jahrhundert erstmals angelegt worden, um die Mühlen des chronisch wasserknappen Philippsburg mit zusätzlichem Wasser zu versorgen. Im 17. und 18. Jahrhundert wurde sie als „Thüngen'scher Graben", benannt nach einem General der Feste Philippsburg, weiter ausgebaut (Näheres im Kap. 3). Sie wurde praktisch nicht als Wässergraben genutzt. Von ihr zweigten Zolldenbach [12] und Landgraben [11] durch das Neudorfer Moor ab. Da im Neudorfer Moor, dem nördlichen Bereich des Bruchkomplexes, wenig Trübwässerung, sondern eher Torfgewinnung betrieben wurde, ist es kein Zufall, daß diese Teile bis ins 20. Jahrhundert als Flachmoor erhalten blieben und erst nach dem Zweiten Weltkrieg dem Kiesabbau und der Aufforstung zum Opfer fielen.

Die südlichen Teile der Grabener Bucht – die Binsenwiesen, Oberbruchwiesen und Kohlplattenstücker sowie der Erlenbruch östlich von Liedolsheim – wurden dagegen intensiv und technologisch hochstehend bewässert (siehe unten). Sie verloren daher ihren Moorcharakter früh und wurden zu „normalen" Feuchtwiesen mit einer Kalküberdeckung aus der Trübwässerung. Der südliche Teil wurde von der **Alten Bach**[18] [6] her bewässert, die am Durchbruch von Heglach und Alter Bach nördlich von Friedrichstal ausgeleitet worden war und über Jahrhunderte ständig weiter ausgebaut wurde. Die Alte Bach wurde am Eintritt in das Tiefgestade in drei Haupt- und zahlreiche Nebenarme geteilt: Scheidgraben [4] zwischen Liedolsheimer und Grabener Gemarkung, Erlenbruchgraben in die Liedolsheimer Wässerwiesen [20], Neugraben [3] durch die Oberbruchwiesen sowie als weniger bedeutende Abzweigungen Rainbruchgraben [43] durch den Sumpfwald des Rainbruchs und ein bald wieder verschwundener Graben durch das Gradnausbruch [34], der Hochstetten mit Wasser versorgen sollte, was nicht funktionierte. Der **Rainbruchgraben** [43], weiter nördlich **Odenbach** [44] genannt, ist bemerkenswert, weil er auch heute noch durch ergiebige, aus dem Hochgestade austretende Quellen gespeist wird.

Eine vollständig künstliche Bildung war der **Forlengraben** [8], der die „Kohlfahrtstücker" westlich von Graben mit zusätzlichem Wasser aus der Pfinz zur Trübwässerung versorgte und bis ins 19. Jahrhundert Bestand hatte. Der Forlengraben wurde um 1730 erheblich ausgebaut, war aber schon vorher vorhanden (zu seiner Geschichte siehe unten). Er spaltete sich beim Eintritt in das Tiefgestade in zwei Arme auf.

Die Grabener Bucht entwässerte zum Rhein hin über drei „Haupt-Ausgänge". Die Gräben des südlichen Bereichs vereinigten sich im „Erlich" sukzessive und liefen schließlich in den **Scheid- oder Liedolsheimer Graben** [2] nach Rußheim. Der Mittelteil des Bruchs wurde durch zahlreiche parallelführende Bäche be- und entwässert, die sich bei den großen Rußheimer Mühlen wieder vereinigten: Pfinz [1], Altmühlgraben [19], Kleine Bach [13] und Zolldenbach [12]. Dort stand die höherliegende Sandinsel des Orts Rußheim dem freien Abfluß in den Rhein im Weg. Das Wasser des Nordteils schließlich lief über den **Land- oder Scheidgraben** [11] in den Rußheimer Rheinbogen. Eine barocke Hochwasserentlastungsmaßnahme ist der **Pfinzkanal** [33] nach Philippsburg, der im 20. Jahrhundert zum „Verlängerten Pfinzkanal" ausgebaut wurde (siehe Karte 4).

Wiesenwässerung in der Grabener Bucht: Konflikte zwischen Tradition und Fortschritt

DIETER HASSLER

Die Grabener Gemarkung liegt am Rande des Hochgestades. Sie war ursprünglich von extremen Unterschieden geprägt: Im Osten lagen die trockenen Sandfelder des Hochgestades, andererseits im Westen eine sumpfige, von Sauerwiesen und Röhrichten geprägte Tiefgestadelandschaft, die von zahlreichen Gräben durchzogen war (siehe voriges Kapitel). Im Jahre 1680 wird in einem Schriftwechsel die Grabener Weide im Tiefgestade als „bloßer Morast" bezeichnet (GLA 167/162). Am Rand des Tiefgestades war das Gelände noch zusätzlich vernäßt durch mehrere am Fuß

18 In Graben spricht man nicht von **dem**, sondern von **der** Alten Bach. Wir haben in diesem speziellen Fall den Begriff als Eigennamen so beibehalten, obwohl ansonsten die Bäche einheitlich als „der Bach" bezeichnet werden. Im Dialekt ist dagegen die weibliche Form „die Bach" häufig.

der Gestadeböschung austretende Quellen. Einige Gewannamen künden von der ursprünglichen Beschaffenheit des Geländes, etwa „Oberbruch", „Erlich", „die Binsen" oder „Rainbruch". Andere Gewannbezeichnungen wie „Kranichwiesen" lassen uns ahnen, wie sehr sich der damalige Bestand (auch ornithologisch) vom heutigen Erscheinungsbild unterschied.

Innerhalb des Tiefgestades gab es allerdings ebenfalls Gegensätze. Obwohl der sogenannte „Auenlehm" des Rhein-Tiefgestades grundsätzlich kalkhaltig ist, bildeten sich an der Oberfläche versauerte Bereiche: Seggenwiesen, Röhrichte, Erlenbrüche, teilweise sogar Flachmoore. Diese Gegenden waren landwirtschaftlich praktisch nicht nutzbar und galten als „Unland", allenfalls die Allmendweide war noch durchführbar. Immerhin kannte Graben in der ersten Hälfte des 19. Jahrhunderts sogar einen organisierten Torfabbau, der für einige Jahre zu einem wichtigen Wirtschaftsfaktor wurde.

Die Situation der Grabener Bucht und ihre spezielle Bewässerungsgeschichte zeigt zahlreiche Besonderheiten. Insbesondere die großflächigen Meliorationen durch Bewässerung verdienen eine genauere Betrachtung, weshalb wir diesen Themenkomplex detaillierter schildern wollen.

Die Melioration des Tiefgestades durch Trübwässerung

Die Grabener besaßen ein Dauerproblem. Ein Teil der landwirtschaftlich nutzbaren Flächen war viel zu mager und zu trocken, der andere zu feucht und auch vom Bodeninventar ungeeignet, weil torfig und viel zu sauer. Diese Situation führte schon sehr früh zu einer verblüffenden technischen Lösung, der **Trübwässerung**. Man hatte gelernt, daß das mit Trübstoffen wie Lößteilchen und Kalk angereicherte Frühjahrshochwasser einen positiven Einfluß auf die Sauerwiesen und „Brücher" des Tiefgestades hatte. Es bewirkte zweierlei:

- Erstens wurde die Fracht an Trübstoffen auf den Wiesen abgelagert und führte zu einer **Kalkung**, wodurch der Boden gepuffert wurde und sein pH-Wert sich erhöhte. Damit konnten auch weniger säureempfindliche Pflanzen wie etwa die meisten Süßgräser wachsen.
- Zweitens führte die Ablagerung der Trübstoffe zu einer Erhöhung des Geländeniveaus und zum Auftrag einer lößhaltigen und nährstoffreichen Schicht. Diese Technik der gezielten Niveauerhöhung wurde **„Schwemmen"** genannt.

Karte 3 (S. 250): Die Grabener Bucht im Zustand um 1840.

Karte 4 (S. 251): Die Grabener Bucht im heutigen Zustand.

1 Pfinz (Alte Pfinz)
2 Liedolsheimer Graben (Scheidgraben)
3 Neugraben
4 Scheidgraben
5 Galgengraben (Alte Bach)
6 Alte Bach
7 Heglach
8 Forlengraben
9 Kleine Pfinz (Pfinzgraben, Altegraben)
10 Rohrstückergraben
11 Landgraben (Scheidgraben)
12 Zolldenbach
13 Kleine Bach (Neubach)
14 Katzengraben (Quatbach)
15 Sech-/Dohl-/Melfert-/Scheidgraben
16 Weingesgraben
17 Waldgraben
18 Kleintalgraben
19 Altmühlgraben
20 Erlenbruchgraben
21 Alte Bach
22 Biergraben
23 Thüngen'sche Überleitung
24 Lochgraben
25 Kalbgraben
26 Reutgraben
27 Augraben
28 Kieselschorengraben
29 Dohlengraben
30 Saugraben
31 Saalbach
32 Einbäumlein(graben)
33 Pfinzkanal
34 Gradnausbruchgraben
35 Lachengraben
36 Rußheimer Altrhein
37 Jägerschrittkanal
38 Verlängerter Pfinzkanal
39 Saalbachkanal
40 Pfinz
41 Pfinz-Saalbach-Korrektur
42 Distelstückergraben
43 Rainbruchgraben
44 Odenbach
45 Feldgraben

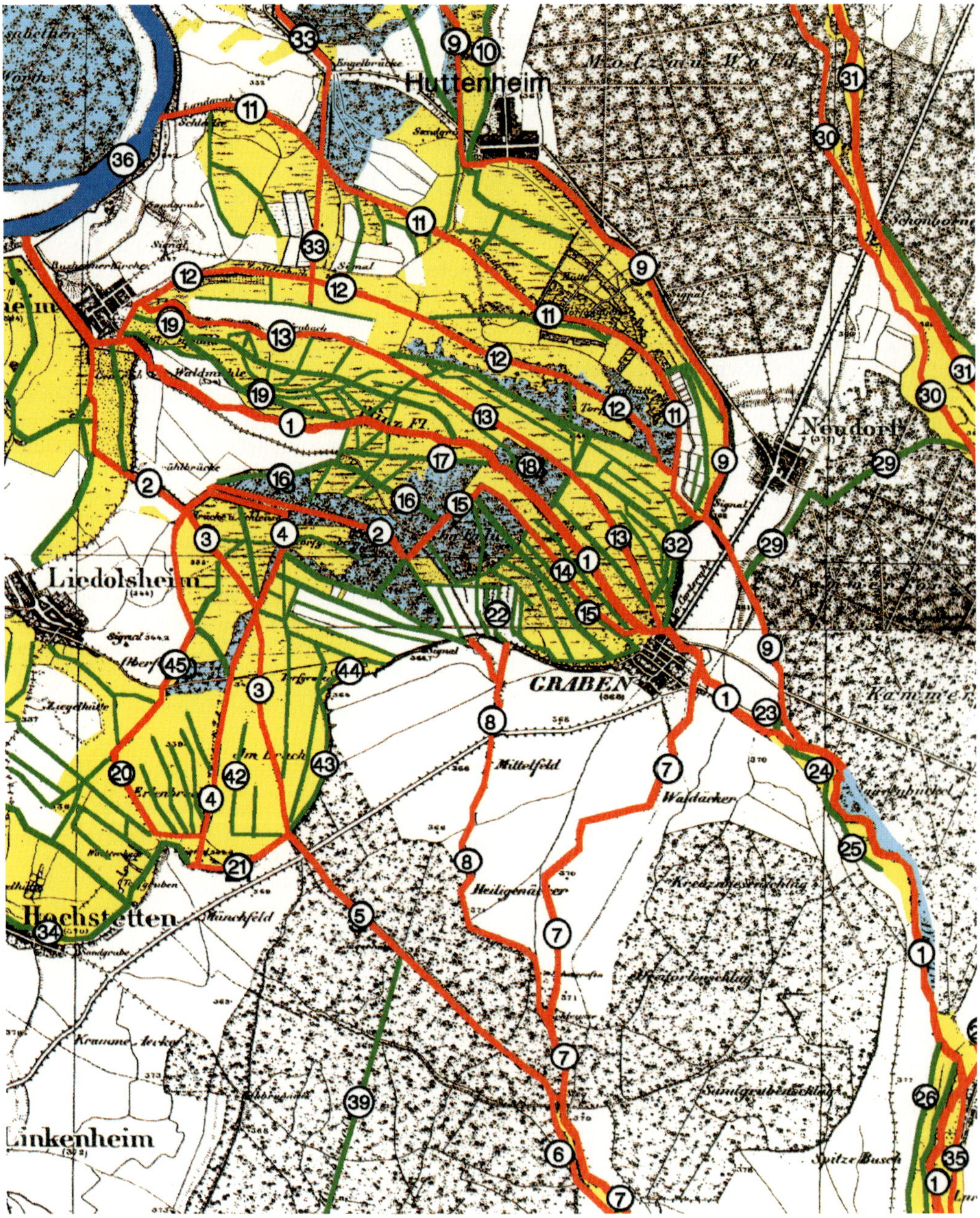
Huttenheim
Liedolsheim
GRABEN
Neudorf
Hochstetten
Linkenheim
Mittelfeld
Waldäcker
Im Brach

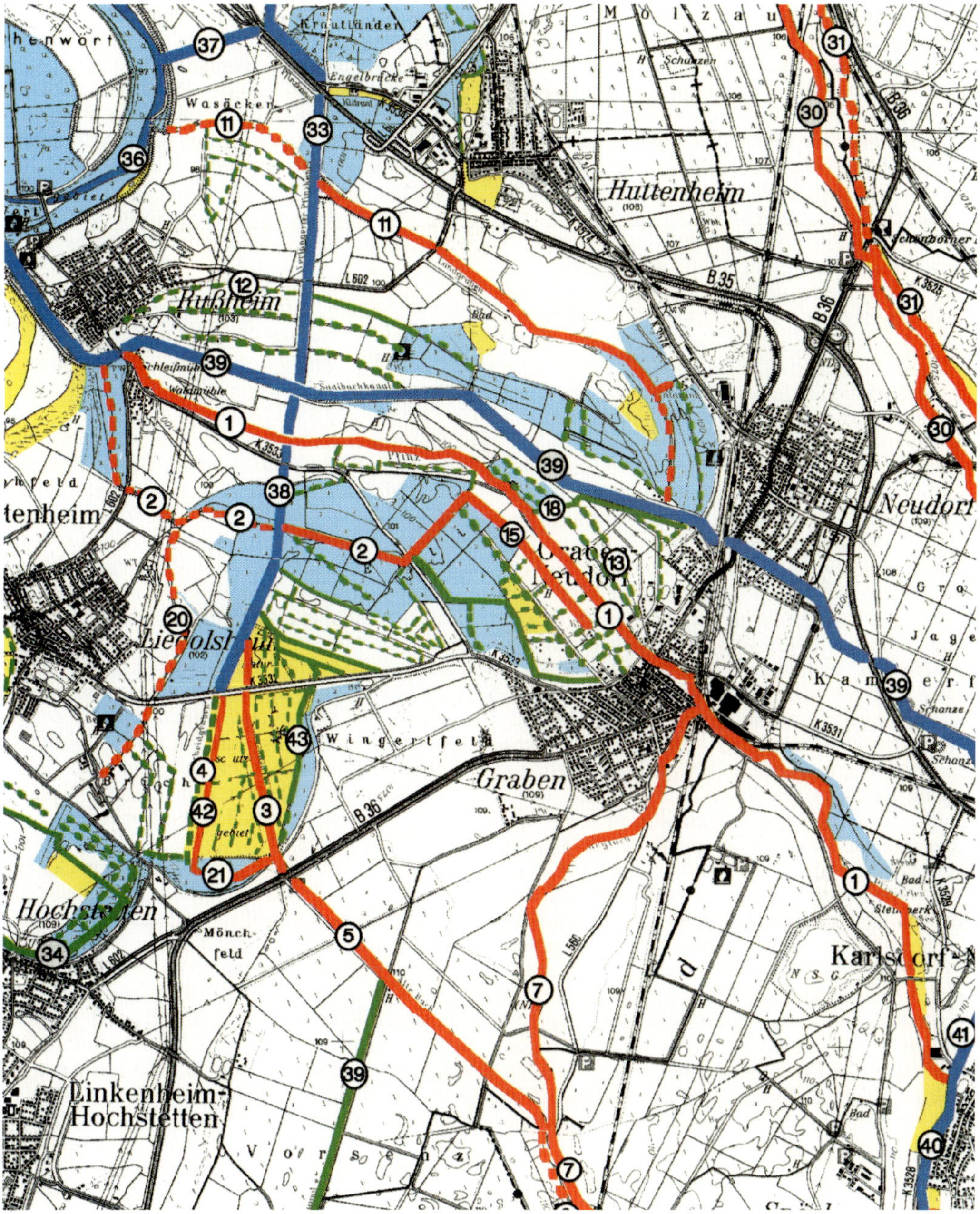
Huttenheim
Rußheim
Liedolsheim
Graben
Graben-Neudorf
Neudorf
Hochstetten
Linkenheim-Hochstetten
Karlsdorf
Wingertfeld
Mönchfeld
Wasäcken
B 35
B 36
L 602

Mitte des 18. Jahrhunderts suchte Markgraf Carl Friedrich durch Einführung neuer Agrartechniken und durch Neulandgewinnung die Ernährungssituation seiner Untertanen zu verbessern (MOERICKE 1905). Damals waren Hungersnöte noch alltäglich, und nach den wissenschaftlichen Erkenntnissen über Nährstoffe und ihre Rolle als Düngemittel versprach man sich von der Einführung einer Kreislaufwirtschaft, vor allem aber von der Trübwässerung, große Vorteile.

Wir wissen nicht, wer die Trübwässerung bzw. das Schwemmen in der Region eingeführt hat und wann das gewesen ist. Fest steht aber, daß um 1730 die Trübwässerung ein stehender Begriff und eine eingeführte Technik war. Umfangreiche Akten über die Grabener Bemühungen um Trübwässerung sind erhalten geblieben[19], die uns gleichzeitig auch ein Bild von der damaligen Gesellschafts- und Verwaltungsstruktur vermitteln. Auch KEMM (1920) hat in seiner Ortschronik von Graben der Trübwässerung große Abschnitte gewidmet, die teilweise Grundlage dieses Kapitels sind. Streckenweise zeichnet Kemm allerdings im Stil der damaligen Zeit ein allzu idyllisches Bild von der Fortschrittlichkeit der Grabener Bevölkerung und ihrer Aufgeschlossenheit gegenüber den verordneten Neuerungen. Vor allem die euphorischen Berichte seines Namensvetters, des damaligen Schultheißen Kemm, werden zitiert. Andererseits hat sich derselbe Schultheiß auch durchaus an Aktionen gegen die Obrigkeit beteiligt, was gnädig verschwiegen wird.

Bei der Lektüre der Originalakten zeigt sich dagegen, daß jahrzehntelang ein harter Kampf zwischen den Verfechtern der historisch gewohnten Allmendweidewirtschaft unter Führung des Anwalts Herbster (mit Anwalt wird der vom Volk gewählte Bürgermeister bezeichnet) und den Anhängern der neuen Wiesen- und Felderbewirtschaftung unter Führung des Schultheißen Kemm getobt hat, der nicht immer mit fairen Mitteln und Ehrlichkeit ausgetragen wurde[20]. Beide Seiten versuchten, die Protagonisten der jeweils anderen Meinung als schädliche Häretiker zu disqualifizieren und ihre Interessen auch mit unlauteren Mitteln durchzusetzen.

Die drei Grabener Wiesenwässersysteme

Drei umfangreiche, unterschiedlich gut erhaltene Wässersysteme lassen sich in Graben historisch nachweisen (siehe auch Karte 3):

1. Das System **Alte Bach / Neugraben** in den Oberbruchwiesen,
2. das System am **Forlengraben** und
3. der Bereich **beidseits der Pfinz** unterhalb der Grabener Mühle mit Katzengraben, Pfinz und Kleinem Bach zwischen Graben und Rußheim.

Das nördliche System der Kleinen Pfinz mit Landgraben und Zolldenbach lag weitgehend auf Neudorfer Gemarkung, besaß aber Überlappungen mit dem eigentlichen Pfinzsystem.

Das Wässersystem der Alten Bach und der Konflikt zwischen Liedolsheim und Graben

Die Alte Bach, die im Abschnitt zwischen Heglach und Oberbruchwiesen nach dem früheren Hochgerichtsplatz früher nur „Galgengraben" genannt worden war, beginnt bei Rintheim und Hagsfeld, lief früher ab Büchig parallel zur Pfinz bis nördlich von Friedrichstal. Heute ist sie ab Blankenloch trockengefallen und in ihrem Lauf teilweise unterbrochen. Wasser erhält sie heute erst im Bereich des Waldes in Form einer Überleitung aus der Heglach. Sie entstand in dieser Form, als um 1730 die Gegend von Rintheim und Durlach durch zwei neue Entwässerungsgräben drainiert wurde. Das nun vermehrt anfallende Wasser mußte durch einen ertüchtigten Abzugsgraben abgeleitet werden. Daher wurde die Alte Bach, früher ein Rinnsal, ausgehoben und verbreitert.

Ursprünglich floß die Alte Bach auf Gemarkung Stutensee in die Heglach zurück. Der Galgengraben war nur ein unbedeutendes Rinnsal. Dieser wurde 1739 in einer Gemeinschaftsaktion der Ämter Mühlburg, Graben und Staffort erweitert, um das Hochwasser der Heglach und die Drainagewässer der Alten Bach schneller in Richtung Tiefgestade ableiten zu können. Seither heißt der Galgengraben ebenfalls „Alte Bach". Er nimmt zusätzlich noch die Wässer des durch den Hardtwald führenden Hirschgrabens (oder Hirschkanals) auf.

Da die Alte Bach nun viel Trübwasser lieferte, konnte man dieses zur Verbesserung der Wiesen des Oberbruchs benutzen. 1740 wurde deshalb von der Gemeinde Graben der „Neugraben" quer durchs Oberbruch angelegt. Seit dieser Zeit existiert eine Schleuse an der heutigen Stelle, die allerdings, wie oben erwähnt, mehrfach umgebaut

---

19 Unter anderem GLA 229/33358, /33364, /33369, /33375, /33379.

20 Eine gleichartige Auseinandersetzung um dieselben Probleme fand übrigens wenige Jahre später in Grötzingen statt, wie von ASCHE (1991) ausführlich referiert.

wurde. Nun entstanden aber auch wegen der größeren Wassermenge der Alten Bach für die Unterlieger Liedolsheim und Rußheim Probleme, da die dortigen Abzugsgräben die erhöhten Hochwassermengen nicht aufnehmen konnten.

Im Jahre 1741 stellen die Gemeinde Graben und Liedolsheim deshalb gemeinsam den Antrag, die Gräben zu erweitern, um Liedolsheim vor dem Hochwasser der Alten Bach besser zu schützen. Diese Hochwasserschutzmaßnahme wird auf Landeskosten durchgeführt, Neugraben und Scheidgraben werden vertieft und verbreitert.

Graben beginnt nun intensiv, in den Oberbruchwiesen trübzuwässern. Dabei vergißt man aber, auf die Interessen Liedolsheims Rücksicht zu nehmen. Kemm stellt die Angelegenheit eher als Problem des Neids der Liedolsheimer dar, nachdem Graben einige Jahre mit Erfolg das Oberbruch meliorisiert hatte. Dies erscheint etwas einseitig. Denn die Liedolsheimer tragen im späteren Prozeß durch ihren Anwalt Wippermann vor, Liedolsheim hätte schon viel früher eine eigene Wässertradition gehabt, was durch das Vorhandensein eines Systems von Schleusen und Gräben westlich des Scheidgrabens zu belegen sei (im Bereich des Erlenbruchgrabens, siehe Karte 3). Zwar sei früher die Wassermenge geringer gewesen, dafür habe sie Liedolsheim alleine gehabt. Nach dem Bau der Schleuse zum Neugraben würden die Grabener ihr Wasserrecht so exzessiv nutzen, so daß in der Regel nichts mehr in Liedolsheim ankomme. Umgekehrt sei es bei gefährlichem Hochwasser. Dann nämlich hätten die Grabener keine Hemmungen, das schädliche Wasser nach Liedolsheim zu leiten.

Doch Graben verzichtet nicht auf seine Wässergewohnheiten, und so kommt es zum Prozeß (GLA 229/33364). 1757 berichtet der Grabener Schultheiß Kemm an das Oberamt, die Liedolsheimer hätten gewaltsam die Grabener Wässerschleusen zerstört. Graben wolle aber seine Wässerrechte behalten, und die Liedolsheimer hätten sich mit dem von Graben nicht genutzten Überlauf zu begnügen. Diese erwidern, bei ihnen käme nur „klares Wasser" an, welches ohne Nutzen sei, da die ganze Trübe auf den Grabener Wiesen hängen bliebe.

Ein Gutachten wird eingeholt, und der Baumeister Arnold fertigt einen Plan, wie eine Wasserteilung technisch machbar sei. Dieser Plan wird aber von Graben abgelehnt, weil man befürchtet, das verbleibende Wasser reiche für Graben nicht aus. Die erste Gerichtsinstanz gibt Graben recht, und die Liedolsheimer gehen in Berufung[21].

Erneut wird ein Gutachten durch einen neutralen Sachverständigen, den Forstbeamten David Schmidt, angefertigt. Schließlich entscheidet Markgraf Carl Friedrich, daß das Wasser zwischen beiden Gemeinden durch ein gabelförmiges Wehr (Abb. 8.18) zu teilen sei. Diese Wasserteilung wurde bis heute beibehalten, das Wehr allerdings mehrfach umgebaut.

1806 kommt ein weiterer Wässergraben über das „Gradnausbruch" hinzu, der für Hochstetten Wasser liefern soll. Aus topographischen Gründen funktioniert dieser aber nie richtig, weshalb Hochstetten später dieses Wasserrecht zum Preis von 2.000 Gulden wieder an Graben verkauft.

Der Streit zwischen den Gemeinden Graben und Liedolsheim aber geht weiter. Im Jahre 1806 marschieren etwa 200 Liedolsheimer im Oberbruch ein und zerstören die Grabener Wässereinrichtungen. Der deshalb angestrengte erneute Prozeß zieht sich über Jahre hin und verläuft letztendlich für Graben erfolglos.

1809 gibt es schon wieder Ärger. Schultheiß Becker von Graben berichtet: *„Durch anhaltendes Regenwetter sind die Bäche angeschwollen. Als ich ins obere Bruch kam, hatte der Anwalt Heil von Liedolsheim das Wasser vom Galgengraben alles ins Grabener Bruch geleitet, indem er die Stellfalle am Scheidgraben zugeworfen und die Dämme durchstochen hatte. Unser Öhmd ist verschlammt und daher unbrauchbar, wodurch wir einen Schaden von 200 Gulden erleiden"*. Liedolsheim entschuldigt sich mit der Angabe, man habe die eigenen Hanffelder vor dem Hochwasser schützen müssen und nicht aus Bosheit, sondern aus Notwendigkeit so gehandelt. So wird Grabens Beschwerde erneut abgewiesen.

1810 wird die Galgengrabenschleuse mit einer Dreiteilung versehen und erneuert. Hochstetten erhält 6 Schuh, Liedolsheim 9 Schuh und Graben 11 Schuh Breite am Überlauf[22].

1849 schließlich wurde das Wehr letztmalig umgebaut, da Hochstetten sein Wässerrecht, das es umsonst erhalten hatte, wieder an Graben zurückverkauft hatte. Seit dieser Zeit gibt es erneut eine Zweiteilung. Diese wurde in gehauenem Sandstein in der Form ausgeführt, wie wir sie noch heute sehen können (Abb. 8.18).

---

21 Auch die Anwaltskosten des Liedolsheimer Anwalts Wippermann sind detailliert überliefert. Wir finden in einer Aufstellung die damals üblichen Kosten für Schriftsätze (ein Gesuch um Fristverlängerung 20 Kreuzer) und die Anfertigung von Kopien (ein doppelter Satz 2 Gulden). Insgesamt macht der Anwalt 26 Gulden und 59 Kreuzer geltend.

22 Ein Badischer Schuh entspricht etwa 30 cm.

Das Wässersystem am Forlengraben

Vom Forlengraben, dem zweiten Grabener Wässersystem, sind nur sehr geringe Reste erhalten geblieben. Die topographische Karte aus dem letzten Jahrhundert (siehe Karte 3) zeigt uns aber den ehemaligen Verlauf. Der Forlengraben begann an einer Ausleitung aus der Heglach, die heute nicht mehr erhalten ist. Sie lag etwa 300 m vom Parkplatz an der Landesstraße Graben–Friedrichstal waldeinwärts nach Westen. Die bis zu 1,5 m hohen Dämme des Grabens sind noch im Wald zu sehen. An einer Stelle am nördlichen Waldrand ist sogar noch eine Brücke erhalten, die über den längst trocken gefallenen Grabenrest führt (Abb. 8.17).

Von dort ging der Graben nach Norden quer über das heutige Ackerfeld, kreuzte genau an der Stelle die B 36, wo diese einen leichten Knick aufweist. Ein einsamer, riesiger Nußbaum ist der letzte Zeuge des alten Bachs. Dieser führte schließlich in einem noch sichtbaren Geländeeinschnitt genau zu dem Punkt, wo die Rußheimer von der Liedolsheimer Landstraße abzweigt. Dort

Abb. 8.17
Der Rest des ehemaligen Forlengrabens im Wald südlich von Graben.

wurde früher das Wasser in die Wiesen eingeleitet. Der gesamte Forlengraben war vermutlich künstlich zum Zwecke der Wiesenbewässerung angelegt.

Seine Geschichte ist relativ detailliert bekannt (GLA 229/33369). Das „Großprojekt Forlengraben" wird 1768 begonnen. Die Gemeinde Graben bittet, mit Geldern aus der Gemeindekasse den Graben nebst einer dazugehörigen Wässerschleuse direkt von der Heglach in Richtung Kranichwiesen ausheben zu dürfen. Der Graben selbst muß aber älter sein, denn er wird schon viel früher in Akten erwähnt. Die Ertüchtigung wird gestattet, und schon ein Jahr später (!) geht das neue Wässersystem in Betrieb. Das löß- und kalkhaltige Trübwasser wird auf die Kranichwiesen geleitet, und das mitgeführte Erdreich und der Schlamm des Bachwassers lagern sich ab.

Technisch geht man folgendermaßen vor: Das für die Trübwässerung vorgesehene Areal wird allseits eingedämmt, damit das Wasser zur Ruhe kommt und sich die Schwebstoffe absetzen können. Am talseitigen Auslauf wird eine kleine Schleuse in den jeweiligen Damm gesetzt und ein Überlauf mit einem etwa 30 cm hohen Brett geschaffen. So läuft das klare („helle") Wasser ab, und die Trübung bleibt zurück. Ist ein Feld hinreichend aufgeschwemmt, so wird das nächste eingedämmt und gleichermaßen behandelt.

In der Regel versuchte man eine Ablagerungshöhe von 15–20 cm zu erreichen. Bei KEMM finden wir eine Aufstellung über die Qualität der einzelnen behandelten Felder vor und nach der Meliorationsmaßnahme. An etlichen Orten – so schreibt er – sei das Gelände ursprünglich so moorig gewesen, daß das Vieh oft eingesunken sei und gerettet hätte werden müssen. Später seien an der selben Stelle beste Wiesen vorhanden gewesen. Der Erfolg der Trübwässerung ist durchschlagend, denn schon nach vier Jahren muß der erste Wässerungsgraben ersetzt werden, da sich seine Sohle soweit erhöht hat, daß man neue Gräben ziehen muß.

Langsam verwandeln sich die ursprünglichen Sauerwiesen, und der Boden wird kalkhaltiger. Süßgräser wachsen und verdrängen die Seggenbestände. Diese Süßgräser sind aber ein wesentlich besseres Futter für das Vieh und werden auch von den Rindern angenommen. So werden die neuen Kranichwiesen zunächst intensiv beweidet. Nach zehn Jahren, im Jahre 1779, ist die Melioration schließlich soweit fortgeschritten, daß man eine Teilfläche von 26 Morgen in Acker umbrechen kann. Dies wird von den Grabenern zunächst abgelehnt. Auf die erneute Vorstellung des Projektes in einer Gemeindeversammlung kommt es zu einer Spaltung. 81 Bürger erklären sich mit der Bebauung einverstanden, 86 sind dagegen, was größere ortsinterne Reibereien zur Folge hat.

KEMM (1920) berichtet[23], nun seien die einzelnen Abschnitte des Neulandes auf 9 Jahre in Losen vergeben worden. Der Anbau von Weizen und Gerste sei ausnehmend gut gelungen. Der Grabener Bürger Israel Stutz erhält schließlich am 8. März 1781 wegen des mustergültigen Anbaus seines neuen Ackers vom Markgrafen nicht weniger als zwei Dukaten als Belohnung. Dadurch kann auch der Rest des Dorfes einigermaßen überzeugt werden.

Der damalige Schultheiß Kemm schreibt in seinem Erntebericht an das Oberamt: Gegen alles Erwarten habe die ganze Bürgerschaft erklärt, das „Neue Feld" bebauen zu wollen. 26 Morgen Fläche hätten 500 Malter Dreschfrucht und 5.000 Bund Stroh sowie 156 Wagen Rüben ergeben.

Die Ackerlandgewinnung geht zunächst in Riesenschritten weiter. 1782 werden schon 59 Morgen in den Kolbenstückern und am Gänsebuckel angebaut. Jedes Teilstück im Ackerland der Kolbenstücker hatte eine Größe von einem Viertel und 15 Quadrat-Ruthen[24].

1783 wird der nächste Abschnitt der Trübwässerung in Angriff genommen. Die Gewanne Melfert (auch Melvert geschrieben, ungefähr identisch mit dem heutigen Kleingartengelände bei den Binsenwiesen) und die Hausplatzstücker werden trübgewässert. 59 Morgen werden im Gewann Wochenteiler Erlich, welches heute komplett aufgeforstet ist, zu Ackerland umgebrochen.

Das Wässersystem in der Pfinzaue

Das dritte Wässersystem versorgte die Gewanne zu beiden Seiten der Pfinz. Dieser Wässerbereich ist der älteste und wurde bereits vor 1700 benutzt. Allerdings kennen wir hier kaum Details, da nur wenige Streitigkeiten zur Niederschrift von Akten geführt haben.

Etwa an der Stelle der heutigen Mühle stand ein Wehr, durch welches Gräben nördlich und südlich der Pfinz versorgt werden konnten. Von dort aus zogen Gräben, die teilweise heute noch

23 Dieser Vorgang läßt sich aus den Akten des GLA nicht rekonstruieren, KEMM (1920) berichtet aber sehr detailliert (ohne Quellenangabe).

24 Ein „Viertel" = ¼ Morgen. Dies entspricht in Baden 900 Quadratmetern. Eine Ruthe sind 3 Meter.

vorhanden sind, schräg nach Süd- und Nordwesten. Der südliche Graben diente zur Überleitung in die Gewanne Weiherwiesen und Hausplatzstücker am Rande des Tiefgestades und die nordwestlich davon liegenden Gewanne Binsen und Melfert. Dann übernahmen nach Westen führende Abzugsgräben das Wasser und führten es in Richtung Rußheim über den Katzbach / Scheidgraben.

Auch wenn durch spätere Meliorations- und Entwässerungsmaßnahmen das Grabensystem mehrfach umgebaut wurde, können wir noch heute im Gelände gut erkennen, daß die Pfinz selbst und die Kleine Bach relativ hoch liegen bzw. lagen und daher die angrenzenden Flächen gut von hier aus bewässert werden konnten. Ein breites Wiesenband zog sich von hier nach Westen, dessen Größe sich heute kaum noch erahnen läßt.

Die Hauptstauhaltung lag aber an der Mühle. 1739 wird die defekte Hauptschleuse erneuert, was allerdings nicht lange vorhält, so daß 1754 beschlossen wird, die schon wieder notwendige Reparatur diesmal mit Eichenholz statt Forlenholz durchzuführen. Man stellt beim Forstamt den Antrag, zehn „abgängige" Eichen verwenden zu dürfen, was auch gestattet wird.

Weidewirtschaft oder Heuernte? Die Grabener beharren auf ihren alten Gewohnheiten

Die gesamte Geschichte der Grabener Wässerwiesen ist geprägt von einem grundlegenden Konflikt. Die Verwaltung will neue Agrartechniken (Nährstoffkreisläufe) fördern, die Grabener sind skeptisch und wollen die Gemeinschaftsweide beibehalten.

Im Jahre 1782 kommt es zu einem kleinen Volksaufstand gegen die Politik der markgräflichen Verwaltung. Die Grabener haben von den Neuerungen gründlich die Nase voll. Die Gemeinde verlangt praktisch einstimmig in einem von 116 Bürgern[25] (darunter auch die sonst nicht gerade einträchtigen Kemm und Herbster) unterzeichneten Schreiben, daß der durch Trübwässerung meliorisierte und nun von guten Wiesen bestandene Distrikt Melfert für die dörfliche Gemeinschaftsweide freigegeben wird. Ihr Anwalt (der gewählte Bürgermeister) Friedrich Wilhelm Herbster verfaßt ein zusätzliches Schreiben an den Markgrafen in Karlsruhe, in dem er völlig respektlos mit der Politik des Oberamtes abrechnet (GLA 229/33375).

Mehrere Argumente werden ins Feld geführt: Das nasse und rauhe Frühjahrswetter habe dazu geführt, daß das Futter für die Stallfütterung ausgegangen sei. Man habe aber kein Geld, solches Futter zu kaufen. Der Klee sei witterungsbedingt noch sehr weit zurück, so daß auch er keine Entlastung bringe. Die vorhandene Gemeinschaftsweide reiche aber nicht aus, die 600 Stück Vieh der Gemeinde durchzubringen. Der auf den Melfert-Wiesen zu erwartende Heuertrag sei aber ohnehin zu gering, als daß man darauf warte, denn man müsse in der Zwischenzeit das Doppelte des zu erwartenden Ertrags an Futter aufwenden. Mit diesem Argument entlarvt sich Herbster, denn selbstverständlich wäre der Ertrag bei einer Beweidung auch nicht höher gewesen als bei einer Heuernte.

Dann aber folgen heftige Anschuldigungen gegen das markgräfliche Oberamt: Man habe in den 12-14 zurückliegenden Jahren durch die „Versuche" nur Schaden angerichtet. Erstens habe die Gemeinde *„mit ihrem sauren Schweiß viele Frohnden entrichten"* müssen, um auf dessen Befehl eine Sägemühle zu bauen, diese liege aber jetzt völlig ungenutzt, so daß das ganze aufgewendete Geld und die Fronleistungen unnütz gewesen seien. Was Herbster zu erwähnen vergißt, ist die Ursache für den Bau der Sägemühle: Man mußte die meliorisierten, nun neu umgebrochenen und ackerbaulich genutzten Felder gegen das frei herumlaufende Vieh schützen und hatte deshalb Bretterzäune errichten lassen.

Auch ein solcher Bretterzaun dient Herbster als Beweis der Unfähigkeit des Oberamtes: Dieser sei nach wenigen Jahren verfallen, und schließlich sei das (vom Zaun geschützte) Ackerfeld wieder als Weide freigegeben worden. Zwei Seiten einer Medaille: Für die Verwaltung war der Zaun ein Versuch, den Ackerbau vor dem Weidevieh zu schützen; für die Gemeinde, die dies ohnehin ablehnte und ihre Weidewirtschaft fortzusetzen trachtete, diente der ungeliebte Bretterzaun, den ohnehin niemand instandgehalten hatte, als Beweis verfehlter Politik.

Herbster fährt mit seiner Generalabrechnung fort: Es habe auch noch ein Wässerungsgraben an der Hanfrötze mit Kosten von 100 Gulden gegraben werden müssen, der nach nur zweijährigem Gebrauch *„wieder in sein vorheriges nichts verfallen, weil er der Gemeinde keinen Nutzen brachte"*. Auch hier können wir heute kritisch einwenden, daß der Sinn des Grabens, das Aufschwemmen von Erde und „Trübung", so erfolgreich war, daß dieser Graben und seine Umgebung nach nur

25 Zu diesem Zeitpunkt hatte Graben 122 Bürger (die Ledigen wurden nicht mitgezählt).

zwei Jahren von Sedimenten angefüllt war und so ja sein Ziel erfüllt hatte.

Schließlich wird der Tonfall des Schreibens dreist: *„Diese durch unnütze Drohungen [!] verschwendete Unkosten werden die Bürgermeister-Rechnungen bekräftigen, wenn es Euer hochfürstl. Durchlaucht gnädigst gefällig sein wird, solche nachschlagen zu lassen“*. Der Markgraf möge *„seinem Oberamt gnädigst anbefehlen, uns gleich unsere benachbarten Gemeinden zu Liedolsheim und Rußheim mit schädlichen Versuchen in Benutzungen von Gemeindsalimenten zu verschonen und besonders und nicht zu stören, daß wir den District Melfert von nun an fort als Waidgang mit unserem Vieh benutzen können...“*

So ist also die Katze aus dem Sack. Man hat einfach ein Auge auf den meliorisierten Wiesendistrikt geworfen und findet diesen als Gemeinschaftsweide angesichts des verbesserten Ertrags höchst attraktiv!

Markgraf Carl Friedrich scheint aber (ganz im Gegensatz zu dem strengen speyrischen Landesvater Hutten) ein sehr umgänglicher Mensch gewesen zu sein. Er nimmt die Argumente zur Kenntnis und holt eine Stellungnahme seines angegriffenen Oberamtes ein. Dieses erstattet am 5. Juni 1782 einen ausführlichen Bericht, der zu ganz anderen Ergebnissen als der Grabener Anwalt kommt.

Erstens, so schreibt man, seien die Antragsteller um Herbster nur eine Minderheit, die die wahren Meinungsverhältnisse in Graben nicht wiedergebe. Dies zeige sich schon in den beteiligten Personen. Christof Pfeil etwa, einer der Wortführer und bekannt als Gegner jeglicher Kulturverbesserungsmaßnahmen, habe aus Zorn über die Neuerungen *„zum größten Ärgernis rechtschaffener Bürger aus Verachtung seine Portion [gemeint ist sein Anteil der Melfert-Wiesen] auf dem Platz um eine Ohm Wein freigegeben“*. Ein anderer Bürger, Philipp Heinrich Lindein, wird charakterisiert als *„der Erbfeind aller Cultur-Verbesserungen“*. Er habe auf die Frage, ob er denn wolle, daß alle die neueingerichteten Wiesen und Felder wieder für die Beweidung freigegeben würden, gesagt, dies *„wäre recht, dann könnten doch die Grabener wieder leben, anstatt daß sie bei den Neuordnungen an den Bettelstab gerathen und den Ort hinaus müßten“* (GLA 229/33375).

Diesen Vorgang als Beweis einer Freigabe des Gewanns Melfert zur Beweidung anzuführen, so kommentiert das Oberamt später, sei wirklich verfehlt. Die Behauptung, daß man die Melfert-Wiesen im vorgehenden Jahr zur Beweidung wieder freigegeben habe, sei schlicht wahrheitswidrig. Trotz des Frevels des Simon Süß sei im übrigen die Heuernte zufriedenstellend ausgefallen.

Auch an den anderen Sachargumenten der Beschwerdeführer findet man seitens des Oberamtes wenig Gefallen. Der angeblich in diesem Jahr herrschende Futtermangel sei nicht vorhanden, denn derzeit stünden Klee und Gras in bestem Flor. Schließlich aber hätten die Grabener keine Gründe, sich über die Zustände zu beschweren: Einmal hätten sie ja einen Ersatz für die frühere Allmendweide bekommen. Das Gewann Erlich, früher ein Sumpf, sei schließlich nach der Anlage von Entwässerungsgräben so verbessert worden, daß dort nun bestes Futter für das Vieh wachse.

Andererseits aber hätten die Grabener auch einfach nicht vorgesorgt, indem sie Futter für die Stallfütterung der Tiere angebaut hätten. Nur einige wenige „gute Haushälter“ hätten Futter eingelagert, um im Winter und Frühjahr das Stallvieh zu füttern. Die meisten Grabener hätten sogar ihr Heu verkauft, ohne an den Eigenbedarf zu denken.

Zentrale Frage der Auseinandersetzungen bleibt die unterschiedliche Auffassung über die Bewirtschaftungsform. Die Grabener hängen am überkommenen System und verteidigen ihre Allmendweide „mit Zähnen und Klauen“. Die markgräfliche Verwaltung versucht die neuen Erkenntnisse vom Wert einer Kreislaufwirtschaft mit Futtermittelanbau, Stallfütterung und gezielter Rückführung des Dungs zur Verbesserung des Ackerbaus umzusetzen. Besonders elegant ist im Falle Grabens die Möglichkeit, daß man die im **Wasser** enthaltenen Düngestoffe zur Verbesserung der Wiesen im **Tiefgestade** verwendet, das gewonnene Futter im Stall verfüttert und dann den **Mist**

„Wildwest“ im Grabener Tiefgestade

Der Bürger Simon Süß gehört zu den erklärten Gegnern der Neuerungen. So sehr ärgert er sich über die Politik des Oberamtes, daß er eines Tages seine Herde nicht wie gewohnt dem Kuhhirten überläßt, sondern sich persönlich auf sein Pferd schwingt und die Herde nach Art späterer Cowboys mit Gewalt auf das eingefriedete Feld treibt. Demonstrativ und mutwillig werden Beschädigungen am Bretterzaun einkalkuliert. Das Oberamt läßt sich eine derartige öffentliche Herausforderung natürlich nicht bieten. Süß büßt seinen Frevel mit 14 Tagen Zwangsarbeit und dem Ersatz des Schadens.

Abb. 8.18 Die Galgengrabenschleuse am Südende der Oberbruchwiesen. Hier teilt sich die Alte Bach in Neugraben (links) und Scheidgraben (rechts). Diese Wasserteilung war Gegenstand jahrhundertelanger Konflikte, die in diesem Kapitel ausführlich geschildert werden.

auf die Sandfelder des Hochgestades ausbringt. So erreicht man eine umfassende Verbesserung der Grabener Acker- und Wiesenböden und kann die Ernährungslage deutlich verbessern.

Interessant erscheinen hier konkrete Zahlen, die das Oberamt nennt. Früher sei auf den kargen Sandböden der Anbau von Flachs oder Dinkel gar nicht möglich gewesen, nun habe man *„auf 26 Morgen [meliorisierter Fläche] 6750 Garben Dinkel, den schönsten Hanf, Welschkorn, Haber und Rüben erzogen, und über 3345 Zentner süßes Heu von den neuen Wiesen in die Scheuer geführet"*, was bei vorsichtiger Schätzung einen Wert von 6.000 Gulden ausmache. Da könne sich jeder selbst ausmalen, ob angesichts dieser Zahlen die Gemeinde wegen der neuen Politik an den Bettelstab gerate.

Schließlich gewinnt das Oberamt die Auseinandersetzung mit den besseren Argumenten. Die Politik der Melioration wird fortgesetzt. Doch die Grabener geben ihren Widerstand noch lange nicht auf. Noch im Jahre 1805 kommt es zu heftigsten Auseinandersetzungen. Da die Grabener inzwischen gelernt haben, daß das Oberamt bei der Bestrafung nicht zimperlich ist, wird eine neue Technik angewandt. Eine Gruppe von Frauen erwartet die vom Kuhhirten getriebene Herde, drängt diese ab und treibt sie auf das Ackerfeld. Erneut wird so der Versuch gemacht, die neuen Bewirtschaftungsformen zu torpedieren. Doch es nützt nichts. Die Obrigkeit läßt sich nicht beeindrucken und läßt einige Frauen verhaften. Sie werden zwar nicht wie die Männer mit Zwangsarbeit bestraft, aber der Vorgang macht Eindruck. So läßt nach über 50 Jahren allmählich der Widerstand nach.

Während die Nachbargemeinde Wiesental mit der neuen Feldbautechnik gute Erfahrungen macht, sucht Graben also immer wieder zur Weidewirtschaft zurückzukehren. Einer der Gründe ist der im Vergleich mit anderen Gemeinden ungewöhnlich hohe Bestand an Pferden. Die Verwaltung kritisiert, daß die Grabener statt eines Pferdes, welches zur Bearbeitung der Felder völlig ausreichend sei, oft drei oder vier besitzen würden. Dies wirft die Frage nach dem Motiv auf,

Abb. 8.19 Der Große Feuerfalter (*Lycaena dispar*) hat es in den letzten Jahren geschafft, eine häufige Ampferart als neue Nahrungsquelle zu erschließen. Es besteht daher die Hoffnung, daß die früher stark bedrohten Bestände sich wieder erholen können. Die Oberbruchwiesen bei Graben sind das wichtigste Rückzugsgebiet des Großen Feuerfalters in unserer Region.

da Pferde ja neben dem Einsatz als Zugpferde keinen unmittelbaren Nutzen für die Ernährung der Bevölkerung brachten. Vermutlich waren Pferde also auch ein Prestigegewinn für die Besitzer und als Handelsware interessant. Die Pferde konnten natürlich sehr viel leichter als Kühe unbeaufsichtigt auf die Weide getrieben werden. Das System der Stallwirtschaft war also zumindest für die Pferdebesitzer eine deutliche Erschwernis.

Angesichts des hohen Viehbestands verwundert der Vorwurf des Oberamtes, die Grabener würden sogar ihre Butter auf dem Wochenmarkt in Bruchsal kaufen, da sie selbst nicht genügend erzeugen würden. Sogar Mist muß zugekauft werden, da es an einer systematischen Stallwirtschaft mit geordneten Misthaufen fehlt. Beim System der Allmendweide ist dieser Nebeneffekt aber klar: Der Mist bleibt ohnehin gleich auf der Weide, und da die Jungtiere mit den Muttertieren auf der Weide bleiben, gibt es keine geregelte Milchwirtschaft.

Das Oberamt schließt resigniert, daß jeder, der in Graben die Einrichtung einer Viehordnung, wie sie in allen Nachbargemeinden längst üblich sei, vorschlagen würde, *„mit den gröbsten Mißhandlungen rechnen müßte"*.

Das Ende der Wässerung in Graben

Die Wiesenwässerung in Graben erlebte im 20. Jahrhundert noch einmal eine letzte Blütezeit. In den 1930er Jahren begann aber der großflächige Umbruch der Wiesen zu Ackerland, nachdem nochmals zahlreiche Entwässerungsgräben angelegt worden waren. So blieb praktisch nur das System der Oberbruchwiesen geschlossen als Wiesengebiet erhalten. Allerdings ist auch dieses bei weitem nicht mehr so vom Wasser geprägt wie in früheren Zeiten.

Auf den frischgepflügten Feldern, etwa im Bereich der Kranichwiesenäcker oder südlich der Alten Pfinz auf Höhe des „Mittelerlich", können wir aber noch heute den Einfluß der alten Wiesenwässerer erkennen. Der eingeschwemmte braune Lößboden bildet an manchen Stellen gut erkennbare Grenzen zum schwarzen Moorboden.

Eine Landschaft wird umgewandelt: Mineralbodeneintrag ins Grabener Moor durch Wiesenwässerung

KONRAD RAAB

In den Jahren 1989–1994 wurden im Auftrag der Landesanstalt für Umweltschutz (Karlsruhe) die Moore im badischen Teil des Oberrheintals von Kehl bis zur hessischen Grenze bodenkundlich kartiert. Dabei wurden durch Bohrungen die Mächtigkeit und Art von Torfen und Mudden bis zum sandig/kiesigen Untergrund bestimmt. Gleichzeitig erhält man dabei auch Aufschluß über eventuell vorhandene mineralische Deckschichten. Da die Moore mit einem Raster von Bohrpunkten überzogen und deren Höhen über NN eingemessen wurden, sind detaillierte Aussagen über die Mächtigkeit und das Verteilungsmuster der Deckschichten möglich.

Ein großer Teil der mineralischen Deckschichten in den Mooren des Rheintals wurde durch Bewässerung eingetragen (siehe vorausgegangene Kapitel). Die Untersuchung in der Grabener Bucht hatte den Vorteil, daß im Moor die eingeschwemmten Schichten so einfach und sicher wie an keinem anderen Standort vom ursprünglichen Bodensubstrat unterschieden werden können. Als Beispiel für ein durch Wiesenwässerung weitgehend überdecktes Moor wurde das Moorgebiet in der Grabener Bucht ausgewählt. Mit einer Fläche von über 800 ha[26] war es früher das größte Moor im badischen Teil des Oberrheintals.

Die Moorentwicklung

Das Moor in der Grabener Bucht liegt wie viele andere Moore im Rhein-Tiefgestade direkt an der 6–10 m hohen Steilkante des Hochgestades (Karte 5). Das Tiefgestade entstand durch die nacheiszeitliche Eintiefung des Rheins in die Niederterrasse. Später verlegte der Rhein sein Bett mehr in die Mitte des Tiefgestades, und an seinem Rand blieben Altarme zurück, die oft halbkreisartige Buchten in der Niederterrasse bildeten. Als die Altarme verlandeten und vermoorten, setzte in großen, weit in die Niederterrasse reichenden Buchten die Vermoorung nicht nur im Bereich der Altarme ein, sondern das Torfwachstum begann in der gesamten Bucht. An der Steilkante des Hochgestades sowie im Untergrund des Moores lassen sich mehrere ehemalige Rinnen des Rheins festmachen. Der Rhein hat sich nach Aufgabe dieser Flußbetten nicht sofort vollständig aus dem Gebiet zurückgezogen, sondern drang zumindest bei Hochwasser immer wieder in die Bucht ein. Deshalb entwickelten sich keine für Stillgewässer typischen organogenen, sondern minerogene Mudden mit oft wechselnden Anteilen an Sand, Schluff und Ton. Nur im Nordosten konnte sich in einer Altarmrinne völlig ungestört eine Seekreide mit über 4 m Mächtigkeit bilden.

In Karte 5 ist deutlich die resultierende Moorform zu erkennen: Die größte Torfmächtigkeit ist am Hochgestade über dem ehemaligen Altarm vorhanden, das Moor reicht aber weit über den Altarm hinaus mit einer von 101,5 m auf 99 m über NN stetig fallenden Torfoberfläche – entsprechend dem Grundwassergefälle und völlig unabhängig vom zunächst ansteigenden mineralischen Untergrund. Nach der Klassifikation von SUCCOW & JESCHKE (1986) entspricht diese Moorentwicklung hydrologisch einem Durchströmungsmoor, das auf einem Verlandungsmoor aufbaut, und morphologisch einem Randmoor, das sich einseitig an den Niederungsrand anlehnt.

Über den Mudden haben sich Torfe entwickelt. Es handelt sich durchweg um Niedermoortorf, der überwiegende Teil wird von Schilfresten aufgebaut. Seggen- und Holzreste spielen eine untergeordnete Rolle. Eine größere Bedeutung erlangen Laubmoostorfe, die oft zusammen mit sekundären Kalkausfällungen (Wiesenkalk) vorkommen. Beide zeigen wiederum den großen Einfluß des Grundwassers an. Die Mächtigkeit der Torfe erreicht direkt am Hochgestade 4 m, im allgemeinen schwankt sie zwischen 1 und 3 m.

Durch das Aufwachsen der Torfschichten hat sich das Niveau des Moores soweit angehoben, daß es nicht mehr von Rheinhochwässern überflutet werden konnte (THÜRACH 1904a). Dies liegt an den besonderen Grundwasserverhältnissen im Rheintal. Das Grundwasser in der Niederterrasse wird von Niederschlägen und durch Zufuhr aus dem Kraichgau gespeist, es ist weitgehend unabhängig von Rheinwasserständen. Vor Beginn der Grundwasserabsenkungen nach der Pfinz-Saalbach-Korrektion stand es nur wenige Meter unter Flur mit einem stetigen Gefälle vom Fuß des Kraichgaus bis zum Rhein (THÜRACH 1899). An der Steilkante zur Rheinniederung, dem Hochgestade, trat es flächig aus (zum Beispiel an den noch vorhandenen Rainbruchquellen) und trug damit entscheidend zum Torfwachstum bei. Ganz

26 Je nach verwendeter Abgrenzung und Berechnung. Die gesamte Feuchtwiesenzone der Grabener Bucht hatte sogar eine Fläche von rund 1200 ha.

Bohrprofil I vom Südrand der Oberbruchwiesen:

0–40 cm	Lehm
40–80 cm	mittel zersetzter Laubmoostorf mit Seggen
80–110 cm	stark zersetzter Seggen-Schilftorf mit Laubmoosen
110–130 cm	mittel zersetzter Laubmoostorf mit Schilf
130–210 cm	mittel zersetzter Seggen-Schilftorf mit Laubmoosen
210–340 cm	stark zersetzter Schilftorf
340–390 cm	Tonmudde mit Schneckenschalen
390–500 cm	sandige Lehmmudde
ab 500 cm	Kies

Bohrprofil II aus den Binsenwiesen nordwestlich von Graben:

0–30 cm	Lehm
30–60 cm	stark zersetzter Schilftorf
60–105 cm	mittel zersetzter Schilftorf mit Laubmoosen und Fieberkleesamen
105–130 cm	mittel zersetzter Laubmoostorf mit Schilf
130–185 cm	stark zersetzter Schilf-Seggentorf mit Laubmoosen
185–275 cm	stark zersetzter Schilftorf mit einzelnen Laubmoosbändern bei 225 und 245 cm
275–370 cm	Lehmmudde
370–440 cm	sandiger Lehm und lehmiger Sand im Wechsel
ab 440 cm	Sand

besonders ausgeprägt ist dies in Buchten zu beobachten, die weit in die Niederterrasse hineinreichen und deshalb das Grundwasser in höherer Lage freilegen.

Im Moor bei Graben-Neudorf wurden für die Ermittlung des Mooraufbaus über 600 Bohrprofile erstellt. Beispiele für typische Profile sind im Kasten oben dargestellt.

Die Verlandung und Vermoorung der Bucht bei Graben-Neudorf begann schon vor fast 10.000 Jahren. OBERDORFER (1933) gibt aufgrund pollenanalytischer Untersuchungen in der Seekreide im Nordosten des Gebiets als Zeitpunkt des Verlandungsbeginns das Boreal an, also etwa 7000–6000 v. Chr., das Torfwachstum hat laut Oberdorfer im Atlantikum stattgefunden, also etwa 6000–4000 v. Chr.

Um zu entscheiden, ob mineralische Deckschichten durch Bewässerungsmaßnahmen oder auf natürliche Weise durch Bäche eingetragen wurden, ist die Kenntnis des Fließgewässersystems und dessen Entwicklung von großer Bedeutung. In den vorhergehenden Kapiteln wurden die Ergebnisse der umfangreichen Recherchen bereits dargestellt. Dabei zeigt sich, daß natürlicherweise nur die Pfinz in die Bucht floß. Alle anderen Bäche und Gräben sind vom Menschen dorthin gelenkt worden. Die mineralischen Deckschichten haben sich also (außer vielleicht teilweise entlang der Pfinz durch frühere Hochwasserereignisse) ausschließlich aufgrund menschlicher Aktivitäten abgelagert.

Warum hat man Moore bewässert?

Die Bewässerung eines Moores erscheint auf den ersten Blick geradezu paradox: Warum soll einem Moor, das ja gerade durch Wasserüberschuß entstanden ist, zusätzlich Wasser zugeführt werden? Noch im Jahr 1904 schreibt beispielsweise THÜRACH, daß Teile des Grabener Moores aufgrund ungenügender Drainage häufig unter Wasser stehen würden.

Karte 5 (S. 262): Moore und Anmoore in der Bucht bei Graben-Neudorf, aktuelle Verhältnisse dargestellt auf topographischen Karten von 1838/40. Moor- und Anmoorflächen sind schwarz umrandet, ehemalige Moorflächen gestrichelt umrandet. Die Mächtigkeiten der mineralischen Deckschichten gliedern sich wie folgt: dunkelbraun: 100 cm, mittelbraun: 40–100 cm, hellbraun: 40 cm, grün: keine Deckschicht.

Liedolsheim
Hochstetten
GRABEN
Neudo
Mittelfeld
Waldäcker
Heiligenäcker
Forlengraben
Münchfeld
Im Bruch
Oberfeld
Neumühlbrücke
Waldmühle
Signal
Zollerbach
Sandgrube

Für Moore, zumindest im Rheintal, dürfte die wohl wichtigste Wirkung der Bewässerung der Eintrag von Mineralboden gewesen sein. Alle Zuflüsse ins Rheintal nördlich von Karlsruhe stammen aus dem überwiegend lößbedeckten Kraichgau. Der Löß ist in dem kuppigen Gelände stark erosionsgefährdet, besonders wenn an Hängen Ackerbau betrieben wird. WOLF (in: WOLF & HASSLER, Hrsg., 1993) beschreibt die Gefährdung detailliert und gibt einen zusammenfassenden Überblick über die ungeheure Dimension des in den letzten Jahrtausenden, besonders in den letzten Jahrhunderten ausgewaschenen Bodenmaterials. Nach Angaben mehrerer Autoren ergeben sich Bodenverluste von drei bis sieben Tonnen pro Hektar und Jahr für die Zeit der menschlichen Bewirtschaftung.

Ein großer Teil des erodierten Materials blieb in den Tälern des Kraichgaus als Schwemmlöß oder Auenlehm liegen oder bildete Schwemmfächer am Ausgang zum Rheintal. Der Rest wurde von den Bächen und Flüssen ins Rheintal hinausgetragen und lagerte sich entlang ihrer Ufer ab, eine willkommene Bodenverbesserung auf den ansonsten überwiegend sandigen Böden der Niederterrasse. Es verwundert daher nicht, daß die Bauern nach Beobachtung dieser Vorgänge die Möglichkeit aufgriffen, auch Moore durch einen derartigen Bodenauftrag in ihrer Fruchtbarkeit und besonders in ihren Bearbeitungsmöglichkeiten zu verbessern.

Im ganzen Rheintal kam es deshalb zum Bau von Bewässerungssystemen in Mooren und damit zum Auftrag von Deckschichten, wenn zwei Voraussetzungen gegeben waren: Zum einen mußte mit vertretbarem Aufwand ein Bach in das Moor geleitet werden können, zum andern (und das ist in Mooren besonders wichtig und besonders schwierig) mußten funktionsfähige Entwässerungsanlagen installiert werden können. Da ja im Moor Wasser bereits im Überfluß vorhanden ist, führt die zusätzliche Zufuhr von Wasser in jedem Fall zu erheblichen Problemen in der Wasserabfuhr.

Wie interessant der Mineralbodenauftrag in Mooren für die Landwirtschaft war, zeigt die Tatsache, daß in sehr vielen nicht bewässerten oder nicht bewässerbaren Mooren eine Deckschicht von Hand aufgetragen oder aufgefahren wurde – ein allerdings sehr mühseliges Geschäft im Vergleich zur Bewässerung!

Die Auswirkungen der Trübwässerung

Die Geschichte der Bewässerung selbst wurde in den vorhergehenden Kapiteln ausführlich abgehandelt. Hier soll vor allem auf die Auswirkungen der Bewässerung eingegangen werden. In Karte 5 sind die Ausdehnung der Moore und Anmoore sowie die unterschiedlichen Deckschichtmächtigkeiten verzeichnet. Der überwiegende Teil der Moorflächen, etwa 75 %, sind überdeckt. Auffällig erscheinen neben größeren, nicht oder nur schwach überdeckten Flächen die oft schmalen Streifen mit dickeren Deckschichten.

Betrachtet man nur die aktuelle Topographische Karte, fallen vielfach Ungereimtheiten zwischen der Verteilung dieser Deckschichten und dem Gewässersystem auf. Überträgt man jedoch die aktuelle Deckschichtverteilung auf die Topographische Karte von 1838/1840 (Karte 5), erhält das Verteilungsmuster der mineralischen Schichten in den meisten Fällen eine Erklärung. In dieser Karte sind nämlich neben den Entwässerungsgräben auch die Hauptgräben des Bewässerungssystems dargestellt, häufig sogar bevorzugt diese. Sie sind leicht daran zu erkennen, daß sie blind im freien Gelände enden. Entlang dieser Bewässe-

Abb. 8.20 Bohrkern mit typischer, aufgeschlämmter Lößlehmschicht über dem Schilftorf des verschütteten Moores.

rungsgräben hat sich deutlich mehr Mineralboden abgelagert, teilweise mit über 2 m Mächtigkeit. Bei einem Gang durch die Grabener Bucht ist die Lage der ehemaligen Bewässerungsgräben für einen aufmerksamen Beobachter noch gut zu erkennen, zum einen an den hochliegenden Rücken, zum andern, besonders in Äckern, an der helleren, weniger humosen Färbung des Bodens.

Der Aufbau der mineralischen Deckschichten

Die mineralischen Deckschichten bestehen zum überwiegenden Teil aus Lehmen mit deutlichem Kalkgehalt. Häufig, besonders bei größerer Mächtigkeit, ist an der braunen, lößlehmartigen Beschaffenheit und Farbe noch die Herkunft aus dem Kraichgau erkennbar. Sie unterscheiden sich dadurch von den grauen, oft tonigen Lehmen, die von Rheinhochwässern stammen (THÜRACH 1904).

Die Lehme scheinen sich bei den Bewässerungsmaßnahmen recht schnell aufgeschichtet zu haben. Eine Durchmischung mit dem Torf hat in der Regel nicht stattgefunden, oft ist deshalb eine scharfe Grenzlinie vorhanden (siehe Abb. 8.20).

Bei geringerer Deckschichtmächtigkeit werden die Lehme humoser, es ergeben sich Übergänge zu anmoorigem Lehm und lehmigem Torf. Ganz besonders gilt dies bei Lehmmächtigkeiten unter 20 cm. Hier ist die Durchmischung von Lehm und Torf gewöhnlich so stark, daß eine Unterscheidung kaum möglich ist. Die schwachen Deckschichten sind deshalb im allgemeinen 20–40 cm mächtig.

Am Rand der Bucht wurde die Steilstufe des Hochgestades durch die einströmenden Gewässer erodiert. Die ausgewaschenen Sande, teilweise sogar Kiese, haben sich entsprechend ihrem höheren Gewicht zuerst wieder abgelagert. Deshalb bestehen die dadurch entstandenen Schwemmkegel vorwiegend aus sandigen Schichten. Besonders deutlich ist dies an der Mündung des ehemaligen Forlengrabens und der Alten Bach.

Nicht alle mineralischen Deckschichten im Graben-Neudorfer Moor stammen von Bewässerungsmaßnahmen. Teilweise wurde auch hier Sand und Kies, manchmal auch Rheinschlick aufgefahren (THÜRACH 1904a). Vor allem trifft dies für die Gemarkung von Neudorf zu. Neudorf hat offensichtlich seinen relativ kleinen Moorteil nie bewässert, sondern stattdessen Torf gestochen. Ein Hauptgrund dafür war sicherlich auch der Mangel an genügend Trübwasser. In diesen Torfstichen wurde Sand und Kies aufgefahren oder durch früher hier verlaufende Bäche eingeschwemmt.

Die Wässerungsflächen im Detail

In den Karten 3 und 4 gut zu erkennen sind die drei Schwerpunkte der Wässerung, nämlich die Oberbruchwiesen und der Liedolsheimer Bruch mit Wasserzufuhr durch die Alte Bach, die Kranichwiesenäcker und die Krautstücker mit Wasserzufuhr durch den ehemaligen Forlengraben und die Gebiete nördlich Graben mit Wasserzufuhr durch die Pfinz.

Die bei weitem größten Flächen im Graben-Neudorfer Moor wurden mit Wasser aus der **Pfinz** bewässert. Die Wässerung wurde bis in die Mitte des 20. Jahrhunderts betrieben. Die angeschlossenen Wässerwiesen erstreckten sich von Graben durch das ganze Moor und darüber hinaus, entsprechend findet sich auch der mitgeführte Lehm bis zur Schleifmühle bei Rußheim (THÜRACH 1904). Entlang der Hauptbewässerungsgräben ist durch das ganze Moor hindurch eine beeindrukkende Lehmanhäufung zu verfolgen. Da die Pfinz große Mengen an Lehm mit sich führte, entstand außerdem ein großer Schwemmkegel am Rand der Bucht mit Lehmdecken über 40 cm. Besonders deutlich wird die Steuerung des Mineralbodenauftrags am Nordrand der „Plänwiesen“, wo auf einer Länge von einem Kilometer eine schnurgerade Begrenzung der Flächen mit Lehmablagerung vorhanden ist. Ein hier auf einem Damm verlaufender Bewässerungskanal trennte sehr scharf die südlich liegenden Wässerwiesen von den nördlich angrenzenden, nicht bewässerten Waldflächen.

Recht effektiv war der Mineralbodenauftrag durch die Bewässerung auch in den Gebieten westlich von Graben, die aus dem **Forlengraben** gewässert wurden. Der Forlengraben hat im Laufe der Zeit eine tiefe Erosionsrinne in die Steilkante des Hochgestades gegraben. Die ausgeschwemmten Sande und Kiese haben über dem Moor einen mächtigen Schwemmkegel aufgebaut. Selbst an dessen Rand beträgt die Mächtigkeit von Sand und Kies noch über 2 m.

Mit Wasser aus der **Alten Bach** wurden der Liedolsheimer Bruch und die Grabener Oberbruchwiesen bewässert. In den Oberbruchwiesen wurde die Wässerung 1932 eingestellt. Vom Bewässerungssystem sind noch der Neugraben als Hauptbewässerungskanal mit mehreren Wässerschließen vorhanden sowie ein zweigeteiltes Wehr am oberen Rand der Steilkante, durch das die Verteilung des Wassers geregelt werden konnte.

Im vorangegangenen Kapitel wurden ausführlich die Entstehung und wechselhafte Geschichte des Wässerungssystems und die zahlreichen Schwierigkeiten und Auseinandersetzungen ge-

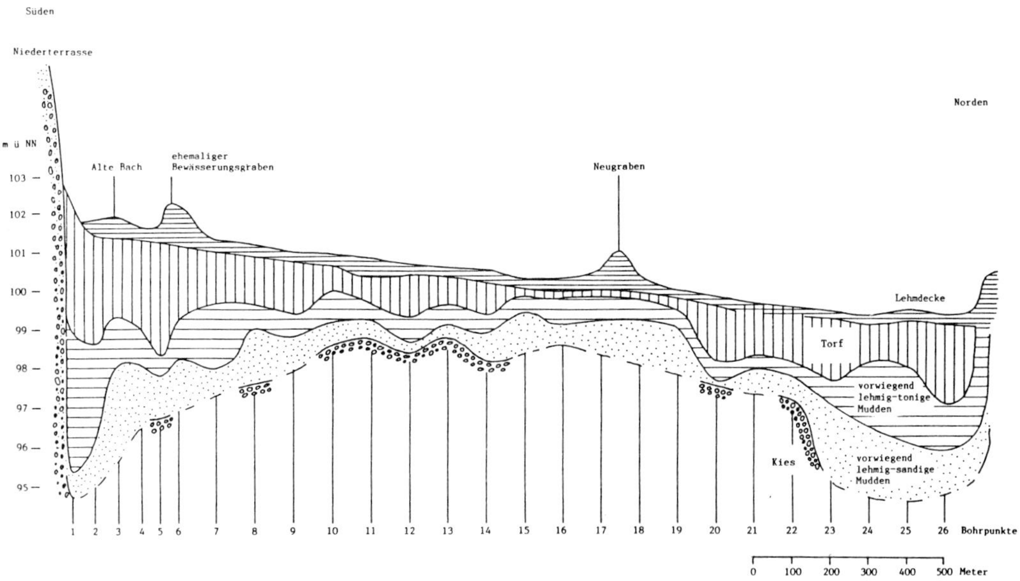

Abb. 8.21 Profilschnitt durch die Oberbruchwiesen.

schildert. Hier sehen wir nun, daß sich der Aufwand dennoch gelohnt hat, denn die gesamten Oberbruchwiesen und das Liedolsheimer Bruch sind mit einer 25–40 cm dicken Lehmschicht bedeckt; nach einer überschlägigen Berechnung wurden allein in den Oberbruchwiesen etwa 500.000 m³ Lehm abgelagert.

Das in der Alten Bach ankommende Wasser wurde am oben erwähnten zweigeteilten Wehr aufgeteilt. Der eine Teil floß in dem weiterhin Alte Bach genannten Bachlauf durch den Birkenbruch zum Liedolsheimer Bruch, der andere im Neugraben in die Grabener Oberbruchwiesen. Auf den Karten 3 und 5 ist sehr schön die Aufspaltung dieser Gräben in kleinere Nebengräben zu erkennen, die schließlich blind in der Fläche enden und so in ihrer Funktion als Bewässerungsgräben augenfällig werden. In diesen Karten erhält auch das Verteilungsmuster der Deckschichten seine Erklärung, da sich jeweils entlang dieser Bewässerungsgräben mächtigere Lehmschichten abgelagert haben.

Dieses Verteilungsmuster ist in den Oberbruchwiesen besonders deutlich sichtbar, da hier im Gegensatz zu allen anderen bewässerten Flächen keine Ackernutzung eingesetzt hat. Das Relief der Bodenoberfläche ist deshalb nur wenig verändert. Abb. 8.21 zeigt einen Profilschnitt durch die Oberbruchwiesen. Der Profilschnitt verläuft vom Hochgestade im Süden bis zum Moorende im Innern der Bucht. Im Relief des Untergrundes sind deutlich zwei Rinnen zu erkennen, wobei in der südlichen der Einlauf, in der nördlichen der Auslauf derselben Rheinschlinge angeschnitten ist. Über dem – nicht immer erbohrbaren – kiesigen Untergrund haben sich, oft schichtweise wechselnd, lehmige Sande bis lehmige Tone abgelagert, durch Beimengung von organischer Substanz sind sie meist als Mudden anzusprechen. Auffällig ist die weitgehende Übereinstimmung des Reliefs der Mudden mit dem des mineralischen Untergrundes.

Dieses Relief wird von den darauf folgenden Torfen vollständig eingeebnet. Das Niveau der Torfoberfläche fällt völlig unabhängig vom Relief des Untergrundes von 101,45 m am Bohrpunkt 2 entlang einer wie mit dem Lineal gezogenen Linie auf 99,1 m über NN am Bohrpunkt 26. Bei einer Entfernung von 2,2 km entspricht dies einem Gefälle von rund 0,1 %. Diese Nivellierung der Torfoberfläche verdeutlicht sehr anschaulich die Abhängigkeit des Torfwachstums vom Grundwasserstand. Nur ganz im Süden, am Fuß der Steilstufe, steigt die Torfoberfläche steiler an, nämlich auf den 60 m Strecke von Bohrpunkt 2 bis Bohrpunkt 1 um 90 cm. Auch dies ist eine Folge des unter der Niederterrasse und damit auch am Hochgestade deutlich höher anstehenden Grundwassers.

Vor Beginn der Bewässerungsmaßnahmen war also eine weitgehend ebene, schwach nach Nordwesten abfallende Mooroberfläche vorhanden, eine optimale Voraussetzung für Bewässerung. Es mußte nichts nivelliert werden, keine Hindernisse mußten umgangen werden und das nötige Gefälle für Entwässerung war vorhanden. Entsprechend optimal sieht auch das Ergebnis aus. Im Profilschnitt ist die sehr gleichmäßige Verteilung der Deckschichten zu erkennen. Die Dicke der Lehmdecke bewegt sich immer im Bereich von 30–40 cm, abgesehen von Anhäufungen in der Umgebung von Hauptbewässerungsgräben. Diese Lehmanhäufung entlang der Bewässerungsgräben war ein erwünschter, vermutlich sogar geförderter Vorgang, da durch das höhere Niveau des Grabens das Wasser mit Gefälle in die Fläche geleitet werden konnte.

Nutzung der Moore

In den Mooren bei Graben-Neudorf wurden zwei alternative Strategien zur Nutzung entwikkelt: zum einen die mit großem Aufwand betriebene Wässerung für verbesserte landwirtschaftliche Nutzung, zum andern das Abstechen des Torfes zur Brennstoffgewinnung. In den Topographischen Karten 1838/40 (Karten 3 und 5) sind in allen nicht bewässerten Flächen Torfgruben und Torfhütten verzeichnet. Einige dieser Torfstiche sind immer noch im Gelände erkennbar.

Die bewässerten und mit einer Lehmauflage versehenen Gebiete dienten ursprünglich überwiegend der Wiesennutzung. Viele Gewannamen wie Teilwiesen, Plänwiesen, Binsenwiesen und Oberbruchwiesen zeigen dies an. Daneben gab es auch früher schon ackerbauliche bzw. gärtnerische Nutzung, z. B. in den Krautstückern nordwestlich von Graben. THÜRACH (1904) nennt Gemüse und Hopfen als angebaute Fruchtarten. Für eine intensivere Nutzung war außer einer genügend mächtigen Lehmschicht vor allem eine funktionierende Entwässerung nötig. THÜRACH (1899) beklagt die ungenügende Drainage, so daß z. B. in den Binsenwiesen trotz genügend starker, kalkhaltiger Lehmdecke nur Sauergräser wuchsen.

Tatsächlich war um die Jahrhundertwende die Entwässerung schon weit vorangekommen, wie die Topographische Karte von 1900 beweist. Der nördliche Teil des Moores war durch Landgraben und Pfinzkanal bereits weitgehend entwässert. Im Liedolsheimer Bruch und am Forlengraben war die Bewässerung eingestellt, die Lage der Entwässerungsgräben entspricht hier den heutigen Verhältnissen. Auf die bereits vollzogene Umwandlung der Kranichwiesen zu den Kranichwiesenäckern wurde bereits hingewiesen.

Inzwischen müßten noch viele weitere Gewannnamen mit der Endung „-wiesen" durch die Nachsilbe „-äcker" ergänzt werden. Die Entwässerung wurde perfektioniert, nasse Stellen finden sich nur noch am Fuß des Steilrandes. Die derzeitige Nutzungsverteilung folgt weitgehend dem Vertei-

Abb. 8.22
Erle, die aufgrund von Torfsackung und -mineralisation Stelzwurzeln ausbilden mußte.

Abb. 8.23 Das Neudorfer Moor wurde in den vergangenen Jahren zum überwiegenden Teil abgebaggert, trockengelegt oder aufgeforstet. Dadurch gingen unersetzliche ökologische Werte verloren. Nur wenige, kümmerliche Reste konnten erhalten werden. Die Aufnahme zeigt den rund 1 m starken, tiefschwarzen Moorboden am Rand der neu gebaggerten Fläche. Direkt unter dem Moorboden steht heller Kies und Sand an.

lungsmuster der mineralischen Deckschichten. Die nicht bewässerten, lehmfreien Moorflächen sind aufgeforstet, überwiegend mit Erlen sowie mit Pappeln und Eschen. Naturnahe Erlenbruchwälder kommen nur entlang des Steilrandes im Birkenbruch und im Rainbruch vor. Auch einzelne lehmbedeckte, jedoch schlecht entwässerbare Gebiete wie die Krautstücker wurden aufgeforstet.

Von den früher ausgedehnten Wiesenflächen sind nur die Binsenwiesen – durch Kleingärten, Pferdekoppeln, Unterstände und Ställe stark beeinträchtigt – und die Oberbruchwiesen noch erhalten. Die Nutzungsintensität reicht von ungedüngten Einschnitt- bis zu intensiv genutzten Dreischnittwiesen. In den Oberbruchwiesen erhält man durch die Weite der Landschaft und die Reste der Bewässerungsanlagen noch einen Eindruck der früheren Nutzungsform der Wässerwiesen.

Der Rest der ehemaligen Wiesen wurde zu Ackerland umgebrochen. Große Ackerflächen finden sich im Liedolsheimer Bruch (umgebrochen 1965), in den Kranichwiesenäckern (Teile bereits im 18. Jahrhundert umgebrochen) und besonders entlang der Kleinen Bach (Neubach). Insgesamt sind es ca. 300 Hektar, die durch die Bewässerungsmaßnahmen gewonnen wurden. Auf den fruchtbaren Lehmdecken wird intensiver Ackerbau betrieben, der Anbau von Mais und Zuckerrüben ist verbreitet. Wieviele Bauern wissen wohl noch, daß unter ihrem Lehm bis zu 4 m Torf vorhanden ist?

Einfluß der mineralischen Deckschichten auf die Torferhaltung

Für das Graben-Neudorfer Moor hatte die Wiesenwässerung einen nachhaltigen Einfluß. Etwa 75 % der Fläche wurden mit einer Lehmschicht überzogen und die Torfe darunter begraben, fast 40 % werden intensiv ackerbaulich genutzt. Für ein biologisch intaktes, naturnahes Moor eine Katastrophe! Aber man muß auch die Alternativen betrachten. In allen nicht bewässerten Flächen wurde Torf gestochen, teilweise noch bis in unser Jahrhundert. Im Norden des Moores wurden große Gebiete durch Kiesabbau zerstört, landwirtschaftlich interessante Flächen waren anscheinend nicht so leicht dafür zu haben. Die größte Gefahr für das Moor stellt jedoch eindeutig die **Entwässerung** dar, durch die ein massiver Torfschwund eingesetzt hat. Manche erst wenige Jahrzehnte alte Bäume stehen auf über 50 cm hohen Stelzwurzeln, weil der Torf gesackt ist und mineralisiert wurde (siehe Abb. 8.22).

Mineralisation von Niedermoortorfen ist ein höchst unerwünschter Vorgang. Mit dem oxidativen Abbau des Torfes geht eine erhebliche Freisetzung von Stickstoff einher. Wenn eine Torfschicht von einem Zentimeter verlorengeht, ist mit einem Anfall von bis zu 1000 kg/ha Reinstickstoff zu rechnen (GÖTTLICH & KUNTZE 1990). Diese Stickstoffmengen können von keiner Vegetation ausgenutzt werden. Ein großer Teil wird ausgewaschen und belastet Grundwasser und Fließgewässer. Diese Torfmineralisation findet nicht nur, wie in der Literatur vielfach beschrieben, unter Äckern statt, sondern, bei zu tiefer Entwässerung, auch unter Grünland und Wald. Im Rheintal findet sich dafür eine Vielzahl von Beispielen. Unter einer Lehmdecke scheinen die Torfe dagegen davor weitgehend geschützt zu sein. Die Torferhaltung ist unter Lehm deutlich besser, auch größere Torfsackungen konnten kaum festgestellt werden. Die Deckschicht bietet dabei zwei Vorteile. Zum einen ist der Gasaustausch deutlich reduziert, es gelangt wesentlich weniger Sauerstoff bis zur Torfoberfläche. Zum andern müssen die Torfe nicht so stark entwässert werden, für die landwirtschaftliche Nutzung reicht es aus, wenn die Lehmdecke trocken und tragfähig ist. Im besten Fall sind die Torfe überhaupt nicht von der Entwässerung betroffen, was aber nur bei mächtigeren Lehmschichten möglich sein kann.

Der Auftrag von mineralischen Deckschichten zerstörte also in jedem Fall das Ökosystem Moor, konnte aber entscheidend zum Schutz und zur Erhaltung der Torfe beitragen.

Die Grabener Bucht heute [Karte 4]

MICHAEL HASSLER

Die Pfinz-Saalbach-Korrektion der 1930er Jahre hat auch das einst fast 1.200 Hektar große Feuchtgebiet der Grabener Bucht fast vollständig in Mitleidenschaft gezogen. Meliorisierung, Akkerbau, Aufforstung und Umbruch ließen nur noch den Komplex der Oberbruchwiesen selbst bestehen, der heute als bedeutendstes verbliebenes Wiesengebiet zwischen Karlsruhe und Mannheim im Rhein-Tiefgestade gilt. Ein Vergleich mit der früheren Größe des Grabener Bruchs zeigt, welch kümmerliche Reste der alten Aue noch vorhanden sind (mit 120 Hektar rund 10 % der ehemaligen Fläche).

Das gesamte Entwässerungsgrabensystem wurde 1932 im Zuge der Pfinz-Saalbach-Korrektion durch Maßnahmen des Reichsarbeitsdienstes vollständig um- und vor allem tiefergelegt (siehe unten). So entwässern heute z. B. die Oberbruchwiesen und die Alte Bach nicht mehr über Neugraben, Erlenbruchgraben oder Scheidgraben, sondern über den tiefliegenden, 1932 ausgebauten Distelstückergraben [42], der weiter nördlich in den „Verlängerten Pfinzkanal" [38] übergeht.

Der hochliegende, von Hochwasserdämmen gesäumte **Saalbachkanal** [39] quert zwischen Neudorf und Rußheim das Bruch. Er liegt bis zu 2 m höher als das Bruch und kann deshalb keine Seitengräben aufnehmen. Der größte Teil des Pfinzwassers wird bereits bei Neuthard über die Pfinz-Saalbach-Korrektur in den Saalbachkanal überführt. Deswegen liegt die Alte Pfinz zwischen Neuthard und Graben häufig trocken, was zu unersetzlichen Verlusten bei Flora und Fauna geführt hat. Das Grabener Bruch wird heute im wesentlichen über den sogenannten **Verlängerten Pfinzkanal** [38] entwässert, der sowohl Liedolsheimer Graben [2] als auch Landgraben [11] abschneidet, deren Wasser aufnimmt und schließlich in den Pfinzkanal nach Philippsburg ableitet.

Die Gräben westlich von Rußheim laufen in den **Rheinniederungskanal**, der unter dem Saalbachkanal durchgeführt wird, einen Teil des Rußheimer Altrheins mitbenutzt und schließlich über den Jägerschrittkanal [37] in den Pfinzkanal läuft. Sämtliches Wasser des Tiefgestades wird schließlich bei Philippsburg über ein Pumpwerk, das bei Rhein-Hochwasser den Höhenunterschied ausgleichen muß, in den Rhein abgeführt.

Die Gräben des Bruchs liegen in der Regel trocken oder führen nur noch stehendes Wasser, sofern sie erhalten sind. Nur Neugraben [3] und Scheidgraben [4] zeigen heute fast permanente Wasserführung. Mit dem Ausfall der Bewässerung und der weitgehenden Kanalisierung war auch eine zunehmende Trockenlegung verbunden, die auch den kümmerlichen Rest des Neudorfer Moors im Erlich zunehmend beeinträchtigt. Dennoch stellen die restlichen Oberbruchwiesen eine der vielversprechendsten Versuchsflächen für die Wiedereinrichtung von Wässerwiesen dar, da über die Alte Bach eine konstante Wasserzuführung gewährleistet ist.

8.4 Saalbach und Wagbach

Wiesenwässerung am oberen Saalbach

Stefan Schuhmacher & Dieter Hassler

Das obere Saalbachtal zwischen Bretten und Bruchsal verläuft praktisch auf der gesamten Strecke durch Lößgebiete. Der Saalbach ist im Auelehm des Talgrundes relativ tief eingeschnitten. Das Tal ist mäßig weit und der eigentliche Talgrund selten breiter als 200–300 Meter. So konnte nur ein schmaler, parallel zum Bach liegender Streifen bewässert werden.

Die Siedlungsdichte war relativ hoch. Die Orte Bretten, Rinklingen, Diedelsheim, Gondelsheim und Heidelsheim konkurrierten um die Wassernutzung, später kam Helmsheim hinzu. So ist die Geschichte des oberen Saalbachs eine Geschichte des Streits um das Wasser. Zusätzlich komplizierend wirkte die politische Zersplitterung der Gegend (siehe auch S. 37). Die am Oberlauf liegenden Orte Knittlingen, Ölbronn und Ruit waren württembergisch und hatten ihre eigenen Wässerrechte, die sie ohne Rücksicht auf die Unterlieger verteidigten. Bretten und Rinklingen waren auch nicht rücksichtsvoller. Die badischen Gondelsheimer kümmerten sich nicht um die kurpfälzischen Heidelsheimer, und diesen war der Rest der Welt ohnehin ziemlich schnuppe.

Erstaunlicherweise gibt es aber in dieser zerstrittenen Gegend aber kaum Hinweise auf Streitigkeiten zwischen Heidelsheim und Bruchsal. Sollten sich ausgerechnet diese beiden vertragen haben? Der Grund ist ein anderer: Zwischen Heidelsheim und Bruchsal liegt die erst seit wenigen Jahren versiegte, einst stärkste Quelle der Region, der Schwallenbrunnen, der in jeder Sekunde durchschnittlich 300 Liter Wasser hervorbrachte. Diese enorme Wassermenge allein war in den meisten Zeiten des Jahres für die Unterlieger und zahlreiche Mühlen zwischen den Orten ausreichend, so daß nur in besonders trockenen Jahren Probleme auftraten.

Über alte Wässerordnungen vor 1500 wissen wir nichts. Es ist zwar immer wieder in den Schriftwechseln zwischen Beschwerdeführern und Ämtern die Rede von alten Wasserrechten und Ordnungen. Diese waren aber vermutlich nicht niedergeschrieben, oder sie sind verlorengegangen. Die politische Zersplitterung machte natürlich auch Bemühungen um ein einheitliches Wässersystem praktisch unmöglich.

Die erste Wässerordnung

Auch wenn schon 1518 berichtet wird[27], daß in Heidelsheim feste Wässerzeiten *„seit alters her"* bestanden, gibt es aus dieser Zeit keine schriftlichen Zeugnisse. Erstmals wird 1685 eine Wässerordnung für den Bereich des oberen Saalbachs aktenkundig. Im April dieses Jahres trafen sich die Bürgermeister der Orte Rinklingen, Bretten, Diedelsheim, Gondelsheim, Helmsheim und Heidelsheim, um eine neue Wässerordnung zu besprechen (GLA 78/859 und 78/510). Dies taten sie aber nicht aus eigenem Antrieb, sondern aus Furcht vor einer militärischen Aktion der Philippsburger Garnison. Vorausgegangen waren ernsthafte Beschwerden des dortigen Kommandanten, daß wegen der üblichen Dauerwässerung das Saalbachwasser in Philippsburg ausbleibe. Er drohte deshalb, bei den Oberliegern einzumarschieren und *„alle Wässerstuben einreißen zu lassen"*. So traf man sich unter dem Druck dieser Drohung in Bretten und suchte nach einer Lösung. Unter dem Datum vom 27. April 1685 berichtet der Chronist des Treffens, daß man *„nach vielem pro und contra disputieren"* die folgende Ordnung beschlossen hätte:

„Bey 6 Pfund Heller Straf, welches jeder Orth, so darwider handlen, ohnabläßig erliegen soll, der Absicht zu halten oberamtlich befohlen worden:

Erstlich solle diese jetzige Wochen die Wiesenwäßßerung Bretten und Rinklingen dergestalten haben, daß Bretten vom Sambstag zu mittag bis Sontag zu mittag wäßßern solle und die Waßßerstuben nach jedermänniglichen Findung des wässerens völlig, und nicht, wie bisher geschehen, nur 2 Bretter öffnen, und dem Waßßer seinen ganzen Lauff und gewalt laßßen sollen.

Die andere Wochen sollen die Dietelsheimer und Gundelsheimer die Wäßßerung auch 2 Tag auf obgenannte Weis haben, nemblich Sambstag und Sonntag zu besagten Stunden.

Die Dritte Woch soll die Wäßßerung gleichermaßen an die Helmsheimer kommen und damit fortfahren, zu Tagen und Stund, wie obige Orth – auch und also solle es damit jeden Orths biß zur gäntzlichen End- und Außgang der Wiesenwäßßerung continuirt werden.

27 Als Nebenbemerkung in der ersten Wässerordnung von Bruchsal.

Abb. 8.24
Mittlerweile eine historische Aufnahme: der Überlauf des Schwallenbrunnens im Jahre 1984. Damals schüttete die Quelle noch mit ca. 150 Sekundenlitern. Erst in den letzten Jahren versiegte sie weitgehend und möglicherweise unwiederbringlich.

Wann solches nun seye wie es bey Vermeydung obiger 6 Pfund Heller seyn solle, so haben alßdann die Bruchsaler und Philippsburger alle Wochen das Waßßer 5 Tag frey, und nicht mehr zu klagen noch sich beschweren Ursach, und kann man auch dadurch der Philippsburger Bedrohung halben ohne Sorgen seyn.

Endlich sollen die Müller jeder von obgemalten orthen das täglich Versetzen hiermit und bey Vermeydung obgedachter 6 fl Straf gänzlich unterlassen."

Wie überall, gab es auch hier recht regelmäßig Streit ums Wasser. Vor allem die Müller (allein in Heidelsheim gab es fünf Mühlen) waren es, die sich regelmäßig mit Vehemenz gegen die Wasserdiebe beklagten. HÄRDLE (1960) berichtet in seiner Ortschronik, die Stadt habe 1799 das einquartierte Militär nicht mit Mehl versorgen können, weil die Mühlen aus Wassermangel stillgelegen hätten.

Was den Philippsburgern recht war (die Drohung mit militärischer Gewalt), war übrigens auch den Heidelsheimern billig. Auch diese nämlich, so berichtet Härdle, marschierten im Juli 1731[28] eines Nachts bei den Gondelsheimern ein und zerstörten die dortige Wässerschleuse. Vor-

28 Nach O. BICKEL (1939) soll das Ganze allerdings im Jahre 1719 stattgefunden haben.

Abb. 8.25
Ein typischer Ausschnitt aus einem alten Plan des gesamten Saalbachlaufs (GLA, Abt. G, Saalbach Nr.1): hier der Bereich der Helmsheimer Mühle. Saalbach und Mühlkanal sind heute noch vorhanden. Eine solche Aufteilung in Mühlkanal und Bachlauf war typisch für sehr viele Orte. Man beachte den kleinen *„Wäßerungs Graben“* im rechten Bildbereich.

ausgegangen war eine über 10 Tage anhaltende Dauerwässerung der Gondelsheimer.

Einige Jahre später, im Juli 1762, kam es wieder zu einer solchen Strafaktion. Die Gondelsheimer wässerten einmal mehr an einem falschen Tag, und der Müller Bachmann aus Heidelsheim beschwerte sich. Schließlich kam es zum Einmarsch: *„Es sei nachts gegen 11 Uhr gewesen, als zwei Mannspersonen unweit des Wehres bei der Sägmühle gekommen. Diesen seien zwei andere gefolgt, hätten sie sogleich angehalten und ihnen Eröffnung gethan, daß die da seien, um das diesseitige Wässerungswehr zusammenzuhauen. Sonach aber sie gewaltsamer Weise mitzukommen genommen, woselbst der Anwalt von Heidelsheim mit 60 Mann gewesen, welche Äxte, Raithauen und Hebeisen bei sich gehabt. Unerachtet sie [die Gondelsheimer] sich anerboten, das Wehr aufzuziehen, nach erteilter Antwort, sie nicht des Wassers wegen da seien, sondern nur das Wehr zu ruinieren ... solches bis auf den Grund zusammengehauen und gerissen“* (zitiert nach HÄRDLE 1960).

Umgekehrt scheinen die Heidelsheimer auch nicht besonders zimperlich mit ihren Unterliegern umgegangen zu sein. Zwar sind Beschwerden der Bruchsaler selten, aber dennoch gibt es Beispiele. Aus dem Jahre 1754 ist ein Schreiben des Bruchsaler Vicedomamtes an den Fürstbischof erhalten, in dem Klage über die fehlende Disziplin der Heidelsheimer geführt wird (GLA 78/775): Zwar habe *„das Churpfältzische Amt Bretten am 2. August 1742 ein Schreiben erlassen, nach wie vor aber ... von Heydelsheim und anderen an der Bach gelegenen Churpfältzischen Orthen nach Belieben gewässert worden seye“*.

1762 kommt es wieder einmal zu massiven Beschwerden der Philippsburger Garnison an die kurpfälzische Regierung. Generalfeldwachtmeister Schmid schreibt, man hätte schon mehrere Jahre *„wegen Wassermangels des sogenannten Bruchsaler Bachs, welchen man oberhalb Bruchsal in Churpfaltz den Saalbach nennet, die empfindlichste Noth gelitten“*. Nun habe man dieses Jahr *„wegen Wässerung deren Wiesen in die Festungsgräben und Moraste keinen Tropfen frisches Wasser bekommen, wodurch die gegenwärtige Sommerhitze und Trockene diese von frischem und fließendem Wasser entblößte Gräben einen dergleichen Luft inficirenden Gestank und*

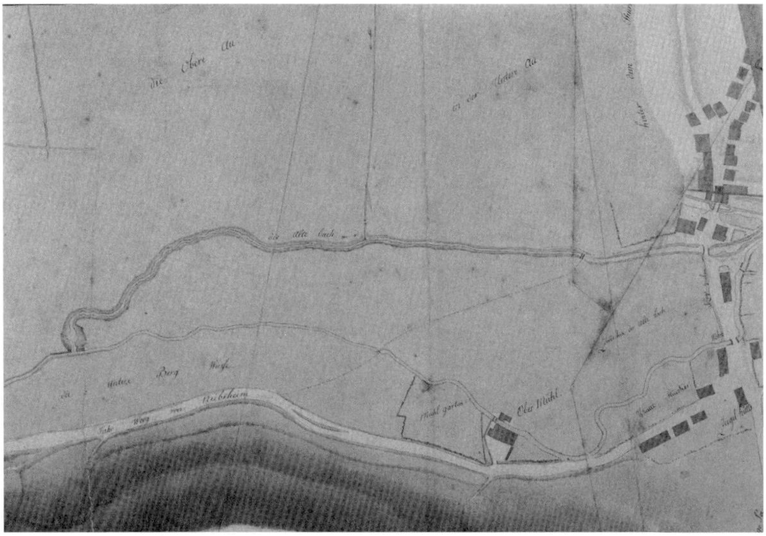

Abb. 8.26
Ausschnitt aus dem gleichen Plan des Saalbachlaufs (GLA, Abt. G, Saalbach Nr. 1) wie Abb. 8.25: hier der Bereich im Osten von Heidelsheim. Der Saalbach ist als *„Die alte Bach“* bezeichnet. Die Abzweigung im linken Bildbereich ist heute noch als flächenhaftes Naturdenkmal „Runde Gumpe“ erhalten; der Mühlkanal ist trockengefallen. Die gesamte Talaue im Osten von Heidelsheim wurde damals von Wiesen eingenommen.

andurch so mancherley Krankheiten unter der Garnison verursachet, ja sogar die Schildwach auf ihrem Posten darnider gefallen und erkrankt“ (zitiert nach BICKEL 1939). Daraufhin habe er einige Männer bachaufwärts geschickt, um die Ursache des Wassermangels zu ergründen. Diese hätten festgestellt, daß ab Heidelsheim kein Wasser mehr im Bach vorhanden sei.

Die Heidelsheimer verteidigen sich mit Hinweis auf die württembergischen Oberlieger Knittlingen, Ölbronn und Ruit, die fortgesetzt wässern würden. Deren zuständiges Oberamt in Maulbronn hat kein Interesse, den Kurpfälzern oder anderen Ausländern zu helfen und weist die Beschwerde mit Hinweis auf alte Rechte ab[29]. Wieder ändert sich nichts.

1785 versucht das Oberamt in Bretten, wenigstens die Wässerordnung von 1685 durchzusetzen und verfügt, diese anzuwenden. Auch das aber nützt nichts, obwohl nun amtliche Wässeraufseher beschäftigt werden. 1786 wird versucht, eine neue Wässerordnung zu erlassen, nach der jeweils jede Gemeinde für einen Tag das Wässerrecht haben soll. Problem dabei: Es hält sich wieder keiner daran, Gondelsheim und Helmsheim wässern weiterhin nach Belieben.

Ab dem Jahre 1803 ändert sich die politische Landschaft. Die Orte gehören nun weitgehend zu Baden, und wieder versucht die Verwaltung, wenigstens für das nun zusammenhängende badische Gebiet einheitliche Ordnungen durchzusetzen. Nun scheitert dies an der Weigerung der württembergischen Oberlieger, die sich erneut auf alte Rechte berufen.

Die Ordnung von 1685 wird daraufhin im Jahr 1808 noch einmal bekräftigt. Auch das ausführliche Diskutieren gehörte wohl zum festen Programm, denn der Chronist berichtet in erstaunlicher Analogie zum Original: *„Nach verschiedenem Hin und Herreden und genommener Lokaleinsicht wurden folgende Punkte verabredet und festgesetzt: 1. Soll die alte Wässerordnung von 1685 als Grundgesetz ... beibehalten werden ...“*

Die grundsätzliche Regelung blieb dieselbe. Jeweils von Samstag bis Dienstag stand der Bach für die Wiesenwässerung zur Verfügung. Begonnen wurde ab 23. April, beendet wurde die Wässerung am 24. August. Jeweils wochenweise wurde in den einzelnen Ortschaften gewässert. Die Regelung lautete: *„... soll Bretten, Rinklingen und Diedelsheim die erste Woche haben und jede Gemeinde 24 Stunden wässern. Die zweite Woche kommt auf Gondelsheim allein ..., die dritte Woche kommt auf Helmsheim und Heidelsheim gemeinschaftlich, also daß Helmsheim Samstagmittag 12 Uhr anfängt und Montagmittag 12 Uhr aufhört, ferner Heidelsheim Montagmittag 12 Uhr anfängt und Dienstagmittag aufhört.“*

29 Angesichts der Wasserverhältnisse am Saalbach und seinen Zuflüssen erscheint es auch sehr weit hergeholt, allein die Württemberger verantwortlich zu machen.

Der Streit geht trotzdem weiter. In einer Zwischenregelung wird versucht, die Wässerzeit auf jeweils einen Tag pro Ortschaft zu begrenzen. 1823 wenden die Wiesenbesitzer ein, so gehe es auch nicht. Erstens würde die jetzige Regelung die Müller zu sehr begünstigen, andererseits dauere es viel zu lange, bis das Wasser in die jeweiligen Gräben aufgestaut sei, so daß die netto verfügbare Wässerzeit dann nichts mehr bringe. Nun wird endlich das ganze System überprüft. Mittels Probestau werden die einzelnen Kanalsysteme systematisch vermessen, bauliche Verbesserungen an Gräben und Schleusen folgen. Schließlich werden auch alle Eichmarken an den Mühlen neu eingemessen und teilweise die Mühlen umgebaut. Endlich kann im Jahr 1837 die neue, optimierte Wässerordnung erlassen werden (siehe Kasten). Diese Wässerordnung war dann bis nach dem Zweiten Weltkrieg gültig und erfuhr nur noch kleinere Korrekturen.

Geschehen Bruchsal am 19.12.1837

Erscheint Bach und Straßenaufseher Biedermann, dann folgende Bevollmächtigte der Wiesen resp. Mühlenbesitzer ... Mit Rücksicht auf deren Wünsche wurden nun mit allseitiger Einstimmung folgende Bestimmungen gemacht:

a. Zwischen der Wässerung von Diedelsheim und Gondelsheim soll ein Zwischenraum von 24 Stunden, wo nicht gewässert wird, verbleiben.

b. Die Gemeinde Gondelsheim soll bei der Heu und Ohmetwässerung das Wasser 12 Stunden länger behalten.

c. Die Gemeinde Bretten soll bei der Ohmetwässerung 36 Stund länger aus der Saal und Kreßbach wässern dürfen.

d. Derselben soll ebenfalls gestattet seyn, in den langen Wiesen 2 Tage länger zu wässern.

e. Der Gemeinde Ruit soll im Monat August gestattet seyn, 4 Tage länger zu wässern.

f. Hiermit wässert

Bretten	*in den langen Wiesen vom 22. April bis 30. April abends 6 Uhr*
	aus der Saal- und Kreßbach vom 1.–4. August morgens
Rinklingen	*vom 4. May morgens 5 Uhr bis 7. May morgens 5 Uhr*
Diedelsheim	*vom 7.-10.May morgens*
Gondelsheim	*vom 11. May bis 17 May morgens*
Helmsheim	*vom 17.May bis zum 20. May morgens*
Heidelsheim	*vom 20. May morgens bis 24 May morgens*
Ruit	*vom 24. May morgens bis 1. Juny abends*

Bei der Ohmetwässerung

Bretten	*in den langen Wiesen vom 22. Juny morgens bis zum 1. July mittags*
	aus der Saal- und Kreßbach vom 28. Juny bis zum 4. July morgens
Rinklingen	*vom 4. July morgens 5 Uhr bis auf den 8. July abends 5 Uhr*
Diedelsheim	*vom 8. July abends 5 Uhr bis um 13. morgens 5 Uhr*
Gondelsheim	*vom 14. July morgens bis 22. July morgens 5 Uhr*
Helmsheim	*vom 22. July morgens bis 26. July morgens 5 Uhr*
Heidelsheim	*vom 26. July morgens 5 Uhr bis 31. July abends 5 Uhr*
Ruit	*vom 22. Juny bis 28. Juny morgens,*
	sodann vom 12. August bis 16. August morgens

g. Den Müllern überhaupt, besonders aber denen zu Bretten, soll bei scharfer Strafe untersagt werden, bei Wässerungszeit das Wasser auf die eine oder andere Art zurückzuhalten.

h. Jede Gemeinde verpflichtet sich, aus der Mitte der Gemeinderäthe einen Wässermeister zu benennen, der für die ordnungsgemäße Herstellung der Wässerungsanstalten und deren Leitung zu sorgen hat, und der besonders verhaftet ist, daß das Wasser zur festgesetzten Zeit an die nächstfolgende Gemeinde abgegeben wird.

i. Nachträglich wird noch bemerkt, daß, wo die Stunde des Anfangs und das Ende nicht genannt sind, immer die achte Stunde morgens oder abends verstanden wird.

Dieses Protokoll wurde wirklich vorgelesen und nach erfolgter Genehmigung unterschriftlich beurkundet.

Die letzten Wässeraktivitäten nach dem Zweiten Weltkrieg

Nur ein schmaler Wiesenstreifen durchzog einst das Saalbachtal oberhalb von Bruchsal, welches hier ja recht eng ist. Bachaufwärts lagen an der Herrenmühle (hernach Tabakfabrik „Steiner", Abb. 8.28, heute Wohnareal) die Mittelwiesen. Ab hier ist heute noch ein besonders schöner, uferbegleitender Wiesengürtel bachaufwärts bis zur Ölmühle vorhanden.

Ein Bewässerungssystem mit Wässergräben war hier nicht nötig. Durch höheres Aufstauen an den vielen Mühlenwehren oder durch nicht rechtzeitiges Öffnen bei Hochwasser gab es manche gezielte oder aber unbeabsichtigte Wiesenwässerung, die auch Gärten und Äcker unter Wasser setzte.

Aus dem Jahre 1950 existiert ein Entwurf aus dem Landratsamt des damaligen Landkreises Bruchsal für eine *„Wässerordnung am Saalbach im Gebiet von der Landesgrenze bis oberhalb der Schwabenbrücke in Bruchsal, einschließlich der Quellflüsse Weißach und Salzach"*. Weißach- bzw. Salzachwasser sollte es nach genauem Frühjahrs- und Sommerfahrplan für Gemarkungsteile von Bretten, Rinklingen, Diedelsheim, Gondelsheim, Helmsheim sowie Ruit geben. Die „Generalübersichten über die Wässerungszeiten von 1837, 1858 und 1864" wurden aufgehoben. Neben den Kapiteln „Wässerungseinrichtungen" (Wehre, Gräben), „Herstellungs- und Unterhaltspflicht" (Gemeindesache bei fehlender Genossenschaft, mit Kostenumlegung auf die Nutzer), „Wassernutzung", einerseits durch Wassertriebwerke wie Mühlen oder Fabriken, andererseits durch die Wässerungsberechtigten, finden sich präzise Vorschläge über Wässerungszeiten im Normalfall wie auch in Wassernotzeiten. Das waren sowohl lange Trockenperioden („Wasserklemme"), aber auch Hochwässer.

Die Kraft des Wassers zu bändigen war recht schwierig. Die Hauptarbeit hatten dabei massive Sperrwerke zu leisten. Wie sie zu gestalten waren, ist ausführlich mit einigen Variationen beschrieben. „Die Wehre müssen starke, steinerne oder betonierte Wehrpfosten oder Wehrköpfe mit guten Fugen besitzen. Die Staubalken oder -bretter

Abb. 8.27 Das alte Wehr im Saalbach bei der Tabakfabrik „Steiner" (frühere „Herrenmühle") am östlichen Bruchsaler Ortseingang. Heute befindet sich hier eine Wohnsiedlung.

Abb. 8.28
Die Reste der ehemaligen Bruchsaler Schafwiesenschleuse. Heute befindet sich hier ein Fußgängerübergang. Die Wiesenflächen im Hintergrund waren lange Zeit umgebrochen, sind aber seit wenigen Jahren wieder in Wiesen umgewandelt.

müssen sich leicht einsetzen und auswechseln lassen, so daß sie nicht beschädigt werden. Bei jedem Wehr muß durch Ketten, Ringe und Schloß das Anschließen der Wehrbretter nach durchgeführtem Wässern an den Wehrpfosten möglich sein, so daß sie nicht von Unberufenen benützt oder vom Hochwasser losgerissen und weggeschwemmt werden können. Die Wehrköpfe müssen durch dauerhafte und gut verbundene Schutzmauern nach abwärts gestützt und somit die Ufer unterhalb des Wehres geschützt sein. Die Bachsohle vor und hinter dem Wehr sowie vor der Einlaßschleuse ist durch Pflaster zu schützen und zwischen den Pfosten mit einer guten Schwelle zu versehen."

Richtlinien über Ein- und Auslaßschleusen folgen Auflagen für Wässermeister und Wässergehilfen sowie Strafbestimmungen zur Aufrechterhaltung der Ordnung. Zehn Sekundenliter waren dabei das vorgeschlagene Minimum, das im Bachbett verbleiben mußte, um es vor Austrocknung und Rißbildung zu bewahren. Gewässert werden sollte immer ab und bis 5 Uhr in der Frühe.

Der Entwurf einer entsprechenden Wässerordnung für den Bereich von Bruchsal bis zum Rhein ist im übrigen weitgehend inhaltsgleich, aber mit Ergänzungen versehen, z. B. zur Wassernutzung durch die Waghäusler Zuckerfabrik.

Wann die Wiesenwässerung am oberen Saalbach endgültig eingestellt worden ist, wissen wir nicht. Es ist jedoch zu vermuten, daß wie fast überall in der Region im Laufe der 1960er Jahre die letzten Wässerungen verschwanden.

Das „untere Saalbachtal" zwischen Bruchsal und der Neudorfer Mühle

MICHAEL HASSLER

Der historische Zustand bis zur Pfinz-Saalbach-Korrektion [Karte 6]

Gleich unterhalb der Altstadt von Bruchsal versorgte das Wasser des Saalbachs beim Eintreten in die sumpfigen Niederungen der Rheinebene in zahlreichen Armen ein breites Wiesenband von bis zu 2 km Breite zu beiden Seiten des Saalbachs in Richtung Altenbürg/Karlsdorf. Auf Höhe von Karlsdorf kamen die Wasser der Büchenauer Hardt, zusammengefaßt in Eiergraben und Hardtgraben, dazu.

Die feuchte Senke zieht sich bis auf Höhe der „Neudorfer Mühle" als breites, auch heute noch fast unzerschnittenes Landschaftsband. Erst dort treten die sandigen Rücken von Molzau, Kammerforst und Lußhardt immer dichter an Saalbach und Saugraben heran. Auch in den Norden zogen Wiesenstreifen und Gräben durch den Wald nach Hambrücken und Kirrlach. Wagbach, Speck- und Neureutgraben nahmen hier die ablaufenden Wässer auf.

Die Saalbachaue erstreckt sich im Gegensatz zu Pfinz- und Kraichbachaue, die jeweils ein Stück weit der Randsenke nach Norden folgen, nach Nordwesten relativ direkt zum Rhein hin. Auch sie verschmälert sich beim Durchbruch durch die Hardtplatten, bis schließlich in der „Molzau" zwischen Neudorfer Mühle und Philippsburg nur wenige Meter breite Wiesenstreifen entlang der Bäche übrig bleiben. Der Saalbach selbst trat früher im Einschnitt der **Königshohl** [Karte 8, Nr. 18] in das Tiefgestade ein, wurde aber bei Philippsburg mehrfach verlegt.

Das Gebiet zwischen Bruchsal und der Neudorfer Mühle wird seit alters her als „Saalbachtal" bezeichnet. Damit wird der Tatsache Rechnung getragen, daß es sich um eine feuchte Niederung handelt, im Gegensatz zur höherliegenden Sandlandschaft der Hardtplatten. Die „Hänge" dieses Tals sind allerdings nur gut einen Meter hoch und meistens nur am Feuchtigkeitsgrad der Landschaft zu erahnen. Die größten Höhendifferenzen sind noch westlich von Bruchsal in der Nähe des heutigen Burgwegs am Industriegebiet zu sehen, wo nördlich die Sanddünenlandschaft von Forst anschließt und die Sandinsel des „Karlsdorfer Bürgerackers" aus der Wiesenlandschaft herausragte.

Der Schwemmkegel des Saalbachs ist im Gegensatz zu denjenigen an Pfinz, Grombach und Walzbach recht gering ausgeprägt, ein Phänomen, das wir weiter im Norden an Kraich- und Katzbach ebenfalls beobachten können. Dies liegt vermutlich daran, daß hier der Übergang von Muschelkalk ins weiche **Keupergestein** liegt, dessen Erosionsabraum sehr viel feinteiliger ist und von den Bächen weiter in die Ebene eingetragen werden konnte.

Die Stadt Bruchsal selbst war früher von ausgedehnten Sümpfen umgeben, deren Rolle für die strategische Lage der Stadt von den Historikern ausführlich diskutiert wurde (u. a. ROEGELE 1955).

Bis in unser Jahrhundert war trotz umfangreicher Trockenlegungsmaßnahmen das artenreiche Flachmoor der Schönbornwiesen südwestlich von Bruchsal noch erhalten. Im Norden lag das große Bruchsaler und Ubstadter Bruch, das erst in den Jahren 1831–34 trockengelegt wurde (WEBER 1982, S. 321f.). Sowohl Schönbornwiesen als auch Ubstadter Bruch waren oberflächlich stark versauert, wie das Vorkommen von typischen Moorpflanzen wie Fieberklee oder Sumpf-Läusekraut bewies. Einige tiefliegende Stellen versumpften dagegen wohl nur sekundär als Folge der Bewässerung und schlechter Drainage, so das von OBERDORFER (1936) besonders kartierte Kleinmoor am Eiergraben südlich von Karlsdorf. Die damals orchideenreiche Sumpfwiese an der Bahn in Höhe des heutigen Hallenbads Bruchsal wird wohl eine ehemalige Kies- oder Sandgrube gewesen sein.

Im Gegensatz dazu war die Saalbachaue selbst durch den Kalkeintrag der jahrhundertelangen Wässerung geprägt und nur an einigen Stellen stärker versumpft, meistens entlang der Bäche an Stellen mit schlechtem Abfluß. So ist das Auftreten von Sümpfen im sogenannten „Ochsenstall" zwischen Karlsdorf und Hambrücken (kartiert von OBERDORFER 1936) kein Wunder, wenn man die jahrhundertelangen Probleme mit dem Wasserdurchsatz durch den Wagbach bedenkt[30].

Das Entstehen der Wiesen am unteren Saalbach im Bereich der Neudorfer Mühle ist urkundlich belegt und geht zumindest teilweise auf eine Rodungsaktion im 15. Jahrhundert zurück (siehe S. 45). Damals starb der Wald zu beiden Seiten der Bäche durch hohe Überflutungen ab, was auf eine dramatische Veränderung in deren Wasserführung hinweist. Mögliche Ursachen waren entweder der schlechte Erhaltungszustand der Bäche und hohe Verschlammung oder aber die stärkere Kanalisation und Entwässerung der oberhalb liegenden Sümpfe und Moore der Randsenke. Auch der Name „Neuwiesen", der sich für den gesamten, riesigen Wiesenkomplex zwischen Karlsdorf / Altenbürg und der Neudorfer Mühle findet, weist auf eine gemeinsame Entstehung hin.

Die Bäche und Gräben [Karte 6]

Das Wasser des Saalbachs wurde bei Bruchsal gleich mehrfach geteilt. Die ehemaligen Bruchsaler Ringgräben um die Stadtmauern und die Bruchsaler Abwässer flossen über die sogenannte „Krottbach" [32] in den Giesgraben [26] (später **Duttlacher Graben** genannt) nach Norden ab (siehe unten).

Der **Giesgraben** verfügte über eine eigene Auslaßschleuse am Saalbach (etwa in Höhe der heutigen Firma SEW). Hier wurde Saalbachwasser zur Wässerung des relativ großen Wiesengürtels im Nordwesten der Stadt entnommen. Vor allem die Stegwiesen, heute ein großes Gewerbegebiet, wurden regelmäßig bewässert. Der Giesgraben fand dann auf Höhe der heutigen Kläranlage Bruchsal seinen Anschluß an den Duttlacher Graben. Es gab also eine durchgehende Grabenverbindung vom Saalbach zum Duttlacher Graben.

Bereits im Stadtgebiet von Bruchsal wurde ein weiterer Teil des Saalbachwassers als Wasserkraft-Lieferant für die Saline abgezweigt und endete im tiefliegenden **Salinengraben** [9], der

30 Siehe auch das Kapitel über die Wagbachkorrektion weiter unten.

gleichzeitig als südlich parallel zum Saalbach laufender Ableitgraben für die Wiesenwässer-Systeme zwischen Bruchsal und Karlsdorf diente. Die Wässer des umfangreichen Sumpf- und Feuchtwaldgebiets der Büchenauer Hardt wurden in einem komplizierten, intensiv vernetzten Grabensystem gesammelt, das schließlich über den **Eiergraben** [6] und **Hartgraben** [8] nach Karlsdorf / Altenbürg führte.

Östlich von Karlsdorf befand sich beim sogenannten „Stegle" am Rand des Kammerforsts ein regelrechter „Bachstern", an dem sich nicht weniger als fünf Bäche trafen. Hier vereinigten sich der Salinengraben [9] von Bruchsal, der Eier- bzw. Hartgraben [6/8] aus der Büchenauer Hardt und der Kieselschorengraben [39], der von Neuthard her Wasser der Pfinz brachte. Abfließende Gräben waren der Saugraben [20] und als Entlastungsgraben durch die Feuchtwälder des nördlichen Kammerforsts der Breithauptsgraben [19].

Der **Saugraben** [20] übernimmt ab hier die Funktion des Salinengrabens als südlicher Ableitgraben der Wiesenwässersysteme. Er verläuft bis weit nördlich der Neudorfer Mühle parallel zum Saalbach und bleibt dort als einziger Ableitgraben übrig. Am Durchbruchspunkt durch die Hardtplatten in der Molzau vereinigt sich der Saugraben schließlich mit dem Saalbach. Erst hier liegt der Saalbach tief genug, um eine Rückleitung des Wassers in ihn zu gestatten. Die topographische Situation und die Höhenproblematik sind damit exakt die gleichen wie bei Alter Bach und Heglach nördlich von Friedrichstal.

Der nördliche Hauptableiter dagegen, der **Wagbach**[31] [21], schuf sich einen eigenen Durchbruch durch die Hardtplatten zwischen Hambrükken und Wiesental und ist deswegen wohl älter als der Saugraben. Die Vermutung liegt nahe, daß es sich beim Wagbach um einen alten Lauf des Saalbachs handeln könnte, da er einen weitaus längeren und besser ausgeprägten Einschnitt in die sandigen Hardtplatten besitzt. Belege dafür gibt es allerdings nicht.

Die Wasserverhältnisse

Innerhalb der Saalbachaue stellten sich die Wässerungsverhältnisse sehr viel einfacher dar als in der Pfinzaue. Der Saalbach als einziger, großer, in der Mitte der Wiesen verlaufender Wässerbach dominierte das System und versorgte die gesamten Wiesen mit Wasser. Lediglich der Giesgraben (als Ausleitung aus dem Saalbach) und der kleine Krottbachwiesengraben [30] bei Bruchsal als „blinder Arm" dienten noch zusätzlich als Wasserzuleitgraben. Alle anderen Gräben sind tiefliegende Ableit- oder Drainagegräben.

Die Hochlage und Wasserführung des Saalbachs war dafür besonders ausgeprägt. Dies führte soweit, daß er im Barock sogar ähnlich wie die Pfinz (mit allerdings nur mäßigem Erfolg) als Schiffahrtskanal benutzt wurde (U. HASSLER 1986).

Der Saalbach zeigt im Vergleich zu den anderen aus dem Kraichgau kommenden Bächen eine vergleichsweise hohe und regelmäßige Wasserführung. Trotzdem machten der hohe Wasserbedarf der an ihm liegenden, relativ großen Siedlungen und die umfangreiche, teilweise illegale Wassernutzung von der Quelle bis zur Mündung die Wasserknappheiten hier besonders ausgeprägt.

Ein zusätzliches Problem entstand durch die Ablaufverhältnisse bei der Wiesenwässerung, denn nur im Saugraben-/Salinengrabensystem konnte das zur Wässerung verwendete Wasser anschließend wieder in den Saalbach zurückgeführt werden, wogegen das über Giesgraben oder Krottbachwiesengraben abfließende Wasser dem Saalbach unwiederbringlich entzogen war. Auch der Wagbach entzog dem Saalbachsystem ständig Wasser, und so war gerade die notorische Wasserknappheit Philippsburgs kein Wunder.

Die Wiesengebiete an Saalbach und Wagbach

Das Wiesengebiet der Saalbachaue (Karte 6) war ungemein groß, vielfältig und mit nicht weniger als ca. 2.000 ha Fläche einer der größten zusammenhängenden Naturräume in ganz Nordbaden. SIEGELE (1984) spricht zu Recht davon, daß *„mit über 700 ha Wiesen bei einer Gemarkungsfläche von 4.416 ha die Stadtgemeinde Bruchsal noch bis 1960 eine der wiesenreichsten Gemarkungen im ehemaligen Land Baden war"*.

Gewässert wurden riesige Flächen von Bruchsal bis über die Neudorfer Mühle hinaus. Lediglich in Hambrücken ist entlang des (tiefliegenden!) Wagbachs keine Wässertradition überliefert. Die überwiegende Fläche der Saalbachaue war wohl ursprünglich nicht mit Sümpfen oder Mooren bedeckt, sondern trug den Charakter eines mäßig feuchten bis sehr feuchten Waldes. Wie in der gesamten Hardt zwischen Durlach und Walldorf üblich, nimmt die Trockenheit nach Westen hin zu, die Feuchtigkeit ab.

31 Das Wagbachsystem wird im folgenden Abschnitt detaillierter besprochen.

Im einzelnen gab es folgende Wiesengewanne zwischen Bruchsal und Karlsdorf:

1. Die Sumpfwiesen in der Randsenke südwestlich von Bruchsal: **Geisbühl, Schönbornwiesen, Krautgärten / Hanfröste** und **Bannweide.** OBERDORFER (1936) und nach ihm noch PHILIPPI (1971) rühmten den Artenreichtum der Flachmoore und Sumpfwiesen südlich des Eisweihers. Hier kamen Arten vor, die ansonsten nur in oberschwäbischen Mooren zu finden sind oder waren: Sumpf-Läusekraut (*Pedicularis palustris*), Fieberklee (*Menyanthes trifoliata*), Heusenkraut (*Ludwigia*) oder Sumpf-Knabenkraut (*Orchis palustris*).
2. Die Wiesen am Nordrand der Büchenauer Hardt: **Dittmannswiesen** und **Seelach,** sämtlich nicht mehr erhalten. Die „Seelach" war ein sehr feuchter Wiesenstreifen entlang von Eier- und Feldlachgraben, von OBERDORFER 1936 teilweise als Kleinmoor kartiert. Bis ca. 1840 stockte hier noch Wald.
3. Die Wiesen zwischen (altem) Saalbach und Salinengraben: von Ost (Stadtgebiet Bruchsal) nach West (Karlsdorf) die **Kappelwiesen** (östlich der Bahn), **Bauwiesen**, **Regenwiesen**, **Lochwiesen**, **Enge**, **Kändelwiesen** und **Lohnwiesen**. Sie sind alle nicht mehr erhalten. Besonders umfangreich waren die Lohnwiesen.
4. Die Wiesen nördlich des (alten) Saalbachs: **Ziegelwiesen** (am alten Krottbach auf dem heutigen Gelände der Firma Siemens), **Entenfluß, Krottbachwiesen** (teilweise noch vorhanden), **Schafwiesen** (teilweise noch erhalten, auf Höhe der heutigen Brücke der B 35 über den Saalbachkanal), **Groß Wendelrot** (südlich der Karlsdorfer Landstraße), **Klein Wendelrot** (nördlich der Karlsdorfer Landstraße, Wiesen teilweise wieder neu eingerichtet), **Thalwiesen** (vom Entenfluß bis zum heutigen Segelflugplatz, teilweise noch vorhanden, aber stark degeneriert) und schließlich **Grüne Wiesen** (in Höhe der heutigen Tankstelle an der B 35).
5. Die Wiesen nördlich des Bruchsaler Schloßgartens zum Ubstadter Bruch hin: **Stegwiesen** (heutiges Industriegebiet, zu beiden Seiten der Bahnlinie nach Graben) und **Zeilochwiesen** (vom Baggersee bis nach Forst hin, teilweise als „Postwiesen" noch erhalten). Bei der Bahnlinie lag noch zu OBERDORFERs Kartierungszeit (1936) ein artenreiches Kleinmoor.

Über die verschiedenen technischen Einrichtungen zwischen Bruchsal und Karlsdorf sind wir durch SIEGELE (1984) gut informiert:

„Zur Bewässerung im genannten Gebiet standen fünf Schleusen zur Verfügung:

1. *Die Krottbachschleuse*[32] *für das Wiesengebiet 'Bauwiesen' (hier entstand bei der Bewässerung der allbekannte 'Glaubitzer See'*[33]*), dann für die 'Regenwiesen' am 'Breiten Weg' sowie für die 'Zieglerwiesen' und für die 'Krottbachwiesen' bis zum Drei-Märker (Forst, Karlsdorf und Bruchsal) beim Gewann 'Wasserfall'. Vor der Bebauung der Entenflußsiedlung und der Schwetzinger Straße wurden von der Krottbachschleuse die Stegwiesen und Zeilochwiesen über den Gießgraben bewässert.*
2. *Die Schafwiesenschleuse*[34] *[vgl. Abb. 8.29] oder um 1390 'Seytmannswasserstube an der Enge'. Diese Schleuse bewässerte die Wiesen an der 'Enge' und die großen Talwiesen auf der nördlichen Bachseite. Da die Krottbachschleuse wegen der oben erwähnten Baugebiete nicht mehr gestaut werden konnte, übernahm deren Aufgabe die Schafwiesenschleuse.*
3. *Die Neutharder Schleuse*[35] *bei den Suppenwiesen (Stadtarchiv 1802: 'dritte Wasserstube bei den Suppenwiesen'.)*
4. *Die Eisenschleuse*[36]*. Der Name sagt, daß hier ein neues 'Wehr' stand, das über Zahnräder durch Übersetzung mit der Eisenkurbel betätigt wurde. Die Schließbretter wurden so auf- und abgelassen. Bei den übrigen Schleusen verwendete man eine Holzwinde, die mit Hilfe der 'Winnhölzer' betätigt wurde. (Stadtarchiv: 'Die Grünen Wiesen an der vierten Wasserstube'.)*
5. *Die Lohnwiesenschleuse*[37]*. Sie bewässerte die umfangreichen Lohnwiesen. Hier nahm früher der Espengraben oder Sandgraben seinen Anfang. (Stadtarchiv 1776: 'Der Espengraben auf der Bruchsaler Bach bei der fünften Wasserstube ziehet durch die Wiesen zur Nebengemarkung.') In der Nähe stand auch das 'Bronnen-Häusl' bei den Lohnwiesen, außerhalb des dritten Gradierhauses."*

---

32 Bei der heutigen Brücke der Friedensstraße (Schnabel-Henning-Straße) über den Saalbach.

33 Heute keineswegs mehr allbekannt! Ein jährlich während der Wässerung neu entstehendes, temporäres Gewässer. Die Familie Glaubitz war Pächter der Saline, und der Salinengraben verlief mitten durch das Gelände (SIEGELE, mdl.).

34 Ungefähr bei der Brücke der B 35 über den Alten Saalbach (Nähe Abzweigung Saalbachkanal).

35 Die Lage ist heute nicht mehr rekonstruierbar.

36 In der Nähe des Segelflugplatzes Bruchsal, bei der „Querspange" zwischen B 35 und Industriestraße.

37 Am Segelflugplatz bei der heutigen Firma „Mölnlycke".

Die Wiesen zwischen Karlsdorf und der Neudorfer Mühle

Im Gegensatz zu den Wiesen zwischen Bruchsal und Karlsdorf ist die Saalbachaue unterhalb von Karlsdorf noch weitgehend erhalten und nicht überbaut. Ein wesentlicher Grund dafür waren die Besitzverhältnisse. Nachdem Karlsdorf / Altenbürg und Hambrücken aus der Bruchsaler Gemarkung ausgegliedert worden waren, verblieb die Saalbachaue bis heute als Außengemarkung im Besitz von Bruchsal. Das Fehlen von Siedlungen verhinderte die Entstehung einer überörtlichen Verbindungsstraße, damit war der Erschließungsdruck gering. Erst in den nächsten Jahren wird mit dem Baggersee „Karlsdorfer Rheinsand" und mit der geplanten B-35-Nordumgehung stark in den zusammenhängenden Naturraum eingegriffen werden.

Die Sandinsel des **Strengel** war früher mit Wald bestanden und teilte die kleine Wiesenaue am Mittleren Neureutgraben von der Haupt-Aue am Saalbach. Sie wurde später Hambrücken zugeschlagen, gerodet und als Ackerland genutzt. Ansonsten war von Altenbürg bis Karlsdorf ein geschlossenes, bis zu 2 km breites Band von Wiesen vorhanden.

Mit Ausnahme der dorfnahen **Kohlfahrtswiesen** nördlich von Karlsdorf heißen sämtliche Gewanne von Karlsdorf bis zur Neudorfer Mühle ausschließlich **Neuwiesen**. Dies deutet auf einen gemeinsamen Entstehungsprozeß hin, der vielfach ins 15. Jahrhundert verlegt wird (siehe Kap. 3). Die Gewanne heißen durchgehend „Neuwiesen rechts und links der jeweiligen Schleuse", hinzugefügt wird der Schleusenname. Mindestens 5 große Schleusen (vermutlich zeitweilig noch mehr) regelten zwischen Karlsdorf und der Neudorfer Mühle die Wässerung vom Saalbach aus. Ab Karlsdorf gesehen waren dies Kesselschleuse, Neunmorgenschleuse, Zwanzigmorgenschleuse, Engeschleuse, Hakenschleuse und die Schleuse an der Neudorfer Mühle.

Der **Mittlere Neureutgraben** war einer der Haupt-Ableitgräben im Norden, von Karlsdorf aus auf der heutigen Gemarkungsgrenze im Süden des Waldes lang und von dort aus nach Hambrücken zum Wagbach; an ihm lagen **Dörrwiesen, Frauenwiesen** und **Stangenwiesen**. Hier lagen die letzten noch erhaltenen Wiesenflächen in der gesamten riesigen Saalbachaue; der ganze Rest war spätestens Ende der 1970er Jahre umgebrochen und zu Ackerland umgewandelt worden. Sumpfpflanzen-Relikte zeugen bis heute noch von der ehemaligen Wässerung; die meisten Arten sind aber seit Anfang der 1990er Jahre endgültig ausgestorben (siehe Kap. 7.6). Die Wiesen werden (obwohl auf Außengemarkung Bruchsal) traditionsgemäß von Hambrücker Bürgern bewirtschaftet; von hier nahm auch die Wiedereinrichtung von Wiesen ab dem Ende der 80er Jahre, initiiert vom „Wiesenarbeitskreis Pfinz-Lußhardt-Auen" und dem Hambrücker Naturschutzwart Debatin, ihren Anfang (siehe Kap. 9.2).

Neureutgraben und Wagbach zogen sich am Ost- und Nordrand der Aue hin und sammelten das Wasser zur Ableitung. Hier lagen **Neureutwiesen, Seufzerwiesen, Neureute** und schließlich **Holderbusch**. Die Wasserführung des Wagbachs war ständig problematisch, daher versumpften die tiefliegenden Stellen ähnlich wie der anschließende Wald besonders stark.

Südlich des unteren Saugrabens befand sich schließlich zwischen Kammerforst und Neudorfer Mühle ein kleinerer Wiesenstreifen, u. a. mit **Stumpenwiesen** und **Lochwiesen**. Die hier liegenden Wiesen waren wohl recht trocken. Heute liegt dort das Kleingartengebiet von Neudorf.

Die historische Entwicklung der Wiesenwässerung am unteren Saalbach

DIETER HASSLER

Streit und Mißgunst seit mehr als 500 Jahren

Die Bruchsaler besitzen schon seit vielen Jahrhunderten Wiesen im Saalbachtal. Aktenkundig wird dies erstmalig 1396, als der verschuldete Bischof Raban von Speyer bereits im ersten Jahr seiner Amtszeit auf der Suche nach Einnahmequellen die Wiesen des Saalbachtals zwischen Karlsdorf (früher Altenbürg) und der Neudorfer Mühle gegen einen jährlichen Bodenzins von 17 Creuzer 2 Pfennig pro Morgen an Bruchsal verpachtete. Derselbe Bischof schließlich verlieh den Bruchsalern 1430 das Recht, dort von jeder Fläche Bodenzins zu verlangen[38]. Wir können also annehmen, daß diese Flächen inzwischen an Bruchsal verkauft bzw. als Lehen übertragen worden sind. Damit kann vermutlich die Entstehung der heutigen Bruchsaler Außengemarkung erklärt

38 Im GELBEN BUCH DER STADT BRUCHSAL enthalten. Der Wortlaut ist in Kap. 3, S. 45 wiedergegeben.

Vertrag zur Wassernutzung von 1521

„Uff Donnerstag nach jubilate anno 1521 haben der Keller zu Altenbürg, der Hühnerfauth zu Udenheim, Keller zu Brussel, Schultes und Bürgermeister daselbst, sich der Wässerung halben verglichen und entschlossen, wie nachfolget.
Erstlich daß die von Brussel das Wasser am Sonntag zu Abend umb 6 uhr haben und bis Mittwoch zu Mittag halten, und zu der Wässerung brauchen sollen.
2. Von Mittwoch zu Mittag sollc das Wasser unverhindert biß uff Freytag uff 6 Uhr gegen der Nacht gegen Udenheim fließen.
3. Von dem Freytag umb 6 zu Abend soll der Keller zu der Altenburg das Wasser haben, und biß auff Sonntag Nachmittag um 6 Uhr brauchen.
Doch soll allwegen dannoch Wasser in dem Bach gelassen werden, daß man zu Udenheim mit einem Rad vollkommentlich mahlen möge.“

werden, die eben dieses Saalbachtal einnimmt und heute durch Karlsdorf von der Hauptgemarkung vollständig getrennt ist.

Schon vor der Maßnahme im Saalbachtal war – möglicherweise als Hochwasserschutzmaßnahme – das Wasser des Saalbachs unter Mitbenutzung der südlich liegenden Salinen- und Saugraben geteilt worden. MONE (1852a) spricht von einer gezielten „Teilung“ der Gräben, dies ist aber nicht bewiesen (siehe Kap. 3). In der Zeit des Bischofs Raban wurden dann die Bäche eingedämmt und ausgehoben, um die für den Wald schädlichen Überflutungen zu verhindern. Mangels eigener Finanzmittel hatte dann Raban als Lohn für die Teilnahme an der Hochwasserschutzmaßnahme Land am Saalbach ausgelobt, wie die Urkunde von 1430 beweist. Am Lauf des Saalbachs zwischen dem heutigen Karlsdorf und der Neudorfer Mühle begann vermutlich mit dieser zusätzlichen Eindämmung (und damit weiterer Höherlegung) auch die Wiesenwässerung in großem Stil, da ja jetzt ein relativ hochliegender Bach angezapft werden konnte.

Im oberen Saalbachtal war dagegen wohl schon früher die Wiesenwässerung eingeführt worden, denn in einer Abschrift aus dem Bruchsaler Stadtbuch von 1518 finden wir den Hinweis, *„daß die Heydelsheimer von altem Brauch her das Wasser uff den Sambstag um 12 Uhr uffgefangen und behalten biß uff Sonntag wieder umb 12 Uhr“* (GLA 78/775). Es gab also schon in dieser Zeit feste Regelungen der Wassernutzung.

Schriftliche Zeugnisse vor 1500 besitzen wir aber nicht. Kurz danach, vom Jahre 1518, datiert die erste niedergeschriebene Ordnung, die in mehreren Abschriften erhalten ist. In einer Zeit also, da Alltagsvorgänge üblicherweise noch nicht in schriftlicher Form niedergelegt wurden, zeigt dieser erste Vertrag, daß man Not hatte, den um sich greifenden Streitigkeiten die Basis zu entziehen. In diesem Vertrag von 1518 wurde festgelegt, daß Bruchsal jeweils von Sonntag bis Mittwoch wässern konnte, dann bis Freitag das Wasser „unaufgehalten“ für die Unterlieger zur Verfügung stehen müsse und von Freitag bis Sonntag der Keller zu Altenbürg das Wässerrecht haben solle. 1521 folgt der nächste, im wesentlichen gleichlautende Vertrag (siehe Kasten).

Diese zunächst eher privatrechtlich anmutenden Vergleichsverträge wurden nach nur acht Jahren vom Landesherrn, Bischof Georg, als Grundlage eines Dekrets benutzt, das wiederum praktisch dieselben Inhalte hatte (GLA 148/360). Präzise war nun geregelt, wer zu welchem Tag und welcher Stunde das Wasserrecht ausüben durfte[39].

In dieser Form bestand die Wässerordnung am Saalbach zunächst für längere Zeit. Über die Zeit des Dreißigjährigen Kriegs erfahren wir aus den Akten nichts. Die Kriegswirren brachten sicher wichtigere Probleme mit sich als den Streit ums Wasser.

Die Wiesenwässerung zur Zeit des Barock: Suche nach verbesserten Lösungen

Zunächst war es wieder einmal der Geldmangel, der dazu führte, daß man nach neuen Einnahmequellen suchte. Wir finden einen Briefwechsel der fürstbischöflichen Verwaltung, in dem angeregt wird, eine „Schatzung“, also Steuer, auf die Wiesen im Saalbachtal zu legen (GLA 148/360). Die fürstbischöfliche Verwaltung ist der Meinung, man habe dort umfangreichen Wiesenbesitz, für den keine Steuer entrichtet werde. Der Berichterstatter schreibt: *„Von unfürdenklichen Zeiten her besitzen viele Unterthanen von Graben, Hochstätten und Liedolsheim sehr gute Wiesen in dem auf Hochstift speyrischer Seite liegenden Thal zwischen Altenburg und der Schönborner Mühle, wovon der obere Theil unter das Amt*

39 Zur Entwicklung des Wasserrechts siehe Kap. 4.

Bruchsal, der untere aber unter das Amt Philippsburg gehört. Eure höchstselbsten haben Wiesen darunter, wovon bisher nichts gefordert noch entrichtet worden..." Daraufhin wird der Versuch unternommen, eine solche Schatzung einzuführen. Dies wird von Bruchsal mit Hinweis auf den Pachtbrief von Bischof Raban aus dem Jahr 1396 abgelehnt.

Die fürstbischöfliche Verwaltung aber läßt nicht locker. Zu dem Wunsch nach Einnahmequellen kam die Erkenntnis, daß die alten Wässersysteme im Saalbachtal völlig verwahrlost und für ihren Zweck einfach nicht mehr tauglich seien. Auch fand man die alten Wässerordnungen nicht mehr zeitgemäß. Hutten befiehlt daraufhin (1754), sein Hofrat Haimb solle eine neue Wässerordnung projektieren und dabei besonders auch die Bedürfnisse der Bruchsaler Saline berücksichtigen.

Konflikte zwischen der Stadt Bruchsal und der Saline

Mitte des 18. Jahrhunderts entstand in Bruchsal ein neues Problem. Die dortige Saline wollte am Wasser partizipieren. Die fürstbischöfliche Verwaltung, der am Betrieb der Saline auch aus finanziellen Gründen gelegen war, versuchte nun, Ordnung in das gesamte System der Wassernutzung zu bringen.

Dann – erster Ansatz modernen Verwaltungshandelns – wurde eine Kommission gebildet, die sich vor Ort ein Bild von den tatsächlichen Zuständen bei der alljährlichen Wässerung machen sollte.

Deren Protokoll vom 7. Mai 1754 (GLA 78/755) beschreibt wahrlich chaotische Verhältnisse: Zunächst wurde von seiten der Stadt bekannt gemacht, daß es an der Zeit sei, die Wiesen zu wässern. Die Salinenverwaltung bat daraufhin, man möge sich zeitlich absprechen, damit die Vorbereitungen getroffen werden könnten, um die Maschinen in der Wässerzeit durch Handbetrieb weiterzubetreiben. Dem wurde entsprochen, und am Dienstag abend um sieben Uhr begann die Wässerung.

Als erstes trat das Problem auf, daß die Wässerschleuse beim zweiten Gradierwerk mangels Instandhaltung nicht mehr funktionstüchtig war. Daraufhin wurde mit einer Behelfskonstruktion aus Brettern und Bohlen versucht, dennoch das Wasser abzusperren.

Gleichzeitig wurden infolge mangelnder Koordination auch die benachbarten Schleusen geöffnet, so daß in kurzer Zeit die gesamte Landschaft unter Wasser stand. Der Berichterstatter meint denn auch, man habe schon in den ersten 12 Stunden genügend Wasser auf den Wiesen gehabt, habe aber, nur um sein Wässerrecht zu demonstrieren, weiter gemacht. Er kommentiert: *„So erinnerte man sich an die Regel: Was dir nicht nützt, das gönn auch keinem anderen"*. Das Wasser sei über Wege und Gräben gelaufen, und das Ganze habe mit einer ordnungsgemäßen Wiesenwässerung wenig gemein gehabt. Da zudem viele Absperrschieber gefehlt hätten und so das Wässern nicht zügig vonstatten gegangen sei, hätte man von seiten der Saline dem Bürgermeister der Stadt angeboten, die Schieber instandzusetzen. Als Gegenleistung solle die Stadt nur nachts wässern und tagsüber der Saline das Wasser lassen, um deren Betrieb nicht zu gefährden. Der Vorschlag fand aber wenig Gehör.

Die nächsten drei Tage wurde dann im Einzugsbereich des Krottbach gewässert. Wieder beschwert man sich von seiten der Salinenverwaltung über den durch Stillstand der Anlagen entstandenen Verlust. So schließt man mit der Aufforderung an den Fürstbischof, durch geeignete Anordnungen endlich einen ungestörten Betrieb der Saline zu ermöglichen.

Ein zusätzlicher Vorschlag bestand darin, das Abwasser der Stadt, welches *„zwischen der Ziegelhütte und dem Bauhof in den Gießgraben fließe"*, für die ganzjährige Wässerung der Krottbachwiesen zu nutzen, dadurch jeweils 24 Stunden allgemeiner Wässerzeit einzusparen und so diese Zeit der Saline zur Verfügung zu stellen. Dies war Anlaß für eine generelle Neuorganisation der Graben- und Bachsysteme und die Einführung einer ordnungsgemäßen Buchführung mit Verzeichnissen aller Kosten und aller Grundstücksbesitzer.

Die neugegründete Kommission soll die Rechtsgrundlagen klären und aktualisieren, das Bach- und Wässersystem erneuern und instandhalten. Neben den Verwaltungsbeamten sind darin der Baumeister Stahl, der Brunnenmeister Schwartz und der Feldmesser Printz die entscheidenden Personen. Zunächst wird das Archiv bemüht, die alten Wässerordnungen von 1518, 1526 und 1685 werden erneut „ausgegraben" und sind wohl aus diesem Grunde überhaupt erhalten geblieben, denn wir finden mehrere Abschriften der alten Dokumente von verschiedenen Schreibern. Schon am 31. Mai 1755 meldet man an die speyrische Kammer zurück: Es sei nun von seiten des Vizedomamtes Bruchsal eine neue Wässer- und Bachordnung entworfen worden, die besonders die Belange der Saline und auch der Müller berücksichtige. Aber es dauert noch bis zum Jahre 1771, bis tatsächlich diese neue Wässerordnung in Kraft gesetzt wird.

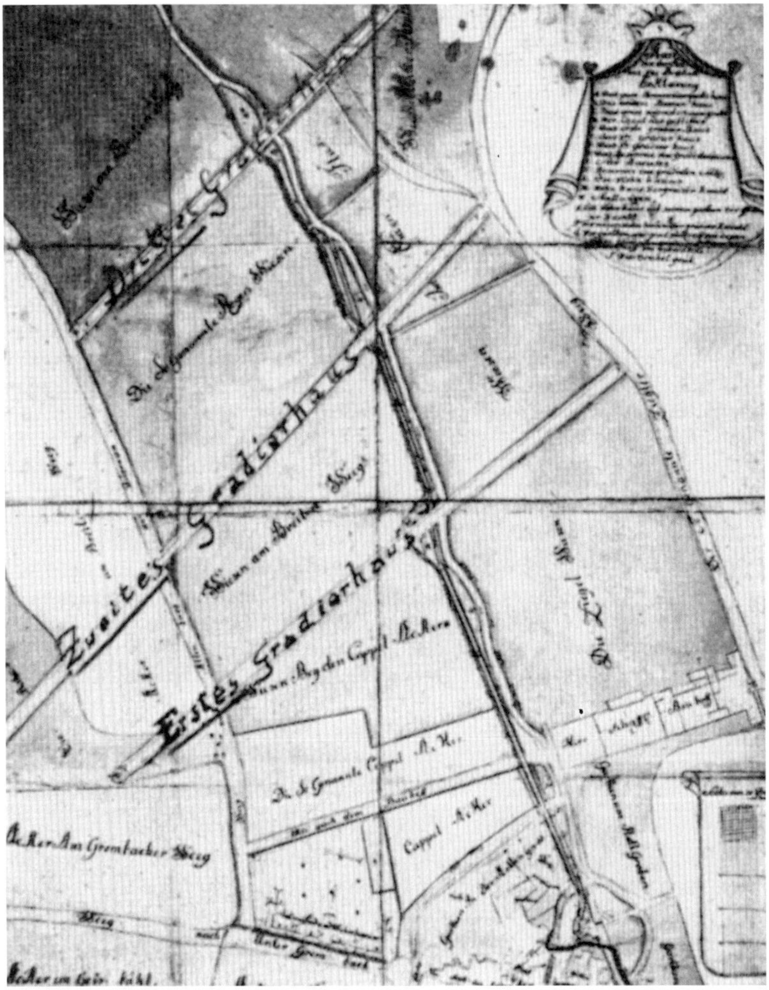

Abb. 8.29
Detailkarte der früheren Situation Bruchsaler Saline und Krottbach (aus BEIERLE 1955).

Nicht ausrottbar: Die Schwarzwässerei

Solange Wiesen gewässert werden, solange schon wird von Leuten berichtet, die aus Eigennutz versuchten, den anderen das Wasser abzugraben, was ja auch zur Entstehung der entsprechenden Redensart geführt hat. Die Ermittlungen der Täter oder gar die Beseitigung des Übels aber gestalteten sich immer wieder schwierig. 1754 berichtet ein Protokoll des Vizedomamtes Bruchsal von einer derartigen Geschichte (GLA 78/775): Der Bruchsaler Stadtanwalt Ludwig Siegel sei verschiedentlich wegen Schwarzwässerns angezeigt worden und deshalb habe man die zuständigen Wässeraufseher nun verhört. Siegel wird vorgeworfen, er habe mit seinen Helfern nicht nur außerhalb der erlaubten Zeit gewässert, sondern auch *„gegen alle gute Ordnung das Wasser auf ihre Wiesenstücker hingezwungen und dergestalt eingedämmet, daß andere Bürger ... welche doch denen Wässerern den Lohn zahlen müßten, keinen Nutzen hätten“.*

Das Amt wollte nun die zuständigen Bruchsaler Wässerer Hanns Adam Geltner und Philipp Kremberger zur Verantwortung ziehen. Diese wiesen aber zu ihrer Entlastung darauf hin, daß der Stadtanwalt Siegel und seine Söhne nach Lust und Laune Gräben anlegten und wässerten.

Immer wenn sie selbst Siegels illegale Gräben wieder absperren würden, so wären diese nach kurzer Zeit wieder geöffnet. Siegel hätte ständig vier Taglöhner beschäftigt, und seine Söhne seien sogar in der Nacht auf den Wiesen tätig. Das Domamt entschied daraufhin, die Wässerer bei Eid zu verpflichten, daß sie ohne Ansehen der Person die allgemeine Wässerordnung durchzusetzen hätten. Durch öffentlichen Aushang wurde außerdem bekannt gemacht, daß bei 10 Gulden Strafe verboten sei, mit irgendwelchen Gerätschaften wie Hauen oder Schaufeln die Wiesen auch nur zu betreten, geschweige denn das Wasser umzuleiten. Ob dies von langem Nutzen war, wird allerdings nicht berichtet.

Wassernot in Philippsburg: Der „running gag" über Jahrhunderte

Doch schon wieder gibt es Ärger: Erneut beschwert sich im heißen Sommer 1755 die Garnison zu Philippsburg, daß der Saalbach zu lange „abgeschlagen" worden sei. Diesmal ist Bruchsal und nicht Heidelsheim der Adressat der Beschwerde. Der Kommandant Philippsburgs begründet seine Rüge: Es gehe ihm nicht darum, daß die Oberlieger gemäß ihrer Rechte wässern würden. Wenn aber, wie in diesem extrem heißen Sommer geschehen, über 8, 10 oder mehr Tage überhaupt kein Wasser in Philippsburg ankomme, so verursache dies große Probleme. Erstens sei im Falle einer Feuersbrunst die Stadt ohne Schutz und zweitens sei die Garnison dem unerträglichen Gestank und den daraus entstehenden Krankheiten ausgesetzt (GLA 78/865). Man kann diese Beschwerde sicher nachvollziehen, wenn man sich vorstellt, daß eine Stadt wie Philippsburg ohne jede Kanalisation oder Müllabfuhr in der Sommerhitze allmählich in ihrem eigenen Dreck erstickt.

Des weiteren bemängelt der Kommandant, daß sich niemand um die Bekämpfung der Schwarzwässerei kümmere. Er selbst habe einige Leute bachaufwärts gen Bruchsal geschickt, die festgestellt hätten, daß zahlreiche Anrainer zur Unzeit ihre Wiesen wässerten. Er schlägt vor, entweder technische Lösungen zu finden, daß jeweils nur die Hälfte der verfügbaren Wassermenge zur Wässerung benutzt werden könne oder aber durch eine konsequente Aufsicht (ein *„verpflichteter Aufschauer"*) das Schwarzwässern zu unterbinden, damit Philippsburg nicht so lange ohne frisches Wasser bleibe.

Fürstbischof Hutten will keinen Ärger und schreibt daraufhin: *„Wir befehlen denselben und euch hierauf, nicht nur dergleychen Beschwerden, woraus allerhand Verdrüßlichkeiten mit berührter Garnison entstehen können, pro futuro abzuhelfen, sondern auch, so oft die Bach abgeschlagen wird, mit dem Amt Philippsburg vorgängig zu commuinicieren, damit dieses allenfalls die Beschaffenheit dem Philippsburger Commando bekannt machen können"*.

Auch dieses Dekret nützte im Endeffekt nicht viel, denn – mögen sich vielleicht die Bruchsaler daran gehalten haben – auch die Heidelsheimer wässerten schwarz, so daß sich die nächsten Beschwerden im Jahre 1762 wegen der selben Problematik gegen Heidelsheim richten. Die Philippsburger Wasserprobleme aber gingen bis ins 20. Jahrhundert weiter.

Instandhaltung der Wässersysteme und Schleusen am Saalbach

Gleichzeitig kommt nun aber die Arbeit der „Renovations-Commission" in Gang. Pläne werden verfertigt, und die Vermessungsarbeiten des Feldmessers Printz machen Fortschritte. Ein Zwischenbericht von 1757 der Kammerräte Kraus und Hartmann zeigt folgende Situation: Die Vermessung habe gezeigt, daß infolge mangelnder Unterhaltung der Wässerungseinrichtungen viele Wiesen überhaupt nicht mehr gewässert werden könnten und dennoch alle Wiesenbesitzer Wässerzins entrichten müßten. Um diese Ungerechtigkeit zu beseitigen, habe Printz die Wiesen in drei Güteklassen eingeteilt, nach denen künftig ein differenzierter Wässerzins berechnet werden könne. Zusätzlich ausgeschieden wurden Flächen, die gar nicht bewässert werden konnten. Insgesamt könne man mit dem verbesserten System etwa 100 Morgen Wiesen zusätzlich bewässern und so wesentlich mehr Wässerzins erhalten.

Stahl hatte inzwischen Pläne der notwendigen neuen großen Wässerschleuse nebst einem Kostenvoranschlag vorgelegt. Zusätzlich wurden kleine, steinerne Schließen geplant, die das System der unkontrollierten Dammdurchbrüche ersetzen sollten. Stahl hatte erkannt, daß das Hauptproblem in der Gewohnheit der Anlieger bestand, nach Belieben einfach den Damm zu durchstechen und das Wasser abzuleiten. Aus diesem ungeordneten Bewässerungssystem sollte nun ein gemeinschaftlich überwachtes System mit definierten Wasserauslässen und Gräben werden, überwacht von hauptamtlichen Wässeraufsehern. Die Kosten für das neue System sollten von der Verwaltung vorgestreckt werden und durch den später erhobenen Wässerzins refinanziert werden.

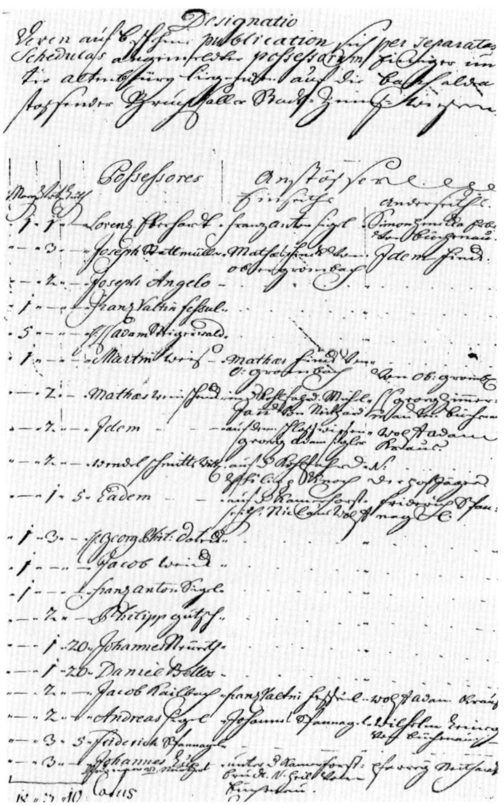

Abb. 8.30 Abschrift aus dem Bruchsaler Stadt-Zinsbuch (GLA 78/868).

Dies wird von den Anrainern nicht ohne Widerstand akzeptiert. Die neue Vermessung der Wiesen führt zu erheblichen Differenzen mit den Wiesenbesitzern. Da man bei der Vermessung ein anderes Maß (das Feldmaß „Morgen" differierte vom Waldmaß um etwa 12,5 %) als bisher anwendet, kommt es zu einem Übermaß, das der Fürstbischof zu behalten gedenkt. Das führt zu Protesten der Bevölkerung.

Der Grabener Schultheiß, der 1777 von der Obrigkeit einvernommen wird, gibt zu Protokoll, man werde sich gegen die Einführung einer neuen Steuer wehren, da man diese als höchst ungerecht empfinde. Er erklärte: *„daß die Bruchsaler Zinsbücher nicht viel zur Richtschnur genommen werden könnten, weil dem früheren Vernehmen nach die Stadt-Zinsbücher just eben so viel Morgen enthalten als bisher auf dem Platz gewesen seien und daß nach der neuen renovation ein starkes Übermaß gegen das Bruchsaler Stadtzinsbuch herauskomme, seien die besagten Wiesen doch bisher nach dem Waldmaß eingerichtet gewesen, nach welchem der Morgen in Vergleichung des neuen Maßes 4 ½ Viertel enthalten."* Er beschwert sich weiterhin darüber, daß die Obrigkeit den Besitz der Eigentümer durch die neue Vermessung teilweise verlegt habe, insbesondere aber, daß das „Übermaß" an Wiesen konfisziert, das darauf stehende Gras nach Altenbürg, dem bischöflichen Gut, abgefahren und so den wirklichen Besitzern Schaden zugefügt worden sei. Und weiter: *„Die neuen Schatzungsauflagen auf diese Wiesen seien aber die Hauptsache, worüber sie zu klagen Ursach hätten – seien die Wiesen seit ohnfürdenklichen Zeiten schatzungsfrei gewesen und anno 1396 seien von dem Bischof Raban der Stadt Bruchsal dieses Thal schatzungsfrei aber mit einem jährlichen Bodenzins von 17 Creuzer 2 Pfennig auf den Morgen überlassen worden*[40]*, welcher Bodenzins bis dato gehörig entrichtet worden. Da nun dem Vernehmen nach auf den Morgen guter Wiesen 36 Creuzer und auf schlechteren 24 xr Schatzung neuerlich gelegt worden, so seie dies allerdings eine Beschwerde von großem Belang. Über beydes [wolle er] noch bey den Besitzern eine Umfrage halten, ob und inwiefern sie es auf einen Prozeß ankommen lassen wolllten und bis Donnerstag wieder Bericht erstatten."* Am 25. Februar 1777 erscheint der Grabener Schultheiß wieder und gibt erneut zu Protokoll: *„er sei inzwischen zu Bruchsal gewesen und [habe] von dem Advokaten, der der dortigen Stadt in dieser Angelegenheit diene ... das anliegende Gutachten dabei, daß schon anno 1748 das fürstliche Hochstift eine Schatzung auf die befragten Wiesen habe legen wollen, dabei aber die Stadt ... protestiert und dadurch zu Weg gebracht habe, daß die Herrschaft damalen mit der Schatzung nicht fortgefahren sei. Jedoch sei bis dahero noch keine förmliche Entscheidung darüber erfolgt. Hingegen verlasse sich die Stadt hauptsächlich auf ein zu Anfang dieses Jahres ausgewirktes kaiserliches Mandat, laut dessen Inhalts dem Herrn Fürstbischof untersagt sei, etwas gegen die Freiheiten der Stadt, welche diese vor der Wahl ihro hochfürstlicher Gnaden gehabt, zu unternehmen ..."*

40 Die Akte ist enthalten im Kopialbuch des Bischofs RABAN, siehe Kap. 3, S. 45.

Auch er droht nun mehr oder weniger unverhohlen mit einem Prozeß vor dem Reichsgericht. Die Wiesenbesitzer hätten sich überlegt, zu prozessieren, wenn die Kosten überschaubar blieben. Daraufhin wurde offensichtlich auf die neue Steuer verzichtet.

1758 meldet das Bruchsaler Vizedomamt an Hutten, das System sei nun von Baumeister Stahl abgenommen und die Bevölkerung bitte „nach ihrerseits erfüllten Befehlen" um Inbetriebnahme. Es fehlten aber noch einige Schließen im Bereich der Neudorfer Mühle. Diese wolle man, wenn Hutten zustimmt, innerhalb drei Wochen noch ergänzen. Dann könne *„von denen Wiesenbesitzern der Herrschaft zum Profit ohn Anstand annoch für dieses Jahr bezogen werden"*. So werde *„sowohl hochfürstliche Rentkammer als der arme Unterthan zu beyderseitigem Vergnügen contenirt"*.

Im Jahre 1771 wird die neue Wässerordnung erlassen (z.B. in GLA 229/33378). Sie legt fest, daß die Besitzer der neuvermessenen Wiesen verpflichtet sind, die notwendigen Absperrschieber auf ihre Kosten zu erstehen, in Bruchsal abzuholen und einzubauen. Danach muß das Bachufer wieder instand gesetzt und befestigt werden. Außerdem muß jeder Besitzer die notwendigen kleinen Wasserverteilungsgräben auf seinem Gelände anlegen und den Aushub als Damm zum Nachbargrundstück aufschütten. Er ist weiter verpflichtet, jeweils zur Frühjahrswässerung und zur Wässerung nach der Heuernte (Öhmd) auf seiner Wiese zu erscheinen und mitzuhelfen.

Hutten führt denn auch auf Vorschlag von Schwartz und Stahl einen staatlichen Wässeraufseher ein, um den dauernden Querelen ein Ende zu bereiten. Er ist offensichtlich die ewigen Ausreden und Schutzbehauptungen seiner Untertanen gründlich leid. Voll Strenge verfügt er, daß jeder Wiesenbesitzer zur Zeit der Wässerung auf seinem Grundstück anwesend sein müsse und etwaige Beschwerden sofort beim Wässeraufseher zu melden hätte. Verspätete Beschwerden (etwa zum Zeitpunkt der Erhebung des Wässerzinses) seien in jedem Fall abzulehnen. In jedem Jahr muß vom Wässeraufseher eine schriftliche Liste erstellt werden, die der Verwaltung vorzulegen ist. Jedes Schwarzwässern und Änderungen an den Wässereinrichtungen sollen streng bestraft werden.

Die ganze Mühe ist aber zunächst umsonst. Durch eine Panne (oder Absicht?) wird die neue Wässerordnung nicht bekanntgemacht. Bei der ersten Gelegenheit berufen sich also die Missetäter wieder auf Nichtwissen. Als 1775 die Kanzlei der Fürstbischofs in Philippsburg die Panne bemerkt, tobt Hutten und verlangt die sofortige Bekanntmachung und die strenge Bestrafung des Schuldigen (GLA 78/865).

Schwarzwässerei oder Mäuselöcher?

Auch die Androhung harter Strafen hindert die Bürger nicht, an ihren alten Gewohnheiten festzuhalten und nach Belieben Dämme zu durchstechen. Jahrelang muß mit allem Nachdruck das neue System durchgesetzt werden. Brunnenmeister Schwartz selbst zeigt schließlich einige Schwarzwässerer an (GLA 78/865). Er meldet am 8. Oktober 1774 an die Verwaltung, daß *„zu Wiesental und Neudorf verschiedene Wiesenbesitzer ausfindig gemacht, welche die Wässerungsdohl ... nicht recht verwahrt hätten, also das Wasser herausgelassen seyn; noch der bach Ufer gut und dauerhaft hergestellet"*.

Daraufhin wird eine Strafe von 10 bzw. 15 Gulden für die Missetäter verfügt. Auf die Bestrafungen erhebt sich sofort Wehklagen. Keiner will es gewesen sein.

Die Neudorfer Bürger Georg Adam Müller und Michael Bischoff machen eine Eingabe an den Fürstbischof: Sie klagen, daß sie wegen der an ihren Wiesen am Saugraben festgestellten Mißstände jeder zu 20 Gulden Strafe verurteilt worden seien. Die dort vorgefundenen Deichel seien aber bereits vor 15 Jahren nicht etwa zur Wässerung, sondern als Überlauf für „schädliche Wasser" vom Saugraben, also als Hochwasserschutz, gelegt worden. Jetzt, nach der Vertiefung des Saugrabens, seien sie funktionslos geworden, zumal das angrenzende Wiesenareal zu Acker umgebrochen worden sei. Würde man sie jetzt noch benutzen, so würde man nur Schaden auf den Feldern verursachen. Deshalb möge man sich durch einen Augenschein von dieser Situation überzeugen und die Strafen erlassen.

Zwei andere vom Fürstbischof bestrafte Grabener, Adam Wendel Cammerer und Wilhelm Herbster, veranlassen das Markgräfliche Oberamt in Karlsruhe, zu ihren Gunsten zu intervenieren und um Milderung der Strafe zu ersuchen. Dieses schreibt an das fürstbischöfliche Amt Philippsburg: Die Grabener machten geltend, *„daß auch der jenseitige Bachfauth nicht in Abred würd stellen können, daß das Durchrinnen des Wassers durch Mäuselöcher ohne ihre Schuld veranlaßt und durch das hindurch gelaufene Wasser nicht einmal den nahegelegenen Wiesen ein Schaden zugefügt worden sei"*. Man weist zusätzlich daraufhin, daß es nicht zu verlangen sei, daß diese Grabener Bürger, die so weit von ihren Wiesen entfernt wohnen würden, bei jedem Hochwasser auf ihren Wiesen anwesend sein müßten. Da sie als Bauersleute ohnehin Probleme hätten, sich und ihr Vieh durchzubringen, sei die Strafe zu hart. Schließlich wird die Strafe erlassen, und die beiden kommen mit einer Verwarnung davon.

Abb. 8.31
Manchmal kommt es vor, daß tatsächlich Mäuse und Maulwürfe schuld an Damm-Undichtigkeiten sind. Der Weingarter Bach lag über Jahre trocken, die Dämme wurden durch die Grabetätigkeit von Maulwürfen unterhöhlt. Als im Frühjahr 1995 der Weingarter Bach durch das Einleiten von Grundwasser wieder befüllt wurde, sprudelte aus diesem Maulwurfsloch eine ergiebige Quelle – wohl zum Leidwesen des ursprünglichen Bewohners. Mehrere Quadratmeter Wiese in der Umgebung waren erheblich grüner und fruchtbarer geworden – ein neuer Beweis des Nutzens der Wiesenwässerung. In den Dämmen von wasserführenden Bächen unterhalb der Wasserlinie würden allerdings Maulwürfe keineswegs bauen.

Immer wieder kommt es zu Auseinandersetzungen. Im Winter 1780 tritt das Wasser wieder einmal durch die undichten Dämme aus. Vom Bruchsaler Bachfauthen Schweickert wird Anzeige deswegen erstattet. Einige der (vermeintlichen oder tatsächlichen) Missetäter werden verhört, weil man einige kräftige Holzprügel auf deren Grundstück gefunden hat und nun vermutet, die Wiesenbesitzer hätten damit den Damm beschädigt. Darauf wird eine Untersuchung angeordnet und der „Denunciant" Schweickert soll verhört werden. Dieser erscheint aber nicht zum Ortstermin. Daraufhin werden alle Anrainer verhört. Alle erklären an Eides statt, daß sie bei der letzten Überschwemmung keinesfalls ihre Dohlen geöffnet oder etwa den Damm beschädigt hätten. Die Überschwemmung sei nur vom kräftigen Regen verursacht und hätte durch *„menschlichen Fleiß, Mühe und Vorschrift nicht verhütet werden können"*. Sie wenden weiterhin zu ihrer Verteidigung ein, daß diese *„auf dem Platz gefundenen Prügel nicht zur Eröffnung der Bachufer, sondern zur Zerschlagung der Mauslöcher gebraucht worden“* (GLA 78/865).

Es scheint sich hier aber (zumindest in den meisten Fällen) um reine Schutzbehauptungen gehandelt zu haben. Offensichtlich waren die Wasserdiebe auf einen Trick verfallen: weil oberflächliche Kanäle oder Wasserausleitungen zu offensichtlich gewesen und bei der regelmäßigen Kontrolle durch den Aufseher sofort gefunden worden wären, hatten sie mit Stöcken geeigneten Kalibers den Damm weiter an der Basis durchbohrt und so viele kleine Wasserausläufe geschaffen. So war der Wasserraub weniger offensichtlich, und wenn man erwischt wurde (siehe oben), konnte man behaupten, das seien alles nur Mäuselöcher gewesen. Richtige Mäuselöcher liegen viel zu oberflächlich, als daß diese tatsächlich zu nennenswertem Wasserverlust führen könnten[41].

Strafverfolgung im badischen Ausland

Im Oktober 1790 kommt der Verwalter des Hofes Altenbürg, Buchmüller, auf die Saalbachwiesen (GLA 229/33378). Er stellt fest, daß (außerhalb der erlaubten Zeit) wieder einmal zahlreiche Parzellen unter Wasser gesetzt worden sind. Als er sich nähert, rennen einige *„Mannspersonen“* gegen Graben davon. Nur einer kann direkt identifiziert werden. Bei den Ermittlungen sagt dieser über seine Mittäter aus, und so wird ein Verfahren gegen fünfzehn Grabener Bürger wegen illegalen Wässerns eingeleitet[42]. Diese sollen vorgeladen werden, doch ist dies nicht ganz so einfach, da es sich um badische Untertanen handelt. Das speyrische Oberamt wendet sich mit dem Ersuchen um Amtshilfe an das Karlsruher Oberamt. Von dort werden die Missetäter befragt. Diese reagieren erst einmal hinhaltend. Herbster etwa behauptet, der „Hausmeister“ Buchmüller habe den Grabenern das Wässern persönlich erlaubt und somit keinen Grund für die Anzeige.

Die Ermittlungen schleppen sich hin. Monate sind inzwischen vergangen. Als zum dritten Mal der anberaumte Vernehmungstermin platzt, reagiert das Philippsburger Amt mit einem deutlich harscheren Schreiben, das Oberamt in Karlsruhe möge endlich dafür sorgen, daß die Frevler in Philippsburg erscheinen. Dem wird entsprochen und endlich, am 1. Juli 1791, kann die Vernehmung beginnen.

Die Delinquenten machen zu ihrer Entlastung mannigfache Einwände. Einige der Beschuldigten hätten zur angegebenen Zeit gar nicht in Graben gewohnt, der Beschuldigte Georg Manz habe nur eine Wiese und nicht deren zwei und sei im übrigen altershalber nicht in der Lage gewesen, zu erscheinen. Schließlich sei bei der Anklage unklar, ob Friedrich Herbster junior oder senior gemeint sei. Herbster selbst (zweifellos der richtige) meint, er ließe es darauf ankommen, ob er *„bei Öffnung der in Frage stehenden Dohl seie gesehen worden“*.

Der einzige leibhaftig erwischte Frevler aber gibt an, er habe doch schließlich nur eine einzige kleine Hacke bei sich getragen und sei so gar nicht in der Lage gewesen, das ganze Unheil anzurichten. Buchmüller wird ebenfalls vernommen und bleibt bei seinen früheren Aussagen. Außerdem, so wendet er ein, habe der Erwischte selbst die anderen Beteiligten preisgegeben. Schließlich ergeht das Urteil: Die Beschuldigten werden zur Strafe von 15 Reichstalern verurteilt. Auch Herbster muß zahlen, nachdem man seine Identität zweifelsfrei geklärt hatte.

Doch der Kleinkrieg zu beiden Seiten des Saalbachs geht weiter. Im Jahre 1798 kümmert sich Brunnenmeister Schwartz, inzwischen zum Obristleutnant befördert, noch immer persönlich um das Unwesen des illegalen Dammdurchlöcherns. Gerade die Wiesentaler, so schreibt er, täten sich durch das Löcherbohren hervor. Entnervt setzt daraufhin die fürstbischöfliche Verwaltung eine Prämie aus: Jeder, der einen Schwarzwässerer anzeigt, erhält die Hälfte von dessen Strafe (10 Gulden) als Belohnung (GLA 78/868).

So hat man bei der Lektüre der zahlreichen Eingaben, Dekrete und Briefe immer wieder den Eindruck, als ob die Untertanen mit ihrem Landesherrn ein regelrechtes Katz-und-Maus-Spiel angestellt hätten. Andererseits erscheinen angesichts des damaligen Geldwertes die verhängten Strafen sehr hoch, und man kann schwerlich entscheiden, ob nicht doch bisweilen der Falsche von der Strafe getroffen wurde. Die kriminelle Energie der Wasserdiebe war jedenfalls beträchtlich.

---

41 Eine Ausnahme sind natürlich lange trockengefallene Gräben, deren Dämme von Mäusen, Maulwürfen und Bisamratten durchbohrt wurden, die bei der Wiederinbetriebnahme „leck schlagen“ (siehe Abb. 8.31).

42 Darunter ist auch wieder der bereits im Kapitel „Graben“ in Erscheinung getretene Friedrich Herbster.

Ein natürliches Biotopverbundsystem: Die Bäche der Lußhardt

MICHAEL HASSLER

Die sandigen Hardtplatten der „Lußhardt" zwischen Saalbach und Kraichbach, also zwischen Neudorf, Kronau und Reilingen, zeigen eine Besonderheit: Im Gegensatz zu den einheitlich trockenen, praktisch nicht von Bächen durchzogenen Flächen der Karlsruher Hardt und der Schwetzinger Hardt laufen viele kleine Bäche und Entwässerungsgräben durch den Wald. Dieser ist im Südosten, vor allem zwischen Weiher, Forst und Hambrücken, streckenweise ausgesprochen feucht, an manchen Stellen gab es sogar Erlenbruchwälder. Vor der Ausstockung (vermutlich im 15. und 16. Jahrhundert) gehörte auch die Saalbachaue zu diesen feuchten Waldbereichen. Nach Norden und Westen hin wird der Wald viel trokkener.

Entlang der Bäche in der Lußhardt wurde der Feuchtwald im Lauf der Jahrhunderte streifenförmig gerodet und Wiesen angelegt. Dazu haben zwei Effekte beigetragen:

- Die Gemeinden in den Rodungsinseln der Hardtplatten (Hambrücken, Wiesental und Kirrlach), lagen auf weitgehend sandigem, trokkenem Gelände. Entlang der Bäche mußten daher alle Möglichkeiten zur Anlage von Wiesen genutzt werden, um die notwendige Balance zwischen Acker und Wiesen herzustellen.
- Wie die Urkunde von Bischof Raban von 1430 beweist, starb der Wald entlang der Bäche in dieser Zeit zunehmend ab. Dies weist auf eine drastisch veränderte Wasserführung der Bäche hin, verursacht entweder durch Drainagemaßnahmen im Oberlauf der Bäche, durch schlechte Pflege der Bäche oder vielleicht sogar durch einen Klimawechsel am Beginn der „kleinen Eiszeit".

Die Wiesenstreifen an den Bächen lagen zunächst fast vollständig im Wald. Erst die Erweiterung der Rodungsinseln im 18. und vor allem im 19. Jahrhundert bewirkte, daß einige Wiesenstreifen plötzlich „im Freien" lagen, so z. B. die Stangenwiesen südlich von Hambrücken, die Wiesen am Abrahamsfeld nördlich von Hambrücken oder die Wiesen am Gießgraben bei Kirrlach.

Die Bäche mit Wiesenstreifen werden innerhalb der feuchteren Wälder durch zahlreiche Ableitgräben ohne Rodungen komplettiert; zu nennen sind vor allem Speckgraben [Karte 6, Nr. 23], Reutgraben [24] oder Weitlachgraben [25]. Die Schleußlach östlich von Kirrlach ist eine Besonderheit, weil sie tatsächlich aus einer Art „Quelle", einer feuchten Senke im Wald, entspringt und nicht wie die anderen Gräben aus einer Ausleitung eines größeren Bachs hervorgeht.

Das Wiesensystem entlang dieser Gräben blieb bis heute weitgehend erhalten, da eine effektive Ackerwirtschaft auf den schmalen Wiesenstreifen kaum möglich war. Nur die Streifen in der Molzau an Saalbach und Saugraben wurden in Acker umgewandelt. Daher blieb ein natürliches Biotopverbundsystem erhalten, das die Restwiesen der Rodungsinseln auch durch den Wald miteinander vernetzt. Die Bedeutung dieses Biotopsystems läßt sich vor allem aus der Luft besonders schön sehen (Abb. 8.33). Hier lag auch die Keimzelle der verschiedenen Initiativen, das Wiesensystem wieder zu vervollständigen und auszubauen (siehe Kap. 9.2).

Es gab oder gibt im wesentlichen sieben Bäche oder Gräben mit Wiesenstreifen in der nördlichen Hardt: Wagbach, Bruchgraben (Bastwiesengraben), Duttlacher Graben, Heugraben, Gießgraben, Kriegbach, Saalbach und Saugraben.

Saalbach und **Saugraben** wurden im wesentlich schon im vorhergehenden Kapitel besprochen; in der Molzau zwischen Neudorfer Mühle und Philippsburg werden sie von schmalen Wiesenstreifen begleitet und ähneln in ihrer Charakteristik den restlichen hier erwähnten Hardtbächen. Ihre Wiesenstreifen sind heute fast vollständig in Ackerland umgewandelt oder aufgeforstet, nur kleine Reste am Saugraben sind noch erhalten.

Der **Wagbach** wurde einerseits durch die Wässer aus dem großen Wässersystem der Neuwiesen bei Karlsdorf (damit indirekt aus dem Saalbach), andererseits aus den feuchten Wäldern zwischen Karlsdorf und Hambrücken gespeist. Im 18. Jahrhundert begann sein Lauf mit einer Schleuse am heutigen Karlsdorfer Rathaus, von der aus Wasser aus dem hochliegenden Saalbach in den tieferen Neureutgraben [Karte 6, Nr. 47], quasi den Oberlauf des Wagbachs, ausgeleitet wurde. Dieser lief dann nach Norden am Waldrand in Richtung Hambrücken und nahm Wässer aus den Neuwiesen auf. Bei den Seufzerwiesen wurde ein kleines Flachmoor durchquert, das noch OBERDORFER (1936) bekannt war und erst später mit Pappeln und Erlen aufgeforstet wurde. Von hier aus bis Hambrücken waren früher Sumpfwiesen entlang des Bachs zu finden, die später ebenfalls aufgeforstet wurden. Noch in einem Luftbild der 30er Jahre sind sie erhalten. Der Wiesenstreifen entlang des Wagbachs ist auch heute noch praktisch vollständig erhalten und von hohem ökologischen Wert. Unter anderem enthält er die Jäger-, Peters-, Nieret- und Vogelgesangwiesen. Der gesamte Wiesenstreifen liegt auf Außengemarkung

Bruchsal und Gemarkung Waghäusel (und ist vermutlich deshalb nicht überbaut worden).

Entlang eines verlorenen Seitengrabens des Wagbachs im Westen des Dorfs liegen Binzenried und Kellerswiesen. Im Bereich der Kellerswiesen befinden sich heute viele Pferdekoppeln. Dort zeugen Seggenbestände in der Wiese noch vom Druckwasser in der alten Bachrinne.

Ungefähr ab der Fautenbrücke östlich von Wiesental (früher als „heilige Furth" bezeichnet, da hier die „Heiligenallee" querte) [Karten 8/9] beginnt der Wagbach, sich deutlich in die sandigen Rücken der Hardt einzuschneiden und zum Tiefgestade hin abzufallen. Der Wiesenstreifen wird hier deutlich schmaler. Bei Waghäusel schließlich wurde das Tiefgestade erreicht, und der Bach mündete in die weitläufigen Moore des Waghäusler Bruchs. Heute ist er ab hier kanalisiert.

Eine regelmäßige Wasserführung war früher einigermaßen garantiert, da die Wässerwiesen und vor allem die auch heute noch ständig feuchten Wälder zwischen Hambrücken und Karlsdorf für Nachschub sorgten. Seit den 1970er Jahren ist der Wagbach dagegen oberhalb von Hambrücken durch den Baggersee bei Karlsdorf von seiner Wasserversorgung abgeschnitten und trocknete zwangsläufig aus. Erst auf Höhe von Hambrükken wird seit Ende der 1980er Jahre durch einen neuen Stichkanal vom Saalbach her Wasser eingeleitet.

In der bischöflich speyrischen Bachordnung von 1721 (siehe Anhang 1, Nr. 12) ist besonders ungewöhnlich, daß bei Karlsdorf nicht etwa die Gemeinden im Frondienst, sondern die Wiesenbesitzer selbst den Bach putzen mußten – ein einmaliger Fall in der gesamten Bachordnung des Landes. Das führte auch prompt zu Problemen (siehe Abschnitt „Wagbachkorrektion").

Parallel zum Wagbach führte innerhalb des alten Bruchsaler Stadtwalds der **Espen- oder Aspengraben** [Karte 6, Nr. 48], der von der „Espenschleuse" am Saalbach abzweigte und weiter nördlich in den heute noch erhaltenen **Speckgraben** [Karte 4, Nr. 23] überging. Zwischen Saalbach und Neureutgraben/Wagbach lag der sogenannte **Kleine** oder **Mittlere Neureutgraben** [Karte 6, Nr. 46], der ebenfalls Wasser ableitete und über die Stangenwiesen nach Hambrücken zum Wagbach führte.

Vor Hambrücken zweigte vom Wagbach der sogenannte **Bruchgraben** oder **Bastwiesengraben** [Karte 6, Nr. 45] ab, der früher am Dorf entlangführte und im Norden schließlich einerseits über die sogenannten „Gernwiesen" in den **Duttlacher Graben** [Karte 6, Nr. 26] führte, andererseits mit dem Hauptarm zurück in den Wagbach führte. Der Graben selbst ist nur noch in Resten zu sehen. Überbauung hat viele Bereiche der Wiesen vernichtet, außerdem liegen Pferdekoppeln, Holzstapel und Freizeithütten in den Wiesen. Trotzdem ist der Streifen noch weitgehend vorhanden, auch innerhalb des Dorfes. Er gehört zu den Charakteristika des alten Straßendorfes. Die Gewannamen zeugen von der ehemaligen Feuchtigkeit: Stöckwiesen, Bruchrutenwiesen, Bruchgärten, Brüchel, Bastwiesen, Schluttenwiesen und Hintermahlwiesen. Im Norden teilte sich das Wasser des Bastwiesengrabens: Ein Teil gelangte in den Wagbach zurück (bei den Hintermahlwiesen), ein Teil lief über einen verlorenen Graben an den Gernwiesen und Fuchswiesen nach Norden zum Duttlacher Graben. An der Abzweigung liegen heute noch zwei früher mit Wald bestandene Lehminseln zwischen den tiefliegenden Wiesenästen: das Große und Kleine Abrahamsfeld.

Der **Duttlacher Graben** (sein Name ist aus „Todtlachengraben" abgeleitet, früher hieß er auch „Giesgraben") war schon immer der Ableitgraben der Bruchsaler Abwässer, später der Kläranlage. Kein Wunder daher, daß seine Ökologie bis heute stark gestört bleibt; im Unterlauf trägt er den Traditionsnamen „Stinkergraben". Seine umfangreichen Sedimente konnten kaum zum Düngen benutzt werden, sondern wurden zu beiden Seiten des Bachs abgelagert. Die Wiesenauen am Duttlacher Graben sind daher stark überdüngt; die Böden sind schwermetallbelastet. Am Duttlacher Graben finden sich bis heute Wiesenauen von Weiher bis nördlich von Kirrlach; nur wenige Bachabschnitte in der zentralen Hardt laufen direkt durch den Wald. Eine besonders schöne Wiesenaue liegt zwischen Hambrücken und Kirrlach: die Gernwiesen und Wolfswiesen.

Der **Heugraben** südlich von Kirrlach war nur ein Drainagegraben der feuchten Wälder der Hardt mit periodischer Wasserführung. Wiesen finden sich nur recht wenige an ihm; umso mehr dagegen am **Gießgraben** östlich von Kirrlach, der aus dem Kriegbach gespeist wurde. Zwischen Gießgraben und Kriegbach liegt auch heute noch eine Wiesen- und Streuobstaue, die aber durch Freizeitnutzung stark gestört ist. Der **Kriegbach** schließlich ist ein Seitenarm des Kraichbachs und wird nördlich von Weiher aus dem Kraichbach ausgeleitet. Sein Lauf auf Höhe der Wiesenaue östlich von Kirrlach wurde im 20. Jahrhundert korrigiert und verläuft jetzt östlich davon.

Bei den Lußhardtbächen ist schließlich noch der **Lochwiesengraben** zu erwähnen, der westlich von Weiher heute über Ackerland führt, aber bis ins 20. Jahrhundert weitgehend durch Wald lief, von Wiesenstreifen ähnlich dem Duttlacher Graben begleitet. Er liegt heute vollständig trocken.

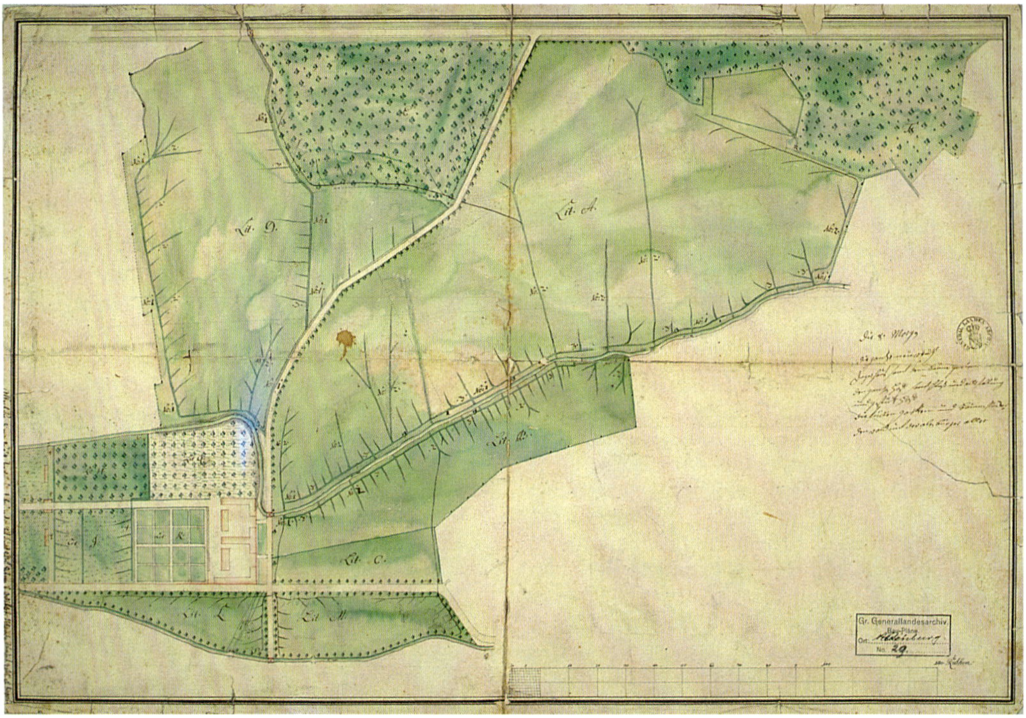

Abb. 8.32 Ein Plan des Gutshofs Altenbürg mit den umliegenden Wiesen und Gräben (GLA, Abt. G, Wasserbau, Altenbürg Nr. 29).

Kein Mitleid mit den kleinen Leuten: Die Wagbachkorrektion 1817–23

Michael Hassler

Nachdem in den Jahren 1754–89 sehr umfangreiche Bemühungen um die Instandhaltung und den Betrieb der Wässersysteme am Saalbach dokumentiert sind, wird die Aktenlage wieder eher dünn. Der Grund werden die Napoleonischen Kriege sein, die die Region mehrfach heimsuchten. Anschließend folgten Säkularisation und Verwaltungsreform. Besonders wichtig für das Saalbachgebiet war daneben die Verlegung des Dorfes Dettenheim und Gründung des Dorfes Karlsdorf auf dem Gelände des alten speyrischen Hofgutes Altenbürg. Erst 1817 scheint die Verwaltung wieder weitgehend handlungsfähig zu sein und bringt ein neues Projekt auf, welches in den Folgejahren für Unruhe und viele Aktenvorgänge sorgt: Der Wagbach ab Karlsdorf soll nach vielen Jahren der Vernachlässigung geputzt und begradigt werden.

Hauptgrund für die Schwierigkeiten waren im 18. und 19. Jahrhundert nicht etwa der Wassermangel, sondern ein Übermaß von Wasser und ständige Überschwemmungen zwischen Karlsdorf und Hambrücken. Dazu kam es vor allem, da die zum Putzen verpflichteten Gemeinden und Wieseneigentümer ihre Pflicht vernachlässigten und der Wagbach nicht mehr in der Lage war, das bei Karlsdorf anfallende Wasser abzuleiten. Spätestens mit der Umorganisation von Gesellschaft und Staat nach Napoleon war vermutlich die alte Bachordnung weitgehend hinfällig geworden, die Infrastruktur der Region durch ständige Kriege zwischen ca. 1780 und 1815 stark geschädigt. Die Aufsicht über die Reinigung des Wagbachs lag vorher beim Baumeister des Hofguts Altenbürg, das aber nach 1811 in das Dorf Karlsdorf überging und daher als Aufsichtsbehörde ausfiel. Außerdem war die Räumung teilweise den privaten Wiesenbesitzern anvertraut gewesen, die sich nach einem Protokoll von 1817 kaum darum gekümmert hatten.

Der mangelhafte Zustand des Bachs führte aber nicht nur am Oberlauf zu Problemen, sondern die Gemeinde Wiesental beschwerte sich, da auch hier Überflutungen auftraten, die teilweise auf schlecht konstruierte „Feuerseen“ (= Lösch-

Abb. 8.33 Dieses Luftbild von Hambrücken (mit Wiesental und Kirrlach), aufgenommen im Spätjahr, zeigt besser als jede Kartenskizze die frischgrünen Wiesenauen, die die Lußhardt durchziehen. Sie bilden „natürliche Biotopvernetzungen". Wir erkennen die Auen des Bruch- oder Bastwiesengrabens (durch das Dorf Hambrücken durch), fortgesetzt in den Gern- und Wolfswiesen durch den Wald in Richtung Kirrlach, des Wagbachs (vom Zentrum des unteren Bildrands nach links am Wald entlang, hier zweigeteilt, dann an Wiesental vorbei ins Waghäusler Moor am oberen Bildrand), des Speckgrabens und Duttlacher Grabens (vom rechten Bildrand über das Feld durch den Wald nach Kirrlach), des Gießgrabens (im rechten Teil der Kirrlacher Rodungsinsel) und die Stangenwiesen am linken unteren Bildrand (früher verlief hier der Mittlere Neureutgraben). Das Bild kann auch mit den Karten 6, 7, 8 und 9 verglichen werden.

wasserteiche) beim Stift Waghäusel und auf zu geringe lichte Weite von Brücken und Schleusen zurückgingen.

Wir lesen in einer Notiz von 1817: *„Wiesenthal bedarf bei seiner starken Bevölkerung und seiner großen aus Flugsand bestehenden Gemarkung der wenigen Wiesen an der Wagbach zur Viehzucht und Kultur sehr, und schon darum ist dieser Gegenstand wichtig. So wie überhaupt die Gräben und Kanäle in hiesiger Gegend seit vielen Jahren durch Mangel von Aufsicht zum großen Nachteil der Bewohner verfallen und gestört sind, so ist es mit dem Wagbach-Kanal. Eine dringende Erinnerung des Ortsvorstandes in dieser Angelegenheit vom 26. dieses [Monats], worin wegen der Gesetze des Verlusts der ganzen Heu-Ernte um Abhilfe oder Minderung der Überschwemmung gebeten worden, haben wir der Wasserbau-Inspektion zur Äußerung und Vorkehre des Nötigen mitgeteilt."*

Eine ausführliche Akte ist aus derjenigen Zeit zwischen 1817 und 1823 erhalten, in der der Wagbach begradigt und ausgebaut wurde, um das Gewässer wieder einigermaßen leistungsfähig zu machen (GLA 172/274). Die Kosten wurden über eine sogenannte „Concurrenzkasse" beglichen, die vom Amt Philippsburg koordiniert wurde. Dessen Mitarbeiter Zeller (vermutlich eine Art Abteilungsleiter) liefert uns in seinen Aktennotizen und Protokollen ein lebhaftes Bild von der Schwierigkeit des Eintreibens der Gelder, der Verteilung der Kosten sowie der Abstimmung der beteiligten Behörden. Bei Studium der Akte erinnert vieles an heutige Planfeststellungsverfahren. Auch die Bürgerbeteiligung und die Befriedigung von Privatinteressen machte damals genauso viele Schwierigkeiten wie heute – lediglich der Naturschutz war noch nicht vertreten.

Im Jahr 1817 wurden zunächst gemeinsame Begehungen unter Teilnahme von Behörden, Bürgermeistern und Ingenieuren zur *„Wiederherstellung der eingegangenen Wagbach"* durchgeführt. Als Resultat wird in drastischen Worten geschildert, daß der Wagbach fast vollständig außer Funktion sei: *„Der Augenschein beschränkte sich diesmal auf die Strecke der Ämter Bruchsal, auf der Stadt Bruchsaler und Hambrücker Gemarkung, wobei sich schon am Anfang von Karlsdorf her bis an die Hambrücker Brücke offenbar erwies, daß die Räumung seit langen Jahren gänzlich unterblieb, indem der Graben nach der Weite, welche ihm ursprünglich angewiesen war, welche nach der gewölbten 6-7 Fuß weiten Dohle über die Allee wenigstens eine Breite von 8 Fuß haben sollte, an vielen Stellen bis auf einige Fuß Breite verkümmert, mit Gesträuch verwachsen, und mit Holz, Sumpf, Gräsern und eingeworfenem Reisig dergestalt angefüllt war, daß seine Bestimmung: das sich auf den Wiesen sowohl als im Wald sammelnde Wasser abzuziehen in diesem Zustand durchaus nicht möglich wird.*

Die Folgen hiervon konnten in der großen und ebenen Umgebung nicht anders als höchst nachteilig für solche werden und waren auch wirklich seit der Vernachlässigung dieser Räumung soweit gediehen, daß die bedeutende Fläche der Karlsdorfer Wiesen und Felder, die zwischen der Saalbach und der Grabener Allee links derselben liegen, in vorigem Sommer und heurigem ebenso nassen Frühjahr nicht nur überschwemmt und die in dieser Fläche liegenden Vertiefungen in stagnierenden Sumpf verwandelt wurden, sondern auch durch Überschwemmung der Chaussee dieses Übel auf das große Neuwiesenthal bis gegen der Neudorfer Mühle hinab sodann in verschiedenen Armen und Zweigen minder gegen Hambrücken und hauptsächlich auf die große Fläche der herrschaftlichen Waldungen sich ausbreiten mußte. ...

Man hat zwecklose Schließen wie die an dem Feuersee bei Waghäusel angelegt, welche das ohnedem schwache Gefälle eines im tiefsten Punkt der Regel nach liegenden Abzugs-Kanals auf 6 bis 7 Fuß schwellen und die oben daran liegende Gegend in Lachen und Pfützen verwandeln.

Diese Übel entstehend größtenteils auf dem Bezirke Wiesental, Waghäusel, Ober- und Rheinhausen im Amte Philippsburg, sind augenscheinlich und sichtbar, vorzüglich verbreitet auf die Strecke von Waghäusel und der Feuersee-Schließe bis hinauf nach Hambrücken und in das zweite Landamt Bruchsal."

Weiter lesen wir in einem anderen Protokoll über eine Inspektion des Unterlaufs:

„Bei Waaghäusel zeigte sich dann auch bei diesem Augenschein der schon früher in den deshalbtrigen Berichten angemeldete Umstand, daß diese Bach wegen zwei Fußwegen durch zwei in den Ein- und Auslauf angebrachte Schleusen auf mehrere Fuß hoch zurückgestaut werde, welche Schleusen überdies im Vergleich der über den Wagbach befindlichen steinernen Brücke so schmal und eng angelegt sind, daß sie kaum den dritten Teil des Wassers fassen können, welches durch diese gedachte Brücken läuft. Eben so ist oberhalb von Waaghäusel bei Wiesenthal eine steinerne gewölbte Brücke über den Kirrlacher Weeg errichtet, die ebenfalls kaum die Hälfte der Normalweite Bach hat, folglich auch die Wirkung hat, das ankommende Gewässer zurückzustauen und hierdurch Anlaß zu den heutigen Klagen über Überschwemmung zu geben.

Ferner findet sich an dem Posthaus zu Waaghäusel der Umstand, daß bei dem letzten Frühjahrswasser, wobei die Waagbach in dieser Gegend ausgetreten ist, und die Gemeinde Oberhausen genötigt wurde, um ihre Felder gegen Überschwemmung zu sichern, einen Damm von der Hauptbrücke an dem Garten und Scheune des Posthauses gegenüber anzulegen, daß dieser Damm gedachte Scheune untergraben, den Garten überschwemmt und sonstige Nachteile verursacht habe; nach den früheren Correct. Phasen sowohl als auch nachdem Gutachten des anwesenden HE. Oberforstmeister von Ehrenberg werde diese Bach mit Umgehung dieser künftige zu befürchtenden Nachteile, sowohl als mit großem Gewinn für das Oberhäuser Bruch durch einen Durchschnitt und Einleitung weiter hinunter gegen der Rheinhäuser Grenze geleitet werden können."

Schließlich einigt man sich auf eine generelle Reinigung und den Ausbau des Bachs, die über eine Umlagekasse zu tragen seien. Außerdem will man Schleusen und Brücken bei Wiesental mit größeren Querschnitten versehen sowie den Engpaß beim Waghäusler Posthaus beseitigen. Bei der Gelegenheit soll auch der Bach stellenweise begradigt werden, was auf nicht geringe Schwierigkeiten stößt, da die Bruchsaler Wiesen mit einer alten Sondersteuer belegt sind, die anderen dagegen nicht!

Hofgärtner Barba aus Bruchsal wird als Aufseher und Bauleiter angestellt, Vogt Böser aus Hambrücken als Kassier und Geldeintreiber gewählt und Ingenieur Pfeiffer aus Bruchsal führt die Vermessungen durch[43].

---

43 Die häufigen Namensgleichheiten mit heute lebenden Personen in ähnlichen Funktionen sind rein zufällig, aber trotzdem höchst amüsant!

Karte 6 (S. 294): Die Saalbachaue im Zustand um 1840.

Karte 7 (S. 295): Die Saalbachaue im heutigen Zustand.

1 Alter Saalbach
2 Annabach
3 Schönbornwiesengraben
4 Immertengraben
5 Wolfslochgraben
6 Eiergraben
7 Breithauptsgraben
8 Hartgraben (Neugraben)
9 Salinengraben
10 Saalbachkanal
11 Weingarter Bach
12 Grombach
13 Neuer Kanal
14 Pfinz
15 Lachengraben
16 Heckgraben
17 Alte Pfinz
18 Pfinz-Saalbach-Korrektur
19 Breithauptsgraben
20 Saugraben
21 Wagbach
22 Saalbach-Wagbach-Überleitung
23 Speckgraben
24 Reutgraben
25 Schwanenseelachgraben
26 Duttlacher Graben (Giesgraben)
27 Kriegbach
28 Lochwiesengraben
29 Überleitung Unterfeldgraben
30 Krottbachwiesengraben
31 Weitlachgraben
32 Krottbach
33 Stadtgraben
34 Bruchsaler Allmendgraben
35 Schirweigelsbach
36 Lochgraben
37 Augraben
38 Reutgraben
39 Kieselschorengraben
40 Kalbgraben
41 Lochgraben
42 Thüngen'sche Überleitung
43 Kleine Pfinz
44 Dohlengraben
45 Bastwiesengraben
46 Mittlerer Neureutgraben
47 Neureutgraben
48 Aspen- (Ecken-, Sand-)graben
49 Schattengraben
50 Feldlachgraben
51 Odentalgraben

Die Gemeinde Bruchsal ist wenig interessiert (da nicht durch Überschwemmungen betroffen) und kann nur im Gegenzug durch Außerkraftsetzen der Reinigungspflicht für einige angrenzende Waldgräben überzeugt werden, dem Projekt beizutreten. Außerdem war Bruchsal durch die Gründung des Dorfs Karlsdorf von den Reinigungsarbeiten am Saugraben befreit und dadurch erheblich entlastet worden. In der Akte wird ein „Vertrag" hierzu erwähnt.

In den nächsten Jahren wird vor allem über die Schwierigkeiten berichtet, die das Amt Philippsburg mit der Verteilung der anteiligen Kosten je nach der Länge der zu putzenden Abschnitte am Bach hatte. Jeder Beteiligte, ob Gemeinden, Domänenamt oder Oberforstdirektion, findet seinen Anteil zu hoch und hinterfragt zunächst einmal, wie die alten Maßzahlen und Längen zustandegekommen seien. Darauf wird eine Neuvermessung in Auftrag gegeben, die aber so lange auf sich warten läßt, daß man doch mit den alten Zahlen operieren muß.

Die Vermessung und Neuabsteckung des Verlaufs war bis 1819 erledigt, der Bachausbau sollte sofort danach beginnen. Hier begannen aber die Schwierigkeiten erst richtig: Man hatte wohl die Privateigentümer nicht hinreichend gehört oder beteiligt, und diese protestierten lautstark. Der Leidtragende war wohl der Bauleiter, Hofgärtner Barba, der in einem Schreiben vom 30.8.1823 seine Probleme zu Gehör bringt und Aufschlußreiches über die finanziellen Verhältnisse der „kleinen Leute" von damals berichtet:

„Hier, wo es auf die Verwundung der Grenzen des Privateigentums und auf eine Entschädigung des Verlustes von so vielen Eigentümern – vielleicht 600 und darüber an der Zahl – anzukommen hat, treten einzig nur privatrechtliche Rücksichten ins Spiel. Es sind dieselben noch nicht vernommen und gehört worden, und es konstatiert nirgendwo, daß sie zur Zahlung so bedeutender Kosten sich erboten haben, und daß sie überhaupt in die Verwundung der Grenzen ihres Eigentums und Entschädigungsannahme eingewilligt werden. Hinzu kommt noch die momentvolle Betrachtung, daß an beiderseitigen Ufern der Bach nicht ein- und dieselben Wiesenbesitzer liegen, sondern durchaus verschieden sind. Das Bett der Bach bildet die

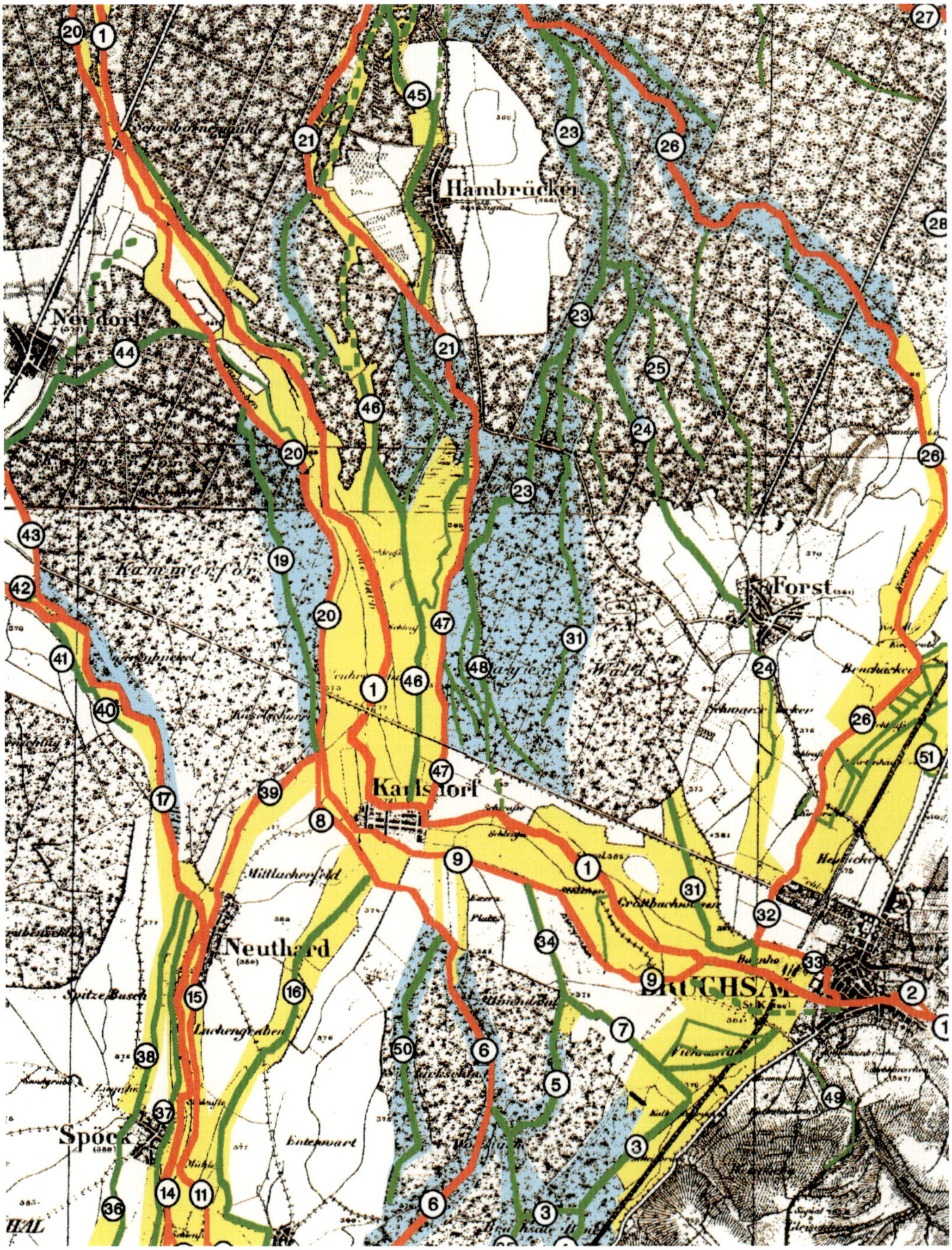
Hambrücken
Forst
Neuthard
Spöck
Mittlachenfeld
Entenwart

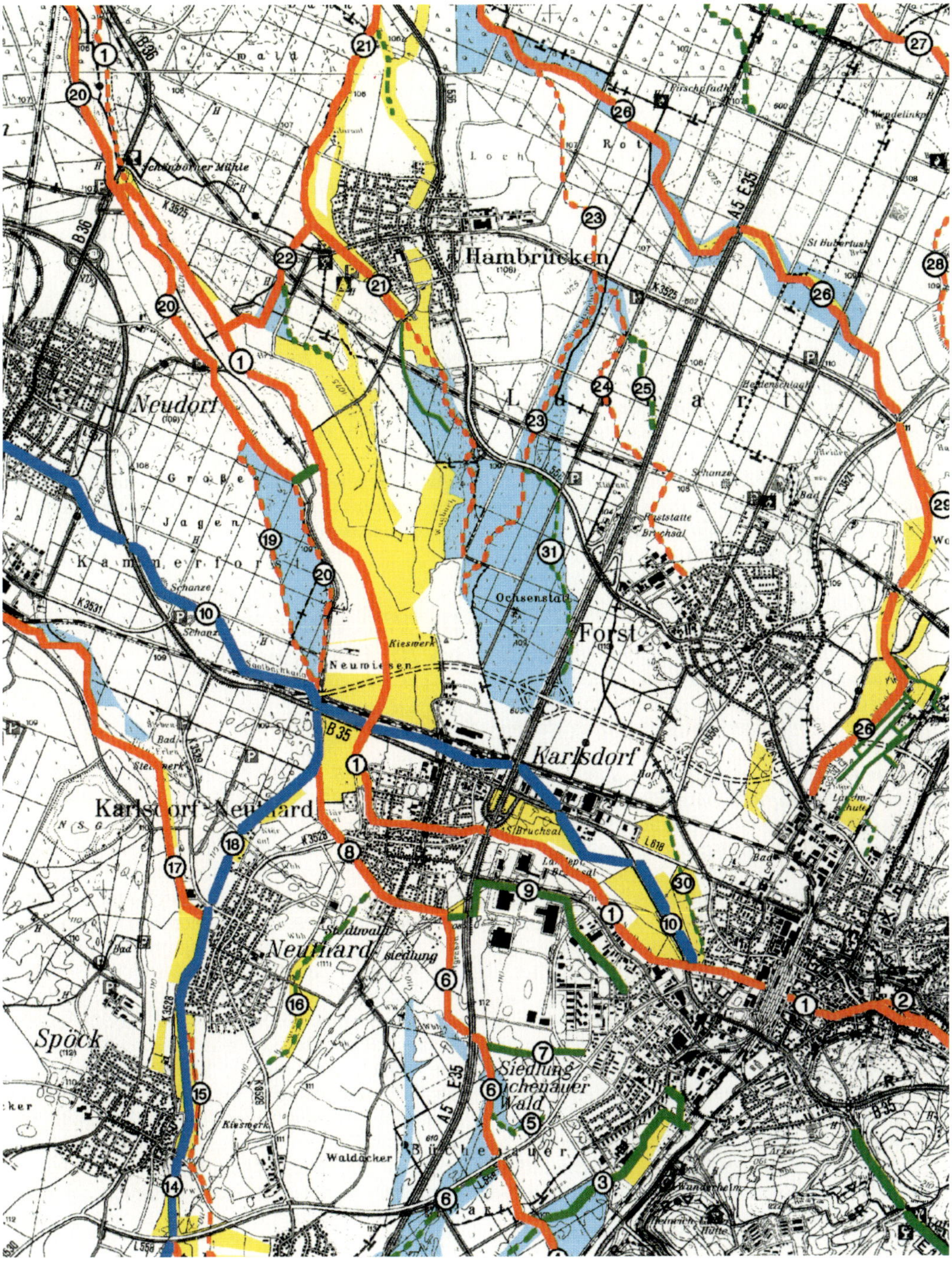
Hambrücken
Neudorf
Forst
Karlsdorf
Karlsdorf-Neuthard
Neuthard
Spöck
Ochsenstall
Kammerforst
Waldäcker
Kieswerk
Neuwiesen
Schanze
Bruchsal
B 35
B 36
K 3525
K 3531
L 618
A 5 E 35

Grenze. Durch die Correction verliert der eine, der andere gewinnt. Dieser Verlust und Gewinst trifft mehrere Hundert von Gutsbesitzer. Es ist anzunehmen, daß 1/4 oder 1/5 derselben bettelarm ist. Der gewinnende bettelarme Teil ist ganz außer Stand, [den] zu verlierenden zu entschädigen. Hier liegt eigentlich der gordische Knoten. Die Entschädigung wird öfters, besonders aber dort von Bedeutung sein, wo die Wiesen längs dem Bachufer hinziehen, minder bedeutend dort, wo sie nur aufstoßen. Es ist ferner anzunehmen, daß wenigstens [ein Teil] sämtlicher Wiesen auf gerichtliche Obligationen verpfändet sind. Der Pfandgläubiger wird dort verlieren, wo keine Entschädigung gedenkbar ist, seine Sicherheit wird gefährdet.

Wir setzen den Fall, daß die betreffenden Gemeindekassen die Correctionskosten vorschießen sollten, allein diese wären aber auch berechtigt, den Vorschuß wieder auf die einzelnen Besitzer zu repartieren. Diese aber würden mit Recht die Exceptio tua non interest entgegensetzen, und die Zahlung verweigern, weil sie in die Correction und Grenzverlegung nicht eingewilligt haben.

Die Zahlung der Kosten und der Entschädigung kann aber auch nicht aus dem Erlös jenes Terrains bestritten werden, welches durch die Correction gewonnen wird, denn solches liegt im hundert u. mehreren Punkten gestreut u. macht nirgends ein Continuum. Wir sind daher der unvorgreiflichen Meinung, vorerst die beteiligten Wiesenbesitzer zu vernehmen und über eines wie das andere ihre Einwilligung einzuholen.“

Das Amt Philippsburg hatte aber noch größere Probleme. Die Gründung der Concurrenzkasse war nach über sechs Jahren immer noch nicht vollzogen, obwohl die Arbeiten schon fast abgeschlossen waren. Die Bruchsaler Verwaltung z.B. äußerte sich erst nach mehrfacher Mahnung. Die Gelder mußten vom Amt Philippsburg regelrecht eingetrieben werden, insbesondere von der Gemeinde Wiesental, die mittlerweile der Meinung war, vom gesamten Projekt nicht besonders profitieren zu können. Die Gemeinden Oberhausen und Rheinhausen argumentierten (offensichtlich erfolgreich), sie hätten mit der ganzen Angelegenheit oberhalb von Waghäusel sowieso nichts zu tun, und wurden aus der Zahlungspflicht entlassen. Auch das Domänenamt Waghäusel und die Oberforstdirektion wurden vorstellig.

Das Ganze eskalierte im Spätjahr 1823, als die angestellten Taglöhner nach Abschluß der Arbeiten ihren ausstehenden Lohn verlangten und auch bei der nächsthöheren Behörde protestierten, nachdem immer noch kein Geld in der Kasse war. Die Mitarbeiter des Amts Philippsburg befürchteten *„Sturmmärsch“* und baten ihre Direktion, im Vorschuß Geld anzuweisen. Dies kam offensichtlich zu spät und hinderte die Demonstranten nicht daran, „weiter oben“ bei der nächsthöheren Behörde zu protestieren. Das Amt Philippsburg entschuldigte sich später, man habe diese abzuhalten versucht: *„Wir gaben ihnen bei einer mündlichen Anfrage dahier ausdrücklich zu verstehen, daß ihr persönliches Sollitionieren bei dieser hohen Behörde zweck- und folgenlos sein würde – und daß man bereits durch geeignete Berichte für die baldige Gehabung ihrer Zahlungen gesorgt habe. Allein wir haben tauben Ohren gepredigt und wir können durchaus nichts dafür, daß sie unserer Abmahnung ohngeachtet, ihre Füße unnötigerweise in Bewegung setzten.“*

Im Jahr 1823 scheinen auch die Arbeiten weitgehend abgeschlossen zu sein. Die Beteiligten einigten sich bei einem weiteren Termin darauf, die restlichen noch anstehenden Erdarbeiten von den Anliegergemeinden selbst ausführen zu lassen, anstelle sie zentral über die Gemeinschaftskasse auszuschreiben.

Die Wässerung in der Saalbachaue im 20. Jahrhundert

STEFAN SCHUHMACHER

Die Bildung der Bruchsaler Wässergenossenschaft

Über die Wässerung auf den Bruchsaler Wiesen in der Neuzeit sind wir gut informiert. Die Bildung der „modernen“ Wässergenossenschaft fand im Jahre 1901 statt, nachdem vorher noch eine Abstimmungsfahrt stattgefunden hatte und die Mehrheit der Grundstücksbesitzer in den Bruchsaler Wiesen für die Bildung der Genossenschaft gestimmt hatte (siehe auch Kasten S. 297).

Gesetzlich oder zumindest durch exakte amtliche Vorschriften war die Wiesenwässerung seit der Jahrhundertwende bis ins Detail festgelegt. Das Saalbachwasser war besonders begehrt wegen seiner Düngewirkung, die zwei fette Mahden ermöglichte. Die Regelungen wurden festgeschrieben in der bezirkspolizeilichen „Wiesenwässerungsordnung für die Wässerung aus dem Saalbach in Bruchsal“ von 1904, die sich auf §49 des Wassergesetzes von 1899 stützte:

„§1 Die in Bruchsal seit Jahrhunderten als Freie Vereinigung der Eigentümer bestehende, mit Erlaß Großh. Ministeriums des Innern vom 31. Januar 1902 Nr. 47047 genehmigte Wiesenwässerungsgenossenschaft übt die Wiesen-

Auszug aus der Satzung der Wässergenossenschaft von 1901 (zitiert nach SIEGELE 1984)

„Nachdem in der Abstimmungsfahrt vom 23. Juli 1901 die gesetzliche Mehrheit der beteiligten Grundstücksbesitzer im Saalbachtale in den Wiesenbezirken

a) oberhalb Karlsdorf vom Bahnübergang in Bruchsal bis zur Bruchsal-Karlsdorfer Gemarkungsgrenze einschließlich der Steg- und Bruchwiesen und

b) unterhalb Karlsdorf von der Karlsdorf–Bruchsaler Gemarkungsgrenze bis zur Neudorfer- oder Schönbornmühle auf der Gemarkung Bruchsal die Bildung einer Genossenschaft im Sinne des § 81 des Wassergesetzes vom 16. Juni 1899 beschlossen hat, wurden in der Genossenschaftsfahrt vom 23. Juli 1901 die Satzungen festgesetzt und mit Erlaß Großh. Ministeriums des Innern vom 23. Juni 1902 Nr. 5914 bestätigt.

§2 Zweck der Genossenschaft ist die Instandhaltung der gemeinsamen Bewässerungs- und Entwässerungsanlagen im Gebiet des Saalbachs und des Giessgraben auf der Gemarkung Bruchsal sowie die Fürsorge für deren geordnete Benützung. Weiter wird ausdrücklich darauf hingewiesen, daß auf den Wiesen der Genossenschaft keine Weide und zwar auch keine gemeinsame Weide durchgeführt werden darf. Die Winterweide wird an den höchstbietenden Schäfer verpachtet.

§5 Der Genossenschaftsversammlung gehören an:

1. Wiesenbesitzer mit 3 ha und meh. [Die Stadt Bruchsal, Domänenverwaltung, kirchliche Stiftungen].

2. Die Vertreter der übrigen an der Genossenschaft beteiligten Grundstücksbesitzer [Landwirte mit kleinerem Besitz].

§ll sagt, daß bei Abstimmungen nicht nach Köpfen, sondern nach der Fläche der Wiesen gezählt wurde [großer Wiesenbesitz ergab hohe Stimmenzahl, die Stadt Bruchsal hatte daher etwa 80 Stimmen].“

wässerung aus der Saalbach auf der Gemarkung Bruchsal, Karlsdorf, Wiesental, Kammerforst, Lußhardt und Neudorf aus.

§4 Die Wiesenwässerungsaufseher und die Wässerungsknechte haben darauf zu achten, daß alle Anlagen der bestehenden Bewässerungseinrichtungen sich im guten Zustand befinden, daß sich etwa zeigende oder vorgefundene Mängel sofort entfernt und die nötige Herstellung ohne Verzug ausgeführt werden. Die Wässerungsknechte machen hierwegen den Wässerungsaufsehern und diese dem Genossenschaftsvorstand sofortige Anzeige.“

Im Frühjahr war eine Wässerzeit von 20 Tagen oberhalb beziehungsweise 22 unterhalb von Karlsdorf gestattet, dasselbe nochmals nach der Heuernte. Die Vereinigung hatte die sorgfältige Überwachung der Wässerzeiten zu gewährleisten, die Instandhaltung von Gräben und Schleusen zu betreiben und für drei Wässerungsaufseher und sechs Wässerungsknechte zu sorgen. Letztere hatten darauf zu achten, daß alle Anlagen der bestehenden Bewässerungs- und Entwässerungseinrichtungen sich in gutem Zustand befanden, daß die sich zeigenden Mängel sofort beseitigt und die nötigen Wiederherstellungen ohne Verzug ausgeführt würden.

Eine ganze Latte von Vorschriften – kein Pflanzen von Obstbäumen am Damm, kein Weidebetrieb oder Vertiefen der Wiesen oder unzeitgemäßes Wässern usw. –, noch mehr Verbote und die Androhung von Geldstrafen bei Zuwiderhandlungen bis zu 150 Reichsmark, die der Genossenschaftskasse zugute kommen sollten, waren in zehn Paragraphen verfügt; so etwa: *„Bestraft wird, wer unbefugt den Wässerungsberechtigten das Wasser abkehrt, dasselbe ab- oder zustellt oder auf seine Grundstücke leitet“.*

Die Nachkriegsjahre: Der „Wasserkrieg“ am unteren Saalbach (1946–50)

Keinerlei exakte Unterlagen gibt es über die Schäden, die der Krieg an den Wiesenwässereinrichtungen im Landkreis Bruchsal verursacht hat. Außerdem ist durch die Vernichtung der amtlichen Sammlung aller Schreiben im ausgebombten Domänenamt die Aktenlage sehr dürftig. Kopien aus Gemeindearchiven und vom Wasserwirtschaftsamt Karlsruhe, das ja in alle Maßnahmen – vom Bachputz bis hin zur Schleuseninstandhaltung – mit eingebunden war, können aber die 30-jährige Endphase der Wiesenwässerung am Saalbach etwas erhellen.

Abb. 8.34 Ein Storch auf der Nahrungssuche in überschwemmten Wiesen.

Zunächst ging nach dem Krieg alles recht turbulent zu, so erfahren wir mehrfach aus den Unterlagen. Ein frühes Nachkriegsschreiben (26.10. 1945) aus dem Landratsamt spricht davon, daß eine *„größere Anzahl kleiner Schleusen am Saalbach, die für die Wiesenbewässerung der Wiesenwässerungsgenossenschaft Bruchsal erstellt sind, nicht mehr in Ordnung sind."* Schleusenbretter fehlten oder waren beschädigt, Ersatz und Reparaturen waren vonnöten. Zur Beseitigung der größten Mängel schlug das Wasserwirtschaftsamt die Zeit des herbstlichen „Bachabschlages" (29.10. bis 7.11.1945) zu Reinigungszwecken vor. Während solcher Zeiten, deren Fristen eigens den betroffenen Gemeinden mitgeteilt wurden – auch zum Frühjahrsputz mit Mäharbeiten gegen die Verkrautung geschah dies – leitete man nahezu das gesamte Wasser in den Saalbachkanal. Den Anlaß nutzte das Landratsamt übrigens, die Gemeinden nach eventuell geretteten Akten zu fragen, die man sich zur Einsicht erbat. Wenige Monate später werden von gleicher Stelle aus der Gemeinde Neudorf die 42tägigen Frühjahrswässerungsdaten mitgeteilt. Auch die Sommerwässerung dauerte ebenso lange, analog der Vorkriegsregelung. Hierbei sind auch die Namen der damaligen amtlich beauftragten Wiesenwässerer genannt: *„Vom 23. 4. bis mit 29. 4. von Neudorfer Mühle bis 'Morgenschleuse' – Abschnitt Misch, Hambrücken. Vom 30. 4. bis mit 19. 5. oberhalb Karlsdorf - Abschnitt Schleicher, Bruchsal. Vom 20. 5. bis mit 3. 6. unterhalb Karlsdorf – Abschnitt Habitzreiter."*

Solche Schreiben erfolgen nun regelmäßig alle halbe Jahre. Gemeindeseits über die Wässerung zu benachrichtigen waren die darüber nie erfreuten *„in Betracht kommenden Mühlenbesitzer"*, die jeweils spezielle, verbriefte Wasserrechte besaßen.

Ordentlich Ärger gab es gleich wieder im regenarmen Jahr 1946 und erst recht im noch trokkeneren Folgejahr. Diese Streitereien ums Wasser hatten bekanntlich seit langem Tradition (siehe Kapitel 3 und 4). Jetzt aber kam wiederum wochenlang kaum ein Tropfen Saalbachwasser nach Philippsburg, worauf man sich massiv beschwerte. Der Bürgermeister erhob schriftlich Klage beim Landrat (24.9.46). Man präsentierte der Bruchsaler Wiesenwässerungsgenossenschaft eine saftige Rechnung für die Folgeschäden – Mühlenmehrausgaben für Ersatzenergie, Heuernteverluste sowie Schäden in den Ortsgärten. Schon ab Karlsdorf sei der Saalbach nur noch ein kleines Rinnsal, hieß es, und durch ungesetzliches Treiben (Schwarzwässern) in Neudorf und Hambrücken, wo mit 50 % ständig offener Sperren dauergewässert würde, daß *„dadurch ihre Wiesen zu einer Saufutteranlage gemacht"* seien, sei es zur Katastrophe bei den drei Philippsburger Mühlen gekommen.

Empört darüber, daß nun teures Rohöl und elektrische Energie zum Mühlenbetrieb verschwendet würden, pochte der Schultheiß auf das Wasserrecht seiner Gemeinde. Er unterstrich, daß diese kostenintensive Vorleistungen erbracht habe in Form von einwandfreier Reinigung des Saalbachs wie auch des Saugrabens und verlangte nachdrücklich das zustehende Recht, *„selbst wenn dies mit drakonischen Strafen sein muß"*.

Das Landratsamt reagierte dreifach mit Rundschreiben an die Wässerungsgemeinden (23.11. 1946): Es verlangte zunächst die intensive Bekanntmachung einschlägiger, bezirkspolizeilicher Vorschriften von 1904 mit der Auflistung alles Verbotenen und zu Bestrafenden. Die dazu nötigen Akten mußten übrigens zuvor erst beim Karlsruher Wasserwirtschaftsamt besorgt werden. Weiter sollten die gemeindlichen Feldhüter zu mindestens wöchentlichen Kontrollgängen mit Sofortbeseitigung von Übeltaten und Anzeigen der Übeltäter ausrücken. Und drittens wollte man über die verschärften Kontrollen monatliche Erfahrungsberichte geliefert bekommen *„bis zu der vorgesehenen Neuregelung dieser Angelegenheit"*.

Die Vorschriften wurden, zumindest dem Papier nach, weitgehend befolgt. Selbst Fehlanzeigen, wenn keine Vorkommnisse zu berichten waren, wurden gemeldet. Dennoch wurde in der Praxis verbreitet schwarzgewässert. Aber kaum ein Freveltäter konnte dingfest gemacht werden, da sie sich rechtzeitig dem Zugriff der Hilfspolizisten entzogen. Andere, wie mancher Müller, wässerten frech unter den Augen der Obrigkeit, die aber nie in der Lage war, effektiv durchzugreifen. Abschrecken sollten vor allem Androhungen von Geldstrafen zugunsten der Wässergenossenschaft bis hin zur astronomischen Höhe von 10.000 Mark Bußgeld in den 60er Jahren. An eine solch überzogene Strafe konnte keiner der kleinen Wässersünder glauben. Allerdings richtete man die Höhe aus an Forderungen, die 1947/48 von seiten Philippsburgs erhoben wurden, dem – wie gesagt – damals das Wasser monatelang restlos „abgegraben" wurde.

Schwarzwässerei war, schlicht gesagt, Wasserdiebstahl aus öffentlichen Fließgewässern. Der Wasserklau ging ständig um am Saalbach und galt wie schon zu Zeiten des Barock unter den Sündern höchstens als Kavaliersdelikt. Besonders schlimm war der Wassermangel 1946 und 1947. Da konnte im trockenen Sommer wegen dem fehlenden Naß pikanterweise nicht einmal auf Neudorfer Gemarkung wildgewässert werden: *„Der Saalbach führte [in diesem Jahr] immer so wenig Wasser, daß unberechtigterweise keines entnommen werden konnte"*, läßt eine Routinemeldung der Gemeinde vom 1.9.1947 schmunzeln. Allerdings liegt eine Neudorfer Meldung vom Frühjahr (2.5.1947) vor, die von offenen Durchlässen, fehlenden Schiebern und rascher Beseitigung der Mängel an der Neudorfer Saalbachstrecke berichtet. *„Die Personen, welche die Durchlässe geöffnet hatten, konnten nicht ermittelt werden"*, heißt es wie üblich.

Abb. 8.35 Der Gießgraben bei Kirrlach soll demnächst durch Ausleitung von Wasser aus dem Kriegbach wieder reaktiviert werden. Dabei müssen die Sträucher, die mittlerweile am oder im Graben wachsen, nach Möglichkeit erhalten werden. Ein „Probelauf" gegen Ende des Jahres 1995 soll darüber Aufschluß geben, wie der Graben am schonendsten wieder zu öffnen ist.

Eine endgültige Eskalation fand statt, als die Gemeinde Philippsburg – auf Empfehlung des Landratsamts – ihre eigenen Feldhüter im September 1947 unter Polizeischutz nach Neudorf schickte, um die Schleusen zu schließen. Dies war in Anbetracht der üblichen Spannungen zwischen den Hardtdörfern geradezu eine offene Kriegshandlung. Zwischen Karlsdorf und Neudorfer Mühle waren laut Bericht *„78 Entnahmeschleusen widerrechtlich geöffnet"* und zusätzlich noch waren 45 verschlossene *„in so liederlichem Zustand, daß dieselben auch als geöffnet zu betrachten"* waren.

Die Bilanz einer erneuten „Abdichtungs"-Sonderaktion im Juni 1948 ist ernüchternd. Bei der täglichen Überprüfung der Wässereinrichtungen – erneut unter Polizeischutz, da einige Wässerer drohende Haltung einnahmen – waren ständig ein Teil der Schleusen (Dohlen oder Auslässe sind gemeint), die am Vortag verschlossen worden waren, wieder geöffnet. Das Spielchen wiederholte sich. Geschlossene Schleusen wurden nachts wieder geöffnet und am Tage wieder versperrt und verkeilt. Die gebotene Reinigungspflicht (Mähen und Schlammentfernung) wurde schlecht beachtet. Schlimmster Sünder war einmal mehr der bereits 1947 besonders aufgefallene Neudorfer Müller, der Wasser staute, aber nachweislich nicht zum Mahlen verwendete. Der amtliche Bericht führt aus: *„Der Grund dürfte darin liegen, daß er nachts sein eigenes Wiesengelände widerrechtlich wässert. Sichtbares Zeichen ist das in seinen Wiesen stehende Wasser."*

Wen wundert es da, daß das amtierende Philippsburger Ortsoberhaupt Karl Kruse sich 1947 wieder an den Schreibtisch setzte und brieflich beim zuständigen Bruchsaler Landrat Leo Weiß auf die Pauke hieb. Denn neu waren die Vorkommnisse ja beileibe nicht. Auch Amtsvorgänger Franz Götzinger hatte bereits früher erfolglos interveniert.

Die Tageszeitung kochte das Thema zusätzlich hoch (BNN vom 4.10.1947). Sie ließ den wütenden Philippsburger Engelsmüller Hans Durst zu Worte kommen: *„Also heraus endlich mit dem Wasser"*, und als Patentrezept empfahl er: *„... und werft den Pfinzkanal zu oder leitet das nutzlos wegfließende Wasser des Kanals in das nutzbringende Saalbachbett"* – eine prophetische Vorwegnahme der heutigen Konzepte (siehe Kap. 9), wenn auch damals nicht aus ökologischen Gründen. Auch der Garnisonsmühlenbetreiber Albert Konzi reichte eine dicke Beschwerde beim Landratsamt ein. Schadensersatzansprüche für Strom- und Rohölkosten von über 23.000 Reichsmark stellten die Engelsmühle und die Garnisonsmühle für 18 Monate Wassernot zusammen.

Das Landratsamt versuchte, das Landespolizeikommissariat einzuschalten und veröffentlichte im Amtsblatt einmal wieder die Wiesenwässerordnung, mit dem Erfolg Null. Brav lieferten indes die Neudorfer ihr Verzeichnis von 168 Wässerwiesen samt Besitzern ab und wässerten aktenkundig weiter schwarz. Laut mündlichen Auskünften von Zeitzeugen machten es die Hambrükkener auf ihren Grundstücken in den Saalbachwiesen der Bruchsaler Außengemarkung übrigens auch nicht anders. 1948 das gleiche Spiel: *„Es sind 20 Tage nach der Wässerzeit, ohne daß ein Tropfen Wasser die Gemarkung Philippsburg erreicht hat"*, klagte Philippsburgs Bürgermeister im entsprechenden Beschwerdebrief (21.6.1948).

Der Sisyphuskampf gegen den Wasserdiebstahl

Eine der „Hauptbeschäftigungen" des Landratsamtes Bruchsal, damals federführend bei der Afsicht über die Wässerung, war es über dreißig Nachkriegsjahre hinweg, in zahlreichen Versuchen der unberechtigten Wasserentnahme aus dem Saalbach Herr zu werden. Der Wasserklau wurde allmählich und vielleicht nicht zuletzt durch eine gewisse Resignation des Amtes regelrecht institutionalisiert. Fast grotesk klingt es, wenn das Landratsamt ein Schreiben an die Wiesenwässergemeinden mit dem lapidaren Satz beginnt: *„Mit Ende der Frühjahrswässerung an der Saalbach am 30. 5. 1948 beginnt wieder die Zeit des fortgesetzten Wildwässerns am Saalbach"*. Natürlich versuchte man auch jetzt wieder mit den gleichen wirkungslosen Mitteln dagegen anzugehen: Zusätzlich zu Kontrollen durch Landespolizei und Wiesenwässerbeauftragte verordnete das Amt den betreffenden Gemeinden, *„durch die Feldhut das Gebiet des Saalbachs täglich mindestens einmal kontrollieren zu lassen"*. Anzeigen gegen Wildwässerer sollten erstattet und ein Monatsbericht vorgelegt werden. Zur Kontrolle der Kontrollen wurde sogar Überwachung der Wächter durch die Gemeinden *„zu verschiedenen Tageszeiten"* angeordnet. Der Erfolg blieb natürlich aus. Prompt folgte die erneute Verschärfung der Vorschriften durch Androhung von generellem, langfristigem Wasserentzug für Schwarzwässerer bis zur Neueinrichtung der Wässereinrichtungen.

Mit der „Wasserdisziplin" standen die Wiesenbesitzer also beständig auf Kriegsfuß. Doch kam Wasser nicht allein durch Wildwässern abhanden. Etliches Naß versickerte in Bach- und Grabenbetten. Es lief durch rissige Dämme oder entströmte durch Mauselöcher, die allerdings nach alter Väter Sitte (siehe oben) oft mit Stöcken „aufgebohrt" oder zumindest durchgängiger gemacht wurden. Das war die bescheidenste Form verbotener Wasserentnahme, die seit Barockzeiten gepflegt wurde (siehe auch S. 282 ff.). Toller trieben es andere, die nachts Schleusen öffneten und dadurch Bäche und Gräben oft völlig trokkenlegten. Noch übler war es, die Staubretter wegschwimmen zu lassen oder sie zu zerschlagen. Besonders einfach hatten es die Müller, die meist kleinere Auslaßschleusen für ihre nahen Wiesen hinterm Stauwehr hatten und bei Nacht und Nebel Wasser abzapfen konnten. Das Schwarzwässern entwickelte sich, so ist man geneigt zu glauben, zum wahren Volkssport mit dem zusätzlichen Nervenkitzel, Behördenvertreter nasführen zu können.

Die letzte Blütezeit der Bruchsaler Wiesenwässerung (1947–65)

Die Beschwerden aus Philippsburg hatten das Landratsamt immerhin dazu gebracht, endgültig Abhilfe für die Mißstände suchen zu wollen. Bereits am 5. November jenes ungewöhnlich trokkenen Jahres 1947 tagte unter Vorsitz von Landrat Leo Weiß eine Versammlung im Bruchsaler Gasthaus „Wolf" (heute Landeszentralbank). Heiße Themen waren die mangelnde Wasserführung des Saalbaches und das „Wildwässern", wie die Schwarzwässerei amtlich eleganter bezeichnet wurde. Hierbei hatten auch Vertreter des Wasserwirtschaftsamtes ein gewichtiges Wort mitzureden. Regierungsbauinspektor Weingärtner führte die Misere teilweise auf die technischen Unzulänglichkeiten der überalterten Anlagen zurück und legte ein Gesamtkonzept zur radikalen Beseitigung aller Mißstände vor. Die horrenden Kosten schockten: Die Summe für neue Auslässe, Wehre, Gräben, Böschungserhöhungen etc. veranschlagte der Fachmann auf satte 110.000 Reichsmark, die allerdings durch Zuschüsse und Eigenleistungen verringerbar waren. Auf eine Rentabilitätsberechnung verzichtete er großzügig. Er setzte auf die durch seine Vorschläge zu gewährleistende, ordnungsgemäße Zuführung von Wasser für alle Betroffenen und deren daraus resultierende *„allseitige Zufriedenheit"*.

Bei der Debatte kam es gar zum Expertenstreit, ob die Überflutung mittels Wasserausläufen (Zementrohren unter den Dämmen) oder über die Dammkanten hinweg durch Aufstauen geschehen sollte. Die Diskussion wurde hitziger. Wasserfrevler wurden angeprangert. Keiner wollte natürlich ein Wasserdieb sein, jeder pochte auf sein Wasserrecht. Der Saugraben solle reaktiviert und wieder vom Saalbachkanal gespeist werden, hieß es schließlich. Und im übrigen solle man gefälligst abwarten bis nach der Währungsreform. Doch der Landrat befand, dies wäre ein unzulässiges Verschieben der leidigen Angelegenheiten und ermahnte alle, *„die Arbeiten sofort zu beginnen, da seiner Ansicht nach, nach einer erfolgten Währungsreform die nötigen Geldmittel zur Durchführung dieses Projektes nicht mehr aufgebracht werden könnten"*.

Allerdings waren die genossenschaftlich organisierten Wiesenwässerer nicht in ausreichender Zahl vertreten, um sofort einen verbindlichen Be-

„Zuckerwasser"

Die berechtigten Philippsburger Klagelieder über massiven Wasserklau veranlaßten den Bruchsaler Landrat Leo Weiß wegen vielfacher Verstöße gegen die Wiesenwässerungsordnung – wieder einmal – am 3. 11. 1947 zu einem Schreiben an die Gemeinde Neudorf. Dort und in Hambrücken gab es offensichtlich die meisten und auch schlimmsten Wasserfrevler. Der Landkreischef ersuchte eindringlich, die bestehenden Vorschriften den Einwohnern einbleuen zu lassen: durch ortsübliche Bekanntmachung und Anschlag im Rathaus. Dazu forderte er schärfere Kontrollen und scheute sich nicht, die höchstzulässige Geldstrafe für jeden Verstoß massiv anzudrohen. Seine Sorge galt zu diesem Zeitpunkt weniger dem Futter für das Vieh als der Versorgung der Menschen. Es ging um das Mangellebensmittel Zucker. Denn ein trockener Saalbach bedeutete zwar weniger Heuertrag, aber auch, daß die Waghäusler Zuckerfabrikanten nicht voll arbeiten konnten. Üblicherweise wurde in Herbstzeiten tagsüber Saalbachwasser für die Rübenkampagnen über den Wagbach als „Zuschußwasser" der Zuckerfabrik zugeleitet, maximal 16 Stunden täglich. Deshalb fuhr der Landrat fort, den Frevlern ins Gewissen zu reden: *„Es darf keineswegs dazu führen, daß die Zuckerkampagne der Zuckerfabrik Waghäusel durch erfolgreiches Schwarzwässern zum Scheitern gebracht wird. Von der Arbeit der Zuckerfabrik Waghäusel hängen die zukünftigen Zuckerzuteilungen in unserem Gebiet ab."* Das war Klartext. Ob die Schwarzwässerer daraufhin allen Landkreisbewohnern den damals üblichen Zichorienkaffee weniger süß machten oder ob das Machtwort der Behörde half, ist nicht belegt.

Abb. 8.36 Begradigte und ausgebaute Kanäle sind in der westlichen Grabener Bucht heute die Regel. Hier der Verlängerte Pfinzkanal, von den Dämmen des Saalbachkanals bei Rußheim aus gesehen.

schluß herbeizuführen. Die Teilnehmer scheuten die Restkosten von immer noch über 40.000 Reichsmark und die umfangreichen Grabarbeiten ihrer Mitglieder. Andererseits wollten sie natürlich auch dem Philippsburger Stadtsäckel keine Strafe für entgangene Heuernten zahlen. Als Höhe dieser Regreßansprüche wurde übrigens in etwa der gleiche Betrag genannt, den die Baumaßnahmen letztlich kosten sollten.

Ordnung in den „Selbstbedienungsladen Wiesenwässerung" versuchte das Landratsamt dann 1948 mit der Wiederaufstellung der Wiesenwässerungsgenossenschaft zu bekommen. Vorstandswahlen fanden daher am 21.4.1948 statt, und Beschlüsse zur Verbesserung der Bewässerungseinrichtungen waren in Übereinkunft mit dem Wasserwirtschaftsamt zu fassen. Später wurden regelmäßig Genossenschaftsversammlungen durchgeführt, bei denen immer auch Kassensturz gemacht und ein Haushaltsplan aufgestellt wurde. Die Haupteinnahme – etwa 3.000 DM in den 1960er Jahren – waren die Beiträge der Mitglieder. Sie besaßen durch Realteilung meist schmale, lange Wiesenstreifen (2–3 x 350 Meter) und wurden flächenmäßig veranlagt. Aussteigen aus dem Verband konnten Wiesenbesitzer kaum. Das Kapitalvermögen war immer bescheiden, da die Beiträge nicht gerade üppig waren, alljährliche Fixkosten entstanden (Vergütungen für Wässerer, Verwaltung) und Investitionen, Reparaturen, Dammunterhaltung, Reinigungsarbeiten etc. zu Buche schlugen. Kostengünstig war es, wenn witterungsbedingt keine oder nur teilweise Wässerung (keine Sommerwässerung 1967) erfolgte.

SIEGELE (1984) gibt uns eine farbige Schilderung vom Wiesenbau bei Bruchsal nach dem Zweiten Weltkrieg:

„Das satte Grün der Wiesen im Frühjahr und die Blütenpracht der Wiesengräser vor der Heuernte gaben dem Tal eine besondere Note, verbunden mit unendlichem Reichtum an Pflanzen und Tieren. ...

21 Tage standen den Wiesen auf der Kerngemarkung zur ersten Bewässerung zu Verfügung. Die Bewässerungsaufseher trugen die Verantwortung für eine erfolgversprechende Bewässerung aller Wiesen der Genossenschaftsmitglieder. Seit Beginn dieses Jahrhunderts waren dies die

Landwirte Josef Häcker, Württemberger Straße 85, Matthäus Schweikert, Orbinstraße, Josef Ekkert, Neugasse und zuletzt Paul Schleicher, Württemberger Straße 55. ...

Die Bewirtschaftung der Wiesen im Jahresverlauf ging wie folgt vonstatten: Im März wurden die Maulwurfshügel eingeebnet, Reste der Stallmistdüngung vom Winter, das Stroh, 'zusammengerechelt' und mit der Wiesenegge die Wiesen bearbeitet. Am 1. April begann die erste Bewässerung der Wiesen. ...

Je nach Witterung und Vegetation wurde einen Monat nach der Bewässerung, so Ende Mai, mit der Heuernte begonnen. Nun war Leben im Saalbachtal. Gemäht wurde mit frisch 'gedengelter' Sense, im 'Kuf der Wetzstein zum 'Nachwetzen'. Schon um 4 Uhr früh standen die Mäher im Tal. Gutes Wetter und viel Sonnenschein waren das Wichtigste bei der ganzen Heuernte. Viele Wiesenbesitzer oder Pächter kamen – wie schon erwähnt – aus den umliegenden Hardtdörfern. Bei der Heuernte blieben sie den ganzen Tag auf ihrer Wiese und machten Heu.. Mehrmaliges Wenden und am späten Nachmittag auf 'Haufen' setzen gab ein volles Tagwerk. Die Frauen der Wiesenbauern trugen bei der Heuernte weiße Kopftücher zum Schutz gegen die Sonne und gaben so zusammen mit den großen Heuwagen und den Gespannen, in der Regel Kühe, ein beschauliches Bild in der abgemähten Wiesenlandschaft ab. Nach 3 bis 4 Tagen stetigen 'Heuens' wurde das würzige Heu auf 'Schwaden' gerechelt und auf den Heuwagen geladen. Hochbeladen, das Heu mit dem Wißbaum befestigt, fuhr man in die heimatliche Scheuer, für die Heubauern eine lange, aber frohe Heimfahrt.

Zur Sicherstellung der zweiten Heuernte, dem 'Ohmet', begann die Sommerwässerung am 20. Juni; 19 Tage waren nach der Wässerungsordnung erlaubt. Im Sommer waren die Wiesen besonders aufnahmefähig, allerdings hatte der Saalbach in diesem Monat öfters wenig Wasser. Das Ohmet brachte ca. 60 % des Ertrages der ersten Heuernte.

Im Zuge der Erweiterung der Baugebiete Regenwiesen und Bauwiesen und der Industrieansiedlung am Kändelweg, sowie der fast totalen Aufgabe der bäuerlichen Kleinbetriebe in der Stadt und in den Dörfern der Hardt, wurde die Wiesenwässerung immer mehr eingeengt und um 1970 ganz eingestellt. Ein Großteil der Wiesen kam unter den Pflug, wurde so zu Ackerland und diente hauptsächlich dem Getreideanbau. Ein über tausendjähriger Betriebszweig der Landwirtschaft hörte auf zu bestehen.

Von den Schleusen stehen noch die Sandsteinmauern im Bachbett, sie sind nun Wiesenstege geworden. Die Schafwiesenschleuse dient nach wie vor als Bachbrücke. Hier sind noch die hohen Sandsteinpfeiler vorhanden, die zur Betätigung und Festigung der Schließbretter und der Holzwinde erforderlich waren.

Im Saalbachdamm eingebaute Durchlässe wurden dicht gemacht. Alle anderen Wässerungseinrichtungen sind abgebaut, die Wässerungsgraben eingeebnet; nur die Krottbach blieb in einer Länge von 1 km erhalten. Hier stehen noch einige kleine Stellwehre als Zeitzeugen einer vergangenen Epoche.

Die Geschichte der Wiesen im Saalbachtal ist ein Teil der Geschichte der bäuerlichen Bevölkerung unserer Heimat. Die Wiesen auf der Gemarkung Bruchsal mit ihrem großen Flächenanteil prägten entscheidend das Bild der heimatlichen Flur.“

Siegele gibt in der Rückschau ein deutlich zu romantisches Bild von der mühseligen Arbeit der Kleinbauern, die mit dem Ertrag aus den Wiesen kaum in der Lage waren, sich selber und ihre Familien zu ernähren. Außerordentlich plastisch wird aber das Bild der weitläufigen, kaum überschaubaren Wiesenlandschaft bei Bruchsal.

Jeweils im Frühjahr fand unter Federführung des Wasserwirtschaftsamtes Karlsruhe eine Gewässerschau statt. In der Regel war diese im April, rechtzeitig im neuen Wässerjahr. Darüber wurden Niederschriften angefertigt. In Teilabschriften dieser Protokolle gab es bisweilen Aufforderungen an die Wässerer und -knechte, die wie militärische Einsatzbefehle klangen.

So heißt es beispielsweise aufgrund der amtlichen Inspektion am 24. und 25. April 1958 in aufschlußreichen Beanstandungen: *„1. Eisenteile der Neutharder Stegschleuse zeigen starke Rostansätze. Wir verweisen auf OZ.6 der Niederschrift des Jahres 1957 und halten es für erforderlich, daß die Entrostung der Eisenteile sowie das Streichen mit einer Rostschutzfarbe durchgeführt wird. 2. Lohnwiesenschleuse, siehe Befund OZ.6. Wir verweisen auf Niederschrift der Schau 1957 OZ.7. Auflage wurde im vergangenen Jahr nicht erfüllt. Sämtliche Eisenteile dieser Schleuse sind zu entrosten und mit einem Schutzanstrich zu versehen.“* Die im Jahr zuvor bereits beanstandeten Mängel waren also keineswegs beseitigt. Ob der Rüffel jetzt wirkte, ist leider nicht überliefert.

Mit einem Müllproblem konfrontiert uns dagegen ein Schreiben der Bruchsaler Wiesenwässergenossenschaft anläßlich der „Bachschau Saalbach 1961“. Der Saalbach war nämlich in der Tat der in einem lustigen Liedtext besungene „Schwemmkanal“, der „viel Schutt zu Tal“ führte. Ganz seemännisch wird hier als „Strandgut“ bezeichnet, was schwimmend an den Wehren hän-

Der letzte Bruchsaler Wiesenwässerer

Der Bruchsaler Landwirt Paul Schleicher bewirtschaftete bis Ende der 1960er Jahre wie jeder Bauer aus der Bruchsaler Obervorstadt nach herkömmlicher Art seinen Betrieb auf weit auseinanderliegenden Feldern. Mancher kannte ihn aber von einer anderen Tätigkeit: Im Winter, wenn es nichts zu ackern gab, erledigte „de Schleichers-Paul", der das Metzgerhandwerk gelernt hatte, für viele die Hausschlachtung, so auch in etlichen Nachkriegsjahren für die Familie des Verfassers.

Daß er aber jahrzehntelang in nebenberuflicher Lohnarbeit Wiesenwässerer war, blieb weitgehend unbekannt. Auch sein Sohn Richard Schleicher hat nicht nur als Junge den Vater per Pferdefuhrwerk oder Traktorgespann etliche Male zur Wässerarbeit begleitet, er hat ihn als Fünfzehnjähriger sogar vollwertig vertreten und selbst Wiesenwässerung durchgeführt.

Der „Verpflichtungs-Schein" des Badischen Bezirksamtes Bruchsal für Paul Schleicher vom 25.7.1936 gibt in seinem knappen Text exakt Auskunft darüber, daß eine amtliche Anstellung stattfand: *„Herr Paul Schleicher, Landwirt von Bruchsal, wurde heute dahier als Wässerer vorschriftsmäßig handgelübdlich verpflichtet, worüber demselben diese Urkunde zugefertigt wird."* Paul Schleicher behielt diesen Posten bis zur Auflösung der Wiesenwässergenossenschaft 1974, nicht ohne im Laufe seiner drei Jahrzehnte dauernden Tätigkeit die Rangstufe eines „Oberwässerers" zu erklimmen, welcher der Obmann des Dienstbezirks – unterhalb Bruchsals und oberhalb Karlsdorfs – war. Sein Revier umfaßte den Bereich der den Saalbach begleitenden Wiesen westlich von Bruchsal, zwischen Bahnhof bis hin zur Gemarkungsgrenze mit Karlsdorf, einschließlich der Steg- und Bruchwiesen nordwestlich entlang der Bahnlinie (siehe Karten 6 und 7).

Hier also, zwischen Rheintalbahnlinie und Autobahn, war das Reich von Oberwässerer Paul Schleicher und einem Karlsdorfer Helfer, dem zweiten Angestellten der Wiesenwässergenossenschaft, die ihre Zentrale im Bruchsaler Domänenamt hatte. Erster Vorsitzender war in den Nachkriegsjahren dessen Leiter, Domänenrat Max Baumann. Sein Mitarbeiter Ernst Tröndle führte die Genossenschaftsbücher und erstellte die Bilanzen. Paul Schleicher arbeitete im Stundenlohn und hatte – auf Ehre und Vertrauen – alle seine Einsatz- und Arbeitsstunden aufzunotieren und dem Amt zu melden. Kontrolliert werden konnte zwar die geleistete Arbeit, nicht aber der notwendige Zeitaufwand. Es gab eine Menge zeitaufwendiger Arbeit. Reich werden konnte man mit einer Vergütung von 3 Mark auf die Stunde und der Jahreszulage für Oberwässerer in Höhe von 80 Mark (Daten 1965) bestimmt nicht. Außer beim Wässern arbeitete Schleicher bei der Baum- und Flurpflege mit, reinigte den Schönborn- und andere Entwässerungsgräben oder leistete Fuhrdienste für das Domänenamt.

Richard, der Sohn von Paul Schleicher, vertrat in der ganzen Saison 1961 als 15jähriger den kranken, zur Langzeitkur weilenden Vater und hatte dessen Geschäfte auszuführen. Zur festgesetzten Zeit wurden die in einem Karlsdorfer Tabakschuppen gelagerten, hölzernen Verschlußriegel, so zwischen 30 und 40 Stück, anfangs auf ein Pferdefuhrwerk, später auf die vom Traktor gezogene „Rolle" verladen und an die Auslässe in den Dämmen gebracht. Waren diese damit abgedichtet, konnte ein Stück vom Bach aufgestaut werden. Dazu mußten an der unterhalb zunächst liegenden Schleuse – etwa der Schafwiesenschleuse am ersten Wässerabschnitt – die schweren Sperrbohlen mit Hilfe der Windenhölzer an Ketten in die Führungsschlitze der betonierten oder sandsteinernen Pfosten eingelassen werden. Die durch Mittelpfeiler zweigeteilten Bachwehre waren jeweils mit einem Fußsteg zur Bedienung und zum Überqueren des Gewässers versehen. Je drei der zentnerschweren Sperrbalken wurden in zeitlichen Abständen übereinandergesetzt. Ihr Eigengewicht und der Wasserdruck reichten zur Abdichtung gut aus.

Das Warten im Stundenlohn bis zum Rückstau auf die nächste Bohlenhöhe war die schönste Zeit für die Wässerer, erinnert sich Richard Schleicher noch. Meist machten sie solange ein „bezahltes Nickerchen", wobei Vater Schleicher seinen immer mitgeführten, zusammengerollten Kartoffelsack als Kopfkissen benutzte. Der bereits schulentlassene Sohn Richard aber hatte bei der Vertretung endlich etwas Muße, sich auf die theoretische Führerscheinprüfung vorzubereiten, um dann per Sondergenehmigung den eigenen Traktor fahren zu dürfen. Mühsamer war es, nach erfolgter Wässerung die unter Wasserdruck stehenden Schleusen wieder stufenweise zu öffnen. Zur Sicherung gegen Unbefugte mußte ein dickes Vorhängeschloß die Windenanlage sichern. Die kleineren Sperrschilder für die Ausrittsöffnungen ließ man gemächlich den Bach hinuntertreiben und von der nächsten Schleuse auffangen, wenn einige Tage später der nachfolgende Abschnitt für die Bewässerung zu stauen war.

Abb. 8.37
Die Bestallungsurkunde von Paul Schleicher.

Verpflichtungs-Schein.

Nr. ....

Herr Paul S c h l e i c h e r , Landwirt

von B r u c h s a l

wurde heute dahier als Wässerer

vorschriftsmäßig ~~eidlich~~ handgelübdlich verpflichtet, worüber demselben diese Urkunde zugefertigt wird.

Bruchsal, den 25. Juli 1936.

Bad. Bezirksamt.

Badisches Bezirksamt Bruchsal

Q. 74. Oskar Kah. Bruchsal.

gen blieb. Dieses Zeug mußte dort herausgefischt werden, um diese funktionsfähig zu erhalten sowie Verstopfungen und Überschwemmungen vorzubeugen. Es wurden beileibe nicht nur Holzreste, Bohlenstücke, Pfosten, Bretter oder Astwerk von Stürmen in den Bach gerissen. Auch Reste vom Gartenbau der Anrainer, Fäkalien oder Flaschen und andere leere Behältnisse „gingen" wortwörtlich „den Bach runter". Das Wasserwirtschaftsamt stellte dazu fest: *„Das bei den Wasserwehren ausgeräumte Strandgut wurde auf den Dammkronen gelagert. Wenn auch ein Teil davon verbrannt worden ist, besteht trotzdem die Gefahr, daß die nicht verbrannten Gegenstände wie Flaschen, Büchsen usw. wieder in den Bach geworfen werden. ... Das restliche Strandgut ist unschädlich zu beseitigen bzw. abzufahren."* Pflichtschuldig informierte die Wiesenwässergenossenschaft ihren Oberwässerer Schleicher, *„mit der Bitte um baldgeflissentliche Erledigung"* und erbat den Vollzug der Beseitigung, nicht ohne den kreativen Vorschlag: *„Wenn ein Abtransport des Strandgutes zu umständlich und kostspielig sein sollte, dann könnte dies vielleicht in der Nähe vergraben werden."*

Die Pflege der parallel zu den Dämmen verlaufenden Gräben, aus denen das Wasser schließlich in die Wiesen abgezweigt wurde und der Überschuß gesammelt talabwärts weiterlaufen konnte, oblag den Wässerern. Vor jeder Wässerungsperiode mußten sie gereinigt und auf vorschriftsmäßige Tiefe gebracht werden. Früher hatte man vor allem mit Spaten diese mühsamen Reinigungsarbeiten durchgeführt. Paul Schleicher indes bediente sich seines Pferdes und riß die Grabensohle mit dem Ein-Schar-Pflug auf, talauf und talab. Der so gelockerte Lehm konnte nun mit der bequemeren Schaufel an den Damm zu dessen Verstärkung angeworfen werden.

Bei den Papieren Paul Schleichers fand sich ein handschriftlicher Beleg über die Arbeit der beiden Bruchsal–Karlsdorfer Wiesenwässerer und die dafür erzielten Aufwandsentschädigungen. Ein handgeschriebener Zettel, der wohl dem genossenschaftlichen Rechner Tröndle für die Löhnung eingereicht war, gibt eine Handvoll Hinweise. Es fehlt zwar eine Jahresangabe, doch könnte jedes Jahr eine ähnliche Sonder-Lohnforderung eingegangen sein. Dort lesen wir z. B. an den Adressaten „Wiesenwässerungsgenossenschaft Bruchsal" gerichtet über die Ausführung von Arbeiten: *„8. Juli. Schleusen abgehängt und eine aus der Saalbach geholt [gemeint ist wohl ein hölzerner Sperriegel für die seitliche Wasserentnahme]. 4 Traktorstunden à 8 DM. Riffel, Franz [der damalige Karlsdorfer Wässerer] 4 Stunden à 2,70 DM; Schleicher, Paul, 4 Stunden à 2,70 DM. "* Die Jahreszulage für Oberwässerer betrug damals 60 Mark (1962). Die Stundenlöhne wurden alle paar Jahre, aber immer nur auf rechtzeitigen Antrag der Wässerungsbediensteten, geringfügig erhöht.

Abb. 8.38 Der Bruchsaler Wagnermeister Eugen Dantes setzte lange Jahre im Auftrag der Wiesenwässergenossenschaft die defekten Stellbretter instand und stellte neue her.

Außer den Landwirten als Wässerern war noch ein anderer Berufszweig finanziell an der Wässerung beteiligt: In Bruchsal war es der Wagner Eugen Dantes, der heute noch, hochbetagt, als weit und breit letzter des aussterbenden Gewerbes seinem geliebten Beruf nachgeht. Dantes fertigte im jeweils gewünschten Maß die leicht konisch zulaufenden Absperriegel für die gemauerten, seitlichen Auslässe im Damm aus mehreren Brettern, die rückseitig verstärkt und mit einem robusten Mittelholz versehen waren, das zu besserer Griffigkeit in einer Hals-Kopf-Form endete. Wenn nötig, ließ sich der Riegel über diese Mittelachse mit einem Hammer festklopfen oder, wenn er beim Öffnen klemmte, daran herauszerren. Schleicher brachte Dantes die Aufträge und holte die neuen oder geflickten Schilde für die Wiesenwässergenossenschaft bei ihm in der Durlacher Straße ab.

Daß, wie oben beschrieben, die Männer zweimal Schleusenteile aus dem Bach fischen mußten, ist bemerkenswert. Damit dokumentieren Schleichers handschriftliche Aufzeichnungen eine mündlich z. B. aus Hambrücken überlieferte, weitverbreitete Unsitte in Wässerwiesenbereichen, die alljährlich nicht nur den Wässerern und natürlich den Müllern bachabwärts das Leben schwer machte, sondern auch Ärger zwischen den Gemeinden verursachte. Mutwillig wurden durch Lausbuben oder absichtlich durch Wasserdiebe Überflutungen verursacht, die anderen das Wasser nahmen. Manche Sperrschilde flogen einfach in den Bach, komplett oder auch zerschlagen. Dessen Strömung trug die herausgerissenen, bisweilen arg beschädigten Holzriegel oft weit davon. Die Rückholung war, wie in Schleichers obiger Abrechnung dargestellt, aufwendig.

Veränderungen durch Wiesenumbruch und Kanalbau

Von Kanalbauten im Pfinz-Saalbach-Gebiet und geplanter „Landgewinnung“ von 800 ha, vor allem in der Rheinniederung zwischen Neureut und Waghäusel, spricht ein Schreiben des Landrats vom 30.6.1949, das zur ganztägigen Besichtigung in Frage kommender Gemarkungsteile von gut zwei Dutzend Landkreisgemeinden des alten Landkreises Bruchsal einlud.

1949/50 erfahren wir von ersten Meliorationen (z. B. Weingartener Bruchwiesen) zum Anbau von Futterwiesen zur Ertragssteigerung. Versuche mit Saatgemischen Hafer-Wicken und Rotklee-Weidelgras auf Niederungsmoor in Rheinhausen sind dokumentiert. Die Wiesenumbrüche zur reinen Ackerlandgewinnung setzten erst zirka zehn Jahre später ein.

Auflösungserscheinungen (1965–69)

1960 flackerte der Streit ums Saalbachwasser nochmals auf. Philippsburg hatte lange stillgehalten. Doch nun sollte eine Einigung der Kontrahenten, Gemeinden und Genossenschaft, angestrebt werden. Eine neue Wässerungsordnung, nachdem die alte als Polizeiverordnung 1957 ungültig geworden war, sollte zum Frieden beitragen. Neu an den Vorschlägen war eigentlich nichts, die Zweiteilung der Wässerungszeiten für den Abschnitt unterhalb von Karlsdorf war längst eingeführt. Es blieb bei 42 Wässertagen im Zeitraum zwischen 1. April. und 12. Mai. Festgeschrieben werden sollte ein Mindestwasserstand von 30 Zentimetern nach Wehröffnung, um ein völliges Austrocknen grundsätzlich zu verhindern. Der Saalbach sollte Vorrang vor seinem Entlastungskanal bekommen.

Oberhalb Karlsdorf waren 1960 laut einem Protokoll rund 123, unterhalb 254 ha als Wässerfläche ausgewiesen und damit „beizugspflichtig“. Das Wehr der Neudorfer Mühle hätte übernommen werden können, da der Müller Woll den Betrieb aufgegeben hatte. Doch ein Neubau für etwa 10.000 DM oberhalb der Saugrabenschleuse erschien kostengünstiger als die Reparatur des desolaten Mühlenwehres. Noch wollte man immerhin für die Wässerung investieren.

Erst Jahre später wird die Fertigstellung des neuen Wehres bei der Neudorfer Mühle – allerdings zu über 35.000 DM, bei einer Unterschreitung des Kostenvoranschlags von glatten 8.000 DM – im Protokoll einer ordentlichen Versammlung vom 1.7.1964 festgehalten. Ein Unternehmen, bei dem sich die Genossenschaft trotz 50 % Landesbeihilfe mit einem 10.000-DM-Darlehen verschuldete.

Daß es mit der Wässerei abwärts ging, hing sehr stark mit der Umstrukturierung der Landwirtschaft zusammen. Durch die Mechanisierung entfiel vor allem die Heuproduktion für Zugtiere. Kleinbauern gaben auf, und die Ställe leerten sich. Die Wiesen wurden zunehmend unbedeutend, ja wertlos. Als künftiges Ackerland waren sie gefragter.

Zeilen wie im Protokoll der Genossenschaft vom 30.6.1967, die auf die *„immer stärker werdenden Schwierigkeiten in der Bewirtschaftung der Wässerwiesen“* abheben, klingen eindeutig. Für das gesamte Wässergebiet wurde noch ein rasches Flurbereinigungsverfahren vorgeschlagen, zu dem es aber nicht mehr kam.

Der Bau der Karlsdorfer Schule anfangs der 1960er Jahre tangierte die wasserrechtlichen Genossenschaftsinteressen und ist ein kleines Beispiel aus dem Kapitel „Umwidmung einstiger Wiesen“. Diese konnte aber auch anders ausfallen, als daß aus Wässerwiesengrund Bauland wurde. Der Wiesenumbruch großen Stils war gekommen – gefördert und honoriert vom Landwirtschaftsministerium.

Das 1968er Protokoll enthält die Notiz über einen Rechtsfall, der geradezu symptomatisch für den Niedergang der Wässerung ist: Der Landwirt des Karlsdorfer Lußhardthofs habe *„durch Umpflügen seiner Pachtfläche das Wässerungssystem teilweise zerstört. Der Hauptwässerungsgraben darf nicht zugeschüttet werden. Die betroffenen Anlieger haben sich beschwert, kein Wasser mehr für ihre Wiesen zu erhalten und Schadensersatzansprüche gestellt.“*

Aber auch offizielle Stellen handelten nicht nach Wässerungsrecht. So sollte unbedingt *„die Stadt Bruchsal benachrichtigt werden, das Wasser der Saalbach nicht in den Kanal weiterzuleiten, damit keine nachteiligen Auswirkungen auftreten können“* (13. 4. 1968). Die Wässerer hatten festgestellt, daß der Saalbach mehrfach kein Wasser führte, was für Böschungen und Ufer bekanntlich nicht zum Besten war und klipp und klar gegen frühere Abmachungen verstieß.

Das endgültige Aus für die Bruchsaler Wässerwiesen (1969–74)

Max Baumann, letzter Vorsitzender der Wiesenwässerungsgenossenschaft, gibt in einem Rundschreiben vom 21.7.1969 Gründe für den rapide fortschreitenden Zerfall *„der Zweckmäßigkeit und Bedeutung“* seiner Genossenschaft an. Er nennt als Knackpunkte die zunehmende Industrialisierung, die Änderung der Nutzungsverhältnisse (gemeint ist wohl der staatlich subventionierte Wiesenumbruch in Ackerland) und die in die Wiesenbereiche drängende Wohnbebauung (sein Beispiel: Karlsdorf, Gewann Kohlfahrtswiesen).

In der vorangegangenen Hauptversammlung schon hatte die Genossenschaft *„ernsthaft über die Möglichkeit einer Auflösung“* beraten. Eine solche erforderte aber nicht nur die Zustimmung

Abb. 8.39 Der bekannteste Aquädukt im Landkreis führt den Saalbach über den Saalbachkanal. Er liegt direkt neben der B 35 zwischen Karlsdorf und Neudorf und ist von der Straße aus gut zu sehen. Wenn man die Dimension der beiden Gewässer betrachtet, ist leicht verständlich, warum der Bau der großen Kanäle der Pfinz-Saalbach-Korrektion kaum noch Wasser für die traditionellen Bäche und Gräben übrig ließ.

aller Mitglieder, sondern auch die des Ministeriums. Dazu mußten rechtliche Probleme geklärt sein, wie die der Pflegekostenübernahme für die Wässereinrichtungen, der Kostenübernahme für deren eventuelle Beseitigung oder für eventuell dadurch erforderliche neue Hochwasserschutzeinrichtungen.

Ein Wässerungsbeitrag mußte also weiterhin bezahlt werden, wenn auch ein reduzierter. Im Bezirk „Oberhalb Karlsdorf" ging er um 5 Pfennige auf 0,20 DM/Ar zurück, im Bezirk „Unterhalb Karlsdorf" von 0,30 auf 0,25 DM/Ar. Die Kostendämpfung griff. Ganze 262 statt der veranschlagten 3.026 DM für die Betriebskosten (Wässerung, Grabenreinigung, Dohlenausbesserung, Schleusenreinigung, Schleusenausbesserung, Dammunterhaltung, Zulage für Oberwässerer, Miete für Unterstellräume, Unvorhergesehenes) waren 1969 „Oberhalb Karlsdorf" zu berappen, während der Verwaltungsaufwand konstant blieb. Die Wässerung sollte sich, wenn überhaupt nötig, nur auf den Sommer beschränken. Wegen des nassen Jahres unterblieb die kostenintensive Wässerung. So sparte man die veranschlagten Wässerkosten von 1.650 Mark voll ein. Eine baldige, möglichst befriedigende Lösung stellte Baumann in Aussicht. Noch 1970 tagte die Genossenschaftsversammlung im „Bären" mit ganz regulärer vereinstechnischer Tagesordnung. Das endgültige Aus kam erst 1974.

Das Bruchsaler Stadtbauamt befaßte sich im Endstadium mit der Demontage der *„Wässerungseinrichtungen der Genossenschaft, die sich in Auflösung befindet"*, wie es im Schreiben des städtischen Tiefbauamtes vom 2. 7. 1974 heißt. Es veranschlagte einen Zeitraum von zwei Monaten ab dem 1. Juli für die notwendigen Arbeiten, z. B. Schleusenabbau, Einebnung der Gräben, Beseitigung der Auslässe (Dohlen).

Und so geschah es. Gründlich wurde aufgeräumt. Nur spärliche Reste, beispielsweise von der Schafwiesenschleuse (Zufahrt zum SEW-Parkplatz) oder eine Feldwegschleusenbrücke bei Hambrücken, künden noch von Zeiten der jahrhundertelangen verstärkten Grasproduktion durch Wiesenwässerung mit Bachwasser.

Die Saalbachaue heute [Karte 7]

MICHAEL HASSLER

Das Wasser des Saalbachs wurde ab Bruchsal durch die Pfinz-Saalbach-Korrektion in den 1930er Jahren weitgehend umgeleitet und über den Saalbachkanal, einen vollständig ausgebauten Kanal, direkt in den Rhein geleitet (siehe Karten in Kap. 3).

Gleichzeitig wurden viele Ableitgräben, wie Duttlachergraben, Speckgraben, Erlengraben, Wagbach, Saugraben, Heckgraben und Mittlerer Neureutgraben, von ihren oberen Zuläufen abgeschnitten. Sie führen seither nur noch sporadisch Wasser, abhängig von Grundwasserstand und Niederschlägen. Speck-, Breithaupts- und Weitlachgraben verlandeten vollständig nach dem zunehmenden Trockenfallen der Feuchtwälder. Auch der Dohlengraben nach Neudorf verlor seine Funktion nach dem Bau einer Kanalisation in Neudorf.

Die Saalbachaue fiel zunehmend trocken und war gleichzeitig für den Ackerbau besser geeignet. Die Wiesen wurden daher weitgehend umgebrochen, bis eine Zeitlang nur noch ein kümmerlicher Rest übrig war. Gleichzeitig entwickelte sich ab den 1970er Jahren ein riesiges Industriegebiet zwischen Bruchsal und Karlsdorf; die Saalbachaue verlor ihren Charakter als Wiesenaue. Das gesamte Bachsystem aus der Büchenauer Hardt zwischen Bruchsal, Untergrombach und Karlsdorf wurde verlegt oder ausgebaut. Die Waldgräben liegen hier meistens trocken.

Außer den korrigierten Kanälen und dem Saalbach selbst sind heute praktisch keine ständig wasserführenden Gräben mehr vorhanden. Wagbach und Saugraben erhalten seit den 80er Jahren Wasser über neue Zuleitungen und werden so notdürftig im unteren Bereich „am Leben erhalten“. Der Saalbach übergibt sein Wasser bei der Neudorfer Mühle an den parallelführenden Saugraben, bis beide sich in der Molzau wieder vereinigen. Der Reutgraben bei Forst führt noch sporadisch etwas Wasser. Immertengraben, Eiergraben, Hartgraben, Duttlacher Graben und Salinengraben sind heute reine Ableitgräben bzw. Entwässerungen von Industriegebieten.

Zu Beginn der 1990er Jahre war von all der einstigen Wiesenaue nur noch ein recht kümmerlicher Rest übrig: die heute so bezeichneten „Krottbachwiesen“ zwischen dem westlichen Stadtrand von Bruchsal und dem Saalbachkanal. Die restlichen Flächen waren für weitläufige Industriegebiete, Maisäcker und den Segelflugplatz Bruchsal geopfert worden. Die Krottbachwiesen sind extrem überdüngt und gelten als Negativbeispiel für artenarme Wiesen; an manchen Stellen wachsen statt Gras nur noch Brennesseln.

Inzwischen hat aber der Wiesenbau wieder eine kleine Renaissance erlebt (ausführlich in Kap. 9 geschildert). Der in Karlsdorf ansässige Landwirt Heneka baut einen Teil der noch erhaltenen Flächen wieder als Wiesen an, vor allem westlich des Segelflugplatzes, zwischen B 35 und Altem Saalbach und im Gewann Klein Wendelrot. Die Wiesen sind bisher zwangsläufig noch artenarm, eine Bewässerung findet nicht mehr statt.

Ein Teil von ihnen wird in wenigen Jahren außerdem wieder dem Neubau des Burgwegs im Rahmen der B-35-Nordumgehung weichen müssen; die noch erhaltenen Krottbachwiesen sind ein geplantes Baugebiet. Daher wird manches hier nur eine kurze, wenige Jahre währende Spätblüte des Wiesenbaus in der Bruchsaler Region bleiben.

Karte 8 (S. 310): Das Waghäusler Bruch und seine Umgebung im Zustand um 1840.

Karte 9 (S. 311): Das Waghäusler Bruch und seine Umgebung im heutigen Zustand.

1 Kriegbach
2 Wagbach
3 Altlautergraben
4 Gastlachergraben
5 Gabelgraben (Schanzengraben)
6 Hühnerhorstgraben (Speckgaßgraben)
7 Scheidgraben
8 Mähbruchgraben
9 Neugraben
10 Bruchgraben
11 Neugraben
12 Duttlacher Graben
13 Heugraben
14 Mühlbach
15 Saalbach
16 Saugraben
17 Kleinfeldgraben
18 Schmalfurtgraben (Scheidgraben)
19 Rohrstückergraben (Bruchgraben, Thüngen'scher Graben, Ding'scher Graben)
20 Pfinzgraben
21 Pfinzkanal
22 Philippsburger Altrhein
23 Erlengraben

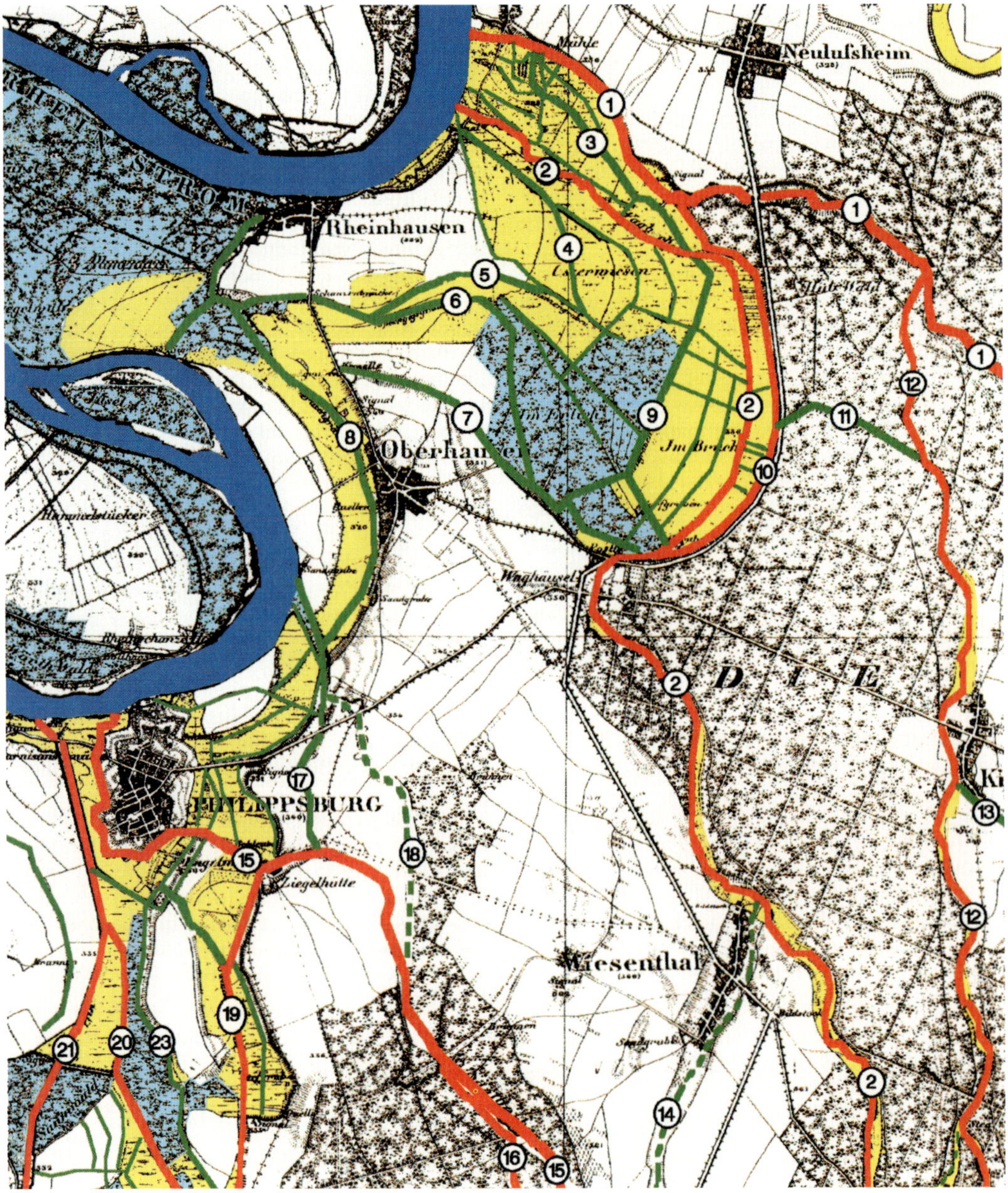

Neulußheim
Mühle
Rheinhausen
Oberhausen
Waghäusel
PHILIPPSBURG
Ziegelhütte
Wiesenthal
Im Bruch
D I E
1
2
3
4
5
6
7
8
9
10
11
12
13
14
15
16
17
18
19
20
21
23

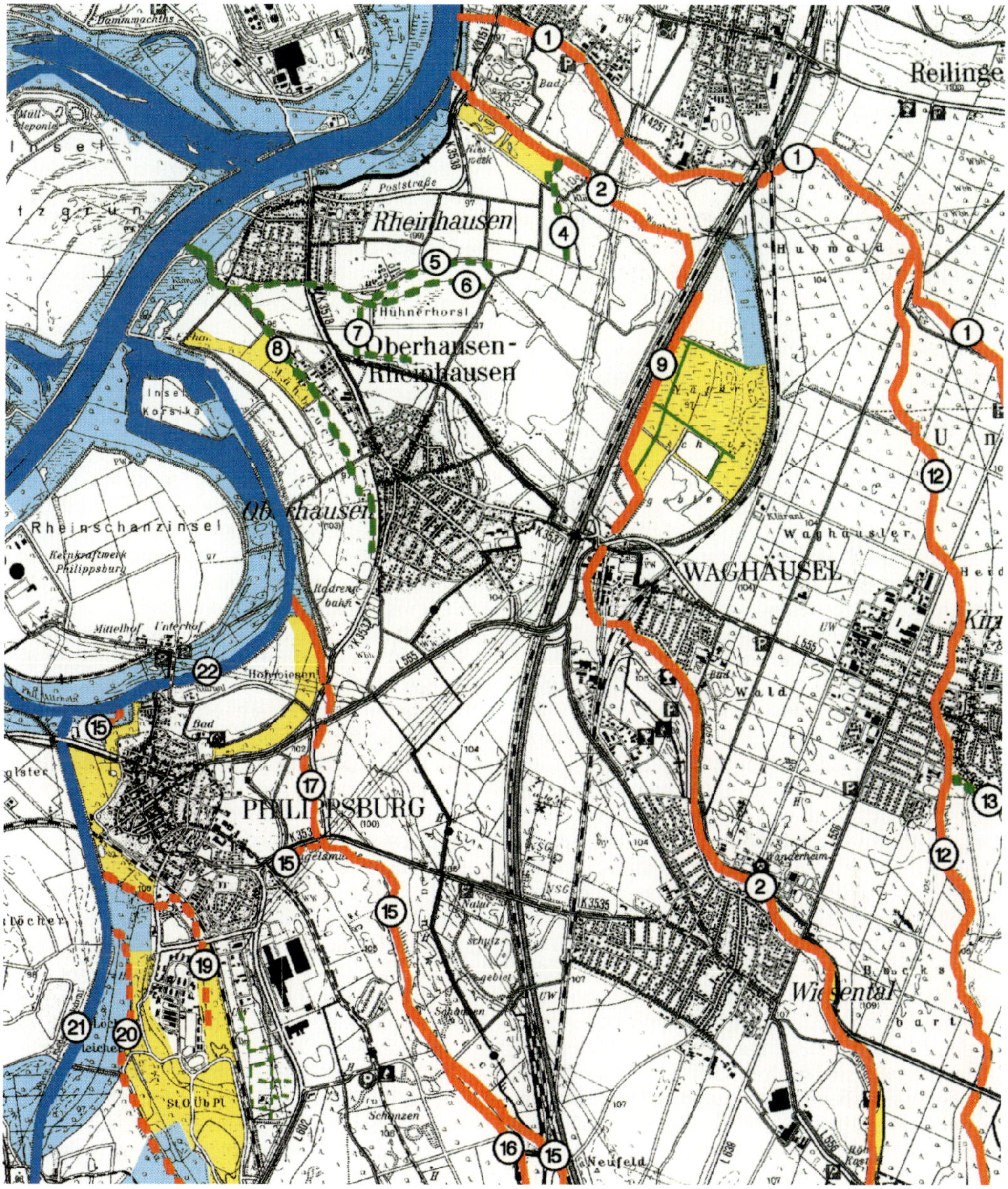
Reilinge
Rheinhausen
Oberhausen-
Rheinhausen
Hühnerhorst
Poststraße
Rheinschanzinsel
Kernkraftwerk
Philippsburg
Mittelhof
Unterhof
Insel
Korsika
Oberhausen
WAGHÄUSEL
PHILIPPSBURG
Wiesental
Neufeld
Schanzen
Hubwald
Waghäusler
Wald
Neuwiesen
Leichen
St.O.Üb.Pl.

Der „große Morast“: Philippsburg und die Kleine Pfinz

MICHAEL HASSLER

Die Zeit der Festung [Karten 3, 8]

Die ehemalige Reichsfeste Philippsburg nimmt in der Region eine besondere Stellung ein. Sie dominierte den westlichen Landkreis; Kriege um ihren Besitz wurden (mit wechselnden Vorzeichen) über Jahrhunderte geführt. So ist es kein Wunder, daß die Landschaft um Philippsburg nicht nur aufgrund von wirtschaftlichen, sondern hauptsächlich durch militärische Belange geprägt wurde. Statt Sümpfe trockenzulegen, wurden sie rund um Philippsburg sogar absichtlich gefördert, wie in vielen Akten dargelegt ist. Damit entstand ein recht effektiver zusätzlicher Schutz für die Festung. In den alten Karten wird vor allem die Sumpfzone südlich von Philippsburg (heutige Rohrstükker) als „Großer Morast“ bezeichnet. Auch nordöstlich der Feste befand sich ein ausgedehntes Grabensystem mit Feuchtwiesen und Sümpfen im Bereich der Hohstücker und Neuwiesen.

Unabhängig von der strategischen Bedeutung der Sümpfe war die Wasserversorgung von Philippsburg, das auf einer Sandinsel lag und keine eigenen Süßwasserquellen hatte, stets ein Problem[44]. Der **Saalbach** lief in geschichtlicher Zeit über die Schmalfurth und die bis zu 5 m tiefe, talartige Königshohl nach Norden zum Rhein hin ab. Später blieb dieser Rest als Schmalfurthgraben erhalten, verlandete aber bald und war schon im 19. Jahrhundert nicht mehr vorhanden. Der Saalbach wurde statt dessen über die heute als Bauwerk noch erhaltene Engelsmühle nach Philippsburg verlegt, wo er in einem großen Bogen rund um die Festung strömte und nördlich von dieser in den Rhein mündete. Die letzten 50 Meter des alten Bachlaufs sind noch erhalten. Die relativ große Höhendifferenz beim Austritt aus dem Hochgestade an der Engelsmühle machte den Betrieb mehrerer Mühlen attraktiv – wären da nicht die ständigen Probleme mit der Wasserführung des Saalbachs im Sommer gewesen. Als Hochwasserentlastung des Saalbachs wurde schließlich der **Kleinfeldgraben** gebaut, der nach den alten Karten von der Bürgerschaft unterhalten werden mußte.

Das Wasser der Niederungen von Huttenheim her wurde schon in der Barockzeit durch den **Pfinzkanal** gefaßt, der nördlich von Rußheim begann. Parallel dazu führten der **Pfinzgraben** und der **Thüngen'sche Graben**, der zusätzliches Wasser aus der Pfinz bei Graben zu den Philippsburger Mühlen führte. Seine Geschichte ist in Kap. 3 ausführlich geschildert.

Wiesenwässerung ist aus der Philippsburger Gegend nicht aktenkundig. Dazu mögen einige Effekte beigetragen haben: der geringe Sedimentgehalt der ankommenden Bäche, die strategische Bedeutung der Sümpfe, die man wohl gar nicht verändern wollte, und vor allem die notorische Wasserknappheit im Sommer.

Die Gräben und Bäche um Philippsburg heute [Karten 4, 9]

Die Sumpfzonen um Philippsburg wurden nach dem Schleifen der Feste trockengelegt und urbar gemacht. Die Moore zwischen Philippsburg und Huttenheim wurden aufgeforstet, die Rohrstücker werden als Industriegebiet oder Acker genutzt. Der Rohrstückergraben wurde mehrfach verlegt und kanalisiert.

Das Wasser von Huttenheim her wird heute ausschließlich von Pfinzkanal aufgenommen, der über den Philippsburger Altrhein abfließt, wo bei Oberhausen schließlich ein Schöpfwerk bei Hochwasser die Höhendifferenz zum Rhein überwindet. Sämtliche andere Gräben zwischen Huttenheim und Philippsburg führen nur noch sporadisch Wasser und dienen im wesentlichen als Drainagegräben.

Der Saalbach wurde aus Philippsburg herausverlegt. Dabei wurde der Kleinfeldgraben benutzt, der heute das Wasser des Saalbachs aufnimmt und nahe der Königshohl in den Altrhein leitet. Außer Saalbach und Pfinzkanal (Rheinniederungskanal) sind in dem besprochenen Gebiet keine regelmäßig wasserführenden Gräben und Bäche mehr vorhanden.

Feuchtwiesen sind noch in großem Umfang auf dem Gelände des Truppenübungsplatzes der Kaserne erhalten; Wässerung wird hier aber schon lange nicht mehr ausgeübt. Auch im Nordosten von Philippsburg sind große Feuchtbereiche vorhanden, die überraschenderweise noch nicht ausgekiest wurden (Hohwiesen und Neustücker). Durch fehlende Nutzung entwickelten sich hier aber Schilfröhrichte und Grauweidengebüsche. Erste Anfänge zeigen sich, wieder Feuchtwiesen durch extensive Nutzung einiger Bereiche zu schaffen.

44 Siehe auch oben in den Kapiteln über die Wässerung am Saalbach und den jahrhundertelangen Kampf Philippsburgs um genügend Wasser.

Das Waghäusler Bruch [Karten 8, 9]

MICHAEL HASSLER

Nach Grabener Bruch und Hockenheimer Rheinbogen war das Waghäusler Bruch (oder Waghäusler Moor) die dritte große verlandete Rheinschlinge der Region, mit ausgedehnten Sumpf-, Moor- und Streuwiesenbereichen. Es blieb am längsten erhalten und bis ins 20. Jahrhundert wenig verändert. Das Waghäusler Bruch gehörte im wesentlichen zu den Gemarkungen Oberhausen und Rheinhausen, im Nord- und Nordwestbereich dagegen zu Altlußheim. Die spät gegründete Gemeinde Neulußheim hatte nur sehr wenig Besitz im Bruch. Heute bildet die alte Gemarkungsgrenze gleichzeitig die Kreisgrenze zum Rhein-Neckar-Kreis.

Das Waghäusler Bruch wird im Nordbereich vom **Kriegbach** [1] durchflossen, der Wasser von Kraichbach und Duttlacher Graben zum Rhein hin führt. Er hatte auf das Bruch selbst wohl nur geringe Auswirkungen, war aber mit dem Wagbach über ein kompliziertes Entwässerungsgraben-System vernetzt. Der wichtigste dieser Quergräben war der schon früh urkundlich erwähnte **Altlautergraben** [3]. Der **Wagbach** [2] war der wichtigste Zufluß ins Waghäusler Moor. Seine Geschichte oberhalb des Posthauses Waghäusel wurde weiter oben bereits ausführlich referiert. Seine Wasserführung war früher sehr viel höher, so daß eher der mangelhafte Ausbau ein Problem darstellte. Die Führung des Wagbachs durch das Waghäusler Bruch wechselte wohl mehrfach; zusätzliche Gräben wie der **Neugraben** [9] wurden zur Entlastung angelegt. Über alte Wagbachführungen hielten sich noch lange Überlieferungen in Oberhausen (OECHSLER 1958).

Früher kamen noch zahlreiche weitere Gräben [Karte 8] dazu, die das Bruch nach Westen (zwischen Ober- und Rheinhausen durch), entwässerten. Sie verliefen in den Niederungen von Schluten – das sind verlandete, alte Rheinschlingen.

Die geringen botanischen Veränderungen und die im Vergleich spärliche Aktenlage weisen darauf hin, daß im Waghäusler Moor wenig oder keine Wiesenwässerung betrieben wurde. Lediglich der Name eines der beiden **Neugräben** [11] und seine Lage weisen auf den Versuch einer Trübwässerung hin. Dieser Neugraben wurde auf Altlußheimer Gemarkung, nördlich parallel der Gemarkungsgrenze zu Kirrlach vom Duttlacher Graben, in die Bruchwiesen geführt, die Altlußheim gehörten. Hier wurde mit Sicherheit der Versuch unternommen, die Bruchwiesen trübzuwässern – uns sind aber keine Akten hierüber bekannt.

Über den Grund, warum im Waghäusler Bruch so wenig trübgewässert wurde und es so lange erhalten blieb, ist aus den Akten nichts bekannt. Mit hoher Wahrscheinlichkeit kann angenommen werden, daß der Mangel an geeigneter Trübe in den Zuführungsgräben Krieg- und Wagbach die Bedingungen für erfolgreiche Trübwässerung nicht erfüllte[45].

Erst im 20. Jahrhundert setzte der rapide Verfall des einst hochberühmten Moors ein. Zunächst kam die florierende Zuckerfabrik Waghäusel, die das Moor bis heute als Klärteich benutzte. Dadurch wurde zwar die Vogelfauna partiell begünstigt, die Flora aber irreparabel zerstört, ganz zu schweigen von den umfangreichen Verbauungen und der (trotz Naturschutzgebiet) ungehinderten Aufschüttung von Dämmen aus Bauschutt.

Ab dem Zweiten Weltkrieg trieben dann die Gemeinden Oberhausen und Altlußheim ungezügelten Raubbau am Moor durch Kiesabbau. Bis heute sind über 70 % des Moors „unter Wasser gesetzt". Den Schlußpunkt setzte der Bau der Schnellbahn Mannheim–Stuttgart und der parallelführenden B 36, wofür ein riesiger Damm durch altes Baggerseegelände aufgespült werden mußte. Der nördliche Bereich bei Alt- und Neulußheim mit vielen kleinen Baggerseen wird als Freizeitzentrum und Badegebiet intensiv genutzt.

Die kümmerlichen verbleibenden Reste des Bruchs zeigen kaum noch Moor- oder Feuchtwiesenvegetation, gelten aber immer noch als „Feuchtbiotop internationaler Bedeutung" und vor allem als Rast- und Brutplatz ungezählter Vögel. Nachdem der Wasserspiegel des gesamten Bruchgebiets durch unkontrollierte Drainage stark abgesunken war, konnte schließlich 1992 durch Wiederaufstau einiger Ableitgräben eine Hebung des Wasserspiegels und Wiedervernässung vieler Flächen erreicht werden. Die letzten, kleinen Feuchtwiesenreste liegen im Bereich der Domkapitelswiesen an der nördlichen Grenze des Landkreises Karlsruhe südlich von Altlußheim. Sie wären beinahe dem Kiesbagger zum Opfer gefallen, konnten aber in einer „Nacht-und-Nebel-Aktion" durch Proteste örtlicher Naturschützer noch gerettet werden.

Kriegbach und Wagbach sind fast vollständig kanalisiert; die restlichen Gräben sind, soweit überhaupt noch vorhanden, reine Drainagegräben mit seltener Wasserführung.

45 Analog dazu lag der Fall des Neudorfer Moors in der nördlichen Grabener Bucht. Auch hier fehlte Trübwasser, das Moor blieb lange erhalten (siehe Kapitel 8.3, „Graben").

8.5 Der Kraichbach

Wiesenwässerung am oberen Kraichbach

Karl-Heinz Glaser

Ähnlich wie am Saalbach und an der Pfinz gab es Wiesenwässerungen in praktisch allen Orten am Kraichbach. In **Flehingen** scheint diese nur sehr sporadisch stattgefunden zu haben, denn im Reisebericht des Wieseninspektors Schmidt von 1858 wird berichtet, daß Flehingen praktisch nicht wässere.

Ganz anders in **Gochsheim**. Hier finden wir eine ausgeprägte Wässertradition in allen drei Talauen. Die günstige Lage und die Breite des Gochsheimer Kraichbachtales machten eine Wässerung der Talwiesen besonders lohnenswert. Der Zuleitungsgraben begann an der Talmühle, von wo aus mehrere große Wässergräben das ausgedehnte Wiesental erschlossen. Breitflächig über die Wiesen floß das Wasser dann zum tieferliegenden Kraichbach zurück. Aber auch in den Seitentälern wurde gewässert. Im Tal des Eschbachs (von den Gochsheimern auch nach dem Gewann „Lauerbrunnenbächle" genannt) und im Weierbachtal waren ebenfalls Wässeranlagen vorhanden. Im Eschbachtal gab es drei aus behauenen Sandsteinen gefertigte Schließen, in die Stellbretter eingelegt werden konnten, um den Bach aufzustauen. Zwei dieser kleinen Baudenkmale sind noch vorhanden, die zugehörigen Gräben aber längst verschwunden. Die größten Teile der Kraichbach- und Weierbachaue sind heute als Naturschutzgebiet ausgewiesen (übrigens das 700. Naturschutzgebiet in Baden-Württemberg).

Auch am Weierbach konnte über eine kleine, in den 1960er Jahren im Rahmen der Flurbereinigung beseitigte Schleuse das Wasser ausgeleitet werden. Eine feuchte Schneise im Wald läßt heute noch den Verlauf eines der beiden ehemaligen Wässergräben erkennen (Abb. 8.41).

Streit um das Kraichbachwasser

Die Geschichte der Gochsheimer Wiesenwässerung läßt sich weit zurückverfolgen, und auch hier gab es die „üblichen" Auseinandersetzungen (Stadtarchiv Kraichtal, Go. A 1972):

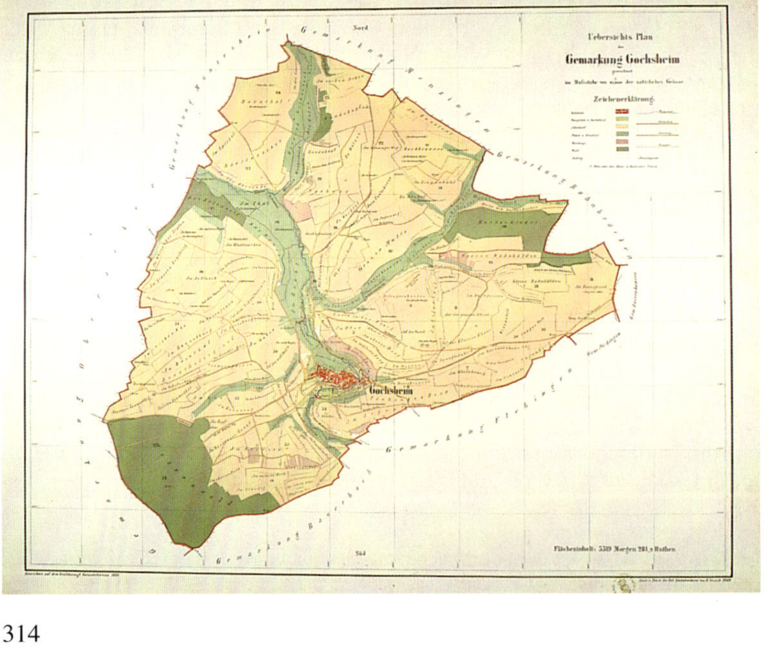

Abb. 8.40
Gochsheim besaß umfangreiche Wiesengebiete, die auf der alten Gemarkungskarte von 1874 (GLA, Abt. H, Gemarkungspläne 1:10.000) als grüne Bänder erkennbar sind. Die Stadt selbst liegt exponiert auf einem Bergsporn in einer Kraichbachschleife. Man erkennt sehr schön die Enge des Tals im Muschelkalk-Bereich rund um Gochsheim, während sich das Tal unterhalb davon stark erweitert und die Auen von Eschbach und Weiherbach aufnimmt. Direkt unterhalb der Einmündung des Weiherbachs, an der Gemarkungsgrenze, liegt der Sumpfwald des Kraicherbruchs.

Abb. 8.41
Im Bereich des Feuchtwalds am südlichen Weierbach führt eine schmale Schneise nach Südwesten zu den Wiesen am westlichen Rand des Waldes. Diese Schneise entspricht dem alten Zuleitungskanal zur Wiesenwässerung.

Am Morgen des 18. August 1784 herrschte zumindest bei den Gochsheimer Amtspersonen helle Aufregung. Eine kurpfälzische Delegation, angeführt von Zentgraf Dachert, zog in dem Amtsstädtchen Erkundigungen über die Handhabung der Wiesenwässerung ein. Befragt wurde beispielsweise der Talmüller Johann Georg Auch, der den fremden Herren bestätigte, daß in diesem Sommer vor der Ernte gewässert wurde. Dem Müller muß die an sich harmlose Frage nach den Wässerungszeiten jedoch verdächtig vorgekommen sein, denn er weigerte sich, ein Protokoll zu unterschreiben, und verwies stattdessen auf Bürgermeister Keßler, der oben in der Stadt, in der Nähe des Gasthauses „Schwanen", wohne. Der Bürgermeister war auskunftsfreudiger und erzählte von der alten Wässerungstradition in den Talwiesen und von den vorhandenen Anlagen. Weniger freundlich war der inzwischen herbeigerufene Oberamtmann Röslin gestimmt. Er belehrte die Kurpfälzer, daß Gochsheim als württembergische Amtsstadt nur dem Herzog und sonst keinem Herrn unterstehe. Der Zentgraf habe kein Recht, auf fremdem Gebiet zu visitieren und Befragungsprotokolle anzufertigen. Im übrigen bestehe das Wässerungsrecht in Gochsheim seit alter Zeit.

Martin Loritz erinnert sich:

„Jeweils in der Woche nach Peter und Paul wurde vom Amt die Wässerung 'im' Tal angeordnet. Die Heuernte mußte zu diesem Zeitpunkt abgeschlossen sein. Die alljährliche Versteigerung der Wässerung wurde (wie heute etwa die Spargelversteigerung) 'rückwärts' vollzogen. Die Anbieter konnten den Preis immer weiter senken, bis schließlich der Zuschlag an den günstigsten Bieter erfolgte. Meist waren es nur zwei ernsthafte Interessenten, die mitboten. Nach dem Zuschlag mußten sie die notwendigen Helfer selbst rekrutieren und die Wässerung organisieren. Dann mußte sorgfältig darauf geachtet werden, daß durch geschickte Handhabung der verschiedenen Staumöglichkeiten auch jedes Grundstück gerecht versorgt wurde – eine echte Knochenarbeit.

Die Wässerung der Seitentäler wurde dagegen von den Grundstücksbesitzern nach Bedarf selbst organisiert. Hier gab es keine offizielle Wässerordnung, sondern man sprach sich jeweils über Zeitpunkt und Notwendigkeit ab. Dabei gab es immer wieder kleine Eifersüchteleien um die Wasserverteilung. Einer der älteren Gochsheimer Bauern war so mißtrauisch, daß er zum Zeitpunkt der Wässerung immer unter einem bestimmten Apfelbaum auf seiner Parzelle sein Nachtlager aufschlug und so den Wasserklau verhindern wollte. Er wollte nie etwas von 'seinem' Wasser abgeben. So wurde es geradezu zum Sport für die anderen Wiesenbesitzer, ihn zu überlisten. Als er einmal übermüdet eingeschlafen war, dauerte es nicht lange, und seine Stellbretter waren entfernt."

Zu seiner Rechtfertigung führte Zentgraf Dachert einen aktenkundigen Streitfall aus dem Jahre 1616 an. Schon damals sei die Kurpfalz in Gochsheim vorstellig geworden, weil durch die Wässerung den Müllern in den nachfolgenden Orten das Wasser entzogen wurde. War der Protest 1616 offenbar noch erfolgreich, so mußte die Delegation 1784 unverrichteter Dinge wieder abziehen. Der Gochsheimer Oberamtmann nahm den Zwischenfall durchaus ernst und ließ verschiedene Protokolle anfertigen. Schließlich ging es nicht nur um das alte Wässerungsrecht, sondern auch um einen Angriff auf die Souveränität des Herzogs.

Fünfzig Jahre später gehörte Gochsheim ebenso wie die anderen Kraichbachanlieger zum Großherzogtum Baden. Die Konflikte um die Wässerung sind aber geblieben, denn Ende Juli 1832 beschwerten sich die Müller der Bruhraindörfer erneut darüber, daß Gochsheim und Münzesheim ihnen das Kraichbachwasser entzogen hätten. Die beiden Kraichgaugemeinden reagierten auf diese Vorwürfe unterschiedlich. Während Gochsheim auf seinem uralten Wässerungsrecht bestand und eine Vereinbarung mit dem Talmüller des Ortes anführte, verhielt sich Münzesheim zurückhaltender. Es sei nur gelegentlich gewässert worden, und künftig werde man den Müllern keinen Anlaß zur Klage mehr geben.

Auch Gochsheim verwies darauf, daß nur wegen der großen Trockenheit 1832 nach mehreren Jahren wieder eine Wässerung in dem *„großen Wiesental gegen Münzesheim"* erforderlich war. Grundsätzlich bestand die Stadt aber auf ihrem alten Recht, dreimal im Jahr 24 Stunden lang wässern zu dürfen. Mit ihrer Begründung blieben die Gochsheimer noch ganz den alten, kleinterritorialen Verhältnissen verhaftet. Die Wässerung sei zwischen den Wiesenbesitzern und dem Gochsheimer Talmüller vereinbart worden, auswärtige Gemeinden und Müller hätten kein Einspruchsrecht. Das sah das Brettener Oberamt natürlich ganz anders. Das Wasserrecht der Mühlen wurde unter Hinweis auf die badische Mühlenordnung über die (ohnehin kaum schriftlich fixierten) Wässerungsrechte der Gemeinden gestellt.

Wässerung nur einmal jährlich nach Peter und Paul

Die geschilderten Fälle – sie ließen sich fast beliebig vermehren – zeigen, daß ebenso wie entlang der Pfinz und des Saalbaches auch am Kraichbach immer wieder Konflikte mit den nachfolgenden Gemeinden und vor allem den dortigen Müllern wegen des Wasserentzuges aufgetreten sind.

Auch die Probleme durch die territoriale Zersplitterung waren ähnlich wie am oberen Saalbach. Die Herrschaftsverhältnisse bis ins 19. Jahrhundert hinein waren hier weitaus unübersichtlicher als in der Hardt oder im Bruhrain. So gehörte Gochsheim bis ins 17. Jahrhundert zu den Grafen von Eberstein und anschließend zu Württemberg. Das nachfolgende Münzesheim war altbadisch, Oberöwisheim speyerisch und Unteröwisheim schließlich wieder württembergisch. Wollte sich beispielsweise der Appenmüller von Oberöwisheim über Gochsheim und Münzesheim beschweren, die ihm einmal mehr das Wasser des Kraichbaches abgegraben hatten, so war ein mühsames Verfahren unter Beteiligung mehrerer Ämter notwendig.

Dennoch unterschieden sich die Wässertraditionen am Kraichbach von denen anderer Gebiete. Im Kraichtal wurde nur einmal jährlich für drei Tage nach der ersten Heuernte gewässert, in nassen Jahren überhaupt nicht. Dies war wegen der guten Bodenverhältnisse möglich – eine Trübwässerung war hier kaum erforderlich.

Diese relativ geringe Bedeutung der Wässerung hat sich sicherlich konfliktentschärfend ausgewirkt. Am oberen Kraichbach, so läßt sich vermuten, wurde nicht ganz so verbissen um das eigene Wässerungsrecht gestritten wie im westlichen Teil des Untersuchungsgebietes[45]. Ganz verzichtete man aber auch hier das ganze 19. Jahrhundert hindurch auf die Wässerung nicht. Neben den vielen aktenkundigen Konflikten läßt sich dies schon daran ablesen, daß immer wieder die technischen Einrichtungen überprüft und erneuert wurden. Gochsheim baute beispielsweise 1885 *„zur Erleichterung der Wässerung"* im großen Tal neun Schleusen in die Wässerungsgräben ein (STADTARCHIV KRAICHTAL, Go. A 1972). Als Reaktion auf das neue Wiesengesetz vom 13. Februar 1851 hatte die Versammlung der Gochsheimer Wiesenbesitzer 1853 beschlossen, die Be- und Entwässerungsgräben soweit erforderlich und auf eigene Kosten zu erneuern.

Zu Beginn unseres Jahrhunderts wurden die Wiesenwässerungsarbeiten in Gochsheim öffentlich versteigert und die Kosten auf die einzelnen Wiesenbesitzer umgelegt. 1915 kostete die Wässerung, für die jeweils 6 Helfer erforderlich waren, an drei Tagen im Jahr insgesamt 145 Mark.

Für die ärmeren Grundstücksbesitzer ermöglichte folgende Bestimmung eine Milderung der Abgabenlast: *„Für den Maulwurf und die Mäuse werden 3 Pfennig vergütet, wenn es dem Aufsichtspersonal vorgezeigt wird"* (STADTARCHIV KRAICHTAL, Go. A 1974). Nach 1919 fiel diese Regelung vorübergehend weg, doch noch nach dem Zweiten Weltkrieg wurde für Mäuse bezahlt – Martin Loritz aus Gochsheim erzielte etwa 1948 den für die damalige Zeit stattlichen Betrag von über zwanzig Mark beim Mäusefang.

Die Versteigerung der Wässerungsarbeiten und die mühsame Umlegung der Kosten je nach Größe der Wiesenstücke ist in Gochsheim bis 1949 aktenkundig (STADTARCHIV KRAICHTAL, Go. A 1974). Nach Erinnerung von Zeitzeugen wurde aber bis in die 1960er Jahre gewässert. Die Effektivität dieser Wässerung ist aus dem Jahre 1947 belegt. Damals mußte wegen des extrem heißen und trockenen Sommers die zweite Wiesenmahd (Öhmd) allerorts ausfallen. Der Futtermangel war so gravierend, daß das Vieh teilweise geschlachtet werden mußte. Nicht so in Gochsheim. Friedrich Lepp erinnert sich, daß in Gochsheim dank der Wässerung das beste Heu geerntet werden konnte und man wegen der allgemeinen Futtermittelknappheit beste Preise dafür erzielte.

Eine letzte Grabenreinigung im Gochsheimer Tal fand Mitte der 1950er Jahre statt. Der Ortsbüttel rief ein letztes Mal zum allgemeinen Arbeitseinsatz. Jeder Anrainer mußte den Graben auf der Länge seines jeweiligen Grundstücks putzen. Die Grabensohle wurde mit einem Pflug gelockert und das Material dann mit Schaufeln ausgeworfen und an tieferen Mulden einplaniert.

Wässerung in Münzesheim

Auch in Münzesheim wurde nur einmal jährlich nach der Heuernte gewässert. Schon in einer Stellungnahme des Gemeinderates im Jahre 1885 heißt es, daß lediglich *bei großer Trockenheit, meist nach der ersten Heuernte* gewässert worden sei (STADTARCHIV KRAICHTAL, Mü. 1333). Schon hundert Jahre zuvor hatte der badische Visitator Reinhard beklagt, daß die Münzesheimer *„ihre Wässerungs- und Abzugsgräben ganz verfallen lassen"*[46]. Die von Reinhard beklagte Gleichgültigkeit der Untertanen mag auch damit zusammenhängen, daß die Wiesen in den Kraichgaugemeinden nur selten mehr als 10 % der landwirtschaftlichen Nutzflächen ausmachten[47].

Für die Wässerung des **oberen Tals** stand eine Ausleitung des Wassers beim Wehr der Baumwollweberei (heute Firma IBU) zur Verfügung, von der aus ein Düker unter der Straße die Verbindung zu den Wiesen herstellte. Ein parallel zum Kraichbach verlaufender Graben war durch Dutzende kleiner Schließen aufstaubar, so daß jede Parzelle versorgt werden konnte. Diese Anlage war bis zur Flurbereinigung Ende der 1960er Jahre funktionstüchtig.

Ähnliches galt für das **untere Tal**, wo man aus einem an der Mühle ausgeleiteten Graben und aus

---

45 Damit wäre auch die Frage beantwortet, warum die Aktenlage über die Wässerung am oberen Kraichbach relativ dürftig ist und beispielsweise Pläne und Skizzen zu Wässerungsanlagen nahezu ganz fehlen.

46 GLA 168/224. Der Bericht aus dem Jahre 1787 ist ganz im Geiste der badischen Reformer verfaßt und damit ein schönes lokales Beispiel für die Bestrebungen, die Landwirtschaft im Sinne der Physiokraten zu reformieren.

47 Vgl. hierzu einige Zahlen in Kapitel 2.

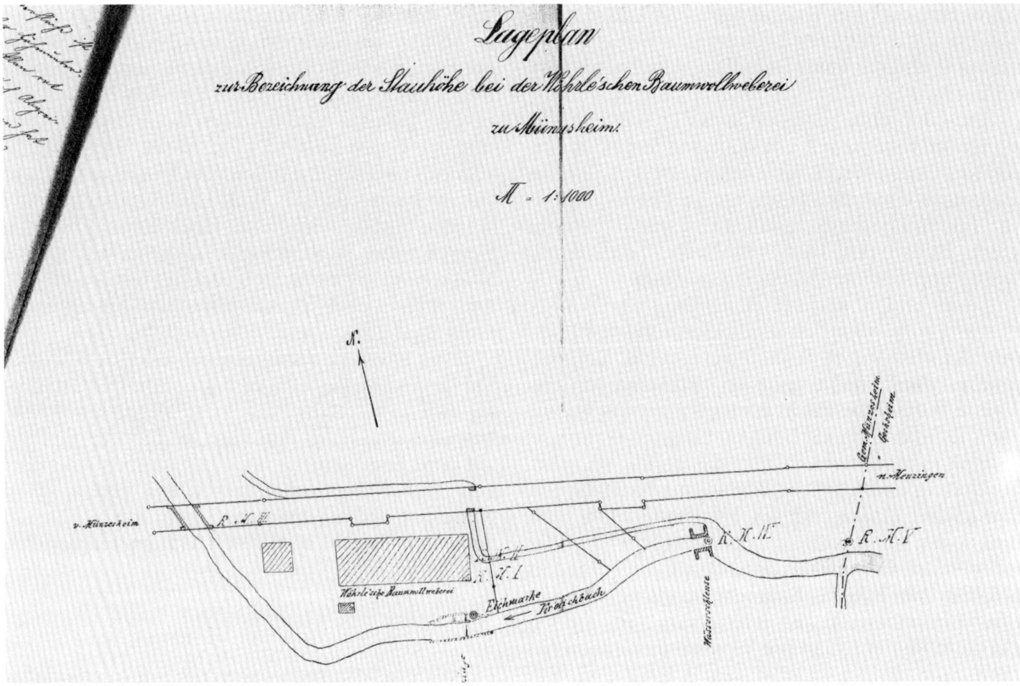

Abb. 8.42 Am Wehr der Wöhrle'schen Baumwollweberei (heute Fa. IBU) im Münzesheim wurde das Wasser für die Wiesenwässerung im Oberen Tal ausgeleitet. Die Eichmarke diente zur Überprüfung der jeweiligen Wasserrechte. Durch einen Düker wurde das Wasser unter der Landstraße nach Menzingen durchgeführt.

dem Stauweiher am Fürthbruchgraben wässern konnte. Dieser Weiher bot die einzige einigermaßen regelmäßige Bademöglichkeit für die Münzesheimer, und einige Münzesheimer erinnern sich, daß man oft nach der anstrengenden Feldarbeit im Sommer noch ein erfrischendes Bad zwischen Fröschen und Teichrosen nahm.

Unter- und Oberöwisheim

Auch das Kraichbachtal bei Unter- und Oberöwisheim ist ein klassisches Wiesental. Große Teile stehen heute als Naturschutzgebiet unter gesetzlichem Schutz und sind in ihrer Charakteristik erhalten geblieben. Galeriegehölz säumt den Kraichbach, dazwischen liegen offene Wiesenflächen, und an den ehemaligen Wässergräben (etwa dem **Mannengraben**) breitet sich Röhricht aus.

In dem nach Neuenbürg ziehenden Tal des **Neuenbürger Bächleins** und im eigentlichen Kraichbachtal wurde ebenso wie im Seitental des **Kleinen Kraichbachs** bei Oberöwisheim früher regelmäßig gewässert. Oberöwisheim kannte sogar ab 1875 eine eigene Wässerordnung (GLA

Willibald Burkhardt erinnert sich:

„Die Wiesenwässerung war ein großes Ereignis für die Dorfjugend. Damals hatte man ja noch keine Schwimmbäder und somit kaum Bademöglichkeiten. Da war das Einstauen der Wiesen, vor allem bei heißem Sommerwetter, ein Riesenspektakel. Jeder Bub warf sich in die trüben Fluten – von schwimmen war ja eigentlich keine Rede – und riesige Wasserschlachten waren regelmäßiger Programmpunkt. Getrübt wurde das Vergnügen etwas von den Ameisen, die im Wasser nach einem Halt suchten und sich bevorzugt in den Nasenlöchern der 'Wasserratten' zu retten versuchten. Für Ameisen und Mäuse war der Termin der Wässerung alles andere als ein Vergnügen. Ganz anders sahen das wohl die Störche und Graureiher. Magisch angezogen vom Anblick silbrig glänzender Wasserflächen, kreisten sie bald über den Wässerwiesen. Dutzende versammelten sich zuweilen und stakten über die überfluteten Wiesen. Der Tisch war für sie reichlich gedeckt, denn überall kamen die Mäuse aus ihren Löchern."

Abb. 8.43 Die Breitwiesen bei Unteröwisheim. Der hier anstehende Auenlehm hält das Wasser so gut, daß sich trotz des tiefliegenden Kraichbachs in vielen Senken schöne Feuchtwiesen und Kleinseggenriede entwickelt haben.

Abb. 8.44 Der Kleine Kraichbach kurz vor seiner Mündung an der Appenmühle bei Oberöwisheim, gesäumt vom Bitteren Schaumkraut (*Cardamine amara*), das vom Feuchtwald am Pfannwaldsee hierher verdriftet wird.

344/4797). Diese Wässerordnung galt für die Gewanne „Hühnerberg" und „Langengrund" im Tal des Neuenbürger Bächleins und für die Gewanne „Breitwiese" und „Brühl" im Talausgang des kleinen Kraichbach bei der Appenmühle. Gewässert wurde im Frühjahr nach dem Ende des Frostes und nach der ersten Heuernte. Hier kannte man also im Gegensatz zu anderen Orten im Kraichtal auch eine Frühjahrswässerung.

Die dortigen Wässeranlagen wurden letztmals vor dem Ersten Weltkrieg grundlegend erneuert. Ein Bericht aus dem Jahre 1930 legt dar, daß damals die Gräben schon weitgehend funktionslos waren und die ortsnahen Wiesen in Oberöwisheim nicht mehr bewässert werden konnten, ohne gleichzeitig auch die Neubaugebiete unter Wasser zu setzen.

Die **Breitwiesen** bei Unteröwisheim, ein heute noch fast komplett erhaltenes Wiesental, gehören heute zum Schönsten, was die an Attraktionen sicher nicht arme Landschaft Kraichtals zu bieten hat.

Die „Kraichbachaue“: Die Randsenke zwischen Bruchsal und Kislau [Karten 10 und 11]

MICHAEL HASSLER

Im Gegensatz zur stark durch Wälder, Auen, Bäche und Sandinseln gegliederten Pfinzaue bot die Randsenke nördlich von Bruchsal ein sehr einheitliches Bild: Ein 2–3 km breites, sumpfiges Band zog sich von den Stegwiesen bei Bruchsal über Bruchsaler Bruch, Forster Bruch, Ubstadter Bruch, Stettfelder Bruch, Langenbrücken, Kislau und Kronau bis nördlich von Mingolsheim. Hier biegt der Durchbruch des Kraichbachs nach Nordwesten in Richtung Hockenheim ab, während sich die eigentliche Senke deutlich verschmälert und schließlich ins Frauenweiler Bruch südlich von Wiesloch mündet.

Die Schwemmkegel der Bäche sind in der Kraichbachaue bei weitem nicht so gut ausgeprägt wie in der Pfinzaue: Grund dafür ist das feinteiligere, weiche Keuper- und Juramaterial, das über eine größere Strecke bis in die Rheinebene ausgetragen werden konnte.

Die Kraichbachaue wurde durch mehrere Bäche mit Wasser aus dem Hügelland versorgt: den Kraichbach selber, den Katzbach von Odenheim her, den Kleinen Bach (Mühlbach) bei Mingolsheim und im Norden den Hengstbach. Dazu kommen noch mehrere kleine Bäche und Gräben wie z. B. der Odentalgraben [18] bei Bruchsal.

Kraichbach, Kriegbach und Mühlbach sind die zentralen, hochliegenden Wässerbäche der Aue, ergänzt durch den Unterfeld- und Lochwiesengraben von Ubstadt über Weiher. Der Duttlacher Graben [9] im Süden bei Bruchsal spielte für die Kraichbachaue keine Rolle, zumal sein Wasser auch früher schon durch die Bruchsaler Abwässer stark verschmutzt war und deshalb nicht verwendet werden konnte.

Der **Kraichbach** [2] teilte sich gleich bei Ubstadt. Hier wurde der **Unterfeldgraben** [11] ausgeleitet, der zur Bewässerung des großen Wiesenkomplexes der Silzenwiesen diente. Sein Wasser lief weiter über Weiher in den **Lochwiesengraben** [8], an Weiher vorbei und schließlich in den Duttlacher Graben. Vermutlich wurde bei Weiher das Grabenwasser ebenfalls zur Wässerung verwendet. Der Lochwiesengraben war hier von schmalen Wiesenauen begleitet; der Wald wurde später gerodet. Unterfeld- und Lochwiesengraben sind streckenweise heute noch erhalten, liegen aber trocken, da sie von der Wasserzuleitung im Oberlauf abgeschnitten sind. Das Wasser der Silzenwiesen wird heute über einen neu angelegten Stichkanal [10] direkt in den Duttlacher Graben geführt.

Die markanteste wasserbauliche Einrichtung und „Verteilstelle“ des Wassers der Region ist die Zusammenführung von Kraich- und Katzbach bei Stettfeld und gleich dahinter die Ausleitung des **Kriegbachs** [7] in Richtung Kirrlach. Ergänzt wurde diese „Kreuzung“ durch einige parallelführende, tiefliegende Ableitgräben. Die gerechte Verteilung des Wassers von Kraich- und Kriegbach war über Jahrhunderte umstritten und führte noch 1993 zu großen Problemen in Kirrlach, da der Kriegbach trockenfiel. Erst in neuester Zeit hat sich die Lage durch den Verkauf der Kramer'schen Mühle und damit den Wegfall der Wasserrechte entspannt.

Die Hochlage von Kraichbach und Mühlbach führte bei Kislau, Kronau und Mingolsheim zu zahlreichen wasserbaulichen Schwierigkeiten. Es sind gleich mehrere Aquädukte bzw. Unterführungen überliefert. So mußte schon in barocker Zeit der Entwässerungsgräben [1] aus den Schnierwiesen südlich von Mingolsheim unter dem Mühlbach durch geführt werden. Auch der Kislauer Schloßgraben soll angeblich unter dem Kraichbach durch in den Landgraben bei Kronau gelaufen sein, wie FUCHS (1927) berichtet.

Der Kraichbach wurde im Bereich von Mingolsheim und Kronau durch zwei tiefliegende Systeme zu beiden Seiten entwässert: **Kronauer Landgraben** [21] im Westen und **Bruhraingraben / Adäckergraben** [4 bzw. 1] im Osten. Der Adäckergraben wurde später stark ausgebaut, um das Langenbrücker Bruch zu entwässern; er erhielt den Namen **Kehrgraben**, während der „echte“, frühere Kehrgraben nördlich davon in **Kahlbach** umgetauft wurde.

Der Kronauer Landgraben führte am Rande der hochliegenden Sandbereiche nach Nordwesten, schließlich erneut unter dem Kraichbach hindurch und ging schließlich in den **Kirrgraben** [23] bei Rot über. Er ist heute nur noch in kleinen Resten erhalten, die sämtlich trockenliegen.

Die Wiesenbereiche der Kraichbachaue sind heute zusammengeschrumpft auf wenige, inselartige Komplexe (Karte 11, gelbe Flächen): die Silzenwiesen bei Ubstadt, das Naturschutzgebiet Stettfelder Bruch und einige Reste der Wiesen bei Weiher. Zwischen Forst und Ubstadt gibt es noch Wiesenstreifen entlang des Duttlacher Grabens, die vor allem als Viehweide genutzt werden. Der Rest wurde systematisch umgebrochen. Bei Kislau, Kronau und Mingolsheim sind fast keine Wiesen mehr erhalten. Teilweise sind Gewerbegebiete in den potentiellen Retentionsräumen angelegt, was den Bau teurer Rückhaltebecken notwendig machte.

Karte 10 (S. 322): Die Kraichbachaue im Zustand um 1840.

Karte 11 (S. 323): Die Kraichbachaue im heutigen Zustand.

1	Schnierwiesengraben (Adäckergraben)	12	Berz
2	Kraichbach	13	Wiesbach (Rußgraben)
3	Landgraben (neu)	14	Rohrbach
4	Bruhraingraben	15	Saalbach
5	Mühlbach (Kleine Bach)	16	Stadtgraben
6	Katzbach	17	Krottbach
7	Kriegbach	18	Odentalgraben
8	Lochwiesengraben	19	(Großer) Schorengraben
9	Duttlacher Graben	20	?
10	Überleitung Unterfeldgraben	21	Kronauer Feuergraben
11	Unterfeldgraben	22	?

Die großen Sümpfe

Im Süden der Kraichbachaue befanden sich zwei große Sumpfbereiche: zunächst das **Bruchsaler, Forster und Ubstadter Bruch**, ein großer Flachmoorkomplex, der früher nicht nutzbares „Unland" darstellte. Viele kleine Gräben und Bäche, vor allem aber ergiebige, teilweise heute noch vorhandene Quellen am Rheingrabenrand speisten das Bruch. Es wurde erst im 19. Jahrhundert trockengelegt, wie WEBER (1982) in der Forster Ortschronik schildert:

„Das Trockenlegen des Bruchs erfolgte 1831–1834. Es war der Rest der versumpften Kinzig-Murg-Rinne, die entlang der alten Bergstraße, der heutigen Bundesstraße 3, zieht. Durch die Dränage dieser 500 Morgen erhöhte sich deren Bodenwert um 75.000 Gulden nach der Berechnung des Straßenbauamtes. Diese 150 Gulden pro Morgen kamen für die Landwirtschaft dem Wert einer Rodung gleich. Jetzt war eine ordnungsgemäße Bewirtschaftung möglich in dem Gelände, das bisher nur 'einen geringen Grasertrag abwarf, zeitweilig aber so unter Wasser stand, daß auch die angrenzenden Teile von diesen Überschwemmungen betroffen wurden.'

Selbstverständlich hatten sich auch die früheren Jahrhunderte um eine Trockenlegung bemüht, besonders das 18. Jahrhundert mit seinem gesteigerten Interesse für die Landwirtschaft. ... Daß 1831 die Trockenlegung gründlich angepackt wurde, ist wesentlich der Aktivität zweier Persönlichkeiten zu verdanken. Der Bruchsaler Wolfwirt Ursini kämpfte viele Jahre lang mutig und selbstlos für diese Pläne, der Feldmesser Biedermann, Straßen- und Bachaufseher, setzte sie mit großem Geschick fachmännisch in die Tat um. Ursini erkannte schon als Stadtrat, dem seit 1812 die Aufsicht über Bäche und Wege oblag, die Schäden durch dieses 500 Morgen große Sumpfgebiet vor den Toren der Stadt, 'wo zeitweise eine Fläche von 6 Quadratstunden unter Wasser gesetzt wurde'. Als Bürgermeister entwickelte er einen wohldurchdachten Plan, den er 1829 dem Oberamt und der Straßenbauinspektion vorlegte. Das versumpfte Gelände wirkte so vergiftend auf die Gesundheit, 'daß in den tiefer liegenden Orten Forst, Weiher und Kirrlach häufig Fieber herrschen'. Die Behörden erkennen die Notwendigkeit einer umfassenden Sanierung an, der Streit um die Kostenverteilung – nachdem jetzt kein Frondienst mehr zur Verfügung stehe – löst jedoch lediglich einen Aktenkrieg aus, der bis zum Ministerium dringt[48].

Ursini muß abermals mit einem Schreiben, unmittelbar an das Ministerium, in die Speichen greifen. Er wagt den Satz, es sei unverständlich, daß die Stimme einer einzigen Unterbehörde – gemeint ist die Forstverwaltung – hinreichen sollte, ein so wichtiges Unternehmen zu verhindern. Er denkt sogar an ein Immediatgesuch an den Großherzog. Der Erfolg ist groß: das Ministerium verlangt sofort eine Stellungnahme von der Kreisdirektion. Diese ist positiv. Auch sein Vorschlag wird aufgegriffen, entlang der Chaussee am 'Gebirgsrand' (= Bundesstraße 3) einen Graben auszuheben, der die 13 Quellen sammelt, die bisher ihr Wasser (aus der Vorbergzone) in das Bruch-

48 Wir finden hier auffällige Parallelen zur in derselben Zeit (1817–23) stattfindenden Generalsanierung des Wagbachs (siehe oben in Kap. 8.4, „Wagbachkorrektion").

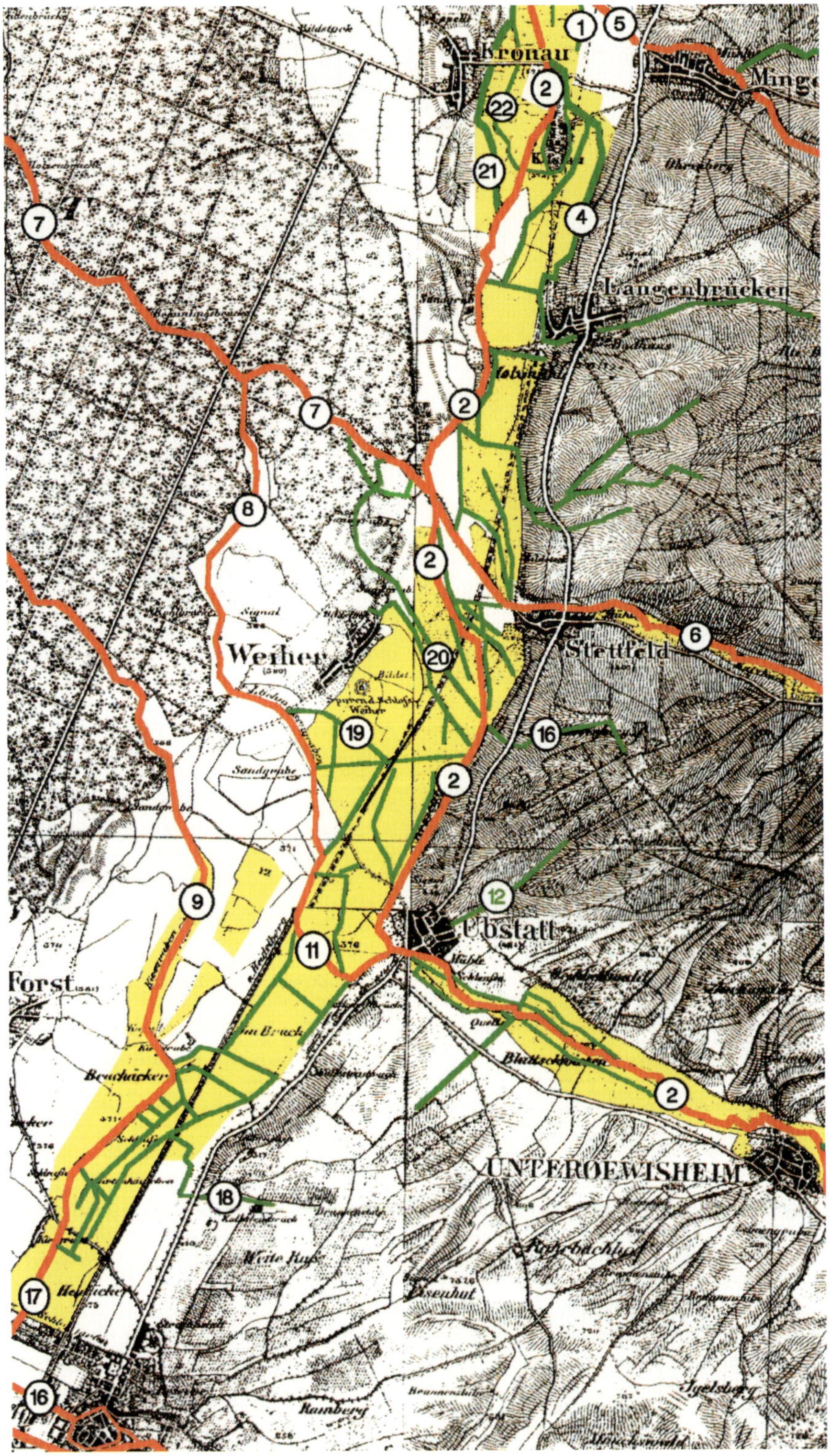
Kronau
Langenbrücken
Stettfeld
Weiher
Ubstatt
Forst
UNTEROEWISHEIM
Sandgrube
Signal
1
2
4
5
6
7
8
9
11
12
16
17
18
19
20
21
22

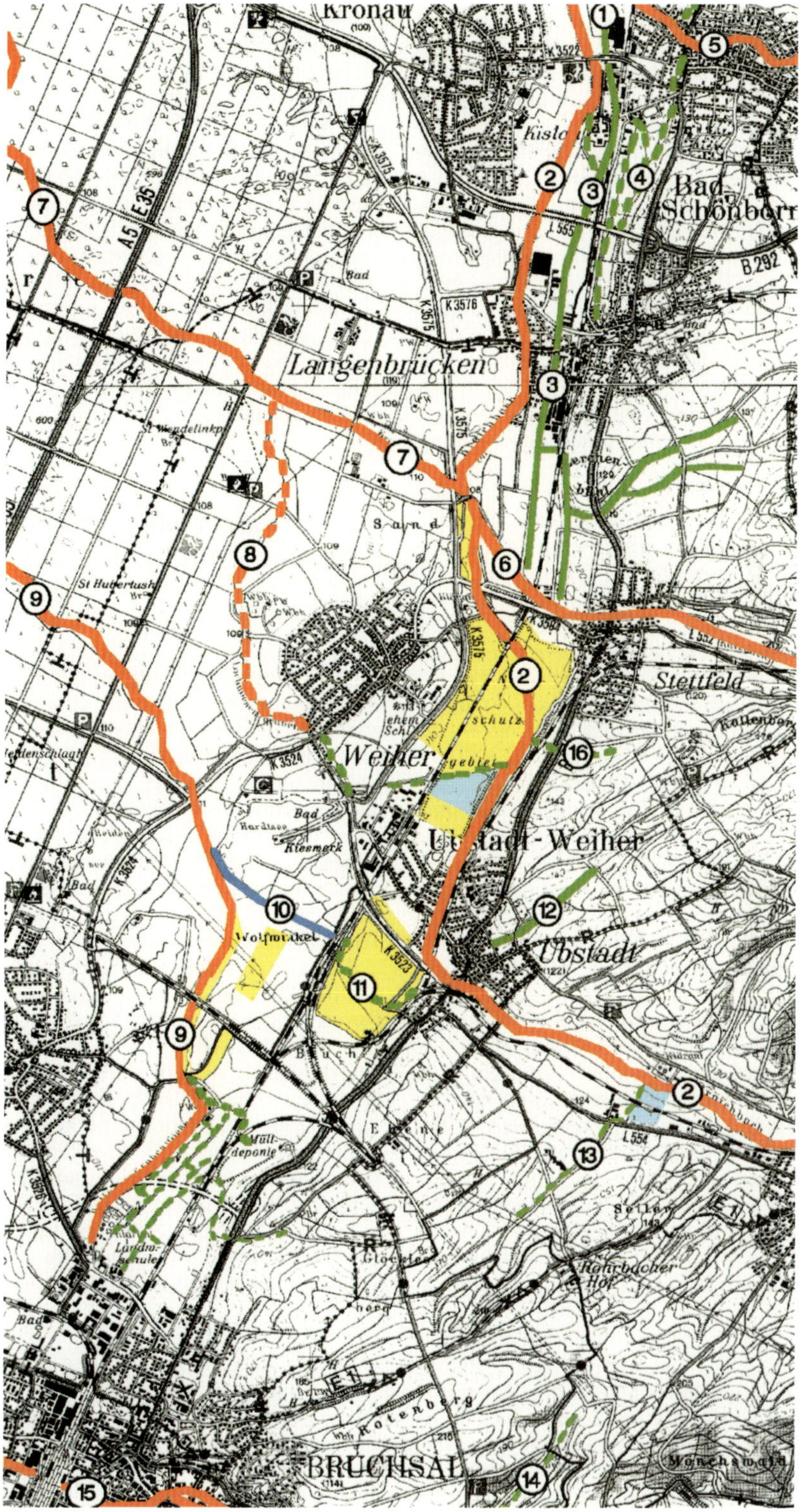
Kronau
Bad Schönborn
Langenbrücken
Weiher
Stettfeld
Ubstadt-Weiher
Ubstadt
BRUCHSAL
1
2
3
4
5
6
7
8
9
10
11
12
13
14
15
16

gebiet abgegeben haben. Diese Sammelrinne brachte das Wasser bis zu dem Graben zwischen Bruchsaler und Forster Bruch. Er mußte wieder freigelegt werden bis zu seiner Einmündung in den Gießgraben.

Unter Biedermanns Leitung schritten die Arbeiten rasch voran. Zunächst wurden die Gräben ausgehoben, der Schlamm zu Dammbauten verwendet oder als Dünger auf die Wiesen gestreut. Schließen wurden eingebaut, um das trübe Hochwasser direkt auf die Wiesen leiten zu können. Dort wurde es so lange 'eingesperrt', bis sich der Schlamm gesetzt hatte. Als 'sichtbarer' Erfolg konnte schon 1832 'besseres Gras' gemeldet werden[49].

Schwieriger war das Nivellieren der Gräben, um bei dem geringen Höhenunterschied ein genügendes Gefälle zu erreichen. Auf der Sohle hatte sich eine Schlammschicht von 3 bis 5 Fuß gebildet (1 Fuß = 30 cm). Die früheren Eichpfähle kamen erst im Lauf der Arbeiten wieder ans Tageslicht. Ihre eisernen Marken hatten angegeben, wie tief jeweils das Bachbett ausgehoben werden sollte. Die Vermessungsarbeiten durch Fachkräfte beim Nivellieren und bei Umbauten an Brücken stellten neben den Entschädigungsgeldern an Eigentümer den Hauptteil der auf etwa 500 Gulden veranschlagten Barausgaben dar. Nachdem sich die Forstverwaltung, anscheinend auf höheren Wink, ebenfalls an der Finanzierung beteiligte, war diese leicht zu lösen. Der Wald machte einen großen Teil des betroffenen Geländes aus. Der Forstverwaltung fiel der Beitrag besonders leicht: ihr standen kostenlos Arbeitskräfte zur Verfügung in den 'Waldfrevlern', die ihre Strafen für Diebstahl von Holz, Gras oder Laub durch Arbeit abverdienen mußten. ... Dank Biedermanns zügiger Arbeit konnte schon 1834 als Teilerfolg gemeldet werden: 'Die beiden Brüche von Bruchsal und Forst sind nun trockengelegt.' "

Heute ist von dem gesamten Sumpfkomplex nur noch der Bereich der **Silzenwiesen** bei Ubstadt erhalten. Der Rest verschwand in den 1980er Jahren unter Schnellbahn und Kreismülldeponie vollständig.

Das heutige Naturschutzgebiet **Stettfelder Bruch** zwischen Stettfeld, Weiher und Ubstadt blieb im Gegensatz zum Ubstadter Bruch bis heute weitgehend erhalten und hat sich in ein fast geschlossenes Schilfröhricht verwandelt. Versuche, die Feuchtwiesen extensiv zu nutzen und dadurch zu erhalten, wie man noch in den 70er Jahren plante (EHMKE, Hrsg., 1979), schlugen leider fehl. Im Bruch gibt es heute noch viele kleine Quellen, unter ihnen die Besonderheit einer ergiebigen Schwefelquelle. Auch hier konnte die Entwässerung des Bruchs nicht über die hochliegenden Bäche geschehen, sondern es mußten zahlreiche kleine Gräben geschaffen werden, teilweise auch unter dem Kraichbach hindurch.

Im Stettfelder Bruch gab es erstaunlicherweise keine großflächigen und nur wenige kleine Bewässerungseinrichtungen (siehe unten). Der Grund dafür ist unbekannt – Trübwasser wäre aus dem Kraichbach genügend zur Verfügung gestanden.

Wiesenwässerung an Kraich- und Kriegbach von Ubstadt bis Kislau

DIETER HASSLER

Die Wiesenwässerung in der Kraichbachaue war bei weitem nicht so gut ausgeprägt oder organisiert wie in vergleichbaren Bereichen der Region. Nur die Silzenwiesen bei Ubstadt wurden systematisch bewässert. Auffällig ist vor allem, daß der große Komplex des Forster und Bruchsaler Bruchs nicht durch große Wässerbäche erschlossen wurde und die unten geschilderte Trübwässerung erst im 19. Jahrhundert begann. Ein Grund dafür mag der Mangel an geeignetem Trübwasser gewesen sein.

Von Ubstadt ab hat der Kraichbach kaum noch Gefälle und mäandrierte deshalb früher stark. Durch dieses Mäandrieren in der Randsenke hat sich ein durchschnittlich 1–2 km breites Band tieferliegender Areale (zu beiden Seiten des heutigen Kraichbachs) ausgebildet, das sich – auf topographischen Karten gut erkennbar – von Ubstadt bis zur Mündung bei Hockenheim zieht. Alle angrenzenden Orte, also Ubstadt, Stettfeld, Langenbrücken, Kislau, Kronau, Rot, St. Leon, Reilingen und Hockenheim haben sich des hochliegenden Bachs zur Wiesenwässerung bedient. Die Wässeranlagen waren vergleichsweise primitiv.

49 Dies ist besonders interessant, weil es sich hier um das einzige Zeugnis einer gezielten Trübwässerung zur Verbesserung der Wiesen handelt, das wir für die Kraichbachaue zwischen Bruchsal und Mingolsheim besitzen. Gleichzeitig scheint die Trübwässerung erst zu diesem Zeitpunkt im Forster Bruch eingeführt worden zu sein, während sie z. B. im Grabener Bruch schon seit dem späten 18. Jahrhundert üblich war (siehe Kap. 8.3). Eine systematische, länger dauernde Trübwässerung hat im Forster Bruch aber anscheinend nicht stattgefunden.

Meist wurde das Wasser über schlichte Dammeinschnitte ausgeleitet. Ähnlich wie im Falle der Pfinz gab es lange Zeit keine ortsübergreifende Wässerordnung (GLA 356/5186).

Natürlich gab es auch am Kraichbach ähnlich wie an praktisch allen Niederungsbächen mehr oder weniger ständigen Streit ums Wasser. Da aber im Gegensatz etwa zum Saalbach kaum eine organisierte Wässertradition vorhanden war, hielten sich die Konflikte in Grenzen. Nur die Mühlen waren es, die öfter für Konfliktstoff sorgten, zumal das geringe Gefälle und die Zahl der Mühlen ohnehin kaum Wasserkraftreserven verbleiben ließ.

Ubstadt, das „Wiesental" und die Kraich

KARL SERDEN

Der grüne Teppich westlich des Dorfes Ubstadt, der Wiesengürtel der Gemeinde, war die Vorratskammer des Bauern für die winterliche Stallfütterung. Jahr für Jahr konnten die Bauern hier von dieser nahezu 800 Schritt breiten und etwa 2.500 Schritt langen parzellierten Wiesenzone ihr Heu und Öhmd einfahren. Auch in Trokkenjahren war die Futterversorgung weitgehend gesichert, denn die Fläche ließ sich aus dem Kraichbach ohne Mühe bewässern, beste Voraussetzung für einen saftigen Graswuchs auch an heißen Sommertagen.

Eben wie die norddeutsche Heidelandschaft, so breitet sich das Gelände der Wiesen zu Füßen der ansteigenden Kraichgauhügel aus, die unweit der östlichen Gemarkungsgrenze Ubstadts mit dem Eisenhut (221 m) ihren höchsten Punkt in diesem Landabschnitt erreichen. Im Süden dämmt das Bruch die Ausdehnung der Wiesen. Heute befindet sich dort die Kreismülldeponie, aber auch die Brückenbauten der Schnellbahn. Nördlich begrenzte die jetzt mit Erlen aufgeforstete Brachfläche im Roßhäußer, die vorher mit Schilf bewachsen war, die Wiesenzone. Auf der Westseite wird sie vom Bahnkörper der Bundesbahn Heidelberg-Karlsruhe beschnitten und östlich von der Nebenbahn Bruchsal-Menzingen/Tiefenbach gegürtet. Von der Höhe des Dorfes beim Verkehrsknoten „Stachus" nimmt auch der Kraichbach nach seinem Austritt aus dem Hügelland in nördlicher Richtung seinen Lauf entlang am Rande dieser Wiesenfläche.

In der Geschichte Ubstadts spielt der Kraichbach eine erhebliche Rolle. Am Rand der Rheinebene, am Austritt der Kraich aus dem Hügelland, bot sich ähnlich wie an den anderen Randorten die Möglichkeit der Wassernutzung zur Wiesenwässerung und anderen Zwecken, etwa der Wasserkraftnutzung. Auch Landschaft und Natur profitieren von dem Wasserlauf. Vor allem aber ist derselbe auch für den Ort ein Gewinn, denn viele malerische Idylle hat die „Pforte des Kraichtals" dem alten, ehrwürdigen Bach zu verdanken.

Als sich nach dem Dreißigjährigen Kriege in den Ortschaften das bis in unsere Zeit hinein wirkende bäuerliche Leben entfaltete, fanden die Bauern und Bürger in Ubstadt Voraussetzungen, die für zeitgemäße Entwicklungen vielversprechend waren. Die klimatischen wie auch die Bodenverhältnisse gaben keine Bedenken auf, sie schienen für die landwirtschaftliche Nutzung bestens geeignet. Neue Erkenntnisse setzten sich durch. Überall kam es zum Umbruch und zum Aufbruch.

Seit jener Epoche wurde die Landschaft verstärkt vom Menschen gestaltet. Durch Rodungen, durch Drainage schuf er Wiesen und Äcker, schuf er eine ökonomische Existenzgrundlage für sich selbst und auch für zahlreiche Pflanzen- und Tierarten. Die Vielfalt der heimischen Fauna und Flora ist somit vorwiegend das Ergebnis einer sehr lange währenden, im Einklang mit dem Naturhaushalt stehenden Nutzung durch den Menschen.

Wiesen und Wässerung

Es war der Stolz der Ubstadter Bauern, im Stall gesunde und wohlgenährte Vierbeiner vorweisen zu können. Das sprichwörtliche Lob hatte reale Wurzeln. Im Dorf gab es keinen Mangel an Futter. Die Gemarkung war groß, für die Viehhaltung war ausreichend Wiesengelände vorhanden. Gerade die Ebene westlich der Kraich, das einstige feuchte, morastige Terrain, bildete sich in der Zeitenfolge zur üppigen Grasweide. Der Boden war reich an Humus, für die Futtergewinnung war er bestens geeignet. Die Vegetation hier enthielt alle wichtigen Pflanzen für eine gesunde Fütterung. Die Wiesen wurden in der Regel zweimal im Jahr gemäht. Im Frühjahr hieß es „Haaijed hole", da wurde das Heu (= Heuet) eingefahren. Zur zweiten Mahd sagte der Bauer „Ohmed" (= Öhmd), eine besondere Köstlichkeit für die Vierbeiner. Ob Roß, Rind oder Ziege, es wurde mit Vorliebe angenommen. Das Öhmd war würzig und zart. In seiner Qualität kommt es dem Heu der Bergwiesen gleich, die als grüne Tupfer noch immer in der Landschaft auszumachen sind. In manchen Jahren, bei entsprechender Witterung, gab es noch einen dritten Schnitt (= „Schabgras"), meist im Oktober.

Abb. 8.45
Die sog. „Drei-Schließen-Schleuse" um 1965. Die neue Kreisstraße nach Weiher beseitigte das der Wiesenwässerung dienende Schließwerk.

Ein bemerkenswertes Bewässerungssystem sorgte dafür, daß auch in Trockenjahren der grüne Grasbestand nicht zu welken begann. Das geschah nach einer einfachen Methode, doch war das Ganze gut durchdacht und im Ergebnis kaum zu übertreffen. Im gemessenen Abstand zum alten Bach hob man einen Bewässerungsgraben aus. Von einer geeigneten Stelle, oberhalb des östlichen Ortsetters, verlief derselbe parallel bis zu dem Punkt, wo der Bach nach Norden abbiegt. Am Beginn des Grabens baute man eine Schleuse; der Einlauf des Wassers ließ sich so regulieren. Kurz vor der erneuten Einmündung in das Bachbett errichtete man wieder ein Schließwerk, jedoch mit drei Schließen. Zwei waren für wasserführende Gräben in das Tal, die dritte staute das Wasser und verhinderte den Durchfluß in den Bach. Leider gibt es keine schriftlichen Dokumente, die Aufschluß über die Entstehung dieser Anlage geben. Die Altvordern jedenfalls, die sich um die Bewässerung des Wiesentales bemühten und dies auch bewerkstelligten, zeigten sich als Praktiker, denn sie berücksichtigten sinnvoll in ihrer Planung die Beschaffenheit des Geländes. Der östlich – von Unteröwisheim kommend – in die Gemarkung einfließende Kraichbach versprach für die gestellte Aufgabe schon das halbe Gelingen. Zum Bewässern benötigt man Wasser. Der Bach hatte es reichlich, und oft auch wieder nicht. In Trockenjahren kam es schon einmal vor, daß seine Wasserführung spärlich war. Doch das blieb die Ausnahme. Außerdem war sein Verlauf zwischen den Kraichhügeln, aber auch das einst künstlich geschaffene Bachbett an der Randrinne zur Niederterrasse, für diese umfängliche Maßnahme geradezu auf der Hand liegend.

Das Wässern war für die Bauern nötig, wenn sie daheim im Stall ihren gewohnten Status halten wollten. Wohlgenährte Tiere waren ein Symbol ihrer Reputation. In Notzeiten gab es auch oft darüber Streit und Reibereien. So sagte einmal ein Bauer zu einem anderen: „Du treibst das Vieh ins Tal und hast keine Wiese dort!" Dem Vernehmen nach wurden die beiden handgreiflich, und es setzte für beide eine gehörige Tracht Prügel. Mit dem Nachbar Unteröwisheim gab es mitunter auch manchen Hader zu bestehen, wie 1906 eine Eingabe der Gemeinde an das Großherzogliche Bezirksamt in Bruchsal dokumentiert.

Die Wässergräben im Tal, die von der „Drei-Schließen-Schleuse" (bei der Hummelwiese) aus beschickt wurden, waren so angelegt, daß am Beginn des Grabens derselbe tiefer war als am Ende. Das Wasser stieg somit planmäßig an. Dadurch konnten die Wiesen rechts und links des Grabens folgerichtig befeuchtet oder geflutet werden. Der eine Graben führte ins Gewann „Bruchwiesen", der andere ins Gewann „Schleichen". Je nach Erfordernis erfolgte die Bewässerung in Abständen, also gebietsweise. Der „Schleichen"-Graben war über diese Zeit ein beliebter Tummel- und Badeplatz für die Kinder, denn das

Abb. 8.46 Kuhschädel auf dem Grund eines alten Wässergrabens im Gochsheimer Tal (1995!). Solche Funde sind noch immer möglich – die Gründe für solche „Ablagerungen“ sind nicht genau bekannt. Eine mögliche Erklärung ist die Verwendung als Köder zum Aalfang.

Wasser war „badwarm“, was natürlich die jungen Herzen begeisterte.

Mit dem Wässern war noch ein Nutzeffekt verbunden. Mäuse und Maulwürfe wurden aus ihren unterirdischen Gängen vertrieben und kamen ans Tageslicht. Vielen gelang die Rettung nicht. Sie wurden entweder vom Storch als Lekkerbissen geholt, oder wurden von Interessierten eingesammelt; es gab dafür eine Kopfprämie.

Vorrang für den Schulhausbau (1894–1913)

Das Bewässern der Wiesen beschäftigte eindringlich die Gemüter. Die Schriftstücke in einem alten, erhalten gebliebenen Faszikel (GEMEINDEARCHIV UBSTADT, Abt. A, Nr. 73) über die Bewässerung des Wiesentals aus dem Kraichbach zu Anfang unseres Jahrhunderts unterstreichen die Bedeutsamkeit dieses Sachverhaltes. Die Bewohner, damals fast durchweg Bauern, wenn man die Handwerker ausnimmt, erstrebten in der landwirtschaftlichen Kultivierung eine Verbesserung ihrer Lebensgrundlage. Da die Viehhaltung eine zentrale Funktion einnahm, setzten sie die Bewässerung des Wiesenlandes hoch an. Eine gute Ernte, gleichbleibende Qualität und Menge gehörten zur Ehre des Berufsstandes. Der Güteanspruch betraf nicht nur die Heuernte oder den Getreideanbau, auch der Weinbau war in dieses Begehren eingeschlossen.

Instandhaltung und Ausbau der Wässeranlagen waren also zentrale Anliegen der Wiesenbesitzer. Doch die Erweiterung bzw. der Ausbau der bestehenden Wässeranlage hatte auch Gegner. Das beweist allein schon der lange Zeitraum, der verging, bis die Frage endgültig vom Tisch war. Der mehrmalige Versuch und auch die schon erteilte Genehmigung, das Wiesental mit Trübwasser aus dem Kraichbach zu düngen und das Wachstum somit zu fördern, führte die Gemeindeväter jedoch nicht gerade zu einem überstürzten Handeln. Ein Schulhaus-Neubau schien ebenfalls geboten und erhielt zunächst Priorität.

In diesem Zusammenhang ist ebenso erwähnenswert, daß auch ein Bewässerungsprojekt für das Gewann Klein-Erle keine Mehrheit bekam. Ebenfalls nach mehrjähriger Beratung legte der Gemeinderat am 12. November 1908 dem Bür-

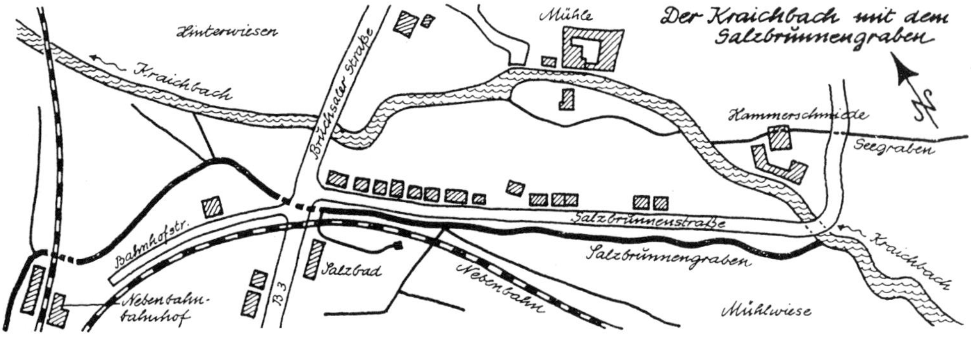

Abb. 8.47 Der Kraichbach bei Ubstadt mit dem Salzbrunnengraben. Dieser diente der Zuleitung des Wassers in das Wiesengebiet der Silzenwiesen.

gerausschuß folgende Frage zur Abstimmung vor: „*Erteilt der Bürgerausschuß dem Beschlusse des Gemeinderats vom 4. November 1906 bzw. vom 2. November 1908 zur Ausführung der Trübwasserbewässerungseinrichtung mit einem Kostenaufwand von 490 Mark seine Zustimmung?*“ Zur Abstimmung waren die Bürger vormittags 8 Uhr in das Rathaus geladen. Dem Bürgerausschuß gehörten 42 Personen an. Mit 35 Nein- gegen 6 Ja-Stimmen wurde das Projekt abgelehnt. Das Protokoll berichtet kurz und bündig: „*Die beabsichtigte Bewässerungseinrichtung soll nicht zur Ausführung gebracht werden.*“

Betriebsmittel Wasser

In früheren Zeiten war die Wasserkraft für den Menschen das wichtigste Betriebsmittel. Auch der Kraichbach wurde dementsprechend in Beschlag genommen. In Ubstadt läßt sich das vortrefflich aufzeigen. Das Wasser der Kraich wurde hier seit dem 13. Jahrhundert handwerklich genutzt. Der damalige Ortsadel, die „Herren von Ubstadt“, war Betreiber einer Mühle. Gegen Ende des 14. Jahrhunderts erscheint die Gemeinde als Eigentümer, aber bereits 1464 wechselte sie dann in private Hand. Der Mahlgang wurde von der Kraich betrieben. Ein Entlastungskanal führte das überschüssige Wasser an der Mühle vorbei.

Bei Hochwasser war die Mühle im Gegensatz zum höher gelegenen Dorf natürlich in Mitleidenschaft gezogen, das Wasser überspülte die unteren Räume. Doch das blieb die Ausnahme, denn auch bei starkem Wasseraufkommen konnte der Wasserstand meistens durch die Handhabung der Schließen beim Abzweig des Kanals reguliert werden.

Im 18. Jahrhundert wurde der Kraichbach zu einer weiteren Nutzung herangezogen. Das geschah auf fürstbischöfliche Weisung und stand im Zusammenhang mit der Salzgewinnung in Bruchsal. Zunächst wurde ein Kanal von etwa 1.200 Meter Länge gebaut, der vom Kraichbach am Wehr oberhalb des Kleinen Erle (unweit der Gemarkungsgrenze von Unteröwisheim) abzweigte und in der Nähe der Mühle wieder in das alte Bachbett geleitet wurde. Das Wasser setzte hier ein ausgeklügeltes Pumpwerk in Gang. Der Vorgang drückte das Salzwasser der Ubstadter Sole[50] auf den sogenannten Gradierturm, um für dasselbe genügend Gefälle für die nach Bruchsal führende hölzerne Leitung aus durchbohrten Forlenstämmen („Deichelfahrt“) zu bekommen. Nach Aufgabe der Bruchsaler Saline entstand später an dieser Stelle um 1850 eine Hammerschmiede und zeitweise auch ein Sägewerk. Die Antriebskraft des Wassers diente somit erneut dem Handwerk, dem Gewerbe und der bäuerlichen Wirtschaft. Die Straßenbezeichnungen „An der Hammerschmiede“ und „Seegraben“ halten die Erinnerung an dieses kriegsbedingt eingegangene Unternehmen wach.

Über den Wasserbedarf konnte nicht willkürlich verfügt werden. Es gab sowohl Gesetze als auch Vorschriften zu beachten. Beim Wässern war es ratsam und geboten, sich mit den Gemeinden oberhalb und unterhalb am Kraichbach abzustimmen, zudem mußte die Maßnahme bei der zuständigen Behörde, nach dem Kriege beim Wasserwirtschaftsamt in Heidelberg, beantragt werden.

50 Zur botanisch bemerkenswerten Geschichte der Ubstadter Salzquelle siehe Kap. 7, S. 157.

Die gewerblichen Umtriebe waren ebenfalls an Auflagen gebunden. Mühle und Hammerschmiede saßen praktisch in einem Boot. Um ordnungsgemäß arbeiten zu können, benötigten beide Werke fortwährend genügend Wasser. Der Bach hatte es in der Regel reichlich, wichtig war nur der angemessene Verbrauch. Um Engpässe zu vermeiden, gab es Markierungspunkte. Das Wasser durfte eine bestimmte Höhe nicht überschreiten, wenn der eine oder andere in seiner Arbeit keinen Nachteil haben sollte. Die Eich-Zahl wurde amtlich ermittelt und war so angebracht, daß sie gut eingesehen werden konnte. 1884 wurde sowohl der Eichpfahl der Mühle als auch der für die Hammerschmiede neu festgelegt. Es ist nicht überliefert, ob es wegen dieser Direktive bei den beiden Parteien mitunter zu Reibereien gekommen ist.

Während der Wässerung stand die Mühle, es wurde nicht gemahlen. Derweil brachte man das Gebäude und das Mahlwerk wieder auf Vordermann; auch das Bachbett wurde von Schlamm und Steinen gesäubert. Für das Wässern, für Aufräum- und Reinigungsarbeiten bestallte die Gemeinde mehrere Bürger. Über viele Jahre hinweg standen hier Johannes Neithardt (1877–1937), Fritz Neithardt I. (1902–1963), Josef Bergmann (1884–1958), Karl Harlacher (1904–1962), Pius Thome (1879–1969) und Walter Fetzner (geb. 1928) in Verantwortung.

Der Salzbrunnengraben und die Korrektur des Kraichbachs

Nach der Jahrhundertwende erstreckten sich die Baugebiete auch auf die linke Seite der Kraichbach. Neue Straßen wurden konzipiert, so die „Salzbrunnenstraße", gleichlaufend zwischen Kraichbach und Bewässerungsgraben (= Salzbrunnengraben). Die Keller der hier erbauten Häuser waren durch eine Rohrleitung mit dem Salzbrunnengraben verbunden, um das hohe Grundwasser in den Graben abfließen zu lassen. Beim Bewässern führte der Graben jedoch mehr Wasser, das Niveau lag über dem der Hauskeller, somit drang Außenwasser in die Keller. Um dies zu verhindern, konnte man das Ausflußrohr außen im Graben mit einem Zapfen dicht machen. Am Beginn der Wässerung kam es nun immer zu einem liebgewordenen Gebrauch. Der Beauftragte der Gemeinde, Alois Niederbühl (1894–1965), fragte die Hausbesitzer: „Hädder d' Zapfe drin?". Dafür wurde er mit einem „Häffele" (= Krügel) Most belohnt. Beim Salzbad-Wirt hieß der Spruch „d' Zimmerer kriegt koi Wasser, kriegt koi Wasser"; Gastronom Zimmerer bedankte sich dann mit einem „Zigärrle" und (Obst-)"Wässerle".

Inzwischen ist das einstige Idyll stark beeinträchtigt. Der Bau der Schnellbahn veränderte die Landschaft. Die Anbindung der neuen Kreisstraße an die B 3 bei der evangelischen Gnadenkirche,

Abb. 8.48
Schließe zum Salzbrunnengraben am Kraichbach östlich von Ubstadt. Die Aufnahme entstand um 1965.

gegenüber dem Salzbad, schuf Sachverhalte wie Abbiegespur, Verkehrsinseln und Ampelanlage. Der parallel zur Kraich verlaufende Wässerungsgraben ist zugeschüttet. Über seine Fläche wurde die neue Straße trassiert, deren Beginn/Einmündung sich genau an der Stelle befindet, wo der Graben die B 3 schnitt (heute „Stachus"). Eingeebnet und beseitigt wurde auch die „Drei-Schließen-Schleuse". Nach einer im Mauerwerk eingehauenen Jahreszahl war sie 1793 erbaut worden.

Die Korrektur des Kraichbaches 1974 setzte ebenfalls neue Akzente. Im Bereich der Mühle ist das besonders augenscheinlich; der Bach wurde sozusagen umgebettet, neu ausgekoffert und begradigt. Mit dem Strukturwandel, der in Ubstadt etwa um 1965 einsetzte und der das bäuerliche Element im Dorfe zurückdrängte, verlor auch das sommerliche Bewässern der Wiesen seine frühere Erfordernis. Ein Teil der Talfläche ist heute umgeformt in ein Rückhaltebecken (1992/1993), um bei Hochwasser für die nötige Pufferung großer Wassermengen sorgen zu können.

Der Mühlenkonflikt am Kraichbach

DIETER HASSLER

Exemplarisch für die Auseinandersetzungen um das Kraichbachwasser mag hier die Geschichte des Mühlenstreites von 1858 erzählt werden, der nicht zuletzt Anlaß für die spätere Ausarbeitung der Kraichbachordnung war. Gleichzeitig erhalten wir durch die hierzu gehörige Akte den umfassendsten noch vorhandenen Überblick über die Verhältnisse am Kraichbach im 19. Jahrhundert.

Im Jahre 1858 schließen sich alle Mühlenbesitzer am unteren Kraichbach zu einer Interessengemeinschaft zusammen, um endlich eine bessere Berücksichtigung ihrer Belange am Kraichbach zu erreichen. Unter Führung des Friedrich Kramer, Mühlenbesitzer in St. Leon, wendet man sich in einem sehr ausführlichen Schriftsatz an die zuständigen Ämter Philippsburg und Bruchsal (GLA 356/5186). Die Müller beschweren sich, daß ihnen ständig durch illegales und ungeregeltes Wässern die notwendige Wasserkraft für den Betrieb ihrer Mühlen fehlen würde. Sie berufen sich auf die 1822 erlassene Mühlenordnung, die den Müllern tatsächlich eine bessere Rechtsstellung eingeräumt hatte (siehe Kap. 4).

Nun klagen sie über zahlreiche Mißstände am und um den Kraichbach und fordern die zuständigen Ämter auf, endlich im Hinblick auf das öffentliche Interesse an den Mühlen tätig zu werden, denn, so formuliert es ihr Anwalt, *„des Brodes bedürfe schließlich jeder"*.

Das Amt Bruchsal bleibt (erstaunlicherweise) nicht lange untätig und beraumt kurz darauf eine sogenannte **Tagfahrt** für seinen Zuständigkeitsbereich an, bei der alle Parteien die tatsächlichen Verhältnisse erkunden sollen. Gemeinderäte und Bürgermeister der Orte von Ubstadt bis Mingolsheim nehmen ebenso teil wie eine Abordnung der klagenden Müller. Die Besichtigung beginnt am 16. Juli 1858 in Ubstadt. Minutiös wird an jeder Schleuse und an jedem Graben festgehalten, was nach Meinung der Teilnehmer an alten Wasserrechten existiert und welche Maßnahmen, Reparaturen etc. erforderlich seien.

Die Tagfahrt beginnt bei der **Kreuzschließe** in Ubstadt. Von hier aus wurden die Silzenwiesen und die Bachwiesen mit einer Gesamtfläche von 100 Morgen gewässert. Die Wässereinrichtungen seien nach eigener Anschauung mangelhaft, so vermerkt der Protokollant. Die Ubstadter Teilnehmer seien jedoch zuversichtlich, daß nach Beilegung des anhängigen Mühlenstreites eine gehörige Winterwässerung eingerichtet werden könne.

Es geht weiter über die „**Kleine Schließe Nr. 5**", durch die über einen Graben, der in Richtung Weiher ziehe, die Gänsweide gewässert werden könne. Die Müller klagen, diese kleine Schleuse sei ständig widerrechtlich geöffnet. Daher soll sie ganz verschlossen und *„nur im Falle einer Feuersbrunst geöffnet werden, wenn die Ableitung des Wassers aus dem Hauptkanal notwendig wird"*. Der Schlüssel soll *„ganz allein in der Hand des Bürgermeisters"* von Ubstadt bleiben.

Nun folgt die **Häfnerschleuse**, über die die „Brühl"- und „Häfnerwiesen" bewässert werden konnten. Diese sei aber so alt und verfallen, daß sie dringend repariert werden müsse. Etwaige Wässerrechte sind bei den Exkursionsteilnehmern nicht bekannt.

Über die nachfolgende **Feuergrabenschließe** entspinnt sich ein längerer Disput. Diese versorgte über einen Graben den Brandweiher in Weiher. Sie reiche bis auf die Sohle des Bachbetts, sei

Abb. 8.49 Die alten Gemarkungspläne von Ubstadt, Stettfeld, Langenbrücken und Mingolsheim zeigen in der Montage das streifenförmige Band der Randsenke entlang des Kraichgaurands, in das die Auen von Kraichbach und Katzbach einmünden. Wiesen sind in hellgrün, Wälder in dunkelgrün dargestellt. Vergleiche auch die Karten 10 und 11!

Mingolsheim
Langenbrücken
Stettfeld
Ubstadt

nicht verschlossen und sei konstruktionstechnisch so ungünstig angelegt, daß die Hauptmenge des Wassers aus dem Kraichbach abfließen müsse, wodurch ein ständiger erheblicher Wasserverlust zu beklagen sei, so beschweren sich die Müller. Man einigt sich auf mehrere Punkte: Erstens, daß diese Schleuse verschlossen werden müsse und auch hier der Bürgermeister als Schlüsselbewahrer einzusetzen sei. Zweitens seien die Gräben in einen guten Zustand zu versetzen, drittens solle durch Versuche herausgefunden werden, welche Zeit für das Füllen des Brandweihers tatsächlich erforderlich sei. Danach sollte eine wöchentliche feste Zeit der Befüllung festgelegt werden. Der Weiherer Bürgermeister sei für etwaigen Mißbrauch verantwortlich.

Es folgen die beiden **Allmendschließen** auf Gemarkung Stettfeld. Diese seien zur Wiesenwässerung auf beiden Seiten des Baches in Gebrauch und in einem ordentlichen Zustand. Schlüsselgewalt hat das Bürgermeisteramt Stettfeld.

Dann kommt man an zwei private „Dohlen". Auf der rechten Seite wird von Georg Michael Pfeiffer, linksseitig von Armin Pfeiffer, beide aus Stettfeld, Wiesenwässerung betrieben. Die Müller bezweifeln deren Wässerrechte und verlangen die Vorlage eines schriftlichen Titels. Das Protokoll berichtet: *„Beide Eigenthümer wurden vorgerufen und über die Berechtigung zu dieser Wässerungsanlage befragt. Eine solche konnten sie nicht vorweisen, sie wollen diese Anlagen aber nach Anordnung der von ihnen zu Rathe gezogenen Wasser- und Straßenbauinspektion gemacht haben. Sie bestehen auch nicht auf ihrer Berechtigung und sind auch gerne bereit, diese Schleusen so weit zu erhöhen daß sie mit dem [?] in Harmonie stehen"*.

Gleich bachabwärts folgt ein weiterer Deichel des Altbürgermeisters Herzog aus Weiher, der aber derzeit mit einem Stopfen verschlossen gewesen sei. Die Müller verlangen die Entfernung des Deichels, da diese Ausleitung illegal sei.

Weiter geht es zu den Allmendwiesen bis zur **Schneidmühlschleuse.** Auch hier, so ist man sich einig, könnte eine ordentliche Wiesenwässerung betrieben werden.

Zum Abschluß dieses ersten Teils der Tagfahrt trifft man sich auf dem Rathaus in Stettfeld, wo das Protokoll erstellt wird und ein Kompromiß über die Wasserrechte vereinbart wird. Dieser enthält folgende Regelungen:

1. Die Müller erkennen nur die Wasserrechte an, die schriftlich nachgewiesen werden können.
2. Die widerrechtlich erbauten Dohlen und Schleusen sind zu entfernen und die rechtmäßig bestehenden in ordnungsgemäßen Zustand zu versetzen.
3. Grundsätzlich soll zur Zeit der regelmäßigen Bachreinigung gewässert werden. Da bisher keine genauen Wässerzeiten festgelegt waren, wird nun die Gesamtwässerzeit auf 16 Tage festgesetzt, wovon Ubstadt 4 Tage, Weiher 1 Tag, Stettfeld 3 Tage, Langenbrücken 2 Tage, Kronau (im Gemarkungsteil oberhalb Kislau) 1 Tag, Mingolsheim und Kronau (nördlicher Gemarkungsteil) gemeinsam 3 Tage und St. Leon 2 Tage erhalten sollen.
4. Gegen die Einrichtung einer Winterwässerung werden keine Bedenken erhoben, soweit die Eichmarken eingehalten werden.
5. Ubstadt reklamiert ein zusätzliches (althergebrachtes) Wässerrecht über 3 Tage vor der Heuernte. Diese Frage kann mangels Unterlagen nicht abschließend geklärt werden und wird einer künftigen Regelung vorbehalten.

Bereits am folgenden Tag wird die Tagfahrt fortgesetzt. Man versammelt sich bei der **Schneidmühlschleuse** in Stettfeld. Neben der Abordnung der Müller und den jeweiligen Gemeinderäten nimmt auch noch Geometer Waßmer aus Bruchsal teil, der einen Plan verfertigen soll. Wieder werden die Befunde detailliert festgehalten. Man findet zahlreiche Deichel und Dohlen, über die mehr oder weniger genaue Kenntnisse bestehen. Die Müller verlangen wiederum deren Entfernung, sofern nicht schriftliche Titel vorgelegt werden können.

Bei der **Holzmühle in Langenbrücken** befindet man, daß der dortige Deichel durch eine ordnungsgemäße, verschließbare Schleuse zu ersetzen sei. Den Schlüssel soll der Bürgermeister von Langenbrücken verwahren, der aber ohne Zustimmung des Holzmüllers keinen Gebrauch von der Schleuse machen darf.

Auch am **Feuergraben** soll eine verschließbare Schleuse mit der erforderlichen Eichhöhe angebracht werden, deren ordnungsgemäße Bedienung dem Bürgermeisteramt obliegt.

Man kommt zu den **Unterwiesen**. Dort zieht der **Landgraben** parallel zum Kraichbach. Dieser soll zum Zweck einer künftigen effektiveren Wiesenwässerung vom Rand der Wiesen in das Gewann hineinverlegt werden. Die folgenden Schleusen werden als unzureichend befunden. Sie sollen repariert und in die richtige Eichhöhe gebracht werden. Zahlreiche Wiesenbesitzer haben illegale Deichel eingelegt, deren Entfernung angeordnet wird. An dieser Stelle wird angeregt, künftig eine Trübwässerung (Winterwässerung) einzurichten. Daraus läßt sich schließen, daß eine derartige Einrichtung bisher in der Gegend nicht bestanden hat. Man fährt fort und besichtigt das Kronauer Ufer des Baches. Hier sind die Verhältnisse besonders wüst. Das Protokoll berichtet: *„Auf der linken Seite Kronauer Gemarkung ist der Unfug mit den Deicheleinlegungen ebenso großartig wie auf den übrigen Gemarkungen und es wird von Seiten der Müller mit Zuverlässigkeit von der Behörde Abhilfe erwartet".*

Nun kommt man zur Schleuse des Domänenärars **Kislau**. Der zuständige Wiesenaufseher Thome ist erst gar nicht gekommen und läßt seine Vertreter ausrichten, *„daß er an keine Anordnung einer Behörde gebunden, sondern zu handeln berechtigt sei, wie ihm beliebe"*. Die anwesenden Vertreter der Gemeinden und der Müller lassen sich davon wenig beeindrucken und verlangen Gleichbehandlung mit allen anderen. Ähnliche Verhältnisse finden sich auch unterhalb Kislau. Auch hier *„sieht man links und rechts nichts als Dammeinschnitte und willkürliche Einrichtungen, die nur zum Schaden für den Bachdamm dienen und erst vor kurzem entstanden sind, nachdem mehr Wert auf die Wiesenwässerung gelegt wurde. Alle Anwesenden anerkennen, daß die Wässerung von beiderseitigen Wiesen ausführbar ist, dieselbe wiederum wird auch von den Vertretern der Mingolsheimer verlangt und zwar mit garantierter Einrichtung und mit einzuführender Wässerungsordnung"*. Auf der gesamten Strecke von Langenbrücken bis St. Leon sei der Zustand derselbe. Auch für diesen Bereich werde eine geregelte Wässerung für unabdingbar gehalten.

Nun kommt man zur Einmündung des **Mingolsheimer Bachs**. Rechts und links desselben liegen ausgedehnte Wiesen. Zu deren Bewässerung haben praktisch alle Wiesenbesitzer Einschnitte in den Damm angelegt, viele davon seien ganz frisch. Das gesamte Wasser des Mingolsheimer Bachs werde so in die Wiesen geleitet, so daß praktisch nichts am Kraichbach ankomme. Die Müller beantragen daraufhin, auch für dieses Gebiet *„den Unfug für allemal abzustellen und Ordnung zu schaffen"*. Die anwesenden Vertreter der Gemeinde spielen erst einmal auf Zeit. Sie fordern, erst einmal die Domänenverwaltung Bruchsal anzuhören, da auch diese in der Nähe mehrere Morgen Wiesen besitze und daher betroffen sei. Die Kommission befindet, es müsse möglich sein, *„das Wasser dieses kleinen Bächleins auf die Wässerwiesen zu bringen und wieder über den Rohrgraben abzuleiten, ... auf der anderen Seite des Kraichbachs [sei] die Ableitung des Wassers durch den Landgraben leicht ausführbar"*. Die Müller bieten als Kompromißvorschlag wie an den anderen Orten an, hier während der gesamten 16 Tage dauernden Bachreinigung die Wiesenwässerung zu gestatten. Mühlenbesitzer Kramer gibt noch eine Zugabe: *„Vorausgesetzt, daß man diese Sache endlich ordnet und uns Müller nicht weiter herumzieht"*, sollen die Mingolsheimer noch zusätzliche acht Tage im Mai zur Wässerung zugestanden bekommen. So endet die Tagfahrt relativ friedlich.

Das zuständige Oberamt in Bruchsal zeigt sich hocherfreut über das Ergebnis, insbesondere aber, daß man nun auch im Einzugsgebiet des Kraichbach endlich begriffen habe, welch vorteilhafte Effekte eine Winterwässerung habe, die zudem bezüglich der Mühlen konfliktfrei organisierbar sei. An die Gemeinden Mingolsheim und Kronau ergeht durch die zuständigen Behörden die strikte Weisung, binnen 4 Tagen (!) die festgestellten illegalen Wässereinrichtungen entfernen zu lassen und Vollzug zu melden.

Karte 12 (S. 334): Das Gebiet zwischen Kislau und Reilingen im Zustand um 1840.

Karte 13 (S. 335): Das Gebiet zwischen Kislau und Reilingen im heutigen Zustand.

1 Kraichbach
2 Kleine Bach (Mühlbach)
3 Schnierwiesengraben (Adäckergraben, Landgraben)
4 Kehrgraben
5 Hengstbach
6 Landgraben
7 Kahlbach
8 Kehrgraben / Kahlbach
9 Kriegbach
10 Duttlacher Graben
11 Heugraben
12 Gießgraben
13 Sausudel
14 Kronauer Feuergraben
15 Landgraben (fließt unter dem Kraichbach durch und geht in den Kirrgraben über)
16 ?
17 Leimbach
18 Dohlengraben
19 Kirrgraben

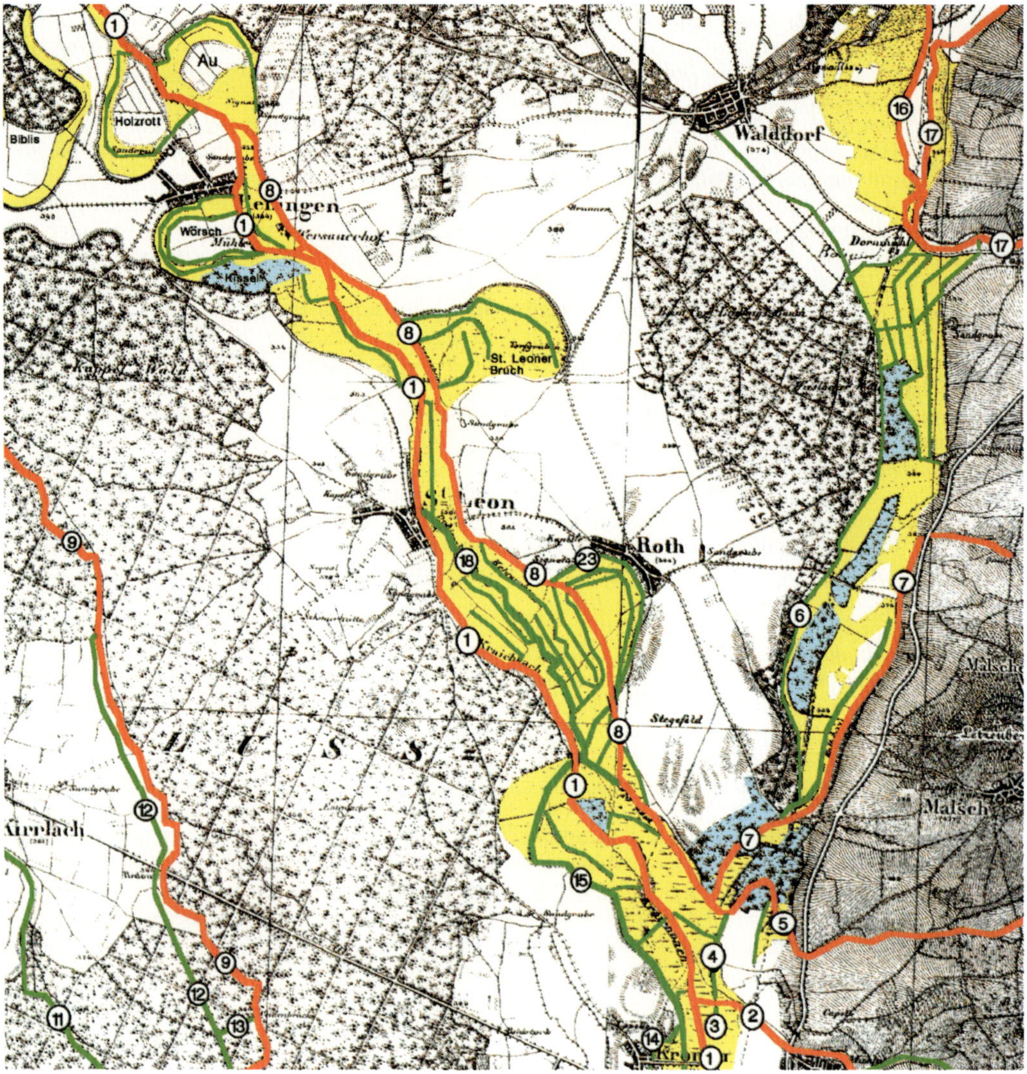
Au
Holzrott
Biblis
Wörsch
Kissel
St. Leoner Bruch
St. Leon
Roth
Walldorf
Malsch
Kraichbach
Stegefeld

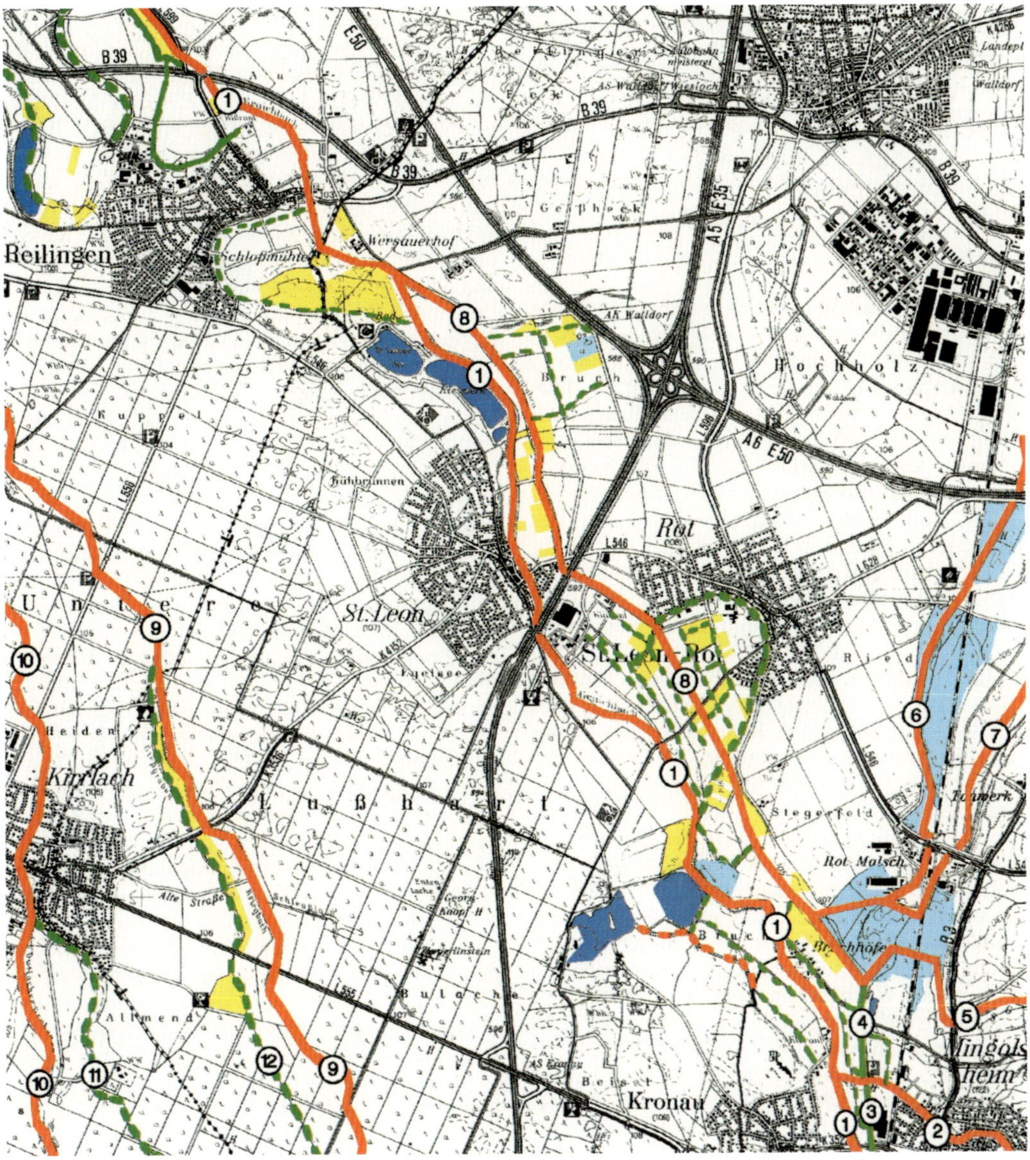

Reilingen
Schloßmühle
Wersauerhof
B 39
E 50
A 5 E 35
A 6 E 50
AK Walldorf
Bruch
Hochholz
Kuppel
Rot
St. Leon
St. Leon-Rot
Untere
Heiden
Kirrlach
Lußhart
Alte Straße
Allmend
Bulache
Kronau
Rot-Malsch
Stegerfeld
Ried
Mingolsheim
L 546
L 556
L 555
B 3

Der „Ostrhein“: Der untere Kraichbach von Kislau bis Hockenheim

MICHAEL HASSLER

Sumpf bis ins 20. Jahrhundert: Das Gebiet zwischen Kronau und St. Leon [Karte 12]

Hinter Kislau biegt die Kraichbachaue nach Nordwesten ab und verschmälert sich. Nach Norden setzt sich die Randsenke im Walzenbruch, Kapellenbruch und Frauenweiler Bruch fort. Diese entwässerten bis in die 1930er Jahre nach Norden zum Leimbach hin. Dann wurde durch Maßnahmen des Reichsarbeitsdienstes die gesamte Fließrichtung umgedreht und das Kapellenbruch nach Süden hin zum Kraichbach entwässert. Der Große Kehrgraben nördlich des Kraichbachs wurde ausgebaut und erhielt nun den Namen Kahlbach – die Namenskonfusion durch mehrfachen Tausch von Bachnamen ist in dieser Region besonders ausgeprägt.

Die Kraichbachaue war in diesem Bereich „klassisch“ strukturiert: Der Kraichbach selbst als hochliegender Wässerbach versorgte die Wiesen mit Wasser, der Landgraben im Süden und der Kehrgraben / Kahlbach im Norden waren die tiefliegenden Ableitgräben.

Ungewöhnlich war vor allem die komplizierte Wasserführung der verschieden hoch liegenden Bäche und Gräben südlich von Rot. Der von Kronau her kommende **Landgraben** [6] floß zwischen Kronau und Rot unter dem Kraichbach durch, überquerte den Kehrgraben / Kahlbach und ging in den **Kirrgraben** [19] über. Dieser war früher Ortsversorgungsgraben von Rot und gleichzeitig die „Kläranlage“ des Dorfes.

Zwischen Kehrgraben und Kraichbach befand sich der **Dohlengraben** [18], ein alter Wässergraben, der die Wässerwiesen am Kraichbach versorgte. KAMUF (in SCHNADER 1984) berichtet: *„Etwa 50 m oberhalb der Stelle, wo der Kraichbach das hohe Ufer erreicht, war ein weiterer Aquädukt. Er war ungefähr 30 m lang, 1,50 m breit, aus gelbem Sandstein gemauert und führte den Dolgraben wieder auf die östliche Seite des Baches. Um ein Durchbrechen des Wassers zu verhindern, waren die Kraichbachufer bei der Dole mit einem starken, 15 m langen Mauerwerk gesichert. Diese Mauer war auch zugleich das Fundament für eine Brücke über den Kraichbach und für die Dole. Früher war die Brücke aus Holz, heute ist sie aus Beton. Durch das Tieferlegen des Kraichbachs vor einigen Jahren ist diese Ufermauer wieder sichtbar geworden. Der Dolgraben verlief in der Mitte der Niederung und mündete unterhalb von St. Leon in den Kraichbach. Kurz hinter der Straße St. Leon – Rot floß der Mühlgraben in den Dolgraben. Mit Hilfe eines Wehrs konnte sein Wasser gestaut und in einer Wasserbrücke über den Dolgraben in das Wässerungsnetz der 'Steegwiesen' geleitet werden.“* Nicht ganz klar ist allerdings, welchen Aquädukt Kamuf damit meinte: Der Landgraben / Dohlengraben lagen nämlich tief und führten unter dem Kraichbach durch. Möglicherweise ist der Aquädukt des Landgrabens/Kirrgrabens über den Kehrgraben/Kahlbach gemeint.

Die Kraichbachaue zwischen Kronau und Reilingen war ungewöhnlich lange, nämlich bis in die 1930er Jahre, sehr sumpfig und kaum ackerbaulich nutzbar. SCHNADER (1984) schildert dies anschaulich: *„Zwar hat man schon in früheren Jahren versucht, die tieferen Flächen der Niederung zu entwässern, indem man auf dem linken Kraichbachufer von Stettfeld abwärts den Landgraben anlegte, der oberhalb St. Leon in den Kraichbach einmündet, und auf dem rechten Ufer den Kehrgraben, der von Wiesloch herkommt ... und dann die Kraichbachniederung durchzieht, bis er oberhalb Reilingen ebenfalls in den Kraichbach einmündet. Da die großen Schlamm-Mengen, die bei stärkeren Niederschlägen vom Hügelland weggespült werden, infolge der geringen Schleppkraft der Talgewässer nicht weitergetragen werden, so füllen sich Kraichbach, Landgraben und Kehrgraben immer wieder mit diesem Schlamm an und verursachen fortlaufend erhebliche Reinigungsarbeiten ...*

So sind im Laufe der Jahrzehnte weite Kulturflächen vernäßt und versumpft, und in zahlreichen Schlingen des alten Kraichbachlaufes haben sich anmoorige oder torfige Stellen gebildet. Weite Flächen sind nur noch mit Schilf und Binsen bewachsen, die höchstens als Streu genutzt werden können. ... Dabei handelt es sich fast durchweg um Böden aus kalkhaltigem, lößartigem Schlick, die bei ausreichender Entwässerung volle Ernten von hochwertigen Kulturgewächsen liefern können ...“

Die Kraichbachniederung heute [Karten 13, 16]

Die Kultivierung der Kraichbachniederung bei St. Leon und Rot im späten 19. Jahrhundert und vor allem durch die Kehr- und Landgrabengenossenschaft nach 1933 wird in SCHNADER et al. (1984) ausführlich beschrieben. Dabei wurde das gesamte Grabensystem vollständig verändert,

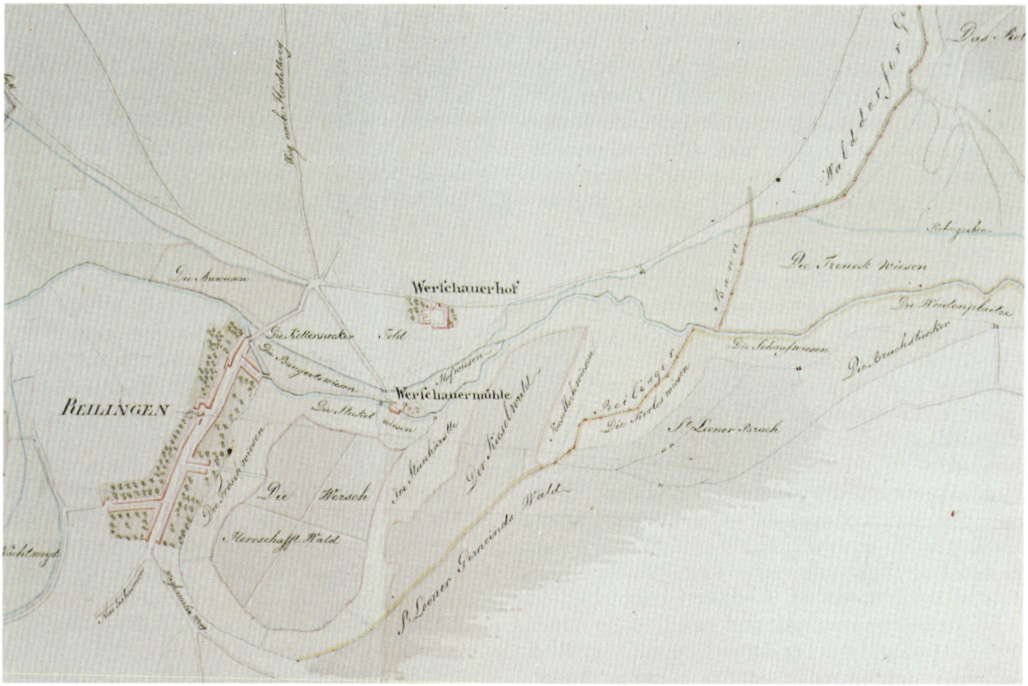

Abb. 8.50 Alte Detailkarte der Reilinger Umgebung (GLA, Abt. G, Wasserbau, Landgraben Nr. 7). Man erkennt den Mäander der Fröschau, am linken Rand auch die Holzrott. Sowohl Fröschau als auch Kislau (die späteren Schloßwiesen) waren zu diesem Zeitpunkt noch Wald.

zahlreiche Bäche und Gräben neu gefaßt und reorganisiert. Die wichtigsten Neuerungen waren:

- Der Kehrgraben wird zu einem großen, tiefliegenden Ableitgraben nördlich parallel des Kraichbachs zusammengefaßt und erhält den Namen des Kahlbachs. Er dient zur Entwässerung des Sumpfgebiets. Die Einleitstelle in den hochliegenden Kraichbach wird weiter nach Nordwesten bei Reilingen verlegt. Der Dohlgraben zwischen beiden Bächen entfällt vollständig.
- Der Landgraben nördlich von Kronau wird „stillgelegt" und verschwand in großen Teilen nach der Anlage der zwei großen Baggerseen zwischen Kronau und St. Leon vollständig.
- Anstelle des Landgrabens unter dem Kraichbach durch wird eine Ausleitung aus dem Kraichbach geschaffen, die über den Kehrgraben / Kahlbach weg in den Kirrgraben nach Rot läuft. Dieser wird streckenweise verdolt und mündet unterhalb von Rot in den Kehrgraben.
- Durch die Tieferlegung und Ertüchtigung des Kehrgrabens können die sumpfigen, alten Bachschlingen wie z. B. das St. Leoner Bruch und die Reilinger Schloßwiesen trockengelegt werden.

Die Mäander des „Aurheins" zwischen Reilingen und Hockenheim nahmen dagegen ein weniger dramatisches, aber nicht weniger unausweichliches Schicksal: sie trockneten im Lauf der Zeit immer mehr aus und konnten schließlich als Akkerland genutzt werden, selbst so unwirtliche Gegenden wie das St. Leoner Bruch. Der feuchteste Bereich, das sogenannte „Stumpenbruch" südlich von Hockenheim, wurde durch einen kleineren Baggersee vernichtet. Heute sind nur noch wenige kleine Wiesenflecken übrig. Durch die Mäander führen nur noch Drainagegräben.

Der „Aurhein": Die Mäander zwischen St. Leon und Hockenheim [Karten 12, 14]

Eine Besonderheit in der nördlichen Oberrheinebene stellen die ausgeprägten, mäanderförmigen Niederungen zwischen St. Leon und Hockenheim dar. Es liegt nahe, in ihnen Schlingen eines alten Flusses zu vermuten, und ihre

Existenz galt lange Zeit als eines der Hauptargumente für einen sogenannten „Ostrhein“ (TULLA 1825) oder „Kinzig-Murg-Fluß“ (siehe Kap. 6). Auch in den alten Überlieferungen scheint sich die Legende des Flusses gehalten zu haben: In den Hockenheimer Ortsakten des 18. Jahrhunderts werden die Mäander als „Aurhein“ bezeichnet (BRAUCH 1933), abgeleitet wohl von der Sandinsel der „Au“.

Diese Mäander sind bis zu 3 m in die sandigen Hardtplatten eingeschnitten[51] und trennten hochliegende „Sandinseln“ von der restlichen Hardt ab. Der Kraichbach schnitt die Mäander im Lauf der Zeit ab und nahm bereits im Mittelalter den direkten Lauf zum Rhein hin. Innerhalb der feuchten und sumpfigen Mäander befanden sich Wiesen und Weiden – für die Dörfer St. Leon und besonders Reilingen eine wichtige Ergänzung zum Ackerbau auf den sandigen Hardtplatten. Drainagegräben durchzogen die Mäander. Wir können die folgenden fünf Mäander unterscheiden:

- Nordwestlich von Rot und nördlich des Kraichbachs das **St. Leoner Bruch**. Es war vollständig versumpft und besaß keine Sandinsel in der Mitte. Das Bruch konnte erst in den 1930er Jahren vollständig trockengelegt werden und wurde später mit dem Autobahnkreuz Walldorf überbaut. Es galt bis in die 1970er Jahre als botanisch reichhaltig; davon ist heute nichts mehr übrig.
- Direkt südlich von Reilingen und dem Kraichbach die **Fröschau**, die die niedrige Sandinsel der 1818 gerodeten „Wörsch“ abtrennt. Die Fröschau war ein ehemaliger Wald. Südwestlich anschließend (südlich der Schloßmühle) stockte ebenfalls ein Feuchtwald, der „Kislau“, „Kissel“ oder „Kieseleckwald“ hieß, 1845 ausgestockt wurde und in Wässerwiesen, die sogenannten „Schloßwiesen“, umgewandelt wurde. Diese sind heute noch erhalten und stellen das letzte zusammenhängende Wiesengebiet der Region dar.
- Nördlich von Reilingen auf Markung Hockenheim die **Au**, eine wohl relativ früh verlandete und ausgetrocknete Schlinge. Auch die tiefliegenden Teile der Schlinge waren um 1840 nur teilweise mit Wiesen bedeckt, heute sind sie vollständig zu Acker umgewandelt.
- Nordwestlich von Reilingen die **Nachtwaid**, die sich im südlichen Teil zu einem mittelgroßen Feuchtwiesengebiet erweiterte. Sie isolierte die Sandinsel der **Holzrott**, früher mit Wald bestanden und Gegenstand eines jahrhundertelangen, heute noch nicht vollständig aus der Erinnerung verschwundenen Streits zwischen Reilingen und Hockenheim (MÜLLER in SCHMEHRER, Hrsg., 1986).
- Südlich von Hockenheim tiefte sich der frühere Bach- oder Flußlauf vor dem Eintritt ins Rhein-Tiefgestade zunehmend ein, dafür wird der Einschnitt selbst schmaler. Es entstand der **Biblis**, eine große Sandinsel, heute sowohl zu Hockenheim als auch zu Reilingen gehörig. Der Biblis bildete früher eine abgesonderte, ärarische Gemarkung, die erst 1930 aufgeteilt wurde (MARQUARDT in SCHMEHRER, Hrsg., 1986). Die um sie führenden Wiesenstreifen wurden „Spieswiesen“, „Hinter Brüchel“, „Reutwiesen“, „Kellersbruch“ und „Stumpenbruch“ genannt und weisen auf die starke Versumpfung der Gebiete hin. Einige Drainagegräben wie der Kellersbruchgraben [Karten 15/16, Nr. 12] entwässerten die Niederungen.

Auch am Lauf des Kraichbachs selbst zog sich ein mehr oder weniger breiter Wiesenstreifen von St. Leon bis Hockenheim. Mit dem zunehmenden Gefälle zum Rhein hin und mit der zunehmenden Vertiefung des Einschnitts verschmälerte sich der Streifen. Der Kraichbach verlegte seinen Lauf in diesem Bereich mehrfach und kurvenreich, was zu mehreren Begradigungen Anlaß gab[52]. Bei Reilingen lag in dem alten Sumpfgelände das **Wasserschloß Wersau**, ein Gegenstück zu Kislau, bereits 1764 abgebrochen und heute Ort eines Hofguts bzw. einer alten Mühle. Diese erhielt früher über einen Mühlbach Wasser, der einen Schlinge des Kraichbachs abschnitt (Karte in SCHMEHRER, Hrsg., 1986, S. 83).

Das Dorf Hockenheim schließlich entwickelte sich schließlich zu beiden Seiten des Austritts des Kraichbach-„Tals“ in die Rheinaue. Hier war die

51 Wie ungewöhnlich die dadurch entstehenden Abhänge und „Hochgestade“ waren, ist z. B. in Reilingen durch die Gewannamen „Bei der Hohl“ oder „Hohl“ belegt. Nicht nur hier, sondern auch in zahlreichen anderen Dörfern der ansonsten völlig flachen Rheinebene konnten solche Kleinst-Abhänge echte Hindernisse darstellen, da die Bauern der Ebene technisch überhaupt nicht auf das Bremsen ihrer Gespanne an Gefällen eingerichtet waren. Wenn dann doch einmal „Schleifwege“ nötig waren, wurden diese prompt als Besonderheiten betrachtet und führten teilweise sogar zu Gewannamen.

52 Diese Begradigungen waren (wie auch anderswo) Anlaß zu jahrzehntelangen Rechtsstreitigkeiten, in diesem Fall mit Hockenheim, und teilweise verbunden mit dem Streit um die Holzrott (MÜLLER in SCHMEHRER, Hrsg., 1986, S. 403 ff.).

Siedlung nicht nur hochwassergeschützt, sondern am Schnittpunkt von Hochgestade und Kraichbach von strategischer und verkehrstechnischer Bedeutung. Nicht nur führten mehrere Brücken über den Kraichbach, sondern nicht weniger als drei Mühlen unterstrichen die Bedeutung des Kraichbachs. Die tiefliegende Kraichbachaue blieb als innerörtliche Grünzone erhalten; noch im späten 19. Jahrhundert waren Überschwemmungen hier nicht selten (BRAUCH 1933).

Wiesenwässerung am unteren Kraichbach

DIETER HASSLER

Das Domänenärar bei Schloß Kislau

Beim Schloß Kislau wurden größere zusammenhängende Wiesenareale bewässert. Als Abzugsgraben diente der eigens zu diesem Zweck angelegte **Landgraben**.

Nennenswerte örtliche Besonderheiten gab es nicht. Insgesamt ist die Aktenlage für dieses Gebiet relativ dürftig, da wohl die Wässerung auf Grund örtlicher Regelungen betrieben wurde. Dafür spricht auch die bereits oben zitierte Aussage des Kislauer Wiesenaufsehers, der auf eigenes Ermessen bei der Bewässerung hinweist.

Die Wässersysteme von Langenbrücken bis Reilingen

Das ursprünglich sehr sumpfige Gelände zwischen Kislau / Kronau und St. Leon bzw. Rot wurde schon zur Zeit des Barock gezielt durch Abzugsgräben entwässert. Doch waren wegen des äußerst geringen Gefälles der Kraich von nur 0,1–0,3 % die damaligen technischen Mittel nicht ausreichend, um eine wirklich effektive Entwässerung zu gewährleisten. Erschwerend kamen die Stauhaltungen der sechs Mühlen hinzu, die den Wasserabzug nochmals verschlechterten. So kam es regelmäßig zu Überschwemmungen. Erst im Laufe des 19. Jahrhunderts kam es zu ernsthaften Versuchen einer Kulturverbesserung.

Ein genaueres Bild der damaligen Situation und der Lage der Wässersysteme verschafft uns ähnlich wie im Bereich von Ubstadt bis Mingolsheim (siehe oben) das Protokoll einer Tagfahrt, das anläßlich des Mühlenstreites von 1858 erstellt wurde. Auch im Bereich von Kronau bis Reilingen hatte man nach Beschwerden der Müller eine Besichtigung vorgenommen. Für diesen Bereich war aber das Amt Philippsburg zuständig, das denn auch zu dem Treffen einlud. Die Müller hatten durch den Geometer Waßmer einen Plan fertigen lassen, der die wichtigsten Kritikpunkte enthielt (Protokolle und Plan in GLA 356/5186).

Waßmer verfaßt dazu einen Erläuterungsbericht, der kommentierend auf die Mißstände eingeht. Hauptärgernis der Müller ist die Tatsache, daß das aus dem Kraichbach illegal abgeleitete Wasser nach der Wiesenwässerung in den Landgraben abfließt. Dieser tiefliegende Abzugsgraben führt aber an der Mühle von St. Leon vorbei, so daß dieser das Wasser verloren geht. Die Reilinger Mühle dagegen profitiert von diesem Wasser wieder.

Der Erläuterungsbericht beginnt auf Gemarkung **Kronau**. Hier befindet der Gutachter: *„Auf dieser Gemarkung sind noch keine Vorrichtungen zu einer ordentlichen Wässerung vorhanden, sondern das Ganze ist Willkür. Selbst mit der Feuergrabenschleuse geschieht dieses gegen alle Ordnung. Es ist vielmehr diese Gemarkung noch in dem Zustand wie beim Augenschein vom 10. Okt. 1820, welcher gemeinschaftlich durch die Amtsvorstände von Philippsburg und Bruchsal mit dem Oberingenieur Pfeifer stattfand.“*

Wir sehen also, daß zumindest in den Jahren 1820 bis 1858 keinerlei grundlegende Veränderungen am Bachsystem vorgenommen worden waren. Alle tatsächlichen Baumaßnahmen beruhen vielmehr auf mehr oder weniger legaler Privatinitiative.

Zahlreiche illegale Deichel und Dohlen werden von Waßmer notiert (siehe auch die abgebildeten Ausschnitte des Plans), immer wieder mit der Bemerkung, daß dadurch das Wasser den Mühlen verlorenginge. Besonders wütend sind die beschwerdeführenden Müller, daß sogar die Feuergräben, die eigentlich nur dazu dienen sollen, im Falle einer Feuersbrunst in Dorfnähe Wasser verfügbar zu haben, *„in großem Maßstab zu willkürlichen Wässerungen benutzt“* würden. Waßmers Plan ist gespickt von solchen als „illegal“ bezeichneten Wasserentnahmen. Für jede Stelle referiert er den Besitzer und den Bauzustand. Er kritisiert am härtesten diejenigen Dohlen, die im Niveau bis auf die Bachsohle hinabreichen, so daß aus ihnen auch in Niedrigwasserzeiten gewässert werden kann. Dammeinschnitte an der Oberseite dagegen findet er nur mäßig schlimm, da hieraus nur bei ohnehin hohem Wasserstand nennenswerte Wassermengen abgezapft werden können.

Daneben macht Waßmer aber auch Vorschläge, wie eine effektive Wässerung einzurichten sei: *„Nr. 7 ist die Bauschließe der Kislauer Mühle,*

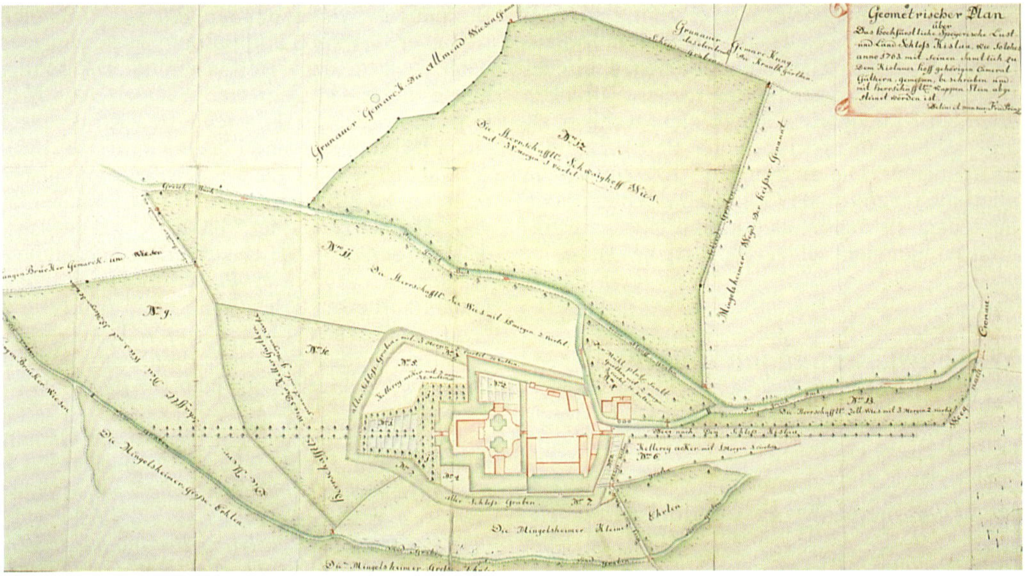

Abb. 8.51 Alter Plan von Kislau und seinen Besitztümern (GLA, Abt. H, Kislau Nr. 1). Die verschiedenen Wiesen und Gräben sind detailliert dargestellt.

welche auch zur Ableitung des Überwassers bestimmt ist. Wenn bei ihr eine zweckmäßige Vorrichtung angebracht würde, so ließe sich die ganze Bach so in die Höhe legen, daß alle Wässerdohlen abwechslungsweise geöffnet und die Wiesen gut bewässert werden könnten. ... Die Mingolsheimer Kraichbrücke kann zum Aufstau des Wassers während der Bachreinigung benutzt werden, da die Randbohlen mit Bolzen versehen sind. Außerdem ist der Mittelpfahl so eingerichtet, daß Stellbretter eingelegt werden können. Hierdurch könnten ... die Wiesen in der Kronauer Reuth bewässert werden."

Auf Gemarkung **St. Leon** sieht es nicht besser aus. Auch hier scheinen zahlreiche Mißstände zu herrschen.

Die Beschreibung beginnt mit Nr. 16. An dieser Schleuse wird Wasser für die Allmendflächen des „Werrenbruchs"[53] von St. Leon entnommen. Waßmer weiß zu berichten, daß wegen dieses Wasserentzugs noch Verhandlungen mit dem St. Leoner Müller im Gange seien. Dann folgen mit den Nummern 17–26 zahlreiche Dammeinschnitte, aus denen die St. Leoner Allmendwiesen in Form primitiver Ausleitungen und kleiner Gräben gewässert werden.

Nun wird auf Anordnung des Oberamtes Philippsburg eine Tagfahrt anberaumt. Es ergeht die Weisung an die Gemeinden und an die betroffenen Privatbesitzer, an dieser Begehung teilzunehmen.

Eingefunden hat sich auch eine Abordnung der beschwerdeführenden Müller. Doch im Gegensatz zu der Tagfahrt zwischen Ubstadt und Mingolsheim, wo sich die Vorwürfe des illegalen Wässerns praktisch auf gesamter Strecke bestätigt hatten, gibt es hier eine Überraschung. Nach der Besichtigung der zahlreichen Dammeinschnitte werden die anwesenden Gemeindevertreter zu den Vorwürfen befragt. Nun vermerkt der Protokollant: Die Gemeindevertreter seien vorgetreten und hätten *„eine auf dem Gesetz beruhende Concession"* über ihre Wässerrechte vorzeigen können.

Die Allmendwässerung in St. Leon und in Rot war also offiziell gestattet! Leider sagt die Akte nichts über Details dieser Wässerrechte aus, so daß wir über Rechtsgrundlagen und Herkunft dieser Rechte nichts wissen.

53 Der alte Name „Werrenbruch" hat sich zu Wehrbruch gewandelt, was vermutlich auf ein Mißverständnis dialektunkundiger Kartographen zurückzuführen ist: „Werren" sind die in der gesamten Hardt sehr häufigen Maulwurfsgrillen, Lieblingsnahrung des Wiedehopfs.

Abb. 8.52 Schäferei auf den St. Leoner Wiesen. Im Vordergrund ein alter Wiesengraben.

Abb. 8.53 Geradezu romantisch mutet die bereits tief ins Gebüsch eingewachsene, alte Wässerschleuse am Südrand der Schloßwiesen bei Reilingen an.

Wiesenwässerung in St. Leon und Rot in neuerer Zeit

Der Südrand des Ortes Rot bildet eine sichelförmige Begrenzung, der Ort selbst liegt auf einer Art Miniatur-Hochgestade etwa 1–1,5 m über der Kraichbachniederung. Am Ortsrand verlief früher der Kirrgraben. Er wurde an einem noch erhaltenen Wehr nahe der Gemarkungsgrenze zu Mingolsheim aus dem Kraichbach ausgeleitet und in einem Trog über den tiefliegenden **Kehrgraben / Kahlbach**, der der Entwässerung diente, übergeleitet. Diese Situation entstand aber erst in den 1930er Jahren, als der Kehrgraben ausgebaut wurde. Ursprünglich diente die Ausleitung der Bewässerung der tiefliegenden Wiesenareale aus dem hochliegenden Kraichbach. Gleichzeitig diente der **Kirrgraben** auch als Abwassersammler für das Dorf und nahm so zusätzliche Düngestoffe für die Bewässerung auf.

Echte Wiesenbewässerung fand aber in St. Leon und Rot nur in sehr untergeordnetem Ausmaß statt. Die Entwässerungsmaßnahmen standen hier immer im Vordergrund. Theodor Spekkert aus Rot berichtet, daß weder eine Genossen-

Abb. 8.54 Historische Aufnahme aus dem GEMEINDEARCHIV ST. LEON -ROT (Josef Götzmann beim Heuwenden). Das spätere Schicksal der Wiesen – der Umbruch in Maisäcker – wird hier bereits überdeutlich.

Abb. 8.55 Ausschnitt aus der Handzeichnung des Vermessers Waßmer: der Bereich des Kronauer Feuergrabens (GLA 356/5186). Dieser diente der Bereitstellung von Wasser für Löschzwecke. Ähnliche Gräben gab es in zahlreichen Gemeinden.

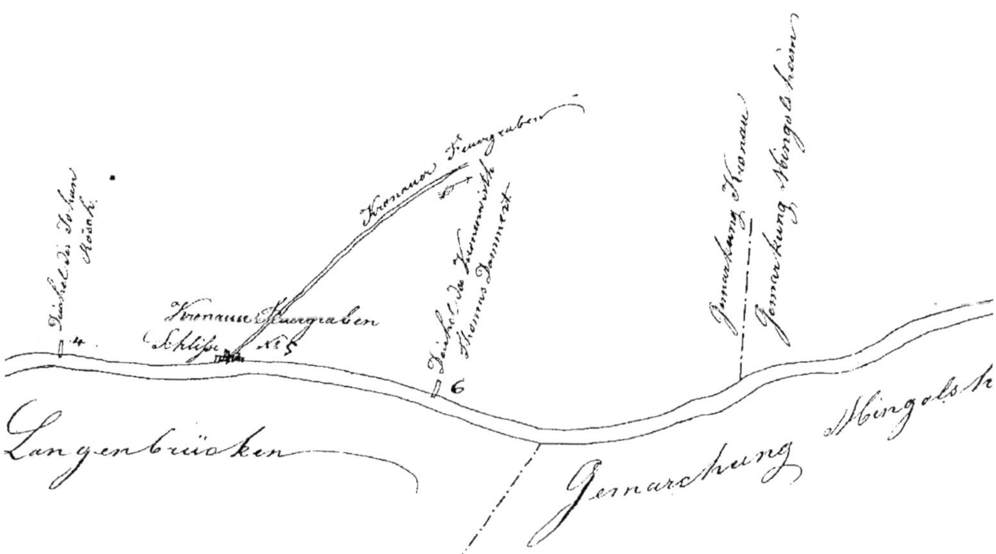

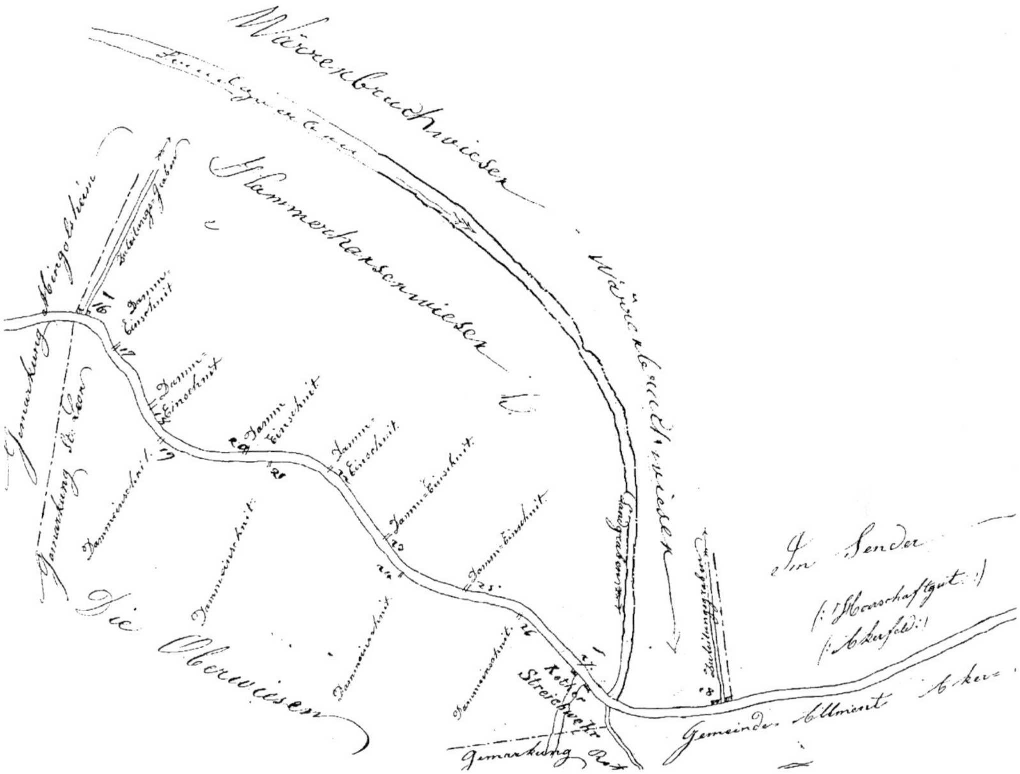

Abb. 8.56 und 8.57 Zwei Abschnitte aus der Handzeichnung des Vermessers Waßmer. Hier die Situation bei der Mühle von St. Leon (GLA 356/5186).

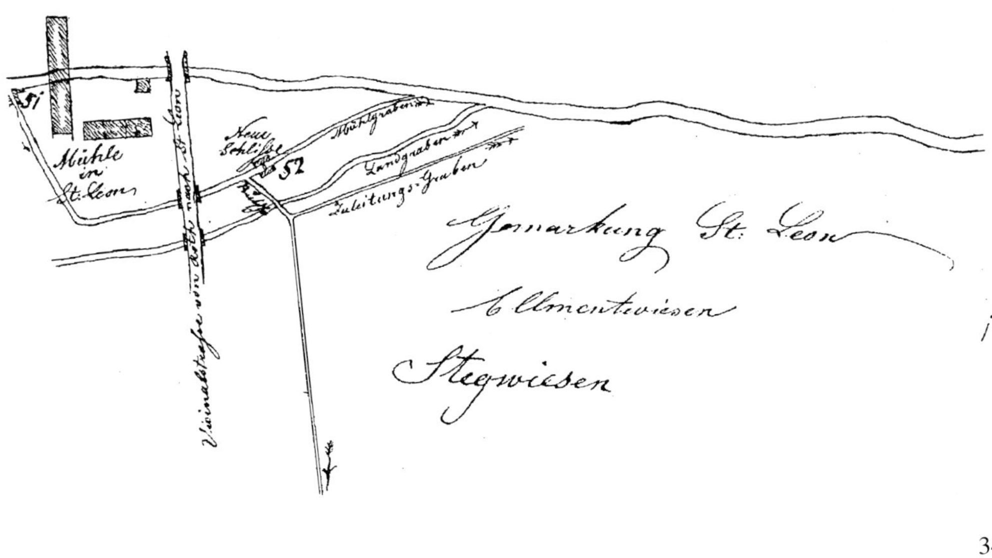

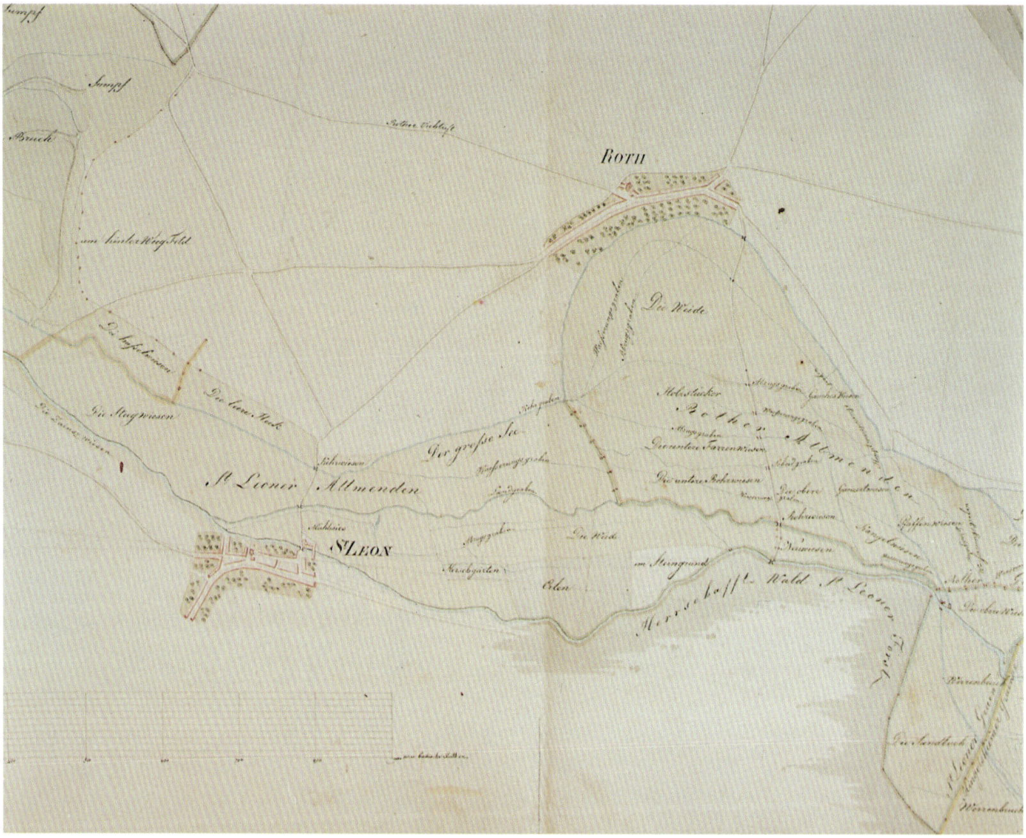

Abb. 8.58 Der Bereich zwischen St. Leon und Rot in einer alten wasserbaulichen Karte (GLA, Abt. G, Wasserbau, Landgraben Nr. 7). Man erkennt die Komplexität des Grabensystems südlich von Rot, das aber im wesentlichen der Entwässerung diente.

schaft noch regelmäßig benutzbare Wässereinrichtungen vorhanden gewesen seien, daß aber das Problem der ständig wiederkehrenden Überschwemmungen bis in die Zeit der großen Trokkenlegungen in den dreißiger Jahren bestanden habe. Nur im Bereich des „Roter Streichwehrs“, dessen Staubereich gleichzeitig der Badeplatz der Dorfjugend war, gab es kleinere, lokale Wiesenwässerungen.

Wiesenwässerung in Reilingen

Reilingen weist in der Geschichte der unteren Kraich eine gewisse Sonderstellung auf. Hier stand der **Wersauer Hof**, eine bereits im 12. Jahrhundert bezeugte Wasserburg. An dieser Stelle befand sich ein strategisch wichtiger Übergang über die Kraich. Wenig weiter westlich finden wir noch heute die **Schloßmühle** oder Werschauer Mühle. Auch sie weist eine eigene, sehr wechselhafte Geschichte auf (siehe auch SCHMEHRER, Hrsg., 1986).

Im 19. und 20. Jahrhundert wurde in Reilingen ein größeres Wiesengebiet zwischen der Schloßmühle und dem Dorf gewässert. Hierzu gehörten die Gewanne „Im Steinhürstle“, „Fröschwiesen“ und „Steckelwiesen“. Noch heute finden wir dort ein von Gräben durchzogenes, relativ zusammenhängendes Wiesengebiet, in dem noch einzelne alte Schleusen als Ruine erhalten sind. Auch in Reilingen ist aber die heutige Situation überlagert durch Entwässerungsgräben, die in den 1930er Jahren im Rahmen der Melioration entstanden sind.

Abb. 8.59 Diese historische Aufnahme aus der Zeit des Reichsarbeitsdienstes 1935/36 (GEMEINDEARCHIV ST. LEON-ROT) mag einen Eindruck vom Umfang der damaligen Großmaßnahmen zur Entwässerung der sumpfigen Niederungen geben.

Ständige Überschwemmungen an der Kraich

Die Großherzogliche Kulturinspektion schreibt noch 1887 über den damaligen Zustand des Bachsystems[54]: *„Der Kraichbachlauf gleicht ... einem von Dämmen eingeschlossenen Mühlkanale. Das Bachbett ist an vielen Stellen zu eng und vollständig verschlammt, regelmäßige Dämme sind nicht mehr vorhanden, so daß auch die kleinen, oft wiederkehrenden Hochwasser nicht im Bachbette abgeführt werden können. Die so beinahe alljährlich eintretenden Überschwemmungen bleiben infolge der ungünstigen Abflußverhältnisse ... oft lange auf den Wiesen und Feldern stehen und verursachen großen Schaden. ... Der Kraichbach sollte ... in den Stand gesetzt werden, die ... bei kleinen und mittleren Hochwassern sich ergebenden Wassermassen ohne Schaden für das umliegende Gelände abzuführen."*

In den Jahren 1889–91 wurde diese seit mindestens 1820 geforderte Maßnahme als genossenschaftliche Aktion der „**Kehr- und Landgrabengenossenschaft**" durchgeführt, die Dämme wurden repariert und der Bach ausgehoben. Dennoch reichte die Ausputzaktion nicht aus, um die jährlichen Hochwässer schadlos abzuführen. Weiterhin kam es zu den bekannten Frühjahrsüberschwemmungen.

Erst die Großmaßnahmen der 1930er Jahre dieses Jahrhunderts schufen eine neue Situation. Der vom Reichsarbeitsdienst gebaute neue Kehrgraben (siehe oben) sorgte nun für eine effektive Wasserabfuhr, und zahlreiche vorher stark vernäßte Bereiche konnten nun ackerbaulich genutzt werden (unter anderem der Bereich des „Bruches" in der Gegend des heutigen Autobahnkreuzes Walldorf). Daß dabei gleichzeitig unersetzliche ökologische Werte verlorengingen, wurde zu dieser Zeit noch nicht als Problem betrachtet.

---

54 Zitiert nach der Ortschronik St. Leon-Rot (SCHNADER et al. 1984).

8.6 Der Hockenheimer Rheinbogen

Das größte Wiesengebiet am nördlichen Oberrhein [Karte 15]

MICHAEL HASSLER

Mit einer Ausdehnung von ca. 5 x 5 km und über 2.000 Hektar Fläche war der „Hockenheimer Rheinbogen“ das größte und technologisch am weitesten entwickelte Wiesenwässergebiet am nördlichen Oberrhein zwischen Karlsruhe und Mannheim. Morphologisch ähnelte der Hockenheimer Rheinbogen der Grabener Bucht (Kap. 8.3) sehr stark mit einer einzigen, aber wichtigen Ausnahme: Im Hockenheimer Rheinbogen befand sich rund um den Insultheimer Hof eine große Sandinsel. Daher ist die innere Struktur des Hokkenheimer Rheinbogens nicht so homogen wie in der Grabener Bucht oder im Waghäusler Moor.

Die letzte existierende Rheinschlinge scheint recht spät verlandet zu sein, obwohl direkte historische Zeugnisse nicht existieren. BRAUCH (1933) berichtet, daß nach einer Urkunde aus dem Jahre 782 Insultheim als zum Speyergau gehörig, also linksrheinisch, bezeichnet wird. Dies könne darauf hinweisen, daß der Rhein um diese Zeit zwischen Insultheim und Hockenheim durchfloß (sog. „Einselheimer Rhein“).

Das Gebiet des Hockenheimer Rheinbogens wurde im wesentlichen vom Kraichbach aus bewässert, der sich gleich am Hockenheimer Ortsausgang in mehrere Arme aufspaltete: Mörschgraben [11] und Silzgraben [10] im Süden, Erlengraben [9] / Gießgraben [17] im Zentrum, der alte Kraichbach selbst und ein Arm nach Norden zum Carl-Ludwig-See. Dort mündete nach dem 19. Jahrhundert auch der künstlich angelegte Hardtgraben oder Hartbach [6], von der Sandplatte der Schwetzinger Hardt her kommend, ein.

Die größten Wiesenbereiche lagen im Norden, im Gebiet des Carl-Ludwig-Sees, der eine Zeitlang als künstliches Gewässer aufgestaut war (siehe unten), während die sumpfigsten bzw. moorigsten Bereiche auch heute noch in der „Marlach“ liegen. Hier war der alte Rheinbogen zuletzt verlandet.

Der gesamte Hockenheimer Rheinbogen wurde durch ein intensiv genutztes, ständig verändertes und verbessertes Netz von Wässergräben und Ableitbächen erschlossen. Unter anderem wurde der Kothlachgraben [8] mindestens dreimal verlegt. Auch die Verlegung und Begradigung des Rheins durch Tulla war wichtig, da das Gebiet um den Angelhof abgeschnitten und auf die linksrheinische Seite „verlegt“ wurde. In der topographischen Karte von 1840 (Karten 14, 15) befindet sich der neue Rheindurchstich gerade im Bau, der Flutkanal ist als schmale Rinne eingetragen.

Aber nicht nur hier war man flußbauerisch tätig. Bereits 1724 gab es ein (letztendlich erfolgloses) Projekt, den Kraichbach von Hockenheim bis zum Rhein als Kanal auszubauen, um den hier angebauten Tabak nicht im „ausländischen“ Speyer oder Ketsch verladen zu müssen (BRAUCH 1933).

Wiesenwässerung am Insultheimer Hof und im Hockenheimer Rheinbogen

DIETER HASSLER

Die Flächen rund um den Insultheimer Hof gehören zum ältesten kultivierten Land am Rhein, was durch römische Funde belegt werden konnte. Seit 1224 sind Wiesen in diesem Bereich belegt (ZAHN 1914). Der auch hier schon beizeiten eingedämmte und relativ hochliegende Kraichbach lieferte das zur Bewässerung notwendige Naß, und der Höhenunterschied am Hochgestadeabbruch schuf auch die technischen Möglichkeiten der Wasserverteilung.

Zahlreiche Gewanne wurden im Laufe von Jahrhunderten in die Wiesenkultur übernommen. Eine Übersicht mit detaillierter Diskussion der Kulturabschnitte finden wir bei Zahn. Sechs größere Gebiete lassen sich unterscheiden (Karte 14): Im Süden, an der Grenze zu Altlußheim, liegt das Gebiet der **Silzwiesen,** die vom gleichnamigen Graben aus bewässert wurden. Im Zentrum, zwischen Kraichbach und Insultheimer Hof, liegen die **Insultheimer oder markgräflichen Wiesen** (Maximilianswiesen, Leopoldswiesen und Wilhelmswiesen) und weiter östlich die **Hockenheimer Wiesen** mit den Gewannen Benzwiesen und Waldwiesen. Diese Wiesendistrikte wurden hauptsächlich aus dem Gießgraben, teils aber auch aus dem Erlengraben versorgt. Westlich davon, im eigentlichen Tiefgestade, liegt das sehr ausgedehnte Gebiet **Im Schacher**. Es wird eingerahmt vom Kraichbach im Norden und dem Kotlachgraben im Süden. Versorgt wurde es aus dem Kotlachgraben und einem direkten Zufluß aus der Kraich. Nördlich unmittelbar an die Kraich angrenzend folgt dann die **Ketschau** oder **Ketscher**

Au. Schließlich liegt im Nordosten das Gebiet des ehemaligen **Carl-Ludwig-Sees**, das heute noch diesen Namen trägt, welches aus dem Seebach, einer nördlichen Ausleitung aus der Kraich, mit Wasser versorgt wurde.

Das älteste Dokument einer Wiesenbewässerung stammt nach ZAHN (1914) aus der Mitte des 15. Jahrhunderts: *„und wieferre die von Eynselheym ihr Theil gegen ihne zu vorgemät haben, das mögen sie aber mähen und doch nit vor die Weiher und fürbaß die Sülzen auftun. Und fürbaß obenuss, da der von Lußheim bedünken will, daß derselbe Graben beiden Dörfern Nutzen bringen möge, daß man den soll in die Sülze graben...“*. Gemeint ist der alte **Silzgraben** im Süden der Gemarkung an der Grenze zu Altlußheim, der zum Zwecke der Wiesenbewässerung von den Dörfern (Alt-)Lußheim und Insultheim („Eynselheim“) ausgehoben und instandgehalten wurde. Dies geschah in der Rechtsform einer Allmendwirtschaft. Technisch handelte es sich um relativ primitive **Stauwässerungen**: Durch Aufstauen des Grabens wurden die Wiesen überflutet. Die übrigen Gewanne waren damals noch Allmendweide ohne gezielte Bewässerung.

Die Entwässerungsarbeiten

Im nördlichen Gemarkungsteil (also an der Kraich selbst) lagen noch sehr viel größere Wiesenflächen im Tiefgestade. Darunter fallen die **Ketscher Au,** das Gebiet **Im Schacher** und das Gebiet des sogenannten **Carl-Ludwig-Sees.** Hier wurden in der Zeit des Ritters Gisbert de Mares, der 1654 Pächter von Insultheim wurde, erstmals Be- und Entwässerungsgräben angelegt, um eine gezielte Bewässerung zu ermöglichen. Diese Grabensysteme wurden in den folgenden hundert Jahren weiter ausgebaut.

Im Vordergrund standen aber zunächst die **Entwässerungsarbeiten**, da man infolge der häufigen Rheinhochwässer immer wieder mit Überschwemmungen zu kämpfen hatte. Im 18. Jahrhundert wurde der Pflege des Grabensystems so große Bedeutung zugemessen, daß vom Eigentümer, dem Speyrer Domkapitel, eigens ein „Seegräber“ angestellt wurde, der für die Instandhaltung der Gräben verantwortlich war und von den jeweiligen Pächtern bei den Arbeiten unterstützt werden mußte. Dies ging nicht ohne Reibereien ab, und die mangelnde Unterstützung durch die Pächter war Anlaß zu ständigen Klagen. Die wohl skurrilste Beschwerde bestand darin, daß die Schweineherde eines Pächters einen Graben als Suhle mißbraucht und stark in Mitleidenschaft gezogen hätte.

Mehrere solcher Abzugsgräben wurden noch im neunzehnten Jahrhundert in genossenschaftlichen Unternehmungen, sogenannten **Concurrenzschaften**, gebaut und unterhalten. Auch jetzt wurden nur sporadisch Bewässerungen aus diesen Gräben vorgenommen, so in den Gewannen um die Kraichmündung. Wieder handelte es sich nur um einfache Stauwässerungen.

Eine der als Entwässerungsgenossenschaften gegründete Vereinigung war die sogenannte **Pfraumer Concurrenz**, benannt nach dem Gewann „Pfraum“ im Süden von Insultheim. Ihre Aufgabe bestand in der Instandhaltung und Wartung der Abzugsgräben, die den zentralen Teil des Insultheimer Feldes und die Silzwiesen in Richtung Südwesten zum Rhein bzw. dessen Nebengewässer, der Oder, entwässerten. Bewässerung fand hier noch nicht statt.

Der Carl-Ludwig-See

Im Nordosten von Insultheim liegt eine Senke, die heute noch den Namen „Carl-Ludwig-See“ trägt. Diese Fläche bestand ursprünglich aus Wiesen. Kurfürst Carl Ludwig (1617–80) ließ das Gelände über den aus dem Kraichbach ausgeleiteten **Seebach** fluten und einen großen Weiher zum Zwecke des Fischfangs und der Fischzucht anlegen (ZAHN 1914).

Allgemein üblich war damals eine besondere Form der Fischerei. Man machte sich zunutze, daß nach größeren Überschwemmungen das abziehende Hochwasser in Geländesenken oft große Mengen an Fischen zurückließ, die man dann bei sinkendem Wasserstand sehr leicht „fangen“ konnte. Das große Problem war, daß man zwar zu diesen Zeiten reichlich Fisch fangen konnte, aber anschließend keine Möglichkeit der Frischhaltung hatte. Eine kontinuierliche Versorgung war mangels geeigneter Fischwässer daher zunächst nicht möglich. So entstand der Wunsch nach einem dauerhaft zu bewirtschaftenden Fischwasser, wie dies im Hügelland vor allem an den Klöstern schon lange üblich war. Der Ertrag des Carl-Ludwig-Sees an Fisch war beträchtlich und daher auch kommerziell sehr interessant.

Naturkundlich interessant ist dieser See auch deswegen, weil in den Fanglisten auch Schildkröten vermerkt sind (ZAHN 1914). Seit langem aber gibt es eine wissenschaftliche Diskussion, ob die europäische Sumpfschildkröte am Rhein überhaupt vorkam. Diese Belege sprechen jedenfalls dafür. Der letzte aktuelle Nachweis gelang übrigens nur etwa sechs Kilometer weiter südlich, in den Domkapitelwiesen bei Rheinhausen, in den 1980er Jahren (Egon ZIEGER).

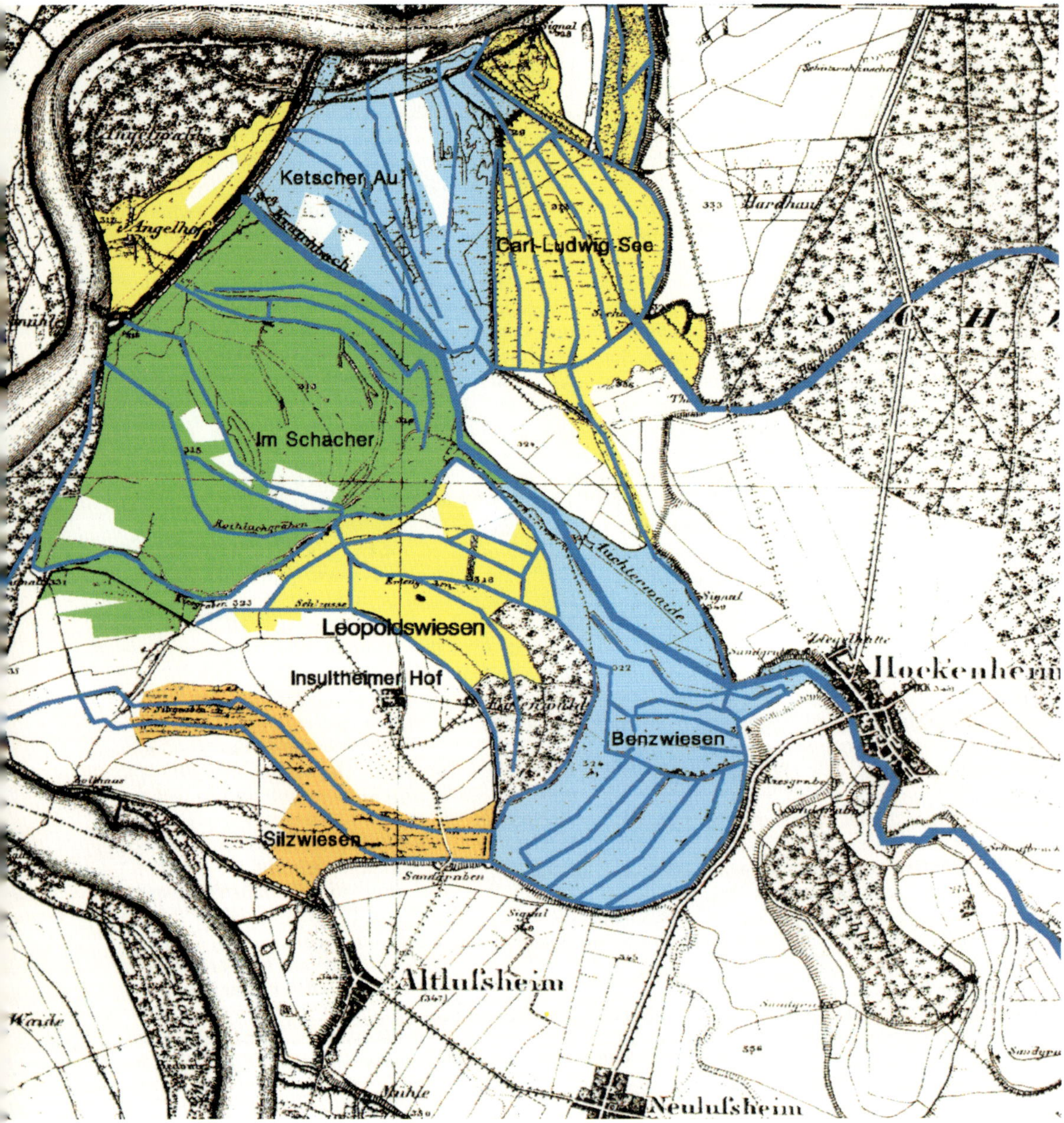

Karte 14: Übersicht der einzelnen Wiesengebiete im Hockenheimer Rheinbogen um 1840.

Die verschiedenen Genossenschaften

Im Jahre 1730 wurde der Carl-Ludwig-See wieder trockengelegt und in Wiesen zurückverwandelt. Den Namen behielt er aber in der Folge bei. Seine Bewirtschaftung wurde von einer 1783 gegründeten Erbbestandsgenossenschaft, der „**Carl-Ludwig-See-Genossenschaft**", betrieben. Diese ist gleichzeitig eine der drei wesentlichen Keimzellen der 1847 gegründeten größeren Genossenschaft, von der noch zu berichten sein wird. Eine weitere Genossenschaft bestand in der **Ketschau**. Auch diese wurde später Teil der Hockenheimer Konkurrenzschaft. Die dritte Keimzelle der späteren Großgenossenschaft bestand im Bereich des **Schachergrabens**, der später (nach Umbauarbeiten) in **Kotlachgraben** umbenannt wurde. Er versorgt das in der Mitte im Westen von Insultheim gelegene, ausgedehnte Wiesengebiet.

Kunstwiesenbau im Kraicher Niederungsgebiet: Die Anwendung der Siegener Wissenschaft

Die für uns besonders interessante Besonderheit des Kraicher Niederungsgebietes ist die sehr ausgeprägte Anwendung des wissenschaftlich untermauerten Kunstwiesenbaus im 19. Jahrhundert. Anders als in den anderen Wässergebieten der Region wurde diese Technik hier konsequent eingesetzt.

Doch zunächst zur Vorgeschichte: Anfang des 19. Jahrhunderts war im Siegenerland der wissenschaftliche Wiesenbau massiv in Mode gekommen. Man versuchte sich regelrecht in der sogenannten **Wiesenkunst** zu übertrumpfen und ständig weitere technische Perfektion zu erreichen. In Zeitschriften[55] und Schriftwechseln wurden die Neuerungen diskutiert, und die Wiesenbaumeister standen in hohem Ansehen. Als „Wiesenbaumeister" galt derjenige, der neben den technischen Arbeiten auch die vermessungstechnischen und kalkulatorischen Aufgabuh bewältigen konnte. Man experimentierte mit sehr differenzierten Wässertechniken, zum Beispiel mit zwei verschiedenen Wasserzuleitungen (eine Quellfassung mit „reinem" Wasser und eine Einleitung von nährstoffreichem Trübwasser). Von dieser „Siegener Schule" wurde ganz Hessen und später auch Baden so sehr geprägt, daß man die dortigen Erkenntnisse importierte und die Technik sehr genau nachzuahmen trachtete.

Der besondere Fortschritt des Kunstwiesenbaus wird am deutlichsten bei der sogenannten **Rückenwässerung**. Hierbei wird das Wasser auf einem kleinen langgestreckten Hügelrücken in einem Graben herangeführt, der blind endet. Durch perfektes Nivellement erreicht man eine gleichmäßige Überrieselung des gesamten Rükkens und zieht das Wasser durch parallel geführte Abzugsgräben wieder ab. So entsteht die Form eines „doppelten Rechens" (siehe Abb. 8.61).

Die Breite der Wässerrücken wurde durch Versuche und Berechnungen optimiert. Man berechnete sehr genau den Wasserbedarf pro Flächeneinheit je nach der geometrischen Form des Rückens.

Ziel war zum Beispiel die absolut gleichmäßige Überrieselung der Wiesenareale sowie die optimale Ausnützung der Düngestoffe und des zur Verfügung stehenden Wassers. Unter anderem konnte man zeigen, daß eine relativ schmale, langgestreckte Form eine schlechtere Ausnützung des Wassers als ein breiterer Rücken mit sich brachte.

Die Erträge waren selbst für die heutigen Maßstäbe erstaunlich hoch. ZAHN (1914) berichtet in Übereinstimmung mit anderen Autoren (z.B. HÄFENER, ABEL), daß man pro badischem Morgen 100 Zentner Heuertrag (das entspricht 277 Zentner pro Hektar) erreichen konnte.

Im Gegensatz zu anderen Gegenden (etwa zur Grabener Bucht) gab es im Kraicher Niederungsgebiet früher keine Trübwässerungstradition, vermutlich weil der Kraichbach auf seinem langen Weg bis nach Hockenheim von derart vielen Gemeinden genutzt wurde, daß kaum noch nutzbare Trübstoffe übrigblieben. Ein weiterer Grund könnte darin zu sehen sein, daß im Gegensatz etwa zu Graben oder Hochstetten der Untergrund schon viel länger kultiviert und schließlich, daß er im Gegensatz zum Grabener Tiefgestade nicht in allen Bereichen vermoort war.

Daher wurde der Ausbau der Wiesenkultur für die Hockenheimer und Insultheimer Wiesenbesitzer erst richtig interessant, als die technischen Fortschritte des Kunstwiesenbaus den Ertrag der Wiesen massiv zu steigern vermochten. Der Beginn der wiesentechnischen Neuzeit im Kraicher Niederungsgebiet liegt im Jahre 1842, als die **Hockenheimer Konkurrenzschaft** auf Anregung des Hockenheimer Gemeinderats Schwab gegründet wurde. Die neuen Wässereinrichtungen im Bereich der Kraicher Niederung wurden ab 1842 von dieser Genossenschaft betrieben, die durch Zusammenschluß der vorher schon bestehenden *Entwässerungs*genossenschaften gebildet wurde. Ihr gehörten neben den privaten Grundbe-

55 Z. B. das „Großherzoglich badische landwirtschaftliche Wochenblatt".

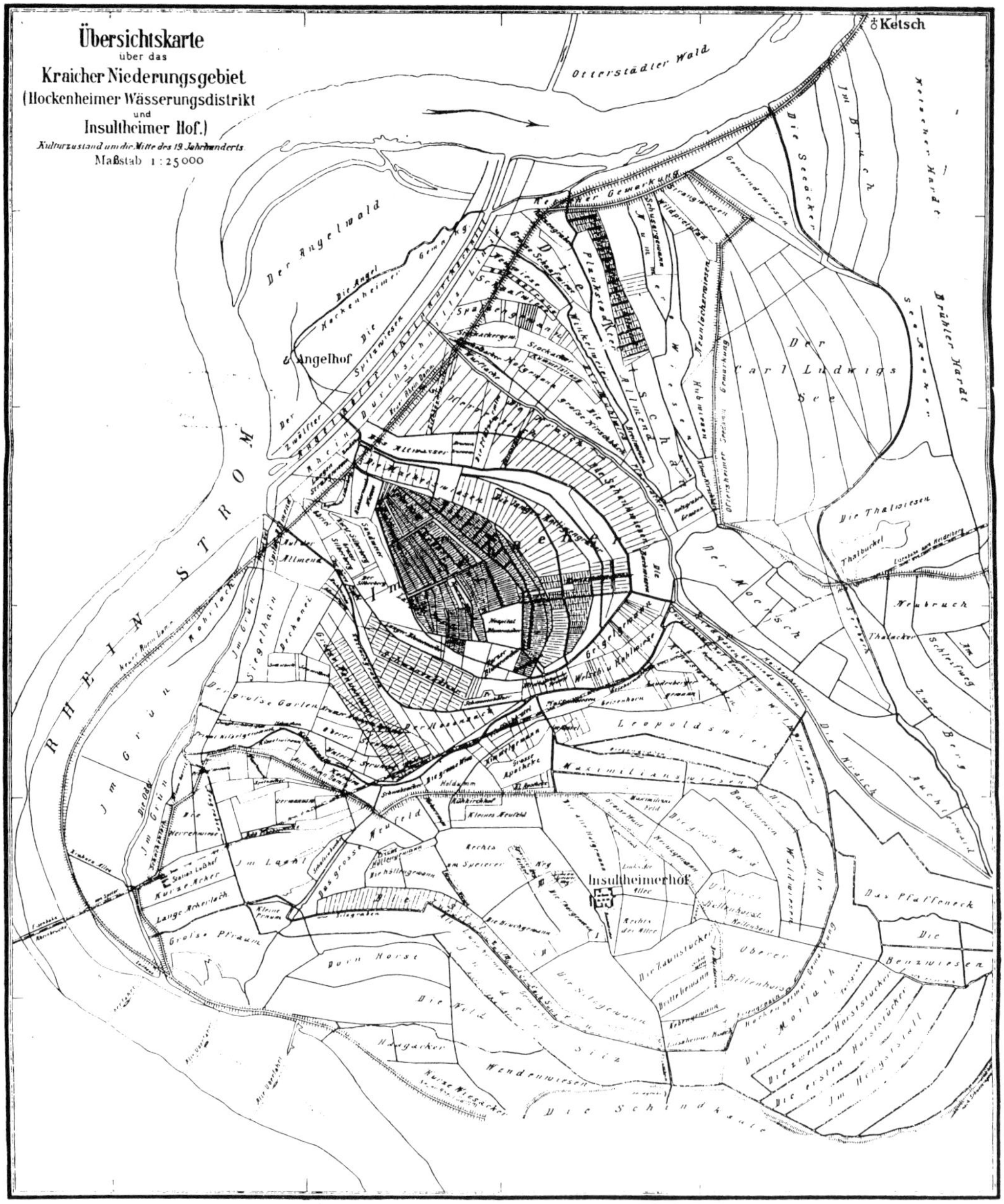

Abb. 8.60 Karte des Hockenheimer Wässergebiets in ZAHN (1914).

Abb. 8.61
Skizze einer typischen Rückenwässerung aus Zahn (1914).

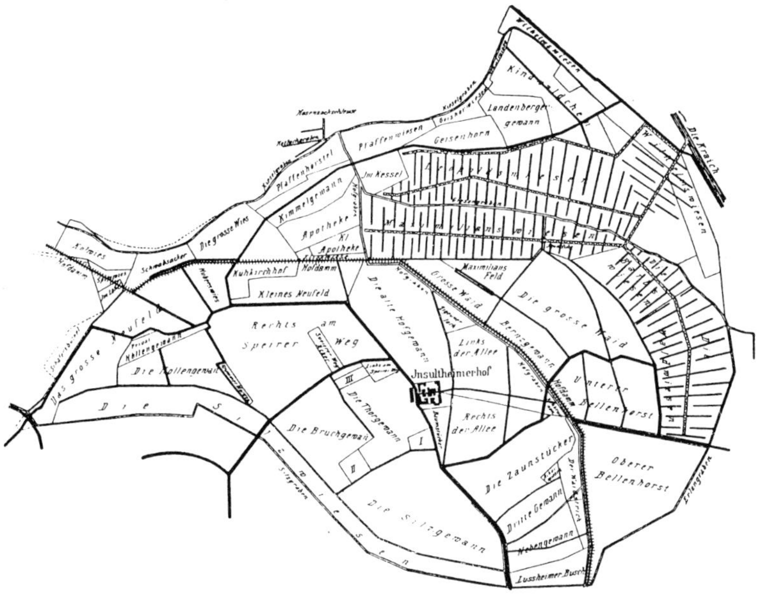

sitzern auch die Domänenverwaltung Heidelberg, die Pflege Schönau, die Kirchenschaffnei Heidelberg, die Markgräfliche Gutsverwaltung Mannheim sowie die Gemeinde Hockenheim an.

Das neue Wässerungssystem geht in Betrieb

Unter der Leitung des Hofgärtners Barba wurde begonnen, die markgräflichen „Bachwiesen" unter technischer Anleitung eines Wiesenbaumeisters aus dem Siegenerland zur Rückenwässerung umzubauen. Die üblichen Wässerrücken hatten eine Länge von 43,5 Ruthen (130,5 m) und eine Breite von 5 Ruthen (15 m), die Abdachung betrug 5,5 Zoll pro Ruthe (Gefälle knapp 6 %). Je nach Geländebeschaffenheit wurden auch längere Rücken hergestellt. Nicht zuletzt aus Kostengründen experimentierte man immer wieder mit unterschiedlichen Bewässerungsformen. Da der Bau der Rückenwässerungen relativ kostenintensiv war (ein Morgen verursachte Kosten von etwa 30– 40 Gulden), wandte man in dafür geeigneten Gebieten wie der Ketschau, die ein höheres Gefälle aufwies, auch den klassischen **Hangbau** an. Einige Gebiete, wie etwa die Waldwiesen, behielten die kostengünstige, eher altmodische **Stauwässerung**[56].

Nach dem gesamten Umbau des Wiesensystems wurden die Gewanne neu benannt. Der größte Wiesenkomplex – früher Kronen- und Bruchwiesen – wurde nach dem damaligen Großherzog in *Leopolds*wiesen umbenannt. Die Bachwiesen werden zu *Wilhelms*wiesen, die Waidwiese zu *Maximilians*wiesen. Auch der Verwalter Barba erhielt eine Ehrung: Ihm zuliebe wurde ein Teil der Waldwiesen zu *Barbas*wiesen umbenannt, ein Name, den heute wohl kaum jemand mehr in seiner Bedeutung erkennen kann.

Schon im Jahre 1845 war das Werk der neuen Genossenschaft soweit gediehen, daß man mit der Bewässerung beginnen konnte. Dafür wurden die notwendigen organisatorischen Vorkehrungen getroffen. Die Überwachung der gesamten Wässeranlagen und der Wässerung selbst lag in Händen eigens angestellter Wässeraufseher, die von der Genossenschaft beschäftigt wurden. Sie hatten über alle Vorkommnisse Buch zu führen und wurden von einer größeren Zahl von Wässerknechten unterstützt.

Die Wässerung begann in jedem Jahr am tiefstgelegenen Teil des Gebiets und setzte sich in die höhergelegenen Areale fort. Zuerst wurde im Ge-

56 Zu den technischen Details dieser Wässertechniken siehe Kap. 5, „Technik"!

Abb. 8.62 Schafweide auf den Rüppurrer Wiesen: ein Idyll inmitten dicht besiedelter Umgebung.

biet Carl-Ludwig-See gewässert, dann kam die Ketschau, es folgte der Schacher und schließlich zuletzt die markgräflichen Wiesen und die Hokkenheimer Gemeindewiesen. Die Wässerung wurde sehr differenziert vorgenommen und war detailliert geregelt. Die Wässermeister sorgten für ausreichende Beschickung der Hauptgräben, die Wiesenbesitzer selbst waren für die Feinverteilung zuständig. Eine Wiese galt nach 48 Stunden als ausreichend gewässert.

Die Wässerperioden

Vier Wässerperioden waren üblich: Winter-, Frühjahrs-, Sommer- und Spätjahrswässerung. Die Ziele dieser Wässerungen waren unterschiedlich.

Als hauptsächlich wirksam im Sinne der Ertragssteigerung galt nach der Theorie die **Spätjahrswässerung**. Man erreichte damit eine stärkere Bewurzelung des Grases und eine Verlängerung der Vegetationsperiode.

Die **Winterwässerung** spielte eine untergeordnete Rolle. Sie wurde nur gelegentlich bei geeigneter (frostfreier) Witterung vorgenommen. Der Wässermeister war verpflichtet, bei Frostgefahr auf jeden Fall ein Vereisen der Wiesen zu verhindern, um die Grasnarbe nicht zu schädigen.

Ganz anders wiederum bei der sogenannten **Frühjahrswässerung**. Hier wurde der Schwerpunkt auf die Versorgung der Wiesen mit den Trübstoffen des Frühjahrshochwassers gelegt. Besonders ausführlich wurde zu diesem Zeitpunkt deshalb im eigentlichen Tiefgestade gewässert. Nach dem Vegetationsbeginn wurde diese Art der Wässerung eingestellt, um ein Verschlammen und Verfaulen des Grases zu verhindern.

Schließlich wurde nach der ersten Heuernte die **Sommerwässerung** durchgeführt, deren Hauptziel ein nochmaliges Durchfeuchten des Bodens zur Ertragssteigerung bei der zweiten Heumahd (Öhmd) war. Daher wurde eine solche Sommerwässerung nur auf den höherliegenden, trokkeneren Arealen durchgeführt.

Abb. 8.63
Übersicht über die Wässerzeiten im Hockenheimer Rheinbogen aus ZAHN (1914).

Tabelle I. **Übersicht**
der für die Hockenheimer Wiesendistrikte vereinbarten Wässerungszeiten.

Anfang	Ende	Zahl der Tage	Anfang	Ende	Zahl der Tage	Anfang	Ende	Zahl der Tage	Anfang	Ende	Zahl der Tage
im Jahre 1861/62											
Karl-Ludwigssee			Ketschau			Schacher			Insultheimer Hof		
1. Okt.	15. Okt.	15	16. Okt.	27. Okt.	12	28. Okt.	23. Nov.	27	24. Nov.	4. Dez.	11
5. Dez.	19. Dez.	15	20. Dez.	1. Jan.	13	2. Jan.	28. Jan.	27	29. Jan.	9. Febr.	12
10. Febr.	24. Febr.	15	25. Febr.	8. März	12	9. März	4. April	27	5. April	15. April	11
16. April	22. April	7	23. April	28. April	6	29. April	11. Mai	13	12. Mai	16. Mai	5
17. Mai	23. Mai	7	24. Mai	29. Mai	6	31. Mai	10. Juni	12	11. Juni	15. Juni	5
16. Juli	22. Juli	7	23. Juli	27. Juli	5	28. Juli	9. Aug.	13	10. Aug.	15. Aug.	6
im Jahre 1862/63											
Ketschau			Karl-Ludwigssee			Insultheimer Hof			Schacher		
9. Okt.	12. Okt.	12	13. Okt.	27. Okt.	15	28. Okt.	7. Nov.	11	8. Nov.	4. Dez.	27
5. Dez.	17. Dez.	13	18. Dez.	1. Jan.	15	2. Jan.	13. Jan.	12	14. Jan.	9. Febr.	27
10. Febr.	21. Febr.	12	22. Febr.	8. März	15	9. März	19. März	17	20. März	15. April	27
16. April	21. April	6	22. April	28. April	7	29. April	3. Mai	5	4. Mai	16. Mai	13
17. Mai	22. Mai	6	23. Mai	29. Mai	7	30. Mai	3. Juni	5	4. Juni	15. Juni	12
16. Juli	20. Juli	5	21. Juli	27. Juli	7	28. Juli	2. Aug.	6	3. Aug.	15. Aug.	13

Verbesserungen des Systems

In den Folgejahren wurden die Methoden ständig verbessert und ausgebaut. Schwachstellen wurden beseitigt und schließlich nach dem großen Rheinhochwasser von 1850/51 noch einmal die Dämme verstärkt. 1846 wurde der Lauf des Kraichbachs verlegt. Aufgrund der Erfahrungen der zurückliegenden Jahre wurde auch die Wässerordnung nochmals verbessert und 1857 neu festgeschrieben. Die vier Wiesendistrikte Schacher, Ketschau, Carl-Ludwig-See und Insultheimer/Hockenheimer Wiesen wurden in jährlich wechselndem Turnus mit Wasser versorgt.

Im ersten Jahr lautete die Reihenfolge: Carl-Ludwig-See, Ketschau, Schacher, Insultheimer Wiesen. Im zweiten Jahr begann die Ketschau, im dritten der Insultheimer Hof und im vierten der Schacher. Dann begann das System von vorn.

Das Wässerungsjahr begann am 1. Oktober. Die Herbst-, Winter- und Frühjahrswässerungsperioden hatten einen dreimaligen Turnus von jeweils 65 Tagen, im Sommer standen nochmals drei Perioden mit jeweils dreißig Tagen zur Verfügung, innerhalb derer alle Beteiligten versorgt werden mußten. Die Anteile der vier Distrikte wurden nach dem Flächenmaß der Wiesen berechnet.
Dieses betrug nach ZAHN (1 Morgen = 0,36 ha):

Carl-Ludwig-See	477 Morgen
Ketschau	397 Morgen
Schacher	700 Morgen
Insultheimer Hof/Hockenheim	353 Morgen

So erhielten in der Hauptwässerungszeit:

Carl-Ludwig-See	3 mal 15 Tage
Ketschau	3 mal 12 Tage
Schacher	3 mal 27 Tage
Insultheimer Hof/Hockenheim	3 mal 11 Tage
	Wasser.

Auch die Verwendung etwaigen „Überwassers“ war genau geregelt. Wurde von einem Wiesendistrikt nicht alles Wasser benötigt, so durfte der jeweilige Nachbarbezirk dieses Überwasser nutzen. Damit die Definition dieses Überwassers nicht Anlaß zu Streitigkeiten gab, konnte der Wässermeister der jeweils berechtigten Distrikte die von ihm benötigte Wassermenge und damit auch das Überwasser festsetzen. Er war zudem verpflichtet, dem Nachbarbezirk Nachricht von der nicht benötigten Wassermenge zu geben. Mit strengen Vorschriften wird auch die gegenseitige Beihilfe geregelt.

Hier sehen wir also ein sehr auf nachbarschaftliche Hilfe ausgerichtetes System, das versuchte, gegen jede Art von Streitigkeiten Sicherungen einzubauen. Der Vorteil bei seiner Einrichtung bestand natürlich darin, daß im Gegensatz zu vielen anderen Wässergebieten kaum althergebrachte Rechte geltend gemacht wurden und die Genossenschaft also relativ große Gestaltungsspielräume hatte. Auch Mühlen gab es hier nicht.

Tabelle II. **W a s s e r a u s t e i l e r**

vom Jahre 1846

Die Wasserwässerung des Kraichbaches im Herbst und Frühjahre zu 100 C', im Sommer nur zu 50 C' angenommen.

Wässerungsbezirke		Größe	a) Winterwässerung 3tägiger Turnus		Ganze Wassermasse des Kraichbaches	b) Sommerwässerung 6stündiger Turnus		Ganze Wassermasse des Kraichbaches	Ganze Wassermasse der Kraich	
		Mg.	Wassermasse Kubikfuß	Zeit Tage	Tage	Wassermasse Kubikfuß	Zeit Stunden	Stund.	a) Tage	b) Stunden
Karl Ludwigssee	A 5	250	5 000 000	0,96	0,58	4 665 500	21,60	26,00	0,85	8.00
	6	200	2 400 000	0,46	0,27	400 000	2,22	6.60		
Nordöstliche Ketschau	B 1	50	42 120 000	15,23	4,80	3 510 000	40,70	19.5	8.25	37.00
	2	40	20 736 000	7.50	2.40	1 728 000	20.00	9.0		
	4	90	7 931 500	2,60	0,92	666 960	7,60	3.6		
	5	45	900 000	0,32	0,10	830 700	8,40	4,6		
	6	25	300 000	0,10	0,03	25 000	0,28	0.3		
Südwestliche Ketschau	C 5	150	3 000 000	1,03	0,36	2 800 000	0,95	15,5	0.49	15,51
	6	100	1 200 000	0,41	0,13	200 000	0,07	0,46		
Herrenteich u. Schenkwiese	D 5	200	4 000 000	1,54	0,48	3 772 400	1,44	20.9	0,48	20,90
Großer Schacher	E 1	200	168 480 000	34,30	19,20	14 040 000	86.60	78.0	28.12	123,66
	2	50	25 920 000	6,64	2,90	2 160 000	13.30	12.0		
	3	200	44 789 760	11.50	5,37	3 732 480	23,00	20.7		
	4	20	1 762 560	0,46	0,21	146 880	0.42	0.8		
	5	130	2 600 000	0,67	0.31	2 450 000	15.10	13.5		
	6	100	1 200 000	0,31	0.13	200 000	0,05	0,46		
Insultheimer Hof und Riedwasenwiesen	F 1	5	4 212 000	1,40	0,48	351 000	2,16	0.08	3,16	25,81
	2	25	12 960 000	3,34	1,45	1 080 000	6,45	6,00		
	4	60	5 187 650	1,38	0,63	440 000	1,26	2,40		
	5	160	3 333 000	0,85	0,40	3 175 000	0,79	17,00		
	6	150	1 800 000	0,46	0,20	300 000	0,08	0.69		
		2250							42.35	231.5 = 0,6 Tg.

Abb. 8.64
Eine typische Berechnungstabelle für die Wasserverteilung („Wasserausteiler") aus ZAHN (1914).

Verfügbare Wassermengen und Kosten der Wässerung

Als Durchschnittswerte für die aus dem Kraichbach verfügbare Wassermenge gibt Zahn an, man habe im Winter mindestens mit 100 Kubikschuh Wasser pro Sekunde (– 2,7 m³) zu rechnen, im Sommer mit der Hälfte. Die Verteilung dieses Wassers wurde höchst präzise geregelt, wie eine bei ZAHN wiedergegebene Tabelle zeigt.

Der Wasserbedarf einzelner Wiesenareale wurde durch Messungen präzise bestimmt. Man fand z. B. für ein Gebiet mit breiten Wässerrücken in der Ketschau einen Wasserbedarf von 30 Liter pro Sekunde pro Morgen (dies entspricht etwa 9 Sekundenliter pro Hektar), für ein Gebiet im Schacher mit schmalen Wässerrücken den mehr als doppelten Wasserbedarf von 73 Sekundenliter pro Morgen.

Die Kosten der Wässereinrichtungen und ihres Betriebs wurden nach dem Flächenanteil umgelegt. Bei der Endabrechnung ergaben sich beträchtliche Summen: Für die Einrichtung der Schleusen, Gräben und Grundstücksnivellements wurden insgesamt 84.736 Gulden für eine Gesamtfläche von 2.100 Morgen (7560 Hektar) aufgewandt. Also kostete ein Morgen 40 Gulden, eine angesichts der erhöhten Erträge durchaus nicht zu hohe Summe. Die weitaus größten Teilbeträge mußten die Großgrundbesitzer tragen, davon die Domänenverwaltung 33.565 Gulden, die evangelische Kirchenverwaltung 24.722 Gulden, die markgräfliche Gutsverwaltung 26.782 Gulden, die Gemeinde Hockenheim demgegenüber nur 600 Gulden und die Carl-Ludwig-See-Genossenschaft 357 Gulden. Privatbesitzer, die nur ein einzelnes Grundstück hatten, waren gänzlich von der Bezahlung befreit.

Das Bewässerungssystem im Kraicher Niederungsgebiet war also sowohl technisch als auch organisatorisch das ausgefeilteste der gesamten Region. Es basierte auf damals relativ neuen wissenschaftlichen Erkenntnissen der Wiesenbaukunst und wurde konsequent und energisch betrieben, wozu sicherlich die Eigentumsverhältnisse (Großgrundbesitz) entscheidend beigetragen haben.

Der Hockenheimer Rheinbogen heute: Entwicklungspotential für die Natur? [Karte 16]

MICHAEL HASSLER

Das ehemalige Wässerwiesengebiet wurde im 20. Jahrhundert großflächig trockengelegt und in Äcker umgewandelt. Im Gegensatz zum Waghäusler Moor entstanden hier aber nur kleinere Baggerseen.

Übrig blieben nur wenige Gebiete mit Wiesen, vor allem im Bereich der Marlach und im Carl-Ludwig-See sowie am Rheindamm nahe des dortigen Landeplatzes. Die Wiesen werden heute in der Regel intensiv bewirtschaftet und sind ökologisch stark verarmt. Andere Wiesenbereiche werden als Segelflugplatz genutzt, blieben aber gerade deswegen erhalten.

Die Ökologie der noch verbliebenen Gebiete des Hockenheimer Rheinbogens wurde in zahlreichen Arbeiten bilanziert (z. B. DILGER & MAHLER 1984) bzw. Pflegepläne für die künftige Nutzung erstellt (z. B. GROßMANN 1987, LENZ 1987, ROMMEL 1992). Vor allem die Pfeifengraswiesen gingen sehr stark zurück und sind nur noch in Resten vorhanden. Ein unersetzlicher Verlust war z. B. das Verschwinden der letzten süddeutschen Population von *Astragalus danicus*, dem dänischen Tragant.

Trotz aller Wiesenverluste wird der Hockenheimer Rheinbogen heute als eines der Gebiete am nördlichen Oberrhein mit den größten Entwicklungschancen für die Natur gesehen. Das liegt an mehreren Faktoren:

- Der Raum ist zwar durch die Autobahn Hockenheim – Speyer und durch die B 38 zerschnitten, aber ansonsten noch recht zusammenhängend.
- Die landwirtschaftliche Nutzung kann im Domänengebiet zentral gesteuert werden; die Extensivierung ist hier vergleichsweise einfach.
- Es gibt gleich mehrere „Keimzellen", aus denen heraus sich Arten wieder ausbreiten können: Feuchtwiesen, Röhrichte und Gräben.

Schlecht steht es dagegen um die Gräben und Bäche. Der alte Lauf des Kraichbachs wurde weitgehend „stillgelegt", statt dessen der alte Seebach zum neuen Kraichbach ausgebaut und kanalisiert. Die meisten Gräben haben kein durchgängiges Wasser mehr und liegen zeitweise trocken, wie z. B. VON ROMMEL (1992) bilanziert. Aber auch hier sind durchaus Möglichkeiten für die Reaktivierung von Gräben vorhanden, falls Wasser aus dem kanalisierten Kraichbach ausgeleitet wird.

Die Unterschutzstellung der naturnahen Restflächen des Hockenheimer Rheinbogens vor wenigen Jahren war der „Startschuß" für den Erhalt und die Weiterentwicklung des Gebiets. Ob es jemals wieder gelingen wird, den Storch als „Symbol für erfolgreiche Rekultivierung" wieder heimisch zu machen, wird die Zukunft zeigen.

Karte 15 (S. 356): Der Hockenheimer Rheinbogen im Zustand um 1840.

Karte 16 (S. 357): Der Hockenheimer Rheinbogen im heutigen Zustand.

1	Kriegbach
2	Altlautergraben
3	Wagbach
4	Großer Kehrgraben
5	Kraichbach
6	Hardtgraben (Hartbach)
7	Angelbach
8	Kothlachgraben
9	Erlengraben
10	Silzgraben
11	Mörschgraben
12	Kellersbruchgraben
13	Katzengraben
14	Altwassergraben
15	Alter Kraichbach
16	Schnapsgraben
17	Gießgraben
18	Neugraben
19	Hohewiesengraben
20	Mittelgraben
21	Stranggraben
22	Seebach

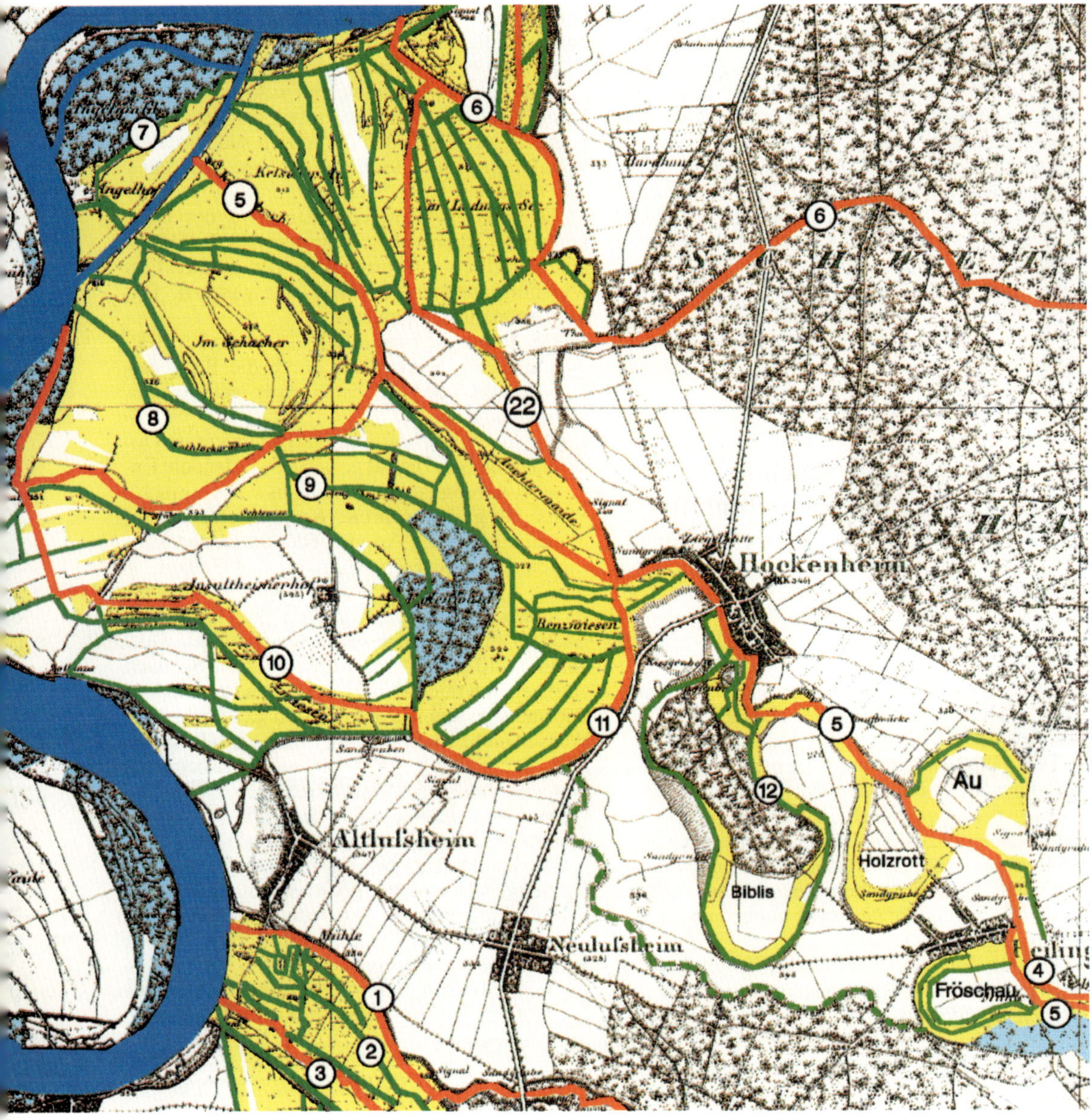
7
5
6
6
22
8
9
10
11
12
5
1
2
3
4
5
Jm Schacher
Hockenheim
Altlußheim
Neulußheim
Renzwiesen
Au
Holzrott
Biblis
Fröschau

Angel Wald
Landeplatz Herrenteich
Herrenteich
Siegelhain
A61 E31
L722
Höllengewann
Leopoldswiesen
Insultheimerhof
Karl-Ludwig-See
Talhaus
Neubruch
Unterer Saubusch
HOCKENHEIM
Altlußheim
Neulußheim
Reilingen
Erdölraffinerie
B39
B36
E8
A6
Poststraße
Schloßmühle

9 Die Zukunft: Ökologische und technische Konzepte und Lösungen

9.1 *Das Bach- und Grabenkonzept im Landkreis Karlsruhe*

ALEXANDER ZINK

Geschichte der Konzeption

Die im „Arbeitskreis Pfinz-Lußhardt-Auen" zusammengeschlossenen Gemeinden der Lußhardt, aber auch die anderen Rheinebene-Kommunen stießen im Rahmen ihrer Bemühungen um die Biotope und Gewässer der Region regelmäßig auf dieselben Probleme.

Die meisten Bäche und Gräben waren entweder trockengefallen oder besaßen nur noch eine unregelmäßige Wasserführung. Alle Versuche, sie im Rahmen von einzelnen Initiativen wiederzubeleben, scheiterten[1] aufgrund von vielen Faktoren, meistens aber an den fehlenden wissenschaftlichen Fakten über die korrekte und die mögliche Verteilung des aus dem Kraichgau kommenden Wassers.

Reaktivierungen von Bächen sind außerdem immer gemeindeübergreifende Vorgänge – und wie schwierig das sein kann, zeigen nicht zuletzt die in diesem Buch ausführlich geschilderten, jahrhundertelangen Streitigkeiten zwischen den verschiedenen Gemeinden und Ämtern. Die Existenz und erfolgreiche Zusammenarbeit des „Arbeitskreises Pfinz-Lußhardt-Auen" war daher eine unabdingbare Voraussetzung für die Erstellung einer erfolgversprechenden Konzeption.

In den Jahren 1993 und 1994 wurde im „Arbeitskreis Pfinz-Lußhardt-Auen" die Idee geboren, die verschiedenen Probleme und Schwierigkeiten mit den Bächen und Gräben gemeinsam anzugehen. Der Arbeitskreis und der Landesnaturschutzverband schrieben daher das Wasserwirtschaftsamt Karlsruhe und das zuständige Ministerium mit einem ersten Entwurf der Konzeption an und stießen auf positive Resonanz. Kurz darauf stieß auch das Landratsamt Karlsruhe dazu, nachdem dort die überzeugenden Möglichkeiten der Konzeption erkannt wurden.

Ziele des Bach- und Grabenkonzeptes

Wässerwiesensysteme und die dazugehörigen Graben- und Bachsysteme waren über Jahrhunderte hinweg ein die Natur und Landschaft von Kraichgau und Hardt prägendes Element. Aus verschiedenen Gründen sind die Wiesenwässerungssysteme in den letzten Jahrzehnten zum Erliegen gekommen. Ziel des Projektes ist es daher, die historisch gewachsenen, naturraumtypischen Bachsysteme und Wässerwiesen unter Beachtung aller Belange der Gemeinden, der Wasserwirtschaft, des Naturschutzes und der Landwirtschaft wieder zum Leben zu erwecken.

Man verspricht sich davon insbesondere folgende Vorteile:

- Schaffung von funktionierenden, großflächigen Lebensräumen für Flora und Fauna;
- Schaffung eines effektiven Biotopverbundsystems;
- Förderung der Grundwasserneubildung durch Reaktivierung der Versickerungsräume;
- Verbesserung des Grundwassers durch bessere Filterung;
- Erhöhung des Hochwasserrückhaltevolumens auf billige Art und Weise, dadurch Unterstützung des vom Land betriebenen Hochwasserschutzkonzeptes für den Oberrhein.

Ablauf und Organisation

Die Zuständigkeiten für das entstandene „Bach- und Grabenkonzept" wurden geteilt. Der Landkreis Karlsruhe übernahm als Untere Wasserbehörde mit dem Wasserwirtschaftsamt als Fachbehörde die Koordination der technischen Seite, während der Landesnaturschutzverband die Grundlagen erarbeitete (unter anderem das hier

1 Mit einer Ausnahme: die weiter unten geschilderte Wiederbelebung des Wagbachs.

vorliegende Buch) und die im „Arbeitskreis Pfinz-Lußhardt-Auen“ zusammengeschlossenen Umweltschutzbeauftragten für die Akzeptanz in den Gemeinden und die technische Durchführung zuständig sind. Damit war es relativ einfach, auch die Ministerien als Geldgeber zu gewinnen, so daß noch 1995 das Projekt ohne Zeitverzug begonnen und mit einem großen Pressetermin im Juni der Öffentlichkeit vorgestellt werden konnte. Außerdem wurde das Projekt als gemeinsamer Beitrag aller Beteiligten zum Europäischen Naturschutzjahr 1995 angemeldet.

Wichtig ist dabei, daß die Reaktivierung von Wässerwiesen selbst erst am Schluß einer ganzen Vielfalt von Maßnahmen steht:

Zunächst müssen durch eine **hydrologische Gesamtbetrachtung** die verschiedenen Fließgewässer der Rheinebene in den Systemen von Pfinz, Saalbach und Kraichbach kartiert, aufgenommen und bilanziert werden. In die Untersuchung müssen Gewässer I. und II. Ordnung einbezogen werden. Dazu sind notwendig:

- Bestandsaufnahme (hydrologische Daten, alte Gewässerzüge, alte Regulierungsbauwerke, Fauna, Flora),
- Entwicklung eines ökologischen Leitbildes einschließlich eines Gewässerbewirtschaftungskonzeptes,
- Umsetzung des Konzeptes durch Wiederinbetriebnahme vorhandener Gewässerzüge und Regulierungsbauwerke und
- Erfolgskontrolle (Grundwasser-Oberflächenwasserbeobachtung und Statistik-Kartierung von Fauna und Flora).

Vor allem ist festzustellen, wieviel aus dem Kraichgau kommendes Wasser überhaupt in den einzelnen Systemen zur Verfügung steht. Auch Wasserrechte und andere Rahmenbedingungen wie die komplexe Vernetzung der Gräben spielen eine große Rolle. Die Finanzierung durch das Umweltministerium Baden-Württemberg und Vergabe dieses ersten Gutachtens ist geklärt, die Arbeiten daran laufen zum Zeitpunkt der Herausgabe dieses Buches bereits.

Dann kann festgelegt werden, **welche** Bäche und Gräben reaktiviert werden können und welcher Aufwand damit für die Anliegergemeinden verbunden ist. Für die Reaktivierung gibt es klare Bedingungen. Es muß z. B. gewährleistet sein, daß das Gewässer ganzjährig Wasser führt, denn ein temporäres Austrocknen im Sommer schadet der eventuell wieder etablierten Fauna sehr stark. Angestrebt wird ein eindeutiger Wasserverteilungsplan zwischen den verschiedenen Gewässern.

Klar ist jedoch, daß mit Eintritt des Bach- und Grabenkonzepts ein dramatischer Wechsel in der Philosophie der Wasserwirtschaft der Rheinebene eintreten wird. Die Pfinz-Saalbach-Korrektion hatte das einzige Ziel, die anfallenden Wassermengen möglichst schnell zum Rhein hin abzuführen und die Rheinebene „trockenzulegen“. Die alten Bäche wurden nur noch bei genügender Wasserführung bedient. In Zukunft soll dagegen das vorhandene Wasser wieder mit Priorität in das Netz der Gräben und Bäche eingespeist werden und die großen Ableitkanäle nur noch in Zeiten eines Wasserüberschusses benutzt werden.

Die Reaktivierung der Gewässer selber wird mit ganz unterschiedlichen Zeitplänen betrieben werden, abhängig von den Möglichkeiten der Gemeinden. Viele Bäche können aber vermutlich sehr kurzfristig wieder bewässert werden.

Als nächste Stufe des Konzepts wird geprüft werden, ob und wo es möglich ist, **Hochwasserschutz- und Retentionsräume** in den Bachauen einzurichten. Erste Beispiele für eine solche billige und ökologisch verträgliche Lösung sind schon absehbar: das Becken in den Silzenwiesen bei Ubstadt, noch relativ „technologisch“ ausgelegt, oder der Kriegbachpolder bei Kirrlach, der im Wald liegt und mit geringem Aufwand gebaut werden soll. Der entscheidende Unterschied zu den „klassischen“, oft millionenteuren Rückhaltemaßnahmen ist einfach: Große vorhandene Flächen ermöglichen, die notwendigen Dämme sehr niedrig zu halten oder sogar weitgehend überflüssig zu machen. Daß solche „Billig-Lösungen“ über alle Erwartung gut funktionieren können, zeigt die Erfahrung der Gemeinde Stutensee mit der (ursprünglich gar nicht dafür vorgesehenen) Wiederinbetriebnahme der Wässerwiesen beim Schloß Stutensee als Retentionspolder für die Heglach (siehe unten).

Erst als letzte Stufe des Programms schließlich ist geplant, in ausgewählten Flächen wieder eine **Wiesenwässerung** zu betreiben. Für die Lokalisierung geeigneter Flächen müssen viele Vorbedingungen erfüllt sein: unter anderem die ökologische Verträglichkeit (keine Zerstörung vorhandener, empfindlicher Biotope), die Abstimmung mit Gemeinde und Landwirten, die mittelfristige Finanzierung des jeweiligen Vorhabens und nicht zuletzt die Erhältlichkeit von genügend Bachwasser – bereits im Mittelalter oft ein Problem.

Es muß aber nicht immer eine Wiesenwässerung selbst sein, wie die positiven Erfahrungen mit den beiden ständig bewässerten Feuchtbiotopen beim Storchengehege in der Saalbachaue südlich von Hambrücken oder in den Silzenwiesen zeigen.

Wie die erfolgreiche Erfahrung mit dem „Arbeitskreis Pfinz-Lußhardt-Auen“ zeigt, ist das Bach- und Grabenkonzept auf die Ziele eines

Abb. 9.1 Wässerbach-Idylle am Weingarter Bach bei Staffort im Frühjahr 1995. Für einige Monate wurde während Baumaßnahmen in Büchenau wieder Wasser in den Bach geleitet. Das „Bach- und Grabenkonzept“ sieht unter anderem vor, auch dem Weingarter Bach wieder zu einer konstanten Wasserführung zu verhelfen.

modernen, nachhaltigen Naturschutzes ausgerichtet: Großflächigkeit, Einbettung in die Kulturlandschaft, Berücksichtigung der Traditionen, Abkehr vom Reservatsdenken und nicht zuletzt Akzeptanz durch die beteiligten Kommunen, Landwirte und Bürger.

Abb. 9.2
Ein Großseggenried in einem Talgrund des Kraichgaus bei Oberderdingen. Solche Seggenriede waren einst weit verbreitet und existieren nur noch in spärlichen Resten. Obwohl sie wenig Pflege benötigen, müssen auch die Seggenriede gelegentlich gemäht werden, um Verbuschung zu verhindern.

9.2 *Der „Arbeitskreis Pfinz-Lußhardt-Auen": Biotopvernetzung in großem Stil*

Michael Hassler & Helmut Vetter

Wenn man heute über das vielbenutzte Schlagwort „Biotopvernetzung" redet, meint man meistens schmale Ackerrandstreifen, kleine Tümpel in bei der Flurbereinigung übriggebliebenen Wegzwickeln oder Obstbaumreihen entlang von Asphaltwegen.

Kaum eine Gemeinde im dicht besiedelten Nordbaden besitzt auch nur annähernd die Mittel oder die Akzeptanz unter den beteiligten Landwirten, eine wirklich funktionierende Biotopvernetzung mit neuen Biotopen zustandezubringen. Allein die Sicherung der bestehenden Biotope überfordert viele Kommunen.

Dabei bieten sich in der Rheinebene viele günstige Voraussetzungen für die Neuschaffung von Biotopen im großen Stil. Einer der wichtigsten Faktoren ist sicherlich der Rückgang und die Extensivierung der Landwirtschaft auf den meist ertragsarmen, sandigen Böden der Hardtplatten. Der noch in den 1970er Jahren tobende Kampf um jeden Meter Boden hat sich mittlerweile deutlich entspannt, wenn auch in letzter Zeit der erhebliche Flächenbedarf der Rheinebene-Gemeinden erneut große Probleme schafft.

Die Idee einer Biotopvernetzung auf großer Fläche war daher schon lange in den Köpfen der kommunalen und ehrenamtlichen Naturschützer vorhanden. Effektive und an die vorhandene Flora und Fauna angepaßte Biotopvernetzung in der Rheinebene bedeutet aber automatisch auch die Neuschaffung von Wiesen und Reaktivierung von Bächen in großem Stil, denn diese stellten hier früher den Großteil der Biotope, wie auch in diesem Buch ausführlich beschrieben wird.

Abb. 9.3 Der ehemalige Mühlkanal bei der Talmühle Gochsheim ist nach dem Ausbau des Kraichbachs aus Hochwasserschutzgründen trockengefallen. Damit ist diese Möglichkeit der Wassereinleitung ins Gochsheimer Tal verlorengegangen. Auch im Kraichgau existieren noch solche Möglichkeiten zur Reaktivierung aufgelassener Wässersysteme.

Gründung und Programm

Es gab in den späten 1980er Jahren gleich drei verschiedene Keimzellen für die Gründung des „Arbeitskreises Pfinz-Lußhardt-Auen", häufig auch nur „Wiesenarbeitskreis" genannt:

- In Hambrücken hatte der Naturschutzwart Franz Debatin seit Mitte der 1980er Jahre versucht, durch private Anpachtung den kümmerlichen Rest der Wiesen der Saalbachaue zu erhalten. Debatin war zunächst durch den Vogelschutz motiviert und träumte davon, einst den Storch wieder heimisch zu machen. Er wurde zwar von der Gemeinde Hambrücken unterstützt, aber seine Initiative stieß sehr bald an Grenzen, sowohl durch die verfügbaren Geldmittel als auch durch die erhältlichen Flächen in der damals intensiv landwirtschaftlich genutzten Saalbachaue.
- Die regionalen Naturschutzverbände, vor allem die AGNUS Bruchsal, hatten im Zuge der damals beginnenden Biotopkartierung die Gemarkungen Bruchsal, Hambrücken und Waghäusel erfaßt. Dabei stellte sich heraus, daß die noch erhaltenen Wiesenauen an Saalbach, Wagbach und Duttlacher Graben den Grundstock zu einem natürlichen Biotopverbundsystem bilden konnten. Da aber die kuriosen Gemarkungsverläufe[2] es notwendig machten, wurde die Idee geboren, die verschiedenen beteiligten Gemeinden zu einem interkommunalen Arbeitskreis zusammenzuführen.
- Der Naturschutz in den beteiligten Gemeinden war mittlerweile durch die Bildung von Umweltämtern deutlich gestärkt worden. Versuche der Umweltschutzbeauftragten zur Reaktivierung von Gräben oder Neuschaffung von Wiesen scheiterten an verschiedenen Widerständen, im wesentlichen aber am Fehlen einer Abstimmung und an der mangelnden Durchschlagskraft der Einzelinitiativen. Auch hier bestand also Bedarf für die Bündelung und Stärkung der Interessen.

Nach zahlreichen Vorgesprächen, die sich über Jahre hinzogen, traf sich am 21. März 1990 erstmals ein Kreis aus den Umweltbeauftragten der Gemeinden Bruchsal, Hambrücken, Karlsdorf-Neuthard, Stutensee und Waghäusel sowie den Vertretern der regionalen Naturschutzverbände. Man beschloß nicht nur den Namen „Arbeitskreis Pfinz-Lußhardt-Auen" (das Emblem, der Storch, folgte erst Jahre später), sondern auch das Programm: Schaffung eines Wiesen- und Biotopverbundes im Bereich Pfinz-Lußhardt, Schließung von Lücken in vorhandenen Wiesengürteln durch Neuanlage, Regelung der Bewirtschaftung von Wiesen (Grundstücksverkehr, Einsaat, Gelderbeschaffung), zentrale Verwaltung einer Grundstücks- und Wiesenkartei und Verwaltung der von den Gemeinden eingebrachten Gelder. Am 9. September 1990 war es schließlich soweit: Der Arbeitskreis wurde offiziell von den Kommunen durch Unterschrift der beteiligten Bürgermeister gegründet. Er erweiterte sich im Lauf der Jahre ständig: Mitte 1991 kam Philippsburg hinzu, kurz darauf Graben-Neudorf, und als jüngstes Mitglied soll demnächst Linkenheim-Hochstetten hinzukommen. Die Bezirksstelle für Naturschutz und Landschaftspflege Karlsruhe ist seit 1993 beratendes Mitglied. Aber auch die Funktion des Arbeitskreises wandelte sich: war er am Anfang nur für die Wieseneinrichtung gedacht, ist er mittlerweile ein Forum für den Natur- und Umweltschutz im ganzen nordwestlichen Landkreis Karlsruhe. Andere Initiativen ergänzten die Wieseneinrichtung: seit 1992 wird ein Programm zur Wiedervermehrung und Erhaltung gefährdeter Wildkräuter betrieben. Auch das „Graben- und Bachkonzept" (siehe oben) wurde als logische Ergänzung des Wiesenprogramms 1994 im „Arbeitskreis Pfinz-Lußhardt-Auen" geboren und konzipiert.

Bei der Gründung des Arbeitskreises stand der **Erhalt** der bestehenden Wiesen noch im Vordergrund. Durch Anpachtung sollte versucht werden, wenigstens die wenigen verbliebenen Flächen vor dem Pflug zu retten. Keiner konnte ahnen, daß sich wenige Jahre später daraus eines der erfolgreichsten Naturschutzprojekte des Landes Baden-Württemberg entwickeln sollte, das landesweit als Modellprojekt für gemeindeübergreifende Initiativen dient. Zunächst wurden daher vor allem im Bereich Hambrücken, wo Franz Debatin durch hartnäckige „Bearbeitung" der Wiesenbesitzer und -pächter immer neue Flächen verfügbar machte, einige Hektar angepachtet. Teilweise wurden zwischen den Wiesen liegende Ackerstreifen bereits wieder in Wiesen umgewandelt.

---

2 Die Wagbachaue z. B. gehört auf Höhe von Hambrücken nicht etwa zu dem dicht danebenliegenden Hambrükken, sondern zu Bruchsal und Waghäusel – sicherlich ein Grund, warum sie noch fast vollständig erhalten ist und nicht wie in anderen Gemeinden zu Freizeit- und Sondernutzungsgebieten umfunktioniert wurde. Die Außengemarkung Bruchsal verdankt ihre Existenz der späten Gründung von Karlsdorf (1811) durch Umwandlung des Altenbürger Hofs, wodurch die zusammenhängende Bruchsaler Gemarkung geteilt wurde.

Wieseneinrichtung in großem Stil

Der große Durchbruch kam schließlich, als der in Karlsdorf ansässige Landwirt Heneka, der größte Pächter in der Saalbachaue mit über 250 ha Betriebsfläche, beschloß, sich dem Trend anzuschließen und seinen Betrieb vollständig auf Wiesenwirtschaft umzustellen. Das Projekt hatte plötzlich eine andere Dimension erhalten. Möglich war dies nur durch die günstige Konstellation der Beteiligten: Die Landesbehörden gewährleisteten eine Förderung und Sicherung des Projekts über längere Zeiträume, die gute Abstimmung unter den Kommunen verhinderte Streit über die Zuständigkeit, die Bezirksstelle für Naturschutz sorgte für geeignetes Saatgut und die Naturschutzverbände lieferten fachliche Beratung und Betreuung. Die Ministerien für Landwirtschaft und Umwelt betrachteten daher das Projekt als besonders förderungswürdig.

1991 waren schließlich 200 ha durch Heneka in zweischürige Wiesen umgewandelt. Bis heute kamen jährlich neue Flächen dazu, so daß sich heute der größte Teil der Saalbachaue wieder als zusammenhängende Wiesenfläche mit verschiedener Bewirtschaftungsintensität erstreckt: wohl der größte unzerschnittene und kaum gestörte derartige Naturraum im gesamten Landkreis Karlsruhe! Besondere Bedeutung erlangt die Wiesenfläche, da die Umgebung dicht besiedelt ist und intensiv landwirtschaftlich genutzt wird.

Weitere Flächen kamen in der Umgebung dazu, z. B. die Restflächen in der Bruchsaler Saalbachaue zwischen Bruchsal und Karlsdorf in den Gewannen Schaafwiese, Espengraben und Wendelrot oder viele Ergänzungsflächen entlang des Wagbachs und des Duttlacher Grabens auf Gemarkung Waghäusel.

Probleme blieben nicht aus: So waren die neu eingesäten Wiesen der „ersten Generation“ durch die stark nährstoffhaltigen Böden bald sehr artenarm. Wiesen-Fuchsschwanz und Rotklee dominierten zunächst. Im Laufe der Zeit wurden daher die Einsaatmischungen angepaßt.

Wiederansiedlung von Störchen

Ab 1993 konnte dann ein langgehegter Wunsch verwirklicht werden: Franz Debatin war in der Lage, eine Storchenauswilderungs-Station zu bauen und mit Störchen aus der landeseigenen Aufzuchtstation Schwarzach zu bestücken. Der Storchenhorst ist seither weithin sichtbares Zeichen und Symbol einer erfolgreichen Initiative. Hier wurden in der Zwischenzeit nicht nur zahlreiche Störche ausgewildert, sondern die ersten Wildstörche sind wieder zu Gast, daneben die halbzahmen, aber freifliegenden Störche der verschiedenen Vogelparks der Umgebung. Im Sommer ist es seither nicht mehr ungewöhnlich, wenn mehr als ein Dutzend Störche die Wiesen in dichten Pulks nach Nahrung durchsuchen.

Die Zukunft des Gebiets

Die geplante B-35-Nordumgehung Karlsdorf/Bruchsal und die Westerweiterung des Baggersees „Karlsdorfer Rheinsand“ werden schwere Wunden in die Landschaft reißen und die ökologische Funktionsfähigkeit der Saalbachaue deutlich beeinträchtigen. Gerade deshalb wird es nötig sein, die Wiesenflächen im zentralen und westlichen Teil der Saalbachaue, vor allem nach Graben hin, weiter zu ergänzen. Die Unterschutzstellung der Saalbachaue als vollwertiges Naturschutzgebiet zusammen mit dem angrenzenden Feuchtwald im „Ochsenstall“ ist eine zwangsläufige Weiterentwicklung im Rahmen der „Kinzig-Murg-Schutzkonzeption“.

Und wann werden wieder echte Wässerwiesen in der Saalbachaue zwischen Karlsdorf und der Neudorfer Mühle zu sehen sein? Der genaue Zeitpunkt ist heute noch nicht abzusehen, aber die Bereitschaft aller Beteiligten läßt annehmen, daß die Flächen nördlich des Saalbachs unter den ersten Pilotprojekten einer echten Wiesenwässerung im nördlichen Landkreis Karlsruhe sein werden.

Naturschutz für und mit der Bevölkerung: Modell für Baden-Württemberg

Der „Arbeitskreis Pfinz-Lußhardt-Auen“ weist mittlerweile eine der erfolgreichsten Bilanzen bei der Neueinrichtung von Biotopen in Baden-Württemberg auf. Über 300 ha neuer Wiesen in der Saalbachaue und den umgebenden Bachauen der Lußhardt machten die noch vor wenigen Jahren öde Landwirtschaftsfläche zu einer Kernzone für die Natur der Region. In jedem Jahr zunehmende Artenzahlen lassen für die Zukunft hoffen, daß die Natur sich wieder regenerieren kann. Dazu kommen in umliegenden Gemeinden große Flächenstillegungen, z. B. in Philippsburg und Karlsdorf.

Das Projekt „Saalbachaue“ weist bereits alle Eigenschaften auf, die auf Landesebene gerade erst als Zielvorstellungen für den Naturschutz der Zukunft erkannt werden: Extensivierung auf großen Flächen, Abkehr von kleinen, inselhaften „Naturreservaten“, Zusammenarbeit mit der Landwirtschaft, hohe Akzeptanz bei der Bevölkerung und Einbettung in die Kulturlandschaft.

9.3 Technische Konzepte für die Reaktivierung von Wässersystemen

HORST PEPPEL

Die Wiesenwässerung sicherte früher (wie schon beschrieben), die Grünlanderträge, indem sie während niederschlagsarmer Zeiten oder zu Beginn der Vegetationszeit durchgeführt wurde. Zudem wurden durch die aus dem Kraichgau kommenden Bäche Bodenbestandteile und Nährstoffe auf die Wiesen gebracht. In den siebziger Jahren dieses Jahrhunderts ging die Grünfütterung durch die Umstellung auf sogenanntes Kraftfutter sowie die Anzahl der Futtertiere weiter zurück. Der Bedarf an Grünfutter sank. Die Wiesenwässerungen wurden fast überall in dieser Region aufgegeben. Wiesen wurden in Ackerland umgebrochen.

Unterstützt wurde dies durch das Trockenlegen der nassen und feuchten Flächen. Ackerbauliche und forstwirtschaftliche Ziele und andere Nutzungen durch den Menschen, wie Baulandgewinnung, Verkehrserschließungen, Schaffung von befestigten Flächen, verstärkte Grundwassernutzungen, Hochwasserfreihaltung u. a. führten zu einer erschreckenden Verminderung von nassen und feuchten Gebieten. Das Statistische Taschenbuch Baden-Württemberg 1988 weist im Kap. 12 für Baden-Württemberg 7.200 km^2 Wiesen und 900 km^2 Weiden aus. Im Taschenbuch 1992 werden diese Flächen unter „Dauergrünland" zusammengefaßt und eine Gesamtfläche von nur noch 5.900 km^2 erhoben; das sind 27 % weniger. Die Bevölkerungszahl stieg in Baden-Württemberg von 5,5 Millionen im Jahr 1939 auf 7,75 Millionen 1961, auf 9,15 Millionen 1975 und liegt jetzt bei über 10 Millionen. In der Rheinebene sind ähnliche Zunahmen festzustellen.

Mit der Reaktivierung der Wiesenwässerungen will man wieder nasse und feuchte Flächen schaffen, Dauergrünlandflächen für die Hochwasserretention verstärkt nutzen, durch das Versickern des Oberflächenwassers die Grundwasserneubildung erhöhen oder Gräben wieder dauernd wasserführend machen. Dic Erstellung eines übergreifenden Konzeptes für das Pfinz-Saalbach-Gebiet ist deswegen sinnvoll und notwendig.

Die Wasserwirtschaftsverwaltung hat eine hydrologische und hydraulische Untersuchung in Auftrag gegeben, in der das heutige Graben- und Bachsystem und das Fließgewässersystem vor den letzten großen Veränderungen erfaßt und deren Abflüsse ermittelt werden. Es wird untersucht, ob mit den vorhandenen Möglichkeiten und Maßnahmen ökologische Verbesserungen in Gräben und Bächen und auf Flächen durch dauernde Wasserführungen oder Bewässerungen erzielt werden können, ob die Grundwasserneubildung und die Grundwassersituation verbessert werden können oder ob die Flächen die Möglichkeit bieten, natürliche Hochwasserrückhaltungen zu schaffen.

Die Oberflächengewässer werden einheitlich mit den Grundwassersituationen und den Flurabständen gesamtschaulich betrachtet. Nach der Entwicklung ökologischer Leitbilder können konkrete Maßnahmen geplant und durchgeführt werden, die durch Erfolgskontrollen begleitet werden müssen. Der erste Teil der Untersuchung wird voraussichtlich im Sommer 1996 und der zweite Teil voraussichtlich im Sommer 1997 erstellt sein. Untersucht wird das Gebiet der Kinzig-Murg-Rinne von der Vorbergzone nach Westen bis zur Bahnlinie Karlsruhe–Mannheim und von Karlsruhe nördlich bis etwa zur Landkreisgrenze.

Dieses tiefliegende Gebiet wird von den aus dem Pfinzhügelland und dem Kraichgau kommenden Bächen, die dem Rhein zufließen, durchzogen, also der Pfinz/Pfinzkorrektion, dem Saalbach und dem Kraichbach/Kriegbach mit ihren Zuflüssen.

Verteilung des Wassers

Dreh- und Angelpunkt der Wiesenwässerung ist das Wasserdargebot. Gerade in Zeiten geringer Wasserführung in den Bächen kann eine Mangelsituation im aquatischen Lebensraum des Baches entstehen, wenn Wasser entnommen wird. Eine Entnahme kann bestehende Nutzungen, wie z. B. für Fischteichanlagen, einschränken oder z. B. Wasserkraftnutzungen vermindern. Wasser, das im Mittel- und Oberlauf dem Bach entnommen wird, fehlt im Unterlauf.

Die Abflußverhältnisse haben sich in den Jahren 1940/1950 bereichsweise entscheidend geändert, insbesondere durch die Pfinz-Saalbach-Korrektion. Die Pfinz und der Saalbach treffen beim Eintritt in die Rheinebene (Kinzig-Murg-Rinne) auf Bauwerke, die das Hochwasser in die Kanäle leiten sollen. Schon bei Niedrig- und Mittelwasser wird die Wasserführung im Bach verringert,

Abb. 9.4
Der offizielle Startschuß zum „Bach- und Grabenprojekt“ im Landkreis Karlsruhe. In Anwesenheit zahlreicher Bürgermeister, Behördenvertreter und Naturschützer erläutert Dezernent Alexander Zink vom Landratsamt Karlsruhe die geplanten Maßnahmen.

da Undichtwasser, Steuerwasser, Mindestwasser – wie auch immer dieses Wasser bezeichnet wird – u. ä. über das jeweilige Wehr in den Kanal fließen.

Auch das Hochwasser verbleibt nicht im ursprünglichen Bach. So werden Pfinz, Saalbach und Kraichbach entlastet. Am Tiefentalgraben, Walzbach, Grombach, Kraichbach, Alte Bach (Bad Schönborn) und Landgraben wurden Hochwasserrückhaltebecken gebaut, in denen das Hochwasser zeitweise zurückgehalten und vor allem die Hochwasserwelle gedämpft wird. Der Mensch hat vielerorts stark eingegriffen.

Natürlicherweise werden die Hochwasserwellen gedämpft, indem das Bachwasser in anliegende Gebiete ausufert und dann wieder zurückfließt. Diese Art der Minderung der Hochwasserabflußspitzen nennt man Retention, die vor allem in den natürlichen Tälern auftritt. In der Rheinebene ist bereichsweise auch eine etwas andere Situation anzutreffen. Entlang bedämmter Strecken, wie bei Pfinz (Heglach), Saalbach, Alte Bach oder Kraichbach, kann das ausgeuferte Hochwasser nicht wieder in den Bach zurück. Tiefliegende Bäche und Gräben, wie Alte Bach (Stutensee), Alte Bach (Graben-Neudorf), Wagbach, Saugraben, Duttlacher Graben, Lochwiesengraben, Landgraben/Kehrgraben u. a., werden bei Ausuferungen wasserführend. Sie durchziehen jeweils ein flaches Gebiet, in dem Niederschläge eher versickern als abfließen. Diese Bach-Gräben liegen häufig auch nicht so tief im Gelände, daß normalerweise das Grundwasser austritt und eine ständige Wasserführung im Graben erzeugen würde.

Genau diese Bäche oder Gräben sind die „Problem-Fließgewässer“. In der überwiegenden Zeit des Jahres liegen sie auf längere Strecken trocken. Eine Situation, die Wasserwirtschaftler und Naturschützer nicht befriedigt und die Frage aufwirft: Kann in dem Bach oder Graben nicht dauernd Wasser fließen?

Aquatische oder amphibische Lebensräume zu schaffen und zu stabilisieren, ist unbestritten eine wichtige Aufgabe, da solche Lebensräume für Flora und Fauna stark verringert wurden.

Können außerdem die Wiesenwässerungen, die neben dauernd wasserführenden Bächen liegen, nicht baldmöglich reaktiviert werden? Die Wassermenge, die für eine in unserer Region früher übliche Furchen- oder Grabenbewässerung benötigt wird, ist üblicherweise nicht so groß. Diese Wassermenge kann aber bei einem – durch die geringen Niederschläge bedingten – Niedrigwasserabfluß ein nicht unerheblicher Anteil sein. Die Antwort kann sicherlich nicht durch einen festzulegenden Grenzwert in Prozenten bestimmt, sondern in der Betrachtung des „wasserspendenden“ Bachlaufes und Bachbettes begründet sein.

Liegt nun ein Wiesenwässerungsgebiet in einiger Entfernung vom „wasserspendenden“ Bachlauf, ist zu prüfen, ob der zuführende Graben oder

Bach mit ständiger Wasserführung ausgestattet werden kann.

Die wasserwirtschaftlichen Untersuchungen sollen das Wasserdargebot und die Abflüsse ermitteln und die Wasserverteilung für ökologische Nutzungen verbessern.

Schaffung von Retentionsräumen

Ein Bach, der ein Wiesenwässerungsgebiet mit Wasser versorgt, kann auch zeitweilig Hochwasser führen. In früheren Zeiten wurden die Verbindungsgräben zum Wässerungsgebiet bei erhöhtem Wasserstand geschlossen, obgleich sie dadurch vereinzelt von Hochwasser auch nicht verschont blieben. Was liegt näher als die Kombination von einem hochwasserführenden Bach mit einem wasserverträglichen Wässerungsgebiet zum Zwecke des Hochwasserschutzes? Grundsätzlich muß man dem zustimmen. Hier kommt es aber auf die Randbedingungen an.

Das Entnahmebauwerk oder Ausleitungsbauwerk am Bach ist für eine kleinere Wasserentnahmemenge konzipiert, da das Hochwasser bei einer Wiesenwässerung im Bach weiterfließen soll. Für eine Hochwasserausleitung oder -ableitung bedarf es hierzu eines Umbaus oder einer Erweiterung. Das Gelände im Wässerungsgebiet sollte so „tief" liegen, daß das Hochwasser dorthin fließt und zurückgehalten werden kann. Diese Höhenverhältnisse Bach/Gebiet sind in der Rheinebene nicht überall für nennenswerte Rückhalteräume vorhanden. Zudem sind die Begrenzungen des Gebietes zu überprüfen, ob dort Maßnahmen zur Abgrenzung anderer Nutzungen erforderlich werden. Allgemein darf außerdem die Frage nicht außer acht gelassen werden, ob überhaupt ein Hochwasserschutz erforderlich ist.

Die meisten geeigneten Flächen sind ohne Anpassungsmaßnahmen nicht in der Lage, eine nennenswerte Hochwassermenge aufzunehmen. Die Gründe können im fehlenden oder zu schwachen Zulauf, in der zu kleinen Fläche, in der zu geringen Stauhöhe oder an Randbedingungen wie generell hochwasserfreizuhaltenden Flächen und Verkehrswegen u. ä. liegen.

Für eine Hochwasserrückhaltung (auch in einem Wiesenwässerungsgebiet) sind zumeist Maßnahmen erforderlich, die vor der Durchführung rechtlich zu behandeln sind. Es genügt nicht nur, mit einem Vorschlag oder einer veränderten Wehreinstellung an Regelungsbauwerken zum Ziel kommen zu wollen. Die gezielte Hochwasserrückhaltung ist nicht gleichzusetzen mit einer natürlichen Retention einer (Wiesen-)Fläche bei Hochwasser.

Verbesserung der Grundwasserneubildung

Grundwasser bildet sich neu, wenn die Niederschläge den Grundwasserraum (umgangssprachlich „Grundwasserkörper" genannt) erreichen. Das sind in der Rheinebene die Sand- und/oder Kiesformationen, die meist mit Oberboden bedeckt unter der Geländeoberfläche liegen und Porenräume besitzen. Wird viel Grundwasser dem Grundwasserraum entnommen oder sickert nicht neues Wasser nach, sinkt das Grundwasserniveau (auch „Grundwasseroberfläche" genannt).

Liegt die Grundwasseroberfläche mehr als einen Meter unter dem Gelände, hat das Grundwasser praktisch keinen Einfluß auf die Ökologie der darüberliegenden Biotope. Liegt die Grundwasseroberfläche dagegen weniger als einen Meter unter dem Gelände (der Abstand wird „Flurabstand" genannt), hat das Grundwasser einen entscheidenden Einfluß auf die Vegetation. Die Unterschiede liegen in der Bodenart, in der Zeitdauer des hohen Grundwasserstandes und im Flurabstand selbst. Der Boden wird als naß bezeichnet, wenn die Poren über der Grundwasseroberfläche weitgehend mit Grundwasser gefüllt sind, und als feucht, wenn die Poren in etwa zur Hälfte mit Wasser und die andere Hälfte mit Luft gefüllt sind. Eine Anzahl von Pflanzen sind an feuchte und nasse Standortbedingungen gebunden, und die Lebensweisen mancher Tierarten sind mit diesen Bedingungen verbunden. An solchen nassen oder feuchten Flächen mangelt es; vor allem an größeren zusammenhängenden Gebieten.

Das Beileiten und Versickern von Bachwasser auf geeigneten Flächen hat wohl positive Auswirkungen auf Flora und Fauna und Grundwasserhaushalt. Es ist davon auszugehen, daß sich diese positiven Auswirkungen (verstärkt oder schneller) einstellen, wenn länger bewässert wird. Bei längeren oder lang andauernden Wasserzuführungen ist z. B. zu prüfen, ob die Güte des Bachwassers geeignet ist, ob sich der Boden verschlämmt oder verdichtet und ob auf eine notwendige Entwässerung verzichtet werden kann. Es wird nicht leicht sein, die Frage nach einer möglichen Konzentration der Bachwasserinhaltsstoffe im Boden oder die Frage, ob Nutzungen durch Güteprobleme be-(oder ver-)hindert werden, zu beantworten.

Rechtliche Aspekte

Normalerweise liegt der Wasserspiegel der Bäche, aus denen Wasser abgeleitet wird, wie oben beschrieben, über dem angrenzenden Gelände, und ebenso häufig steht die Erhöhung der Wasseroberfläche (also ein Anstau) im Zusammenhang mit einer Wasserkraftanlage. So ist es verständlich, wenn schon vor langer Zeit ein Regelungsbedarf für die Nutzung des dahin fließenden Wassers, das niemandes Eigentum ist, bestand und Wasserrechte ausgehandelt und festgelegt wurden.

Wiesenwässerungen können mit alten Wasserrechten (meist Erlaubnissen) wieder aufleben, wenn die damaligen Erlaubnisinhaber oder Nachfolger auf ihre Rechte nicht verzichtet haben und die Anlagen noch bestehen (Beispiel Stutensee). Eine notwendige Instandsetzung oder Reparatur stehen dieser Rechtseinschätzung nicht entgegen.

Ist eine Wiederherstellung oder ein Neubau der Anlagen und Einrichtungen für die Wiesenwässerung erforderlich, so ist die Grenze des „noch Bestehens" nach allgemeiner Rechtsauffassung überschritten. Die Wässerungsrechte regeln

- die Zeiten, in denen das Wasser ausgeleitet werden darf (dies ist meist an Wochenenden der Fall, wenn z. B. der Mahlbetrieb unterbrochen wird),
- die Mengen, die ausgeleitet werden dürfen,
- eventuelle Erfordernisse des Wassereinstaues im Bach
- und legen den Zweck der Wassernutzung, z. B. das Wiesenwässern, fest.

Diese Wässerungen können von positiven Auswirkungen, wie ökologische Verbesserung, Hochwasserretention, Grundwasserneubildung u. ä., begleitet sein. Diese Auswirkungen stellen aber nicht das vorrangige Ziel dar.

Sind Anlagen und Wasserrechte vorhanden, kann ein Rechtsnachfolger in diese Wasserrechte eintreten. Frühere Wasserrechtsinhaber oder Rechtsnachfolger können sein:

- Gemeinden,
- Wassergenossenschaften, deren Rechtsgrundlage im badischen Wasserrecht liegt,
- oder Wasser- und Bodenverbände, deren Rechtsgrundlage im Wasser- und Bodenverbandsgesetz von 1937 (neugefaßt 1991) liegt.

Kommunale Zweckverbände mit der Aufgabe „Wiesenwässerung", deren Rechtsgrundlage das Gesetz über die kommunale Zusammenarbeit (GKZ) vom 1976 bildet, sind in dieser Region nicht bekannt.

Eine neue Wiesenwässerung kann nur nach einer neuen wasserrechtlichen Entscheidung, die mit einer Erlaubnis, die Art, Umfang und Zweck der Benutzung des Baches regelt und mit einer wasserrechtlichen Genehmigung den Bau der Anlagen an dem Bach gestattet, errichtet und betrieben werden. Falls am Bach selbst wesentliche Veränderungen vorgenommen werden müssen, ist eine wasserrechtliche Planfeststellung, üblicherweise mit einer Umweltverträglichkeitsprüfung, erforderlich.

Zusammenfassung

Unser verstärktes Interesse gilt der Reaktivierung der Wässersysteme, weil sie positive Umweltaspekte hat, die für die heutige Kulturlandschaft wichtig sind. Die derzeitige Wasserführung und -verteilung in den Bächen ist zu überprüfen, sowie, ob noch mehr Wasserläufe mit dauernder Wasserführung geschaffen oder deren Wasserführung gestützt werden können. Stehen Flächen zur Verfügung, die wieder vernäßt oder befeuchtet werden können, so sollte man das Wasserdargebot hierfür nutzen. Das Schaffen von nassen oder feuchten Flächen stellt heute eine ökologische Verbesserung dar, da es an solchen größeren Flächen mangelt. Es erscheint mit geringem bis mittlerem Aufwand möglich, durch eine Wiesenwässerung ökologische Verbesserungen zu erzielen. Dabei wird eine Verstärkung der Grundwasserneubildung über die Versickerung des Wassers als Begleiterscheinung positiv gesehen. Die Wiesenwässerung mit den Zielen des Hochwasserschutzes und der Hochwasserrückhaltung zu kombinieren, bietet sich an und ist in jedem Einzelfall zu prüfen. Retentionsgebiete, die durch ein aus dem Bach laufendes Hochwasser überschwemmt werden, sollen erhalten und als Überschwemmungsgebiete geschützt werden.

Ökologische Leitbilder für die verschiedenen Ziele (und Nutzungen) und die Kenntnisse der wasserwirtschaftlichen Gegebenheiten werden die Grundlage für die neuen Entwicklungen bilden.

Und gibt es bei den Verantwortlichen und den Rechtsinhabern die Vernunft, trotz geschriebenem Recht – nicht nur in Extremsituationen – auf Positionen zu verzichten, dann dürfte es um so leichter sein, den Lebensraum Bach mit aller seiner Vielfalt zu schonen und zu verbessern. Mit dieser Option des menschlichen Verstandes wäre eine gute Basis für vernünftige Lösungen und tragfähigen Kompromisse vorhanden.

Die Wiesenbewässerung im Moosalbtal bei Ettlingen

Die Bezirksstelle für Naturschutz und Landschaftspflege (BNL) erhielt im September 1991 die Erlaubnis, Bewässerungswasser aus der Moosalb zu entnehmen, eine Wehranlage und ein

Abb. 9.5 Die Wässerung im Moosalbtal ist die erste reaktivierte Wiesenwässerung im Landkreis Karlsruhe. Im Gegensatz zu den in diesem Buch besprochenen Bachsystemen handelt es sich dabei um eine typische Schwarzwald-Hangwässerung.

Einlaufbauwerk zu errichten und das Wiesenbewässerungssystem wiederherzustellen. Auf der Gemarkung Schöllbronn der Stadt Ettlingen waren im Moosalbtal oberhalb der „Schöllbronner Mühle" Anlagen für Wiesenbewässerungen noch vorhanden. Das Wasserrecht der Schöllbronner Mühle kann nicht mehr genutzt werden, da die Wasserkraftanlage ausgebaut ist und große Teile des Mühlengebäudes zerfallen sind. Dieses Wasserrecht mußte bei der Reaktivierung sachlich und rechtlich nicht beachtet werden.

Aus dem Entnahmebauwerk unterhalb des Durchlasses der Kreisstraße 3551 vom Moosalbtal nach Völkersbach dürfen bis 40 l/s der Moosalb entnommen und dem Bewässerungssystem zugeführt werden. Das Wasser fließt über den hangparallelen Hauptbewässerungsgraben, der eine Länge von 1.350 m hat, den 9 Wiesenabschnitten mit einer Gesamtfläche von ca. 7 ha zu. Über Steckschieber werden die verschiedene Wiesenabschnitte bewässert, indem das zugeleitete Wasser sich über fallinien- und höhenlinienparallele Rieselrinnen verteilt und oberflächig über den Hang fließt. Das Wasser bewegt sich langsam, somit versickernd und verdunstend, über das Grünland. Der Hang hat bis 20 % Gefälle und Steilhänge um 30 %. Das Restwasser fließt in den Tiefpunkten letztlich wieder in die Moosalb zurück.

Nach der technischen Sprachregelung spricht man hier von einer „wilden Rieselung". Diese Art der Bewässerung verursacht geringe Kosten. Da das Gelände uneben ist, werden die Flächen aber verschieden stark angefeuchtet, was beabsichtigt ist.

Die Wiesenbewässerung im Aarbruch bei Bühl, Ortsteil Moos

Die Stadt Bühl hat durch die Eingemeindung des Ortes Moos u. a. die Rechte zur Bewässerung der Wiesen im Aarbruch erhalten. Wurden die Bauwerke seit etwa 1970 auch nicht mehr genutzt, so waren sie doch noch vorhanden. Das Wehr im Acherner Mühlbach, dem das Wasser entnommen wird, der Hauptzuflußgraben zum Wiesengebiet und die Gräben im Gebiet wurden wiederhergerichtet. Im Mai 1995 erhielt die Stadt Bühl im Rahmen des alten Rechtes, verknüpft mit einer Entschädigungsregelung für die bachabwärts liegende Klostermühle, die Erlaubnis vom Landratsamt Rastatt zur Ausleitung von Bachwasser für die Wiesenwässerung. Sie soll das Projekt „Storchenansiedelung" in diesem Raum entscheidend unterstützen. Die für dieses Projekt zur Verfügung stehende Fläche ist ca. 50 ha groß. Die Naturschutzverbände, die BNL Karlsruhe und das WBA Karlsruhe unterstützen und begleiten das Projekt.

Da heute wenige Erfahrungen über die Wiesenwässerung vorhanden sind, wurden Eigentümer und Ortskundige vorher befragt. Schon im Mai 1995 wurde an einem Wochenende probeweise die Grabenbewässerung durchgeführt. Der Ablauf wurde dokumentiert und die theoretisch ermittelten Größen überprüft. Das ca. 15 ha große Wässerungsgebiet wird abschnittsweise über die Gräben und die Furchen bewässert. Dafür steht ein Wasserzufluß von max. 30 l/s zur Verfügung. Das Restwasser, das am Ende des Bewässerungsgebiets ankommt, fließt in den Krebsbach und unterhalb der Mühle in den Acherner Mühlbach.

9.4 Neues Wasser für den Wagbach: Ein Beispiel für eine erfolgreiche Bach-Reaktivierung

HELMUT VETTER

Der Wagbach führte seit Menschengedenken konstant sauberes Wasser. Für ganze Generationen von Wiesentalern war der Wagbach die einzige Badegelegenheit. Der hinter der Poststraße gelegene „Badplatz" trägt diesen Namen heute noch und erzählt von den alten Zeiten. Der Wagbach hatte jedoch eine Besonderheit, er besaß nie eine Quelle. Er bezog sein Wasser aus dem größten Wässersystem der Gegend, der Wiesenwässerungsgenossenschaft „Unterhalb Karlsdorf", und aus den feuchten Wäldern entlang seines Laufes zwischen Karlsdorf und Hambrücken. Bedingt durch die sinkenden Grundwasserspiegel in unserer Region, verschärft noch durch den neuen Baggersee bei Karlsdorf und die Auflösung der Karlsdorfer Wiesenwässerungsgenossenschaft im Jahre 1972, fiel der Wagbach schließlich trocken.

Sofort bemühte sich die Gemeinde Wiesental wieder um eine geregelte Wasserführung des Wagbaches. Da das Gewässerbett des Wagbaches bei starken Regenfällen als Vorfluter für die Regenüberläufe der örtlichen Kanalisationen von Hambrücken und Wiesental diente, bestand die „Wasserführung" des Wagbaches nur noch in zeitweiligen, kloakenhaften Tümpeln. Dieser Zustand rief in zunehmendem Maße die Empörung der Wiesentaler Bürger, insbesondere der Wagbachanlieger, hervor.

Mitte der 70er Jahre machte sich auch die Gemeinde Hambrücken mit ihrem damaligen Bürgermeister Köhler für eine geregelte Wasserführung des Wagbaches stark. Als erster Erfolg der gemeinsamen Bemühungen ist schließlich der Behördentermin vom 12.12.1979 im Rathaus Hambrücken zu sehen. Teilnehmer an diesem Termin waren die Vertreter der Gemeinden Bruchsal, Hambrücken und Waghäusel, der Forstverwaltung, des Wasserwirtschaftsamtes Karlsruhe, der Flurbereinigung und des Ingenieurbüros Rösch-Kessler. Dabei brachten die Gemeinden nachdrücklich ihren Wunsch zum Ausdruck, dem Wagbach aus dem Saalbach Wasser zuzuführen. Insbesondere war auch das Forstamt an einer Wasserzuführung interessiert, da durch den stark gesunkenen Grundwasserspiegel immer mehr Bäume den Grundwasseranschluß verloren und abstarben. Durch eine Wasserführung des Wagbaches im Waldbereich versprach man sich zumindest in Teilbereichen eine Verbesserung der Situation.

Als Ergebnis der Besprechung einigte man sich darauf, dem Wagbach aus dem Saalbach wieder Wasser zuzuführen. Man versprach sich davon eine Verbesserung der ökologischen Situation des Wagbaches und eine Anreicherung des Grundwassers. Die hierfür erforderliche wasserrechtliche Erlaubnis sollte federführend von der Gemeinde Hambrücken betrieben werden. Am 14.11.1980 stellte deshalb die Gemeinde Hambrücken den Antrag auf Durchführung des wasserrechtlichen Verfahrens.

Ein langer Weg begann. Insbesondere der Fischereisachverständige und der Fischereiverband gingen auf die Barrikaden. Sie sahen die Fischbestände zum Rhein hin in Gefahr. Der Saalbach sei als Laichgewässer unentbehrlich. Darüber hinaus bräuchten die Altrheinarme bei Philippsburg in den Sommermonaten dringend die Frischwasserzufuhr durch den Saalbach. Schließlich einigte man sich auf die Ausführung eines Überlaufbauwerkes, das erst bei einer Wasserführung von 350 l/s im Saalbach eine Wasserüberleitung zum Wagbach zuläßt. Die maximale Entnahmemenge wurde konstruktiv auf 80 l/s begrenzt. Diese Entnahmemenge kann jedoch erst bei einer Wasserführung des Saalbaches von mindestens 700 l/s erreicht werden. In diesem Sinne erfolgte am 24.02.1984 schließlich die wasserrechtliche Erlaubnis. Die Baumaßnahmen konnten beginnen. Eine Verbindung von 1.530 m Länge – von der Schleuse am Saalbach bis zum alten Wagbachbett in Höhe des Vogelparkes bei Hambrükken – mußte hergestellt werden. Dabei wurden bereits bestehende Gräben im Waldbereich in den neuen Gewässerlauf integriert. Ein Auslaufbauwerk mußte erstellt werden. Die Gesamtkosten der Maßnahme betrugen rund 60.000 DM, die sich die Gemeinden Hambrücken, Waghäusel und Bruchsal teilten. Auch das Land Baden-Württemberg unterstützte das Projekt durch einen Zuschuß.

Am 1.8.1985 schließlich erfolgte der große Moment. Um 12 Uhr mittags öffnete Bürgermeister Köhler den Schieber am Auslaufbauwerk. Saalbachwasser ergoß sich in den neugeschaffenen Verbindungsgraben und floß in Richtung Wiesental. Doch damit waren die Probleme noch nicht beseitigt. Da war zunächst die hohe Nährstoffkonzentration des Saalbachwassers. Immer

Abb. 9.6 Die Steife Segge (*Carex elata*) bildet dichte, charakteristische Horste. Sie bevorzugt Feuchtbiotope, die im Frühjahr monatelang unter Wasser stehen. Im Oberlauf des Wagbachs gibt es noch einige wenige Exemplare der regional seltenen Art. Um sie zu erhalten, muß gewährleistet werden, daß der Wagbach auch im Oberlauf gelegentlich Wasser erhält.

wieder fiel der Wagbach trocken, da durch entstandene Verkrautungen im Saalbach- und Wagbachbett der Durchfluß nicht in ausreichendem Maße gewährleistet war. Darüber hinaus mußte festgestellt werden, daß Landwirte – in Unkenntnis der fatalen Folgen für die Unterlieger – das ohnehin nicht in ausreichender Menge zur Verfügung stehende Wasser mittels motorgetriebener Pumpen für die Bewässerung ihrer landwirtschaftlichen Flächen nutzten. Dies war um so tragischer, als sich im Wagbach zwischenzeitlich schon die Ökologie eines Fließwasser-Feuchtbiotopes aufgebaut hatte. Stichling, Rotauge, Rotfeder, Karpfen, Schleie, Aal und Flußkrebs hatten das Gewässer besiedelt. Außer den üblichen Generalisten, wie Stockenten und Graureiher, brüteten am Wagbach auch das Teichhuhn und der Eisvogel.

Die Stadt Waghäusel begegnete den periodisch, insbesondere in den Sommermonaten auftretenden Wassermangelzeiten durch den Einbau von Staubereichen, um das Wasser möglichst zurückzuhalten und die Mangelzeiten zu überstehen. Die dabei entstehenden Turbulenzen brachten zusätzlich die dringend erforderliche Sauerstoffzufuhr für das Gewässer. Um die Wasserführung des Wagbaches möglichst zu sichern – denn schon kurzzeitiger Wassermangel kann die erfreuliche Entwicklung von Jahren zerstören –, beschäftigt die Stadt Waghäusel seit dem 1.4.1992 einen Hambrücker Bürger, dessen Aufgabe die regelmäßige Kontrolle und Reinigung des Auslaufbauwerkes am Saalbach sowie der Rohrdurchlässe im Waldbereich ist.

Mittlerweile ist es den gemeinsamen Bemühungen der Gemeinden Bruchsal, Hambrücken und Waghäusel gelungen, eine kontinuierliche Wasserführung des Wagbaches zu sichern. Der ursprüngliche Verbindungsgraben vom Überlaufbauwerk zum Waldbereich wurde durch die Stadt Bruchsal in vorbildlicher Weise renaturiert. Durch die Verbreiterung des Grabens zu einem Fließgewässerbereich mit Flachwasserzonen und standortgerechter Begleitpflanzung wurde die reine wasserbauliche Funktionalität zum ökologisch bedeutsamen Fließgewässerbiotop aufgewertet. Die Stadt Waghäusel ergänzte auf ihrem Gemeindegebiet die entlang des Wagbaches vorhandenen Gehölze durch eine standortgerechte Bepflanzung mit Erlen und Weiden. Die Beschattung des Gewässers durch diese Gehölze wird in der Zukunft das totale Verkrauten des Wagbaches verhindern und damit die Probleme bei der Wasserführung in den Sommermonaten reduzieren.

Nachdem nun die Wasserführung des Wagbaches auch für die Zukunft als gesichert erscheint, wird die Stadt Waghäusel im Bereich Heisingerwiesen den Bachlauf renaturieren. Dabei wird das derzeit noch schnurgerade verlaufende Gewässerbett in einer niederungstypischen Weise in Mäandern angelegt. Totarme als Stillwasserbereiche und die Aufweitung des Gewässerbettes mit Flachwasserzonen werden den Wagbach ökologisch aufwerten. Durch entsprechenden Grunderwerb wurde gleichzeitig Raum für eine gewisse Eigendynamik des Wagbaches geschaffen. Im Rahmen des Arbeitskreises „Pfinz-Lußhardt-Auen" wurden weite Bereiche entlang des Wagbaches von Ackerland in eine Wiesennutzung umgewandelt, so daß auch in dieser Hinsicht die Voraussetzungen für eine positive Entwicklung des Wagbachbereiches geschaffen sind.

Die Aktion „Wasser für den Wagbach" kann somit nach langjährigen Bemühungen der beteiligten Gemeinden als erfolgreich angesehen werden. Der Wagbach stellt heute wieder eine ökologische und optische Bereicherung der Flur dar, wie es schon viele Generationen vor uns der Fall war.

9.5 Ökologische Konzepte

DIETER MEYER-WALTER

Ein ökologisches Leitbild der Kulturlandschaft

Jeder Konzeption müssen anfangs Leitbilder vorangestellt sein. An diesen Leitbildern kann sich die Konzeption orientieren und zielgerichtet Vorschläge ableiten. Da die momentane, in ökologischer Hinsicht allgemein sehr unbefriedigende Situation (Stichworte: Arten- und Biotopschwund) verbessert werden soll, können also nur frühere Zustände als Leitbilder in Frage kommen, die in ökologischer Hinsicht wesentlich bessere Bedingungen boten.

Da es die natürliche Landschaft durch die Jahrhunderte währenden Eingriffe des Menschen auch im Kraichgau und in der Rheinebene nicht mehr bzw. nur noch in Fragmenten gibt, verwendet man heute in diesem Zusammenhang den Begriff der **potentiellen natürlichen Vegetation**, der uns eine Vorstellung davon geben soll, wie sich die Vegetation ohne menschlichen Eingriff in unserer Zeit darstellen würde. Sie wäre völlig verschieden von dem, was wir heute in unserer Landschaft sehen können. Folgte man dem als Leitbild, stünde am Ende als Entwicklungsziel eine Naturlandschaft, die von verschiedenen Waldgesellschaften dominiert wäre, in denen nur wenige offene Flächen wie Wasserflächen, Röhrichte und Riedflächen für Unterbrechung sorgten.

Ein anderer früherer Zustand ist in mehrfacher Hinsicht viel interessanter und geeigneter, uns als wichtigstes und allgemein akzeptiertes Leitbild zu dienen: die historische Kulturlandschaft des 19. Jahrhunderts. Allein schon aus landschaftsästhetischem Empfinden wird der Mensch eine vielgestaltige Landschaft, in der neben landwirtschaftlich genutzten und geprägten Flächen auch naturnahe Waldgesellschaften auftreten, einer reinen Waldlandschaft vorziehen. Eine solche ästhetische Betrachtungsweise steht, was kein Zufall ist, im Einklang mit ökologischer Vielfalt. In der historischen Kulturlandschaft, die nicht zuletzt deshalb, weil man damals noch nicht über die heutigen technischen Möglichkeiten verfügte, auch noch Raum für ursprüngliche Elemente der Naturlandschaft ließ, war die Zahl unterschiedlicher Biotoptypen wesentlich gegenüber der ursprünglichen Naturlandschaft erhöht. Daraus ergibt sich zwangsläufig eine größere Artenvielfalt sowohl bezüglich der Vegetation als auch der Fauna.

Das wichtigste Leitbild für eine Wiedereinführung von Wässersystemen kann also aus Sicht des Naturschutzes und der Landschaftspflege nur die **Kulturlandschaft des 19. Jahrhunderts** sein. Mit den damaligen Bach- und Grabensystemen in Verbindung mit Wässerung und Entwässerung wurde massiv in die ökologischen Verhältnisse eingegriffen. Das gesamte Landschaftsbild wurde umgestaltet. Diese aus damaliger Sicht verständlichen Maßnahmen ließen Ökosysteme verschwinden, die heute sicher vielen als äußerst wertvoll gelten, aber, realistisch betrachtet, unwiederbringlich verloren sind. Gegenüber den heutigen Verhältnissen in der intensiv genutzten Agrarlandschaft stellen diese Veränderungen aber die ökologisch deutlich besseren Bedingungen dar. Die vom Menschen geprägte Landschaft hat es darüber hinaus ermöglicht, daß sich gegenüber der ursprünglichen natürlichen Landschaft zusätzliche Arten Lebensraum erobern konnten und sie damit bereichert haben. Prägend war das Wasserregime mit vielerorts hohem Grundwasserstand, Überflutungsflächen sowie dauerhaft vernäßten Senken. Es waren folglich Seggenriede und Schilfröhrichte, Naß- und Feuchtwiesen zu finden, zu denen die Wässerwiesen mit ihren korrespondierenden Wassergräben und Abzugsgräben hinzukamen.

Die Situation 1995

Von diesem von Biotop- und Artenvielfalt geprägten Zustand haben wir uns in den vergangenen hundert Jahren weit entfernt. Grund dafür war die Intensivierung der Landwirtschaft sowie die verstärkte Besiedelung mit all ihren Folgen wie z. B. großräumiger Flächenversiegelung. Beides war nur durch eine starke Veränderung der Wasserverhältnisse möglich. Durch Entwässerungsmaßnahmen in den Feuchtgebieten und Tieferlegung sowie Verbauung der Abflüsse wurde großflächig eine Grundwasserabsenkung erreicht. In der Folge konnte die Bebauung und die zugehörige Infrastruktur bis in die Auen und ehemaligen sumpfigen Feuchtflächen hinein erweitert werden. Das geht soweit, daß man sogar mit großem finanziellen Aufwand in den Rheinauen den für die Anwohner lästigen Stechmücken zu Leibe rückt, die sich in den letzten verbliebenen Feuchtgebieten entwickeln. Intensiv genutztes Ackerland erhöhte sich drastisch auf Kosten von Grünland. Die Fläche von Feuchtwiesen geht heute gegen Null; zusammenhängende großflächige Wiesenareale sind insgesamt kaum noch vorhanden. Damit geht auch der Rückgang bzw. das Verschwinden von Tierarten wie z. B. Storch oder Brachvogel einher, die Wiesen als Lebensraum benötigen. Die „Jahrhunderthochwasser" der letzten Jahre und die daraus resultierenden Probleme in den Siedlungen sind nicht zuletzt auch in diesem Zusammenhang zu sehen.

Ziele und Lösungsansätze

Mit den oben getroffenen Feststellungen sind im Grunde die Möglichkeiten und Chancen für eine Verbesserung der ökologischen Bedingungen bereits vorgegeben. Rückbau bebauter und versiegelter Fläche kommt, realistisch betrachtet, kaum in Betracht. Dringend geboten ist aber eine Einschränkung der weiteren Versiegelung und des Landschaftsverbrauchs. Eine verstärkte Extensivierung der Landwirtschaft ist zur Zeit möglich und wird teilweise bereits mit Fördermitteln des Landes oder von Kommunen praktiziert. Dies wiederum eröffnet die Möglichkeiten zur Wiedervernässung von Landschaftsteilen.

Die Wiedervernässung muß sich in erster Linie an den historischen Überflutungs- und Vernässungsflächen orientieren. Vorhandene Strukturen wie Bodenrelief, Bodenzusammensetzung, -dichte und die potentielle natürliche Vegetation müssen aber ebenso beachtet werden. Vermutlich wurden früher auch Flächen gewässert, in denen eine Wässerung weniger sinnvoll ist, z.B. in sandigen Bereichen, in denen das Wasser schnell versickert. In solchen Fällen wären eventuell Gewässerrenaturierungen die bessere Wahl. Erst mit der Einbeziehung all dieser Faktoren können sinnvolle Entwicklungsmöglichkeiten abgeleitet werden. Vor der eigentlichen Umsetzung des Konzeptes müssen also umfangreiche Erhebungen durchgeführt bzw. vorhandene Daten gesichtet und in die Planungen miteinbezogen werden.

Die technischen Methoden zum Erreichen von Vernässungen bzw. Überschwemmungen sind in Kap. 9.3, „Technische Konzepte", näher erläutert. Prinzipiell bietet sich zur Erhöhung der Grundwasserstände die Schließung bzw. Verfüllung von Drainagen sowie die Erhöhung der Sohle von Bächen und Gräben an. Gleichzeitig muß gewährleistet sein, daß die zuleitenden Bäche im Gegensatz zu heute dauernd Wasser führen. Zur Zeit wird das Wasser direkt über Pfinz, Saalbach, Kraichbach und Kanäle dem Rhein zugeleitet. Erst, wenn große Wassermengen deren Kapazität überschreiten, werden die Bäche und Gräben, die zu anderen Zeiten trocken liegen, ausreichend mit Wasser versorgt.

Zu einer erfolgreichen Durchführung solcher Maßnahmen gehört vor allen Dingen auch, daß die Landwirte und die Landwirtschaftsverwaltung eng in das Vorhaben eingebunden sind. Zum einen müssen die Flächen zur Verfügung gestellt werden, zum anderen muß ja auch das anfallende Mähgut verwertet werden. Hier liegt zur Zeit noch ein Problempunkt. Die ersten Schwierigkeiten treten bereits jetzt auf, das Mähgut sinnvoll zu verwerten. Bei später Mahd, frühestens Mitte Juni, die aus Sicht des Naturschutzes unbedingt notwendig ist, ist das Mahdgut nur in der Pferdehaltung bzw. als Einstreu verwendbar. Deponierung kann ökologisch nicht vertreten werden und darf höchstens eine kurzfristige Notlösung darstellen. Langfristig muß eine Verwertung in der Landwirtschaft angestrebt und gesichert werden. Dies setzt im Idealfall das Vorhandensein von Viehhaltung in ausreichendem Maß voraus. In diesem Zusammenhang sollte auch über extensive Beweidung nachgedacht werden, z. B. mit dem Hinterwälder Rind, das sich durch relativ geringes Gewicht und einfache Haltung auszeichnet. Im LSG/NSG „Rastatter Bruch" werden diese Tiere bereits heute als „Landschaftspfleger" eingesetzt. Denkbar ist in nicht zu feuchten Flächen, die nicht sehr trittempfindlich sind, auch eine extensive Schafbeweidung. Alternativen bieten sich durch direkte Flächenkompostierung oder Eigenkompostierung mit anschließender Ausbringung auf die Ackerflächen und damit Einsparung bzw. Ersatz von Düngemitteln an. Andere Möglichkeiten, die ebenfalls diskutiert werden, sind mit dem Mahdgut betriebene Blockheizkraftwerke oder flächiges Ausbringen in Waldflächen. Diese Alternativen sind in der Regel wegen der dabei zurückzulegenden Transportwege abzulehnen.

Hochwasserschutz und Grundwasserneubildung

Darüber hinaus bietet eine Reaktivierung von Wässerwiesen unzweifelhaft auch einen Beitrag zum Wasserschutz, und dies gleich in mehrfacher Hinsicht. Die Wässerung würde zur besseren Grundwasserneubildung beitragen. Da die Düngung im vorher bei Ackerbau üblichen Maße reduziert bzw. ganz entfallen würde, wäre auch eine dadurch bedingte Grundwasserbelastung abgebaut. Dagegen aufzurechnen ist allerdings ein eventueller Eintrag von Nährstoffen durch die Wässerung. Die Nährstofffracht der zuleitenden Bäche ist im Vorfeld in eine Planung einzubeziehen. Die Gemeinde Stutensee hat dazu bereits Pilotversuche durchgeführt, die ermutigende Ergebnisse zeigen (siehe unten).

Das Pilotprojekt der Gemeinde Stutensee hat daneben gezeigt, daß durch die geschaffenen Wässerwiesen auch natürlicher Retentionsraum bei Hochwässern zur Verfügung steht. Die Wässerwiesen leisten also auch einen Beitrag zum Hochwasserschutz, der – bei ausreichendem Umfang des Projekts – auch eine gewisse Entlastung für den Rhein darstellen kann, zu dem die Wassermengen zur Zeit ja in mehr oder weniger gerader Linie und sehr schnell hingeführt werden. Dieser Effekt kann durch Renaturierung der Flußbzw. Bachläufe noch besser gestaltet werden – auch darüber ist im Rahmen der Umsetzung des Konzeptes nachzudenken und von Fall zu Fall abzuwägen, ob einer Fließgewässer-Renaturierung oder einer Wiesenwässerung der Vorzug zu geben ist. Gute Gründe also für die Wasserwirtschaftsbehörden, an diesem Konzept mitzuwirken – ihre Mitwirkung ist dabei genauso wichtig wie die der Landwirte und Landwirtschaftsbehörden.

Durch die Bach- und Flußläufe sowie die Grabensysteme in Kraichgau und Rheinebene ist eine grobe Form für eine Verteilung von Wiesen und Wässerwiesen praktisch schon vorgegeben. Wenn genügend Flächen entlang dieses Systems zur Verfügung gestellt werden, dann ergibt sich daraus ein weiträumiges Biotopverbundsystem, das in dieser Größenordnung im Regierungsbezirk seinesgleichen sucht. Dies bietet dann auch Arten, die weniger mobil sind als beispielweise Vögel oder Schmetterlinge und größere Zwischenräume zwischen geeigneten Biotopen nicht überwinden können, die Möglichkeit der Ausbreitung und Besiedelung neugeschaffener Lebensräume.

Abhängig von der Ausgangslage können sich die Verhältnisse extrem ändern und sollen sich ja auch ändern. Insbesondere sollen heute intensiv genutzte Ackerflächen in Wiesen umgewandelt werden. Aus ökologisch in der Regel wenig wertvollen Flächen entstehen nicht nur artenreiche Biotope sowohl bezüglich der Vegetation als auch der Fauna – auch klimatische Effekte, bessere Grundwasserneubildung und größere Sicherheit bei Hochwasser sind zu erwarten. In ihrer Gesamtheit ergeben diese Veränderungen eine enorme ökologische Aufwertung.

Eine Aufwertung ist aber auch in vielen Fällen zu erwarten, in denen bereits Grünland vorhanden ist. Die wenigen extensiv genutzten Grünlandflächen, die bereits ökologisch wertvollen Bestand darstellen, sollten erhalten bleiben und nicht bewässert werden. In diesen Fällen muß sehr umsichtig gehandelt werden.

Die Umsetzung des geschilderten Vorhabens wird uns der ehemaligen bäuerlichen Kulturlandschaft wieder etwas näherbringen und damit einen kleinen Beitrag liefern, dem allgemeinen Arten- und Biotopschwund entgegenzutreten.

Das Feuchtbiotop in den Silzenwiesen bei Ubstadt

Die „Silzenwiesen" bei Ubstadt liegen im Bereich der Kinzig-Murg-Rinne, also in einer ehemaligen Auenlandschaft. Davon zeugen noch Feuchtwiesen mit Seggenarten sowie Schilfbestände. Das rund 5 ha große ehemalige Wässerwiesengebiet wird als Regenrückhaltebecken benutzt. 1994 wurden im Rahmen eines Vernässungskonzepts bis zu 20 cm tiefe Flachwasserzonen ausgebaggert, die auf einer Fläche von einem knappen Hektar verteilt sind, so daß insgesamt ca. 1.200 m^2 Wasser- und ca. 3.000 m^2 Vernässungsfläche entstanden. Dieses Konzept wurde in Zusammenarbeit von Gemeinde und BNL durchgeführt und sollte ursprünglich einem Auswilderungsprogramm des Weißstorches dienen. Weißstörche wurden allerdings dann doch nicht ausgewildert, fanden sich aber zur Freude vieler Anwohner und Naturschützer zumindest zeitweise von allein ein. Neben der Bedeutung als Lebensraum für bedrohte Arten stellen die Silzenwiesen auch einen wertvollen, natürlichen Retentionsraum für Hochwasserereignisse dar. Besonders spektakulär war das erste Vollaufen des Rückhaltebeckens im Frühsommer 1994 nach einem intensiven Gewittersturm im Kraichgau (Abb. 9.7). Die hergestellten Vernässungsflächen wurden durch die starken Niederschläge für einige Zeit kräftig vergrößert und waren dann sofort von Bläßhühnern, Graureihern und Enten bevölkert. Auch Zwergtaucher, Wasserralle, Grünschenkel, Bruchwasserläufer, Flußregenpfeifer, Brachvogel, Rohrweihe und weitere seltenere Arten wurden dort beobachtet. Für viele andere Vogelarten stellen solche Naßstellen Rastmöglichkeiten beim Durchzug dar.

Die Saalbachniederung im Bereich der Gemarkungen von Bruchsal, Hambrücken und Karlsdorf-Neuthard: Neuer Lebensraum für den Storch

Ein ähnliches Projekt wie in den Silzenwiesen wird in der Saalbachniederung bei Hambrücken durchgeführt. Dieses Gebiet war früher ebenfalls geprägt durch große zusammenhängende Wie-

Abb. 9.7 Erster Einstau in den Ubstadter Silzenwiesen 1994 während eines Hochwassers des Kraichbachs. Die Wiesen waren weitflächig überflutet. Dennoch „verschwand" das Wasser binnen zweier Tage, was das hohe Potential derartiger Flächen für die Grundwasserneubildung beweist.

senflächen. Nutzungskarten aus dem Jahre 1880 geben uns davon Zeugnis. Die Landwirte können sich noch an den Verlauf des Grabensystems sowie an feuchte Senken, in denen längere Zeit das Wasser stand, erinnern, wurde die Wässerung doch noch bis in die 1960er Jahre durchgeführt (siehe Kap. 8.4). Reste der Gräben sind heute noch erhalten. Die letzten großen Umbrüche von Grünland zu Ackerland fanden noch in den 80er Jahren unseres Jahrhunderts statt.

Mit der Ausweisung zum Landschaftsschutzgebiet 1989 wollte man den Schutz der noch verbliebenen Wiesen und darüber hinaus auch die Wiederherstellung ehemaliger Wiesenflächen erreichen. Zu diesem Ziel engagierte sich die örtliche Naturschutzgruppe von Hambrücken unter Federführung von Franz Debatin und später vor allem der „Arbeitskreis Pfinz-Lußhardt-Auen" (siehe Kap. 9.2). Zunächst wurden vom Landkreis Karlsruhe kürzere Extensivierungsverträge abgeschlossen, die dann 1992 von der BNL im Rahmen der Landschaftspflegerichtlinien des Landes übernommen und auf zehnjährige Laufzeit ausgedehnt wurden. Innerhalb dieses Extensivierungsprogrammes konnten bis heute ca. 280 ha in extensiv bewirtschaftete Wiesen umgewandelt werden. Große Teile davon waren zuvor intensiv bewirtschaftetes Ackerland. Der beteiligte Landwirt Walter Heneka, Karlsdorf-Neuthard, hat im Zuge dieses Vorhabens seinen Betrieb völlig auf die neue Bewirtschaftung umgestellt. Dies war eine große organisatorische Leistung, denn die vorhandenen Geräte waren ja auf Bewirtschaftung von Ackerland ausgerichtet und mußten durch völlig neue Geräte ersetzt werden. Im Anfangsstadium des Vorhabens glaubten nur wenige, daß eine solch schnelle Umstellung von intensiver Ackerbewirtschaftung auf extensive Grünlandnutzung gelingen könne. Wichtig für den Erfolg war dabei vor allem die sinnvolle Nutzung des Mähgutes, das als Rinder- und Pferdefutter verwendet wird – und das über das ganze Jahr hin.

Abb. 9.8 Die weitläufige Saalbachaue zwischen Karlsdorf und der Neudorfer Mühle ist heute wieder fast vollständig in Wiesen zurückverwandelt, nachdem sie rund 30 Jahre lang intensiv als Acker genutzt worden war. Im Vordergrund liegen die Bereiche, die heute als konstante Vernässungsflächen in der Nähe des Storchengeheges dienen. Im linken Bildbereich läuft der Saalbach zwischen Dämmen durch die Wiesen. Im Hintergrund rechts erkennt man den Waldeinschnitt der Stangenwiesen, durch die sich früher der Mittlere Neureutgraben zog.

Eine geeignete Lagerungsmöglichkeit war daher Voraussetzung, um beispielsweise Reiterhöfe ganzjährig mit diesem Futter versorgen zu können.

Im Laufe der Zeit kamen bis heute weitere Landwirte mit insgesamt ca. 70 ha bewirtschafteter Flächen zu diesem Extensivierungsprogramm hinzu. Franz Debatin pachtete oder kaufte darüber hinaus einen beträchtlichen Anteil Ackerflächen und ließ sie in das Extensivierungsprogramm mit einfließen. Mit den lokalen Naturschutzverbänden verfolgt er in Zusammenarbeit mit dem „Arbeitskreis Pfinz-Lußhardt-Auen“ und der BNL das Ziel, den Weißstorch in der Saalbachniederung wieder anzusiedeln. Zu diesem Zweck wurden 1993 auf kleinerer Fläche Senken geschaffen, die über den Saalbachkanal bewässert werden können (Abb. 9.8). In diesem Bereich wurde ein Storchennest aufgestellt und zunächst ein Storchenpaar der Storchenaufzuchtstation Schwarzach (Weißstorchprojekt des Landes Baden-Württemberg) dort ausgesetzt. Durch seine Größe ist dieses Areal durchaus geeignet, einem Storchenpaar ausreichend Lebensraum und Nahrung zu bieten, und es bleibt zu hoffen, daß sich eine Versorgung der Störche durch den Menschen in absehbarer Zeit erübrigt. Auch in diesem Feuchtgebiet sowie den umliegenden großen Wiesenflächen haben sich eine Vielzahl an seltenen Vogelarten eingefunden. Bekassine, Kranich, Brachvogel, Kampfläufer, Regenpfeifer, Grünschenkel, Rohrweihe und viele andere wurden dort gesichtet, und selbst den Purpurreiher konnte man dort beobachten. Die Erfolge mit dem Weißstorch sind bisher noch nicht vollständig befriedigend. Allerdings sammeln sich im Frühherbst größere Gruppen von Störchen in diesem Gebiet, um von hier ihre Reise in den Süden anzutreten – ein Zeugnis dafür, daß die Lebensbedingungen diesen Tieren hier zusagen.

Dieses Projekt der Extensivierung zu Grünland kann allein schon durch seine umfangreiche

Fläche als modellhaft angesehen werden. Wenn weitere Flächen in ähnlichen Größenordnungen in Grünland umgewandelt werden bzw. extensiviert werden können, dann ist das angestrebte Ziel einer großräumigen Biotopvernetzung in diesem Naturraum in beispielhafter Weise erreicht.

Die Wässerung im Moosalbtal

Ein Beispiel, das in einem anderen Naturraum beheimatet ist, soll hier aber ebenfalls erwähnt werden: die Wiesenwässerung im Moosalbtal bei Ettlingen-Schöllbronn. Hier wurde durch die Wiederinbetriebnahme der ehemaligen Bewässerungsanlage, die endgültig in den 1960er Jahren eingestellt worden war, die Erhaltung und Pflege eines landeskulturellen Denkmals umgesetzt. Die ursprünglichen Ziele waren hier allerdings eine Steigerung der Erträge durch die Wiesenwässerung gewesen. In diesem Naturraum war es neben der Nährstoffzufuhr durch die Wässerung entscheidend wichtig, das Grünland im Frühling von Eis und Schnee zu befreien, um eine längerandauernde Wachstumsperiode zu erreichen. Dies ist möglich, da das Wasser gegenüber der Bodenoberflächentemperatur in der kalten Jahreszeit eine höhere Temperatur aufweist – die Gräser beginnen früher zu wachsen und eine Ertragssteigerung ist möglich. Seit 1993 kann dort mit finanzieller Unterstützung des Landes (Stiftung Naturschutzfonds Baden-Württemberg), der Stadt Ettlingen und der BNL eine Wiesenfläche von 10 ha wieder bewässert werden.

Die Dettenheimer Feuchtwiesen im Ortsteil Rußheim

Ein weiteres, demjenigen in der Saalbachniederung ähnliches Vorhaben ist bei Dettenheim geplant und nimmt erste Formen an. Dem ansässigen Verein für Vogel- und Naturschutz Dettenheim unter Vorsitz von Hermann Geyer wurde ein Storchenpaar aus der Schwarzacher Station zur Verfügung gestellt. Mit großem Engagement versuchen die Mitglieder des Vereins, die örtlichen Landwirte zu überzeugen, größere landwirtschaftlich genutzte Flachen zu extensivieren. Einer dieser Landwirte konnte für dieses Projekt gewonnen werden und ist prinzipiell bereit, bis zu 100 ha Grünlandflächen in extensive Bewirtschaftung zu nehmen. Er plant, die Landschaftspflege im Sinne des Naturschutzes über eine extensive Beweidung mit besonderen Rinderrassen zu versuchen. Das Hinterwälder Rind käme beispielsweise dafür in Frage. Voraussetzung ist aber, daß er in der Zukunft ausreichend große Flächen pachten kann. Die Gemeinde und private Grundbesitzer sind hier gefordert. Nur wenn dieses Vorhaben in ähnlichen Dimensionen wie in der Saalbachniederung gelingt, gibt es für den Storch und alle jene Arten, die dieselben Lebensraumverhältnisse benötigen, in Dettenheim eine Chance. Bereitwillige Landwirte können dabei auf die Mithilfe der BNL sowie im Rahmen der bestehenden Biotopvernetzungskonzeption auf die des Landwirtschaftsamts zählen. Das Land Baden-Württemberg hat mit seiner Landschaftspflegerichtlinie und der darin verankerten Möglichkeit für Entschädigung bei Nutzungsausfall dafür die Voraussetzungen geschaffen.

Das „Schutzkonzept Kinzig-Murg-Rinne"

Im Auftrag der BNL Karlsruhe wurde die „Konzeption natur- und landschaftsschutzwürdiger Gebiete in der Kinzig-Murg-Rinne" erstellt. Sie ist nach der „Rheinauenschutzkonzeption" die zweite naturraumbezogene Naturschutzfachplanung in der Region und soll ebenso wie diese für die Gemeinden und Fachbehörden eine Diskussionsgrundlage sein. Im Vordergrund steht dabei der Erhalt, die Verbesserung und die Vernetzung von Lebensräumen, in diesem Fall im Bereich der Randsenke.

Die BNL versucht, mit dieser Arbeit die Zukunft der Feuchtgebiete der Randsenke im Sinne des Naturschutzes und der Landschaftspflege zu beeinflussen. Diese Untersuchung soll eine gezielte Unterschutzstellung naturraumnaher Lebensräume ermöglichen. Ein Teil des Ergebnisses dieser Arbeit ist, daß uns die Wiedereinführung von Grünlandwirtschaft und speziell auch Wässerwiesenwirtschaft bezüglich Arten- und Biotopvielfalt ein gutes Stück weiterbringen wird. Sie macht konkrete Vorschläge, wie dieses Ziel erreicht werden kann. Die Wiedereinführung der Wässerwiesen ist ein wesentlicher Teil davon.

9.6 Ökologischer Hochwasserschutz in Stutensee

REINER DICK & AUGUST NAGEL

Ende der 1980er Jahre lebte in Stutensee auf politischer Ebene, in Kreisen des ehrenamtlichen Naturschutzes sowie bei einigen Wiesenbewirtschaftern die Diskussion um die Wiedereinrichtung der ehemaligen Wiesenwässerung auf. In den 20 bis 30 davorliegenden Jahren war ein Großteil des ehemals entlang der Fließgewässer flächendeckend vorhandenen Wässergrabennetzes dem in diesem Zeitraum tiefgreifenden Strukturwandel in der Landwirtschaft zum Opfer gefallen. In Flächen intensivster Ackernutzung waren die Anlagen zur Wiesenwässerung beim Umbruch weitgehend beseitigt worden; nur wenige, heute isoliert dastehende Regelbauwerke künden als einsame Reste vom einstigen Bestehen dieses Wässersystems. Im heute noch genutzten Wiesengelände, vor allem im Bereich des Schlosses Stutensee und östlich bzw. südöstlich von Blankenloch-Büchig, haben sich die Wässergräben dagegen weitgehend erhalten. Überraschend war das Ergebnis einer Bestandsaufnahme der Entnahmeeinrichtungen an den Fließgewässern in 1990: Fast alle Einrichtungen waren noch in gebrauchs-tauglichem Zustand bzw. konnten mit wenig technischem Aufwand entsprechend hergerichtet werden.

Seitens der Gemeindeverwaltung Stutensee wurde der Gedanke zur Wiederaufnahme der Wiesenwässerung grundsätzlich positiv aufgenommen. Im Rahmen der Erstellung der Konzeption zur Biotopvernetzung Stutensee waren die noch vorhandenen Wiesengräben als wichtige Vernetzungslinien erkannt worden. Gerade in der reliefarmen Hardtebene können Grabenstrukturen bedeutsame Kleinlebensräume bieten. Eine Vielzahl von Tier- und Pflanzenarten, teilweise auf der Roten Liste stehend, findet in derartigen Lebensräumen letzte Nahrungs- und Brutmöglichkeiten. Durch faunistische Erhebungen wurden im Wiesengürtel zwischen östlichem Ortsrand von Blankenloch-Büchig und der Pfinz Pirol, Grünspecht, Grauspecht, Rebhuhn, Braunkehlchen, Schafstelze, Gebirgsstelze, Eisvogel, Rotmilan, Neuntöter, Waldschnepfe, Grasfrosch, Ringelnatter sowie verschiedene Fledermausarten festgestellt. Wasserführende Gräben und temporär geflutete Wiesen wirken sich für die meisten dieser Tierarten lebensraumverbessernd aus. Aber auch ohne ständige oder zeitweilige Wasserführung muß die Lebensraumfunktion vorhandener Wässergräben bejaht werden. In der Diskussion um Sinn und Zweck der Wiesenwässerung sind auch positive kleinklimatische Aspekte, Wechselwirkungen mit dem Grundwasser und kulturhistorische Gesichtspunkte von Bedeutung.

Nach umfangreichem Aktenstudium innerhalb der Verwaltung kristallisierten sich verschiedene Geländebereiche mit eingetragenen Rechten zur Wasserentnahme aus der Pfinz für die Wiesenbewässerung auf Gemarkung Blankenloch-Büchig heraus. Im November 1992 bestätigte das Landratsamt Karlsruhe als Untere Wasserbehörde die Weitergeltung dieser alten Wasserrechte, eingetragen im Wasserbuch, Abteilung 1, Nr. 423. Da nachweislich letztmals 1972 gewässert worden war und die baulichen Anlagen heute noch funktionstüchtig sind, waren die alten Wasserrechte, verliehen am 15.12.1938 durch das Bezirksamt Karlsruhe, nicht erloschen. Auf Grundlage dieser Rechtsauskunft und nach Bereitstellung entsprechender Haushaltsmittel wurden im Winterhalbjahr 1992/93 östlich von Büchig eine Entnahmeschleuse an der Pfinz sowie einige hundert Meter Wässergräben nebst dort eingebauten Stellfallen wieder hergerichtet. Die erforderlichen Arbeiten wurden fachkundig durch den Internationalen Bund für Sozialarbeit ausgeführt.

Eine ganz neue Dimension im praktischen Einsatz funktionierender Wässersysteme zeigte sich im Winterhalbjahr 1993/94: Beim Dezemberhochwasser 1993 gelang es, durch kontrollierte Wasserableitung aus der Pfinz und gezieltes Fluten von Gräben und Wiesenflächen einen Wassereinbruch in die östliche Ortslage von Büchig zu vermeiden. Unter dem Zwang der Ereignisse war aus einem kleinräumigen Wässersystem quasi eine lokale Hochwasserschutzeinrichtung geworden. Innerhalb der Gemeindeverwaltung machte sich eine kleine Arbeitsgruppe, bestehend aus Vertretern des Bauamtes, des Ordnungsamtes und des Gemeinderates, daran, diesen bestechenden Gedanken eines ökologischen Hochwasserschutzes weiter zu verfolgen. Man kam überein, die Gemarkung nach Bereichen abzusuchen, in denen die Voraussetzungen für einen derartigen Hochwasserschutz gegeben sind. Im Wiesengelände nördlich des Schlosses Stutensee, zwischen Pfinz, L 560 und K 3579, fand man ein solches Gelände. Wie aus einer Karte der Großherzoglichen Kulturinspektion Karlsruhe vom 20.2.1913 hervorgeht, waren die Wässerwiesen des Schlosses Stutensee, die eine Fläche von 73 ha umfaßten, von

einem komplexen Grabensystem mit entsprechenden baulichen Wässereinrichtungen durchzogen. Ortsbegehungen zeigten, daß Gräben und Wässereinrichtungen im Wiesengelände nördlich des Schlosses noch weitgehend erhalten waren.

Im Herbst 1994 wurde die dortige Entnahmeeinrichtung an der Pfinz baulich wieder hergerichtet. Dieses Bauwerk, nach den bislang zugänglichen Unterlagen wohl Anfang dieses Jahrhunderts in der heutigen Form errichtet, stellt in seiner wirkungsvollen Konstruktion eine Rarität dar. Die Wasserentnahme erfolgt über eine Schleuse, die über einen Spindelbalken bewegt werden kann. Das Wasser strömt dahinter in einen rechteckigen Betontrog, der im weiteren Verlauf als Brücke ausgebildet ist und die westlich parallel zur Prinz gelegene Alte Bach überspannt. Der Auslauf ins Wiesengelände kann über eine weitere Schleuse geregelt werden, die über eine mit einem Schloß gesicherte Zahnstange bewegt wird. Von dieser Auslaßstelle gelangt das Wasser über einen westwärts laufenden Graben auf die

Abb. 9.9 Die neugeschaffene Überleitung von der Heglach über die Alte Bach in die Stutenseer Wiesen.

Abb. 9.10 Alte Wässereinrichtungen am Schloß Stutensee während des Probeeinstaus. Das Bild gibt einen besonders schönen Eindruck vom Aussehen historischer Wiesenwässerungen.

Abb. 9.11 Wilder Überlauf aus der Heglach während eines Hochwasserereignisses. Durch Reaktivierung von Wiesenwässerungen können solche Gefahren deutlich entschärft werden.

Wiesenfläche. Etwa in Geländemitte überquert dieser Graben rechtwinklig mittels Brücke einen weiteren Graben. Über eine Stellfalle in diesem Brückenbauwerk kann der unten verlaufende Graben geflutet werden. Im Verlauf der Untersuchungen vor Ort wurde ein weiteres Schleusenbauwerk entdeckt, mit dessen Hilfe eingestautes Wasser in die Alte Bach entlastet werden kann.

Die „Wassertaufe" als Hochwasserschutzeinrichtung bestand dieses Wässersystem bei den beiden Hochwasserereignissen im Winter 1995. Unkontrollierte Dammübertritte und Dammbrüche entlang der Pfinz zwischen Schloß Stutensee und Friedrichstal gaben den Anlaß, das im Landesbesitz befindliche Wiesengelände probeweise einzustauen. Dieser Einstau erfolgte, nachdem das Einverständnis des Staatlichen Güteraufsehers und der betroffenen Pächter eingeholt worden war. Innerhalb kurzer Zeit war mit Hilfe der alten Wässereinrichtungen eine Fläche von rund 6,5 ha geflutet. Bei einer durchschnittlichen Einstauhöhe von 20 cm ergibt sich für diese Fläche ein Stauvolumen von rund 13.000 cbm. Wie sich während des Einstaus zeigte, können durch gezieltes Betätigen der baulichen Wässereinrichtungen entlang der Gräben einzelne Wiesenflächen Zug um Zug „befüllt" werden. Nach Ende des Einstaus wurden einige Schwachstellen in Form von natürlichen Verlandungen der Wässergräben beseitigt sowie die Wässereinrichtungen im Wiesengelände baulich hergerichtet.

Innerhalb eines Tages nach Beendigung des Versuchs und Schließen der Wehre war aufgrund des kiesigen Untergrundes das Wiesengelände derart abgetrocknet, daß es ohne weiteres mit landwirtschaftlichen Fahrzeugen hätte befahren werden können. Um die Gefahr einer Überdüngung der Wiesen durch eventuell über das Bachwasser eingebrachte Phosphate und Nitrate auszuschließen, wurde das Wasser während des Versuchs über die Chemikerin des Abwasserzweckverbandes Kammerforst entsprechend beprobt – die Ergebnisse waren negativ.

Der Versuch, Einrichtungen der alten Wiesenwässerung für Hochwasserschutzzwecke in größerem Umfang zu benutzen, ist im Bereich des Geländes beim Schloß Stutensee in jeder Hinsicht gelungen. Mit geringem finanziellen Aufwand ist es also möglich, unter Ausnutzung vorhandener Einrichtungen einen lokalen Beitrag zum Hochwasserschutz zu leisten. Ermutigt durch diesen Erfolg, erarbeitet die Gemeinde Stutensee derzeit ein Konzept mit dem Ziel, weitere Flächen für diese Art des Hochwasserschutzes nutzen zu können. Gerade im Bereich des Schlosses Stutensee könnte sich mittelfristig eine Option auf weitere 10 bis 15 ha Gelände ergeben.

Zwei Erkenntnisse aus diesem Versuch bedürfen noch der Erwähnung: Zum einen dürfte der ökologische Wert eines derartigen Hochwasserschutzes unumstritten sein. Innerhalb weniger Tage nach Einstaubeginn stellte sich eine große Anzahl verschiedener Vögel im überfluteten Wiesengelände ein (eine genaue Aufnahme war aus Zeitgründen leider nicht möglich). Zum anderen zeigte es sich, daß der Versuch bei allen Beteiligten bzw. Betroffenen, Pächtern und Fachbehörden hinsichtlich Zweck und Ergebnis auf breite Zustimmung stieß. Dies gibt Anlaß, ein umfassendes Hochwasserschutzkonzept Stutensee nach dem aus dem Versuch gewonnen Vorgaben zu erarbeiten, um lokale Hochwasserschäden verhindern zu können und überregional einen Beitrag zur Hochwasserminderung zu leisten.

Der Gemeinde Stutensee kommt für ihr Projekt, vorhandene Wässereinrichtungen für einen Hochwasserschutz unter ökologischen Vorzeichen zu nutzen, Vorbildfunktion im Landkreis Karlsruhe zu. Hinsichtlich des vom „Arbeitskreis Pfinz-Lußhardt-Auen", dem auch Stutensee angehört, initiierten Gewässerkonzeptes dürfte das „Stutenseer Modell" Pilotcharakter haben.

9.7 Die Rüppurrer Wiesen: Landschaft vor den Toren der Stadt Karlsruhe

JOHANNES NIEDERSTRAßER

Weihnachten 1993: Das Jahrhunderthochwasser an Rhein und Nebenflüssen hat auch in den Rüppurrer Wiesen Spuren hinterlassen. Die vom Albtal herabfließenden Wassermassen ließen die Alb anschwellen, bis das Flußbett „überlief" und nicht nur dieser Landschaftsraum, sondern auch Teile des nahen Oberwaldes überflutet wurden. Das Hochwasserschutzkonzept der Stadt Karlsruhe hat, von einem unterspülten Damm an der neuen Bundesstraße 3 bei Ettlingen abgesehen, seine Bewährungsprobe bestanden. Die geplanten Retentionsräume sind überschwemmt.

Mai 1994: Ein schöner Frühsommerabend geht zur Neige. Zahlreiche Spaziergänger und Radfahrer genießen die Abendstimmung. In die Dämmerung hinein ertönen erste, zaghafte Rufe. Doch erst bei Dunkelheit erhebt sich ein beeindruckender Chorgesang, der weithin zu vernehmen ist. Spaziergänger bleiben stehen, Radfahrer steigen ab. Der Grund der Verwunderung: Die damals wohl größte Ansammlung von Kreuz- und Wechselkröten im Stadtgebiet hatte die amphibischen Biotope auf den immer noch überschwemmten Äckern und Wiesen in Beschlag genommen. Diese typischen Pionierarten unserer Flußauen nutzten die Flachgewässer zur Balz und Eiablage. Immer wieder konnte man in diesen Tagen Kinder beobachten, die voller Begeisterung Kaulquappen suchten.

Der Zustand der Rüppurrer Wiesen im Frühsommer und Sommer 1994 kann insofern hoffnungsvoll stimmen, weil hier durch das bloße Unterlassen einer Bewirtschaftung auf mehreren Hektar bisheriger Nutzfläche zumindest ein Jahr lang eine ungestörte Entwicklung für Flora und Fauna möglich war, was durch die finanzielle Unterstützung seitens der Bezirksstelle für Naturschutz und Landschaftspflege Karlsruhe gefördert wurde. Nach dem Rückgang des Hochwassers verhinderte ein sehr hoher Grundwasserstand das rasche Austrocknen der Äcker und Wiesen. Zurück blieb ein vielfältiges Mosaik aus offenen Rohbodenflächen. seicht überschwemmten Flachgewässern, wassergefüllten Gräben mit dichtem Pflanzenbewuchs sowie nassen Wiesenmulden.

Durch die Zahlung einer Entschädigung für den Nutzungsausfall an die betroffenen Landwirte konnte erreicht werden, daß nicht nur die ohnehin nicht befahrbaren Feuchtsenken, sondern die gesamten Flurstücke unbewirtschaftet blieben. Neben den Wasserflächen sorgten somit auch diese Puffer- und Nahrungsflächen für eine ungestörte Entwicklung. Insbesondere in den feuchten, schlammigen Ackersenken entwickelte sich im Verlauf des Sommers eine charakteristische Vegetation aus Binsen, Froschlöffel u. a. Pflanzenarten. Nicht nur Kreuz- und Wechselkröten, auch Gras- und Wasserfrösche, Teichmolche und sogar die seltenen Knoblauchkröten stellten sich ein. Welche Attraktivität diese Flächen auch auf die Vogelwelt ausübten, belegen Beobachtungen brütender Flußregenpfeifer, Kiebitze und Schafstelzen sowie Trupps rastender Durchzügler: Braunkehlchen, verschiedene Limicolen wie Kampf- und Uferläufer, einzelne Rotschenkel sowie Störche nutzten das Nahrungsangebot der vernäßten Flächen. Ohne die oftmals mehr erholten als vorhandenen Kräfte einer Regenerierung unserer Landschaft überstrapazieren zu wollen, ist es dennoch erstaunlich, wie schnell sich erfreuliche Entwicklungen vollziehen können, wenn nur der Platz hierfür eingeräumt wird.

Diese Zustandsbeschreibung aus der jüngsten Vergangenheit mag als Anlaß dazu dienen, über die weitere Entwicklung dieses Landschaftsraums nachzudenken. Gerade angesichts der weit fortgeschrittenen Zersiedelungen im städtischen Ballungsraum wird in Zukunft die Qualität der stadtnahen Landschaft in ihrer Bedeutung auch für die Naherholung verstärkt Beachtung finden. Das Bedürfnis nach Naturerfahrung ist, und dies zeigt das Beispiel der „Rüppurrer Wiesen" anschaulich, zunehmend vorhanden, und es besteht in diesem Landschaftsraum die konkrete Chance, durch gezielte Entwicklungsmaßnahmen Naturschutz und Naherholung gleichermaßen zu fördern.

Schon der Name des ehemaligen Dorfes und heutigen Vororts Rüppurr, abgeleitet von der alten Bezeichnung „Rietburg", später „Ripur" (was so viel wie „Haus im Sumpf, Ried" bedeutet), weist auf die Lage im Naturraum der Randsenke („Kinzig-Murg-Rinne") hin. Jene nacheiszeitliche Niederung durchzog die Landschaft entlang des Rheingraben-Ostrandes in charakteristischer Weise mit einem verästelten System an Bachläufen, Rinnen und größeren, später vermoorten Gewässern. Die Besiedelung dieses Landschaftsraumes erfolgte in typischer Weise auf den höher gelegenen, hochwassersicheren Kiesrücken, den sog. „Hursten", während die umgebende, feuchte Niederungslandschaft traditionell als Wald- und Grünland genutzt wurde. Gewannamen wie „Salmenwiesen" zeugen vom einstigen Zustand dieser Niederung.

In den Rüppurrer Wiesen bestimmten bis in die 50er Jahre dieses Jahrhunderts flächige Wiesen das Landschaftsbild. 1957 war im Rahmen der Flurbereinigung die Gründung eines Wasser- und Bodenverbandes geplant, u. a. mit dem Ziel, über das Grabensystem eine gezielte Bewässerung der Grünlandflächen zu ermöglichen. Dieser Verband kam jedoch nie zustande. Bedingt durch die agrarwirtschaftlichen Rahmenbedingungen erfolgte in den 50er und 60er Jahren der großflächige Umbruch der Wiesen zu Ackerland. Bis in die 80er Jahre hinein erfolgten noch vereinzelt Grünlandumbrüche und Auffüllungen nasser Bodensenken. Auf den zeitweise vernäßten Standorten prägt heute der Anbau von Mais das Landschaftsbild, sofern die Bodenverhältnisse nicht eine Bewirtschaftung gänzlich unterbinden. Nur noch wenige flächige Wiesenbestände konnten sich bis heute erhalten.

Im Zuge von Gewässerunterhaltungsarbeiten wurde 1969 über eine Schleuse beim Friedhof die Alb über die Rüppurrer Wiesen bzw. die schon vorhandenen Ackerschläge umgeleitet und diese flächig überschwemmt. Von dieser Maßnahme abgesehen, wurden später keine umfangreicheren, gezielten Bewässerungen durchgeführt. Heute dienen die weitgehend noch vorhandenen Gräben stattdessen der Entwässerung, wobei sich in der jüngeren Vergangenheit gezeigt hat, daß zu Zeiten hoher Grundwasserstände eine Entwässerungsfunktion kaum vorhanden ist.

Der Wunsch des Naturschutzes nach mehr Grünland läßt sich nur sehr langsam umsetzen. Die wirtschaftlichen Bedingungen der landwirtschaftlichen Betriebe in Rüppurr läßt eine Nutzung von „Naturschutzwiesen" kaum zu.

Einer Grünlandanlage und -pflege als reiner Landschaftspflegemaßnahme stehen zudem erhebliche Bedenken gegenüber: Das Berufsverständnis des Landwirts als Erzeuger von Nahrungsmitteln läßt sich nur sehr schwer mit einer flächenmäßigen, reinen Landschaftspflege in Einklang bringen. Ohne eine sinnvolle Mindestnutzung des Grünlandaufwuchses müßte eine solche Entwicklung auf großer Fläche auch aus grundsätzlichen Überlegungen kritisch hinterfragt werden. Eine andere Entwicklung wäre denkbar, wenn den Rüppurrer Landwirten in der näheren Umgebung Ackerflächen zugewiesen würden. Der Druck auf die feuchten Ackerflächen würde nachlassen und eine Extensivierung ermöglichen. Leider hat der umstrittene Bau des Golfplatzes Karlsruhe beim Hofgut Scheibenhardt hier mögliche Ausweichflächen beansprucht. Zudem wurden landeseigene Ackerflächen in den Rüppurrer Wiesen an Ettlinger Landwirte verpachtet, u. a. als Ersatz für Flächenverluste beim Bau der neuen B-3-Umgehung von Ettlingen. Eine Umstrukturierung der landwirtschaftlichen Betriebe unter Einbeziehung einer verstärkten Grünlandnutzung erscheint derzeit wohl nur auf lange Sicht möglich.

Nicht zu vergessen ist aber auch, daß wir alle als Verbraucher mit dem Wunsch nach immer billigeren Lebensmitteln, nach magerem Fleisch etc. wesentlich die agrarwirtschaftlichen Rahmenbedingungen bestimmt haben, welche zu den aus ökologischen Gründen beklagenswerten Zu-

Abb. 9.12 Eingestauter Retentionsraum in den Rüppurrer Wiesen 1988.

ständen in unserer Landschaft geführt haben. Gleichzeitig und in verstärktem Maße werden aber Leistungen für mehr Natur eingefordert. Allein den Landwirten den Schwarzen Peter zuzuschieben, erscheint auch angesichts unseres verschwenderischen Umgangs mit dem Gut „Boden“ im Zuge des Landschaftsverbrauchs für Straßen, Gewerbe- und Wohngebiete, Sportflächen u.a. mehr als fragwürdig.

Der zwischenzeitliche Erwerb von Flurstükken (Grünlandneuanlage) durch die Stadt Karlsruhe sowie das Land Baden-Württemberg kann, zusammen mit schon länger extensiv bewirtschafteten Wiesen auf landeseigenen Grundstücken, die Keimzelle einer zukünftigen Landschaftsentwicklung bilden. Vielleicht beschleunigen die immer häufiger auftretenden „Jahrhunderthochwässer“ diesen Prozeß, indem in langfristigen Extensivierungsverträgen auch wirtschaftlich die besseren Chancen gesehen werden statt in einer unsicheren konventionellen Bewirtschaftung.

Schließlich dienen die Rüppurrer Wiesen innerhalb des städtischen Hochwasserschutzkonzeptes als Retentionsflächen, weshalb auch aus Gründen des Gewässer- und Bodenschutzes eine Grünlandnutzung angestrebt werden sollte.

Überlegungen der jüngsten Zeit zeigen zudem weitere Aspekte für eine zukünftige Landschaftsentwicklung auf Die Reaktivierung des noch weitgehend intakten Grabensystems sowie einer vorhandenen, 1993 instandgesetzten Schleusenanlage an der Alb würde es ermöglichen, eine Wässerung von Teilflächen durchzuführen und damit regelmäßig Strukturen ermöglichen, welche im Frühjahr 1994 für eine enorme Belebung der Niederungslandschaft gesorgt haben. Die Verteilung der Gräben sowie der schon jetzt hierfür zugänglichen Grundstücke erlaubt auch ein schrittweises Vorgehen bei der Umsetzung dieser Maßnahmen, indem auf kleineren Flächen mit gezielten Flutungen begonnen werden könnte. Eine notwendige Mindestpflege dieser Teilflächen muß als Pflegemaßnahme die erwünschte Entwicklung steuern, da eine sinnvolle Verwertung des Aufwuchses kaum möglich erscheint. Es bliebe einer noch ausstehenden Planung vorbehalten, die Details und Zeitabläufe für diese Wässerwiesen der Zukunft festzulegen.

Abb. 9.13 Es ist immer wieder erstaunlich, wie schnell die Störche der Region auf das aktuelle Nahrungsangebot überfluteter Wiesen reagieren. Manchmal finden sie sich binnen Stunden nach einem Einstau ein.

Abb. 9.14 Ausleitungsschleuse aus der Alb.

9.8 *Die Bruchwiesen bei Untergrombach: Modell für die Reaktivierung einer Wiesenwässerung?*

THOMAS ADAM

Die Bruchwiesen im Süden von Untergrombach stellen einen sensiblen und pflegebedürftigen Feuchtwiesenbereich mit eingestreuten Feldgehölzen, Weidengebüschen und Röhrichten dar. Gleichzeitig ist dies der letzte großflächige Wiesenbereich auf Gemarkung Untergrombach.

Neben den an entsprechende Lebensräume gebundenen Vogelarten wie Rohrammer, Sumpfrohrsänger und Teichhuhn zählen vor allem mehrere bedrohte Amphibienarten zu den Bewohnern der Bruchwiesen. Von Feuchtigkeit und Grundwasserstand sind etliche der dort vorkommenden Pflanzenarten abhängig, so die Sumpfdotterblume (*Caltha palustris*) und der Große Wiesenknopf (*Sanguisorba officinalis*). Gerade am Beispiel des letzteren, der als eine Charakterart in gemähten Feuchtwiesen nach der ersten Mahd zur Blüte kommt, läßt sich zugleich die mehrfache Bedeutung des Naturschutzes nicht nur um einzelner Arten willen, sondern des ökologischen Gleichgewichtes insgesamt wegen verdeutlichen: ist er doch eine sehr wichtige Futterpflanze für zwei im Bruchsaler Raum vom Aussterben bedrohte Ameisenbläulinge, denen mit dem Verschwinden des Großen Wiesenknopfes gleichfalls ihre Existenzgrundlage entzogen würde (siehe Kap. 7.7).

Insbesondere das regenreiche Frühjahr 1994 offenbarte erstmals wieder seit längerer Zeit eine in früheren Jahrzehnten und Jahrhunderten typische Eigenheit der Bruchwiesen, standen sie doch für viele Wochen stellenweise knietief unter Wasser. Das Grundwasser, in den vergangenen Jahren durch extreme Trockenheit in geradezu besorgniserregende Tiefen zurückgewichen, hatte sich durch die eintretenden Regenfälle etwas erholt und ließ es zu, daß sich Oberflächenwasser in den Wiesen sammelte.

In früheren Zeiten wurden die als Streuwiesen genutzten Bruchwiesen insbesondere während der Sommermonate gewässert. Das notwendige Wasser wurde dem Weihergraben entnommen, der die Grenze zwischen Bruchwiesen und dem angrenzenden Schilfgebiet „Eisweiher" markierte. Dieser ist aber seit Jahrzehnten mit Bauschutt und Abraum verfüllt. Zu erkennen ist der frühere Weihergraben heute nur mehr an einer langgezogenen Reihe üppig sprießender Zwetschgenschößlinge, die seinem einstigen Lauf folgen. Daß er selbst auf den neuesten Untergrombacher Gemarkungsplänen noch als wasserführender Graben eingezeichnet ist, mag entweder als Erinnerung an diesen Wässerungsgraben gewertet werden oder aber als Beleg dafür, daß die Naturzerstörung manchmal schneller fortschreitet, als die Kartographie darauf zu reagieren vermag.

Sollen die Bruchwiesen heute wieder bewässert werden, so kann man sich zwei erfolgversprechende Szenarien vorstellen: zum einen die Reaktivierung des Weihergrabens, zum andern die Nutzung des Wassers des oberen Galgengrabens, welches an der Gemarkungsgrenze zwischen Untergrombach und Weingarten aus der Waldklinge der „Ungeheuerklamm" in die Ebene eintritt.

Die Reaktivierung des Weihergrabens wäre eine aufwendige, aber sicher lohnende Maßnahme. Im Augenblick wird das zusammenfließende Wasser, welches der sehr unregelmäßig schüttende Grombach und der weit beständigere, direkt oberhalb von Untergrombach aus einer Quelle austretende Brunnenbach führen, kanalisiert durch die Bachstraße geleitet, um erst am westlichen Ortsausgang von Untergrombach wieder in einen offenen Lauf zu münden. An der Abzweigung Bachstraße/Schulstraße befindet sich ein Überlauf, der bei stärkerer Schüttung Teile des heranströmenden Wassers in den Grombach-Entlastungskanal leitet. Dieser wurde in den 1930er Jahren im Rahmen der Pfinz-Saalbach-Korrektion angelegt und ist den Untergrombachern besser als „Rötzengraben" bekannt. Die Reaktivierung des Weihergrabens würde erfordern, daß an der Gabelung Bachstraße/Weiherstraße ein in den Weihergraben abzweigender Überlauf zu schaffen wäre. Der Graben selbst bedürfte selbstverständlich zuvor einer Wiederherstellung, d. h. er müßte von Verfüllung und Bewuchs befreit werden. Die Vorteile dieser Maßnahme liegen auf der Hand: Die konstante, jederzeit mögliche Wässerung der Bruchwiesen wäre in „traditioneller" Form gewährleistet, und insbesondere würde durch diese Maßnahme auch das immer häufiger trockenfallende Feuchtgebiet Eisweiher begünstigt, Lebensraum und Laichgebiet verschiedener Amphibienarten auf Untergrombacher Gemarkung.

Das zweite Szenarium wäre bis zu einem gewissen Grad unaufwendiger, jedoch auch u. U.

Abb. 9.15 Die Bruchwiesen bei Untergrombach im Winter, vom Wehrgrabenbruch aus gesehen. Dieser fast unzerstört erhaltene Wiesenabschnitt ist einer der letzten Reste der ehemaligen Streuwiesen in der Randsenke. Heute pflegt die Stadt Bruchsal die Wiesenaue.

weniger praktikabel. Das Wasser, welches nicht immer konstant aus der Ungeheuerklamm in den Grenzgraben mündet, fließt bislang bei Staffort in den Neuen Kanal. Würde ein Graben entlang des Fahrradweges an der B 3 in Richtung Ortseingang Untergrombach gezogen, so böte sich die Möglichkeit, dieses Wasser zur Bewässerung der Bruchwiesen zu nutzen. Allerdings ist die Wasserführung der Ungeheuerklamm gerade in den vergangenen Jahren weniger ergiebig als diejenige, die ein reaktivierter Weihergraben gewährleisten würde.

Die dauerhafte Erhaltung der Bruchwiesen soll einerseits durch den Schutzstatus großer Teile als geschützter Biotop, zum andern durch einen vom Umweltamt der Stadt Bruchsal erarbeiteten Pflegeplan gewährleistet werden.

Ziel dieses Pflegeplanes ist es, Verbuschung und Eutrophierung des weiten offenen Wiesengeländes zu verhindern. Daher nehmen das einmalige, höchstenfalls zweimalige jährliche Mähen der Flächen sowie das Abräumen des Mahdgutes die zentrale Stelle in der Schutzkonzeption ein. Das städtische Umweltamt bietet denjenigen Grundstückseigentümern, die ihre Parzellen nicht selbst pflegen, die Durchführung der notwendigen Maßnahmen gegen einen niedrigen Kostenersatz an.

9.9 Wiesenmanagement für Vögel

KLAUS KUßMAUL

Nachdem die Bedeutung von (Wässer-)wiesen für Vögel als Brutplatz oder als Nahrungsbiotop von so großer Bedeutung ist, haben Maßnahmen zu ihrer Erhaltung höchste Priorität. Deshalb darf es heute zu keinem Umbruch von Wiesen in Akkerland kommen, und selbstverständlich auch nicht mehr zu Drainagemaßnahmen mit dem Ziel der Grundwasserabsenkung. Im Gegenteil, das Gebot der Stunde ist die Anreicherung unserer Grundwasserressourcen und die Schaffung von Überschwemmungsflächen zur Wasserrückhaltung im Falle von Hochwässern. Dafür bieten sich aber die Wiesen von den bewirtschafteten Kulturflächen am ehesten an, weil eine temporäre Überstauung keine nachhaltige Schädigung des Kulturzwecks zur Folge hat. Außerdem verträgt sich ein hoher Grundwasserstand grundsätzlich mit jeder Wiesenbewirtschaftung, die auf Heuernte ausgerichtet ist.

Da nicht jede grüne Wiese den gleichen ökologischen Wert hat, muß das Streben aus naturschützerischer Sicht dahin gehen, eine hohe Artenvielfalt zuallererst für die Vegetation zu erzielen. Voraussetzung dafür ist der weitgehende Verzicht auf mineralische und Gülledüngung. An deren Stelle könnte dafür die Wässerung treten, deren Begleitfracht an Sedimenten diese Aufgabe übernimmt.

Damit wird natürlich nicht die Ertragskraft erreicht wie bei chemischer Düngung. Dies stützt aber heute – in der Phase der Extensivierung landwirtschaftlicher Produktionsflächen – die gewollte Entwicklung in Richtung Verringerung der landwirtschaftlichen Erträge. Es besteht lokal bereits jetzt schon das Problem einer sinnvollen Verwertung von Mähgut. Das Aushagern der Böden, d.h. die Verminderung ihrer Ertragskraft, erfordert zwar mehrere Jahre, wird aber Zug um Zug zu einer Erhöhung der floristischen Diversität führen, in deren Folge auch die faunistischen Elemente zunehmen werden.

Nicht unerwähnt soll bleiben, daß eine magere blühende Wiese dem menschlichen Auge sehr viel mehr optisches Vergnügen bereitet als eine monotone Fettgras-Löwenzahn-Fläche.

Wenn man auf die Maßnahme der Wässerung zur Förderung dieser Ziele zurückgreift, so stellen sich die Fragen, in welcher Jahreszeit, wie oft innerhalb eines Jahres und in welcher Form gewässert werden soll. Denn schließlich handelt es sich bei der Wässerung neben dem Walzen des Bodens im Frühjahr und dem Mähen um nachhaltige menschliche Eingriffe in den Wiesenbiotop.

Bei der Behandlung der auf Wiesen spezialisierten Brutvögel wurde aufgezeigt, wie anfällig sie auf Veränderungen ihres Brutbiotops reagieren. Sie brauchen zunächst die geeignete Boden- und Vegetationsstruktur zu Beginn der Brut und eine von menschlichen Eingriffen weitgehend unbeeinflußte Zeit bis zum Flüggewerden der Jungen. Nicht von ungefähr finden wir deshalb die meisten dieser Arten in den Roten Listen. Will man also für die gefährdeten Wiesenbrüter die Bedingungen im Brutbiotop optimieren, so muß man sich an ihrer Brutzeit orientieren. Aus der nachstehenden Grafik (Abb. 9.16) soll dazu ein zeitlicher Rahmen abgeleitet werden.

Danach sollten also keine Eingriffe in die Wiesen in der Zeit von spätestens Ende März bis Ende Juni stattfinden. Daraus folgert, daß Anfang März die **Winterwässerung** abgeschlossen werden sollte, damit nach Abtrocknen der Bodenoberfläche ein eventuell notwendiges Walzen des Bodens noch vor der Eiablage von Großem Brachvogel und Kiebitz durchgeführt werden kann. Damit würden auch die winterlichen Niederschläge mit ihrem Wasserüberschuß sinnvoll in eine Wässerung einmünden, ohne daß es zu Konflikten mit den Wasserrechten von Mühlenbetreibern kommen kann.

Der nächste kritische Zeitpunkt ist sodann bei zweischürigen Wiesen die **Mahd**. Silagebetriebe mähen bereits im Mai und bewirken auf den betroffenen Flächen einen Totalverlust an Gelegen oder Jungvögeln. Solche Betriebsflächen müssen für bestandsstützende Maßnahmen von vornherein ausscheiden. Dagegen ist die übliche erste Mahd dann ökologisch verträglich, wenn sie nicht vor Ende Juni erfolgt. Noch besser ist die einschürige Bewirtschaftung, bei der die Wiesen erst Ausgang des Sommers geschnitten werden, also nach der Brutzeit der meisten Arten. Danach könnte sodann eine Herbstwässerung der Wiesen folgen, die für wegziehende Enten- und Watvogelarten gute Rastbedingungen schaffen würde. Es ist allerdings offen, ob hierfür allerorts die erforderlichen Wassermengen Anfang Oktober zur Verfügung stehen.

Beim Durchführen der Wässerung ist wichtig, daß bei großen Wiesenflächen parzellenweise geflutet wird, um den im Boden lebenden Tieren die Chance zu geben, auf die Wässerung ggf. mit

Flucht zu reagieren. Dies betrifft vor allem die Kleinsäuger, die sich auf trockene Fläche retten können müssen, damit sie von dort aus später wieder die bewässerte Fläche besiedeln. Die Bewässerungsdauer und -intensität hängt wesentlich von der Fähigkeit des Bodens ab, Wasser aufzunehmen und zu speichern. Bodennahe Grundwasserstände oder Flächen mit wenigstens jahreszeitlich hoher Bodenfeuchtigkeit, wie sie ökologisch gewünscht sind, lassen sich nur auf bestimmten Böden erreichen. Flächen mit hohem Sand-Kies-Anteil leiten das Wasser zu schnell ab.

Das **Mähen** selbst geschieht natürlich heute normalerweise vollmaschinell. Das hat zwei sehr nachteilige Folgen für alle in Bodennähe lebenden Tiere. Zum einen werden große Flächen innerhalb weniger Stunden von einer hochstehenden Wiesenflur in eine deckungs- und für viele Insekten nahrungsarme Fläche umgewandelt. Es entstehen „Mähwüsten". Amphibien und Jungvögel finden keinen Schutz mehr und werden eine leichte Beute von natürlichen Beutegreifern. Deshalb ist wichtig, einzelne Parzellen vom Mähen auszunehmen, damit sie den ausgemähten Individuen vorübergehend Schutz bieten können, bis die Vegetation auf den gemähten Flächen wieder in ausreichendem Maß nachgewachsen ist (ca. 2 Wochen). Sofern nicht ganze Parzellen ausgenommen werden können, müßten ungemähte Randstreifen von mindestens 2,50 m Breite stehen bleiben, um ein Mindestmaß an Verstecken zu garantieren.

Ein genauso gravierendes Problem ist das des **Mähgerätes**. Neuere Untersuchungen (CLAßEN et al. 1994) haben gezeigt, daß beim Einsatz von sog. Kreisel- und Scheibenmähern hohe Verluste an Amphibien, Kleinsäugern, Jungvögeln und auch von größeren Insekten entstehen. Werden zum Mähen mit diesen relativ schweren Mähwerken mittelgroße bis große Schlepper eingesetzt, kommt es im Feuchtgrünland z. B. auf den anmoorigen Böden zu Bodenverdichtungen und zur Beeinträchtigung des Bodenwasserhaushalts. Es würde daher keinen Sinn machen, über Wässerung für eine höhere Bodenvernässung zu sorgen, wenn bei der späteren Bewirtschaftung der Boden dadurch schwer beeinträchtigt wird und die sich über die höhere Feuchtigkeit einstellenden Tierarten durch Mähgeräte wieder vernichtet werden. Eine ökologisch verträgliche Wiesenmahd würde

Abb. 9.16 Brutzeit der wiesenbrütenden Vogelarten.
Für jede Vogelart sind jeweils von oben nach unten die Zeitspannen für „Revier", „Brut" und „Jungvögel" angegeben.

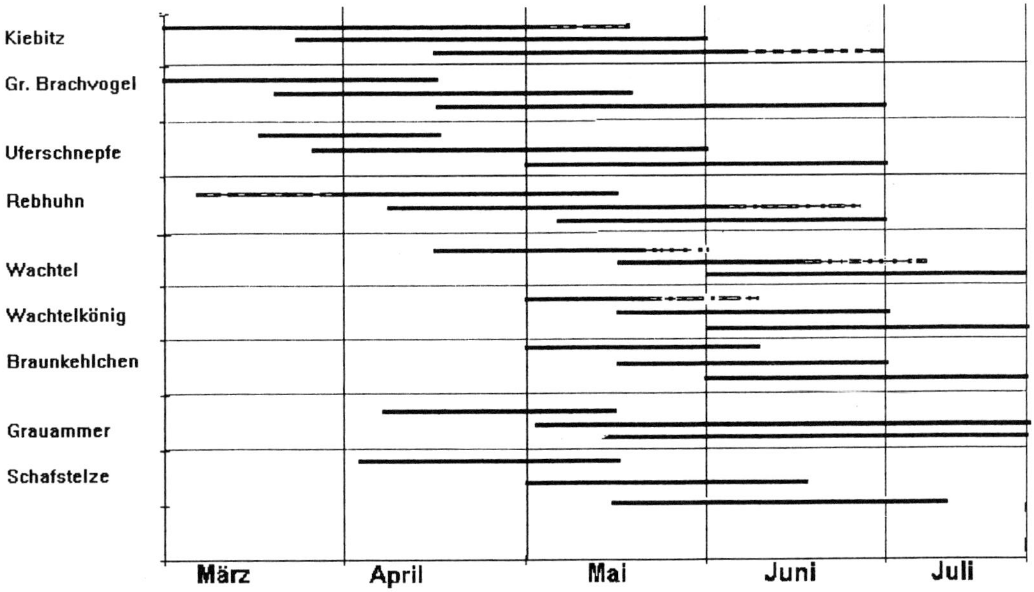

kleinere Schlepper und leichtere Mähwerke voraussetzen, die den Tieren in der Wiese annähernd die Chance des Überlebens lassen. Dies sind nach heutigen Erkenntnissen am ehesten Doppelmesser-Mähwerke oder Fingermähwerke. Die Schnitthöhe über dem Boden muß dabei mindestens 7 cm betragen.

Die schonendste Art des Mähens war die von Hand mit der **Sense**, weil sie vor allem langsam erfolgte, was den Tieren ein Entkommen ermöglichte, und weil sich das Mähen von großen Flächen über mehrere Tage erstreckte und somit unterschiedliche Wachstumsstadien entstehen ließ. Eine Rückkehr zu dieser Form der Mahd ist natürlich nicht mehr möglich.

Das soll uns aber nicht der Aufgabe entheben, danach zu trachten, wie man auch im Zeitalter der Maschine naturverträglich wirtschaften kann. Probleme der Bodenverdichtung und Bodenerosion durch großflächige Monokulturen sind ja insbesondere aus dem Ackerbau geläufig und führen zu Folgeproblemen und Folgekosten. Da Wiesenbewirtschaftung in unserer Region in hohem Maße unter Extensivierungsgesichtspunkten und solchen der Landschaftspflege zu sehen ist, kann es für die Form des Mähens keine unüberwindlichen Hindernisse auf dem Weg der ökologischen Verträglichkeit – Erhalt der Artenvielfalt – geben.

Für den besonders gefährdeten Großen Brachvogel müßten in den noch vorhandenen potentiellen Brutarealen Oberbruchwiesen und im Hokkenheimer Rheinbogen zusätzliche Gestaltungsmaßnahmen dahingehend ergriffen werden, daß unter Ausnutzung der Unebenheiten des Mikroreliefs offene Blänken entstehen, in denen sich Wasser sammeln und bis zur Zeit der Jungenaufzucht unter Ausnutzen von Regenfällen halten kann, ohne zu versickern (RANFTL 1982). Solche Blänken brauchen nur 2–3 Ar groß zu sein und sollten sich über die Gesamtwiesenfläche verteilen. Wo möglich, können auch größere Flachwassermulden (30 x 30 m) angelegt werden (KIPP 1982). Hierzu wäre über die Reaktivierung der Wässersysteme der Wasserzufluß gezielt zu steuern.

Alle diese Maßnahmen sind jedoch zur Wirkungslosigkeit verurteilt, wenn nicht während der Brutzeit die **menschlichen Störungen** von den Wiesen ferngehalten werden. So sind selbst in Naturschutzgebieten (z. B. Oberbruchwiesen) mit ihren strengen Auflagen laufend Verstöße festzustellen, wie das Walzen des Bodens nach dem 31. März, das Laufenlassen oder Abrichten von Hunden, das Steigenlassen von Drachen und dergleichen mehr. Hierauf reagieren Bodenbrüter sehr empfindlich durch Flucht, und häufig nutzen die Krähen solche Störungen zum Diebstahl der Gelege. Noch gravierender sind in kleineren Wiesengebieten das ungenehmigte Anlegen von Pferdekoppeln und Erstellen von Kleinbauten, das die Wiesen völlig entwertet. Auch Modellflieger und Leichtflugzeuge drängen in Wiesengebiete hinein. Der Mensch beansprucht heute die offene Landschaft für seine Freizeitgestaltung das ganze Jahr über und verdrängt damit die empfindlichen Arten völlig aus ihren angestammten Lebensräumen.

„Wiesenvögel brauchen Hilfe", damit ist die Nr. 9 der Arbeitsblätter zum Naturschutz der Landesanstalt für Umweltschutz (LfU) überschrieben. In dieser Broschüre sind nähere Ausführungen zu Verbesserungen der Brutbiotope von Wiesenbrütern gemacht. In Band 1, Teil 2 von „Die Vögel Baden-Württembergs" (HÖLZINGER 1987) findet sich ein detailliertes Artenschutzprogramm, in das auch die gefährdeten Wiesenvögel eingeschlossen sind. Das Land Baden-Württemberg ist über die LfU Mitherausgeber dieses Werkes. Die dort postulierten Artenhilfsprogramme harren noch weitgehend der Umsetzung.

Extensive Wiesennutzung in Verbindung mit Wiesenbewässerung wäre ein guter Weg, solche Hilfsprogramme umzusetzen. Dabei läßt die Vielgestaltigkeit der noch vorhandenen Wiesen mit einer Ausdehnung von über 100 ha und weitgehender Baum- und Strauchfreiheit bis zu schmalen Wiesenstreifen entlang von Fließgewässern mit Heckenzügen und verteiltem losen Baumbestand ein örtlich individuelles Biotopmanagement zu, das die spezifischen Potentiale der einzelnen Fläche berücksichtigt. Nicht allen Arten kann und muß auf ein und derselben Fläche geholfen werden. Auf diese Weise kann wieder mehr Abwechslung und eine höhere Funktionsvielfalt in die Grünlandbewirtschaftung hineingetragen werden, die zum Erhalt des Artenreichtums unserer heimischen Vogelwelt wesentlich beizutragen vermag.

10 Exkursionsvorschläge zu Wiesen und Bächen

MICHAEL HASSLER

Die meisten Wiesengebiete, die hier beschrieben werden, sind durch jeweils mehrere Asphalt- oder Schotterwege gut erschlossen. In den Karten in Kap. 8 sind sie gut zu erkennen. Detaillierte Exkursions-Skizzen wie im Buch „Hohlwege“ (WOLF & HASSLER, Hrsg., 1993) sind daher entbehrlich.

Es gibt meistens viele verschiedene Möglichkeiten, einen beschaulichen Spaziergang entlang dieser Wege zu führen. Die größeren Wiesengebiete, z. B. bei Hambrücken oder Ketsch, sind außerdem besonders geeignet für Fahrrad-Exkursionen.

Das wichtigste Wiesengebiet im Landkreis Karlsruhe: Die Oberbruchwiesen bei Graben

Obwohl eigentlich nur noch ein kümmerlicher Rest von weniger als 10 % der ehemaligen Wiesenfläche der Grabener Bucht übrig sind, werden die Oberbruchwiesen und Kranichwiesen für die ökologisch wichtigste noch vorhandene Fläche im Landkreis Karlsruhe gehalten. Sie eignen sich durchaus für interessante Exkursionen, sind aber schlecht durch Wege erschlossen, was für die störungsempfindlichen Brutvögel von Vorteil ist. Besuche der Oberbruchwiesen können fast nur auf dem einzigen zentralen Weg stattfinden, der entlang des Neugrabens von Nord nach Süd durch die Wiesen führt. Außerdem gibt es einen Erdweg auf der Südseite der Wiesen am Waldrand. Schließlich erhalten wir vom Straßendamm aus einen sehr schönen Überblick über die weitläufigen Wiesenflächen.

Auf keinen Fall sollten Besucher versuchen, den Zentralweg zu verlassen! Fahrradfahrer sollten absteigen, um die Vögel nicht zu erschrecken. Die Fläche nördlich der Landstraße Graben-Liedolsheim ist praktisch nicht durch Wege erschlossen.

Zuerst wollen wir uns das **System von Neugraben und Scheidgraben,** die von Süden her aus dem **Galgengraben (= Alte Bach)** gespeist werden, ansehen (Karte 4 in Kap. 8, zur historischen Situation Karte 3). Dieses Wässersystem ist noch sehr gut erhalten, und es lohnt sich, bei einem Spaziergang die noch sichtbaren Zeugen der alten Technik zu erkunden.

Wenn man heute von Graben aus auf der B 36 nach Süden Richtung Linkenheim-Hochstetten fährt, findet man kurz vor dem Verlassen des Waldes rechts einen kleinen Parkplatz. Von diesem aus geht in nordwestlicher Richtung ein Weg in den Wald hinein. Nach nur etwa 200 m gabelt sich der Weg, und wenn wir links (in westliche Richtung) abbiegen, sehen wir nur wenige Meter entfernt unter uns die **Schleuse am Galgengraben** liegen. Hier teilt sich das Wasser über zwei unterschiedlich breite Wehre, um dann einesteils nach Liedolsheim, anderenteils in den Neugraben zu laufen. Eine Inschrift informiert uns über das Jahr der Erbauung (1849) und die beteiligten Bürgermeister von Graben und Liedolsheim (zur Geschichte siehe Kap. 8.3).

Wenn wir den beiden Gräben nach Westen folgen, finden wir nach etwa fünfzig Metern am

Abb. 10.1 Der Neugraben in den Oberbruchwiesen bei Graben.

Nehmt Rücksicht auf die Natur!

Zahlreiche der hier beschriebenen Exkursionen führen an oder durch Gebiete, die mittlerweile als Naturschutzgebiete geschützt werden mußten, oder durch empfindliche und wertvolle Biotope. Dieser Schutz ist dringend notwendig, um die bedrohten Lebensräume für die künftigen Generationen zu sichern.

Gerade Feuchtwiesengebiete sind während der Vegetationsperiode sehr empfindlich. Betreten schädigt nicht nur die Pflanzendecke, sondern verstört auch die hier brütenden Vögel. Besonders die großen Brutvögel in den Oberbruchwiesen und der Saalbachaue bei Hambrücken sind gegenüber Störungen sehr sensibel. Auch wenn es verlocken mag, einen Storch in nächster Nähe zu beobachten: Die Störche finden das bei weitem weniger interessant!

Wir bitten daher alle Naturfreunde dringend, die Bestimmungen des Naturschutzgesetzes zu beachten, die festen Wege nicht zu verlassen, keine Trampelpfade zu benutzen (oder gar anzulegen) und keine Tiere zu stören. Alle Beobachtungen können ohne Probleme auch von den großen Wegen aus gemacht werden!

Diese Beschränkungen sollen aber nicht nur in den Naturschutzgebieten, sondern in allen Biotopen befolgt werden. Für den verantwortungsbewußten Naturfreund sollte dies eine Selbstverständlichkeit sein!

Tiefgestaderand weitere Abzweigungen, die allerdings kein Wasser mehr führen. Am Waldrand führt der Rest des alten **Rainbruchgrabens** nach Norden. Der **Neugraben** führt die Hauptmenge des Wassers nach Norden über die Wiesen des Oberbruchs. Wenn wir ihm etwa 300 Meter nach Norden folgen, können wir mehrere alte Wässerschließen besichtigen. Sie weisen einen Handkurbelantrieb auf. Die zweite Schließe ist eine sogenannte Kastenschleuse (siehe auch Kap. 5). Reste eines Wasserkastens, der das Wasser unter dem Fahrweg hindurch nach Westen leitete, sind noch erhalten. Westlich und östlich vom wasserführenden Neugraben liegen (im Niveau um etwa einen Meter tiefer) Abzugsgräben, die das Wasser nach Norden abgeführt haben.

Wenn man vom Waldrand aus über die Wiesen blickt, fällt auf, daß der Neugraben einen ausgeprägten Schwemmfächer bildet. Das Gelände am Standpunkt liegt deutlich höher, nach etwa 150 Metern läuft der Schwemmfächer sachte aus.

Schließlich finden wir parallel zur Alten Bach am südlichen Rande der Oberbruchwiesen noch einen weiteren, längst verfallenen Wässergraben, der sein Wasser aus der Alten Bach bezog. An zwei Stellen, wo der Weg den Graben quert, sind noch Reste des „Dohls“ vorhanden, der das Wasser unter dem Weg durchführte. Der Graben verlief am Rande der Wiesen nach Westen und führte das Wasser etwa in der Mitte des Wiesenareals von Süden her in mehrere erhöhte **Rükkengräben**. Von hier wurde das Wasser über die Wiesen verteilt. Wir können noch heute im Gelände die Reste der zwei hochliegenden Rückengräben erkennen, und auch anhand der Höhenlinien auf der Grundkarte im Maßstab 1 : 5.000 sind noch heute die ehemaligen Verläufe der Wässergräben erkennbar. Die ursprüngliche Struktur der Wässereinrichtungen ist jedoch nicht mehr vollständig erhalten, da in den 30er Jahren dieses Jahrhunderts im Rahmen eines erneuten Entwässerungsversuchs neue Abzugsgräben angelegt wurden, wie wir sie heute sehen.

Wir folgen dem Erdweg parallel zum Waldrand nach Westen. Die Alte Bach fließt südlich davon im südlichen Waldbereich nach Westen in Richtung Liedolsheim und mündet heute vollständig in den **Distelstückergraben,** der nach Norden über das Oberbruch führt.

Der alte **Scheidgraben** auf der Gemarkungsgrenze Graben – Dettenheim ist heute noch gut an der großen Baum- und Heckenzeile erkennbar, führt aber kein Wasser mehr.

Westlich der Wiesen, am Rand des Scheidgrabens, treffen wir auf die Reste eines weiteren, nach Westen ziehenden Grabens mit der Ruine einer aus behauenen Sandsteinen bestehenden Wässerschleuse, die früher eine Wasserteilung zwischen Liedolsheim und Hochstetten bewirkte.

Die neue Heimat des Storchs: Saalbachaue und Wagbachwiesen bei Hambrücken

Die weitläufigen Saalbach- und Wagbachauen (siehe Karten 7 und 9, Kap. 8 sowie Abb. 9.8) lassen sich mit dem Fahrrad besonders eindrücklich erleben. Es gibt zahlreiche Wander- und Fahrmöglichkeiten. Wir empfehlen folgende Exkursionen:

- Mit dem Fahrrad vom Ortsteil Waghäusel (Nähe Rathaus) auf Schotterwegen entlang der

Wagbachaue. Zunächst führt der Weg auf der Nordseite des Bachs bis zur Querung der Landstraße Wiesental-Hambrücken, ab hier auf der West- und Südseite des Bachs bis zum Vogelpark Hambrücken, dann auf der Straße Neudorfer Mühle–Hambrücken bis kurz vor die ersten Häuser von Hambrücken und wieder nach rechts entlang der Wiesenaue bis zur Brücke über die Schnellbahn.
Die Wagbachaue ist die intakteste Bachaue der Lußhardt. Die meisten Wiesen entlang des Wagbachs sind noch „original" erhalten, was man an ihrer artenreichen Zusammensetzung und bunten Farbe zu allen Jahreszeiten leicht erkennen kann. Der Wagbach selber ist unterhalb der Überleitungsstelle am Vogelpark wieder ein typischer, naturnaher und langsam fließender Bach der Rheinebene mit schönen Röhrichtstreifen am Ufer.

- Zu Fuß auf der westlichen Seite der Wiesen entlang der Gernwiesen und **Wolfswiesen**: Das ist die Wiesenaue am Duttlacher Graben durch den Hardtwald zwischen Kirrlach und Hambrücken. Einige Parkmöglichkeiten bestehen an der Straße Hambrücken–Waghäusel.
- Von Hambrücken aus (mit Parkmöglichkeit auf der Südseite des Dorfes beim Reitstall) nach Süden über die Schnellbahn in die **Saalbachaue**, auf der anderen Seite des Waldes nach links in Richtung Karlsdorf durch die Wiesenaue. Die Wege sollten nicht verlassen werden und vor allem eventuell hier befindliche Störche nicht belästigt werden! Es gibt einige gut ausgebaute Wege. Die Wiesenaue erstreckt sich am Baggersee Karlsdorf vorbei bis nach Karlsdorf selber.
- Mit gleichem Beginn wie auf der vorigen Route, aber auf der anderen Seite des Waldes nach ca. 500 m nach rechts, zunächst durch landwirtschaftliche Flur und später entlang des Saalbachs bzw. entlang des Wald-Südrands zur **Neudorfer Mühle**. Hier laufen der hochliegende Saalbach und der tiefliegende Saugraben nebeneinander her. In der Mitte der Strekke trifft man auf die Ausleitung des Wagbachwassers aus dem Saalbach. Hier führt ein Asphaltweg über eine alte Schleuse.

Auch im Saalbachtal gibt es auf der Nordseite (Stangenwiesen) noch einige Wiesenstreifen mit traditioneller Wiesenbewirtschaftung. Der größte Teil der Flächen in der Saalbachaue wird aber erst seit wenigen Jahren wieder als Wiese genutzt (siehe Kap. 9). Es wird besonders interessant sein, über die nächsten Jahre die Entwicklung der großen Flächen verfolgen zu können. Die Störche sind jedenfalls bereits da!

Die malerischen Talauen des Kraichbachs: Von Unteröwisheim nach Gochsheim

Der wohl schönste Wander- oder Radausflug in der heute noch fast vollständig erhaltenen Kraichbachaue führt von Unteröwisheim nach Gochsheim, eine Strecke von rund 10 km. Wir wollen ihn deswegen ein wenig detaillierter beschreiben; Wanderkarten oder das Meßtischblatt 1 : 25.000 Nr. 6818 (Kraichtal) liefern gute Orientierungsgrundlagen. Die gute Verkehrserschließung durch die Nebenbahn Bruchsal–Menzingen macht es möglich, auf das Auto vollständig zu verzichten.

Wir beginnen am Bahnhof von Unteröwisheim, überqueren den Kraichbach nach Norden und biegen sofort auf einen zunächst asphaltierten, später geschotterten Weg nach rechts (Osten) ab. Der Weg verläßt den Ort und führt auf der Nordseite der Kraichbachaue entlang. Die erhöhte Führung bietet wunderschöne Ausblicke auf Dorf und Schloß Unteröwisheim, aber auch auf die vollständig erhaltene Kraichbachaue mit ihren Röhrichten, Kopfweiden und Feuchtwiesen. Wir nehmen nach rund einem Kilometer den nächsten größeren Schotterweg nach rechts, überqueren die Bahn und bestaunen die weitläufigen Feuchtwiesen, von April bis September zu jeder Jahreszeit mit Blumen aller Art übersät. Obwohl der Kraichbach hier einige Meter eingeschnitten ist, bewirkt der Auenlehm in der Kraichbachniederung eine gute Wasserführung der Wiesen bis hin zu ausgeprägter Staunässe. Östlich des Wegs gleich hinter der Bahnüberquerung sehen wir sehr schöne Seggenbestände verschiedener Arten. Die Farbe der Bestände läßt die verschiedenen Arten bereits von weitem unterscheiden (Abb. 7.31).

Kurz vor der Kraichbachbrücke biegen wir wieder nach links (Osten) ab und nehmen einen Schotterweg durch die Breitwiesen. Dieser Bereich der Talaue gehört zum Schönsten, was die Kraichgauauen zu bieten haben! Die Wiesen beginnen sehr feucht und werden nach Osten hin immer trockener, was man an der langsamen Veränderung der Vegetation sehen kann.

Nach Erreichen der Kreisstraße nach Oberöwisheim folgen wir dieser auf dem Radweg bis zum Bahnhofsgebäude in Oberöwisheim. Kurz dahinter biegt ein Asphaltweg nach rechts ab, dem wir nun über mehrere Kilometer bis Münzesheim folgen. Der Weg überquert zunächst mehrfach die Nebenbahn und hält sich auf der nördlichen Talseite, bis er in einen Feuchtwald eintritt und schließlich entlang des Kraichbachs nach Münzesheim führt. Hier ist Naturschutzgebiet, wir

Abb. 10.2 Ausflüge in die Kraichbachaue (hier Gochsheim) lohnen zu allen Jahreszeiten. Die großen Kopfweiden sind nicht nur ökologisch wertvoll, sondern tragen auch maßgeblich zum ästhetischen Eindruck der Auen bei.

sollten uns dementsprechend benehmen! Ständig wechseln die Ansichten: Röhrichte, Feuchtwiesen, Weidengebüsche, Kopfweiden, Erlenwälder und der eingeschnittene Lauf des Kraichbachs.

Wir folgen in Münzesheim einem beliebigen Weg durch das malerische Dorf (mit Einkehrmöglichkeit!) nach Osten, bis wir uns schließlich am Übergang der Nebenbahn über die Straße Münzesheim-Gochsheim orientieren. Hier müssen wir nach rechts abbiegen, bald wieder auf einem Schotterweg zwischen wenigen Häusern nach links, und schließlich folgt der Schotterweg der Nebenbahn bis Gochsheim. Das hier beginnende „Kraicherbruch" gehörte zur Gemarkung Oberacker. Auf der rechten (südlichen) Seite sehen wir einen besonders schönen Erlenbruch, während auf der anderen Seite (am Ende des Walds) der Wald so moorig ist, daß eine Zeitlang sogar versucht wurde, Torf zu stechen. Die entstandenen Tümpel sind noch vorhanden, aber heute wieder im Wald verschwunden.

Der Weg führt nun etwas höher durch die Wiesen entlang der Bahn. Auf der Nordseite erhalten wir einen Überblick über die weitläufigen Wiesen der Gochsheimer Talaue mit eindrucksvollen Kopfweiden. Mehrere parallelführende Gräben lieferten das Wasser für ihre Bewässerung. Heute ist die Talaue als Naturschutzgebiet geschützt. Unsere Exkursion endet am Gochsheimer Bahnhof, wo eine Rückfahrmöglichkeit nach Unteröwisheim mit der Nebenbahn besteht.

Der Aquädukt am „Dreiländereck": Der Weingarter Bach bei Staffort

Obwohl kaum für einen längeren Ausflug geeignet, wollen wir in diesem Buch auch einen Hinweis auf die wohl interessanteste Sammlung von „Kunstbauwerken" und historischen Stätten auf kleinem Raum lenken, die im Zusammenhang mit der Wiesenwässerung der Region übrig ist.

Dazu müssen wir der Straße von Staffort nach Büchenau folgen und kurz vor der größeren Bachbrücke über den „Neuen Kanal" parken. Auf der westlichen Seite folgen wir dem „Neuen Kanal" wenige Meter, bis wir den Aquädukt des Weingarter Bachs über den Kanal erreichen. Der „neue" Kanal wurde im 18. Jahrhundert zur Entwässerung des Sumpfwalds östlich von hier angelegt.

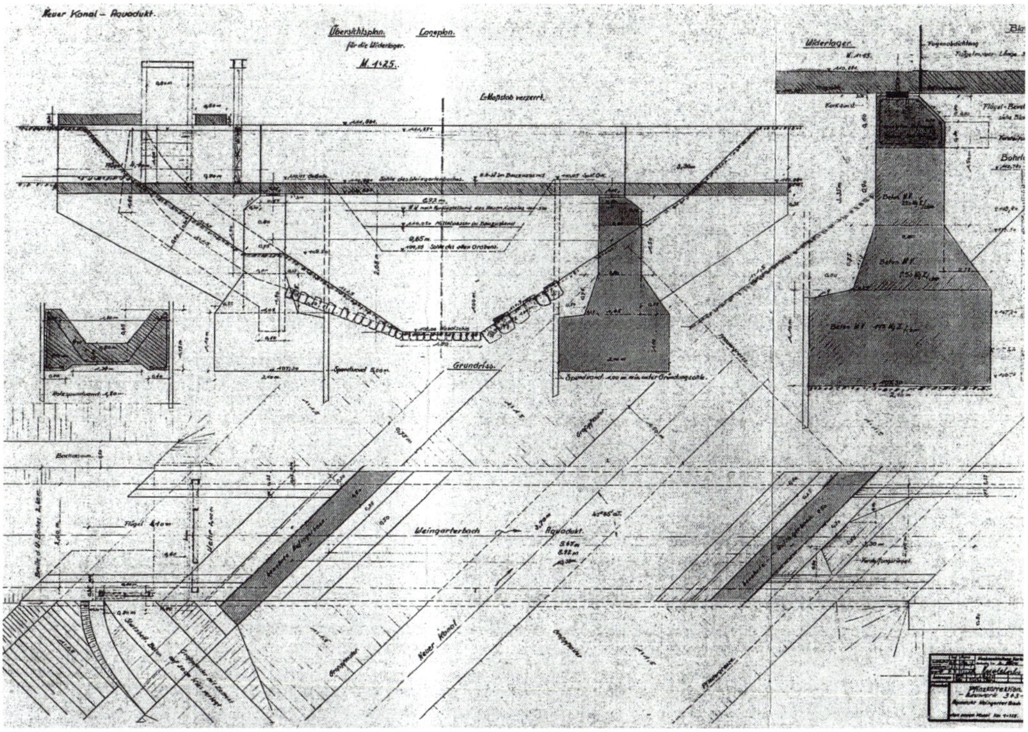

Abb. 10.3 Die Konstruktionspläne des Aquädukts bei Staffort aus der Zeit der Renovierung im Rahmen der Pfinz-Saalbach-Korrektion in den 1930er Jahren (Akten des Amtes für Wasserwirtschaft und Bodenschutz Karlsruhe).

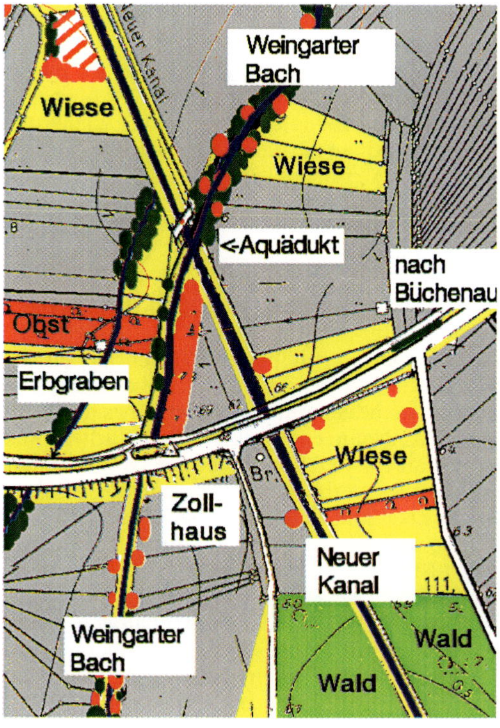

Abb. 10.4 Die heutige Situation am Aquädukt des Weingarter Bachs. In der Mitte verläuft die Straße Staffort–Büchenau. Wiesen sind gelb, Obstbäume und Streuobst rot, Gebüsche und Einzelbäume dunkelgrün, Wald hellgrün, Bäche blau und Acker grau dargestellt. Alle Bäche entwässern nach Norden hin. Die heutige Gemarkungs- und alte Landesgrenze verläuft von Norden her kommend am Weingarter Bach bis zum alten Zollhaus-Standort, dann auf der heutigen Straße nach Nordosten und schließlich wieder auf dem landwirtschaftlichen Weg in der Bildhälfte rechts unten nach Süden.

Der Aquädukt war nötig, um das Wasser des hochliegenden Weingarter Bachs über diesen zu leiten. Früher war das Wasser des Sumpfwalds zwischen den beiden hochliegenden Wässerbächen Weingarter Bach und Grombach „eingesperrt“. Der Erbgraben, ein tiefliegender Ableitgraben westlich des Weingarter Bachs, der sich früher nördlich des Neuen Kanals fortsetzte, wurde dagegen durch den Neuen Kanal abgeschnitten und mündete fortan in diesen. Er liegt heute vollständig trocken, seine Reste sind aber noch gut erhalten.

Einen Blick wert ist auch die noch gut erhaltene Schleuse am Weingarter Bach knapp südlich der Landstraße. Sie gehört zum Kegelrad-Typ, bei dem eine ausgeklügelte Mechanik dafür sorgte, daß keine Stangen nach oben hinausragten. Daher konnte die Mechanik mit einem Dächlein versehen und so vor Regen und Rost geschützt werden.

Aber nicht nur wegen der interessanten Wasserbautechnik ist diese Stelle interessant. Zwischen Weingarter Bach und Neuem Kanal lag nach Osten, zum Wald hin, früher ein wichtiges Zollhaus zwischen der Markgrafschaft Baden-Durlach und dem Fürstbistum Speyer. Der Weingarter Bach und streckenweise der Neue Kanal stellten die Landesgrenze dar. Darüber hinaus begann nur wenige Meter im Südosten das Territorium des kurpfälzischen Weingarten, mit dem die durlachischen Stafforter über Jahrhunderte im bitteren Streit lagen, da Weingarten noch einige alte Rechte über Staffort besaß (nachzulesen in HAUCK 1993). Die delikate Situation an dieser Schnittstelle von drei vergleichsweise großen und mächtigen Herrschaften sorgte immer wieder für Probleme. Allein die Tatsache, daß hier ein festes (steinernes!) Zollhaus lag, weist auf die Bedeutung des Punkts hin.

Weitere Exkursionsmöglichkeiten

Die noch verbliebenen Wiesenflächen im **Hockenheimer Rheinbogen** (siehe Karte 16) können am besten mit dem Fahrrad besucht werden. Das Naturschutzgebiet **Carl-Ludwig-See** liegt südlich von Ketsch. Einige Wege führen entlang des verbliebenen Wiesengebiets. Hier brüten ebenfalls viele störungsempfindliche Vögel, so daß wir nur vom Rand der Wiesen aus einen Blick auf die weiten Auen richten können. Auf dem von Ketsch aus in Richtung SSW zu den Aussiedlerhöfen führenden Asphaltweg sehen wir beidseits des Weges in den Wiesen noch die Rücken der alten Wiesenwässerung, teilweise bis zu 50 cm hoch. Andere interessante Flächen liegen westlich von Hockenheim an der **Marlach** und am Landeplatz Hockenheim, nördlich von Altlußheim am Weg zum Insultheimer Hof am alten Silzgraben und schließlich am Landeplatz südwestlich von Ketsch.

Die **Silzenwiesen** bei Ubstadt (siehe Karte 11) werden von einigen Asphaltwegen durchschnitten oder gesäumt und sind auch mit dem Fahrrad gut zu besichtigen. Auch vom Rand der Bundesbahn-Dämme hat man einen guten Überblick. Die Silzenwiesen sind der letzte Rest des ehemals weitläufigen Ubstadter Bruchs, das heute weitgehend unter Schnellbahn und Kreismülldeponie begraben liegt. In der Mitte der Silzenwiesen läuft der heute trockengefallene Unterfeldgraben, von dem aus die Wiesen bewässert wurden. Seine erhöhte Lage auf Dämmen ist typisch für die alten Wässergräben.

Zur Besichtigung nimmt man am südlichen Ortsende von Ubstadt die letzte Abzweigung kurz vor dem Ortsende nach Westen und überquert die Nebenbahn nach Bruchsal. Hier liegt wenige Meter nach dem Bahnübergang einer der letzten erhaltenen Schleusenreste aus Sandstein: der Anfang des alten „Unterfeldgrabens“. Wasser aus dem Kraichbach wurde ausgeleitet und trat an dieser Stelle in die Silzenwiesen ein. An der folgenden Abzweigung nehmen wir den Asphaltweg nach rechts. Auf der rechten Seite sehen wir die Feuchtwiesen und Röhrichte eines flächenhaften Naturdenkmals, leider heute durch falsche Pflege stark beeinträchtigt.

Die **Wiesen bei der Untergrombacher „Talschänke“** können von einem Erdweg am Rand gut eingesehen werden. Man folgt der Kreisstraße von Unter- nach Obergrombach, biegt rund 500 m nach dem Ortsende bei der ersten Möglichkeit nach rechts ein, überquert den Bach und folgt sofort nach links einem Erdweg parallel zum Bach. Auf den Flächen zwischen dem Bach und dem Quellarm des „Brunnenbachs“ auf der anderen Talseite erstreckt sich eine der schönsten Magerwiesen des Kraichgaus mit großen Beständen an Kukkucks-Lichtnelke und seltenen Seggen. Das Betreten sollte auf jeden Fall unterlassen werden!

Einen Einblick in die Reste der **Schönbornwiesen**, des alten Flachmoors südlich von Bruchsal, erhält man vom Weg westlich parallel zur Bahn, dem man vom Bahnübergang an der „Schindgasse“ aus am Hundesportverein nordwärts folgt. Auf der kleinen Ackerfläche zwischen den Kleintierzüchterheimen und den Schönbornwiesen sieht man sehr schön den tiefschwarzen, nassen Moorboden. Über die Schönbornwiesen selber führt ein kleiner Asphaltweg zum Gewerblichen Bildungszentrum. Die hier durchquerte Fläche war eine Zeitlang als Acker genutzt und entwickelt sich erst langsam zum Moor zurück.

Die **Mingolsheimer Jurawiesen** sind schlecht erschlossen und können lediglich vom Rand aus bestaunt werden. Die gesamte Talregion nordöstlich des Orts und östlich des Kurzentrums bis zum Waldrand ist von ausgedehnten Wiesenauen bedeckt. Einen besonders schönen Aus- und Einblick hat man vom südwestlichen Waldrand aus, wo ein Asphaltweg entlang des Waldes führt. Ebenfalls nur vom Rand aus zu sehen sind die **Langenbrückener Jurawiesen**, gut einsichtig vom Asphaltweg aus, der von der Bundesstraße Langenbrücken–Östringen aus nach Süden abzweigt und entlang des Waldrands führt.

In **Weingarten** sind noch zwei größere Wiesenkomplexe vorhanden (siehe Karte 2). Der wichtigere von ihnen, die **Thalwiesen**, liegt im alten Wiesenwässergebiet (süd-)westlich und westlich des Orts, zerschnitten von der Autobahn und der Straße Blankenloch–Weingarten. Die **Breitwiesen** nördlich des Orts haben in den letzten Jahren aber sehr stark abgenommen. Alle noch vorhandenen Wiesen sind ehemalige Wässerwiesen. SCHATTE (1980) untersuchte die Weingartener Wiesen ausführlich; damals betrug die verbliebene Wiesenfläche noch 38 ha. Sie ordnete den Großteil der Wiesen den feuchten Glatthaferwiesen (Kohldistel-Glatthaferwiesen) zu. Echte Feuchtwiesen (Calthion) waren noch kleinflächig an staufeuchten Stellen vorhanden, Pfeifengraswiesen überhaupt nicht mehr. Wie zu erwarten war, nimmt die Trockenheit der Wiesen nach Westen hin zu; an der Straße Blankenloch–Weingarten gab es schon damals vorherrschend trockene Salbei-Glatthaferwiesen. Neuere Untersuchungen über das Wiesengebiet liegen nicht vor; seit der damaligen Kartierung sind immerhin 15 Jahre vergangen. Klar ist aber, daß die Trockenheit der Wiesen zugenommen hat; die Kohldistel-Glatthaferwiese ist auf dem Rückzug. Mineraldüngung und intensive Nutzung hat bei den verbliebenen Wiesen zu großer Artenarmut geführt.

Die Thalwiesen lassen sich (am besten mit dem Fahrrad) auf verschiedenen Wegen besichtigen. Der Anfang aller Wege liegt am Bahnhof von Weingarten, von dem aus wir uns nur in Richtung Südwesten halten müssen. Gleich an der Abzweigung der Straße nach Staffort liegen zu beiden Seiten der Straße einige erhaltene, alte Schleusen (siehe auch Kap. 5). Der Teil der Thalwiesen westlich der Autobahn ist von der Straße Weingarten–Blankenloch aus zu erwandern.

Wenig erschlossene Wiesengebiete

Einige Wiesen- und Bruchgebiete sind besonders wertvoll, aber wenig erschlossen und deshalb für Exkursionen nicht geeignet. Zu ihnen gehören z. B. das Neudorfer Moor, die Bruchgebiete und Röhrichte nordöstlich von Philippsburg oder die Dettenheimer Wiesen. Die Naturschutzgebiete „Waghäusler Bruch“ und „Weingartener Moor“ sind über Lehrpfade, Stich- und Bohlenwege zu besichtigen, leiden aber unter sehr starkem Besucherandrang. Einige weitere Gebiete lassen sich zumindest vom Rand aus einsehen und sollen deswegen kurz erwähnt werden:

Die **Bruchwiesen** bei Untergrombach (siehe Karte 2) sind selbst zu Fuß kaum erschließbar. Lediglich einige Erdwege führen als Stichwege in das Gelände hinein. Einen besonders schönen Überblick erhält man über einen kleinen Weg auf einem Erddamm, der auf der Nordseite des Wehrgrabenbruchs führt. Um ihn zu erreichen, läuft man vom südlichen Ortsende von Untergrombach auf dem Radweg Richtung Weingarten und nimmt ca. 200 m nach der Tankstelle die Abzweigung nach rechts zum Wald hin. Der Erddamm endet allerdings nach einiger Zeit blind.

Das umfangreiche Naturschutzgebiet **Stettfelder Bruch** zwischen Stettfeld, Ubstadt und Weiher (siehe Karte 11) wird heute im wesentlichen von Schilfröhricht eingenommen. Das Gebiet wurde bis etwa 1960 als zweischürige Wiese genutzt (EHMKE et al. 1979). Im zentralen Bereich kommen auch Grauweidengebüsche vor, daneben sind kleinflächig Seggenröhrichte vorhanden. Nur in den Randbereichen finden wir noch Feuchtwiesen (Calthion) und feuchte Glatthaferwiesen. Ein besonders interessanter Bereich befindet sich rund um eine (auch heute noch schüttende) Schwefelquelle; dort sind noch einige Streuwiesen vorhanden. Das gesamte Stettfelder Bruch ist ein bedeutendes Vogelbrutgebiet. Botanisch waren und sind dort allerdings nur wenige Raritäten zu finden, da das Gebiet früher recht intensiv genutzt wurde und auch heute noch ziemlich nährstoffreich ist. Eine teilweise Offenhaltung des Gebiets durch schonende Pflege und einschürige Mahd der Randbereiche wäre wünschenswert, ist aber derzeit nicht absehbar. Die in der Pflegekonzeption von 1979 vorgeschlagene extensive Mahd vieler Bereiche konnte nicht verwirklicht werden. Das Naturschutzgebiet ist durch Wege praktisch nicht erschlossen und sollte auch nicht betreten werden. Von der Kreisstraße zwischen Weiher und Stettfeld aus erhalten wir einen schönen Einblick in die Röhrichte und Weidengebüsche.

Anhang

Die Bachputzordnung von 1775 für den rechtsrheinischen Teil des Hochstifts Speyer [mit Kommentaren]

Instruction

Nach welcher die drei Bachfauthen deren 3. Ober- und Ämtern Bruchsal, Kißlau und Philippsburg in Betrefs der nachfolgenden Haupt-Bäch und Gräben wie solche alljährlich von denenselben visitirt und von denen Gemeinden unterhalten und gebutzet werden sollen als

1. *Der Landgraben lauft zwischen der Huttenheimer und Rußheimer Gemarkung in den Rhein, und machet die Grenzscheidung vom Hochstift Speyer und Baden-Durlach, auch der Huttenheimer und Neudorfer Gemarkung bis an die Grenzen Graben. Dieser Graben wird gemeinschaftlich gebutzet und macht den Anfang zu butzen von unten herauf Rheinsheim, Huttenheim, Philippsburg, Ober- und Rheinhausen, Wiesenthal, Neudorf bis an die Grenzen Graben.*
   [Land- oder Scheidgraben nördlich von Rußheim: heute noch existent. Von der Neudorfer Kläranlage auf der Gemarkungsgrenze bis zum Rheinseitenkanal, ab da aber nur noch als feuchter Heckenstreifen bis zum Rußheimer Altrhein, wo er früher in den Rhein mündete.]

2. *Die Pfinzbach machet die Grenzscheidung von dem Hochstift Speyer und Baden-Durlach und wird von dem herrschaftlichen Kammerforstwald, allwo die dingische Schließe steht nächst dem Ort Graben bis ober das Ort Neudart und wird von unten herauf gemeinschaftlich gebutzet und macht den Anfang Bruchsal, Büchenau, Neudorf bis an die Grenze Spöck.*
   [Heutige Alte Pfinz von Neuthard bis Graben. Die „dingische Schließe" ist die Thüngen'sche Schließe, an der die Kleine Pfinz nach Philippsburg abzweigte. Zu ihrer Geschichte siehe Kap. 3!]

3. *Das Weingärter und Grombacher Bächlein. Dieses Bächlein lauft bei dem Ort Neudart in die Pfinzbach und macht den Anfang zu butzen von unten herauf Neudart, Büchenau, Untergrombach, Obergrombach, so auf dieser Gemarkung dieses Bächlain sein Zusammenfluß von dem Wasser den Anfang macht. N 3. – Von der Gabel wo das Grombacher Bächlein in das Weingärter Bächlein einlaufet, bis zu dem Kurpfälzischen Zollhauß, butzet Büchenau mit dem Ort Staffort das Weingärter Bächlein gemeinschaftlich.*
   [Heutiger Weingarter Bach und Grombach, beides hochliegende Wässerbäche, noch erhalten, aber meist trockengefallen. Sie vereinigen sich bei Büchenau, ab da ist der Lauf teilweise nicht mehr erhalten. Der Unterlauf bis Neuthard ist als Lachengraben bekannt, lief früher teilweise durch Neuthard und mündete dort in die Pfinz.]

4. *Der Pfinzgraben lauft bey der Vestung Philippsburg in den großen Morast und machet von unten herauf den Anfang zu butzen Philippsburg, Rheinsheim, Huttenheim, Ober- und Rheinhausen, Wiesental, Neudorf bis an das Ort Huttenheim, wo dieser Graben seinen Namen verlieret und wird der grummer Rheingraben genannt und machet von unten herauf den Anfang zu butzen Huttenheim, Neudorf bis an die Grenze Graben.*
   [Der Pfinzgraben nahm bei Huttenheim Wasser aus dem Neudorfer Moor auf (teilweise auch aus der Kleinen Pfinz = Altegraben), lief zwischen Pfinzkanal und Erlengraben nach Norden und mündete südwestlich von Philippsburg in den Pfinzkanal. Er ist nur auf einer kurzen Strecke im Wald noch erhalten.]

5. *Der Kleine Pfinzgraben wo zwischen dem Herrschaftlichen Kammerforstwald und Neudorfer Feld in den dingischen oder Saugraben laufet, butzet die Gemeind Neudorf allein.*
   [Hier werden einige Bäche durcheinandergebracht. Der Thüngen'sche Graben (auch Dingischer oder Ding'scher Graben), im Oberlauf auch Kleine Pfinz genannt, zweigte mit einer Schleuse aus der Pfinz

an der Südwestecke des Kammerforsts bei der heutigen Fa. SEW nach Norden ab und trat beim heutigen Bahnhof Graben-Neudorf ins Tiefgestade ein, dort weiter nach Huttenheim (später „Altegraben" genannt) und weiter zur Philippsburger Engelsmühle (später hier „Rohrstückergraben" genannt), er mündete dort in den Saalbach. Mit dem Saugraben hatte er nichts zu tun. Später wurde die Ausleitung aus der Pfinz durch einen zusätzlichen Überleitungsgraben und die „Thüngen'sche Schließe" ausgebaut.]

6. *Der Saugraben von der alten Schleifmühlen, anjetzo aber bey der Gabel in die Bruchsaler Bach laufet, macht von unten herauf den Anfang zu butzen, Philippsburg, Wiesental, Neudorf, Bruchsal, Büchenau, Neudart, bis oder das Altenbürger herrschaftliche Jägerhaus.*
   [Der Saugraben ist weitgehend noch vorhanden, aber im Oberlauf trockengefallen. Er nahm früher das Wasser des Salinen- und Eiergrabens von Altenbürg her auf, läuft an der Nordseite des Kammerforsts, dann parallel zur Saalbach und mündet in der Molzau schließlich in diese.]

7. *Der Kleine Sau- oder Bruchsaler Allmenter-Graben verlieret den Namen und wird von Altenburg bis zu denen Gradier-Bäu die Salin-Bach genannt und wird auch auf Kosten der Salin gebutzet und unterhalten.*
   [Der heutige Salinengraben, von Bruchsal ab der Saline Richtung Altenbürg, dort auf der Südseite des Orts vorbei zum Saugraben. Im Unterlauf nicht mehr vorhanden bzw. verlegt, im Oberlauf stark verändert. Er bezog früher sein oberes Wasser aus dem Saalbach. Bei Karlsdorf mündete der Eiergraben ein. Der Allmendgraben war nicht identisch mit dem Salinengraben, sondern lief südlich davon vom Breithauptsgraben über die heutige John-Deere-Straße zum Salinengraben.]

8. *Der Kieselschoren-Graben laufet unter dem Altenbürgerhauß an den Kammerforstwald in den Saugraben, diesen Graben muß die Gemeinde Neudorf allein butzen.*
   [Ein heute verschwundener Graben ungefähr mit gleichem Verlauf zur Pfinz-Saalbach-Korrektur, von Neuthard nach Norden am Wald entlang zum Saugraben. Reste sind am „Recyclinghof" Neuthard noch erhalten.]

9. *Der Eyer- Seelacher- Schönbornwiesen- Stein- und Hilzenbrucklacher Graben laufet bey Altenbürg in den Saugraben, machet von unten herauf den Anfang zu butzen Neudart, Büchenau, Bruchsal, ober der Stadt Bruchsal fangen folgende Gemeinden wieder zu butzen an, Neudart, Büchenau, Unter- und Obergrombach.*
   [Das Entwässerungssystem der Moore zwischen Bruchsal und Untergrombach über die Büchenauer Hardt. Gemeint sind unter anderem die heutigen Eier-, Schönbornwiesen-, Immerten- und Wolfslochgraben sowie die verschwundenen Breithaupts- und Feldlachgraben. Der Eiergraben endet auch heute noch bei Karlsdorf, ist weitgehend noch existent, aber stark gefaßt und verändert.]

10. *Der Bruchsaler Mühlbach laufet durch die Stadt Philippsburg in die Vestungsgräben und Morast, macht den Anfang von unten herauf zu butzen Philippsburg, Ober- und Rheinhausen, Rheinsheim, Huttenheim, Wiesental, Neudorf bis zur Schönborner Mühlen, den Mühlenablaß-Graben butzen die Ortschaften die zu solcher Mühlen zu mahlen gebannet seynd, ober dieser Mühlen fangen an wiederum zu butzen: Hambrücken, Forst, Neudart, Büchenau, Bruchsal, Unter- und Obergrombach bis Altenbürg, von da machen folgende Gemeinden den Anfang wieder zu butzen: Neudart, Büchenau, Forst, Ubstadt, Bruchsal, butzet sofort durch die Stadt bis an die Grenzen Heidelsheim.*
    [Die Alte Saalbach von Heidelsheim über Bruchsal und Altenbürg nach Philippsburg.]

11. *Den Stadtgraben butzet die Stadt Bruchsal, Neudart, Büchenau, und Forst.*
    [Der alte Oberlauf des Krottbachs, Bruchsaler Festungsgraben im Bereich der heutigen Stadt Bruchsal, nach Westen führend zur heutigen Gaststätte „Eintracht".]

12. *Die Wagbach von dem Rhein anfangend und macht die Grenzscheidung der Ober- und Rheinhäuser und Lußheimer Gemarkung, und wird auch von diesen Gemeinden von unten herauf bis an die Spitz, wo das herrschaftliche Wiesenbruch anfanget gemeinschaftlich gebutzet. Von da butzet den Graben allein bis Waghäusel unter vorbei bis an die Wiesenthaler Gemarkung Ober- und Rheinhausen, von da bis zur Hambrücken Grenzmarkung Wiesenthal, von da bis zu den herrschaftlichen Neureutwiesen Hambrücken,*

von da verlieret der Graben seinen Namen und wird Neureutwiesengraben genannt. Dieser Graben laufet neben dem herrschaftlichen Wald und Wiesengraben nach Altenbürg, und machen von unten herauf den Anfang zu butzen so weit als die herrschaftlichen Neureutwiesen gehen: Weyer, Forst, Neudorf, Büchenau, von da bis zu dem herrschaftlichen Haupt-Allee-Weg butzen diesen Graben die Wiesenbesitzer, die mit ihren Wiesen auf diesen Graben stoßen, so breit aber als der Alleesteg ist gnädigste Herrschaft, von da aber bis zu dem Schlagbaum beyAltenbürg, so lang als die herrschaftlichen Zeutermer Brielwiesen gehen, butzet Zeutern.
[Der Wagbach begann als „Neureuthgraben" am Karlsdorfer Rathaus als Ausleitung aus der Alten Saalbach, floß nach Norden am Wald entlang über das Gelände des heutigen Baggersees. Von hier ab ist er noch erhalten. Ab Waghäusel lief er durch das Waghäusler Bruch nach Norden und dann zum Rhein hin parallel zum Kriegbach.]

13. *Der mittler oder Kleine Neureutwiesengraben butzet auf der herrschaftlichen Wiesenseite gnädigste Herrschaft und auf der anderen Seite die Wiesenbesitzer, die mit ihren Wiesen darauf stoßen.*
[Ableitgraben zwischen Karlsdorf und Hambrücken im Haupt-Wässerwiesengelände der Neuwiesen, in der Mitte parallel zwischen Saalbach und Neureutgraben/Wagbach. Begann bei Karlsdorf/Altenbürg (bildet dort auch heute noch die Gemarkungsgrenze!) und lief dann über die Wiesen südlich des Walds über die „Stangenwiesen" südlich von Hambrücken, dann in den Wagbach. In den Stangenwiesen ist die feuchte Senke noch sichtbar.]

14. *Ecken- Speck- Sandgraben lauft bei der Gabel unten am Ende der Oberen-Fohlen-Weyd in den Dottlacher oder Gießgraben, von unten herauf bis zu der Speckbrücke an der Hambrücker Straß butzet Hambrükken, von dieser Brücke bis zu Bruchsaler Bach butzet die Stadt Bruchsal.*
[Der Speckgraben beginnt nördlich von Karlsdorf im Wald parallel zum Wagbach und ist ein tiefliegender Ableitgraben, früher offensichtlich als Ausleitung aus der Wagbach. Er zieht sich nordwärts durch die Hardt bis zum Duttlacher Graben nördlich von Hambrücken. Der Graben ist noch vorhanden, liegt aber trocken. Der Sandgraben (auch Aspen- oder Espengraben) ist der verschwundene „Oberlauf" des Speckgrabens nordöstlich des heutigen Karlsdorf, er begann auf Höhe des Segelflugplatzes am Saalbach und zog über den Ochsenstall nach Nordwesten.]

15. *Der Reit- oder Weitlacher Graben lauft bei der Speckbrücken in den Stadtgraben und butzet längs der Hambrücker Straße nach die Gemeind Forst. Von da bis an den ersten Richtweg in dem herrschaftlichern Wald der obere Bayeren, die Stadt Bruchsal.*
[Zwei verschiedene Gräben werden hier durcheinandergebracht: Der „Weitlacher Graben" begann nordöstlich von Karlsdorf beim geplanten B-35-Kleeblatt, dann über die heutige BAB 5 nach Nordwesten, südlich der L 556 in den Speckgraben. Reste sind noch erhalten, liegen aber trocken. Der Reutgraben liegt nördlich davon, begann im Dorf Forst und läuft auch heute noch von Forst aus nach Nordwesten zum Speckgraben.]

16. *Der Dottlacher- Gieß- auch Krottbach-Graben laufet an der Grenzen Lußheim in den Kraichgraben, von unten herauf macht den Anfang zu butzen Ober- und Rheinhausen, Kirrlach, St. Leon, Roth, Kronau, Langenbrücken, Stettfeld, Ubstadt, Weyer, Forst, Bruchsal bis an den Stadtgraben am herrschaftlichen Bauhof.*
[Heutiger Duttlacher Graben, begann früher (als „Krottbach") im Bereich des Unteren Schloßgartens bei Bruchsal als Abwassergraben von Bruchsal, abzweigend vom Saalbach bei der heutigen Gaststätte „Eintracht", dann zur heutigen Bruchsaler Kläranlage. Ab da im heutigen Verlauf über Weiher Süd, Hambrücken Nord, Kirrlach und nördlich von Kirrlach in den Kriegbach (hier fälschlich als Kraichbach bezeichnet). Der Graben hieß früher „Todtlachengraben".]

17. *Den Krottbach-Wiesengraben von der steinernen Brücken an dem Ziegler-Weg bis zu den herrschaftlichen Wendelrothwiesen, butzet die Stadt Bruchsal allein.*
[„Heutiger" Krottbach, vom Bruchsaler Bahnhof nach Westen durch die Talwiesen als hochliegender Wässerbach, dann nach Norden. Reste sind noch vorhanden, aber trockengefallen. Der Bach endete auf Höhe des heutigen Erdbeerhofs „blind" und besaß keine Fortsetzung nach Norden, sondern war lediglich zum Wiesenwässern gut. Siehe auch SIEGELE *1984.]*

18. *Der Heugraben lauft ober dem Ort Kirrlach in den Dottlacher Graben und butzet von unten herauf Kirrlach, St. Leon, Roth, Kronau, Hambrücken, Forst, Weyer, Ubstadt, Stettfeld, Zeutern, Langenbrücken, Retigheim, Östringen, Mingolsheim.*
[Heutiger Heugraben, noch existent, aber trockengefallen. Vom Hardtwald nordwestlich von Weiher nach Nordwesten durch Kirrlach, mündet dort in den Duttlacher Graben.]

19. *Der Trachter- oder Lochwiesengraben laufet in die Kraichbach bei der untern Fohlenweyd, ober dem Hauptalleeweg butzet von unten herauf Weyer, Forst, Weyer, Ubstadt bis zu ihrem Bruchstück.*
[Heutiger Lochwiesengraben, ab dem Ubstadter Bruch westlich am Südende von Weiher vorbei. Ab da heute noch existent, aber trockengefallen. Er mündet nördlich von Weiher in den Kriegbach (fälschlich hier als Kraichbach bezeichnet). Der Graben entwässerte das Ubstadter Bruch, der Oberlauf war der Unterfeldgraben.]

20. *Der Große Schorengraben laufet in die Kraichbach ober am End der untern Fohlen-Weyd und butzet denselben von unten herauf Stettfeld, Weyer, bis an ihre Wiesen am Ort.*
[Die Identität des Grabens ist nicht ganz klar, vermutlich lag er nordöstlich von Weiher, parallel zum Kraichbach.]

21. *Der Kriegbach laufet an der Gabel bei den Lußheimer Grenzen in den Dotlacher Graben und butzet von unten herauf Rhein- und Oberhausen, St. Leon, Kirrlach, Roth, Kronau, Weyer, Stettfeld, Ubstadt, Langenbrücken, Mingolsheim, bis an die alte Schneidemühle.*
[Der heutige Kriegbach. Der Unterteil ab der Vereinigung mit dem Duttlacher Graben (nördlich von Kirrlach) wurde früher als Duttlacher Graben, heute als Kriegbach bezeichnet.]

22. *Die Kraichbach von der Grenze Reilingen macht von unten herauf den Anfang zu butzen, St. Leon, mit Roth gemeinschaftlich, Roth allein, Mingolsheim allein, Mingolsheim mit Kronau gemeinschaftlich, Mingolsheim allein, Mingolsheim mit Östringen gemeinschaftlich, Zeutern bis Kißlau allein, Zeutern mit Kronau gemeinschaftlich, Langenbrücken mit Kronau gemeinschaftlich, Langenbrücken allein, Stettfeld allein, Ubstadt und Weyer gemeinschaftlich, Ubstadt allein bis zu den Grenzen Unteröwisheim.*
[Heutiger Kraichbach, von Ubstadt über Kislau, St. Leon und Reilingen nach Hockenheim.]

23. *Die Stettfelder und Zeutermer Mühlbach laufet unter Stettfeld an der alten Schneidmühlen in die Kraichbach, butzet von da bis an die Grenzen Zeutern, Stettfeld. Von da bis an die Grenzen Odenheim butzet Zeutern.*
[Der heutige Katzbach von Zeutern nach Stettfeld.]

24. *Der Landgraben lauft bei St. Leon in die Kraichbach, butzet von unten herauf St. Leon, Roth, Mingolsheim, Kronau, Langenbrücken, Stettfeld, bis an ihre Wiesen.*
[Der Landgraben begann früher bei Langenbrücken, querte dann beim Schloß Kislau unter dem Kraichbach durch (!), am Ortsrand von Kronau vorbei nach Norden und lief schließlich östlich parallel zum Kraichbach. Er wurde später verlegt und verläuft jetzt nach Norden (Mingolsheim) in den Kehrgraben. Westlicher Hauptableitgraben des Kraichbach-Wässersystems.]

25. *Der kleine Wasserabzuggraben bey Kißlau von dem Schloßgraben butzet Östringen allein bis zu dem Landgraben.*
[Kleiner Graben im Wässerwiesensystem bei Kislau, zwischen Landgraben und Kraichbach.]

26. *Der Erlengraben oder Bruhrhein-Graben laufet unter Kißlau in den Landgraben, butzet von da bis an die Grenzen Langenbrücken.*
[Kleiner Graben im Wässerwiesensystem bei Kislau, heute noch vorhanden und als Bruhraingraben bezeichnet. Östlich der Bahn, direkt am Rand des Hügellands, von Langenbrücken nach Norden nach Mingolsheim / Kislau.]

27. *Das Mingolsheimer Mühlbächlein laufet unter Kißlau in die Kraichbach, butzet von unten herauf bis zu den Grenzen Östringer Gemarkung, Östringen.*

[Heutiger Mühlbach (auch „Kleine Bach"), von Östringen durch das Dorf Mingolsheim bis in die Kraichbach.]

28. *Der Schnier- oder Adäcker-Wiesen-Graben von der herrschaftlichen Schnierwiesen, laufet unter den Mingolsheimer durch in den Streger- oder Kerrgraben, butzet allein Mingolsheim.*
[Ein Teil des heutigen Landgrabens, westlich des Schlosses Kislau nach Norden mit einer Unterführung unter dem Mühlbach (die heute noch da ist!) in den Kehrgraben.]

29. *Der Kerr- Streger- und Kalbach-Graben laufet unter Reilingen in die Kraichbach, von der Reilinger Grenzen Roth, St. Leon, Roth, Mingolsheim, Malsch, Malschenberg, Rauenberg, bis an die Grenzen Wiesloch.*
[Heutiger Kahlbach, größerer Graben als Entwässerung des Kapellen- und Frauweilerbruchs nördlich von Mingolsheim. Er ist noch existent, ab der „Dornhecke" ausgebaut, früher dort als Landgraben bezeichet. Er wurde früher ab Mingolsheim bis Reilingen als „Kehrgraben" bezeichnet, nach dem Ausbau wurde der Name im nördlichen Teil in „Kahlbach" verändert. Der eigentliche Kahlbach lief früher nach Norden in den Leimbach bei Wiesloch, ab den 1930er Jahren wurde die Fließrichtung umgedreht und das Frauenweiler Bruch zum Kraichbach hin entwässert.]

30. *Der Landgraben auf der Malscher, Malschenberger und Rauenberger Gemarkung laufet in den Streger-Graben, butzet von unten herauf Malsch, Malschenberg, Rauenberg bis an die Grenzen Wiesloch.*
[Parallel zum Kahlbach, ebenfalls eine Entwässerung des Frauenbruchs. Nicht identisch mit Nr. 24. Heute im Landkreis Heidelberg.]

31. *Die Angelbach der Wieslocher Grenzen butzet von unten herauf als auf der Rauenberger Gemarkung, Rauenberg, von da bis an die Grenzen Mühlhausen Rothenberg, von da bis an die Grenzen Eichtersheim, Mühlhausen.*
[Heutiger Angelbach, Landkreis Heidelberg, im Kraichgau.]

32. *Dielheimer Mühlbach laufet an der Grenzen Wiesloch in Angelbach, butzet von der Grenzen Wiesloch bis an die Grenzen Horrenberg Dielheim, von da bis an die Grenzen Balzfeld, Horrenberg, und von da bis auf die Gemarkung Balzfeld, Balzfeld allein.*
[Heutiger Dielheimer Mühlbach, Landkreis Heidelberg, im Kraichgau.]

33. *Wurden die drey Bachfauthen hiermit allen Ernstes angewiesen, daß die sämtliche Hauptbäch und Gräben derer 3 Ober und Ämter Bruchsal, Kißlau und Philippsburg alle Monat fleißig visitieren und darauf festhalten, daß die Ufer nach der an die Ober und Ämter schon ergangenen Verordnung, profil und Vißirmäßig von denen Gemeinden unterhalten werden und also dahin conjunction mit denen Gemeinden besorgt seyen und zeitliche Veranstaltung treffen, daß nichts von dem Ufer in die Bäche und Gräben einrutsche, auch darauf besonders Achtung haben, ob keine schädliche Bäum stehen oder Hecken hineingefallen, oder nahe an dem Ufer stehen und hineinfallen können, wodurch das Wasser in seinem Lauf gehemmet, und schädliche Folge daraus entstehen können, bey sich ereignen derley Fällen aber zeitlich Veranstaltung treffen daß der Einfall durch diejenige Gemeinde so diese Bäche und Gräben zu butzen und zu unterhalben schuldig seyen also gleich herausgeschafft und nachgeholfen werde.*

34. *Sollen die Bachfauthen dahin besonders vigilieren daß von denen Bäch oder Gräben-Ufer einiger Grund nicht abgehoben, davon hinweggeführet und also das Ufer geschwächt werde.*

35. *Auch haben dieselben zu sehen, daß an keiner Mühle, solche mögen zugehören oder Namen haben wie sie nur immer wollen, an der Eichschwellen etwas erhöhet oder eine Abänderung an dem Wasserbau vorgenommen, die in denen Bäch und Gräben stehenden Haupt- und Wässerungsschließen zu unerlaubten Zeiten keineswegs aufgezogen, oder zugestellt, keine Einschnitt an denen Bäch und Gräben-Ufer eröffnet und nach der Wässerungszeit alle Wasserschließen Dohl und Einschnitt, damit kein Wasser ausbrechen oder Schaden thun könne, wiederum nicht zumacht und verdammet, auch wo die Wiesen kein Wässerungsrecht haben, keine Schließen oder Dohl eingelegt werden, sofort auch*

36. *sollen sie fleißig Ibacht haben, daß wo Gott dafür seyn wolle, ein Blatsch oder Ungewitter-Regen einfalle auch wildes Wasser anlaufen solle, sowohl bei Tag als Nachtzeit die Schließen nach der gehörigen Ordnung nach und nach wo es nötig aufziehen lassen sollen, auch das vor der Schließe stehende Wasser in seinem Ufer bleibe, nicht so leicht ausbrechen und eine Überschwemmung verursachen an welchem Fall*

37. *sie sogleich nachsehen sollen, ob ein jeder Müller seine Ablaß-Schließen aufgezogen und wo das Wasser in die kleinen Gräben ausbrechen sollte, gleich die Schließen zugestellt werden.*

38. *Wann die Bäch und Gräben vom wilden Wasser angefüllt sein, welches am besten zu erkennen seyn wird, wann das Bach oder Grabenufer zu schwach und nicht genug erhöht, haben die Bachfauthen solche Plätze zu bemerken und zu gelegener Zeit solches Ufer in einen guten und dauerhaften Stand herstellen zu lassen, damit man in Zukunft keinen Ausbruch des Wassers mehr zu befürchten habe; zugleich haben sie*

39. *fleißig und öfters nachzusehen, ob keine Brücken oder Schließen in denen Bäch und Gräben stehen, die schädlich und das Wasser in seinem Lauf hemmen oder gar den Wasseraufenthalt verursachen möchten.*

40. *Wird ihnen Bachfauthen anbefohlen, daß sie bei einem großen anhaltenden Ungewitter-Regen wo das Wasser hin und da ausbrechen und kleine Überschwemmungen verursachen möchte, welche fast unmöglich zu verhindern ist gehalten, da auf dieser Seiten des Brurheins das Land allzuhorizontal liegt und also dem Wasser in denen Hauptbäch und Gräben keinen Fall und schnelleren Lauf oder Abzug verschafft werden kann, sie sich besonders dahin verwenden sollen, daß wann sich das große Wasser in denen Hauptbäch und Gräben eröffnen und soviel möglich dem Wasser die Gemeinden, welche solches in der Frohnd zu thun schuldig seynd, mit einigen Mann nachhelfen lassen, damit solchemnach das Wasser aus denen herrschaftlichen Waldungen, Äcker, Wiesen und Almenten ziehen in die Haupt Wasser-Abzugsbäch und Gräben einlaufen und sich nach und nach wieder verlieren könne.*

41. *Wann die Zeit, wo die Bäch und Gräben gebutzet sollen herbeikommt so sollen die drey Bachfauthen zuvor miteinander unterreden, daß die Schließen, welche in den Bäch und Gräben stehen und gebutzet werden sollen, zugestellt und wohl verwahret werden, damit zu selbiger Zeit in selbiger Bach oder Graben kein Wasser zu lassen, auch die Gemeinden welche zu solcher Arbeit beschrieben, durch das Wasser nicht behindert werden und nicht wie schon mehrmalen geschehen, die Schließen boshafter weiß gezogen und ganze Gemeinden ohne verichtete Arbeit wieder nachher Haus haben gehen müssen, und nicht recht butzen können.*

42. *Haben die Bachfauthen die Bestellung zu machen, daß von Anfang des Monats May bis Ende des Monats August zu solcher Zeit, wann der Unterthan in seinen Feldgeschäften nicht gehindert wird, vorbeschriebene Hauptbäch und Gräben nach der Verordnung und Provil auch die geschlagener eichener Stickel und guter Boden mit Abschneidung, deren Verunreinigung des Ackers sowohl den angelegten Schleim, als anderes Gras samt denen Wurzeln sauber herausgebutzet werden, damit solche Bäche und Gräben auf dem Boden des Wasserlaufs eine gleiche Weite und Tiefung bekommen, und das Wasser gut und leicht ohne Anstoß ablaufen könne.*

43. *Sollen die Bachfauthen sich bestens angelegen sein lassen, daß an den Bach und Grabenufern, so von dem wilden Gewässer der Grund unterhölt oder augespielt wird und dabei zu befürchten steht, daß solcher Grund herabrutschen und in die Bach oder Graben fallen mögte, solcher Grund gleich nach der Schregung oder nach dem Provil abgestochen und sauber heraus geworfen werde und nicht wie schon öfters zum Betrug geschehen ist, daß nur an den Plätzen, wo die eichener Stickel zum Ziel der Tief und Weitung geschlagen, der Grund oder Schleim, um nur die eichen Zielstickel wohl sehen zu können, herausgebutzet war und rückwärts aber derselbe liegengeblieben seye, daher einem jeden Bachfauthen obliegen will, daß einer wie der ander ohne Unterschied und einiges absehen oder sonsten dabei suchenden Interesse, zu seiner schuldigen Arbeit auf dem Platz recht angewießen und angehalten werde, damit nicht wann solche Gemeinden auf dem Platz send, mit müßigem hin und hergehen die*

beste Zeit versäumet, oder gar ohne das ihnen zu butzen aufgetragene Ruthen-Maß vorgeschriebenermaßen ausgehoben und gebutzet zu haben, nicht fortgelassen werden sollen.

44. Haben die Bachfauthen die wo deren Bestellung zu machen, daß allzeit die Bäch und Gräben von unten herauf gebutzet und zu solcher Arbeit eine Gemeind nach der andern beschrieben worden, wodurch denenselben solche Arbeiten viel leichter fallen wird wenn das Wasser mehr von als zu Hand fließet, damit aber auch erforderlichen Falls recht und fleißig gearbeitet werde, so sollen die Bachfauthen

45. Sorg tragen, daß die beschriebenen Fröhner sich zu gehöriger Zeit früh um 5 Uhr bei ihrer angewießenen Arbeit einfinden, auch bey derley keine untaugliche Männer oder Buben unter 16 Jahren, noch weniger Lehrjungen oder Weibsbilder beschrieben und angenommen werden.

46. Sollen die Mühlbäch und Gräben alle Jahr zwischen der Heu und Frucht Ernd gebutzet und nicht darauf gewartet werden, obschon hin und da der nachläßige noch etwas Gras stehen habe, sondern wann das mehreste Heu zu Haus seyn wird, der Anfang gemacht werden, damit solche Arbeit nicht in die Frucht-Ernd falle, oder unterschoben wird, maßen nach der Heu-Ernd der Unterthan kein notwendiges Feld Geschäft hat, auch um diese Zeit kein Graswachs verderben wird, und sogleich auch die Wiesen, welche das Wässerungsrecht haben, dabei mit dem abgeschlagenen Wasser gewäßert werden können, mithin dem Unterthan allzeit nützlich seyn, wenn er in der Ernd-Zeit in seinen Feldgeschäften sich nicht verhindert siehet, als auch dabey die Nothleidenden nicht aufgehalten werden können.

47. Haben auch die Bachfauthen, wann ein Grenzscheidungsbach oder Graben gebutzet wird, bei denen Ober und Ämter es anzuzeigen, denn sehr nötig sein will, daß allzeit ein Amts-Glied dabeyseye. Seynd es Waldbäch oder Gräben so durch die beiden Fohlenweyden laufen, solches bei dem Fohlenhirten anzeigen, welcher solches weiters melden werde, ob solche Bach oder Graben-Butzung ein Anstand haben solle.

48. Haben die Bachfauthen nach verflossenen 4 Monaten jährlich als nehmlich den 1. September ihre Berichter an die Ober und Ämter ob nach vorbeschriebener Verordnung die Bäch und Gräben recht gebutzet worden einzuschicken, maßen nach verfloßener Zeit keineswegs von denenselben eine Exonsation mehr angenommen werden, und bey der angesetzten herrschaftlichen Straf ad 10 Rthaler sein Verbleiben haben solle.
Schließlichen sollen die Bachfauthen nach ihren aufhabenden Pflichten schuldig und gehalten seyn, wann es auch nicht in vorbeschriebener Instruktion Platz hat, wodurch genädigste Herrschaft einiger Schaden zugefügt worden, oder der Unterthan darunter leiden sollte, bey denen Ober und Ämter solches also gleich anzuzeigen, sodann auch wann ihnen von den Ober und Ämter zum besten Gnädigster Herrschaft und des Unterthanes etwas weiteres so in Bach oder Graben, Arbeit einschlaget aufgetragen werden sollte, solches auf das genaueste besorgen sollen. Sollte in ein oder der anderen Gemeinde ein nachlässiger Staabhalter seyn, welcher die Feld-Allmenten oder Bruch-Gräben zum Schaden der Gemeind liegen und nicht butzen lasse, solches ebenmäßig bey denen Ober und Ämtern melden solle.

W i e s e n t a l
Bäch und Gräben butzung Verordnung

Wird gegenwärtig von der Hochstiftl. Speyerischen geheimen Hofkanzley dahiesige Amt zugeschickte Instruction über die jährliche visitir und Unterhaltung deren Gräben, den Staabhaltern zu Wiesenthal zu seiner genauesten Befolgung und mit dem ausdrücklichen Befehl hiermit in Abschrift zugefertigt, daß diese Arbeit nach Vorschrift der Verordnung alljährlich von Anfang des Monats May bis ende August geschehe und bey Anfang des Septembers von demselben hierüber an allhießiges Amt einberichtete werden, um von hieraus an gedachte geheime Hofkanzley den weiteren Verordnungsmäßigen Bericht erstatten zu können, wo man Entübrigens an ihne Stabhalter falls er sich in diesem Stück an seiner Obliegenheit in etwas verabsäumen sollte, der verhängten Straf halber von Amtswegen halten werde.

Philippsburg, den 2.ten Marti 1775

Literatur

ABEL, G. (1865): Die Pflege der Wiesenbewässerungsanlagen nebst Wiesenpolizeiordnung, Instruction für Wiesenwärter und Wässerungs-Ordnung. Erläutert durch die Bewässerungs-Anlagen im Köthach-Thale bei Geisingen, Großh[erzoglich] Badischen Bezirks Donaueschingen. – Mit 12 Tafeln. Karlsruhe (Druck und Verlag von Friedrich Gutsch).

ABEL, W. (1978): Geschichte der deutschen Landwirtschaft vom frühen Mittelalter bis zum 19. Jahrhundert. – 3. Aufl., Stuttgart.

AGNUS (Arbeitsgemeinschaft für Natur- und Umweltschutz) Bruchsal (1991): Biotopatlas der Gemarkung Kraichtal. – Kartierung, im Auftrag der Gemeinde Kraichtal. 37 S. + 34 Kartenblätter 1 : 5000. Bruchsal.

AGNUS (Arbeitsgemeinschaft für Natur- und Umweltschutz) Bruchsal (1993): Biotopatlas der Gemarkung Waghäusel. – Kartierung, im Auftrag der Gemeinde Waghäusel; 62 Kartenblätter 1 : 5000. Bruchsal.

AGNUS (Arbeitsgemeinschaft für Natur- und Umweltschutz) Bruchsal (1995a): Biotopatlas von Bruchsal und Umgebung (Gemarkungen Bruchsal, Karlsdorf-Neuthard, Hambrücken, Forst sowie Gemarkungsteile von Kraichtal und Ubstadt-Weiher). – Kartierung, im Auftrag des Landkreises Karlsruhe; 120 Kartenblätter 1 : 5000.

AGNUS (Arbeitsgemeinschaft für Natur- und Umweltschutz) Bruchsal (1995b): Biotopatlas der Gemarkung Philippsburg. – Kartierung, im Auftrag der Gemeinde Philippsburg; 70 Kartenblätter 1 : 5000. Bruchsal.

AGNUS (Arbeitsgemeinschaft für Natur- und Umweltschutz) Bruchsal (1995c): Biotopatlas der Gemarkung Graben-Neudorf. – Kartierung, im Auftrag des Landkreises Karlsruhe; 45 Kartenblätter 1 : 5000. Bruchsal.

AHRENS, K. (1972): Columella. Über Landwirtschaft. Ein Lehr- und Handbuch der gesamten Acker- und Viehwirtschaft aus dem 1. Jahrhundert u. Z. – Berlin.

AICHELE, D. & H.-W. SCHWEGLER (1991): Unsere Gräser. Süßgräser, Sauergräser, Binsen. – 10. Aufl.; 224 S. Stuttgart (Franckh/Kosmos).

ALBERTI, H.-J. v. (1957): Maß und Gewicht. Geschichtliche und tabellarische Darstellungen von den Anfängen bis zur Gegenwart. – Berlin.

AMMERMÜLLER, F. (1843): Gutachten des Reutlinger Gewerbe-Vereins über den Gesetzes-Entwurf des Königl. würtembergischen Ministerium des Innern, Bewässerungs- und Entwässerungs-Anlagen für Würtemberg betreffend. – Reutlingen.

AMMON, O. (1888): Vorgeschichtliche Wasserläufe im Rheintal. – Verh. naturw. Verw. Karlsruhe 10, S. 159-162; Karlsruhe.

AMT FÜR WASSERWIRTSCHAFT UND BODENSCHUTZ KARLSRUHE (1994): Gütezustand von Fließgewässern 1992 und 1993 in der Rheinebene zwischen Karlsruhe und Philippsburg. – 33 S. u. 1 Karte. Karlsruhe.

ANONYMUS (1748): Wiesen wässern oder Wässerung der Wiesen. – In: J. H. ZEDLER (Hrsg.): Grosses vollständiges Universal-Lexicon Aller Wissenschafften und Künste, welche bishero durch menschlichen Verstand und Witz erfunden und verbessert worden usw., Bd. 56, Sp. 585-587; Leipzig/Halle.

ANONYMUS (1785): Kurze Anweisung für Wiesen-Vögte, die Wässerung der Wiesen betreffend. – o. Ort.

ANONYMUS (1857): Wiese. – In: C. O. HOFFMANN (Hrsg.): Dr. Johann Georg Krünitz's ökonomisch-technologische Encyklopädie, oder allgemeines System der Staats-, Stadt-, Haus- und Landwirthschaft, und der Kunstgeschichte, in alphabetischer Ordnung, Bd. 239. Berlin.

ANONYMUS (1864): Wiesenverbesserung in Herrenalb. – Wochenblatt für Land- und Forstwirthschaft 37/1864, S. 201-204.

ANONYMUS (1938): Vom Sauergras zum dritten Schnitt. Das Dürkheimer Bruch – Wertvolles Ackerland an Stelle von Sumpfwiesen. – NSZ-Rheinfront 9(75) vom 29. 3.; Neustadt a. d. W.

ARBEITSGAULEITUNG 27 BADEN-PFALZ (o. J., um 1937): Grenzland! – Spaten zur Hand! 2 Jahre badisch-pfälzischer Arbeitsdienst. – Karlsruhe.

ASCHE, S. (1991): Eintausend Jahre Grötzingen. Die Geschichte eines Dorfes. – Veröffentlichungen des Karlsruher Stadtarchivs 13; 400 S. Karlsruhe.

AßFELD, G. (1972/73): Aus dem 30jährigen Krieg. Das Jahr 1632 im Kraichgau, Bruhrain und in angrenzenden Gebieten. – Brettener Jahrbuch 1972/73.

ASSION, P. (1975): Vor 450 Jahren. Bauernkrieg auch im Kraichgau. – Badische Heimat, Heft 3/1975.

BABO, Frh. v. (1836): Kurze Anleitung zur Anlage und Behandlung der Wiesen. In Auftrag der Deputation der Unterrhein-Kreisabtheilung des landwirthschaftlichen Vereins in Weinheim, nach fremden und eigenen Erfahrungen, zusammengestellt von deren Vorstand. – Heidelberg (August Oßwald).

BABO, Frh. v. (1841): Über Wiesenverbesserung in der Gegend von Hockenheim. – Landwirtschaftl. Wochenblatt für das Großherzogthum Baden 9, S. 55-56.

BADER, K. S. (1973-81): Studien zur Rechtsgeschichte des mittelalterlichen Dorfes. Band 1: Das mittelalterliche Dorf als Friedens- und Rechtsbereich, 3. Aufl., Köln 1981. Band 2: Dorfgenossenschaft und Dorfgemeinde, 2.

Aufl., Köln 1974. Band 3: Rechtsformen und Schichten der Liegenschaftsnutzung im mittelalterlichen Dorf, Wien 1973.

BADER, K. S. (1978): Der deutsche Südwesten in seiner territorialstaatlichen Entwicklung. – Sigmaringen.

BADISCHE NEUESTE NACHRICHTEN (1991): Bewässerung der Wiesen im Moosalbtal. – Ausgabe vom 22. Januar, S. 20.

BAKKER, J. & Y. DE VRIES (1985): Über die Wiederherstellung artenreicher Wiesengesellschaften unter verschiedenen Mahdsystemen in den Niederlanden. – Natur u. Landschaft 60, S. 292-296.

BARTZ, J. (1959): Zur Gliederung des Pleistozäns im Oberrheingebiet. – Z. dt. geol. Ges. 111, S. 653-661. Hannover.

BARTZ, J. (1967): Recent movements in the Upper Rhinegraben, between Rastatt and Mannheim. – The Rhinegraben Progress Report 1967. Intern. Upper Mantle Project, Sci. Rep. 13. – Abh. geol. Landesamt Baden-Württemberg 6, S. 1-2. Freiburg i. Br.

BARTZ, J. (1974): Die Mächtigkeit des Quartärs im Oberrheingraben. – Approaches to taphrogenesis. Inter-Union Comm. Geodynamics, Sci. Rep. 8, S. 78-87; Stuttgart.

BAUER, S. (1982): Pflegemaßnahmen in Streuwiesengebieten. Entstehung, Wert und frühere Bewirtschaftung von Streuwiesen sowie Auswirkungen heutiger Pflege auf die Tiere. – 201 S.; Dissertation, Universität Tübingen.

BAUER, S. (1995): Grabenräumung. – Naturschutz im Kreis Ravensburg 1. 60 S.

BAUMGÄRTNER, D. (1990): Zwischenbericht zur faunistischen und floristischen Schutzwürdigkeit der Pfinzaue bei Graben. – Gutachten, im Auftrag der Bezirksstelle für Naturschutz und Landschaftspflege Karlsruhe.

BAUMGÄRTNER, D. (1992): Gutachten zur Schutzwürdigkeit der „Pfinzaue" (Graben) im Hinblick auf eine Unterschutzstellung als Naturschutzgebiet mit umgebendem Landschaftsschutzgebiet. – 67 S.; Gutachten, im Auftrag der Bezirksstelle für Naturschutz und Landschaftspflege Karlsruhe.

BAUMGÄRTNER, D. (1993a): Schnecken und Muscheln. – In: HASSLER, M. (Hrsg.): Flora und Fauna der Bruchsaler Region, S. 477-496. AGNUS (Arbeitsgemeinschaft für Natur- und Umweltschutz e. V.) Bruchsal.

BAUMGÄRTNER, D. (1993b): Die Alte Pfinz – Ein Rückzugsgebiet ist bedroht. – Specht 2/93: 8-9. AGNUS (Arbeitsgemeinschaft für Natur- und Umweltschutz e. V.) Bruchsal.

BAUMGÄRTNER, D. & H. BURGBACHER (1990): Wiesenkartierung an Pfinz und Pfinzkanal 1990. – Gutachten, im Auftrag der Gemeinde Karlsdorf-Neuthard und des Arbeitskreises Pfinz-Lußhardt-Auen.

BAUMGÄRTNER, D. & S. HEITZ (1995): Großmuscheln – Lebensweise, Gefährdung und Schutz. – 48 S. Arbeitsblätter zum Naturschutz. Landesanstalt für Umweltschutz Baden-Württemberg. Karlsruhe.

BAUMGÄRTNER, D. & U. STEPHAN (1994): Limnologische Untersuchungen an der Pfinz (Nordbaden). – Naturkundliche Beiträge des DJN (Deutscher Jugendbund für Naturbeobachtung) 29, S. 6-16. Hamburg.

BEIERLE, C. (1955): Die ehemalige Saline zu Bruchsal und ihre Salzquellen. – In: F. HERZER & H. MAAS (Hrsg.): Bruchsaler Heimatgeschichte, S. 149-174. Bruchsal.

BENDA, J. et al. (1993): Verhaltensbeobachtungen an Prachtlibellen. – Naturkundliche Beiträge des DJN (Deutscher Jugendbund für Naturbeobachtung) 28, S. 3-36. Hamburg.

BENDER, H. (1987): 650 Jahre Blankenloch. 1337-1987. – 148 S.; Stutensee.

BERG, C. F. W. (1824): Ueber die Bewässerung und den Bau der Wiesen, nebst Beschreibung und Abbildung der von Herrn Leorier neu erfundenen Bewässerungsmaschine, welche den von der königlichen und Central-Ackerbaugesellschaft zu Paris im Jahre 1822 ausgesetzten Preis erhielt. – Leipzig.

BERGDOLT, W. (1926): Badische Allmenden. Eine Rechts- und wirtschaftsgeschichtliche Untersuchung über die Allmendverhältnisse der badischen Rheinhardt, insbesondere der Dörfer Eggenstein, Liedolsheim und Rußheim. – Heidelberg.

BERGMEIER, E., B. NOWAK & C. WEDRA (1984): *Silaum silaus*- und *Senecio aquaticus*-Wiesen in Hessen. Ein Beitrag zu ihrer Systematik, Verbreitung und Ökologie. – Tuexenia 4, S. 163-181.

BERNHARD, J. C. (1764): Vollständige Abhandlung vom Wiesenbau, sowol dem natürlichen als künstlichen, welcher unter Beschreibung der guten und schädlichen Grasarten und Futtergewächse nach den Gründen der neuern Landwirtschaft erörtert, und durch ein neues System mit dem Acker- und Wiesenbau vereiniget worden. – Frankfurt/Leipzig.

BERTRAND, M. J. (1765): Kunst, die Wiesen zu wässern oder vollständige Abhandlung von dem Wasser, wie solches in der Land-Wirthschaft und dem Feldbau nüzlich zu gebrauchen, Nebst einigen Abrißen von Wasserleitungen. – Nürnberg (Verlag Schwarzkopf).

BESSEI, M. (1992): Wiesenwässerung im Einzugsbereich der Elz. – Diplomarbeit, Universität Hohenheim, 76 S., Artenlisten, Karten-Anhänge.

BEUTTER (1869): Die Herrenalber Bewässerungsanlagen. – Wochenblatt für Land- und Forstwirtschaft, Ausgabe 6/1869, S. 21-24.

BEZIRKSSTELLE FÜR NATURSCHUTZ UND LANDSCHAFTSPFLEGE KARLSRUHE: Biotopkartierung 1 : 25 000 Baden-Württemberg. Blätter 6716, 6717, 6718, 6816, 6817, 6818, 6916, 6917. – Landesanstalt für Umweltschutz Baden-Württemberg.

BICKEL, O. (1939): Wiesenbau und Wässerungswesen am Saalbach. Beitrag zur Agrargeschichte des Kraichgaus. – Der Pfeiferturm 7, Spalte 105-116. Bretten.

BICKEL, O. (1940): Die Fischerei am Saalbach. – Der Pfeiferturm 8(4/5), Spalte 33-38.

BICKEL, O. (1969): Rinklingen – Ein Kraichgaudorf in Vergangenheit und Gegenwart. – 360 S.; Brettener stadtgeschichtliche Veröffentlichungen 11. Bretten.

BICKEL, O. (1972/73): Die Landwirtschaft im 18. Jahrhundert, besonders im kurpfälzischen Oberamt Bretten. – Brettener Jahrbuch für Kultur und Geschichte 5. Bretten.

BICKEL, O. (1993): 49. Teil. Wiesenbau und Wässerungswesen; 53. Teil: Die Mühlen im Remchinger Tal; 54. Teil: Die Pfinz und ihre Zuflüsse im Remchinger Tal. – In: O. BICKEL (1993): Remchingen. Geschichte seiner Ortsteile und der Adelsfamilie dieses Namens. Remchingen.

BICKEL, W. (1931): Der Salzgau. Ein Beitrag zur Geschichte des Kraichgaues – In: Badische Kultur und Geschichte, Beilage zur Karlsruher Zeitung vom 29. 7.; Karlsruhe.

BICKEL, W. (1949): Kraichgau und Bruhrain während des 30jährigen Krieges. – Der Pfeiferturm, Jg. 1949.

BICKEL, W. (1955): Der Saalbach und seine Zuflüsse. Beitrag zur Flußnamenforschung des Kraichgaus. – In: F. HERZER & H. MAAS (Hrsg.): Bruchsaler Heimatgeschichte, S. 199-211. Bruchsal.

BIOLOGISCHE STATION „RIESELFELDER MÜNSTER" (1981): Rapider Bestandsrückgang des Kiebitzes (*Vanellus vanellus*). – Ber. dt. Sekt. internat. Rat Vogelschutz 21, S. 31-34.

BLICKLE, P. (1975): Die Revolution von 1525. – München, Wien.

BLICKLE, P. (1989): Studien zur geschichtlichen Bedeutung des deutschen Bauernstandes. – Stuttgart u. a.

BLINDE, A. (1987): Kreismülldeponie Bruchsal – Auswertung und Dokumentation der Bohrungen im Bereich der Dichtwandachse und gutachterliche Stellungnahme zum Untergrund. – Gutachten. 17 S., 29 Abb., 37 Tab. Landkreis Karlsruhe.

BOCHALLI, A. & C. v. ARENSTORFF (1972): Das Wasser- und Bodenverbandsrecht. – Köln, Berlin, Bonn, München.

BOEKER, P. (1954): Bodenreaktion, Nährstoffversorgung und Erträge von Grünlandgesellschaften des Rheinlandes. – Z. Pflanzenernähr. Düng. Bodenkde. 66, S. 54-64, 6 Tab. Berlin u. Hamburg.

BOELCKE, W. A. (1987): Wirtschaftsgeschichte Baden-Württembergs von den Römern bis heute. – Stuttgart.

BOGON, K. (1990): Landschnecken – Biologie, Ökologie, Biotopschutz. – 404 S. Augsburg (Natur-Verlag).

BÖHRER, K. (1931): Wirtschaftliche Betrachtung der Meliorationen unter besonderer Berücksichtigung der badischen Verhältnisse. – Inaugural-Dissertation, Technische Hochschule Karlsruhe.

BÖTTGER, K. (1990): Ufergehölze – Funktionen für den Bach und Konsequenzen ihrer Beseitigung. Ziele eines Fließgewässerschutzes. – Natur und Landschaft 65(2), S. 57-62.

BRACKER, H. H. (1954): Untersuchungen über die Beziehungen zwischen Grundwasser und Pflanzengesellschaften des Grünlandes. – Dissertation am Institut für Pflanzenbau und Pflanzenzüchtung der landwirtschaftlichen Hochschule Hohenheim; 80 S.

BRAUCH, E. (1933): Aus zwölf Jahrhunderten Geschichte Hockenheims. – Hockenheim (Nachdruck 1965).

BRAUCH, T. (1982): Östringen – Geschichte einer Stadt. – 670 S.; Östringen.

BRAUN, M. (1989): Zum Vorkommen der Säugetiere in Baden-Württemberg. Entwurf einer Roten Liste (Stand 1988). – Veröff. Naturschutz Bad.-Württ. 64/65, S. 145-201. Karlsruhe.

BRENNER, B. (Hrsg., 1987): Karlsdorfer Heimatbuch. – Gemeinde Karlsdorf-Neuthard.

BRENNER, B. (Hrsg., 1993): Heimatbuch Hambrücken. Die Geschichte eines Dorfes im Bruhrain. – 603 S.; Hambrücken.

BRIEMLE, G. (1994): Extensivierung einer Fettwiese und deren Auswirkung auf die Vegetation. Ergebnisse eines Freilandversuchs. – Veröff. Naturschutz Landschaftspflege Bad.-Württ. 68/69, S. 109-133. Karlsruhe. [darin weiterführende Literatur zu Düngung und Ausmagerung]

BRIEMLE, G., D. EICKHOFF & R. WOLF (1991): Mindestpflege und Mindestnutzung unterschiedlicher Grünlandtypen aus landschaftsökologischer und landeskultureller Sicht. – Beih. Veröff. Naturschutz Landschaftspflege Bad.-Württ. 60; 160 S. Karlsruhe.

BRUCE, C. H. (1973): Pressured shale and related sediment deformation: mechanism for development of regional contemporaneous faults. – AAPG Bull. 57, S. 878-886, 4 Abb. Tulsa (Oklahoma).

BRÜNNER, F. (1954): Das Wässern der Wiesen. – Württembergisches Wochenblatt für Landwirtschaft (WWL) 51/1954, S. 1561-1562.

BRÜNNER, G. (1971): Noch heute erkennbar. Der Kinzig-Murg-Strom prägte die Stadtlandschaft. – Badische Neueste Nachrichten vom 17. 8.; Karlsruhe.

BUCHWALD, R. (1994): Zur Bedeutung der Artenzusammensetzung und Struktur von Fließgewässer-Vegetation für die Libellenart *Coenagrion mercuriale* mit Bemerkungen zur Untersuchungsmethodik. – Ber. d. Reinh.-Tüxen-Ges. 6, S. 61-81. Hannover.

BUCHWALD, R., B. HÖPPNER & W. RÖSKE (1989): Gefährdung und Schutzmöglichkeiten grundwasserbeeinflußter Wiesenbäche und -gräben in der Oberrheinebene. Naturschutzorientierte Untersuchungen an Habitaten der Helm-Azurjungfer (*Coenagrion mercuriale,* Odonata). – Natur und Landschaft 64(10), S. 398-403. Stuttgart.

BUCHWALD, R., B. HÖPPNER & A. SCHANOWSKI (1994): 10. Sammelbericht (1994) über Libellenvorkommen (Odonata) in Baden-Württemberg. – Schutzgemeinschaft Libellen Baden-Württemberg.

BUHTZ, A. (1984): Die Kultivierung der Kraichbachniederung. – In: K. SCHNADER (Hrsg., 1984): St. Leon-Rot – damals und heute; S. 159-164. St. Leon.

BUND-ORTSGRUPPE HOCKENHEIM (1985): Grabenreinigungskonzept Karl-Ludwig-See. – Manuskript.

BUND-ORTSGRUPPE KENZINGEN (1986): Die Kenzinger Elzwiesenwässerung. Dokumentation und Arbeitsbericht. – Eigenverlag, Kenzingen.

BURKARTH, H. (1975): Die Wässerwiesen – Das Ende einer alten Kulturform. – Hohenzollerische Heimat 25, S. 2-3.

BUSZELLO, H. et al. (Hrsg., 1985): Der deutsche Bauernkrieg. – Paderborn u. a.

BÜTTENDORF, D. & C. MÜLLER (1988): Grünlandschutzprogramme der Bundesländer – Übersicht und Einschätzung. – Natur u. Landschaft 63(3), S. 112-114.

CANCRIN, F. L. v. (1799): Abhandlung von der künstlichen, mehr, als bisher, gut eingerichteten und zweckmäsigen Wässerung der Wiesen, mit Quell- Weg- Dorf- Stadt- Fluß- gesamletem Regen- und dann auch Seewasser. – In: ders.: Kleine technologische Werke, Bd. 6, S. 1-48. Marburg.

CANZ (1883): Über Wiesenbau und Wasserbedarf. – Württembergisches Wochenblatt für Landwirtschaft (WWL) 1883, S. 199-201.

CANZ (1886): Die Benutzung der fließenden Gewässer zur Düngung der Wiesen. – Württembergisches Wochenblatt für Landwirtschaft (WWL), Ausgabe 38/1886, S. 415-416.

CARBIENER, R. & A. ORTSCHEID (1987): Wasserpflanzengesellschaften als Hilfe zur Qualitätsüberwachung eines der größten Grundwasservorkommens Europas (Oberrheinebene). – In: MIYAWAKI, A. et al. (eds.): Vegetation ecology and creation of new environments, S. 283-312 (Tokyo).

CARLÉ, W. (1963): Die ehemalige Saline zu Bruchsal, ihre geologischen Voraussetzungen, Geschichte und technischen Einrichtungen. – Ber. naturf. Ges. Freiburg 53, S. 63-132; Freiburg i. Br.

CENTRALSTELLE DES LANDWIRTSCHAFTLICHEN VEREINS (Hrsg., 1842): Die Wiesenbewässerung. – Landwirtschaftliches Wochenblatt für das Großherzogthum Baden 10, S. 226.

CLAßEN, A., A. KAPFER & T. TRABOLD (1994): Mähgeräte auf dem Öko-Prüfstand. – Grüne Reihe, NABU Landesverband Baden-Württemberg.

COY, L. (1937): Möglichkeiten der Verwendung der kultivierten Flächen in der Kraichbachniederung. Heidelberg.

DAHL, H.-J. & G. WIEGLEB, 1984: Gewässerschutz und Wasserwirtschaft der Zukunft. – Jb. Natursch. Landschaftspfl. 36: S. 26-65.

DETZEL, P. (1985): Die Auswirkungen der Mahd auf die Heuschreckenfauna von Niedermoorwiesen. – Veröff. Naturschutz Landschaftspflege Bad.-Württ. 59/60, S. 345-360. Karlsruhe.

DETZEL, P. (1992): Heuschrecken und ihre Verbreitung in Baden-Württemberg. – Arbeitsbl. Naturschutz 19; 64 S. Landesanstalt für Umweltschutz, Karlsruhe.

DIETRICH, H. (1923): Grötzingen. – 227 S.; Karlsruhe.

DILGER, R. & U. MAHLER (1984): NSG/LSG-Feuchtgebiete und Wiesenlandschaften im Hockenheimer Rheinbogen. – Gutachten, im Auftrag der Bezirksstelle für Naturschutz und Landschaftspflege Karlsruhe.

DILGER, R. & V. SPÄTH (1988): Konzeption natur- und landschaftsschutzwürdiger Gebiete der Rheinniederung des Reg.-Bez. Karlsruhe. Materialien zum Integrierten Rheinprogramm. 2. Auflage. – Karlsruhe; 178 S.

DIN 38410, Teil 2 (1990): Deutsche Einheitsverfahren zur Wasser-, Abwasser- und Schlammuntersuchung: Biologisch-ökologische Gewässeruntersuchung (Gruppe M); Bestimmung des Saprobienindex (M2). – Berlin.

DOUGLASS, G. N. (1894): Contributions to an Avifauna of Baden. – Zoologist 18, S. 166-177. London.

DRÖS, H. (1993): Menzingen im 16. Jahrhundert. – In: K.-H. GLASER, H. LIETZ & S. RHEIN (Hrsg.): David und Nathan Chytraeus. Humanismus im konfessionellen Zeitalter. Ubstadt-Weiher.

DÜLL, R. (1973): Analysen zur Biogeographie der nördlichen Oberrheinebene zwischen Karlsruhe und Heidelberg. - Herzogia 3, S. 1-15.

DÜNKELBERG, F. W. (1907): Der Wiesenbau in seinen landwirtschaftlichen und technischen Grundzügen. – 4. Aufl., Braunschweig.

EBERT, G. (Hrsg., 1991 ff.): Die Schmetterlinge Baden-Württembergs. Band 1 / 2 (1991): Tagschmetterlinge; Band 3 / 4 (1994): Spinnerartige Nachtfalter 1 und 2 (Reihe erscheint noch). – Stuttgart.

ECK, G. (1969): Pfinz-Saalbach-Korrektion. – Wasserwirtschaft in Baden-Württemberg, S. 153-156. Stuttgart.

EHMKE, W. (Hrsg., 1979): Das geplante Naturschutzgebiet „Bruch bei Stettfeld“. Bedeutung und Schutzwürdigkeit. – Gutachten, im Auftrag der Bezirksstelle für Naturschutz und Landschaftspflege Karlsruhe.

EHRMANN, P. (1933): Mollusca. – Die Tierwelt Mitteleuropas, II. Band. – Nachdruck 1956. 276 S. Leipzig (Quelle und Meyer).

EINWÄCHTER, H. & A. ZIMMERMANN (1971): Das Ortsbuch von Berghausen. – 2. Aufl., 360 S.; Ludwigsburg.

ELLENBERG, H. (1952): Wiesen und Weiden und ihre standörtliche Bewertung. In: Landwirtschaftliche Pflanzensoziologie II; 143 S., 23 Abb., 25 Tab. Stuttgart.

ELLENBERG, H. (1953): Physiologisches und ökologisches Verhalten der selben Pflanzen. – Ber. Dt. Bot. Ges. 65, S. 350-361.
ELLENBERG, H. (1968): Zur Stickstoff- und Wasserversorgung ungedüngter und gedüngter Feuchtwiesen – ein Nachwort. – Ber. geobot. Inst. Rübel 41, S. 194-200, 3 Tab. Zürich.
ELLENBERG, H. (1979): Zeigerwerte der Gefäßpflanzen Mitteleuropas. – Scripta Geobotanica 9, 2. Aufl.; Göttingen.
ELLENBERG, H. (1986): Vegetation Mitteleuropas mit den Alpen. – 4. Aufl., 989 S. Stuttgart.
ENDRISS, G. (1940): Bewässerungsanlagen auf der Baar. – Schriften des Vereins für Geschichte und Naturgeschichte der Baar 21, S. 217-222.
ENDRISS, G. (1943a): Die Bewässerungsgenossenschaften im Schwarzwald und in den angrenzenden Gebieten. – Geographischer Anzeiger 44, S. 337-344.
ENDRISS, G. (1943b): Die künstliche Bewässerung im Schwarzwald und im Wallis. – Petermanns geographische Mitteilungen 89(7/8), S. 220-227.
ENDRISS, G. (1948): Fachausdrücke der Bewässerungstechnik. – Bauern-Zeitung, Ausgabe 5/1948, S. 15-16.
ENDRISS, G. (1950a): Die künstliche Bewässerung im Schwarzwald und in der Oberrheinebene. – Statistik in Baden 9, S. 34-58.
ENDRISS, G. (1950b): Über die künstliche Bewässerung, besonders in Süddeutschland und in der Schweiz. – Raumforschung und Raumordnung 10, S. 196-199.
ENDRISS, G. (1952): Die künstliche Bewässerung des Schwarzwaldes und der angrenzenden Gebiete. – Ber. Naturforsch. Ges. Freiburg (Breisgau) 42(1), S. 77-112.
ENDRISS, G. (1953): Die Hotzenwälder Wühren. – Badische Heimat 33, S. 159-166.
ENGELHARDT, W. (1989): Was lebt in Tümpel, Bach und Weiher? – 13. Aufl.; 270 S. Stuttgart (Franckh/Kosmos).
ENNEN, E. (1986): Frauen im Mittelalter. – München.
FAUL, F. A. (1843): Der natürliche und künstliche Wiesenbau oder praktische Anleitung zur Bewässerung der Wiesen. Mit besonderer Rücksicht auf Nivelliren, Projektiren und praktische Ausführung größerer und kleinerer Bewässerungsanlagen nach eigenen Erfahrungen für Oekonomen und angehende Wiesenbautechniker entworfen. – Leipzig.
FECHT, K. (1869): Geschichte der Stadt Durlach. – 691 S.; Heidelberg. – Nachdruck, Karlsruhe-Durlach 1969.
FEIGENBUTZ, L. (1873): Der Kraichgau und seine Orte. Eine geschichtliche Abhandlung. – Bretten, 407 S.; Nachdruck Magstadt 1976 (Bissinger).
FEIGENBUTZ, L. (1891): Der Amtsbezirk Bruchsal. Beschrieben für den Unterricht in der Heimatkunde unserer Volksschulen. – 43 S.; Wiesental.
FESTSCHRIFT FÜR DIE MITGLIEDER DER XXI. VERSAMMLUNG DEUTSCHER LAND- UND FORSTWIRTE (1860). – Beiträge zur Land- und Forstwirtschaft im Großherzogtum Baden. Heidelberg.
FEZER, F. (1974): Randfluß und Neckarschwemmfächer. – Heidelberger geogr. Arbeiten 40 (Hans-Graul-Festschrift), S. 167-183. Heidelberg.
FIEDLER, K.-H. (1965): Die Wiesenbewässerung im Saarland und in der Pfalz. – Dissertation, Philosophische Fakultät, Universität Saarbrücken.
FISCHER, G. (o. J.): Die Pfinz-Saalbach-Korrektion und ihre Auswirkung auf Wasser- und Naturhaushalt. – Karlsruhe.
FISCHER, L. (1900): Ornithologische Beobachtungen 1897-99. – Mitt. bad. zool. Verein 1.
FÖRSTER, F. (1902): Ueber palaearctische Libellen. – Mitt. Bad. Zool. Ver. 15, S. 69-91.
FRANZ, G. (Hrsg., 1968): Der deutsche Bauernkrieg. Aktenband. – 2. Aufl., Darmstadt.
FRANZ, G. (1979): Der deutsche Bauernkrieg. – 11. Aufl., Darmstadt.
FRECKMANN, W. (1932): Wiesen und Dauerweiden. – Berlin.
FRIEDRICH, W. (1984): Die Wiesenwässerung an der Elz und ihre Bedeutung für die Landeskultur. – Die Pforte (Arbeitsgemeinschaft für Geschichte und Landeskunde Kenzingen) 4(7/8), S. 57-63. Kenzingen.
FRIES, C. F. E. (1866): Lehrbuch des Wiesenbaues; bearb. von W. DÜNKELBERG. – Braunschweig.
FRÖMMING, E. (1954): Biologie der mitteleuropäischen Landgastropoden. – 404 S. Berlin (Duncker & Humblot).
FRÖMMING, E. (1956): Biologie der mitteleuropäischen Süßwasserschnecken. – 313 S. Berlin (Duncker & Humblot).
FRÖMMING, E. (1962): Das Verhalten unserer Schnecken zu den Pflanzen ihrer Umgebung. – 348 S. Berlin (Duncker & Humblot).
FUCHS, A. (1927): Kronau (Kißlawer Ampts). Kleiner Beitrag zur Heimatgeschichte. – Bruchsal (Verlag Oskar Katz). Nachdruck Bad Schönborn 1974.
FUCHS, J. (1981): Stadtbäche und Wasserversorgung in mittelalterlichen Städten Südwestdeutschlands. – In: J. SYDOW (Hrsg.): Städtische Versorgung und Entsorgung im Wandel der Geschichte. Veröff. d. Südwestdeutschen Arbeitskreises f. Stadtgeschichtsforschung 8, S. 29-42. Sigmaringen.
FUCHS, R. (1986): 275 Jahre Neulußheim. – 282 S.; Neulußheim.
FÜTTERER, P. (1970): Die Geschichte von Leopoldshafen – Vom Klosterhof zum Kernforschungszentrum. – 264 S.; Leopoldshafen.

GAßNER, K. (1994): Schatthausen. Eine Vogtsherrschaft in der frühen Neuzeit. – Heidelberg.

GAUCKLER, H. (1909): Die Großschmetterlingsfauna des nördlichen Baden (einschließlich des nördlichen Schwarzwalds und der Rheinebene) mit Berücksichtigung der Lebensweise der Raupen. – 2. Aufl., 95 S. Karlsruhe.

GEBHARDT, H. & K. KREIMES (1983): Limnologisches Gutachten Weingartener Moor. – Im Auftrag der Bezirksstelle für Naturschutz und Landschaftspflege Karlsruhe; 104 S.

GEGGUS, K. (1993): Das Naturschutzgebiet „Weingartener Moor" (Teil 1). – Weingartener Heimatblätter 10, S. 17-20. Weingarten (Baden).

GEMEINDE HUTTENHEIM (Hrsg., 1958): 200 Jahre Huttenheim. Festschrift anläßlich der 200-Jahrfeier der Gemeinde Huttenheim. – 72 S.; Huttenheim.

GEMEINDE KARLSDORF (Hrsg., 1985): Karlsdorf-Neuthard. Eine Gemeinde in Bildern. – 143 S.; Horb am Neckar (Geiger).

GEMEINDE LANGENBRÜCKEN (Hrsg.): Heimatbuch der Gemeinde Langenbrücken. – Bad Langenbrücken.

GEMEINDE REILINGEN (Hrsg., 1959): Reilingen früher und heute. Eine Heimatschrift mit Bildern. – Reilingen.

GEMEINDE WÖSSINGEN (Hrsg., 1970): Wössingen im Wandel der Zeit. – Wössingen.

GEYER, O. & M. GWINNER (1964): Einführung in die Geologie von Baden-Württemberg. – 223 S.; Stuttgart.

GIGGLBERGER, B. (1989): Eine Bewässerungsanlage aus dem 19. Jahrhundert. Die Wiesenkulturgenossenschaft Baunach – Daschendorf – Ebing – Rattelsdorf. – Frankenland 41(4), S. 106-112. Würzburg.

GLOCK, J. P. (1896): Stadt, Burg und Dorf Zuzenhausen im Elsenzgau.

GLÖER, P., C. MEIER-BROOK & O. OSTERMANN (1992): Süßwassermollusken. – 10. Aufl.; 111 S. DJN (Deutscher Jugendbund für Naturbeobachtung). Hamburg.

GLÜCK, H. (1924): Biologische und morphologische Untersuchungen über Wasser- und Sumpfgewächse. 4. Teil: Untergetauchte und Schwimmblattflora. – Jena.

GLUTZ VON BLOTZHEIM, U. N. & K. M. BAUER (1985-88): Handbuch der Vögel Mitteleuropas. – Bände 10 (1985) und 11 (1988). Wiesbaden.

GLUTZ VON BLOTZHEIM, U. N., K. M. BAUER & E. BEZZEL (1973-77): Handbuch der Vögel Mitteleuropas. – Bände 5 (1973), Frankfurt; 6 (1975) und 7 (1977); Wiesbaden.

GOETZ, H.-W. (1986): Leben im Mittelalter vom 7. bis 13. Jahrhundert. – München.

GÖRS, S. (1974): Die Wiesengesellschaften im Gebiet des Taubergießen. – In: Das Taubergießengebiet. Monographien Natur- und Landschaftsschutzgebiete Baden-Württemberg, Bd. 7, S. 355-399. Ludwigsburg.

GOTHEIN, E. (1887): Die Naturbedingungen der kulturgeschichtlichen Entwicklung in der Rheinebene und im Schwarzwald. – Berlin.

GOTHEIN, E. (1912): Die badische Volkswirtschaft. – Das Großherzogtum Baden in allgemeiner wirtschaftlicher und staatlicher Hinsicht dargestellt, Band 1, S. 439-476; Karlsruhe.

GÖTTLICH, K. (1973): Das Naturschutzgebiet Weingartener Moor im Kreis Karlsruhe. Aufbau und Entwicklungsgeschichte. – Veröff. Landesstelle Natursch. u. Landschaftspflege Baden-Württemberg, 41, S. 166-179; Ludwigsburg.

GÖTTLICH, K. & H. KUNTZE, H. (1990): Moorkultivierung für Land- und Forstwirtschaft. – In: Moor- und Torfkunde, S. 385-410. Stuttgart.

GÖTZ, V., K. KROESCHELL & W. WINKLER (1981/82): Handwörterbuch des Agrarrechts (HAR). – 2 Bände. Berlin.

GREMMINGER, A. (1925-1928): Verzeichnis der Groß-Schmetterlinge aus der Umgebung von Graben-Neudorf. – Mitt. bad. ent. Ver. 1, S. 149-156, 220-225 (1925); Arch. f. Insektenkunde d. Oberrheingebietes u. d. angrenzenden Länder 2(2), S. 52-66 (1926); 2(4), S. 147-160 (1927); 2(5), S. 224-229 (1928).

GREWE, K. (1986): Zur Wasserversorgung und Abwasserentsorgung in der Stadt um 1200. – ZAM (Zeitschrift für Archäologie des Mittelalters), Beiheft 4, S. 275-300. Bonn.

GRIMM, J. & W. (1984): Deutsches Wörterbuch. – München.

GROßHERZOGLICHE BADISCHE DOMÄNENDIREKTION (1902): Domänenärarische Wässerwiesen. – Karlsruhe (C. Braun); 75 S. [darin S. 52 ff.: Kraichbachgebiet]

GROßHERZOGLICHE BADISCHE FORST- UND DOMÄNENDIREKTION (1906): Wiesendüngung. – Karlsruhe (G. Koelble); 33 S. [darin S. 16/17: Amtsbezirk Bruchsal, S. 17-19: Amtsbezirk Wiesloch].

GROßMANN, G. (1987): Pflege- und Entwicklungsplan für das Landschaftsschutzgebiet „Hockenheimer Rheinbogen" (Südteil) unter besonderer Berücksichtigung der vorhandenen Naturschutzgebiete. – Diplomarbeit, Universität (Gesamthochschule) Paderborn; 136 S.

GUGENMUS, S. (1789): Sämmtliche Oekonomische Schriften. – Jena.

GUJER, H. (1990): Pflanzen unserer Wiesen und Weiden. – 4., erw. Aufl., Landwirtschaftliche Lehrmittelzentrale Zollikofen.

GURJEWITSCH, A. J. (1982): Das Weltbild des mittelalterlichen Menschen. – München.

GUTTMANN, B. (Hrsg., 1994): Stadt Waghäusel: die Geschichte von Kirrlach, Wiesental und Waghäusel. – 696 S.; Karlsruhe.

HÄFENER, F. (1847): Der Wiesenbau in seinem ganzen Umfange nebst Anleitung zum Nivellieren, zur Erbauung von Schleußen, Wehren, Brücken. – Reutlingen & Leipzig (Carl Mäcken's Verlag).
HAILL, H. (1837): Über Wiesenwässerung mit besonderer Rücksicht auf den Taubergrund. – Landwirtschaftl. Wochenblatt für das Großherzogthum Baden 5, S. 170-171.
HANKE, G. (1973): Die Abhängigkeit der Nitratverteilung in relikten anthropogen überformten Podsolen von der Bearbeitung und Düngergabe in Spargelmonokulturen. – Geographisches Institut, Universität Heidelberg.
HARBORNE, J. (1995): Ökologische Biochemie: eine Einführung. – 4. Aufl., 383 S. Heidelberg / Berlin / Oxford.
HÄRDLE, O. (1960): Heidelsheim. Geschichte und Bild der ehemaligen Reichsstadt. – 2. Auflage 1990, 311 + VIII S.; Karlsruhe.
HARTFELDER, K. (1884): Zur Geschichte des Bauernkriegs in Südwestdeutschland. – Stuttgart.
HARTIG, E. F. (1831): Lehrbuch der Teichwirthschaft und Verwaltung in Verbindung mit der Wiesen- und Ackerverbesserung. – Krieger, Cassel.
HARTMANN, E., H. SCHULDES, R. KÜBLER & W. KONOLD (1994): Neophyten – Biologie, Verbreitung und Kontrolle ausgewählter Arten. – Landsberg.
HASELIER, G. (1962): Geschichte des Dorfes und der Gemeinde Weiher am Bruhrain. – Weiher.
HASEMANN, W. (1934): Erläuterungen zur geologischen Spezialkarte von Baden, Blatt Malsch. – Freiburg.
HASSLER, A. (1968): Bruchsaler Residenzen. – In: Der Landkreis Bruchsal, 2. Aufl., S. 159-167. Aalen.
HASSLER, M. (1993): Flora und Fauna der Bruchsaler Region. Verbreitungskarten der Blütenpflanzen und Farne. – 2. Auflage. 565 S. AGNUS (Arbeitsgemeinschaft für Natur- und Umweltschutz e. V.) Bruchsal.
HASSLER, M. (Hrsg., 1993): Flora und Fauna der Bruchsaler Region. – 553 S. AGNUS (Arbeitsgemeinschaft für Natur- und Umweltschutz e. V.) Bruchsal.
HASSLER, M. & H. HEIDEMANN (1993): Libellen. – In M. HASSLER (Hrsg.): Flora und Fauna der Bruchsaler Region, S. 396-406. AGNUS (Arbeitsgemeinschaft für Natur- und Umweltschutz e. V.) Bruchsal.
HASSLER, U. (1986): Die Baupolitik des Kardinals Damian Hugo von Schönborn. Landesplanung und profane Baumaßnahmen in den Jahren 1719-1743. – 323 S.; Mainz.
HAUCK, W. (1993): Staffort. Schloß und Dorf an der steten Furt. – 441 S.; Stutensee.
HAUER, A. (1923): Das Hardtdorf Spöck. – Nachdruck 1965. 359 S. + Anhang; Bruchsal.
HAUER, A. (1935): Die badische Hardt. – 67 S.; Karlsruhe.
HEIDENREICH & K. THORN (1994): Wasseranalyse Kriegbach und Duttlacher Graben. – 3 S. Unveröff. Meßprotokoll.
HEILIG, A. (1905): Der Amtsbezirk Bruchsal nebst geschichtlichen Notizen. – 23 S.; Bruchsal.
HEIMBERGER, H. (1973): Alte Wiesenwässerungsanlagen im Bauland und im Odenwald. – Forschungen und Berichte zur Volkskunde in Baden-Württemberg, Ausgabe 1/1973, S. 173-184. Stuttgart.
HEINLE, E. (1986): Begründung für die Schutzwürdigkeit der „Oberbruchwiesen“ in Graben-Neudorf, Baden-Württemberg, und Vorschläge für ihre Unterschutzstellung und Pflege. – Diplomarbeit, Universität Karlsruhe; 112 S.
HEITZ, S. (1992): Libellenexuvien – Suchen, Bestimmen und Aufbewahren. – Naturkundliche Beiträge des DJN (Deutscher Jugendbund für Naturbeobachtung) 26, S. 37-43. Hamburg.
HEITZ, S. & D. BAUMGÄRTNER (1993): Zur Bestandssituation der Kleinen Flußmuschel (*Unio crassus* PHILIPSSON 1788) in einigen Gewässern in Baden-Württemberg. – Unveröff. Gutachten, im Auftrag der Landesanstalt für Umweltschutz Baden-Württemberg. 42 S. + 7 Karten. Hohberg/Freiburg.
HEJNY, S. (1960): Ökologische Charakteristik der Wasser- und Sumpfpflanzen in den slowakischen Tiefebenen. – Bratislava.
HENNING, F.-W. (1985): Landwirtschaft und ländliche Gesellschaft in Deutschland, Bd. 1 (800-1750). – 2. Aufl., Paderborn u. a.
HERBST, L. D. (1988): Brühle, Missen und Doggen. Zur Wässerungslandschaft in Oberschwaben. – Schwäbische Heimat 39, S. 204-212.
HERZER, R. (1940): Frühere Seen bei Gochsheim. – Der Pfeiferturm 8(12), Spalte 109-112.
HESSISCHE LANDESANSTALT FÜR UMWELTSCHUTZ, LANDESAMT FÜR UMWELTSCHUTZ UND GEWERBEAUFSICHT RHEINLAND-PFALZ, LANDESANSTALT FÜR UMWELTSCHUTZ BADEN-WÜRTTEMBERG, BEZIRKSSTELLE FÜR NATURSCHUTZ UND LANDSCHAFTSPFLEGE KARLSRUHE UND BUNDESFORSCHUNGSANSTALT FÜR NATURSCHUTZ UND LANDSCHAFTSÖKOLOGIE (1988): Biotopsystem nördliche Oberrheinniederung – Bestandsanalyse und Entwicklungsvorschläge. – 137 S., Karte. Bonn, Karlsruhe, Oppenheim, Wiesbaden.
HETZEL, W. (1952): Die Wiesenbewässerung und Agrarlandschaft des oldenburgischen Huntetales. – Schriften der wirtschaftswissenschaftlichen Gesellschaft zum Studium Niedersachsens e. V., N. F. 39. Bremen-Horn.
HEYMER, A. (1973): Verhaltensstudien an Prachtlibellen. – Fortschritte der Verhaltensforschung 11.
HIELSCHER, K. (1969): Fragen zu den Arbeitsgeräten der Bauern im Mittelalter. – Zeitschrift für Agrargeschichte und Agrarsoziologie (ZAA) 17.
HIELSCHER, K. (1990): Der Pflug und der Aufschwung der europäischen Landwirtschaft während des Mittelalters. – Zeitschrift für Agrargeschichte und Agrarsoziologie (ZAA) 38.

HIRSCH, L. (1951a): Römische Schiffe vor Durlachs Toren? – Soweit der Turmberg grüßt 3, S. 43-44; Karlsruhe-Durlach.
HIRSCH, L. (1951b): Zur geologischen Geschichte der Kinzig-Murg-Rinne. – Mitt.-Bl. bad. geol. Landesanst. 1950: 84-89; Freiburg i. Br.
HIRSCH, L. (1952a): Der Albschuttkegel bei Ettlingen und seine Stellung im oberrheinischen Diluvium. – Beitr. naturk. Forsch. SüdwDtl. 11, S. 1-11; Karlsruhe.
HIRSCH, L. (1952b): Jungdiluviale Tektonik im Oberrheingraben. – Eiszeitalter u. Gegenwart 2, S. 97-105; Öhringen.
HODECKER, F. (1962): Odenheim. Eine Wanderung durch 2000 Jahre Odenheimer Geschichte. – 264 S.; Mosbach/Baden.
HOECK, F. (1860): Geschichte des Pfarrdorfes Rußheim. – Karlsruhe.
HOLLERBACH, E. (Hrsg., 1970): Zeutern in seiner 1200jährigen Geschichte. – 386 S.; Zeutern.
HÖLZINGER, J. (1987): Die Vögel Baden-Württembergs. – Band 1, Teil 2. Stuttgart.
HÖLZINGER, J., P. BERTHOLD, B. KROYMANN & K. RUGE (1981): Die in Baden-Württemberg gefährdeten Vogelarten – „Rote Liste". – Veröff. Naturschutz Landschaftspflege Bad.-Württ. 53/54, S. 123-143. Karlsruhe.
HORN, G. (1839): Wiesenwässerungen, Wassermühlen, Windmühlen. – Wochenblatt für Land- und Hauswirthschaft, Gewerbe und Handel (WLH) 48, S. 231-232.
HORN, P., H. J. LIPPOLD & W. TODT (1972): Kalium-Argon-Altersbestimmungen an tertiären Vulkaniten des Oberrheingrabens. – Eclogae geol. Helv. 65: 131 – 156. Basel.
HORNUNG, O. (1974): Friedrichstal. Geschichte einer Hugenotten-Gemeinde. – 2., ergänzte Auflage. 536 S.; Friedrichstal.
HOTZ, O., K. SCHNÜRER & M. LÖFFLER (1965): 1200 Jahre Eggenstein im Wandel der Zeiten. – 203 S.; Eggenstein.
HUG, M., A. SCHANOWSKI & V. SPÄTH (1994[1995]): Konzeption natur- und landschaftsschutzwürdiger Gebiete der Kinzig-Murg-Rinne im Regierungsbezirk Karlsruhe. – Umweltministerium Baden-Württemberg und Bezirksstelle für Naturschutz und Landschaftspflege Karlsruhe. 115 S. + Kartenteil. Karlsruhe.
ILLIES, H. (1960): Geologische Karte des Oberrheingraben-Randes bei Durlach. – Karlsruhe.
ILLIES, H. (1965): Bauplan und Baugeschichte des Oberrheingrabens. – Oberrhein. Geol. Abh. 14, S. 1-54. Karlsruhe.
ILLIES, H. (1967): Bauplan und Baugeschichte des Oberrheingrabens. Ein Beitrag z. Upper Mantle Project. – Oberrh. geol. Abh. 14, S. 1-54; Karlsruhe.
ILLIES, H. (1978): Der Oberrheingraben. Modell eines Prinzips von Bau und Bewegung der Erde. – Landschaft und Geologie, S. 89-93, 3 Abb. Tübingen.
INSTITUT FÜR WASSERBAU UND KULTURTECHNIK (IFWK) & ARBEITSGEMEINSCHAFT LANDSCHAFTSÖKOLOGIE (1988): Vorplanung zur naturnahen Umgestaltung des Kehrgrabens und zur Biotopentwicklung angrenzender Bereiche in St. Leon-Rot. – Karlsruhe.
INSTITUT FÜR WASSERBAU UND KULTURTECHNIK (IFWK) (1987): Möglichkeiten der Reaktivierung der Wiesenbewässerung im Moosalbtal. – Gutachten, im Auftrag der Bezirksstelle für Naturschutz und Landschaftspflege Karlsruhe.
JACOBY, H., G. KNÖTZSCH & S. SCHUSTER (1970): Die Vögel des Bodenseegebietes. – Der Ornithologische Beobachter, Beiheft zu Bd. 67.
JÄNICHEN, H. (1970): Beiträge zur Wirtschaftsgeschichte des schwäbischen Dorfes. – Veröffentlichung der Kommission für geschichtliche Landeskunde in Baden-Württemberg, Reihe B, Bd. 60. Stuttgart.
JONES, D. (1984): Der Kosmos-Spinnenführer. – 320 S.; Stuttgart.
KAMUF, F. (1984): Der Dol- oder Dollgraben bei St. Leon. – In: K. SCHNADER (Hrsg., 1984): St. Leon-Rot – damals und heute; S. 165-166. St. Leon.
KAPFER, A. (1995): Streuwiesen und Naßwiesen. – Biotope in Baden-Württemberg 5. 49 S.; Karlsruhe (Landesanstalt für Umweltschutz).
KAPFER, A. & W. KONOLD (1994): Streuwiesen. Relikte vergangener Landbewirtschaftung mit hohem ökologischem Wert. – Der Bürger im Staat 44(1), S. 50-54. Stuttgart.
KELCH, W. (1985): Tausend Jahre Weingarten (Baden) 985-1985. – 533 S.; Weingarten.
KELCH, W. (1987): Unterthanen im kurpfälzischen Oberamtsbezirk Bretten Ende des 18. Jahrhunderts. Nach Dokumenten der Gemeinde Weingarten (Baden). – Weingarten.
KEMM, F. (1919): Burg und Dorf Graben einst und jetzt. – Bruchsal.
KIPP, M. (1977): Artenschutzprojekt Brachvogel (*Numenius arquata*). – Ber. dt. Sekt. intern. Rat Vogelschutz 17, S. 33-38.
KIPP, M. (1982): Ergebnisse individueller Farbberingung beim Großen Brachvogel und ihre Bedeutung für den Biotopschutz. – Beih. Veröff. Naturschutz Landschaftspflege Bad.-Württ. 25, S. 87 – 96. Karlsruhe.
KLAPP, E. (1962): Ertragsfähigkeit und Düngungsreaktion von Wiesenpflanzen-Gesellschaften. – Z. Acker- u. Pflanzenbau 115, S. 81-98, 4 Tab. Berlin / Hamburg.
KLAPP, E. (1965): Grünlandvegetation und Standort. – 384 S.; Berlin.
KLAPP, E. (1971): Wiesen und Weiden. Eine Grünlandlehre. – 670 S.; Berlin / Hamburg.

KLAPP, E. (1983): Taschenbuch der Gräser. – 11. Aufl.; Berlin.
KLOESS, A. (1908): Das Deutsche Wasserrecht und das Wasserrecht der Bundesstaaten des Deutschen Reichs. – Halle a. d. S.
KNAPP, R. (1946): Über Wiesen der nordöstlichen Oberrheinebene und ihre wirtschaftliche Bedeutung. – Manuskript, 32 S.; Heidelberg.
KNAPP, T. (1964): Gesammelte Beiträge zur Rechts- und Wirtschaftsgeschichte vornehmlich des deutschen Bauernstandes. – Aalen.
KNEUCKER, A. (1887): Ein Ausflug in die Sand- und Sumpfflora von Walldorf und Waghäusel. - Mitt. Bot. Ver. Kreis Freib. und Ld. Baden (Mitt. bad. bot. Ver.) 34, S. 295-299. Freiburg.
KOCH, M. (1984): Wassernot in der Hardt ließ in Neudorf Schüsse knallen. – Badische Neueste Nachrichten, Ausgabe vom 10. Januar.
KOCK, S., A. ROSSMANN & A. SÜMENICHT (1967): Die Pfinz – ein Fluß hat Geschichte. – Selbstverlag.
KÖGEL, F. (1982): Faunistische Untersuchungen im Bereich der Oberbruchwiesen unter besonderer Berücksichtigung der Wasserschnecken, Wasserwanzen und Wasserkäfer. – Gutachten, im Auftrag der Bezirksstelle für Naturschutz und Landschaftspflege Karlsruhe.
KÖGEL, F. (1984): Die Wasserschnecken des Oberrheingrabens unter besonderer Berücksichtigung des Rhein-Neckar-Gebiets. – Veröff. Naturschutz Landschaftspflege Bad.-Württ. 57/58, S. 407-460. Karlsruhe.
KOHLER, A., M. ZELLER & G.-H. ZELTNER (1987): Veränderungen von Flora und Vegetation im Fließgewässersystem der Moosach (Münchner Ebene) 1970-1985. – Bayer. Bot. Ges. 58, S. 115-137.
KOLLNIG, K. (1968): Die Weistümer der Zent Schriesheim.–Badische Weistümer und Dorfordnungen, Bd. 2. Stuttgart.
KOLLNIG, K. (1979): Die Bedeutung der bäuerlichen Weistümer für die Heimatforschung. – Kraichgau – Beiträge zur Landschafts- und Heimatforschung 6. Sinsheim.
KÖNIGLICH WÜRTTEMBERGISCHE CENTRALSTELLE FÜR LANDWIRTSCHAFT (Hrsg., 1840): Über Wiesenwässerung. – Wochenblatt für Land- und Forstwirthschaft 1840, S. 41-43, 161-162.
KÖNIGLICH WÜRTTEMBERGISCHE CENTRALSTELLE FÜR LANDWIRTSCHAFT (Hrsg., 1841): Über die Vortheile der Wässerungswiesen und die Mittel zu ihrer allgemeinen Einführung. – Wochenblatt für Land- und Forstwirthschaft 1841, S. 187-190.
KÖNIGLICH WÜRTTEMBERGISCHE CENTRALSTELLE FÜR LANDWIRTSCHAFT (Hrsg., 1849): Wiesenverbesserungen. – Wochenblatt für Land- und Forstwirtschaft, Ausgabe 38/1849, S. 237-240.
KÖNIGLICHES MINISTERIUM DES INNERN (1843): Entwurf eines Gesetzes über Bewässerungs- und Entwässerungs-Anlagen in Württemberg. – Stuttgart.
KONOLD, W. (1987): Oberschwäbische Weiher und Seen. Teil I: Geschichte – Kultur. Teil II: Vegetation, Limnologie, Naturschutz. – Beih. Veröff. Naturschutz Landschaftspflege Baden-Württemberg 52, Teil 1/2. Zus. 634 S. Karlsruhe.
KONOLD, W. (1988): Städtische Fließgewässer – Geschichte, Ökologie, Renaturierung. – Laufener Seminarbeiträge, Heft 8/86, S. 62-72. Laufen/Salzach.
KONOLD, W. (1991): Wasser, Wiesen und Wiesenwässerung in Isny im Allgäu. Ein Beitrag zur Agrar- und Stadtgeschichte. – Schriften des Vereins für Geschichte des Bodensees und seiner Umgebung 109, S. 161-213. Friedrichshafen.
KONOLD, W. (1994a): Wasserbewirtschaftung und Wassernutzung in Isny im Allgäu. – In: W. KONOLD (Bearb.): Historische Wasserwirtschaft im Alpenraum und an der Donau. S. 299-332. Stuttgart.
KONOLD, W. (Bearb., 1994b): Historische Wasserwirtschaft im Alpenraum und an der Donau. – 592 S.; Stuttgart. [darin umfangreiche weiterführende Literatur über den Alpenraum und über Süddeutschland]
KONOLD, W. & S. OBERMANN (1983): Die Auswirkungen wasserwirtschaftlicher Maßnahmen in historischer und vegetationskundlicher Sicht. – Zeitschr. f. Kulturtechnik und Flurbereinigung 24, S. 117-127.
KOPECKY, K. (1971): Der Begriff der Linienmigration der Pflanzen und seine Analyse am Beispiel des Baches Studeny und der Straße in seinem Tal. – Folia Geobot. Phytotax. 6, S. 303-320. Praha.
KORNECK, D. (1963): Die Pfeifengraswiesen und ihre wichtigsten Kontaktgesellschaften in der nördlichen Oberrheinebene und im Schweinfurter Trockengebiet. II. Die Molinieten feuchter Standorte. – Beitr. naturkdl. Forsch. Südw.-Dtl. 22(1), S. 19-44. Karlsruhe.
KRAUSE, W. (1953): Über den Einfluß winterlicher Bewässerung auf Bergwiesen des Schwarzwaldes. – Zeitschrift für Acker- und Pflanzenbau 97, S. 185-202.
KRAUSE, W. (1956): Zur Kenntnis der Wiesenbewässerung im Schwarzwald. – Veröff. Württemb. Landesst. Naturschutz Landschaftspflege 24 (Festschrift für Hans Schwenkel zum 70. Geburtstag), S. 484-507. Ludwigsburg.
KRAUSE, W. (1959): Über die natürlichen Bedingungen der Grünlandberieselung in verschiedenen Landschaften Südbadens mit Ausblick auf den Wirtschaftserfolg. – Z. Acker- u. Pflanzenbau 107(3), S. 245-274.
KREIMES, K. (1979): Limnologische Untersuchungen an einem Klärgebiet. – Diplomarbeit, Universität Heidelberg; 191 S.

KRIEDTE, P. (1981): Spätmittelalterliche Agrarkrise oder Krise des Feudalismus? – Geschichte und Gesellschaft 7.
KROLL, R. & W. KONOLD (1991): Die Geschichte der Wiesenbewässerung im unteren Fehlatal. – Zeitschrift für Hohenzollerische Geschichte 27, S. 53-84. Sigmaringen.
KROLL, R. & W. KONOLD (1994): Die Geschichte der Wiesenbewässerung im unteren Fehlatal. – In: W. KONOLD (Bearb.): Historische Wasserwirtschaft im Alpenraum und an der Donau. S. 399-419. Stuttgart.
KRZYMOWSKI, R. (1951): Geschichte der deutschen Landwirtschaft unter besonderer Berücksichtigung der technischen Entwicklung. – Stuttgart.
KÜBLER, K. W. (1966): Münzesheim im Wandel der Zeiten. – 151 S.; Unteröwisheim.
KÜHNEL, H. (Hrsg., 1986): Alltag im Spätmittelalter. – 3. Aufl., Graz u. a.
KUPFER, K. (1931): Die fränkischen Wasserschöpfräder. Ein Beitrag zur Geschichte der Technik, Wiesenkultur und Volkskunde. – Erlangen.
LANDESANSTALT FÜR ENTWICKLUNG DER LANDWIRTSCHAFT UND DER LÄNDLICHEN RÄUME (LEL) (1994): Dienstbezirke in Wort und Zahl. Hefte 16/94 und 20/94.
LANDESANSTALT FÜR UMWELTSCHUTZ & BNL KARLSRUHE / STAATLICHE VOGELSCHUTZWARTE (1990): Wiesenvögel brauchen Hilfe. – Arbeitsblätter Naturschutz 9; 48 S. Karlsruhe.
LANDESANSTALT FÜR UMWELTSCHUTZ BADEN-WÜRTTEMBERG & LANDKREIS KARLSRUHE (Hrsg., 1988): Naturschutz im Landkreis Karlsruhe: Landschaftsschutzgebiete. – Führer durch Natur- und Landschaftsschutzgebiete Baden-Württembergs 17; 216 S. Karlsruhe.
LANG, G. & G. PHILIPPI (1972): Vegetationskundliche Karte Karlsruhe-Nord – Nördliche Oberrheinebene. – Karte 1 : 25000; Hrsg. Landessammlungen für Naturkunde, Karlsruhe (Erläuterungsheft nicht erschienen).
LARISCH, V. & A. KLEINSTEUBER (1986): Bestandsaufnahme der Gewässer der ehemaligen Gemarkung Dettenheim. – Gutachten, 45 S. + Anhang. Im Auftrag der Bodenseewasserversorgung, Stuttgart.
LARSEN, P. (1987): Möglichkeiten der Reaktivierung der Wiesenbewässerung im Moosalbtal. – Untersuchung des Instituts für Wasserbau und Kulturtechnik der Universität Karlsruhe. 2 Teile.
LAUTER, W. (1847): Über den Zustand des Wiesenbaues in der Gegend von Emmendingen. – Landwirthschaftl. Wochenblatt für das Großherzogthum Baden 15, S. 12-16 und 20-23.
LAUTER, W. (1851): Anleitung zur Behandlung der Wässerwiesen nach Jahreszeiten, Monaten und Witterungsverhältnissen, nebst einem Anhange, enthaltend: das Gesetz über Bewässerungs- und Entwässerungs-Anlagen im Großherzogthum Baden, sowie die übrigen dahin bezüglichen Gesetze und Verordnungen; ferner: Wiesenpolizei-Ordnungen für Gemeinde- und Genossenschafts- Wässerungen, Instruktionen für Wiesenaufseher und Maßregeln bei deren Anstellung. – Karlsruhe.
LAUTERBORN, R. (1917): Die geographische und biologische Gliederung des Rheinstromes II: Der Oberrhein. – Sitz. ber. Heidelb. Akad. Wiss. Math.-nat. Kl. 5, S. 3-70.
LAUTERBORN, R. (1938): Der Rhein – Naturgeschichte eines deutschen Stromes.
LENZ, M. (1987): Pflege- und Entwicklungsplan für das Landschaftsschutzgebiete „Hockenheimer Rheinbogen" (Nordteil) unter besonderer Berücksichtigung der vorhandenen Naturschutzgebiete. – Diplomarbeit, Universität Paderborn; 175 S.
LEONHARD, G. (1855): Über das Vorkommen des Torfes in Baden. – Bad. Cbl. Staats- u. Gemeinde-Interessen 1855, S. 32. Heidelberg.
LÖDERBUSCH, W. (1994): Auswirkungen von verschiedenen Grabenräumungsmethoden auf die Fauna von Entwässerungsgräben. – Veröff. Naturschutz Landschaftspflege Bad.-Württ. 68/69, S. 73-108. Karlsruhe.
LOEFFLER, M. (1958): Knaudenheim, vom Rhein verschlungen. – Bad. Heimat 38(2), S. 138-152. Freiburg.
LOOSE, R. (1990): Herbstliche Witterungsanomalien und Wasserrechtsstreitigkeiten im Laucherttal 1853/59. – Hohenzollerische Heimat 42(4), S. 49-51.
LÜTGE, F. (1967): Geschichte der deutschen Agrarverfassung vom frühen Mittelalter bis zum 19. Jahrhundert. – 2. Aufl., Stuttgart.
MACK, G. (1972): Die Amphibien der Rheinniederung zwischen Liedolsheim und Leopoldshafen. – Zulassungsarbeit, Universität Karlsruhe; 131 S.
MADER, K. (1929): Morphologischer Beitrag zur Kenntnis der Kinzig-Murg-Rinne bei Rastatt. – Beitr. naturw. Erforsch. Badens 2/3, S. 25-33. Karlsruhe.
MAIERHEUSER, H. (1927): Linkenheim. – Linkenheim.
MAISCH, A. (1992): Notdürftiger Unterhalt und gehörige Schranken. Lebensbedingungen und Lebensstile in württembergischen Dörfern der frühen Neuzeit. – Stuttgart u. a.
MÄLZER, H. (1972): Die Höhenwertänderungen im Oberrheingraben. – In: Das Unternehmen Erdmantel. Wiesbaden.
MANGOLD, A. (1892): Die alten Neckarbette in der Rheinebene. – Abh. hess. geol. Landesanst. 2, S. 57-114. Darmstadt.
MAYER, G. (1989): Das den Kreis Karlsruhe betreffende geologische, mineralogische und paläontologische Schrifttum. – Jh. geol. Landesamt Baden-Württemberg 31, S. 89-152, 1 Abb. Freiburg i. Br.
MEERWEIN, G. (1930): Unser Söllingen, Heimatgeschichte aus dem Pfinztal. – 447 S.; Karlsruhe.

MEISEL, K. & A. v. HÜBSCHMANN (1973): Grundzüge der Vegetationsentwicklung auf Brachflächen. – Natur und Landschaft 48, S. 70-74. Stuttgart.

MENSCHKE, J. (1872): Reform des Wiesenbaues auf Grund der Petersen'schen Wiesenbaumethode. – Leipzig.

METZ, F. (1914): Der Kraichgau. – Abh. bad. Landeskunde Band 4, 127 S.; Karlsruhe

METZ, F. (1961): Land und Leute. – Stuttgart.

METZ, F. (1966): Bistum und Hochstift Speyer und ihre geographischen Grundlagen. – Geographische Zeitschrift 54, S. 72-96.

METZGER, K. (1982): Ein Exkurs in die erdgeschichtliche Vergangenheit des Bruchsaler Raums. – Jahresbericht des Schönborngymnasiums Bruchsal 1982, S. 63-73, 7 Abb., 1 Kt. Bruchsal.

METZGER, K. (1985a): Geologisches Gutachten zur Erweiterung der Kreismülldeponie Bruchsal. – Gutachten, im Auftrag von BUND und AGNUS (Arbeitsgemeinschaft für Natur- und Umweltschutz e. V.) Bruchsal, 6 S., 1 Kt., Bruchsal.

METZGER, K. (Hrsg., 1985b): Exkursionsführer 1985 – Bodenkundlich-geologische Lehrfahrt. Halt 3: M. LÖSCHER: Alter und Genese der Dünensande auf der Niederterrasse im Rheingraben zwischen Karlsruhe und Darmstadt. – Manuskript, Oberschulamt Karlsruhe.

METZGER, K. (1992): Topogenes Niedermoor in der Randrinne des Oberrheingrabens zwischen Bruchsal und Ubstadt als Hinweis auf synsedimentäre Setzungen im Postglazial. – Jber. Mitt. oberrhein. geol. Ver., N. F. 74, S. 127-138, 5 Abb. Stuttgart.

METZGER, M. (1980): Untersuchungen über das Wander- und Laichverhalten der Amphibien in der Umgebung des Weingartener Moores. – Zulassungsarbeit, Universität Karlsruhe; 175 S.

MEYN, F. (1880): Grundzüge des Wiesenbaues und der Drainage. Zum Gebrauch beim Unterricht an Landwirtschaftlichen Lehranstalten bearbeitet. – Heidelberg.

MICHEL, H. (1988): Die Wiesengesellschaften im oberen Albtal. – Diplomarbeit, Fachhochschule Nürtingen; 109 S.

MIESS, B. & P. ZIMMERMANN (1993): Biotopvernetzungskonzept in der Flur von Graben-Neudorf. – Im Auftrag der Gemeinde Graben-Neudorf. Zahlreiche Karten + Anhänge.

MINISTERIUM FÜR ERNÄHRUNG, UMWELT, LANDWIRTSCHAFT UND FORSTEN (MELUF) (1983): Landschaft als Lebensraum, Biotopvernetzung, Modellvorhaben auf den Staatsdomänen Insultheimer Hof und Kirschgartshausen. – Broschüre, 119 S.; Stuttgart.

MOERICKE, O. (1905): Die Agrarpolitik des Markgrafen Carl Friedrich von Baden. – Volksw. Abh. der bad. Hochschulen 8(2). Karlsruhe.

MÖGLING, T. (1843): Einige Worte über den Entwurf eines Gesetzes über Bewässerungs- und Entwässerungs-Anlagen für Württemberg usw. – Stuttgart.

MONE, F. J. (1826): Über den alten Flußlauf im Oberrheintal. – Bad. Arch. Vaterlandskde. 1, S. 1-47. Karlsruhe.

MONE, F. J. (1850): Über den Flußbau am Oberrhein (von 1391 – 1660). – Z. Geschichte Oberrhein 1, S. 303-308.

MONE, F. J. (1852a): Über den Wiesenbau im 15. und 16. Jahrhundert. – Z. Geschichte Oberrhein 3, S. 174-186.

MONE, F. J. (1852b): Zur Geschichte der Viehzucht im 14.–16. Jahrhundert. – Z. Geschichte Oberrhein 3, S. 398-413.

MONE, F. J. (1860): Die Flößerei am Oberrhein vom 14.–18. Jahrhundert. – Z. Geschichte Oberrhein 11, S. 257-280.

MONHEIM, F. (1943): Die Bewässerungswiesen des Siegerlandes. Eine pflanzensoziologische und wirtschaftsgeographische Untersuchung. – Forsch. z. deutschen Landeskunde 42. Leipzig.

MONHEIM, F. (1961): Agrargeographie des Neckarschwemmkegels. Historische Entwicklung und heutiges Bild einer kleinräumig differenzierten Agrarlandschaft. – Heidelberger Geographische Arbeiten 5; Heidelberg / München.

MOOG, O. (1990): Makrobenthologische Aspekte bei der Wiederherstellung naturnaher Flußabschnitte. – Wiener Mitt. Wasser, Abwasser, Gewässer 88, S. 55-103.

MÖSSINGER, W. (1965): Grötzingen – Das badische Malerdorf. – 376 S.; Grötzingen.

MÜHLENBERG, M. (1993): Freilandökologie. – 3. Aufl.; 512 S. Heidelberg / Wiesbaden (Quelle & Meyer).

MÜHLINGHAUS, R., U. ZABEL & U. JARLICK (1992): Biotopsystemplanung Dettenheim. – Im Auftrag der Gemeinde Dettenheim. Zahlreiche Karten + Anhänge.

MÜLLER, G. (1986): Die historische Verbreitung des Weißstorchs in Baden. – Beih. Veröff. Naturschutz Landschaftspflege Bad.-Württ. 43, S. 25-78. Karlsruhe.

MÜLLER, K. (1837): Über Wiesenbewässerung. – Landwirthschaftl. Wochenblatt für das Großherzogthum Baden 5, S. 236-238.

MÜNCH, W.-D. (1983): 100 Jahre Kiesabbau in der nordbadischen Rheinebene (Regierungsbezirk Karlsruhe). – carolinea 41, S. 9-20. Karlsruhe.

MUSALL, H. (1969): Die Entwicklung der Kulturlandschaft der Rheinniederung zwischen Karlsruhe und Speyer vom Ende des 16. bis zum Ende des 19. Jahrhunderts. – Heidelberger Geographische Arbeiten, Heft 22. Heidelberg.

MUSALL, H. (1978): Zur historisch-geographischen Entwicklung der Rheinniederung bei Rußheim. – In: Der Rußheimer Altrhein – eine nordbadische Auenlandschaft. Die Natur- und Landschaftsschutzgebiete BW 10, S. 15-47.

Musall, H. (1982): Die Veränderungen des Oberrheinlaufes zwischen Seltz im Elsaß und Oppenheim vom 16. Jh. bis zum Beginn der Tullaschen Korrektion. – In: N. Hailer (Hrsg.): Natur und Landschaft am Oberrhein, S. 21-34. Speyer.

Musall, H., J. Neumann, E. Reinhard, M. Salaba & H. Schwarzmaier (1987): Landkarten aus vier Jahrhunderten. – Karlsruher Geowissenschaftliche Schriften, Reihe A, Bd. 3. Karlsruhe.

Nachtigall, W. (1986): Lebensräume. Mitteleuropäische Landschaften und Ökosysteme. – BLV Intensivführer. 223 S.; München / Wien / Zürich (BLV).

Niederstraßer, J. (1994): Schutzwürdigkeitsuntersuchung zum geplanten Naturschutzgebiet „Dettenheimer Rheinaue". – Gutachten, im Auftrag der Bezirksstelle für Naturschutz und Landschaftspflege Karlsruhe; mehrere Teile und Anhänge.

Nikolaus, A. (1930 – ca. 1940): Heimatkundliche Veröffentlichungen. – Vom Heimatverein Weingarten zusammengestellt aus Zeitungsveröffentlichungen des Autors. Weingarten.

Nikolaus, A. (1936): Die Mühlen in Weingarten. Von 1441 bis 1936. Nach Akten des Gemeinde- und des General-Landes-Archivs. – In: Walzbachquelle, Nr. 240 – 242, 246 – 248 und 250. Weingarten.

Nopp, H. (1881): Geschichte der Stadt und ehemaligen Reichsfestung Philippsburg. – Speyer.

Nüß, J.-H. & A. Wendler (1991): Libellen. – Deutscher Jugendbund für Naturbeobachtung. Hamburg.

Oberdorfer, E. (1933[1934]): Zur Geschichte der Sümpfe und Wälder zwischen Karlsruhe und Mannheim. – Festschr. Jahrhundertfeier Ver. f. Naturkunde, 100. und 101. Jahresbericht, S. 99-124. Mannheim (Gengenbach & Hahn).

Oberdorfer, E. (1936): Erläuterungen zur vegetationskundlichen Karte des Oberrheingebiets bei Bruchsal. Mit vierfarbiger Vegetationskarte 1 : 25000. – Beiträge zur Naturdenkmalpflege 16(2). Leipzig (Neumann-Naudamm).

Oberdorfer, E. (1952): Die Wiesen des Oberrheingebiets. – Beitr. naturkdl. Forsch. Südw.-Dtl. 11, S. 75-88.

Oberdorfer, E. (1975): Vegetationsgeschichte und Vegetationsgliederung im Karlsruher Raum. – Oberrheinische Studien 3, S. 9-17.

Oberdorfer, E. (Hrsg., 1977 ff.): Süddeutsche Pflanzengesellschaften, Teile I (1977), II (1983). – Stuttgart / New York (Gustav Fischer).

Oberdorfer, E. (1990): Pflanzensoziologische Exkursionsflora. 6. Auflage. – Stuttgart.

Oberdorfer, E. (1993): Süddeutsche Pflanzengesellschaften. Teil III: Wirtschaftswiesen und Unkrautgesellschaften. – 3. Aufl.; 455 S. Jena / Stuttgart (Gustav Fischer).

Oechsler, J. (1958): Geschichte der Gemeinde Oberhausen. – Bruchsal.

Oomes, M. J. M. & H. Mooi (1981): The effect of cutting and fertilization on the floristic composition and production of an Arrhenatherion elatioris grassland. – Vegetatio 47, S. 233-239, 1 Abb., 1 Tab. Den Haag.

Opitz, H. (1982): Bestand und Bestandsentwicklung des Großen Brachvogels in Baden-Württemberg. – Beih. Veröff. Naturschutz Landschaftspflege Bad.-Württ. 25, S. 15-31.

Ossfeld, W. (1972): Ein Rechtsstreit zwischen den Gemeinden Untergrombach und Büchenau/Bruchsal aus dem Jahre 1496. – Mitteilungsblatt der Gemeinde Untergrombach vom 11. 5., S. 3.

Ott, H. (1936): Die Landesmeliorationen in der Vorderpfalz (Bezirksämter Bergzabern, Dürkheim, Frankenthal, Germersheim, Landau, Ludwigshafen, Neustadt und Speyer) in wasserwirtschaftlicher und betriebswirtschaftlicher Hinsicht. – Dissertation, Landwirtschaftliche Fakultät der Universität Bonn, Bochum-Langendreer.

Patzig, G. C. (1840): Der praktische Rieselwirth. – Leipzig.

Perels, E. (1877): Handbuch des landwirtschaftlichen Wasserbaus. – Berlin.

Pfadenhauer, J., A. Kapfer & D. Maas (1987): Renaturierung von Feuchtwiesen auf Niedermoortorf durch Aushagerung. – Natur und Landschaft 62(10), S. 430-434.

Philippi, G. (1972): Erläuterungen zur vegetationskundlichen Karte 1 : 25.000, Blatt 6617 Schwetzingen. – 60 S.; Stuttgart.

Plassmann, E. (1984): Funktionswandel von Rieselfeldern unter besonderer Berücksichtigung ihrer Bedeutung für den Naturschutz am Beispiel der Freiburger Rieselanlagen. – Diplomarbeit, Institut für Landschaftsökologie der TU München. Weihenstephan.

Plüß, J. (1847): Kurze und gemeinfaßliche Anleitung zur Bewässerung der Wiesen, enthaltend: das Wissenswürdigste über Wässerungseinrichtung, Betrieb und Wirkung der Wässerung, nebst einer Zeichnung und Nachweisungen auf dieselbe. – Zofingen.

Pott, R. (1992): Die Pflanzengesellschaften Deutschlands. – 427 S. UTB Große Reihe. Stuttgart (Ulmer).

Prinz, H. (1969): Der Nachweis rezenter Bruchschollentektonik am Oberrheingraben durch Feinnivellements – aufgezeigt am Beispiel der Darmstädter Schuttkegel-Hochscholle und der Bergsträßer Neckarlauf-Tiefscholle. – Geol. Rundschau 59, S. 107-113.

Puschmann, J. (1986): Vegetationskundliche Untersuchungen in den Rheinauen bei Dettenheim / Rußheim nördlich von Karlsruhe. – Zulassungsarbeit, Universität Hohenheim; 110 S.

RANFTL, H. (1982): Zur Situation des Großen Brachvogels (*Numenius arquata*) in Bayern. – Beih. Veröff. Naturschutz Landschaftspflege Bad.-Württ. 25, S. 45-60.

RAU, K. H. (1822): Bewässerung. – In: J. S. ERSCH & J. G. GRUBER (Hrsg.): Allgemeine Encyclopädie der Wissenschaften und Künste in alphabetischer Folge von genannten Schriftstellern bearbeitet, Band 9, S. 370 – 372. Leipzig.

REICHELT, G. (1955): Zum Einfluß der Bewässerung auf das Mikroklima von Mittelgebirgswiesen. – Arch. Met. Gesch. Biokl. 6(4). Donaueschingen.

REICHWEIN, W. (1924): Knielingen. Ein Beitrag zur Heimatgeschichte. – 151 S.; Knielingen.

REIMANN, K. (1986): Sauerstoff und BSB als Bewertungsgrößen bei verschiedenen Gewässernutzungen. – Münchener Beiträge zur Abwasser-, Fischerei- und Flußbiologie 40, S. 325-346.

REINHARD, E. (1976): Landkreis Karlsruhe. Landschaftsräume. – In: Das Land Baden-Württemberg. Amtliche Beschreibung nach Kreisen und Gemeinden. 5. Regierungsbezirk Karlsruhe. – Stuttgart.

REINHARD, E. (1977): Oberrheinisches Tiefland. – In: Das Land Baden-Württemberg. Amtliche Beschreibung nach Kreisen und Gemeinden, Bd. I, S. 893 ff. Stuttgart.

REINHARD, E. (1985): Die oberrheinische Kulturlandschaft in der Barockzeit. – In: Barock am Oberrhein. Oberrheinische Studien 6, S. 19 ff. Karlsruhe

REINHARD, E. (1988): Die Entwicklung der Kulturlandschaft im Oberrheinischen Tiefland zwischen Oos und Kraichbach. – In: Karlsruhe und der Oberrheingraben zwischen Baden-Baden und Philippsburg. Führer zu archäologischen Denkmälern in Deutschland 16, S. 21-30. Stuttgart.

RHEINHEIMER, J. (1994): Bemerkenswerte Käferfunde aus Südwestdeutschland. – Mitt. Ent. Verein Stuttgart 29, S. 78-80.

RIFFEL, M. & M. BRAUN (1987): Zwischenbericht zur Amphibienfauna im Raum Bruchsal. – Beih. Veröff. Naturschutz Landschaftspflege Bad.-Württ. 41, S. 313-320.

RIGEL, R. (1834): Über Wiesenverbesserung. – Landwirthschaftl. Wochenblatt für das Großherzogthum Baden 2, S. 134.

RÖCKER, B. (1979): Das Dorf Menzingen im Bauernkrieg. – Kraichgau. Beiträge zur Landschafts- und Heimatforschung 6.

ROEGELE, O. (1955a): „Bruochselle inter paludes" (Bruchsal zwischen den Sümpfen). Die Bedeutung der Sumpflandschaft für die Bruchsaler Siedlungsgeschichte. – In: F. HERZER & H. MAAS (Hrsg.): Bruchsaler Heimatgeschichte, S. 192-195. Bruchsal.

ROEGELE, O. (1955b): Bruchsal, wie es war. – Karlsruhe.

RÖMER, G. (Hrsg.) (1981): Die Oberrheinlande in alten Landkarten – vom Dreißigjährigen Krieg bis Tulla (1618-1828). – 131 S.; Karlsruhe.

ROMMEL, B. (1992): Pflegeplan für das Natur-, Landschafts- und Wildschutzgebiet „Hockenheimer Rheinbogen". – Gutachten, im Auftrag der Bezirksstelle für Naturschutz und Landschaftspflege Karlsruhe. 2 Teile.

ROMMEL, G. (1955): Aus der Geschichte des ehemaligen Entenfangs bei Rintheim. – Soweit der Turmberg grüßt 7(1), S. 6-12, 7(2), S. 13-17, 7(3), S. 25-33.

ROMMEL, G. (1956): Gottesau. – Soweit der Turmberg grüßt 8(2).

RÖSCH, E. (1950): Denkschrift über die künstliche Beregnung der nordbadischen Rheinebene. – Karlsruhe.

RÖSENER, W. (1985): Bauern im Mittelalter. – München.

RÖSENER, W. (1991): Grundherrschaft im Wandel. Untersuchungen zur Entwicklung geistlicher Grundherrschaften im südwestdeutschen Raum vom 9. bis 14. Jahrhundert. – Göttingen.

ROSENTHAL, G. (1992): Erhaltung und Regeneration von Feuchtwiesen. Vegetationsökologische Untersuchungen auf Dauerflächen. – Dissertationes Botanicae 182. Berlin / Stuttgart (J. Cramer).

RÖSSLER & FEIST (1850): Die Wiesenwässerung in der Gemarkung Rust. – Landwirthschaftl. Wochenblatt für das Großherzogthum Baden 18, S. 175.

ROTH, G. (1982): Die Kinzig-Murg-Rinne im Landkreis Karlsruhe nach Luftbildern, Geländeuntersuchungen, Bohrungen und Archivkarten. – Diplomarbeit, Universität Karlsruhe; 82 S.

ROTH, M. (1930): Beiträge zur Geschichte von Wiesental mit der Filialkirche Waghäusel im Rahmen der Geschichte des Hochstiftes Speyer. – 186 S.; Speyer (Verlag der Dr. Jaegerschen Buchhandlung).

ROTHSCHILD, S. (1935): Zur Geschichte der Moore und Wälder im nördlichen Teil der oberrheinischen Tiefebene. – Beih. Botan. Centralblatt 54, S. 140-184. Dresden.

RUNGE, F. (1980): Die Pflanzengesellschaften Mitteleuropas. – Münster/Westfalen (Aschendorff).

RUOFF (1874): Die Bewässerung der Wiesen. – Wochenblatt f. Land- und Forsthwirtschaft, Ausgabe 29/1874, S. 169-173.

SAALFELD, D. (1990): Bauernwirtschaft und Gutsbetrieb in der vorindustriellen Zeit. – Stuttgart.

SABLONIER, R. (1984): Das Dorf im Übergang vom Hoch- zum Spätmittelalter. – In: L. FENSKE (Hrsg.): Institutionen, Kultur und Gesellschaft im Mittelalter. Festschrift für Josef Fleckenstein. Sigmaringen.

Saenger, W. (1957): Die bäuerliche Kulturlandschaft der Hohenloher Ebene und ihre Entwicklung seit dem 16. Jahrhundert. – Remagen.

Saint-George, C. V. (1935): Die Meliorationen im Kraichgau. – Heidelberg.

Sandberger, F. (1864): Zur Erläuterung des geologischen Karte der Umgebung von Karlsruhe (Durlach). – Verh. Naturw. Ver. Carlsruhe 1, S. 20-29. Karlsruhe.

Sapper, K. (1932): Die Verbreitung der künstlichen Feldbewässerung. – Petermanns geogr. Mitt. 78, S. 225-231, 295-301.

Sauer, A. (1896): Erläuterungen zu Blatt Schwetzingen-Altlußheim (Nr. 30/31). – Geol. Spec. Kt. Großherzogtum Baden. 44 S., Heidelberg.

Sauer, A. (1900): Erläuterungen zu Blatt Wiesenthal (Nr. 40). – Geol. Spec. Kt. Großherzogtum Baden. 33 S., 2 Abb., Heidelberg.

Sayer, C. (1893): Die Wassermengen der fliessenden Gewässer im Grossherzogthum Baden. Auf Grund der durch die Grossh. Rheinbau-, Wasser- und Strassenbau- und Kultur-Inspektion vorgenommenen Ermittlungen. Beiträge zur Hydrographie des Grossherzogthums Baden, hrsg. v. d. Centralbureau für Meteorologie und Hydrographie, Heft 8. Karlsruhe (C. Braun'sche Hofdruckerei).

Schach, H. (1988): Die Wiesen im Raum Bruchsal: ein Vergleich mit dem Zustand von 1936. – Diplomarbeit, Universität Heidelberg.

Schäfer, W. (1973/74): Der Oberrhein – sterbende Landschaft? – Natur und Museum 103, S. 1-29, 73-81, 110-123, 137-153, 177-192, 312-319; 104, S. 248-252, 297-305, 331-343, 358-363.

Schatte, S. (1980): Wiesenvegetation um Weingarten. – Zulassungsarbeit, Universität Karlsruhe; 72 S.

Schenck, K. F. (1826): Abhandlung über den Wiesenbau, und was zu dessen Verbesserung sowohl vom Staate als auch von den Wiesen-Eigenthümern geschehen müsse. – Fulda.

Schenkel, K. (1877): Das Badische Wasserrecht. – Karlsruhe.

Schenkel, K. (1902): Das Badische Wasserrecht. – Karlsruhe.

Scheuerbrandt, A. (1972): Südwestdeutsche Stadttypen und Städtegruppen bis zum frühen 19. Jahrhundert. – Heidelberger Geogr. Arbeiten 32, S. 257; Heidelberg.

Scheurl, J. C. W. v. (1804): Ueber Uferbefestigungen, Reinigung und Durchstechung der Flüße; Wiesenwässerungen, Gräbenziehung; Teichenutzung und Verbesserungen; Einebnung und Aushebung über Seen, Mühlenbau, und Misbräuche der Müller, als wichtige Theile der Landwirthschaftlichen Wasserbaukunst für Gutsbesitzer, Beamte etc. – Nürnberg.

Schewior, G. (Hrsg., 1941): Über Wiesenbau und Bewässerung. – Leitfaden zur Bodenkunde 21. Leipzig.

Schiefer, J. (1984): Möglichkeiten der Aushagerung von nährstoffreichen Grünlandflächen. – Veröff. Naturschutz Landschaftspflege Bad.-Württ. 57/58, S. 33-62. Karlsruhe.

Schlögl, R. (1988): Bauern, Krieg und Staat. Oberbayerische Bauernwirtschaft und frühmoderner Staat im 17. Jahrhundert. – Göttingen.

Schlögl, R. (1988): Kommentar zu „Clemens Zimmermann, Entwicklungshemmnisse im bäuerlichen Milieu". – In: T. Pierenkemper (Hrsg.): Landwirtschaft und industrielle Entwicklung. Zur ökonomischen Bedeutung von Bauernbefreiung, Agrarreform und Agrarrevolution. Stuttgart.

Schmehrer, B. (Hrsg., 1986): 700 Jahre Reilingen. Chronik einer Gemeinde in Nordbaden. – 465 S.; Reilingen.

Schmidt (1841): Belehrungen über den Wiesenbau und insbesondere über die Pflege und Bewässerung der Wiesen. – Badisches Landwirthschaftliches Wochenblatt 36, S. 208-211, 257.

Schmidt (1848): Entwurf zu einer Instruction über die Bewässerung und Behandlung größerer Wiesenflächen. – Landwirthschaftl. Wochenblatt für das Großherzogthum Baden 16, S. 149-152.

Schmidt, A. (1971): Wössingen im Wandel der Zeit. – 160 S.; Walzbachtal.

Schmidt, H. (1979): Die Wiese als Ökosystem. – Köln (Aulis Deubner).

Schmithüsen, J. (1952): Die naturräumlichen Einheiten auf Blatt 161 Karlsruhe. In: Geographische Landesaufnahme 1 : 200 000. – 24 S.; Karlsruhe.

Schmithüsen, J. (1962): Nördliches Oberrheintiefland. In: E. Meynen et al. (Hrsg): Handbuch der naturräumlichen Gliederung Deutschlands 1, S. 316-318. Bad Godesberg (Bundesanstalt für Landeskunde und Raumforschung).

Schmitt, R. (1986): Frankenberg. Besitz- und Wirtschaftsgeschichte einer reichsritterschaftlichen Herrschaft in Franken 1528-1806 (1848). – Ansbach.

Schmutz, H. (1978): Die Wiesenwässerung, eine fast vergessene Bewirtschaftungsform. – Blätter des Schwäbischen Albvereins 84, S. 9-10.

Schnader, K. (Hrsg., 1984a): St. Leon-Rot – damals und heute. – 498 S.; St. Leon-Rot.

Schnader, K. (1984b): Der alte Kirrgraben in Rot. – In: ders. (Hrsg., 1984): St. Leon-Rot – damals und heute; S. 165-166. St. Leon.

Schnarrenberger, K. (1907): Erläuterungen zu Blatt Weingarten (Nr. 52) der geol. Specialkarte des

Grossherzogthums Baden. – 26 S., 1 Abb., Heidelberg. Unveränderter Nachdruck als Geol. Kt. 1 : 25000 Baden-Württ., Blatt 6917 Weingarten, Stuttgart 1985.

SCHNEIDER, F. (1932): Der Durchbruch der Alb durch die Niederterrasse. – Bad. geol. Abh. 4, S. 1-8; Karlsruhe.

SCHNEIDER, G. (1986): Pflanzensoziologische und floristische Bestandsaufnahme im geplanten Natur- und Landschaftsschutzgebiet „Neureut" unter besonderer Berücksichtigung schützenswerter Biotope. – Gutachten, im Auftrag der Bezirksstelle für Naturschutz und Landschaftspflege Karlsruhe; 92 S.

SCHNEIDER, W. (1911): Bewässerung und Bereinigung der Rittmatten. Ein genossenschaftliches Kulturunternehmen. Erfahrungen technischer und wirtschaftlicher Natur. – Karlsruhe.

SCHNÜRER, K. (1965): 1200 Jahre Eggenstein im Wandel der Zeiten. – 203 S.; Eggenstein.

SCHOLZ, F. (1989): Künstliche Bewässerung im Nordschwarzwald. Ein einzig noch historisch-geographisch interessantes Thema? – Alemannisches Jahrbuch, Jg. 1989/90 (Festschrift Sick), S. 103-126.

SCHORR, M. (1990): Grundlagen zu einem Artenhilfsprogramm Libellen in der Bundesrepublik Deutschland. – Societas Internationalis Odonatologica (S. I. O.). Ursus Scientific Publishers. Bilthoven.

SCHREIBER, K. F. (1962): Über die standortsbedingte und geographische Variabilität der Glatthaferwiesen in Süddeutschland. – Ber. geobot. Inst. ETH Zürich 36, S. 65-128. Zürich.

SCHRENK, C. (1987): Agrarstruktur im Hegau des 18. Jahrhunderts. Auswertungen neuzeitlicher Urbare mit Hilfe des Computers. – Konstanz.

SCHÜLE, E.-M. & K. SCHWINEKÖPER (1988): Kulturhistorische Untersuchung der Wiesenbewässerung in Freiburg im Breisgau. – Diplomarbeit, Universität Hohenheim; 196 S. + Anhang.

SCHULZE, W. (1980): Bäuerlicher Widerstand und feudale Herrschaft in der frühen Neuzeit. – Stuttgart.

SCHULZE, W. (Hrsg., 1983): Aufstände, Revolten und Prozesse. Beiträge zu bäuerlichen Widerstandsbewegungen im frühneuzeitlichen Europa. – Stuttgart.

SCHULZE, W. (1987): Deutsche Geschichte im 16. Jahrhundert. – Frankfurt a. M. 1987.

SCHUMACHER (1942): Die Ergebnisse der Bewässerungsversuche auf den Siegerländer Rieselwiesen 1936-1939. – Der Kulturtechniker 45(11/12), S. 159-286.

SCHWAB, U. (1994): Lebensraumtyp Gräben. – Landschaftspflegekonzept Bayern, Band II/10. München.

SCHWABE, A. (1989): Gebüsche und Staudensäume in der Natur- und Kulturlandschaft und ihre ökologische Bedeutung. – Ber. Naturf. Ges. Freiburg i. Br. 77/78, S. 99-130.

SCHWABE-BRAUN, A. (1982): Die Heustadel-Wiesen im nordbadischen Murgtal. – Veröff. Naturschutz Landschaftspflege Bad.-Württ. 55/56, S. 167-237.

SCHWARZ, C. (1851): Anleitung zur Bewässerung von Wiesen. – Wochenbl. f. Land- und Forstwirthschaft 24, S. 137-139.

SCHWOERBEL, J. (1993): Einführung in die Limnologie. – 7. Aufl.; 387 S. Stuttgart / Jena (UTB Gustav Fischer).

SCHWOERBEL, J. (1994): Methoden der Hydrobiologie, Süßwasserbiologie. – 4. Aufl.; 368 S. Stuttgart / Jena (UTB Gustav Fischer)

SCULTHORPE, C. D. (1985): The biology of aquatic vascular plants. – Reprint. Königstein.

SEBALD, O., S. SEYBOLD & G. PHILIPPI (Hrsg., 1990 ff.): Die Farn- und Blütenpflanzen Baden-Württembergs. Bd. 1-4 (Reihe erscheint noch). – Stuttgart.

SEGAL, S. (1970): Strukturen und Wasserpflanzen. – In: TÜXEN, R. (Hrsg.): Gesellschaftsmorphologie, S. 157-169. Den Haag.

SEHORZ, E. H. (1964): Die Wiesenbewässerung im Bayerischen Wald. – Mitt. Geogr. Gesellschaft München 49, S. 43-154. München.

SEIDENSPINNER, W. (1991): Historische Wiesenwässerung im Teinachtal. Relikte der Agrar- und Technikgeschichte zwischen Funktionsverlust und Zeugniswert. – Denkmalpflege in Baden-Württemberg. Nachrichtenblatt des Landesdenkmalamts 20(3), S. 136-144.

SEIFFERT, P., H. KIEFER & W. KONOLD (1994): Die Vegetation der Gräben im Raum Kißlegg. – Ber. Inst. Landschafts-Pflanzenökologie Univ. Hohenheim 3, S. 25-52. Hohenheim.

SEILER, H. (1976): Die Gewässerbenutzungen und ihre Rechtsgrundlagen im Verlauf der Geschichte des Wasserrechts. – Dissertation, Universität Bonn.

SEMMELMANN, T. (1986): Vegetationskundliche Untersuchungen in den Rheinauen bei Dettenheim-Liedolsheim nördlich von Karlsruhe. – Zulassungsarbeit, Universität Hohenheim; 123 S.

SERDEN, K. (1978): Ubstadt, Heimat an der Kraich. – 296 S.; Ubstadt.

SIEGELE, F. (1984): Die Geschichte der Wiesen im Saalbachtal der Gemarkung Bruchsal. – Bruchsal, Z. f. Kultur- und Heimatgeschichte 22(2), S. 2-7.

SINGER, E. (1931a): Der Schwallenbrunnen, ein vergessenes Naturdenkmal. - Bruhrain und Kraichgau, Bruchsaler Geschichtsblätter 8, S. 1-3.

SINGER, E. (1931b): Der Schwallenbrunnen. – Pyramide 20, S. 128-129; Karlsruhe.

SINGER, E. (1961): Die Salzquellen in Ubstadt und Bruchsal. – Badische Heimat 41, S. 65-67; Freiburg i. Br.

SOLMSDORF, H., W. LOHMEYER & MRASS (1975): Ermittlung und Untersuchung der schutzwürdigen und naturnahen Bereiche entlang des Rheins (Schutzwürdige Bereiche im Rheintal). – Schr. Reihe Landschaftspflege und Naturschutz 11; 186 S. und Kartenband.

SOLTAU, J. (1993): Die Vegetation an Fließgewässern unter besonderer Berücksichtigung der Wuchs- und Lebensformen. – Dissertationes Botanicae 210. Berlin / Stuttgart.

SPEIDEL, B. & A. WEISS (1972): Zur ober- und unterirdischen Stoffproduktion einer Goldhaferwiese bei verschiedener Düngung. – Angew. Bot. 46, S. 75-93, 7 Abb., 7 Tab.

STARK, P. (1926): Ein altes Moorprofil im Oberrheintal bei Mannheim. – Ber. dt. botan. Ges. 44, S. 373-376. Berlin.

STEBLER, F. G. & C. SCHRÖTER (1887): Über den Einfluß des Bewässerns auf die Zusammensetzung der Grasnarbe der Wiesen. – Landwirtsch. Jb. Schweiz 1, S. 149-177.

STEIGNER, R. (1984): Flora und Vegetation der „Schwetzinger Wiesen". – Zulassungsarbeit, Universität Heidelberg; 96 S.

STEIN, H. et al. (1969): Helmsheim 769-1969. Festschrift zur 1200-Jahr-Feier. – 84 S.; Bretten.

STENZEL, R. (1955): Der rechtsrheinische Güterbesitz des Klosters Weißenburg und der Markt Ettlingen. – Z. Geschichte Oberrhein 103.

STENZEL, R. (1975): Abgegangene Siedlungen zwischen Rhein und Enz, Murg und Angelbach. – Oberrheinische Studien 3.

STENZEL, R. et al. (1969): Geschichte von Linkenheim. – 395 S.; Selbstverlag der Gemeinde Linkenheim.

STOCKER, C. W. F. L. (1879): Chronik von Münzesheim. – Heilbronn.

STOCKER, C. W. F. L. (1883): Der großherzoglich Badische Amtsbezirk Bruchsal. Historisch-topographisch beschrieben. – Bruchsal.

STRASBURGER, E. (Begr.; 1991): Lehrbuch der Botanik. – 1033 S.; Jena / Stuttgart (Gustav Fischer).

STROBEL, A. (1972): Agrarverfassung im Übergang. Studien zur Agrargeschichte des badischen Breisgaus vom Beginn des 16. bis zum Ausgang des 18. Jahrhunderts. – Freiburg/München.

STUHL, K. (1912): Friesische Bewässerungsanlagen und Siedlungen an der Alzmündung aus alter Zeit. – Das Bayerland 23, S. 803-806.

SUCCOW, M. & L. JESCHKE (1986): Moore in der Landschaft. – 268 S.; Thun / Frankfurt/M.

TACKE, B. (1918): Die Versuche auf Bewässerungswiesen im Genossenschaftsgebiet Bruchhausen – Syke – Thedinghausen (Provinz Hannover) in den Jahren 1901 bis 1912, ausgeführt in Gemeinschaft mit dem K[öni]gl[ichen] Meliorationsbauamt in Hannover von der Moor-Versuchs-Station in Bremen. – Arbeiten der Deutschen Landwirtschafts-Gesellschaft, Heft 291. Berlin.

THEISS, K. (Hrsg., 1968): Der Landkreis Bruchsal. - Aalen.

THOMAS, J. (1946): Die Wiesen im bäuerlichen Betrieb. – Der Bauernfreund. Schriftenreihe der Deutschen Verwaltung für Land- und Forstwirtschaft Berlin, Heft 26. Berlin.

THOMAS, P. (1989): Schutzwürdige Grünlandgesellschaften und Grünlandpflanzen in der nordbadischen Rheinaue unter besonderer Berücksichtigung der Stromtalarten. – Gutachten, im Auftrag der Landesanstalt für Umweltschutz Karlsruhe; 244 S. und eine Vegetationskarte.

THOMAS, P. (1990): Grünlandgesellschaften und Grünlandbrachen in der nordbadischen Rheinebene. – Dissertationes Botanicae 162. 257 S., 70 Abb., 51 Tab; Berlin/Stuttgart (Cramer).

THOMAS, P. (1993): Vorläufiges Kurzgutachten zur Flora und Fauna des geplanten Naturschutzgebiets „Neudorfer Moor", Gemarkungen Dettenheim und Graben-Neudorf. – Gutachten, im Auftrag der Bezirksstelle für Naturschutz und Landschaftspflege Karlsruhe.

THOMAS, P. & T. SEMMELMANN (1988): Wiesenkartierung Karlsruhe. – Gutachten, im Auftrag des Gartenbauamts Karlsruhe; 47 S. + Anhang.

THORN, K. (1988): Der Bach – Abwasserrinne oder Lebensraum? Eine Betrachtung mit Beispielen aus dem südlichen Rhein-Neckar-Kreis. – Schriftenreihe der PH Heidelberg 3, S. 66-88. Weinheim.

THÜRACH, H. (1899): Erläuterungen zu Blatt Philippsburg (Nr. 39) der geol. Specialkarte des Grossherzogthums Baden. – 43 S., Heidelberg. Unveränderter Nachdruck als Geol. Kt. 1 : 25000 Baden-Württ., Blatt 6716 Germersheim, Stuttgart 1985.

THÜRACH, H. (1902): Erläuterungen zu Blatt Odenheim (Nr. 47) der geol. Specialkarte des Grossherzogtums Baden. – 38 S., 2 Abb.; Heidelberg. Unveränderter Nachdruck als Geol. Kt. 1 : 25000 Baden-Württ., Bl. 6818 Kraichtal, Stuttgart 1985.

THÜRACH, H. (1904a): Erläuterungen zu Blatt Graben (Nr. 45) der geol. Specialkarte des Grossherzogtums Baden. – 34 S.; Heidelberg. Unveränderter Nachdruck als Geol. Kt. 1 : 25000 Baden-Württ., Bl. 6816 Graben-Neudorf, Stuttgart 1986.

THÜRACH, H. (1904b): Erläuterungen zu Blatt Wiesloch (Nr. 41) der geol. Specialkarte des Grossherzogtums Baden. – 48 S.; Heidelberg.

THÜRACH, H. (1907): Erläuterungen zu Blatt Bruchsal (Nr. 46) der geol. Specialkarte des Grossherzogtums Baden. – 51 S., 4 Abb., Heidelberg. Unveränderter Nachdruck als Geol. Kt. 1 : 25000 Baden-Württ., Blatt 6817 Bruchsal, Stuttgart 1987.

THÜRACH, H. (1912): Erläuterungen zu den Blättem Karlsruhe und Daxlanden (Nr. 50 u. 51) der geol. Specialkarte des Grossherzogtums Baden. – 104 S., 11. Abb.; Heidelberg. Unveränderter Nachdruck als Geol. Kt. 1 : 25 000 Baden-Württ., Bl. 6915 Wörth a. Rh. und 6916 Karlsruhe-Nord, Stuttgart 1985.

TRUNKO, L. (1984): Karlsruhe und Umgebung. Nördlicher Schwarzwald, südlicher Kraichgau, Rheinebene, Ostrand des Pfälzer Waldes und der Nordvogesen. – Sammlung geologischer Führer 78. Borntraeger, Berlin/Stuttgart, 226 S.

TULLA, J. G. (1822): Die Rectifikation des Rheins. – Karlsruhe.

TÜXEN, R. & E. PREISING (1951): Erfahrungsgrundlagen für die pflanzensoziologische Kartierung des westdeutschen Grünlandes. – Stolzenau.

VAN DER VOO, E. E. & V. WESTHOFF (1961): An autecological study of some limnophytes and helophytes in the area of the large rivers. – Wentia 5.

VINCENT, L. (1866): Anleitung zur Behandlung der Rieselwiesen für Wiesenbesitzer und zur Instruction der Wiesenwärten. – Regenwalde.

VOGELMANN, V. (1851): Das Gesetz über die Bewässerungs- und Entwässerungsanlagen im Großherzogthum Baden. Mit Erläuterungen und mit Belehrungen für den Vollzug. – Karlsruhe.

VÖGELY, L. (1954): Unteröwisheim im Wandel der Jahrhunderte. – 164 S.; Unteröwisheim.

VOMBERG, S. (1933): Leopoldshafen am Rhein. – 72 S.; Stuttgart.

WALZ, G. (1848): Untersuchung über die Vortheile und Nachtheile einer allgemein durchgeführten Wiesenwässerung in Württemberg. – Wochenbl. f. Land- und Hauswirthschaft, Gewerbe und Handel 10, S. 37-40.

WASSERWIRTSCHAFTSAMT KARLSRUHE (1962): Die Pfinz-Saalbach-Korrektion. – Denkschrift.

WEBER, M. (1982): Die Geschichte der Gemeinde Forst von der Urzeit bis zum Beginn des 20. Jahrhunderts. – In: Chronik der Gemeinde Forst in Baden. – 692 S.; Forst.

WEHNER, R. (1844): Praktischer Unterricht in Wiesen-Wässerungs-Anlagen. – Glogau.

WESTRICH, P. (1989): Die Wildbienen Baden-Württembergs. – Zus. 972 S.; Stuttgart.

WILMANNS, O. (1993): Ökologische Pflanzensoziologie. – 479 S.; 5. Aufl. Heidelberg / Wiesbaden (UTB Quelle & Meyer).

WIRTH, E. (1950): Die Erdölvorkommen von Bruchsal in Baden. – Geol. Jb. 65, S. 657-706. Hannover.

WIRTH, E. (1955): Kraichgau und Bruhrain im Wandel der Erdgeschichte. – In: F. HERZER & H. MAAS (Hrsg.): Bruchsaler Heimatgeschichte, S. 182-184. Bruchsal.

WIRTH, E. (1962): Geologische Übersichtskarte von Baden-Württemberg, Blatt 1. 4. Auflage.

WITTMANN, A. Edler von (1811): Unterricht über die Bewässerung der Wiesen und Felder, nach Lombardischer Weise. Nebst Mittheilung einer sehr einfachen und zweckmäßigen Methode, den Garten- und Kartoffelbau im Großen auf das vortheilhafteste zu betreiben. – Wien.

WOLF, A. (1989): Zur Verbreitung, Biotopbindung und Gefährdung von Dornfingerspinnen der nordbadischen Rheinebene. – Veröff. Naturschutz Landschaftspflege Bad.-Württ. 64/65, S. 255-280. Karlsruhe.

WOLF, R. & D. HASSLER (Hrsg., 1993): Hohlwege – Entstehung, Geschichte und Ökologie der Hohlwege im westlichen Kraichgau. – Veröff. Naturschutz Landschaftspflege Bad.-Württ. 72. Karlsruhe/Ubstadt-Weiher.

WUNDER, H. (1986): Die bäuerliche Gemeinde in Deutschland. – Göttingen.

WUNDER, H. (1991): Die ländliche Gemeinde als Strukturprinzip. – In: P. BLICKLE (Hrsg.): Landgemeinde und Stadtgemeinde in Mitteleuropa. Ein struktureller Vergleich, S. 385-402. München.

WURSTER, P. (1963): Erd- und landschaftsgeschichtliche Entwicklung der Fränkischen Mulde. – Jber. Mitt. oberrh. Geol. Ver., N. F. 45, S. 113 – 120; Stuttgart.

ZAHN, F. W. (1914): Kultur- und Arrondierungswesen der Kraicher Niederungsgebiete und der markgräflich-badischen Domäne Insultheim. – Volkswirtsch. Abhandl. bad. Hochschulen, N. F. 24.

ZELLER, C. (1838): Beiträge zu einem Wiesenkulturgesetz für das Großherzogthum Baden. – Landwirthschaftl. Wochenblatt für das Großherzogthum Baden 6, S. 39-42, 50-51.

ZELLER, C. (1843): Das Wiesenkultur-Gesetz und die sonstigen Mittel und Anstalten zur Beförderung der Wiesenkultur im Großherzogthum Hessen. – Darmstadt, Hofbuchhandlung von Gustav Jonghaus.

ZIMMERMANN, C. (1983): Reformen in der bäuerlichen Gesellschaft. Studien zum aufgeklärten Absolutismus in der Markgrafschaft Baden 1750-1790. – Ostfildern.

ZIMMERMANN, C. (1989): Entwicklungshemmnisse im bäuerlichen Milieu. Die Individualisierung der Allmenden und Gemeinheiten um 1780. – In: T. PIERENKEMPER (Hrsg.), Landwirtschaft und industrielle Entwicklung. Zur ökonomischen Bedeutung von Bauernbefreiung, Agrarreform und Agrarrevolution. Stuttgart.

ZWICK, P. (1993): Ökologie von Fließgewässern. – Biologie in unserer Zeit 23(5), S. 316-321. Weinheim.

Glossar

Abundanz	Häufigkeit.
äolisch	vom Wind verursacht.
Aerenchym	Durchlüftungsgewebe zum Sauerstofftransport in Wasserpflanzen.
Allelopathie	Unterdrückung oder Wuchshemmung von Pflanzenarten durch Wirkstoffe anderer Pflanzen.
Allmend, Allmenden	Liegenschaften im Eigentum der Dorfgemeinde, die von deren Mitgliedern gemeinsam genutzt wurden. Im Laufe des Mittelalters zunehmend auf Randbereiche der agrarwirtschaftlichen Nutzung (Weide, Ödland, Moor) eingeschränkt. Bedeutend blieb in der Regel der Gemeindewald (Holznutzung, Viehweide).
allochthon	von außen in ein System eingetragen oder eingebracht.
anthropogen	durch Einfluß des Menschen oder durch menschliche Nutzung entstanden.
Anwalt	(= Gemeindeanwalt); von den Bürgern gewählter Interessenvertreter, entsprach ungefähr dem heutigen Bürgermeister.
Ärar, ärarisch	Kasse, Finanzverwaltung der Stände in Abgrenzung vom staatlichen Fiskus, später auch allgemeiner für Fiskus verwendet.
Aspekt	Aussehen eines Biotops zu einem bestimmten Zeitpunkt im Jahr, z. B. „Frühjahrsaspekt".
Arrhenatheretum	→ Glatthaferwiese.
Aräometer	Dichtemesser für Flüssigkeiten.
autochthon	innerhalb eines Systems gebildet.
Avifauna	Vogelfauna.
Besömmerung	Ausdruck aus den vergangenen Jahrhunderten. Anpflanzen von Ackerfrüchten auf Brachland, dadurch Auflockerung oder Umgehung des Flurzwangs.
Biotop	Lebensraum.
Biotopatlas	kartographische Erfassung der Biotope einer Region.
Biotopverbund	räumlicher Kontakt zwischen Lebensräumen. Damit soll die Wanderung von Tieren zwischen den großen Biotopen erleichtert werden.
Biozönose	Lebensgemeinschaft verschiedener Pflanzen und Tiere.
Blänke	offene, vegetationsarme oder -freie Stelle in Wiesen oder Grünland.
Bodenbrüter	Vogelarten, die ihr Nest am Boden anlegen; typisch für Wiesenvögel.
Bruhrain	Bezeichnung für die Landschaft zwischen der Rheinniederung und dem westlichen Kraichgaurand, aber auch für den rechtsrheinischen Besitz des Bistums Speyer, den der *Landfauth am Bruhrain* von Schloß Kislau aus verwaltete. Der Begriff wird heute oft als naturräumliche Einheit gebraucht und bezeichnet dann den Rand des Grabenbruchs der Rheinebene.
Calthion	Naßwiese; vergleichsweise nährstoffreicher, meist zweischürig genutzter Naßwiesentyp, benannt nach der Sumpfdotterblume (*Caltha*).
Deichel	röhrenförmig aufgebohrter Holzstamm als Wasserleitung (Deichelfahrt). Wurden in eigenen Bohrmühlen angefertigt und oft in Teichen bis zum Gebrauch gelagert, damit sie nicht rissig wurden.
Diversität	Vielfalt, Mannigfaltigkeit. In der Ökologie häufig benutzter Ausdruck.
Dohl, Dohle	röhren- oder halbröhrenförmige Wasserleitung, früher fast immer aus Holz.
Dominanzbestände	Bestände mit hohen (dominierenden) Anteilen einer bestimmten Pflanzen- oder Tierart.
Domäne	dem Staat bzw. Landesherrn gehörende Landgüter, auch Domanial- oder Kammergut genannt. Allgemeiner auch Bezeichnung für das gesamte Vermögen des Landesherrn.
domänenärarisch	die Finanzverwaltung der landesherrlichen bzw. staatlichen Güter betreffend.
Dreifelderwirtschaft	in Mitteleuropa seit dem Hochmittelalter bis in die Neuzeit vorherrschendes Bodenbewirtschaftungssystem der Dorfgemeinden mit Flurzwang für die einzelnen Bauern.
Eozän	Erdzeitalter aus der jüngeren Erdgeschichte, die zweitälteste Abteilung im Tertiär, vor 53–37 Mio Jahren.
Eutrophierung	Erhöhung des Nährstoffgehalts im Ökosystem. Heute meist im negativen Sinne gebrauchter Begriff, da Eutrophierung zum Verschwinden von seltenen Arten führt. „Eutrophierung" bzw. „eutrophiert" bezeichnen den Prozeß, „Eutrophie" bzw. „eutroph" den daraus resultierenden Zustand einer hohen Nährstoffhaltigkeit.
Extensivierung	Bewirtschaftung einer landwirtschaftlichen Fläche mit geringerem Produktionsmitteleinsatz und geringerer Nutzungsintensität, mit dem Ziel geringerer Erträge. Damit sollen die negativen Auswirkungen auf die Umwelt verringert werden.

Fauth, Faut	leitet sich vom Begriff „Vogt“ ab. Mehrere Ebenen der Verwaltungshierarchie wurden als „Fauthen“ bezeichnet: Der **Landfauth** war der „erste Landesbeamte“ des Markgrafen, die **Hühnerfauthen** waren als Steuereintreiber für das Einsammeln der in Form von Hühnern u. a. Naturalien entrichteten Steuern zuständig, die **Bachfauthen** waren für die Gewässeraufsicht zuständig.
Fazies	Erscheinungsbild; häufig benutzt für Oberflächen oder Anschnitte von Böden oder auch für einen bestimmten Anblick, z. B. einer Wiese.
Fettwiese	nährstoffreicher Wiesentyp, kann mehrfach geschnitten werden und liefert gutes Futtergras.
Feuchtezeiger	Pflanzenart, die vorwiegend oder ausschließlich in Feuchtbiotopen vorkommt, zeigt eine gute Wasserversorgung an.
Flach-, Niedermoor	Moorform, die sich in Niederungen bei Wasserüberschuß entwickelt.
Fron, Frondienste	Arbeitsleistungen der Bauern für ihre Herren (Feld- und Waldarbeiten, Burgbau usw.), die im Laufe des Hochmittelalters meist deutlich reduziert und teilweise durch Geld abgelöst wurden. Zu den nicht vergüteten Fronarbeiten, die ständig zu Streitigkeiten Anlaß gaben, mußte der Lehnsherr die Verpflegung sicherstellen.
Geomorphologie	Lehre von den Oberflächenformen der Erde.
Geophyt	Gräser und Kräuter, die unterirdische Speicherorgane besitzen; dies bewirkt hohe Anpassungsfähigkeit an Winterkälte oder Sommertrockenheit. Bekannte Frühjahrsgeophyten sind Märzenbecher und Lerchensporn.
Glatthaferwiese	häufiger Wiesentyp, benannt nach dem Glatthafer (*Arrhenatherum elatius);* häufig auch einfach nur als „Fettwiese“ [der Tieflagen] bezeichnet (siehe Kap. 7).
Gley	spezieller Bodentyp, der sich unter dem Einfluß von Grundwasser entwickelt hat; mit vielen Untertypen (siehe Kap. 6).
Grabenschulter	Böschungsoberkante von Gräben.
Großseggen	hochwüchsige Seggenarten, häufig Reinbestände (Großseggenriede) bildend.
Grünland	Sammelkategorie für Wiesen, Weiden, Rasen und ähnliche, mehr oder weniger regelmäßig gemähte, geschnittene oder beweidete Biotope.
Habitat	Lebensraum.
Halbtrockenrasen	(= Mesobrometum); oberflächlich wiesenähnliche, aber nicht gedüngte oder regelmäßig geschnittene Pflanzengemeinschaft auf mageren, flachgründigen und warmen Standorten. Heimat zahlreicher seltener Pflanzen.
Hardtplatten	(= Hardtebenen); Bereich der → Niederterrasse zwischen Karlsruhe und Mannheim. In der Würm-Eiszeit abgelagerte Sand- und Schotterflächen, die etwas höher als die Randsenke und das Tiefgestade liegen und daher sehr trocken sind.
Hartholzaue	Bestimmter Auwaldtyp des Rhein-Tiefgestades auf kiesigen, mäßig feuchten Standorten.
Helophyten	Sumpfpflanzen.
Heuet	Dialektausdruck für Heumahd; der erste Wiesenschnitt im Frühsommer.
(Rhein-)Hochgestade	Geländekante von 4-8 m Höhe am Rand des Rhein-Tiefgestades. Markiert das maximale Ausgreifen des Rheinstroms in neuerer Zeit.
Hochstaudenflur	spezieller Biotoptyp aus hochwüchsigen, mehrjährigen, aber nicht verholzten Pflanzen. Meist an Bachufern oder auf brachgefallenen Wiesen zu finden. Übergangsstadium zum Gebüsch.
Hüle / Hülbe	in einer natürlichen Geländesenke entstandener, größerer Tümpel. Besonders auf der Schwäbischen Alb gebräuchlicher Begriff.
humid	feucht.
Interglazial	Zeitraum zwischen Eiszeiten.
Kapillarraum	winzige Zwischenräume zwischen den Bodenpartikeln, die als Wasserspeicher dienen.
Keuper	Erdzeitalter, aus dem ein Großteil der Gesteine des Kraichgaus stammt. Die damals abgelagerten Sedimentgesteine sind ziemlich weich.
Kolluvium	„Angeschwemmtes“; z. B. für Böden benutzt, die durch Bodenfließen, -wanderung oder Abspülungen an Hängen entstanden sind.
Leinpfad	Pfad zu beiden Seiten eines Fließgewässers.
Limicolen	Wat- und Stelzvögel einer bestiommten Gruppe; normalerweise typisch für Küsten, aber auch auf Feuchtwiesen und an Ufern.
Limnologie	Gewässerkunde. Von gr. limnos = See.
Lochbaum	Grenzmarkierung, z. B. mit einem eingebrannten Loch markierter Baum. Gelegentlich auch markierte Pfähle.

Löß	weicher Gesteinstyp aus sehr feinteiligen Partikeln, durch Winde angeweht und abgelagert. Typisch für den Kraichgau, hier stark kalkhaltig.
mäandrierend	ausgeprägte Biegungen bildend; typisch für Flüsse und Bäche im Flachland. Der Ausdruck ist vom Namen eines Flusses in der Westtürkei abgeleitet.
Magnocaricion	Großseggenried.
Melioration	(= Meliorisierung); Verbesserung der Bewirtschaftungsmöglichkeiten (und damit der Erträge) im landwirtschaftlichen Sinne, z. B. durch Trockenlegung oder Verbesserung der Nährstoffversorgung.
Mesobrometum	→ Halbtrockenrasen.
Molinietum	→ Pfeifengraswiese.
Neckarschwemmkegel	durch Sedimente des Neckars aufgebaute, etwas höherliegende Fläche in der Oberrheinebene westlich von Heidelberg.
Neophyt	neu eingeschleppte oder eingeführte Pflanzenart.
Niederterrasse	sandiger Bereich der Rheinebene zwischen Kinzig-Murg-Rinne und Tiefgestade, in der Würm-Eiszeit abgelagert. Der Ausdruck ist etwas irreführend, da das Gelände (relativ) hoch liegt und daher sehr trocken ist. Siehe auch → Hardtplatten.
Obergras	hochwüchsiges Gras, das die obere Pflanzenschicht der Wiesen bildet.
Öhmd	(= Ohmet); zweiter Wiesenschnitt im Sommer.
Ortsetter, Dorfetter	Fläche des bebauten oder durch Gärten genutzten Ortsbereichs. Früher durch den „Hag“, einen Heckenzaun, von der freien Landschaft getrennt. Der Begriff wird heute mehr im rechtlichen Sinn für den Gültigkeitsbereich des Innenortsbereichs benutzt.
Pfeifengraswiese	(= Molinietum); magerer und artenreicher Feuchtwiesentyp, benannt nach dem Pfeifengras (*Molinia caerulea*). Früher meistens als → Streuwiesen oder → Allmend genutzt.
pleurokarp	seitenfrüchtig; typische Eigenschaft einer wichtigen Untergruppe der Laubmoose.
Pleustophyt	im Wasser schwebende Pflanze.
Quartär	das jüngste Erdzeitalter.
Randsenke	(= „Kinzig-Murg-Rinne“); feuchte, niedrig liegende Senke am östlichen Rand der Rheinebene, entlang von Schwarzwald, Kraichgau und Odenwald. Der besonders breite Bereich zwischen Durlach und Walldorf galt früher als ehemaliger Flußlauf von Kinzig und Murg (siehe Kap. 6).
Retention	„Zurückhaltung“, meist kurz für Hochwasserretention = Hochwasserrückhaltung.
Ried	andere Bezeichnung für Bruch, Moor, Moos, Fehn oder Filz. Durch Anhäufung von großen Mengen organischer Substanz in der Nacheiszeit entstandener Boden, dort, wo bei hohem Wasserstand der restlose Abbau der abgestorbenen Pflanzen durch Sauerstoffmangel verhindert wird.
Rieselrücken	(= Wässerrücken); erhöhter Geländestreifen, auf dem ein Bewässerungsgraben verläuft, von dem aus das Wasser zu beiden Seiten herabrieseln kann. Typisch für hochentwickelte Wässerwiesensysteme mit Kunstbauten.
Röhricht	spezieller Vegetationstyp der Feuchtbiotope, aus hochwüchsigen Sauergräsern (Seggen), Binsen, Schilf o.ä. aufgebaut. Meistens ist eine Pflanzenart dominant, die über Ausläufer dichte Bestände aufbaut. Im Gegensatz zu Wiesen gar nicht oder nur selten gemäht.
Sapropel	Faulschlamm; wird am Grund stehender, eutropher Gewässer bei Sauerstoffmangel abgelagert.
Sauergräser	ursprünglich Ausdruck für alle schlecht verdaulichen („sauren“) Gräser mit geringem Nährwert. Heute vor allem für die Pflanzenfamilie Cyperaceae verwandt. Darin sind z. B. die Seggen enthalten. Daß diese bevorzugt auf sauren Böden wachsen, hat nichts mit der ursprünglichen Herkunft des Namens zu tun.
Sauerwiese	Wiese aus schlecht nutzbaren → „sauren“ Gräsern.
Schabgras	letzter (meist dritter), wenig ergiebiger Wiesenschnitt im Herbst.
Schlute	verlandeter Altarm im Rhein-Tiefgestade, meist mit Feuchtbiotopen verschiedener Nässe bedeckt. Alte Schluten sind auch als Wiese nutzbar.
Schneidenried	seltene Pflanzengesellschaft in Flachmooren entlang des Rheinstroms. Charakterart ist die Schneide (*Cladium mariscus*).
Schwemmfächer	(= Schwemmkegel); fächerförmige Sedimentablagerungen am Austritt von Flüssen oder Bächen aus dem Gebirge oder Hügelland in das Flachland.

Schwemmen	(= Schlämmen); Vorgang der → Trübwässerung. Dabei wird eine Wiese mit schwebstoffhaltigem Wasser bedeckt, wobei sich ein mineral- und nährstoffhaltiger Schlamm absetzt.
Seekreide	in Süßwasserseen unter Mitwirkung von Pflanzen entstandene Ablagerung mit sehr hohem Kalkgehalt.
Silage	im Silo vergärtes Futter (Milchsäuregärung).
Standortamplitude	Schwankungsbreite der Bedingungen an einem Standort.
Staudenflur	→ Hochstaudenflur.
Stauwässerung	Sonderform der → Trübwässerung. Durch gezielten Aufstau und Beruhigung des Wassers wird die Ablagerung der Sedimentfracht erleichtert.
Stellbrett	Holzbrett in einer Schleuse, mit dem die Einstauhöhe des Wassers geregelt wird.
Stellfalle	primitive Variante einer Schleuse, im einfachsten Fall ein in den Bach gestelltes Brett.
Streuwiese	ertragsarme Feuchtwiese mit hohem Anteil an Sauergräsern, deren Schnitt nicht als Futter taugte, sondern lediglich als Stall-Einstreu verwendet wurde.
subhydrisch	unter Wasser lebend.
submers	untergetaucht.
Sukzession	zeitliche Aufeinanderfolge von Lebensgemeinschaften in einem Lebensraum.
Süßgräser	ursprünglich benutzt für alle gut verdaulichen und nährstoffreichen Gräser, die ein gutes („süßes") Futter lieferten. Später wurde der Ausdruck gleichgesetzt mit der Pflanzenfamilie Poaceae.
synsedimentär	gleichzeitig mit der Sedimentation ablaufende geologische Vorgänge.
tellurisch	aus der Erde entstanden; von lat. tellus = Erde.
thermophil	wärmeliebend.
(Rhein-)Tiefgestade	tiefliegende Niederungs- und Auenzone entlang des Rheinstroms selber. Durch die Erosionstätigkeit des Stroms in neuerer Zeit entstanden.
topogen	durch die Lage bestimmt; von gr. topos = Ort, Lage und genos = Abstammung.
Trockenrasen	(auch Xerobrometum = Volltrockenrasen); extreme Form der Magerrasen, z. B. auf Felsköpfen. Von Natur aus waldfrei.
Trübwässerung	Einleitung von schwebstoffhaltigem Wasser auf Wiesen zum Zweck der Ablagerung der Sedimente, Nährstoff- und Kalkeintrag. Früher üblich im Rhein-Tiefgestade und in der Randsenke.
Undichtwasser	aus einem Bach oder Graben aufgrund von Undichtigkeiten austretendes und verlorengehendes Wasser.
Untergras	niedrigwüchsige Grasarten, die nur bis in das untere und mittlere Stockwerk der Wiesen vordringen.
Vorfluter	derjenige Wasserlauf, der andere Wasserläufe aufnimmt und sammelt. Heute vor allem für den Bach verwendet, in den eine Kläranlage mündet.
Weichholzaue	Auwaldtyp in häufig überfluteten, extrem feuchten Bereichen entlang des Rheinstroms. In der Region meistens durch die Silberweide dominiert (= Silberweiden-Aue).
Wärzwisch	(= Würzwisch, Kräuterwisch); in der katholischen Tradition zu Mariä Himmelfahrt gesammelter Strauß aus Heil- und Würzkräutern, der kirchlich geweiht wird und ursprünglich Krankheiten vom Vieh abhalten sollte. Seine Hauptbedeutung war die Überlieferung der Kenntnisse über Heilkräuter.
Wässergenossenschaft	Zusammenschluß von Grundstücksbesitzern zum Zwecke der gemeinsamen Durchführung und Finanzierung von Maßnahmen zur Wiesenwässerung.
Wässerrücken	→ Rieselrücken.
Weistum	Gesamtheit der überlieferten Gemeinde- und Herrschaftsrechte in einem Dorf. Das ursprünglich durch Befragung alter Bürger *gewiesene* Recht wurde später vielfach in Dorfordnungen schriftlich fixiert.
Zeigerarten	(= Kennarten); Pflanzenarten, die besonders typisch für eine bestimmte Gesellschaft sind und als Indikatoren benutzt werden.
Zelge	ein Bereich zusammengelegter Felder, auf denen in der → Dreifelderwirtschaft jeweils das gleiche angebaut werden mußte.

Bildnachweis

THOMAS ADAM: 9.15

JÜRGEN ALBERTI: 2.9, 4.1, 7.1, 7.3, 7.4, 7.8, 7.12, 7.13, 7.15, 7.17, 7.18, 7.20, 7.21, 7.22, 7.23, 7.24, 7.27, 7.30, 7.36, 7.38, 7.39, 7.40, 7.41, 7.42, 7.43, 7.48, 7.52, 9.2

DANIEL BAUMGÄRTNER: 7.51, 7.53, 7.54, 7.56, 8.15

FRANZ DEBATIN: 9.8

REINER DICK: 9.9, 9.10, 9.11

GÜNTER EBERT: 8.19

KARL-HEINZ GLASER: 2.1

ARTUR HASSLER: 3.3

DIETER HASSLER: 2.10, 3.6, 3.15, 5.9, 5.14, 5.15, 5.24, 5.25, 7.10, 7.26, 7.28, 7.31, 7.32, 7.33, 7.37, 7.46, 7.55, 7.59, 8.5, 8.13, 8.16, 8.17, 8.18, 8.23, 8.41, 8.43, 8.44, 8.46, 8.53, 9.3, 9.4, 9.7, 10.1, 10.2

MICHAEL HASSLER: 1.3, 3.4, 3.10, 3.11, 3.14, 5.10, 5.11, 5.12, 5.16, 7.5, 7.7, 7.11, 7.16, 7.19, 7.45, 7.49, 8.1, 8.3, 8.12, 8.31, 8.35, 8.36, 9.1, 9.6, 10.4, Karten 1-4, Karten 6-16

KARL-HEINZ HENTSCHEL: 3.12

REINHOLD HERRMANN-KUPFERER: 9.5

WERNER KONOLD: 7.44, 7.47, 7.50

KLAUS KUßMAUL: 9.16

KURT METZGER: 1.1, 1.2, 6.1, 6.3, 6.4, 6.5, 6.6, 6.7, 6.8

JOHANNES NIEDERSTRAßER: 7.25, 7.29, 7.57, 8.34, 8.62, 9.12, 9.13, 9.14

KONRAD RAAB: 8.20, 8.21, 8.22, Karte 5

JOACHIM RHEINHEIMER: 7.14

HAJO RHEINSTÄDTER: 3.1, 3.2, 5.1, 5.2, 5.3

VOLKER SASSENHAGEN: 5.13

RICHARD SCHLEICHER: 8.37

STEFAN SCHUHMACHER: 8.27, 8.28, 8.38, 8.39

BERNHARD SCHWANINGER: 8.24

KARL SERDEN: 8.45, 8.47, 8.48

AMT FÜR WASSERWIRTSCHAFT UND BODENSCHUTZ KARLSRUHE: 8.4, 8.6, 8.7, 8.8, 8.10

ARCHIV DER DEUTSCHEN UMWELTHILFE (Radolfzell): 7.34, 7.35

ARCHIV DER FREIHERRN VON MENTZINGEN: 2.2

GEMEINDEARCHIV HAMBRÜCKEN: 8.33

GEMEINDEARCHIV ST. LEON-ROT: 8.52, 8.54, 8.59

GEMEINDEARCHIV STUTENSEE: 8.9

GEMEINDEARCHIV WEINGARTEN: 3.8

GENERALLANDESARCHIV KARLSRUHE (Vorlage und Aufnahme): 3.7, 3.13, 4.3, 4.8, 4.9, 4.10, 5.4, 5.5, 5.6, 8.2, 8.11, 8.14, 8.25, 8.26, 8.30, 8.32, 8.40, 8.49, 8.51, 8.55, 8.56, 8.57, 8.58

PHOTOARCHIV ERWIN HOLZER: 7.58

STADTARCHIV UND MUSEUM DER STADT KRAICHTAL: 2.3, 2.4, 2.5, 2.7, 2.8, 4.4, 8.42

Titelbild:	Schleuse Oberbruchwiesen	DIETER HASSLER
	Orchidee, Grashüpfer, Storch	JÜRGEN ALBERTI
	Feuerfalter	GÜNTER EBERT
	Maulwurf	HANS REINHARD

Anschriften der Autoren

THOMAS ADAM, Bachstraße 36, 76646 Bruchsal-Untergrombach

Student der Politik und Soziologie an der Universität Heidelberg. Seit 1985 im ehrenamtlichen Naturschutz aktiv, derzeit Vorsitzender des Umweltschutzvereins Untergrombach. Daneben zahlreiche Veröffentlichungen über Heimatkunde und Kulturgeschichte der Region.

JÜRGEN ALBERTI, Paul-Hindemith-Ring 21, 76669 Bad Schönborn

Lehrer für Biologie und Erdkunde in Bad Schönborn. Seit langen Jahren aktiv im Naturschutz, vor allem im Naturschutzbund Deutschland (dem früheren DBV). Besitzt das wohl beste Photoarchiv für Naturaufnahmen in der Region. Daneben vor allem im Orchideenschutz tätig.

DANIEL BAUMGÄRTNER, Gartenstr. 7, 76689 Karlsdorf-Neuthard

Biologiestudent an der Universität Freiburg. Aktiv im Deutschen Jugendbund für Naturbeobachtung (DJN) und bei den regionalen Naturschutzverbänden im Landkreis Karlsruhe. Zahlreiche Projekte im Artenschutz und in der Kartierung, besonders in Feuchtbiotopen. Fachmann für Mollusken (Schnecken und Muscheln) und Limnologie.

REINER DICK, Uhlandstraße 10, 76698 Ubstadt-Weiher

Umweltbeauftragter der Gemeinde Stutensee. Neben seinem Beruf besonders engagiert auf den Gebieten Archäologie und Mineralogie. Veröffentlichungen über die Minerale des Kraichgaus, vor allem über den „Rollenbergtunnel" bei Bruchsal. Einer der treibenden Kräfte beim „Arbeitskreis Archäologie" im Heimatverein Kraichgau, der sich mit der Geschichte der Steinzeit im Kraichgau und Rekonstruktion typischer Arbeitsgeräte beschäftigt.

PETER GARBE, Hubenweg 16, 76698 Ubstadt-Weiher

Biologiestudent an der Universität Karlsruhe. Langjährige Mitarbeit in den regionalen Naturschutzverbänden wie der AGNUS Bruchsal, dort besonders tätig bei der Kartierung von Biotopen.

KARL-HEINZ GLASER, c/o Stadtverwaltung, Rathaus, 76703 Kraichtal

Beauftragter für Öffentlichkeitsarbeit der Stadt Kraichtal, daneben Betreuer der Städtischen Sammlungen im Museum Gochsheim. Zahlreiche Veröffentlichungen zur Geschichte und Heimatkunde des Kraichgaus.

Dr. DIETER HASSLER, Untere Hofstatt 3, 76703 Kraichtal

Arzt; seit 1982 als wissenschaftlich tätiger Allgemeinmediziner (Schwerpunkt Infektiologie) in Kraichtal-Münzesheim aktiv. Ehrenamtlich im Naturschutz seit 1979, seit 1990 im Vorstand des BUND-Regionalverbands Mittlerer Oberrhein, seit 1994 Leiter des Arbeitskreises Karlsruhe des Landesnaturschutzverbands Baden-Württemberg. Arbeitsschwerpunkte sind neben Behörden- und Öffentlichkeitsarbeit zum Beispiel Baggerseen, Trockenbiotope und die Biotopkartierung.

Dr. MICHAEL HASSLER, Auweg 9, 76646 Bruchsal

Chemiker; seit 1987 in der chemischen Industrie tätig, derzeit als Umweltschutzbeauftragter. Seit 1978 ehrenamtlich im Naturschutz aktiv; seit 1991 Vorsitzender des Landesnaturschutzverbands Baden-Württemberg. Zahlreiche Veröffentlichungen über Naturschutz und Entomologie, unter anderem Herausgeber und teilweise Verfasser der „Flora und Fauna der Bruchsaler Region". Besonders im Artenschutz und in der Behördenarbeit tätig.

Prof. Dr. WERNER KONOLD, Universität Hohenheim, 70599 Stuttgart

Diplom-Agraringenieur; Professor an der Universität Hohenheim; Arbeitsschwerpunkte historische Landschaftsökologie, Gewässerökologie und Landschaftsentwicklung.

KLAUS KUßMAUL, Fliederweg 3, 76297 Stutensee

Verwaltungsfachmann. Zahlreiche Ämter auf Landes- und Bundesebene des Naturschutzbundes Deutschland (NABU, früher DBV). Seit über 20 Jahren im Naturschutz aktiv, besonders spezialisiert auf das Thema „Vögel". Langjährige Mitarbeit im Landkreis Karlsruhe bei Anhörungsverfahren, vor allem Flurbereinigungs-, Straßenbau- und sonstige Planfeststellungsverfahren.

GProf. Dr. KURT METZGER, Kringelrain 1, 76698 Ubstadt-Weiher
Geologe; Spezialist für Bodenkunde. Habilitation an der Universität Heidelberg über Lösse. Seit 1960 im Lehramt an verschiedenen Gymnasien in Bruchsal tätig, daneben Berater für den ehrenamtlichen Naturschutz, z. B. bei Deponieplanungen. Sein besonderes Interesse gilt der geologischen, geographischen und heimatkundlichen Geschichte des Kraichgaus und der Oberrheinebene.

Dr. DIETER MEYER-WALTER, Banatstr. 6, 69190 Walldorf
Diplom-Biologe. Seit 1993 Gebietsbetreuer bei der Bezirksstelle für Naturschutz und Landschaftspflege Karlsruhe für einen Teil des nördlichen Landkreises Karlsruhe.

AUGUST NAGEL, Eggensteiner Straße 53, 76297 Stutensee
Gemeinderat in Stutensee. Engagiert im ehrenamtlichen Naturschutz, betreut vor allem die Gewässer (Bäche und Baggerseen) der Gemarkung.

JOHANNES NIEDERSTRAßER, Resedenweg 72, 76199 Karlsruhe
Landschaftspfleger, derzeit tätig bei einem Planungsbüro in Karlsruhe. Zahlreiche ökologische Gutachten, z. B. im Auftrag der Bezirksstelle für Naturschutz. Auch im ehrenamtlichen Naturschutz aktiv. Beschäftigt sich zur Zeit u. a. mit der Sicherstellung und Pflege der verbliebenen Feuchtwiesen auf Gemarkung Dettenheim.

HORST PEPPEL, Amt für Wasserwirtschaft und Bodenschutz, Ruschgraben, 76139 Karlsruhe
Mitarbeiter beim Amt für Wasserwirtschaft und Bodenschutz. Maßgeblich beteiligt an der Wiedereinrichtung der Wiesenwässerung im Albtal; betreut auch das „Bach- und Grabenkonzept" im nördlichen Landkreis Karlsruhe.

Dr. KONRAD RAAB, Scharnhäuserstr. 46, 70794 Filderstadt
Diplom-Biologe; tätig als freiberuflicher Ökologe, kartiert seit mehreren Jahren Moore in Baden-Württemberg.

HAJO RHEINSTÄDTER, Hauptstraße 45, 76703 Kraichtal-Gochsheim
Regierungsbaudirektor, Leiter der Außenstelle Bruchsal des Staatlichen Hochbauamtes. Daneben Schwerpunkte im Denkmalschutz und im Heimat- und Museumsverein Gochsheim, z. B. bei der Sanierung und Erhaltung der Stadtmauer Gochsheim.

EVA-MARIA SCHÜLE, c/o Prof. Konold, Universität Hohenheim, 70599 Stuttgart
Diplom-Agraringenieurin. Studium an der Universität Hohenheim. Derzeit tätig als Beraterin für existenzgefährdete landwirtschaftliche Betriebe im süddeutschen Raum.

STEFAN SCHUHMACHER, Amselweg 6, 76646 Bruchsal
Lehrer a. D.; freier Pressemitarbeiter. Langjährige Mitarbeit im ehrenamtlichen Naturschutz bei der AGNUS Bruchsal. Besonders engagiert im Artenschutz und der Öffentlichkeitsarbeit, daneben erforscht er die Heimatkunde der Region. Mitglied in der „Historischen Kommission" der Stadt Bruchsal.

Dr. KATHRIN SCHWINEKÖPER, c/o Prof. Konold, Universität Hohenheim, 70599 Stuttgart
Diplom-Agraringenieurin. Studium an der Universität Hohenheim. Arbeitsschwerpunkte historische Landschaftsökologie, Gewässerökologie und Naturschutz.

KARL SERDEN, Sternenweg 16, 76698 Ubstadt-Weiher
Holzkaufmann. Ortschronist von Ubstadt. Zahlreiche Veröffentlichungen über die Heimatgeschichte der Region. Daneben Herausgeber der Reihe „Materialien zur Karl-May-Forschung".

HELMUT VETTER, Umweltamt, Rathaus, 68753 Waghäusel
Leiter des Umwelt- und Liegenschaftsamtes der Stadt Waghäusel, daneben Geschäftsführer des kommunalen „Arbeitskreises Pfinz-Lußhardt-Auen". Schwerpunkte sind die Planung und Ausführung von ökologisch optimierten Baugebieten sowie die Landschaftspflege und Biotopvernetzung.

ALEXANDER ZINK, Werderstr. 43a, 76137 Karlsruhe
Verwaltungsjurist. Von 1993–1995 Leiter des Umweltamtes im Landratsamt Karlsruhe. Mitinitiator des „Bach- und Grabenkonzepts" des Landkreises (siehe Kap. 9).

Schlußwort der Herausgeber und Danksagung

Vor Ihnen, liebe Leser, liegt nach dem Buch „Hohlwege" nun der zweite Band aus dem Themenfeld „Naturkunde und Naturgeschichte des Landkreises Karlsruhe". Der Beginn einer Reihe? Bereits jetzt sind von verschiedenen Seiten Gedanken über Nachfolgebände laut geworden.

Durch den fast unerwartet großen Erfolg des Vorgängerprojektes, des „Hohlweg-Buchs" (WOLF & HASSLER, Hrsg., 1993) entstand die Gewißheit, daß derartige Themen einen recht breiten Leserkreis ansprechen können. Das Konzept, bei aller notwendigen wissenschaftlichen Genauigkeit die Lesbarkeit des Buches auch für „Laien" sicherzustellen, die nicht Biologie studiert haben, haben wir hier übernommen. Umfangreiche, das Buch befrachtende Artenlisten und -tabellen wurden weitgehend der zitierten Fachliteratur überlassen. Die Mischung sollte lesbar bleiben und sowohl dem Laien als auch dem „Fachmann" etwas bieten. In beiden Büchern wird ein Bogen von der Geschichte und Heimatkunde, der Beschreibung der landschaftsräumlichen Gegebenheiten über die spezielle Ökologie bis hin zu Exkursionsvorschlägen und Modellen zur Rettung und Erhaltung des jeweiligen Biotoptyps geschlagen.

Einige Unterschiede bei den beiden Themen gibt es dennoch:

- Über Hohlwege gab es praktisch keine historischen Zeugnisse, während die Akten über Wässerung, Wiesen und Bäche im wörtlichen Sinne „meterweise" die Archive füllen. Daher war es hier möglich, auch einen recht umfangreichen historischen Teil in das Buch aufzunehmen.
- Während von den Hohlwegen immerhin noch rund 10 % des einstigen Bestandes in mehr oder weniger gutem Zustand vorhanden sind, gibt es im ganzen Landkreis Karlsruhe, wenn man vom Albtal absieht, keine einzige Wässerwiese mehr. Alle Planungen und Programme müssen von einem ganz anderen Zustand ausgehen: statt Sanierung und Erhalt sind Wiedereinrichtung und Experimente notwendig.

Wieder ist die „Symbiose" zwischen den Fachleuten des hauptamtlichen und ehrenamtlichen Naturschutzes geglückt: Der Landesnaturschutzverband als Dachverband der Naturschutzverbände des Landes, das Landratsamt Karlsruhe, die Bezirksstelle für Naturschutz und Landschaftspflege, das Amt für Wasserwirtschaft und Bodenschutz Karlsruhe und die Gemeinden der Region, namentlich des „Arbeitskreises Pfinz-Lußhardt-Auen", ziehen an einem Strang. Eine solche Zusammenarbeit ist überhaupt nicht selbstverständlich; die überaus produktiven Resultate zeigen aber die Chancen und Möglichkeiten, die bisher viel zu oft ungenutzt blieben.

Auch im vorliegenden Werk war es notwendig, eine große Zahl von Autoren „unter einen Hut" zu bringen und die verschiedenen Charaktere zusammenzubringen. Wir danken allen Beteiligten für ihren Langmut, auch dann, wenn ihre Texte oft in erheblicher und manchmal ziemlich drastischer Weise Änderungen oder Kürzungen unterlagen. Dadurch war es möglich, dieses Buch überaus zügig auf den Weg zu bringen und die Redaktionsphase relativ kurz zu halten.

Im Hintergrund wirkten außer den Autoren zahlreiche Helfer und Unterstützer mit, die bei jedem Buch für den Erfolg entscheidend sind, ganz besonders aber bei einem so komplexen Projekt wie diesem. Wir danken daher namentlich folgenden Personen, ohne mit der Reihenfolge eine Rangfolge ihrer Verdienste zu verbinden:

dem Landrat des Landkreises Karlsruhe, Herrn Dr. BERNHARD DITTENEY, für die entschiedene Unterstützung des Gesamtprojekts und die Übernahme der Schirmherrschaft;

dem Leiter der Abteilung 2 des Umweltministeriums, Herrn Ministerialdirigent BERNHARD BAUER und seinen Mitarbeitern, für die großzügige Förderung und Unterstützung des Projekts;

Herrn Ministerialrat Dr. EBERHARD HEIDERICH, dem Leiter der Stiftung Naturschutzfonds, und seinen Mitarbeitern für die gewährte Unterstützung;

Herrn THOMAS MOOS vom Stadtarchiv Bruchsal für überaus hilfreiche und bereitwillige logistische Unterstützung bei der Beschaffung von Quellen und Akten;

den Mitarbeitern des Generallandesarchives Karlsruhe, namentlich Herrn MÜLLER und der Fotoabteilung, für ihre hervorragende Unterstützung;

allen Mitgliedern und Mitarbeitern des „ARBEITSKREISES PFINZ-LUßHARDT-AUEN", von denen zusammen die Idee des „Bach- und Graben-Konzeptes" aus der Taufe gehoben wurde. Besonders erwähnt werden sollen die Umweltbeauftragten der Mitgliedsgemeinden: Herr ACKERMANN (Hambrücken), Herr DICK (Stutensee), Herr HÖRNER (Graben-Neudorf), Frau KORIN und Frau SIEGERIST (Bruchsal), Herr MÜNCH (Karlsdorf-Neuthard), Herr Dr. PROSI (Philippsburg) und Herr VETTER (Waghäusel), teilweise auch unter den Autoren dieses Buches;

dem Leiter der Bezirksstelle für Naturschutz und Landschaftspflege Karlsruhe, REINHARD WOLF, für die logistische Unterstützung und Förderung des Projekts, auch durch seine Mitarbeiter HANS-MARTIN FLINSPACH und ERNST FREY;

den Mitarbeitern des Amts für Wasserwirtschaft und Bodenschutz Karlsruhe, insbesondere seinen Leitern UDO WÖRNER und HELMUT KRUG;

Herrn Bürgermeister WERNER JUCHLER, Graben-Neudorf, für zahlreiche Anregungen und die Bereitstellung von Gemeindeakten;

zahlreichen Gemeindeverwaltungen der Region, die uns mit Auskünften unterstützten und Zugang zu den Archiven gewährten, insbesondere aber den Verwaltungen in ST. LEON-ROT, REILINGEN und GRABEN-NEUDORF;

Herrn ALBERT PFEIFER, Leiter des Amts für Vermessung, Umwelt und Liegenschaften der Stadt Bruchsal;

Herrn WILHELM KELCH, dem Ortschronisten von Weingarten;

Herrn Dr. MARX, Landesanstalt für Umweltschutz, Karlsruhe;

Herrn FRANZ DEBATIN, Hambrücken;

Herrn ERWIN HOLZER, Bad Schönborn;

Herrn Dr. JOACHIM RHEINHEIMER, Ludwigshafen;

Frau Dr. SABINE GÖRS, Ettlingen;

Herrn Dr. SCHLOß, früher Landesanstalt für Umweltschutz, heute Bürgermeister von Jockgrim/Pfalz;

Herrn GERHARD SAND, Waghäusel-Kirrlach, für zahlreiche Diskussionen, Korrekturen und logistische Unterstützung bei der Beschaffung von Literatur;

Herrn JOHANNES SCHACH, Karlsruhe, für die Erlaubnis der Veröffentlichung von umfangreichen Auszügen aus seiner Diplomarbeit;

allen Mitarbeitern und Aktiven des Arbeitskreises Karlsruhe im Landesnaturschutzverband Baden-Württemberg

und schließlich ganz besonders den Zeitzeugen der Wiesenwässerung und der Geschichte unserer Region. Sie haben geholfen, ein Stück Geschichte vor dem Vergessen zu bewahren.
Stellvertretend seien nur einige Namen erwähnt:

Herr WILLIBALD BURKHARDT, Münzesheim;

Herr EUGEN DANTES, Bruchsal;

Herr Ewald GABLENZ, Weingarten;

Herr HERMANN HÄFNER, Bruchsal;

Herr RICHARD HERRMANN, Münzesheim;

Herr FRIEDRICH LEPP, Gochsheim;

Herr MARTIN LORITZ jr., Gochsheim;

Herr RICHARD SCHLEICHER, Bruchsal;

Herr FRANZ SIEGELE, Bruchsal;

Herr THEODOR SPECKERT, Rot und

Herr BERTHOLD TREIBER, Bretten.

Beihefte zu den Veröffentlichungen für Naturschutz und Landschaftspflege in Baden-Württemberg ISSN 0342-6858

3 **Chemische und physikalische Wasseranalysen.** Quantitative Untersuchungen des Grün- und Blaualgenplanktons im Naturschutzgebiet Federsee. – 3 Einzelbeiträge; 59 Seiten mit 21 Abbildungen. 1,50 DM. Ludwigsburg 1974. ISBN 3-88251-009-9.

4 **Beiträge zur Insektenfauna des Naturschutzgebietes Federsee.** – 4 Einzelbeiträge (Köcherfliegen, Eintagsfliegen, Libellen, Laufkäfer); 164 Seiten mit 83 Abbildungen. 6,– DM. Ludwigsburg 1974. ISBN 3-88251-010-2.

7 **Die gefährdeten Vogelarten Baden-Württembergs.** – 21 Einzelbeiträge; 139 Seiten mit 51 Abbildungen, davon 2 farbig. 4,50 DM. Ludwigsburg 1975. ISBN 3-88251-01307.

10 Fortbildung im Naturschutz. 1. Aufgaben der Naturschutzbeauftragten – Landschaftsplanung. – Referate bei der Fachtagung "Fortbildung der Naturschutzbeauftragten" vom 22.-24. März 1977 in Bad Boll. – 18 Einzelbeiträge; 162 Seiten. 3,– DM. Karlsruhe 1977. ISBN 3-88251-024-2.

11 **Fragen des Artenschutzes in Baden-Württemberg.** Referate des gleichnamigen Symposiums über Veränderungen von Flora und Fauna, Arten- und Biotopschutz, Raster- und Biotopkartierung vom 25.-27. Oktober 1977 in Bad Boll. – 40 Einzelbeiträge; 502 Seiten mit 65 Farb- und 220 Schwarzweißabbildungen. 15,– DM. Karlsruhe 1978. ISBN 3-88251-029-3.

14 **OPTIMA-Projekt "Kartierung der mediterranen Orchideen". 1. Index der Verbreitungskarten für die Orchideen Europas und der Mittelmeerländer.** Von ECKHARD & BARBARA WILLING – 163 Seiten. 4,50 DM. Karlsruhe 1979. ISBN 3-88251-036-6.

19 **OPTIMA-Projekt "Kartierung der mediterranen Orchideen". 2. Orchideenforschung und Naturschutz im Mittelmeergebiet – Internationales Artenschutzprogramm.** Mit 4 Beiträgen von HELMUT BAUMANN, AMOTS DAFNI, PETER GÖLZ, WERNER GREUTER, HANS R. REINHARD & MICHAEL TIGGES. – 192 Seiten mit 51 Farbfotos auf 9 Tafeln, 60 Blütendiagrammen auf 7 Tafeln, 5 Abbildungen und 55 Rasterkarten. 7,50 DM. Karlsruhe 1981. ISBN 3-88251-047-1.

27 **Erläuterungen zur vegetationskundlichen Karte Feldberg** (1:25 000). Von ERICH OBERDORFER. – 86 Seiten mit 10 Farb- und 57 Schwarzweißabbildungen sowie 2 Strichzeichnungen und einer farbigen Kartenbeilage. 9,– DM. Karlsruhe 1982. ISBN 3-88251-060-9. [Zusammen mit Landesvermessungsamt Baden-Württemberg, Stuttgart.]

29 **Die Mooswälder der Freiburger Bucht.** Wahrzeichen einer alten Kulturlandschaft, gestern – heute ... und morgen? Von GERHARD HÜGIN. – 2., um ein Geleitwort erweiterte Auflage, 88 Seiten mit 1 Farb- und 52 Schwarzweißabbildungen sowie als Beilagen 9 Geländeschnitte, 1 Vegetationstabelle und 1 farbige Karte 1:25 000. 15,– DM. Karlsruhe. ISBN 3-88251-160-5.

30 **Die Feuchtgebiete der Region Mittlerer Neckar – Versuch einer ökologischen Bilanz.** Untersuchungsprogramm zur Tier- und Pflanzenwelt der Feuchtgebiete in der Region Mittlerer Neckar. Von HARALD BUCHMANN, CLAUS-PETER HERRN, CLAUS-PETER HUTTER, WOLFGANG LINDER, KURT RIMPP & REINHARD WOLF. – 91 Seiten mit 22 Farb- und 17 Schwarzweißabbildungen sowie 9 Tabellen. 6,– DM. Karlsruhe 1982. ISBN 3-88251-063-3.

34 **5 Jahre Biotopkartierung Baden-Württemberg.** Referate und Beiträge des gleichnamigen Symposiums im Rahmen der Heimattage Baden-Württemberg am 9.September 1982 in Ravensburg. – 11 Einzelbeiträge; 188 Seiten mit 84 Farb- und 51 Schwarzweißabbildungen. 9,– DM. Karlsruhe 1983. ISBN 3-88251-068-4.

35 **Heiden im Kreis Ludwigsburg.** Bilanz 1984, Schutzbemühungen, Verwachsungsprobleme, Pflege. Von REINHARD WOLF. – 76 Seiten mit 56 Abbildungen, davon 39 Schwarzweißabbildungen und 10 z.T. farbig unterlegte Karten. 3,– DM. Karlsruhe 1984. ISBN 3-88251-069-2.

38 **Geologische Naturdenkmale im Regierungsbezirk Karlsruhe.** Eine Zusammenstellung geschützter und schutzwürdiger geologischer Objekte. Von MANFRED SCHÖTTLE. – 171 Seiten mit 66 Farb- und 4 Schwarzweißabbildungen sowie 28 Tabellen. 15,– DM. Karlsruhe 1984. ISBN 3-88251-079-X.

40 **Gefährdete Pilze in Baden-Württemberg.** Rote Liste der gefährdeten Großpilze in Baden-Württemberg. (2. Fassung, Stand 31.1.1984). Von WULFARD WINTERHOFF & GERMAN J. KRIEGSTEINER unter Mitarbeit von XAVER FINKENZELLER, GERHARD GROSS, HANS HAAS, DIETER KNOCH, DORIS LABER & HELMUT SCHWÖBEL – 120 Seiten mit 22 Farbabbildungen und 224 Rasterkarten sowie 4 Tabellen. 7,50 DM. Karlsruhe 1984. ISBN 3-88251-088-9.

41 **Die Amphibien und Reptilien Baden-Württembergs.** Zusammengestellt von JOCHEN HÖLZINGER & GÜNTER SCHMID. – 23 Einzelbeiträge; 500 Seiten mit 98 Farb- und 198 Schwarzweißabbildungen sowie 73 Tabellen. 30,– DM. Karlsruhe 1987. ISBN 3-88251-089-7.

43 **Artenschutzsymposium Weißstorch** des Deutschen Bundes für Vogelschutz, Landesverband Baden-Württemberg e. V. am 28. und 29. Mai 1983 in Bad Buchau am Federsee. Referate und Beiträge. – 34 Einzelbeiträge; 386 Seiten mit 54 Farb- und 19 Schwarzweißabbildungen sowie 55 Tabellen. 24,– DM. Karlsruhe 1986. ISBN 3-88251-091-9.

44 **Limnologische Untersuchungen im Wutach- und Mindelsee-Gebiet.** Mit 4 Beiträgen von TOM GONSER, PETER SCHRÖDER, JÜRGEN SCHWOERBEL & ROSEMARIE WOLF sowie einem Vorwort von JÜRGEN SCHWOERBEL – 202 Seiten mit 109 Schwarzweißabbildungen und 37 Tabellen. 6,– DM. Karlsruhe 1985. ISBN 3-88251-096-X.

45 **Trittbelastung an Seen und Weihern im östlichen Landkreis Ravensburg.** Von JÖRG PFADENHAUER mit FRIEDRICH LÜTKE TWENHÖVEN, BURKHARD QUINGER & SABINE TEWES. – 80 Seiten mit 38 Abbildungen, davon 12 Farbfotos und 21 Karten, sowie 11 Tabellen. 4,50 DM. Karlsruhe 1985. ISBN 3-88251-097-8.

47 **Unser Buchenwald im Jahreslauf.** Von REINHOLD TÜXEN. – 128 Seiten mit 152 Farb- und 17 Schwarzweißabbildungen. 12,– DM. Karlsruhe 1986. ISBN 3-88251-109-5.

48 **Artenschutzsymposium Neuntöter** des Deutschen Bundes für Vogelschutz, Landesverband Baden-Württemberg e. V. am 16. und 17. Juni 1984 in Bad Buchau am Federsee. Referate und Beiträge. – 19 Einzelbeiträge; 204 Seiten mit 55 Farb- und 93 Schwarzweißabbildungen sowie 24 Tabellen. 12,– DM. Karlsruhe 1987. ISBN 3-88251-120-6.

49 **Weidbuchen im Schwarzwald** und ihre Entstehung durch Verbiß des Wälderviehs: Verbreitung, Geschichte und Möglichkeiten. Von ANGELIKA SCHWABE & ANSELM KARTOCHWIL. – 120 Seiten mit 17 Farb- und 79 Schwarzweißabbildungen sowie 6 Tabellen. 7,50 DM. Karlsruhe 1987. ISBN 3-88251-121-4.

50 **Fledermäuse in Baden-Württemberg.** Ergebnisse einer Kartierung in den Jahren 1980-1986 der Arbeitsgemeinschaft Fledermausschutz Baden-Württemberg. Von ERWIN KULZER, HANS VALENTIN BASTIAN & MATHIAS FIEDLER. – 152 Seiten mit 62 Farb- und 98 Schwarzweißabbildungen sowie 22 Tabellen. 9,– DM. Karlsruhe 1987. ISBN 3-88251-122-2.

51 **Artenschutzsymposium Braunkehlchen** des Deutschen Bundes für Vogelschutz, Landesverband Baden-Württemberg e. V. am 24. und 25. Mai 1986 in Bad Buchau am Federsee. 75 Jahre Vogelschutz am Federsee. Referate und Beiträge. – 18 Einzelbeiträge; 222 Seiten mit 53 Farb- und 67 Schwarzweißabbildungen sowie 36 Tabellen. 15,– DM. Karlsruhe 1988. ISBN 3-88251-125-7.

52 **Oberschwäbische Weiher und Seen.** Von WERNER KONOLD – In 2 Teilen: I Geschichte, Kultur; II Vegetation, Limnologie, Naturschutz. – 634 Seiten mit 125 Textabbildungen, 59 Tafeln mit 84 Farb- und 13 Schwarzweißabbildungen sowie 48 Tabellen. 39,– DM. Karlsruhe 1987. ISBN 3-88251-126-5.

53 **Artenschutzsymposium Saatkrähe** der Landesanstalt für Umweltschutz Baden-Württemberg, Institut für Ökologie und Naturschutz (Staatliche Vogelschutzwarte) und des Deutschen Bundes für Vogelschutz, Landesverband Baden-Württemberg e. V., am 15. und 16. März 1986 in der Fachhochschule Nürtingen. Referate und Beiträge. – 26 Einzelbeiträge; 292 Seiten mit 21 Farb- und 114 Schwarzweißabbildungen sowie 41 Tabellen. 15,– DM. Karlsruhe 1988. ISBN 3-88251-137-0.

54 **Beziehungen zwischen Vogelwelt und Vegetation im Kulturland.** Untersuchungen im südwestdeutschen Hügelland. Von BERND-JÜRGEN SEITZ. – 236 Seiten mit 34 Farb- und 49 Schwarzweißabbildungen sowie 38 Tabellen. 24,– DM. Karlsruhe 1989. ISBN 3-88251-139-7.

55 **Naturschutzgebiet "Kirchheimer Wasen",** Landkreis Ludwigsburg. Der letzte Auenwald am Neckar. Von ULRIKE LANG. – 200 Seiten mit 45 Farb- und 98 Schwarzweißabbildungen sowie 9 Tabellen. 18,– DM. Karlsruhe 1990. ISBN 3-88251-140-0.

56 **Oberschwäbische Kleingewässer.** Limnologisch-faunistische Aspekte zur ökologischen Beurteilung. Von HINRICH RAHMANN, KLAUS ZINTZ & MICHAEL HOLLNAICHER. – 212 Seiten mit 37 Farb- und 31 Schwarzweißabbildungen sowie 13 Tabellen. 21,– DM. Karlsruhe 1989. ISBN 3-88251-141-9.

57 **50 Jahre Staatliche Vogelschutzwarte Baden-Württemberg.** Ihre Geschichte, ihre Aufgaben und ihre Arbeit. Von KLAUS RUGE, PETER HAVELKA & REINHARD WOLF unter Mitarbeit von HARALD DANNENMEYER, HANS-JÜRGEN GÖRZE & REINER STEINMETZ. – 60 Seiten mit 41 Schwarzweißabbildungen. 6,– DM. Karlsruhe 1989. ISBN 3-88251-149-4.

58 **Moosgesellschaften und Gesellschaftskomplexe auf Blockhalden** im Südschwarzwald in der Umgebung Freiburgs. Von MICHAEL LÜTH. – 88 Seiten mit 14 Farb- und 28 Schwarzweißabbildungen sowie 15 Tabellen. 9,– DM. Karlsruhe 1990. ISBN 3-88251-156-7.

59 **Hausgärten zwischen Feldberg und Kaiserstuhl.** Versuch einer Landschaftsgliederung mit Hilfe von Unkräutern, Zier- und Nutzpflanzen der Gärten in Schwarzwald, Vogesen, Baar und Oberrheintal. Von GEROLD HÜGIN. – 176 Seiten mit 24 Farb- und 22 Schwarzweißabbildungen. 22 teils farbig unterlegte Karten sowie 26 Tabellen. 19,80 DM. Karlsruhe 1991. ISBN 3-88251-157-5.

60 **Mindestpflege und Mindestnutzung von unterschiedlichen Grünlandtypen** aus landschaftsökologischer und landschaftskultureller Sicht. Praktische Anleitung zu Erkennung, Nutzung und Pflege der unterschiedlichen Grünlandgesellschaften. Von GOTTFRIED BRIEMLE, DIETER EICKHOFF & RUDOLF WOLF. – 160 Seiten mit 78 Farb- und 30 Schwarzweißabbildungen sowie 19 Tabellen. 18,– DM. Karlsruhe 1991. ISBN 3-88251-161-3.

61 **Die Vogelwelt im Landkreis Tübingen.** Von RUDOLF KRATZER. – 240 Seiten mit 131 Abbildungen, davon 41 in Farbe, und 129 Tabellen. 19,80 DM. Karlsruhe 1991. ISBN 3-88251-162-1.

62 **Missen im Landkreis Calw (1):** Floristisch-faunistische Erhebungen im "Heselwasen". Von ANGELIKA HAFNER. – 128 Seiten mit 46 Abbildungen, davon 43 in Farbe und 33 Tabellen. 10,80 DM. Karlsruhe 1991. ISBN 3-88251-170-2.

63 **Im Zweribach – Vom nacheiszeitlichen Urwald zum "Urwald von morgen".** Die Vegetation einer Tallandschaft im Mittleren Schwarzwald und ihr Wandel im Lauf der Jahreszeiten und der Jahrhunderte. Von THOMAS LUDEMANN. – 268 Seiten mit 71 Farb- und 51 Schwarzweißabbildungen sowie 38 Tabellen. 27,– DM. Karlsruhe 1992. ISBN 3-88251-171-0.

64 **Methoden zur Wirkungserhebung in Wald-Dauerbeobachtungsflächen** – Schwerpunkt Botanik. – 16 Einzelbeiträge; 228 Seiten mit 39 Schwarzweißabbildungen und 24 Tabellen. 18,– DM. Karlsruhe 1991. ISBN 3-88251-172-9.

65 **Beitrag zur Planung von Ersatzbiotopen** gemäß §8 Bundesnaturschutzgesetz am Beispiel von Sukzessionsflächen auf Lehm. Von DIEDRICH BRUNS. – 128 Seiten mit 20 Farb- und 15 Schwarzweißabbildungen sowie 36 Tabellen. Karlsruhe 1992. ISBN 3-88251-173-7.

66 **Artenschutzsymposium Wendehals** des Deutschen Bundes für Vogelschutz (jetzt: Naturschutzbund Deutschland), Landesverband Baden-Württemberg e. V., am 23. und 24. Mai 1987 in Bad Buchau am Federsee. Referate und Beiträge. – 124 Seiten mit 52 Farb- und 22 Schwarzweißabbildungen sowie 17 Tabellen. 15,– DM. Karlsruhe 1992. ISBN 3-88251-174-5.

67 **Artenschutzsymposium Spechte** der Arbeitsgemeinschaft der Vogelschutzwarten, Fachhochschule Nürtingen, Bezirksstelle für Naturschutz und Landschaftspflege Karlsruhe, am 27. und 28. April 1990 in der Fachhochschule Nürtingen. – 250 Seiten mit 28 Farb- und 70 Schwarzweißabbildungen sowie 31 Tabellen. 27,– DM. Karlsruhe 1993. ISBN 3-88251-175-3.

68 **Artenschutzsymposium Teichrohrsänger** des Deutschen Bundes für Vogelschutz (jetzt: Naturschutzbund Deutschland), Landesverband Baden-Württemberg e. V. am 28. und 29. Mai 1988 in Bad Buchau am Federsee. Referate und Beiträge. – 300 Seiten mit 47 Farb- und 88 Schwarzweißabbildungen sowie 29 Tabellen. 30,– DM. Karlsruhe 1993. ISBN 3-88251-176-1.

69 **Die Pflanzenwelt des NSG Eriskircher Ried** am Bodensee. Von WULFARD WINTERHOFF. – 280 Seiten mit 77 Farb- und 26 Schwarzweißabbildungen sowie 40 Tabellen. 30,– DM. Karlsruhe 1993. ISBN 3-88251-182-6.

70 **Rebhuhn-Forschung in Baden-Württemberg** mit Schwerpunkt im Strohgäu bei Ludwigsburg. Von ULRICH GLÄNZER, PETER HAVELKA & KLAUS THIEME. – 108 Seiten mit 67 Farb- und 18 Schwarzweißabbildungen sowie 40 Tabellen. 12,– DM. Karlsruhe 1993. ISBN 3-88251-183-4.

71 **Säugetiere im Naturpark Schönbuch.** Übersicht über die Biologie der Arten und Ergebnisse einer faunistisch-ökologischen Untersuchung in den Jahren 1989-1991. Von ERWIN KULZER, ANDREAS VON LINDEINER-WILDAU & ISA-MARIA WOLTERS. – 220 Seiten mit 72 Farb- und 35 Schwarzweißabbildungen sowie 30 Tabellen. 24,– DM. Karlsruhe 1993. ISBN 3-88251-185-0.

72 **Hohlwege.** Entstehung, Geschichte und Ökologie der Hohlwege im westlichen Kraichgau. Herausgegeben von REINHARD WOLF & DIETER HASSLER. – 54 Einzelbeiträge; 416 Seiten mit 210 Farb- und 51 Schwarzweißabbildungen und einer farbigen Kartenbeilage (1:50 000). 48,50 DM. Karlsruhe 1993. ISBN 3-929366-02-9 (Nicht über LfU beziehbar! Nur beim Verlag Regionalkultur, Ubstadt-Weiher, erhältlich).

73 **Missen im Landkreis Calw (2):** Verbreitung der Missen. Fauna, Flora und Vegetation, Schutz und Entwicklung. Zusammengestellt von PETER ZIMMERMANN – 28 Einzelbeiträge; 566 Seiten mit 200 Farb- und 38 Schwarzweißabbildungen, 59 Tabellen sowie 66 Verbreitungskarten. 54,– DM. Karlsruhe 1993. ISBN 3-88251–188–5.

74 **Die Großpilzflora von Erlenbruchwäldern** und deren Kontaktgesellschaften in der nordbadischen Oberrheinebene. Von WULFHARD WINTERHOFF. – 100 Seiten mit 34 Farb- und 3 Schwarzweißabbildungen sowie 13 Tabellen. 12,– DM. Karlsruhe 1993. ISBN 2-88251-189-3.

75 **Fledermäuse in Baden-Württemberg II:** Ergebnisse der zweiten Kartierung 1986–1992 der Arbeitsgemeinschaft Fledermausschutz Baden-Württemberg sowie Beiträge zu Biologie, Gefährdung und Schutz einheimischer Arten. Von EWALD MÜLLER (Hrsg.). – 160 Seiten mit 58 Farb- und 83 Schwarzweißabbildungen (davon 39 Verbreitungskarten) sowie 40 Tabellen. 18,– DM.

76 **Floristische und faunistische Untersuchungen an xerothermen Keuperstandorten** im mittleren Remstal. Von HANS SCHEERER (Hrsg.). – 8 Einzelbeiträge; 344 Seiten mit 177 Farb- und 34 Schwarzweißabbildungen sowie 26 Tabellen. 39,– DM. Karlsruhe 1993. ISBN 3-88251-191-5.

77 **Die Goldwespen (Chrysididae) Baden-Württembergs.** Taxonomie, Bestimmung, Verbreitung, Kartierung und Ökologie. Mit einem Bestimmungsschlüssel für die deutschen Arten. Von PETER X. KUNZ. – 188 Seiten mit 14 Farb- und 317 Schwarzweißabbildungen (davon 65 Verbreitungskarten) sowie 9 Tabellen. 24,– DM. Karlsruhe 1994. ISBN 3-88251-192-3.

78 **Der Schmiechener See.** Naturkunde eines Natuschutzgebietes auf der Schwäbischen Alb. Teil 1: Geschichtlich-naturkundliche Beiträge. Von JOCHEN HÖLZINGER & GÜNTER SCHMID (Hrsg.). – 20 Einzelbeiträge; 516 Seiten mit 168 Farb- und 105 Schwarzweißabbildungen sowie 66 Tabellen. 45,– DM. Karlsruhe 1994. ISBN 3-88251-202-4.

79 **Das Natuschutzgebiet Schenkenwald im Kreis Ravensburg.** Der größte historische Laubwaldkomplex im südlichen Oberschwaben. Von ERICH REXER. – 248 Seiten mit 58 Farb- und 38 Schwarzweißabbildungen, 41 Tafeln mit Pflanzenzeichnungen sowie 17 Tabellen. 27,– DM. Karlsruhe 1994. ISBN 3-88251-203-2.

80 **Die Sandhausener Dünen.** Naturkundliche Beiträge zu den Naturschutzgebieten "Pferdstrieb" und "Pflege Schönau-Galgenbuckel". Zusammengestellt von ULRIKE ROHDE. – 20 Einzelbeiträge; 387 Seiten mit 115 Farb- und 21 Schwarzweißabbildungen sowie 52 Tabellen. 30,– DM. Karlsruhe 1994. ISBN 3-88251-214-8.

81 **Biotopkartierung Baden-Württemberg.** Ergebnisse der landesweiten Erfassung 1981–1989. – Karlsruhe 1995. ISBN 3-88251-215-6. Im Satz.

82 **Schutz dem Wanderfalken.** 30 Jahre Arbeitsgemeinschaft Wanderfalkenschutz (AGW) – eine Dokumentation. Von KARLFRIED HEPP, FRIEDRICH SCHILLING & PETER WEGNER (Hrsg.). – 392 Seiten mit 244 Farb- und 74 Schwarzweißabbildungen sowie Tabellen. Karlsruhe 1995. ISBN 3-88251-218-0.

83 **Ein Naturschutzkonzept für die Kalkmagerrasen** der Mittleren Schwäbischen Alb (Baden-Württemberg). Schutz, Nutzung und Entwicklung. – Karlsruhe 1995. ISBN 3-88251-219-9. Im Satz.

84 **Florenliste von Baden-Württemberg.** Verzeichnis der Farn- und Blütenpflanzen Baden-Württembergs. Von THOMAS BREUNIG, KARL PETER BUTTLER & KARL HERMANN HARMS. – Karlsruhe 1995. ISBN 3-88251-220-2. In Arbeit.

85 **Pfrunger Ried. Pflege- und Entwicklungsplan.** Von ALFRED WAGNER & INGE WAGNER. – Karlsruhe 1995. ISBN 3-88251-228-8. Im Satz.

86 **Vegetation des Naturschutzgebietes Federsee.** Von ASTRID GRÜTTNER & RAIMUND WARNKE-GRÜTTNER – Karlsruhe 1995. ISBN 3-88251-234-2. In Arbeit.

87 **Wässerwiesen.** Geschichte, Technik und Ökologie der bewässerten Wiesen, Bäche und Gräben in Kraichgau, Hardt und Bruhrain. Von DIETER HASSLER, MICHAEL HASSLER & KARL-HEINZ GLASER (Hrsg.). – 432 Seiten mit 150 Farb- und 90 Schwarzweißabbildungen. 48,50 DM. Karlsruhe 1995. ISBN 3-929366-20-7 (LfU-ISBN 3-88251-235-0). (Nicht über LfU beziehbar! Nur beim Verlag Regionalkultur, Ubstadt-Weiher, erhältlich).

Die nicht aufgeführten Beihefte sind vergriffen. Preise zuzüglich Verpackung und Porto.